Aus dem Amerikanischen von
Jürgen Abel, Jürgen Frey, Alfred Hans,
Hainer Kober, Hubert Mania, Gesine
Strempel und Sebastian Wolff

ALBERT GOLDMAN

JOHN LENNON

EIN LEBEN

WUNDERLICH

Die Originalausgabe kam 1988 unter dem Titel
«The Lives of John Lennon» bei William Morrow and
Company, Inc., New York, heraus.
Die deutsche Ausgabe erscheint in Übereinkunft mit
John Hawkins and Associates, Inc.
Umschlag- und Einbandgestaltung Walter Hellmann
(Foto Ullstein Bilderdienst)

1. Auflage Februar 1989

Gesetzt aus der Sabon
Gesamtherstellung Clausen & Bosse, Leck
Printed in Germany
ISBN 3 8052 0485 x

Für
Max Palevsky

INHALT

MORGENSNIFF

Dezember 1979: Wie ein nächtlicher Zenpfeil saust Kit Carter vor Morgengrauen den Central Park West hoch. Als er die Einmündung der 72nd Street erreicht, blickt er zum Dakota hinauf, das im schwachen Schein einer Straßenlaterne an eine alte deutsche Burg erinnert. Er eilt über die Straße zu dem Eisengitter, das die tunnelähnliche Wageneinfahrt versperrt, und drückt einmal kurz auf den Klingelknopf. Vom Park wehen eisige Böen herüber, und er tritt unruhig von einem Fuß auf den anderen, während er darauf wartet, daß der Nachtportier aus dem verglasten Windfang vor dem zurückgesetzten Eingang des pompösen alten Apartmenthauses kommt. Als das Torschloß aufspringt, läuft er die Stufen zur Portiersloge hoch und nickt dem Wachmann kurz zu, ehe er im Labyrinth der Korridore zum Studio One, Yoko Onos Büro, verschwindet.

Er klopft leise an. Unmittelbar darauf klickt der Sicherheitsriegel zurück. Die hohe Eichentür wird geöffnet, und dahinter steht die zierliche Yoko, das Gesicht zur Hälfte hinter einer riesigen dunklen Brille verborgen. Während Kit noch registriert, wie ungesund sie aussieht – und daß sie dasselbe schwarze Hemd und dieselben schwarzen Jeans anhat wie schon die ganze Woche über –, bemächtigt sie sich mit katzenhafter Geschwindigkeit der Stannioltüte in seiner Hand. Sie huscht in ihr Badezimmer, schlägt die Tür zu und dreht die Wasserhähne auf. Ehe Kit sich die Schuhe auszieht, was er jedesmal tun muß, wenn er in das rückwärtige Büro geht, hört er trotz des Rauschens ein wiederholtes lautes Schnauben, gefolgt von einem scheußlichen Würgen.

Yokos Refugium ist luxuriös und unheimlich zugleich. Punktstrahler, die in dem dicken weißen Teppichbelag verborgen sind, werfen Schatten auf die wolkengeschmückte Decke und Lichtreflexe auf die Rauchglasspiegel über der hüfthohen Eichentäfelung. Schräg vor den mit Läden versehenen Fenstern zum Innenhof steht ein riesiger Mahagonischreibtisch im ägyptischen Stil, der an den Seiten mit großen Elfenbeinreliefs des ibisköpfigen Thoth, des Gottes der Schreiber, und der geflügelten Sonnenscheibe verziert ist. Yokos Feldherrnsessel ist eine exakte Kopie des in Tutenchamuns Grabkammer gefundenen Throns.

Kit setzt sich auf das cremefarbene Ledersofa und starrt auf die Objekte, die dem Raum eine magische Atmosphäre verleihen: den kleinen grauen Schädel zwischen den beiden weißen Telefonen, den goldenen Brustschmuck eines ägyptischen Kindes, die Bronzeschlange, die sich die Querstrebe des Giacometti-Tisches entlangwindet. Er beliefert diese Adresse nun schon seit sechs Wochen, aber er muß immer noch an das erste Mal denken.

Er hatte so viel Angst gehabt, daß er das Heroin in einem ausgehöhlten, mit braunem Packpapier umwickelten Buch brachte. Yoko saß im vorderen Büro, am Schreibtisch des Buchhalters Richie De Palma, und redete japanisch ins Telefon. Sie plapperte fünf volle Minuten, ohne ihn eines Blickes zu würdigen, ganz so, als ließe sie einen Botenjungen von der Apotheke warten. Endlich legte sie auf und sagte lässig: «Oh, hallo. Sie sind also Kit.» Sie streckte die Hand aus, nahm das Päckchen und entließ ihn mit einem Kopfnikken, ohne ein weiteres Wort oder einen weiteren Blick. Später erfuhr er, daß sie sehr neugierig auf ihn gewesen war, aber in solchen Situationen immer Gleichgültigkeit heuchelte.

Anfangs lieferte er ein- oder zweimal die Woche. Er holte das H am Abend vorher bei einem Juwelier in der 57th Street ab. Zuerst kostete ein Gramm 500 Dollar, doch sobald Yoko auf den Geschmack gekommen war und mehr brauchte, wurde der Preis höher. Inzwischen zahlt Kit 750 Dollar für dasselbe kleine Gramm, was bedeutet, daß Yoko für mehr als 5000 Dollar in der Woche konsumiert. Ein Straßenfixer könnte das Zeug für ein Viertel dessen bekommen, was Yoko zahlt, aber sie macht sich nichts daraus. Warum sollte sie, John Lennon ist ein reicher Mann.

Als Yoko wieder ins Zimmer kommt, bewegt sie sich wie eine Schlafwandlerin und versucht, cool und lässig zu erscheinen, aber die schwachen weißen Pulverspuren an den Nasenlöchern verraten sie. Sie trägt wie gewöhnlich ein Tablett mit zwei türkisgrünen Tassen, in denen Lipton's-Teebeutel hängen. Zuerst war Kit verwirrt, weil Yoko darauf beharrte, bei jeder Lieferung Tee zu servieren. Dann wurde ihm klar, daß eine Japanerin aus bester Familie ihren Morgensniff nicht wie ein mieser kleiner Junkie nehmen kann. Sie muß das Gesicht wahren, indem sie die schmutzige Transaktion mit einer huldvollen Geste verbrämt.

«Wie geht es Ihnen heute?» erkundigt Yoko sich höflich, als bemerke sie Kit erst in diesem Augenblick. «Ich sehe, daß Sie schlecht drauf sind», fährt sie fort, ehe er antworten kann. Sie zündet eine braune Nat Sherman an und macht einen Zug, um die Zigarette dann theatralisch hin und her zu schwenken. «Uns geht es allen schlecht!» sagt sie mit ihrer schläfrigen Singsangstimme und fügt hinzu, als wäre das der springende Punkt: «*Mir* geht es schlecht!» Dann zitiert sie ohne einen Hauch von Ironie Woody Allen, als wäre er Konfuzius: «Es gibt zwei Zustände, in denen wir leben – schlecht und furchtbar.» Ein langes Schweigen zeigt an, daß das Thema erschöpfend behandelt ist.

Während Yoko und Kit den Tee trinken, werden die verborgenen, von einem unberechenbaren Regler gesteuerten Lichter urplötzlich heller. Kit zuckt unwillkürlich zusammen und rechnet damit, daß eine rohe Stimme brüllt: *«Nicht bewegen! Dies ist eine polizeiliche Durchsuchung!»*

Als den Forderungen des fernöstlichen Protokolls Genüge getan ist, steht Yoko bedächtig auf und wankt zu dem gewaltigen Schreibtisch, den sie im Vorbeigehen mit der Hüfte streift. Einer der Schubladen entnimmt sie ihre antike Handtasche. Sie knipst den Verschluß auf und holt ein dickes Bündel Hundertdollarscheine heraus. Sie zählt acht funkelnagelneue Scheine ab und reicht sie Kit wortlos. Er bekommt jedesmal 50 Dollar Trinkgeld. Ehe er sich zum Gehen wenden kann, nimmt Yoko auf ihrem Thron Platz. Sie fixiert ihn durch die dunklen Gläser der Porsche-Brille und sagt mit rauher Stimme: «John darf es nie erfahren!»

John Lennon wacht vor Morgengrauen im Schimmer eines Lichtovals auf, das zwei Strahler über dem Kopfende, einem umfunktionierten alten Kirchenstuhl aus poliertem dunklen Holz, auf das Bett werfen. Die Strahler werden nie gelöscht, weil John panische Angst davor hat, in einem dunklen Zimmer aufzuwachen. Dunkel ist für ihn gleich Tod. Das erste, was seine schwachen Augen suchen, sind die roten Tupfen in dem großen ovalen Spiegel über dem Bett. Diese leuchtenden Punkte sagen ihm, daß sein Lebensrettungssystem in Betrieb ist, denn er läßt sich Tag und Nacht von den beruhigenden Geräuschen und flackernden Bildern betäuben, als wäre er ein Patient in einem schallisolierten Zimmer.

Der Rhythmus des Tages prallt an dieser Kammer ab, so daß John nur von seiner inneren Uhr geweckt werden kann. Kein Geräusch von der Straße dringt durch die dicken Mauern des hundert Jahre alten Gebäudes, dessen Zwischendecken mit der Erde gefüllt sind, die bei der Aushebung des Central Park anfiel. Dunkle Holzläden und Stoffbahnen vor dem großen Fenster zur 72nd Street, das einen weiten Blick über den Park bis zu den Türmen Manhattans bietet, lassen so gut wie kein Tageslicht durch. Das Zimmer ist schummrig wie ein Speicher und hat auch sonst etwas von einer Rumpelkammer. Ein alter Korbsessel, ein Art-deco-Frisiertisch, Pappkartons, Stapel alter Zeitungen und Zeitschriften und ein Klavier bilden die Einrichtung. Sogar die supermoderne rote Gitarre, die über dem Bett hängt, ist staubbedeckt und zeugt von langer Untätigkeit. Ohne die seufzenden Töne, die aus den Lautsprechern über Johns Kopf dringen, und die flimmernden Bildschirme der Farbfernseher zu seinen Füßen könnte das düstere, nur von Kegeln künstlichen Lichts beleuchtete Zimmer ebensogut eine Grabkammer sein.

Hier lebt John Lennon seit drei Jahren wie in einer Zelle. Abgesehen von den Sommerferien in Japan verläßt er das Doppelbett kaum, klammert sich daran wie ein Schiffbrüchiger an eine Rettungsinsel. Einen großen Teil der Zeit, vielleicht den halben Tag, schläft er, jeweils zwei bis vier Stunden hintereinander. Die übrige Zeit hockt er in der Lotosposition da, den Kopf in eine Wolke aus Tabak- oder Marihuanarauch gehüllt, und liest, meditiert oder hört Kassetten, darunter Selbsthypnose-Bänder mit Titeln wie *Ich liebe meinen Körper* oder *Es gibt keinen Grund, wütend zu werden.* Dann und wann macht er einen Eintrag in sein Tagebuch, einen Kalender des *New Yorker*, der auf jeder Seite eine Karikatur zeigt, die er manchmal nachzeichnet oder neu betitelt. Alle seine kostbarsten Besitztümer – seine Drogen, seine Manuskripte, Pornomagazine, seine britische Mundharmonika – sind in einer gewölbten Truhe mit der Aufschrift LIVERPOOL am Fußende des Bettes. Seine Rettungsinsel ist mit hervorragender Kommunikationstechnik bestückt, und die Bedienungsinstrumente liegen in einem kleinen weißen Resopalschrank rechts vom Bett. Mit einem schier unerschöpflichen Vorrat an Büchern und Kassetten, Platten und Videofilmen hat er alles, was er für seine Reisen braucht, die ihn nicht nur ans Ende der Welt, sondern auch in die Ursprünge der Zivilisation und, durch das All, in die Zukunft des Universums führen.

Obgleich er im Schoß seiner Familie ruht, könnte er, wenn er sein Leben auf Tourneen verbrächte, nicht viel weiter von ihr entfernt sein. Er sieht sie nur morgens für eine oder zwei Stunden, abends beim Essen und unmittelbar danach, wenn Daddy, wie er sich gern nennt, mit dem kleinen Sean fernsieht. Den übrigen Tag verbringt er allein und stumm in seinem Zimmer.

Seine einzigen Kameraden auf der Rettungsinsel sind seine drei Katzen, Sasha, Misha und Charo, schwarzhaarige Perserkatzen mit Eulengesichtern, in denen gelbe Augen schimmern. Wenn er morgens die Liste mit seinem Tagespensum aufstellt, kommen die Bedürfnisse der Katzen immer an erster Stelle. Wenn eine von ihnen nicht da ist, gibt John über die Sprechanlage einen Alarmruf in die Küche durch, und die Dienstmädchen suchen jeden Winkel ab und klopfen manchmal sogar bei den Nachbarn. Obgleich er ansonsten jede körperliche Tätigkeit vermeidet, liebt er es, das für die Tiere bestimmte Rinderfilet und die Kalbsleber in winzige Stücke zu schneiden und ihr seidiges Fell mit seiner Sammlung von Kämmen, Haarbürsten und Scheren zu pflegen. Die anderen Mitglieder des Haushalts mögen die Katzen nicht, weil sie die ganze Wohnung mit ihren Haaren und ihren Exkrementen verunreinigen, aber John besteht darauf, daß seine Lieblinge wie heilige Wesen im alten Ägypten behandelt werden.

Um sein Bedürfnis nach einer Funktion im Leben der Familie zu befriedigen, hat John beschlossen, den «Hausmann» zu spielen. Er und Yoko haben die geschlechtlich bedingten Rollen getauscht – sie verdient das tägliche Brot, und er backt es. Yoko widmet sich ihrer Aufgabe mit eiserner Entschlossenheit und verbringt ihr Leben praktisch in ihrem Büro. John spielt seine Rolle weitgehend in seiner Phantasie. Zwar hat er einmal versucht, Brot zu backen, aber was er aus dem Backofen holte, war ein Blech mit Haschkeksen. Vielleicht träumt er insgeheim von Kalorienbomben – riesigen Hamburgern, klebrigen Pizzascheiben, Pfundtafeln Schokolade –, aber er hat als Erwachsener fast ununterbrochen gefastet. Weit davon entfernt, ein Brotbäcker oder wenigstens ein herzhafter Esser zu sein, ist John Lennon ein veritabler Hungerkünstler.

Der Beginn seiner Magersucht läßt sich auf das Jahr 1965 zurückverfolgen, als irgendein Narr ihn schwarz auf weiß als den «fetten Beatle» bezeichnete. Der Schimpf versetzte seinem schwachen Ego einen solchen Schlag, daß die Wunde nie ganz verheilte. Jetzt, mit neununddreißig Jahren, ist es sein höchstes Ziel, wieder den Körper zu bekommen, den er mit neunzehn hatte. Die Geschichte seiner Hungerkuren, seiner gefährlichen Enthaltsamkeitsperioden und seiner nagenden Schuldgefühle wegen jener zusätzlichen Tasse Kaffee oder dieser Extrascheibe Toast würde Bände füllen. Ununterbrochen liest er die Art Bücher, in denen gepredigt wird: «Der Erfolg ist unser, wenn wir uns lächelnden Gesichts von zehn abgezählten, mit eingelegten Rettichscheiben gewürzten Bohnen ernähren.» John, ein natürlicher Asket, kann dem Fleisch alles versagen, nur nicht Kaffee und Zigaretten. Seine Sucht nach diesen legalen Rauschmitteln hat ihm weit mehr Kummer bereitet als sein gewohnheitsmäßiger Konsum fast aller illegalen Drogen. Neuerdings ist sein Kampf gegen Nahrung allerdings nicht mehr ganz so unerbittlich wie früher. Er wird zu seinem Naturreis mit gekochtem Gemüse ein paar Happen Fisch oder Huhn essen. Aber er mißt seine Taille immer noch jeden Morgen nach dem Aufstehen mit einem Bindfaden ab, und wenn er sündigt, indem er etwas Verbotenes ißt, eilt er anschließend ins Badezimmer und steckt sich den Finger in den Hals.

Während er nun aufsteht, um seine Yogaübungen zu machen, könnte ein heimlicher Beobachter sehen, daß er wie ein indischer

Fakir nur aus Haut und Knochen zu bestehen scheint. Seine Arme sehen aus wie Tonpfeifenstiele. Sie sind nicht nur mager, sondern auch ganz ohne Muskeln, so daß er sich, wenn er eine Gitarre hält, über das Gewicht beschwert. Die Höhlungen an den Schlüsselbeinen könnten eine Tasse Wasser fassen. Seine früher wohlgeformten Beine ähneln den Stelzen eines Ufervogels. Er ist blaß, weil er nie in die Sonne geht, aber das Merkwürdige an seiner Haut ist ihr Glanz. Dieser unnatürliche Schimmer rührt daher, daß er jeden Tag ein dutzendmal badet und sich doppelt so oft Gesicht und Hände wäscht.

Er haßt jeglichen körperlichen Kontakt sowie das Gefühl von Textilien auf der Haut. Deshalb hat er abgesehen von Hausschuhen fast nie etwas an. Wenn er auf dem makellosen weißen Teppich, mit dem die ganze Wohnung ausgelegt ist, einige lange schwarze Haare von seiner Frau erspäht, läßt er das Dienstmädchen kommen, um die störenden Objekte zu entfernen. Manchmal hebt er in Yokos Gegenwart die Nase, schnuppert vorsichtig und verläßt dann mit angewidertem Gesicht das Zimmer. In der Regel vermeidet er es, irgend jemanden zu berühren. Wenn er den kleinen Sean in einem seltenen Anflug väterlicher Zuneigung auf die Knie nimmt, dann so, daß der Junge ihm den Rücken zukehrt und ihm keinen feuchten Kuß geben kann.

Wenn John in sein peinlich sauberes Badezimmer eilt, dessen große, altmodische Wanne niemand außer ihm schrubben darf, und vor dem Spiegel stehenbleibt, bietet er einen erschreckenden Anblick. Kein Wunder, daß ihn kein Mensch erkennt, wenn er sich dann und wann aus dem Seiteneingang des Dakota stiehlt und die 72nd Street hinuntergeht, um eine Zeitung zu kaufen. John Lennon hat keine Ähnlichkeit mehr mit sich selbst. Seine runde Brille, einst sein Markenzeichen, ist schon lange durch eine billige Plastikbrille mit blau getönten Gläsern ersetzt worden, die seine schwachen, lichtempfindlichen Augen schützen – er bringt es fertig, die winzigen elektrischen Glühbirnen eines Weihnachtsbaums als schmerzhaft grell zu empfinden. Die berühmte Nase ist noch da, aber sie ist so spitz geworden, daß sie wie der Schnabel eines sonderbaren Vogels aussieht. Die untere Gesichtshälfte wird von einem häßlichen, stoppeligen, ungepflegten Bart und einem dünnen Schnurrbart verborgen. Sein Haar ist so lang, daß er es zu einem Pferdeschwanz kämmt, der von einer mit einer winzigen Barbie- oder Kenpuppe verzierten Spange zusammengehalten wird. John behauptet, daß er Fürst Myschkin aus Dostojewskijs *Idiot* ähnelt, dem jesusähnlichen epileptischen Helden, der bei einem Anfall derart durchdringend schreit, daß sein potentieller Mörder entsetzt das Messer fallenläßt und die Flucht ergreift. In Wahrheit ähnelt Lennon weniger einem Fürsten als einem alten Penner.

Sobald John sich vergewissert hat, daß er keimfrei sauber ist, geht er durch den leise klappernden Vorhang aus weißen Perlen, eine Arbeit der Tairona-Indianer in Kolumbien, den Yoko für 65000 Dollar gekauft hat, um das Schlafzimmer vor bösen Geistern zu schützen. Er biegt um eine Ecke und öffnet die Tür, die von seinem Zimmer in den langen, tunnelhaften Hauptflur der Wohnung führt. Er eilt mit seinen charakteristischen Hüpfschritten an mehreren hohen Räumen vorbei, die wunderbare Ausblicke auf den Central Park bieten: am weißen Zimmer, das mit schwellenden weißen Polstermöbeln und dem weißen Flügel aus *Imagine* eingerichtet ist; an dem Pyramidenzimmer, einer kleinen Schatztruhe ägyptischer Altertümer, darunter ein mit Blattgold belegter Sarkophag mit einer zweitausendfünfhundert Jahre alten Mumie; am schwarzen Zimmer mit den polierten Ebenholzmöbeln, in dem er nach der Affäre Pang sechs Monate in Quarantäne saß; an der Bibliothek, wo Yokos Shinto-Schrein aus schwarzem Lack und Johns Sammlung von Pornomagazinen und Pornobüchern einen sonderbaren Kontrast bilden; am Spielzimmer, das auf den hinteren Innenhof geht und mit langen Papierbahnen ausgehängt ist, auf denen Sean und seine Spielgefährten fröhliche Tuschebilder und Buntstiftzeichnungen gemalt haben. Schließlich erreicht er den nördlichsten Raum, das Kinderzimmer, wo Sean (wenn er nicht zu seinem Vater ins Bett gekrabbelt ist) in den Armen seines Kindermädchens schläft, da Yoko die ganze Nacht in ihrem Büro verbracht hat, um zu arbeiten und Überseegespräche zu führen und auf ihrem mit Nerz bezogenen Feldbett ein Nickerchen zu halten.

John biegt scharf nach links und knipst die Leuchtschiene in der loftgroßen Küche an, die in Arbeits- und Freizeitzonen eingeteilt ist: ein Unterhaltungszentrum mit der neuesten audiovisuellen Ausrüstung und Tausenden von Langspielplatten auf fünf Meter langen Regalen, dann eine Sitzecke mit zwei Sofas und einem Couchtisch und, an der anderen Wand neben der Tür zu einem Badezimmer, Yokos Schreibtisch, zuletzt die eigentliche Küche mit weißen Einbaumöbeln und Haushaltsgeräten. John läßt einen Kessel mit Wasser vollaufen, stellt ihn auf den vielflammigen Restaurantherd und bemüht sich verzweifelt, die Gasflamme mit dem automatischen Zündmechanismus in Gang zu bekommen, eine Aufgabe, die er bis heute nicht gemeistert hat. Während das Wasser warm wird, prüft er die Regale, um Lebensmittel zu finden, die auf seinem Index stehen, also praktisch alles, was normale Leute essen. Wenn er etwas Verbotenes entdeckt, wirft er es mit einem leisen Fluch in den Mülleimer. Die Köchin beschwert sich jeden Tag, weil sie beim Öffnen einer Schublade oder eines Hängeschranks nie sicher sein kann, das Gesuchte zu finden.

Wenn der Tee fertig ist, setzt John sich an den massiven Holztisch vor dem großen Bogenfenster zum mittleren Innenhof. Er rekelt sich auf dem bequemen gelben Regiestuhl und genießt den Frieden der frühen Morgenstunde. Das Frühstück ist seine Lieblingsmahlzeit, und er zelebriert es wie ein Ritual, indem er immer das gleiche ißt: Nabisco-Weizenflocken und Honigzwieback mit Hain's-Orangenmarmelade. Trotz seiner panischen Abneigung gegen Zucker (von dem man laut einem Buch, das er anderen wie einen religiösen Traktat aufdrängt, «die Zuckerschwermut» bekommt), konsumiert er kartonweise Marmelade. Dieselbe Inkonsequenz manifestierte sich jahrelang in seinem noch unmäßigeren Teekonsum. Er trank nur Red Zinger, weil er sich einbildete, er enthalte kein Koffein. Als er erfuhr, daß dieses Lieblingsgetränk der Hippies doch das gefürchtete Stimulans enthielt, stieg er auf eine englische Marke um – aber er hörte nicht auf, zwanzig bis dreißig Tassen Tee oder Kaffee am Tag zu trinken.

Als er seinen geringen Appetit gestillt hat und eine qualmende Gitane-Filter zwischen den nikotinbefleckten Fingern hält, holt er einen Filzstift und ein Blatt Papier aus der Schublade. Er schreibt in Blockschrift auf, was er heute alles braucht. Da er sein Leben im Bett verbringt, kann er seine Wünsche nur durch einen Mittelsmann erfüllen, durch jemanden, der in die Welt hinausgeht und alles tut, was er, John, will. Seine morgendliche Liste umfaßt vielleicht zehn oder zwölf Anliegen, von einem Fernsehkanal, den er nicht störungsfrei empfangen kann, bis zu einem neuen Buch, das er lesen möchte, oder einem Artikel, der auszugehen droht, zum Beispiel Katzenfutter. Hinter einigen Punkten stehen giftige Kommentare, die sein Mißvergnügen über die Art und Weise ausdrücken, wie der betreffende Auftrag das letzte Mal erledigt worden ist. Die fertige Liste legt er auf die Arbeitsplatte, wo sein Assistent Fred Seaman sie finden wird.

Familie Seaman arbeitet seit fast dreißig Jahren für Yoko Ono. Freds Onkel Norman Seaman war 1960, als sie als Performance-Künstlerin anfing, ihr erster Manager; Normans Frau, Helen, ist Seans Kindermädchen. (Norman und Helen spielen in der eigenartigen Familienkonstellation der Lennons die Rolle von Seans Großeltern.) Der junge, blonde und gutaussehende Fred, Sohn eines amerikanischen Konzertpianisten und einer Deutschen, ging abwechselnd in Europa und in den Vereinigten Staaten zur Schule. Er hat kürzlich am City College sein Examen in Publizistik gemacht und arbeitet seit fast einem Jahr für John, das heißt, er hastet zwischen seinem Schreibtisch in Studio One und Lennons Schlafzimmer hin und her oder fährt in einem grünen Mercedes-Kombi durch die Stadt, um Besorgungen zu machen. In all dieser Zeit war er nur einmal länger als ein paar Sekunden mit seinem Arbeitgeber zusammen – als dieser in einer leerstehenden Villa in Palm Beach einen bizarren und aufschlußreichen Monolog hielt, der von Mitternacht bis Morgengrauen dauerte.

John hat Lust bekommen, noch ein bißchen zu schreiben, und beschließt als nächstes, eine Nachricht für Yoko zu hinterlassen. Er setzt sich an ihren Schreibtisch, zieht ein Blatt Papier in die Schreibmaschine ein und tippt im Zweifinger-Suchsystem. Er ärgert sich schon seit geraumer Zeit darüber, daß Yoko ihn ignoriert und immer dann, wenn er mit ihr reden will, Arbeit vorschützt. Neuerdings ist es so schlimm, daß er einen Termin mit einem der Angestellten vereinbaren muß, um am Telefon mit ihr zu reden, und er darf ihr Büro nicht betreten, wenn sie telefoniert, was sie praktisch Tag und Nacht tut. Also schreibt er ihr kleine Mitteilungen, die ihre Schuldgefühle wecken sollen, ohne sie zu provozieren. Er kann sich schlecht beklagen, daß sie zwanzig Stunden am Tag arbeitet, weil er derjenige war, der ihr die ganze Verantwortung für die Familie und das Vermögen aufbürdete und ihr unumschränkte Vollmacht für alles Geschäftliche gab und sie in jeder Angelegenheit zu seiner Vertreterin machte. Wenn er ohne Sorgen und Pflichten leben will, muß er den Preis dafür zahlen. Daher der einigermaßen klägliche und unterwürfige Ton, der schon aus der Überschrift spricht: WANN MAN IGNORIEREN DARF, WAS DER EHEMANN SAGT.

Die Nachricht ist einfach eine Aufzählung der Momente des Tages, in denen Yoko ihn seiner Ansicht nach vernachlässigt: 1. Wenn er aufwacht. 2. Vor dem Kaffeetrinken. 3. Nach dem Kaffeetrinken. 4. Am frühen Morgen oder späten Nachmittag. 5. Bei der Abendsendung im Fernsehen. 6. Wenn er gerade einen Joint geraucht hat – mit anderen Worten: immer. Zuletzt tippt er DADDY IM SCHLAFZIMMER ERREICHBAR und nimmt den Bogen aus der Maschine, um seine altbekannte Signatur zu zeichnen.

Er skizziert eine große Nase, die in zwei kleinen Kringeln für die Brille endet und fügt Mund und Bart hinzu, ehe er sein Haupt mit dekorativen Locken krönt, die links ein *W* und rechts die Buchstaben *ill* bilden. *Will* ist der Titel eines Bestsellers von G. Gordon Liddy, der seit einiger Zeit Johns Evangelium ist, vor allem die Teile, in denen Liddy erklärt, wie er seine gewalttätigen Ausbrüche zu beherrschen lernte und wie er sich den Respekt seiner Mithäftlinge verschaffte, indem er sich ein brennendes Streichholz unter die Handfläche hielt und dabei nicht mit der Wimper zuckte.

Als John die kleine Karikatur beendet hat, wirft er einen Blick über die Schulter zum Küchenfenster und stellt fest, daß der andere Flügel des Gebäudes den rötlichen Schimmer der aufgehenden Sonne einfängt. Auf dieses Signal hin steht er rasch auf und stelzt durch den langen Flur in sein Schlafzimmer, das ihn unverändert erwartet.

In Apartment 72 bleibt alles still, bis gegen acht Uhr Myoko und Uda-San, kleine Frauen mit entschlossenen Bauerngesichtern, erscheinen. Während sie wie jeden Tag an die Arbeit gehen und die Waschmaschine anwerfen oder Miso-Suppe machen, kommt Yoko durch den Hintereingang in die Wohnung – an der Tür ist ein Messingschild mit der Aufschrift «Botschaft von Nutopien». Sie fängt sofort an, auf japanisch Befehle zu erteilen. Während sie an ihrem Schreibtisch Platz nimmt und zum Hörer greift, kommt der vierjährige Sean, gefolgt von seinem Kindermädchen, in die Küche gesaust.

Sean, ein süßer kleiner Junge, hat kein bißchen Ähnlichkeit mit seinem berühmten Vater. Er sieht mit seinem runden Gesicht und seinem etwas gelblichen Teint entschieden eurasisch aus. Auch Yoko ähnelt er nicht. Er hat eine kleine Nase, einen winzigen Mund und kastanienfarbenes Haar, und wenn John wütend ist, sagt er, Sean sei das Kind eines anderen.

Sean ist vollkommen anti-autoritär erzogen worden, ohne all die Zwänge und Forderungen, die Kindern normalerweise auferlegt werden. Nie von der Flasche entwöhnt und nie mit der Benutzung einer Toilette vertraut gemacht, läuft er mit seinen vier Jahren immer noch in Windeln herum und nimmt immer noch alle Nahrung aus einer Flasche zu sich, so daß er bereits schlechte Zähne hat und einen Sprachfehler – ein Lispeln – zu bekommen droht. Wenn er die weißen Wände mit Farbe beschmiert oder eine Pizza auf eine frische Bettdecke wirft oder auf den Rücksitz der Limousine pinkelt, bekommt er kein Wort des Tadels oder Vorwurfs von den Dienstboten oder seiner Mutter zu hören. Yoko verzieht angesichts seiner Streiche keine Miene und wahrt eine geradezu unnatürliche Ruhe. Sie ist sogar stolz darauf, daß sie Kinder wie ihresgleichen behandelt – so wie sie sonst Erwachsene wie Kinder behandelt.

John steht dem Kleinen mit seiner typischen Ambivalenz gegenüber. Er freut sich über seine vermeintliche Kreativität, doch sobald Sean etwas tut, das seinen Seelenfrieden stört, wird er wild. Er schreckt nicht mal vor körperlicher Züchtigung zurück. Als eine Mutter sich darüber beschwerte, daß Sean ihre kleine Tochter gebissen habe, packte er den Arm seines Sohnes und biß hinein. Solche Dinge könnten manche Kinder ängstigen – und der Kleine nimmt sich meist vor seinem Vater in acht –, doch anders als sein Halbbruder Julian, der in Gegenwart seines Vaters immer starr vor Angst ist, läßt Sean nie in seinen Bemühungen nach, seinen schwierigen Daddy weichzukriegen. Oft versucht er, wie eine Katze an ihm hochzukrabbeln, weil er aufgeweckt genug ist, um gemerkt zu haben, daß John Katzen über alles liebt.

Kurz nach neun ertönt der Summer der Hintertür. Nachdem Yoko durch den Spion geschaut hat, macht sie auf, und herein kommt eine große Portion gesundes und normales Leben. Marlene Hair, Yokos einzige Freundin und Vertraute, kommt jeden Tag zusammen mit ihren beiden blassen, irisch aussehenden Kindern, der gut vier Jahre alten Caitlin und dem neunjährigen Sam, zu den Lennons. Die Kinder haben kaum die Küche betreten, als sie auch schon anfangen, laut zu rufen und um Sean herumzutanzen. Er ist für sie wie ein Bruder, denn sie spielen jeden Tag mit ihm und übernachten auch oft zusammen, entweder hier im Dakota oder bei sich zu Haus. Helen Seaman, eine kräftige Frau Anfang sechzig, eilt sofort herbei und bringt das lärmende Trio nach nebenan ins Spielzimmer. Dann zieht sie sich in ihre kleine Wohnung über der Einfahrt des Gebäudes zurück, um ein wenig auszuruhen.

«Marn the Barn», wie John Marnie Hair nennt, ist eine wichtige Figur im emotionalen Haushalt der Lennons, obgleich sie keine Ahnung hat, welche Rolle sie bei dem exzentrischen Paar wirklich spielt. Wie alles Bedeutsame im Leben Yoko Onos ist Marnie die Erfüllung eines Orakels: Ein Jahr nach Seans Geburt verkündete Yokos Kartenleger John Green, in ihrem Häuserblock wohne eine Frau, die am selben Tag und am selben Ort wie sie einen Sohn zur Welt gebracht habe. Diese Frau würde ihre Seelenfreundin werden. Kurz nach der Prophezeiung berichtete Masako, Seans erstes Kindermädchen, sie habe eine Frau mit einem Baby in Seans Alter getroffen, die nur ein paar Türen weiter wohne. Marnie wurde umgehend zum Tee gebeten, und Yoko fragte sie nach ihrem und ihres Mannes Sternzeichen und wertete die Daten dann aus.

John Greens Prophezeiung mußte ein wenig zurechtgebogen werden, um zu den Fakten zu passen. Caitlin wurde zwar im selben Jahr geboren wie Sean, aber acht Monate früher; Sam dagegen wurde – obgleich fünf Jahre älter als Sean – an einem 9. Oktober geboren, dem wichtigsten Datum im Kalender der Lennons, denn es ist der Geburtstag von John und Sean. Indem man die beiden kleinen Hairs zu einem einzigen magischen Wesen verschmolz und Marnie eine Notlüge auftischte – daß Yoko im Lenox Hill Hospital entbunden habe, während Sean in Wirklichkeit im New York Hospital zur Welt kam –, galt die Prophezeiung als erfüllt.

Die wahre Bedeutung Marnie Hairs wurzelt jedoch in der entscheidenden Figur in der Ehe der Lennons: der *Fehlenden Mutter*. Wie John und Yoko bei der Urschrei-Therapie lernten, gehen ihre grundlegenden Probleme – und ihre grundlegende Affinität – auf die Tatsache zurück, daß sie als Kinder beide auf die Mutterliebe verzichten mußten, nach der sie sich immer sehnten. Die Lösung dieses Problems bestand für John darin, Yoko zu seiner Mutter zu machen, eine Identifizierung, die er jedesmal kundtut, wenn er sie mit «Mother» oder «Mommy» anredet, was vor allem dann vorkommt, wenn er in der Babysprache mit ihr redet. Yoko dagegen versuchte das Dilemma zu lösen, indem sie hartnäckig jede mögliche Identifizierung mit ihrer Mutter leugnete; so hat sie ihr Leben lang behauptet, sie habe weder den Wunsch noch die Fähigkeit, eine Mutter zu sein. Marnie ist jedoch die ideale Mutter.

Marnie Hair, auf den ersten Blick eine abgearbeitete Hausfrau mit ausgeprägt irischen Zügen, einem ernsten und nachdenklichen Gesicht, breiten Schultern und einem großen Busen, braucht nur den Kopf in die Hand zu stützen und einem gerade in die Augen zu sehen, und man fängt an, Zuneigung zu ihr zu empfinden. Ihre bloße Anwesenheit wirkt beruhigend und stärkend. Obgleich sie eine ganze Reihe von Examen in Englisch und Sprachwissenschaft gemacht hat und Captain in der US-Army war, sind Kinder, wohl nicht zuletzt deshalb, weil sie selbst als Waise aufwuchs, ihre große Leidenschaft. Yoko Ono, deren größtes Talent darin besteht, andere Menschen auszunutzen, erkannte sicher sehr schnell, daß Marnie die beste Lösung für das lästige Problem der Erziehung Seans bot.

Der Junge hatte natürlich ein ausgezeichnetes Kindermädchen, aber ein Kindermädchen ist eine Angestellte, eine Frau, die die Anordnungen ihrer Chefin ausführt. Was Yoko für Sean brauchte, war eine Frau, der sie möglichst oft die ganze Verantwortung für das Kind aufbürden konnte, also auch schwierige Entscheidungen, die man in kritischen Augenblicken wie einer Krankheit oder Verletzung treffen muß. Sie wünschte sich ein gütiges und fürsorgliches Geschöpf, dem sie Sean übergeben konnte, damit er eine glückliche und erfüllte Kindheit hatte. So wurde Marnie ermutigt, den Kleinen unter ihre Fittiche zu nehmen, ihn nachts mit Caitlin in einem Bett schlafen zu lassen und tagsüber beim Spielen zu beaufsichtigen.

Der beste Beweis für Marnies Rolle als Ersatzmutter ist die Tatsache, daß der Eremit des rückwärtigen Schlafzimmers seine Höhle kurz nach ihrer Ankunft verläßt und seinen zweiten morgendlichen Auftritt in der Küche macht. Sein abruptes Erscheinen auf der Bühne des Haushalts ist viel effektvoller als seine Auftritte als Beatle: Er tritt im Adamskostüm vor die Damen, splitternackt! Ohne einen Gedanken daran, wem er außer ihnen noch begegnen könnte, ob Bekannten oder Fremden, spaziert der große Lennon so, wie Gott ihn schuf, zum Herd und setzt Wasser auf.

Keiner verzieht bei dieser Nummer eine Miene, denn John ist der Kaiser ohne Kleider. Er kann eine Stunde lang nackt am Tisch sitzen und die Füße auf die Tischplatte legen, und sein Glied liegt wie ein schlafendes Haustier auf seinem Schenkel und zuckt kein einziges Mal. In sexueller Hinsicht ist John abgeschaltet.

Seine Ankunft ist für die Frauen das Zeichen, ihr Tête-à-tête in der Sitzecke zu beenden und am Küchentisch Platz zu nehmen, wo John, in der einen Hand einen Becher Tee und in der anderen eine Gitane-Filter, auf sie wartet. Dies ist einer seiner liebsten Augenblicke des Tages: die Vorlesung des nackten Professors. Marn the Barn ist die perfekte Studentin, zumal sie gerade erst von ihrem letzten Doktorandensemester in Colorado zurück ist. Und John ist als Lehrer nicht weniger perfekt, denn er kann stundenlang dozieren und scheint aus seinen eigenen Worten Kraft und Energie zu schöpfen. Er labt sich an seinen Ideen, aber er braucht einen aufmerksamen und respektvollen Zuhörer, der ihn zu einer intensiven Begegnung mit seinem eigenen Geist anregt.

Das heutige Thema? Es wird das große moderne Thema sein – Attentate. Doch es interessiert John nicht unter einem politischen Blickwinkel. Was ihn an den berühmten Morden reizt, ist der Aspekt *des Verschwörerischen*. Wenn Marnie ihn zum Beispiel fragt: «Wer hat Martin Luther King wirklich umgebracht?» explodiert er: «Wen zum Teufel interessiert, wer diesen Nigger ermordet hat? Worauf es ankommt, ist das *System*!» Die düstere Welt mörderischer Regierungen, bezahlter Killer und unschuldiger Sündenböcke fasziniert ihn so sehr, daß für ihre Opfer nur Verachtung bleibt. Deshalb kann er Mitgefühl für die Mörder aufbringen, die er als wahre Opfer betrachtet. James Earl Ray ist für ihn jemand, der reingelegt wurde. Die Ray-Anhörungen waren für ihn spannender als jeder Film; er zerrte Marnie an manchen Tagen zum anderen Ende der Küche, damit sie sich zusammen mit ihm die Fernsehübertragungen ansah. «Guck ihn dir an!» schrie er. «Es ist ganz offensichtlich! Er braucht nicht um ein Glas Wasser zu bitten, und er muß nicht fragen, ob er mal aufs Klo darf. Er steht unter *Drogen*!»

Verschwörungstheorien sind jedoch nur ein Aspekt, der Lennon an diesen schrecklichen Verbrechen interessiert. Wenn man einen seiner guten Tage erwischt, geht er viel tiefer. John Lennon ist in seinen besten Augenblicken ein Seher, ein blinder Teiresias, der auf den Bildschirm der modernen Welt starrt. Was er «sieht», ist freilich nicht das Bild, sondern dessen Echo in seinem Geist. Statt von dem Anblick eines Mannes, der von einer Kugel getroffen wird – dem Standardmotiv jedes Actionfilms –, fasziniert zu sein, grübelt er darüber nach, wie es ist, den Aufprall zu fühlen. Letztes Jahr bekam er eine erstklassige Gelegenheit, seine Neugier zu befriedigen, als Norman Seaman vor der Carnegie Hall angeschossen wurde.

Der alte Mann fuhr die Seventh Avenue hinunter und bog sehr langsam in die 57th Street, und aus Zorn über sein geringes Tempo scherte der Fahrer hinter ihm aus, überholte ihn und bremste schräg vor ihm. Beide Männer stiegen aus und beschimpften einander. Dann stieg eine Frau aus dem anderen Wagen. Sie hob einfach eine Pistole und schoß aus nächster Nähe auf Sam. Danach stiegen sie und ihr Begleiter wieder ein und fuhren die 57th Street weiter entlang und verschwanden. Der einzige Schlüssel des nie aufgeklärten Verbrechens war die Kugel – von einem Kaliber, das häufig von der Polizei benutzt wurde.

Norman Seaman überlebte wie durch ein Wunder. Sobald er aus dem Roosevelt Hospital entlassen war, ließ John ihn zu sich zitieren und bombardierte ihn mit Fragen. Kann man sehen, wie die Kugel den Pistolenlauf verläßt? Wie fühlt es sich an, wenn das Geschoß in den Körper dringt? Was geht einem durch den Kopf, wenn man sich bewußt wird, daß man getroffen worden ist und vielleicht stirbt? Nachdem er diese Informationen aus erster Hand bekommen hatte, war der nackte Professor besser auf sein Lieblingsthema vorbereitet. Nun schildert er morgens oft in allen Einzelheiten, wie es ist, wenn man erschossen wird. Manchmal verfällt er dabei in schwarzen Humor oder sinniert lange über die Bedeutung dieses Ereignisses, das er als eine zeitgenössische Version der Kreuzigung bezeichnet, bei der Bleikugeln an Stelle der Eisennägel treten.

Tod, Sterben und Kreuzigung sind Dinge, die John Lennon nicht erst seit kurzer Zeit beschäftigen. Sie haben ihn sein Leben lang fasziniert. In seinen Tagen als Beatle hat er immer wieder Grund gehabt, sich vor dem Sterben zu fürchten, ob in einem brennenden Flugzeug oder von der Hand seiner rasenden Fans oder als Opfer eines religiösen Fanatikers in den US-Südstaaten. Er löste das Problem der menschlichen Sterblichkeit letztlich damit, daß er sich dem Glauben an die Reinkarnation zuwandte. Karma ist der Schlüssel zum Leben, erklärt er, doch um mit dem besten Karma wiedergeboren zu werden, muß man richtig sterben – ausgeglichen und stark und im Einverständnis mit seinem Schicksal. John möchte so sterben wie Jesus, seinem Mörder mit großer innerer Ruhe und Gewißheit in die Augen blickend.

Wenn er über dieses beunruhigende Thema doziert, zeigt er keinerlei Bewegung. Er sagt zum Beispiel: «Ich habe keine Angst vorm Sterben. Es ist einfach so, als ob man von einem Auto in ein anderes steigt.» Marnie spürt jedoch, welche Furcht der unnatürlichen Kaltblütigkeit zugrunde liegt, die er zur Schau trägt. Sie wird nervös und fragt: «Warum interessierst du dich bloß so sehr für den Tod?» Oder sie schimpft mit ihm und bezeichnet sein Obsession als «morbide». Zuletzt ermahnt sie ihn unweigerlich: «Tu was für dich! Geh raus und jogge ein bißchen!»

John ist dann sofort in der Defensive. «Ich kann machen, was ich will», protestiert er wie ein trotziges Kind. «Ich kann sagen, was ich will. Ich bin niemandem Rechenschaft schuldig. Ich bin *ich. Ich bin John Lennon!*» Auch dieser Satz ist typisch für ihn. Schon als kleiner Junge in Liverpool ist er im Bus von einem Fahrgast zum anderen gegangen und hat immer wieder denselben Satz gesagt: «Ich bin John Lennon.» Als wäre er überrascht gewesen, daß die Leute ihn nicht erkannten.

Wenn Marnie sieht, daß sie John geärgert hat, preßt sie die Lippen aufeinander und begnügt sich wieder damit, stumm dazusitzen und ihn anzusehen, während er ins Leere starrt und wie für ein unsichtbares, fernes Publikum predigt. Sie lauscht dem Vortrag, und ihr Blick wandert zu Yoko, die mit unbewegtem Gesicht, die Hände über dem Bauch gefaltet, am Tischende sitzt. Sie spürt noch die Wirkung des Morgensniffs und würde am liebsten einnicken. Hinter der ausdruckslosen Maske lauert jedoch ein Schalk, der jederzeit zu einem Streich bereit ist.

Während John seinen Monolog fortsetzt, sieht Marnie zu, wie Yoko verstohlen die Hand ausstreckt und seinen Teebecher oder den Ascher so weit fortschiebt, daß er ihn nicht mehr erreichen kann. Wenn er danach langt, um einen Schluck zu trinken oder die Asche abzustreifen, stellt er plötzlich fest, daß er ins Leere greift oder den Tisch schmutzig macht. Es kommt auch vor, daß Yoko morgens, wenn sie mit Marnie in der Sitzecke Tee trinkt und einen Plausch hält, unvermittelt den Kopf hebt, da sie Johns Schritte im Flur hört. Sie springt blitzschnell auf und läuft zur Katzenkiste hinüber, holt etwas Kot heraus und legt ihn ihm in den Weg. Wenn der Herr des Hauses dann seinen großen Auftritt absolvieren will, tritt er in Katzendreck.

Manchmal ist Yoko aber zu langsam, und John erwischt sie in flagranti. Dann ist die Hölle los. Er packt sie an ihren langen Haaren und zerrt sie zum Herd und droht, ihre Haare in Flammen zu setzen, während sie laut kreischt und ihn zu kratzen versucht. Deshalb ist in der Küche nie ein einziges Streichholz. Manchmal entdeckt Marnie, wenn sie morgens die Küche betritt, überall Yokos ausgerissene Haare am Boden.

Marnie zeigt bei Johns Monologen eine Engelsgeduld, aber es ist ihr viel lieber, wenn er vorschlägt, nach nebenan ins Spielzimmer zu gehen, wo die Kinder sind. Das kommt vielleicht zwei- oder dreimal in der Woche vor. Der Raum ist mit einem Klettergerüst, einer Rutsche, einem Kletterseil, einem Trampolin, großen Bauklötzen und einer Kinder-Musikbox ausgestattet, und in einer Ecke befindet sich eine ganze Menagerie riesiger Stofftiere. Das große Zimmer wird nur von einer Deckenlampe beleuchtet, aber das Licht reicht, um das Comic-Deckengemälde zu sehen. Es zeigt John als *Superman*, Yoko als *Wonder Woman* und Sean als *Captain Marvel* inmitten eines Hofstaats von Tieren.

In dem Raum steht auch ein altertümliches Klavier, an dem John nun Platz nimmt, um den Kindern beizubringen, wie man einen

Song macht. «Sagt irgendein Wort!» drängt er, um zu demonstrieren, wie leicht man alles in Musik verwandeln kann.

Eines der Kinder ruft: «Zeh!»

«Das ist ein gutes Wort», erwidert John. Dann fragt er: «Welcher Ton paßt am besten zu ‹Zeh›?» Er singt: «Do, re, mi», wiederholt das Do und schlägt es ein paarmal auf dem Klavier an, während er «Do... Zeh... do! Sehr gut!» singt.

Nun brauchen sie ein anderes Wort, eines, das zu «Zeh» paßt.

«Nagel!» ruft ein anderes Kind.

«Zehennagel!» wiederholt John, der langsam anfängt, sich für das Spiel zu interessieren – obwohl die Kinder schon das Interesse verlieren und an etwas anderes denken. Während John nach weiteren Worten und Tönen fragt, um den neuen Song zu machen, merkt er langsam, daß sie nicht mehr bei der Sache sind. Als eines von ihnen im falschen Augenblick lacht, verliert er die Beherrschung, springt auf und schlägt den Klavierdeckel so unvermittelt zu, daß er um ein Haar die Hand eines der Kinder zerquetscht. Zornig wendet er sich zu Marnie und brüllt: «Ich kann es nicht fassen, wie wenig konzentrationsfähig diese Gören sind! Wie kann man den verdammten Blagen bloß irgendwas beibringen?» Damit stapft er aus dem Zimmer und schreitet zu seiner Höhle zurück.

Er nimmt auf dem Bett die Lotosposition ein und reißt die kleine Schublade seiner Schreibunterlage auf. Er holt einen Thaistab heraus – ein gut zehn Zentimeter langes Ende einer starken Pflanze, das mit weißem Garn an einen langen Bambussplitter gebunden ist –, zerstößt das Gras, ohne es vorher zu entrollen, und macht sich einen dicken Joint. Während er den würzigen Rauch tief einatmet, holt er einen Brief an seine Tante Mimi hervor, die Frau, die ihn in Liverpool großgezogen hat. Er hat den Brief vorgestern angefangen.

Sie streiten sich nach all den Jahren immer noch über die gleichen Dinge, die sie entzweiten, als John ein aufmüpfiger Teenager war. John ärgert sich darüber, daß seine verdammte Tante nicht einmal jetzt, wo ihn die ganze Welt als Genie anerkennt, zugeben will, daß er etwas geleistet hat. Sie kritisiert ihn und nörgelt an ihm herum, als wäre er ein unartiges Kind. «Ich glaube an mich... wen gibt es denn sonst noch?» schreibt er trotzig, als müßte er seine Existenz vor dieser alten Dame verteidigen, die er zehn Jahre nicht gesehen hat.

Die Bücher, die über seine Bettdecke verstreut sind, zeugen davon, wie hart er noch daran arbeitet, die Fesseln seiner Kindheit abzustreifen. Er legt den Brief, den er nie abschicken wird, zur Seite und greift zu dem Buch, das ihm seit Arthur Janovs *Urschrei* am meisten bedeutet hat. In *The Continuum Concept* wird argumentiert, die Probleme der neurotischen Abhängigkeit könnten nur gelöst werden, wenn man die Erziehungsmethoden von Naturvölkern übernimmt, bei denen die Frauen sich ihre kleinen Kinder auf den Rücken schnallen und so ihre täglichen Arbeiten verrichten. Die Kinder *erfahren* ihr neues Leben durch ununterbrochenen physischen Kontakt mit der Mutter. John liebt diese Theorie, denn er hat immer das Gefühl gehabt, daß seine Mutter ihn in Stich gelassen hat. Das war das Thema von «Mother», eine seiner eindringlichsten und beklemmendsten Produktionen, die die Qual in seinem tiefsten Inneren bloßlegte.

Sie beginnt mit dem Läuten von Kirchenglocken zu einem Begräbnis, dumpf und brüchig wie die Welt, die sie symbolisieren. Dann ertönt ein Gesang mit Klavierbegleitung. Das Klavier spielt nur jeweils einen Ton, und die einzelnen Noten verklingen mit dem melancholischen Widerhall eines leeren Zimmers. Die Stimme ist so freudlos und monoton wie die eines Mannes in einem Verlies oder eines Geisteskranken in einer Anstaltszelle. Sie schreit ihren Protest heraus, ist aber ohne jede Leidenschaft. Es ist, als wiederholte jemand eine fixe Idee oder rezitierte immer wieder denselben Vers eines psychotischen Wiegenlieds.

Dann wird die Stimme auf einmal anders. Eine beängstigende innere Erregung bricht sich Bahn, als habe der Sänger einen hysterischen Anfall. Lennon ruft zuerst nach seiner Mutter, anschließend nach seinem Vater. Dann stößt er nur noch unverständliche Schreie aus. Aber es sind nicht die kehligen, sehnsüchtigen Rufe eines Gospelsängers und auch nicht Angstschreie wie aus einem Horrorfilm. Sie sind erstickt und klingen wie ein Würgen. John Lennon bemüht sich verzweifelt, seine Vergangenheit zu erbrechen. Doch so sehr er auch würgt, er wird sie nicht los.

FRED UND GINGER

Am Abend des 9. Oktober 1940 um halb sieben hatten die Luftschutzsirenen gerade angefangen zu heulen, als Mimi Smith endlich das Liverpool Maternity Hospital erreichte. Seit vierundzwanzig Stunden telefonierte sie ständig mit dem Krankenhaus, um sich nach dem Befinden ihrer Lieblingsschwester zu erkundigen. Julia Lennon lag seit dreißig Stunden in den Wehen, und die Ärzte bereiteten einen Kaiserschnitt vor. «Pausenlos rief ich an», berichtete Mimi. «Ich war schrecklich nervös. Schließlich sagten sie mir, es sei ein Junge. Ich ließ alles stehen und liegen und stürzte aus dem Haus.»

«Es war ein schwerer Bombenangriff. Auf dem Weg ins Krankenhaus [gut drei Kilometer] dröhnten die Sirenen, aber mich konnte nichts aufhalten – nicht einmal Hitler! Ich hatte nur einen Gedanken: ‹Es ist ein Junge!› Sie können sich nicht vorstellen, wie aufgeregt ich war. Wir waren es alle! Es war solch eine Neuigkeit, einen Jungen in der Familie zu haben. Alle hatten wir uns das gewünscht. Als ich im Krankenhaus war, konnte ich mich an ihm nicht satt sehen. Er war ein wunderschönes Baby. Sogar die Schwestern fanden das. Er hatte bei der Geburt blonde Haare, und ich erinnere mich, daß er siebeneinhalb Pfund wog. Gerade richtig! Nicht zu groß und nicht zu klein. Kaum hatte ich John gesehen, wußte ich, daß etwas Besonderes aus ihm werden würde.»

Es war Mimi nicht lange vergönnt, den allseits ersehnten Säugling zu betrachten. Eine Schwester mit langer Schürze und Riesenhaube kam herein, nahm das Baby und schob es aus Sicherheitsgründen unters Bett. Anschließend forderte sie Mimi auf, in den Keller zu gehen oder das Krankenhaus sofort zu verlassen. Durch das Inferno des Luftangriffs rannte Mimi nach Hause, um den Eltern die freudige Nachricht zu überbringen. Sie stürmte ins Haus und rief: «Mama, er ist wunderschön!»

Mimis Vater Pop Stanley, ein galliger alter Seebär, knurrte: «Er *mußte* ja schöner als alle anderen sein.»

Bei Johns Geburt war Julia Lennon siebenundzwanzig, aber sie benahm sich wie ein Kind. Sie war ausgelassen, übermütig, kapriziös und keinem Flirt abgeneigt. Mit dem langen kastanienbraunen Haar, das ihr Gesicht wie ein schimmernder Heiligenschein umrahmte, den schlanken Beinen, die durch kurze Röcke und hochhackige Schuhe wirkungsvoll zur Geltung gebracht wurden, und einem jener Gesichter, die für das Theater wie geschaffen sind – hohe, breite Backenknochen, kühn geschwungene Augenbrauen und tiefrot geschminkte Lippen –, verdrehte sie vielen Männern den Kopf. Heiratsanträge bekam sie mehr als genug, oft von Männern mit vielversprechenden Aussichten, aber niemand konnte sich zwischen sie und ihren Favoriten drängen, einen jungen Schiffssteward namens Freddie Lennon.

Freddie war Julias Fred Astaire und sie seine Ginger Rogers. Hübsch und gewandt, mit einer schönen irischen Tenorstimme und einem «vollkommenen Profil» gesegnet, was selbst die ihm durchaus nicht wohlgesonnene Mimi zugeben mußte, war Freddie bestrebt, durch das wirkliche Leben zu tanzen, wie sein Namensvetter auf der Leinwand. Wer sonst hätte sich benommen wie Freddie, als er Julia das erste Mal traf?

«Ich saß im Sefton Park mit einem Kumpel, der mir zeigte, wie man Mädchen anmacht», erzählte Freddie Hunter Davies. «Ich hatte mir eine Zigarettenspitze und einen Bowler gekauft. Ich dachte, damit könnte ich ordentlich Eindruck schinden. Und da war die kleine Göre, auf die wir ein Auge geworfen hatten. [Julia und Freddie waren damals beide ungefähr sechzehn.] Als ich ihr nachstieg, sagte sie: ‹Du siehst bescheuert aus.› Und ich sagte: ‹Du siehst toll aus!› Ich setzte mich neben sie. Es war ganz harmlos. Ich hatte von nichts eine Ahnung. Sie sagte, wenn ich neben ihr sitzen wolle, müsse ich den idiotischen Hut abnehmen. Das tat ich. Ich warf ihn in den See!» Davon war Julia begeistert, denn nichts war ihr lieber als große Gesten.

Sich wie einer dieser singenden und tanzenden Schauspieler zu verhalten, war Freddie in Fleisch und Blut übergegangen, denn seit er sich erinnern konnte, vergötterte er seinen verstorbenen Vater Jack Lennon, einen der ersten englischen Minstrels, der in den neunziger Jahren mit den Andrew Roberton's Kentucky Minstrels durch die Vereinigten Staaten gereist war. Wenn Freddie auf einem der alten, luxuriösen Überseedampfer der dreißiger Jahre Dienst tat, schminkte er sich manchmal das Gesicht schwarz und lieferte eine perfekte Parodie des großen Al Jolson, indem er mit gebeugtem Knie «Mammy» sang. Betrachtet man diese drei Generationen Lennon – Jack, Freddie und John –, so stehen sie für ein Jahrhundert englischer Unterhaltungskunst, das dem Zauber des schwarzen Mannes verfallen war.

Als Jack Lennon starb, war Freddie sieben – etwa so alt wie John, als er Freddie, und wie Sean, als er John verlor. Freddie kam in das Blue Coat Hospital, Liverpools vornehmste Wohltätigkeitseinrichtung. Stolz trug er die traditionelle Tracht, die lange blaue Jacke, die mit Silberknöpfen verzierte Weste, das weiße Beffchen und den hohen Hut. Doch seine wirkliche Liebe galt der Bühne. Bei der ersten sich bietenden Gelegenheit lief er aus dem Waisenhaus davon und schloß sich der Will Murray's Gang an, einer bekannten Kindertruppe. Von den Ordnungshütern eingefangen und gezüchtigt, sah er sich gezwungen, bis zu seinem fünfzehnten Lebensjahr im Heim auszuharren, wo er gegen seinen Willen eine ausgezeichnete Schulbildung erhielt. Doch sein Leben lang litt er unter der Vorstellung, daß er seine Berufung verfehlt habe. Als sein berühmter Sohn das erste Mal bei einem Weihnachtsspiel in London auftrat, brach der arme Freddie zusammen und weinte. Er zeigte auf die Bühne und schluchzte: «Dort wäre mein Platz gewesen!»

Freddies Bühnenersatz war theatralisches Verhalten. Zehn Jahre lang amüsierte er Julia Stanley, zehn Jahre lachte und sang er, doch sexuell passierte nichts, sie waren ein «Duo», mehr gute Freunde als Liebende. Er hätte diese pubertäre Beziehung wohl noch länger durchgehalten, wenn ihm Julia nicht einen Heiratsantrag gemacht hätte. Zu diesem unkonventionellen Verhalten sah sie sich durch ein

Ultimatum des Vaters gezwungen: entweder sollte sie ihn heiraten oder dem unpassenden Freier den Laufpaß geben. Pop Stanley hatte damit gerechnet, daß seine Drohung diese unreife Affäre beenden würde, statt dessen veranlaßte sein Machtwort die leichtsinnige Julia dazu, Freddie vorzuschlagen, mit ihr zusammenzuziehen – ein Ansinnen, das den jungen Steward schockierte. «‹Ich bin in einem Waisenhaus aufgewachsen›, erklärte ich ihr. ‹Wenn schon, dann müssen wir das Aufgebot bestellen und heiraten, wie es sich gehört.› Sie sagte: ‹Wetten, daß du das nicht tust!› Da tat ich es – nur so zum Spaß. Wir fanden es furchtbar komisch zu heiraten.»

Die Vorbereitungen für diese leichtfertige Verbindung mußten in aller Heimlichkeit getroffen werden, weil keine der beiden Familien ihre Zustimmung gegeben hätte. Die Stanleys sahen auf Freddie herab, weil er nur ein Schiffskellner war, der alte Stanley dagegen ein richtiger Seemann, der das Handwerk des Segelmachers erlernt hatte, bevor die Dampfschiffe die Weltmeere eroberten. Die Lennons hatten ihrerseits wenig für Julia übrig, weil sie sie für ein Flittchen hielten.

Als Freddie am Morgen des 3. Dezember 1938, seinem Hochzeitstag, zum Adelphi Hotel kam, war er pleite, weil er seit Monaten nicht gearbeitet hatte. Er ging über die Straße in den Laden eines Militärschneiders, in dessen Keller das verantwortungsbewußteste Mitglied der Familie, sein älterer Bruder Sydney Lennon, unter grellen Lampen seiner Arbeit nachging. Freddie berichtete von seiner mißlichen Lage. Sydney machte einen letzten verzweifelten Versuch, den jüngeren Bruder von seinem Vorhaben abzubringen. Dann erklärte er sich bereit, mit einem gewissen Edwards zusammen den Trauzeugen zu spielen. Außerdem lieh er dem Bruder eine Pfundnote.

Kurz bevor das hinter dem Hotel gelegene Standesamt in der Bolton Street schloß, traf Julia in Begleitung einiger Mädchen ein, die mit ihr als Platzanweiserinnen im Trocadero Cinema arbeiteten. Der Standesbeamte verlas den üblichen Spruch aus dem Gebetbuch der anglikanischen Kirche, und das Paar gelobte sich die eheliche Treue. Sydney spendierte im nahegelegenen Pub Essen und Getränke. Hinterher gingen Julia und Freddie ins Kino – das waren ihre ganzen Flitterwochen. Als Braut und Bräutigam an diesem

Abend getrennt nach Hause gingen, war Julia noch immer Jungfrau.

Nicht ohne Bitterkeit erinnerte sich Mimi, wie Julia die Neuigkeit bekanntgab: «Sie kam einfach herein und erklärte: ‹So, ich habe ihn geheiratet!› Damit warf sie den Trauschein auf den Tisch. Wir wußten alle, daß es nicht gutgehen konnte, aber es war nicht mit ihr zu reden. Ich glaube, sie hat sich überhaupt keine Gedanken über die Folgen gemacht. Das war typisch für sie.»

Ein paar Tage später schiffte sich Freddie Lennon für eine Mittelmeerkreuzfahrt ein. Bei seiner Rückkehr stand Pop Stanley vor der Alternative, entweder die Heirat zu akzeptieren oder seine Lieblingstochter zu verlieren. So bot er Freddie an, bei den Stanleys einzuziehen. Erst vor kurzem hatte die Familie das alte Haus in Toxteth aufgegeben, um in ein neues einzuziehen – Newcastle Road 9 in der Nähe der Penny Lane. Obwohl das kleine Reihenhaus mit dem Erkerfenster zur Straße hin eher schäbig wirkt, bedeutete es einen gewaltigen Fortschritt gegenüber dem bisherigen in der heruntergekommenen Gegend, die es später als Liverpool 8 zu trauriger Berühmtheit brachte. Das neue Heim lag nicht nur in einem respektableren Viertel, es verfügte auch über so erstrebenswerten Komfort wie eine Toilette im Haus und einen winzigen Hinterhof. In diesem Haus wurde im Januar 1940, während der Zeit ruhender Feindseligkeiten, John Lennon empfangen.

Als sich Julias Schwangerschaft dem Ende zuneigte, war die Luftschlacht um England in vollem Gange. Nacht für Nacht bombardierte die deutsche Luftwaffe Liverpool, setzte den Hafen in Brand und richtete große Schäden in den Wohnbezirken an. Wenn die Sirenen aufheulten, zogen sich Julia und ihre Familie in einen Luftschutzbunker zurück, den man geschaffen hatte, indem man über einem schmalen Gang hinter dem Haus eine Betondecke angebracht hatte.

Lange Zeit im Schoß einer Familie geborgen, die in das Baby vernarrt war, begann Julia sich einsam zu fühlen, als zunächst ihre Mutter starb und dann Mimi das Haus verließ, da ihr Mann aus der Armee entlassen wurde. Freddie war nie zu Hause. Er gehörte zu den vielen Tausend tapferen Seeleuten der englischen Handelsmarine, die an vorderster Front ihr Leben riskierten, indem sie die U-Boot-Blokkade durchbrachen. Mimi hatte sofort ein Einsehen mit ihrer Schwester und schlug ihr vor, in ein kleines Landhaus ihres – Mimis – Mannes zu ziehen, das unweit des eigenen Hauses in dem ländlichen Vorort Woolton, Allerton Road 120A, lag.

In dem Augenblick, da Julia zu Hause auszog, veränderte sich ihr Leben grundlegend. Abend für Abend ging sie zum Tanzen ins Dorf, in dessen Pubs sich die uniformierten Männer drängten, tranken, sangen und jene hemmungslose Ausgelassenheit an den Tag legten, die für Kriegszeiten typisch ist. Bisher hatte sie nicht getrunken, doch jetzt fand sie Geschmack am Alkohol, obwohl anfangs zwei Glas Sherry genügten, um sie zum Kichern zu bringen. Da sie sich keinen Babysitter leisten und auch Mimi nicht bitten konnte, auf den Kleinen aufzupassen, während seine Mutter sich in den Pubs herumtrieb, pflegte sich Julia aus dem Haus zu schleichen, sobald John eingeschlafen war, und überließ ihn einfach sich selbst.

John war ein verhätscheltes Kind und daran gewöhnt, daß ständig jemand für ihn da war. Nun wachte er in der Dunkelheit auf und stellte fest, daß sich nicht nur niemand um ihn kümmerte, sondern daß das Haus auch leer war. Entsetzt stellte er sich Geister und Kobolde vor, die sich um sein Bett scharten. In seiner Angst schrie er und veranstaltete dabei manchmal ein derartiges Spektakel, daß sich die Nachbarn zum Eingreifen veranlaßt sahen.

Als Freddie wieder an Land kam, erfuhr er von den nächtlichen Eskapaden seiner Frau und stellte sie zur Rede. Ihre Antwort bestand in einer Tasse kochend heißem Tee, den sie ihm über den Kopf goß. Außer sich vor Wut schlug Freddie ihr ins Gesicht – das einzige Mal, daß er sich ihr gegenüber zu Tätlichkeiten hinreißen ließ –, woraufhin sie Nasenbluten bekam. Mimi, die früher Krankenschwester gewesen war, wurde herbeigerufen, und nachdem sie die Blutung gestillt hatte, erklärte sie ihrer Schwester in unmißverständlichen Worten, was sie von ihrem empörenden Betragen hielt.

1943, als der Vater zur Schwester zog, kehrte Julia ins elterliche Haus zurück. Hier konnte sie ihre abendlichen Streifzüge viel besser organisieren, denn gemeinsam mit zwei anderen jungen Müttern aus der Nachbarschaft, Dolly Hipshaw und Ann Stout, war sie in der Lage, sich einen Babysitter zu leisten, der auf die Kinder aufpaßte. An diesen Abenden geschah nie etwas Ungebührliches, bis Freddie Lennon in Schwierigkeiten geriet.

Die verhängnisvolle Seereise – die die Lennonsche Ehe sprengen sollte – begann am 14. Juli 1943, als Freddie auf der *Samothrace* anheuerte, die nach New York unterwegs war. Das ganze Unglück fing damit an, daß Freddie, der unlängst zum Salonsteward (Oberkellner) befördert worden war, sich hatte überreden lassen, für diese Reise noch einmal als einfacher Steward anzuheuern. Hinterher befürchtete er, daß er damit seine Beförderung aufs Spiel setzte. Nachdem er sich bei einem längeren Aufenthalt in New York mit seinem ehemaligen Kapitän beraten hatte, trat er seinen Dienst beim Auslaufen des Schiffes nicht mehr an, sondern trug seinen Fall dem englischen Konsul vor. Der Beamte zeigte wenig Verständnis: Ohne Freddies Beförderung zu berücksichtigen, wies er ihm die *Sammex* zu, die am 9. Februar 1944 mit Kurs auf die algerische Hafenstadt Bône auslief.

Freddie bemerkte rasch, daß die ganze Mannschaft mit Ausnahme des Kapitäns und der Funker in Schmuggel- und Schwarzmarktgeschäfte verwickelt war. Doch nicht die Schmuggler wurden erwischt, sondern Freddie. Als das Schiff in dem nordafrikanischen Hafen lag, wurde er von einer Küstenstreife verhaftet, weil er eine unverzollte Flasche Bier trank. Zu neun Tagen Haft in einem scheußlichen Militärgefängnis verurteilt, saß er nach seiner Entlassung ohne Schiff und Geld in der Fremde.

Die nächsten sechs Monate in Freddie Lennons Leben waren voller gefährlicher Abenteuer. Er schloß sich der örtlichen Widerstandsbewegung an, nachdem ihn ihr Anführer, ein Holländer namens Hans, in der Kasba aus den Händen arabischer Gangster befreit hatte. Nach einer Reihe von Einsätzen auf einem Schiff mit holländischer Besatzung, das Truppen von Nordafrika nach Neapel transportierte, gelang es ihm, auf einem Schiff nach England anzuheuern, das im November 1944, achtzehn Monate nach seiner Abreise, in Liverpool eintraf.

Seit seiner Verhaftung in Bône hatte Freddie keine Heuer mehr bekommen – und damit auch Julia keine Unterstützung mehr –, doch abgesehen von den letzten Monaten seiner Abwesenheit hatte er sie in langen, ausführlichen Briefen von seinen Abenteuern unterrichtet. Aber als Mimi später gezwungen war, dem kleinen John das Verschwinden seines Vaters zu erklären, behauptete sie, Freddie habe sein Schiff verlassen und die Familie im Stich gelassen – eine

Verdrehung der Tatsachen, die in unverantwortlicher Weise von der Presse aufgegriffen und verbreitet werden sollte. Mit dieser Erklärung wurden die wirklichen Gründe für das Scheitern der Lennonschen Ehe verschleiert. Der Anfang vom Ende kam, als Freddie heimkehrte und entdeckte, was Julia in seiner Abwesenheit getrieben hatte.

Im Frühjahr des Jahres 1944 war Julia Lennon einem blonden walisischen Soldaten namens Taffy Williams begegnet, der einer Einheit der Luftabwehr in der Mossley-Hill-Kaserne angehörte. Williams erschien eines Abends im British Legion Club in Begleitung eines gutaussehenden Mannes mit dunklem Teint und schmalem Schnurrbart, der John Dykins hieß. Julia flirtete heftig mit dem Soldaten, während Dykins sich Ann Stout zuwandte. Am Ende des Abends ging Dolly allein nach Haus und ließ ihre Nachbarinnen in der Gesellschaft ihrer neuen Freunde zurück.

Von diesem Abend an waren Julia und Taffy, Ann und Bobby (wie Dykins genannt wurde) unzertrennlich. Manchmal gesellte sich auch Dolly zu ihnen. Dykins war ein Gewinn für jede Party. Er arbeitete als Weinkellner bei Adelphi und konnte Schätze beschaffen, die damals Seltenheitswert besaßen: Zigaretten, frisches Obst, echte Schokolade und schottischen Whisky. Julia lebte in dieser fröhlichen Gesellschaft auf. Sie war keine Frau für schlechte Zeiten. Sie brauchte diesen turbulenten Lebensstil. Ein halbes Jahr war sie sehr glücklich, vielleicht glücklicher als jemals in ihrem Leben. Dann stellte sie fest, daß sie schwanger war.

Taffy fand es nicht weiter schlimm. Er schlug Julia vor, mit ihm fortzugehen. Schließlich sah sie ihren Gatten kaum. Warum sollte sie ihren abwesenden Mann nicht gegen jemanden eintauschen, mit dem sie ihr Leben genießen konnte? Es war ein verlockendes Angebot, und vermutlich wäre sie darauf eingegangen, wenn sie John hätte mitnehmen können. Zu dem Zeitpunkt, da Julia es ablehnte, ihren Sohn im Stich zu lassen, wurde Taffys Einheit auf die Halbinsel Wirral verlegt. Die Liebenden trennten sich – und Freddie kehrte zurück.

Als Freddie seine Frau nach anderthalb Jahren endlich wiedersah, überfiel sie ihn mit der Erklärung, daß sie das Kind eines anderen erwartete. Allerdings behauptete sie, sei es nicht ihre Schuld. Freddies jüngerer Bruder Charles, der bei der Royal Artillery war und Heimaturlaub hatte, war Zeuge der folgenden Ereignisse: «Alfred kam bei mir vorbei. Er sagte, er ist nach Hause gekommen und da war sie im zweiten Monat, aber es war noch nichts zu sehen. Sie behauptete, von einem Soldaten vergewaltigt worden zu sein. Sie nannte den Namen. Wir fuhren nach Wirral, wo der Soldat stationiert war. Man ließ mich zur Flakstellung durch, wo ich mit seinem Offizier sprach. Ich durfte den Soldaten mit nach draußen nehmen, damit mein Bruder mit ihm reden konnte. Freddy war nicht gewalttätig. Hitzig, aber nicht gewalttätig. Niemand bei uns in der Familie ist gewalttätig. Freddie sagte: ‹Ich glaube, Sie haben was mit meiner Frau gehabt. Sie behauptet, Sie hätten sie vergewaltigt.› – ‹Nichts da›, sagte er. ‹Das war keine Vergewaltigung. Sie war einverstanden. Ich war 'ne ganze Weile mit ihr zusammen, bis ich über den Fluß nach West Derby versetzt worden bin.› Der Soldat fuhr mit uns zurück, aber das hätte er sich sparen können. Sie ließ ihn abblitzen [Sie lachte ihm ins Gesicht und rief: «Hau ab, du blöder Kerl!»], obwohl sie ein Kind von ihm erwartete. Mein Bruder Alfred beschloß, John zu meinem anderen Bruder Sydney in Maghull [einem Dorf im Norden Liverpools] zu bringen. Er wollte auf keinen Fall, daß sich Julias Schwester Mary [Mimi] um John kümmerte.»

Mimi vermochte gegen Sydney, der ihr Gegenstück in der Familie Lennon war, nichts auszurichten, so widmete sie sich ganz der Schwangerschaft ihrer Schwester. Zunächst einmal teilte Pop Stanley Julia mit, er werde eine solche Schande in seinem Haus nicht dulden: entweder müsse sie gehen – oder der Bastard. Als Julia sich bereit erklärte, das Kind fortzugeben, kümmerte sich Mimi um die erforderlichen Schritte. Sie wandte sich an das Waisenhaus für Mädchen, das die Heilsarmee in der Nähe ihrer Wohnung unterhielt – ein verschnörkeltes Tudorgebäude, das aussah wie ein Riesenschloß aus dem Märchen und Strawberry Field (nicht Fields) hieß. Die Leiterin nannte Mimi eine Entbindungsklinik in der North Mossley Hill Road, in der Julia das Kind zur Welt bringen könnte. Als Freddie von seiner nächsten Reise zurückkam, ging er in die Klinik und bat Julia, dem Baby seinen Namen geben zu dürfen. Sie schlug es ab. «Ich will es nicht», sagte sie, «weil du irgendwann wütend wirst und sagst: ‹Guck dir doch deinen kleinen Bastard an!›» Darauf wandte sich Freddie an Mimi und flehte sie an, das Kind zu nehmen. Verächtlich lehnte sie sein Ansinnen ab.

Julia nannte das Baby, das am 19. Juni 1945 geboren wurde, Victoria, ein Name, der gut zu dem erfolgreichen Ende des Krieges in Europa paßte, aber auch zu dem patriotischen zweiten Vornamen, den John erhalten hatte – Winston. «Ich erinnere mich noch gut an sie», berichtete Julias Schwester Anne Cadwallader. «Sie war ein schönes Baby, aber wir haben nie erfahren, wer ihr Vater war... Eines Tages kam ein Offizier der Heilsarmee und nahm das Baby mit. Wir haben es nie wiedergesehen.» Als Freddie sich an die Heilsarmee wandte, um in Erfahrung zu bringen, was aus dem Kind geworden war, teilte man ihm mit, daß man den Eltern prinzipiell keine Auskünfte über die Pflegeeltern und den Pflegeeltern keine Auskünfte über die Eltern des adoptierten Kindes erteile. Freddie konnte der Vorsteherin nur entlocken, daß das Kind von der Familie eines norwegischen Kapitäns adoptiert worden sei. Wahrscheinlich ist John Lennons Halbschwester in Norwegen aufgewachsen, doch alle Versuche, ihre Spur ausfindig zu machen, blieben erfolglos.

Nachdem Julia auf diese Weise ihre Tochter Victoria losgeworden war, bat sie Freddie, John von Sydney zurückzuholen. Sydney riet ihm nachdrücklich ab. Er zählte Freddie alle Gründe auf, die dagegen sprachen, daß die Versöhnung mit Julia von langer Dauer sein würde, und schilderte ihm, wie nachteilig sich weitere Streitereien und Trennungen auf das Kind auswirken müßten. Freddie verschloß sich allen Argumenten. Er war noch immer davon überzeugt, daß Julia und er durch John wieder zusammenfinden könnten.

Sydney sollte nur zu recht behalten. Kaum lebte John wieder bei seiner Mutter, als neue Komplikationen und Schwierigkeiten in ihrem Leben auftauchten. John Dykins hatte inzwischen mit Ann Stout gebrochen und angefangen, Julia den Hof zu machen. Er konnte ihr ein ganz anderes Leben bieten als Freddie. Dykins verdiente gut und lebte auf großem Fuß. Er war sehr attraktiv und verstand sich auf Frauen. Bald verbrachte er viel Zeit in dem Haus in der Newcastle Road. Es gelang ihm sogar, sich bei Pop Stanley, der wieder zu Julia gezogen war, lieb Kind zu machen.

Es gab nur eine Schwierigkeit mit dem neuen Arrangement: John

Lennon war dieser neue Mann im Haus verhaßt. Seine Wut und Abneigung äußerten sich in aggressivem Verhalten, vor allem gegenüber Kindern, die ihm körperlich unterlegen waren. Nachmittags wurde er beispielsweise öfter von Dolly Hipshaw zum Tee mit ihren drei Töchtern Pauline, Helen und Carol – fünf, dreieinhalb und zweieinhalb – eingeladen. Häufig fiel der fünfjährige John bei diesen Gelegenheiten über eines der Mädchen her, bis die Mutter durch das entsetzte Geschrei herbeigerufen wurde. Da Julia ihren Sohn nie maßregelte, mußte Dolly Johns Bestrafung übernehmen.

Es wurde noch schlimmer, als Pauline und John im November 1945 in den nahegelegenen Kindergarten Mosspits Infants' School kamen. John legte sich auf die Lauer, bis das kleine Mädchen aus dem Haus trat. Dann kam er aus seinem Versteck und stürzte sich auf sie. Schließlich hatte Pauline solche Angst vor diesen Überfällen, daß sie sich weigerte, in den Kindergarten zu gehen. Wieder mußte Dolly den Jungen bestrafen. Sie befand, daß er «schwierig – sehr schwierig» sei. Zu diesem Ergebnis kam auch Mosspits Infants' School, als sie John Lennon im April 1946 wegen untragbarem Verhalten ausschloß. Er war damals fünfeinhalb Jahre alt.

Johns Ausschluß vom Kindergarten hing eng mit einer Reihe weiterer häuslicher Vorfälle zusammen, die ihn sehr verstört haben dürften. Am 26. März 1946 begab sich Freddie Lennon von der *Dominion Monarch* direkt in die Newcastle Road, wo er Julia, John Dykins und Pop Stanley antraf, der ihm mitteilte, daß das Haus nicht mehr auf «Alfred Lennon», sondern wieder auf «George Stanley» eingetragen sei. Als es über diesen Punkt zu einem Streit kam, mischte sich Dykins ein und warf Freddie vor, daß er seine Frau schlage – eine Anspielung auf die Geschichte mit dem heißen Tee. «Wer sind Sie überhaupt!» rief der erzürnte Freddie. Wenig später prügelten sich die beiden, und der wütende Steward warf den geschniegelten Kellner aus dem Haus. Während der Auseinandersetzung hatte sich John die Treppe heruntergeschlichen. Er sah mit an, wie sich sein Vater mit dem Liebhaber seiner Mutter schlug – eine Szene, die er nie vergaß.

Jetzt nahm Julia die Sache selbst in die Hand. Sie teilte Freddie mit, daß sie mit Dykins fortzugehen gedenke, und begann mit Dolly, das gesamte Mobiliar ins Nachbarhaus zu schaffen. Freddie war ratlos. Er eilte in die Copperfield Street 57, wo seine Mutter wohnte, und weinte: «Mama, Julie verläßt mich!»

Streng sagte Mutter Polly: «Geh zurück und bleib in dem Haus, bis sie es verläßt. Und wenn sie dir nur einen einzigen Stuhl läßt, auf dem du sitzen kannst.»

So mußte der arme Freddie mitansehen, wie seine Frau alle Sachen zusammenpackte und fortging. Ja, er half sogar bei den schweren Möbelstücken. Eingedenk der Worte seiner Mutter, sagte er zum Schluß: «Läßt du mir noch nicht einmal einen Stuhl?» Höhnisch zeigte Julia auf einen alten, kaputten Stuhl und sagte, den könne er behalten und mit ihm glücklich werden.

Nachdem Freddie den größten Teil des Aprils mit dem vergeblichen Versuch verbracht hatte, seine Ehe zu retten, fuhr er nach Southampton, um eine Stelle als Nachtsteward auf der *Queen Mary* anzutreten. Kaum war er zur Tür hinaus, brachte Julia alle Möbel ins Haus zurück. Ihr Auszug war eine List gewesen, die Freddie davon überzeugen sollte, daß es mit ihrer Ehe aus war. Der kleine John hatte also Gründe genug, sich im Kindergarten so schlecht zu benehmen, daß er ausgeschlossen wurde. Schon früher war er manchmal von zu Hause fortgelaufen, wenn er sehr wütend war. Stets wollte er zu Mimi, und stets nahm er eine Straßenbahn, die er an ihren schwarzen Ledersitzen erkannte – wobei er manchmal in unbekannten Außenbezirken landete, wenn er in die falsche Bahn gestiegen war. (Bis an sein Lebensende erinnerte er sich an den Geruch dieser Ledersitze.) Nun rannte er wieder zu ihr.

Als Mimi die Tür öffnete und John verlassen auf der Schwelle stehen sah, packte sie der Zorn auf Julia. «Alles, was sie je zustande gebracht hat, bist *du*!» rief sie aus – ein Ausspruch, der viele Jahre später in «Mother» wieder anklingen sollte.

Kaum hatte Mimi herausgefunden, wie die Dinge in der Newcastle Road standen, als sie ein Blitzgespräch mit der *Queen Mary* anmeldete, die sich gerade zum Auslaufen anschickte. Mimi forderte Freddie auf, sofort nach Hause zu kommen, weil John fortgelaufen sei. Daraufhin gab sie John den Telefonhörer in die Hand. Er sagte, er könne seinen neuen Papa nicht leiden. Freddie solle nach Hause kommen. Freddie versprach zu kommen, sobald er das Schiff verlassen könne.

Ein Mann, ein Wort: Zwei Wochen später stand Freddie vor Mimis Tür. Er hatte die beste Stellung seiner Laufbahn geopfert. Mimi berichtete, daß sie John in der Dovedale Infants' School in Penny Lane angemeldet habe. Außerdem, so erklärte sie, habe sie den Jungen mit neuer Kleidung ausgestattet. Sie legte Freddie die Rechnung vor. Als Freddie am nächsten Morgen mit seinem Sohn zusammensaß, forderte er ihn auf, ihm die neuen Sachen zu zeigen. John erwiderte, er habe keine neuen Kleidungsstücke bekommen.

Da war Freddie überzeugt, daß Mimis Interesse rein pekuniärer Art war, und fragte John, ob er Lust habe, Urlaub in Blackpool zu machen, Liverpools berühmtem Seebad. John war begeistert. Mimi konnte Freddie schlecht verbieten, seinen Sohn mit in Urlaub zu nehmen. So fuhr Freddie mit John fort, in der Absicht, nie zurückzukehren!

Die sechs Wochen in Blackpool waren für John das Paradies. Er konnte die Tagesausflügler beobachten, die, ihre Taschentücher auf dem Kopf verknotet und die Hosen bis zu den Knien aufgekrempelt, am Strand entlangstapften wie Bachstelzen. Gewiß ist er auf einem Esel geritten und hat von dem Eisenturm über dem Seebad den Glanz der Goldenen Meile in der Abenddämmerung bewundert. Allein mit seinem bitterlich vermißten Dad stürzte sich John in all die Vergnügungen, die Jungen am intensivsten mit ihren Vätern erleben. Zum erstenmal in seinem Leben genoß er den herben Reiz einer Männerwelt.

Freddie wohnte bei einem alten Schiffskameraden, der vorhatte, nach Neuseeland auszuwandern. Impulsiv beschloß Freddie, sich ihm anzuschließen. Die Emigration würde einen neuen Anfang bedeuten, und danach sehnten sich alle nach dem Krieg. Für John war das eine wundervolle Neuigkeit, denn er hatte schon immer davon geträumt, mit seinem Dad auf einem großen weißen Schiff davonzufahren.

Der Traum des kleinen John verwandelte sich rasch in einen Alptraum. Unverhofft tauchte Julia mit Bobby Dykins auf. Sie erklärte Freddie, nun, da sie mit ihrem neuen Mann zusammenlebe, wolle sie John zurückhaben. Freddie eröffnete ihr, er habe vor, nach Neuseeland auszuwandern, und bot ihr an, mit ihm zu kommen. Julia brach einen Streit vom Zaun. Schließlich sagte Freddie, der Junge solle sich selbst entscheiden. «Ich rief John herbei», erinnerte sich Freddie. «Er kam angelaufen, sprang auf meinen Schoß und fragte, ob sie zurückkomme. Offensichtlich war das sein Wunsch. Ich sagte, nein, er müsse sich entscheiden, ob er bei mir bleiben oder mit ihr gehen wolle. Er entschied sich für mich. Julia fragte noch einmal, aber er blieb bei seiner Entscheidung. Da ging Julia zur Tür und stand schon fast auf der Straße, als John ihr nachlief. Das war das letzte, was ich von ihm gesehen oder gehört habe, bis man mir erzählte, er sei ein Beatle geworden.»

Der kleine John hatte sich für seine Mutter entschieden, aber er bekam seine Tante. Kaum war Julia zurück, übergab sie ihn ihrer Schwester, die seine Pflegemutter wurde. Dieser neuerliche Verrat seiner Mutter überzeugte John endgültig davon, daß sie ihn nicht liebte. Tatsächlich glaubte er, daß niemand ihn liebte, weil niemand ihn haben wollte. Freddie, der John aufrichtig zugetan war, verschwand damals spurlos aus dem Leben des Jungen. Völlig verzweifelt über den Verlust seiner Frau, die er noch zwanzig Jahre lang schmerzlich vermissen sollte, suchte Freddie Zuflucht in der Seefahrt. John Lennon verlor mit einem Schlag Mutter und Vater.

So klar es ist, warum Freddie damals aus Johns Leben verschwand, so klar sind auch die Gründe für Julias gleichzeitiges Verschwinden. Da sie dem Vater hatte versprechen müssen, das Kind nicht den Einflüssen einer ungeklärten Familiensituation auszusetzen, war Julia gezwungen, John ihrer Schwester Mimi zu überlassen, die ihrerseits verlangte, daß Julia dem Jungen fernblieb, um ihre – Mimis – Aufgabe nicht noch schwerer zu machen. Julia hätte sich natürlich von Freddie scheiden lassen und Dykins heiraten können, von dem sie bald zwei Kinder bekommen sollte, aber sie wußte, daß Freddie niemals in eine Scheidung eingewilligt hätte. So blieb Julia bis an ihr Lebensende Mrs. Alfred Lennon, während sie für alle Welt Mrs. John Dykins war.

Nach der herzzerreißenden Szene in Blackpool blieb Freddie Lennon fast ununterbrochen anderthalb Jahre auf See. Als er eine Woche vor dem Weihnachtsfest 1949 von einer Reise nach Neuseeland zurückkehrte, hatte er die Absicht, John zurückzufordern und auszuwandern, wie ursprünglich geplant. In der Gewißheit, daß ihm eine Auseinandersetzung mit Julia bevorstand, hatte er das Bedürfnis, sich Mut anzutrinken, und das tat er dann gründlich mit einem Schiffskameraden in London. Als sie die Oxford Street entlangtorkelten, erblickte er plötzlich eine Schaufensterpuppe mit herrlichem rotem Haar, das ihn an seine Frau erinnerte. Ohne sich zu besinnen, schlug er die Scheibe ein und ergriff die Puppe, mit der er immer noch tanzte, als ihn die Polizei verhaftete. Ein strenger Richter stellte Freddie vor die Wahl, entweder eine Strafe von 250 Pfund zu bezahlen – ein Betrag, der weit über dem Jahresverdienst eines Arbeiters lag – oder sechs Monate einzusitzen. Da Freddie nicht zahlen konnte, kam er ins Gefängnis Wormwood Scrubs.

Aus dem Gefängnis schrieb er Mimi einen Brief und bat sie, ihm zu helfen, daß er John zurückbekam. (Er ging selbstverständlich davon aus, daß der Junge bei seiner Mutter lebte.) Erst als er Mimis verletzende Antwort erhielt, wurde ihm klar, wie sich die Dinge tatsächlich verhielten. Mimi, die Freddie stets verachtet hatte, hielt ihn nun für ein verkommenes Subjekt, das ihr das Sorgerecht für John streitig zu machen suchte. Wie das Meeresungeheuer aus *Sindbad dem Seefahrer* fiel sie über den armen Seemann her, indem sie ihm vorwarf, daß er «Schmach und Schande» über seine unglückliche Familie bringe. Um Freddie ein für allemal klar zu machen, daß John für ihn verloren war, erklärte sie ihm, sie werde John sagen, daß sein Vater ein Krimineller und Zuchthäusler sei, wenn er jemals versuchen sollte, Kontakt mit dem Jungen aufzunehmen. Das gab Freddie Lennon den Rest.

Die Gefängnisstrafe machte jeden weiteren Dienst in der Handelsmarine unmöglich, der er sechzehn Jahre seines Lebens geopfert hatte. Kaum war er aus dem Gefängnis entlassen, erfuhr er von dem Tod seiner Mutter. So hatte Freddy Frau, Sohn und Mutter, Heim und Beruf verloren, wobei ihn letzteres wohl am schlimmsten traf, denn im Laufe der Jahre hatte die Liebe zur See seine frühere Liebe zur Bühne verdrängt. Mit seinen zweiunddreißig Jahren war er ein gescheiterter Mann. Seine wenigen Habseligkeiten in einem abgenutzten Koffer, zog er landauf, landab und nahm jeden Job, der ihm im Gaststättengewerbe angeboten wurde. Meist landete er als Tellerwäscher oder Topfschrubber in einer Hotelküche.

Zu dem Zeitpunkt, da der kleine John in das Haus seiner Tante Mimi kam, hatte er so viele traumatische Erlebnisse hinter sich, daß es schon einer sehr starken Seele bedurft hätte, um keinen Schaden zu nehmen. Man hatte ihn vernachlässigt, abgeschoben, immer wieder aus einer kaum vertraut gewordenen Umgebung herausgerissen und schließlich zu einer unzumutbaren Entscheidung gezwungen: entweder die Mutter aufzugeben, um den Vater zu behalten, oder auf den Vater zu verzichten, um bei der Mutter bleiben zu können, die ihn jedoch, wie sich herausstellte, gar nicht haben wollte. Was Wunder, daß John nach solchen Erfahrungen eine Art Schutzamnesie entwickelte, ähnlich den Soldaten, die unter einer Kriegsneurose leiden.

«Ich vergaß meinen Vater rasch», erinnerte er sich. «Es war, als ob er tot wäre. Meine Mutter dagegen sah ich hin und wieder, und meine Empfindungen für sie hörten nie auf. Ich dachte oft an sie, ohne zu wissen, daß sie nur zehn oder fünfzehn Kilometer [tatsächlich waren es kaum fünf] entfernt wohnte. Mimi hat mir das nie gesagt. Sie hat immer behauptet, Mutter sei weit, weit fort.»

Gelegentlich tauchte Julia in Mendips auf, nicht aus Sorge um ihren Sohn, sondern weil die Turbulenzen ihres eigenen unruhigen Lebens sie dazu zwangen. Ein Zwischenfall war John lebhaft im Gedächtnis geblieben: «Meine Mutter erschien in einem schwarzen Mantel mit blutigem Gesicht. Sie hatte irgendeinen Unfall gehabt. Ich konnte es nicht ertragen. Ich dachte: ‹Das hier ist meine Mutter, und sie blutet.› Da ging ich in den Garten. Ich liebte sie, aber ich wollte damit nichts zu tun haben. Wahrscheinlich war ich ein Feigling. Ich wollte alle meine Gefühle verbergen.» Der «Unfall» hieß zweifellos Bobby Dykins, der zu Gewalttätigkeiten neigte, wenn er getrunken hatte. Julia hatte Mimi aufgesucht, weil sie Beistand brauchte. Statt dessen erntete sie einen solchen Sturm moralischer Entrüstung, daß es sie zum Haus hinaustrieb. An diesem Tag war Johns ältere Cousine Leila Harvey zu Besuch. Sie erinnerte sich, wie peinlich es ihr war, sich die Vorwürfe anhören zu müssen, die Mimi ihrer Schwester in Johns Gegenwart machte. Biblischen Zorn in der Stimme donnerte Mimi: *«Du bist nicht wert, dieses Jungen Mutter zu sein!»*

EIN KIND DES MATRIARCHATS

Sobald Mimi Smith John Lennons Pflegemutter wurde, widmete sie sich der ungewohnten Aufgabe mit großem Eifer. «Zehn Jahre lang habe ich abends keinen Fuß vor die Tür gesetzt», erklärte sie und verglich sich dabei unausgesprochen mit Julia, die bei versperrter Tür aus dem Fenster geklettert war. John Lennon hat es seiner Tante zeitlebens hoch angerechnet, daß sie ihn versorgt hat – mit einem Heim, einer Ausbildung, der Gegenwart fürsorglicher Elternfiguren, mit all dem, was ihm der Leichtsinn und die Lebensuntüchtigkeit seiner Eltern vorenthalten hatte. Gleichzeitig empfand John einen tiefen Groll gegen Mimi, der er vorwarf, sie habe ihn durch ihre Erziehungsmethoden verrückt gemacht. Denn trotz bester Absichten und größter Selbstaufopferung eignete sich Mimi Smith nicht besonders zur Mutter, schon gar nicht zur Mutter eines so tief verstörten Jungen wie John. Mehr Oberschwester als Mutter war Mimi ein ausgesprochener Tantentyp: Sie behauptete zwar, Kinder zu lieben, konnte aber nicht mit ihnen umgehen, weil sie in sich selbst zuwenig von dem Kind bewahrt hatte, das sie gewesen war. Ihre eigene unglückliche Kindheit erklärt wohl am besten, warum sie als Mutter so unzulänglich war.

Als älteste von fünf Töchtern mußte sich Mimi schon sehr früh um ihre jüngeren Schwestern kümmern. Nachdem sie bereits als Kind Mutterpflichten zu tragen hatte, verspürte sie als Erwachsene keine Sehnsucht mehr danach. Anfangs wehrte sie sich jedoch weniger gegen die Rolle, die man von ihr erwartete, sondern gab ihr einfach eine andere Richtung, indem sie Krankenschwester wurde. Mit neunzehn ging sie von zu Hause fort und wurde Schwesternschülerin am Woolton Convalescent Hospital, wo sie jahrelang lebte und arbeitete. Dabei stieg sie allmählich zur Oberschwester auf und hatte schließlich die Verantwortung für eine Station mit geistig behinderten Patienten.

Der Schwesternberuf ermöglichte es Mimi, sich von der Familie zu befreien, ohne zu heiraten, doch er befriedigte nicht ihren wahren Ehrgeiz, dessen höchstes Ziel es war, wie eine vornehme Dame zu leben. Das erreichte sie, indem sie Privatsekretärin eines wohlhabenden Mannes namens Vickers wurde, der eine Keksmaschinenfabrik im nahegelegenen Manchester besaß. Mimi wohnte in der Vickersschen Villa in der malerischen walisischen Stadt Bettws-y-Coed ganz wie die Gouvernanten in viktorianischen Romanen: Sie wurde wie ein Familienmitglied behandelt, und zu ihren Privilegien gehörte unter anderem, daß sie auf der Jacht ihres Arbeitgebers mitsegeln durfte, die sich nie aufs offene Meer hinauswagte, sondern stets in der Meerenge zwischen der Insel Anglesea und der walisischen Küste schipperte.

Die Vorstellung zu heiraten sagte Mimi überhaupt nicht zu. «Ich hatte nie die Absicht zu heiraten», erklärte sie und fügte hinzu: «Wissen Sie, ich war gern mit Männern zusammen, aber ich hatte keine Lust, ständig in der Küche zu stehen und schmutziges Geschirr abzuwaschen.» Als der junge Mann, dem sie schon früh versprochen worden war, nach Kenia ging, weinte sie ihm deshalb keine Träne nach. Und als ein gutaussehender junger Milchmann jeden Morgen im Krankenhaus erschien – auf einem braunen Pferdewagen mit silberglänzenden Milchkannen und wie ein Farmer mit hohen Stiefeln, Reithosen und Halstuch angetan –, reagierte Mimi, die eine stattliche Figur abgab in ihrem langen blauen Kleid und der kurzen weißen Schürze, eher kühl und herablassend auf die fröhliche Begrüßung des Landmannes.

George Smith erwies sich jedoch als hartnäckig, und schließlich ergab sich zwischen ihm und Mimi eine jener lang sich hinziehenden Werbungen, die typisch für die Stanley-Schwestern waren. Mimi berichtete: «Ich rief ihn an, wenn ich Hunger hatte oder in der Stadt festsaß.»

Diese einseitige Beziehung erstreckte sich über mehr als zehn Jahre, bis George eines Abends die Nase voll hatte. Er hielt mitten auf der Straße an und erklärte: «Hör zu! Ich hab genug von dir! Entweder du heiratest mich, oder es ist aus!»

Mimi erwiderte: «Warum regst du dich so auf? Ich bin ja einverstanden!»

Außer sich vor Freude nahm George sie in die Arme und wirbelte sie herum. Dann setzte er sie ab und sagte mit großem Ernst: «Komm, gib mir die Hand darauf. Bauern besiegeln jeden Handel mit Handschlag.»

Mimi streckte die Hand aus und sagte mit fester Stimme: «Der Handel gilt.»

Sie heirateten am 15. September 1939, zwölf Tage nachdem England Deutschland den Krieg erklärt hatte. George dürfte durch die bevorstehende Einberufung zu seinem Antrag veranlaßt worden sein. Er wird den Wunsch gehabt haben, daß Mimi im Falle seines Todes die Pension bekam. Mimi war dreiunddreißig, als sie heiratete, aber sie lebte noch drei Jahre zu Hause, bis George aus der Armee entlassen wurde. Daraufhin zogen sie in Mendips ein, einer Doppelhaushälfte mit sieben Zimmern, in dem gutbürgerlichen Vorort Allerton, Menlove Avenue 251. Statt nun eigene Kinder zu bekommen, adoptierte sie inoffiziell einen Sohn ihrer Schwester.

Die Frau, in deren Obhut John Lennon sich jetzt befand, war in jeder Hinsicht das Gegenteil seiner Mutter, ein Umstand, der erklären mag, warum John sein Leben lang dazu neigte, zu jeder Sache zwei Ansichten zu haben. Während Julia fröhlich und kindisch war, gern lachte, sang und mit dem kleinen John ausgelassen spielte, verhielt sich Mimi kühl und distanziert. Sie nahm ihre Aufgabe sehr ernst, war aber nicht bereit, irgendwelchen Unsinn durchgehen zu lassen. Während Johns Mutter stets zu einem Flirt aufgelegt war, ihre Liebhaber mit nach Hause brachte und dadurch die Eifersucht des Jungen erregte – ein weiteres Problem, mit dem John sein Leben lang zu tun haben sollte –, lebten Mimi und George wie ein gesetztes Ehepaar mittleren Alters, daß sich nie zu einer Äußerung der Zuneigung hinreißen ließ, von körperlichen Zärtlichkeiten ganz zu schweigen. John hatte das Gefühl, das Mimi an ihren Perserkatzen mehr lag als an ihrem Mann. Der auffälligste und spürbarste Unterschied zwischen den beiden Haushalten war atmosphärischer Art. Während bei Julia stets ein Riesendurcheinander geherrscht hatte, ohne Ordnung und Regelmäßigkeit, führte Mimi ihre große Wohnung wie eine Oberschwester eine Krankenhausstation leitet. Durch Disziplin und Gleichmaß, verstärkt durch Ruhe und Abgeschiedenheit, hoffte Mimi, John wieder ins Gleichgewicht zu bringen. Er war für sie so etwas wie ein seelisch gestörter Patient, der sorgfältiger Pflege bedurfte. So wuchs John Lennon in Mendips auf wie der einzige Insasse eines Sanatoriums für emotional geschädigte Waisenkinder.

Die Lebensweise, die Mimi ihm verordnete, war durch zwei einander ergänzende Zielsetzungen gekennzeichnet. Einerseits wurde John unter strenger Kontrolle gehalten, andererseits sollte ihm die Lebensart der besseren Leute vermittelt werden. Deshalb war es ihm ausdrücklich verboten, mit anderen Kindern zu spielen, ausgenommen diejenigen, die von Mimi ausgesucht wurden. Er wurde dazu angehalten, sich möglichst viel allein zu beschäftigen, entweder in seinem Zimmer oder, wenn das Wetter es erlaubte, in seinem Baumhaus im Garten hinter dem Haus. Lesen, Schreiben und Malen – vor allem keine wilden Spiele – waren die Beschäftigungen, denen der Junge nachzugehen hatte. Um aus seinem Gedächtnis alle Erinnerungen an seine Herkunft aus der Arbeiterklasse zu tilgen, verbot Mimi ihm sogar den Besuch der, wie sie es nannte, Filmpaläste, der gewöhnlichen Zuflucht gewöhnlicher Kinder. Offiziell waren ihm zwei Filme pro Jahr erlaubt – die üblichen Disney-Angebote zu Ostern und Weihnachten. (Inoffiziell sah er hin und wieder einen Cowboyfilm mit Onkel George, wenn die mitfühlende Seele der Tante die Erlaubnis abringen konnte.) Das Fernsehen wurde in Mendips nie zugelassen, und von solch einem Schund wie Comic-Heften konnte überhaupt nicht die Rede sein. Als Lektüre bekam John die *Just-William*-Bücher verordnet, die von den komischen Mißgeschicken eines Jungen aus der oberen Mittelschicht in einem wohlhabenden Niemandsland der zwanziger Jahre erzählen.

John Lennon wuchs in einer Atmosphäre auf, in der alles um die Frage des sozialen Aufstiegs kreiste. Deshalb erhielt er die geliebte Büchereikarte und sollte sich der gehobenen Sprechweise bedienen – er durfte nicht «Mom» oder «Dad», sondern mußte «Mater» und «Pater» sagen –, und nicht zuletzt diente seine Schulung diesem Ziel, die aus ihm das erste Familienmitglied mit einer höheren Berufsausbildung machen sollte. Unterstützt wurde Mimi in ihrem pädagogischen Bemühen von ihrem Mann, der zwar der Sohn eines Milchmanns und Landwirtes war, aber aus einer Familie stammte, die zahlreiche Lehrer hervorgebracht hatte, darunter auch ein exzentrischer Bruder, der dem Lehrkörper des Liverpool Institute angehörte. George Smith wäre gerne Architekt geworden und hatte sich im Kunstunterricht und in den Sprachen hervorgetan, war dann aber der Schule verwiesen worden, weil er zu einem Zeitpunkt Ball gespielt hatte, zu dem es ihm verboten war. Er war in das Milchgeschäft des Vaters eingetreten, doch der Hof hatte während des Krieges verkauft werden müssen, nachdem der alte Frankie Smith sich in einem schmutzigen Teich ertränkt hatte, ein Opfer, wie es hieß, der Tyrannei seiner Frau.

Nach seiner Entlassung aus der Armee hatte George nachts in einer Flugzeugfabrik in Speke gearbeitet. Als der Krieg zu Ende war, verlor er seine Stellung. Er hatte stets eine Vorliebe für die Rennbahn gehabt und ließ sich überreden, ein illegales Wettbüro in Mendips aufzumachen, doch ihm fehlte die Gerissenheit und Rücksichtslosigkeit, die in diesem Geschäft erforderlich sind. Nach schweren Verlusten, die zu heftigen Auseinandersetzungen mit Mimi führten, schloß er das Büro und zog sich Mitte vierzig gegen seinen Willen in den Ruhestand zurück, so daß sich sein Einkommen auf die Erträge aus einigen geerbten Häuschen reduzierte. Damals begann Mimi, Medizinstudenten zu beherbergen, die sie in Kost und Logis nahm. Die finanzielle Situation der Familie verschlechterte sich stetig, so daß John sich später darüber beklagen sollte, daß er als Heranwachsender nie satt geworden sei – vielleicht ein Grund für seine späteren Ernährungsprobleme.

Nach seinem geschäftlichen Mißerfolg hatte George viel Muße, die er teilweise zur Unterweisung des kleinen John nutzte. Er brachte dem Jungen das Lesen bei, indem er ihn auf den Schoß nahm und ihm die Wörter im Liverpooler *Echo* zeigte. Auch im Zeichnen und Malen mit Wasserfarben unterrichtete er John und legte damit den Grundstein zu seiner künstlerischen Laufbahn. Weder George noch Mimi waren musikalisch, doch aus der großen Musiktruhe im Wohnzimmer ertönte den ganzen Tag Musik, die John aus zwei kleinen Zusatzlautsprechern in seiner kleinen Kammer über dem Eingang hörte. Hier lag er am liebsten auf dem Bett, die Füße gegen die Wand gestützt, den Kopf extrem abgewinkelt, und vertiefte sich in die exotischen Abenteuerromane von H. Rider Haggard oder die Bücher, die Mimi regelmäßig von ihrem Buchclub bekam.

Obwohl John sorgfältig für ein Leben als Mitglied der Mittelschicht erzogen wurde, wurden Mimi und George von ihren Mittelschichtnachbarn nie ganz akzeptiert. Mrs. Fran Bushnell, die die andere Hälfte des Doppelhauses bewohnte, nannte drei Gründe für den Ausschluß der Familie Smith: (1) Die Smiths mochten noch so vornehm tun, sie konnten ihre Arbeiterherkunft nie verleugnen; (2) Mimi Smith war abweisend und unfreundlich und bat Mrs. Bushnell in zehn Jahren nicht ein einziges Mal zum Tee herein, obwohl sich die beiden Frauen oft über die Gartenmauer unterhielten; (3) George Smith hatte sich mit seinem Wettbüro die Mißbilligung der Nachbarn zugezogen. Diese Beobachtungen erklären zu einem Gutteil, warum John Lennon sein Leben lang Schwierigkeiten im Umgang mit anderen Menschen hatte.

Durch seine Erziehung zu der Überzeugung gebracht, daß er der Mittelschicht angehörte, entdeckte er durch eine Reihe von Vorfällen, die ihm äußerst verwirrend und peinlich erschienen sein müssen, die bestürzende Tatsache, daß er doch nicht dazu gehörte. Das Ergebnis war ein lebenslanger Groll nicht nur gegen die Gruppe, die ihn abgelehnt hatte, sondern gegen die *ganze* Gesellschaft, auch in ihren unbürgerlichsten und verfemtesten Erscheinungsformen. Noch kurz vor seinem Tode meinte er: «Du möchtest dazugehören, aber dann willst du doch nicht dazugehören, weil du nicht dazugehören *kannst.*»

Für die einzigen geselligen Ereignisse in Mendips sorgten Mimis Schwestern, Anne, Harriet und Mary Elizabeth, sowie deren Kinder. Pop Stanley hatte den größten Teil seines Lebens auf See verbracht, mit dem Ergebnis, daß seine Autorität auf seine Frau übergegangen war, eine schöne, sanfte Frau, die diese Macht gerne an ihre Mutter abgetreten hatte, eine eindrucksvolle alte Dame, die nur Walisisch sprach und ein eisernes Regiment im Hause führte. Großmutter Mary Elizabeth hat John Lennons Charakter stark geprägt (obwohl sie acht Jahre vor seiner Geburt starb), denn sie beeinflußte mit ihrer Persönlichkeit die Enkelinnen – vor allem Johns Tante Mimi – und diese wiederum ihre Kinder.

Der Ursprung von Großmutter Mary Elizabeths Autorität deutet auch auf Lennons merkwürdige religiöse Anschauungen hin. Die alte Dame lebte in jenen festgefügten Vorstellungen von Gut und Böse, wie sie aus dem bedingungslosen Glauben an ein religiöses Weltbild erwachsen. Sie war ihr Leben lang Mitglied der Welsh Chapel, einer puritanischen Methodistensekte, deren Anhänger für ihren Eifer und ihre Strenggläubigkeit bekannt sind, und führte den Haushalt ihrer Tochter mit alttestamentarischer Unnachsichtigkeit. Sonntags durfte keines der Kinder den Frieden durch Ballspiel oder Zeitunglesen stören. So unerbittlich war der Gehorsam, der den Stanley-Schwestern abverlangt wurde, daß noch heute, siebzig Jahre danach, Anne nur den Namen ihrer Großmutter zu hören braucht, um auszurufen: «Was für eine himmlische Plage!» Interessanterweise ist das fast der gleiche Ausdruck, den Marnie Hair benutzte, um zu beschreiben, wie John seinen Sohn Sean und dessen Spielkameraden einschüchterte: «John konnte einem wirklich die Gottesfurcht einflößen!» Das konnte er in der Tat – weil man ihm selbst diese Furcht schon in früher Kindheit eingeimpft hatte.

Der matriarchalische Charakter in John Lennons Familie war so ausgeprägt, daß er sie später als rein weiblich beschrieb: «Fünf Frauen bildeten meine Familie – fünf starke, intelligente, schöne Frauen. Eine war zufälligerweise meine Mutter.» Den gleichen Eindruck beschrieb Johns Cousine Leila Harvey, eine Ärztin: «Es waren fünf Schwestern, die sich als eine Familie betrachteten.» Reihum nahmen sie die Rolle als Mutter der Familie ein. Elizabeth, die zweitälteste, die von den Kindern «Mater» genannt wurde, versorgte im Sommer alle Kinder in ihrem Edinburgher Haus oder auf der kleinen Schaffarm in den Highlands. Zu Weihnachten und Ostern war Mimi in Allerton oder Harriet im nahegelegenen Woolton an der Reihe. Doch wo immer die Kinder auch waren, sie standen stets unter der ausschließlichen Aufsicht der Frauen. Dazu Leila Harvey: «Wichtig waren in unserer Familie die Frauen und die Kinder. Die Männer blieben irgendwo im Hintergrund.» Noch deutlicher drückte es John Lennon aus: «Die Männer waren in unserer Familie einfach unsichtbar. Ich war immer mit Frauen zusammen.

Immer hörte ich, wie sie über die Männer und über ihr Leben sprachen. Sie wußten stets, was anlag. Die Männer nie, die hatten nie eine Ahnung!»

Die Männer hatte «keine Ahnung», weil sie aus dem Familienleben ausgeschlossen waren. «In unserer Familie», meinte Leila, «hatten die Männer nichts zu sagen. Sie mußten hinnehmen, was die Frauen beschlossen.» Überflüssig zu erwähnen, daß die meisten dieser Männer schwach, passiv und erfolglos waren wie George Smith, zufrieden mit der untergeordneten Rolle, die man ihnen zu Hause anwies. Nicht selten durften sie noch nicht einmal bei ihren Frauen schlafen. Johns Halbschwester Julia faßte das in der humorvollen Art zusammen, die sie von ihrer Mutter hatte. Auf die Frage, ob die Familie matriarchalisch gewesen sei, rief sie aus: «Eher Amazonen! Die hatten sich alle die linke [*sic*] Brust abgeschnitten!»

JANUS LENNON

John Lennons Sternbild war die Waage, ein wunderbares Symbol für seine zweigeteilte Persönlichkeit. Einerseits passiv und introvertiert, andererseits aggressiv und auftrumpfend, hat er sich selbst als halb «Mönch» und halb «Zirkusfloh» beschrieben. Der mönchische Lennon war das natürliche Produkt seiner zurückgezogenen Kindheit in Mendips, wo man ihm eine strenge Lebensweise aufzwang und ihn dazu anhielt, Kontakte mit der Außenwelt zu meiden und sich statt dessen geistigen Beschäftigungen zu widmen. So lernte er schon sehr früh, welchen Preis er für Schutz und Sicherheit zu zahlen hatte. «Ich habe die Einsamkeit kennengelernt!» rief er später aus, wenn er an diese Jahre zurückdachte. Und er lernte bald noch merkwürdigere Zustände kennen, als seine Einsamkeit und seelische Isolation halluzinative Vorgänge auszulösen begannen.

Als er einmal länger als eine Stunde sich im Spiegel in die Augen gesehen hatte, fand er heraus, daß er sich auf diese Weise selbst in eine Art Trance versetzen konnte. «Als ich diese Halluzinationen hatte, entdeckte ich, daß mein Gesicht sich veränderte. Meine Augen wurden immer größer, und das Zimmer verschwand», erzählte Lennon dem Beatles-Biographen Hunter Davies. Diese Lust, auf die andere Seite des Spiegels zu gelangen, eröffnete dem Jungen das Reich der Visionen und der veränderten Bewußtseinszustände, das er später mit Hilfe von Hypnose und Drogen genauer zu erforschen versuchte. Eine der wichtigsten Folgen dieser visionären Erlebnisse war Lennons Angst, wahnsinnig zu sein. Doch gleichzeitig erfüllten ihn seine Halluzinationen mit Stolz, weil er sie als Zeichen einer genialen Begabung verstand. *«Bin ich verrückt oder bin ich ein Genie?»* – das war die Frage, die ihn damals und später beschäftigte. Nachdem er die faszinierende Lebensgeschichte Vincent van Goghs gelesen hatte, vermochte er die widersprüchlichen Aspekte seiner Persönlichkeit in der Vorstellung vom «wahnsinnigen Genie» zu vereinen. Daran wird er gedacht haben, wenn er Mimi, die seine Verse oder Zeichnungen fortwarf, darauf hinwies, sie werde diesen barbarischen Akt eines Tages bedauern, seien es doch die Werke eines Genies, die sie achtlos zerstöre.

Da man in den kindlichen Bildern und literarischen Erzeugnissen, die Mimis Säuberungsaktionen überlebten, vergeblich nach einer Spur ungewöhnlichen Talents sucht, müssen wir das Porträt des Knaben John um einen zusätzlichen Charakterzug erweitern – um einen Anflug von Größenwahn, der sich zunächst nur sehr vorsichtig äußerte, wenn John Lennon sich etwa überrascht zeigte, daß ihn die Leute im Bus nicht erkannten, der später aber häufig ungehemmt zutage trat, indem er sich selbst als Jesus bezeichnete oder verkündete, daß er im nächsten Leben als Messias auf die Welt kommen werde. Denn von Anfang an wurden John Lennons Schwierigkeiten mit sich selbst durch seinen Hang zur Selbstüberschätzung sowohl verstärkt wie gemildert – ein nur zu verständlicher Charakterzug bei einem Jungen, um den man gekämpft hatte wie um die Heilige Stadt.

Die Vorstellung, er sei der Mittelpunkt der Welt, war eine Voraussetzung für seine spätere Rolle als Superstar, doch die eigentliche Ursache für seine künftigen Erfolge lag in seinem eigenartigen Verhältnis zum *Wort*. Welche Fehler Mimi Smith auch immer als Ersatzmutter gehabt haben mag, gewiß kann man ihr nicht vorwerfen, sie habe John mundtot gemacht. Der künftige Held der Musikwelt zeichnete sich stets durch große Redefreudigkeit aus, und seine natürlichen Äußerungsformen waren nachhaltig von Mimis unverwechselbarer Sprechweise geprägt. Seine unverblümte Sprache, die seine Umgebung entzückte und bestürzte, wann immer er den Mund aufmachte, hatte er von Mimi, die schlicht erklärt hatte: «Ich sage immer, was ich denke.» Mimis charakteristische Ausdrucksweise – streng, überheblich, voll moralischer Anmaßung – klang oft bei Lennon an, vor allem nachdem er die Beatles verlassen hatte und sich als weiser Mann ausgab. Doch selbst in seinen Teenypopper-Jahren zeichneten sich seine Texte durch bemerkenswerte Direktheit und Ernsthaftigkeit aus, ganz anders als die läppischen Klischees der üblichen Popsongs oder die zwanghafte Wortflut von Bob Dylan, seinem Hauptkonkurrenten.

Doch als der junge John den Graben überspringen wollte, der das gesprochene vom geschriebenen Wort trennt, fiel er auf die Nase. Man stelle sich das Entsetzen seiner Lehrer vor, als sie entdeckten, daß sich der aufgeweckte Knabe, der so gerne las und über einen umfangreichen Wortschatz verfügte, außerstande zeigte, auch nur die einfachsten Wörter zu buchstabieren. Nicht nur, daß er ständig Buchstaben vertauschte, zu allem Überfluß neigte er auch dazu, bestimmte Wörter mit anderen, ähnlich lautenden zu verwechseln. So wurde aus *funds funs* oder aus *chicken pox chicken pots*. Erst viel später in seinem Leben entdeckte Lennon, daß die Ursache dieser systematischen Fehler (ebenso wie seine lebenslange Unfähigkeit, korrekt zu schreiben) die Legasthenie war, eine häufig auftretende neurologische Störung. Je nachdem, welcher Teil des Gehirns davon betroffen ist, hat der Legastheniker entweder Schwierigkeiten, die Lautung der Wörter an ihrem Erscheinungsbild abzulesen, oder im umgekehrten Falle (wie bei Lennon), von der Lautung auf das Wortbild zu schließen sowie dieses Vorstellungsbild zu behalten, nachdem er es in einem Wörterbuch nachgeschlagen hat. In beiden Fällen besteht die Tendenz zur Verdrehung von Lauten und Buchstaben. In extremster Form kommt es zum bizarren Erscheinungsbild des spiegelbildlichen Schreibens.

Obwohl die Legasthenie im Normalfall äußerst lästig ist, mag sie sich für John Lennon sehr vorteilhaft ausgewirkt haben, denn er hat später von solchen Umkehrungen weidlich Gebrauch gemacht, und zwar nicht nur für kompositorische Zwecke, sondern auch, um seine Spuren zu verwischen, wenn er musikalische Anleihen bei anderen gemacht hatte. Diese Tendenz zur Umkehrung ist ein typisches Merkmal in Lennons Schaffen. In der Musik bleibt er nie in einer bestimmten Tonart, sondern verändert seine Phrasen ständig, so daß sie stets alternierend gesetzt sind. Sie wirken wie musikalische Wortspiele. Er war fasziniert davon, Tonbänder umgekehrt ablaufen zu lassen. Entdeckt hat er diesen Effekt zufällig, als er eines

Abends ziemlich high aus dem Studio zurückkam und versuchte, sich seinen letzten Song, das dudelsackuntermalte «Rain», anzuhören. Das Band war falsch aufgewickelt, und als er es abspielte, ertönte ein ulkiges Gejammer und Geplärre. Entzückt von dieser komisch-kratzigen Symphonie, brachte John einen Ausschnitt auf dem Plattenende unter. Von da an wurden die Beatles zu den größten Bandrücklauf-Artisten der Welt, eine Besessenheit, die schließlich zu der *Paul-ist-tot*-Manie führte.

Noch stärker als auf das musikalische Schaffen hat sich Lennons Legasthenie auf seinen literarischen Stil ausgewirkt. Wie ihn die Entdeckung von Elvis Presleys «Heartbreak Hotel» zum Rockmusiker werden ließ, so legte die frühe Entdeckung von Lewis Carrolls «Jabberwocky» (aus *Alice hinter den Spiegeln*) den Grundstein zu seinen humoristischen Schriften und surrealistischen Songs. Am stärksten beeindruckte ihn ein Sprachspiel, das Carroll als *Portmanteau-Words* bezeichnete. Dabei nimmt man verwandte Wörter wie *chuckle* (glucksen) und *snort* (prusten) und komprimiert sie zu dem Kunstwort *chortle*. Vergleichen wir dieses von Carroll stammende Beispiel mit einer berühmten Interviewäußerung von Lennon. Reporter: «Sind Sie Mods oder Rocker?» Lennon: «Weder noch. Wir sind Mocker!» Schließlich erwarb Lennon eine solche Übung im Kombinieren von Worten, daß er ein Buch zur Hand nehmen und eine Kurzwortversion sozusagen «vom Blatt» lesen konnte. So entstand «At the Dennis» in *In His Own Write*, die wörtliche Paraphrase einer Lektion aus dem *Manual of Conversation English-Italian* von Carlo Barone. Aus dieser Sicht erreichte Lennon den Höhepunkt seiner Entwicklung mit «I Am the Walrus», wo ihm die Verbindung seines musikalischen Spielwitzes mit seinen Wortspielereien in solcher Dichte gelang, daß jene magische Beschwörungskraft entstand, die er seit langem an «Jabberwocky» bewunderte.

Wenn ihm die Legasthenie einen Vorteil bot, der ihn für ihre negativen Auswirkungen entschädigte, so gilt das nicht für seine Kurzsichtigkeit und den Astigmatismus, eine krankhafte Veränderung der Hornhautkrümmung. Diese Beeinträchtigungen erwiesen sich als höchst nachteilig, obwohl sie leicht zu beheben gewesen wären und keine anderen Konsequenzen hätten haben müssen als höchstens einmal ein zerbrochenes Brillenglas. Doch bekamen diese

Augenleiden übertriebene Bedeutung, weil Lennon panisch reagierte und sie zu schweren körperlichen Gebrechen aufbauschte, die sein ganzes zukünftiges Leben überschatteten. Die Sehfehler wurden erst entdeckt, als er elf war, aber nach seiner ersten Therapie behauptete er, seine Augen seien schlecht geworden, als sich seine Eltern getrennt hätten: «Ich habe es alles in meine Augen verlegt», erklärte er, «so daß ich buchstäblich nicht mehr sehen konnte, was passierte.» Psychologisch mag dies einleuchtend klingen, physiologisch ist es Unsinn. Alle Lennons hatten schlechte Augen, genauso wie sie lange Nasen hatten. Johns Schwierigkeiten resultierten nicht aus seinen Augen, sondern aus seiner Weigerung, eine Brille zu tragen, was er für entstellend und unmännlich hielt. Ohne Brille war John Lennon praktisch blind. Er sah die Welt durch geheimnisvolle Schleier wie jemand, der durch eine beschlagene Windschutzscheibe blickt. Im Kino nervte er oft die Leute, die ihn begleiteten, weil sie ihm erklären mußten, was auf der Leinwand geschah. Auf der Straße konnte es ihm passieren, daß er an einem Straßenschild hochklettern mußte, um herauszufinden, wo er war. Einmal fuhr er mit dem Fahrrad in ein parkendes Auto und blieb nur unverletzt, weil er wie ein Akrobat über das Fahrzeug hinwegrollte. Auf lange Sicht war die Verletzungsgefahr jedoch nicht so einschneidend wie die Beeinträchtigung seiner geistigen und emotionalen Entwicklung, die durch diese selbstauferlegte Blindheit bewirkt wurde.

Da John nur die Dinge klar erkennen konnte, die er ganz dicht vor Augen hatte – weshalb er sie instinktiv anhob, um sie deutlicher in den Blick zu bekommen (eine Angewohnheit, die ihm den Ruf der Hochnäsigkeit eintrug!) –, nahm er das gefährliche Verhalten an, alles zu ignorieren, was er nicht sehen konnte. Dadurch wurden die Einsamkeit und der Solipsismus des Kindes noch verstärkt. Doch auch wenn er den Blick nach innen wandte, blieb er kurzsichtig, weil unsere geistige Sichtweise geprägt wird von dem, was unsere Augen sehen – ein Umstand, der deutlich wird, sobald man untersucht, wie Lennon seine Lieder schrieb.

Als Komponist und Texter glich er jemandem, der durch ein Mikroskop auf einen winzigen Objekttisch blickt, auf dem er Fragmente und Splitter aus Lauten und Sprache zusammengetragen hat. Fast ausschließlich hielt er sich an elementarste Teilchen – eine Melodie aus ein oder zwei Noten, ein kurzes Thema – und arbeitete mit einem Ohr, das genauso kurzsichtig war wie sein Auge. Als ihm sein Produzent George Martin *Daphne und Chloë* schmackhaft zu machen suchte, beklagte John sich bei ihm, er könne dem Stück nicht folgen, weil seine Melodien «zu lang» seien. Kein Wunder also, daß das Tritonusthema von «Three Blind Mice» zum häufigsten Motiv der Lennonschen Musik wurde. Es ist die Keimzelle von so verschiedenen Songs wie «All You Need Is Love», «Instant Karma» und «My Mummy's Dead». Er verwendete das Thema sogar als Erkennungszeichen auf seinem Anrufbeantworter.

Der Zirkusfloh war in Lennons Persönlichkeit nicht weniger auffällig als die Introvertiertheit. Im Grunde genommen bestand ein enger Zusammenhang zwischen den beiden scheinbar so verschiedenen Wesenszügen, denn das Unbehagen, das John Lennon praktisch in jeder geselligen Situation empfand, zwang ihn, sich ihrer zu bemächtigen, indem er sich zum Mittelpunkt der Aufmerksamkeit machte. Doch diese Strategie entfremdete ihn nur noch mehr, sah er sich doch von der Welt durch den Graben getrennt, der sich zwischen Darsteller und Publikum auftut.

Seine zweite Strategie für den Umgang mit anderen Menschen bestand darin, daß er den Schläger spielte. Da diese Neigung seine Kindergartenkarriere jäh beendet hatte, beschloß Mimi, als sie ihn im August 1946 an der Dovedale-Grundschule anmeldete, ihn täglich zur Schule zu bringen und abzuholen, damit er keine Prügeleien anzetteln konnte. Bei dieser Ankündigung bekam John einen derartigen Wutanfall, daß seine Tante sich zum Einlenken gezwungen sah, ohne ihr Vorhaben indessen aufzugeben. «Ich ließ ihn aus dem Haus gehen», erläuterte sie, «und folgte ihm dann, um sicher zu gehen, daß er keinen Unfug machte.» Wie sich herausstellte, war ihre Sorge keineswegs übertrieben. In kürzester Zeit war John Lennon als der Raufbold der Schule berüchtigt. «Wir hatten alle ein bißchen Angst vor ihm», erinnerte sich ein früherer Mitschüler und fügte hinzu: «Die Mütter hatten ihn auf dem Kieker, als wollten sie sagen: ‹Vor dem müßt ihr euch hüten!›» Bezeichnenderweise ist das Ereignis, mit dem John Lennon erstmals als Persönlichkeit ins Bild kommt, eine Schlägerei, an die sich sein engster Jugendfreund Pete Shotton erinnerte.

Pete, ein weißblondes Bürschchen von acht Jahren, ein Jahr jünger als Lennon, überquerte eines Tages ein kleines unbebautes Gelände, als John aus einem Versteck kam und Shotton Prügel androhte, falls er ihn noch einmal mit seinem verhaßten Spitznamen Winnie anreden sollte. Pete nahm die Herausforderung sofort an, und die beiden Jungen schlugen mit Fäusten aufeinander ein. John, der älter und stärker war, hatte Shotton bald zu Boden gezwungen und rang ihm das erwünschte Versprechen ab. Doch kaum hatte er Pete losgelassen, als dieser davonlief und aus sicherer Entfernung schrie: *«Winnie! Winnie! Winnie!»*

John war außer sich vor Wut. Mit haßverzerrtem Gesicht schüttelte er die Fäuste und brüllte: «Das sollst du mir büßen, Shotton!»

Pete schrie zurück: «Erst mußt du mich kriegen, Lennon!»

So standen sie und starrten sich an, bis Pete sah, daß sich Johns Gesichtsausdruck veränderte. «Ganz allmählich», erinnerte sich Pete, «erschien ein breites Grinsen auf seinem Gesicht.» Von da an waren sie die dicksten Freunde.

Alle späteren Bindungen hatten große Ähnlichkeit mit dieser Beziehung zu Pete. Dazu Shotton: «Obwohl ich nie wieder einer so starken und individualistischen Persönlichkeit wie John begegnet bin, brauchte er immer einen Gefährten.» Ein Gefährte war das mindeste, was er zur Stabilisierung seines schwachen Egos brauchte – am liebsten war ihm ein ganzes Gefolge. In späteren Jahren erinnerte er sich: «Ich hatte immer eine Gruppe von drei, vier oder fünf Burschen um mich versammelt, die unterschiedliche Rollen in meinem Leben spielten, aber immer dienstbar und untergeordnet, während ich der Schläger war.» Diese Gruppen waren außerordentlich wichtig sowohl für Lennons persönliche Entwicklung wie als Vorläufer für die Beatles. Auch für die Liverpooler Jugendkultur waren sie typisch, die die besondere Fähigkeit besaß, ihre Straßengangs in aggressive Rockbands umzuwandeln. Die Lennonschen Gangs zeichneten sich vor allem dadurch aus, daß sie Erweiterungen seiner eigenen Persönlichkeit waren. Er legte großen Wert darauf, sie zu seinen eigenen Überzeugungen zu bekehren, die sich wie bei allen Renegaten auf die Ablehnung der überkommenen Autoritäten gründeten. «Eltern sind keine Götter», verkündete er seinen Gefolgsleuten, «denn ich komme ohne sie aus.»

Jahrelang führte John Lennon einen Guerillakrieg gegen die Erwachsenenwelt, was ihm schließlich in der friedlichen Mittelschichtsnachbarschaft einen sehr schlechten Ruf eintrug. Er warf Knallfrösche in Briefkästen, vertrieb sich nach Einbruch der Dunkelheit die Zeit mit Klingelstreichen, jagte Straßenlaternen mit selbstgebastelten Bomben in die Luft, ließ in den Geschäften Schallplatten mitgehen, zog den Mädchen in aller Öffentlichkeit die Schlüpfer herunter und besaß einmal sogar die Frechheit, das für den *Guy Fawkes Day* bestimmte Freudenfeuer einen Tag früher anzuzünden.

Fast immer zeichneten sich John Lennons Streiche durch besondere Hinterlist und Gemeinheit aus. Beispielsweise legte er sich der Länge nach neben seinem Fahrrad auf die Straße, so daß er aussah wie das Opfer eines fahrerflüchtigen Autos. Der erste Wagen, der kam, hielt mit quietschenden Bremsen, und der Fahrer starrte entsetzt auf den bewegungslos daliegenden Jungen, der möglicherweise tot war. Doch während der Fahrer ausstieg und sich an die Stelle begab, wo der Junge gelegen hatte, hatte sich das vermeintliche Unfallopfer längst aus dem Staub gemacht.

Gern benutzte er auch das Telefon, eine technische Errungenschaft, die in dem provinziellen Liverpool noch einen gewissen Seltenheitswert besaß. Man kann sich unschwer ausmalen, wie sich Lennons Opfer fühlte, wenn das Telefon spät in der Nacht läutete und sich eine rauhe Stimme meldete, die an einen amerikanischen Filmgangster erinnerte. Die Stimme unterrichtete das Opfer, daß es in ernsten Schwierigkeiten stecke und das Haus beobachtet werde. Auf keinen Fall dürfe es die Polizei anrufen!

Mit besonderer Vorliebe suchte sich John für seine Streiche einen Lehrer namens Dolson aus, der während des Krieges einen Nervenzusammenbruch erlitten hatte. Sobald Lennon die Schwäche des armen Mannes herausgefunden hatte, verfolgte er ihn mit unbarmherziger Härte. Er rief Dolson nach Einbruch der Dunkelheit an und fragte ihn mit geheimnisvoller, drohender Stimme: «Die Kiste! Wir wollen die Kiste!» Am nächsten Tag in der Schule versuchte John, am Gesicht des Lehrers abzulesen, ob die Drohung die beabsichtigte Wirkung gehabt hatte. Dolson, der stets darauf gefaßt sein mußte, daß das Telefon klingelte und ihn die nächste Drohung erreichte, begann bald Anzeichen von Angst erkennen zu lassen. John und seine Gang genossen ihren Erfolg.

Als der Wechsel zur höheren Schule anstand, wurde Mimi von der ganzen Familie gedrängt, John auf die beste Schule der Stadt, das Liverpool Institute, zu schicken, doch dieser Gedanke schreckte sie, weil die Schule mitten in Liverpool 8, einem heruntergekommenen, verwahrlosten Stadtviertel lag. Deshalb wurde John auf eine Schule geschickt, die nur drei Kilometer von Mendips entfernt in Calderstone lag, einem der vornehmsten Wohnbezirke der Stadt.

Im September 1952, einen Monat vor seinem zwölften Geburtstag, noch immer in kurzen Hosen und mit Schulmütze, betrat John Lennon zum erstenmal die imposante Eingangshalle der Quarry Bank Grammar School. Mit ihren wuchtigen Gebäuden in nachempfundenem Tudorstil, der prächtigen viktorianischen Täfelung mit Intarsien bildete die englische Eliteschule den absoluten Gegenpol zur großen modernen High School Amerikas, dem klassischen Schauplatz des Rock'n'Roll. In Quarry Bank trugen die Jungen schwarze Blazer und Mützen, graue Pullover und Hosen, weiße Hemden und schwarze Schlipse, braun-golden gestreift und geschmückt mit dem Schulwappen. Über ihrem Herzen prangte das Emblem der Schule: Ein Hirschkopf unter vier Muscheln und der Inschrift *Ex hoc metallo virtutem* – «Aus diesem Metall schmieden wir Vorzüglichkeit».

Obwohl die Schüler zu Hause wohnten, waren sie nach den Wohnbezirken, aus denen sie kamen, wie in Internaten in Häusern zusammengefaßt, die jeweils der Aufsicht eines Lehrers unterstanden. Es gab Aufsichtsschüler, die für die Disziplin zu sorgen hatten, und Prügelstrafen, die von dem schwarzbehandschuhten Rektor vorgenommen wurden. In seinem Züchtigungsbuch hielt er jeden Verstoß fest. Die Schule hatte einen ausgezeichneten akademischen Ruf, vor allem in den altsprachlichen Fächern. Da sie ganz nach dem Vorbild der alten englischen Privatschulen, den Ausbildungsstätten der privilegierten Schichten, ausgerichtet war und einige sozialistische Minister aus den Reihen ihrer Schüler hervorgegangen waren, wurde sie von der Presse das «Eton der Labour Party» genannt.

John Lennon ging ungern zur Schule und mußte jeden Morgen von seiner Tante wachgerüttelt werden. Nachdem er die verhaßte Schuluniform angezogen hatte, ging er ins helle Frühstückszimmer und schlang sein Frühstück herunter. Er schnallte die Bücher auf dem Fahrradlenker fest und fuhr die Menlove Avenue hinunter. An der Kreuzung zur Vale Road wartete er auf Pete Shotton, den einzigen Jungen aus der Nachbarschaft, der ebenfalls Quarry Bank besuchte. Unterrichtsbeginn war um halb neun, doch Lennon richtete es so ein, daß er rechtzeitig genug eintraf, um sich vor den Jungen und Mädchen produzieren zu können, die sich jeden Morgen am Eingang des Calderstone Parks vor den grauen moosbedeckten Skulpturen versammelten, die die vier Jahreszeiten darstellten. Hier unterhielt John seine Zuhörerschaft mit Vorträgen, die sich vor allem durch ihre erlesene Wortwahl auszeichneten, wenn er etwa ein «betreffs» oder «in Hinblick auf» einflocht.

Eine Zeugin dieser Selbstinszenierungen war Meg Dogherty, damals Meg Drinkwater, die in der Nähe von Mendips wohnte und Calderstones besuchte, die Mädchenschule neben Quarry Bank. Den dreizehnjährigen John beschrieb Meg als «arrogant, sehr arrogant und sehr von sich überzeugt». Sie erinnerte sich auch an seine Brutalität. «Stets versuchte er irgendeinen wunden Punkt herauszufinden – geschiedene Eltern, einen Vater, der woanders lebte, eine kranke Mutter. Wenn es etwas gab, was nicht hundertprozentig normal war, dann fand er es mit Sicherheit heraus und ritt darauf herum. Er brachte die anderen dazu, daß sie einen hänselten. Als Mädchen konnte man sich gegen den gehässigen Spott nicht wehren.» Andererseits wechselte er sofort das Thema, wenn das Gespräch auf Dinge kam, die ihm selbst unangenehm waren. «In dem Augenblick, da man seine Eltern erwähnte oder von irgendeiner Familienveranstaltung berichtete, wie ‹Mom und Dad sind mit mir ins Kino gegangen›, gingen bei ihm die Schotten herunter. Er sprach sofort über etwas anderes. Außerdem bekam man auf seine Fragen nie eine ernste Antwort. Immer nur ein Lachen oder einen Witz.»

Johns Brutalität beschränkte sich nicht nur auf Worte. Wenn ihn jemand ärgerte, schlug er bedenkenlos auf ihn ein. Eines Morgens kam Meg auf einem gebrauchten Rennrad zur Schule, das sie zum Geburtstag bekommen hatte. Als sie zu den Statuen kam, fuhr John unmittelbar hinter ihr. Die Kinder waren von Megs neuem Rad so beeindruckt, daß sie John nicht beachteten. Das machte ihn so wütend, daß er sich vorbeugte und Meg einen heimtückischen Stoß gab, der sie auf das Steinpflaster stürzen ließ. Dabei verlor er selbst das Gleichgewicht, konnte aber noch ein spöttisches Lachen ausstoßen, bevor er ebenfalls auf dem Boden landete. Als Meg die Geschichte erzählte, schob sie den Rock hoch und zeigte die Narbe auf ihrem linken Knie.

Große Feindseligkeit gepaart mit einer extremen Abwehrhaltung trugen damals wie später entscheidend zu Lennons Persönlichkeitsbild bei. Sie prägten ihn so nachhaltig, daß sie sich sogar in seiner Körperhaltung und Gangart äußerten. «Er ging mit hochgezogenen Schultern», erinnerte sich Pete Shotton, «Kopf und Blick gesenkt, wie ein erschrecktes Kaninchen, das sich in die Enge getrieben fühlt, aber jederzeit zum Kampf bereit ist.» Wie die meisten Schläger hatte Lennon im Grunde seines Herzens Angst. Mit roher Gewalt, vor allem durch Überraschungsangriffe, versuchte er, die Oberhand zu gewinnen, doch wenn er auf jemanden stieß, der größer oder tapferer war, griff er zu psychologischen Tricks, indem er ihm, so Shotton, «durch Beleidigungen oder Sarkasmus zusetzte». Wenn alles fehlschlug, suchte Lennon sein Heil in der Flucht. In der Schule bekamen John und Pete häufig den Stock des gefürchteten Rektors Ernie Taylor zu spüren, aber Lennon mochte noch so oft geschlagen werden, er zeigte keinerlei Besserung. Vielmehr war er der Überzeugung, daß bei ihm sowieso Hopfen und Malz verloren war. Was spielte es da für eine Rolle, was er anstellte oder wie oft er bestraft wurde?

Tante Mimi regte sich über die Beschwerden, die von der Schulleitung kamen, derart auf, daß sie schon Angst hatte, wenn das Telefon klingelte. Ihre eigenen Versuche, John zu erziehen, waren längst gescheitert. Ganz gleich, wie streng sie war, er schien aus allen ihren Strafen nur die Kraft zu neuen und schlimmeren Taten zu schöpfen. George Smith, der Mann im Haus, von dem man hätte erwarten sollen, daß er John zur Vernunft brachte, rührte sich nicht aus seinem Wohnzimmersessel, während Mimi das Heft in der Hand hatte. So waren John und Mimi in ihren Machtkampf verstrickt, während George sich hinter seine Zeitung zurückzog. Als es in

Mendips zur entscheidenden Krise kam, war John in seinem dreizehnten Lebensjahr.

Die stürmischen Ereignisse dieser Zeit haben sich John so tief eingeprägt, daß er sie niemals vergessen hat. Als er Mimi in seinen letzten Lebensjahren schrieb, hat er all die alten Vorwürfe wieder hervorgekramt. Interessanterweise hat er ihr vor allem *Brutalität* vorgeworfen. Er hielt ihr vor, daß sie mit Kristallaschenbechern nach ihm geworfen und den Rektor gebeten habe, ihm eine «ordentliche Tracht Prügel» zu verabreichen, weil er gerissener sei, «als für ihn gut ist».

Aus der Art, wie Mimi mit Freddie umgesprungen ist, darf man schließen, daß ihre Hauptwaffen gegen Männer Bloßstellungen und Demütigungen waren. Zweifellos hat sie diese Taktik auch gegen John angewandt, doch ohne Erfolg. Daher die Wut, die sie veranlaßte, gewalttätig zu werden. John seinerseits versuchte, die Oberhand zu gewinnen, indem er Mimi bloßstellte, ihr unter die Nase rieb, wie inkonsequent sie war, und von allem Gebrauch machte, was ihm einen Vorteil verschaffen konnte. Er hatte viele berechtigte Vorwürfe: Mimi bevormundete ihn, spionierte hinter ihm her, manipulierte ihn und verbot ihm viele Vergnügungen, denen andere Kinder ungehindert nachgehen konnten. So hatte er allen Grund, sich aufzulehnen, vor allem, als er die ersten Auswirkungen der Pubertät verspürte. Doch so sehr es ihn auch danach verlangte, sein Leben selbst in die Hand zu nehmen, mit dreizehn brauchte er noch ein Zuhause und jemanden, an den er sich halten konnte.

Paradoxerweise fand er den Verbündeten, den er für seine Auflehnung gegen das Matriarchat Mimis brauchte, in seiner Mutter Julia.

EIN TURBULENTER HAFEN

Blomfield Road 1, die Adresse der Dykins, wirkte auf den ersten Blick nicht sehr einladend. Die schmale Doppelhaushälfte, die von der Gemeinde als Sozialbauwohnung vermietet wurde, war das erste in einem Straßenzug gleichartiger Gebäude und wirkte ziemlich verwahrlost: Der Rasen war nicht gemäht, der Garten verschwand im Unkraut und um die verstopften Abflußrohre bildeten sich Pfützen. Doch sobald der Besucher eintrat, empfing ihn eine anheimelnde, wohnliche Atmosphäre. Ein goldfarbener Boxer beschnüffelte den Fremden, aus der großen Musiktruhe ertönte «The Laughing Policeman», ein uralter Partyhit, und überall standen Nippes und Kinkerlitzchen herum. Der Blickfang des Wohnzimmers war eine Bar mit einem sehr verlockenden Angebot an Getränken.

Ganz gleich, wann man kam, Julia war stets gut angezogen und geschminkt. Die tiefrote Pracht ihres Haars hatte sie sorgfältig frisiert. Da ihr Dykins, der tagsüber zu Hause war, viele Haushaltspflichten abnahm – er ging einkaufen, brachte Vorhänge an und backte sogar Kuchen –, hatte Julia Zeit für die Dinge, die sie gerne tat. Oft setzte sie sich ans Klavier, das eine Verzierung aus durchbrochenem Holz vor bunter, plissierter Seide hatte, und begleitete sich zu Liedern aus Minstrelshows, Varietétheatern und Filmen.

Julias Wohnung war die Zuflucht aller bekümmerten Kinder der Familie Stanley. Leila war oft dort, wenn sie einen Streit mit der Mutter gehabt hatte: «Ich ging ins Fernsehzimmer. Julia merkte, daß ich mich schlecht fühlte, und steckte mir einen Apfel zu. Sobald mir besser zumute war, ging ich in die Küche. Wenn man eine

Stunde mit ihr zusammen war, lachte man sich weg. Sie war zu komisch! Das war sie immer. Es war einfach ihre Natur. Wenn man Julia besuchte, liefen einem die Tränen übers Gesicht.»

Als Pete Shotton Johns Mutter kennenlernte – erinnerte er sich –, tätschelte sie ihn und rief: «Oho, was hast du für hübsche schmale Hüften!» Während Pete ihr die Hand hinstreckte, streichelte sie seine Hüften und kicherte unablässig. Dann gestand ihr John, daß sie die Schule schwänzten, und sie sagte fröhlich: «Macht euch doch keine Sorgen um die Schule! Macht euch um gar nichts Sorgen! Das läuft sich schon alles zurecht!»

John, der für jeden einen abschätzigen Spitznamen fand, nannte den Lebensgefährten seiner Mutter Twitchy (von *twitch* – Zuckung, Zucken), eine Anspielung auf seine nervöse Angewohnheit, zu husten und dann seine Hand zum Gesicht zu führen, als wollte er sich vergewissern, daß seine Nase noch an ihrem Platz sei. Im Grunde aber kam John gut mit John Dykins aus, weil er für ihn eine zuverlässige Geldquelle war. Immer wenn John und Pete zu Dykins kamen, führte er sie zum Goldfischglas, in dem er seine wöchentlichen Trinkgelder aufbewahrte, und gestattete ihnen einen «Glücksgriff». Von ihm bekam John auch seine ersten bunten Hemden und andere Kleidungsstücke, die Tante Mimi nicht billigte oder die sie sich nicht leisten konnte. Als John alt genug war, ein Glas Bier zu trinken, wurde ihre Beziehung noch enger.

Der gutaussehende, wohlproportionierte John Dykins wirkte ein wenig exotisch mit seinem dunklen «spanischen» Teint und dem dünnen Filmschnurrbart. (Die Stanleys nannten ihn «Spiv», was Schwarzmarktschieber bedeutet, aber auch die Nebenbedeutung von Schacherjude hat.) Er strahlte eine starke Wirkung auf Frauen aus, wonach Julia verlangte – und was sie bei Freddie nicht gefunden hatte. Doch trotz Dykins' maskuliner Ausstrahlung hielt ihn seine nächste Frau Rona im Grunde genommen für homosexuell. In dreijähriger Freundschaft und dreijähriger Ehe beobachtete sie, daß praktisch alle seine Freunde schwul waren.

Er war in seinem Beruf ausgesprochen fähig und als Sommelier oder Kellner in guten Hotels und Spielclubs stets gefragt, aber wenn er nicht arbeitete, war er ständig betrunken – manchmal so betrunken, daß er während der nächtlichen Heimfahrt das Auto mitten auf der Fahrbahn anhalten mußte, um wieder einen klaren Kopf zu bekommen. (Er starb nach einem Autounfall am 1. Juni 1966.) Er war von zwanghafter Verschwendungssucht, warf mit dem Geld um sich und hielt jeden frei. Dabei war er so unbedenklich, daß Julia gelegentlich, wenn er sich außerhalb der Stadt aufhielt, zu Nachbarn gehen und um Essen oder Kohle betteln mußte.

Normalerweise war Dykins in Julia und ihre beiden hübschen Töchter Julie und Jacqueline vernarrt und ließ ihnen jede Laune durchgehen. Doch manchmal hatte er mitten in der Nacht heftige Wutanfälle und warf Julia samt den kleinen Mädchen auf die Straße. Wenn sie dann vor Kälte zitternd in der Nacht standen, brüllte Dykins: *«Das ist mein Haus!»* Julia und ihre Töchter waren gezwungen, beim Licht einer Taschenlampe quer über den Golfplatz Allerton nach Mendips zu laufen, um dort die Nacht zu verbringen. Aber das Schlagen von Ehefrauen war in der Liverpooler Arbeiterschicht nichts Ungewöhnliches, und Julia war nicht mehr in dem Alter, wo sie selbstverständlich davon ausgehen konnte, einen anderen Mann zu finden. Deshalb blieb sie bei Dykins und fand an seinen gewalttätigen Ausbrüchen vielleicht sogar eine perverse Freude, so wie sie den Schmerz genoß, wenn sie sich geschnitten hatte und sich Salz in die Wunde rieb.

Am auffälligsten an John Dykins' Verhalten war vermutlich die zwanghafte Art, in der er sein Vergnügen suchte. Er war ein Säufer, ein ruheloser, unermüdlicher Kneipengänger, der in einer einzigen Nacht die Runde durch alle Bars und Clubs in der Nachbarschaft machte. Sein Bruder Leonard, ein Taxifahrer, und dessen Frau Evelyn erinnerten sich, daß sie manche Nacht durch lautes Klopfen an der Tür geweckt wurden. Wenn sie aus dem Fenster blickten, stand John unten und schwenkte eine Flasche. Kaum war er im Haus, schenkte er beiden ein Glas voll und bestand darauf, daß sie es hinunterkippten. Dann mußten sie sich anziehen und mit ihm durch die Kneipen ziehen, wobei sie überall nur so lange blieben, bis sie einen Drink bestellt und getrunken hatten.

Leute, die viel mit John und Julia zusammen waren wie Leonard und seine Frau, hatten den Eindruck, daß das Paar sich sehr zugetan war. John verhielt sich Julia gegenüber sehr liebe- und rücksichtsvoll. Obwohl er ein starker Raucher war, dessen samtene Smokingrevers oft mit weißer Zigarettenasche bestäubt waren, steckte er sich in ihrer Begleitung nie eine Zigarette an, ohne gleich eine zweite für sie mitanzuzünden. Als Evelyn ihren Schwager fragte, warum er nicht heirate, antwortete er: «Ev, es ist ein Vorteil, wenn man *nicht* verheiratet ist – man steht sich näher.» Trotzdem war John und Julia daran gelegen, als Ehepaar zu erscheinen. Julia trug einen Ehering und ließ sich als Mrs. Dykins anreden. Julia und Jacqueline erfuhren erst nach dem Tod der Eltern, daß diese nicht verheiratet gewesen waren. In der Familie Stanley behielt man unangenehme Wahrheiten lieber für sich.

John Dykins scheint großen Einfluß auf John Lennon gehabt zu haben, was nicht überraschend ist, bedenkt man, daß dieser keine männlichen Rollenmodelle hatte, abgesehen von seinem Onkel George, einem schwachen und passiven Mann. Praktisch alle besonderen Persönlichkeitsmerkmale von John Dykins – der Alkoholismus, die Neigung, seine Ehefrau zu schlagen, die heimliche Homosexualität und die triebhaften Anfälle zur Geselligkeit – traten später in Lennons Verhalten auf. Bezeichnenderweise kaufte John, sobald er Erfolg hatte, für Twitchy einen langen weißen Riley-Sportwagen.

Wenn Julia und Twitchy John Lennon ein zeitweiliges Entkommen aus der trübseligen Sieben-Zimmer-Wohnung in der Menlove Avenue ermöglichten, so bot Tante Elizabeth eine noch verlockendere Zuflucht. Nach dem Tod ihres ersten Ehemannes Captain Charles M. Parkes, eines Schiffbauingenieurs und Seefahrtsachverständigen, heiratete sie 1949 Robert Hugh Sutherland, einen Edinburgher Zahnarzt. Bis zu seinem fünfzehnten Geburtstag wurde John jeden Sommer ins Haus der Tante in Auld Reekie, Ormidale Terrace 15, geschickt, und anschließend auf die kleine Schaffarm der Familie in Sangobeg bei Durness am nördlichen Küstenstreifen Schottlands – einer Landschaft von herbem Reiz, die an Island erinnert. Das Farmgebäude, ein geduckter Ziegelbau, wurde mit Torföfen geheizt und von Petroleumlampen erhellt.

John unternahm mit seinem Cousin Stanley Parkes und seiner Cousine Leila Birch, beide älter als er, ausgedehnte Streifzüge in die felsigen Hügel und die sumpfigen Torfmoore, die immer von einer fernen Bergsilhouette überragt wurden. Sie stießen auf Überreste aus der Steinzeit und übten sich in den Sportarten, die in dieser Wildnis betrieben werden. John lernte, Köderfliegen auf Lachsflüssen auszuwerfen und Kaninchen, Fasane und Moorhühner mit dem Kleinkalibergewehr zu schießen. Überall hörte er die faszinierende Sprache der Highlander, die er mit großem Vergnügen nachahmte. Sonntags hockte er über den Comics in der *Sunday Post*, einer schottischen Zeitung, in der er Comic-Figuren wie *The Broons* und *Oor Willie* kennenlernte. Schottland war ein Erlebnis, das John nie vergaß. Zwanzig Jahre später schrieb er an seine Tante, daß er Schottland in besserer Erinnerung habe als England.

Da Schottland für Lennon so anregend war, ist es keine Überraschung, daß er dort eine erste Ankündigung seiner künftigen Berufung erlebte. Eines Tages auf einem Spaziergang verfiel er in Trance: «Es war wie eine Halluzination. Der Boden schwindet unter deinen Füßen und dem Heidekraut, und ich konnte die Berge in der Ferne sehen. Und dann überkam mich dieses *Gefühl*. Ich dachte: ‹Das ist *etwas*! Was ist es? Ja, das ist das, wovon sie immer berichten, das, was dich malen oder schreiben läßt, weil es dich so überwältigt, daß du es jemandem mitteilen mußt... also machst du ein Gedicht daraus.›»

John zeltete in Schottland, als George Smith am 5. Juni 1955 mit zweiundfünfzig Jahren starb. An diesem verhängnisvollen Tag stand George aus dem Bett auf, ging ins Badezimmer und erbrach Blut. Obwohl er sofort ins Sefton General Hospital gebracht wurde, starb er an dem Blutsturz, der durch eine Leberzirrhose verursacht wurde. Ein paar Tage später wurde John nach Hause geschickt, ohne daß man ihm etwas vom Tod des Onkels erzählt hatte. Als er fröhlich in die Küche kam und nach Onkel George fragte, «weinte Mimi über den Karotten, während ihre studentischen Untermieter versuchten, ein trauriges Gesicht zu machen». Als Mimi ihm berichtete, was geschehen war, zog er sich schweigend zurück. «Ich ging nach oben», erinnerte er sich, «dann traf meine Cousine Leila ein und kam auch nach oben. Wir waren beide hysterisch und haben gelacht wie die Verrückten. Hinterher hatte ich ein sehr schlechtes Gewissen.»

Durch Onkel Georges Tod wurde Johns Bindung an das andere Zuhause in der Blomfield Road noch enger. Unentbehrlich aber wurde ihm die Wohnung der Mutter durch drei neue Obsessionen, die Tante Mimi allesamt verhaßt waren: sich zu kleiden wie ein Teddy Boy, mit Mädchen zu schlafen und eine Skiffleband zu leiten. Die Identifikation mit den Teddy Boys lag bei einem so rebellischen Jugendlichen wie Lennon sehr nahe. Die Teds – die ihren Namen von ihrer Uniform hatten, einer langen Jacke mit Samtkragen aus der Zeit König Edwards (ursprünglich wurde sie von jungen Gardeoffizieren der Oberschicht getragen) – waren Arbeiterkinder und gaben England einen ersten Vorgeschmack von den kriminellen Jugendbanden, die sich an amerikanischen Vorbildern orientierten.

Das Jahr der Teds war 1956. Im September, als der Film *Rock Around the Clock* mit Bill Haley in der Hauptrolle in England anlief, benutzten die Teds die Gelegenheit, ihr Lebensgefühl zum Ausdruck zu bringen, indem sie im ganzen Land die Kinos in Trümmer legten. Dieser Ausbruch von Vandalismus begeisterte John Lennon. Er fühlte eine plötzliche Verbundenheit mit den unteren Schichten. Doch im Unterschied zu den Teds arbeitete er nicht in einer Fabrik und hatte folglich nicht das Geld, um sich mit der passenden Kleidung auszustaffieren: Cowboyjacke, Röhrenhosen, dünner Kordelschlips (mit Totenkopfmedaillon) und Kreppschuhe oder spitze Schuhe mit Metallkuppe. Solch ein armer Junge aus der Mittelschicht, der das «Eton der Labour Party» besuchte, konnte sich bestenfalls mit viel Pomade eine Tolle legen, Koteletten wachsen lassen und seine weiten Hosen auf der Nähmaschine der Tante enger nähen. Tragen konnte er die Hosen aber nur, wenn er bei der Mutter war.

Auch für das erste richtige sexuelle Abenteuer, nicht die jugendlichen Pettingveranstaltungen und die Knutschereien in den hinteren Kinoreihen, brauchte er das Versteck in der Blomfield Road. Mimi hatte nicht nur das geheime Tagebuch entdeckt, in dem John seine sexuellen Heldenstücke verzeichnete, sondern auch den Code entschlüsselt, mit dem John die verruchten Taten zu verheimlichen gedachte. Nachdem sich John so peinvoll bloßgestellt sah, begriff er, daß er zu Hause überhaupt keine Geheimnisse haben konnte.

In späteren Jahren pflegte John zu behaupten, er sei von einer «älteren Frau» in die Liebe eingeführt worden. Doch Barbara Baker war nicht älter als Lennon, wenn auch bestimmt erfahrener. Sie erinnerte sich, daß sie John erstmals an einem Sonntagnachmittag bemerkt hat, als sie aus der Sonntagsschule kam. Sie hatte sich mit einem anderen Mädchen vor einem Frühlingsguß unter ein paar Alleebäume geflüchtet. Kaum waren sie im Trockenen, kamen John und Pete den Weg entlang. Als John Barbaras langen Pferdeschwanz sah, rief er: *«Guck mal, ein Pferdegesicht! Pferdeschwanz und Pferdegesicht!»* Barbara erkannte in John das «kleine Scheusal», das immer im Baum hockte und sie mit Pfeilen beschoß, wenn sie von der Schule nach Hause ging. Überrascht stellte sie nun fest, daß er sehr ordentlich gekleidet war mit weißem Hemd, Schulschlips und blauem Blazer. Nach kurzem Gespräch verabredeten sie sich ein paar Abende später zu einem Spaziergang.

Schon bald machten Barbara und John «Ernst». Der Bericht, in dem John seinem Freund Pete das Ereignis schildert, zeichnet sich durch charakteristische Offenheit aus. «Ich hab's gemacht», verkündete er. «Ich hab meine erste Nummer geschoben. Es war höllisch schwer, bei Barb reinzukommen. Sie war so eng wie ein Mäuseohr. Ich glaube, ich habe mir mehr einen runtergeholt.»

Aber Barbara brachte ihren John zur Strecke. Sie «hätte sich ein Zelt mitnehmen sollen», berichtete Julie Dykins, «so oft, wie sie draußen war, um Haus, Garten, Fenster und Tür zu beobachten.» Mit seinen fünfzehn Jahren war John schon ein so raffinierter Heuchler, daß er seine Mutter bat, hinauszugehen und Barbara fortzuschicken. Als Julia das Mädchen zur Rede stellte, rannte es davon, wurde aber von Julie und Jacqueline verfolgt und eingeholt, die unbedingt mehr über diese geheimnisvolle Geschichte erfahren wollten. Barbara bat die neunjährige Julie, John zu schicken, ohne daß die Mutter es merkte. John erhielt die Botschaft. Er verließ das Haus in gespielter Gleichgültigkeit und tat so, als wolle er nur ein bißchen frische Luft schnappen, wobei der arme Kerl aber nicht merkte, daß er von seinen Schwestern beschattet wurde. Sie überraschten ihn in leidenschaftlicher Umarmung mit Barbara im Gras. John kaufte sich bei den Mädchen mit einem Zweieinhalbshillingstück frei, so entsetzt war er, daß sie ihn ertappt hatten. Am Abend beim Tee bedauerte Julia ihren Sohn, weil ihm dieses schreckliche

Mädchen so dreist nachstellte. John starrte Julie an und gab ihr unter dem Tisch einen kräftigen Tritt, damit sie ja den Mund hielt.

Barbara Baker war sehr sexy, mit einer Figur, die einem Halbwüchsigen sicherlich den Kopf verdrehen konnte. John konnte mit ihr zusammen sein, ohne auf Petes Gesellschaft verzichten zu müssen, da dieser auch eine Freundin hatte. Oft bumsten die beiden Pärchen im gleichen Zimmer oder sogar im gleichen Bett. Die ulkigste Szene ereignete sich laut Shotton, als die vier bei Petes Freundin zu Besuch waren. Kaum hatte die Mutter des Mädchens das Wohnzimmer verlassen, um Tee aufzuschütten, als John und Barbara auf dem Sofa zu vögeln begannen, während sich Petes Mädchen den Schlüpfer auszog und den im Sessel sitzenden Pete rittlings bestieg. Auf dem Höhepunkt ihres Vergnügens wurden die jungen Leute von einem Klopfen an der Tür erschreckt. «Herein!» rief John, sich hastig die Hosen hochziehend.

Die Dame des Hauses rauschte herein und trällerte: «Der Tee ist fertig!»

Pete war entsetzt, schaffte es aber irgendwie, eine Entdeckung zu vermeiden. Diese Gelegenheit, seinen Kumpel in Schwierigkeiten zu bringen, konnte sich John natürlich nicht entgehen lassen. Er sprang auf, um der Gastgeberin zu helfen, und zog dabei den armen Pete aus seinem Sessel, der verzweifelt versucht hatte, sein ragendes Glied zu verstecken. «Komm schon, Pete!» rief er. «Was hast du denn?»

Während Johns letztem Schuljahr und seinem ersten Jahr auf der Kunsthochschule hatte er ein heftiges Verhältnis mit Barbara. Schließlich lernte Barbara auch Julia kennen, die das Mädchen freundlich aufnahm. Bei Mimi war das anders. «Sie war so piekfein gekleidet und sprach so vornehm», erinnerte sich Barbara. «Ich hatte das Gefühl, es war besser, mich in acht zu nehmen.» Auf alle wirkte Mimi hochnäsig. «Immer mußte sie sich aufspielen», sagte Barbara. «Ich glaube, sie war nicht sehr beliebt.» Mimi ihrerseits fand Barbara «sehr frühreif». Barbara: «Ich wurde mit Mimi nicht warm. Ich glaube, sie dachte – und vermutlich hatte sie recht –, daß wir viel zu weit gingen und viel zu jung waren.»

«Ein sehr romantischer Junge, außerordentlich romantisch.» So erinnert Barbara Baker John Lennon. «Er hat mir viele, viele Gedichte geschrieben. Voller Liebe, absolut romantisch! ‹Hier›, sagte er, ‹ich habe dir einen Brief geschrieben, ein Gedicht, lies es!› ... Wenn er Prüfungen [an der Kunsthochschule] hatte, setzte er meinen Namen unten auf das Bild. Dann war er überzeugt, daß er sie bestehen würde.»

Die Affäre war stürmisch. In ihrem zweiten Sommer hatten John und Barbara einen fürchterlichen Krach. «Ich verlor das Interesse an ihm», erinnerte sich Barbara, «und begann hinter seinem Rükken mit seinem besten Freund auszugehen [damit meinte sie Bill Turner]. John war außer sich. An dem Abend hätte er fast einen Zaun eingetreten.» Nach ein paar Wochen kam Barbara doch zu dem Ergebnis, daß ihr John lieber war. Als sie Bill die Situation erklärte, setzte er als guter Freund John davon in Kenntnis, und die Liebenden waren wieder versöhnt. Zu ihrer endgültigen Trennung kam es durch die Intervention der beiden Familien.

Barbaras Mutter war beunruhigt, daß ihre Tochter eine Affäre hatte. Sie suchte Mimi auf. «Mimi und meine Mutter hatten eine Unterhaltung – und mein Vater», erinnerte sich Barbara. «Sie veranlaßten uns, die Sache aufzugeben, brachten uns auseinander.» John traf sich noch eine Zeitlang heimlich mit Barbara, doch zu Beginn seines zweiten Jahres an der Kunsthochschule war die Beziehung zu Ende. John hatte eine neue feste Freundin, ein Mädchen, das lange nicht so «frühreif» war.

BERUFUNG DURCH ELVIS

Bevor John Lennon «Heartbreak Hotel» hörte, war er ein *Nowhere Boy*. Er ähnelte einer dieser Sagengestalten, die als Säuglinge vom Königshof entführt werden, um in der Wildnis fernab aller Zivilisation aufzuwachsen. Nur waren es keine bösen Intrigen, die dazu geführt hatten, daß Mimi ihrem Pflegesohn einen großen Teil der alltäglichen Erfahrungswelt vorenthielt. Alles, was «gewöhnlich» war, vor allem die vulgäre Sprache und Bilderwelt der Massenmedien, war in Mendips strengstens verboten. Noch 1956, als John fünfzehn war, hatte er nur eine schwache Ahnung von der Massenkultur, die das Lebenselexier seiner Generation war. Der künftige Mediensüchtige, Medienexperte und Mediengroßmeister lebte noch in der bedruckten und bebilderten Bücherwelt, die seit den zwanziger Jahren dem Untergang geweiht war. Vor diesem wenig aufregenden Hintergrund muß die Begegnung mit Elvis Presley wie eine Atombombenexplosion gewirkt haben.

«Heartbreak Hotel» sprach den Jungen, der die «Einsamkeit kannte», mit ungeheurer Eindringlichkeit an. Jetzt *hörte* er die Einsamkeit. Sie kam von einem fremden Wesen, Tausende von Kilometern entfernt, aber mit ihm auf gleicher Wellenlänge. Es gab eine unmittelbare seelische Verbindung zwischen den beiden größten Stars des Rock, weil sie sich im Grunde ähnelten. Beide waren einsame Einzelkinder, erzogen von überfürsorglichen Frauen, die bestrebt waren, sie für ihr ganzes Leben an das Zuhause und die Mutter zu binden. Beide entkamen sie den erstickenden Familienverhältnissen, indem sie in rebellische Posen flüchteten, die sie zu Helden ihrer Generation machten. Im Herzen blieben sie jedoch die traurigen kleinen Jungen, dazu verdammt, ihr Leben an Drogen und Träume zu vergeuden, und nur manchmal von einer Leidenschaft aufgewühlt, die sie auf ihren Platten verewigten. So bedeutete «Heartbreak Hotel» für John Lennon vor allem eine jähe Ahnung, eine antizipatorische Vision seines künftigen Lebens.

Bezeichnenderweise vollzog sich dieser erstaunliche Kommunikationsprozeß nonverbal. Obwohl Elvis Presley und John Lennon im Grunde die gleiche Sprache sprachen, konnte John nicht verstehen, was Elvis sagte. Elvis war ein amerikanischer Primitiver, ein Buschtrommel-Barbar, leidenschaftlich, aber unverständlich. Darin lag das Geheimnis seiner magischen Wirkung. Wie Johnnie Ray, der andere große Primitive der fünfziger Jahre, überschritt Elvis mit Wörtern und Musik die Grenze, die Sprache und Handeln trennt. Johnnie Ray berichtete nicht vom Weinen: Er tat es! Entsprechend beschrieb Elvis die Einsamkeit nicht, er stellte sie in einer überwältigenden Tragödie dar, die direkt ins Grab wies.

«Heartbreak Hotel» war kein Katalysator für Lennon, sondern ein Initiations- und Erziehungserlebnis. Es führte ihn in die unwiderstehliche Sprache der Träume ein und zeigte ihm seine naturgegebene Bestimmung als Künstler – die Umsetzung seiner tiefsten Ängste in ein Rock'n'Roll-Psychodrama. Kaum ein Schriftsteller oder darstellender Künstler hat ein stärkeres oder zwingenderes Berufungserlebnis gehabt.

Sofort spürte John den unwiderstehlichen Wunsch, seinem neuen Helden nachzueifern. Nachdem er in *Reveille* eine Anzeige für eine gebrauchte Gitarre – «garantiert unzerbrechlich» – entdeckt hatte, lag er beiden Müttern in den Ohren, sie ihm zu kaufen. Mimi lehnte die Idee kategorisch ab und weigerte sich, seine gefährliche neue Besessenheit in irgendeiner Weise zu unterstützen. Julia sah das anders. Sie hatte eine Schwäche für Rock'n'Roll. Sie hatte die neue Musik sogar schon vor ihrem Sohn entdeckt, als die erste große Rockplatte – Bill Haleys «Rock Around the Clock» – im September 1955 Erfolge feierte. Jedesmal wenn der unverwechselbare Rhythmus im Radio ertönte, sprang Julia auf und hüpfte durchs Wohnzimmer. Außerdem traute sie sich zu, John das Gitarrespielen genauso beibringen zu können, wie ihr Vater sie auf dem Banjo unterrichtet hatte. Sie gab ihm die erforderlichen zehn Pfund, und John erhielt per Post eine ramponierte spanische Gitarre, die sich eher zum Verpacken von Orangen geeignet hätte. Die Gitarre wie ein Banjo spielen zu lernen hieß, die oberen fünf Seiten auf G zu stimmen und die unterste nicht zu beachten. Ob richtig oder falsch, John Lennon war es egal. Er wollte seine erste Melodie lernen: Fats Wallers «Ain't It a Shame».

In allen Berichten, die Lennon veröffentlichte, wird der Eindruck hervorgerufen, die Gitarre sei das erste Instrument gewesen, das er besessen und zu spielen gelernt habe. Diese Annahme ist entscheidend für die irrige Vorstellung, Johns musikalische Geschichte beginne mit seiner Elvis-Begeisterung und infolgedessen sei er ein unverfälschtes Produkt des Rock'n'Roll. Tatsächlich bekam John sein erstes Instrument als Kind: ein einfaches Akkordeon, auf dem er die Hits der damaligen Zeit lernte: «Greensleeves», «Swedish Rhapsody» und «Moulin Rouge». Später begann John mit der Mundharmonika, als ihm einer der Studenten, die bei seiner Tante wohnten, ein Instrument anbot, unter der Bedingung, daß er es zu spielen lernte. John beherrschte sofort zwei Melodien und war bald so versessen auf die Mundharmonika, daß er auf einer Busfahrt nach Edinburgh sämtliche Passagiere verrückt machte, weil er pausenlos «The Happy Traveller» spielte. Beeindruckt von der Ausdauer des Jungen, forderte ihn der Busfahrer auf, am nächsten Morgen zur Haltestelle zu kommen, wo er ihm eine schwere, professionelle Mundharmonika schenkte. Die mehrjährige Beschäftigung mit diesem Instrument ermöglichte es John, den ersten Beatlesplatten durch den melancholischen Mundharmonikahintergrund ihren charakteristischen Sound zu geben. Tatsächlich lag John die Mundharmonika weit mehr als die Gitarre, weil sie ihm eine Instrumentalstimme zur Verfügung stellte, die seiner Singstimme entsprach.

Wie «Heartbreak Hotel» nicht der Beginn von Lennons musikalischer Karriere war, so machte das Gitarregeklimper und das Absingen der Rockabilly- und Rhythm-and-Blues-Songs der späten fünfziger Jahre aus John und den anderen Beatles noch lange keine Amerikaner. Man hat die Identifikation der Beatles mit amerikanischer Musik weit überschätzt und den Abstand, der sie von der amerikanischen Kultur trennte, erheblich unterschätzt. Die Leistung der Beatles bestand vor allem darin, die amerikanische Popmusik ihren Ursprüngen zu entfremden und sie nach England zu verpflanzen, wo sie zu einer ganz anderen Musik wurde. Natürlich wäre ihnen das niemals gelungen, wenn sie die amerikanische Musik nicht völlig verinnerlicht hätten, aber umgekehrt hätten sie die Rockmusik auch nicht revolutionieren können, wenn sie sie einfach wie Amerikaner gespielt hätten. Elvis und der Rock'n'Roll wurden für John Lennon ein Vorbild, dem er nacheifern konnte. Die Voraussetzungen dazu besaß er bereits, mochten sie auch nur aus einem Spielzeugakkordeon und einer guten Mundharmonika bestehen.

Von Anfang an machte Johns neue Besessenheit Ärger in Mendips. Von dem ständigen Gitarregeklimper und Fußstampfen verärgert, verlangte Mimi, daß er in der Glasüberdachung der Eingangstür übte. «Er lehnte so lange an der Ziegelmauer», erinnerte sie sich, «daß er einen Teil von ihr mit seiner Rückenpartie abgetragen haben muß.» Ein weiteres Problem ergab sich, als John seiner Tante verbot, sein Zimmer zu betreten, das sich in ein Chaos aus verstreuten Kleidungsstücken, Zeitungen und Büchern verwandelte. «Wenn ich die Tür öffnete, sagte er: ‹Laß nur! Ich räum auf.› Fast über Nacht ist er schlampig geworden, und alles nur wegen Elvis Presley, behaupte ich. Er hatte ein Poster von ihm in seinem Zimmer, und überall lagen Socken und Hemden auf dem Fußboden.» Mit weithin hörbarer Stimme gelobte Mimi: «Es wird anders in diesem Haus! Hier wird wieder Anstand und Sitte herrschen.» Statt dessen gab es noch mehr Elvis, sogar wenn das Licht aus war. «John hörte sich die Elvis-Songs im Radio an. [In der *Jack Jackson Show* von Radio Luxemburg, das man damals anfing, schwach und undeutlich in Liverpool empfangen zu können.] Abends nahm er das Radio mit ins Bett und hörte sich seine Musik unter der Decke an. Er dachte, ich würde es nicht merken, aber ich bekam das meiste mit, obwohl man bei John scharf aufpassen mußte. Er konnte sehr gerissen sein.»

Johns ramponierte spanische Gitarre hatte wenig Ähnlichkeit mit dem Instrument, das Elvis Presley spielte. Er bestürmte Mimi, ihm ein wohlklingenderes Instrument zu kaufen. Schließlich gab sie nach. «Ich dachte, ich könnte ihn eines Besseren belehren, wenn ich ihm eine besorgte. Ich nahm an, der Reiz des Neuen würde sich rasch legen, und er würde das Ganze lassen. Deshalb fuhr ich eines Samstags mit ihm zu Hessy's Musikgeschäft in Liverpool und kaufte ihm eine. Sie kostete mich vierzehn Pfund, *vierzehn Pfund*! Das war damals viel Geld. Ich habe es sehr ungern für eine Gitarre ausgegeben, aber ich dachte, dann würde er Ruhe geben, und das war mir die Sache wert. Er hat sich sogar vor den Schlafzimmerspiegel gestellt und so getan, als wäre er Elvis Presley.»

Obwohl Elvis' Einfluß auf Johns Leben absolut beherrschend war, mußte er einsehen, daß es bessere Rock'n'Roll-Sänger gab. Zur gleichen Zeit, da er auf Elvis stieß, machte er eine noch bedeutsamere Entdeckung: Little Richard. Der Junge, bei dem John Little Richard zum erstenmal hörte, hieß Mike Hill, der eine bemerkenswerte Sammlung amerikanischer Platten besaß. Da Hill in der Nähe der Schule wohnte und seine Mutter berufstätig war, konnte er John und seinen Freunden jeden Tag in der Mittagspause Kostproben aus seiner Sammlung vorspielen.

«Der Junge war in Holland gewesen», erinnerte sich Lennon. «Er erzählte, er habe zu Hause eine Platte von jemandem, der besser als Elvis sei. Für mich war Elvis das Absolute. Wir gingen zu dem Burschen nach Hause und hörten uns Elvis auf 78er-Platten an; in einem Laden kauften wir fünf einzelne Senior Service [billige Zigaretten] und Chips und gingen dann zu ihm. Die neue Platte war ‹Long Tall Sally› [B-Seite: «Slippin' and Slidin'»]. Als ich sie hörte, war ich so weg, daß ich nichts sagen konnte. Ich war hin- und hergerissen. Ich wollte Elvis nicht untreu werden. Wir sahen uns an, aber ich wollte nichts gegen Elvis sagen, noch nicht mal im Geiste. Wie war es möglich, daß sie mir *beide* zustießen? Und dann sagte jemand: ‹Das singt ein Nigger.› Ich kannte keine schwarzen Sänger. Also war Elvis weiß und Little Richard schwarz. ‹Gott sei Dank!› sagte ich. Es gab einen Unterschied zwischen ihnen. Aber ich dachte in der Schule tagelang an die Plattenlabels. Das eine war gelb [Little Richard] und das andere blau, und ich dachte: ‹Gelb oder Blau?›»

Mit diesem Erlebnis deutet sich erstmals Lennons spätere Rolle als der vielleicht beste Kenner des Rock'n'Roll in England an. Vieles von dem, was die Beatles in ihren ersten Jahren machten, verdankten sie ihrer Fähigkeit, die besten Dinge von der anderen Seite des

Atlantiks aufzugreifen und sie als erste zu verwenden. Damals war John jedoch einfach ein Fan, der keine Hoffnung hatte, je ein richtiger Rockmusiker zu werden wie Elvis, ein Fabelwesen, das einer anderen Welt angehörte. Pete Shotton meinte: «Selbst John bildete sich nicht ein, daß er eines Tages singen, Gitarre spielen oder so viel Geld machen könnte wie Elvis. Es erschien uns unvorstellbar, daß ein Junge mit begrenzten Mitteln aus der englischen Provinz die *professionelle* Qualität eines Bill Haley oder Elvis erreichen könnte. Für richtige Musik brauchte man schließlich das Geld, um teure Geräte und Instrumente zu kaufen – und um die zu beherrschen, mußte man wahrscheinlich jahrelang Stunden nehmen und intensiv üben. Vor allem aber war Rock 'n' Roll – fast definitionsgemäß – amerikanische Musik.»

So tat ein englischer Junge besser daran, dem Vorbild Lonnie Donegans zu folgen, der die Skiffle-Begeisterung ausgelöst hatte und der der eigentliche Vorläufer der Beatles war, denn er war ein sehr geschickter und einfallsreicher Engländer aus dem Norden des Landes, dem es gelang, amerikanische Musik dem englischen Geschmack anzupassen und dadurch ein «Jugendbeben» hervorzurufen. Der traditionelle Jazzmusiker Donegan war in jeder Hinsicht genauso «professionell» wie Presley, sogar erheblich professioneller, denn als Sohn eines Violinisten des schottischen Nationalorchesters kannte er sich in der Musik weit besser aus. Bei jedem Zug, den er auf dem Schachbrett der Popmusik ausführte, wußte er genau, was er tat.

Donegans Vorlage war die schwarze Folkmusik, vor allem die Platten des großen Huddie Ledbetter, eines lebendig gewordenen John Henry, der so betörend sang und seine zwölfsaitige Gitarre so wunderbar spielte, daß er sich aus dem Zuchthaus hinaussang, in dem er saß, weil er einen Mann umgebracht hatte. Donegans erster und berühmtester Hit war eine verwässerte Fassung von Ledbetters «Rock Island Line».

Donegan verdankte seinen Erfolg dem gleichen Geheimnis wie Presley vor ihm und die Beatles nach ihm: Er arbeitete Elemente der alten amerikanischen Negermusik so um, daß sie den weißen Jugendlichen seiner Zeit ins Ohr und ins Herz gingen. Er übernahm die *train songs*, die zur Vorlage der Skifflemusik wurden, in einer beschwingten, schnellen und flüchtigen Manier. Vor allem von dieser leichten, raschen, pulsierenden Atmosphäre fühlten sich die Jugendlichen angesprochen. Sogar die Bezeichnung «Skiffle» war ein geschickter Etikettenschwindel, denn der echte Skiffle, eine Spielart des schwarzen Straßenjazz, hatte nichts mit Donegans Stil gemein, den er von Westernmusikern wie Bob Wills und den Texas Playboys übernommen hatte. Auffälligstes Merkmal der Musik war jedoch nicht ihr Name, Stil oder Inhalt, sondern die Art ihrer Ausführung. Obwohl Donegan ausschließlich professionelle Instrumente benutzte, bürgerte es sich rasch ein, Skiffle auf selbstgebastelten Instrumenten zu spielen – zum Beispiel dem «Teekistenbaß», der aus einer rechteckigen Kiste und einem Besenstiel bestand, oder dem mit Fingerhüten angeschlagenen Waschbrett. So wurde aus Skiffle eine Spielweise, die jeder Junge so leicht lernen konnte wie Jo-Jo, und fast über Nacht eine jener stürmischen Modeerscheinungen, die charakteristisch für die Jugendkultur sind.

Als sich Zehntausende englischer Halbwüchsiger zu Bands zusammenschlossen, reagierte die Unterhaltungsindustrie mit Skiffle-Programmen in Radio und Fernsehen, Skiffle-Wettbewerben in Theatern, Skiffle-Clubs in den Großstädten und natürlich einer Flut von Skiffle-Schallplatten. Rasch in und rasch wieder out, gab Skiffle nur einen Vorgeschmack auf die großen Tage des englischen Rock'n'Roll, er zeigte aber, welche Möglichkeiten der englische Jugendmarkt bot und wie groß die Sehnsucht Tausender von Jugendlichen nach irgendeiner Form von Teilhabe war. Das Zeitalter der partizipatorischen Kultur brach an.

Skiffle übte einen nachhaltigen Einfluß auf John Lennon und die anderen Beatles aus, wie der galoppierende Westernstil in einigen ihrer größten Hits zeigt, etwa in «A Hard Day's Night» mit seinem tief dröhnenden Gitarrenbreak. Die Country-and-Western-Musik diente fast ebenso häufig wie Rhythm and Blues als Vorbild für die Titel der Beatles, obwohl sie für letztere Stilrichtung weit größere Bewunderung empfanden, denn bei Country and Western hatten diese englischen Jungs lange nicht so viele technische und ethnische Hindernisse zu überwinden wie bei der schwarzen Musik. Deshalb empfanden sie Country and Western als leicht zugänglichen Stil, auf den sie jederzeit zurückgreifen konnten und der überdies den Vorteil bot, daß er fröhlich und unbeschwert, manchmal sogar ausgesprochen komisch war. Es ist vielleicht bezeichnend, daß Lennons zweite große Entdeckung nach Elvis der ländliche Rockabillysänger Carl Perkins war, dessen Aufnahme von «Blue Suede Shoes» Lennon der Elvis-Version vorzog.

Im März 1957, mit sechzehn Jahren, gründete John Lennon seine erste Band, eine Skifflegruppe, die anfangs folgende Zusammensetzung aufwies: John als Sänger und Gitarrist, Pete Shotton am Waschbrett und Eric Griffiths, ein brav aussehender Junge aus Woolton, mit seiner neuen Gitarre. Sobald John und Eric ein paar Töne eingeübt hatten, heuerten sie Rod Davies an, der auch in der Nachbarschaft wohnte und bald Quarry Banks Schulsprecher wurde. Rod hatte gerade ein gebrauchtes Windsor-World-Banjo erstanden. Als er zur ersten Probe bei Eric erschien, gestand er, daß er nicht spielen konnte. John und Eric brachten ihm ihr System bei – sie spielten alles in C-Dur und benutzten nur drei Akkorde: C, F, G7. Rod prägte sich die Fingerstellung ein, und die Probe begann. Während John sang, rief Eric Rod zu, welche Saite er anzuschlagen hatte. Der aufgeweckte Rod hatte es bald raus.

Rasch stießen neue Leute zu der Band: Bill Smith vom Childwall House, der den Teekistenbaß spielte (er flog kurze Zeit später raus, weil er nicht zu den Proben erschien, und wurde durch Len Garry vom Liverpool Institute ersetzt), sowie Colin Hanton am Schlagzeug. Hanton besuchte als einziges Bandmitglied keine höhere Schule, sondern war Polstererlehrling in einer Möbelfabrik in Speke und wohnte in der Nähe von Eric und Rod in Woolton. Hantons Zugang wurde freudig begrüßt, da er ein Broadway-Schlagzeug besaß (große Trommel, Trommel, Hänge-Tom-Tom und ein Becken), ein seltenes, weil teures Instrument.

Da die Band eine Uniform hatte – schwarze Jeans, weißes Hemd und Kordelschlips –, bevor sie einen Namen hatte, wählten sie eine Bezeichnung, die zu ihrer Aufmachung paßte. Sie nannten sich Black Jacks und hatten als Wahrzeichen eine schwarze Teekiste, verziert mit einem Violinschlüssel und silbernen Noten, die Rods Vater aus Silberpapier ausgeschnitten hatte. Die Namensänderung von Black Jacks in Quarry Men hatte den einfachen Grund, daß die meisten Jungen Quarry Bank besuchten, dessen Schulhymne die Entwicklung des idealen Schülers vom roh behauenen Felsen zum polierten Stück Steinmetzarbeit beschrieb.

Das Repertoire der Quarry Men bestand aus den Standardstükken der Skifflemusik und einigen ungewöhnlichen Titeln. Die Jungen spielten die obligatorischen Hits von Lonnie Donegan – «Rock Island Line», «John Henry», «Don't You Rock Me, Daddyo» –, dazu Vipers' «Maggie» (einen traditionellen Liverpooler Song über eine Lime-Street-Hure) sowie Chazz McDevits und Nancy Whiskeys «Freight Train». Besonders beliebt war Burl Ives' «Worried Man Blues», den die Gruppe von einer zerkratzten 78er-Platte übernahm. Ihr einziges Problem war, daß sie den Text nicht ganz verstanden. Doch in der Erkenntnis, daß die Töne und nicht die Wörter entscheidend waren, nahm sich John Lennon das Recht heraus, alle Textteile, die er nicht verstand, durch eigene Erfindungen zu ersetzen.

Ein typisches Beispiel für dieses Verfahren ist Lennons Rezeption *von Del Vikings Hit* «Come Go with Me». Auf der Originalplatte heißt es: «Love, love me, darlin', Come and go with me, Please don't send me, 'way beyond the sea.» Die letzte Zeile – nicht unwichtig für einen Wikinger! – ist praktisch unverständlich. So hielt sich Lennon an sein Verständnis der amerikanischen Musik – sie war anrüchig und hatte meist irgendwie mit Kriminalität zu tun. Er schrieb: «Come, come, come, go with me, Down to the penitentiary [Gefängnis].» Mit solch lustigen Flickarbeiten begann der Leadsänger der Quarry Men seine Laufbahn als größter Texter des Rockzeitalters.

Am 21. Juni 1957 hatte John Lennon sein erstes professionelles Engagement. Es war ein Straßenfest in der Rosebury Street im Dingle, ein leicht zum Merseyufer hin abfallendes Areal aus engen Gassen mit zweistöckigen Puppenhäusern und Reihen sorgfältig gestutzter Bäume. Die ganze Stadt feierte in Erinnerung an die Verleihung der Liverpooler Stadtrechte durch König John im dreizehnten Jahrhundert. Drei Straßenzüge waren abgesperrt und festlich geschmückt. Die Fahrbahn sah aus wie ein Rummelplatz mit Erfrischungsständen und Spielbuden, zwischen denen sich eine fröhliche

Menge drängte. Die Quarry Men spielten mit akustischen Gitarren und einer primitiven Verstärkeranlage, bestehend aus einem Mikro und einem alten Radio.

Für sein Debüt hatte sich Lennon mit einem am Hals offenstehenden buntkarierten Cowboyhemd ausstaffiert und sein Haar zu einer ungefähren Nachbildung der Elvistolle gestylt. Auf den Fotos der Band, den ersten, die Lennon auf der Bühne zeigen, schlägt er die Gitarre und singt ins Mikro, wobei er jene charakteristische gekrümmte Haltung einnimmt, die er nie verlieren sollte. Laut Charles Roberts, der in der Straße wohnte, führte John sich so «großspurig auf, als gebe es an seinem Können keinen Zweifel. Beim Spielen winkte er den Mädchen zu und machte Bemerkungen, die seinen Sinn für trockenen Humor bewiesen.» Wahrscheinlich war es dieses anmaßende Auftreten, das zum plötzlichen und überstürzten Ende des Acht-Uhr-Auftritts führte.

Ein paar schwarze Jungen aus dem benachbarten Getto in der Hatherly Street tauchten auf und stießen Drohungen gegen Lennon aus. Erschreckt von der «Niggergang», wie John sie nannte, sprang er vom Lastwagen und brachte sich mit seiner Band in Charles Roberts' Wohnung in Sicherheit. Dort setzte Roberts' Mutter den Jungen Salat vor und telefonierte nach einem Polizisten. Dieser geleitete die Quarry Men zum Bus, der sie nach Woolton brachte. Zwei Wochen später, am 6. Juli, hatte die Gruppe einen ähnlichen Auftritt, doch diesmal endete er mit einer Begegnung, die die gesamte künftige Entwicklung der Popmusik beeinflussen sollte.

QUARRY ROCK

Das alljährliche Gartenfest der St. Peter's Church in Woolton begann mit der Krönung einer jungfräulichen Rosenkönigin, die mit ihrem Gefolge durch die schmalen, von braunen Sandsteinhäusern gesäumten Dorfgassen zog, bis sie den Hügel mit der düsteren alten Kirche erreichte. Nahebei lag ein Festplatz mit Erfrischungsgetränke- und Eisständen, Schaubuden und einer einfachen Bühne, auf der Kinder ihre Kostüme zeigten und die Blaskapelle der Cheshire Yeomanry spielte.

Gegen sechs Uhr am Abend des 6. Juli 1957 trank Mimi Smith im Festzelt eine Tasse Tee, als plötzlich ein schrilles Geräusch alle Jugendlichen zum Musikpodest hasten ließ. Als Mimi nachsah, was los war, erblickte sie zu ihrem großen Entsetzen ihren Pflegesohn John vor dem Mikrophon, seine Gitarre in der Hand, eine Schmalzlocke bis in die zusammengekniffenen Augen und angetan mit einem buntkarierten Hemd, das ihn unübersehbar als Teddy Boy auswies.

«Als John mich dort stehen sah», erinnerte sich Mimi, «begann er, in das Lied, das er gerade sang, Worte über mich einzuflechten. ‹Mimi kommt›, sang er, ‹oh, oh, Mimi kommt den Weg entlang.›» Mimis Leidenszeit währte glücklicherweise nicht lange. Nach der Darbietung von «Cumberland Gap», «Maggie May» und «Railroad Bill» verbeugten sich die Quarry Men, packten ihre Instrumente zusammen und karrten sie zum Gemeindehaus, wo für den späteren Abend ein weiterer Auftritt geplant war.

Während sie sich auf der Bühne vorbereiteten, tauchte Johns Nachbar und Jugendfreund Ivan Vaughan auf. Er war in Begleitung eines jungen Burschen mit Babygesicht und runden Augen, der eine weiße Jacke mit Pailletten und Klappentaschen sowie eine denkbar enge Röhrenhose trug. Der Junge lobte die Band über den grünen Klee, obwohl er in Wahrheit bemerkt hatte, daß John nicht richtig Gitarre spielen konnte und den Text von «Come Go with Me» verfälscht hatte. James Paul McCartney erwies sich offensichtlich schon im zarten Alter von fünfzehn Jahren als der geborene Diplomat. In Wirklichkeit suchte er nach einer Gelegenheit, zu beweisen, wieviel besser er spielte. Nicht gerade von Schüchternheit geplagt, lieh er sich eine Gitarre und legte mit seinem Paradestück los – Eddie Cochrans «Twenty Flight Rock», eine Platte, die viel zu schwierig für die Quarry Men war. Dann spielte er «Be-Bop-a-Lula», und zwar richtig – im Gegensatz zu Johns stümperhafter Wiedergabe. Sein unerbetenes Vorspiel schloß der junge Naseweis mit einer schrillen Imitation von Little Richard ab.

Während seiner Darbietung bemerkte Paul, daß «dieser nach Bier stinkende Kerl immer näher kam, so daß ich seinen Atem im Nakken spürte, während ich spielte. ‹Was will dieser alte Säufer?› dachte ich... Es war John. Er hatte nur ein paar Bier getrunken. Er war sechzehn [drei Monate fehlten noch daran] und ich erst vierzehn [*sic*], also gehörte er zu den Großen. Ich zeigte ihm noch ein paar Akkorde, die er nicht kannte. Dann ging ich. Ich fand, daß ich einen guten Eindruck gemacht hatte.»

John war trotz seines Rausches von Paul beeindruckt. «Ich dachte: ‹Er ist genauso gut wie ich.› Bis dahin war ich der Chef. Jetzt überlegte ich: ‹Was wird, wenn ich ihn nehme?› Mir war klar, daß ich ein Auge auf ihn haben mußte, wenn ich zuließ, daß er sich uns anschloß.»

Ein paar Wochen später traf Pete Shotton Paul, als dieser die Menlove Road entlangradelte. Nach der üblichen Begrüßung meinte Shotton: «Übrigens, ich habe mit John darüber gesprochen, und wir dachten, du hättest vielleicht Lust, in der Gruppe mitzumachen.» Eine ganze Minute verstrich, während Paul so tat, als überlege er sich das Angebot. Schließlich zuckte er die Achseln und erwiderte: «In Ordnung.» Ohne ein weiteres Wort machte er sich auf den Weg nach Allerton, wo er wohnte.

Es war keine Beziehung zwischen ebenbürtigen Partnern, die hier so zufällig geknüpft worden war. Nicht nur, daß John bald das College besuchen sollte, während Paul weiterhin zur Schule ging, es gab auch große Unterschiede in Erfahrung und Temperament. Nicht unwesentlich war auch, daß John aus einer Familie kam, die eine ganze Stufe höher in der für England so wichtigen gesellschaftlichen Rangordnung stand. Pauls Vater war Verkäufer an der Liverpooler Baumwollbörse und mußte sich nach dem Zusammenbruch des Baumwollmarktes im Anschluß an den Zweiten Weltkrieg fortan mit einem spärlichen Verdienst zufriedengeben. Als Jim McCartney 1964 mit zweiundsechzig Jahren in Rente ging, verdiente dieser hart arbeitende Mann, der seit seinem vierzehnten Lebensjahr berufstätig war, nur zehn Pfund die Woche.

Doch wenn Jim im Beruf auch keinen Erfolg gehabt hatte, so war er Paul doch ein sehr guter Vater – ein Mann, für den die Erziehung seiner Kinder an erster Stelle stand. Jim hatte auch entscheidenden Einfluß auf Pauls Berufswahl, denn in seiner Jugend hatte Jim in einer Ragtimeband gespielt. Paul wuchs in einer Familie auf, in der ständig musiziert wurde. Pauls Mutter war eine sehr tüchtige Hebamme gewesen, bevor sie im Oktober 1956 an Krebs starb und ihren Mann mit dem vierzehnjährigen Paul und dem zwölfjährigen Michael zurückließ. «Was sollen wir ohne ihr Geld machen?» fragte der praktische Paul. Jim McCartney löste das Problem durch einen beeindruckenden Beweis von Selbstdisziplin und Selbstgenügsamkeit – genau die Eigenschaften, die später seinen berühmten Sohn charakterisierten.

Die kleine Familie nahm eine Neuverteilung der Pflichten vor: Die Jungen versorgten die Öfen und deckten den Tisch, während der Vater kochte. Gleichzeitig unterwarfen sich alle strengsten Sparsamkeitsregeln: Paul und Mike durften nach der Schule nicht nach Hause gehen, damit sie keine Schulkameraden mitbrachten und den genauestens eingeteilten Eiervorrat aufaßen. Paul McCartneys spätere Sparsamkeit als Millionär mittleren Alters erklärt sich aus seinen eingeschränkten Kindheitsverhältnissen, in denen das Überleben von der genauen Einteilung der wenigen Mittel abhing.

Jims größter Erfolg in der Erziehung seiner Söhne war Pauls bemerkenswert normale Persönlichkeit. In einem Geschäft, in dem exzentrisches und ausgeflipptes Verhalten praktisch der Regelfall ist, hat Paul nie die Beherrschung verloren oder etwas getan, was seine erstaunlich erfolgreiche Karriere hätte gefährden können. Der ungewöhnlich gefestigte junge Mann wußte seit frühester Jugend genau, was er wollte: «Frauen, Geld, Kleidung.» Diese Dinge waren am leichtesten zu haben, so erkannte er, wenn er die Schule verließ und ins Musikgeschäft einstieg, wo er stets ein feines Gespür für seine Chancen bewies.

Seine Normalität, sowohl was seine Persönlichkeit als auch seine Einstellung zum Musikerberuf anging, machte Paul zum genauen Gegenteil John Lennons. Nehmen wir zum Beispiel die Art, wie die beiden mit Ärger und Wut umgingen, eine entscheidende Frage in jeder Beziehung, in der die Beteiligten rund um die Uhr miteinander auskommen müssen und starken Belastungen ausgesetzt sind. Wenn John sich über irgend etwas ärgerte, geriet er entweder außer sich oder schmollte. Paul dagegen machte sich durch versteckte Angriffe Luft. In einem Gespräch über die Beziehung zu seinen Eltern gestand er: «Wenn ich tatsächlich einmal Prügel bekam, weil ich etwas angestellt hatte, ging ich in ihrer Abwesenheit in ihr Schlafzimmer und zerriß den unteren Rand der Spitzengardine – nur ein ganz klein wenig!» Diese Politik der Nadelstiche dürfte, so ist anzunehmen, zu einem entscheidenden Aspekt der Beziehung zwischen den Beatles geworden sein. Jedenfalls berichtete Pete Shotton, John habe sich, kaum daß sich Paul der Band angeschlossen hatte, zu Verhaltensweisen hinreißen lassen, derer er sich anschließend so sehr schämte, daß er sich zu einer Entschuldigung gezwungen fühlte – ein höchst ungewöhnliches Verhalten bei dem sonst so unverfrorenen Lennon.

Obwohl John der Bandleader war, hatte Paul vom ersten Tag an einen entscheidenden Vorteil: Er war der beste Musiker der Gruppe. Als er zu den Quarry Men stieß, wurde er zu Johns Mentor auf der Gitarre. Die Stunden waren schwierig, weil Paul Linkshänder war, so daß der Legastheniker Lennon die Akkorde falsch herum lernte, um sie anschließend vor dem Spiegel in der richtigen Fingerstellung einzuüben. Die einzige reguläre Anleitung, die die beiden Jungen je erhielten, stammte aus dem dürftigen Lehrbuch von Bert Wheedon, Englands bekanntem Gitarristen. Lennon meinte später, dieser Mangel an formalem Unterricht habe den Beatles ihre unverbrauchte künstlerische Intuition bewahrt, eine kühne und höchst zweifelhafte Behauptung, die seine typische Angst verrät, der Welt der Normalität dadurch zu verfallen, daß er sich ihre Lehren zu eigen machte. Tatsächlich hätten die Beatles über weit mehr Stärke und Unabhängigkeit verfügt, wenn sie mehr über Musik gewußt hätten. Auf jeden Fall galt Johns Aussage nicht für Paul, der einen ausgeprägten Hang zum Lernen hatte. Hätte es einen Rock'n'Roll-Star in Liverpool gegeben, wäre Paul sein ergebenster Schüler gewesen. Als die Beatles 1962 beispielsweise Little Richard trafen, hatte Paul ihm kaum die Hand geschüttelt, da bat er seinen Helden schon, ihm das hohe Falsett beizubringen, das Richards Markenzeichen war. Paul hatte keine Angst zu lernen.

Schon nach kurzer Zeit bei den Quarry Men drängte Paul die anderen, seinen Schulkameraden vom Liverpool Institute, George Harrison, aufzunehmen. George war ein Jahr jünger als Paul, also fast noch ein Kind, als er John Lennon begegnete, aber Paul machte John dadurch neugierig, daß er berichtete, George spiele besser Gitarre als sie beide – er könne richtige Soli, statt nur Akkorde anzuschlagen! Als John, Paul und Pete das kleine Haus der Harrisons in Speke, einem typischen Arbeiterviertel, aufsuchten, war der arme George von diesen älteren Burschen, vor allem von John – der sich die Haare lang wachsen ließ und rosa Hemden trug! –, so eingeschüchtert, daß er kein Wort herausbrachte. Trotzdem gelang ihm eine einwandfreie Wiedergabe von Bill Justis' «Raunchy», einem typischen Rockabilly-Stück der Sun Records.

Obwohl George nicht aufgefordert wurde, sich der Gruppe anzuschließen, einfach weil er zu jung war, um in Betracht zu kommen, wich er John ein ganzes Jahr lang nicht von den Fersen, womit er sich schon damals als der geborene Gefolgsmann erwies, der er stets bleiben sollte. «George folgte Cynthia und mir überallhin», berichtete John. «Wenn wir zusammen aus der Kunsthochschule kamen, lungerte er am Eingang herum. Cyn und ich gingen in eine Cafeteria oder einen Film, und George folgte uns in einem Abstand von vielleicht zweihundert Metern. Cyn meinte: ‹Wer *ist* der Bursche? Was will er?› Ich sagte: ‹Er langweilt sich. Sollen wir ihn mitnehmen?› Sie meinte: ‹In Ordnung, er kann von mir aus mit ins Kino.›»

George war der einzige Beatle, der nicht schon früh ein Elternteil verloren hatte. Sein Vater war wie Freddie Lennon Chefsteward an Bord der alten Passagierdampfer, aber während der langen Seereisen vermißte er seine Familie zu sehr. Deshalb gab er seinen Beruf noch vor Kriegsbeginn auf und wurde Busfahrer. Später bekleidete er einen bescheidenen Posten in der Transportarbeitergewerkschaft. Georges Mutter war eine fröhliche, verständnisvolle Frau, die viel auf sich nahm, um den Sohn in seinen Vorlieben zu unterstützen, weil er das jüngste ihrer vier Kinder war und das schüchternste. Nächtelang saß sie wach, während sich George verbissen das Gitarrespielen beibrachte. Im Grunde hatte er keine besondere Veranlagung zum Instrumentalisten, machte aber sein mangelndes Selbstvertrauen durch Fleiß wett. Später sollte er sich mit der gleichen Verbissenheit auf die Sitar stürzen.

«[Georges Eltern] haben ihn sehr behütet, weil sie wußten, daß er besonders verletzlich, vertrauensvoll und sanftmütig war», erklärte Irene Harrison, Georges Schwägerin. Nachdem George schon in der Familie das Nesthäkchen gewesen war, wurde er es auch bei den Beatles, und wie er damals stets bereit gewesen war, im Haushalt zu helfen, so ordnete er sich in der Gruppe klaglos den egozentrischen Forderungen der «Großen» – John und Paul – unter. Die einzige Form, in der George Harrison seine Persönlichkeit jemals, als Junge oder als Mann, deutlich zum Ausdruck gebracht hat, war in der Kleidung. George eiferte dem Ideal des Dandys nach.

Noch auf der Höhe seines Ruhms konnte George Harrison sein erstes tolles Outfit bis in die letzten Einzelheiten beschreiben: «Ich kaufte ein weißes Hemd, das vorne plissiert und an den Ecken der Falten mit schwarzen Stickereien verziert war, dazu eine schwarze Kellnerweste. Sie hatte ein doppeltes Brustteil und flatternde Revers. Ich hatte sie von Paul. [Ich glaube vielmehr, er hatte sie von John, der sie von seinem Stiefvater John Dykins bekommen hatte.] Außerdem hatte ich eines von Harolds [Georges Bruder] Sportjacketts schwarz gefärbt, aber man konnte immer noch die Karos erkennen. Dazu trug ich eine umgearbeitete schwarze Röhrenhose und spitze Schuhe aus blauem Wildleder.» Mimis laut geäußerte Abneigung gegen George Harrisons absonderliche Kleidung und seinen breiten Liverpooler Akzent waren schließlich ausschlaggebend dafür, daß John seinen Schatten in die Band aufnahm.

Mit zwei Musikern von der Klasse Paul McCartneys und George Harrisons hätte John Lennon seine Band eigentlich auf dem schnellsten Wege zum Erfolg führen müssen. Tatsächlich aber begann die Gruppe, sich aufzulösen. Eines Abends bei ihrem regelmäßigen Auftritt in Wilson Hall, einem üblen Viertel beim Flughafen, brach auf der Bühne ein Streit zwischen Pete Shotton und Colin Hanton aus. Pete behauptete, Colin sei in «I'm All Shook Up» mit seinem Schlagzeug Lennons Taktvorgabe nicht nachgekommen.

Hanton erklärte Lennon: «Er oder ich.»

John meinte zu Pete: «Ein Schlagzeug macht mehr her als ein Waschbrett.»

Pete war draußen – nachdem John das Waschbrett auf seinem Kopf zerdeppert hatte.

Endgültig gingen die Quarry Men Anfang 1959 nach einem Auftritt im Busman's Club in der Prescott Road auseinander, einem Club, der weit nobler war als die Etablissements, in denen sie normalerweise spielten. Die erste Hälfte ihres Auftritts ging erfolgreich über die Bühne, doch in der Pause betranken sich die Jungen, so daß die zweite Hälfte zur Katastrophe geriet. Auf dem Nachhauseweg bekam Colin Streit mit Paul und beschloß, Schluß zu machen. Von einigen weiteren Auftritten abgesehen, darunter mehreren Amateurveranstaltungen, bedeutete der höchst dilettantische Abend im Busman's Club für die Quarry Men das Ende.

Zu diesem Zeitpunkt seines Lebens hatte sich John Lennon noch keineswegs endgültig für die Musik entschieden. Er ging einem Studium an der Kunsthochschule nach, an der er mit viel Glück zugelassen worden war, bedenkt man, wie seine Schullaufbahn bislang verlaufen war. Im Frühjahr des Jahres 1957 hatte er versucht, das O-Level (mittlere Reife) zu machen. Er brauchte in vier Fächern eine Mindestpunktzahl von fünfundvierzig, dann hätte er nach weiteren zwei Jahren das A-Level (Abitur), die Voraussetzung für die Zulassung an allen größeren Universitäten, ablegen können. John fiel in *sämtlichen* Fächern durch – aber meist verfehlte er das Soll nur um einen einzigen Punkt. Daraus folgt, daß er mit ein bißchen mehr Bemühen zumindest in einigen Fächern hätte bestehen können. (Paul McCartney, der sicherlich kein Streber war, erreichte in sechs Fächern die erforderliche Punktzahl.) Doch John war die Schule derart verhaßt, daß er sich auch in dem Augenblick nicht zu der geringsten Anstrengung aufraffen konnte, als seine Zukunft auf dem Spiel stand. Antriebslos und untätig überließ er es seiner Tante und dem neuen Rektor Mr. Pobjoy, über sein weiteres Schicksal zu entscheiden.

Als Mimi die schlechte Nachricht erfuhr, suchte sie den Rektor auf, der sie, geübt im Umgang mit sorgenvollen Eltern, ruhig und verständnisvoll empfing. Er fragte: «Nun, Mrs. Smith, was haben Sie für Johns Zukunft geplant? Woran haben Sie gedacht?» Mimi gab ihm die Frage zurück: «Was wollen *Sie* tun? Sie haben ihn fünf Jahre gehabt. Sie müßten sich Gedanken um seine Zukunft gemacht haben!»

Mr. Pobjoy, der mit seinen sechsunddreißig Jahren möglicherweise der jüngste Rektor Englands war, überhörte den Vorwurf und meinte, da John im Kunstunterricht am besten sei, solle man versuchen, ihn am Liverpooler College of Art unterzubringen. Pobjoy erbot sich, einen Empfehlungsbrief für John zu schreiben und darauf hinzuweisen, daß sein jüngstes Versagen nicht seinen wirklichen, gar nicht unbeträchtlichen Fähigkeiten entspreche. Das war ein großzügiges Angebot, und Mimi ging darauf ein. Das Kunststudium war besser als gar kein Studium. Irgendeinen Beruf zu ergreifen kam John überhaupt nicht in den Sinn. Auch als sich herausstellte, daß diese Lösung für Mimi recht kostspielig war, weil sie die Gebühren für das erste Jahr bezahlen mußte – für ein Stipendium kam er wegen seiner Schulleistungen nicht in Frage –, war sie bereit, ihre spärlichen Rücklagen anzugreifen (George hatte ihr nur 2000 Pfund hinterlassen), um für die Ausbildung ihres Neffen zu sorgen.

An dem Tag, an dem sich John in der Kunsthochschule vorstellen sollte, entfaltete Mimi große Aktivität. Zunächst einmal kontrollierte sie Johns Erscheinung. Er mußte ein weißes Hemd anziehen, einen Schlips umbinden, einen von Georges alten Anzügen anziehen und versprechen, sich tadellos zu benehmen und *auf keinen Fall Kaugummi zu kauen.* Dann begleitete sie ihn persönlich zum Institut. «Ich mußte ihn hinbringen», erklärte sie, «sonst hätte er es sich womöglich anders überlegt und das Busgeld auf den Kopf gehauen. Ich wollte auch sicher gehen, daß er hinfinden würde. Wissen Sie,

John hatte bis dahin so gut wie nie nach Liverpool fahren müssen.» Als sie das hübsche alte Gebäude in der Hope Street erreichten, bemerkte John, daß die anderen Bewerber sauber geordnete Mappen bei sich trugen, während er seine Bilder zu einem unordentlichen Paket verschnürt hatte. Das trug natürlich nicht zu seiner Selbstsicherheit bei. Trotzdem verlief das Vorstellungsgespräch ohne Zwischenfall, und John wurde angenommen.

DER KÜNSTLER ALS JUNGER TAUGENICHTS

Vom ersten Tage an war John Lennon auf dem Liverpooler College of Art ein Außenseiter. Bei der Einschreibung machte er einen entsetzlichen Eindruck, weil er in der grotesken Aufmachung eines Teddy Boys erschien. Die Mädchen in schwarzen Strümpfen und Dufflecoats, die Jungen in lässigen Klamotten grinsten und flüsterten hinter vorgehaltener Hand, als sie die bizarre Gestalt in dem hellblauen Anzug mit Kordelschlips und Kreppschuhen erblickten. Die lange Nase in die Luft gestreckt, die kleinen, mandelförmigen Augen zusammengekniffen, war Lennon zweifellos das seltsamste Geschöpf der Schule. Ann Mason, eine Klassenkameradin, die sich als genaue Lennon-Beobachterin erwies, meinte dazu: «Es muß eine Menge Mut dazu gehört haben, sich so der Lächerlichkeit auszuliefern.»

Lennon gab seine Teddy-Boy-Pose rasch auf – ein früher Beweis für seine lebenslange Faszination durch Kostümierung und Image – und legte sich als nächstes die düstere Beatnik-Uniform zu. Helen Anderson, seine erste Freundin am College (heute eine erfolgreiche Modedesignerin), erinnerte sich: «Er trug graue Wollsocken und schwarz gefärbte Hosen – so eng, daß man die Schuhe ausziehen mußte, um hineinzukommen. [Sie mußte diese Röhrenhosen eigenhändig enger nähen.] Er hatte auch einen Kampfanzug oder eine Lederjacke mit Fellkragen, die aussah wie eine Bomberjacke. Manchmal erschien er mit einem altmodischen Mantel [von Onkel George], der ihm gerade bis übers Knie reichte und den er mit hochgeschlagenem Kragen trug. Die *Winklepickers* [Schuhe, die so lang und spitz waren, daß sie an das Gerät erinnerten, mit dem man das eßbare Fleisch der Strandschnecken aufspießt und aus dem Gehäuse holt] machten seinen Aufzug komplett.» Nicht ganz komplett. Es fehlte noch die große braune Hornbrille, die John bei der Arbeit tragen mußte.

Diese dicken Brillengläser sind das auffälligste Merkmal des einfühlsamen und eindringlichen Porträts, das Ann Mason von Lennon angefertigt hat, vielleicht das aufschlußreichste Bild, das es von ihm gibt. Sie hat ihn ohne sein Wissen gezeichnet, wie er rittlings auf einem Stuhl sitzt, zusammengekrümmt, die Arme über Kreuz, als wolle er, von Herz bis Hoden, alle lebenswichtigen Teile schützen. Die Hände stecken in den Achselhöhlen, die Züge treten scharf hervor, der Mund liegt im Schatten. Die Aufmerksamkeit wird von den Augen angezogen, die hinter dem Glanz der Brillengläser verschwinden. Böse, zusammengekrümmt und augenlos erinnert Lennons drohendes Bild an irgendein monströses Geschöpf, vielleicht einen Käfer in Menschengröße.

Das Studium, das John nun aufnahm, war sehr anstrengend, vor allem für jemanden, der nie Disziplin und Fleiß gelernt hatte. Auf dem Studienplan des ersten Jahres standen «Einführung in perspektivisches und geometrisches Zeichnen, Einführung in die Architektur, natürliche Grundformen, Objektzeichnen, Anatomie, einfache Schriften und Aktzeichnen». Die Studenten waren vom Morgengrauen bis zur Abenddämmerung beschäftigt, wobei sie sich von Klasse zu Klasse durch ein Labyrinth von engen Korridoren und seltsam geformten Räumen bewegten. Jedesmal wenn sie ein anderes Stockwerk aufsuchen mußten, benutzten sie eine enge Treppe, die sich um einen offenen Fahrstuhlschacht wand. Darin stieg und fiel der altmodische Lift wie das Gewicht einer Uhr, die das langsame Verstreichen der Zeit in dieser klaustrophobischen Arbeitswelt maß.

Der räumlichen Beengtheit des Instituts entsprach das Cliquenwesen der Studentenschaft. Sie zerfiel in Gruppen und Grüppchen, deren Mitglieder sich oft noch aus der Schulzeit kannten. John haßte diese blasierten, selbstgefälligen Typen genauso wie die Zwänge des Stundenplans. Instinktiv lehnte er sich gegen das College auf, wie er zuvor gegen Quarry Bank rebelliert hatte. Am Ende des ersten Jahres galt er als der ungebärdigste Student der Anstalt.

Er machte sich über die Dozenten lustig, lenkte die Studenten ab und hinderte manchmal den ganzen Kurs an der Arbeit. Besonders gern entfaltete er seine Störaktivitäten im Aktkurs. Dieser fand in einem großen Dachraum unter einem Oberlicht statt, in dessen kaltem Licht ein nacktes Modell posierte, auf einem Podest stehend und von einer elektrischen Heizsonne erwärmt.

Stellen wir uns das Studio an einem Spätnachmittag im Winter vor. Drei Dutzend Studenten stehen in dem altmodischen Raum mit seinen hellgrünen Wänden und Plastiknachbildungen antiker Statuen vor ihren Staffeleien. Der Dozent Charles Burton, ein kleiner, korpulenter Waliser, geht umher und kommentiert die Arbeiten mit beißenden Bemerkungen. Schließlich verläßt er den Raum. Die Kursteilnehmer setzen die Arbeit ruhig und konzentriert fort, völlig in ihre Aufgabe vertieft, als plötzlich aus der Nachbarschaft des «Throns», auf dem das Modell posiert, ein seltsames Schniefen ertönt. Es stammt von Lennon und klingt, als hätte er einen Schnupfen. Erneutes Schniefen, doch dieses Mal klingt es mehr nach einem Kichern. Plötzlich schwillt das Kichern zu einem hysterischen, albernen Gelächter an. Lennon wirft die Zeichenkreide weg und springt auf das Podest, wo er auf dem Schoß des erstaunten Modells landet! Während er sich in dieser komischen Position hin und her wälzt, hören alle zu zeichnen auf, im gleichen Atemzug lachend und protestierend. An konzentrierte Arbeit ist nicht mehr zu denken.

Lennons verrücktes Gekasper zog bald alle bösen Buben des College an – den gutaussehenden Tony Carricker, den riesigen Jeff Mohammed, halb Franzose, halb Inder, der mit einem Turban in die Schule kam, Jeff Kane, dünn und rothaarig, der stets den eigenen Arbeiten zum Opfer fiel (die Gipsmaske wurde ihm fast zur Totenmaske, und aus einer Metallskulptur mußte er von der Feuerwehr befreit werden), den bärtigen Mickey Bidston, der in einem durchlöcherten purpurroten Pullover herumlief, den professoralen Alan Swedlow – und ihre Mädchen: Dorothy Courty, mit roter Nase und schwarzem Haar, die in John vernarrt war und ihm überallhin folgte, Ann Mason, Jeff Mohammeds Freundin, Yvonne Shelton, die aussah wie die junge Brigitte Bardot, und Carol Balfour, das hübscheste Mädchen des Instituts.

Zu Lennons Lieblingsbeschäftigungen gehörte es, seine Gefolgschaft in den Pavillon in der Lodge Lane zu führen, wo zweimal am Abend, um sieben und neun Uhr, die letzten Varietényummern der Stadt dargeboten wurden. Einen besonderen Narren hatte John an einem Komiker namens Rob Wilton gefressen, dessen Spezialität Arbeitermonologe waren, die er mit ausdruckslosem Gesicht vortrug. Der Witz seiner Darbietungen lag darin, daß er die großen Weltereignisse aus der Maulwurfsperspektive des kleinen Mannes beschrieb. «Am Tag, als der Krieg ausbrach», begann er etwa mit ausdrucksloser Stimme in breitem Slang, «fragte mich meine Alte: ‹Und was tust du dagegen?›» Lennon lachte sich halbtot über diesen Satz. Am nächsten Tag hörte der Kurs zur allgemeinen Überraschung von irgendwoher eine ausdruckslose Stimme in breitem Slang: «Am Tag, als der Krieg ausbrach...»

Eine andere Möglichkeit, das langweilige Gleichmaß des Studiums zu unterbrechen, bot die Mittagspause. Das Liverpool Institute, das Paul und George besuchten, lag neben der Kunsthochschule. Deshalb brachten alle drei ihre Gitarren mit in die Schule und veranstalteten entweder auf der Bühne der Kantine oder in Raum 21 kleine Sessions, die immer eine Handvoll Zuschauer anlockten. John gab die Stücke von Buddy Holly, seinem neuesten Helden, zum besten, Paul seine Imitationen von Little Richard, und gemeinsam sangen sie ein paar Songs der Everly Brothers, die zu den stärksten Einflüssen der frühen Beatles gehörten. John schloß diese Vorführungen gerne mit einem grotesken Ton ab, indem er mit albern-kieksender Stimme den herrlichen alten Ohrwurm «When You're Smiling» sang.

Am Abend nach dem Unterricht, wenn die anderen Studenten in Cafés saßen und sich die Köpfe über Jean-Paul Sartre und Lawrence Durrell heiß redeten, ging Lennon auf Beutezug aus, am liebsten in Begleitung von Ian Sharp, einem kleinen, gerissenen Burschen von knapp einsfünfzig, der sich als Conférencier und Stimmenimitator durchschlug. Eine besondere Vorliebe hatte John für einen Laden in der Nähe des Eingangs zum Mersey-Tunnel, wo es kitschige religiöse Drucke und Devotionalien gab. Er bat die Schwestern, ihm etwas von einem hohen Regal zu holen, und wenn sie ihm den Rükken kehrten, füllte er sich die Taschen mit diesen Sachen, die er irrsinnig komisch fand. Seit seiner Schulzeit in Penny Lane verursachten ihm Ladendiebstähle einen angenehmen Nervenkitzel. Jetzt trieb er sich nachts mit Jeff Mohammed herum und baldowerte Läden aus, in die sie einbrechen konnten. John träumte sogar davon, eine Bank auszurauben. Doch am liebsten stellte er sich vor, durch irgendeine schlimme Katastrophe sei die ganze Stadt hilflos Raub und Plünderung preisgegeben. In späteren Jahren hat er eingeräumt, daß er als Berufsverbrecher wahrscheinlich den größten Teil seines Lebens im Gefängnis verbracht hätte, weil es ihm trotz aller kriminellen Phantasien an der nötigen Gerissenheit fehlte. Eines Abends, als er die Straße entlang tänzelte, tauchten zwei Rowdys aus dem Schatten der Häuser auf und zertrümmerten ihm und Sharp mit ihren Kopfstößen fast die Nasenbeine. An manchem Abend brach Sharpie, wie John ihn nannte, der Angstschweiß aus, wenn Lennon in den Pubs alle Leute gegen sich aufbrachte, ohne zu bemerken, daß er geradezu um Schläge bettelte. «Du landest entweder im Gefängnis oder ganz oben», prophezeite ihm Sharp, dem klar war, daß sein Freund «auf des Messers Schneide» lebte.

Am Ende des ersten Collegejahrs wurde Lennon mitgeteilt, daß er nicht in die Malklasse aufgenommen werden könne, weil er den Mindestanforderungen nicht genüge. Laut Helen Anderson war seine Malweise «heftig, grell und stilisiert. Meist zeigten die Bilder eine Brigitte Bardot, die abends in einer sehr dunklen Cocktailbar saß.» Ian Sharp erinnerte sich, daß einmal ein Dozent eine Tonfigur lobte, die John modelliert hatte. Kaum wandte der Dozent John den Rücken zu, zerdrückte dieser die Figur zu einem formlosen Klumpen.

Mochte John in der Schule auch unglücklich sein, zu Hause fühlte er sich wohler. Die Wochenenden und Ferien verbrachte er in der Blomfield Road, wo die Beziehung zu seiner Mutter stetig besser wurde. Dort befand er sich auch am Dienstag, dem 15. Juli 1958, als Julia und Twitchy, die am Vorabend wahrscheinlich ausgewesen waren, eine ihrer alkoholisierten Auseinandersetzungen hatten. Julia lief zu Mimi. Julie und Jackie, die inzwischen elf und neun Jahre alt waren, vermuteten nichts Gutes, als ihre Mutter am Abend noch nicht zurück war. Gewöhnlich begab sich Julia nach einem Krach mit Dykins zu Harriets Häuschen in Woolton. Wenn sie zu Mimi ging, konnte das nur eines bedeuten: Julia wollte mit ihren Kindern in Mendips einziehen, dem einzigen Haus, in dem sie alle Platz hatten.

Die Mädchen blieben lange auf und warteten auf die Rückkehr der Mutter. Sie saßen oben auf der Treppe, als sie einen Nachbarn in Begleitung eines Polizisten kommen sahen. Zwar hörten sie nicht, was gesagt wurde, aber sie waren entsetzt, als sie vernahmen, wie ihr Vater schmerzlich aufschrie und in Tränen ausbrach. Die Mädchen befürchteten, daß etwas Schreckliches geschehen sei, gingen auf ihr Zimmer und schliefen nach einer Weile ein.

Julia hatte die Absicht, am Abend nach Hause zu gehen. Um halb zehn, nach Einbruch der Dunkelheit, hatte sie Mendips verlassen. Gewöhnlich begleitete Mimi ihre Schwester zur Bushaltestelle, die sich schräg gegenüber auf der anderen Seite der Menlove Avenue befand. An diesem Abend entschuldigte sich Mimi, weil sie einen Hauskittel trug und sich in der Öffentlichkeit nicht so unpassend gekleidet zeigen mochte. Während die Schwestern am Gartentor standen, lachten und sich unterhielten, kam Nigel Whalley, ein Junge aus der Nachbarschaft vorbei. Als er hörte, daß John nicht da war, ging er mit Julia fort.

Damals war die Menlove Avenue durch eine hohe Hecke unterteilt, die man auf den alten Straßenbahnschienen angepflanzt hatte. Julia wünschte Nigel eine gute Nacht, ging über die Straße und verschwand hinter der Hecke.

Kaum eine Minute später hörte Nigel ein rasch näherkommendes Auto und dann ein häßliches Geräusch auf der anderen Seite der Hecke. Als er sich umwandte, sah er Julias Körper durch die Luft fliegen. Er rannte hinüber und fand sie unbeweglich auf der Fahrbahn liegend. Rasch eilte er zu Mimi. «O mein Gott!» rief diese und stürzte zur Unglücksstelle. Als sie Julia erreichte, hatten sich schon zahlreiche Menschen versammelt. Auch ein Rettungswagen war bestellt. Julia wurde ins Krankenhaus gebracht, doch sie starb noch auf dem Weg dorthin.

Selbst Jahre später noch erinnerte sich John mit Bitterkeit und Wut an den Tod seiner Mutter: «Twitchy und ich saßen zu Hause und warteten auf sie», erzählte er Hunter Davies, «und wir fragten uns, warum sie so lange wegblieb. Der Bulle tauchte auf und informierte uns über den Unfall. Es war genau wie im Film – er fragte, ob ich ihr Sohn sei und den ganzen Kram. Dann sagte er es uns, wir wurden beide bleich. Es ist das Schlimmste, was ich je erlebt habe. Julia und ich hatten in den paar Jahren soviel nachgeholt. Wir konnten miteinander reden. Wir verstanden uns. Sie war großartig. Ich dachte: ‹Scheiße! Scheiße! Scheiße! Jetzt ist alles aus! Ich bin niemandem mehr Rechenschaft schuldig.› Twitchy traf es noch schlimmer. Er sagte: ‹Wer kümmert sich denn jetzt um die Kinder?› Und ich haßte ihn. Verdammter Egoist! Wir fuhren mit einem Taxi zum Sefton General, wo ihr Leichnam lag. Ich wollte sie nicht sehen. Den ganzen Weg über redete ich hysterisch auf den Taxifahrer ein, ich quatschte und quatschte... Der Taxifahrer knurrte nur hin und wieder. Ich weigerte mich, reinzugehen und sie anzusehen. Aber Twitchy tat es. Er brach zusammen.»

Dykins hatte einen jener für Alkoholiker typischen Anfälle von exzessiven Gewissensbissen und Selbstvorwürfen. Er schrie ununterbrochen: «Ich werde nie mehr einen Schluck trinken!» Sein Kummer nahm ihn so gefangen, daß er überhaupt nicht an seine Töchter dachte, die zu Hause lagen und schliefen. Ohne die geringste Ahnung von den schrecklichen Ereignissen der Nacht standen sie am nächsten Morgen auf und gingen in die Schule.

Vom Krankenhaus kehrte John nach Mendips zurück. Die Nachbarin Mrs. Bushnell war entsetzt, als sie ihn im Vorbau Gitarre spielen hörte. Sie begriff nicht, daß das Johns einziger Trost war. Er hatte niemanden, an den er sich wenden konnte. Spät in der Nacht ging er zu Barbara Baker, die ein paar Häuser weiter wohnte. Seit Mimi ihn gezwungen hatte, die Affäre zu beenden, hatte er sie nicht mehr getroffen. Barbara ging mit John in den nahegelegenen Reynolds Park und versuchte, ihn zu trösten. Jedesmal wenn John wieder zu weinen anfing, nahm sie ihn in den Arm und wiegte ihn. «Da standen wir beide», erinnerte sie sich, «und weinten uns die Augen aus dem Kopf.»

Das Begräbnis fand an einem Freitag statt. Leila Harvey, die telegrafisch aus einem Kindercamp herbeigerufen worden war, in dem sie einen Ferienjob angenommen hatte, erinnerte sich, daß sie «Judys» Tod einfach nicht wahrhaben wollte. Als die erste Schaufel Erde auf den Sarg fiel, rief sie sich die Tante ins Gedächtnis, wie sie fröhlich singend in der Küche stand. John war so verstört, daß er bei der Beerdigung den Kopf stumm in Leilas Schoß legte.

Einige Monate später versuchte John in einer spiritistischen Seance Verbindung mit seiner Mutter aufzunehmen. Während Dykins bei der Arbeit war, versammelte John einige Freunde in der Blomfield Road. «Wir saßen um einen runden Tisch», erinnerte sich Nigel Whalley. «John machte es fast dunkel und verteilte die Buchstabenkarten auf dem Tisch. Dann ließ er die Hand auf dem Glasrand kreisen, und es begann sich zu bewegen und Wörter zu schreiben. Wir waren entsetzt, aber er schien ganz ruhig, fast unberührt.» Stoisches Verhalten in der Öffentlichkeit wird John auch von Pete Shotton attestiert, der seinem Freund einen Tag nach Julias Tod in Woolton begegnete. «Tut mir leid wegen deiner Mutter», murmelte Pete.

«Ich weiß, Pete», erwiderte John ruhig. Sie sprachen nie wieder darüber.

Bei der richterlichen Untersuchung zur Ermittlung der Todesursache wurde festgestellt, daß der Fahrer ein Polizist war, der sich auf dem Weg zur Arbeit verspätet hatte und ohne Führerschein fuhr. Er war Anfänger, kein erfahrener Autofahrer, und sagte aus, als er Julia mitten auf der Straße gesehen habe, habe er auf die Bremse treten wollen, aber versehentlich das Gaspedal erwischt. «*Mörder!*» schrie Mimi und machte Anstalten, ihn mit ihrem Stock zu verprügeln. Das Verfahren wurde eingestellt. Der Polizist kam mit einem Verweis und einer zeitweiligen Suspendierung davon.

John trug schwer an Julias Tod. Von seinem Kummer abgesehen, verspürte er einen fürchterlichen Zorn, weil er sich abermals von seiner Mutter im Stich gelassen fühlte. John hatte jetzt Träume, in denen er Frauen kreuzigte oder sie mit einem Beil in Stücke hackte. Er begann hemmungslos zu trinken, so daß er nach eigenem Bekunden in den folgenden zwei Jahren entweder «betrunken oder wütend» war. Pete erinnerte sich, daß er eines Abends den Bus nach Woolton bestieg und John entdeckte, der auf den Rücksitzen lag, nicht mehr aufstehen konnte und wahrscheinlich schon seine zweite oder dritte Fahrt machte. Da John von einem kärglichen Stipendium lebte, mußte er seine Drinks in den übelsten Spelunken schnorren, indem er die Gäste reinlegte oder anbettelte. In einer Bar *hatte er es sich zur Gewohnheit gemacht, einen jüdischen Klavierspieler namens Reuben zu verhöhnen, indem er sein Spiel durch Zurufe unterbrach wie: «Judenbengel!»* oder: «*Dich hätten sie mit den anderen in die Gaskammer stecken sollen!*» Manchmal brachte er den armen Musiker auf diese Art zum Weinen. Als Shotton solche Szenen miterlebte, begann er zu befürchten, daß John Lennon «auf die schiefe Bahn geriet».

CYN UND STU

Was John Lennon jetzt brauchte, war ein sanftes, nachgiebiges, extrem weibliches Mädchen, das wie ein Schwamm, den man in Essig taucht, die Bitternis seiner Seele aufzusaugen vermochte. Das erste Mädchen dieser Art, das er fand, war Thelma Pickles. Er traf sie, als er sich für das zweite Collegejahr einschrieb. Thelma, ein schüchternes, sensibel aussehendes junges Mädchen mit dunklen, nachdenklichen Augen und einem leicht schmollenden Mund, der selten lächelte, fühlte sich schon bei der ersten Begegnung von John «magnetisch» angezogen. Kaum hatte man sie miteinander bekannt gemacht, als sie Zeuge einer Szene wurde, die sie davon überzeugte, daß John Lennon ein bemerkenswert kaltschnäuziger Typ war. Ein junges Mädchen kam an den Schalter, wo man sich einschrieb, und rief John zu: «He, John, ich habe gehört, daß deine Mutter umgekommen ist. War es ein Polizeiauto?»

Thelma war schockiert über soviel Gefühllosigkeit, aber Lennon schien völlig unberührt zu sein. «Stimmt», gab er gedehnt zurück.

Während der nächsten Wochen begegneten sich Thelma und John immer wieder. Eines Tages bot er ihr an, ihr das Malgerät zur Bushaltestelle in der Castle Street zu tragen. Dann vertieften sich die beiden jedoch derart in ihr Gespräch, daß sie sich auf die Stufen zu Füßen des Victoria-Denkmals setzten. Sie fragte ihn nach seinem Vater. Wieder zeigte John diese Kaltschnäuzigkeit in heiklen Fragen, die Thelma so beeindruckt hatte. «Er hatte die Schnauze voll und ist abgehauen, als ich noch ein Baby war», erklärte John gleichgültig.

Unwillkürlich sagte Thelma: «Meiner auch!»

Thelmas Vater hatte die Familie verlassen, als sie zehn war, und seither versuchte sie, damit fertigzuwerden, ohne mit jemandem darüber zu sprechen, denn «damals gab man auf keinen Fall zu, daß man aus einer kaputten Familie kam. Man konnte mit niemandem darüber reden, und wer wie ich die Schande geheimhielt, litt unter schrecklicher Angst. Ich empfand ungeheure Erleichterung, als er das sagte.»

Ihre rasch enger werdende Beziehung zu John gründete sich auch auf den Umstand, daß sie beide der Welt sehr feindselig gegenüberstanden, eben weil sie als Kinder so tief verletzt worden waren. «Ich merkte rasch», erzählte Thelma, «daß er und ich dem Leben gegenüber Aggressionen hatten, die sich sämtlich aus unserem Familienleben erklärten... Wir konnten es nicht abwarten, endlich erwachsen zu werden und allen zu sagen, daß sie sich zum Teufel scheren sollten.» Diese gemeinsame Einstellung band sie rasch enger aneinander.

Sie gingen oft in die Studentenkneipe Ye Cracke, und Thelma beobachtete halb erschreckt, halb entzückt, wie John eine sarkastische Bemerkung nach der anderen vom Stapel ließ, wobei er mit jedem Glas Bier ausfallender wurde. Hatte er es mit jemandem zu tun, der ein bißchen schwerfällig war, attackierte er ihn mit besonderer Bosheit. Doch waren diese Frechheiten noch harmlos im Vergleich zu dem Theater, das er auf der Straße veranstaltete. In Liverpool gab es viele Menschen, die verunstaltet, verkrüppelt, behindert oder auch einfach vom Alter gedrückt und geschwächt waren. John stand unter dem unwiderstehlichen Zwang, diese armen Geschöpfe wie Gestalten aus einem makabren Witz zu behandeln. So grüßte er etwa einen behinderten Mann: «Wie hast du dein Bein verloren? Als du hinter deiner Frau her warst?» Oder er überholte einen Krüppel, indem er sein Humpeln nachahmte, anschließend vor ihm auftauchte und Grimassen schnitt.

Damals begriff Lennon nicht, was in ihm vorging, doch später hat er es in dem Text «Crippled Inside» erklärt. Wer innerlich kaputt sei, so schrieb er, der werde es auch irgendwie nach außen tragen. Im Inneren hat er ständig unter dem «Schmerz, ein Monstrum zu sein», gelitten, doch nach außen hin bemühte er sich, ein normales Erscheinungsbild zu bewahren – daher seine hartnäckige Weigerung, eine Brille zu tragen. Wenn er sich über Krüppel lustig machte, so war das nur ein Mittel, seine Angst vor der Entstellung zu bannen. Dazu ahmte er die armen Teufel entweder nach, oder er hielt sie in seinen Skizzenbüchern fest, in denen es eine Vielzahl nackter Mißgeburten gibt – zum Beispiel einen Mann mit ungestaltem Kopf und Eidechsenfüßen oder einen mageren Burschen mit Straußenhals, dessen Kopf in einen Vogelschnabel gequetscht ist. Durch die groteske Verformung und Entstellung der menschlichen Gestalt verschaffte Lennon seiner gequälten Seele Erleichterung. Wäre er zehn Jahre früher geboren worden, hätte er sich ganz in der Welt des makabren Humors zu Hause gefühlt und wäre vielleicht ein englischer Lenny Bruce geworden, ein Komiker, den er sehr schätzte. Lennon war gezwungen, gegen den Strom der harmlos-fröhlichen sechziger Jahre zu schwimmen. In seiner Jugend hat er Liebeslieder für die «Sex-Börse» geschrieben, wie er sie nannte. Später hatte er jedoch genug Selbstvertrauen, um die Tabus seiner Generation zu verletzen. Er kehrte zu den Monstren seiner Phantasie und seinen hysterischen Ängsten zurück und übersetzte sie in eine Musik, die nicht weniger ursprünglich und grotesk war.

Obwohl Lennon kein echtes Talent zur Karikatur hatte – seine Zeichnungen sind eher eine Art Gekritzel –, trat in fast allem, was er sagte oder schrieb, die Mentalität des Karikaturisten zutage. Er lebte von Momentaufnahmen, entlarvenden Beobachtungen und überspitzten Formulierungen. Allerdings war die Karikatur nicht die einzige Stilrichtung der bildenden Kunst, die ihn in seiner Tätigkeit als Liedermacher beeinflußt hat. Er machte von allen Techniken, die auf der Kunsthochschule in Mode waren, ausgiebig Gebrauch – Collage, Montage, Ready-Mades, Abstraktion, Surrealismus und sogar automatischem Schreiben. Die Kunsthochschule bedeutete kein fremdes Element in seinem Werdegang, sondern war eine typische Ausbildungsstation englischer Rockstars. Pete Townshend, Keith Richard, Eric Burdon, Ronnie Wood – die Liste ist lang – waren allesamt Kunststudenten. Insofern ist es kein Wunder, daß sie alle auch ähnlich verfuhren: Sie nahmen das Rohmaterial des amerikanischen Rock'n'Roll und unterwarfen es den Techniken, die die englischen Kunsthochschulen von der europäischen

Vorkriegsavantgarde geerbt hatten. Auf diese Weise trug ihre Ausbildung dazu bei, daß sie zur ersten Generation der musikalischen Pop Art wurden.

John ging nicht nur mit Thelma Pickles aus, er unternahm auch hartnäckige Versuche, mit ihr zu schlafen. Sie knutschten bei Dunkelheit auf dem Allerton-Golfplatz herum, aber Thelma hatte schreckliche Angst, schwanger zu werden, was allein in jenem Jahr fünf oder sechs Mädchen im College passiert war. Da Abtreibungen unmöglich waren, war bei Sex immer viel Angst im Spiel. Abgesehen davon, schien Thelma auch keine sonderliche Lust zu haben, denn John war ihr viel zu unromantisch. Er bezeichnete die Liebe als «Fünf-Meilen-Rennen» und Mädchen, die im letzten Augenblick kniffen, als «Bettkanten-Jungfrauen». Thelmas Freundschaft zu John überlebte trotz ihrer beharrlichen Weigerung, mit ihm zu schlafen, weil sie leicht anzupumpen war. John suchte die Bekanntschaft solcher Mädchen und hatte für sie, wie für alle Leute, auch einen speziellen Namen. Er nannte sie «Hündchen».

Ein anderes Hündchen war Cynthia Powell, ein hübsches Mädchen mit kastanienbraunem Haar aus Hoylake, einem Mittelschichtsvorort auf der Halbinsel Wirral. Mädchen aus diesem begüterten Viertel mit ihren Twinsets, Tweedröcken, Dauerwellen, der wohlerzogenen Sprechweise und dem damenhaften Benehmen galten bei den Collegebohemiens als hoffnungslos bürgerlich. Cynthia war ein Musterexemplar dieses Schlages. Sie war die Tochter eines Vertreters, der an Krebs gestorben war, als sie siebzehn war, und einer sehr energischen, dominanten Mutter, die aussah wie eine Bulldogge. Cynthia war ein scheues Wesen. In der Collegebeurteilung hieß es: «Sehr gewissenhaft, aber wenig Selbstvertrauen.» Obwohl Cynthia als gute Studentin galt, wählte sie als Hauptfach Schrift, ein Beweis für ihr mangelndes Selbstbewußtsein.

Dieser Kurs wurde größtenteils von braven Mädchen besucht, die sich damit zufriedengaben, die Proportionen dieser oder jener Schriftart auszurechnen. Es gab nur eine völlig unpassende Erscheinung – John Lennon. Nachdem er aus der Malklasse rausgeflogen war, hatte man ihn in den Schriftkurs gesteckt, wohl in der Meinung, man könne wenigstens einen Illustrator aus ihm machen. Als

Cynthia diesen Beatnik in seiner schwarzen Kleidung erblickte, die nach Fish and Chips stank, reagierte sie zunächst völlig normal. «Ich dachte», berichtete sie, «daß mich mit diesem Individuum nichts verband. Er erschreckte mich zu Tode.» John seinerseits fand ebensowenig Gefallen an Cyn. Für ihn war sie nur ein bequemes Opfer. Bald entdeckte sie, daß ihr nach jeder Stunde einer ihrer Lieblingsbleistifte oder Pinsel fehlte.

Im Herbst von Johns zweitem Collegejahr hatten Cynthia und er keinen näheren Kontakt als den gemeinsamen Kursbesuch zweimal die Woche. Eines Tages bei einer Collegeversammlung saß Cynthia hinter Lennon und seiner Clique. Helen Anderson streckte die Hand aus und ordnete Johns fettige Locken. Cyn fühlte einen heftigen Stich. Nie zuvor hatte sie eine ähnliche Empfindung erlebt. Sie brauchte eine ganze Weile, um zu erkennen, daß es nicht Abscheu war, was sie empfand, sondern Eifersucht. Ihre Verblüffung war nur zu verständlich, da sie sich in einen Jungen verliebt hatte, der das genaue Gegenteil von allem war, was zu bewundern sie gelernt hatte. Er war auch das genaue Gegenteil von *ihr*, denn er verkörperte in hohem Maße all die Eigenschaften, die ihr am meisten fehlten – Selbstsicherheit, Aggressivität, Schlagfertigkeit und die Fähigkeit, Aufmerksamkeit zu erregen. Vor allem aber zeigte John Lennon eine große Verachtung für alle Aspekte des bürgerlichen Lebens. Trotzdem gab es eine offensichtliche Verbindung zwischen Lennon und Cynthia. Ihr Leben lang war sie von einer herrschsüchtigen Mutter manipuliert worden, jetzt hatte sie sich einer anderen dominanten Persönlichkeit zugewandt – nur war es dieses Mal ein Mann.

Obwohl Cynthia schüchtern war, fehlte es ihr nicht an Entschlossenheit. Sobald sie sich ein Ziel gesetzt hatte, ließ sie nicht mehr lokker. Zunächst aber mußte sie John dazu bringen, sie als Frau zur Kenntnis zu nehmen. Glücklicherweise wurde sie von dieser peinlichen Aufgabe entbunden, als Jeff Mohammed seinem Freund bei einer weihnachtlichen Tanzveranstaltung sagte, er solle sich doch um sie kümmern, denn sie sei in ihn verschossen. Als Lennon sie aufforderte, geriet sie in Panik. «Tut mir aufrichtig leid», sagte sie in ihrer wohlerzogenen Sprechweise, «aber ich bin mit einem Jungen in Hoylake verlobt.»

Lennon erwiderte bissig: «Ich hab dir ja auch keinen Heiratsantrag gemacht!» Und doch war das genau der Punkt; er hätte es wissen sollen. Sie hatte vor, Lennon zu «heiraten».

Nach der Tanzveranstaltung gingen sie ins Ye Cracke, wo sie ein paar Gläser trank und einen Schwips bekam. John witterte seine Chance und fragte sie, ob sie nicht Lust habe, ihn in die nahegelegene Wohnung eines Freundes zu begleiten. Obwohl Cynthia zum erstenmal mit John allein war, zierte sie sich nicht lange. «Es war für mich überhaupt keine Frage, daß ich mit ihm schlief», erklärte sie, «es war ganz selbstverständlich.» Doch für ein Mädchen, das erzogen worden war wie Cynthia Powell , vor allem für eines, das die Kunsthochschule besuchte, wo fast täglich eine der Studentinnen Höllenqualen wegen einer ungewollten Schwangerschaft durchlitt, war ein so unbedenkliches Nachgeben recht bemerkenswert. Eines indessen ist gewiß: Beide, Cynthia wie John, sehnten sich verzweifelt nach Liebe, wenn auch aus unterschiedlichen Gründen. Kaum war der erste Funke gezündet, entflammte ihre Leidenschaft mit erstaunlicher Gewalt.

Diese heftige Affäre läßt sich am ehesten als Psychodrama beschreiben, wobei Lennon die Haupt- und Cynthia die Nebenrolle zufiel. «Ich war hysterisch», gestand er in späteren Jahren. «Ich war neurotisch und ließ alle meine Frustrationen an ihr aus.» Widerstandslos unterwarf sich Cynthia jeder seiner Forderungen und Launen. Trotzdem fand er immer einen Grund zur Eifersucht – einen zerstreuten Blick, ein harmloses Gespräch, eine mißverstandene Bemerkung. Dann konnte er sich in maßlose Wut hineinsteigern. Man warnte Cynthia vor Lennon, aber sie glaubte, er würde sich mit der Zeit verändern, wenn sie bei ihm bliebe. Wie jedem, der ihn besser kannte, entging ihr nicht, daß er auch eine andere Seite hatte: freundlich und lieb, der kleine Junge, der seine Mutter geliebt hatte – bis sie ihn verriet.

Cynthia tat alles, um Lennon bei der Stange zu halten. Da ihn die geheimnisvolle Ausstrahlung von Brigitte Bardot – etwa in dem Film *In ihren Augen ist immer Nacht* – außerordentlich fesselte, versuchte sich die schüchterne und ängstliche Cynthia in die unwiderstehliche Bardot zu verwandeln. Sie bleichte ihr Haar, trug provozierende Kleider und präsentierte sich, wenn sie sich in irgendeinem schmutzigen Zimmer auszog, in Netzstrümpfen und schwarzen Strapsen, ein Anblick, der Johns Phantasie entflammte. Es half alles nichts. John Lennon blieb, wie Dezo Hoffmann, der Fotograf der Beatles, einmal feststellte, «ein tollwütiger Hund – du weißt nie, wann er aufspringt und dich beißt».

Die Wohnung, in die John Cyn in jener ersten Nacht brachte, gehörte Stuart Sutcliffe, dem begabtesten Studenten des College. Blond und mit feingeschnittenem Gesicht, hatte er eine bemerkenswerte Ähnlichkeit mit dem verstorbenen James Dean. Stu fiel Lennon zuerst durch die Art auf, wie er sich kleidete: hautenge Jeans, rosa Hemden und Stiefel mit Gummizug, dazu ein rehbraunes Kordjackett und eine Sonnenbrille, die er nie abnahm, auch nachts nicht. Außerdem trug Stu einen schütteren Bart und Schnurrbart und rauchte Stumpen, um älter und interessanter zu erscheinen. Als Maler bewies er eine erstaunliche Virtuosität: seine Malweise reichte vom Stil der französischen Impressionisten und englischen Präraffaeliten bis zu dem Jackson Pollocks, Nicholas de Staels und Lucian Freuds. Er hatte eine große Schwäche für Beatnikliteratur und Rock'n'Roll, vor allem für Buddy-Holly-Platten, die er ständig hörte, während er malte.

Im Grunde eiferte Stu dem Vorbild des *Poète maudit* nach, dem fluchbeladenen Genie, einem Mythos, der das Leben vieler Künstler in den fünfziger Jahren bestimmt hat, von den Jazzmusikern über die Aktionsmaler bis hin zu den Lyrikern und Romanciers der Beatniks. Als jemand Stu erklärte, es sei nicht gut für seine Gesundheit, wenn er sechzig Zigaretten pro Tag rauche, erwiderte dieser: «Interessiert mich nicht. Dann sterbe ich eben in ein oder zwei Jahren. Das Leben muß intensiv und kurz sein.»

Vom Rock'n'Roll begeistert, fand Stu es toll, daß John Lennon eine Rockband leitete. John dagegen bewunderte Stus Talent und Energie, seine Aufmachung und vor allem seinen Erfolg, denn eines seiner Bilder war in der John-Moores-Ausstellung, der englischen Biennale, gezeigt worden. John Moores selbst hatte dieses Bild für die stattliche Summe von 65 Pfund erstanden, was auf Lennon einen enormen Eindruck gemacht hatte. Stets zur Heldenverehrung neigend, heftete sich John an Stus Fersen, wie – so der Liverpooler Dichter Adrian Henri – «Prinz Philip der Queen folgt».

Stu teilte seine Wohnung – Gambier Terrace 3 in den Hillary Mansions, einer Reihe prächtiger spät-georgianischer Häuser mit Blick auf den St.-James-Friedhof und die Rückseite der riesigen Liverpool Cathedral – mit Rod Murray, einem weiteren Kunststudenten. Die Wohnung lag am Ende einer langen Treppe und erstreckte sich von der Vorder- bis zur Rückseite des Hauses. Die Zimmer hatten hohe Stuckdecken und je drei weiße und eine braune Wand, der letzte Schrei damaliger Innenarchitektur.

Stu Sutcliffes Studio lag im hinteren Teil der Wohnung. Der rußige, mit Kohlen befeuerte Kamin war mit Fish-and-Chips-Tüten vollgestopft. Die Einrichtung bestand aus kaputten Stühlen und Tischen, einem schäbigen Teppich und einer schmuddeligen Doppelmatratze auf dem farbbekleckstem Fußboden unter dem schmutzigen Fenster. An den Wänden hingen Aktskizzen und Leinwände, die so groß waren, daß der kleine Maler hochspringen mußte, um ihren oberen Rand zu erreichen. Das Vorderzimmer teilten sich Rod Murray und Margaret «Diz» Dizley, aber es platzten ständig andere Leute herein, so zum Beispiel John Lennon, der in einem Sarg schlief, weil ihm dessen Satinauskleidung besser gefiel als die Bettbezüge.

Durch diese Wohnung kam Lennon auch zum erstenmal in die überregionale Presse. Am Sonntag, dem 24. Juli 1960, wurden seine Freunde und er von einem Reporter des *People* als typisches Beispiel für das hingestellt, was die Zeitung in riesigen Lettern als BEATNIK-SCHRECKEN bezeichnete. Der Artikel wurde durch ein Foto illustriert: eine Gruppe nachlässig gekleideter junger Männer, die in einer schmutzigen Wohnung hocken. Dazu der Autor: «Die meisten Beatniks lieben den Schmutz. Ihre Kleidung ist dreckig. Ihre ‹Wohnungen› ersticken in Unrat.» Mitten im «Unrat», auf dem schmutzigen Fußboden liegend, ist John Lennon zu sehen, im Text nicht namentlich erwähnt, aber unverkennbar in seiner Erscheinung.

Zu Beginn des Jahres 1960, in seinem dritten und letzten Jahr auf der Kunsthochschule, zog John bei Stu ein. Er war jetzt neunzehn, und seine Beziehung zu Mimi hatte mittlerweile eine bizarre Wendung genommen. Ian Sharp berichtete, daß er einmal in der Menlove Avenue übernachtete und schockiert war, wie John seine Tante behandelte. Ständig quälte er sie mit seinen grotesken Einfällen. Als sie nachts hustete, schrie er: «Du hast TB und noch zehn Minuten zu leben.» Morgens beim Fortgehen brüllte er durch das Fenster zum Frühstücksraum: «Tschüs, Mimi!» Doch statt fortzugehen, kehrte er um und wiederholte den Abschiedsgruß wieder und wieder, wobei er in den Büschen verschwand und wieder auftauchte. Er gab sich solche Mühe, die alte Dame durcheinanderzubringen, daß Sharp es als peinlich empfand, dieses Schauspiel mitansehen zu müssen.

John hätte Mimi schon früher verlassen, wenn er nicht finanziell so abhängig von ihr gewesen wäre. Was ihm jetzt den Anstoß gab, war die Entscheidung, Berufsmusiker zu werden. Beschleunigt wurde der ganze Vorgang durch den unmittelbar bevorstehenden Ausschluß vom College. Im letzten Sommer war er durch das Zwischenexamen gefallen. Jetzt war er nur noch auf Probe geduldet, und auch das nur, weil sein Tutor Arthur Ballard sich für ihn eingesetzt hatte, den sich John wohlweislich warm gehalten hatte. Aber Ballard konnte seine Kollegen nicht länger hinhalten. Deshalb war es nur eine Frage der Zeit, bis John sich wieder zum Zwischenexamen stellen mußte, erneut durchfiel und von der Schule flog. So beschloß er, während der letzten Collegemonate eine Band zu organisieren und in die aufblühende Rockszene am Mersey einzusteigen.

Dabei konnte er fest auf zwei entscheidende Leute bauen: Paul McCartney und George Harrison. Paul schloß die Schule in diesem Frühjahr ab und hatte nicht die Absicht, seine Studien fortzusetzen. George wollte die Schule aufgeben und tagsüber einen Job als Hilfselektriker in einem Supermarkt annehmen. Das einzige Problem bestand darin, die beiden fehlenden Spieler aufzutreiben, den Schlagzeuger und den Bassisten.

John forderte Rod Murray und Stu Sutcliffe auf, sich der Band als Bassisten anzuschließen. Rod sagte, daß er es machen würde, wenn es ihm gelänge, sich in der Holzwerkstatt des College einen Baß zu bauen. Stu bewies weit mehr Entschlossenheit: Er nahm die 65 Pfund, die er für sein Ausstellungsbild bekommen hatte, ging zu Hessy's und kaufte sich einen prächtigen neuen Hohner-Baß. Diese unüberlegte Tat beunruhigte Stus Vater, einen schottischen Schiffsingenieur, während seine fürsorgliche Mutter Millie damit drohte, ihm die finanzielle Unterstützung zu entziehen. Als Stu dem College mitteilte, daß er das Studium abbrechen wolle, hielt ihm die Fakultät vor, daß es Wahnsinn sei, ausgerechnet jetzt aufzuhören, wo er zur Abschlußprüfung zugelassen sei und ihm eine glänzende Karriere offenstehe. Doch Sutcliffe war taub für alle guten Ratschläge und machte sich daran, sein großes, unhandliches Instrument zu erlernen.

Der Liverpooler Rockmusiker Dave May, Bassist bei Mark Peter and the Silhouettes, erklärte sich bereit, Stu ein paar Melodien beizubringen, wenn er dafür das Instrument ausmessen dürfe, um sich eine Kopie zu bauen. Der erfahrene Musiker brachte dem blutigen Anfänger die Akkorde von Eddie Cochrans «C'mon Everybody» bei. May hielt Stu für einen «hoffnungslosen» Fall, allerdings beurteilte er auch Paul McCartneys Fähigkeiten nicht viel günstiger.

Stuart Sutcliffes erster wichtiger Beitrag als Bandmitglied war die Bezeichnung Beetles, der Name der zweiten Bande in Marlon Brandos Motorradfilm *Der Wilde*. Es war nicht überraschend, daß Stu auf den Insektennamen kam, schließlich war er ein großer Fan von Buddy Holly and the Crickets (den Grillen), und es war selbstverständlich, daß John Lennon ihn mit seiner Leidenschaft für Wortspiele verdrehte, so daß darin «Big Beat» und «beats all» (unschlagbar) anklangen. Auf diese Weise bekam die berühmteste Rockgruppe der Geschichte den merkwürdigsten Namen unter allen Bands ihrer Zeit.

Noch merkwürdiger als die Bezeichnung selbst ist die Abweichung von der üblichen Namensgebung der Zeit, denn normalerweise wurde der Name des Stars von dem der Gruppe abgesetzt, wie in Bill Haley and the Comets oder Buddy Holly and the Crickets. Obwohl die Beatles jahrelang mit verschiedenen Namen experimentierten, trugen sie nur einmal in ihrer schwächsten Zeit, 1959, eine konventionelle Bezeichnung: Johnny and the Moondogs. Weder vorher noch nachher tauchte der Name ihres Leaders im Namen der Gruppe auf. Warum? Gewiß nicht, weil John Lennon von besonderem Teamgeist beseelt war. Sein Leben lang war er ein Einzelgänger und Egozentriker. John hat es auch nicht an Führungsqualitäten oder Führungsanspruch gefehlt. Die Wahrheit war einfach, daß Lennon, so gern er im Mittelpunkt der Aufmerksamkeit stand, doch zu unsicher war, um sich als Star zu exponieren. Er brauchte den Rückhalt der Gefährten oder der Clique. So wurde er zum ungenannten Leader der Gruppe.

Bei der Gründung der Beatles stand nicht eine besondere Neigung zur Musik oder zum Showbusiness Pate, sondern eine bestimmte psychologische Ausgangslage. Die Band war ein Produkt von Lennons spezifischer Geistesverfassung. Deshalb läßt sich weder der Anfang noch die spätere Entwicklung der Beatles mit irgendeiner Rockband vor ihnen oder nach ihnen vergleichen, obwohl sie die meist imitierten Popstars seit Elvis wurden. Die vielleicht wichtigste Folge des Kollektivnamens: Durch diesen Versuch, seine schwache, aber aggressive Persönlichkeit mittels einer Gruppe von Gefolgsleuten abzusichern, hat John Lennon eine komplizierte Kettenreaktion ausgelöst, die dazu führte, daß er von seinem eigenen Werk verschlungen wurde und schließlich nur als «Beatle John» in der Öffentlichkeit existierte.

MERSEY BEAT

Die Beatles begannen ihre Traumkarriere ganz unten. Anders als der glanzvolle Elvis, der fast über Nacht berühmt wurde, brauchten die Liverpooler Jungs Jahre, um sich nach oben zu kämpfen. Anfangs sprachen alle Umstände gegen sie. Sie waren Engländer, die den Erfolg in einem amerikanischen Musikbereich suchten, der selbst den meisten Amerikanern zutiefst fremd war, weil er seine Wurzeln im konservativen Süden und im schwarzen Getto hatte. Ein weiteres Handicap war ihre Herkunft aus Liverpool, das zwar berühmt war für seine Komiker und Fußballspieler, aber nie eine Rolle im englischen Musikgeschäft gespielt hatte. Den Beatles fehlte nicht nur eine richtige Ausbildung, sie hatten auch keine Möglichkeit, Rockmusiker aus der Nähe zu beobachten. Anfangs lag das einzige Kapital der Beatles in ihrer Intelligenz und Entschlossenheit sowie ihrer angeborenen Heiterkeit und Spielfreude. Wenn es gar nicht lief, machten sie sich selber Mut, indem sie ein Ritual praktizierten, das sie aus einem zweitklassigen Film über eine Liverpooler Straßengang hatten.

«Wenn wir alle niedergeschlagen waren», berichtete John, «und das Gefühl hatten, daß es mit der Gruppe nie etwas werden würde, wenn wir einen beschissenen Gig hatten und in einer beschissenen Garderobe saßen, dann fragte ich: ‹Wo wird das enden, Leute?› Und sie im Chor, in übertrieben amerikanischer Sprechweise: ‹*Ganz oben, Johnny!*› Und ich darauf: ‹Und wo ist das, Leute?› Sie dann: ‹*Zur absoluten Spitze im Popgeschäft!*› – ‹Richtig!› sagte ich. Das heiterte uns immer wieder auf.» In den ersten Jahren mußte dieses Ritual wieder und wieder herhalten, als sie einige der beschissensten Gigs und beschissensten Garderoben in der langen und weiß Gott nicht immer glanzvollen Geschichte des Big Beat hinter sich brachten.

Den Gründungszeitpunkt der Gruppe kann man, je nach Standpunkt, als sehr günstig oder sehr ungünstig bezeichnen. Im Jahr 1960 war der Rock'n'Roll Schnee von gestern – in England nicht weniger als in Amerika. Elvis war Soldat geworden und Little Richard Geistlicher. Das bedeutete das Ende des ersten musikalischen Aufschwungs und den Beginn des Softrocks à la Frankie Avalon, Ritchie Valens und Ricky Nelson – die unvermeidliche kommerzielle Verwässerung der echten Vorbilder. Die Engländer waren diesem Trend sklavisch gefolgt, wie der englische Rock alles von der anderen Seite des Atlantiks übernommen hatte, seit sie 1956 in den Cafés von Soho Elvis verfallen waren.

Die Stars der englischen Szene waren größtenteils Kopien von Presley, der Nachahmer unwiderstehlich anzog, da er selber eine Karikatur war. Obwohl diese englischen Imitate weit hinter ihrem amerikanischen Vorbild zurückblieben, befriedigten sie ein dringendes Bedürfnis. Denn anders als in den Vereinigten Staaten, wo Elvis nur das Symbol für die Beseitigung der letzten Schranken war, welche die permissive Generation noch einengte, sprach er in England eine tiefere Sehnsucht an: den Wunsch, die Fesseln des festgefügten Kastensystems abzuwerfen. Für die englische Arbeiterjugend war der Hillbillystar fast eine messianische Erscheinung, denn seine Legende verkündete: «Heute noch ein Lastwagenfahrer und morgen – der King!»

Ein solches Idol, eine solche Quelle der Lebensfreude und des Lebensmutes wollte man nicht einfach von ferne betrachten. Elvis mußte in Fleisch und Blut nach England gebracht werden, weil seine Fans den direkten Kontakt brauchten. Und wenn das nicht möglich war (tatsächlich kam er nie, wodurch er noch mehr zum Mythos wurde), dann mußte man ihn eben kopieren, abkupfern, wie es die Schneider mit den letzten Trends aus dem Ausland machen. Wie passend also, daß Larry Parnes, der England als erster mit domestizierten Elvis-Versionen versorgte, ein junger Mann aus dem Textilhandel war. Selber von der Bühne besessen und bestrebt, aus dem Familiengeschäft herauszukommen, entdeckte er den ersten englischen Rockstar, einen jungen Seemann namens Tommy Hicks, der Bill-Haley-Songs in dem Sohoer Café Two Is zum besten gab. Parnes taufte den Seemann in Steele um und machte ein bißchen Promotion für ihn. Das Publikum schien darauf nur gewartet zu haben. Über Nacht wurde Tommy Steele zum gefragtesten Newcomer des englischen Showgeschäfts.

In dieser Situation gab es für einen erfahrenen Einzelhändler nur eines: Nachordern! Rasch entdeckte Parnes ein weiteres junges Talent, das er Marty Wilde taufte. Unablässig erweiterte der junge Kaufmann sein neues Rock-Sortiment um später so berühmte Namen wie Billy Fury, Johnny Gentle, Georgie Fame und Dickie Fields, den «Sheik of Shake». In wenigen Jahren wurde Larry Parnes in England so bekannt wie Colonel Tom Parker in den Vereinigten Staaten.

Es ist sehr charakteristisch für Liverpool, daß die Elvis-Imitate in der Metropole des Nordens nie landen konnten. Was noch bemerkenswerter ist: Sie lehnten sogar Presley selbst ab! Der Prototyp der Mersey-Rockmusiker, Ted «Kingsize» Taylor (gut einsneunzig, fast drei Zentner schwer und häufig als Leader der ersten englischen Rock'n'Roll-Band bezeichnet) fertigte Elvis mit Worten ab, die stark genug sind, um das ewige Licht über dem Grab des King auszublasen. In Erinnerung an das Jahr 1956, als er mit Rockabilly begann, meinte Taylor: «Elvis war nicht unser Fall. Er war ein bißchen weibisch. Da war nicht genug Power für die Leute in Liverpool. Wir suchten nach einer Musik, die man heute ‹Heavy Stuff› nennt. Elvis war ein Propagandatrick, um die Schwarzen in den Hintergrund zu drängen.» Taylors Vermutung, daß Elvis nur ein Ersatz für den schwarzen Helden war, der eigentlich an seiner Stelle hätte stehen müssen, ist soweit ganz richtig, erklärt aber nicht, wie Taylor und die anderen Mersey-Rockmusiker, die ja noch «weißer» als Elvis waren, es anstellen wollten, «Heavy Stuff» zu spielen.

Das Problem, vor dem sie standen, war keineswegs neu, denn Elvis war nur der letzte in einer langen Reihe von weißen Musikern, die versuchten, es den Schwarzen gleichzutun. Das begann mit den sentimentalen «Niggersongs» von Stephen Foster und der komischen Minstrelkunst von «Jump Jim Crow». In den fünfzig Jahren, die sich weiße Darsteller mit rußgeschwärzten Gesichtern auf der

Bühne abgemüht hatten – eine Kunstform, die mit Al Jolson ihren Höhepunkt erlebte –, hatten sie jede Möglichkeit zur Aneignung schwarzer Songs und Tänze erprobt. Mit Ausnahme einiger weniger ethnischer Chamäleons, die gut genug waren, um als Neger durchzugehen, wirkten diese Weißen um so unechter, je näher sie der authentischen schwarzen Musik und Tanzkunst kamen. Elvis war das beste Beispiel für diese Regel. Wenn er Rockabilly sang, war er hervorragend und echt, aber wenn er anfing, Anleihen bei den schwarzen Stars seiner Zeit zu machen, etwa bei Little Richard, Joe Turner oder sogar Willa Mae Thornton – die «Hound Dog» zuerst aufgenommen hat und den King damit in jeder Beziehung in den Schatten stellt –, wurde rasch deutlich, daß die Nachahmung kein Ersatz für das Original war. Die Liverpooler Musiker nahmen jedoch an, daß sie, da sie männlicher als Elvis waren, Erfolg haben könnten, wo ihm keiner vergönnt war. Unermüdlich versuchten sie, den Musikstil in den Griff zu bekommen, der am tiefsten von der schwarzen Seele durchdrungen ist.

Rhythm and Blues war Ende der fünfziger Jahre keine bestimmte Musikrichtung, sondern ein exotischer Verschnitt, ein genialer Mischmasch aus allen Musikstilen und Epochen der schwarzen Kultur: Gospel und Blues, Jazz und Pop, Minstrelshow und Broadwaymusical. Nach dem Zusammenbruch aller Tabus und Traditionen, die diese verschiedenen Richtungen lange in bestimmte Sparten eingezwängt hatten, wurden sie jetzt eifrig vermengt, ohne dabei an etwas anderes als an die Wirkung auf die schwarze Zuhörerschaft zu denken. Einer der ersten Tricks, die die englischen Musiker von ihren amerikanischen Vorbildern übernahmen, war dieses Geschick in der Verbindung von musikalischen Elementen äußerst verschiedener Herkunft, so daß verwirrende, fast surrealistisch anmutende Montagen entstanden.

Anfangs hatten die Mersey-Musiker jedoch nur die Absicht, sich diesen faszinierenden schwarzen Sound anzueignen. Piraterie war die stärkste Kraft der englischen Rockmusik, wie sie einst der größte Rückhalt des Britischen Empires gewesen war. Der einzige Unterschied lag darin, daß es diesen jungen Freibeutern nicht mehr um das Gold und Silber der Spanier ging, sondern um die sagenumwobenen Schätze des schwarzen Entertainments. Das war nicht leicht, denn zuerst einmal mußte man an sie herankommen. Ans Radio konnten sie sich nicht halten, denn das war noch fest in der Hand der BBC, die infolge einer rätselhaften Zeitverwerfung in den vierziger Jahren steckengeblieben war. Noch konnte man die begehrten Platten im Geschäft kaufen, weil die meisten der heißen amerikanischen Scheiben gar nicht auf den englischen Markt kamen. So waren die Mersey-Musiker darauf angewiesen, sich den Umstand zunutze zu machen, daß sie in der zweitgrößten Hafenstadt des Königreichs lebten.

Ted Taylor hatte einen Onkel, der Einwanderungsbeamter und Steuereinnehmer im Hafen war. Immer wenn die *Cunard Yanks* anlegte, wartete dieser Beamte schon auf die kleinen Kostbarkeiten aus gepreßtem Plastik, die die Firmenzeichen von Speciality, Federal, King, Chess oder Atlantic trugen. Sobald man die Platten hatte, galt es, die Stücke rasch einzuüben und öffentlich darzubieten, bevor sie in Großbritannien herauskamen. Das war in den fünfziger Jahren relativ leicht, weil die Schallplattengesellschaften nur sehr schwerfällig auf die neuesten Hits reagierten. In den sechziger Jahren kam es zu einer rasanten Tempoverschärfung, weil die englischen Firmen bestrebt waren, immer auf der Höhe der aktuellsten Entwicklungen zu sein. Kingsize Taylor, heute ein Schlachter mit weißer Schürze in Southport, lacht wie ein Lausbube, wenn er sich daran erinnert, wie er Gary «US» Bonds großen Hit «New Orleans» geklaut hat, der in den Vereinigten Staaten im November 1960 auf den Markt kam. «Drei Tage haben wir geprobt. Niemand konnte den Text verstehen. Schließlich haben wir das Stück am Donnerstag abend gespielt. Freitag kam die Platte heraus!»

Das aufregende Spiel hatte seine guten und seine schlechten Seiten. Es war ein hervorragendes Training für das Ohr, aber es lähmte die kreativen Fähigkeiten der Mersey-Musiker. «Niemand machte sich die Mühe, etwas zu schreiben», erklärte Taylor, «weil man ein exklusives Stück spielte. Es war weder im Radio zu hören noch als Platte zu haben. Es war also genau so, als hätte man es selbst geschrieben.» Das Piratentum verurteilte die Liverpooler Rockmusiker dazu, der amerikanischen Musik nachzulaufen, statt einen eigenen Stil zu entwickeln.

Das zweite Problem, vor dem die Mersey-Musiker standen, war

nicht zu lösen. Es hatte damit zu tun, wie sie Rhythm and Blues *hörten*. Obwohl die Musik angeblich eine «internationale Sprache» ist, spricht man sie tatsächlich überall mit unterschiedlichem Akzent. Es mag zwar hin und wieder einem geschickten Burschen wie Paul McCartney gelingen, eine nahezu vollkommene Imitation von Little Richards Gospelekstase, den winzigen Tonverschiebungen und der kreischenden Stimme zu geben, doch bleiben solche Darbietungen Schaunummern. Normalerweise klang die Liverpooler Rockmusik in amerikanischen Ohren fremd. Am deutlichsten zeigte sich dieser Abstand im Grundrhythmus.

Ein amerikanischer Schlagzeuger lernt von Kindesbeinen an, daß der Schlegel nach dem Aufschlag auf dem Trommelfell sofort wieder hochkommen muß wie ein abprallender Ball, damit die Musik ihren federnden Swing oder Rock bekommt. Ein Drummer wie Ringo Starr dagegen ließ sein Holz wie einen Hammer herabfallen – Boing! –, als sei damit das letzte Wort in dieser Angelegenheit gesagt. Dieser plattfüßige, plumpe Schlagzeugstil verlieh dem Mersey Beat seinen unverkennbaren Charakter, so wie die hypnotischen Rhythmen der schwarzen Slumkinder in Harlem oder Rio der dort ansässigen Musik ihr unverwechselbares Gepräge geben. In allen Fällen war der Beat ein Ausdruck der Kultur, aus der er erwuchs. So wie die schwarzen Jungen die Erben Afrikas waren, waren die Liverpooler Musiker Nachkommen der schottisch-irischen Kultur mit dem schottischen Schmiß, dem irischen Wirbel, dem Zapfenstreich und den Märschen von Militärorchestern wie Black Watch. Tatsächlich kamen die meisten Mersey Beat-Musiker vom militärischen Trommelspiel her, denn sie hatten ihre Instrumente in den Spielmannszügen der Pfadfinder gelernt.

Deshalb marschierten die Beatles in späteren Jahren oft triumphierend auf der Bühne umher, als folgten sie dem Rhythmus eines Marsches oder einer Hymne. Sie konnten sich auch einigermaßen im schlaksigen, lässigen Takt der Country-and-Western-Musik bewegen oder – etwa in «Help!» – umherlaufen wie ausgelassene Kinder. Doch selten hatten sie die sinnlich-rockende Ausdruckskraft, die auch noch die letzte schwarze Rhythm-and-Blues-Band ausstrahlt. Sie blieben so weit hinter diesem Vorbild zurück, daß Muhammad Ali, als er ein paar Takte von Ringo Starr gehört hatte, höhnisch meinte: «Da spielt ja mein Hund noch besser Schlagzeug!»

Noch ein weiteres Merkmal unterschied den frühen Mersey Rock von seinen Ursprüngen (und von dem späteren Mersey Beat, der sich am Erfolg der Beatles orientierte). Die Liverpooler – und ihre späteren Ableger in Südengland, wie die Who und die Stones – versahen Rhythm and Blues mit einem rauhen Teddy Boy-Touch. Viele der Bands hatten als Straßengangs begonnen, und ihre männliche Fangemeinde bestand großenteils aus finsteren, aggressiven Burschen, die im Rock'n'Roll die gleiche Gewalttätigkeit suchten, die sie in sich trugen.

Wenn sich die Beatszene an den Ufern des Mersey von der an der Themse einerseits durch die grundlegenden Wertvorstellungen unterschied – Little Richard im Vergleich zu Presleys Rhythm and Blues und dieser im Vergleich zu Rockabilly, der harte, aggressive Großstadtsound im Gegensatz zur Naivität und Sentimentalität von Country and Western –, so gab es andererseits noch den prinzipiellen und entscheidenden Unterschied der wirtschaftlichen Verhältnisse. Die Liverpooler Jugendlichen konnten für ihr Vergnügen nicht soviel zahlen wie ihre Altersgenossen im Süden. Deshalb amüsierten sie sich zu Hause. Armut war der Hauptgrund für den Aufstieg der wichtigsten Institution des Mersey Beat – des Liverpooler Tanzsaals. Um zu verstehen, was die Tanzlokale dieser Stadt von allen entsprechenden Einrichtungen im übrigen England unterschied, müssen wir zunächst eine Vorstellung von dem allgegenwärtigen britischen Treffpunkt und Paarungsplatz der Teenagerszene, dem Tanzsaal, gewinnen.

Anders als in den Vereinigten Staaten, wo die meisten Tanzsäle nach dem Zweiten Weltkrieg geschlossen wurden, weil die Bigbands aus der Mode kamen, blieben diese altmodischen Institutionen in England erhalten und wurden zu zwei überregionalen Ketten zusammengeschlossen – den *Mecca Ballrooms* und den *Top Rank Dance Suites*. Der typische Tanzsaal befand sich in einem heruntergekommenen Filmpalast der verödenden Innenstädte. Für die Musik sorgte eine Tanzkapelle, die abwechselnd Quicksteps und langsame Walzer spielte. Alle halbe Stunde rotierte die Drehbühne, und es erschien eine neue Band. Die Tanzsäle waren repressiv und exklusiv. Aus Prinzip wurden in der Mecca-Kette immer wieder bestimmten Gruppen der Eintritt verwehrt – mal den Teddy Boys, mal den Seeleuten, dann wieder den Farbigen, den Juden oder den Taubstummen. Um sicher zu gehen, daß die mageren, unterernährten Arbeiterjungen keinen Ärger machten, waren am Eingang zwei hünenhafte «Aufseher» oder «Saaldiener» postiert, tatsächlich Rausschmeißer im Smoking und mit Schlagringen in der Tasche.

In Liverpool gab es wie überall im Königreich Mecca- und Rank-Etablissements. Der Unterschied war nur, daß sie in der lokalen Jugendszene keine Rolle spielten. Die Liverpooler Teens paßten nicht in das englische Schema. Statt die Innenstadt aufzusuchen, auf den genormten Paarungsplätzen herumzuhängen, sich den spärlichen Lohn abknöpfen und sich von den Schlägern in Smoking einschüchtern zu lassen, blieben die jungen Leute in ihren Vierteln und machten dort eigene, improvisierte Tanzsäle auf. Sie bestiegen abends einen «Corpy» (einen Doppeldecker, der von der Stadtverwaltung, City Corporation, eingesetzt wurde), fuhren in ein Gemeindehaus der Stadt, des Dorfes oder der Kirche, wo irgendein Freizeitveranstalter einen Tanzabend organisiert hatte. Hier, auf heimischem Boden, unter Nachbarn und Schulkameraden, konnten sich die Jugendlichen nach ihrem Geschmack amüsieren. Sie konnten nach der Musik ihrer Lieblingsbands tanzen, statt nach den altmodischen Melodien, sie konnten die Kleidung tragen, die ihnen gefiel, und sie konnten die neuesten und verrücktesten Tanzschritte ausprobieren, was in den Tanzsälen verboten war, wo überall Schilder hingen mit der Aufschrift: NO JIVING.

Das Erfolgsgeheimnis des Liverpooler Systems lag in seiner extremen Sparsamkeit. Der Eintritt war billig und angeboten wurden nur alkoholfreie Getränke und Kartoffelchips. Eine lokale Beatband bekam sieben oder acht Pfund pro Abend, so daß der Veranstalter mehrere Gruppen verpflichten und ununterbrochen Musik anbieten konnte. (Die Bands konnten ihrerseits von einem Engagement zum anderen tingeln und schafften auf diese Weise bis zu drei Auftritte pro Nacht!) Die Gesamtkosten für einen Tanzabend einschließlich Saalmiete, Verstärkeranlage, Kartenabreißer, Rausschmeißer, Putzfrauen und Plakaten überstiegen nur selten fünfzig Pfund.

Als der Mersey Beat an Beliebtheit gewann, bekamen mehr und mehr Jungen Lust, in einer Rockgruppe zu spielen, und eine immer größere Zahl von Geschäftsleuten und Geschäftemachern zeigte Bereitschaft, solche Tanzabende zu veranstalten, die sich wachsenden Zuspruchs bei den Jugendlichen erfreuten. Schließlich war die kritische Masse für eine echte Musik- und Tanzmode erreicht. Plötzlich war ganz Liverpool von ihr ergriffen, wie das tango-infizierte Buenos Aires der zwanziger, das jazz-berauschte Kansas City der dreißiger oder das swing-selige New York der vierziger Jahre. Auf der Höhe der Mersey Beat-Begeisterung, angeheizt von dem Erfolg der Beatles, gab es 350 Bands in der Stadt, ungezählte Lokale, in denen Abend für Abend Rockmusik angeboten wurde, und sogar eine Rockzeitschrift – *Mersey Beat*. In einigen alten viktorianischen Ballsälen, die Tausende von Menschen faßten, spielten nicht abreißende Ketten von Rockbands die Nächte durch. Die Besucher wurden mit Sonderbussen und -fähren herbeigeschafft – und das alles in einer Stadt, wo noch ein paar Jahre zuvor um zehn Uhr abends, wenn die letzte Straßenbahn von der Haltestelle Lime Street abfuhr, die Bürgersteige hochgeklappt wurden. Eine solche Szene hat es in der dreißigjährigen Geschichte des Rock'n'Roll an keinem anderen Ort der Welt gegeben. Nur in Liverpool – wo die Menschen keinen Einschränkungen unterworfen waren, weil sie keine andere Existenzgrundlage hatten als ihren Lebensmut – war dieses tolle Fest des Rock'n'Roll denkbar.

Doch man kann Liverpool nicht als Paradies des Rock'n'Roll preisen, ohne zugleich darauf hinzuweisen, daß es auch die Hauptstadt des durch den Rock entfesselten Gewaltinfernos war. Seit der ersten Vorführung des Bill-Haley-Films *Rock Around the Clock* hatten die lokalen Straßengangs den Rock zu ihrer Musik und die Tanzsäle zu ihren Schlachtfeldern erkoren. Woche für Woche traten die Holly Road Boys, die Ferry Boys, die Park Gang und zahllose andere an, um ihr Territorium zu verteidigen. Trafen sie im heimischen Tanzsaal auf rivalisierende Banden, provozierten sie die Gegner so lange, bis diese explodierten. Aus Rock'n'Roll wurde Rock'n'Radau.

Eine anschauliche Schilderung der kriegsähnlichen Zustände auf den Liverpooler Tanzböden lieferte Allan Williams, der erste Manager der Beatles, der ein solches Ereignis eines Abends im Garston Baths erlebte, vom Volksmund Blood Baths genannt. In der Vorwoche war eine Gang mit dem schönen Namen The Tigers nicht in den Tanzsaal hineingelassen worden, weil eines ihrer Mitglieder eine Mülltonne durchs Fenster geschleudert hatte. Am nächsten Samstag wappneten sich die Rausschmeißer, große, kräftige Männer, die dicke Lederhandschuhe trugen und lange Knüppel schwangen, für die Rückkehr der Tigers. Statt dessen erschienen jedoch die Tanks, eine Gang, die ihren Namen der Schlachtphalanx verdankte, in der sie antrat. Die Tanks verhielten sich bemerkenswert friedfertig, zahlten ohne Protest ihre Eintrittskarten, tanzten höflich mit den Mädchen und boten in jeder Hinsicht den Anblick guterzogener Jugendlicher. So wiegten sie die Rausschmeißer in falscher Sicherheit, als die Tigers ihren Überraschungsangriff starteten. Brüllend stürzten sie zur Eingangstür herein, gerüstet mit allen Waffen aus dem Arsenal der Straßengangs – Klappmessern und Rasiermessern, Fahrradketten und Stiefeln mit Stahlkappen. Als sich die Rausschmeißer tapfer umwandten, um der unvermuteten Gefahr zu begegnen, bildeten die Tanks ihre gefürchtete Phalanx und griffen die Aufseher von hinten an. Es wurde ein tödlicher Kampf.

Williams: «Heute noch habe ich das Knirschen von Leder auf Knochen im Ohr, das ertönte, wenn die Stiefel zum Einsatz kamen, das übelkeitserregende Geräusch der Knüppel, die auf Schädel trafen. Ich sehe noch immer das Blut spritzen. Ein Dreikäsehoch griff einen der Rausschmeißer mit einem Messer an. Der ließ seinen Knüppel sausen, und der Junge ging zu Boden. Sein Gesicht war nur noch formlose Masse aus Blut und Knochensplittern. Er schrie, als er am Boden lag und zappelte.» Williams machte, daß er aus dem Saal hinaus und zu seinem Auto kam. Beim Davonfahren erhaschte er noch einen letzten Blick auf den Jungen, der von seinen Kameraden fortgetragen worden war und nun dalag, hingestreckt wie ein gefallener Soldat.

Allan Williams hatte keine Verwendung für die Beatles. «Ich hätte sie nicht mit der Feuerzange angefaßt», feixte er, nachdem er die späterhin beliebtesten Unterhaltungsmusiker der Welt unter Vertrag genommen hatte. In den blutunterlaufenen Augen dieses walisischen Klempners, der es zum Nachtclubbetreiber gebracht hatte, eines Mannes, der sich einer «richtigen Gesangsausbildung» rühmte, waren die Beatles noch nicht einmal Musiker, sondern ein Haufen fauler Tagediebe und Halbstarker, typisch für den Abschaum von Liverpool 8. Er hätte jede Verbindung zu ihnen abgelehnt, wäre da nicht seine Freundschaft zu Stu Sutcliffe gewesen, den er als wirklichen Künstler und Idealisten schätzte. An richtige Auftritte für die Beatles dachte Williams nicht im Traum, sondern nur an Gelegenheitsjobs, wie man sie eben Kunststudenten überläßt – die Renovierung des Damenklos im Williams Club, im Blue Angel oder die Beleuchtung bei einem von ihm veranstalteten Künstlerball in Chelsea. Erst nachdem er monatelang für alle ihre Bitten taub geblieben war, ließ sich der kleine Promoter mit dem gewaltigen Brustkasten und dem Löwenhaupt erweichen. Die Beatles durften als Pausenfüller im Jacaranda spielen – nicht gegen Gage, sondern für Getränke.

Das Jac, ein Café mit Spiegelglasfenstern und Plastiktischen, ähnelte nach Williams' Worten «einem öden Bahnhofswartesaal». Abends wurde die triste Atmosphäre durch das Auftreten einer westindischen Steelband belebt, die in dem düsteren Kellerraum auf ihren Fässern herumklimperte. Trotzdem war das Lokal ein beliebter Treffpunkt für die Burschen und Mädchen aus der Nachbarschaft. Am Montagabend kam anstelle der Steelband die «Band mit dem Benzedrin-Beat» – Cass and the Cassanovas, damals die beliebteste Rock'n'Roll-Gruppe in Liverpool. Sie wurde später als Big Three bekannt. Dieses Trio lebte vom ungeschliffenen, aber leidenschaftlichen Rhythmus ihres Schlagzeugers Johnny Hutchison, eines schreckenerregenden Teddy Boys mit wölfischem Grinsen, dem Vorbild von Ginger Baker.

Die Verachtung für die Beatles, diese «Marionetten», wie Hutch sie nannte, zeigt sein zerfurchtes Gesicht auf einem frühen Foto der Beatles. Diese bearbeiten ihre Gitarren und ahmen die Fußstellung von Chuck Berry nach, während Big Hutch in seiner Windjacke hinter ihnen sitzt, kühl und verächtlich, den Blick zur Seite gewandt, und mit autoritärer Gelassenheit den Rhythmus vorgibt. Ähnlich dachte Casey Jones, der Rhythmusgitarrist der Gruppe, über diese Schuljungen, die sich als Rockmusiker gebärdeten. Er erklärte ihnen, ihr Name sei lächerlich, und riet ihnen zu einer passenderen Bezeichnung wie zum Beispiel Long John and the Silver Beatles. Lennon wird sich bei der Vorstellung, daß er nach dem einbeinigen Piraten in der *Schatzinsel* benannt werden sollte, königlich amüsiert haben, aber ein paar Monate lang bezeichnete sich die Band tatsächlich als Silver Beatles.

Cilla Black, die später selbst ein berühmter Popstar wurde, war Montag abends häufig im Jac. «Es kostete einen Shilling Eintritt», berichtete sie. «Ich bezahlte, um Cass and the Cassanovas zu sehen. Und dann kamen diese Beatles als Pausenfüller. Sie waren schmuddelig und unordentlich. Paul McCartney spielte die Rhythmusgitarre. Er kam mit den Saiten seiner Gitarre nicht zurecht, und dann dieses Rumgehampel. Ich hatte immer Angst, sie würden uns in der ersten Reihe ein Auge ausschlagen. Die Beatles hatten keine besondere Ausrüstung. Sie borgten sich den Kram von den Cassanovas. Auf jeden Fall stand ich nicht auf die Beatles.» Wenn die Fans so redeten, war es da ein Wunder, daß Allan Williams nichts von den Beatles hielt?

Schließlich ließ er sich aber doch von dem unermüdlichen Bemühen der Gruppe beeindrucken und spendierte ihr ein neues Outfit. Bei *Marks and Spencer* kaufte er den Jungmusikern schwarze Sweatshirts, schwarze Jeans und weiß-braune Turnschuhe. Eines Tages im Mai 1960 erzählte er den Jungen, daß der große Larry Parnes mit seinem Topstar Billy Fury kommen würde, um sich eine Begleitband auszusuchen. Jede bessere Gruppe aus der Gegend tauchte an diesem Tag auf, Blut und Wasser schwitzend, weil sie alle den Job für die Chance ihres Lebens hielten. Billy Fury war der neueste Elvis-Abklatsch. Er war damals auf dem Höhepunkt seiner Karriere. Jedem Musiker in seiner Band winkte die unvorstellbare Summe von hundert Pfund pro Woche! Dazu die Chance, ins ganz große Geschäft zu kommen – vielleicht sogar den Sprung nach Amerika zu schaffen!

Von allen Gruppen, die vorspielten, machten die Beatles, unterstützt von Big Hutchs kraftvollem Beat, den besten Eindruck. Schließlich erklärte Billy Fury, an Larry Parnes gewandt: «Ich will diese Band. Die Beatles werden Klasse sein.»

Parnes hatte nur einen Einwand: Stu Sutcliffe, der sein Instrument offensichtlich nicht beherrschte und diesen Umstand zu vertuschen suchte, indem er sich abwendete, so daß man seine hilflos tastenden Finger nicht sah. Als der große Meister die Beatles ohne ihren Bassisten hören wollte, wandte sich Williams an die Band und fragte honigsüß: «Ist das okay, Jungs?»

Knallhart kam Lennons Antwort: «Das ist überhaupt nicht okay!» Damit war die große Chance der Beatles im Eimer.

Kurz vor seinem Tod im Jahr 1982 meinte Billy Fury: «Mir war klar, daß es Krach geben würde... Lennon war ein Stänkerer, wenn Sie mich fragen. Ich habe sie abgelehnt.» Cass and the Cassanovas bekamen den Job.

Doch Larry Parnes hatte die Beatles nicht vergessen. Eine Woche später, als er eine billige Begleitgruppe für einen mittelmäßigen Sänger aus seinem Stall brauchte, einen ehemaligen Zimmermann namens Johnny Gentle, wurden die Beatles engagiert. Der gutaussehende Gentle befand sich auf dem Gipfel seiner bescheidenen Karriere. Er hatte ein paar Platten herausgebracht und mit «Milk from a Coconut» sogar einmal Platz achtundzwanzig in den Charts erreicht. Er kostete hundert Pfund die Woche (die damals etwa zehnmal so viel wert waren wie heute). Davon bekam er zwanzig Pfund, ungefähr das Doppelte vom Durchschnittsverdienst eines Arbeiters. Ein oder zwei Tage lang übte er mit den Beatles die sechs Songs ein, die er bei seinem zwanzigminütigen Auftritt vortrug, zumeist Ricky-Nelson-Titel. Dann mußten sie sich auf den Weg machen.

Die Tour führte sie durch sieben Städte im Nordosten Schottlands; die größte war Inverness, die Hauptstadt der Highlands. Beförderungsmittel war ein alter Lieferwagen, in dem die Beatles, Johnny Gentle und der Fahrer Jerry Scott saßen, dazu die Instrumente, Verstärker, das persönliche Gepäck und das Schlagzeug. Im allgemeinen erfolgte der Aufbruch um zehn Uhr morgens nach einem opulenten Frühstück, der einzig gestellten Mahlzeit der Beatles. Es gehörte zu der Kost-und-Logis-Vereinbarung mit dem schottischen Promoter Douglas McKenna, einem sechzigjährigen Hühnerfarmer. Kaum hatte dieser einen Blick auf die Kleidung der Beatles geworfen, die sie auf den Fahrten wie auf der Bühne trugen, rief er Larry Parnes an und machte ihm die Hölle heiß, daß er ihm so schludrige Typen geschickt hatte. Parnes wollte keinen zusätzlichen

Penny locker machen, so daß Gentle nichts anderes übrig blieb, als selbst für ein besseres Erscheinungsbild der Beatles zu sorgen. Er sah, daß einer der Burschen ein schwarzes Hemd hatte. Selbst besaß er auch eines. «Das ist ja schon die halbe Miete», meinte er. «Ich besorge noch zwei schwarze Hemden, Paul kriegt meins, George hat eins, bleiben noch der Bassist und John.» Bei einem Stückpreis von anderthalb Pfund kam die Band für ganze drei Pfund zu einer neuen Bühnengarderobe.

Meist spielten sie in Tanzsälen, aber manchmal landeten sie auch in einer stinkenden Halle, in der gerade eine Viehauktion stattgefunden hatte. Der Eintritt war billig und das Publikum ländlich schlicht. Heimische Kapellen spielten für die Landjugend flotte schottische Volksweisen. Währenddessen posierte der große Star aus London in seinen engen Breeches an der Theke, wo Tee und Gebäck gereicht wurden.

Zuerst traten die Silver Beatles auf und gaben sechs Stücke zum besten, größtenteils Hits von Little Richard. Dann erschien Johnny Gentle in langer taillierter Jacke und Röhrenhosen, um seine Ricky-Nelson-Nummern abzuziehen, «Mary Lou» oder «Poor Little Fool». Der große Hit der Tour war ein alter Titel von Peggy Lee – «It's All Right, O. K., You Win». Gentle rief: «It's all right!» und die Beatles echoten wie eine Swingband der vierziger Jahre. «Ariiight!» Nach dem Auftritt des Stars durfte die Band noch einmal mit sechs Stücken aufwarten.

Manchmal wurde der Gruppe hinterher ein Drink spendiert. Die Beatles hatten kein Geld für Bier, weil Larry Parnes nur fünf Pfund pro Kopf bezahlte – und keinen Pfennig für Stu Sutcliffe. (Die Jungen legten ihre Gagen zusammen, und Stu bekam seinen vollen Anteil.) Doch sie vermißten weniger das Trinken als das Essen. Vor allem Lennon litt unter fürchterlichem Hunger. «Er war völlig unmöglich», sagte Tommy Moore, der neue Schlagzeuger der Band. «Alles, was er kriegen konnte, schlang er so viehisch und widerlich hinunter, daß mir vom bloßen Zugucken der Appetit verging.» Neben dem Essen galt das Hauptinteresse der Jungmusiker den Mädchen.

Obwohl selbst der nicht eben erfolgsverwöhnte Johnny Gentle die Tour äußerst mies fand, waren die Beatles begeistert wie Pfadfinder bei ihrem ersten Zeltlager. «Die Jungen haben sich wirklich Mühe gegeben, mich bei Laune zu halten und gute Kumpels zu sein», erinnerte sich Gentle. «Ganz schön gerissen, wenn man sich das heute überlegt. Aber damals dachte ich: ‹So sind sie eben.›» Lennon fand er besonders unterhaltsam. «Er war unheimlich scharf darauf herauszukriegen, wie ich dahin gekommen war, wo ich war. Er beneidete mich.» Gentle riet den Silver Beatles, nach London zu gehen. Heute sieht er ein, daß es «völlig falsch war, wie sich herausgestellt hat».

Gentle merkte, daß John Lennon ein feines Gespür für die aktuelle Popszene hatte und sang ihm seinen neuesten Titel vor – «I've Just Fallen for Someone», den er demnächst aufnehmen wollte. Lennon sagte: «Die acht Mitteltakte sind Mist», und improvisierte Text und Musik für einen neuen Übergang. (Genau das hat er Jahre später unzählige Male für Paul McCartney getan.) Als der Song 1962 bei Parlophone als B-Seite einer Johnny-Gentle-Single erschien, bekam John Lennon nichts dafür, aber er hatte die Genugtuung, acht Takte seiner Musik auf einer Schallplatte zu hören, lange bevor die Beatles ihre eigenen herausbrachten.

Die schottische Tour verlief bis Fraserburgh reibungslos. Als sie sich dieser Stadt in der Dunkelheit näherten, kam Johnny Gentle an eine Straßengabelung und bog falsch ein. Dann wußte er nur noch, daß er sich auf Kollisionskurs mit einem «schwarzen Kasten» befand, einem Ford Coronol. Beide Fahrer glaubten, Vorfahrt zu haben – und krachten frontal aufeinander.

Der Ford wurde mit fürchterlicher Wucht getroffen, das Steuerrad brach ab und traf den alten Mann, der den Wagen fuhr, ins Gesicht. Der Lieferwagen kam zu einem plötzlichen Halt, ganz anders seine Insassen. John Lennon, der auf dem Vordersitz geschlafen hatte, machte einen Salto vorwärts und landete unter dem Armaturenbrett. Wie durch ein Wunder blieben alle unverletzt, mit Ausnahme von Tommy Moore, der einen Gitarrenkasten in den Mund bekam. Moore wurde von einem vorbeikommenden Autofahrer ins Krankenhaus gefahren und erfuhr dort, daß er seine Vorderzähne verloren hatte und ihm die Ärzte unter Narkose das Gesicht zusammennähen müßten.

Johnny Gentle und die anderen Beatles fuhren weiter zum Ort ihres Auftritts, wo der Veranstalter sie schon ungeduldig erwartete. Als er von dem Unfall hörte, war er außer sich, weil der Schlagzeuger ausgefallen war. «Warum fahren Sie nicht ins Krankenhaus und holen ihn raus?» meinte Lennon, um den unfreundlichen Kerl zurechtzuweisen. Der machte Ernst aus Lennons Jux und jagte ins Krankenhaus, wo der benommene Tommy Moore gerade aus der Narkose erwachte. Bevor die Beatles auf der Bühne standen, war der Schlagzeuger wieder da. Lennon brüllte vor Lachen, als er Tommys entstelltes Gesicht sah.

«Als die Beatles aus Schottland zurückkamen, waren sie viel bessere Musiker geworden», erzählte Allan Williams. Aber sie hatten auch keinen Schlagzeuger mehr, auf den Verlaß war. «Ich hatte die Nase voll von Lennon», erklärte Tommy Moore. «Er konnte verdammt widerwärtig sein. Ich glaube, er war krank. Es schien ihm unheimlichen Spaß zu machen, bei den Schlägereien zuzugucken, die in den Tanzsälen zwischen den rivalisierenden Gangs ausbrachen. Er sagte: ‹Oh, guck mal, wie er dem den Stiefel reinhaut!› Er hat sich richtig sadistisch daran hochgezogen.» Jedesmal wenn sich Tommy weigerte, den Gabelstapler zu verlassen, den er im Hof einer Flaschenfabrik in Garston fuhr, kamen die Beatles in große Schwierigkeiten, weil eine Rockband ohne Schlagzeuger wie ein Auto ohne Motor war. Joey Goldberg, der erste Helfer, den die Beatles für ihre Ausrüstung hatten, berichtete, daß sich die Gruppe vor jedem Auftritt im Jac traf und sich ängstlich fragte: «Haben wir heute einen Schlagzeuger?» Drei von vier Malen warteten sie vergeblich auf Moore, und John Lennon versuchte die Menge im Tanzsaal dadurch zu beruhigen, daß er rief: «Möchte irgend jemand von euch den Drummer machen?» Eines Abends im Grosvenor Ballroom in einem rauhen Industrievorort auf der anderen Seite des Mersey führte diese zweifelhafte List fast zur Katastrophe.

Ein riesiger, rothaariger Kerl namens Ronnie, einer der gewalttätigsten Bandenführer Liverpools, kam auf die Bühne stolziert und nahm den Platz des Schlagzeugers ein. Er machte Kleinholz aus der Musik der Beatles und weigerte sich, seinen Platz zu räumen, als der Titel vorüber war. Den ganzen Abend blieb er auf der Bühne und produzierte sich vor seiner Gang, die johlte und brüllte beim Anblick ihres Anführers, der aus Leibeskräften auf dem teuren Schlagzeug herumdrosch. In der Pause rief Lennon verzweifelt bei Allan Williams an, der in seinen Jaguar sprang und mit mehr als hundertfünfzig Stundenkilometern durch den Merseytunnel jagte. Als er ankam, ging das letzte Stück gerade zu Ende. Doch inzwischen hatte sich Ronnie in den Kopf gesetzt, der reguläre Drummer der Beatles zu werden. Als Allan Williams versuchte, mit dem Bandenführer zu argumentieren, indem er darlegte, daß man Tommy Moore nicht einfach ausbooten könne – «'n Arbeiterjunge wie du, oder wie siehst du das?» –, sahen sich die Beatles plötzlich von Ronnies Gefolgsleuten umringt, die nur auf ein Zeichen warteten, die Sache in die Hand zu nehmen. Der flinke Manager mußte sein ganzes Verhandlungsgeschick aufbieten, damit er und die Beatles ungeschoren davonkamen.

Die Beatles brauchten unbedingt einen zuverlässigen Schlagzeuger. Deshalb taten sie sich jetzt mit einem Rockmusiker ganz anderer Art zusammen: Pete Best, einem intelligenten, guterzogenen, aber ernsten und schweigsamen Jungen, der aussah wie ein zwanzigjähriger Jeff Chandler. Petes Mutter Mona Best führte in dem weitläufigen Kellergeschoß ihres alten Hauses in Heyman's Green, einem sehr ruhigen Vorort, den Jugendclub Casbah. Pete, der jede Woche mit seiner Band, den Blackjacks, in dem Club auftrat, war bei den Jugendlichen so beliebt, daß er eines Abends in einer musikalischen Auseinandersetzung mit Rory Storm and the Hurricanes (deren Schlagzeuger Ringo Starr war) von 1350 jubelnden Fans zum Sieger erkoren wurde. (Man stelle sich 1350 Jugendliche vor, die sich im Keller eines Vororthauses zu einer Rockshow versammeln!) Die Verhandlungen mit Best eröffnete George Harrison in Begleitung seines Bruders Peter. Alle Bemühungen wären wohl erfolglos geblieben, wäre den Beatles nicht in diesem entscheidenden Moment der große Durchbruch gelungen: ein sechswöchiges Engagement in Hamburg.

Begonnen hatte das folgenreiche Ereignis an dem Abend, als Allan Williams plötzlich feststellen mußte, daß sich seine westindische Steelband aus dem Staub gemacht hatte. Als die Jamaikaner schrieben, daß sie in Hamburgs berüchtigtem Vergnügungsviertel rund um die Reeperbahn arbeiteten, war Williams verblüfft. Eine

Calypsoband in Hamburg! Das war, als wenn man einen «Wal in der Sahara findet»! Also machte sich der schwer beschäftigte Mann auf den Weg in die deutsche Hafenstadt, wobei seine ganzen Deutschkenntnisse aus den Brocken bestanden, die er in Kriegsfilmen aufgeschnappt hatte. Er hatte das Glück, gleich auf den Mann zu stoßen, nach dem er suchte: Bruno Koschmider, den ersten Importeur von Rockmusikern auf dem Kontinent. Der ehemalige Zirkusclown hatte einen gedrungenen Körperbau und ein lahmes Bein. Sein verbeultes Gesicht verschönerte eine riesige Haarrolle, die ihm ins Gesicht fiel (in England nennt man so etwas einen «Elefantenrüssel»). Koschmider zeigte sich sehr empfänglich für Williams' Lobpreisungen, doch als der Liverpooler Geschäftsmann seinen Worten Taten folgen lassen wollte und auf den Einschaltknopf des Tonbandgerätes drückte, auf dem sich die besten Nummern der Beatles befanden, ertönte aus den Lautsprechern nur eine Katzenmusik undefinierbarer Geräusche. Die einmalige Gelegenheit war vertan – zumindest schien es so.

Ein paar Monate später kam es wieder zu einer zufälligen Begegnung der beiden, dieses Mal in London. Larry Parnes hatte ohne Vorwarnung eine Reihe fest eingeplanter Auftritte für zwei Bands abgesagt, die Williams unter Vertrag hatte. Weil ihm erhebliche finanzielle Verluste drohten, wenn er nicht sofort ein Engagement für Derry Wilkie and the Seniors fand, war er nach London geeilt und hatte ein Vorspiel im Two Is organisiert. Da traf er Herrn Koschmider, der nach England gekommen war, um neue Talente für seine Hamburger Clubs anzuwerben. Rasch brachte Williams das Engagement für Derry und die Seniors unter Dach und Fach, die in ihren Briefen bald von stolzen Erfolgen berichten konnten. Ein paar Wochen später bat Koschmider, Williams möge ihm noch eine weitere Band schicken, die er für die Eröffnung seines neuesten Clubs brauche. Allan Williams beschloß, den Deutschen die Gruppe zu schicken, die am schwierigsten unterzubringen war: die Silver Beatles.

KIEZ ROCK

Der Club Indra war bis zur Ankunft der Beatles, im August 1960, eine bekannte Hamburger Stripteasebar. Als werbeträchtiges Erkennungszeichen hing ein großer Elefant über der schmalen Kopfsteinpflastergasse der Großen Freiheit. In dem Raum, ausgestattet mit indischen Stoffen in schreienden Farben, war als Hauptattraktion die außerordentlich populäre Conchita aufgetreten. Sie erschien stets in einem rotschwarzen Flamenco-Kostüm, ihr Haar hochgesteckt und bekrönt mit Kamm und Mantilla und eröffnete ihre Show mit einer verblüffenden Vorführung, bestehend aus stampfenden Schritten, Drehungen und weit ausholenden Zigeunerposen. Während die Musiker die Gitarren zupften und mit Kastagnetten klapperten, schleuderte sie ein Kleidungsstück nach dem anderen von sich, wobei sie ganz allmählich ihre langen schlanken Beine, den hohen festen Hintern und den wohlgeformten Oberkörper enthüllte. Wild angefeuert von ihrem deutschen Jedermannpublikum, stand sie schließlich bis aufs spärlichste entblößt da. Das war das Zeichen für die Band, einen schmetternden Akkord anzuschlagen, woraufhin die Bühnenlichter ausgingen und ein einziger Scheinwerfer sich auf die Tänzerin konzentrierte. Mit einer Hand nach oben greifend, löste Conchita ihr Haar, mit der anderen riß sie ihren BH herunter – und offenbarte, daß sie ein *Mann* war! Auf diese Nummer sollten die Beatles folgen.

Aus ihrem Lastwagen gestiegen und auf die Bühne gehetzt, waren sie von der ersten Note an in Schwierigkeiten. Statt des natürlichen Sounds ihrer elektrischen Gitarren und des mitschwingenden dumpfen Schlags der Baßtrommel, war der Klang, den sie produzierten, kümmerlich und gedämpft. «Es war, als spielten wir unter einem Haufen Bettzeug», erinnerte sich Pete Best, der schnell die Quelle ihrer Schwierigkeiten ausmachte: Es lag am kokonähnlichen Wandbehang, der den ganzen Raum verhüllte. Schlimmer noch wirkte das Desinteresse des Publikums, das aus verstört glotzenden Männern bestand, die in Erwartung der üblichen Sexshow den Club aufgesucht hatten. Das dicke Ende kam in der Pause, als Bruno Koschmider die Jungs warnte, die alte Dame, die oben drüber wohnte, habe sich bei der Polizei über den ungewohnten Lärm beschwert. Im Vergnügungsviertel war Ärger mit der Polizei das letzte, was man wollte.

Während des nächsten Sets versuchten die Beatles, leiser zu spielen, aber ganz gleich wie sie spielten, sie konnten Koschmider nicht zufriedenstellen. Bis er schließlich zur Bühne stürmte, wie ein aufgeregter Seehund in die Hände klatschte und bellte: «Macht Schau! Macht Schau!» Die Show, die er verlangte, war eine furiose Vorstellung, wie er sie von seinen sonstigen englischen Rockmusikern geliefert bekam, dem weißen Tony Sheridan und dem schwarzen Derry Wilkie, ungehemmte junge Männer, die alle Tricks vom gummibeinigen Elvis, dem möbelkletternden Little Richard und den täppischen Mätzchen der Bill-Haley-Combo auf Lager hatten. Im Gegensatz dazu waren die Beatles immer stolz darauf gewesen, eine coole, unangestrengte Haltung an den Tag zu legen. Wie Lennon erklärte: «Vor uns haben alle entweder Elvis und seine Gruppe oder Cliff Richard und die Shadows nachgeahmt [der mit seiner Band choreographierte Tanzschritte einübte]. Jeder Sänger trug einen rosa Mantel, ein schwarzes Hemd und eine weiße Krawatte und bewegte seinen Arsch vor der Band. Wir taten das Gegenteil. Wir waren cool. Wir bewegten uns nicht viel. Aber sie wollten keine Musik. Sie wollten eine Vorstellung!»

Über Nacht mußte sich Lennon also eine Aufführung ausdenken. Von seinen Gefährten konnte er nicht viel Hilfe erwarten. Entsprechend beschwerte er sich: «Wann immer es Druck gab, mußte *ich* uns da rausholen. Sie sagten immer: ‹In Ordnung, John, du bist der Boß.› Wenn nichts passierte, sagten sie: ‹Ach was! Kein Boß! Scheiß drauf!› So mußte ich mich also aufraffen und eine Show hinlegen.»

Am nächsten Abend stellte Lennon seine Gitarre beiseite und

hinkte auf die Bühne wie ein Krüppel mit Korkenzieherbeinen, ein Long John Silver, dessen Männlichkeit durch das Leiden sich eher steigert als mindert. Stumm vor den Zuhörern stehend, trat er plötzlich mit seinem lahmen Bein über das Mikrophon und rotierte runter in die Hocke. Als er wieder hochkam, um dem Publikum ins Auge zu blicken, holte er aus, packte das Mikrophon und warf es in Richtung Fußboden, fing es aber kurz davor auf, wobei er in eine Pose mit Quasimodo-Buckel verfiel. Seine Lippen im Mikro begrabend, intonierte er in einer tiefen, langsamen, sexuell erregenden Stimme: «Be-bop-a-lu-la...» Von diesem Augenblick an waren John Lennon und die Beatles in Hamburg auf dem richtigen Weg.

Aber die abendliche Nachahmung des verkrüppelten Gene Vincent konnte nicht alle Probleme Lennons lösen. Nun, da er die Aufmerksamkeit der Zuhörer gewonnen hatte, bestand die nächste Aufgabe darin, sie auch über Stunden hin zu halten. Konzertbeginn war sieben Uhr, samstags um sechs; man erwartete von den Beatles, praktisch ohne Pause bis halb eins zu spielen. Als die Jungs langsam Zuhörerscharen anzogen, spielten sie nicht selten bis zwei Uhr morgens, was bedeutet, daß sie sieben oder acht Stunden ohne Unterbrechung auf der Bühne standen. Daran gewöhnt, einstündige Sets zu spielen und bei jeder Show dieselben Stücke zu wiederholen, traf eine solche kräftezehrende Nervenprobe die Beatles absolut unvorbereitet. Darüber hinaus mußten sie feststellen, daß die Süßlichkeiten, die Paul gern austeilte, wie «Red Sails in the Sunset», bei den Deutschen nicht ankamen. Sie waren also gezwungen, ihren Auftritt in zwei Richtungen zu verändern: eine Menge neues Material hinzuzufügen und all ihre alten Nummern weit über die gewohnte Länge auszudehnen.

Hätten sich die Beatles ihren Rhythm and Blues über die Jahre in den Clubs amerikanischer Städte erspielt, hätten sie gewußt, daß die Stücke viel besser ankommen, wenn sie nicht auf die Dreiminutendauer einer 45er-Single beschränkt bleiben. Jetzt entdeckten sie zum erstenmal, daß bei einer Zwanzigminutenversion der Ray-Charles-Nummer «What 'd I Say» die Wiederholungen eine enorme Veränderung der emotionalen Atmosphäre hervorriefen. Denn wenn die Band in Stimmung kam – die sie zu vertiefen versuchte, indem sie mit den Füßen auf die hölzerne Bühne stampfte –, schuf sie allmählich so etwas wie den aufgeheizten Jubel in den amerikanischen Predigerkirchen, der die Seele des Rhythm and Blues ist, eine Musik, die Gospel Blues genannt werden könnte. Allmählich standen die Stammgäste des Indra voll hinter dieser verrückten «Negermusik».

Da er nun spürte, was das Publikum wollte, spornte Lennon seine Jungs an, sich jede Menge grober Mätzchen zu erlauben. Er und Paul inszenierten beispielsweise einen Schaukampf, oder einer sprang auf den Rücken des anderen, schnappte sich George oder Stu und stürzte ihn dabei von der Bühne. Oder John flog womöglich mit einem großen Satz ins Publikum, ein Kunststück, das Rory Storm daheim in Liverpool entwickelt hatte. Es gab sogar Abende, an denen John und Paul die bühnennahen Trinker aufstehen ließen, sie an den Händen faßten und mit ihnen Ringelpiez tanzten.

Wenn Lennon sich betrank, begann er oft, die Deutschen zu verulken. Er und die Band hatten ein paar Uniformmützen des Afrikakorps, mit Hakenkreuzen am Schirm, aufgegabelt. John marschierte im Stechschritt die Bühne rauf und runter und beendete die Nummer mit dem «Deutschen Gruß» und einem schallenden «Heil Hitler!» Der aufsehenerregenden Pose folgte gewöhnlich ein Schwall von Flüchen und Beleidigungen, was eigentlich einen Aufstand provozieren sollte, die deutschen Spritköpfe aber nur noch lauter über die «beknackten Peetles» lachen ließ.

Nach sieben Wochen Beatles im Indra war Bruno Koschmider gezwungen, den Club wegen ständiger Lärmbeschwerden zu schließen. Da er auf keinen Fall seine neue Attraktion verlieren wollte, bot er den Jungs eine Verlängerung ihres ursprünglichen Vertrags an, falls sie im Kaiserkeller weiterhin für ihn arbeiten würden. Dort sollten sie dann im Wechsel mit Rory Storm and the Hurricanes spielen.

Nach seiner Eröffnung war der Kaiserkeller eine willkommene Neuheit gewesen: ein Club, den man speziell für junge Leute eingerichtet hatte. Im Keller des Lido-Tanzpalastes reichte das Angebot von Bier und Schnaps bis Cola. Es gab Platz zum Tanzen, und es herrschte eine dunkle, unbestimmte Seefahrtsatmosphäre, in der die Teenager reden und flirten konnten. Jeden Abend um Viertel vor zehn plärrte es aus den Lautsprechern: «Um zehn müssen alle Jugendlichen unter achtzehn den Club verlassen.» Danach konnte es passieren, daß die Polizei auftauchte und die Personalausweise prüfte.

Doch bereits ein Jahr nach der Eröffnung war der Kaiserkeller die Stammkneipe von Schlägern geworden, einer Motorradbande in schwarzen Lederjacken und ihren Püppchen in Reifröcken. Schnell wurde der Club zum Austragungsort nächtlicher Prügeleien, die von größter Brutalität gekennzeichnet waren. Beim ersten Zeichen von Ärger stürzte sich eine Horde grobschlächtiger Kellner mit bleibeschwerten Totschlägern auf die gegnerischen Parteien und schlug bis zur Besinnungslosigkeit auf sie ein. Danach wurden die Körper auf die Straße geworfen. Als die Beatles dort ankamen, war der Ruf des Clubs so schlecht, daß kein anständiger junger Mensch seinen Fuß in die Kneipe setzte.

Was schon gewöhnliche Jugendliche vermieden, war absolut tabu für jene anspruchsvollen, die man «Exis» nannte – von «Existentialist». Die Exis waren junge Leute aus der Mittelschicht, die sich die kultivierten, literarisch-intellektuellen Pariser zum Vorbild genommen hatten. Die Uniform der Exis zeugte von nachlässiger Eleganz: Cordsamtjacke, schwerer Wollpullover, Schal und Slipper oder Halbstiefel mit abgerundeten Spitzen. Ihr Haar kämmten sie wie Schuljungen schräg in die Stirn im Gegensatz zu den Schlägern oder Rockern, die ihr Haar zu einer zerzausten Tolle hochtoupiert trugen. Allein der Anblick eines Exis genügte, um einen Rocker in Rage zu bringen und das Spektakel einer Bande halbbetrunkener Schläger reichte, daß ein Exi um sein Leben lief. Deshalb war es ausgesprochen seltsam, daß die dankbarsten und hingebungsvollsten Fans der Beatles in Hamburg drei Exis waren.

Klaus Voormann, Astrid Kirchherr und Jürgen Vollmer waren alle drei Sprößlinge aus guten Mittelschichtsfamilien: Klaus' Vater war ein bekannter Arzt in Berlin; Astrids verstorbener Vater leitender Angestellter bei den deutschen Ford-Automobilwerken und Jürgens Vater ein Berufsoffizier, der kurz nach der Geburt seines Sohnes an der russischen Front gefallen war. Als die drei die Beatles kennenlernten, waren sie Graphikstudenten, Produkte der Hamburger Kunstschule. Klaus und Astrid, beide einundzwanzig, hatten die Schule gerade verlassen; Jürgen, erst siebzehn, war noch eingeschrieben. Astrid hatte die eindrucksvollste Erscheinung von allen und war die dominierende Persönlichkeit.

Einer stubsnasigen Heiligen Johanna ähnelnd mit ihrem kugelförmigen Haarschnitt, der schwarzen Lederkleidung und dem großäugigen, teilnahmslosen Gesichtsausdruck, war sie jahrelang mit Klaus liiert gewesen, der eine Wohnung um die Ecke des Kirchherr-Hauses im gutbürgerlichen Altona hatte. Im Oktober 1960 allerdings, als die Exis die Beatles kennenlernten, hatte sich die Liebe zwischen den beiden bereits abgekühlt. In der Tat war es ein Streit mit Astrid, der dazu führte, daß Klaus die Beatles entdeckte.

Allein auf dem Kiez herumlungernd, wo er seinen Ärger vergessen wollte, hörte Klaus laute Musik aus einem Kellerclub dröhnen. Einem Impuls folgend, ging er hinein. Er bahnte sich den Weg durch die Dunkelheit zu einem Tisch in Bühnennähe und setzte sich neben eine Gruppe Halbstarker, kostümiert in grauweißen Schachbrettmuster-Jacken, schwarzen Hemden und Hosen und grauen Schuhen mit langen Spitzen. Als die Band von der Bühne stieg, erhob sich die Gruppe vom Tisch, kletterte hinauf und kündigte sich selbst als die Beatles an.

Diese bizarr aussehenden Musiker und ihre Musik fesselten Klaus, der – wie die meisten Studenten dieser Tage – mit Jazz großgeworden war. In der Pause begann er ein Gespräch mit den Beatles, wobei er einige Plattencover herumreichte, die er entworfen hatte. (Jahre später sollte er das Cover von *Revolver* entwerfen.) John Lennon verwies Klaus schroff über den Tisch an Stu, den er als den «Künstler des Haufens» bezeichnete. Dann schnitt John Grimassen hinter Klaus' Rücken, als wollte er sagen: «Wer ist bloß dieser komische Heini, der uns hier auf die Künstlertour kommt?» Stu allerdings benahm sich freundlich, und Klaus fühlte sich ermutigt wiederzukommen, mit Jürgen und Astrid – skeptisch und ängstlich – im Schlepptau.

Die Beatles machten im Kaiserkeller nicht so weiter wie im Indra. Da sie sich jetzt mit Rory Storm, einem blonden Rod-Stewart-Typen, abwechselten, brauchten die Beatles keine Kapriolen mehr zu bieten. Rory war ein akrobatischer Darsteller von der Sorte, die einen Beinbruch riskiert, wenn sie vom Balkon eines Theaters auf die Bühne springt. Deshalb fühlten sich die Beatles frei, wieder zu ihrer gewohnten Spielweise zurückzukehren und es cool angehen zu lassen. Jürgen Vollmer, der von John Lennon fasziniert war und keinen Abend ausließ, den die Beatles in der Stadt waren, erinnerte sich ausdrücklich, daß Paul zwar eine gewisse Lebhaftigkeit beim Singen, John aber «keine Gestik beim Gitarrenspiel zeigte, außer seinen Körper zum Rhythmus der Musik leicht vorwärts zu bewegen. *Aggressive Zurückhaltung* – der Marlon-Brando-Typ.»

Es war Lennons distanzierte, aber bedrohliche Aura, die Jürgen im nächsten Frühjahr, als die Beatles nach Hamburg zurückkehrten, in Fotografien einzufangen versuchte. Im Gegensatz zu Astrid Kirchherrs berühmten Schnappschüssen, auf denen die Beatles im angesagten Modestil jener Tage vor primitiv aussehenden Jahrmarktsattraktionen posieren, gehen Jürgens Bilder viel tiefer. Da es sich um Porträts der Beatles in ihrem typischen Umfeld handelte, holten sie aus den Jungs, insbesondere aus John – einem nicht gerade einfachen Objekt –, die innere Gemütslage hervor. Wie Lennon beobachtete, «war Jürgen Vollmer der erste Fotograf, der die Schönheit und den Geist der Beatles einfing». «Schönheit» ist zwar kein Wort, das man unmittelbar mit John Lennon verbindet, aber es ist der einzig treffende Ausdruck für Jürgens beste Aufnahme und auch Johns Lieblingsbild von sich selbst als jungem Rocker.

Romantisch-melancholisch lehnt sich ein idealisierter Müßiggänger in schwarzer Lederjacke und Jeans gegen eine rauhe Ziegelsteinmauer. Sein Haar beginnt schon, in die Stirn zu fallen. Was die Aufnahme bemerkenswert macht, ist der träumerische und friedliche Ausdruck auf Johns weichem, vollen, fast femininen Gesicht, das entfernt an den jungen Bob Dylan erinnert. Es zeigt aber auch die Spannung zwischen hart und weich, Macho und Punk, die schon dem Gesicht Brandos in Filmen wie *Der Wilde* eine zweideutige Faszination verlieh. Doch beinahe genauso ausdrucksvoll wie das Gesicht ist die Körpersprache: eine Hand in der Tasche, die gegenüberliegende Schulter an der Mauer, ein Bein so verdreht, daß die Spitze des einen Stiefels an den Spann des anderen stößt – wie ein Tänzer, der eine Pose einnimmt.

Der zweite Beatle, der diese visuell anspruchsvollen jungen Deutschen faszinierte, war Stu Sutcliffe. In Stu sahen sie einen anderen amerikanischen Helden: James Dean. «Geheimnis hinter der Sonnenbrille», lautete Jürgens Bildtitel bei Stu. Zweifellos fühlte sich Astrid von diesem Geheimnis betört. Angeregt dadurch, daß sie instinktiv seine Empfindsamkeit und Verletzlichkeit spürte, verliebte sie sich in Stu. Die Beziehung entwickelte sich rasch, obwohl Astrid kein Englisch sprach und auf Klaus und Jürgen als Übersetzer ihres Werbens angewiesen war. Denn sie war es, die die Initiative ergriff, die entscheidenden Schritte unternahm und letztendlich ihre Lebenspläne in Übereinstimmung brachte. Als die Beatles im Frühjahr 1961 nach Hamburg zurückkehrten, um in Peter Eckhorns Top Ten Club zu spielen, erlag Stu vollständig Astrids Zauber. Er kämmte sein Haar in die Stirn, wie sie es vorschlug, und trug die eher feminine Kleidung, in der er ihr gefiel. Eines der Bilder, die sie von ihnen machte, zeigt Stu mit seinen feingeschnittenen Gesichtszügen, das Hemd hochgebunden, so daß seine Taille sichtbar ist, und einer großen Blume im Ausschnitt.

Daß Stu sich Astrids Herrschaft unterwarf, provozierte den Spott der anderen Beatles, insbesondere den von Paul. Immer wieder schmiedete er Pläne, Stu loszuwerden, denn dieser lernte einfach nicht, sein Instrument zu beherrschen. Eines Abends machte Paul auf der Bühne eine Bemerkung über Astrid, was den sanften Stu derart in Rage brachte, daß er seine Gitarre wegwarf, über die Bühne stürzte und McCartney so ins Gesicht schlug, daß er vom Klavierschemel flog. Während sich die beiden erbittert kämpfend auf der Bühne hin und her wälzten, schrie das Publikum vor Begeisterung.

Kurz darauf verließ Stu die Beatles. Paul übernahm den Baß und gab damit der Band zum erstenmal in ihrer Geschichte ein stabiles musikalisches Fundament. Stu und Astrid verlobten sich sechs Monate später und Stu nahm sein Kunststudium wieder auf, jetzt bei Eduardo Paolozzi, einem in Schottland geborenen Künstler, den die Fähigkeiten seines neuen Schülers sehr beeindruckten.

Auch die anderen Beatles hatten in Hamburg Kontakte zu Frauen, ihr Sexualleben könnte man in einem Wort zusammenfassen: Orgie. Einquartiert in ein paar unbeleuchteten Schlafnischen hinter dem Bambi, einem billigen Kino in der Nähe des Indra, hatten die Beatles es sich zur Gewohnheit gemacht, jede Nacht nach der Arbeit zu feiern. Pete Best beschrieb, wie die Jungs um zwei oder drei in der Früh in ihre Buden zurückkehrten, um vom Parfümduft und dem Gekicher unsichtbarer Mädchen im Dunkeln begrüßt zu werden. Oftmals begannen die Beatles ihr nächtliches Treiben, ohne die Mädchen überhaupt zu sehen. «Normalerweise teilten wir uns fünf oder sechs Mädchen», erinnerte sich Best. «Mitten drin konnte es passieren, daß die Rufe von John oder George durch den Korridor schallten, um sich nach Paul und mir zu erkundigen: ‹Wie läuft's denn so bei euch? Ich werd grad fertig. Wollen wir tauschen?› Oder: ‹Wie geht's denn euch beiden? Ich hätte jetzt gern eine von euren.›» In der erinnerungswürdigsten Nacht hatten die Beatles acht Mädchen und brachten es fertig, jedes von ihnen zweimal zu vögeln. Und das alles von einer Band, die später berühmt wurde mit «I Want to Hold Your Hand»!

Als das Spielchen, die Beatles zu Bett zu bringen, auf dem Kiez erst einmal populär geworden war, nahm es vielfältige Formen an. Prostituierte, die in Bordellen arbeiteten, luden die Jungs zu einer Gratisnacht mit ihnen ein. Üppige Nutten sprangen im Kaiserkeller auf und ab, machten eindeutige Gesten und riefen den Jungs Aufmunterungen zu. Abgetakelte Huren saßen gelassen an Tischen in Bühnennähe und zeigten durch Winke oder Kopfnicken an, daß sie's mit den Jungs treiben wollten. John holte sich den Tripper, aber wie er einem Freund erzählte: «Ein Schuß in den Arsch und weg war er.»

Sex war nur eine der Annehmlichkeiten, die den Beatles umsonst geboten wurden. Hinzu kamen Getränke, in denen der ganze Bezirk nur so schwamm. Kästen mit Bier und Sekt wurden direkt vor die Bühne gestellt in der stillschweigenden Erwartung, daß die Musiker das Zeug vor den Augen ihrer lächelnden Gönner runterkippten. Zur Zeit des Todes seiner Mutter hatte John gedroht ein Säufer zu werden. Jetzt war er auf dem besten Wege dorthin. In Hamburg soff er wochenlang, ohne je nüchtern zu werden. Er lernte, alles Lebensnotwendige im betrunkenen Zustand hinzukriegen: essen, vögeln, die Saiten seiner Gitarre wechseln. Als er eines Abends eine Treppe hochstieg, verletzte er sein Bein so schlimm, daß die Narbe für den Rest seines Lebens sichtbar blieb. Drogen spielten in diesem Abschnitt in Hamburg keine Rolle. Laut Pete Best stammte das große

Vertrauen der Beatles in Prellies (Preludin, eine Art Speed) von ihrem zweiten Aufenthalt in Hamburg.

Als der bitterkalte und trostlose norddeutsche Winter kam und der eisige Wind von der Nordsee seine Krallen in die leicht bekleideten Beatles schlug, begannen die Jungs zu leiden. Sie brauchten Bargeld, um sich warme Kleider und nahrhafte Lebensmittel zu kaufen. Für einen jungen Mann wie John Lennon, der immer ein Schläger gewesen war und lange Zeit kriminelle Phantasien gehegt hatte, lag die Lösung auf der Hand. Lennon hatte gelegentlich beobachtet, wie Kellner Geld aus den Taschen betrunkener Matrosen nahmen. Warum sollten die Beatles nicht den gleichen Trick versuchen?

Eines Abends spendierte ein bulliger deutscher Matrose, der die Beatles während ihrer Show zum Trinken genötigt hatte, ein warmes Abendessen. Beeindruckt von der Größe seiner Brieftasche, beschlossen die Beatles spontan, den Matrosen auszurauben. Als sie jedoch auf der Straße waren, kniffen George und Paul. Also blieb es John und Pete überlassen, den Versuch zu wagen.

Die beiden härtesten Beatles sprangen den Deutschen auf einem Parkplatz an. John schlug dem Matrosen ins Gesicht, so daß er in die Knie ging. Pete griff hastig nach der Brieftasche des Mannes. Der Matrose war stark. Während Pete noch nach der Brieftasche fingerte, rappelte sich der Deutsche bereits wieder hoch und schlug Lennon zu Boden. Dann fuhr er mit der Hand in die Hosentasche und zog eine Pistole heraus. Ihr Äußeres ließ nicht erkennen, ob sie mit Kugeln oder Tränengas geladen war. Mit aller Kraft warfen sich die Jungs auf den stämmigen Deutschen und stießen ihn um, während er wild über ihre Köpfe hinwegschoß. John und Pete schlugen so lange auf ihr Opfer ein, bis sie sicher sein konnten, daß ihre Flucht gelingen würde. Sie eilten die dunkle Straße hinauf, und ihre Augen brannten vom Tränengas.

Nachdem sie drei Meilen gerannt waren, stolperten John und Pete atemlos in die Quartiere beim Bambi-Kino. Paul und George waren noch wach. «Wieviel habt ihr?» raunzte George aus seinem Bett.

«Keinen beschissenen Penny!» keuchte Lennon.

Die Brieftasche war im Handgemenge verlorengegangen. Paul und George brachen in Hohngelächter aus. Aber die Flucht vor der unmittelbaren Gefahr erlöste die Ganoven nicht von ihren Ängsten. Den ganzen nächsten Tag befürchteten sie, der Matrose könne mit seinen Kumpanen auftauchen und sich rächen. Nachdem eine Woche vergangen war, löste sich langsam die Spannung. Weder sahen sie den Matrosen je wieder, noch bekamen sie Ärger mit der Polizei, bis die Beatles dann aus Hamburg ausgewiesen wurden. Bruno Koschmider hatte sie mit der Anzeige wegen Brandstiftung in ihren Schlafquartieren unter falsche Anklage gesetzt. (Koschmider war wütend, seit die Beatles für einen rivalisierenden Clubbesitzer zu arbeiten begonnen hatten.) So endete, laut Pete Best, die Angelegenheit. Aber da war noch etwas.

1974 offenbarte John Lennon im Laufe eines Gesprächs mit seinem Lieblingsgitarristen und Saufkumpan Jesse Ed Davis, daß der Raubüberfall keine einmalige Aktion darstellte, sondern zu einer Reihe von Abenteuern gehörte, in die John verwickelt gewesen war. Seine Opfer pflegten nicht deutsche, sondern britische Seeleute zu sein, denen er weismachte, er sei von bösen Deutschen angegriffen worden. Ein Angriff lastete schwer auf Johns Gewissen. Er war völlig ausgerastet und hatte den Matrosen derart zusammengeschlagen, daß er fürchtete, den Mann getötet zu haben. Lennon meinte: «Gott weiß, ob er jemals wieder aufgestanden ist.»

Obwohl John niemals Sicherheit darüber erlangte, ob sein Opfer tatsächlich gestorben war – und das Studium der Hamburger Presse aus jener Zeit enthielt keine Notiz über ein solches Geschehen –, lebte Lennon fortan mit dem Schatten eines Mordes auf seiner Seele. Zu dem Zeitpunkt seiner Beichte gegenüber Jesse Ed Davis hatte Lennon sein Schuldgefühl unter Kontrolle bringen können, indem er ihm die Gewißheit künftiger Bestrafung entgegensetzte. So erklärte er Jesse, er sei sicher, eines gewaltsamen Todes zu sterben, weil dies die «Bestimmung seines Karmas» sei.

«WAS MACHT DENN MR. EPSTEIN HIER?»

Die Matthew Street ist eine enge, kurvenreiche Durchfahrt, die mitten im Labyrinth der alten Lagerhäuser am Hafen von Liverpool liegt. In den frühen sechziger Jahren reihten sich hier täglich um die Mittagszeit die Kids in die Schlange zum Cavern Club ein. An der Spitze der Schlange ragte die massive Gestalt von Paddy Delaney hervor, früher bei der walisischen Garde und Aufseher im Locarno Ballroom, der in der Uniform seiner Branche arbeitete: Smoking mit Schärpe und diamantenen Manschettenknöpfen. Sowie er den Fans den Durchgang freigab, drückten sie sich durch den schmalen Eingang und stiegen seitwärts die achtzehn schmierigen Steinstufen zum Keller hinunter.

Das Kellergeschoß dieser alten Lagerhalle ähnelte einem U-Bahnschacht. Drei parallele Gewölbe, jedes etwa dreißig Meter lang und drei Meter breit, verliefen – durch zwei Meter hohe Bogengänge verbunden – von vorn nach hinten. Für die Beleuchtung sorgten nackte rote Glühbirnen. Eine Lüftung gab es nicht, und die Luft stank nach Chlor, mit dem man die berüchtigten Toiletten desinfizierte. Das Gestühl bestand aus zwanzig Reihen von Holzsitzen mit kerzengeraden Lehnen im mittleren Tunnel. Die niedrige Bühne aus Holzplanken wurde von einem Podium für den Schlagzeuger gekrönt und von ein paar weißen Lampen in Schalenreflektoren beleuchtet. Die gewölbte Mauer hinter der Bühne hatte man amateurhaft verputzt, um die Steinmauern eines Burgverlieses nachzuahmen. Auf manchen Steinen las man die Namen der lokalen Bands: Rory Storm and the Hurricanes, Gerry and the Pacemakers, und natürlich die Beatles.

Die aufsichtsführende Person im Cavern war Bob Wooler, eine Mischung aus Rundfunkansager und Oberpfadfinder. An einem Plattenspieler und Mikrophon in einer Ecke des winzigen Umkleideraums links von der Bühne arbeitend, legte Wooler Platten auf, während sich der Raum füllte. Ab und zu streute er belangloses Geschwätz in die Musik ein, sein berühmtester Spruch lautete: «Remember, all you cave dwellers, the Cavern is the best of cellars.» (Denkt daran, Höhlenmenschen, das Cavern ist der beste Keller.) Wenn die Beatles signalisierten, daß sie zum Auftritt bereit waren, kündigte sie Wooler folgendermaßen an: «Und jetzt kommt eure Lieblingsrock-and-*dole*(Stempelgeld)-Band – The Beatles!»

Vier Gestalten, ganz in schwarzem Leder, stürzten hinter dem ersten Torbogen links von der Bühne hervor und liefen die drei Stufen zum Podium hinauf. Angeschlossen an ihre Verstärker machten sie im Eifer des Schnellstarts Gehacktes aus «Johnny B. Goode». Der Klangbrei ließ die Fans jedoch ungerührt. Sie fuhren auf das Getöse der Dreißig-Watt-Gesangsboxen ab, die das Knarren und Scheppern der elektrischen Gitarren verstärkten, das von dem niedrigen Ziegelgewölbe widerhallte. Bereits bei den ersten Noten begannen die Mädchen zu kreischen und machten dabei so viel Lärm, daß John Lennon sich über sein Mikro beugen und «Schnauuuzeee!» brüllen mußte. Was noch mehr Gekreische auslöste. Wenn die Jungs runterlangten, um die Verstärker bis zum Anschlag aufzudrehen, wurden die Schwingungen im Keller so intensiv, daß der abblätternde Putz von der Decke rieselte und die schwarzgekleideten Beatles mit «Cavern-Schuppen» bedeckte.

John stand immer mit gespreizten Beinen und gebeugten Kniegelenken auf der Bühne und starrte mit seinen kurzsichtigen Augen auf das Publikum herab. Hatte er erst einmal ein paar Lieder hinter sich und einen ordentlichen Batzen Kaugummi im Mund, begann er allmählich lockerer zu werden. «Dies ist ein Stück aus einem Musical namens *Der Muskelmann* [*The Music Man*], gesungen von Peggy Lee», sagte er womöglich als Einführung zu Pauls Interpretation von «Till There Was You». Oder es konnte passieren, daß Lennon aus dem Stegreif über den bevorzugten Songtexter der Beatles improvisierte: «Dies ist eine Aufnahme von Chuck Berry, einem in Liverpool geborenen altmodischen Sänger mit O-Beinen und

Glatze.» Wenn Paul «Over the Rainbow» intonierte und mit seinen braunen Augen dabei Mavis und Edna vom Schreibmaschinenkurs im Cunard-Gebäude zuzwinkerte, kommentierte das John mit grotesken Fratzen. Immer mal wieder machte er auf Quasimodo, den Buckligen, indem er seinen Kopf über die Schulter verdrehte und seine Gesichtszüge zu einer widerlichen Grimasse verzerrte. Oder er streute in Pauls sentimentalen Vortrag eine Reihe abartiger Gitarrengeräusche ein. Dabei glotzte er unaufhörlich im Keller herum wie ein Bauerntrampel, der zum erstenmal die Großstadt sieht.

Die frühen Beatles waren eine Musikbox in Menschengestalt. Sie spielten Stück auf Stück ohne Sinn und Verstand: Rock'n'Roll, Rhythm and Blues, Country and Western, Popsongs, Erkennungsmelodien von Radiosendern, Varieté-Schlager und alles, was ihnen gerade einfiel. Manchmal erfüllten sie Wünsche, die von der Tanzfläche aus hochgerufen wurden. Ab und zu gab es auch Streit darüber, welches Lied sie als nächstes spielen wollten. Obwohl die Jungs darauf abzielten, unterhaltsam zu sein, suchten sie genauso auch ihren eigenen Spaß. Es war gerade der spontane Humor und das assoziative Wort-und-Lied-Spiel, was ihre Shows so sehr von dem unterschied, was jede andere Rockband je zuvor geboten hatte – oder seitdem geboten hat.

Der Höhepunkt kam gegen Ende, wenn die Beatles auf der Grundlage irgendeines «Rhythm and Booze [Schnaps]»-Themas, wie zum Beispiel «Money», in eine ausgedehnte Improvisation einstiegen. Das gab John die Gelegenheit, sich heiser zu grölen. Das große Erfolgsrezept, das die Jungs von ihrem ersten Hamburgtrip mitgebracht hatten, war die alte Idee der Jam Session, deren stetig wachsende Spannung das Publikum von den Sitzen reißt und es zwingt, die Erregung, die in der Musik brodelt, auszuagieren. Ähnlich wie der Gospel-Blues-Gesang die Runde machte und sich dabei mit immer wieder neuer Intensität auflud, sprangen die Mädchen in ihren von Petticoats aufgebauschten schwarz-weißen Kleidern und die Jungen in ihren grauen Rollkragen und dunklen Jacketts von ihren Plätzen auf und stiegen in das Cavern-Stampfen ein. Sich gegenüberstehend, reichten sie sich die rechte Hand und fuchtelten mit den Ellbogen in der Luft herum. So dicht war das Gedränge sich windender Körper und so enorm die schweißtreibende Hitze, die sie erzeugten – der kondensierte Dampf auf den Backsteingewölben glitzerte wie Eis und rieselte herunter wie Regen –, daß häufig Mädchen in Ohnmacht fielen.

Wenn die Kids die steile Treppe zur Matthew Street wieder hochstiegen, hörten sie noch, wie Bob Wooler sie aufforderte, die neue Platte der Beatles zu kaufen. «Denkt dran, Leute», riet er ihnen, «‹My Bonnie› und ‹The Saints›, aufgenommen von unseren Liverpooler Jungs mit Tony Sheridan!» Die Platte, die Wooler anpries, war während des zweiten Engagements der Beatles in Hamburg, im Frühjahr 1961, aufgenommen worden. Bert Kaempfert, der Komponist von «Strangers in the Night», war bei Polydor unter Vertrag und dort zuständig fürs Repertoire, er hatte die Beatles als Begleitband für Tony Sheridan verpflichtet. Im Top Ten Club hatten sie zusammen mit ihm gespielt. Ein paar Nummern waren in Deutschland rausgekommen, aber dort nicht sehr erfolgreich gewesen. Wie John Lennon den Beitrag der Beatles kommentierte: «Jede x-beliebige Band hätte den Lärm dahinten veranstalten können.»

Am 28. Oktober 1961, einem Tag, der in die Rockgeschichte einging, befolgte ein Fan namens Raymond Jones Woolers Rat und ging geradewegs in den NEMS-Laden (Northern England Music and Electric Industries), um die Platte der Beatles zu bestellen. Sie erwies sich als schwer auffindbar, denn sie war katalogisiert unter «Tony Sheridan and the Beat Brothers». Als Brian Epstein, der Geschäftsführer des Ladens, sie jedoch endlich bekam – ein Ereignis, das er durch ein diskretes Zettelchen an seinem Schaufenster ankündigte –, war er erstaunt, daß diese obskure 45er-Single den Umsatz der neuesten Veröffentlichungen von Elvis Presley und Cliff Richard in den Schatten stellte. Es dauerte nicht lange, und Mr. Epstein schlug sich zur Höhle der Beatles durch.

Es kostete Brian große Überwindung, die rußigen Stufen zum Cavern hinabzusteigen. Teenager-Rockclubs waren nicht gerade sein Revier. Als verwöhnter und eitler ältester Sohn eines wohlhabenden jüdischen Kaufmanns und als halbgares Produkt zahlreicher privater Internate, war Brian ein typischer junger Snob. Obwohl er den größten Schallplattenladen der Stadt besaß, hatte er niemals wirkliches Interesse an Popmusik gezeigt, mit Ausnahme von Broadway

Musicals. Ihm müssen wohl die Haare zu Berge gestanden haben, als er sich im dunklen maßgeschneiderten Anzug und begleitet von seinem persönlichen Assistenten, Alistair Taylor, langsam in den düsteren, dampfenden, lärmigen, übelriechenden Keller zwängte, wo all die Kids den «Cavern-Mittagstisch» runterschlangen. Dennoch reagierte er, trotz aller Vorurteile seiner gesellschaftlichen Position und seines Geschmacks, genauso auf die Beatles wie die Exis in Hamburg. Er verliebte sich auf den ersten Blick in die Jungs. Tatsächlich war er derart hingerissen, daß er beim Verlassen des Clubs auf seinen Assistenten einredete, er würde die Beatles unter sein persönliches Management nehmen und Stars aus ihnen machen!

Peter Brown, Brians langjähriger Assistent, bestand darauf, daß Brians Motiv rein erotischer Natur war: die Beatles waren die «Personifizierung seiner geheimen sexuellen Sehnsüchte». Zweifellos war es sinnliches Verlangen, was Brians Annäherungen an bestimmte Mitglieder der Gruppe erklärt, angefangen bei dem bestaussehendsten der Jungs, Pete Best. (Eines Abends, auf einer Fahrt nach Blackpool, fragte Brian: «Pete, fändest du es peinlich, wenn ich dich bitten würde, über Nacht im Hotel zu bleiben? Ich würde gern die Nacht mit dir verbringen.» Pete erwiderte, er würde es vorziehen, nach Hause zu fahren.) Homosexualität war jedoch nicht der einzige Grund, warum sich Brian in die Beatles vernarrte. Es gab ein weiteres Motiv, genauso offensichtlich und drängend wie Sex. Brian *beneidete* die Beatles im gleichen Maße, wie er scharf auf sie war.

Als chronisch unglücklicher junger Mann, der sich bereits im Alter von siebenundzwanzig Jahren mit dem Gedanken abgefunden hatte, daß niemand wirklich glücklich sei, fühlte er sich durch seine Familie und die unbedeutende Welt provinzieller Kleinkrämerei eingeschränkt. Immer wieder hatte er versucht, seiner schmählichen Lage hinter der Kasse eines Ladens zu entkommen. Der Anblick der Beatles, vier sorgloser junger Burschen, die lärmende Musik spielten, auf der Bühne tranken und aßen, die Mädchen in der ersten Reihe schikanierten oder sich gegenseitig grob auf die lederverpackten Schultern hauten, war genug, um seine Gedanken auf Hochtouren zu bringen. Als er erst mit der Band verstrickt war, wurde der

Grad seiner Identifikation mit ihnen auf amüsante Weise deutlich. Kaum hatte er sie in Mohairanzüge gesteckt, als er selbst damit anfing, schwarze Lederjacken zu tragen. Bis zu seinem Todestag hatte Brian Epstein keinen größeren Traum, als für den «Fünften Beatle» gehalten zu werden.

Vermutlich aber hatte Brian gar keine Ahnung, was ihn eigentlich an diesem ersten Nachmittag antrieb, als er sich der Bühne näherte und von George Harrison mit einem maliziösen Lächeln und den herausfordernden Worten begrüßt wurde: «Was macht denn Mr. Epstein hier?» Ja, was denn? Brian blieb die Antwort schuldig.

In den darauffolgenden Wochen ging Brian noch einige Male zu den Beatles ins Cavern. Auch holte er überall in der Stadt Erkundigungen über die Jungs ein. «Die würde ich nicht mal mit der Feuerzange anfassen», knurrte Allan Williams, dem die Beatles nach einem Streit über Geld die kalte Schulter gezeigt hatten. «Falls diese Spinner kommen sollten, um Brian zu sehen», instruierte Brians Vater einen vertrauten Angestellten, «sagen Sie ihnen, er sei nach Hause gegangen, und verriegeln Sie die Tür.» Rex Makin, der Anwalt der Familie, spöttelte: «Na, wieder so ein typischer Epstein-Spleen, was? Wie lange wohl, bis du das Interesse daran verlierst?» Brian Epstein genoß den Ruf, schusselig zu sein und sich in Schwierigkeiten zu verstricken, doch selbst wenn er unerschütterlich wie ein Felsen gewesen wäre und weise über sein Alter hinaus, wäre es schwierig für ihn gewesen, sich über das Potential der Beatles klarzuwerden.

Die Beatles ihrerseits waren nicht unbedingt scharf auf Brian. Pauls Vater war nicht erfreut darüber, daß sein Sohn von Epstein gemanagt werden sollte. Tante Mimi bestand auf einen speziellen Besuch von Brian, bei dem er gelobte, sich um John stets ganz speziell zu kümmern; ein Versprechen, das er gewiß hielt. Obschon die Aussicht, von Brians Stellung profitieren zu können, die Jungs reizte, konnten sie der Versuchung nicht widerstehen, sich über ihren zukünftigen Manager lustig zu machen. «Altbacken» lautete ihre Bezeichnung für Brian. Brians Unerfahrenheit im Popmusikgeschäft paßte zu seiner völligen Unkenntnis von Rock'n'Roll. Aber die Beatles waren schlau genug zu erkennen, daß an diesem Punkt ihrer Karriere ein Schallplattenvertrag das einzige war, was zählte.

Pete Best faßte das Denken der Gruppe zusammen: «Wir näherten uns allmählich dem Zenit des Merseyside und hatten die Aussicht, hier zu versacken, wenn wir nicht irgendwie den Durchbruch auf nationaler Ebene schafften. Wir mußten in ein britisches Label einsteigen, wenn wir jemals dem Pendelverkehr Liverpool–Hamburg entrinnen wollten.» John drückte die Angelegenheit lakonischer aus, als er Brian mit der schonungslosen Frage herausforderte: «Kannst du uns in die Hitparade einkaufen?» Brian war sich niemals sicher, was er für die Jungs tun oder nicht tun könnte, obwohl er ununterbrochen über die Möglichkeiten sprach. Eines Tages schließlich schnitt ihm John das geschliffene Palaver ab, indem er schroff erklärte: «Also okay, Brian, du wirst unser Manager! Wo ist der Vertrag? Ich werde ihn unterschreiben.»

Brian hatte keinen Vertrag in seinem Schreibtisch. Er wußte über solche Dinge genausowenig wie John Lennon. Brian lernte die Regeln beim Spiel, was sich als endloses Psychodrama mit den Beatles erweisen sollte. Das erste Anzeichen seiner stark ambivalenten Haltung und seiner verworrenen Gefühle tauchte bei der Unterzeichnungszeremonie im NEMS-Büro am 24. Januar 1962 auf. Nachdem jeder Beatle die letzte Seite des Managementvertrags unterzeichnet hatte, indem er sein Autogramm über den Kopf der Königin auf eine Sixpenny-Briefmarke kritzelte, überraschte sie Brian damit, daß er nicht unterschreiben wollte. Er erklärte, zwar entschlossen zu sein, alles in seiner Macht Stehende zu tun, um die Karriere der Beatles zu fördern, daß er sie aber nicht in eine Beziehung einbinden wollte, die sie möglicherweise eines Tages zu beenden wünschten. So verpflichtete er sich, ohne eine Verbindlichkeit ihrerseits zu beanspruchen. (Die Beatles erhielten erst neun Monate später einen ordentlichen rechtsgültigen Vertrag, den sie am 9. Oktober 1962, Johns zweiundzwanzigstem Geburtstag, für fünf Jahre unterschrieben und in dem Brian das übliche Managerhonorar von fünfundzwanzig Prozent zugesprochen wurde.)

Obwohl Brian behauptete, er habe den Beatles ein Hintertürchen offengelassen, ist es wahrscheinlicher, daß er es für sich selbst offenhielt. Zweifellos glaubte er seinen eigenen Worten, aber er war ein sehr konfliktbeladener junger Mann, der stets widersprüchliche Dinge wollte. Er liebte große Gesten, den dramatisierten Akt der

Selbstaufopferung, aber normalerweise erstattete er sich selbst alle seine Auslagen zurück, wann immer er etwas weggegeben hatte.

Als typisches Muttersöhnchen der Schäfchenvariante stand Brian Samuel Epstein seit der Geburt unter dem Einfluß seiner ängstlichen Mutter: Malka Epstein, bekannt als «Queenie» (ursprünglich weil *Malka* das hebräische Wort für Königin ist; später genauso wegen ihres Verhaltens, das ihr Sohn unbewußt nachahmte). Malka hatte als Tochter eines wohlhabenden Möbelfabrikanten aus Sheffield eine von Katholiken geleitete Schule besucht, eine Erfahrung, die sie veranlaßte, all ihr nachfolgendes Unglück im Leben dem Antisemitismus zuzuschreiben, ebenfalls ein Zug, den Brian übernahm. Im Alter von achtzehn Jahren wurde Queenie mit dem elf Jahre älteren Harry Epstein verheiratet, dem hübschen und wohlerzogenen Sohn einer Möbelhändlerfamilie in Liverpool. So kam sie aus einer antisemitischen Schule in eine Stadt voller Antisemiten. Ihr gesellschaftliches Umfeld blieb auf die Familie ihres Ehemanns beschränkt, die Isaac Epstein, ein jüdischer Emigrant aus Osteuropa, beherrschte. In dieser fremden nördlichen Stadt lebte Queenie von ihrer eigenen Familie entfernt und sah sich daher genötigt, sich einer Familie anzupassen, die ihren Mann und somit sie selbst kontrollierte. In ihrer Not machte Queenie ihr erstes Kind Brian zu ihrem Leidensgefährten. Er diente als Entschädigung für all die nicht erfüllten Bedürfnisse ihres Lebens.

Wie John Lennon war auch Brian Epstein hauptsächlich von Frauen erzogen worden, aber an Stelle von Amazonen als Heldinnen seiner Kindheit, umgab ihn die divaähnliche Persönlichkeit Queenies. Deren großer Augenblick kam jeden Tag am frühen Abend, wenn sie sich fürs Abendessen umzog. Von frühester Kindheit an war Brian bei diesem Ritual zugegen wie der Eunuch im Bad des Harem. Er wurde ganz selbstverständlich um Rat gefragt, welches Kleid Queenie tragen solle, eine Entscheidung, über die er ernsthaft nachdachte, als sei er bereits eine Autorität auf diesem Gebiet.

Später sollte er einmal sagen, er könne sich an keine Zeit erinnern, zu der er sexuell normal gewesen sei. Er hätte hinzufügen können, daß es ebenfalls keinen Moment gab, wo er sich der sexuellen

Bedürfnisse nicht zutiefst schämte, die ihn zu peinlichen und selbstzerstörerischen Verhaltensweisen trieben. Im Alter von zehn Jahren wurde er aus dem Liverpool College (einer Jungenschule) wegen des Zeichnens obszöner Bilder hinausgeworfen. Als er sechzehn wurde, hatte er bereits nicht weniger als sieben Schulen hinter sich. Während dieser endlosen Wanderungen von einer Lehranstalt zur nächsten landete er auch einmal in einer Schule, wo ein Lehrer die theatralische Ader des Jungen erkannte. Als Darsteller in einem Schultheaterstück über Christoph Kolumbus lud Brian seine Eltern ein, damit sie Zeugen seines Ruhms werden sollten.

Die Epsteins erschienen großartig herausgeputzt und verhielten sich wie mustergültige Eltern. Sie hielten die gesamte Vorstellung durch, aber als sie anschließend vom Direktor gefragt wurden, wie ihnen das Spiel ihres Sohnes gefallen habe, gaben Queenie und Harry beide zu, sie hätten Brian unter den Darstellern nicht identifizieren können. «Wer war er denn?» fragte Queenie.

«Wie bitte?» erschrak der verblüffte Direktor. «Christoph Kolumbus natürlich!»

Diese frostige Anekdote gibt einen recht guten Einblick in das unglückliche Wesen Brian Epsteins. Seine Eltern konnten ihn auf der Bühne nicht erkennen, weil sie unter den Statisten nach ihm suchten: den Höflingen, Musketieren oder Indianersklaven. Daß ihr Sohn die führende Rolle spielen sollte, den Helden des Stücks, war ihrem Verständnis von ihm derart fremd, daß sie nicht wahrhaben konnten, was sie ganz offensichtlich sehen und hören mußten.

Als Brian mit sechzehn die Schule verließ – ohne einen der üblichen Abschlüsse –, war der einzige Beruf, den er sich für sich selbst vorstellen konnte, der des Modedesigners. Sein Vater verwarf diesen Beruf, da er unmännlich sei. Brian blieb keine andere Wahl, als in das Familienunternehmen einzutreten. Er begann als Verkäufer. Sogar in dieser unbedeutenden Stellung wurde er von seinem tyrannischen Großvater noch gemaßregelt.

Kurz nachdem er achtzehn geworden war, wurde Brian zum Militärdienst eingezogen und war dort der einzige Schüler einer Privatschule, der nicht für die Offiziersausbildung empfohlen wurde. Er bekam jedoch einen der begehrtesten Standorte in Großbritannien zugewiesen – die Albany-Kasernen im Regent's Park. Von diesem

Quartier im Herzen Londons brach er jeden Abend auf, um die Vergnüglichkeiten der Metropole zu genießen. Doch bald schon schlug das Unglück zu. Als er eines Nachts zur Kaserne zurückkehrte, wurde er festgenommen und beschuldigt, sich fälschlich als Offizier ausgegeben zu haben. Später beharrte er darauf, der ganze Vorfall sei das Ergebnis einer harmlosen Verwechslung gewesen, ausgelöst durch den Eindruck, den er gemacht habe, als er in Nadelstreifenanzug und Melone aus einer Limousine gestiegen sei. Er behauptete, die Wachen hätten ihn aus Versehen gegrüßt und die Militärbehörde verfolgte ihn daher ohne triftigen Grund.

Die Wahrheit wurde Jahre später im Verlauf eines bitteren Prozesses zwischen Brian Epstein und einem Handelskaufmann namens Nicky Byrnes aufgedeckt. Als Veteran mit siebenjähriger Diensterfahrung bei der Gardekavallerie, erkannte Byrnes die Absurdität von Brians Version seiner Verhaftung. Dies veranlaßte den ehemaligen Gardeoffizier, eine Ermittlung beim Innenministerium in Gang zu setzen, die sofort die Wahrheit ans Licht brachte. Brian, empört über die – wie er sie nannte – «scheußliche Uniform», hatte einen elegant geschneiderten Offiziersanzug erworben, den er jeden Abend hervorholte, wenn er die Garnison verließ. Vom unbedeutenden grauen Verkäufer in einen schneidigen jungen «Zweisternigen» verwandelt, hatte er regelmäßig Lokale aufgesucht, wo er junge Männer aufgabeln konnte. Hätte er sich diskret verhalten, wäre seine Enttarnung vermieden worden, aber er scheute sich nicht, ausgerechnet in den Bars aufzukreuzen, in denen wirkliche Offiziere Stammkunden waren. Er wurde als verdächtige Person gemeldet, von der Militärpolizei überwacht und eines Abends im Army and Navy Club, Piccadilly, festgenommen. Er hätte vor ein Kriegsgericht gestellt werden können. Aber dank seiner Familie, die all ihre Verbindungen spielen ließ, wurde sein Fall von einem Gerichtsverfahren in eine psychiatrische Untersuchung umgebogen, die zu dem Ergebnis kam, der Gefreite Epstein sei untauglich für einen Strafprozeß. Aus medizinischen Gründen vom Dienst befreit, fuhr Brian schleunigst nach Hause.

Nach seiner Rückkehr nach Liverpool bekam er seinen eigenen Möbelladen. Zur großen Erleichterung der Familie machte er etwas daraus. Aber er war ruhelos und nicht ausgefüllt. Brian stieß auf die

Schauspieler der örtlichen Theatertruppe, trank gelegentlich abends mit ihnen und verspürte den Drang, im Rampenlicht zu stehen. Dank der Vermittlung des Liverpooler Theaterdirektors erhielt Brian einen Platz an der RADA, der Royal Academy of Dramatic Arts, Englands angesehenster Schauspielschule. Er blieb drei Semester und hätte vermutlich auch weitergemacht, hätte es nicht einen unglückseligen Zwischenfall gegeben: er wurde verhaftet wegen «Belästigung» eines Polizeispitzels in einer öffentlichen Toilette. Der Nachbar der Epsteins, Rex Makin, war zufällig der führende Strafrechtler im Nordwesten; er bekam Brian sofort frei.

Als er dieses Mal nach Hause kam, wurde ihm die Leitung der Schallplattenabteilung in dem neuen großen Laden der NEMS in der Great Charlotte Street anvertraut. Er führte seine Abteilung zu einem solchen Erfolg, daß sie bald den größten Teil des Gebäudes einnahm. Aber noch immer versuchte er sein Leben aufzuheizen, indem er verbotenen Freuden hinterherjagte. Zum Feierabend seines langen Arbeitstages fuhr er manchmal zu einer öffentlichen Toilette in West Derby. Eines Abends schlug ein übel aussehender, wie ein Hafenarbeiter gekleideter Typ Brian zusammen und stahl seine Wertsachen. Nachdem der Angreifer die Identität seines Opfers aus dessen Brieftasche erfahren hatte, rief er Brian zu Hause an und forderte eine beträchtliche Summe Geld. Brian lief weinend zu Queenie, die ihren Nachbarn kommen ließ. Rex Makin erklärte Brian, er habe keine andere Wahl, als die Polizei einzuschalten, eine furchteinflößende Tat, weil Homosexualität damals als Verbrechen galt.

Die Polizei stellte dem Erpresser eine Falle, indem sie Brian als Köder benutzte. Als die Falle zuschnappte, war Makin, der sich verfügbar hielt, selbst verblüfft. Er entdeckte, daß der Täter einer seiner Klienten war.

In dem darauffolgenden Prozeß machte Brian von einem Privileg in der britischen Gesetzgebung Gebrauch und gab sich vor der Richterbank als «Mr. X» aus. Doch wußte in Liverpool jeder um sein Geheimnis. Der Prozeß endete mit einem Schuldspruch. Brians Angreifer wanderte für drei Jahre ins Gefängnis.

Es wird immer wieder behauptet, die Beatles hätten erst Jahre später erfahren, daß Brian Epstein schwul war. Tatsächlich bekamen die Jungs es sofort von Ian Sharp gesteckt, der am 21. Februar 1962 mit den Beatles im Kardomah Café zusammentraf. Als die Jungs Sharp den Namen ihres Managers verrieten, fragte er spitz: «Na, auf wen von euch ist er denn scharf?»

John stöhnte: «Er ist doch nicht so einer, oder?»

Sharp scherzte: «Na ja, jedenfalls solltest du dich nicht bücken, wenn du den Vertrag entgegennimmst.»

Wenige Tage nach diesem Gespräch erhielt Sharp einen Brief von Brians Rechtsanwalt, der unter Androhung eines Strafprozesses eine Entschuldigung und einen formellen Widerruf verlangte. Das letzte Mal, das Sharp die Beatles sah, fuhren sie in einem mit Mädchen vollbesetzten Wagen die Mount Street hinauf.

«Sharpie!» brüllte John und lehnte sich aus dem Fenster. Bei abgestelltem Motor erzählten John und Paul von ihrem bevorstehenden Engagement in einem großen neuen Club in Hamburg. Am Ende gaben sie zaghaft zu, einen Vertrag unterschrieben zu haben, nie wieder mit Sharp zu sprechen. Als der Wagen wieder anfuhr, steckte John seinen Kopf aus dem Fenster und rief: «Tut mir leid wegen der Sache, Kumpel!»

TOD IN HAMBURG

Als die Beatles am 11. April 1962 vom Ringway-Flughafen in Manchester abhoben, sahen sie dem größten Augenblick ihrer bisherigen Karriere entgegen. Sie würden nach Hamburg zurückkehren – aber nicht in die alten Seemannskneipen. Dieses Mal sollten sie den Club eröffnen, der versprach, der großartigste der Welt zu werden. Er hieß Star-Club, und sie sollten dort die ersten Stars sein. Die Beatles führten ein Programm an, das Tony Sheridan und Gerry and the Pacemakers einschloß und das bald berühmte Namen wie Little Richard und Gene Vincent beinhalten sollte. Genauso herausragend wie das Programm war das Gehalt – hundert Pfund pro Woche für jeden! Wenn sie nicht spielten, würden sie sich auf der Reeperbahn vergnügen. Tatsächlich konnte der Spaß schon am Nachmittag beginnen, wenn Stu und Astrid sie am Flughafen abholten.

Die Beatles hatten Stu Sutcliffe zuletzt im Dezember gesehen, als er seine Braut nach Hause mitbrachte, um sie seiner Mutter vorzustellen. Die Begegnung hatte einen katastrophalen Verlauf genommen. Astrid Kirchherr und Millie Sutcliffe waren beide starke Persönlichkeiten und daran gewöhnt, den kleinen Stu zu beherrschen. Sie waren frontal zusammengestoßen. Ihre Feindseligkeit verstärkte sich im Laufe des Besuchs so sehr, daß Stu und Astrid das Haus der Sutcliffes verlassen mußten.

Ganz abgesehen von diesem Ärger beunruhigte alle Stus krankes Aussehen. Er erzählte, er habe Ärzte wegen der schrecklichen Kopfschmerzen konsultiert, an denen er litt, aber keiner sei in der Lage gewesen, ihm ein Heilmittel oder auch nur eine sichere Diagnose anzubieten. John Lennon sorgte sich inzwischen nicht mehr um seinen besten Freund, weil Stus letzte Briefe, die manchmal bis zu zwanzig Seiten lang waren, keinen Anlaß dazu boten. Sie enthielten das übliche Geplauder über seine Arbeit und seinen Stolz auf den Erfolg der Beatles.

Als John, Paul und Pete aus dem Flugzeug stiegen, war Astrid die erste, die sie sahen. Sie trug, wie üblich, schwarze Kleidung und sah sehr blaß aus. «Wo ist Stu?» riefen sie.

Die Worte schienen ihr im Hals festzusitzen, als sie aus sich herausquälte: «Stu ist tot.»

Der fünfte Beatle war am Tag zuvor auf dem Transport ins Krankenhaus im Koma gestorben. «Stuart muß in der Nacht aus dem Bett gestiegen sein», erzählte Astrid. «Ich fand ihn zusammengebrochen auf dem Fußboden liegen und rief einen Krankenwagen. Ich half dem Fahrer, ihn die drei Treppen runterzutragen. Während wir ins Krankenhaus rasten, wurde sein Gesicht sehr weiß und schmerzverzerrt. Er lag auf der Trage im Fahrstuhl des Krankenhauses, als ein Arzt sich über ihn beugte und feststellte, er sei tot. Angeblich soll er ein Blutgerinnsel im Gehirn gehabt haben. Ich hatte das Gefühl, als sei alles Leben aus mir gewichen.»

John wurde hysterisch. «Er weinte wie ein Kind», erinnerte sich Pete Best und fügte hinzu: «Ich habe ihn nie zuvor in der Öffentlichkeit zusammenbrechen sehen... Er war völlig erschlagen. John konnte der harte Mann sein, gewalttätig und grob... doch die tragische Nachricht von Astrids blassen Lippen machte ihn völlig sprachlos.»

Bis zum bitteren Ende hatte Stu Sutcliffe den Mythos des *Poète maudit* gelebt. Er hatte unter derart unerträglichen Kopfschmerzen gelitten, daß er versucht hatte, sich aus dem Fenster zu stürzen, und nur durch das entschlossene Eingreifen von Astrid und ihrer Mutter davon abgehalten werden konnte. Einmal wurde ihm schwarz vor Augen, ohne daß er dabei das Bewußtsein verlor, er fürchtete, erblindet zu sein. Mehr als einmal fiel er in seiner Malklasse in Ohnmacht oder brach auf der Straße zusammen. Trotz dieser erdrückenden Leiden hatte er Tag und Nacht an seiner Staffelei gestanden und versucht, in der kurzen Zeit, die ihm blieb, ein Lebenswerk zu schaffen. Denn auch wenn er behauptete, arbeitsfähig zu sein, war er doch von seinem baldigen Tod überzeugt. Als er einmal einen weißen Sarg im Schaufenster eines Bestattungsunternehmens sah, rief er gegenüber Frau Kirchherr aus: «Oh, Mom, kaufst du mir den? Ich würde zu gern in einem weißen Sarg beerdigt werden!»

Die geheimnisvolle Krankheit, die Stu umbrachte, wurde erst nach einer Autopsie diagnostiziert; dabei entdeckten die Ärzte einen kleinen Tumor im Gehirn. Die bösartige Wucherung befand sich direkt unter einer Delle auf der rechten Schädelseite. Sie rührte offensichtlich von einer traumatischen Verletzung her. Stus Mutter und Allan Williams brachten diesen Befund mit den Schlägen in Verbindung, die Stu angeblich ein Jahr vor seinem Tod, vor seinem zweiten Trip nach Hamburg, am Rathaus von Litherland bezogen hatte. Nachforschungen haben ergeben, daß der Kampf nicht in Litherland, sondern vor dem Rathaus des nahegelegenen Lathom stattfand. Stu geriet auf der Galerie in den Hinterhalt einer Rowdybande, die John und Pete zurückdrängen konnten. John brach sich bei der Schlägerei einen Finger. Pete Best erinnerte sich an den Vorfall, aber es war ihm nicht bewußt, daß Stu dabei am Kopf getroffen wurde.

John Lennon hatte eine andere Erklärung für den Tod seines besten Freundes. John glaubte, er sei verantwortlich für Stus Dahinscheiden. Er erzählte Yoko Ono (die die Geschichte wiederum an Marnie Hair weitergab), er sei in Hamburg mit Stu in einen Streit geraten. Sie standen gerade auf der Straße, als John von einem seiner maßlosen Wutausbrüche gepackt wurde. Er schlug mit Händen und Füßen um sich. Während er den Vorfall erzählte, betonte er insbesondere die Tatsache, daß er Cowboystiefel mit harten Spitzen getragen habe. Als er wieder zur Besinnung kam, schaute er hinunter und sah Stu auf dem Pflaster liegen. Der stöhnte, und Blut lief über sein Gesicht. John konnte die Wunde deutlich an der Kopfseite zwischen Ohr und Backenknochen ausmachen. Er hatte sich, erschrokken über seine Tat, aus dem Staub gemacht. Paul, der mit einem anderen, womöglich George, dabei war, brüllte: *«Komm zurück, du dämlicher Scheißkerl. Du bist ein verdammter Idiot!»* Aber John rannte weiter.

Zeit seines Lebens verfolgte Lennon der Tod von Stu Sutcliffe, genauso wie das Schicksal des britischen Matrosen, den John damals in Hamburg umgebracht zu haben fürchtete. Als er sein eigenes Ende nahen fühlte, erzählte er Fred Seaman, daß er sich verantwortlich für Stus Tod fühle.

Trotz des Schocks über Stus Tod schafften es die Beatles, am Eröffnungsabend einen wichtigen Erfolg zu erzielen. Der Star-Club erwies sich als das Sprungbrett, das die Band aus den Kellern heraus- und in die tollen Zeiten hineinkatapultierte. Entworfen für den florierenden Tourismus, der das alte Vergnügungsviertel zum europäischen Gegenstück von Las Vegas hatte werden lassen, lag der Star-Club auf der Großen Freiheit 39 gegenüber vom Kaiserkeller. Er übernahm seinen Namen von einem alten Kino, aus dem er umgestaltet worden war. Das Gestühl im Parkett hatte man zugunsten einer glatten Tanzfläche weggerissen. Die Decke wurde gesenkt, mit Gitterwerk verkleidet und wie ein Biergarten mit chinesischen Lampen behängt. Rang auf Rang dienten abgerundete Kunstlederbänke als Sitzgelegenheiten und an ein paar Theken gab es alkoholische Getränke, die von Kellnern in weißen Westen serviert wurden. Der Club bot an sieben Abenden in der Woche, von acht Uhr abends bis vier Uhr morgens, fortlaufende Unterhaltung. Alle halbe Stunde ging der Vorhang auf, um eine neue Vorstellung anzuzeigen, und solange ein Stammgast genug Bier trinken konnte, um seinen Platz am Tisch zu behalten, konnte er in einer einzigen Nacht zehn verschiedene Rockgruppen sehen.

Der Besitzer des Star-Clubs, Manfred Weißleder, war ein Halbstarker mit Stoppelhaarschnitt, ein Zweimetermann, dessen Erscheinung an einen SS-Feldwebel erinnerte. Er führte seinen Nachtclub nach den Vorbildern aus alten Hollywoodfilmen. Er benutzte sogar eine Klappe in seinem Büro (früher der Vorführraum des Kinos), die zurückgeschoben werden konnte, um die Vorgänge auf der Tanzfläche und der Bühne zu überblicken. Wenn Weißleder eine Band erwischte, die Blödsinn machte oder bei der ein Mitglied fehlte, griff er zum Telefon und fuhr seinen Manager Horst Fascher (einen ehemaligen Boxer) an: «Schmeiß diese englischen Arschlöcher raus!» In der nächsten Minute fanden sich die unglücklichen Rocker, «Hey, Kumpel, was soll'n das?» rufend, aus der Hintertür des Clubs geworfen, mit dem Spruch, sich nach Hause zu scheren – ohne Fahrkarten.

Wenn Weißleder andererseits ein Auftritt so gefiel, wie der der Beatles, gab er ihnen die Chance, gleich mehrere Monate hintereinander in Deutschland zu arbeiten, denn nach dem Erfolg seines ursprünglichen Clubs gründete er eine ganze Kette von Star-Clubs quer über den ganzen Kontinent.

Seine Musiker wurden nicht nur mit Wohnquartieren, Fahrgelegenheiten und sehr guten Gehältern versorgt. Jeder erhielt zudem eine sternförmige Nadel, einen wirksamen Talisman. Als Kingsize Taylor einmal die Reeperbahn entlang spazierte, packte ihn ein übereifriger Händler am Revers. Sowie er die Star-Club-Nadel sah, sprang er einen Meter zurück und keuchte: «Tut mir leid – tut mir schrecklich leid!» Ganz gleich, was die Beatles von nun an auch taten, sie genossen den Schutz dieses Mannes.

Es war schon gut, daß eine so mächtige Gestalt ihre schützende Hand über die Band hielt, denn John, dessen Verhalten in Hamburg stets wahnsinnig gewesen war, benahm sich nun, unter dem Eindruck von Stus Tod, verrückter als je zuvor. So schlenderte Lennon beispielsweise in Unterwäsche über die Straße, erschien auf der Bühne mit einer Klobrille um den Hals oder schob den Kopf eines Mädchens zwischen seine Schenkel, wenn er auf der Bühne saß und Gitarre spielte. Sein abgedrehtestes Kunststückchen fiel zeitlich mit dem Osterfest zusammen.

Die Beatles waren gegenüber vom Star-Club in einer Wohnung einquartiert. Als am Karfreitagmorgen ein paar Nonnen die Straße entlang gingen, standen sie schockiert vor einem grotesken, lebensgroßen Bildnis des gekreuzigten Jesus, das John gemalt und von seinem Balkon herabgehängt hatte. Während die Schwestern diese gotteslästerliche Darstellung mit Befremden anstarrten, begann John sie mit wassergefüllten Durex-Kondomen zu bombardieren. Nachdem er seinen Bombenvorrat erschöpft hatte, zog er seinen Schwanz raus, pinkelte auf die Nonnen herab und rief: *«Regentropfen vom Himmel.»*

Damals hatten John und Paul feste Freundinnen in Hamburg. Paul war mit einer hübschen Platinblonden, Erika Hübers, zusammen, die während des Engagements der Beatles im Frühjahr 1962 schwanger wurde und beim letzten Hamburger Gastspiel der Band zu Weihnachten niederkam. Erika zufolge, war Paul der Vater. Sie brachte ihre Tochter am Tag von Pauls Rückkehr nach England in einem Heim für ledige Mütter zur Welt. Als dieses verarmte Mädchen, das als Kellnerin arbeitete, Paul bat, ihr etwas Geld für den Unterhalt des Kindes zu schicken, erhielt sie keine Antwort. Sie strengte einen Prozeß vor einem deutschen Gericht an, der sich bis 1966 hinzog, als Paul Erika schließlich 2700 Pfund gab. Unterdessen kostete seine Widerspenstigkeit die Beatles einen Haufen Geld, denn sie mußten lukrative Angebote, durch Deutschland zu touren, ablehnen, aus Furcht, das Gericht könnte Anspruch auf ihr Honorar erheben. Nachdem Paul die Sache bereinigt hatte, spielten die Beatles 1966 zum erstenmal nach über drei Jahren wieder in Deutschland. (Fast zwanzig Jahre später bemühte die Mutter einen zweiten Prozeß, und Paul machte zwei Bluttests, die beide bewiesen, daß er nicht der Vater gewesen sein konnte.)

John behandelte seine Freundin, die ebenfalls schwanger wurde, sehr schlimm. Sie hieß Bettina und war das dicke, fröhliche Barmädchen im Star-Club, das in allen Beatlesbüchern als der enthusiastischste Fan der Band abgebildet wird. Diese allseits bekannte Bettina war nicht immer so seltsam korpulent gewesen. Als John sie kennenlernte, war sie schlank und sehr hübsch, wie ihre Fotos beweisen. Erst nachdem sie eine illegale Abtreibung hinter sich hatte, die Lennon forderte, entwickelte sie, ihrer Darstellung nach, einen Drüsenzustand, der sie zum Umfang von Mama Cass anschwellen ließ. Aber sie und John setzten ihre Freundschaft fort wie bisher, das heißt, sie pflegte seine Rechnungen in ihrer Stammkneipe zu zahlen, wo sie mit einem ausgeflippten Haufen Huren herumhingen, die sich um Astrid gesammelt hatten. Dazu gehörte auch eine Lesbierin, die Davy Crocket genannt wurde, weil sie eine Mütze aus Waschbärenpelz trug. All diese Huren waren Anhängerinnen der schwarzen Magie und Jüngerinnen von Astrid, die sie für eine Hexe hielten. Astrid war eine Bewunderin des Marquis de Sade. Eins seiner Bücher gab sie John Lennon.

Johns Beziehung zu Bettina war strikt auf Hamburg beschränkt, eine Festlegung, die sie auf schmerzhafte Weise entdeckte, als sie Kingsize Taylor dazu überredete, sie im Sommer 1963 mit sich zurück nach England zu nehmen, um die Beatles in der ersten Blüte ihres Erfolgs zu treffen. Im Hotel der Band, im walisischen Seekurort Llandudno angekommen, informierte man die Besucher, daß die Jungs im Theater probten. Als die Beatles zurückkamen, warf John einen Blick auf Bettina und ignorierte sie dann völlig. Obwohl sie 1200 Meilen zurückgelegt hatte, um ihn zu sehen, konnte er nicht mal Hallo sagen. Er ging schnurstracks an ihr vorbei und ließ sich auf der gegenüberliegenden Seite der Hotelhalle nieder, wo er sein Transistorradio anstellte. Den anderen Beatles war Johns Verhalten so peinlich, daß es ihnen die Sprache verschlug. Nur Ringo hatte den Anstand, zu Taylor und Bettina rüberzugehen und sich normal zu verhalten. Die arme Bettina kehrte nach Hamburg zurück, wo Taylor sie zuletzt in der berüchtigten Herbertstraße als Prostituierte im Schaufenster sitzen sah.

Kurze Zeit, nachdem die Beatles den Star-Club eröffnet hatten, erhielten sie ein Telegramm von Brian Epstein. «GRATULIERE, JUNGS», las George an diesem Morgen laut seinen übel verkaterten Gefährten vor, «EMI BITTET UM AUFNAHMESESSION. BITTE PROBT NEUES MATERIAL.» Sofort kamen die Jungs auf die Beine. Einer von ihnen rief: «Wo wird das enden, Johnny...?»

Bald darauf traf Brian mit dem Bericht über seinen Coup ein. Die ganze Geschichte begann schon am Neujahrstag 1962, als die Beatles, gespannt wie Geigensaiten, zum erstenmal in ihrem Leben ein professionelles Aufnahmestudio betraten. (Die Tony-Sheridan-Bänder waren in einem Auditorium aufgenommen worden.) Und was für ein Studio! Als sie sich im Hauptquartier der Decca meldeten, dem führenden britischen Poplabel in West Hampstead, Broadhurst Gardens 165, traten sie plötzlich in die große Welt ein.

Während der nächsten drei Stunden spielten und sangen die Jungs nicht weniger als fünfzehn Lieder, so daß sie eigentlich ihr erstes Album mitschnitten, heute bekannt als die Decca Audition. Historisch gesehen, sollte sie sich als äußerst wichtige Gelegenheit erweisen, denn bis zu dieser Zeit hatten die Beatles nichts auf Band aufgenommen, was künftigen Generationen eine Vorstellung darüber geben könnte, wie sie klangen, bevor sie berühmt wurden. Nun konnten sie in einem idealen Aufnahmemilieu ihrer Phantasie freien Lauf lassen, und man ermutigte sie, ihre ganze Trickkiste auszupacken.

Leider war das, was daraus entstand, weit davon entfernt, ein wahrheitsgetreues Bild der «Frühen Beatles» abzugeben. Ganz und gar nicht wie eine Meute wild grölender junger Rocker klingend, treten diese Beatles auf wie eine Kapelle in einem Kurhotel. Sie trällern sentimentale Shownummern wie «September in the Rain» und «Till There Was You», oder sie mühen sich ab mit alten Kamellen wie «Besame Mucho» oder «The Sheik of Araby». Am verblüffendsten ist die Verteilung der Gesangshonneurs. Paul singt acht Stücke (mit einer Stimme, die nach einem Naseninhalator schreit), George vier und John – als Boß der Band und ihr stärkster Sänger – nur *zwei*! All diese verzerrenden und bestürzenden Veränderungen in der üblichen Darbietung der Beatles verraten die abschwächende Hand Brian Epsteins, der den Jungs bereits ihre heißen Lederklamotten abgeschwatzt und sie wie junge Bankangestellte in schlecht sitzende blaue Mohairanzüge gesteckt hatte. Jetzt überredete er die Gruppe, ihren wahren Charakter als grob'n'rohe Rhythm-and-Blues-Band aufzugeben und zu spielen, als seien sie so unterhaltsame Lutschbonbons wie die Shadows.

Trotz ihres irreführenden Charakters bietet die Decca Audition einen Reichtum an Informationen über die frühen Beatles: ihre gekonnten amerikanischen Akzente, die schnellen, nervösen Tempi, der eklektizistische Stilwirrwarr und die raffiniert ersonnenen Arrangements: all das fand sich im späteren Darbietungsstil der Beatles wieder. Bereits zu diesem frühen Zeitpunkt kann die Band jede beliebige amerikanische Pop-, Rock- oder Rhythm-and-Blues-Produktion in den Schatten stellen. Aber ihre gewandte Mimikry erreicht nie mehr als eine mechanische Kopie. Sie klingen seltsam fremdartig, weil sie scheitern, an der Seele der Musik zu rühren, die sie lieben. Hört man sich einen Hals-über-Kopf-Galopp wie «Besame Mucho» an, könnte man glauben, die Beatles seien zornige junge Männer aus einem Land jenseits des Eisernen Vorhangs, ungarische Freiheitskämpfer vielleicht, die den Rock'n'Roll erlernten, indem sie ständig dem Sender «Voice of America» lauschten.

Es gibt jedoch einen Augenblick unverfälschter Originalität und Authentizität in dieser faszinierenden, wenn auch verschrobenen Session: John Lennons Interpretation von «Money». Diese nicht nur eindrucksvolle, sondern herausragende Nummer nimmt den ganzen künftigen Verlauf des britischen Hardrock vorweg. Sie läßt das Ende des Versuchs, das schwarze Amerika nachzuahmen, und den Aufstieg eines ausdrücklich britischen Stils ahnen. Um zu würdigen, was Lennon mit dieser Scheibe macht, muß man auf Barrett Strongs Originalaufnahme zurückgreifen: eine typische Ray-Charles-Popgospelnummer. Sie ist vulgär und ekstatisch (ohnehin bedeutet ja «Rock» Anbetung und Bumsen zugleich), und so verschmilzt diese typisch schwarze Mischung das Erotische und das Religiöse, um daraus überschwengliche, lebensbejahende Soulmusik zu machen. In John Lennons Aufnahme wird jedes Merkmal in sein Gegenteil verkehrt, so als wandle sich eine Fotografie vom Abzug ins Negativ zurück.

John spielt Rhythm and Blues bewußt hart. Er stellt sich selbst im Lied genauso dar, wie er es im Leben tat: als harter Knochen mit einer Forderung auf den Lippen und einer Drohung in der Kehle, wodurch völlig klar ist, daß er auch wirklich «money» meint, wenn er es sagt – und daß er alles Nötige tun wird, um sich das kleine Mädchen da draußen zu angeln, damit sie das Geld besorgt, nach dem er verlangt. Er hat keine sexuelle Glut und keinen religiösen Eifer in sich. Er ist ein heruntergekommener und bissiger Mackertyp, und seine Stimme ist ein Messer aus kaltgewalztem Stahl.

Das war der John Lennon, der die Beatles zur ersten großen Hardrockband der Sechziger hätte führen können. Sie hätten mit der zähen Klassenkampfhaltung der Who rocken können, um zu einer Gruppe zu werden, deren musikalische Gesten, unterstützt von entsprechenden Bühnengebärden, ein Rocktheater geschaffen hätten, in dem es John Lennon möglich gewesen wäre, das Psychodrama auszuagieren, das in seiner Seele brodelte. Die instrumentenstürmende Masche der Who hätte durchaus zu ihm gepaßt, und letztendlich hätte er womöglich seinen eigenen *Tommy* geschrieben (wie er es ja auf bestimmte Weise mit dem Urschrei-Album auch tat). Denn worum geht es in der berühmten Rockoper? Ein Junge, seelisch geschädigt durch die Betrügereien seiner Mutter, verliert all seine Sinne, außer dem primitivsten, dem Tastsinn. Er benutzt diese stumme, aber leidenschaftliche Fähigkeit, um zum Flipperhelden zu werden – ein Symbol des Rock'n'Roll. Von der Jugend der Welt als Popstar gefeiert, beginnt er sich zu entwickeln, indem er zunächst zum Guru und zuletzt zum Heiligen wird. Dies ist haargenau die Legende von John Lennon.

Aber statt, inspiriert durch die Gebote seines wahren Wesens, voranzudrängen, unterwarf sich Lennon den Verlockungen des kommerziellen Erfolgs. Anstatt daran zu arbeiten, die Öffentlichkeit auf sein Vorstellungsvermögen einzustimmen, paßte er sich dem Geschmack des Massenpublikums an. Als er den Vertrag mit dem Teufel unterschrieb, ging er wie selbstverständlich davon aus, den Teufel betrügen zu können, indem er die Freuden des Erfolgs genoß, seine Seele dabei jedoch für sich zurückbehielt. Er fand bald heraus, daß er sich selbst überlistet hatte. Die erste und dringlichste Forderung seiner neuen Karriere lautete, sich selbst umzukrempeln und ein Wesen zu verkörpern, das von Grund auf sein Gegenteil war: ein lächelnder, Witze reißender, tadellos herausgeputzter und zurückhaltender Popsänger. Wenn er und George die Zügel schießen ließen, die ihnen den Mund wundrieben, fanden sie sich von Paul auf der einen und von Brian auf der anderen Seite an die Kandare genommen und wie zahme Ponys mitgeführt, die den Parcours für Kleinkinder entlangtraben. Jetzt wurde zum erstenmal unmißverständlich deutlich, daß der notorisch brutale und harte Fall John Lennon – der Junge mit der Zunge, die durch Leder schneiden konnte, und dem Temperament eines Berserkers – hinter seiner kriegerischen Maske einen leicht manipulierbaren Menschen verbarg, der keine wirkliche Stärke hatte, weil sein Geist gespalten war. Die eine Hälfte sehnte sich nach seinem alten Leben in den Kneipen zurück, und die andere verlangte nach der großen Welt. So flauten Lennons Proteste bald in bloßes Nörgeln ab, und der Schwerpunkt der Band begann sich nach und nach zu verlagern, da Paul und Brian zunehmend das Profil der Beatles bestimmten. John, der noch den Titel des Anführers behielt, wurde in die Position eines ersten Sängers in Pauls Gruppe hineinmanövriert.

Mittlerweile traten die Beatles in die Fußstapfen des böse vom Schicksal gebeutelten Elvis. Statt einen gerissenen alten Hasen zu haben, der sie betreute, ihre Geschäfte regelte und dabei die Hälfte des «Jetztgeldes» für seine Tasche beanspruchte – für seine Nummer aber wenigstens Spitzenhonorare rausschlug –, wurden die Beatles von dem verwöhnten reichen Kind Brian Epstein an der

Nase herumgeführt und geradewegs an die intrigierenden und heuchlerischen Profis der Unterhaltungsindustrie ausgeliefert. Niemand in der Geschichte des Showbusiness ist jemals so ausgenommen worden.

Was John betraf, kam er nie über die Tatsache hinweg, sich verkauft zu haben. Bis zu seinem Todestag versuchte er, den Verrat an seiner forschen Muse zu rationalisieren. Einmal argumentierte er, der Eintritt in die Welt des Kommerz habe ihm seine «Freiheit» gegeben – die es ihn gerade gekostet hatte –, und ein anderes Mal bestand er darauf, er habe sich niemals wirklich unter das materielle Joch gebeugt, da er immer seinen Kragen aufgeknöpft und seine Krawatte schräg gebunden habe. Derart pathetische Rationalisierungen waren kein Ersatz für die Identität, die er verloren hatte und niemals wiederfinden sollte. Denn er hatte den Archetyp des Rokkers verkörpert, ein ungehobelter, zorniger Teddy Boy, der sich mit Betrunkenen prügelte und von der Bühne aus nach Miezen grabschte, während er irgendein blödes Zeug, das in seinen vollgedröhnten Kopf kam, spielte oder sang. Ehe er sich versah, war er ein fransenköpfiger, in Mod-Kleidung gesteckter Aufgeiler geworden, der der Menge gefiel, der die Witzeleien bei Pressekonferenzen mitmachte und mechanisch seinen Zwanzigminutenauftritt auf der Bühne eines Theaters abriß. «Niederschmetternd» ist das richtige Wort für diese Kehrtwendung und «Verkümmerung» das Wort für ihre Auswirkung. Lennon selbst jammerte in späteren Jahren: «Wir hatten uns verkauft, verstehst du. Die Musik war tot, noch bevor wir unsere Theatertournee durch England machten... Deshalb wurden wir als Musiker nie besser. Wir brachten uns damals um, nur um uns durchzusetzen.»

«Ausverkauf» heißt das fehlende Kapitel in der Geschichte der Beatles. Es ist das Kapitel, das niemand schreiben wollte. Dennoch ist es der Wendepunkt der ganzen Geschichte, speziell für John Lennon. Denn es markiert den Tod von Johnny dem Rocker und die Geburt des berühmten Beatle John.

DER GROSSE DURCHBRUCH

Die Decca Audition war ein Brian zugestandenes Beschwichtigungsmittel gewesen, nachdem er einen Boykott von Decca-Produkten durch NEMS, der größten Ladenkette im Norden, angekündigt hatte. Dick Rowe, der A & R-Mann für Decca-Singles, hatte Mike Smith, einen jungen Assistenten, beauftragt, die Beatles am 1. Januar aufzunehmen, einem Tag, an dem niemand arbeiten wollte. Smith mochte die Beatles, aber er bevorzugte doch die andere Band, die er an diesem Nachmittag gehört hatte: Brian Poole and the Tremeloes (ehemals eine Liverpooler Straßengang), weil sie nur zwölf Kilometer entfernt in Barking wohnten, die Beatles hingegen hoch oben im Norden. Während Brian über diese niederschmetternde Zurückweisung die Fassung verlor – Lennon gab ihm die Schuld, die Chancen der Band durch Herumpfuschen mit ihrer Musik zu ruinieren –, beschloß Dick Rowe, den Jungs doch noch eine Chance zu geben. Da Brian darauf beharrte, daß die Beatles im Cavern am eindrucksvollsten seien, arrangierte es Rowe, eines Abends unangekündigt zu kommen, um die Band nicht schon vorher nervös zu machen.

An dem Abend herrschte schreckliches Wetter. Als Rowe feststellte, daß er in der Matthew Street steckengeblieben war, der Regen niederprasselte, die Kids die Cavern-Tür zuknallten und der Gestank von Schweiß, Pisse und Chlor die Treppe heraufwehte, gab er einem natürlichen Impuls nach und sagte sich: «Scheiß drauf!» Er zog sich in sein Hotel zurück und ging zu Bett. Am nächsten Morgen kehrte er nach London zurück, ohne jemandem etwas zu sagen. Tatsächlich hatte er damit die Beatles zum zweitenmal abgelehnt.

Brians schließlicher Erfolg, ein Label zu finden, das er auf seine Jungs kleben konnte, war reiner Zufall. Eines Tages wachte er mit dem Gedanken auf, daß es zur Präsentation der Band besser wäre, eine Platte zu haben, statt zwei große Bandspulen. Deshalb ging er in den mehrstöckigen EMI-Laden in der Oxford Street und arrangierte die Überspielung. Der Ingenieur bemerkte, als er die Aufnahme abhörte, das Material sei «nicht so schlecht». Er bot an, es Syd Coleman vorzuspielen, dem Geschäftsführer einer von EMI kontrollierten Verlagsgesellschaft, dessen Büro sich im Gebäude befand. Zwei von Pauls Liedern, «Hello Little Girl» und «Love of the Loved» (später ein Riesenhit für Cilla Black), beeindruckten Coleman so sehr, daß er sie kaufte.

Als er erfuhr, daß die Beatles keinen Schallplattenvertrag hatten, rief er einen EMI-Kollegen an, der neue Popsänger suchte: George Martin, A & R-Mann bei Parlophone. (Dieses Imprint wurde intern EMIs «Scherzecke» genannt, weil es hauptsächlich für Komödienaufnahmen bekannt und im Vergleich zu HMV und Columbia, den international berühmten Labels der Gesellschaft, ein ziemlicher Scherz war.) Es stellte sich heraus, daß George Martin der einzige Produzent bei EMI war, der die Beatles bisher noch nicht abgelehnt hatte.

Am nächsten Tag erschien Babyface Brian im Parlophone-Büro am Manchester Square und stand mit Hängen und Würgen seine letzte Chance durch. Falls die Beatles es dieses Mal nicht schafften, blieb nur Embassy übrig, das Woolworth-Label! Der Mann, den Brian hier kennenlernte, ähnelte einem britischen Filmstar, ein eleganter, kühler Prinz-Philip-Typ mit einstudiertem BBC-Akzent. Er erinnerte den Delinquenten Brian an einen «strengen, aber aufrichtigen Herbergsvater». Brian machte auf Martin mit seinen absurden Sprüchen über eine Band oben in Liverpool, die «größer als Elvis» werden würde, einen armseligen Eindruck. Der wirkliche Prüfstein war jedoch das Demoband, das auf Martin den Eindruck machte, «entweder altes Zeug» zu sein, «wie Fats Wallers ‹Your Feet's Too Big› oder recht mittelmäßige Lieder, die sie selbst geschrieben hatten. Aber... da war eine außergewöhnliche Klangqualität, eine Ungeschliffenheit, der ich nie zuvor begegnet war. Ebenso bemerkenswert war die Tatsache, daß mehr als eine Person sang.»

Möglicherweise hätte Martin nichts weiter mit den Beatles riskiert, hätte er nicht unbedingt mit Norrie Paramor konkurrieren wollen, seinem Gegenspieler bei Columbia und Produzenten von Cliff Richard. Dazu bereit, es darauf ankommen zu lassen, setzte Martin, ohne überhaupt die Beatles kennenzulernen, einen Vertrag auf, der seine Firma zu wenig verpflichtete. Sobald die Beatles aus Hamburg zurückkehrten, unterschrieben sie: am 4. Juni 1962. Zwei Tage später betraten sie die berühmten Studios in der Abbey Road, um von George Martin einer genauen Prüfung unterzogen zu werden. Er ließ sie sowohl Standards als auch ihre eigenen Stücke spielen. Wieder war er nicht sonderlich beeindruckt. «Ich werde passendes Material für sie finden müssen», entschied er und fügte hinzu, er sei «ganz sicher, daß ihre kompositorischen Fähigkeiten keine verkaufsträchtige Zukunft haben.»

Als es Zeit für die Aufnahme wurde, erklärte Martin Brian Epstein, daß Pete Best, den der Produzent als unbeständig empfand, durch einen Studioschlagzeuger ersetzt werden müsse. Der Produzent hatte keine Ahnung, daß er mit dieser Forderung den letzten Nagel in Petes Sarg schlug. Martin vermutete ganz im Gegenteil, daß Best wichtig für die Beatles sei, weil er als einziges Mitglied der Gruppe wie ein Popstar aussah. Aber es war gerade Petes Attraktivität, die der Grund seines Untergangs war. Schon im März, als die Beatles ihr Radiodebüt bei der BBC hatten, waren Mädchen lärmend über ihn hergefallen. *Mersey Beat* berichtete: «John, Paul und George kamen unter Rufen und Applaus auf die Bühne, aber als Pete auftauchte, wurden die Fans wild! Die Mädchen kreischten. In Manchester war seine Popularität allein durch sein Aussehen gesichert.» Als die Mädchen nach der Sendung dem Schlagzeuger auflauerten, beobachtete Pauls Vater die Szenerie mit sichtlicher Verstimmung. Nachdem Pete mit zerzaustem Haar und zerrissenem neuen Mohairanzug entkommen war, hatte Jim McCartney säuerlich geäußert: «Warum mußtest du all die Aufmerksamkeit erregen? Warum hast du nicht die anderen zurückgerufen?» Er hätte für seinen Sohn sprechen können, der sich selbst am liebsten als «Paul Ramone» sah, den Schönling der Beatles.

Daß Paul Pete Best aus der Band haben wollte, ist recht wahrscheinlich, zumal wenn man bedenkt, daß Paul auch Stu Sutcliffe aus der Band gehetzt hatte. An seinen Fähigkeiten kann es nicht gelegen haben, denn Pete wurde von vielen als bester Schlagzeuger in Liverpool betrachtet. Überdies wurden Ringo Starrs Unzulänglichkeiten offenbar, als er sich George Martin vorstellte. Der war verblüfft, zu entdecken, daß Petes Ersatz nicht einmal einen ordentlichen Trommelwirbel ausführen konnte. Ringo wurde prompt durch denselben Schlagzeuger ausgetauscht, den man engagiert hatte, für Pete einzuspringen. Der wirkliche Unterschied zwischen Ringo Starr und Pete Best bestand darin, daß Ringo so reizlos und harmlos war wie Pete gutaussehend und selbstsicher.

John Lennon hat Pete die gelassene Souveränität beinahe so sehr verübelt, wie Paul McCartney neidisch auf Petes gutes Aussehen gewesen sein muß. Letztendlich mußte die Macht innerhalb der Gruppe zwischen John und Paul geteilt werden. Was beide als letztes brauchten, war ein dritter Mann, dessen Anziehungskraft nicht hätte ignoriert oder übertroffen werden können. Konsequenterweise mußte der überzählige Mann aussteigen – und der Neue mußte ein komischer Kauz sein.

Ringo Starr, mit bürgerlichem Namen Richard Starkey, war von Kindheit an ein seltsamer Vogel. Er wurde am 7. Juli 1940, drei Monate vor John Lennon, in Dingle geboren, was nach der Scotland Road den Ruf der ärmsten und rauhesten Gegend Liverpools hatte. Ringo lieferte den lebenden Beweis dafür, daß für die Bildung des Charakters das Naturell genauso entscheidend ist wie die Umwelteinflüsse. In mancher Hinsicht hatte Ringo eine noch schlimmere Kindheit als John Lennon, und dennoch entwickelte er sich zu einem sehr freundlichen und liebenswürdigen Mann. Wie John war Ringo ein Einzelkind, dessen Vater verschwand, als er drei Jahre alt war. Mit sechs kam er mit geplatztem Blinddarm und Bauchfellentzündung ins Krankenhaus, wo er ein ganzes Jahr bleiben mußte. Der schwache Schüler verdankte sein weniges Wissen der Betreuung eines Nachbarmädchens, das ihn eigentlich erzog, während seine Mutter als Barfrau arbeitete. Mit dreizehn bekam Ringo einen neuen Vater, einen Anstreicher namens Harry Greaves, ein gutmütiger Mann, der seinem Stiefsohn in jeder Form half. Aber Ritchie, wie ihn jeder nannte, erlitt eine neue schwere Krankheit – dieses

Mal waren es die Lungen –, was ihn zwei Jahre Krankenhaus kostete. Als er herauskam, wurde er Klempnerlehrling. Dann schenkte ihm sein Stiefvater sein erstes Schlagzeug.

Während er sich durch die ortsansässige Skiffle-Szene hocharbeitete, schloß sich Ritchie, aus dem auf Grund seiner Vorliebe für Fingerringe Ringo geworden war, Rory Storm and the Hurricanes an, einer der populärsten Liverpooler Bands. Als sie im Herbst 1960 in Hamburg spielten, lernte er die Beatles kennen, mit denen er sich, wie überhaupt mit jedem, sofort glänzend verstand. Er nahm sogar an einer selbstfinanzierten Aufnahme teil, bei der «Summertime» aufgezeichnet wurde, gesungen von Walter Eymond von den Hurricanes.

Es war schon merkwürdig, daß so ein kleiner, magerer, überhaupt nicht kräftiger Bursche Schlagzeuger sein sollte, denn das Instrument erfordert die Kraft und Koordinationsfähigkeit eines Athleten. Sein Gesicht mit den traurigen Hundeaugen und der Armesündermiene, eingerahmt von einem farblosen Bart, paßte ebensowenig zum Image eines Popstars. Eigentlich verdankte Ringo seine Karriere größtenteils dem Umstand, daß Schlagzeuger in Liverpool knapp waren. Der Grund lag im Preis von 250 Pfund im Gegensatz zu dem 14-Pfund-Preisschild an einer Gitarre. Deshalb gab es selbst für den unfähigsten Schlagzeuger einen Platz.

Bevor die Beatles Ringo übernahmen, war Kingsize Taylor in Ermangelung eines Besseren drauf und dran gewesen, ihn anzuheuern. Die Beatles hatten keine Bedenken wegen Ringos Unzulänglichkeiten, weil sie in erster Linie eine Gesangsgruppe waren, die einen Schlagzeuger nur zur Begleitung brauchte. Anfänglich arbeitete Ringo auf Probe für 25 Pfund pro Woche. Als neuer Mann mußte er auch einiges einstecken, speziell von Lennon. Obwohl John seinen seltsamen Kumpel wirklich gern mochte, behandelte er ihn immer mit unbeabsichtigter Herablassung, indem er zum Beispiel ausrief: «Hey, Ritchie! Hol uns ein Bier! So ist's brav, mein Junge!»

John Lennon konnte dem letzten Akt des Dramas um den Hinauswurf von Pete Best nicht seine volle Aufmerksamkeit widmen, da er zu dieser Zeit selbst von einer persönlichen Krise erschüttert wurde. Eines Tages eröffnete ihm Cynthia aus heiterem Himmel, sie sei schwanger. Lennon reagierte wie jemand, dem man gerade mitgeteilt hatte, er habe Krebs. «Ich sah, wie alle Farbe aus seinem Gesicht wich und Panik sich in seine Augen schlich», berichtete Cynthia. «Für eine Zeit, die wie eine Ewigkeit erschien, war er sprachlos. Ich starrte ihn an, und mein Herz schlug so schnell, daß ich glaubte, ohnmächtig zu werden.»

Schließlich brach John das lange Schweigen. «Da gibt's nur eins, Cyn. Wir müssen heiraten.» Dieses schnelle Urteil löste die Krise, aber es öffnete Tür und Tor für viel zukünftiges Leid.

Cynthia hatte John schon immer heiraten wollen. Vom ersten Jahr an hatte sie Strategien entworfen, die ihn dazu bringen sollten. John war Cynthia entkommen, indem er zu Mimi lief. Sie erinnerte sich, daß Cynthia eines Tages in Mendips ankam und im nächsten Augenblick John in Tränen ausbrach. «Er kam runter, weinte aus ganzem Herzen und schmiegte sich an mich, wie er es als Kind getan hatte. Er platzte damit heraus: ‹Cynthia will, daß wir morgen heiraten. Sie hat eine Sondererlaubnis beim Standesamt eingeholt. Ich will nicht heiraten. *Bitte!* Ich will nicht heiraten!›» Mimi fragte Cynthia, ob es wahr sei, was John erzähle. Sie erwiderte, sie sei gekommen, Mimi um Erlaubnis zu bitten, denn John sei erst neunzehn und sie selbst erst zwanzig. Mimi nahm John mit ins Nachbarzimmer und fragte ihn, ob er Cynthia liebe. «Er schüttelte den Kopf und antwortete, er sei sich nicht sicher. Da war alles klar. Ich ging rüber zu Cynthia und sagte, ihr geradewegs in die Augen schauend, daß ich mein Einverständnis nicht geben würde.» Nun, drei Jahre später, wurde die Angelegenheit in einer Form geregelt, die Mimi nur allzu vertraut war. Sie selbst wurde sieben Monate vor der Hochzeit ihrer Eltern geboren.

Erst am Abend vor der Trauung hatte John die Nerven, seine Tante damit zu konfrontieren. «Er kam und erzählte mir, Cynthia sei schwanger. Auf jeder Wange hatte er einen roten Fleck, der Rest seines Gesichts war bleich. Meine Nichte Leila flüsterte: ‹Oh, John!› Zwei Tränen flossen über sein Gesicht, und er sagt: ‹Mimi, ich will nicht heiraten.› Ich sagte: ‹John, du willst nie hören!› Später gab er mir die Schuld, verheiratet worden zu sein.» John fragte Mimi, ob sie an der Hochzeit teilnehmen wolle. Sie stieß einen Seufzer aus und antwortete: «Ich sage nur eins, und dann will ich ein für allemal Ruhe geben. Du bist *zu jung*! So, nun hab ich's gesagt. Jetzt werde ich auch in Zukunft nichts mehr sagen.» Weder Mimi noch irgendein anderes Mitglied der Familie Stanley waren bei der Zeremonie anwesend. Cynthia hatte solche Angst vor der Reaktion ihrer Mutter, daß sie die Nachricht bis zum Tag vor Mrs. Powells Abreise nach Kanada aufschob.

Der Hochzeitstag am 23. August 1962 war düster und deprimierend; es drohte zu regnen. Brian Epstein holte Cynthia in einem eleganten Nadelstreifenanzug ab und brachte sie zum Standesamt von Mount Pleasant. Sie trug ein abgetragenes zweiteiliges Kostüm mit purpur-schwarzem Schachbrettmuster, eine hochgeschlossene weiße Rüschenbluse von Astrid, schwarze Schuhe und eine Handtasche. Als Cynthia und Brian im Standesamt eintrafen, wurden sie bereits von John, Paul und George erwartet, die alle in den gleichen schwarzen Anzügen und weißen Hemden steckten. Die Jungs kicherten nervös. Brian Epstein war Brautführer; James Paul McCartney und Marjorie Joyce Powell (Cynthias Schwägerin) unterzeichneten das Formular als Trauzeugen. Im selben Augenblick als die Zeremonie begann, fing ein Arbeiter im Hinterhof eines benachbarten Gebäudes mit Bohrarbeiten an und hörte – wie auf ein Stichwort – erst wieder damit auf, als die Zeremonie beendet war. «Ich konnte kein Wort von dem verstehen, was der Kerl sagte», beschwerte sich John, als die Hochzeitsgesellschaft im nunmehr strömenden Regen über die Straße in Reece's Restaurant lief, wo es Brathähnchen und Suppe zum Mittagessen gab. Reece's hatte keine Alkohollizenz, so daß die Toasts auf die Frischvermählten mit Wasser ausgebracht wurden. Die Hochzeitsnacht verbrachte John mit den Beatles in Chester, wo sie im Riverpark Ballroom spielten.

Die Ehe war ein Zustand, den John aus guten Gründen fürchten mußte. Er sehnte sich danach, ein Rockstar zu werden und glaubte, Ehefrau und Kind könnten sich verheerend auf sein Image auswirken. «Die weiblichen Fans lebten in jenen Tagen tatsächlich in schlüpfrig-feuchten sexuellen Phantasien mit ihren Stars», bestätigte Lee Everet Alkin, die acht Jahre im Geheimen mit Billy Fury verheiratet war. Brian Epstein wählte für Lennons Ehe die gleiche Lösung, die sich Larry Parnes für die von Fury ausgedacht hatte: Cynthia mußte versteckt gehalten werden. Aber dieser Trick erlöste

John nicht von der Last, die ihn am meisten drückte: der Verantwortung, Ehemann und Vater zu sein. Außerdem sollte nicht übersehen werden, daß John bereits verheiratet war – mit den Beatles.

Cynthia bekam durch ihr entschiedenes Vorgehen zwar einen Gatten, doch verlor sie ihren Mann. Von nun an entzog sich John ihr monatelang, und sogar wenn er bei ihr war, behandelte er sie entweder zurückweisend oder mit Gleichgültigkeit. Er tat so, als existiere sie nicht. Unterdessen wurde Cynthia ständig über die Wichtigkeit belehrt, das, was den Mittelpunkt ihres Lebens ausmachte, geheimzuhalten. Es wurde kein Heim für sie geschaffen, weil John beabsichtigte, die Katastrophe in Grenzen zu halten und sie nicht mit einer festen Einrichtung abzusegnen. Nach einer kurzen Periode, in der Brians Absteige in der Faulkner Street als Versteck diente, wurde Cynthia nach Mendips verfrachtet, wo sie Mimis Gutdünken ausgeliefert war. Bis Weihnachten teilte Johns Frau das Erdgeschoß mit Mimis studentischen Untermietern und verbarg ihre Schwangerschaft unter weiten Kleidern. Obwohl die Beziehung zwischen den beiden Frauen niemals herzlich war, gewann Cynthia dennoch Mimis Sympathie.

Am gleichen Tag, an dem John und Cynthia Mann und Frau wurden, kam die Neuigkeit von Pete Bests Rausschmiß auf der ersten Seite von *Mersey Beat* als Sensation groß raus. Petes Fans waren rasend vor Wut. Die Nachricht über den EMI/Parlophone-Vertrag gehörte in Liverpool inzwischen zum Allgemeinwissen. Petes Anhänger fühlten sich betrogen, daß man ihren Helden im Augenblick des Triumphes rausgeschmissen hatte. Sie belagerten NEMS und das Cavern und riefen: *«Hoch lebe Pete! Ringo is Schiet!»* und *«Pete is best!»* Paul und John wurden von den Fans angegriffen, und George holte sich ein blaues Auge. Brian Epstein konnte das Cavern nicht mehr ohne Leibwächter betreten. Der Aufruhr endete rasch, aber die Bitterkeit, die durch die Umstände von Petes Entlassung geschaffen worden war, hielt sich noch Jahre später. Keiner der Beatles konnte Pete in die Augen sehen und sagen: «Du bist draußen!» Deshalb wurde Brian die Aufgabe zugeschoben. John Lennon gab in der Folge zu, einen Fehler gemacht zu haben, aber es war ein charakteristischer Fehler von John, der es niemals verstand, die Suppe auszulöffeln.

Vom Temperament her war Ringo Starr das Gegenstück zu Pete Best. Pete war ein Jockey-Schlagzeuger, einer jener Trommler, die die Bands stets voranpeitschen und mit ihrem spannungsgeladenen, drängenden Druck auf die Felle ihre Präsenz jeden Augenblick spüren lassen. Ringo war ein Fundament-Schlagzeuger, ein rhythmischer Maurer, der die Spannung im Spiel der Beatles verzögerte, aber für einen unerschütterlichen Marschkapellensound sorgte, worauf die Beatles Schicht für Schicht gesanglicher, instrumentaler und später dann elektronischer Klänge aufbauten.

Die erste Aufnahmesession der Beatles war deshalb bemerkenswert, weil sie sich auf ein von ihnen selbst komponiertes Stück konzentrierte: «Love Me Do», eine frühe Komposition von Paul. John hatte sie mit einem bluesigen Gejammer auf der Mundharmonika eingeleitet, angeregt durch Bruce Channels letzten Hit «Hey Baby!» (Pete Best hatte den Verdacht, daß die melancholischen Klänge, die John auf der Mundharmonika produzierte, mit Stus kürzlichem Tod zu tun hatten.) Wenn man bedenkt, daß George Martin einmal mit der Annahme eingestiegen war, er würde die Beatles mit professionell geschriebenen Stücken ausstatten müssen, ist es bemerkenswert, daß sie ihn bereits überredet hatten, ihre eigenen Kompositionen aufnehmen zu dürfen. Dies war die wichtigste Einzelentscheidung in der Aufnahmekarriere der Beatles, nicht nur weil sie ihnen auf die Beine half, sondern weil sie bald einen enorm wichtigen Präzedenzfall für andere Bands darstellte. In der Folge sollte sich britischer Rock zu einer Musik entwickeln, die ganz und gar von ihren Darstellern gemacht wurde. Vom Standpunkt des Verkaufs betrachtet, wurde die erste Scheibe der Beatles eine Enttäuschung. Nach ihrer Veröffentlichung am 4. Oktober versuchte Brian die Platte anzukurbeln, indem er eine riesige Bestellung für NEMS aufgab, aber die Single erreichte mit einem enttäuschenden 17. Platz ihren Höchststand. In Wirklichkeit war es nicht diese erste Aufnahme, die zählte, sondern der zweite Besuch im Studio, ein paar Monate später, bei dem «Please Please Me» herauskam, der erste Hit der Beatles.

Es war ein Stück von John Lennon, hauptsächlich durch Roy Orbison angeregt, aber auch genährt von Johns Vernarrtheit in das Wortspiel in Bing Crosbys berühmtem «Please, lend your little ears to my pleas.» Diese Platte trifft zum erstenmal jenen Ton flotter britischer Popmusik, der kennzeichnend für die Beatles wurde. Vom Läuten feierlicher Glocken am Anfang bis zu den üppigen, erfrischenden Harmonien seiner widerhallenden Gesangseröffnung, ist das Lied ein unwiderstehlicher «Bon Voyage!»-Ruf – als würden Matrosen sich gegenseitig Kommandos zurufen, während sie ein Segel setzen. Gegen Ende der Session drückte George Martin den Knopf der Gegensprechanlage im Kontrollraum und kündigte an: «Meine Herren, Sie haben gerade Ihre erste Nummer-eins-Scheibe aufgenommen!»

ZUR ABSOLUTEN SPITZE IM POPGESCHÄFT

Am 2. Februar 1963 betraten die Beatles die Welt, die sie so lange verachtet hatten. Als sie durch die Bühnentür des Gaumont-Kinos in der heruntergekommenen Industriestadt Bradford gingen, wurde ihnen ein schmutziger kleiner Umkleideraum ohne Heizung und Warmwasser zugewiesen. Die Jungs starrten mit ernster Miene in den Spiegel und trugen Max Factor Nr. 5 auf, bis ihre Wangen beinahe so glänzten wie ihre rosa Hemden. Ihr Haar war jetzt zu einer eng anliegenden Haube über die Stirn gekämmt (ein Schnitt, den ihnen Jürgen Vollmer verpaßt hatte, als sie ihn an Johns einundzwanzigstem Geburtstag in Paris besuchten). Dann zogen sie ihre neuen Bühnenkostüme an: Hosen mit weitem Schlag und Samtkragenjacketts in sattem Weinrot.

Paul hatte die Anzüge entworfen, wodurch deutlich wird, wie umfassend sich die Beatles der Aufgabe angenommen hatten, sich selbst zu vermarkten. Obwohl die Presse lange darauf bestand, die Fab Four seien Marionetten in den Händen von Pop-Mogulen, stimmte das Gegenteil. Jedes signifikante Merkmal des erdichteten Beatles-Image, von den berühmten Haarschnitten bis zu den Schlabberhosen, den Chelsea-Stiefeln bis zu den Schnabelmützen – ganz zu schweigen von solch offenkundigen Manierismen, wie ihre Angewohnheit, bei einem hohen Falsetton das Haar zu schütteln –, war das Ergebnis eigener Vorlieben und Erfindungen.

Nachdem sie sich ein letztes Mal gemustert und mit nervösen Witzen aufgeheizt hatten, griffen sie ihre Gitarren und gingen hinaus in die Kulissen. Ihr Auftritt war der zweite von sieben Programmpunkten. Hauptattraktion war Helen Shapiro, eine siebzehnjährige «Baby girl»-Sängerin mit einer Stimme wie Paul Robeson. Nach all den Jahren der Verunglimpfung der britischen Popszene, folgten die Beatles jetzt geradewegs dem Vorbild der Shadows.

Der Eröffnungsauftritt gehört einem armseligen Püppchen, das entbehrlich ist. Eine Stimme aus dem Bühnenhintergrund kündigt sie uninteressiert an: «Guten Abend, meine Damen und Herren. Willkommen im Adelphi Theater von Slough, wo Arthur Howes die Show dieser Woche präsentiert. Und hier ist als erstes Rita Ginch!» Der Vorhang hebt sich, und die Bogenlampe konzentriert ihr trübes Weißblau auf die ungeschickt sich bewegende junge Frau vor einem billigen Mikro, während die Parkettband, reichlich bestückt mit Klavier und Saxophon, in eine stupide Melodie im Stil jener unglücklichen Tage hineinsegelt, als die Popszene sich in der Talsohle zwischen Elvis und den Beatles befand, ein Stil, den man in England «High School» nannte.

In dem Augenblick, da der Vorhang fällt, stürzen die Beatles auf die Bühne, um ihre Gitarren anzuschließen und ihre Positionen einzunehmen. Bevor sich der Vorhang wieder hebt, legt die Band los. Und während er noch beiseite gezogen wird, sind die Beatles schon in voller Fahrt. John steht allein vor einem Mikro, vom Publikum aus rechts. Sein Körper hebt und senkt sich wie der eines Reiters im Steigbügel, dabei singt er den Text zu «Chains», einem monatealten Hit der Cookies. Paul und George tänzeln um das andere Mikrophon herum. Paul streckt seinen Hals vor wie ein Hahn und zwinkert mit den Augen wie Eddie Cantor, während George verschämt seinen Kopf über die Gitarre beugt, wenn er nicht gerade Kopf an Kopf mit Paul ins Mikro singt. Ringo grinst treuherzig und drischt gleichzeitig mit seinem Maurerbeat auf das nicht mit Mikrophonen versehene Schlagzeug ein.

Die jungen Sänger solcher Tourneen sehnten sich danach, Allround-Unterhaltungskünstler wie Tommy Steele zu werden. Sie konnten nicht nur singen, sondern machten eine richtige Show und legten ein paar Tanzschritte vor. Aber die Jungs aus Liverpool schienen über keine Bühnenshow zu verfügen – sie schienen einfach nur eine Band reizender Burschen zu sein, die sangen, was ihnen gefiel, und auf der Bühne taten, was sie gerade wollten. In Wirklichkeit war genau dies die Show der Beatles, und jedes Detail war berechnet und einstudiert, nicht anders als die abgedroschene Routine, die die anderen Sänger zeigten.

Die Beatles waren viel zu clever, um in die Falle der Wiederholung dessen zu geraten, was andere Interpreten bereits getan hatten. Sie wußten, daß sie sich nicht wie Tänzer bewegen konnten oder wie Filmstars aussahen, oder gar ihre Instrumente beherrschten wie die amerikanischen Topstars. Daher entschieden sie sich bewußt dafür, als bezaubernde Amateure zu erscheinen. «Wir kümmern uns eigentlich nicht wirklich um das, was wir auf der Bühne machen», versicherte Lennon der attraktiven jungen Maureen Cleave vom *Evening Standard* kurz vor der Tournee. «Wir praktizieren, was wir ‹das Nichts angrinsen› nennen. Eins, zwei drei! Und wir grinsen alle das Nichts an! Wenn wir mit Helen Shapiro touren, weiß ich nicht, wie wir klarkommen werden. Ich denke, ich könnte mich wie Al Jolson auf den Fußboden legen.» Eine schallende Ohrfeige für die Profis! Das war die Show der Beatles.

Der größte Fan der Beatles auf ihrer ersten Tournee war Helen Shapiro. Statt ihr Privileg als Star zu nutzen und in einem Privatwagen zu reisen, stieg Helen jeden Morgen mit in den Bus und setzte sich neben John Lennon, in den sie regelrecht verknallt war. Während Paul und George auf der Rückbank des Busses Platz nahmen, weit weg vom Motorenlärm (sie übten Achtelnoten auf der Gitarre und «Oooohs» im Falsett), saß John vorn und verhielt sich Helen Shapiro gegenüber genauso liebenswürdig, wie er zu Johnny Gentle gewesen war. «John kümmert sich viel um mich», vertraute Helen Tony Barrow an, dem neuen PR-Mann der Beatles, «und behandelt mich väterlich, ist dabei aber in einer angenehmen Weise beschützend... Er ist nicht der gefühllose und brutale Kerl, als den ihn einige Leute sehen... Eines Tages wird er einen großartigen Vater abgeben und einen wunderbaren Ehemann.» Sechs Wochen nachdem Helen Shapiro diesen Kommentar abgegeben hatte, brachte Cynthia Julian unter Umständen zur Welt, die Johns Charakter sowohl als gefühllos wie als brutal bestätigten.

Das Leben unterwegs war öde und unbequem. Obwohl die Beatles nicht gezwungen waren, im kalten Bus auf einem Parkplatz zu schlafen, wie einige Künstler am unteren Ende der Programmliste, verbrachten sie die Nächte in schäbigen Kaschemmen, wo über Gäste aus dem Showgeschäft die Stirn gerunzelt wurde. Die Tage verschlang das Gekrieche über schlechte Straßen, die sich bei dem winterlichen Wetter noch verschlimmerten. Die einzelnen Strecken waren nicht weit, aber die Fahrten dauerten unverhältnismäßig lange. Zwischen zwei oder vier Uhr nachmittags pflegte der Bus am Konzertort anzukommen. Jeder bekam dann eine Tasse Tee und hörte gewöhnlich kurz bei Radio Luxemburg rein. Danach ließen sich die Musiker in ihren Umkleideräumen nieder. Helen Shapiro hatte einen Fernseher in ihrem Zimmer, der die Zeit vertreiben half. Für die Beatles gab es immer ein gewisses Maß an Getränken und gelegentlich einen «Kniezittrer» (Sex im Stehen) mit einem «Schrubber» (Groupie).

Die erste Show begann um halb sieben, die nächste Vorstellung um neun, was bedeutete, daß erst gegen Mitternacht Feierabend war. Zu dieser Stunde gab es nur noch in kleinen chinesischen oder indischen Lokalen etwas zu essen, was Lennon gefiel, weil er eine Vorliebe für scharfe Gerichte hatte. Danach hieß es zurück in eine kalte, feuchte Absteige. Am nächsten Morgen nach dem Frühstück hupte der Bus vor der Tür, und sie fuhren weiter – vielleicht nach Shrewsbury.

Mitten in der Tournee fuhren die Beatles plötzlich nach London. Dort nahmen sie an einem einzigen Abend ihr erstes Album *Please Please Me* auf. Diese Tour de force war durch George Martins Eindruck zustandegekommen, die Band sei auf der Bühne besser als im Studio. Deshalb hatte er anfangs entschieden, ihr Debütalbum im Cavern mitzuschneiden, wo die Jungs am selbstsichersten waren und von der frenetischen Unterstützung ihrer Fans profitierten. Aber als Martin das berüchtigte Verlies unter der Matthew Street inspizierte, stellte er fest, daß es der Alptraum jedes Toningenieurs war. Selbst wenn die Beatles die großartigste Vorstellung ihrer Karriere gegeben hätten, wäre die Aufnahme eine akustische Flickschusterei geworden. Weiterhin nicht gewillt, seinen Plan aufzugeben, kam Martin auf die Idee, eine Show im Studio zu veranstalten. Ein Publikum kam nicht in Frage, aber man könnte die Gruppe aufzeichnen, als stünden sie auf der Bühne und spielten ein Stück schnell hinter dem anderen, ohne das Ganze jemals für eine Zigarettenlänge oder einen Schluck Tee zu unterbrechen. Martin glaubte, wenn er es erst einmal schaffte, die Beatles abheben zu lassen, würden sie mit der gleichen Begeisterung loslegen, als spielten sie auf einer Bühne.

Das Album, das aus diesem aufreibenden Experiment hervorging, war ein voller Erfolg. Vom Abzählen für «I Saw Her Standing There» an bis zum grölenden Finale, das aus «Twist And Shout» von den Isley Brothers bestand, strömt die Musik mit der Unmittelbarkeit, Lebhaftigkeit und Spontaneität einer Live-Darbietung aus den Lautsprechern. Der Zuhörer glaubt in der ersten Reihe zu stehen und vom überschäumenden Elan der jungen Beatles verschlungen zu werden. Genauso beeindruckend wie die Musik ist der große Einfallsreichtum, den die Band vorführt, obwohl sie nur über beschränkte Hilfsmittel verfügt. Wenn die Beatles auch an diesem Punkt ihrer Entwicklung als Sänger oder Komponisten noch nicht bemerkenswert sind, so gleichen sie ihre Unzulänglichkeiten durch ihr großes Selbstvertrauen und ihre Spielfreude aus. Sie sind so sehr über ihr Geschick entzückt, daß sie selbst entzückend werden.

Der Titelsong «Please Please Me» schaffte den Sprung in die Hitparade und hielt Kurs auf die Spitze. Am Nachmittag des 19. Februar 1963 war es soweit. Ida «Stevie» Holly, ein siebzehnjähriger Fan, erinnert sich, an diesem Nachmittag die Stufen zur Walker-Kunstgalerie hochgestiegen zu sein. Sie hatte sich zu einer Verabredung mit John Lennon verspätet. Plötzlich sah sie ihn ekstatisch schreiend durch die Drehtür wirbeln: «Wir sind Nummer eins. Wir sind Nummer eins! Wir sind Nummer eins!» Er rieß Stevie hoch, drehte sie herum und zog sie die Stufen hinunter zu einem schäbigen blauen Ford mit George am Lenkrad. Nach wenigen Minuten landeten sie in Brians Büro, wo alle Beatles außer Paul anwesend waren. Als er eintraf, fragte er: «Was ist denn hier los?» Als er die Neuigkeit erfuhr, sank er auf die Fensterbank und stöhnte: «Jetzt müssen wir im beknackten Palladium spielen!»

Als die Jungs sich am 9. März auf ihre zweite Tournee mit den beiden amerikanischen Stars Chris Montez und Tommy Roe begaben, stand das Album auf Platz drei der Hitparade. Am Premierenabend wurde von dem Augenblick an, als die Beatles erschienen, gekreischt. Paul drehte sich um und lächelte den anderen Jungs glücklich zu. Mit jedem folgenden Stück wuchs die Erregung des Publikums, bis es gegen Ende der Show aussah, als sollten die Beatles eine Ovation erhalten. Dann kamen die amerikanischen Größen an die Reihe. Jeder verfolgte einen anderen Stil: Chris Montez ein hitziges Bring-sie-in-Wallung-Image; Tommy Roe eine direkte, aufrichtige Vortragsweise, die an Buddy Holly erinnerte. Zum allererstenmal konnten die amerikanischen Bands ihren britischen Konkurrenten nicht standhalten. Am nächsten Abend kündigte das Management eine Änderung des Programms an: die neue Hauptattraktion waren die Beatles. «Hey, jetzt sind wir Stars!» rief John Lennon und fügte ironisch hinzu: «Jetzt müssen wir anfangen, uns zu benehmen.» In Wirklichkeit brauchten die Beatles nichts anderes zu tun, als weiter Hits aus dem Ärmel zu schütteln.

Als dann die Hits erst einmal kamen, traten Lennon und McCartney in den Rang jener berühmten Komponistenteams, die seit jeher das Rückgrat der populären Musik gewesen sind. Ihre Zusammenarbeit war jedoch einzigartig. Statt die Aufgaben in der üblichen Form zwischen Texter und Komponist aufzuteilen, wechselten sie sich beim Schreiben und Überarbeiten sowohl der Texte als auch der Musik ab. Ihre spezielle Stärke lag in der Art, wie sie sich gegenseitig ergänzten. Wenn Paul zu süßlich wurde, war John ätzend. War John von schwarzer Musik besessen, hatte Paul ein Ohr für lilienweißen Pop. Sollte Paul verbal ins Stocken geraten, fand Lennon für jede Situation ein Wort oder eine Pointe. Wenn andererseits Lennon dazu neigte, immer wieder dieselben Akkorde zu quälen, konnte McCartney stets mit einem frischen Übergang aufwarten, wie etwa dem Akkord aus «I Want to Hold Your Hand». Und was das Wichtigste war: sollte John dazu tendieren, auf einer oder zwei Noten rumzuleiern, konnte Paul eine Phrasierung setzen, die wie durch Zauberhand die Gestalt einer originellen Melodie annahm, die kostbarste Gabe eines Popkomponisten.

Obgleich John und Paul Hunderte von Stunden in Hotelzimmern, Lastwagen oder Heimstudios verbringen mußten und Seite an Seite miteinander arbeiteten, begannen sie im allgemeinen ihre Stücke unabhängig voneinander. Wie Lennon erklärte: «Einer schrieb den größten Teil des Songs, und der andere half, ihn zu Ende zu führen, indem er ein wenig Melodie oder ein wenig Text hinzufügte.» Deshalb waren Lennon/McCartney-Songs von Anfang an einteilbar in Lennon- *oder* McCartney-Songs, bei denen die Zuschreibungsregel gilt: wenn Lennon erste Stimme singt, dann ist auch das Stück von ihm. Als Komponisten waren sie zunächst nicht zu unterscheiden, weil sie auf das Komponieren nicht wie Künstler zugingen, die sich auszudrücken wünschten, sondern eher als Melodienschmiede, die jede beliebige Aufnahme, die zur Zeit gefragt war, in den Schatten stellen konnten. Als eingeweihte Modeapostel ahmten sie jeden neuen Stil oder Trend nach, sobald er aus Amerika, dem großen Bienenkorb der Popmusik, herausgesummt kam.

Zunächst kopierten sie männliche Gruppen wie die Coasters, Isley Brothers und die Miracles (mit Smokey Robinson), später auch weiblich besetzte Bands, speziell die Cookies, die Shirelles und Ronnie and the Ronettes. Dann kamen die frühen Tamla/Motown-Stars Mary Wells und Marvin Gaye, gefolgt von der rauheren Soulvariante aus dem Süden, wie James Brown und Wilson Pickett. Die meisten dieser Künstler haben noch heute einen großen Namen, aber Lennon und McCartney wurden genauso entscheidend von vielen inzwischen vergessenen Gruppen und Solisten beeinflußt, so von Rosie and the Originals, den Canastas, den Tams, den Impressions, den Jodimars, außerdem von Derek Martin, Arthur Alexander, Bobby Parker, Major Lance, Chuck Jackson, Tommy Tucker, Lenny Welch oder James Ray – um die Liste auf die Rhythm-and-Blues-Hitparade zu beschränken.

Die Jungs aus Liverpool waren, wie der junge Elvis, hervorragende Beobachter der Popmusik, die alles hörten, alles begriffen – und alles, was später einmal brauchbar sein könnte, speicherten. Sie wurden von den zwei Prinzipien des Mersey-Beat motiviert: 1. Alles, was die machen können, können *wir* schon lange; 2. wenn wir etwas machen, was das Publikum nicht wiedererkennt, ist es *unser* Stück. In ihrem Respekt für die Quellen unterschieden sich Lennon/McCartney in nichts von einem zynischen, alteingesessenen Schreiberling in der Tin Pan Alley. Sie waren schnell dabei, ein Motiv zu klauen, oder sich mit allem, was sie schnappen konnten, davonzumachen. Das war ziemlich viel, denn sie waren auf der anderen Seite des Atlantiks und das entliehene Material erschien im typischen Fall auf obskuren Rhythm-and-Blues-Labeln. Paul gestand witzelnd, die Beatles seien «Kriminelle», und John führte 1974 in einer Radiosendung die Hörer geradewegs an den Schauplatz des Verbrechens. John spielte «Watch Your Step» von Bobby Parker, eine nicht gerade geläufige Platte eines unbekannten Sängers, und offenbarte dabei, daß der berühmte Schlenker, der sowohl in «I Feel Fine» als auch in «Day Tripper» verwendet wurde, aus dieser fernliegenden Quelle geklaut worden war. Bei einer anderen Gelegenheit erklärte er sich selbst für schuldig, nachdem er dem berühmten Produzenten Phil Spector einen neuen Song mit dem Titel «Happy Xmas (War Is Over)» vorgestellt hatte. Spector explodierte: «Das ist ein direkter Diebstahl meines Hits mit den Paris Sisters von 1961 ‹I Love You How You Love Me›!» John pflegte zu sagen: «Es ist nicht schlimm zu klauen, vorausgesetzt man klaut bei den Besten.»

Tatsächlich aber *ist* es schlimm zu klauen. Man kann nämlich erwischt werden! Sowohl John Lennon als auch George Harrison wurden in Gerichtsverfahren ausdrücklich des Plagiats bezichtigt und gezwungen, Entschädigungen zu zahlen. John Lennon gab seinen abschließenden Kommentar zu diesem Thema, als man ihn um seine Meinung zu dem Urteil gegen George Harrison bat, der die Melodie seines bekanntesten Stücks «My Sweet Lord» kopiert hatte. «In den ersten Jahren», erinnerte sich John, «trug ich oft den Song eines anderen im Kopf herum, und nur wenn ich ihn auf Band aufnahm – weil ich keine Noten schreiben kann –, konnte ich ihn bewußt in meine eigene Melodie umsetzen, denn ich wußte, daß mich ansonsten jemand hätte verklagen können. George hätte ein paar Takte in dem Song ändern können, und niemand hätte ihm etwas anhaben dürfen; aber er blieb dabei und bezahlte den Preis. Vielleicht glaubte er, Gott ließe ihn davonkommen.» Bright Tunes, der Besitzer des Urheberrechts von «He's So Fine», 1963 ein Hit der Chiffons, verklagte Harrison und zwang ihn, 587000 Dollar rauszurücken. Was den Text zu «My Sweet Lord» angeht, behauptet Allen Klein, Harrisons damaliger Manager, er sei von Billy Preston, Georges Keyboarder, geschrieben worden, der als erster das Lied bei Apple aufnahm. (Über Plagiate in der Popmusik müßte ein ganzes Buch geschrieben werden, nicht nur um die Diebe bloßzustellen und ihren Opfern verspätete Anerkennung zukommen zu lassen, sondern um die faszinierenden Vorgänge auszuleuchten, auf welche Art Ideen in diesem mentalen Brutkasten ausgebrütet werden.)

Wenn John Lennon der trickreichste Taschendieb im Musikgeschäft war, so hatte er allerdings auch ein Loch in der Tasche, denn er hinterließ immer mehr am Tatort, als er mitnahm. Während er sich mit kurzsichtiger Intensität auf den gefälligen Ohrwurm oder ein eingängliches Motiv der neuesten amerikanischen Veröffentlichung konzentrierte, brachte er unbewußt so viel seiner nordenglischen Seele in die Substanz dieses fremden Stücks mit ein, daß er eine einzigartige und äußerst originelle Mischung produzierte. Johns Stücke sind Originale – abgesehen von der Stelle, die jeder mitpfeift.

Der erste große internationale Hit der Beatles «I Wanna Hold Your Hand» (so nannte ihn John auf der Textbeilage), veranschaulicht perfekt Lennons Anglikanisierung der Popmusik. Dieses Stück ist, als munterste Prägung seiner Zeit, dem Rock'n'Roll-Milieu entlehnt. Aber es ist weder Rock'n'Roll, noch Rhythm and Blues oder Country and Western. Am nächsten kommt der Song einem flotten, schmissigen britischen Eilmarsch, einmal wegen seines Bumm-bumm-bumm-bumm-uumpah-Echos, das hinter der Melodie die Tonleiter hochklettert, und außerdem wegen des Rhythmus, der voranstürmt wie Soldaten bei der Parade. Melodie, Tonart und Rhythmus des Songs erinnerten an das schottisch-irische Stolzieren von John Philip Sousa und waren verblüffend originell, weil sie aus einer völlig anderen Tradition als der des amerikanischen Pop kamen. Im Unterschied zu dem pseudo-funky Stil der damaligen Top Fourty atmet das Stück jene schneidende, saubere nordenglische Luft aus, die sich bald darauf in «A Hard Day's Night» zu einem Sturm aufblähen sollte.

Dennoch wäre es nicht damit getan, alles Originelle an den Beatles ihrer englischen Abstammung zuzuschreiben. Die bemerkenswerteste Seite ihrer Herkunft war nämlich der internationale Charakter. Als Mersey Beat-Band, die mit Material aus dem Hillbilly-Süden und den schwarzen Stadtzentren ihren Stil in Deutschland entwickelt hatte, verkörperten die Fab Four den kulturellen Eklektizismus der Sechziger-Jahre-Jet-Ära, lange bevor die neue

Epoche ihre Richtlinien festlegte. Um die Beatles wirklich zu orten, müßte man einen Punkt in den Raum auf halber Strecke zwischen Amerika und Indien projizieren (beide früher Teile des britischen Imperiums) und einen Punkt in die Zeit, mit gleichem Abstand zu Varieté-Theater und Discothek. Man müßte sowohl auf Elemente des traditionellen britischen Nonsens hinweisen als auch auf Rückstände der in die provinzielle englische Kunsthochschule hinuntergefilterten europäischen Avantgarde. Als weitaus heterogenste jemals bisher in der Popmusik verfügbare Mischung war die Substanz, aus der die Beatles ihre Stärke zogen, weder eine einzelne noch eine Kombination mehrerer Traditionen, sondern buchstäblich alles, was damals in der Luft lag.

Während John mit der schnell aufwogenden Ruhmeswelle dem Erfolg entgegeneilte, kämpfte sich seine Frau durch ihre einsame und zermürbende Schwangerschaft. Am Nachmittag des 6. April 1963 glaubte Cynthia beim Einkaufen mit ihrer besten Freundin Phyllis in Penny Lane die Wehen zu spüren. Zurückgeeilt nach Mendips ließen die Schmerzen nach, doch sie bat Phyllis, über Nacht zu bleiben. Nachdem sie zu Bett gegangen waren, stieß Cynthia plötzlich einen lauten Schrei aus. Phyllis sprang hoch und rief einen Krankenwagen. Die beiden Frauen stiegen im Nachthemd in das Fahrzeug und rasten ins Sefton General Hospital, wo Cynthia sich selbst beglückwünschte, daß sie nicht zu Hause oder in der Ambulanz entbunden hatte. Den ganzen nächsten Tag lag Cynthia in Schmerzen, und ihr Stöhnen wurde lauter und lauter. Erst um 7 Uhr 45 am nächsten Morgen, dem 8. April 1963, brachte Cynthia endlich das Baby zur Welt, mit einem Muttermal am Kopf und mit «schrecklich gelber Farbe», hervorgerufen von der Nabelschnur, die sich um den Hals gewickelt hatte. Der Säugling, John Charles Julian Lennon genannt, wurde ihr abgenommen und zwei Tage auf der Intensivstation gepflegt.

Eine ganze Woche verging, bis John Lennon im Krankenhaus auftauchte. Er eilte in Cynthias Zimmer, faselte aufgeregt herum und hob das Baby hoch. «Er ist verdammt toll, Cyn!» rief John. «Wer wird ein berühmter Rocker wie sein Papa?» Als sich diese freudige Szene entfaltete, drückten ein paar Frauen ihre Gesichter gegen die

Glasscheibe des Zimmers, lächelten und zeigten auf John, eine lokale Berühmtheit. John reagierte zerfahren und nervös. Er sehnte sich danach abzuhauen, aber zuerst mußte er noch eine Kleinigkeit erledigen, die die wirkliche Ursache seines Unbehagens war.

Er wandte sich an Cynthia und sagte ihr ohne Umschweife, er würde mit Brian einen kurzen Urlaub machen. Cynthia war außer sich über diese überraschende Neuigkeit. Wie konnte John wegfahren und sie mit ihrem neugeborenen Baby alleinlassen – und ausgerechnet mit Brian Epstein? John feixte: «Bist mal wieder egoistisch, was?» Dann beschwerte er sich voller Selbstmitleid: «Ich hab mir jetzt monatelang meinen verdammten Arsch aufgerissen mit einem Konzert nach dem anderen... Brian möchte, daß ich mitfahre, und ich schulde es dem armen Kerl. Mit wem sonst könnte er denn wegfahren?» John verschwand, und seine dubiose Entschuldigung blieb im Raum stehen.

Was John Cynthia nicht zu erzählen wagte, war die Art, wie er seine Freizeit verbracht hatte, während sie unter der Qual des Wochenbetts gelitten hatte. Ende März hatten die Beatles ihre letzte Tournee beendet. Seitdem waren sie kreuz und quer durch das Land gerast und hatten von Brian gebuchte Konzerte gegeben oder Radio- und Fernsehshows aufgenommen. Keiner dieser Einzelauftritte war so wichtig gewesen, daß er nicht hätte abgesagt oder umgebucht werden können, so daß John etwas Zeit mit seiner schwangeren Frau hätte verbringen können. Tatsächlich war John schon zwei Tage nach Julians Geburt für einen Auftritt im nahen Birkenhead und für einen weiteren, zwei Tage später im Cavern, in Liverpool gewesen. Keines von beiden Malen fuhr er hinaus ins Krankenhaus. Was ihn in dieser Zeitspanne fesselte, waren nicht die kleinen Auftritte in der Provinz, sondern seine zart knospende Beziehung zu Brian Epstein in London. Brian führte John in die schwulen Kreise der West End-Theaterszene ein, zu der sich der junge Rocker augenblicklich hingezogen fühlte.

Peter Brown, Brians Intimus, bot eine gute Einschätzung dessen an, was mit John los war, während Cynthia seinen Sohn zur Welt brachte: «Als Brian das NEMS-Büro in London eröffnete, behielt er John zunächst an seiner Seite. Es war eine geschäftige Woche, in der Brian wahrscheinlich eine Menge Parties feierte. John sollte sich später erinnern, daß es ihm gefiel, auf Brians Schwulenparties zu gehen, weil John dadurch einen flüchtigen Einblick in eine Welt geboten bekam, die ihm völlig fremd war. Er fühlte sich ganz und gar fehl am Platz und stand mit verdrehten Augen und brutal aussehend in einer Ecke. Natürlich nahmen alle Männer an, er sei einer von der harten Sorte, und fühlten sich um so mehr zu ihm hingezogen. Als Brian John erst einmal soweit hatte, versuchte er, seine Eroberung perfekt zu machen. Er schlug John einen gemeinsamen Kurztrip nach Spanien vor, ein Land, in das Brian immer verliebt gewesen war und wo er später ein paar junge Stierkämpfer hofierte. John willigte ein, zunächst aber flog er kurz nach Liverpool, um das Baby zu sehen.» Johns Flucht aus der Verantwortung der Vaterschaft begann jetzt die Form einer Flucht vor der Männlichkeit anzunehmen, da er bereit war, sich mit einem Homosexuellen davonzustehlen, von dem er wußte, daß er ihn zu verführen gedachte.

Die britische Presse kündigte am letzten Aprilwochenende an, die Beatles würden zu einem zwölftägigen Urlaub auf die Kanarischen Inseln reisen. John Lennon strengte sich an, den Eindruck zu erwekken, er sei mit von der Partie. Er machte die Bemerkung, sie würden ihre Gitarren mitnehmen, denn «wer weiß, vielleicht schaffen wir es, diese Kanarienvögel swingen zu lassen!» Die anderen drei Beatles flogen am 28. April nach Teneriffa; ein paar Tage später kam Paul McCartney beim Schwimmen im Meer beinahe um. Unterdessen fuhren Brian und John allein nach Barcelona, wo sie, Peter Brown zufolge, Abend für Abend in Straßencafés saßen und ein merkwürdiges Spiel trieben. «John machte Brian auf ein paar vorübergehende Männer aufmerksam, und Brian erklärte ihm dann, was er an dem Kerl attraktiv oder unattraktiv fand. ‹Mir hat diese Geschichte ziemlichen Spaß gemacht›, sagte John, ‹und ich dachte wie ein Schriftsteller: Ich erlebe das jetzt.›»

Bald erlebte es John nicht mehr als Schriftsteller, sondern als Mann. Er und Brian hatten Sex miteinander. Natürlich war John nicht erpicht darauf, diese Tatsache einzugestehen oder sein Motiv zu erläutern, aber als er von Pete Shotton herausgefordert wurde, hatte er eine Erklärung parat, die als Argument schon bei Cynthia verfangen hatte: «Eppy fuhr fort, mich anzumachen, bis ich eines Abends schließlich die Hosen runterließ und zu ihm sagte: ‹Mensch, um Himmels willen, Brian, dann steck ihn mir doch endlich in meinen verdammten Arsch.› Und er antwortete: ‹Eigentlich mach ich solche Sachen nicht, John. Das ist es nicht, was ich gern mag.› – ‹Na gut›, sagte ich, ‹was magst du denn gern?› Und er erwiderte: ‹Ich würde dich einfach nur gern anfassen, John.› Und so ließ ich ihn eben an mich ran… Ja, verdammt noch mal, na und? Der arme Hund. Es geht ihm sowieso beschissen. Welchen Schaden hat es denn, verdammt noch mal, angerichtet? Überhaupt keinen. Der arme verfickte Hund kann doch nichts dafür, daß er so ist.»

John Lennon, der Menschenfreund, dem Leidenden seinen Körper anbietend – ein sympathisches Bild, aber es ist nicht stimmig. Weitaus überzeugender klingt eine Deutung der Angelegenheit, die John viele Jahre später Allen Klein gegenüber äußerte. John erzählte seinem neuen Manager, er habe Brian einen runtergeholt, weil «ich den Mann in der Hand haben mußte, der unsere Karriere in der Hand hatte». Das klingt realistischer, und es paßt mit der daraus entstandenen Entwicklung der Beziehung zusammen, denn John und Brian beschränkten sich nicht auf ein einzelnes sexuelles Erlebnis in Spanien. Sie blieben sexuell miteinander liiert. Ihr Verhältnis war ein hierarchisches, in dem John den grausamen Herren und Brian den sich unterordnenden Sklaven spielte. Die wahre Geschichte, wer wem was in Spanien besorgte, erzählte Brian Peter Brown: Er hatte John einen geblasen. Lennon konnte es sich nicht leisten, diese Form von Intimität zuzugeben, weil es ihn als Schwuchtel stigmatisiert hätte. In der Tat brachte John den ersten Mann, der ihn auf seinen Trip mit Brian ansprach, beinahe um.

Am 18. Juni gab Paul eine Riesenparty, um seinen einundzwanzigsten Geburtstag zu feiern. Der Anlaß zog sowohl alle erwähnenswerten Musiker Liverpools an als auch die Shadows, Pauls «Stargäste». Um den Fans zu entgehen, die das Haus der McCartneys in der Frothlin Road belagerten, feierte man die Party im Haus von Pauls Tante Gin in Huyton. Ein großes Zelt wurde aufgestellt und ein Geburtstagskuchen gebacken, der für eine Hochzeitsgesellschaft ausgereicht hätte. Der Alkohol floß in Strömen, und jeder trank sich in einen Zustand der Geselligkeit hinein, jeder mit Ausnahme des wütenden John Lennon. Er war mit Cynthia gekommen, die er allen als seine «Begleiterin» vorstellte. Sobald er zu trinken begann, wurde er seiner Frau gegenüber beleidigend, verspottete sie vor der ganzen Gesellschaft und brachte sie den Tränen nahe.

Als Pete Shotton dazustieß, fand er John in einer Ecke kauernd, ein Glas Cola-Scotch in der Hand und finster dreinschauend. «Zum Teufel, Pete!» rief John, und seine Miene hellte sich auf, «scheiß auf den Rest der Party! Laß uns was zu trinken besorgen!»

Shotton hatte sich entfernt, um aufs Klo zu gehen, als Bob Wooler an Lennon herantrat und fragte: «Wie waren denn die Flitterwochen, John?» Da er Woolers Bemerkung als beleidigende Anspielung auf den kürzlichen Trip nach Spanien verstand, schlug John dem kleinen Discjockey mit der Faust auf die Nase. Dann griff sich Lennon eine Schaufel, die im Hof lag und begann damit, Wooler an den Rand des Todes zu prügeln. Schlag auf Schlag fuhr auf den wehrlos am Boden liegenden Mann herunter. Es hätte in Mord geendet, wenn John nicht plötzlich erkannt hätte: «Noch ein Schlag und er ist tot.» Nur mit enormer Willensanstrengung hielt sich John zurück. Im selben Augenblick packten ihn drei Männer und entwaffneten ihn. Für Wooler wurde ein Krankenwagen gerufen. Er hatte einen Nasenbeinbruch erlitten, einen Schlüsselbeinriß und drei gebrochene Rippen.

Johns Raserei nahm mit dem Kampf kein Ende: Jetzt war es an der Zeit zu vögeln. Lennon griff sich ein Mädchen, das neben ihm stand, und fing an, sie zu begrapschen. Billy J. Kramer, Brians neuer Star, kreischte: «Hör auf, John!» Lennon drehte sich nach dem Mädchen um und sagte etwas äußerst Beleidigendes. Dann feixte er: «Du bist nichts, Kramer. Wir sind die Größten!»

Als Shotton wiederkam, fand er John «auf dem Fußboden sitzen, den Kopf in den Händen wiegend, um sich vor den bohrenden Blikken der anderen Partygäste zu schützen. Er jammerte: ‹Was hab ich nur getan?›» Er war nicht reumütig, sondern schlicht von der Angst erfüllt, seine Karriere verspielt zu haben. Wie wenig Scham er fühlte, wurde deutlich, als er sich an Pete wand und vorschlug, ihre Frauen für die Nacht zu tauschen.

Am nächsten Morgen mußte sich Brian Epstein mit der Presse und den Anwälten von Billy J. Kramer und Bob Wooler auseinandersetzen. Gerüchte über die Schlägerei hatten die Nachrichtenschreibtische der allmächtigen britischen Zeitungen erreicht. Die Beatles sollten ihre erste bedeutende Presse bekommen – und sie würde eine schlechte sein! Tony Barrow, Brian Epsteins PR-Mann, rief Lennon an und gab ihm Tips, wie er einer Strafe entgehen könnte. John war reuelos. «Das Arschloch hat gesagt, ich sei eine verdammte Schwuchtel, deshalb habe ich ihm eins übergebraten», knurrte Lennon. Tony Barrow hatte bis dahin noch keine Erfahrung mit einem in die Enge getriebenen Lennon gemacht, Brian Epstein genausowenig. Brian war bestürzt, als John es ablehnte, wegen eines öffentlichen Auftritts bei der BBC nach London zu fahren. «Es machte mir angst, Wooler beinahe getötet zu haben», erklärte Lennon Jahre später und fügte hinzu, daß er vermutlich von der Londoner Presse geschlachtet worden wäre.

In Wirklichkeit war alles schon arrangiert. Die Geschichte, die auf der letzten Seite des *Daily Mirror* erschien, hatte Don Short geschrieben, der den Beatles so gewogen war, daß er bald eine der Schlüsselfiguren ihrer Pressebegleitung wurde. Er überschrieb seinen Artikel mit «Beatle in Schlägerei verwickelt – Tut mir leid, daß ich dich verprügelt habe», darauf folgten mehrere Zeilen über eine angeblich von Lennon abgegebene Entschuldigung. Die war jedoch in Wirklichkeit von Tony Barrow verfaßt worden, der John sagen ließ: «Bob ist der letzte Mensch auf Erden, mit dem ich mich anlegen will. Ich kann nur hoffen, er erkennt, daß ich schon zu hinüber war, um noch zu wissen, was ich tat.» Dann entledigte sich Epstein all dessen, was von der Krise übrigblieb, indem er den bitteren Kelch an seinen Rechtsanwalt Rex Makin weitergab. Und der hatte keine Schwierigkeiten, die Klagen zu vertuschen. Bob Wooler war nur ein kleiner DJ, der seinen Lebensunterhalt am Rande des Popmusikgeschäfts verdiente; er konnte sich Ärger mit den Beatles nicht leisten, die schnell zu Englands heißester Popgruppe avancierten. So konnte Wooler billig abgefunden werden. Für seine gebrochenen Rippen und sein zertrümmertes Gesicht kassierte er gerade zweihundert Pfund.

Die Dienste von Rex Makin mußten schon bald wieder in Anspruch genommen werden, als John eine weitere und sogar noch haarsträubendere Gewalttat beging. Alan Davidson, ein NEMS-Angestellter, war Zeuge dieses Vorfalls. Eines Abends machte er sich auf den Weg zu einer Wohnung in der Leese Street, um ein von ihm repariertes Tonbandgerät zurückzubringen. Eine Party war in vollem Gange. «Es waren eine Menge Mädchen da, Alkohol und Pillen», erinnerte sich Davidson. «Ich kam so gegen halb oder Viertel vor zwölf dort an. Ich glaube, Brian war auch da. Ein Streit hob an über irgend etwas. Es gab ein altmodisches Gasfeuer mit Strahlrohren aus gerilltem Porzellan. Er [John Lennon] schnappte sich Beryls Hand, steckte sie ins Feuer und versuchte, sie drin zu halten. Sie schrie. Bei den Mengen Alkohol und Pillen, die auf der Party kursierten, nahm niemand wirklich Notiz davon. Doch stocknüchtern wie ich war, kriegte ich einiges mit. Er hielt dort tatsächlich ihre Hand fest. Sie war böse verbrannt. Er ließ sie schließlich los und schob sie einfach quer durchs Zimmer.» In seinem Kommentar über diese außergewöhnliche Szene bemerkte Davidson sachlich kühl: «In nüchternen Momenten war John Lennon ein recht netter Mensch. Wenn Drogen ins Spiel kamen oder im alkoholisierten Zustand war er ein Verbrecher.»

BEATLEMANIA!

Als die Beatles erst einmal am Nerv der Massenhysterie gezupft hatten, wurde ihr Leben zu einem Räuber-und-Gendarm-Spiel. Das Untertauchen und Ausweichen, die Verkleidungen und falschen Fährten, Kämpfe zwischen Bobbies mit ihren Kopfschützern und Beatleverrückten in Miniröcken; all das wurde zu einem der vertrautesten, aber dennoch fesselndsten Fotodramen der Sechziger – die komische Ergänzung zu den Kriegsfotos, die gegen Ende des Jahrzehnts die ersten Seiten der Zeitungen füllten. Das erste große Gefecht im Krieg der Beatles fand am 13. Oktober 1963 statt, als die Jungs das Programm in Sir Lew Grades ATV-Show *Val Parnell's Saturday Night at the London Palladium* anführten.

Da die Polizei damit rechnete, daß sich die Fans an der Bühnentür versammeln würden, postierte sie den Austin Princess der Beatles in der Nähe des Theatereingangs. Als die Jungs herauskamen, fielen zweitausend Mädchen über sie her und kreischten: «*Wir woll'n die Beatles!*» Die Polizisten wurden umgenietet. Helme flogen, und Schutzmänner wankten. Die Beatles stürzten die Außenstufen herunter und verschwanden in ihrem Wagen, der Schwierigkeiten hatte, die Oxford Street entlangzufahren, weil zuerst ein Mädchen und dann ein zweites sich vor das Auto in den Weg warfen. Die Jungs erhielten ihre Belohnung am nächsten Tag, als bekannt gegeben wurde, daß schätzungsweise fünfzehn Millionen Menschen die Show gesehen hatten. Alle britischen Zeitungen brachten die Geschichte auf den ersten Seiten. Eine Schlagzeile lautete schlicht: BEATLEMANIA!

Von diesem Tag an waren die Beatles die Lieblinge der britischen Öffentlichkeit und der Presse. Zwei Tage nach dem Auftritt im Palladium hieß es, sie hätten eine Einladung des Impresarios Bernard Delfont (Lew Grades Bruder) erhalten, als Hauptattraktion das Konzertprogramm bei der Königlichen Varieté-Show zu bestreiten, wo sie vor Königin Elizabeth, der Königinmutter und Prinzessin Margaret spielen sollten. Am gleichen Abend gaben die Beatles ein typisches Provinzkonzert in der Floral Hall von Southport, einer Küstenstadt nördlich von Liverpool. Hinter der Bühne wurden sie von Reportern bedrängt, die wissen wollten, ob sie jetzt stubenrein würden. Die Frage schien durchaus berechtigt, denn das Königliche Varieté-Programm bestand gewöhnlich aus den zur Zeit beliebtesten Stars, die sich an die ganze Familie als Publikum wandten. John Lennon wußte von diesem Augenblick an, daß er in der Show irgend etwas Frevelhaftes tun mußte, um die Beatles von den verachteten konventionellen Unterhaltungskünstlern abzuheben.

Die Geschichte, wie John die Zuhörer während der königlichen Aufführung stichelte, ist eine der bekanntesten Rocklegenden – und eine der am wenigsten durchschauten. Der Gag war sorgfältig schriftlich ausgearbeitet, wie viele der Scherze, die die Beatles «spontan» äußerten. Im Originalentwurf hieß es: «Wenn jetzt bitte alle Leute auf den billigen Rängen klatschen wollen. Alle anderen brauchen nur mit ihrem beschissenen Schmuck zu klimpern!» Das war John in der Rolle des Schiebermützen-Proleten, eine Pose, die ihm den Titel «Held der Arbeiterklasse» einbrachte. Aber kein Unterhaltungskünstler der Arbeiterklasse hätte je davon zu träumen gewagt, so etwas vor der Königin zu sagen. Nur ein verwöhnter Junge aus der Mittelschicht, der seine Kindheit damit verbracht hatte, von verrückten Künstlern zu lesen, die der «Bourgeoisie» rieten, sich selbst ins Knie zu ficken, konnte den Nerv aufbringen, einen solchen Seitenhieb auszuteilen, auch ohne den obszönen Kraftausdruck. Wie Tante Mimi treffend bemerkte, als jemand sie um ihre Meinung zu Johns Unterschicht-Image bat: «Held der Arbeiterklasse, so ein Blödsinn. Er war ein Snob der Mittelschicht!»

Die Plattenumsätze der Beatles, die schon vor dieser folgenschweren neuen Phase großartig waren, hoben jetzt in eine so gewaltige Dimension ab, wie sie nie zuvor von jemandem in Großbritannien erreicht worden war. Die Vorbestellungen für «I Want to Hold Your Hand» kletterten auf eine Million Exemplare. Die Platte sprang sofort in die Spitzenposition der Hitparade und blieb sechs Wochen lang, auch während der Feiertage, die Nummer eins. Brian Epstein war darauf versessen, aus dieser phänomenalen Gelegenheit Kapital zu schlagen. Die einzige Frage lautete: Wie? Auf die letzte Minute entschied er, die größte Konzerthalle in London zu mieten, auf der dortigen Bühne ein Popvarieté-Programm zusammenzustellen und es *Die Beatles-Weihnachtsshow* zu nennen. Bei zwei Shows pro Abend, an sechs Tagen in der Woche, malte er sich bei zwei Wochen Spielzeit den Verkauf von 100000 Karten, sprich 50000 Pfund brutto aus. Das Schöne an seinem Plan war, daß eigentlich das ganze Geld in seine Taschen fließen würde, weil er bei den nötigen Musikern auf die von ihm gemanagten zurückgreifen konnte, so daß ihn die Programmzusammenstellung fast nichts kostete!

Brian war inzwischen das, was Larry Parnes seinerzeit gewesen war: Herr eines ganzen Stalls voll heißer junger Rocknummern. Die meisten von ihnen waren im Sog des erstaunlichen Erfolgs der Beatles und des daraus resultierenden Mersey Beat-Booms in Liverpool angeworben worden. Angefangen mit den Big Three (die schon bald abtrünnig wurden, weil sie keine kommerzielle Musik machen wollten) hatte Brian bei NEMS Enterprises Gerry and the Pacemakers unter Vertrag sowie Billy J. Kramer und die Dakotas, die Fourmost (die erfahrensten der ganzen Partie), Cilla Black und Tommy Quickly. (Nur Kingsize Taylor und die Swinging Blue Jeans hatten Brian abgelehnt.) Über Nacht hatte sich NEMS zu einer internationalen Musikagentur ausgeweitet, die schließlich fünf Büros im Zentrum von London belegte, achtzig Leute beschäftigte und vierzig Tourneemusiker betreute, denen wöchentliche Gehälter und Zuschläge für Lebensmittel, Kleidung und Transportkosten bezahlt wurden. Der Trick bestand nun darin, sie alle unter dem Banner der Beatles antreten zu lassen und zu Weihnachten einen grandiosen Showcoup zu landen.

Da Brian selbst keinen wirklichen Riecher fürs Showgeschäft

hatte, wagte er sich an einen alten Hasen: den Weihnachtsspielproduzenten Peter Yolland. Als ihm die Idee vorgestellt wurde, erhob er sofort Einspruch: «Sie können es nicht ‹Das Beatles-Weihnachtsspiel› nennen und nur eine Nummer an die andere reihen.»

«Warum nicht?» fuhr Brian ihn an.

Yolland erklärte, daß die Verwendung des Begriffs «Weihnachtsspiel» mehr beinhalte als den üblichen Auftritt der Beatles. «Es muß ein Weihnachtsthema haben und eine ordentliche Show sein», beteuerte er nachdrücklich.

«In Ordnung», schnitt ihm Brian das Wort ab. «Ich hab's begriffen. Was also wollen Sie machen?»

Verblüfft wiederholte Yolland: «Was also will *ich* machen?»

«Klar», entgegnete Brian, «ich habe Sie gerade als Regisseur engagiert. Fangen Sie an!»

Sechs Wochen später, am Heiligen Abend 1963, wurden dreitausend sich windende Kids, zum größten Teil Mädchen, ins Astoria-Kino am Finsbury Park gequetscht. Es war ein prunkvolles altes Kino, ausgestattet mit einem Proszeniumgewölbe und mit einem dreidimensionalen maurischen Dorf mit von innen beleuchteten Häusern dekoriert.

Ein Trommelwirbel und die plötzliche Verdunkelung signalisieren den Anfang der Show. Während Bogenlampen noch kreuz und quer über den Vorhang flitzen, wird er emporgezogen und gibt eine Kinoleinwand frei. Eine Stimme erschallt: «Brian Epstein präsentiert (Trommelwirbel) *Die Beatles-Weihnachtsshow*!». Auf der Leinwand blitzt ein Autorennen auf, während die Stimme ruft: «Zu *Lande*!» Nun ein Auftauchen alter Segelschiffe. «Zu *Wasser*!» Ein flüchtiger Anblick altertümlicher Flugzeuge. «In der *Luft*!» Die Leinwand wird hochgezogen, um einen Hubschrauberlandeplatz zu offenbaren, während die Stimme donnert: «Die *phantastische* Beatles-Weihnachtsshow!»

Ein Hubschrauber landet auf dem Landeplatz und heraus steigt der Zeremonienmeister Ralph Harris, mit der Passagierliste auf einem Klemmbrett in der Hand. Hinter ihm steigen etwa vierzig Leute aus, einschließlich Billy J. Kramer, Cilla Black und den Dakotas. Sie verbeugen sich, während sie einzeln vorgestellt werden. «Na also!» stößt der Conferencier hervor, nachdem die letzte Nummer erschienen ist. «Jetzt kennen Sie jeden in der Show», sagt er abschließend, nur um das Protestgebrüll des Publikums zu provozieren, das mit einemmal zu einem Schreckensschrei eskaliert, als der Hubschrauber abhebt! «Oh, oh, irgend etwas nicht in Ordnung?» ruft Harris aus. «Die Beatles? Ach ja! Hubschrauber! Zurück! Und nun, meine Damen und Herren, darf ich Ihnen die Stars der Show...» Plötzlich hebt der Hubschrauber erneut ab und sorgt für einen neuerlichen Ausbruch des Geschreis. (Dieses infantile Foppen war, laut Peter Yolland, bemerkenswert wirksam. Er erinnerte sich: «Inzwischen war jeder Sitz triefend naß. Das war ein einzigartiges Phänomen bei den Beatles. Nicht nur bei dieser Show, sondern auch bei den Tourneekonzerten. Da bildeten sich enorme Pfützen unter den Stühlen. Sie verloren buchstäblich die Kontrolle über sich.»)

Endlich kommen die Beatles. Sie tragen dunkle Brillen und Flugtaschen, die wie den Hubschrauber der Aufdruck «BEA» ziert – als Gegenleistung für die kostenlose Beförderung, die Brian mit der Fluggesellschaft vereinbart hatte. Die Jungs sind ebenfalls Bestandteil des Verwirrspielchens, denn kaum erscheinen sie, verschwinden sie auch schon wieder, was sie bis zur vorletzten Szene wiederholen. Hier geben die Beatles ihr Debüt als Schauspieler, indem sie einen Sketch aufführen, der dem Schema der alten Melodramen von Schnurrbart zwirbelnden Bösewichtern und Jungfrauen in Not entspricht. Sir Jasper, mit Zylinder auf dem Kopf und Pferdepeitsche in der Hand, wird natürlich von John Lennon gespielt. Irmine Trood, ein Kopftuch auf ihren goldenen Locken, ein kleines Bündel in ihren Armen, wird (mit profunder Skepsis) von George verkörpert, der dabei Gracie Fields ziemlich ähnlich sieht. Der Schöne Paul ist der Bahnwärter (umbenannt in der Mutige Paul, nachdem McCartney Einspruch erhoben hatte: «Die Fans werden denken, ich sei eingebildet!»). Seine Verkleidung besteht aus der Dienstmütze eines Eisenbahners, einem Schal mit schwarzrotem Schachbrettmuster um den Hals und Bindfäden, die die Hose zusammenhalten. Ringo ist der Schnee und erscheint in schwarzen engen Kleidern, eine Zeitungsjungentasche über der Schulter, aus der er Händevoll Konfetti schaufelt und über Bühne und Hauptdarsteller streut.

Die Handlung ist gnädig kurz: Irmine zeigt Sir Jasper ihr Bündel und ruft: «Es ist deins!»

«Blödsinn!» dröhnt der Schurke. «Ab auf die Gleise mit dir, Mädel!»

Während er sie auf die Schienen bindet – gleichzeitig donnert ein Klavier Panikmusik, und die Leinwand zeigt flimmernde Schnappschüsse einer archaischen Lokomotive, die frontal herangebraust kommt –, stellt sich plötzlich der Mutige Paul Sir Jasper entgegen und verpaßt dem Bösewicht einen vom Feinsten, so daß er zu Boden sinkt – wo Ringo ihn zartfühlend mit Schnee bestreut.

Als Paul Irmine von ihren Fesseln erlöst, ruft sie: «Mein Held!» – und händigt ihm das Bündel aus. Beim Öffnen kommt ein riesiger grüner Apfel ans Licht.* Vorhang.

Die Show war ein ungeheurer Erfolg. (Sie wurde im darauffolgenden Jahr im Odeon Hammersmith wiederholt. Hier führten die Beatles eine Satire über den Abscheulichen Schneemann auf – der sich als Jimmy Saville herausstellte.) Jeden Abend nahmen am Ende der Vorstellung die Jungs einen anderen der siebenundzwanzig Ausgänge des Theaters. «Für wirklich üble Fälle», erklärte Yolland, «hatten wir geplant, sie mit dem Hubschrauber aus dem Hinterhof rauszuholen.»

Während des ganzen Jahres 1963 sah Cynthia Lennon nicht viel von ihrem berühmten Ehemann. Sie wurde auf Brians Geheiß nicht nur vor der Öffentlichkeit versteckt, sondern obendrein durch das Auftauchen einer neuen Frau an Johns Seite ausgestochen – Stevie Holly: rabenschwarzes Haar und blaue Augen. Stevies Verhältnis zu Lennon war das Gegenteil von Cynthias, weil sie sich entgegengesetzt verhielt. Nachdem John bei ihrer ersten Verabredung den Reißverschluß ihres Kleides «bis zum Hintern» runtergezogen hatte, war sie herumgewirbelt und hatte ihn geohrfeigt. Diese Reaktion flößte ihm Respekt ein, denn er war, wie sie bald feststellte, daran gewöhnt, Frauen in zwei Kategorien einzuteilen: solche, die sich selbst anboten und die er «Abschaum» nannte, und jene, die

* Der grüne Apfel wurde später das Logo von Apple Corps., der Schallplattenfirma der Beatles, aber den Anstoß dazu gab in Wirklichkeit das bekannte Gemälde eines grünen Apfels von Magritte, das in Pauls Salon hing.

Respekt verlangten, wie seine Tante Mimi, die die scharfsichtige Stevie als seine Sicherheit und seinen Schutzschild erkannte. Stevies Beziehung zu John war ohne Sex, aber trotzdem kam es schnell zu einer Zuspitzung, als sie ihm seine heimliche Ehe vorhielt. Sie hatte es von ihrem wütenden Vater erfahren, der damit drohte, Lennon in der Presse bloßzustellen. Johns Reaktion auf diese Entdeckung war schnöder Trotz. Als er das Wort «verheiratet» hörte, knurrte er: «Was ist das schon! Ein beschissenes Stück Papier!» Um dann kleinlaut einzugestehen: «Ich mußte.»

1963 war ein erfolgreiches Jahr für die Beatles und die einzige Phase, in der Lennon den satten Rausch erlebte, ein Star zu sein. Der Songtexter Peter Sarstedt erinnerte sich, ihn eines Abends in einem offenen Jaguar durch London fahrend gesehen zu haben. Er stand kerzengerade aufrecht und rief: *«Ich bin der König von London!»*

Während Lennon vor der Presse prahlte, das wöchentliche Einkommen der Beatles betrage 2000 Pfund, lebte Cynthia nach einem kurzen Aufenthalt in einem schäbigen Wohnschlafzimmer, dessen Miete fünf Pfund pro Woche betrug, wieder bei ihrer Mutter in Hoylake.

Der Hauptgrund für Lennons Zögern, mit seiner Frau zusammen in London zu leben, wo er, George und Ringo gemeinsam eine luxuriöse Wohnung mit drei Schlafzimmern in der Green Street in Mayfair bewohnten, war das erste Aufblühen seiner Affäre mit Brian Epstein. Peter Yolland erinnerte sich, daß John jeden Abend nach der Weihnachtsshow mit Brian wegging. Zeit seines Lebens Mitglied der britischen Theaterszene, kannte Yolland das Spiel. «Da passierte etwas Merkwürdiges zwischen Brian und John», bemerkte er und fügte hinzu, daß obwohl sie Liebhaber waren, «es andere gab, die auf die Starrolle getrimmt wurden», eine Anspielung auf die anderen Jungs in Brians Stall, die den üblichen Preis dafür bezahlten, «mit durchgeschleppt zu werden». Eigentlich war es nichts Besonderes, daß es ein britischer Rockmanager mit seinen Jungs trieb. Derartigen Affären kam in der Londoner Popwelt dieselbe Bedeutung zu wie den Liebschaften zwischen aufstrebenden Filmsternchen und Studiochefs im alten Hollywood, wo die Filmrollen im Bett verteilt wurden. John Lennon war gewiß nicht der einzige britische Rockstar, der bisexuelles Verhalten an den Tag legte. Obwohl er sich anfangs im

Streß befand, nicht in den Ruf zu geraten, schwul zu sein, entspannte er sich mit der Zeit und nahm schließlich eine beinahe kokette Einstellung zur Homosexualität an. Als er 1972 gebeten wurde, etwas zum *Gay Liberation Book* (Schwulenbefreiungsbuch) beizusteuern, lieferte er die Skizze eines lüsternen nackten Mannes, der auf einem fliegenden Teppich ruht und mit einer Hand an einem ejakulierenden Penis hinter seinem Arsch rumfummelt, während die andere Hand als Megaphon dient, durch das er singt: «Why make it sad to be gay? Doing your thing is O.K. Our bodies [are] our own so leave us alone. Go play with yourself – today.» (Es ist nicht tragisch, schwul zu sein. Sein eigenes Leben zu leben ist in Ordnung. Unsere Körper gehören uns, also laßt uns in Ruhe. Spiel mit dir selbst – heute.)

John Lennons Liaison mit Brian Epstein blieb nicht auf sexuelle Spielereien beschränkt. Von Anfang an bereitete es Brian Vergnügen, vor all seinen Freunden in der West End-Theaterszene mit seinem berühmten ungeschliffenen Jungen anzugeben. Bald schloß sein Umgang auch einen Kreis von Sado/Maso-Anhängern ein, in dessen Mittelpunkt ein heruntergekommener Adliger stand. Dieser verkehrte mit den gefährlichsten Verbrechern im Königreich. Brians Führer über die heiklen Abhänge dieser wilden Unterwelt war der schillernde David Jacobs, seines Zeichens Rechtsanwalt für viele prominente Schwule in der Hauptstadt. Wie Mario Amaya, Kunstjournalist, Museumsdirektor und Zeit seines Lebens Sado/Maso-Schwuchtel, berichtete: «Jacobs war der Anwalt, den man anrief, wenn man Ärger mit Drogen, Sex etc. bekommen hatte. Er war der rettende Anwalt, schwul und bekannt, sehr beliebt und erfolgreich.» Außerdem ziemlich abgedreht.

In den späten Sechzigern wurde ein junger Mann in Soho von einer Kreuzigung befreit. Er weigerte sich, Anzeige zu erstatten, aber erzählte seine Geschichte Jahre später einem erfahrenen Kriminalreporter beim *Daily Express*. Er benannte sowohl den berüchtigten Adligen als auch David Jacobs und Brian Epstein als die Männer, die seine Kreuzigung befohlen hatten. Sie ging beträchtlich über die übliche Strafe für einen Informanten hinaus, die nämlich darin besteht, den Mund des Plappermauls von Ohr zu Ohr aufzuschlitzen.

Es gibt nichts, was darauf hinweist, daß John Lennon in diesen Bereich von Brians Leben verwickelt war, aber andererseits ist auch nichts von Johns privaten Abenteuern aus dieser Zeit, der meistverheimlichten seines ganzen Lebens, bekannt. Denn je mehr Ruhm auf die Beatles niederging, desto mehr versuchten sie, sich davor zu verstecken, und desto intensiver arbeitete Brian daran, der selbst schwer unter öffentlicher Bloßstellung hatte leiden müssen, seine Jungs vor Skandalen zu beschützen. Sein Erfolg war weit weniger seinen eigenen Anstrengungen zu verdanken, als dem Einsehen der britischen Pressezare, daß Englands beliebtestes Märchen viel zu kostbar war, um es durch ehrliche Berichterstattung zu verderben. Jene Journalisten, die den Beatles zugewiesen waren, wurden bald Mitglieder der Tourneegemeinschaft, jener Art von Gesellschaft, über die man seiner Frau lieber nichts erzählt. Das machte die Beatles immun gegenüber Lästermäulern, bis sie ihre eigene Blase platzen ließen, indem sie ihre Vorliebe für Drogen bekanntgaben – eine unverzeihliche Tat für eine Popgruppe. Jedenfalls sickerte kein Wort über Brians Leidenschaft für John durch, obwohl sie der Presse sehr wohl bekannt war. Noch Jahre später, als Lennon freimütig über seine früheren Indiskretionen sprach, blieb das Äußerste, was er über Brian sagen mochte: «Über Brians Sexualleben wird man eines Tages mal ein hübsches *Hollywood Babylon* drehen können.»

John und Cyn bekamen schließlich dreizehn Monate nach ihrer Hochzeit und fünf Monate nach der Geburt ihres Kindes im September 1963, als alle Beatles Urlaub machten, doch noch ihre Flitterwochen. Brian Epstein schickte die nicht mehr ganz Frischvermählten außer Landes und quartierte sie in seinem Pariser Lieblingshotel ein, dem George V. Bald schloß er sich ihnen dort an. Als der kurze Ausflug vorbei war, wurde die langmütige Gattin genötigt, zu ihrer Mutter zurückzukehren.

Gerüchte über John Lennons heimliche Ehe mit einem Mädchen aus Liverpool waren der Presse zu Ohren gekommen. Während John die Story dementierte, belagerten Zeitungsleute das Haus der Powells in Hoylake. Als Cynthia mit dem Baby in einem Lebensmittelgeschäft in die Enge getrieben wurde, behauptete sie, mit ihrer Zwillingsschwester verwechselt worden zu sein. Am nächsten Tag wurden mit Teleobjektiv geschossene Bilder von Cynthia und dem sechs Monate alten Julian den Fans übermittelt. Cynthia, die so lange unter der Nichtbeachtung gelitten hatte, begann nun unter der Allbekanntheit zu leiden.

«Natürlich sind wir verheiratet – es ist kein Geheimnis!» bluffte sie. «Ich möchte nur nicht gern im Rampenlicht stehen. Das ist alles.» Nur für den Fall, daß irgend jemand auf einen falschen Gedanken kommen konnte, betonte sie freiwillig: «John und ich haben vor achtzehn Monaten geheiratet. Sowie wir verheiratet waren, gab es die üblichen Geschichten in den Zeitungen und Musikjournalen. Alle Fans wußten, wo wir wohnten. Ich hab's nicht mehr ausgehalten, deshalb sind wir hierhergezogen und wohnen bei meiner Mutter.»

Obwohl sie sich genötigt sah, die Wahrheit zu verdrehen, dürfte Cynthia diese Wendung der Ereignisse erleichtert haben, denn nun konnte ihr Ehemann ihre Existenz nicht länger leugnen. Auf der anderen Seite war John durch die Enthüllung seines Privatlebens zutiefst bekümmert. «Es war mir peinlich, verheiratet zu sein», beichtete er. «Es ist, als laufe man auf Strümpfen oder mit offenem Hosenschlitz herum.» Brian war gleichermaßen entsetzt.

Schließlich fand man nach dem Neujahrstag für Cynthia und das Baby eine kleine, öde Wohnung in einem sechsstöckigen Haus ohne Fahrstuhl, Emperor's Gate Nr. 13, in der Nähe der Flughafen-Endstation Cromwell Road. Der Ort wurde prompt von Fans belagert, die über Cynthia und das Baby herfielen, sobald sie erschienen. Die Wohnung stand vom Balkon einer Jugendherberge auf der gegenüberliegenden Straßenseite aus unter fortwährender Beobachtung. Eines Abends fing die Endstation Feuer, und die Flammen züngelten gefährlich nahe vor Cynthias Fenstern. Allein und verängstigt rief sie Robert Freeman zu Hilfe, den neuen Fotografen der Beatles, der im selben Gebäude wohnte. So lebte John Lennons Frau Anfang 1964, dem großartigsten Jahr der Beatles: in einer riesigen und abschreckenden Metropole mit ihrem Säugling im Stich gelassen, ohne die geringste Ahnung, wo ihr berühmter Ehemann sich gerade aufhalten könnte.

Während John sich immer noch damit rumschlug, die Nachricht über seine Ehe aus der Presse zu halten, focht Paul eine Schlacht, um einen Skandal in Grenzen zu halten, bei dem es mal wieder um ein Mädchen ging, das behauptete, er sei der Vater ihres Kindes. Anita Cochrane, ein achtzehnjähriger Fan, hatte ein Jahr lang mit den Beatles in deren Unterschlupf in der Gambier Terrace mitgefeiert. Als Anita im Juni 1963 ihre Schwangerschaft entdeckte, versuchte sie vergeblich durch Einschreibebriefe und Telegramme mit Paul in Kontakt zu treten. Schließlich erkannte sie, daß sie ohne die Androhung gerichtlicher Schritte nichts erreichen würde. Erst als ihr Anwalt ankündigte, Paul vor Gericht zu stellen, machte NEMS ein niedriges Unterhaltsangebot für das Baby. Als dieser Vorschlag abgelehnt wurde, griff Brian Epstein persönlich ein und bot der Familie 8400 Dollar für den Verzicht auf alle weiteren Ansprüche an Paul. Der endgültige Vergleich belief sich auf 14000 Dollar. Die Übereinkunft machte zur Bedingung, daß Anita Cochrane Paul niemals vor Gericht bringen und niemals sagen oder andeuten durfte, daß er der Vater des Kindes Philip Paul Cochrane sei. Außerdem müsse sie sich dazu verpflichten, niemals die Existenz des Vertrags oder seiner Bedingungen zu verraten. Das Problem schien gelöst zu sein, bis ein Jahr danach Anita Cochranes Onkel während der großen Premierenfeierlichkeit von *A Hard Day's Night* in Liverpool die Gelegenheit nutzte, um in der Menge 30000 Flugblätter mit der ganzen Geschichte von seiner Nichte und Beatle Paul zu verteilen. Wie Cynthia Lennon spottete: «Paul war der Stadthengst.»

Im Januar 1964 reisten die Beatles nach Paris, wo sie drei Wochen für das Olympia-Theater gebucht waren, Frankreichs vornehmster Bühne für Unterhaltungsmusik. Obwohl sie in Großbritannien als die heißeste Nummer galten, erschienen sie im Programm nur an dritter Stelle hinter Trini Lopez und Sylvie Vartan. Als typischer Brian Epstein-Schnitzer deckte die Buchung nicht einmal die Hotelrechnung der Beatles im teuren George V. ab. Statt Paris im Sturm zu erobern, bewies das Engagement lediglich, daß die Franzosen einer Nation angehören, die nach einer anderen Pfeife tanzt.

Der Eröffnungsabend war ein Fiasko. Als die Beatles den berüchtigten Pariser Presseleuten einen Fototermin verweigerten, provozierten die aggressiven Fotografen einen Tumult hinter der Bühne, der erst mit Ankunft der Polizei endete. Die Beatles kamen nicht vor Mitternacht auf die Bühne und stellten dann fest, daß ihre Verstärker nicht funktionierten. Das überwiegend männliche Publikum mochte die *Yé-Yé*-Musik, fand jedoch die ruhigen, romantischen Nummern langweilig. Nur Ringo kam großartig an. Die Männer riefen wiederholt seinen Namen und kauften im Foyer sein Bild zehnmal mehr als das der anderen Beatles. Die Aussicht, ganze drei Wochen lang jeden Abend diese Routine durchzustehen, wäre unerträglich gewesen, hätte nicht am Abend zuvor ein großes Ereignis stattgefunden.

Von einer Aufwärmshow in Versailles zurückgekehrt, stießen die Jungs gerade mit Champagner auf ihre Eröffnung an und drehten Achtmillimeterfilme, als das Telefon klingelte. Ein Anruf für Brian aus New York. Während Brian noch den Hörer auf die Gabel legte, erzählte er den Jungs die Neuigkeit, daß «I Want to Hold Your Hand» dort in einer Woche von Platz 43 auf Nummer 1 gesprungen war! Eine Flut nachfolgender Anrufe verriet, daß in den ersten drei Tagen eine Viertelmillion Exemplare verkauft worden waren. Am 10. Januar lautete die Gesamtumsatzzahl eine Million. Ein paar Tage später wurden allein in New York City pro *Stunde* zehntausend Exemplare verkauft! Keine ausländische Platte und nur zwei amerikanische hatten sich jemals in diesem Tempo verkaufen lassen. Die Beatles waren eine Klasse für sich. Ohne eigene Auftritte oder eine einzige Live-Sendung im Fernsehen hatten die Fab Four den größten Schallplattenmarkt der Welt erobert. Der glücklichste Umstand an der Nachricht war der Zeitpunkt. Schon in drei Wochen würden die Beatles in New York ankommen, um in der *Ed Sullivan Show* aufzutreten.

«Wo soll das enden, Jungs...?»

DIE BEATLES KOMMEN!

Amerika war reif für die Beatles. Bis zum «B-Tag», dem 7. Februar 1964, waren bereits über zwei Millionen Exemplare von «I Want to Hold Your Hand» verkauft worden. *Introducing the Beatles*, die erste amerikanische LP der Band, kletterte die Hitparade hinauf. Amerikanische Läden hatten begonnen, Beatles-Perücken, -Hemden, -Puppen, -Ringe, -Dosen, -Ansteckknöpfe, -Notizbücher, -Turnschuhe und -Schaumbäder zu verkaufen. Mehr als ein Dutzend Schallplatten mit Schlagern über die Beatles hatte man veröffentlicht, mit Titeln wie «Christmas with the Beatles», «My Boyfriend's Got a Beatles Haircut» und Phil Spectors «I Love Ringo», gesungen von Bonnie Jo Mason, heute besser bekannt als Cher. Auf die letzte Minute lancierte Capitol einen 50000 Dollar teuren Publicitygag. Jeder Radio-Discjockey im Land erhielt eine Werbemappe, die ihn in die Lage versetzte, die Beatles im Rundfunk zu interviewen, indem er Fragen von einem Manuskript ablas und die bereits aufgenommenen Antworten von John, Paul, George oder Ringo einspielte. Als Höhepunkt des ganzen Rummels wurde Amerika mit fünf Millionen Aufklebern überschüttet, die ankündigten: DIE BEATLES KOMMEN!

Am Morgen ihrer Abreise in die Vereinigten Staaten mußten sich die Beatles auf dem Londoner Flughafen ihren Weg durch Hunderte heulender Mädchen bahnen. Nach einer großen Abschiedsfeier in der VIP-Lounge, wo John schließlich grollend einwilligte, mit Cynthia zu posieren, die hier ihren ersten öffentlichen Auftritt hatte, ging die Gesellschaft an Bord der Pan Am, Flug 101. Bald darauf meldeten die «Good Guys» der New Yorker Radiostation WMCA atemlos: *«Es ist 6 Uhr 30 Beatle-Zeit! Sie haben London vor dreißig Minuten verlassen. Sie fliegen jetzt über dem Atlantischen Ozean mit Kurs auf New York! Die Temperatur beträgt zweiunddreißig Grad Beatle!»*

Vom Augenblick des Abhebens an herrschte in Pan Ams Eroberungsflieger eine flotte Partyatmosphäre. Während eine hübsche Stewardeß mit Jane-Mansfield-Busen versuchte, die Handhabung einer Schwimmweste zu demonstrieren, war die Erste-Klasse-Kabine mit Pfiffen und Wolfsgeheul erfüllt. Paul zwinkerte mit seinen runden Augen, und George grölte: *«Willst du mich heiraten?»* Schnell zückten die Beatles ihre Kameras – «Sansibar-Pentax», witzelte George – und fingen an, Fotos zu schießen. Das Mittagessen regte zu neuen Gags an, denn Champagner, Kaviar, Hummer und Räucherlachs boten eine ziemliche Abwechslung zu den Tagen mit gebackenen Bohnen und Marmeladebroten.

Brian mußte insgeheim über die Entdeckung lachen, daß die meisten der grauhaarigen Geschäftsleute neben ihm in der Ersten Klasse in Wirklichkeit Händler waren, die es darauf abgesehen hatten, von den Beatles eine Unterstützung für ihre Produkte einzuholen. Alle halbe Stunde übergab die Stewardeß Brian einen neuen Gegenstand zur Begutachtung. Er entnahm dann seiner Brieftasche einen Bogen Briefpapier mit seinem Monogramm und schrieb ein höfliches Ablehnungsbriefchen. Unterdessen machte eine solche Plastikgitarre oder Puppe mit Pilzkopf unter den Beatles die Runde. Jeder brach ein Stück ab, bis das Muster zerstört war.

Die einzig herbe Note in dieser albernen Symphonie schlug der sonst so optimistische Paul an, als er fragte: «Welchen Grund hätten wir schon, rüberzugehen und Geld zu verdienen, wo doch Amerika immer alles gehabt hat? Die haben ihre eigenen Gruppen. Was können wir denen denn geben, was die nicht längst selbst schon haben?»

Die Antwort auf diese Frage erfolgte prompt, als das Flugzeug um 13 Uhr 20 auf dem John F. Kennedy-Flughafen landete und zur Internationalen Ankunftshalle rollte.

Als die Beatles aus der 707 ausstiegen und die Rolltreppe hinunterliefen, wurden sie von viertausend kreischenden, plakatschwenkenden Fans begrüßt, die auf dem Aussichtsdach des Gebäudes standen. Nach den obligatorischen Fotografien neben dem Flugzeug drängte man die Beatles in die Gepäckkontrollzone, wo über ihren Köpfen ein bedrohliches Gedonner vernehmlich wurde. Als sie zum verglasten Balkon hinaufschauten, sahen sie Hunderte von Kids mit weit aufgerissenem Mund strampeln und gegen die transparenten Wände schlagen wie menschenfressende Fische zur Fütterungszeit. George war erschüttert. «Ich glaube nicht, jemals beim Anblick eines Polizisten erfreuter gewesen zu sein, als bei dem der kräftigen irischen Polizisten New Yorks.» Die Ordnungshüter packten, paarweise vorgehend, die Beatles an den Ellbogen und stürzten mit ihnen los wie mit Schaufensterpuppen. Ihr Ziel war der Presseraum des Flughafens.

Im Gegensatz zu den Tausenden von Kids, die draußen wie auf einem Spielplatz herumtobten, zeigte der Presseraum ein unvergeßliches Bild nervöser und verunsicherter Erwachsener. Zweihundert Männer und Frauen, eingemummt in schwere Mäntel und Fellmützen, waren mit dem Auftrag, die Story über die Ankunft der Beatles zu bekommen, zum Flughafen geschickt worden.

Die Fotografen machten sich sofort an die Arbeit und riefen: «Hey, Beatles! Kuckuck. Hierher!» Während die Blitzlichter klickten und die Filmkameras surrten, begann die Journaille Brian Sommerville, den PR-Mann der Beatles, wegen einer Interviewgelegenheit zu bearbeiten. Als nervöser britischer Journalist, später dann Rechtsanwalt, mit Glatzenansatz und Hornbrille, war Sommerville den amerikanischen Medien nicht gewachsen. Da seine wiederholten Bitten um Ruhe ignoriert wurden, platzte ihm schließlich der Kragen und er schrie: «Schnauze! Haltet doch endlich die Schnauze!»

Glücklicherweise kamen die Beatles selbst wesentlich besser mit der Presse zurecht. Ihr Trick bestand darin, den Reportern das Spiel der Beatles vorzusetzen. John hatte es erfunden, aber alle Beatles waren Meister darin geworden. Es entfaltete sich wie ein Manuskript für die *Goon Show*, und schon bald glucksten all die erfahrenen Reporter und schüttelten verblüfft den Kopf:

REPORTER: Was macht ihr, wenn ihr in euren Zimmern eingesperrt seid?

GEORGE: Wir laufen Schlittschuh.

REPORTER: Was denkt ihr über Beethoven?
RINGO: Ich liebe ihn, speziell seine Gedichte.
REPORTER: War deine Familie im Showgeschäft?
JOHN: Klar, mein Dad pflegte zu sagen, meine Mutter wäre eine großartige Schauspielerin.

Der neugierigste Reporter im gesamten Pressetroß und der einzige, der an diesem Tag einen Treffer landete, war ein lokaler Discjockey namens Murray the K – K wie Kaufman. Murray hatte in Miami Urlaub gemacht, als der Radiosender WINS ihn zurück in den winterlichen Norden orderte, damit er die Beatles interviewe. In seiner gewohnten Uniform herbeigeeilt – hautenge Hosen, Wüstenstiefel und ein peinlicher Strohhut, der ihn als Touristen brandmarkte – war er mit den anderen Radioleuten in die erste Reihe der Reporter gequetscht worden. Zu den Füßen der Beatles auf dem Boden hockend, schob Murray ihnen ein Periskop-Mikro hoch und startete ein privates Rundfunkgespräch mit George, dem aufrichtigsten und naivsten Mitglied der Gruppe. «Ich mag deinen Hut», sagte George, was Murray die Worte in den Mund legte: «Hier, du kannst ihn haben!»

Ein CBS-Kameramann, erzürnt über diese heimliche Taktik, buffte: «Sagt Murray the K, er soll die Scheiße lassen!»

Jetzt war es an Ringo, das Stichwort aufzunehmen, und er echote: «Laß die Scheiße!»

John und Paul reagierten augenblicklich und wiederholten wie kleine Kinder: «Laß die Scheiße! Yeah, Murray!» Auf diese Weise wurde der selbsternannte «Fünfte Beatle» geboren.

Die Beatles fuhren vom Flughafen in vier schwarzen Gangster-Cadillacs ab. Tom Wolfe, damals Reporter beim *Herald Tribune*, sprang in das Auto, in dem George Harrison und Brian Sommerville fuhren. Während der Konvoi, angeführt von zwei Polizisten auf Motorrädern, gefolgt von zwei Streifenwagen, die Schnellstraße entlangdonnerte, wurde er mehrfach von wild rasenden Kids umschwirrt. Plötzlich schoß ein weißes Cabrio mit der Aufschrift «Beetles» wie eine Rakete an der Harrison-Limousine vorbei. «Hast du das gesehen?» rief der erschrockene Sommerville.

«Sie haben unseren Namen falsch buchstabiert», erwiderte der strenge George mit seinem harschen Liverpooler Akzent. Als sie vor einer Ampel an der Ecke Third Avenue und 63rd Street halten mußten, grüßte ein hübsches Mädchen begeistert zu George herüber. Sie steckte den Kopf aus einem Taxi, in dem sie den Beatles vom Flughafen aus hinterhergejagt war.

«Wie lernt man denn einen Beatle kennen?» flötete sie.

George kurbelte das Fenster herunter und antwortete: «Man sagt Hallo.»

«Hallo!» erwiderte das Mädchen und stellte sich als Caroline Reynolds aus New Canaan vor. Als die Ampel grün wurde, rief sie: «Noch acht Leute aus Wellesley kommen mit!»

Das Ziel der Beatles war das Plaza-Hotel, eine seltsame Unterkunft für eine Rockgruppe, aber der ideale Ort für einen ahnungslosen Snob wie Brian Epstein. Als die Beatles dem alten Gebäude näherkamen, sahen sie, daß es von Hunderten von Kids belagert wurde, die hinter Polizeibarrikaden zusammengetrieben worden waren und dort von Bullen mit Schutzhelmen auf dampfenden Hengsten in Schach gehalten wurden. John Lennons Wagen wurde von einer berittenen Sondertruppe, die ihre Pferde im Galopp laufen ließ, zum Fifth Avenue-Eingang eskortiert. Mit einem kurzen Satz kopfüber landete Lennon auf den Stufen und dann weiter, durch die Drehtür hindurch, sicher in dem Marmorpalast aus der Jahrhundertwende.

Brian prahlte damit, er habe die Reservierungen für die Beatles durch einen Trick bekommen, indem er die Anfrage habe so klingen lassen, als seien sie alle britische Geschäftsleute, wie beispielsweise «J. W. Lennon, Esquire.» In Wirklichkeit beging der Hotelmanager Alphonse Salamone den Fehler, die Angelegenheit während eines Abendessens im Familienkreis zu erwähnen, nachdem er bereits entschieden hatte, die Beatles würden mehr Ärger verursachen, als sie wert seien. Sobald seine Teenie-Tochter das Wort «Beatles» hörte, schrie sie laut auf und begann obendrein unkontrolliert zu schluchzen. «Nur weil sie diese Szene aufführte», bemerkte Salamones Sohn Greg, «ließ mein Vater die ganze Sache laufen.» Immer wieder wurden im jugendvernarrten Amerika die Geschicke der Beatles durch die Wünsche von Teenie-Mädchen zum Besseren oder Schlechteren gelenkt.

Salamone hatte sich vorgenommen, den Schaden für sein Hotel in Grenzen zu halten, und wies deshalb den Beatles Quartiere in Dachnähe zu: einen Flügel mit zehn Zimmern im zwölften Stockwerk, der von einer Polizeibarrikade und zwei Leuten von der Detektivagentur Burns bewacht wurde. Sowie die Beatles ihre Suiten bezogen hatten, bestellten sie erst einmal einen Vorrat ihres Lieblingsgetränks J&B-Scotch und Coca-Cola. Daraufhin gingen sie – wie Männer an einem reichlich gedeckten Tisch – dazu über, sich mit amerikanischem Fernsehen und Radio vollzudröhnen. Die Jungs stellten jedes Fernsehgerät ein, achteten aber darauf, den Ton abzudrehen, steckten die Kopfhörer ihrer kleinen Transistorradios in die Ohren und fingen an, die Senderskala zu durchstreifen. Sie stellten natürlich mit Freude fest, daß die Nachricht über ihre Ankunft im Wechsel mit ihren Platten im Rundfunk übertragen wurde, aber was die Beatles wirklich begeisterte, war die Reichhaltigkeit der amerikanischen Medien. So viele Fernsehkanäle, so viele Radiostationen, so viele Stimmen und Akzente, so viel Klang und Aktion vierundzwanzig Stunden am Tag! Es war die Erfüllung all ihrer lebenslangen Phantasien über das wohlhabende Amerika. Als die Beatles später nach England zurückkehrten und in *Ready, Steady, Go* auftraten, wurde ihnen als erstes die Frage gestellt, was ihnen in den USA am besten gefallen habe. Ohne zu zögern antwortete George: «Das Radio und das Fernsehen und die Drive-In-Kinos.»

Die ersten Besucher, die die Sicherheitskontrolle passierten, waren die drei Ronettes. Die Mädchen hatten die Beatles kurz zuvor im Verlauf der Ronettes-Tournee in London kennengelernt. Eines Abends hatten diese kleinen sexy Mädchen versucht, den verspannten englischen Jungs die neuesten Teenietänze, wie den Pony, den Jerk und den Nitty-Gritty, beizubringen. Ringo versuchte als einziger Beatle ein paar Schritte. George hatte mehr Interesse daran, mit Mary einig zu werden, und John war scharf auf Ronnie. Gegen Ende des Abends sprachen die Beatles darüber, die Ronettes auf ihre nächste Tour mitzunehmen. Als Phil Spector, dem Plattenproduzenten der Ronettes, das Gerücht über diesen Vorschlag zu Ohren kam, rastete er völlig aus vor Eifersucht. Obwohl noch verheiratet, hatte Spector entschieden, Ronnie Bennett zu seiner neuen Frau zu machen. Er sprang ins nächste Flugzeug nach London, baute sich vor ihr auf und drohte: «Wenn du bei dieser Beatles-Tournee mitmachen solltest, werden wir nicht heiraten.» Dann ersetzte er sie durch ein anderes Mädchen und schickte sie zurück nach Harlem.

Kaum hatte sich Ronnie in der Wohnung ihrer Mutter häuslich niedergelassen und den Fernseher angeschaltet, sah sie auch schon die Berichterstattung über die Ankunft der Beatles am Flughafen. Sie kippte fast vom Stuhl, als sie die winzige Gestalt von Phil Spector ausmachte, der hinter den Beatles die Gangway hinunterstieg. Blitzartig erkannte sie, wie Spector sie hintergangen hatte. Er hatte ihr die Gelegenheit genommen, die phantastische Publicity einzuheimsen, hinter den Beatles jene Stufen hinabzusteigen. Unterdessen hatte sich Phil seinen Weg an Bord des Flugzeugs erschwindelt, damit *er* den Beifall entgegennehmen konnte. Mieser Arschkriecher! Um sich nicht auf diese Weise ausbooten zu lassen, rief Ronnie die Mädchen an. Wie der Blitz fuhren sie in ihre engen Mäntel und steuerten das Plaza an. Als gerissene Kids aus der Großstadt bahnten sie sich ihren Weg an den Polizisten, Hausdetektiven und Sicherheitskräften vorbei, um schließlich, zum Anbeißen niedlich, im vorderen Salon der Beatles aufzukreuzen.

John Lennon verschwendete keine Zeit mit müßigem Geschwätz. Sobald Cynthia ihm den Rücken zukehrte, drängte er Ronnie in ein angrenzendes Schlafzimmer. Als er sie leidenschaftlich zu küssen begann, war Ronnie schockiert. Sie hatte John bereits in London ihre Situation erklärt. Sie sei eine siebzehnjährige Jungfrau. Sie wolle sich «es» für Phil aufsparen. Wenn sie ihre Karten richtig ausspielte, würde sie Mrs. Phil Spector werden! Doch jetzt stand hier John Lennon, der heißeste Star im Geschäft und machte sie an, als gäbe es nichts als ihre gemeinsame Schäferstunde. «John!» keuchte sie und starrte ihren brünftigen Liebhaber entsetzt an. «Ich *kann nicht*!» Lennon, der sich nach jener Szene am Flughafen wie ein König vorkam, war nicht in der Stimmung, abgelehnt zu werden. Er riß sich von Ronnie los, stolzierte aus dem Zimmer und knallte dabei so laut die Tür zu, daß die Fensterscheiben zitterten. Am nächsten Tag rief er bei ihr an und entschuldigte sich.

George war fest entschlossen, seine Affäre mit Mary wiederaufzunehmen, als er plötzlich eine Grippe nahen fühlte. Er beklagte sich bei seiner verheirateten Schwester Louise Caldwell aus St. Louis, er habe Halsschmerzen und fühle sich fiebrig. Keine Halsentzündung der Welt konnte ihn jedoch davon abhalten, mit seinem neuen Kumpel Murray the K zu plaudern, der ins Studio zurückgeeilt war und alles für ein Telefoninterview im Radio vorbereitete. Als Brian Epstein von dieser ersten der vielen nichtautorisierten Sendungen mit Murray the K erfuhr, ging er an die Decke seiner schicken Ecksuite, mit Blick auf den Central Park und die Grand Army Plaza, weit ab von seinen verrückt spielenden Jungs.

Der Samstag begann kalt und regnerisch. Sobald das Wetter aufklarte, spazierten die drei gesunden Beatles, begleitet vom Pressestab und vierhundert Mädchen rüber zum See im Park, um für Fotografien zu posieren. Nachdem sie anschließend im Bootshaus Cheeseburger verzehrt hatten, stiegen sie in zwei Limousinen und fuhren nach Harlem. Sie glaubten, es handele sich um einen farbenprächtigen Ort, wie es sich für die Wiege des Rhythm and Blues gehört. Aber sie erblickten ein Slumviertel, in dessen Hauptstraße sich kleine öde Läden aneinanderreihten, verriegelt und verrammelt wie in einer besetzten Stadt. Nach diesem ernüchternden Anblick des schwarzen Amerika wurden die Beatles zum alten Maxine Elliot Theater am Times Square chauffiert, dem CBS-Studio für die Ed Sullivan Show.

Sullivans größter Coup als Fernsehproduzent war die Präsentation von Elvis Presley in den ersten Tagen seines Ruhms gewesen. Diesmal hatte sich der gewiefte Ex-Kolumnist 1963 zur Weihnachtszeit mit Brian Epstein im Hotel Delmonico zusammengesetzt und für 4500 Dollar pro Aufnahme ein Geschäft über drei Shows abgeschlossen. (Mit schlechteren Karten in der Hand hatte Colonel Parker zehn Jahre zuvor 50000 Dollar für die gleichen drei Aufnahmen herausgeschlagen). Nun war Sullivan beunruhigt über die Nachricht, einer der Beatles sei wegen Grippe ans Bett gefesselt. Während man ihm versicherte, George sei gesund genug, um in der Show aufzutreten, grummelte der hohlwangige Produzent: «Das wünsche ich ihm, sonst setz ich mir selbst eine Perücke auf.»

Am Samstag abend aßen die Beatles Schweinskotelett im 21.

Ringo fragte den Ober: «Servieren Sie Coca-Cola als Erzeugerabfüllung?» Danach kehrten die Jungs ins Hotel zurück, um sich am amerikanischen Fernsehen zu ergötzen. Paul jedoch verließ die Gesellschaft und huschte über die Plaza in den Playboy Club, um mit einem dienstfreien Häschen an der Hand im benachbarten Chateau Madrid, Nordamerikas vornehmstem lateinamerikanischen Club, einzukehren und dort den Abend zu beenden.

Am selben Abend feierte Brian eine kleine Party mit ein paar durchtrainierten Strichern. Ein berüchtigtes amerikanisches Skandalblatt war auf diesen Augenblick vorbereitet. Es hatte Hotelangestellte bestochen, seinen Leuten in dem Moment einen Wink zu geben, wenn die Beatles mit ihren Fans oder Brian mit seinen Herrenreitern aufs Bett sinken würden. Als das Zimmermädchen Brians Bett in Ordnung brachte, öffnete sie die Vorhänge am Fenster. Ein wagemutiger Fotograf eilte ins darüberliegende Stockwerk, von wo aus er zu Brians Fenster hinabgeseilt wurde. Ein paar Tage später wurden die Abzüge Nicky Byrnes zugespielt, dem Vertriebschef der Beatles, der nun mit Brian über die Bedingungen seines ein paar Monate zuvor in London unterschriebenen Vertrags zu feilschen begann. Byrnes vereinbarte, sowohl diese Bilder als auch ein paar Schnappschüsse von kleinen Schulmädchen aufzukaufen, die sich in einem Schrank verkrochen hatten, in der Hoffnung, die Beatles zu erwischen. Byrnes rechnete es sich als sein Verdienst an, einen großen Skandal in Amerika verhindert zu haben.

Am Sonntag nachmittag um 14 Uhr 30 erschienen alle Beatles zur Generalprobe und der anschließenden Aufzeichnung ihrer dritten Sullivan Show, die zu einem späteren Zeitpunkt gesendet werden sollte. Fünfzigtausend Anfragen für Plätze waren eingegangen – ziemlich viel für 728 Stühle. In die Nähe der Beatles zu gelangen, bedeutete zur Zeit die größte Herausforderung für New Yorks höchst erfinderische «Zelebritätenjäger». Leonard Bernstein hatte zwei junge Töchter, die die Beatles sehen wollten, und Lenny selbst war begierig darauf, die jungen Musiker kennenzulernen. Als Wendy Hanson, Brians neue Assistentin, ein dralles englisches Mädchen mit gouvernantenhaften Umgangsformen vor der Vorstellung eintraf, fand sie die Bernstein-Mädchen in der ersten Reihe plaziert und Lenny im Umkleideraum der Beatles herumtönen. Als Bernstein schließlich ging, wandte sich John an Wendy: «Sieh mal, Liebes, könntest du wohl in Zukunft Sidney Bernsteins Familie aus diesem Zimmer raushalten?»

Unterdessen litt der arme Brian unter noch schlimmerer Behandlung durch den gütigen Gastgeber der Show. Der Manager der Beatles ging auf Sullivan zu, der allerletzte Notizen kritzelte und platzte heraus: «Ich würde mir gern den genauen Text Ihrer Ansage anhören.»

Ohne überhaupt aufzublicken, krächzte Sullivan: «Und ich würde mir wünschen, daß Sie verschwinden!»

Der historische Charakter des ersten Liveauftritts der Beatles im amerikanischen Fernsehen (am Abend des 3. Januar waren sie in der rivalisierenden *Jack Paar Show* in einer Aufzeichnung zu sehen) wurde zu Beginn des Programms dadurch unterstrichen, daß Sullivan ein Glückwunschtelegramm von Elvis Presley verlas. (Das Telegramm hatte Colonel Tom Parker geschickt, der erpicht darauf war, ein bißchen kostenlose Publicity abzusahnen. Elvis verachtete die Beatles.) Als es Zeit wurde, die Stars der Show zu präsentieren, sprang Sullivan auf und spulte wie ein Uhrwerk seine übliche Einführung im Stil eines Boxkampfansagers ab: aus der Taille herauswirbelnd und seine Hand schlenkernd, als zeige er auf die beiden Kämpfer im Ring. Während die Beatles «All My Loving» zu spielen begannen, fuhren die Kameras zusammen mit Millionen Amerikanern langsam von vorn und von der Mitte aus heran.

Was Amerika sah, war ein Bild ungewohnter Eleganz, das den größtmöglichen Gegensatz darstellte zur gummibeinigen, herausgeputzten Fettkloß-Vulgarität von Elvis the Pelvis (Elvis das Becken). Die Beatles steckten in dunklen, röhrenförmigen Anzügen, die die steife, zugeknöpfte Körperhaltung dieser jungen Engländer optisch verstärkte. Sie ähnelten vier langhaarigen klassischen Musikern, wie etwa dem Pro Musica Antiqua, die auf elektrischen Lauten spielten und nach jedem Stück höflich den Applaus entgegennahmen. John Lennon sah, ohne ein Lächeln und mit steifem Rücken, eindeutig würdevoll aus. Seine Adlernase und sein volles Gesicht verliehen ihm das Aussehen eines Renaissance-Adligen. Die Beatles spielten selbstsicher, ohne ein Zeichen von Nervosität zu verraten. Sie bewältigten den prüfenden Blick der Kameras und die Nervenbelastung des Ereignisses mit Leichtigkeit, sogar als eines der Mikros während «I Want to Hold Your Hand» ausfiel und John mitten in der Luft hängenließ. Die Strategie der Gruppe lautete, cool zu spielen, auf harten Rock zu verzichten und Paul bei fünf von sechs Nummern als Leadsänger zu präsentieren, was bedeutete, daß die Kamera die meiste Zeit auf sein engelhaft lächelndes Gesicht konzentriert war.

Den Rest der Zeit zeigte der Fernsehschirm erstaunliche Bilder von Beatleverrückten: kleine Mädchen, die bei jedem Schlag aus den Sesseln hüpften, kreischten, sich die Haare rauften und sich verhielten wie Kinder während eines gewalttätigen Trickfilms mit Verfolgungsjagd. Das Faszinierende an dieser Übertragung lag in dem Gegensatz zwischen den makellosen britischen Jungs, die an sich nichts dafür taten, um einen solchen Ausbruch zu provozieren, und jenen hingerissenen Mädchen, die dabei waren, jegliche Beherrschung zu verlieren. Eine Erklärung für diese irrationale Reaktion zu finden hätte für die Kritiker dieses Programms eine Herausforderung sein können. Keiner nahm sie an. Sie ignorierten die Beatlemania wie ablenkenden Lärm und konzentrierten sich ausschließlich auf die Band. Und die war – wie sie entschieden – nicht gerade etwas Besonderes, eigentlich sogar ziemlich enttäuschend.

Der Tenor dessen, was sich zu einem Chor abweisender Rhetorik entwickelte, wurde am nächsten Morgen vom *Herald Tribune* angeschlagen. Er sezierte die Beatles in folgende Bestandteile: «75 % Publicity, 20 % Haarschnitt und 5 % rhythmisch-fröhliches Gejohle.» Die *New York Times* spielte die Gruppe als ein «gelungenes Massenplacebo» herunter. Die wirklich schweren Brocken schlugen in der folgenden Woche ein, als sich die überregionalen Wochenzeitschriften zu Wort meldeten. *Newsweek*, stolz auf ihren farbenfrohen Stil, geiferte: «Optisch sind sie ein Alptraum: enge, geschniegelte edwardianische Bohemien-Anzüge, das Haar wie große Puddingschüsseln. Musikalisch läuten sie den Untergang ein. Die Gitarren und das Schlagzeug hauen einen gnadenlosen Takt heraus, der mit Sekundärrhythmen, Harmonie und Melodie kurzen Prozeß macht. Ihre Texte (unterbrochen von unsinnigen Yeah-Yeah-Rufen!) sind eine Katastrophe, ein absurdes Gemisch romantischer Sentimentalitäten im Stile von Valentinsgrußkarten.» Aber die Beatles hatten gut lachen. Sie ließen sich eine Trendex-Bewertung schmecken, die ihre Zuschauerzahl auf 73 900 000 schätzte – das größte Publikum in der Geschichte des Fernsehens.

Aber sogar nach diesem höchst erstaunlichen Erfolg betrachteten sich die Beatles selbst noch nicht als vollständig akzeptiert. Ihr Sturmangriff auf die USA war als zweigleisige Attacke geplant worden: Zuerst sollten sie in der *Sullivan Show* einschlagen und dann in der Carnegie Hall. Merkwürdigerweise fürchteten die Jungs das Spiel vor der gesamten Nation weniger als ihren Auftritt vor den 2780 Leuten, die in der alten Konzerthalle Platz finden konnten. Da sie das Carnegie Hall-Publikum als in höchstem Maße kritisch einschätzten, forderten die Beatles einen zusätzlichen Termin außerhalb der Stadt, um sich für das Hauptereignis aufwärmen zu können. Dementsprechend wurde eine alte Boxarena gebucht, das Coliseum in Washington, D. C.

Für den Abend des 11. Januar orderten die Beatles zum Kampfring hin einen beweglichen Keil von vierzig Platzanweisern in roten Jacken. Sowie sie unter den gleißenden Scheinwerfern erschienen und erst einmal ihre bedauernswert unzureichenden 50-Watt-Verstärker abstimmten, schlug eine Flutwelle des Gekreisches über ihnen zusammen, gefolgt von einem Blitzlichtgewitter und einem Gummibärchen-Hagelsturm. «Die Atmosphäre war elektrisch geladen», stammelte Paul nach der Show. «Wir kamen auf die Bühne, mitten in den ungeheuersten Empfang, den ich je zuvor erlebt habe. Unser Pressesprecher Brian Sommerville, der normalerweise ein abgebrühter Geschäftsmann ist, hatte Tränen in den Augen, während er Ringos Schlagzeug umbaute. Ich riet ihm, sich die Tränen abzuwischen, doch der Empfang war so überwältigend, daß sogar ich am Rand der Tränen war.»

Anstatt zu weinen, übernahm Paul das Kommando. Nachdem ihn drei ortsansässige Discjockeys mit idiotischen Beatles-Perücken vorgestellt hatten, conferencierte Paul die Show in einer etwas verwirrten, aber charmanten Art. Als die Band mit «Roll Over Beethoven» und George als Leadsänger loslegte, wurde es offensichtlich, daß sie alles, was sie hatten, in diese Vorstellung steckten. Insbesondere Ringo spielte wie ein Wahnsinniger. Dabei entfachte er ein Feuer, das niemand bisher bei ihm vermutet hatte. Das besonders Mitreißende an der Show war ihr spontaner Charakter, ein Ergebnis der chaotischen Umstände des Auftritts. Die Bühne war der reinste Hindernisparcours, übersät mit Kabeln als Fallstricke, ausgefallenen Mikrophonen und einem wackligen, sich drehenden Trommelpodest, das Ringos Becken bedenklich schwanken und seine Trommeln außer Reichweite rutschen ließ. Während die String Bean Boys auf ihren kubanischen Absätzen dahinjagten und um Mittel und Wege kämpften, ihre Lieder zu präsentieren, entfaltete sich eine verrückte *Marx Brothers in der Oper*-Choreographie, die weitaus lustiger (und gewiß besser motiviert) war als das dämlich bewunderte Kameraballett in ihrem ersten Film. Tatsächlich gab es sogar einige Momente, in denen die Beatles zu dem Stil zurückfanden, den sie im Indra oder im Cavern vorgelegt hatten, als das Motto des Abends lautete: «Macht Schau!»

John feuerte das Publikum an, zu klatschen und aufzustampfen, indem er seine Hände wie Seehundflossen zusammenschlug und seinen klumpfüßigen, spastischen Trampeltanz aufführte. George legte seinen kleinen, verzagten Routinetwist so oberflächlich und unzulänglich hin, wie ein Schoßhund seinen Haufen einbuddelt. Ringo jauchzte den Text von «I Want to Be Your Man», während er fieberhaft trommelte, wie ein Schuljunge, der die Aufnahmeprüfung für eine Gang zu bestehen versucht. Der vor Freude strahlende Paul nahm bei «I Want to Hold Your Hand» wiederholt seine linke Hand von der Gitarre und schüttelte sie frohlockend wie ein ekstatisches kleines Hundebaby. Gegen Ende der Darbietung hatte sich jeder in der Halle und in den hundert Kinosälen, die in die TV-Gemeinschaftsschaltung eingeklinkt waren, unauslöschlich in seinem Geist eine platonische Idee von den Beatles eingeprägt: vier ausgelassen tobende britische Schuljungs.

Das Konzert im Coliseum wurde zwar nicht zum Maßstab aller zukünftigen Auftritte der Beatles in Amerika, lieferte jedoch ihr Schema. Im Grunde war es ein einziger Taumel mit Tönen pseudoreligiöser Inbrunst. Das Gewicht lag eher auf den gigantischen Publikumsmassen als auf den Musikern, die aus der Entfernung wie Zwerge wirkten, übertönt vom Lärm und überwältigt von der Aggressivität einer Generation, die bald schon die alten Schranken bürgerlicher Etikette sprengen und Rockkonzerte in Festivals aktiver Teilnahme verwandeln sollte. In dieser verrückten Atmosphäre wurden die Beatles zu Marionetten degradiert, die auf einer weit entfernten Bühne herumhampelten. Die Songs der Beatles, rausgeknallt im Hauruck-Stil solcher Anlässe, offenbarten ihre eigentliche Anziehungskraft als Singsang und Geschrei der Sorte, die man bei Fußballspielen, politischen Veranstaltungen oder Karnevalsfeiern anstimmt. Letzten Endes wurden die Beatles Amerikas berühmteste Cheerleader.

Sobald die Beatles in den archaischen Salonwagen der Eisenbahn zurück nach New York stiegen, starteten sie eine Party. Ringo, der in Amerika den lebhaftesten Eindruck der vier machte, führte Clownerien vor den Kameras der Maysles-Brüder auf. Er schlüpfte unter die Sitze und sprang um sie herum wie ein Affe. Er schnallte sich das Kamerazubehör wie ein Gepäckträger über die Schultern, taumelte durch die Gänge und rief: «Verzeihung! *Life Magazine*! Verzeihung!» Als nächstes schlenderte er in weißem Damenpelz und Hut durch den Wagen. Später flitzte er verstohlen in der Gegend herum und paffte dabei eine Zigarette wie Pepe Le Moko. Dadurch wurden auch die anderen Jungs motiviert, Marx Brothers zu spielen. George lag wie eine Mumie auf der Gepäckablage. Paul schoß Bilder durch das Abteilfenster und rief wie ein exaltierter Modegeck: «Mein Gott! Wie künstlerisch! Eisenbahnschienen!» John blinzelte gelegentlich von seiner Zeitung auf, um wie Groucho «Witzig! Sehr witzig!» zu knurren. Jetzt waren die Beatles reif für ihren wichtigen Auftritt.

An Lincolns Geburtstag gaben sie eine Matinee- und eine Abendvorstellung in der Carnegie Hall. Der Veranstalter, ein unbedeutender Unternehmer namens Sidney Bernstein, war seine 5700 Karten in zwei Stunden losgeworden. Der erfahrene Kassierer der Halle schätzte, er hätte an diesem Tag noch ausreichend Karten verkaufen können, um das Shea-Stadion zu füllen. Bernstein versuchte den vorsichtigen Brian Epstein dazu zu überreden, genau dies als nächsten Schritt zu unternehmen. Brian entgegnete, er ziehe es vor, die Dinge langsam angehen zu lassen und keine Pleite zu riskieren – eine durchaus vernünftige Einstellung, angesichts der Trendex-Bewertung von vierundsiebzig Millionen Fernseh-Zuschauern jedoch völlig absurd! Der Veranstalter versuchte, über den Ausverkauf hinaus noch abzusahnen, indem er 150 Stühle auf die Bühne stellte. Als John Lennon auf die Bühne kam und feststellen mußte, daß Leute geradezu in Reichweite saßen, platzte ihm der Kragen. «Es war keine Rockshow», kochte er. «Es war eine Zirkusvorstellung. Wir standen in Käfigen und wurden sowohl auf als auch hinter der Bühne begrapscht und angequatscht. Wir waren wie Tiere.» Lennon war auch über die Nachricht erzürnt, daß Happy, die Frau von Nelson Rockefeller, dem Gouverneur des Staates New York, in letzter Minute in Begleitung eines Polizisten aufgetaucht war, um ein unerreichbares Ticket für ihre zehnjährige Tochter Wendy zu ergattern. Jeder Anspruch auf Klassenprivilegien erboste den Rebell John Lennon.

Sogar Murray the K verärgerte John an diesem Tag, obwohl Murrays Broadway-und-Show-Geschwätz die Beatles bisher so entzückt hatte, daß sie dazu übergegangen waren, jedermann mit der Frage zu begrüßen: «Was'n los, Baby?» An jenem Nachmittag jedoch drohte ihre Vorliebe für Murray the K sich in Luft aufzulösen, als er darauf bestand, vor dem Auftritt auf die Bühne zu gehen, um jeden Beatle auf seine individuelle Popularität zu testen. Er heizte die Mädchen an, für ihren Liebling zu schreien, sowie Murray seinen Namen aufgerufen hatte. Ringo schlug Paul mit einigen Dezibel.

Es war schon ironisch, daß gerade das anspruchsvolle, von den Beatles so gefürchtete New Yorker Publikum sich als eine Menge kleiner Mädchen mit Zahnspangen aus New Jersey herausstellte. Tatsächlich wunderte die Beatles in Amerika nichts so sehr wie die Häßlichkeit und Spießigkeit ihrer amerikanischen Fans. Das also war die riesige, wohlhabende jugendliche Bevölkerung, die absolut keine Ahnung von Stil oder Geschmack hatte. Es war ausgesprochen ernüchternd.

Wie läßt sich der Triumph der Beatles erklären? Um eine Antwort zu finden, muß man bis zu Elvis zurückgehen, der den Nährboden für die Beatlemania gerade erst acht Jahre zuvor geschaffen hatte. Elvis' phänomenaler Erfolg in Großbritannien lag in der Tatsache begründet, daß er als Held der Arbeiterklasse galt. Das traf auch auf die Beatles zu. Sie wurden bejubelt als einfache Burschen aus Liverpool, die es geschafft hatten, reich zu werden. John war hintertrieben genug, den Wert dieses Trugbildes zu erkennen; er ermunterte seine Gefährten, dies auszunutzen, indem sie den Liverpooler Akzent betonten und so handeln sollten, als seien sie als Lastwagenfahrer auf die Welt gekommen. Tante Mimi war entsetzt, als sie ihr sorgsam erzogenes Mündel zum erstenmal wie einen Hafenarbeiter sprechen hörte. Als sie eine Erklärung verlangte, brachte John seine bucklige Imitation des Juden Fagin, rieb gierig seine Hände und lispelte: «Money! Money!»

John hatte recht: Während die Beatles ihrem von der Presse aufgebauten Image gerecht wurden, versorgten sie die aufsteigende Arbeiterklasse der Sechziger mit einem ermutigenden Beispiel britischen Erfolgs auf dem bisher von Amerikanern dominierten Terrain der Popkultur.

In den Vereinigten Staaten hatte der Triumph der Beatles nichts mit Klassenproblematik zu tun. Seine Ursache lag vielmehr in den kulturellen Gegensätzen als Folge des Generationenkonflikts. Die Dreißiger waren das erste Jahrzehnt, das von den Massenmedien – der Wiege der Jugendkultur – geprägt wurde. Seither hat es in jeder Generation ein jeweils charakteristisches Jugendbewußtsein gegeben, das sich selbst in einem großartigen Musik- und Tanzkult sowohl ausdrückte als auch feierte. Im Brennpunkt dieser wellenartigen Ausbrüche hatte immer ein charismatischer Held wie Frank Sinatra oder Elvis Presley gestanden, doch über die Jahre hatte sich sein Publikum verändert. Ursprünglich gingen die neuen Modeströmungen, z. B. Swing, von den jungen Erwachsenen und Studenten aus. Von dort sickerten sie langsam hinunter zu den Schülern, die sie zuletzt annahmen und am wenigsten begriffen. Als Elvis kam, hatte sich dieser Prozeß bereits umgekehrt. Studenten verspürten kaum Interesse an Elvis Presley. Seine Claqueure rekrutierten sich aus pubertierenden oder präpubertierenden Mädchen zwischen elf und dreizehn Jahren. Colonel Parker erkannte diese Entwicklung sofort und bestand darauf, daß Elvis seinen Auftritt etwas dämpfte und sein Image als Junge-der-zu-rocken-wagt mit dem des Jungen-der-gern-mit-Puppen-spielt vertauschte, eine Wandlung, die schon mit «Teddy Bear» begann. Dieser Song in seiner Mischung aus Neckerei, Spott und Pseudo-Leidenschaft spielte für Presleys Karriere eine genauso entscheidende Rolle wie «Heartbreak Hotel», denn er lieferte die ideale Formel zum Abfüttern der vielen tausend kreischenden Knirpse, die Elvis zum ersten König der Dreikäsehochkultur krönten.

Die Kommerzialisierung der Beatles in Amerika verlief nach exakt dem gleichen Muster, nur eben noch marktschreierischer. Zu der Zeit nämlich, als die Fab Four in den Staaten einschlugen, waren sie bereits auf ihr eigenes Teddy Bear-Image eingeschworen. Harry Benson hat in seinem berühmten, sorgfältig inszenierten Schnappschuß alles auf den Punkt gebracht: eine wilde Kissenschlacht der Beatles in ihrem Schlafzimmer, das wie das ausgelassene Treiben von Internatsschülern im Schlafsaal wirkt. «Stell dir, verdammt noch mal, vier Spinner wie uns vor, die eine *Kissenschlacht* machen!» ereiferte sich John Lennon mit echtem Staunen darüber, wie die Medien seine Hardrocktruppe in das pure Abbild dessen verwandelt hatten, was sich jedes kleine Mädchen am sehnlichsten wünschte.

Es gab einen bedeutenden Unterschied zwischen dem Effekt der Beatles in Großbritannien und dem, was sie in Amerika bewirkten, genauso wie es einen Unterschied zwischen britischen und amerikanischen Mädchen gab. Die letzteren, im Durchschnitt jünger und das Produkt einer wesentlich jugendbetonteren Kultur, erkannten unterschwellig in den Beatles ein Abbild, das in ihrer Kleinkinderzeit die Sonntagmorgen-Cartoons geprägt hatten. Als die kleinen Mädchen mit Zahnspangen die vier identisch aussehenden Jungen in Elfenanzügen erblickten, mit fliegenden Wuschelköpfen und straffgliedrigen Marionettenbewegungen, wurden ihre tiefsten und am stärksten von Walt Disney geprägten Reflexe angesprochen. Ihr legendäres Kreischen war nur das Geschrei eines Kindes, das gierig nach einem neuen Spielzeug greift und bei der Erkenntnis, daß es außerhalb seines Zugriffs liegt, in einem schrillen, schluchzenden, Fäuste ballenden Wutanfall explodiert. Weit davon entfernt, vor Lust zu stöhnen oder sich danach zu sehnen, die Beatles ins Bett zu kriegen, wollten sie diese lebendigen Puppen wirklich nur auf ihre rüschenverzierten Kopfkissen setzen, denn die Fab Four waren doch so niedlich wie Stofftiere!

Es gibt keinen aufschlußreicheren Schlüssel für das Geheimnis des Erfolgs der Beatles in Amerika als die erstaunliche Popularität, die Ringo in diesem Land erreichte. In Großbritannien hatte Ringo innerhalb der Band nichts gegolten, weil er nur als Handlanger der Jungs fungierte. In Amerika überflügelte Ringos Popularität bei weitem die der anderen Beatles. Und dies aus dem gleichen Grund, weshalb im Zeichentrickfilm Dopey der beliebteste der sieben Zwerge war. Ringos Glück lag schon in seinem Gesicht begründet (sein niedlicher Name half natürlich auch). Wenn ein Kind ihn ansah, wurde der Komplex vom Häßlichen Entlein aktiviert – ein typisches Merkmal der amerikanischen Kindheit. Eigentlich sahen alle Beatles so aus, als stammten sie direkt von Disneys Zeichenbrett. Deshalb wurden sie wohl auch so rasch von «King Features» aufgegriffen, die vier Teams von Trickfilmzeichnern darauf ansetzten, eine endlose Serie von Beatles-Kintopp für die Sonntagmorgen-Cartoons rauszukurbeln. Das gleiche Prinzip gilt für die Beatles-Filme in Featurelänge, deren eigentlicher Sinn darin bestand, die Jungs wie Figuren in einem Comic zu behandeln, in dem sie immer nur laufen, laufen, laufen – und manchmal auch fliegen! Diese Übersetzung in Zeichentrickfilm erreichte ihren Höhepunkt während der psychedelischen Phase, als die ursprünglichen Fans, mittlerweile bekiffte Hippies, sich zurückgelehnt den Leuchtfarbenphantasien des brillanten deutschen Trickfilmzeichners Heinz Edelmann hingaben. Die Beatles lieferten dazu einen Soundtrack, der seinen Höhepunkt in «(We All Live in a) Yellow Submarine» fand, ein Song, so putzig und eingängig wie «Whistle While You Work».

Deshalb überarbeiteten die echten Beatles, die genau erkannten, worin ihre Anziehungskraft lag, ihre Bühnenshow, um sich einem vorgegebenen Image anzupassen. Während sie ihre Wuschelhaare in den Sturmwind des hysterischen Geschreis hineinschüttelten, schnitten sie Grimassen, machten Späßchen und kasperten herum wie Daddy im Kinderzimmer. Ihre Musik wurde zu einer Schulklassen-Rockoper, gespickt mit eifersüchtigen Wutausbrüchen und einsamen Seufzern, Trennungen und Versöhnungen. Als sie schließlich spürten, daß sie in dem ständigen Gummibärchen-Platzregen und dem anhaltenden Kleinkindergekeife unterzugehen drohten, zogen sie andere Saiten auf und veränderten ihr Image. Aber Kinder kriegen nie genug.

DER ÄRGER MIT DEM ERFOLG

Der Film *A Hard Day's Night*, den die Beatles gleich nach ihrer Rückkehr nach England zu drehen anfingen, war weder als regulärer Featurefilm, noch als kommerziell verwertbares Kintopp konzipiert. Es scheint merkwürdig, daß diese so sehr bewunderte Komödie, die noch heute gelegentlich in Kinos gezeigt wird, mit einem Schwindel begann. United Artists hatte eine List ausgeheckt, mit dem Ziel, bei einem Album der Beatles mitmischen zu können. Die unbesungenen Helden des Films hießen Noel Rodgers (der für die Schallplattenproduktion Verantwortliche von UA in Großbritannien), der das Projekt austüftelte, und Bud Orenstein (von der UA-Filmgesellschaft), der das Geschäft abschloß.

Als die Idee im Sommer 1963 ausgebrütet wurde, hatte Capitol, EMIs Tochtergesellschaft in den Vereinigten Staaten, es gerade abgelehnt, Beatles-Schallplatten herauszubringen, mit der Begründung, sie seien für den amerikanischen Markt ungeeignet. Die UA-Geschäftsführer in Großbritannien, die einen viel besseren Einblick hatten, waren davon überzeugt, daß der Zeitpunkt nahe war, an dem die Beatles in den Staaten groß herauskommen würden. Deshalb schlugen sie vor, mit den Beatles einen Vertrag über drei Filme abzuschließen, der automatisch drei Soundtrack-Alben zur Folge haben würde. Niemand träumte jemals davon – auch nicht in seinem süßesten Schlummer –, welche Reichtümer aus diesem einfachen Vorschlag fließen würden, denn mit *A Hard Day's Night* sicherte sich United Artists nicht nur das bis dahin beste Beatles-Album, sondern auch einen enorm populären Film, der obendrein für weniger als eine halbe Million Dollar produziert wurde.

Weil UA kein Geld für etwas verschwenden wollte, was anfänglich als Wegwerfware betrachtet worden war, engagierten sie den unabhängigen Produzenten Walter Shenson, der es gut verstand, kleine erfolgreiche Filme für wenig Geld zu drehen, wie z. B. *The Mouse That Roared*. Shenson galt außerdem als Mann, der mit den Engländern und der Theaterszene vertraut war und dadurch eine größere Chance hatte, mit Brian Epstein fertig zu werden, als ein typischer Hollywood-Produzent.

An dem Tag, als er die Beatles kennenlernen sollte, tauchte Brian allein auf, erinnerte sich der Produzent. Epstein beklagte sich darüber, daß er die «Jungs» nicht finden könne. Nach einem kurzen Abstecher zum Unterschlupf der Beatles in Mayfair, griffen sie sie auf der Straße auf, wo sie versuchten, ein Taxi heranzuwinken. Die Jungs sprangen in Shensons Wagen und befahlen dem Fahrer, sie zu den Abbey Road-Studios zu kutschieren, wo Gerry and the Pacemakers gerade Aufnahmen machten. Kaum jedoch war der Wagen losgefahren, als die Beatles ihn vor einem Zeitungskiosk anhalten ließen, damit einer von ihnen herausspringen und die neuesten Presseberichte zur Beatlemania holen konnte. Sie machten noch einige Male spontan halt, bevor sie das Studio erreichten, rissen sich die Zeitungen gegenseitig aus den Händen und lasen die Nachrichten, als seien sie selbst Beatleverrückte. Den ruhigen, Pfeife rauchenden Shenson amüsierten diese Mätzchen, er kam sich vor wie «mitten in einer Komödie der Marx Brothers». Dieser Eindruck wurde zum Leitgedanken des Films.

Das entscheidende Problem zu Beginn war die Wahl des Drehbuchautors. Shenson zögerte, seinen brillanten Regisseur Richard Lester der Quälerei mit einem leicht surrealistischen Drehbuch auszusetzen, er beugte sich schließlich dem Wunsch der Beatles, die Alun Owen verlangten, einen in Liverpool geborenen Autor von Fernseh-Seifenopern. Owen nahm seine historische Aufgabe ziemlich leicht, obwohl er Zeit fand, für ein paar Tage gegen Ende 1963 nach Dublin zu fahren, um sich die Jungs aus der Nähe anzuschauen. Anschließend kehrte er zurück, um ein Drehbuch zu verfassen, das vielleicht seine Vorzüge als Comic-Szenario hatte, jedoch nichts als pure Unkenntnis über die Beatles verrät.

A Hard Day's Night wirkt heute ganz anders als zur Zeit seiner

Uraufführung. Damals war es in erster Linie ein Schlüsselloch, durch das man die Fab Four betrachten konnte. Inzwischen erkennt man es als das an, was es wirklich war: eine Karikatur des ganzen verrückten Phänomens «Beatlemania». Obwohl man die Jungs ein paar flotte Sprüche in der bekannten Eisenbahnwaggonszene klopfen läßt, konzentriert sich der Rest des Films auf die Rolle von Pauls Großvater, den «anständigen alten Herrn», erstklassig gespielt von Fernsehstar Wilfried Brambell, dessen Ziegenbockgesicht und kristallharter irischer Akzent den Zuschauer fesseln. Er ist der Dreh- und Angelpunkt der Handlung. Deren einfache, absurde Pointe liegt darin, daß dieser alte Knacker eine weitaus verwerflichere Gestalt ist als irgendeiner der jungenhaften Popstars, die jedesmal einen Aufstand auslösen, wenn sie auf die Straße gehen. Es überrascht kaum, daß die Beatles ziemlich unglücklich darüber waren, derart nachlässig behandelt zu werden. Sie wagten es nicht, ihre Klagen gegenüber den amerikanischen Filmemachern direkt zu äußern, aber ihre Vorbehalte kamen trotzdem Alun Owen im legendären Ad Lib Club, der Insider-Kneipe des Swinging London, zu Ohren.

Der Ad Lib Club war eine Discothek im kontinentalen Stil über dem Prince Charles-Kino in der Leicester Street von Soho. Man erreichte ihn mit einem Fahrstuhl, in dem dieselbe Musik spielte, die man auch auf der Tanzfläche hörte. Obwohl sich die Einrichtung nicht von der traditioneller Nachtclubs unterschied, waren die Gäste stets ein Schock für jeden eingefleischten Clubgänger. Die Klientel setzte sich aus verblüffend jungen und auffallend kostümierten Kids zusammen. Sie trugen die ersten Mods-Anzüge und die ersten Miniröcke, die je gesehen wurden. Im Gegensatz zu den reichen und berühmten Leuten, die die alte Kaffeehausrunde oder den neuen Jet-set bildeten, hatten diese jungen Leute weder Bedeutung noch gesellschaftlichen Rang. Es waren Fotomodelle, aufsteigende Rockstars, Friseure, Werbefotografen, Boutiquenbesitzer oder junge Schauspieler und Bühnenschriftsteller. Kurz: sie waren das trendy Völkchen, das schon bald – zuerst in England, dann in Amerika – eine kulturelle Revolution auslösen sollte.

Sie tanzten Frug und Watusy, Hully-Gully und Hitch-Hike auf der kleinen Tanzfläche zu harten Rhythm-and-Blues-Nummern.

Die beiden Plattenspieler waren in einem Klavierrahmen versteckt (Technik war noch nicht schick). Ab und zu sprang der jamaikanische Küchenchef mit einem Tambourin in der Hand auf die Tanzfläche und peitschte eine derart fieberhafte Erregung auf, daß sich alle im Club spontan zu einer Congaline, einer Art Polonaise, zusammenschlossen. Die marschierte singend und stampfend die fünf Stockwerke zur Straße hinunter, schlängelte herum und stapfte kreischend die Stufen wieder hoch in den obersten Stock.

John Lennon war nicht der Typ für eine Congaline. Er saß lieber den ganzen Abend auf dem Sofa der Beatles, betrank sich und laberte die Leute voll. Meistens beendete er den Abend auf dem Bürgersteig vor dem Gebäude mit einer zünftigen Liverpooler Rauferei. (Zum Glück war Bill Corbett, der Fahrer der Beatles, ein ehemaliger Boxer; er beendete die Schlägereien, bevor sie ernsthafte Konsequenzen nach sich ziehen konnten.)

Eines Abends kam John an seinem Tisch im Laufe eines Gesprächs mit der Schauspielerin Billie Whitelaw auf das Thema Alun Owen.

«Der steckt doch voller Scheiße!» stieß John wütend hervor. «Der könnte sich nie einen Weg aus einer nassen Papiertüte schreiben!» Lennon klagte, Owen habe die individuellen Charaktere der Beatles durch seine Beschränkung auf nur eine einzige Facette ihres Bildes in der Öffentlichkeit völlig verfehlt. John war besonders erbittert über die vielen dümmlichen Dialoge von erzwungenem Humor, die er sprechen und mitanhören mußte. Niemals wäre derartiges aus dem Munde eines echten Beatle gekommen. Die Beatles waren stolz auf ihren eigenen besonderen Witz, der fortlaufend bessere Sprüche und Rollen hervorbrachte, als auch nur irgend etwas von dem, was im Drehbuch stand.

Als daraufhin Owen Lennon auf dessen geringschätzige Bemerkungen ansprach, reagierte John mit typischer Doppelzüngigkeit. «Al, was auch immer die anderen sagen, du weißt doch, daß ich dich mag, nicht wahr?» schmeichelte Lennon.

«Yeah, aber was meinst du damit, daß ich mir niemals einen Weg aus einer nassen Tüte herausschreiben könnte?» beharrte der beleidigte Dramatiker.

«Ach was, hör zu, Al», protestierte Lennon. «Sie fing an zu erzählen, wie gut du wärst, deshalb mußte ich dir einen verpassen, verstehst du? Ich mußte dir einfach eins auswischen. Einen erwischt es. Man muß den Leuten einen verpassen. Das war nicht persönlich gemeint!»

Trotzdem sah sich Lennon bei der Premiere des Films nur eine Spule an, lief aus dem Kino und schrie: «Ich halt's nicht mehr aus.» Nur George blieb bis zum Schluß.

Der in der Öffentlichkeit verbreitete Eindruck von den Beatles als vier Fürsten in der Welt der Popmusik, denen es Vergnügen bereitete, den alten Showgeschäftstypen zu raten, sie sollten sich davonscheren, ist völlig falsch. In Wirklichkeit waren sie vier Naive aus der Provinz, die nur Eins mit professioneller Sicherheit machten: Popmusik. Sobald irgend etwas anderes bewältigt werden mußte – vom Filmedrehen bis zum Einrichten von Wohnungen –, waren die Beatles gezwungen, sich auf Profis zu verlassen, die ihr Manager ausgewählt hatte, ihre Produzenten, Schreiber, Fotografen, Werbefachleute, Innenarchitekten usw. zu sein. Erst als die Beatles langsam durchschauten, wie unzulänglich all diese Leute waren, fingen sie an, die Verantwortung für ihre Angelegenheiten selbst zu übernehmen. Bezeichnenderweise ersetzten sie als erstes ihren Fotografen Dezo Hoffmann. Er hatte all diese kitschigen, in hohem Maße gestellten Bilder der Beatles aufgenommen, auf denen sie eher einer Komödiantentruppe gleichen. Von der Kontrolle über ihr fotografisches Image schritten die Beatles voran zur Überwachung ihres phonographischen Image, bis sie sich, Schritt für Schritt, dem entscheidenden Gebiet näherten: dem Management ihres Geldes. Aber diesen Punkt erreichten sie erst fünf Jahre nach ihrem ersten Film.

Der einzige Bereich des Films, den sie weitgehend bestimmten, war das Komponieren der Songs. Und hier erzielten sie einen wirklichen Triumph. Von der ersten explosiven Note des Titelstücks an war der Zuhörer voll dabei, denn man spürte, daß die Band einen großen Sprung nach vorn gemacht hatte. John Lennon arbeitete zu dieser Zeit auf Hochtouren, wie man der Anekdote entnehmen kann, die über die Entstehung des berühmten Titelsongs kursiert.

Im Endstadium der Produktion zerbrach sich Shenson noch immer den Kopf über einen ansprechenden Titel für den Film. John erzählte ihm einmal, wie Ringo Worte verdrehte, um sie seinen Gedanken anzupassen, und zitierte als typisches Beispiel die Redewendung des Schlagzeugers für die Arbeit einer anstrengenden Nacht – «Nacht eines anstrengenden Tages» (a hard day's night). Shenson griff den Ausdruck als eingängigen Titel auf und fügte hinzu, ihn am besten in eine rasante, schnelle Melodie zu kleiden, die während des Vor- und Abspanns gespielt werden würde. John fragte noch, ob der Song das Thema des Films widerspiegeln solle, und als Shenson verneinte, verlangte John, augenblicklich nach Hause gefahren zu werden. Nach Einbruch der Dämmerung kam er in Emperor's Gate an. Früh am nächsten Morgen wurde Shenson aufgefordert, in die Künstlergarderobe der Stars zu kommen. Er fand John und Paul spielbereit, die Gitarren in der Hand. Sie mußten die ganze Nacht durchgearbeitet haben. Sie klimperten und sangen den neuen Titelsong herunter, wobei sie den Text von einer Streichholzschachtel ablasen. Shenson war begeistert und am nächsten Tag noch tiefer beeindruckt, als er von Lennon ein Band mit der fertigen Nummer erhielt, die am Abend zuvor von George Martin aufgenommen worden war. Man kann noch spüren, wie John Lennons Sturmwind der Inspiration durch den Song fegt.

«A Hard Day's Night» war die erste Aufnahme der Beatles, die den Respekt ernsthafter Zuhörer gewann. Sie durchbrach das Mod-Püppchen-Image und brachte endlich John Lennons glühende Seele zum Vorschein. Als Cowboy-Galopp, angespornt von einer Wilson Pickett-Kuhglocke und unterstrichen von Buddy Hollys Tomtoms, mittendrin unterbrochen von einer ziemlich näselnden Ansprache, klang dieser Mischmasch geborgten Materials rundum originell, denn Lennon warf über seinen Mischmasch ein niemals zuvor in irgendeinem Popsong gehörtes, dunkel gefärbtes Tongewebe. Die gesamte Komposition ist mixolydisch, eine modale Tonleiter, die bereits im siebzehnten Jahrhundert, in der Morgenröte der modernen Tonarten, aufgegeben worden war, sich allerdings in britischen, irischen und amerikanischen Volksliedern erhalten hatte. Die Inspiration für diese seltsame Tonart war schlichte Aufrichtigkeit. Obwohl der Song in die vertraute Form des «Kanns-kaum-erwarten-bis-ich-wieder-bei-dir-bin-Baby»-Liebesliedes gegossen ist, hat er eigentlich *Arbeit* zum Thema – die mühselige, gewissenhafte, erschöpfende Arbeit, die Menschen verrichten müssen, um zu überleben.

Diese Verdrängung des romantischen Themas sollte für John Lennon bald charakteristisch werden, wenngleich dies ganz und gar nicht dem Wesen des Erfolgs der Beatles entsprach. Denn nachdem die Jungs sich erst einmal dem Kommerz verschrieben hatten, machten sie es zur Methode, nichts anderes als Liebeslieder zu schreiben, die auf den Teenybopper-Markt zielten. Die ersten *einhundert* Songs von Lennon und McCartney behandeln ausschließlich das Thema Liebe in den Flegeljahren. Die selbstauferlegte Beschränkung kann McCartney, wie es scheint, kein allzu großes Unbehagen bereitet haben, aber John Lennon machte es fast wahnsinnig. Sein Groll entstand nicht nur aus dem Gefühl des Selbstbetrugs, sondern aus der Empfindung heraus, einen Verrat an der Musik zu begehen, die er liebte. Man denke an all die Helden des Rock: Elvis, Little Richard, Mick Jagger, Jim Morrison, Jimi Hendrix. Was haben sie gemeinsam, was ist das Merkmal, das den Kern eines Rockers ausmacht? Backfischliebe sicherlich nicht! Eher der exhibitionistische Narzißmus des jungen Machos, der eingebildet ist, angibt und sich selbst mit unverhohlener Selbstverliebtheit zur Schau stellt. Das entsprach auch John Lennons Temperament, aber er konnte es nicht ausagieren, weil er durch die Rolle des Beatle John genötigt war, einen Schüler in einem immerwährenden Teenybopper-Melodram zu spielen. Was tat er also? Genau das, was jeder ernstzunehmende Künstler tut, wenn er sich gezwungen sieht, in einem kommerziellen Medium zu arbeiten. Er schmuggelte den echten Stoff durch die Hintertür herein.

Lennons Versuch, den von sich selbst berauschten Wahnsinn des Rock'n'Roll in die süßen und betörenden Klänge des Pop Rock zu schmuggeln, wird besonders in «Any Time at All» deutlich, dem aufregendsten Song des Soundtracks zum ersten Film der Beatles. Abgefeuert von einem pistolenähnlichen Schlagzeugschuß, wird dem Hörer Lennons Stimme wie eine Kugel entgegengeschleudert. Jede Wiederholung dieser durchschlagenden Phrase atmet die gleiche Erregung, was John Lennon nach einem Ekstatiker klingen läßt, der wie Little Richard oder James Brown im Feuer tanzt. Lennons Feuer besteht aus kalten Flammen, weil er aus einer kühleren Kultur stammt, aber die von sich selbst berauschte Anspannung in seiner Stimme glüht in echtem Gospelwahn.

Doch kaum gerät John unter den Zugzwang des Image, gibt er plötzlich sein Mackerspiel auf, schlüpft in seine Guter-Junge-Verkleidung zurück und versichert dem Mädchen – das er vorher offensichtlich vergessen hatte –, immer für sie da zu sein, und gibt ihr das Gefühl, geliebt zu werden. Sein feierlicher Ton, der besser zu einer Schulhymne als zu einem Liebeslied paßt, ist lediglich eine Masche. Denn Lennon setzt diese Rhetorik oft ein, wenn es für ihn fürchterlich ernst mit einem Mädchen wird (wie in «If I Feel», seinem ersten Versuch einer sentimentalen Ballade mit deren unheimlichen, blockähnlichen Tönen, die angefüllt sind mit der Ernsthaftigkeit der Heuchelei). Aber wenn John erst einmal diese Hürde genommen hat, schnappt er mit einer Stimme, die wie eine Lederpeitsche schnalzt und wie ein Lasso schwirrt, in den Brennpunkt zurück. Erneut durchlebt er die Ekstase, im Feuer zu tanzen.

Wenn die Musik für *A Hard Day's Night* nichts mit dem Drehbuch zu tun hat, so liegt das daran, daß die meisten Songs John Lennons Seele widerspiegeln. Die Filmmusik entspricht in der Tat am ehesten einem Soloalbum Johns, das er mit den Beatles aufgenommen hat, während der Film selbst einfach nur eine Projektion des allgemeinen Image der Fab Four darstellt. Dennoch darf man dieses Image nicht unberücksichtigt lassen, weil es für die Festigung ihres Erfolgs in der Öffentlichkeit von enormer Bedeutung war. Die einzigartige Zugkraft dieses Image kann als ein wesentliches Zeugnis über die Phantasien jener Zeit angesehen werden: die Vernarrtheit in die Vorstellung von vier frechen Jungen der Arbeiterklasse, die hinter ihren schalkhaften und unverschämten Manieren liebenswerte und unschuldige Kinder sind. Die Beatles als Kinder zu betrachten erklärt ihre Epiphanie im Film. Diese findet nicht – wie man erwarten könnte – mitten im Spiel der Band auf der Bühne oder in einem Aufnahmestudio statt, sondern draußen auf einem Sportplatz. Dort führen die Jungs jugendliche Kameraakrobatik vor, angeregt von Dezo Hoffmanns berühmten Aufnahmen, auf denen alle vier Beatles zugleich abheben und in die Lüfte steigen.

Dieses Verständnis der Beatles als geschlechtslose und entzükkende Kinder traf insbesondere den Nerv amerikanischer Eltern. Im

Jahre 1964 waren Huldigungen an die Fab Four durch Muttis und Papis aus der Mittelschicht sehr häufig. Sie entdeckten mit Erleichterung, daß wenigstens dieses eine Mal ihre Kinder sich in Pop-Idole vernarrt hatten, die nur die entzückendste und entwaffnendste Form jugendlicher Rebellion verkörperten. Viele solcher Eltern begleiteten ihre Kinder zu den ersten Aufführungen von *A Hard Day's Night* und wiederholten damit das Muster von Elvis' erfolgreichstem und ebenfalls «jugendfreiem» Film *Blaues Hawaii*. Wie entsetzt wären all jene netten Mütter und Väter gewesen, hätten sie die Beatles auf ihrer Welttournee im Sommer 1964 begleiten und die Szenen nächtlicher Ausschweifungen miterleben können. Es war die Tournee, die John Lennon mit einem einzigen lüsternen Wort zusammenfaßte – *«Satyricon»*.

In Australien perfektionierten die Beatles ihr System, an ihre weiblichen Fans heranzukommen, was der Band in zukünftigen Jahren noch viele gute Dienste leisten sollte. Drei absolut vertrauenswürdige Beatles-Angestellte führten diese Unternehmung durch. Der kräftige Brillenträger Mal Evans, der Road Manager der Beatles, spielte den Chefzuhälter. «Mal war ziemlich gut im Herauspicken der richtigen Mädchen», heißt es in Glenn A. Bakers erschöpfender und amüsanter Betrachtung der Antipoden-Tournee: *Die Beatles in Australien*. «Nachdem Mal sein routiniertes ‹Du und du und du und, och, na meinetwegen, du auch noch› erledigt hatte», fuhr Baker fort, «wurden die süßen jungen Dinger in eine Art Wartezimmer verfrachtet. Aus diesem Reservoir teilten Derek [Taylor] und Neil [Aspinall] den Tourneemitgliedern, die den Service gebucht hatten, einen fortwährenden Nachschub fleischlicher Gelüste zu.»

Ein australischer Journalist namens Jim Oram, der die Tournee begleitete, beobachtete: «Insbesondere John und Paul rammelten sich dumm und dämlich. Ein schier endloser Strom australischer Mädchen ging durch ihre Betten: die sehr jungen, die sehr erfahrenen, die schönen und die hausbackenen. Ich erinnere mich noch lebhaft an eine geschändete Jungfrau in Adelaide, die morgens stolz ihr blutbeflecktes Laken mit nach Hause nahm.» Bob Rogers, ebenfalls ein Reporter, der den Beatles von dem Augenblick ihrer Landung bis zu ihrem Abflug folgte, bestätigte Oram: «Die Jungs wiederholten niemals die Dosis. Eher nahmen sie eine weniger Attraktive als dieselbe zweimal. Da sich Frauen und Mädchen fortwährend selbst prostituierten, hatten sie der ganzen Sache gegenüber eine ziemliche Gleichgültigkeit entwickelt. Ich war überzeugt, daß sie alle aus bloßer Langeweile über konventionellen Sex als Schwule enden würden. 1964 gab es keine Pille, und bei dem Ausmaß an Beatle-Bumserei kann ich einfach nicht glauben, daß es 1965 keine Explosion kleiner Beatles überall in Australien gegeben haben soll.»

Das Austauschen der Partner, typisch für die Tage der Beatles in den Hinterzimmern des Bambi-Kinos in Hamburg, hob in Australien wieder an. Glenn A. Baker erinnerte sich, daß «eine junge Frau aus Queensland, die einen prominenten Woolahra-Börsenmakler heiratete und heute eine Stütze der Sidneyer Gesellschaft ist, den größten Teil der Sechziger hindurch ihre Partygäste mit ihren plastischen Beschreibungen amüsierte, wie sie in einer Nacht von allen vier Beatles gevögelt worden sei.» Ein anderer Reporter erzählte dem Autor, er sei in voller Fahrt gewesen, als «Derek Taylor ins Zimmer geschlendert kam und sich wie beiläufig erkundigte: ‹Möchte irgend jemand John Lennon kennenlernen?› Das Mädchen unter mir schlüpfte so schnell weg, daß mir nur noch ein paar Liegestütze auf dem Bett blieben.» Bakers Nachforschungen enthüllten, daß Johns Ausdruck *Satyricon* mehr bedeutete als schieren sexuellen Überfluß: «Seltsame Perversionen oder Abartigkeiten standen gewiß nicht außer Frage. In Melbourne war man anscheinend mit leichten exkrementalen Vergnügungen beschäftigt [ein beschönigendes Wort für das Pissen auf Mädchen?] und probierte eine amüsante Vielfalt von Kopulationsorten und Stellungen aus.»

Trotz der Regel gegen Wiederholungen gab es ein Mädchen, an dem John Lennon Gefallen fand. Jennie Kee gehört heute zu den Trendset-Designerinnen in Australiens Modewelt. Sie ist international geschätzt wegen ihrer anspruchsvollen Popart-Pullover. 1964 war sie eine siebzehnjährige Schülerin im Presbyterianischen Mädchencollege. Nicht als Schönheit, aber als ein Mädchen, das sich unwiderstehlich zurechtzumachen verstand, pirschte sich Jennie mit einer Freundin im Sheraton-Hotel Sidney an die Beatles heran. Sie fanden eine Methode, den Fahrstuhl zu blockieren, und lauerten den Jungs im Treppenhaus auf. Sie wurden prompt zur nächtlichen

Party eingeladen und fanden überall Flugzeughostessen. Jennie war nach der neuesten Mod-Mode gekleidet. «Ich trug einen Anzug im Schottenmuster mit Lederbesatz – echt Carnaby Street», erinnerte sie sich lachend, «sowie Lederstiefel und eine große runde Sonnenbrille.» John konnte seine Augen nicht von ihr abwenden. Als die Nacht zu Ende ging, legte er los. «John winkte mich heran und sagte: ‹Wie wär's, wenn du hierbleibst?›» Um eine Antwort verlegen, rief sie aus. «Oh, welche Überraschung!»

Jennie war erleichtert, als sie herausfand, daß John sie nicht unfreundlich behandeln würde. «Es war nicht dieses ‹Ich will dich umlegen›», erklärte sie, «hauptsächlich, weil ich ein so naives Mädchen war. Ich glaube, er war der zweite Mann, mit dem ich je geschlafen hatte. Er war ein sehr, sehr lustiger Mensch. Wir lachten die ganze Nacht. Wahrscheinlich brachte ich ihn dazu, Lieder zu singen – ist bei mir gut möglich. Ich trug Kontaktlinsen und zeigte ihm, wie man sie reinmacht und rausnimmt. John war ganz feinfühlig, und er wußte, daß ich wirklich naiv war. Deshalb mochte ich ihn so sehr. Er spielte überhaupt nicht den Macho... Er schmeichelte mir. Ich knöpfte mein Kleid auf, dann knöpfte ich es wieder zu. Von wegen Schulmädchen! Ich glaube nicht, daß er je zuvor mit einem asiatischen Mädchen zusammengewesen war. Er war sich dessen sehr bewußt und deswegen auch ziemlich erregt.

Die ganze Nacht hindurch konnten wir dieses *Schreien* aus dem Nebenzimmer hören... Ich glaube, jeder peitschte jeden aus. Ich war etwas schockiert und dachte: ‹Hoffentlich erwartet John Lennon nicht von mir, mich auspeitschen zu lassen, denn ich würde mich für niemanden auspeitschen lassen.› Ich war ihm gegenüber so schüchtern. Ich nehme an, er muß das wahnsinnig attraktiv gefunden haben. Ich war kein abgehärtetes Groupie. Es war mein erstes wirkliches Erlebnis.»

An dem Tag, als die Beatles Australien verließen, schwärmten Tausende von Menschen über den Mascot-Flughafen von Sydney: die einfallsreiche Jennie Kee fand einen Weg zum Rollfeld. Als die Beatles in einem Rolls herangefahren kamen, erkannte John Jennie und rief: «Komm ins Empfangszimmer!» Sie stürzte hinein und wurde bald von Derek Taylor entdeckt, der sie mit «Drachenlady» begrüßte, dem Spitznamen, den ihr John gegeben hatte.

Angeregt durch ihre Begegnung mit Lennon, den Jennie scherzhaft noch immer die «Liebe meines Lebens» nennt, ging die künftige Modedesignerin 1967 nach London und bekam einen Job im Speakeasy, dem angesagtesten Laden am Platz. Eines Abends stieß sie auf John Lennon, begleitet von Cynthia. Als er seine erste asiatische Geliebte erkannte, rief er: «Ah, ich erinnere mich! Australien, Kontaktlinsen, tolle Nacht!»

Kurz nachdem die Beatles aus Australien zurückgekehrt waren, brachen sie erneut zu einer Tournee in die Vereinigten Staaten auf. Dieser zweite Besuch der Beatles glich in nichts dem ersten. Im Februar waren die Jungs dem Land auf einem Tablett serviert worden. Ermutigt, anzugeben und Spaß zu haben, hatten sie die Ferien unbeschwert genossen. Nun im August aber hatte man sie zu einem zermürbenden und gefährlichen Blitzkrieg verpflichtet. Mit einem durchschnittlichen Pensum von sechshundert Meilen pro Tag fuhren sie kreuz und quer durch Nordamerika und absolvierten in dreiunddreißig Tagen zweiunddreißig Shows in vierundzwanzig Städten. Glücklicherweise hatte nicht Brian Epstein die Vereinbarungen getroffen – der bewies beim Arrangieren von Abendessen eine glücklichere Hand als beim Ausarbeiten von Tourneeplänen –, sondern General Artists Corporation (GAC), eine kleine, aber effiziente New Yorker Agentur. An erster Stelle standen die Überlegungen zur Sicherheit. Die Beatlemania hatte jetzt ihren epileptischen Höhepunkt erreicht. *A Hard Day's Night* lief in fünfhundert amerikanischen Kinos gleichzeitig. Um die Gefahr auf Flughäfen zu reduzieren, flog die Gesellschaft nachts in einer gecharterten Lockheed Elektra, aber sogar um zwei Uhr morgens wimmelte es auf den Flughäfen von Kids. In der Regel stiegen die Beatles aus ihrem Flugzeug und eilten, umgeben von einem beweglichen Keil Polizisten, zu ihren Autos. Das Hotel, das verrückt genug gewesen war, die Gruppe zu buchen, mußte darauf vorbereitet sein, jeglicher Art von Angriff standhalten zu können: von heimtückischer Unterwanderung bis zum mächtigen Ansturm gegen Fensterscheiben und Türen. In Seattle fanden die Beatles das ideale Quartier: einen Betonturm am Ende eines Hafendamms, der sich in den Puget Sound erstreckte, versperrt von einem hundert Meter langen Sperrholzzaun, den ein halber Meter Stacheldraht krönte. Die berühmten Gäste landeten mit einem Hubschrauber auf dem Dach.

Wo immer die Beatles Station machten, lebten sie unter strengem Hausarrest. Meistens standen sie gegen Nachmittag auf und frühstückten Käsesandwiches mit Schinkenstreifen, die sie mit ein paar Kännchen Tee herunterspülten. Es war immer irgendwie möglich, britische Zeitungen heranzuschaffen. So konnten die Jungs, während sie den ersten von vielen Scotch-Cola tranken, die Nachrichten aus der Heimat lesen oder ein paar Runden Karten spielen. Wenn der weichherzige George vorschlug, ans Fenster zu gehen, um den Fans zuzuwinken, knurrte John: «Am besten schaut man sich dieses Land über die blaue Schulter eines Polizisten an!» Irgendwann im Laufe des Tages pflegten die berühmten Besucher dann im Rathaus zu erscheinen, wo sie vom Bürgermeister eine nichtssagende Begrüßung und den Stadtschlüssel erhielten, ein riesiges, goldgefärbtes Stück Schaumstoff. Danach trafen sie auf die Presse und spielten das begierig erwartete Beatles-Wortspiel:

FRAGE: Was macht ihr den ganzen Tag in euren Hotelzimmern?

JOHN: Wir spielen Tennis und Wasserpolo und verstecken uns vor unseren Aufpassern.

FRAGE: Ringo, warum erhältst du mehr Fanpost von Mädchen aus Seattle als die anderen?

RINGO: Weil mir mehr von ihnen schreiben.

FRAGE: Würdet ihr gern die Straße entlanggehen, ohne erkannt zu werden?

JOHN: Wir waren daran gewöhnt, es ohne Geld in der Tasche zu tun. Es ist sinnlos.

Um ins Stadion zu gelangen, mußte man einen Trick der Marx Brothers anwenden. Die Beatles fuhren zum Beispiel von einer Verladerampe aus in einem abscheulich stinkenden Fischtransporter oder in einer Reihe von Waschkörben versteckt los. Jeden Abend gab es die gleiche Show. Zehn- oder zwanzigtausend Kids saßen wie auf glühenden Kohlen und hielten eine Stunde lang die Vorgruppen aus: die krächzende Dusty Springfield, Bill Black und seine Combo (derselbe alte Bassist, der die Band von Elvis leitete) und die mittelmäßige Jackie DeShannon. (Die viel besseren Righteous Brothers starteten die Tournee, hörten jedoch nach ein paar Nächten auf, weil sie den Aufruhr nicht ertragen konnten.) Schließlich kamen die Beatles herausgeschnellt, vier winzige Figuren, gefangen in einem losbrechenden Sturm nicht enden wollenden Geschreis.

Die Beatles pflegten ein Dutzend Songs zu spielen. John eröffnete das Gebrüll mit «Twist And Shout», und Paul brüllte zum Abschluß «Long Tall Sally». Es hätte nichts ausgemacht, wenn sie das Vaterunser oder eine Reihe schmutziger Limericks gesungen hätten, denn niemand konnte sie hören. Ringo behauptete, daß es Momente gab, wo alle vier zu spielen aufhörten und die Zuschauer weitertobten, als sei nichts passiert. Die 50-Watt-Verstärker der ersten US-Konzerte hatte man jetzt durch 100-Watt-Modelle ersetzt, aber was nutzen hundert Watt, wenn man vor achtzehntausend Furien in der Hollywood Bowl spielt. Sobald der wogende, schwankende Mädchenhaufen, der sich bis zur Atemlosigkeit in einen Taumel hineinkreischte, über den Zuschauerraum herauszubrodeln und die Band zu überwältigen drohte, kam der kleine, aber aggressive GAC-Tourneemanager Ed Leffler auf die Bühne und bat um Ruhe.

In New Orleans kam sein Appell zu spät.

Mehr als siebenhundert Kids stürmten das Feld und lieferten hundertzweiundfünfzig Polizisten und fünfundsiebzig Spezialkräften von Pinkerton eine offene Schlacht. Ein Mädchen sprang, wie ein Lachs einen Wasserfall heraufschnellend, über die letzte Absperrung und landete schluchzend zu George Harrisons Füßen. Endlich gelang es einem Aufgebot berittener Polizisten, die entfesselten Fans mit Lassos einzufangen und zusammenzutreiben, aber erst nachdem die Bullen eine ganze Reihe verkrüppelter Mädchen umgestoßen hatten, die in Rollstühlen am Konzert teilnahmen. Die Band spielte während des Aufruhrs weiter. Der kurzsichtige Lennon schaute zwischen den Stücken immer wieder herunter und rief: «Wer gewinnt denn jetzt?» Am Ende der Show war das Stadion übersät mit Verletzten, gefesselten Gefangenen und arg ramponierten Polizeibeamten, die nun damit beschäftigt waren, den hundertfünfzig in Ohnmacht gefallenen Schönheiten Salmiakgeist zu verabreichen.

Der Abgang der Beatles war stets der Höhepunkt ihres Tages. Sie warfen ihre Instrumente zu Boden und stürmten von der Bühne in einen speziellen Fluchtwagen. In Toronto ließ ein Witzbold die Luft aus den Reifen ihres gepanzerten Busses. Die Beatles wurden schnell in einen Krankenwagen voll mit Betrunkenen verfrachtet. Als der Fahrer mit aufheulenden Sirenen losfuhr, knallte er direkt an einen Pfosten. Die Beatles wurden schließlich von einem besorgten Bürger in Sicherheit gebracht. In Atlantic City mußten die Jungs an einer Hafenmauer neben der Convention Hall herunterklettern, auf ein Floß springen und an der Wand eines Krankenhausschiffes – ihres Refugiums – wieder hinauf. Dennoch kamen sie in Amerika niemals einer ernsthaften Verletzung so nahe, wie sie ihnen fast in Neuseeland zustieß, als die Fans sich auf das Dach der Limousine stürzten und die Beatles dabei um ein Haar zu Sardinen zerquetschten.

Die Beatles vögeln zu lassen, ohne einen Skandal zu provozieren, war in den Vereinigten Staaten eine heikle Aufgabe, wo sogar ein Star vom Kaliber eines Chuck Berry wegen Unzucht mit Minderjährigen im Gefängnis gelandet war. Die übliche Vereinbarung war eine «Party», bei der die Beatles entweder Prostituierte, Mädchen aus dem Showgeschäft oder Berühmtheiten kennenlernen konnten, die drei Frauentypen, die sich am besten für den Zweck eigneten. Nach kurzer geselliger Plauderei wählte jeder Beatle die zwei oder drei Mädels, die ihm gefielen, und zog sich auf sein Zimmer zurück. Dieses System funktionierte ausgezeichnet während der drei Jahre, in denen die Beatles in Amerika tourten, mit Ausnahme einer einzigen Nacht in Minneapolis im Jahre 1965. Hier stopften die Helfershelfer der Beatles ein Motel mit weiblichen Fans voll. Zwei von ihnen vögelten jeden in Reichweite, um zu den Fab Four vorzudringen. Sowie die Mädchen am nächsten Morgen erwachten, rannten sie nackt in die Hotelhalle und schrien: «Vergewaltigung!» Die Polizei traf ein und fing erst mal damit an, alle nicht registrierten Mädchen aus dem Quartier der Gruppe zu scheuchen. Als sie versuchten, Paul McCartneys Zimmer zu betreten, lehnte er es ab, die Kette vor der Tür zurückzuziehen. Als ihm mit Verhaftung gedroht wurde, kniff er den Schwanz ein und gab die junge Blondine auf, mit der er die Nacht verbracht hatte. Ed Leffler dämpfte den Aufruhr, doch zuvor erklärte ein Polizeiinspektor der Presse: «Diese Leute sind das Schlimmste, was jemals über die Stadt hereingebrochen ist.» Das Mädchen in Pauls Zimmer zog einen Ausweis hervor, auf dem ihr Alter mit 21 Jahren angegeben war. Der Inspektor sagte den Reportern: «Ich bezweifle, daß sie älter ist als sechzehn.» Einige der Mädchen, die zum Vergnügen der Beatles aufgetrieben wurden, *waren* minderjährig.

Die vierzehnjährige Geraldine Smith, später eine von Andy Warhols Filmschauspielerinnen, erinnerte sich, neun Tage vor dem Zwischenfall in Minneapolis auf der MacDougal Street von Francesca Overman aufgegriffen worden zu sein. Sie war eine aufsehenerregende Blondine und Bill Wymans (von den Rolling Stones) Freundin in New York. Geraldine, erst vierzehn, war mißtrauisch, als sie gefragt wurde: «Möchtest du die Beatles kennenlernen?» Als draufgängerisches Mädchen entschied sie sich, die Herausforderung anzunehmen. Bald darauf saß sie in einem Wagen zusammen mit einigen anderen Mädchen und Al Aronowitz, einem Reporter der *New York Post*, mit Kurs auf das Warwick-Hotel, wo Geraldine sich mit einemmal mitten unter den Beatles wiederfand. Sie verdrückten gerade Steaks und gebackene Kartoffeln und waren ganz offensichtlich bekifft, weil John seine Kartoffeln mit den Fingern butterte. Danach spielten sie Flaschendrehen. Als die Jungs sich auf ihre Zimmer zurückzogen, fragte jemand Geraldine, ob sie es vorziehe, mit Paul oder lieber mit John die Nacht zu verbringen. Sie entgegnete, Jungfrau zu sein, und als nächstes konnte sie sich nur noch daran erinnern, in der Morgendämmerung aufgewacht zu sein, mit dem Sternenbanner bedeckt. Wenn Geraldine ja statt nein gesagt hätte, hätte John Lennon an dem Morgen möglicherweise eine Anklage wegen Unzucht mit Minderjährigen am Hals gehabt.

Trotz der Anstrengung der Tournee genossen die Beatles ein paar unvergeßliche Momente in ihrem ersten Sommer in Amerika. Der beeindruckendste Augenblick war ihre Ankunft in der Abenddämmerung in einem Hubschrauber über dem Forest Hills-Tennis-Stadion. Als das Luftschiff herabschaukelte, klickten Tausende von Blitzlichtern in der Arena. Sie sah aus wie eine gigantische Schüssel voller Leuchtkäfer. «Sie sind wie Götter!» schwärmte Brian Epstein gegenüber seinem Begleiter Geoffrey Ellis. «Morgen könnten sie in Peru oder Indien landen!» Dieses eine Mal begriff Brian, was er sah, aber er tat nichts, um dieses Bild festzuhalten. Die Beatles hätten ihre ganze legendäre erste Tour von einem Filmteam aufnehmen lassen sollen, wodurch das Atemberaubende der Ereignisse bewahrt worden wäre, so wie die schockierende Amerika-Tour der Sex Pistols für die Nachwelt festgehalten wurde. Eine der besten Szenen während der '64er Tournee der Beatles hatte am selben Abend stattgefunden. Nachdem die Jungs zum Abendessen ins Delmonico zurückgekehrt waren, öffneten sie auf ein Klopfen hin die Tür und standen plötzlich Bob Dylan gegenüber.

Dylan war bereits eine Legende in Amerika, drang aber gerade erst zu den Beatles durch, die zuerst nach seinen Platten fragten, als sie in Paris spielten. Lennons ursprüngliche Reaktion war total negativ gewesen, wie der amerikanische Journalist Pete Hamill erst wenige Monate vor der Amerika-Tournee herausgefunden hatte. Al Aronowitz hatte ihn damals mit ins Ad Lib genommen. Hamill hielt fest:

> John Lennon kam mit Brian Epstein rein und setzte sich neben mich. Aronowitz empfahl ihnen, sie sollten sich Dylan anhören. McCartney nickte zustimmend, während Mick Jagger aufstand, um mit einer jungen Blondine zu tanzen, die zuviel Make-up trug. «Zum Teufel mit Dylan», entgegnete Lennon. «Wir spielen Rock'n'Roll.» – «Nein, John, hör ihn dir an», beharrte Aronowitz. «Auch er spielt Rock'n'Roll. Er ist da, wo Rock'n'Roll hinkommen wird. Hör ihn dir an.»
>
> Lennon kniff die Lippen zu einem schmalen Schlitz zusammen. «Dylan. Dylan. Meinetwegen Chuck Berry. Meinetwegen auch Little Richard. Aber bloß keinen Luxusstuß. Scheiße! Amerikanische, intellektuelle Folk-Scheiße! Das ist doch einfach Scheiße!» Er war wütend und bitter und hart. Er wollte nicht über Musik sprechen. Und er wollte nicht übers Komponieren sprechen. Er wechselte über den Tisch hinweg einen Blick mit Keith Richard. «Was, zum Teufel, machen die Yanks hier?» buffte er. Richard lächelte und zuckte die Schultern. McCartney streckte seinen Arm aus und berührte Johns Hand. «Ach, laß gut sein, John», sagte er. Lennon zog seine Hand weg und wandte sich mir zu. «Warum verpißt du dich nicht?» ätzte er. «Warum, zum Teufel, bringst du's nicht, von hier zu verschwinden?» – «Warum bringst

du mich nicht dazu?» entgegnete ich. «Hey, nun ist gut», griff Aronowitz ein. «Laßt uns doch einfach 'n bißchen Spaß haben, ja.» – «Häh?» fragte mich Lennon. «Ich sagte, *du* müßtest schon versuchen, mich hier rauszuschmeißen.» Er starrte mich an, und ich starrte zurück. [Hamill ist ein stämmiger ehemaliger Boxer.] Der Ire aus Liverpool, der den Iren aus Brooklyn herausfordert. Ganz plötzlich, als habe er etwas wiedererkannt, blickte er lächelnd weg und spähte auf den Grund seines Glases. «Yeah, yeah, yeah», murmelte er ruhig vor sich hin, und der Augenblick der Konfrontation war vorüber. Danach ging John Lennon mit Brian Epstein weg.

Nun stand John Bob Dylan gegenüber, und der sah genauso einsam und heimatlos aus wie auf dem Cover seines ersten Albums. Während Lennon sich setzte und den Mann, den er instinktiv als seinen größten Rivalen erkannte, unverwandt fixierte, erkundigte Brian sich wohlwollend, was denn der große singende Poet gern trinken würde. «Billigen Wein!» krächzte Dylan. Als die Beatles ihre gelben Dexies anboten, die die Band in Amerika anstelle ihrer üblichen weißen Prellies nahm, verzog Dylan das Gesicht mit Abscheu und schlug vor, etwas Pot zusammen zu rauchen. Die Beatles mußten gestehen, sie hätten noch nie Marihuana «gehabt». (In England kam man leichter an Haschisch als an Gras ran.) Dylan staunte. «Und wie ist das mit eurem Song?» entfuhr es ihm. «Der über's high werden?»

Irritiert fragte John: «Welcher Song?» Dylan begann «I Want to Hold Your Hand» zu singen. Er setzte kurz vor dem berühmten Oktavsprung ein, den er so interpretierte: «I get high! I get high! I get *high!*»

«Das ist der falsche Text!» zeterte John wie Oliver Hardy, der Stan Laurel verbessert. Dann sprach er deutlich den korrekten Wortlaut aus, was nun Dylan seinerseits verblüffte, denn wer hätte wohl je von einem Kerl gehört, der sich vor einem Mädchen versteckt, das ihn angetörnt hat: «I can't hide.»

Nachdem sie die Textfrage geklärt hatten, verstopfte die Gesellschaft die Ritzen unter der Tür mit nassen Handtüchern, während der alte Kiffer Bob einen Bomber drehte. Als Dylan den qualmenden Joint Lennon reichte, gab der ihn direkt an Ringo weiter, den er «mein königlicher Vorkoster» nannte. Ringo rauchte ihn auf den Stummel herunter und platzte mit beschwipstem Gelächter heraus. Seit diesem Abend waren die Beatles *Vipers* – Leute, die einen Joint rauchen, sowie sie sich zu Beginn des Tages aus dem Bett rollen.

Während die Tournee durch die Hundstage hetzte, zwischen dem kanadischen Norden und dem amerikanischen Süden mit vielen Stationen im Mittelwesten hin und her pendelnd, begann die Atmosphäre in den Gefängnissuiten der Beatles anzusäuern und bösartig zu werden. Am meisten verabscheute John Lennon die patenten Matronen mit ihren guten Beziehungen. Sie bekamen Zugang zu den Hotelzimmern der Jungs, bevor diese überhaupt auf die Beine kamen – im Schlepptau immer ihre Töchter mit den Zahnspangen im Mund. In Las Vegas wurde ein Mädchen in die Beatles-Suite vorgelassen, das sich als die Tochter von Donald O'Connor vorstellte. John schaute sie eindringlich an und sagte: «Hey, tut mir wirklich leid!»

Halb lächelnd antwortete das Mädchen: «Leid? Was könnte einem denn daran leid tun?»

John sprach mit ernster Stimme: «Hab's grad im Radio gehört – dein Dad ist gestorben!» Die Kleine kreischte vor Entsetzen auf und wurde hysterisch. Sie mußte ein Beruhigungsmittel verabreicht bekommen und mit einem Krankenwagen vom Hotel abgeholt werden. Lennon feixte: «Blöde Kuh!»

Am selben Tag schlüpfte John im Mantel eines Portiers verkleidet aus dem Sands und fuhr auf der Rückbank eines Lebensmittellieferwagens zum Desert Inn. Dort stellte er sich an den Straßenrand und starrte zum verdunkelten obersten Stockwerk hinauf – zur Residenz von Howard Hughes. «Da oben ist es!» verkündete Irving Kandell, der Konzertagent der Beatles, und zeigte auf die mit Vorhängen verhüllte Dachwohnung.

Während John einen verstohlenen Blick an all den erleuchteten Zimmern vorbei über die Wand des Gebäudes auf das eine abgedunkelte Stockwerk warf, rief er aus: «Das wär was für mich! Immer an einem Ort, statt ständig auf Reisen. Totales Privatleben. Niemand, der dich stört.»

Die Tournee endete am 20. September mit einem Auftritt der Beatles im Paramount Theater von New York zugunsten des Hilfsfonds für Hirngeschädigte. Ein für sie beispielloser Wohltätigkeitsakt, weil sie es sich zum Prinzip gemacht hatten, niemals etwas verschenken zu wollen. Zu diesem Zeitpunkt hatte sich Lennons Zorn gegen die amerikanische Öffentlichkeit und Presse zur Intensität eines Laserstrahls gebündelt. Derek Taylor, der PR-Mann der Beatles, entwarf ein bezeichnendes Bild der Atmosphäre. Wenn nach einer, wie üblich, schlaflosen Nacht die Speichellecker des Pressestabs bekifft im Delmonico-Hotel herumsaßen und Murray the K geschafft auf einem Feldbett lag – ein trübes Auge offen, das andere geschlossen –, ließ John seine Verachtung auf das gesamte Gefolge und manchmal auch auf die Beatlemania niedergehen.

FETTER ELVIS

Im Jahre 1965 hatten die Beatles einen ehrfurchterregenden Grad an Wohlwollen erreicht. In den Augen der Öffentlichkeit konnten sie nichts Unrechtes tun. In John Lennons Augen war jedoch eigentlich nichts, was die Band tat, in Ordnung. Er war verzweifelt, denn statt die Möglichkeit zu haben, sich frei auszudrücken, wie er es früher getan hatte, war er nun immer stärker gezwungen, das zu tun, was die Öffentlichkeit von ihm verlangte. Diese mißliche Lage wurde während der Dreharbeiten zu *Help!* akut. Man hat die Beatles in dieser unbegreiflichen Farce wie Marionetten manipuliert und obendrein genötigt, einen Soundtrack voll sentimentaler Country-and-Western-Melodien zusammenzubrauen, die Lennon für den Tiefpunkt ihrer Schallplattenkarriere hielt. «Wir hatten keine Kontrolle über den Film», äußerte er bitter, «und wir hatten auch keine Kontrolle über die Musik.» Deshalb mußte John «Help!» schreien – und nicht zum Scherz.

Am meisten beunruhigte Lennon das panikartige Gefühl, die Macht über sich selbst verloren zu haben. Er hatte die Maske des Beatle John in ausgelassener Stimmung aufgesetzt, in der Absicht, alles Nötige zu tun, um erfolgreich zu werden. Nun mußte er feststellen, daß er die Maske nicht mehr herunterreißen konnte. Sie diktierte, wie jedermann ihn wahrnahm und folgerichtig auch, wie er sich zu benehmen hatte. Er fürchtete, die Fähigkeit verloren zu haben, sich noch irgendwie anders verhalten zu können. Er war zum Beatle John mutiert.

Für den Rest seines Lebens bezeichnete Lennon diesen Abschnitt als den schlimmsten Moment seiner Karriere. Es war seine «Fetter

Elvis»-Phase, die Zeit, wo er das Vollmondgesicht eines japanischen Holzschnitts zur Schau trug und erste Anzeichen eines Schmerbauchs in den eng geschnittenen Cardin-Anzügen sichtbar wurden. Die Ursache für dieses unziemliche Fett war Johns Ernährungsweise: getoastete Käse-und-Speck-Sandwiches nach dem Aufwachen, gefolgt von Steaks und Pommes frites bei Nacht, und alles runtergespült mit einem stetigen Strom Scotch-Cola. Doch John nahm den Verlust seines Aussehens als symbolisch für viele andere Verluste. «Verloren» ist das Schlüsselwort in all den Beschreibungen der eigenen Notlage. Er hatte seine Richtung, seinen Stolz, seine Zufriedenheit und, darüber hinaus, auch seine Seele verloren. Deshalb war es nicht nur sein Äußeres, sondern seine gesamte Verfassung, die an den heruntergekommenen Elvis erinnerte. Wie sein alter Held war Lennon, der einst brillante, kriegerische, virile junge Rokker, vom Erfolg zu einem fetten Clown aufgeblasen worden.

Der Umfang dieser geistigen Krise Lennons im Jahre 1965 kann in den autobiographischen Songs verfolgt werden, die er während dieser Zeit komponierte. «I'm a Loser» enthüllt die entscheidende Tatsache, daß Beatle John keine wirkliche Person ist, sondern nur eine heitere Maske, aufgesetzt von einem Mann mit einer in Wirklichkeit zornigen oder mürrischen Natur. «Help!» betont den Kontrast zwischen dem einfachen Leben, als Johns Stern im Aufstieg begriffen war, und den verwirrenden Schwierigkeiten der Gegenwart, in der er ein Star ist. «Nowhere Man», das letzte und wichtigste Klagelied über die «Pleite des Erfolgs», wird zu einem seiner tiefsten und quälendsten Selbstzeugnisse, ein Song voller Selbstmitleid.

Die ganze Welt hörte diese Lieder, aber niemand horchte dabei auf. Die Vermutung, John Lennon – der größte Gewinner im Poplotto – könne ein Verlierer sein, war einfach unvorstellbar. Ebenso konnte man unmöglich glauben, daß er wirklich um Hilfe rief oder daß er sich im «Nirgendwo» befand. So erhielt das Unvermögen der Fans, den Beatles bei ihren Konzerten zuzuhören, eine Parallele durch das Scheitern selbst der scharfsinnigsten Hörer, die offensichtliche Bedeutung von Lennons eindeutigsten Texten zu begreifen. Dieses Mißlingen einer Kommunikation ist nicht weiter überraschend, denn es war Teil des gesamten Prozesses, in dem die Öffentlichkeit die Beatles ausschließlich als ihre Helden feierte.

Obwohl es geläufig ist, darüber zu sprechen, wie sehr die Beatles zum zeitgenössischen Bewußtsein beitrugen, lautet die Wahrheit, daß die Öffentlichkeit ihre Phantasien weitaus erfolgreicher den Beatles übergestülpt hat, als diese jemals irgend etwas der Welt mitteilen konnten. Dies ist das ironische Schicksal aller Popstars. Sich weniger als Mitteilender oder Schaffender, sondern eher als Auslöser und Zielscheibe erkennend, stellt ein Popstar fest, daß seine größte Begabung darin liegt, das kollektive Unbewußte zu aktivieren. Hat er jedoch erst einmal diesen Strom geistiger und emotionaler Energie freigesetzt, wird er selbst davon so vollständig ergriffen und beherrscht, daß er sich wie dessen Sklave fühlt. Die alten Stars gaben sich damit zufrieden, ihr Schicksal zu akzeptieren, indem sie ihr eigenes Leben in geheimnisvoller Zurückgezogenheit führten. Das hielt ihr Image aufrecht. Sie waren leere Leinwände, auf die das Massenbewußtsein seine Projektionen werfen konnte. Der moderne Star, jünger, weniger diszipliniert, selbstverstrickter, hat oft gegen die Tyrannei seines Images rebelliert und dabei Verhaltensformen angenommen, die im Widerspruch zu seiner Erscheinung in der Öffentlichkeit stehen. Die Geschichte der Beatles bewies die Vergeblichkeit solcher Rebellion. Was John Lennon auch tat – und er verletzte jedes Tabu des Starkults –, niemals schaffte er es, sein Image zu erschüttern.

John war der erste, der diese schmerzliche Tatsache erkannte. Er hatte Vergnügen daran, dies wie ein Psychologe in einem Labor zu demonstrieren. Wenn er sich mit einem Freund wie Pete Shotton in die Öffentlichkeit begab und etwa auf eine Mittelschichtmatrone in gesetztem Alter traf, die «Beatle John!» kreischte, wandte sich Lennon an Pete und sagte: «Jetzt paß mal auf!» Er schaute die Frau geringschätzig an und feixte: «Du blöde alte Kuh! Schämst du dich nicht? In deinem Alter! Dich hier auf der Straße so schlimm aufzuführen! Was, verdammte Scheiße, ist mit dir los?» Keine jener Ladies hat jemals ein Wort von dem, was er sagte, gehört.

Ein anderer Grund, weshalb John Lennon nach seinem großen Triumph in eine derart heftige Krise geriet, war die schlechte Vorbereitung auf den Erfolg. Im Gegensatz zum Unterhaltungskünstler alter Zeiten, der ein halbes Leben mit arbeitsreichem Klettern an die

Spitze seines Berufs verbrachte und mit jeder Sprosse weiser und zäher wurde, machte John Lennon seine intensivsten Erfahrungen mit dem Ruhm, als er Anfang Zwanzig war. Obendrein erlebte er als erster den Erfolg in der klassischen Manier moderner Popstars: in einem plötzlichen, überwältigenden Beifallssturm. Er erwachte eines Morgens und stellte fest, daß er berühmt war. Wie die meisten Männer, die sich auf ein Ziel stürzen und alles aufgeben, um es zu erreichen, hatte Lennon niemals einen Gedanken daran verschwendet, was er wohl tun würde, wenn er an die Spitze des Popgeschäfts gelangt war. Naiverweise hatte er angenommen, der Lohn sei so etwas wie totale Erfüllung. Man stelle sich seinen Schock vor, als er eines Tages nun tatsächlich auf dem Gipfel stand und auf das gelobte Land herabschaute. Er blinzelte argwöhnisch und erkannte mit seiner raschen Auffassungsgabe sofort, daß die Aussicht die Kletterei nicht wert war. Zu sofortiger Verzweiflung neigend, geriet er jäh ins Abrutschen. In jenem Augenblick schuf er das Muster seines ganzen nachfolgenden Lebens – von der Verblendung geradewegs zur bitteren Ernüchterung.

Ironischerweise kam es genau auf dem Höhepunkt von Lennons «Fetter Elvis»-Phase zu einem Treffen mit Elvis Presley. Die Beatles hatten sich auf diese Begegnung seit ihrem ersten Aufenthalt in Amerika gefreut. Als ihnen das berühmte Telegramm am Vorabend der *Ed Sullivan Show* vorgelesen wurde, waren sie enttäuscht, daß es keine Einladung nach Graceland enthielt. «Aber wo ist Elvis?» rief John. Dieser Spruch wurde im Verlauf des folgenden Jahres zum Insiderwitz unter den Beatles, weil sie alle die Gelegenheiten registrierten, an denen der alte Star ihrer Umarmung auswich. Colonel Parker war jedoch in gleichem Maße darauf versessen, daß sein Junge die Jungs von Brian Epstein kennenlernte, wie Elvis diese demütigende Konfrontation vermeiden wollte. Der Colonel gierte nach der Publicity eines Rockgipfeltreffens, denn er versuchte verzweifelt, Elvis' dahinvegetierende Karriere wieder aufzumöbeln. Jahrelang hatte Presley keinen großen Hit gelandet, und jetzt verlor er sogar das Publikum seiner zweitklassigen Filme. Er hatte gerade *Südsee-Paradies*, seine neueste «Reisediashow», fertiggestellt, als er am Abend des 27. August 1965 Auge in Auge den Beatles gegenüberstand.

Als die Fab Four auf dem Parkplatz vor Elvis Presleys pilzförmigem, das gepflegte Gelände des Bel Air Golf Clubs überblickendem Anwesen an der Perugia Road vorfuhren, waren sie überrascht, eine Horde Fans zu sehen, die von Polizisten in Schach gehalten wurden. Wer hätte wohl die Nachricht dieses streng geheimen Treffens durchsickern lassen können? Als sie das in den Boden versenkte, wie das Zelt eines Scheichs gehaltene Haus betraten, wurden sie von den Klängen ihrer neuesten Hits begrüßt, im Wechsel mit Elvis' letzten Fehlschüssen. Der König hielt, wie gewöhnlich, in seinem Musikboxsaal Hof.

«Oh, da bist du ja!» rief John mit spöttischer Gleichgültigkeit aus, als er auf den großen Herrn zuging.

Elvis, ausgestreckt auf ein langes Sofa, trug seine Hollywood-Uniform: rotes Hemd, schwarze Windjacke und hautenge graue Hosen. Der strahlende Colonel mit dem Dreifachkinn machte alle förmlich miteinander bekannt; danach durfte man sich setzen. Instinktiv nahmen die Beatles die Haltung einer Begleitband an: John und Paul zur Rechten von Elvis, George und Ringo zu seiner Linken. Während der Empfangssalut an die Söhne von Memphis und Liverpool sich fortlaufend steigerte, sprach niemand ein Wort. Elvis saß verdrossen in der Gesellschaft dieser «Hurensöhne», die ihn vom Thron gestürzt hatten mit ihren tuntigen Frisuren und stümperhaften Melodien, und schien nicht den ersten Schritt machen zu wollen. Die Beatles glaubten ihrerseits, Jugend müsse sich dem Alter beugen. Schließlich hielt es der Dream King nicht mehr aus. «Wenn ihr verdammten Typen hier bloß rumsitzen und mich den ganzen Abend anstarren wollt», polterte er, «werde ich ins Bett gehen.»

Das Eis war gebrochen, aber jetzt versank die Gesellschaft in den kalten Wassern der Ernüchterung, denn kaum war John mit seinem alten Helden ins Gespräch gekommen, als er auch schon böse ins Fettnäpfchen trat. Er bemerkte, Elvis solle doch ein paar Aufnahmen machen, ähnlich wie seine originellen Mitschnitte bei Sun. Elvis interpretierte diesen Vorschlag so, daß es in den Augen der Beatles mit seiner Karriere seit ihrem überwältigenden Start nur noch bergab gegangen sei! John bekam aus seiner Sicht den Eindruck, Elvis sei nicht nur bekifft, sondern völlig hinüber.

Nachdem der Versuch, die Situation zu retten, gescheitert war, sprangen die Beatles zurück in ihre Limousine. Als der Wagen losrollte, drehte sich John zu den anderen Jungs um. Mit einem komischen Gesichtsausdruck und einer Stimme, die wie ein Wasserkäfer die Tonleiter hinaufglitt, fragte er: «Wo ist Elvis?»

Johns Flucht vor der Beatlemania wurde schließlich mit der Hilfe eines unverhofften Komplizen bewerkstelligt. Der nächste Song, den John nach «Help!» aufnahm, war offensichtlich von Bob Dylan inspiriert: «You've Got to Hide Your Love Away.» Peinlich in seiner marktschreierischen Mimikry und ohne die Vorzüge seines Vorbilds, liefert diese Scheibe immerhin einen Schlüssel dafür, was in Lennons Kopf vorging. Nun, da er seine ursprüngliche Feindschaft gegenüber Dylan überwunden hatte, war Lennon auf den gegensätzlichen Kurs umgeschwenkt. Bezaubert von den Platten seines Rivalen, hörte er sie Tag und Nacht. Little Bob beeindruckte John jetzt als ein Typ, der sich alles ungestraft erlauben kann. Statt sich in Schale zu werfen und den jungen Hüpfern in adrettem Vokalstil ein mit «Ooohs!», «Ahs» und «Ssssseufzern!» versüßtes Ständchen zu bringen, trug dieser «Judenbengel» was ihm gefiel, schrieb das unerhörteste Zeug und begegnete in seinen Liedern den Mädchen genau so, wie John gegen die dummen «Kühe» privat vom Leder zog. Statt zu flöten, «Ich möchte deine Hand halten», hätte Dylan nicht gezögert, «Ich möchte deine Hand verbrennen» zu krächzen. Dylan war nicht so groß herausgekommen wie die Beatles, aber andererseits mußte er seinen Ruhm – oder sein Glück! – nicht mit drei anderen teilen. John begann über einen Ausstieg aus dem Dilemma der Beatlemania nachzudenken – und der kleine Bobby Zimmerman sollte der Führer sein.

Lennons neue Phase trug erste Früchte mit den Songs für *Rubber Soul*, einem der grandiosen Wachstumsringe am Baum der Beatles. Die Jungs aus Liverpool hatten die US-Popszene stets als ein Brettspiel mit glänzend kolorierten Figuren betrachtet, die sie spielerisch und selbstbewußt umherschieben konnten. Nur Außenseiter, denen es egal ist, da sie das alles nur im Kopf, nicht aber in den Eingeweiden haben, können so etwas mit den Spielmarken einer anderen Kultur tun. Jetzt machten die Beatles den nächsten logischen Schritt in ihrer Entwicklung und fingen an, getragene Parodien dieser leicht zu beherrschenden, völlig berechenbaren Musik zu schreiben. Sie begannen mit dem zu der Zeit aktuellen Tamla/Motown-Sound. Das hatte den doppelten Vorteil, sie zurück zu ihrem Ausgangspunkt, dem Rhythm and Blues, zu bringen, ohne sie dabei mit etwas Schwierigerem zu konfrontieren als Berry Gordys Fließbandnegern der zweiten Generation. John Lennons Basteleien am Detroit-Sound findet man in den beiden Eröffnungsstücken wieder, wo er wie ein James Joyce des Pop den zeitgenössischen amerikanischen Stil umkreist und dabei ein verblüffend neues Genre erfindet – das Liebeslied mit vertauschten Rollen.

«(Baby, You Can) Drive My Car» klingt zunächst wie eine Elvis-Karikatur: der priapische Held spricht das unterwürfige Groupie an. Plötzlich merkt man, daß der Sprechende weder John Lennon noch überhaupt ein *Mann* ist, sondern ein abgebrühtes, weltkluges amerikanisches Gör. Sie belabert den Helden auf einer einzigen Note (eins von Lennons Lieblingskunststücken), während eine hüftschwingende, Kaugummi kauende Kuhglocke (aus Marvin Gayes «Hitch Hike») den fingerschnippenden Takt angibt. Diese scharfe Tussi hat ein Ego von der Größe unseres Elvis und klopft Sprüche wie der Colonel. Sie möchte im Showgeschäft sein – na klar! Ein Star – was sonst! Als der Junge vom Geldverdienen spricht, wischt sie den Gedanken beiseite, bietet ihm aber die Chance seines Lebens an – als ihr Chauffeur. Lediglich nebenbei bemerkt streut sie den Gedanken ein, daß sie ihn *vielleicht* lieben wird, und das alles in der lässigen Vortragsweise eines Mädchens, das gerade sein Haar vor dem Spiegel in Ordnung bringt.

Hier wird die Junge-Mädchen-Rolle in ihr Gegenteil verkehrt und das höchste Ziel romantischer Erfüllung zu einer beiläufigen Nebensächlichkeit reduziert. Dabei offenbart sie ihren völlig zufälligen, höchst unbedeutenden Charakter im Vergleich zu der narzißtischen Wonne, ein Filmstar zu sein. Der Song hat einen Grad an Zynismus erreicht, der in einer Brecht/Weill-Nummer den drohenden Untergang des Abendlandes hätte ankündigen können. Für John Lennon, den Propheten der Sechziger, sind Umkehrungen der Konventionen so erheiternd und schwindelerregend, wie sie es in einem Song von Noel Coward wären. Lennon fühlt sich von der modernen

Frau nicht bedroht. Er ist auch nicht von ihr schockiert; er steigt auf ihre freche Selbstverliebtheit mit unverhohlenem Vergnügen ein und rundet jeden ihrer Sprüche mit einem bluesgetönten Melisma-Schnörkel ab, was ihr wiederum die freche Schnauze einer Soulmama verleiht. Der Kick kommt mit dem überraschenden Ende.

Das Mädchen gesteht, in Wirklichkeit gar kein Auto zu haben. Ihr ganzer Rap ist nur eine *Masche* gewesen! (Typisch Mann!) Jetzt, wo sie einen Chauffeur hat, kommt es da noch darauf an, ein Auto zu haben? Bis dahin hatten die Beatles dieser Textpartie Harmonien mit dem Sound improvisierender Bläser aufgesetzt, in diesem Augenblick nun verwandeln sie ihre Stimmen in Autohupen und fahren mit einem «Biep-biep» davon, wie Figuren in einem Zeichentrickfilm.

Auf noch anspruchsvollere Weise macht John Lennon die moderne Frau in dem Stück «Norwegian Wood» zum Thema, einem dieser äußerst originellen Songs, die nur er ersinnen konnte. Denn während die Möchtegern-Intellektuellen des britischen Pop, öde Seelen wie Brian Jones und Mick Jagger, die Böse-Buben-Spiele mit den Zensoren der Plattengesellschaften spielten – das gleiche Spiel Heranwachsender, das noch heute mit ermüdender Voraussagbarkeit andauert –, wendete Lennon das neue Medium des Popsongs wie ein ernsthafter Künstler an. Er benutzte es als Linse. Ruhig und präzise studierte er darunter das Wesen des merkwürdigen neuen Lebens, wie er es im Swinging London erlebte. Als junger Mann war er immer darauf eingestellt gewesen, mit aggressiven Frauen «Schwer-zu-kriegen» zu spielen. Wenn er, während seiner Nächte in der Stadt, ein Mädchen mit nach Hause nahm, dann unterschied sich die Aktion unter Umständen völlig von allem, was er je im provinziellen Liverpool erfahren hatte. So wie «Drive My Car» sein Versuch über die erstaunlich kessen und selbstbewußten Frauen ist, die er in Los Angeles traf, so war «Norwegian Wood» seine Version über die emanzipierten Frauen aus den Büros und Discos des neuen London.

«Norwegian Wood» war zu der Zeit ein den Engländern sehr, den Amerikanern jedoch nicht bekannter Raumgestaltungsbegriff – ähnlich wie «Danish Modern» den Trend zu einem neuen Stil in der Möbelausstattung bezeichnete, symbolisiert durch die Verwendung naturbelassener Kiefer. In Lennons ungeschminkter Geschichte aus dem Swinging London trifft das Mädchen auf den Jungen. Sie nimmt ihn mit in ihre Wohnung. Die ist zwar mit norwegischem Holz ausgestattet, aber so sparsam möbliert, daß sie ihn bitten muß, sich auf den Fußboden zu setzen. Sie nötigt ihn, Wein zu trinken, und unternimmt selbst all die Schritte im Paarungsspiel, die traditionell den Männern vorbehalten sind. Schließlich ist es spät geworden, und sie kündigt nonchalant an, es sei nun Zeit, ins Bett zu gehen. An dieser Stelle mußte ein unglücklicher Kunstgriff angewandt werden, um Cynthia an der Entdeckung einer solchen Affäre zu hindern und um den spießigen alten EMI-Boß Sir Joseph Lockwood versöhnlich zu stimmen. Niemals hätte der auf einer Platte, die obendrein für Kinder produziert war, einen ausdrücklichen Hinweis auf Geschlechtsverkehr zugelassen. Deshalb verbringt der Junge, statt ins hölzerne Bett zu klettern, die Nacht im Badezimmer. Für den Höhepunkt des Songs bedeutete dies jedoch keine Einschränkung: anstelle des aufwachenden Mädchens, dessen Liebhaber gegangen ist, ist es hier der Junge, der beim Aufwachen feststellt, sein Mädchen ist weg – zur Arbeit. Nun kann er also ein Feuer anzünden und darüber nachdenken, wie gut norwegisches Holz ist – was wohl bedeuten soll: wie gut ist es doch, in einer Welt zu leben, in der Frauen selbständig und unabhängig sind, statt in den alten Zeiten, als die Männer für die Frauen verantwortlich waren, ausgedrückt durch die archaische Melodie.

Nach der Aufnahme von «Norwegian Wood» war John Lennon nicht mehr Beatle John, der Mann mit der Kaugummimaske. Jetzt entpuppte er sich als der brillante junge Innovator, der mehr als jeder andere im Musikgeschäft dafür sorgte, daß sich der Rock'n'Roll der Fünfziger in den Rock der Sechziger verwandelte. Indem er die anspruchsvolle Technik der Songparodie anwendete, brach John vollständig mit der Rocktradition und bewegte sich auf den urbanen und witzigen Stil von Noel Coward zu, schließlich ja auch einer seiner Helden.

Die gespaltene Sichtweise der Parodie, die ihre Zielscheibe im selben Atemzug schätzt wie verspottet, war schon immer charakteristisch für Lennons unentschlossenes und zwiespältiges Bewußtsein gewesen. Eigentlich hatte er seit seiner Schulzeit Parodien geschrieben. Seine exzentrische Sammlung von Prosastücken *In His Own Write* (1964) und *Spaniard in the Works* (1965) sind nichts weiter als parodierte Kinderreime und Zeitungsgeschichten. John verdrehte sie zu geschmacklosen Witzen, indem er sie in einem nicht abreißenden Strom verwirrender Wortspiele verschlüsselte. Angespornt von dem Journalisten Kenneth Alcott, der Lennon einmal fragte, weshalb er diese Begabung für Sprache eigentlich nicht auch in seine Songs einbringe, begann John jetzt die Lücke in seinem Selbst zwischen der Persönlichkeit des Popsongschmieds und der des Kunsthochschülers zu schließen. Paradoxerweise konnte John seine Gegensätzlichkeiten dadurch vereinen, daß er seine Themen auf eine gespaltene Leinwand projizierte und doppelzüngig niederschrieb.

Sein persönlicher Fortschritt paßte aus mancherlei parallelen Gründen zu dem der Band. Denn nicht nur bei den Beatles, sondern auch bei den Stones und den Who, wie überhaupt bei den meisten großen englischen Rockgruppen, war die Parodie das Essentielle. Auf Grund ihrer Herkunft waren sie von diesem beinahe *neurologischen* Sinn für amerikanische Kultur ausgeschlossen, den sie benötigt hätten, um authentischen Rock'n'Roll oder Rhythm and Blues zu spielen. Also schlugen die Briten Kapital aus ihrem *schöpferischen* Sinn für die Musik, die sie liebten. Sie griffen die hervorstechendsten Merkmale ihrer Vorbilder auf und ließen alles andere weg. Dabei übertrieben und kolorierten sie die bevorzugten Charakteristika. Je stärker aber zum Beispiel die Beatles die schwarze amerikanische Musik karikierten – die nun in ihre Soulphase eintrat –, desto mehr fingen sie ironischerweise die eigentlichen Züge dieser Musik ein. Zu Beginn ihrer Karriere, als sie noch zum Himmel schreiende Nachahmer waren, gelang ihnen dies selten. Bezeichnenderweise schaffen es die Beatles bei allen Aufnahmen nur ein einziges Mal – nämlich auf der A-Seite von *Rubber Soul* –, die natürliche Wärme und groovende Elastizität echter schwarzer Musik auszudrücken.

Peter Brown behauptete, das Geheimnis ihrer neu gefundenen Sinnlichkeit sei der Konsum von Marihuana rund um die Uhr gewesen. Die entspannenden und euphorisierenden Effekte von gutem Gras seien die perfekten Gegenmittel für die Art von reizbarer, kurzatmiger Auftrittsnervosität, unter der die Beatles bisher gelitten hatten. Aber es gab auch andere Faktoren, die dafür verantwortlich waren, daß für die Jungs jetzt alles besser klappte. Der wichtigste war die bemerkenswerte musikalische Reifung des vierundzwanzigjährigen Paul McCartney, der immer den stärksten Sinn für den Stil der Vorbilder gezeigt hatte. Nun leistete er einen Ansatz zu schwarzen Baß-Arrangements, der sich als einer der wenigen Momente in der Geschichte des englischen Rock erweist, wo die Jungs aus Großbritannien denen aus dem schwarzen Amerika Konkurrenz machen. Bei keiner anderen Beatles-Aufnahme ist so ein großartiges instrumentales Meisterstück zu hören. Paul verschmolz hier sein Gefühl für schwarzen Machismo mit seinem britischen Sinn für höfischen Pomp und flaue Höflichkeit, um jenes tolle Basso-bombastico-Stolzieren auf George Harrisons «Think for Yourself» zu produzieren.

Als Rubber Soul im Dezember 1965 veröffentlicht wurde, gewannen die Beatles damit eine völlig neue Zuhörerschaft. Anspruchsvolle Hörer in Amerika, die bis dahin die Band lediglich als eine weitere Teenybopper-Sensation abgetan hatten, spitzten plötzlich die Ohren. Sie erkannten die frische Brise von der Merseyside. Für jene, die die Karriere der Beatles aus der Nähe verfolgten, verstärkte sich das Vergnügen bei diesem neuesten Album durch die Beobachtung, daß die Gruppe kühne Fortschritte machte, und zwar unbeeinflußt von den Kräften des Marktes, die die meisten Popstars zwingen, wieder und wieder in die Fußstapfen ihres ersten Erfolgs zu treten. Indem sie auf dem soliden Fundament ihrer bisherigen Errungenschaften aufbauten – ihre Souveränität über den amerikanischen Pop, ihre umfassenden Kenntnisse als Songschreiber und ihr wachsendes Können als Sänger, Instrumentalisten und Plattenproduzenten –, begannen die Beatles nun ein glitzerndes Gebäude zu errichten: Die Sechziger.

DER HÄUSLICHE BEATLE

Der Schauplatz für John Lennons Privatleben während seines Höhepunkts als Beatle hieß Kenwood, ein riesiges im Tudorstil gebautes Haus in der Börsenmaklergegend, eine Stunde südlich von London. Johns «Hexenhäuschen» war ein seltsamer Wohnsitz für einen Mann, der die Dünkel der Oberschicht verachtete und sich selbst zum Gegner alles «Normalen» erklärte. Innerhalb der piekfeinen St. George's-Hill-Siedlung, wo jeder, der etwas auf sich hielt, zum Country-Club gehörte und samstags eine Runde Golf spielte, war Kenwood, hoch über einem bewaldeten Hügel thronend, angefüllt mit unliebsamen Erinnerungen an Johns Jugend in Allerton. Gerade zwei Jahre nachdem er das Grundstück für 20000 Pfund gekauft und weitere 40000 Pfund für die Renovierung und den Bau eines beheizten Schwimmbades ausgegeben hatte, erzählte er der Presse: «Weybridge [das nächstgelegene Dorf] ist absolut nichts. Ich halte mich hier nur kurz auf, wie ein Bus an einer Haltestelle... Mein *wahres* Haus werde ich mir kaufen, wenn ich weiß, was ich will.» Warum hatte er dann überhaupt dieses Haus genommen? Die Antwort lautet: Sein treuherziger Finanzberater hatte ihn mit dem Tip, ein derart großes Haus würde ihm Steuervorteile verschaffen, in Richtung Sussex verwiesen.

Zur Zeit des Kaufs, im Juli 1964, standen die Beatles kurz vor der Abfahrt zu ihrer ersten Amerikatournee. Brian gab aus diesem freudigen Anlaß ein verschwenderisches Fest. Dort machte John den ersten Schritt, sich selbst in seiner Pyramide zu begraben. Er war davon beeindruckt, wie man das Dach von Brians Apartmenthaus (Whaddon House, Williams Mews 15) in ein wunderschönes Zelt umgewandelt hatte. Balkontüren ließen viel Licht herein, und die Tische waren mit blendend weißem Leinen, silbernen Kandelabern und jeder Menge roter Nelken geschmückt. Zwanglos sprach John Brians Innenarchitekten Ken Partridge in jener komisch dahingleitenden Boris-Karloff-Stimme an, die er immer dann annahm, wenn er liebenswürdig sein wollte: «Haben Sie das alles gemacht? Sind Sie Ken Partridge? Könnten Sie auch ein ganzes Haus einrichten? Richten Sie Häuser ein?» Bevor Partridge überhaupt antworten konnte, fuhr John fort: «Wir haben gerade ein Haus gekauft. [Sich an Cynthia wendend] Wo ist es?»

Cynthia reagierte gedämpft: «Ich glaube, in Sunbury.»

Mit keiner anderen Vorstellung als dem Wissen, das Haus habe siebenundzwanzig kleine Zimmer, kehrte Partridge an diesem Abend in sein Studio in Soho zurück und machte Entwürfe für achtzehn Zimmer. Am nächsten Morgen zeigte er sie John und Cynthia, kurz bevor sie zum Flughafen fuhren. Nach einem kurzen, anerkennenden Blick auf die Skizzen, gab John eine totale Renovierung in Auftrag. Im Endeffekt bedeutete das für die Familie, in den nächsten neun Monaten in dem schäbigen, dunklen Dachgeschoß hausen zu müssen. Ihr Haus wurde währenddessen in Stücke gerissen, von unaufhörlichem Lärm, Schmutz und der unwillkommenen Anwesenheit der Handwerker beherrscht.

Partridge, der ganz sich selbst überlassen war, entwarf Kenwood so, wie es seinen eigenen Vorstellungen vom Leben eines ruhmreichen jungen Popstars entsprach. Auf diese Weise kam der ungesellige Lennon zu einer Menge Empfangsräume. Sie waren für ständiges Feiern gedacht. Und der Mann, der sich selbst damit quälte, der «fette» Beatle zu sein, wurde mit einer Küche und einem Speisezimmer bedacht, die einem Gourmet zur Ehre gereicht hätten. Vor allem wurde das Haus vom Innenarchitekten nach dessen Vorstellungen von gutem Geschmack gestylt. Es war der Geschmack eines Junggesellen mittleren Alters, dessen begeistertster Klient Brian Epstein hieß.

Um in Kenwood heimisch zu werden, hatte John Lennon nur die Möglichkeit, wie ein verwirrter Vogel durch das Haus zu flattern und in jedem Zimmer eine Spur seines Nestes zu hinterlassen. Die dunkle, holzvertäfelte Eingangshalle war vom Boden bis zur Decke mit den obligatorischen Büchern vollgestopft – die John jedenfalls niemals las. Dort plazierte Lennon eine ziselierte Rüstung, mit dem Kopf eines Gorillas gekrönt, dem eine umgedrehte Pfeife zwischen den Zähnen steckte. (Der Kopf war Teil eines Gorillakostüms, von dem John behauptete, es sei besser als ein Mantel, weil es einem die Beine warmhalte.) Die Diele war mit schwarzer Auslegeware bestückt, auf der ein kostbarer Orientteppich lag. Drei hübsche Sofas hatte man so angeordnet, daß jedermanns Auge auf einen kostspieligen orientalischen Wandbehang fallen mußte. John selbst trug zur Einrichtung eine lange, einem Verschlag ähnelnde Anrichte bei, in der eine ordentliche HiFi-Anlage steckte (um Platten mit voller Lautstärke hören zu können). Außerdem hatte er ein frühes Farbfernsehmodell in den Kamin gestellt mit der Begründung, fernsehen (speziell mit abgedrehtem Ton, wie er es tat) sei die moderne Entsprechung des Bildersehens in Kaminflammen.

Was John nicht ändern konnte, verschenkte er. Das Speisezimmer war mit malvenfarbener Filztapete verkleidet worden. An der Wand hingen Illustrationen aus einem seltenen Band französischer Pflanzenbilder aus dem achtzehnten Jahrhundert, eingerahmt in silbern gestreiften roten Bleifassungen. Als jemand diese Bilder bewunderte, stieß John hervor: «Nimm sie mit. Die sind doch nur 'n Haufen Scheiße!» (Sie waren ein paar tausend Pfund wert.) Die Küche war Cynthias Reich, jedoch ging sie hoffnungslos über ihre Ansprüche hinaus. Ganz im Beverly Hills-Stil angelegt, war sie so modern, daß man nicht einmal einen Herd darin fand. Dieses Gerät hatte in die Kachelanrichte eingesetzten Brennern weichen müssen. Trotzdem Cynthia der Installation mutig gegenübertrat, konnte sie zugegebenermaßen nicht herausfinden, wie man das Gerät handhabte. Ein Handwerker mußte aus der Stadt geholt werden, um ihr zu zeigen, wie man die Knöpfe drückt und die Ziffernscheiben dreht. Eigentlich gab es damit sowieso nichts zu tun. John empfing niemals Gäste, die Familie bevorzugte einfachste Kost, und außerdem wurde John bald Vegetarier.

Die Lennons wurden von Kenwood derart in Anspruch genommen, daß sie die Gewohnheit annahmen, dort wie Diener und Dienstmädchen zu leben, deren Herrschaft nicht zu Hause ist: sie besetzten ein Zimmer im hinteren Teil des Hauses und ignorierten den Rest. Nur ein paar Schritte jenseits der Küche lag ein verglaster Anbau, von dem aus man einen steil terrassierten Garten überblickte. John, der Sonnenanbeter, machte diesen hellen, behaglichen Flecken zu seinem eigentlichen Wohnsitz. Er hängte seine Beatles-Souvenirs an die Wände und verstreute Kinkerlitzchen aus aller Welt auf den Vitrinen. Sein liebstes Möbelstück, abgesehen vom Pianino seiner Mutter, war ein Queen-Anne-Sofa mit geflochtener Weidenlehne. John lag den ganzen Tag darauf, den Kopf auf Kissen gestützt, und weil es für ihn eigentlich zu kurz war, hingen seine Füße über das andere Ende hinaus. Wenn ein gemütliches Feuer im Kohlekamin glühte und seine Katze Mimi sich neben ihm auf ihrem buntkarierten Katzenlager zusammenrollte, wanderten Johns Gedanken zurück in seine Kindheit. Als wollte er seinen Zustand auf den Punkt bringen, klebte er ein paar Aufkleber auf die kinderzimmerweißen Kommoden hinter seinem Kopf. Sie zeigten den zarten Schädel eines Säuglings und darunter die Zeile: SAFE AS MILK (unschädlich wie Milch).

Die Beatles kehrten von ihrer Tournee im September 1965 mit totalem Widerwillen gegen öffentliche Auftritte zurück. Sie hatten sie von Grund auf hassen gelernt. Es war eine der am härtesten gefochtenen Kampagnen in der Geschichte des Showgeschäfts gewesen, so daß – außer John – alle Beatles diese Pause als Zeit der Ruhe und Entspannung erlebten. Für Lennon jedoch bedeutete das Ende der Tournee den totalen Zusammenbruch. Kaum war er von der Rock'n' Achterbahn abgesprungen, als er in einen zombieähnlichen Zustand sank. Er konnte kaum seinen Mund öffnen, geschweige denn für längere Zeit wachbleiben.

Erst um drei Uhr nachmittags pflegte er sich aus seinem über fünf Quadratmeter großen Bett zu erheben. Dann tapste er nach unten in die Küche, wo ihm die Hausangestellte sein Frühstück bereitete. Es bestand im wesentlichen aus zuckerumhüllten Getreideflocken, die in Amerika für kleine Kinder hergestellt werden. Grunzend und schmatzend vor Wohlbehagen, benahm er sich mit der Selbstvergessenheit eines Einsiedlers in seiner Klause. Nach dem Frühstück machte John ein paar gezierte Schritte auf Strümpfen ins benachbarte Sonnenzimmer, wo er sich auf sein Sofa legte und manchmal die Zeitung las oder kurz durch die Musikmagazine blätterte. Meistens jedoch verbrachte er den Nachmittag damit, wie eine Katze in die ohne Ton laufende Glotze zu starren, bis er wieder einnickte.

Johns damalige Schlafsucht beweist die ungeheure Erschöpfung seiner Lebensenergie, ausgepowert durch jahrelanges Rocken rund um die Uhr, tagelanges Durchmachen ohne Schlaf, aufgeputscht durch Prellies und Dexies, Reisestreß und Lampenfieber, ganz zu schweigen von den Langzeiteffekten chronischer Wut, Paranoia und nächtlicher Hotelzimmerorgien. Nunmehr, UNSCHÄDLICH WIE MILCH, wurde aus John Lennon Gähn Lennon. Er gab sich ganz dem unwiderstehlichen Verlangen hin, sein armes ausgebranntes Hirn in wiederbelebendem Schlaf zu entkrampfen.

John schrieb einen faszinierenden Song über sein schläfriges Leben, «I'm Only Sleeping» , eine klägliche Strapaze, die an die Lieder der Großen Depression erinnert. Die Melodie streckt sich wie eine Katze die äolische Skala in der fernliegenden Tonart b-Moll rauf und runter. Der Song suggeriert einen düsteren, sinnlichen und schmerzhaft seligen Seinszustand, den er sowohl den Effekten der Inhalation (von potentem Marihuana) als auch der Erschöpfung verdankt. In dem Song findet – dem Zustand seines Autors entsprechend – keine Bewegung statt. Genauso zeichnet der Song seinen Schöpfer nach, wenn er manchmal ganz abrupt abbricht, als habe der Sänger plötzlich das Bewußtsein verloren.

Als sich Lennons große Lethargie von Wochen zu Monaten verschleppte, wurde allmählich deutlich, daß seine Apathie nicht einfach ein Fall von Kampfesmüdigkeit war. Maureen Cleave bezeichnete John als den «faulsten Menschen Englands» – ein Mann, der sich von allem Geschehen soweit entfernt hatte, daß er sie bei ihrem Anruf als erstes wie der berauschte Falstaff fragte: «Welchen Tag haben wir heute?» John litt unter Langeweile und Depression. Im Gegensatz zu den anderen Beatles, die neben ihrer Arbeit noch andere Interessen pflegten, besaß Lennon keine, abgesehen vom Rumhängen mit Ringo und George, die in der Nähe wohnten.

Nach Johns Umzug in die St. George's-Hill-Siedlung folgte Ringo seinem Beispiel und bezog ein Haus am Fuße des Kenwoodhügels. Er lebte dort mit seiner Frau Maureen, einer Liverpooler Friseurgehilfin, und ihrem gemeinsamen Sohn Zac. Ringo hatte das Gelände -

hinter seinem Haus tief ausschachten lassen, um einen versenkten Garten zu schaffen. Außerdem hatte er seiner Residenz das zweite Zuhause eines Arbeiters hinzugefügt, eine bis ins kleinste Detail eingerichtete gemütliche Kneipe namens «Fliegende Kuh». George lebte mit seiner Freundin Patti Boyd, einem jungen Fotomodell, im nahen Esher. Ihr weißer Bungalow war im sauberen Habitat-Stil möbliert. In die merkwürdigsten Wohnverhältnisse hatte sich jedoch Paul begeben. Er lehnte es strikt ab, dem Bandleader in die Maklergegend zu folgen. Nachdem er mit dem Karottenkopf Jane Asher, einer jungen Schauspielerin, angebändelt hatte, war Paul in die Mansarde des Hauses der Familie Asher in der Wimpole Street gezogen. Janes Vater war Psychiater in der Harley Street, ihre Mutter Schauspielerin, die auch Unterricht für Holzblasinstrumente gab. Barry Miles, Pauls bester Freund, beschrieb das Zimmer des Stars als «klein und schlicht, mit einem einzigen Fenster, einem riesigen braunen Kleiderschrank und einem Einzelbett, das den größten Teil des Fußbodens einnahm. Auf einem Wandregal standen ein paar Zeichnungen von Jean Cocteau aus dessen *Opium*-Serie, eine davon in einem zerbrochenen Rahmen; ein Band von Alfred Jarry und ein paar Gitarrenpicks. Unter dem Bett stapelten sich neben dem Nachttopf die goldenen Schallplatten und eine MBE-Widmung [Member of the Order of the British Empire = Träger des Ordens des Britischen Weltreichs]. Ein elektrischer Baß lehnte in der Ecke, und auf dem Koffer stand in weißen Buchstaben: BEATLES. Nicht mal Platz für Schallplatten gab es. Die wenigen, die er besaß, paßten in eine Box und standen draußen auf einer Kommode am Treppenabsatz. Dort in der Nähe befand sich die amateurhaft verdrahtete Klingelvorrichtung, die ankündigte, wem ein Telefonanruf galt. Es gab drei Klingelzeichen für Peter [Janes Bruder und Mitglied des Duos Peter and Gordon] und vier für Paul.» Die Ashers waren eine lebhafte Mittelschichtsfamilie mit einem soliden Fundament an Allgemeinwissen und einem verfeinerten Kunstinteresse. Ihr Einfluß auf Paul und somit auch auf die anderen Beatles bekam eine enorme Bedeutung. Man mußte es hauptsächlich den Ashers zuschreiben, daß sich Paul seine Kenntnisse über Klassik und Avantgarde-Musik aneignete. Dies regte die Beatles dazu an, sich vom Pop Rock zu lösen und in die aufkommende Flutwelle des Art Rock zu stürzen.

Während Paul die Londoner Theater- und Kinowelt, die Kunstgalerien und Konzertsäle kennenlernte, waren teure Spielzeuge und dieselben Jungs, mit denen er seine Kindheit in Mendips verbracht hatte, das einzige, was John interessierte, obwohl auch das nur beiläufig. In einem beispiellosen Anfall von Großzügigkeit gegenüber jemandem, der nicht zu seiner Familie gehörte, kaufte Lennon für Pete Shotton eine halbe Beteiligung an einem kleinen Supermarkt auf Hayling Island, eine Stunde von Weybridge entfernt. Als Gegenleistung verlangte John, daß Pete jedes Wochenende seine Familie verließ und die Tage mit John verbrachte. Das Programm ging in die vollen: Nachmittags bekiffte man sich im rot-schwarzen Arbeitszimmer. Hier stand ein Globus, der sich – geöffnet – als gut bestückte Bar erwies. In dem Refugium blieben die beiden von den Frauen und Julian ungestört. Wenn dann alle zu Bett gegangen waren, verbrachten sie die ganze Nacht mit Johns Spielzeugen, worunter sich ein weitgefächertes Sortiment an Brettspielen befand, ebenso eine verschwenderische Sammlung elektrisch betriebener Modellautos, die zwei Zimmer im Dachgeschoß für sich beanspruchten. John versuchte, die Atmosphäre eines Autorennens durch die Installation von Lautsprechern zu verstärken, die das Getöse beschleunigender Motoren, das Quietschen von Reifen und gelegentlich die explosiven Geräusche eines tödlichen Zusammenstoßes herausschmetterten.

Nachdem Lennon 1965 seinen Führerschein gemacht hatte, fuhren die Jungs gelegentlich mit wirklichen Sportwagen um die Wette, beispielsweise mit Johns mattschwarzem Ferrari, dessen Karosserie der Aufdruck ANFÄNGER zierte. John fuhr wie ein Schulkind im Autoskooter: er trat aufs Gas und riß das Lenkrad herum, aber Bremsen machte keinen Spaß, und Schalten lernte er nie. Das bedeutete für seine Autos, daß sie nach einer längeren Ausfahrt häufig ein neues Getriebe brauchten. Worauf er wirklich Lust hatte, war der Nervenkitzel einer Kollision, doch dieses gefährliche Vergnügen konnte er nur einmal genießen. Im Laufe der Dreharbeiten zu *Help!* auf den Bahamas fuhren die Beatles einmal mit vier Cadillacs in einen verlassenen Steinbruch, um gegeneinander loszubrettern, bis die Autos Wracks waren.

Normalerweise überließ John das Fahren seinem riesigen Chauffeur Les Anthony, einem ehemaligen walisischen Gardesoldaten. Er war sowohl wegen seiner Fahrkünste als auch seiner Tauglichkeit zum Leibwächter ausgewählt worden. Les blieb sieben Jahre bei John, denn Lennon wußte nach seinem ersten Erlebnis mit Chauffeuren, wie schwer es war, an einen guten Mann zu kommen. John und Cynthia hatten sich in Weybridge niedergelassen, ohne daß einer von beiden Auto fahren konnte. Deshalb galt ihr vorrangiges Interesse einem Wagen mitsamt Chauffeur. John hatte einen gebrauchten braun-schwarzen Rolls-Royce gekauft und den ersten verfügbaren Mann eingestellt, ohne nach Zeugnissen zu fragen. Sowie der Fahrer erkannte, daß er es mit ein paar Grünschnäbeln zu tun hatte, bat er um die Erlaubnis, den Wagen in seiner dienstfreien Zeit benutzen zu dürfen. Er übernachtete im Auto wie ein Zigeuner in seinem Wohnwagen. Hätte John nicht rechtzeitig einen Wink von einem Nachbarn bekommen, dann hätte er sich wohl noch ewig über den Gestank von abgestandenem Bier und Zigaretten beschwert, der jedesmal, wenn er in seine Limousine stieg, seine Nase beleidigte, ganz zu schweigen von den dubiosen Flecken auf den Polstern!

Der nächste Fahrer brachte seine Frau als Köchin mit. Nachdem sie spitzgekriegt hatten, wie es zwischen dem Herrn und seiner gnädigen Frau stand, bediente dieses Pärchen (das schon bald seine geschiedene Tochter ermunterte einzuziehen) fortan John tadellos. Doch sowie er auf Tour war, setzten die beiden Cynthia und Julian lieblose Schnellgerichte vor, während sie selbst vom Feinsten speisten.

Cynthia fand schließlich die ideale Hauswirtschafterin in Dot Jarlett, einer ortsansässigen Frau mit dem Bedürfnis, gebraucht zu werden. Dot fing bei den Lennons an, für zehn Pfund pro Woche auf Julian aufzupassen. Sie übernahm dann allmählich das Putzen, Kochen, die Fanpost, im Grunde das gesamte Management des Hauses sowie Julians Erziehung – für die gleichen zehn Pfund!

Cynthia hatte darum gebeten, ob ihr nicht ihre Mutter in der Zurückgezogenheit zwischen all den Maklern Gesellschaft leisten dürfe. So wurde Mrs. Powell von Anfang an ein Mitglied des Haushalts. John nannte sie «Lowl», denn er konnte sich nie überwinden, Mutter zu ihr zu sagen. Dabei ahmte er die typische Aussprache eines Liverpooler Arbeiters von «Lil» nach. Sie war eine untersetzte, kräftige Frau aus der Unterschicht mit der Aggressivität einer Bulldogge. Sie war John zwar sehr nützlich, da sie ihn von jeder Verantwortung befreite, seiner Frau Aufmerksamkeit zu schenken. Dafür aber belegte Mrs. Powell im häuslichen Drama die unwillkommene, aber unvermeidliche Rolle der starken Matriarchin, der natürlichen Feindin des Machos. Sie hielt ihren berühmten Schwiegersohn für einen verdorbenen Teddy Boy, der seine Frau schlägt und den ganzen Tag wie ein nichtsnutziger Bengel im Haus rumhängt. John gab das Kompliment zurück. Jahrelang beäugte sich dieses Paar mit äußerster Vorsicht. Niemand wollte eine Szene machen, was die Feindseligkeit zwischen John und Lil immer wieder dämpfte oder sich über ihrem gemeinsamen Opfer Cynthia entladen ließ. Die beiden zerrten sie wie knurrende Hunde, ihren gemeinsamen Fetzen zwischen den Zähnen, hin und her.

Unfähig seine Gefühle für Frau und Schwiegermutter direkt auszudrücken, nahm John Zuflucht zu der codierten Sprache, die er erstmals als das gefangene Kind in Mendips angewandt hatte. «Keine Fliegen auf Frank» (aus *In His Own Write*) erscheint zunächst so dubios wie «Jabberwocky», doch hat man erst den Code geknackt, tritt die Bedeutung mit der gleichen Höhlenmenschen-Brutalität hervor, wie in Johns monströsen Cartoons. Der Held der Geschichte erwacht eines Morgens mit der bestürzenden Entdekkung, daß er «dreißig Zentimeter schwerer» ist. Seine Qual ist verbunden mit sexuellem Frust (die Morgenlatte ist auf das Doppelte ihrer normalen Größe angewachsen) und der Angst vor Fettleibigkeit (der «fette» Beatle). Auf dem Weg hinunter in die Küche tritt er seiner Frau gegenüber. Sie heißt Marion («the marrying kind» = eine, die es aufs Heiraten anlegt) und behauptet, es sei nicht ihre Schuld, daß er an seiner «unermeßlichen Bürde» leide.

Frank tritt an seine Frau heran, «nimmt seinen Kopf [das heißt seinen Penis] in die Hände und knüppelt sie mit ein paar raschen Schlägen zu Boden».

Jetzt kommt der interessanteste Teil der Geschichte, wo Lennon die Konsequenzen aus Franks Versuch, sich von einer Frau zu befreien, weiterspinnt. Nach ein paar Wochen nämlich beginnt die Leiche Fliegen anzuziehen, was Frank den Appetit verdirbt, obwohl über ihm selbst keine Fliegen schwirren. Deshalb steckt er die Leiche in einen Sack und bringt ihn zur Mutter seiner Frau, wo sie hingehört. Die penible Hausfrau will nichts mit einer Tochter zu tun haben, die Fliegen anzieht. Sie knallt ihm die Tür vor der Nase zu. Die Geschichte endet damit, daß Frank «das Problem zurückwuchtet auf seine Felsblöcke», sprich: auf seine Eier.

Der jüngste Bewohner von Kenwood, der kleine Julian, wurde von den Frauen, die für ihn sorgten, als aufgeweckt, freundlich, intelligent und höchst anmaßend, sogar als herrisch beschrieben. Wendy Hanson war entzückt von Julians lennoneskem Umgang mit Sprache. Als sie einmal ihren Namen am Telefon nannte, antwortete Julian: «Ist das wie ‹windig in den Bäumen›?» Einmal brachte er aus der Heath House-Vorschule ein Wasserfarbenbild mit nach Hause. Es zeigte ein blondes Mädchen mit Sternen im Hintergrund, das er als «Lucy in the sky» bezeichnete. Cynthia bestrafte den Jungen nie, weshalb er sich wie ein kleiner Tyrann verhielt. Er beschimpfte seine Mutter, sie sei «doof», oder schrie sie mit «Halt's Maul!» an. Natürlich ahmte er John nach. In der Nähe seines Vaters jedoch ging ein radikaler Wandel mit ihm vor.

John Lennon war Kindern gegenüber grundsätzlich intolerant. Da er selbst viel zu sehr Kind war, konnte er keine Rivalen dulden. Wenn sich Julian seinem ausruhenden Vater mit einer Bitte näherte, starrte Lennon ihn unheilvoll an und brummte: «Nein, Julian, ich flicke dein beschissenes Fahrrad nicht!» Wumm! Das Kind schreckte in verängstigtes Schweigen zurück. Dieses Schweigen, die fröstelnde Furcht und das Zurückschrecken wurden die Regel, wenn Julian mit seinem Vater zusammentraf. Ironischerweise interpretierte John den schweigenden Rückzug als ein Zeichen, daß etwas mit dem Jungen «nicht stimmte». «Er is'n bißchen bekloppt», erwähnte John gegenüber Mimi und fügte hinzu: «Wie die Mutter, so der Sohn», wobei er mit dem Finger gegen die Stirn tippte.

Cynthia beobachtete Johns grausames Verhalten gegenüber ihrem Sohn mit der üblichen Resignation, denn was sie am meisten fürchtete, war ein emotional aufgeladener Streit. Jeden Tag ging sie mit ihrer Mutter Antiquitäten kaufen oder fuhr zu ihrer Friseuse in Bayswater. Häufig ließen sich die Damen von Les nach Hoylake chauffieren, wo das alte Haus von Mrs. Powell stand. Hier besuchten sie gewöhnlich die Nachbarn, und Cyn pflegte dann über ihr glänzendes Leben in der großen Stadt als Frau eines Superstars zu berichten. Wie Dot Jarlett bemerkte: «Cynthia gehörte doch zum Showgeschäft, oder nicht?» Jedenfalls hätte sie wohl gern diesen Eindruck gemacht.

Unglücklicherweise konnte Cynthia nie die Aufmerksamkeit ihres Ehemanns erregen, der unter Umständen Tage verstreichen ließ, ohne ein einziges Wort mit ihr zu sprechen. John wurde Meister in der Kunst, andere durch Nichtbeachtung zu strafen. Er konnte sich aber auch durchaus zusammenreißen. Manchmal ging er in den Garten, wo er den Gärtner, den Chauffeur oder sonst wen, der gerade anwesend war, begeistert begrüßte. Er plauderte dann mit dem Betreffenden, um seinen guten Willen für jedermann in der Welt – außer seiner eigenen Familie – zu demonstrieren.

Wenn Lennon nicht so kindisch abhängig von Frauen gewesen wäre, hätte er womöglich seine Ehe zu diesem Zeitpunkt beendet. Zuerst hatte er Cynthia nicht heiraten wollen. Jetzt aber wollte er sie umbringen. Er hatte genug Geld, um sie und Julian versorgen zu können. Außerdem blieben ihm die Beatles als Stütze, genauso wie die ganze Welt bereit war, ihn in die Arme zu schließen. Worauf wartete er also noch? John selbst konnte die Frage nicht beantworten, obwohl er sie sich häufig stellte. Wie er Maureen Cleave während eines Interviews in Kenwood im März 1966 erzählte, «gibt es noch etwas anderes, das ich tun werde, etwas, das ich tun *muß* – nur weiß ich nicht, was es ist.» Der wiederholte Versuch zu entdekken, was dieses mysteriöse «es» sein könnte, machte John manchmal wahnsinnig. Eines Abends ging er ins Badezimmer und fiel auf die Knie, wie man ihm als Kind das Beten beigebracht hatte. «Gott, Jesus, oder wer, verdammt noch mal, du auch bist!» schrie er. «Kannst du mir nicht bitte, wenigstens ein einziges Mal, sagen, was, zum Teufel, ich machen soll?»

FLUG INS WEISSE LICHT

Eines Nachmittags im Januar oder Februar 1966 erschien John Lennon in der Galerie und dem Buchladen Indica und fragte Miles, den Geschäftsführer, nach Exemplaren von *The Psychedelic Experience* und *The Psychedelic Reader*. Beide Bände waren das Werk jener Troika abtrünniger amerikanischer Akademiker: Timothy Leary, Ralph Metzner und Richard Alpert. *The Psychedelic Experience* diente als Handbuch für LSD-Trips. Es bezog sich auf die im *Tibetanischen Totenbuch* beschriebenen Reisen der Seele nach dem Tod. Es war die Bibel des LSD-Kults. Wie in dem Roman *Groupie* erklärt wird, «ist der einzige Weg, richtig zu trippen, Timothy Learys Buch zu folgen... und dich von Stufe zu Stufe weiterzubewegen, [bis] du den Punkt erreichst, wo dich jenes weiße Licht mit dem blendenden Blitz der Selbsterkenntnis trifft.» John berichtete Jahre später: «Auf Acid erhielt ich die Botschaft, man müsse sein Ego zerstören; und ich tat es... Ich vernichtete mich selbst.»

Was Lennon mit diesem bestürzenden Bekenntnis meinte, wurde in einer anderen Passage desselben Interviews deutlich, in der er erzählte, wie er sein Ego – *zwei Jahre später!* – wiederentdeckte. «Ich begann, wieder zu kämpfen und mein Maul aufzureißen und zu sagen: ‹Klar kann ich das machen, und jetzt verpiß dich!›» Das Ego, das Lennon tötete, war also das rebellierende und feindselige Selbst. Und das hatte bereits angefangen, sich aufzulösen, als er sich in Kenwood aufs Sofa legte. Acid gab dem alten John Lennon den tödlichen Hieb, denn obwohl er seine frühere Aggressivität wiedergewann, als er die Droge aufgab, wurde er nie wieder derselbe Mann.

Daß John Lennon 1966 anscheinend noch immer Lust hatte, mit LSD zu experimentieren, erscheint bemerkenswert unter dem Gesichtspunkt seiner vorausgegangenen Erfahrungen mit dieser Droge. Denn wenn überhaupt jemand sagen konnte «Gebranntes Kind scheut das Feuer», dann war es John Lennon. Schon 1964 hatte er LSD ausprobiert, als Michael Hollingshead, der Mann, der Timothy Leary auf den Geschmack brachte, erste Proben mit nach Großbritannien brachte. Hollingshead war von Leary nach dessen erstem Trip begeistert als «Agent für höheres Bewußtsein» gefeiert worden. Ziemlich schnell hatte er sich jedoch als unverantwortlicher Narr erwiesen, der mit dem größten Vergnügen gesellschaftliche Veranstaltungen besuchte, um jedermanns Getränk einen Schuß Acid zu versetzen. Entsetzt über dieses Verhalten, entschied Leary, diesen Schwachkopf nach England zurückzuschicken. Der Hohepriester Leary rüstete den Acid-Apostel mit den beiden nötigsten Dingen für seine Mission aus – tausend Exemplaren seiner eigenen Schriften und einem großzügigen Vorrat von Owsleys Acid. Während er seinen ehemaligen Mentor auf die *Queen Elizabeth* brachte und anschließend den Pier verließ, räsonnierte er: «Damit ist England, was die psychedelische Revolution angeht, für die nächsten vierzig Jahre abgehakt!»

Kaum war Hollingshead in London angekommen, als er eine Zweigstelle seiner Castalia-Stiftung auf der Pons Street errichtete. Anschließend lief er wieder durch die Stadt und warf Acid in jedermanns Getränke. Bevor er ins Leyhill-Gefängnis kam – wegen des Besitzes von Cannabis, denn LSD war noch nicht illegal –, versorgte Hollingshead auch den Manager des Playboy Clubs, Victor Lownes, mit einem Quantum Acid. Aus dieser Quelle kosteten die Beatles zum erstenmal vom Stein der Weisen. Vermittler wiederum war ein Zahnkosmetiker, dessen Freundin die Aufsicht über die Playboy-Häschen führte. Von daher hatte sie die Möglichkeit, Lownes um etwas Acid zu bitten, damit man die Fab Four antörnen könne. Erfreut, daß er den Königen des Pop zu Diensten sein durfte, rückte Lownes sechs Portionen heraus.

Ein paar Abende später, während eines Abendessens in der Wohnung des Zahnarztes, bekamen John und Cynthia sowie George und Patti Kaffee mit der darin aufgelösten Droge serviert. Als der

Zahnarzt sie aufklärte, daß der Kaffee frisiert sei, und ihnen eindringlich riet, auf keinen Fall sein Apartment zu verlassen, interpretierte John die Warnung als Masche, um sie zu einer Sexorgie zu verführen. Er bestand darauf, unverzüglich zu gehen, und versetzte damit den Zahnarzt in Panik. Dieser war entsetzt bei dem Gedanken, die berühmten Leute könnten unter dem Einfluß einer halluzinogenen Droge durch London heizen. Als George im Aston Martin DB 6 losdüste, sprang der Zahnarzt in seinen eigenen Wagen und nahm die Verfolgung auf. George als Fan von Motorradrennen stellte sich der Herausforderung und gab Gas, peitschte um die Ecken oder tauchte in dunklen Nebenstraßen unter, um seinen Verfolger abzuschütteln. Schließlich stoppte Harrison vor dem Pickwick Club.

Im Club begann John bizarre Halluzinationen wahrzunehmen. Als sich dann auch der Tisch, an dem er saß, plötzlich verlängerte, versuchte er dieser Wahnvorstellung zu entfliehen, indem er das vertraute Milieu des Ad Lib ansteuerte. Sowie er jedoch den Fahrstuhl der Disco betrat, verwandelte sich das rote Licht in ein Feuer. Der Zahnarzt, der seinen Gästen noch immer auf dem Fuße folgte, sah aus wie ein Schwein. Als irgendwer Lennon fragte, ob er sich neben ihn setzen dürfe, mußte der Mann versprechen, nicht zu reden, da John nicht denken könne.

Schließlich fuhr die Gesellschaft mit etwa zwanzig Stundenkilometern zu George nach Hause, während Patti darauf bestand, Schaufensterscheiben einzuschlagen. Sowie sie ins Haus traten, verspürte John den Wunsch, zu zeichnen. Er skizzierte die vier Beatles und setzte darunter: «Wir sind alle deiner Meinung.» Cynthia kämpfte damit, die Droge abzuschütteln, derweilen legte Patti sich hin und schmuste mit ihrer Katze. Ihre einzige Sorge war, wie sie am nächsten Tag erklären könnte, daß sie jetzt ein anderer Mensch sei. Als alle anderen bereits schliefen, stand John immer noch unter dem Eindruck wilder Halluzinationen, denn er hatte versucht, den Effekten von LSD mit einer zünftigen Dosis Speed zu begegnen. In seiner letzten Erinnerung hatte sich der Bungalow in ein Unterseeboot verwandelt und schwebte, mit John selbst am Steuer, über die angrenzende fünf Meter hohe Mauer.

Lennon fühlte sich wie betäubt nach diesem Erlebnis, aber es hielt ihn nicht davon ab, im August 1965 noch einmal Acid einzuwerfen.

Die Beatles verbrachten damals fünf Tage in einem Haus auf dem Mulholland Drive in Los Angeles. Diesmal verfolgte Peter Fonda die Jungs mit seinen schlechten Schwingungen. Ein paar Jahre zuvor war Peter Fonda beinahe auf dem Operationstisch gestorben und wiederholte deshalb ständig: «Ich weiß, wie es ist, wenn man tot ist.» (Lennon verwendete diesen Spruch in «She Said».) Schließlich herrschte John ihn an, er solle die Schnauze halten. Aber als er später zu essen versuchte, mußte John feststellen, daß er nicht mehr mit Messer und Gabel umgehen, geschweige denn verhindern konnte, daß das Essen vom Teller rutschte. Wie immer, wenn John high war, aß er mit den Fingern.

Daß Lennon im Januar 1966 auf Acid zurückgriff, geschah aus seiner Entschlossenheit heraus, diesmal einen kontrollierten Flug ins weiße Licht zu machen, statt auf einem gefährlichen und verrückten Kurs durchzubrennen. *The Psychedelic Experience* schlägt vor, der Novize solle einen erfahrenen Führer einsetzen, eine Art Bodenkontrolle, der den Trip beaufsichtigen und den Kurs korrigieren könne, falls er in die falsche Richtung abdrehe. Der wesentliche Kunstgriff zur Korrektur des Kurses besteht demnach darin, dem Acidreisenden ein wegweisendes Schriftstück vorzulesen. Lennon verfügte weder über einen Führer, noch war er dazu veranlagt, sich der vollständigen Kontrolle eines Mentors zu unterwerfen. Deshalb wandte er die andere, von Leary empfohlene Methode an: die Instruktionspredigt auf Tonband aufzunehmen und sie sich in dem Augenblick einsetzender Schwierigkeiten selbst vorzuspielen.

Lennon schlich also hinauf in sein Studio unterm Dach, setzte sich vor ein Mikrophon und schlug das letzte Kapitel von Learys großem, ausgeflippten Buch auf: «Gebrauchsanweisung für eine psychedelische Sitzung.» Er drückte auf den Knopf der nächstbesten Maschine und intonierte die folgende Beschwörung:

O John Lennon,
Nun ist die Zeit für dich gekommen, neue Ebenen
der Wirklichkeit zu suchen.
Dein Ego und das Rock'n'Roll-Spiel nähern sich ihrem Ende.
Du stehst kurz vor der Begegnung mit dem reinen Licht.

Der sogenannte Ego-Tod kommt auf dich zu.
Dies ist nun die Stunde von Tod und Wiedergeburt.

....

Fürchte sie nicht.
Gib dich ihr hin.
Werde eins mit ihr.
Sie ist ein Teil von dir.
Du bist ein Teil von ihr.
Und denke daran:
Jenseits der rastlos fließenden Elektrizität des Lebens
ist die letzte Wahrheit –
Die Leere.

Nachdem er das chemische Sakrament eingepfiffen hatte, segelte John auf seinem ersten kontrollierten Flug davon.

Die Erfahrung war ehrfurchterregend. «Als ich das erste Mal Acid nahm, bekam ich plötzlich großartige Visionen», erinnerte sich John und fügte hinzu: «Aber man muß danach suchen, bevor man es dann vielleicht findet.» Welcher Art waren diese «großartigen Visionen»? John enthüllte sie nie. Wie die meisten Acidreisenden behielt er nur eine vage Erinnerung an das wirkliche Erlebnis, stellte aber seinen grundlegenden Erfahrungswert nie in Frage. Bis zum Ende seines Lebens hielt er daran fest, daß «LSD die wegweisende Selbsterkenntnis war».

Nachdem Lennon in seinem Glauben an Acid erst einmal gefestigt war, folgte der nächste Schritt unausweichlich. Er machte sich daran, die neue Botschaft durch eine inspirierte Komposition zu verkünden, und sie sollte bald der aufblühenden Gegenkultur wie ein Leitstern leuchten.

Drogensongs bedeuteten nichts Neues in der populären Musik. Schon in den dreißiger Jahren nahmen Jazzmusiker, einschließlich großer Stars wie Louis Armstrong, Dutzende davon auf. Diese Songs waren, wie ihre Entsprechungen in den Sechzigern, lediglich umschreibend und anspielend, häufig auch im kichernden Stil eines Insiderwitzes. Lennon beabsichtigte in «Tomorrow Never Knows» (der Titel verdankt, wie «A Hard Day's Night», seine Herkunft Ringos verstümmelnder Ausdrucksweise und steht für «You never know what tomorrow will bring» = Du weißt nie, was morgen sein wird) nicht nur auf LSD anzuspielen oder nur dessen Effekte heraufzubeschwören, sondern eine neue Offenbarung zu verkünden, eine Möglichkeit zur Erlösung. Wie ernsthaft Lennon seinem Anspruch gerecht werden wollte, bestätigt die Orthodoxie seines Textes.

Im Grunde genommen stammte jedes Wort und jeder Gedanke in diesem Song direkt aus Learys Buch, angefangen mit der berühmten ersten Zeile, die Lennon wörtlich aus der Anweisung für den Umgang mit Panik auf einem Acidtrip übernommen hatte: «Wenn du in Furcht gerätst, schalt deine Gedanken ab, entspann dich, schwimm flußabwärts.» (Ursprünglich hieß der Song «The Void» = Die Leere – ein Begriff, mit dem die Übersetzer des *Tibetanischen Totenbuchs* die Gegend bezeichnen, in der sich die Seele nach dem Tod wiederfindet.) Was den erstaunlichen musikalischen Rahmen betrifft, gleichermaßen den Ursprung des Acid Rock, versucht Lennon einfach, Learys Beschreibung der auf Acid zu hörenden Klänge so wörtlich wie möglich umzusetzen. Leary schrieb, Acid produziere «swutschende, knisternde und hämmernde Geräusche». Lennon und Martin richteten sich gewissenhaft nach diesen Angaben.

Die Stacheldraht-Streichinstrumente *knistern*, die Wellen elektronischer Klänge *swutschen*, und eine primitive, Kinnhaken austeilende Stammestrommel *hämmert*. John beabsichtigte, die Verse im Singsang vorzutragen, etwa wie der Dalai Lama vor einer Versammlung von tausend Mönchen. Doch diese ehrfurchtgebietende Idee mußte aufgegeben werden mangels der erforderlichen Technologie; ein Fehlschlag, den Lennon stets bedauerte. Aber auch ohne den Klosterchor war der Effekt erstaunlich. Der geniale Produzent ließ Lennon durch einen Leslie Speaker singen (ein rotierendes Gerät, das normalerweise benutzt wird, um der Acid Rock-Gitarre ihre permanente Wellenbewegung zu verleihen). Auf diese Weise klang der Prophet John Lennon wie ein psychedelischer Muezzin, der die Gläubigen zum Gebet ruft.

DER BUMERANG-EFFEKT

Im Jahre 1966 wendete sich das Glück der Beatles. Noch am Jahresbeginn hatten sie auf dem Gipfel eines überragenden Erfolges gestanden, wurde ihnen hysterische Verehrung zuteil. Sie verkörperten die neue Jugendkultur, wiesen die Richtung, in welche die moderne Welt gehen würde. Das faszinierende Bild, das sie boten, vereinigte in sich die Vorstellung vom Superstar, vom Helden einer Kultur und das Urbild eines Messias.

In früheren Epochen waren die Merkmale einer solchen messianischen Gestalt Jugend, Schönheit, Lebenskraft und Liebe. Seine Stimme rührte die Menschen wundersam an, und seine Lieder waren unwiderstehlich. Wahrhaft unschuldig, konnte er es sich leisten, Tabus zu brechen und ungestraft noch die geheiligtesten Gesetze zu übertreten. Ihn nur zu sehen hieß, seiner Ausstrahlung zu verfallen und ihm auf immer zu folgen.

Allerdings lebt ein Messias gefährlich nahe am Märtyrertum. Diese beunruhigende Wahrheit war die wichtige Lehre, die das Jahr 1966 für die Beatles bereithielt. Sie waren höher emporgestiegen als die bedeutendsten Unterhaltungskünstler vor ihnen, doch jetzt begannen sie unter den tödlichen Bedrohungen und den wahnsinnigen Angriffen zu leiden, die das Los eines jeden Sterblichen sind, der dem Göttlichen nachstrebt. Einst hatte man sie allenthalben begeistert willkommen geheißen, und jetzt, da sie die Ernte einfahren wollten, mußten sie entdecken, daß sich darunter auch die Früchte des Zorns befanden.

Einen ersten Vorgeschmack dessen bekamen sie am 28. Juni bei ihrer Ankunft in Tokio. Ein Polizeibeamter in Zivil, der sie in der

VIP-Lounge des Flughafens erwartete, teilte ihnen Beunruhigendes mit. Der politischen Rechten zuneigende fanatische Studenten hatten gelobt, die Beatles zur Sühne für ihren Auftritt im Nippon Budokan (Halle des Kampfsports) zu ermorden, denn dieser größte Saal der Stadt, erklärten sie, sei eine nationale Gedenkstätte der japanischen Kriegstoten. Die Behörden des Landes hatten zum Schutz der Musiker entlang des Wegs in die Stadt und um das Hotel herum, in dem sie sich bis zu ihren Auftritten aufhalten sollten, dreißigtausend Uniformierte postiert. Zwar blieben die Beatles dank dieser wahrhaft extremen Vorkehrungen in Japan von Belästigungen verschont, doch wirkte das Ganze – es kam aus heiterem Himmel, denn es hatte zwischen Brian Epstein und den japanischen Organisatoren keinerlei Kontakt gegeben – wie ein furchteinflößendes Menetekel.

Manila, die Hauptstadt der Philippinen, erwies sich als noch weit beängstigender als Tokio, und ihr Aufenthalt dort hätte für die Beatles ohne weiteres das Ende bedeuten können.

Am 3. Juli 1966 hatte sich auf dem Flughafen zur Begrüßung die größte Menge eingefunden, die je zu ihrem Empfang gekommen war – fünfzigtausend Menschen feierten sie wie die Erlöser. Da die Beatles annahmen, man werde sie mit offenen Armen und freundlich lächelnd willkommen heißen, blieben sie in ihrer Erste-Klasse-Kabine sitzen und erwarteten gelassen das Eintreffen des Begrüßungskomitees. Urplötzlich sprang die Tür auf, und ein Trupp stämmiger Militärpolizisten mit weißen Helmen stürmte die Maschine, sie packten ohne ein Wort der Erklärung die jungen Musiker und zerrten sie über die Treppe nach draußen. Noch Jahre später schrieb George Harrison wütend: «Diese Gorillas, gewaltige Kerle mit kurzärmeligen Uniformblusen, haben uns einfach aus dem Flugzeug geholt und unser ‹Diplomatengepäck› [Handgepäck, das Drogen enthielt und durch stillschweigende Duldung der Behörden gewöhnlich nicht vom Zoll durchsucht wurde] beschlagnahmt. Sie haben uns alle vier mitgenommen, John, Paul, Ringo und mich, aber weder Brian noch Neil, noch Mal. Dann haben sie uns, von einer Horde von Bullen umgeben, auf einem Boot in die Bucht von Manila gebracht. Überall sah man Pistolen. Wir dachten, gleich sind wir reif, weil wir annahmen, sie würden das Dope in unserem Gepäck finden.»

In Wirklichkeit hatten sich die philippinischen Behörden, nachdem sie erfahren hatten, welchen Aufwand man in Tokio zum Schutz der Beatles getrieben hatte, große Sorgen um die Sicherheit der Gruppe gemacht. Da sie nicht weniger fürsorglich erscheinen wollten als die Japaner, entschlossen sie sich zu ähnlich drastischen Maßnahmen wie diese. Als erstes wurde die Maschine in dem Augenblick, da sie ausrollte, von zwei kriegsmäßig ausgerüsteten Heeresbataillonen umschlossen, anschließend die Gruppe ins Marinehauptquartier von Manila gebracht, von wo aus man sie an Bord einer privaten Jacht schaffte, die unter dem Schutz der Küstenwacht in der Bucht von Manila bis kurz vor dem Auftritt der Beatles kreuzen sollte. Der einzige Haken an der Sache war, daß die von diesen Maßnahmen Betroffenen von alledem nicht in Kenntnis gesetzt worden waren.

Als Soldaten «seine Jungs» wegschleppten, sah Brian Epstein rot. Da es lange dauerte, bis alles aufgeklärt war, wurden die Beatles erst um vier Uhr morgens aus ihrem luxuriösen Gefängnis auf der Jacht erlöst. Deren Eigner, Don Manolo Elizalde, hatte sie unterdes wie niedliche Äffchen, die man sich zu seinem Vergnügen hält, einer großen Gesellschaft geladener Gäste vorgeführt, was sie mit ohnmächtiger Wut über sich ergehen lassen mußten. Als sie endlich ihre Suiten im Hotel Manila beziehen konnten, waren sie völlig erschöpft.

Am nächsten Morgen, dem 4. Juli, schliefen sie lange und fuhren schließlich in weißen Anzügen zum Rizal-Fußballstadion hinaus, wo ein Nachmittags- und ein Abendkonzert angesetzt war. Nicht nur die drückende tropische Hitze dort machte ihnen zu schaffen, sondern vor allem der Tumult der riesigen Menge an Zuhörern, von denen viele das Gelände ohne Eintrittskarten gestürmt hatten. Der einzige Trost der vier jungen Männer war der Gedanke, daß sie den nächsten Tag in ihren klimatisierten Hotelzimmern vertrödeln konnten, bevor sie am 6. Juli heimflogen. Tatsächlich entwickelte sich jedoch bereits, ohne daß sie etwas davon ahnten, eine Krise, die sie bald buchstäblich um ihr Leben fürchten lassen sollte. Wie stets, wenn es Schwierigkeiten gab, ging dies auf Brian Epsteins unvorstellbar schlampige Organisation zurück.

Während sich die Gruppe in Tokio aufhielt, hatte Brian eine Einladung von Imelda Marcos bekommen, der Ersten Dame des Landes, die den Beatles am Morgen des 4. Juli im Malacañang-Palast einen halboffiziellen Empfang bereiten wollte. Als Gäste sollten dreihundert handverlesene Söhne und Töchter hoher Offiziere und Beamter sowie wichtiger Geschäftsleute des Landes anwesend sein. Imelda, die sich als Verehrerin der Beatles betrachtete, wollte die Berühmtheiten nicht nur ihrem Gatten, Präsident Marcos, vorstellen, sondern vor allem ihren drei Kindern, Ferdinand jr. (Bong Bong genannt), Imee und Irene. Eine solche Ehre konnte man unmöglich ausschlagen. Brian Epstein jedoch hatte es nicht nur unterlassen, auf die Einladung zu reagieren, sondern sogar dem aufgebrachten Promoter kühl erklärt, als dieser am Vormittag des 4. Juli ins Hotel kam, um ihn darauf hinzuweisen, daß er die Gattin des Präsidenten auf ihre Gäste warten lasse, man könne die Beatles keinesfalls wekken, bevor es Zeit zum Aufbruch ins Stadion wäre. Überdies verlangte er von dem Mann, der nicht wußte, wie ihm geschah, er möge im Präsidentenpalast klarstellen, wie ungehalten die Musiker – und auch er selbst – über ihren Empfang auf den Philippinen seien.

Diese Zurechtweisung, die immerhin an die Adresse eines fernöstlichen Diktators gerichtet war, dürfte zu den dreistesten Kunststücken gehören, die jemals auf dem hohen Roß geritten worden sind, und übertraf mit Sicherheit bei weitem alles, was sich John Lennon dem Vernehmen nach an Unverfrorenheiten je gegenüber Potentaten oder Würdenträgern geleistet hat. Vermutlich war Brians verzweifelter Wunsch, John und die anderen zu beeindrukken, der Anlaß dafür, daß er sich in für ihn so uncharakteristischer Weise aufführte. Denn ihm war bekannt, daß die Beatles, seit man sie in der britischen Botschaft in Washington anläßlich ihres ersten Auftritts in der amerikanischen Hauptstadt hart angefaßt hatte, einen tief verwurzelten Widerwillen gegen offizielle Empfänge hatten. Welche Gründe auch immer Brian für seine Rauhbeinigkeit gehabt haben mochte – die Folgen waren katastrophal. Als die Beatles am Morgen des 5. Juli aufwachten, fanden sie sich im Mittelpunkt eines landesweiten Skandals.

IMELDA VERSETZT, DIE ERSTE FAMILIE DES LANDES WARTET VERGEBENS AUF DIE PILZKÖPFE, verkündete eine

Schlagzeile in der *Times* von Manila. Fernsehkommentatoren schäumten angesichts der damit dem philippinischen Volk zugefügten ungeheuerlichen Beleidigung. Bald erfuhren die Jungs, daß Vic Lewis, ihr für die Öffentlichkeitsarbeit zuständiger Mann, schon in der Nacht aus dem Bett geholt und in den Präsidentenpalast gebracht worden war, wo ihn hohe Offiziere bis zum Morgengrauen durch die Mangel gedreht hatten.

Brian Epstein war entsetzt, als er begriff, in welch entsetzliche Lage er seine geliebten Jungs hineingeritten hatte. Eilends begab er sich zu einem örtlichen Fernsehsender, um vor der Kamera sein Verhalten zu erläutern und sich in übertriebener Weise bei Frau Marcos zu entschuldigen, doch jedes seiner Worte ging in einer geheimnisvollen Sendestörung unter.

An jenem Nachmittag gelang es einem philippinischen Reporter, sich Zutritt zur Suite der Beatles zu verschaffen und ihre Reaktionen zu beobachten. Paul wies heftig darauf hin, daß die Einladung durch die Erste Dame für die Beatles in keiner Weise eine Verpflichtung bedeute. John war weniger sicher, sah zum Fenster hinaus auf die Menschenmenge, die sich vor dem Hotel angesammelt hatte, und sagte nachdenklich: «Wir müssen wohl über die Philippinen noch manches lernen. Als erstes müssen wir rauskriegen, wie wir hier verschwinden können!»

Als sich die Beatles am Morgen des 6. Juli zum Flughafen aufmachen wollten, stellten sie fest, daß man sie wie Aussätzige behandelte. Weder Zimmerkellner noch Zimmermädchen reagierten auf die Klingel. Die Sicherheitskräfte waren aus der Hotelhalle abgezogen worden, und die Geschäftsleitung des Hotels erklärte, sie wolle nichts mehr mit den in Ungnade gefallenen Gästen zu tun haben. Jetzt folgte der verzweifelte Versuch, aus eigener Kraft den Aufbruch zu organisieren. Da die Beatles fürchteten, ohne Hilfe beim Transport ihrer Unmengen von Gepäck und Ausrüstung die Maschine nicht rechtzeitig zu erreichen, nahm Brian Verbindung mit dem Piloten des nach Neu-Delhi bestimmten KLM-Flugs 862 auf und rang diesem die Zusage ab, er werde die Triebwerke so lange ohne Last laufen lassen, bis die verbliebene Treibstoffmenge einen Start unerläßlich machte. Dann begab sich der ganze Troß unbegleitet im morgendlichen Stoßverkehr auf den langen und schweißtreibenden Weg zum Flughafen. Endlich vor dem Abfertigungsgebäude angekommen, erkannten sie, daß der gefährlichste Teil des Weges wohl noch vor ihnen lag.

Vor dem Gebäude hatte sich eine wütende Menge versammelt, die entschlossen war, den Beatles ein Spießrutenlaufen zu bereiten. Auch die Polizisten mit ihren breitkrempigen roten Hüten und die Militärs in Oliv machten nicht den Eindruck, als seien sie zu ihrer Unterstützung gekommen. «Um uns rum», berichtete George Harrison, «war der Teufel los. All die jungen Leute kreischten und versuchten, uns anzufassen, aber die Erwachsenen und die Schlägertypen haben auf uns eingedroschen, mit Steinen geworfen und uns getreten, als wir durch wollten.» Die Flughafenverwaltung hatte die Rolltreppe abgeschaltet, und so mußten die Beatles und NEMS-Leute die gesamte Verstärkeranlage, Koffer und Instrumente die Treppen zur Abflughalle hochschleppen. Auf dem Weg dorthin überholte der Mob seine Opfer. Ringo ging nach einem Kinnhaken zu Boden und wurde mehrfach getreten, als er sich kriechend in den Zollbereich zu retten versuchte. Auch Brian bekam Tritte ab, wurde zu Boden geworfen und humpelte mit einem verstauchten Fußgelenk zur Paßkontrolle. George und John kamen mit einigen Püffen davon, Paul riß sich los und entkam seinen Verfolgern.

Während der Zollkontrolle ließen es sich die Soldaten nicht entgehen, die Ausländer einmal ordentlich zu überprüfen. Als sich Mal Evans schützend vor die Beatles stellen wollte, wurde er niedergeschlagen. Ihr Fahrer, Alf Bicknell, erlitt einen Rippenbruch und zog sich eine Verletzung der Wirbelsäule zu. Jeder Treffer entlockte den Hunderten von Filipinos, die durch eine gläserne Trennscheibe zusahen, Jubelschreie.

Schließlich ließ man die Beatles ziehen. Als sie auf das Flugzeug zustürmten, deckten die vielen Menschen, die auf der Zuschauerterrasse des Flughafens standen, sie mit Schmähungen und Wurfgeschossen ein: «Haut bloß ab!... *Nakakahiya kayo*! [Euer Benehmen ist widerwärtig!]... Verschwindet!... Verpißt euch!»

Kaum saßen alle im Flugzeug, dankbar, mit dem Leben davongekommen zu sein, als eine Durchsage durch die Erste-Klasse-Kabine hallte: «Könnten die Herren Epstein und Evans auf das Vorfeld kommen?» Die beiden erbleichten. Überzeugt, daß sein letztes

Stündlein geschlagen hatte, wandte sich Mal den anderen zu und gab ihnen eine Abschiedsbotschaft für seine Frau mit: «Sagt Lil, daß ich sie liebe.»

Draußen stand der Konzertagent mit einem philippinischen Steuerbeamten. Dieser wollte von Brian eine Erklärung unterschrieben haben, mit der er bestätigte, daß die Beatles der philippinischen Finanzbehörde über 5000 Pfund schuldeten. Der Agent verlangte als Preis dafür, daß sie ziehen durften, Brians «Tütengeld», die Hälfte dessen, was von den Einnahmen aus beiden Konzerten nach Abzug der Kosten übriggeblieben war. Der von Angst geschüttelte Brian gab ihm das Geld, und der Start wurde freigegeben.

Jetzt stand Brian kurz vor dem Zusammenbruch. «Wie konnte ich nur zulassen, daß den Jungs das angetan wurde?» schrie er Peter Brown zu. «Das werde ich mir nie verzeihen. Ich hab die Jungs in Gefahr gebracht.»

Während sich Brian auf diese Weise vor sich selbst erniedrigte, kam Vic Lewis durch den Gang, schob sich an der Stewardeß vorbei, die ihn aufforderte, sich zu setzen und den Gurt anzulegen, und brüllte Brian ins Ohr: «Hast du das Geld?»

Hör mir bloß mit Geld auf! kreischte dieser.

«Ich will aber über Geld reden», knurrte Vic Lewis. «Ich bring dich *um*!» Er packte Brian bei der Gurgel, aber sofort löste Peter Brown den Griff und schickte Lewis durch den Gang zurück, während die Maschine über die Startbahn jagte.

Kaum waren sie in der Luft, als Brian sich übergab. Ihm wurde fiebrig heiß, und als sie in Neu-Delhi landeten, ging es ihm so elend, daß man ihm aus dem Flugzeug helfen mußte. Die Beatles waren wütend auf ihn, aber er zog sich hinter eine undurchdringliche Mauer aus Krankheit zurück und blieb unter der Obhut eines Arztes vier Tage lang im Bett. Inzwischen saßen «seine Jungs» auf ihren Zimmern, rauchten, tranken Scotch und sagten einander immer wieder, was sie ihm an den Kopf werfen wollten, wenn er erst wieder auftauchte.

Als sie die Maschine nach England bestiegen, ließen sie Brian wissen, daß sie ab Ende des Sommers nie wieder auf Tournee gehen würden. Diese Ankündigung faßte er als endgültige und tödliche Ablehnung seiner Person auf.

Bei der Landung in Heathrow war Brians Körper über und über mit roten Flecken bedeckt. Sein Zustand wirkte so besorgniserregend, daß ein Krankenwagen ans Flugzeug geholt wurde. «Was soll ich machen, wenn sie nicht mehr auf Tournee gehen?» jammerte er Peter Brown unaufhörlich vor. «Was bleibt mir dann?» Dr. Norman Cowan diagnostizierte Pfeiffersches Drüsenfieber und verordnete seinem Patienten einen Monat Ruhe. Dieser zog sich in ein Luxushotel in Portmeirion an der walisischen Küste zurück, doch schon vier Tage später mußte er sich wieder nach London zurückschleppen; es war zu einer neuen Krise in der mit einemmal überschatteten Laufbahn der Beatles gekommen.

Im März jenes Jahres hatte Maureen Cleave in einem Bericht über John Lennon dessen Ansichten zum Thema Religion zitiert. «Das Christentum wird verschwinden», hatte er verkündet, «es wird schrumpfen und dahingehen. Darüber braucht man sich gar nicht zu streiten. Ich habe recht, es wird sich zeigen. Wir sind jetzt beliebter als Jesus. Ich weiß nicht, was zuerst verschwinden wird – der Rock'n'Roll oder das Christentum. Jesus war ganz in Ordnung, aber seine Jünger waren dumm und gewöhnlich.»

Als die Tageszeitung *Evening Standard* diese Äußerungen veröffentlichte, erregten sie keinerlei Aufsehen, weil in Großbritannien nur den wenigsten Menschen John Lennons Gedanken über das Christentum wichtig waren. Aber als *Datebook* sie im Juli 1966 in Amerika abdruckte, brach geradezu ein heiliger Krieg aus. Das lag nicht nur daran, daß die Fundamentalisten in den oft als *Bible Belt* (Bibelzone) bezeichneten Südstaaten voll Kampfeslust darauf reagierten, sondern auch, weil Amerikaner dazu neigen, Äußerungen von Popstars ebenso ernst zu nehmen wie die ihrer – jenen nur allzu ähnlichen – Politiker. Zwar behauptete Lennon später, er hätte ohne weiteres mit Hilfe zahlreicher anderer Vergleiche nachweisen können, daß das Christentum zunehmend an Bedeutung verliere, aber in Wirklichkeit war er von der Vorstellung besessen, daß er der Messias sein könnte, wenn nicht in diesem Leben, dann im nächsten. Vergleiche zwischen ihm selbst und Jesus kamen ihm ganz natürlich über die Lippen.

Sein Fehler war lediglich, daß er der Presse gegenüber offenbarte, was er wahrhaft dachte und worüber er sich privat häufig äußerte. Damit hatte er gegen ein Tabu verstoßen, denn ein Superstar darf nicht die Aufmerksamkeit darauf lenken, daß man ihn tatsächlich so behandelt, als sei er der neue Messias. Das Ergebnis war eine Welle der Empörung, in deren Gefolge er durchaus schon damals hätte umgebracht werden können – auf jeden Fall trug sie zu seiner späteren Ermordung bei, denn der Täter war ein religiöser Fanatiker aus dem *Bible Belt*, den die Überzeugung trieb, Gott habe ihn dazu ausersehen, einen falschen Messias zu richten.

Besonders gefährlich wurde Lennons Äußerung, die Beatles seien beliebter als Jesus, durch den Zeitpunkt, zu dem sie in den Vereinigten Staaten an die Öffentlichkeit gelangte. Im August sollten die Beatles dort eine Tournee durch vierzehn Städte unternehmen, von denen einige im tiefsten Süden lagen. Brian Epstein, der sehr darauf bedacht war, mit allen ihm zu Gebote stehenden Mitteln zu verhindern, daß sich eine Katastrophe wie die von Manila wiederholte, erwog, die Tournee abzusagen und den damit verbundenen Verlust von einer Million Dollar in Kauf zu nehmen. Nat Weiss, ein New Yorker Anwalt, Brians engster amerikanischer Freund sowie einer der Teilhaber an Brians Management-Firma Nemperor in den Vereinigten Staaten, riet diesem, die Entscheidung zu vertagen und die Lage erst einmal vor Ort zu erkunden. Nichts von dem, was Brian sah oder zu berichten hatte, ließ die Tournee weniger gefährlich erscheinen, dennoch stimmte er schließlich zu, sie durchzuführen.

John Lennon, der auf Amerika-Tourneen ohnehin unter Angstzuständen litt, wurde beim Abflug aus London geradezu von Furcht geschüttelt – wie auch die übrigen Beatles. Vor der Pressekonferenz in Chicago, die angesetzt worden war, um die Angelegenheit zu bereinigen, erlitt er einen Weinkrampf. Ein merkwürdig gedrückter und zurückhaltender Lennon trat vor die Pressevertreter und versuchte hinwegzuerklären, was er gesagt hatte. Doch dies eine Mal ließen die Reporter nicht locker und brachten das Gespräch immer wieder auf die Frage, ob er sich für seine blasphemischen Äußerungen entschuldigen werde oder nicht. John war bestrebt, auf jede nur denkbare Weise zu vermeiden, daß er zu Kreuze kriechen mußte, fand sich aber schließlich zu der Erklärung bereit, er bedaure die bewußten Äußerungen.

Die Tournee erwies sich als entsetzlich. Nicht nur hatten die Beatles fortwährend Angst, sie litten auch darunter, in riesengroßen Stadien auftreten zu müssen, die sie nicht mehr zu füllen vermochten. Für das Konzert im Shea Stadium, das im Vorjahr ausverkauft gewesen war, gab es noch elftausend unverkaufte Karten. Nach ihrer Ankunft in Memphis bekamen die Beatles einen anonymen Anruf, in dem es hieß, sie würden bei einem ihrer beiden Auftritte im Mid-South Coliseum umgebracht. Während der Abendveranstaltung flogen Feuerwerkskörper auf die Bühne, und sogleich wandten sich die drei anderen Beatles zu John um, als seien sie davon überzeugt, daß er tot umfallen werde.

Als die Tournee am 29. August mit einem Abschlußkonzert im Candlestick Park in San Francisco endete, war klar, daß das der letzte Auftritt der Beatles sein würde. Brian Epstein zeigte sich als einziger von diesem historischen Ereignis berührt. Er wirkte, wie sich Nat Weiss erinnerte, «tiefbetrübt und beinahe mitleiderregend».

«Was soll ich jetzt nur tun?» wollte er niedergeschlagen wissen. «Was wird aus meinem Leben? Soll ich etwa noch mal zur Schule gehen und was anderes lernen?»

Seine Verzweiflung hing nicht nur damit zusammen, daß seine Beziehung zu den Beatles endete, ihn nahm auch der Zusammenbruch von NEMS mit. Bis zu jenem Sommer war die Mehrzahl seiner Gruppen, auch wenn sie nicht besonders großen Erfolg hatten, da sie sich auf dem amerikanischen Markt nicht hatten durchsetzen können, regelmäßig aufgetreten. Nicht nur waren die Tage des Mersey Sound vorüber, auch mit der britischen Wirtschaft ging es bergab. Die zunehmende Arbeitslosigkeit führte dazu, daß die Nachfrage der von der Arbeiterschicht frequentierten Clubs geringer wurde, in denen weniger bekannte britische Varietékünstler und Rockgruppen auftreten und auf diese Weise ihren Unterhalt verdienen konnten. Jetzt, da NEMS vom Untergang bedroht und er selbst für die Beatles praktisch nutzlos geworden war, kam es Brian Epstein vor, als sei sein Leben vorüber.

In England zeigte sich Dr. Cowan von Brians Zustand beunruhigt und schlug Peter Brown vor, mit in das Haus seines Freundes in der Chapel Street im vornehmen Stadtteil Belgravia zu ziehen und ein

Auge auf ihn zu haben. Eines Abends ging Brian früh zu Bett, und als Brown nachsah, erschien ihm die Haltung des Schlafenden unnatürlich. Er schüttelte ihn, konnte ihn aber nicht wecken – nicht einmal ein leichter Schlag ins Gesicht bewirkte eine Reaktion. Dr. Cowan riet am Telefon, sofort einen Rettungswagen zu rufen, doch als Brown erklärte, der dadurch hervorgerufene Skandal werde unabsehbare Folgen haben, versprach der Arzt, so rasch wie möglich selbst zu kommen.

Ein Blick auf Brians bläulich-rot angelaufenes Gesicht zeigte ihm, daß sein Patient mit dem Tode rang, zweifellos wegen einer Drogen-Überdosis. Zu dritt – Dr. Cowan, Peter Brown und Brians Fahrer, Brian Barrett – trugen sie ihn zu seinem silberfarbenen Bentley und jagten mit ihm zum Krankenhaus auf dem Hügel über dem Südlondoner Vorort Richmond. Man pumpte seinen Magen aus, und er kam wieder zu Bewußtsein. Als er wieder sprechen konnte, behauptete er, lediglich eine Tablette zuviel genommen zu haben, doch nachdem Peter Brown ins Haus zurückgekehrt war, entdeckte er eine Mitteilung: «Mir ist alles zuviel, ich kann nicht mehr.» In einem beigefügten Testament hinterließ Brian alles seiner Mutter Queenie und seinem Bruder Clive Epstein; für Brown hatte er ein Legat ausgesetzt. Nach seiner Entlassung aus dem Krankenhaus wurde er zu einer Entziehungskur in eine Klinik im nahen Putney gebracht.

Die Beatles blieben bei ihrem Entschluß, zukünftig keine Live-Konzerte mehr zu geben, trotz des enormen und unaufhörlichen Drucks, den Berater und Anhänger auf sie ausübten. Diese an ihnen ungewohnte Beharrlichkeit ging nicht einfach auf Angst oder Verzweiflung zurück. Hätten sie weiterhin auf Tournee gehen wollen, wären ihnen bestimmt – ähnlich wie anderen Gruppen in vergleichbarer Lage – Lösungen für ihre Schwierigkeiten eingefallen. In Wahrheit fühlten sich die Beatles auf der Bühne nicht mehr wohl. Der Rockstar muß wie ein Löwenbändiger sein, der bei jedem Betreten des Käfigs bereit ist, der Bestie seinen Willen aufzuzwingen. Vor allem dieser Machtwille fehlte den Beatles. Sie traten als Beschwörer in einer Arena auf, in der nichts außer dieser Macht verlangt wurde. Nie hatten sie die überragende Bühnenbeherrschung der großen Showstars des Rock besessen; ihnen fehlte die fesselnde Intensität eines Bob Dylan, die faszinierende Sicherheit des reifen Elvis, die mitreißende Darstellungskraft Little Richards oder die korybantische Ekstase James Browns. Bei ihnen floß der Strom vom Gehirn durch den Mund zum Mikrophon, und daher kamen sie am besten in einer intimen Umgebung zur Geltung, wie beispielsweise in einem Kellerclub, wo sie nach Herzenslust spielen konnten und nicht gezwungen waren, etwas darzustellen. Wer sich einen Titel wie «You Know My Name (Look Up the Number)» mit seiner Vielzahl von Nachtclub-Parodien anhört, erkennt, wieviel von dem, was zum Besten der Beatles gehörte – ihr witziges Improvisieren voller Anspielungen –, auf dem Boden des Schneideraums landete.

Als sie ins große Geschäft einstiegen, hatten sie sich auf ein Markenprodukt reduziert, sozusagen eine Art «Instant Rock», etwas, das ebenso unbefriedigend wie lächerlich unpassend war. Weit davon entfernt, zu Rock-Gladiatoren zu werden, wurden sie Rock-Schaufensterpuppen, die unbeweglich, unhörbar und nahezu unsichtbar in einer riesigen und von Hysterie geschwängerten Arena standen; nicht mehr die Fab Four, sondern die vier kleinen Dildos, mit deren Hilfe ihre aufgestachelte Zuhörerschaft zum Höhepunkt gelangte. Kein Wunder, daß die jungen Männer froh waren, ihre Gitarren endlich beiseitelegen und sich von der Bühne zurückziehen zu können.

Doch selbst dann, wenn die Beatles weiterhin auf Tournee gegangen wären – als Ergebnis wäre nur allzubald eine Krampfnummer herausgekommen, denn seit der Zeit, da sie durch Großbritanniens Tanzsäle getingelt waren, hatten sie nichts außer ihren Anzügen geändert. Aber als sich die sechziger Jahre dem Ende zuneigten, hieß das Losungswort der Rockbühne Veränderung, ständiger Wandel, revolutionäre Umwälzung.

In diesem Zusammenhang gesehen gehört der Entschluß der Beatles, sich von der Bühne zu verabschieden, zum Aufrichtigsten und Lobenswertesten, was sie in ihrer gesamten Laufbahn getan haben, denn er entsprang wirklicher Selbsterkenntnis und spiegelte ihr wahres Wesen. Ihnen war es gegeben, in gelassener Atmosphäre cool zu spielen, und so bauten sie sich dort auf, wohin sie gehörten: vor einem Studiomikrophon, wo sie all die Virtuosität und Kunst an den Tag legen konnten, die andere Darsteller der Menge im Live-Auftritt zeigen. Indem sie die Bühne verließen, leisteten sie in Wirklichkeit einen wertvollen Beitrag zum Rock-Theater. Sie nahmen den Gedanken der Rundfunk-Show wieder auf, der sich unausgesprochen in *Sgt. Pepper* findet, und man könnte sagen, daß die Beatles letztlich die Bühne gar nicht verlassen haben – sie haben sie einfach in ein anderes Medium verlagert.

Die erste praktische Auswirkung ihres Entschlusses, nicht mehr auf Tournee zu gehen, bestand darin, daß sie, vom Joch der Pflichtvorstellungen erlöst, in alle Winde auseinanderstoben, um sich ihren individuellen Freuden und Zielen hinzugeben. Im Herbst 1966 reiste George zum erstenmal mit Patti nach Indien, wo sie Ravi Shankar trafen und vom Guru Maharishi Mahesh Yogi eine Mantra bekamen. Paul unternahm mit Mal Evans eine Reise durch Ostafrika.

Da John keinesfalls die Hände in den Schoß legen wollte, ließ er sich dazu überreden, die Rolle des Rekruten Gripweed in Richard Lesters Satire *Wie ich den Krieg gewann* zu spielen, ein fürchterlicher Film, der bewies, daß Lennon nicht die Spur schauspielerisches Talent besaß. Das einzige, was er aus diesem mißlungenen Ausflug in die Filmwelt mitbrachte, war seine berühmte Oma-Brille. Nachdem er zwei Monate im Ausland verbracht hatte – erst in Celle, danach in Almería in Südspanien –, freute er sich, wieder nach England zurückzukehren, und dort verfiel er sofort wieder dem LSD. Eines Abends stieg er nach einem dreitägigen Drogentrip am Eingang zu Mason's Yard benommen aus seinem schwarzen Mini Cooper und ging zur Galerie Indica. Dort sollte eine Veranstaltung stattfinden, zu der ihn eine etwas sonderbare japanische Künstlerin namens Yoko Ono eingeladen hatte.

DER EISERNE SCHMETTERLING

Yoko Ono wurde am 18. Februar 1933 um halb neun Uhr abends in Tokio geboren. Es war ein schneereicher Tag. Ihre Mutter, eine geborene Yasuda, entstammte einer Familie, der zahlreiche nach wie vor mächtige Firmen aus Industrie, Handel und Finanzwesen gehörten und die schon seit langem zu den tragenden Säulen des japanischen Wirtschaftsreichs zählte. Yokos Großvater mütterlicherseits, Zensaburo Iomi, heiratete die Tochter Zenjiro Yasudas (Begründer der Bank von Tokio) und wurde von seinem Schwiegervater an Sohnes statt angenommen, was in Japan keineswegs unüblich ist. Nicht nur wurde der überaus erfolgreiche Mann Vorsitzender der im Familienbesitz befindlichen Bank, sondern auch Mitglied des ‹Adelshauses›, wie vor dem Krieg die zweite Kammer des japanischen Parlaments hieß. Doch er zog den Zorn seines Adoptiv- und Schwiegervaters auf sich, da er wie ein junger reicher Nichtstuer lebte. Deshalb strich ihn der alte Zenjiro, kurz bevor dieser 1921 von einem Fanatiker der Linken ermordet wurde, aus dem Testament. Das bedeutete das Ende seiner Stellung und den Verlust eines Erbes von einer Milliarde Dollar; die Familie litt besonders darunter, daß die Gesellschaft sie jetzt schnitt, wie es in Japan gegenüber aus dem Familienverband Verstoßenen üblich ist.

Yokos Mutter Isoko, Zensaburos achtes und jüngstes Kind, ein zurückhaltendes und nicht übermäßig hübsches Mädchen, wurde einer höheren Tochter entsprechend erzogen. So erhielt sie Malunterricht bei einem berühmten Meister der Showa-Periode, beschloß aber im Unterschied zu ihren Geschwistern, Vettern und Cousinen, die in der Malerei dilettierten, ihre Gaben lieber auf dem gesellschaftlichen Parkett einzusetzen. So wurde sie eine der erfolgreichsten jungen Gastgeberinnen, die es vor dem Krieg in Tokio gab. Ihr Gatte, Eisuke Ono, sah gut aus und beherrschte Fertigkeiten, die in jenen Kreisen wichtig waren: er war nicht nur ein guter Tänzer und beachtlicher Go-Spieler, sondern auch auf dem Golfplatz ebenso zu Hause wie an der Bar. Überdies spielte er durchaus beachtlich klassische Klaviermusik. Seiner Abstammung nach rangierte er etwas unter der Familie seiner Frau, kam aber immerhin aus einer Samurai-Familie, die ihre Linie bis zu einem Kaiser des neunten Jahrhunderts zurückverfolgen konnte. Nachdem er an der Universität Tokio jeweils ein Examen in Mathematik und Volkswirtschaft abgelegt hatte, studierte er Politikwissenschaft und Jura. Er sprach, was damals in Japan selten war, fließend englisch und französisch. Seinen langen, langsamen Aufstieg begann er damit, daß er 1927 in die Yokohama Specie Bank eintrat, wo er schließlich bis in die Vorstandsetage gelangte.

Yokos Eltern lernten einander in Karuizawa kennen, einem von der Oberschicht des Landes geschätzten Ferienort in den Bergen. Die von den Eltern arrangierte Ehe, die 1931 geschlossen wurde, litt von Anfang an unter einem Mangel an Zuneigung zwischen den beiden Partnern und unter den Forderungen von Eisukes Karriere, die ihn über lange Zeiträume von seiner Familie fernhielten. Schon bald nach der Hochzeit wurde er in die Vereinigten Staaten geschickt, und Yoko, die Erstgeborene, sah ihren Vater mit drei Jahren zum erstenmal. Allabendlich wies die Mutter auf das gerahmte Foto Eisukes neben dem Bett der Kleinen und forderte sie auf: «Sag Vater gute Nacht». Sogar ihr Name Yoko, «Kind des Ozeans», bedeutet soviel wie Kind eines Mannes, der jenseits des Meeres weit von daheim weilt.

Die Onos gehörten zu der kleinen Gruppe japanischer Familien, die westliche Gebräuche übernahmen. Das war in jenen Kreisen gern gesehen, da es Geschäftsbeziehungen erleichterte und die Betreffenden für den diplomatischen Dienst geeignet erschienen ließ. (Einer von Yokos Onkeln, Botschafter Kase, war der erste Vertreter Japans bei den Vereinten Nationen.) Im Jahre 1936 traf die dreijährige Yoko mit ihrer Mutter in San Francisco ein, wo das nächste Kind der Onos, Keisuke, zur Welt kam. Da sich im Verlauf des folgenden Jahres wegen des Angriffs der Japaner auf das amerikanische Kanonenboot *Panay* in China die Beziehungen zwischen den beiden Ländern äußerst kritisch gestalteten, kehrte Isoko mit ihren Kindern nach Japan zurück, während ihr Mann in die New Yorker Filiale der Bank versetzt wurde.

Bei ihrer Rückkehr fiel Isoko die Verantwortung für das große Haus der Yasudas zu, ein eindrucksvolles Anwesen inmitten von Lustgärten auf einem Hügel hinter dem Kaiserpalast, von wo aus man einen Blick über ein Drittel der Stadt hatte. Mehr als dreißig Dienstboten standen der Herrin des Hauses zur Verfügung, die mit fester Hand und scharfer Zunge regierte.

Die kleine Yoko bewunderte ihre Mutter und folgte ihr auf Schritt und Tritt durch das hochherrschaftliche Haus. Wenn nachmittags Frau Ono ihre Freundinnen empfing, servierte Yoko Tee, und die Mutter wurde nicht müde, das Lob ihrer vollkommenen Tochter zu singen. Sie scheint Yoko, die sie als häßliches Entlein empfand, eher wie ein Spielzeug behandelt zu haben und ging sogar so weit, ihr einzuschärfen, sie sei nicht hübsch genug, um auf irgendeine andere Weise als durch ihr kluges Köpfchen Erfolg zu haben. Eifersucht mag ebenfalls zu den schlechten Beziehungen beigetragen haben, die sich allmählich zwischen Mutter und Tochter herausbildeten, denn Eisuke war geradezu in seine Tochter vernarrt, und Yoko tat alles für ihren Vater.

Die Familie kehrte 1940 nach Amerika zurück, als Yoko sieben Jahre alt war, und siedelte sich auf Long Island an. Erneut drohte Krieg, so daß die Onos nach Japan zurückkehren mußten. Diesmal wurde Eisuke in Bankangelegenheiten nach Vichy geschickt. Da er gut französisch sprach, ist es nicht weiter verwunderlich, daß man ihn nach der Besetzung Französisch-Indochinas durch die Japaner 1942 nach Hanoi entsandte. Dort arbeitete er den ganzen Krieg hindurch als geachteter Vertreter des südostasiatischen Wirtschaftsverbundes, während um ihn herum Millionen von Vietnamesen verhungerten, weil die Japaner lebenswichtige Reislieferungen aus dem Süden nicht passieren ließen. (Isoko berichtete 1982 einem Interviewer, ihr Mann sei als Kriegsverbrecher der zweiten Kategorie eingestuft worden, doch finden sich im Nationalarchiv der Vereinigten Staaten keine Unterlagen darüber.)

Während der Jahre, in denen Japan militärisch triumphierte, bekam Yoko alles, was man einem Mädchen ihrer Generation nur bieten konnte. Sie besuchte die hochgeachtete Gakushuin-Schule, die ausschließlich Kinder aus Familien aufnahm, die eine Verbindung zum Kaiserhaus oder zum Adelshaus hatten, und ging anschließend auf ein neugegründetes Institut für Schüler, die im Ausland gewesen waren. Dort gewann sie ein immer breiteres und tieferes Verständnis für die westliche Kultur. Gründer dieser Akademie war Takasumi Mitsui, Oxford-Absolvent und Erbe des Mitsui-Vermögens. Neben dem üblichen Unterricht wurde Yoko privat in Bibelkunde (ihr Vater war Christ), der Kenntnis der heiligen Schriften des Buddhismus, Kalligraphie, japanischer Kultur sowie westlicher Musik und Ballett unterwiesen. Eisuke, der sein Leben lang von einer Karriere als Konzertpianist geträumt hatte, maß die Hände seiner Tochter, als sie gerade drei Jahre alt war, um zu sehen, ob sie schon Klavierstunden nehmen konnte, doch Yokos deutsche Klavierlehrerin erklärte ihm, da ihr die Geduld zum Üben fehle, sei sie möglicherweise eher für das Theater geeignet.

Yoko war ihre gehobene Ausbildung ebenso zuwider wie die ihr von der Mutter auferlegte Zucht. «Ich war wie ein gezähmtes Tier, das man mit Informationen füttert», beklagte sie sich später. «Es war mir ein Greuel. Am schlimmsten war die Musik. Vor meinen Musikstunden bin ich immer buchstäblich in Ohnmacht gefallen. Vermutlich sah ich keinen anderen Ausweg.» Die Erlösung von der Schule kam erst, als am 9. März 1944 ein schwerer amerikanischer Bombenangriff die aus Holz gebauten Häuser der Stadt auf einer Fläche von vielen Quadratkilometern in Brand setzte.

Isoko brachte die Kinder, Yoko, Keisuke und den Säugling Setsuko, zu einem Bauernhaus in der Hähe von Karuizawa. Dort wurden die reichen Städter von den darbenden Bauern ausgenommen, die Isoko um all ihre Besitztümer brachten. Yoko behauptete später, sie habe die Situation in die Hand genommen und die landwirtschaftlichen Erzeugnisse mit Beschlag belegt, die die Bauern stahlen, und ihre Angehörigen davon ernährt. Dies ist ein erster Hinweis auf Yokos Wunsch, als Wohltäterin der Menschheit in Erscheinung zu treten, der im Laufe der Zeit in ihrem Wesen so sehr in den Vordergrund getreten ist.

Nach der Kapitulation Japans wohnte die Familie in einem kleinen Haus, das zum Besitz der Yasudas in Kamakura gehörte, einer Kleinstadt an der Bucht von Sagami. Aus Indochina zurückgekehrt arbeitete Eisuke hinter den Kulissen, bis man ihn 1947 als Generalbevollmächtigten und späteren Leiter der Auslandsabteilung der Bank einsetzen konnte, die inzwischen ihren Namen in ‹Bank von Japan› geändert hatte. Als Yoko ihren Vater wiedersah, war sie eine empfindsame Heranwachsende, die unter den im Gefolge des Krieges auftretenden Schwierigkeiten litt. Statt der Liebe des Vaters, nach der sie sich sehnte und die sie einst gewöhnt gewesen war, bekam sie jetzt von ihm eisige Zurückhaltung zu spüren. Diese in erschreckender Weise geänderte Haltung ihr gegenüber läßt sich zum Teil damit erklären, daß Yoko äußerlich zu einer jungen Frau herangereift war, teils aber auch damit, daß ihr Vater seine Zuneigung inzwischen einer Geisha schenkte, die er in einem Haus in einer anderen Stadt unterhielt und mit der er zwei Kinder hatte.

Bei ihrer Rückkehr in die Schule legte Yoko eine frühreife Haltung an den Tag: sie rauchte, trank und redete viel von Männern. Ihr Vetter Hideaki Kase erinnerte sich: «Yoko interessierte sich früh für geschlechtliche Dinge... Bevor sie nach New York ging, wechselte sie beständig die Männer. Einer von ihnen war Herr K., drei Jahre älter als ich. Er studierte damals in Tokio, und sein Vater bekleidete eine sehr hohe Position. Außerdem verliebte sie sich, bevor sie nach Amerika ging, in einen Assistenzprofessor an der Universität Gakuishin.» Yokos glühendster Bewunderer, heißt es, sei ihr Schulkamerad Prinz Toshi gewesen, der jüngere Sohn des Kaisers, und man munkelte, die beiden jungen Leute würden vielleicht heiraten. 1952 wurde Eisuke zum Direktor der New York Agency ernannt, unter diesem Namen betrieb die japanische Bank nach dem Krieg ihre Geschäfte in den Vereinigten Staaten. Die Familie zog erneut nach New York, diesmal in den hübschen, von Angehörigen der oberen Mittelschicht bewohnten Vorort Scarsdale, wo sie in der Charthage Road 74 ein weitläufiges Haus bewohnten.

Anfangs blieb Yoko, die eine günstige Gelegenheit witterte, sich von ihren Eltern zu befreien, in Japan. Als Begründung gab sie an, sie müsse arbeiten, um als erstes Mädchen in der Geschichte der Universität Gakuishin ein Philosophie-Studium aufnehmen zu kön-

Julia. John Lennons Lieblingsfoto seiner Mutter. Es wurde im Sommer 1949 aufgenommen, als sie seine zweite Halbschwester Jacqueline erwartete. (*Stanley Parkes*)

Tante Mimi, die John vom fünften Lebensjahr an aufgezogen hat, im Garten hinter dem Haus. (*Stanley Parkes*)

Mendips. Ein typisches Mittelschichthaus im Liverpooler Vorort Allerton. Hier wuchs John Lennon auf. Sein Zimmer lag über der Haustür. *Stanley Parkes*)

Julia mit Julia. Johns Mutter mit ihrem ersten Kind von John Dykins, dem Mann, mit dem sie in eheähnlicher Gemeinschaft lebte. (*Stanley Parkes*)

Paul ist tot, 1961. George, John und Pete Best halten die Totenwache. (*Dick Matthews*)

Die ursprünglichen Beatles auf dem Podium des Cavern Club, dessen einem Kerker nachempfundene Wände die Namen der anderen Bands Liverpools schmückten. (*Dick Matthews*)

Oben links: Der Star-Club, Hamburg. Hier spielten die Beatles zusammen mit Rock-Größen wie Little Richard und Gene Vincent. (*Ted «Kingsize» Taylor*)

Oben rechts: Beatle John. obald John Lennon mit einundzwanzig seine heiße Lederkluft gegen seinen ersten Bühnenanzug tauschte, fühlte er sich verraten und verkauft. (*Stanley Parkes*)

«Schönheit und Geist der Beatles», nannte John sein Lieblingsfoto, das Jürgen Vollmer im Frühjahr 1961 in Hamburg von ihm machte. (*Jürgen Vollmer*)

Cynthia Powell heiratete John Lennon im August 1962, hielt sich aber in Mendips vor der Öffentlichkeit verborgen. Dort entstand dieses Foto von ihr und ihrem sauertöpfisch dreinblickenden Gatten. (*Stanley Parkes*)

Freddie Lennon. Der Vater verschwand aus Johns Leben, als dieser fünf Jahre alt war. Siebzehn Jahre später tauchte er wie ein langhaariger Beatnik aussehend wieder auf, zu einem Zeitpunkt, da die Beatlemania ihren Gipfel erreicht hatte. (*Pauline Stone*)

Kenwood. Johns Haus in einer Gegend, wo vor allem Börsenmakler wohnten. Er bezeichnete sein Heim als «vorübergehend». (*Ron Ellis*)

Vaterschaft. Ein bekümmert aussehender John Lennon mit seinem Erstgeborenen, Julian, 1963 im Garten von Mendips. (*Stanley Parkes*)

«Wie die Mutter, so der Sohn», lautete Johns Kommentar über Julian, der hier mit einem Klassenkameraden und seiner Mutter nach der Scheidung zu sehen ist. (*Stanley Parkes*)

«I Saw Her Standing There» (Ich sah sie dort stehen). In dieser Aufmachung sah John Yoko Ono, als er ihr in der Galerie Indica im November 1966 zum erstenmal begegnete. (*Iain Macmillan*)

Der letzte Tanz. Nach dem katastrophalen ersten Auftritt der Beatles nahe London, in Aldershot – nur achtzehn zahlende Besucher waren erschienen –, tanzte John trotzig mit George einen Walzer. (*Dick Matthews*)

Rory Storm, hier neben John und Paul, war ein Künstler ähnlich Rod Stewart, in dessen Gruppe, den Hurricanes, Ringo Starr Schlagzeug spielte. (*Dick Matthews*)

John Lennons Lieblingsposition war sich auszustrecken und die Nase in ein Buch oder eine Zeitung zu stecken. Auf diesem Foto liegt er in seiner bevorzugten Ecke in Kenwood am Ende des Sommers der Liebe 1967. (*Keystone Press Agency, Inc.*)

Verehrung charismatischer Vaterfiguren war typisch für Lennon. Das zeigt der glückliche Gesichtsausdruck bei seinem Treffen mit dem Maharishi Mahesh Yogi zusammen mit Paul und der skeptisch dreinblickenden Jane Asher. Wer der Mann und die Frau hinter ihnen sind, ist nicht bekannt; rechts sieht man Ringo und Maureen Starr sowie George Harrison. (*Keystone Press Agency, Inc.*)

nen. Doch im Spätsommer 1952 warf sie plötzlich alles hin und flog nach New York. Obwohl sie im Sommer des darauffolgenden Jahres in Harvard Gesang und Dichtkunst studierte, schrieb sie sich erst im nächsten akademischen Jahr, 1953/54, am Sarah Lawrence College ein, das etwa fünfundzwanzig Minuten vom elterlichen Wohnsitz entfernt im vornehmen Stadtteil Bronxville lag. Es war genau das Richtige für eine junge Japanerin aus reichem Hause, die sich für die Kunst interessierte. Dort konnte Yoko die Auswirkungen ihrer überaus konventionellen Erziehung abschütteln, denn am College wimmelte es geradezu von Bohemiens und der Kunstszene zuneigenden jungen Damen aus wohlhabenden exzentrischen Familien, deren Geld entweder aus dem Showgeschäft stammte oder ererbt war. Hope Cook, die später den König von Sikkim heiratete, hat ebenso am Sarah Lawrence studiert wie Barbara Walters, deren Vater der größte Nachtclub in New York gehörte.

Die meisten ihrer Kommilitoninnen haben nur flüchtige Erinnerungen an Yoko. Geradezu typisch ist die Reaktion der für die Studentinnen des ersten Jahres zuständigen Dozentin Katherine Mansell: «Ich sehe sie deutlich vor mir, aber ich kann mich an nichts Genaues über sie erinnern.» Eine ehemalige Studentin merkte an: «Sie war klein, irgendwie seltsam und trug immer Schwarz.» Patricia Bosworth, Verfasserin der Biographie der bekannten Fotografin Diane Arbus, erinnerte sich: «Yoko war das dickste und verdrießlichste Mädchen auf dem ganzen Gelände.» Erica Abeel, eine Romanautorin, die sich später mit Yoko eine Wohnung teilte, fand sie «in asiatischer Weise freundlich. Ich muß im Zusammenhang mit ihr immer an die Leute an den koreanischen Obstständen denken – ein bißchen zurückhaltend und ehrerbietig. Sie war unsere Campus-Japse.»

Es war nicht leicht, sich mit Yoko anzufreunden. Richard Rabkin – ein Harvard-Student, dessen Aussagen besonderes Gewicht haben, weil er etwas älter war und auf den Beruf eines Psychiaters zusteuerte – fand Yoko «ganz und gar undurchsichtig... sie hatte vor anderen Angst... War einer Japaner, war das nicht gut, und war er keiner, auch nicht... Sie brachte es Männern gegenüber nicht fertig, richtig nett zu sein. Man mußte sich große Mühe geben, um harmlos zu erscheinen, damit man an sie rankam. Von einem Mann durfte ihr auf keinen Fall Gefahr drohen.»

Der einzige Mensch, der mehr oder weniger ihre Freundschaft gewann, war ihre Kommilitonin Betty Rollin, später Fernsehreporterin, Journalistin und Autorin. Auf sie machte Yoko den Eindruck, «überaus poetisch» veranlagt zu sein. Sie sprach mit atemloser, leiser Stimme und unsicherem Englisch. Jeder wußte, daß sie aus einer der ersten Familien des Landes kam, und ihre Verbindung zur Bank von Japan war ein offenes Geheimnis. Wegen ihres vollen Busens, kräftigen Hinterteils und ihrer gebogenen Beine fanden die anderen Studentinnen sie nicht hübsch, Betty allerdings bezeichnete sie als «ätherisch» und intelligent. Als Yokos Familie im ersten Studienjahr über die Weihnachtsferien verreiste und sie zurückließ (wahrscheinlich, weil sie nicht mitfahren wollte), lud Betty sie ins Haus ihrer Eltern in Bronxville ein. Mrs. Rollin war voller Mitgefühl für das zurückhaltende junge Mädchen, das behauptete, ihre Familie wolle nichts von ihr wissen. Im dritten Studienjahr entzog sich Yoko erneut ihrer Familie, indem sie ein Zimmer in einem Wohnheim nahm. Die anderen Mädchen gewannen den Eindruck, sie habe keinerlei gesellschaftliche Kontakte, weil sie sich nie deren wöchentlichen Gattenjagd-Expeditionen in Männer-Colleges anschloß. Statt dessen traf Yoko mit Japanern zusammen, die von ihrer Familie gebilligt waren.

Ursprünglich hatte sie sich am College als Opernsängerin ausbilden lassen wollen, um in Europa Karriere zu machen, ein wahrhaft eigentümliches Ziel für eine junge Frau ohne Stimme oder musikalische Begabung, die vor ihren Musikstunden in Ohnmacht zu fallen pflegte. Doch es war typisch für sie zu glauben, sie könne erreichen, was auch immer sie sich in den Kopf setzte. Der einzige Hinweis auf eine schöpferische Fähigkeit, den sie während des Studiums lieferte, waren einige in der College-Zeitung veröffentlichte literarische Texte – seltsame kleine Geschichten, in denen es um herabgefallene Sterne geht oder um Pampelmusenkerne, die wie Sterne glänzen, während die Abenddämmerung um den Gartentisch herum zunimmt. Aus diesen Jungmädchen-Ergüssen läßt sich leicht ersehen, warum ihr Aufsatzlehrer in Harvard, ein irischer Verfasser von Kurzgeschichten, ihre Arbeit als «geschmäcklerisch und unecht» bezeichnete.

Am Ende ihres dritten Studienjahres verließ Yoko das Sarah Lawrence College ohne Abschluß. Ihr überstürzter Aufbruch folgte auf einen Zwischenfall, der viel Aufsehen erregte und über den am College noch heute gelacht wird. Eines Tages tauchte Mutter Ono in Yokos Wohnheim Gilbert Hall auf und erzürnte ihre Tochter durch Forderungen und Befehle. Schließlich erklärte die Mutter, sie werde Yoko vom College nehmen. Diese stürzte aus dem Aufenthaltsraum und schloß von außen ab. Als Frau Ono entdeckte, daß sie eingesperrt war, war sie zu einem Verhalten gezwungen, das einer japanischen Dame von hoher Abstammung gar nicht anstand, denn sie konnte sich nur bemerkbar machen, indem sie laut rief und gegen die Tür hämmerte. Der Dekan des Colleges ließ Yoko für diesen Streich ganz im Stile John Lennons zu sich rufen. Überdies verlangte er die Mutter zu sehen, die sich weigerte, noch einmal den Fuß ins College zu setzen. Das war das Ende von Yoko Onos akademischer Laufbahn.

Ihren ersten Gatten lernte sie über Tanaka Kozo kennen, Sohn des ersten christlichen Präsidenten am Obersten Gericht Japans. Während seines Studiums an der Columbia University lernte Tanaka einen von Yokos Vettern kennen; und dieser nahm ihn mit nach Scarsdale. Tanaka erkannte Yokos Musikbegeisterung und führte sie bei Toshi Ichiyanagi ein, dem herausragendsten japanischen Kompositions-Studenten in den Vereinigten Staaten. Dieser war klein, achtete auf sein Äußeres, bewegte sich wie ein Ballettänzer und war sehr schweigsam. Zwar hatte er eine Freundin, brach aber mit ihr, bald nachdem er Yoko kennengelernt hatte. Die Onos lehnten die Beziehung ab, denn Toshi stammte aus einer Familie geringeren Ranges. Gerade diese Mißbilligung stachelte Yoko an, und sie brachte Toshi dazu, sie mit in seine Wohnung in einem alten Haus an der West 89th Street ziehen zu lassen. Man kann sich leicht vorstellen, wie diese unverfrorene Handlungsweise auf Yokos Angehörige wirkte, doch vereitelte die Rückkehr der Familie nach Japan im Mai 1957 ihre Bemühungen, die Tochter zurückzuholen. Eisuke wurde aus Amerika abberufen, um in der Heimat den Posten des ersten Direktors der Bank von Japan zu übernehmen.

Kaum hatten die Eltern Ono das Land verlassen, als Yoko und Toshi heirateten. Ein ganzes Jahr lang weigerte sich die Familie, die Verbindung anzuerkennen, lenkte dann aber ein und kehrte nach

New York zurück, wo die Eheschließung öffentlich mit einem Empfang in einem kleinen exklusiven Hotel an der West Side gefeiert wurde.

Der Mann, den Yoko geheiratet hatte, war in jeder Beziehung ihr genaues Gegenteil. Seine Eltern, beide Berufsmusiker, hatten ihr einziges Kind schon früh so gründlich ausgebildet, daß er bereits während der ersten Jahre auf der höheren Schule bei zwei bekannten japanischen Komponisten Theorieunterricht nehmen konnte. Obwohl nur zwei Wochen älter als Yoko, war Toshi zum Zeitpunkt seiner Eheschließung in einer Position, die den Ehrgeiz eines weit älteren hätte befriedigen können. Er hatte bereits mehrere Kompositionspreise gewonnen und in den Vereinigten Staaten unter Aaron Copland, Boris Blacher und Goffredo Petrassi studiert. An der Juilliard-Musikschule gewann er den Elizabeth Sprague Coolidge-Preis und war Meisterschüler Vincent Persichettis (Lehrer von Steve Reich und Philip Glass), der Toshi stets als einen seiner besten Schüler betrachtete. Nachdem er die Akademie verlassen hatte, nahm er bei Stefan Wolpe, der Doyen der «fortgeschrittenen» Komponisten, eine Stelle als Kopist an, die hohe Anforderungen stellte. Im Verlauf gegenseitiger Besuche machte dessen Gattin Hilda Morley Wolpe (selbst eine begabte Lyrikerin) einige scharfsichtige Beobachtungen über das jungverheiratete Paar.

Yoko und Toshi lebten in bedrückender Armut in einer kleinen Wohnung in der Amsterdam Avenue 426, einer Arbeitergegend, wo sie ihre Kleidungsstücke an Haken hängten, weil sie keine Schränke besaßen. Yoko reiste als Dolmetscherin einer Export-Import-Firma mit japanischen Geschäftsleuten. Sie wirkte sehr angepaßt, trug Kostüm und Handschuhe, hochhackige Schuhe und war stets sorgfältig geschminkt. Sie unterstützte Toshi finanziell, denn dieser bekam von Juilliard kein Stipendium mehr. Sie wirkte, wie Hilda anmerkte, «anhänglich, zurückhaltend und immer lieb». Gegenüber Hilda bezeichnete sie sich als «alterslos», und als Wolpes monumentales Werk *Enactments* aufgeführt wurde, drückte Yoko als Zeichen ihrer tiefen Bewegung die Hände des kranken Mannes an ihre Brust und versicherte ihm, er sei der «letzte der großen Komponisten». Sie erwies sich auch als in der asiatischen Küche versiert und verbrachte, während die Gäste warteten, Stunden am Herd – die Ergebnisse waren köstlich. Wurde sie nach japanischer Musik gefragt, sang sie Volkslieder mit einer reinen kleinen Stimme wie der eines Kindes.

Toshi, erinnerte sich Hilda, wirkte blaß und zurückgezogen, offenbar beherrschte ihn Yoko vollständig. Als sie ihn einmal während eines Essens an Thanksgiving auf japanisch schalt, wirkte er sichtlich niedergeschlagen. Yoko ihrerseits klagte, wenn sie mit ihm spreche, könne sie sich ebensogut mit einem Stein unterhalten.

Wie Toshi diese Ehe empfand, erfuhr man Jahre später aus einer japanischen Zeitung. Er beklagte sich: «Yoko war nie zufrieden, wenn man sie nicht wie eine Königin behandelte... Sie war krankhaft selbstsüchtig und tatsächlich eine Künstlerin – in dem Sinne, daß sie spielte und Geld ausgab, wie es ihr beliebte.» Mit diesem «Spielen» sind höchstwahrscheinlich ihre Affären gemeint. Marnie Hair gegenüber äußerte sie, der Drang, Beziehungen zu anderen Männern aufzunehmen, sei in ihr übermächtig, und Toshi gestattete ihr das auch, doch begriff sie zugleich, daß ihre Untreue Toshi sehr schmerzte. Ihre Eskapaden bereiteten auch ihr manches Leiden, denn immer wieder führten sie zu Schwangerschaften, die mit gesetzwidrigen Abtreibungen beendet wurden. Der Zeitschrift *Esquire* berichtete sie 1970: «In New York habe ich wiederholt abgetrieben, weil ich zu neurotisch war, um Vorkehrungen zu treffen... Ich bin aus dem Haus gegangen, habe was mit einem Mann angefangen, bin wiedergekommen und habe gemerkt, ‹mich hat's erwischt!› Mein erster Mann war sehr gütig zu mir.» Im Gespräch mit ihrer Freundin Mrs. Donald Richie (heute Mrs. Rutger Smith) sagte sie, der wahre Grund für diese wiederholten Abtreibungen liege darin, daß Liebe für sie gleichbedeutend damit sei, das Kind eines Mannes zu empfangen. Wenn sie sich verliebte, war sie in den ersten Monaten stets darauf aus, ein Kind zu bekommen. «Also seh ich zu, daß es klappt», erklärte sie. «Einen Monat später will ich natürlich überhaupt nicht mehr und muß mich daher um eine Abtreibung kümmern.» Dies Verhalten führte bald zu ernsten medizinischen Komplikationen, vor allem, was die Möglichkeit betraf, ein Kind auszutragen.

Viele Menschen, die Yoko zu jener Zeit kannten, waren davon überzeugt, daß sie bereits in Japan ein Kind bekommen hatte. Michael Rumaker, ein Autor, der ein Verhältnis mit ihr hatte, bemerkte eine stark ausgeprägte Narbe auf ihrem Unterleib, die er auf einen Kaiserschnitt zurückführte. (Yoko vertraute Marnie Hair an: «All meine Kinder sind durch Kaiserschnitt auf die Welt gekommen.») Hilda Wolpe erinnerte sich, daß Yoko gesagt hatte, sie habe ein Kind zur Welt gebracht. Die Lyrikerin Diane Wakoski meinte, als sie Yoko 1961 kennenlernte, sei das Kind in Japan gewesen. Erica Abeel, mit der Yoko eine Weile zusammenwohnte, bestätigte: «Da war ein Kind. Ich erinnere mich, daß sie zu mir gesagt hat, was mir damals seltsam vorkam: ‹Die Schmerzen beim Gebären sind entsetzlich, und Frauen sagen einander nicht die Wahrheit darüber.›»

Yokos Ehe mit Toshi legte das Muster für alle ihre späteren Beziehungen von längerer Dauer fest, die sie mit Männern einging. Stets wurde ihre Wahl durch die Notwendigkeit bestimmt, sich aus schwierigsten Umständen retten zu lassen. Der dazu ausersehene Mann wurde dann zum Werkzeug von Yokos unerfülltem Ehrgeiz, eine weltberühmte Künstlerin zu werden. Zwar war Toshi selbst nicht berühmt, doch hatte er Zugang zu den bekanntesten und brillantesten Vertretern der zeitgenössischen Musik. Durch Vermittlung von Stefan Wolpes Meisterschüler David Tudor wurde er John Cage vorgestellt, dessen Kurs an der New School Toshi anschließend besuchte. Cage führte Toshi wiederum bei Merce Cunningham ein, der dem jungen Komponisten eine Stelle als Probenpianist bei seiner Tanztruppe gab. Als nächstes lernte Toshi La Monte Young kennen, das junge Genie aus dem Westen, das 1960 wie ein Wirbelwind über New York gekommen war und einen unauslöschlichen Eindruck auf die dortige Avantgarde gemacht hatte.

Während Yoko mit den neuen Kollegen ihres Mannes bekannt wurde, beschloß sie, selber Avantgardekünstlerin zu werden. Sie verließ Toshi und bezog die Dachwohnung, die sie in der in einem Industriegelände liegenden Chambers Street 112 als Atelier gemietet hatten. Dort hatte sie eine Affäre mit Michael Rumaker, die für ihre Beziehungen mit ihren Liebhabern ebenso kennzeichnend war wie ihre erste Ehe für ihr Verhalten mit ihren späteren Ehemännern.

Rumaker war ein begabter Autor, der sich nach einem schweren Zusammenbruch in einer Anstalt hatte behandeln lassen. Dieser

Zusammenbruch ging auf einen schweren Konflikt im Zusammenhang mit seiner homosexuellen Veranlagung zurück. Er verließ das Sanatorium mit dem festen Entschluß, eine Frau zu finden und «normal» zu werden. Als er in einer Künstlerkolonie in der Nähe von Stony Point Yoko kennenlernte, gewann er den Eindruck, einer wunderbaren Frau begegnet zu sein, die «unterdrückt und unverstanden» ein Schicksal ähnlich dem seinen erlitten hatte. In *The Butterfly* (Der Schmetterling), seiner romanhaften Aufarbeitung der Beziehung, beschreibt er Yoko zuerst als zurückhaltende, schelmische und unschuldige Kind-Frau, die einen Origami-Schmetterling zwischen den Fingern dreht und dabei einen Haiku hersagt:

Ins Gras erst fiel die Blüte,
flog dann zum Baum zurück –
nein, es ist ein Schmetterling.

Bald verwandelt sie sich in mancherlei andere Gestalt, eine düsterer als die andere, bis sie schließlich ihr innerstes Ich enthüllt, ein japanischer Soldat mit einem «unglaublich gerissenen Gesicht, voll Heimtücke, Gewalttätigkeit und Mord». Yoko beendete die Affäre und gab Rumaker Gelegenheit, über den Schmetterling nachzusinnen, der zum Bajonett wurde – ein «eiserner Schmetterling».

Yoko verließ Michael Rumaker in dem Augenblick, da sie sich in La Monte Young verliebte, der auf sie in ihrer gesamten künstlerischen Laufbahn den nachhaltigsten Einfluß ausüben sollte. Der zierliche Mann von knapp fünfundvierzig Kilo Gewicht, der eine Schwäche für Samtanzüge und Stiefeletten hatte, paßte gut zu der sehr kleinen Yoko, die zur schwarzen Skihose einen schwarzen Pullover trug. Ihre Füße steckten in spitz zulaufenden Stiefeln mit silbernen Schnallen. Trotz seines koboldhaften Aussehens erfüllte Young mehr als irgendeiner der Musiker der neueren Zeit mit Ausnahme Charlie Parkers das amerikanische Ideal des im Lande geborenen Genies. Seine Kompositionen drückten die ekstatische und unzerstörbare Energie aus, die das Wesen der amerikanischen Seele ausmacht. Diese Energie führte zu spontanen Jam Sessions, ergriff die anderen Musiker und ließ sie gemeinsam anstrengende schöpferische Mühen auf sich nehmen oder musikalische Späße praktizieren.

Lange bevor Jimi Hendrix seine Gitarre in Brand setzte, entzündete La Monte Young auf offener Bühne eine Geige, zählte Bohnenkerne vor oder verübte irgendeinen anderen Unsinn, der das Publikum zum Lachen brachte – oder zur Weißglut trieb.

Die Lyrikerin Diane Wakoski, die mit ihm zusammenlebte, sah die Beziehung zwischen Yoko und ihrem Liebhaber als gegenseitige Ausbeutung an: «Er brauchte einen Impresario, und sie ein Genie.» Yoko wurde dadurch zum Impresario, daß sie im Winter 1960/61 ihr Loft für eine Reihe epochemachender Avantgarde-Vorstellungen Youngs zur Verfügung stellte, die John Cage «unvergleichlich» nannte, «allem ebenbürtig, was je in Europa stattgefunden hat». An ihnen waren ganze Scharen später berühmter Künstler beteiligt, darunter La Monte Young, David Tudor, Robert Morris, Jackson Mac Low, Walter De Maria, Simone Morris, Christian Wolff, Terry Riley und Diane Wakoski. Yoko riß die Eintrittskarten ab, fand aber auch Möglichkeiten, sich während der Vorstellung hervorzutun. Beate Gordon erinnerte sich: «Wir saßen auf Apfelsinenkisten. An der Wand war ein großer Bogen Papier angepinnt. Yoko ging zum Kühlschrank, nahm eine Schüssel Wackelpudding heraus und warf sie an die Wand. Anschließend tat sie dasselbe mit ein paar Eiern. Dann tauchte sie die Finger in japanische Tusche und malte damit auf dem Papier herum, das sie schließlich mit einem Streichholz anzündete. Ich weiß noch, wie ich mich in der Bruchbude umsah und dachte: ‹Hier komm ich nicht mehr lebend raus!›» Glücklicherweise hatte John Cage Yoko empfohlen, das Papier zuvor mit einem entflammungshindernden Mittel zu tränken.

Im großen und ganzen jedoch sah sich Yoko als Lyrikerin, ein Anspruch, der Diane Wakoski grotesk vorkam. «Es hat mich gestört, daß sie ihr wirklich schlechtes und albernes Geschreibsel ‹Lyrik› nannte; in meinen Augen war sie keine Künstlerin, sondern eine Nutte. Sie verdiente ihren Lebensunterhalt als Modell, schien mit jedem Mann ins Bett zu gehen, den sie kannte, und eigentlich nie viel für ihre ‹Kunst› zu opfern, wie all die anderen Avantgardisten in meiner Bekanntschaft.» La Monte Young beurteilte Yoko gnädiger, räumte aber ein, sie sei «auf Erfolg aus» und arbeite in erster Linie, «um Anerkennung zu gewinnen», doch nahm er ihre Bemühungen ernst.

Der größte Vorteil, den Yoko aus ihrer Beziehung mit Young zog, war die Gelegenheit, von Anfang an bei etwas mit dabei zu sein, was sich als eine der angemessensten Ausdrucksweisen moderner Kunst erweisen sollte, der Stil, den man gerade als Konzeptuelle Kunst zu bezeichnen begann. In unmittelbarer Nachfolge Marcel Duchamps, der nahezu ein halbes Jahrhundert zuvor witzige surrealistische Vorschläge wie beispielsweise «Benutzen Sie einen Rembrandt als Bügelbrett» festgehalten hatte, befaßte sich die Konzeptuelle Kunst mit schrulligen Einfällen. Die Anweisung zu La Monte Youngs *Piano Piece for David Tudor # 1* (Klavierstück für David Tudor Nr. 1) vom Oktober 1960 lautet: «Einen Ballen Heu und einen Eimer Wasser auf die Bühne stellen, damit das Klavier zu essen und zu trinken hat. Dann kann der Ausführende das Klavier füttern oder es selbst essen lassen. Im ersteren Fall endet das Stück, sobald das Klavier gefüttert wurde, in letzterem, sobald es gegessen hat oder sich entschließt, nicht zu essen.» *Composition 1960 # 10* erteilt die Anweisung: «Ziehen Sie eine Gerade und folgen Sie ihr.»

Die Unbequemlichkeit der Dachwohnung an der Chambers Street zwang Yoko, sich nach einer anderen Bleibe umzusehen. Sie bezog in 323 West 80th Street ein Zimmer in der Wohnung einer anderen früheren Studentin am Sarah Lawrence, Erica Abeel. Diese arbeitete an ihrer Dissertation über französische Literatur und unterrichtete an der Columbia University in der Abteilung für Erwachsenenbildung. Beide hielten nicht viel vom Berufsweg der jeweils anderen: In Yokos Augen war Erica eine akademische Streberin, und diese sah in Yoko eine Pseudokünstlerin. «Ich hab nie an das geglaubt, was sie tat, und hab mich deswegen auch nie drum gekümmert», erinnerte sie sich, und fügte hinzu: «Mir kam das alles ziemlich blödsinnig vor.» Eine Gemeinsamkeit hatten die jungen Frauen in dem Spiel, das beide mit Männern trieben.

«Es war eine wilde Bumserei», erklärte Erica lachend. «Zwischen uns bestand eine Art sexueller Komplizenschaft. Die eine sprach in Gegenwart der anderen über Männer, wir flirteten mit ihnen und unterhielten uns gleichzeitig miteinander. Das hat uns wahnsinnig angemacht.» Yokos Liebhaber, merkte Erica an, «kamen förmlich aus der Wandvertäfelung. Ich hatte schon immer den Eindruck gehabt, daß sie mit jedem ins Bett ging, aber nie geglaubt, daß ihr das auch Spaß machte.» Häufig schnappte ihr Yoko Männer weg, die eigentlich gekommen waren, um Erica zu besuchen, und sich schließlich mit Yoko unterhielten. Das störte Erica nicht weiter, weil ihr keiner von ihnen wirklich etwas bedeutete und sie das Ganze als pures Amüsement betrachtete. Sie sah auch keinen Grund, sich zu rächen, da sie Yokos Liebhaber durch die Bank als «Spinner» ansah. Einmal fand sie beim Heimkommen Yoko mit La Monte Young im Bett. «Das war mir egal», merkte sie trocken an, «aber es war *mein* Bett. Ich dachte damals, daß Yoko auf mich scharf war. Wenn man bedenkt, daß sie meine Männer wollte, die nichts wert waren... Mich ärgerte, daß er so ungepflegt war – wirklich sehr schmuddelig. Ganz fettiger Pferdeschwanz. Ich hab mein Kissen neu bezogen.»

Als Diane Wakoski von der Beziehung erfuhr, die Yoko praktisch vor ihren Augen zu La Monte Young hatte, war sie entsetzt und brach mit ihm.

Yoko zog aus Ericas Wohnung aus, als eine Telefonrechnung über siebenhundert Dollar aufgelaufen war. Sie hatte beständig Toshi angerufen, der nach Japan zurückgekehrt und in Tokios Avantgarde aktiv war. Als sich Erica wegen des Geldes an Yoko wandte, bestellte diese sie in ein heruntergekommenes kleines Hotel an der West Side. Erica ging nach oben und gab sich vor der Zimmertür zu erkennen, wurde aber nicht eingelassen. Yoko «ist dann so gut wie nackt auf den Gang gekommen, sie hatte nichts als ein Handtuch oder einen Morgenmantel an. Sie hat mir einen Haufen Ein-Dollar-Scheine und andere kleine Banknoten gegeben. Ich fand das lustig. Es war ganz der Stil von Sarah Lawrence, wie in einem Wohnheim. Sie hat gesagt: ‹Mehr kann ich dir im Augenblick nicht geben›, und ihren Frotteemantel um sich gerafft. Hinter ihr stand ein nackter Japse, der wirklich gut aussah.»

Yokos letzter Liebhaber während jener Zeit war der Maler Shusaku Arakawa. Er war gerade mit seinen wenigen Habseligkeiten in Einkaufstüten aus Japan angekommen und sprach soviel Englisch wie ein Kleinkind. Yoko brachte den gutaussehenden jungen Mann in ihrem Loft unter, wo sie kurze Zeit miteinander lebten. Während Arakawa für Sam Francis Leinwand auf Rahmen spannte, suchte Yoko die Hilfe weiterer etablierter Künstler zu gewinnen, unter ihnen Yayoi Kusama.

Diese hatte vom Augenblick ihrer Ankunft in New York große Aufmerksamkeit erregt. Ihre besessene und psychotische Bildwelt – in der Möbelstücke mit penisartigen Gegenständen besteckt waren, die in unwirklichen Farben bemalten Seeigeln ähnlich sahen – war lediglich das greifbarste Element in einem Werk, das auch zahllose Beispiele von Performance und Aktionskunst enthielt. Obwohl Kusama möglicherweise Yokos bedeutendstes Rollenvorbild war, wies die Künstlerin (die für dieses Buch in einer Heilanstalt in Tokio interviewt wurde) jede Beziehung zu Yoko zurück und bezeichnete sie als «seelenlose Nachahmerin».

Im Frühjahr 1962 teilte Yoko Arakawa mit, sie werde nach Japan zurückkehren. Er war äußerst verärgert darüber, daß sie ihn im Stich ließ, weil das sein Leben stark erschwerte. Er erinnerte sich, daß sie sehr arm und oft deprimiert war und ließ auch durchblikken, daß sie mehr als einen Selbstmordversuch unternommen hatte. Yoko selbst bestätigte, daß sie während jener Zeit «viel an Selbstmord dachte – es einfach tun». Doch gleichzeitig, merkte Arakawa an, «war sie sehr hart. Sie wäre imstande gewesen zu töten.»

GRAPEFRUIT IN DER GRUBE

Im März 1962 meldeten sich eines Vormittags zwei in dunkle Anzüge gekleidete Angestellte der Bank von Japan in Yokos Dachwohnung, um sie zum Flughafen Idlewild zu begleiten, dort warteten, bis sie sicher sein durften, daß sie auch wirklich die Maschine nach Tokio bestiegen hatte. Ob Yoko ahnte, welcher Empfang ihr bevorstand, ist unklar; später behauptete sie, man habe sie regelrecht entführt.

Als Vorwand, sie zur Rückkehr nach Hause aufzufordern, diente der Familie die Verlobung von Yokos Bruder. Ursprünglich wollten die Onos Yokos Ehe kitten. Sie hatten erfahren, wie skandalös sich die Tochter in New York aufgeführt hatte, und befürchteten, das werde den Namen der Familie beflecken. Kaum war Yoko angekommen, brachte man sie in eine der Familie gehörende Wohnung, in die Toshi eingezogen war, denn er hatte sich bereit erklärt, beim Vorhaben der Onos mitzuwirken.

Anfänglich schien die zwangsweise herbeigeführte Versöhnung recht gut zu funktionieren. Yoko hatte von Toshi viel über die Avantgarde-Vorstellungen im Sogetsu-Saal gehört, einem eleganten kleinen Vortragssaal, in Japan damals das wichtigste Forum für experimentelle Kunst. Ohne einen Augenblick zu verschwenden, sorgte sie dafür, daß sie am 24. Mai mit einem Programm auftreten konnte, das den Titel *Yoko Onos Werke* trug.

Es gründete sich auf *Grapefruit in the World of Park* (Pampelmuse in der Welt des Parks), eine Konzert-Collage, die sie im November des Vorjahres in der New Yorker Carnegie Recital Hall vorgestellt hatte. Für die Aufführung war eine große Zahl Mitwirkender erforderlich, um die sich Toshi kümmern wollte, während Yoko eifrig die Werbetrommel rührte. Sie brachte einen örtlichen Fernsehsender dazu, die gesamten fünfeinhalb Stunden der exzentrischen Aufführung und Nicht-Aufführung aufzuzeichnen. Die Kritiken waren nicht günstig, womit man rechnen mußte, wenn ein Stück beispielsweise darin besteht, daß die Künstlerin auf die Bühne kommt, sich ausdruckslos vor ein Klavier setzt, es anschließend fünf Minuten lang wild bearbeitet und ihren Auftritt beendet, indem sie eine Zigarette vom ersten bis zum letzten Zug raucht, bevor sie die Bühne verläßt.

Unglücklicherweise fiel die ungünstige Aufnahme ihres Tuns in eine depressive Phase Yokos. Ihre Familie hatte ihr bereits klar gemacht, daß sie eine verworfene Frau und eine schlechte Gattin sei, jetzt machte man ihr überdies den Vorwurf, durch ihr Verhalten habe sie die winzige Gruppe avantgardistischer Künstler, die sich ohnehin in einer schwierigen Lage befand, in Verruf gebracht. Sie hatte den Eindruck, daß sie zu keiner gesellschaftlichen Veranstaltung gehen konnte, ohne gezeigt zu bekommen, daß man sie als Paria empfand. Instinktiv begann sie sich zurückzuziehen, ging ohne Begleitung ins Theater oder ins Kino und spazierte allein durch die Stadt. Zum Schluß war sie so niedergedrückt, daß sie beständig an Selbstmord dachte.

«Damals», erklärte sie später, «haben Herr I. und ich im elften Stock eines Hochhauses gelebt. Fast jede Nacht bin ich um Mitternacht aufgewacht, beinahe ohne es zu merken zum Fenster gekrochen und wollte hinausspringen. Jedesmal hat mich Herr I. rasch zurückgezogen. Er hat gesagt, ich müsse dringend zu einem Arzt gehen, und allmählich fand ich das selbst. Ich bin eine emotionale Frau. Obwohl ich versuche, kühl und sachlich zu sein, bin ich nur dann zufrieden, wenn ich mit meinen Gefühlen im Einklang lebe... Ein Teil meines Geistes ist sehr stark, und ein anderer sehr schwach... Ich habe mich selbst bis an die Grenze getrieben, habe Drogen genommen, wollte immer wieder sterben. Dann habe ich eines Tages gemerkt, daß ich in einer Heilanstalt war.» Toshi und die Familie Ono hatten sie dort einliefern lassen, um sie an der Selbsttötung zu hindern.

Wochenlang wurde sie in einem Raum mit gepolsterten Wänden

gehalten, sie erhielt starke Beruhigungsmittel. Toshi besuchte sie regelmäßig und bemühte sich auf jede ihm mögliche Weise, ihre Verzweiflung zu lindern. Eines Tages brachte er einen jungen Mann aus New York mit, der dem Kreis um La Monte Young angehörte und zu Besuch im Lande war. Er hieß Tony Cox. «‹Hier ist jemand aus New York, der dich besuchen will›, hat Toshi gesagt, ‹er ist sehr einfühlsam, und vielleicht kommt ihr beiden ja gut miteinander aus. Willst du ihn nicht kennenlernen?› Ich habe geantwortet, daß ich niemanden sehen wollte», heißt es in Yokos Bericht weiter. «Ich wollte nicht mal was von den Blumen wissen, die er mitgebracht hatte. Schließlich hat sich die Pflegerin für ihn eingesetzt und gesagt: ‹Sie könnten ihm doch wenigstens Guten Tag sagen!› Am Ende habe ich zugestimmt, weil es anstrengender war, mich zu weigern, als ihn zu empfangen, und ich war damals sehr schwach... Vom Arzt hatte Tony die Symptome meiner Krankheit erfahren und auch, welche Medikamente ich bekam. Er verstand was von Medizin und hat mir gesagt: ‹Was du da kriegst, ist sehr stark, also nimm nicht zuviel davon. Ich kann dir auch helfen, hier rauszukommen.› Er hat sich weiterhin sehr um mich gekümmert... Er hat mir gesagt, daß er von meiner Arbeit in New York beeindruckt war und mich in meiner Dachwohnung hatte aufsuchen wollen, als ich schon in Japan war. Er wollte mich persönlich kennenlernen und hatte deshalb all seine Habe verkauft und ein Schiff nach Japan genommen, um nach mir zu suchen. Ich kann also sagen, daß er mein Verehrer war.»

Wäre ihr nicht so sehr daran gelegen gewesen, die von ihm angebotene Hilfe zu nutzen, hätte sie vielleicht in New York angerufen und festgestellt, wer Tony Cox wirklich war. Damit wäre ihre Beziehung womöglich zu Ende gewesen, bevor sie begann, und das hätte ihrem ganzen weiteren Lebensweg eine andere Richtung gegeben.

Tony Cox ist der Sohn eines Maler-Ehepaars. Seine Eltern hatten einander während der Wirtschaftskrise der zwanziger Jahre in einer Vereinigung für Kunststudenten in New York kennengelernt. Es scheint paradox, daß der gutaussehende George Cox, der als Modell für Powers gearbeitet hatte, eine Jüdin heiratete, denn sein Onkel, der Priester Ignatius Cox, Professor für Ethik an der Fordham University, war wie der berüchtigte Priester Coughlin ein überzeugter Antisemit. Jedoch war nichts daran paradox, daß Millicent Gootkin, Tochter eines englischen Tischlers, einen Nicht-Juden heiratete, denn sie wollte alles andere sein als Jüdin. Dieser Wunsch war so stark, daß sie ihre Nase zweimal korrigieren ließ, mit der Begründung, wie schrecklich es sei, «Mrs. Cox zu heißen und eine solch jüdische Nase zur Schau zu tragen». Tony kam 1937 zur Welt und wuchs während der antisemitischsten Periode in der neueren amerikanischen Geschichte in Bellmore auf Long Island auf, wo es keine Juden gab, dafür zahlreiche Deutschamerikaner. Um wie alle anderen zu wirken, mußte er den jüdischen Teil seiner Identität verborgen halten, was wohl zu seiner merkwürdigen Persönlichkeitsstruktur beigetragen hat.

Am jungen Tony fiel zweierlei auf, wie seine Tante, Mrs. Blanche Greenberg, erzählte: seine Schönheit und seine Gabe, «von jedem zu bekommen, was er wollte». Sein großes Unglück bestand darin, daß er gezwungen war, die entstellenden und verkrüppelnden Auswirkungen einer Reihe von Krebsoperationen an seiner Mutter mitzuerleben. Sie starb, als er sechzehn war, und er verschwand gleich nach ihrem Tod von der Bildfläche – die erste einer ganzen Reihe von Untertauch-Aktionen und Fluchten, die sein Leben begleiteten. Auch liegt hier der Anfang seines beunruhigenden Abstiegs in die Jugendkriminalität und später in allgemein kriminelles Verhalten.

Mit siebzehn Jahren stahl er das Boot eines Nachbarn, wurde gefaßt und mehrere Tage im Gefängnis einer Kleinstadt festgehalten. Etwa zur gleichen Zeit mußte er Hoosac verlassen, eine renommierte Privatschule, bereits die zweite, von der er verwiesen wurde. Irgendwie schaffte er es, an der Universität des Staates Buffalo ein Kunststudium zu beginnen, gab es aber bald wieder auf. Im Herbst 1958, er war inzwischen einundzwanzig Jahre alt, nahm er erneut ein Studium auf und verbrachte sein zweites Studienjahr an der Cooper Union, einer alten und einzigartigen Kunstschule an New Yorks Astor Place, am Eingang zur Lower East Side, wo damals die bedeutendste Künstlergemeinschaft seit dem Paris der Vorkriegszeit lebte.

Tony fand in Greenwich Village Zugang zu den Gruppierungen um John Cage und La Monte Young und witterte in ihnen leichte

Beute. Zum Kreis um Cage gehörten zahlreiche Homosexuelle, und dieser gutaussehende junge Mann, der ordentlich wirkte, das Haar in der Mitte scheitelte, sich kleidete wie die Studenten der Elite-Universitäten und Höhergestellte achtungsvoll durch eine Hornbrille ansah, erweckte das Interesse der Künstler. Kaum hatten sie sich mit Tony eingelassen, sollten sie ihren Fehler bereuen. Einmal stahl er John Cages Auto und wechselte die Nummernschilder aus. Obwohl er gefaßt wurde, wollte der Komponist keine Anklage erheben. Inzwischen ging Tonys Metamorphose vom netten jungen Kunststudenten zum tückischen und gefährlichen Mitglied der Unterwelt weiter. Sein einziger guter Freund, Al Wunderlich, ein Kommilitone an der Cooper Union, der sein Studium fortsetzte, während Tony es erneut aufgab, war Zeuge bei jedem Schritt auf seinem Weg. In mancherlei Hinsicht war Wunderlich, der ebenfalls gutaussehende Sohn eines Landarztes aus Oregon, das genaue Gegenteil von Tony – naiv, beeinflußbar und der schönen neuen Welt New Yorks ganz und gar verfallen. Später wurde er Professor an der Design-Schule von Rhode Island. Zwischen 1959 und 1961 jedoch schritt er in den Fußstapfen seines faszinierenden Freundes auf schwankendem Boden.

Der entscheidende Augenblick in Tonys Entwicklung kam, als er in die Drogenszene geriet. Er handelte nicht nur mit Marihuana und Haschisch, sondern auch mit den kürzlich erst eingeführten und so gut wie unbekannten psychedelischen Drogen, die noch nicht verboten waren. Zu den Leuten, die er in seinem neuen Kreis kennenlernte, gehörte Eric Loeb, der an der East 9th Street einen Laden führte. Dort verkaufte er (mittels undurchsichtiger Machenschaften bei Hoffman-La Roche in New Jersey beschafftes) Meskalin, Peyote aus Arizona, aber auch von der Firma Light & Company hergestellte exotische Mittel wie Harmalin und Ibogain. Tony machte auch die Bekanntschaft des großen Zampano der Psychodrogen, Chuck Bick, Nachfahre von hundertzwei Generationen von Rabbinern. Ihn führte Tony bei einem anderen Bekannten ein, John Beresford, einem britischen Kinderarzt, der in einem Krankenhauslabor arbeitete. Dieses Zusammentreffen sollte entscheidende historische Bedeutung bekommen, denn es löste den Funken aus, der den großen LSD-Flächenbrand der sechziger Jahre entzündete.

Als Beresford merkte, wie leicht ein Mediziner selbst an die stärksten psychedelischen Mittel herankommen konnte, schrieb er auf einem Krankenhaus-Briefbogen an den Chemiegiganten Sandoz in der Schweiz und bekam auf dem Postweg eine ganze Sendung reines LSD-25 zugeschickt – genug, um eine ganze Stadt anzutörnen. Auf diese kleine Portion weißen Pulvers, das von Beresford und seinem Zimmergenossen Michael Hollingshead mit Puderzucker gestreckt wurde, fuhren New Yorks modische Kreise ab, und bald schon segnete Timothy Leary die Droge als endgültiges chemisches Sakrament ab. Für seine Pionierdienste der «Fremdbestäubung» verdient Tony Cox eine Fußnote in der Geschichte des LSD.

Bis zum Sommer 1961 war er bereits tief in die Kriminalität hinabgeglitten. Er und ein mit LSD handelnder UPI-Korrespondent schlossen ein Geschäft mit der Mafia ab, das daneben ging. Die Organisation hatte ihren Beauftragten, der die Drogen abholen sollte, instruiert, die beiden jungen Leute «mal richtig hart» anzufassen. Tony und sein Teilhaber, beide neu im Geschäft, nahmen an, ihr Leben sei in Gefahr, und schlugen dem Mann, als er in die Wohnung an der 14th Street kam, die sie von Al Wunderlich gemietet hatten, ein Bleirohr über den Kopf. Entsetzt stellte Al bei seiner Rückkehr aus den Sommerferien fest, daß die Wände seiner Wohnung mit getrockneten Blutspritzern bedeckt waren. Inzwischen machte die Mafia Jagd auf Tony, was diesen zwang, möglichst tief unterzutauchen.

Seine nächste Gewalttat beging er in Wunderlichs Anwesenheit. Ein Bekannter war gekommen, um die Rückzahlung eines geliehenen Betrages zu verlangen. Ein hitziger Streit folgte, Tony rannte in die Küche, riß eine schwere gußeiserne Bratpfanne vom Herd und drosch damit auf seinen Gläubiger ein. Wunderlich brachte das Opfer ins Krankenhaus, wo man dessen Kopfwunde mit achtzehn Stichen nähte. La Monte Young faßte den Ruf, den Tony Cox zu der Zeit hatte, wie folgt zusammen: «Alle möglichen Leute haben nach ihm gesucht. Er hatte stets ein Messer bei sich... Damals war er tief in Verbrechen verwickelt.»

Im Sommer 1962 floh Tony vor dem FBI, das ihm auf den Fersen war, aus New York. Er entkam, indem er den Wagen Alan Marlows stahl, Gatte der Lyrikerin Diane DePrima, eine Kreditkarte eines weiteren Opfers benutzte und sich in den Besitz des gesamten Bargelds brachte, das La Monte Young für die Veröffentlichung von *An Anthology* vorgesehen hatte, dem grundlegenden Dokument der Konzeptuellen Kunst. Als sich Tony von der Grenze des Staates Montana bei Al Wunderlich in Portland meldete, wo sich dieser im Hause seiner Eltern aufhielt, wies ihn Al darauf hin, daß das FBI gerade das Haus verlassen hatte. «Kein Problem!» erklärte Cox und forderte dann den Freund auf, sich am Stadtrand mit ihm zu treffen. Dort bekam Al den Auftrag, den weißen Ford des Baujahres '57, den Tony fuhr, in einer Karosseriewerkstatt rasch umspritzen zu lassen. Am nächsten Tag fuhr Tony weiter, um seine Tante Blanche in Los Angeles zu besuchen, und Anfang August bestieg er ein Schiff nach Asien.

Der Gedanke, in Japan Yoko Ono aufzusuchen, kam Tony, seiner eigenen Darstellung in der Zeitschrift *Radix* zufolge, als ihm La Monte Young von einer jungen und schönen japanischen Künstlerin erzählte, die kürzlich verschwunden und vermutlich nach Japan zurückgekehrt sei. Ebensosehr wie der Glanz um diese geheimnisvolle Japanerin muß Tony gefallen haben, daß sie die Tochter eines Mannes war, der an der Spitze einer mächtigen Bank stand.

Während der Überfahrt hörte er von einem Mitreisenden, eine Künstlerin namens Yoko Ono sei aus den Vereinigten Staaten heimgekehrt. Es gelang Tony, sie aufzuspüren. Zwar erwies sie sich als die falsche Yoko – der Nachname Ono ist in Japan sehr häufig –, aber sie half ihm, die richtige zu finden. Zu seiner Bestürzung erfuhr er jedoch, daß sie erstens verheiratet war und sich zweitens in einer Heilanstalt befand.

Schließlich drang er zu ihr vor und stellte fest, daß sie unter starken Beruhigungsmitteln stand. Zufällig kannte er das Mittel, das sie bekam, und als ihn Toshi um Mithilfe dabei bat, Yoko aus der Klinik zu schaffen, hatte Tony einen glänzenden Einfall. Er stellte sich dem Leiter des Krankenhauses als Kunst-Journalist aus New York vor, der darüber schreiben wolle, wie die in ganz New York berühmte Künstlerin in seinem Krankenhaus mit starken Mitteln ruhiggestellt wurde, und fragte ihn, ob er Wert auf diese Art von Publizität lege. Die Patientin wurde nach Hause entlassen.

Das war Tonys Meisterstreich als Hochstapler, und er war darauf so stolz, daß er der Verlockung nicht widerstehen konnte, die ganze Geschichte in einem Brief La Monte Young brühwarm mitzuteilen.

Nach der Entlassung aus dem Krankenhaus war Yokos Depression keineswegs verschwunden. «New York fehlte mir so sehr», schrieb sie später, «daß ich mich oft mit Tony in einem Café in Shinjuku [Tokios pulsierendes Zentrum] traf. Auch er kannte niemanden und war einsam. Bei solchen Gelegenheiten sprachen wir jedesmal über New York. Wir weinten fast vor Einsamkeit und Melancholie.»

Yokos Heilung kam eines Tages aus heiterem Himmel, und zwar als sie erfuhr, Hiroshi Teshigahara (der Geschäftsführer des Sogetsu-Saales und Regisseur des Films *Die Frau in den Dünen*) habe John Cage und David Tudor zu einer Japan-Tournee mit einer Veranstaltung in Tokio eingeladen. Das bedeutete, daß Toshi mit auftreten würde und Yoko als Dolmetscherin und Führerin der Gruppe dienen konnte. Yoko und Toshi berichteten Tony von dem Projekt und forderten ihn zur Teilnahme auf. Bei dieser Gelegenheit machte Yoko auch klar, daß sie ihre Ehe mit Toshi als beendet ansah.

Cage und Tudor verhalfen im Oktober im Sogetsu-Saal nicht nur einer Anzahl japanischer Musiker, sondern auch Yoko Ono zu einem Auftritt. Dabei lag sie rücklings auf einem vom Schnürboden herabhängenden Stuhl so über dem Klavier, daß ihr langes Haar den Fußboden berührte. Während ihres dreiwöchigen Aufenthalts in Japan besichtigte die Gruppe die Kulturdenkmäler des Landes. Begleitet wurden sie von Peggy Guggenheim, die in ihren Memoiren berichtete: «Ich ließ Tony in das Zimmer kommen, das ich mit Yoko gemeinsam bewohnte. Das Ergebnis war ein wunderschönes Kind, halb japanisch, halb amerikanisch.»

Nach der Tournee zog Yoko mit Tony, der sie zu bestürmen begann, sie möge ihn heiraten, in ein Hotel. Yokos Verhalten beunruhigte ihre Angehörigen zutiefst, denn gerade diese Art von skandalöser Situation hatten sie zu vermeiden versucht. Sie versprachen Yoko, sie könne haben, was sie wolle, wenn sie den Amerikaner aufgebe. «Hätten ihre Eltern», notierte Mrs. Rutger Smith, «nicht so starke Einwände gegen Tony erhoben – auch wenn sie damit offenkundig recht hatten –, hätte ihn Yoko vielleicht fallenlassen. Die

Situation war ihr unangenehm, und sie wollte ihrer Familie keine weiteren Peinlichkeiten bereiten.» Zweifellos hat Yoko das gesagt, aber was sie *tat*, läßt eher an Feindseligkeit denken, denn wie ein Stierkämpfer, der nach dem Herzen seines gewaltigen Gegners zielt, versetzte sie der Familienehre einen solchen Stoß, daß die Onos gedacht haben müssen, sie litten unter einem Fluch. Am 28. November 1962 heiratete Yoko in der amerikanischen Botschaft in Tokio Tony Cox – ohne sich zuvor von Toshi Ichiyanagi scheiden zu lassen.

Ein Anwalt brachte schließlich Ordnung in das durch die Heirat entstandene rechtliche Gewirr. Er empfahl Yoko, sich erst von Tony und dann von Toshi scheiden zu lassen – anschließend könne sie Tony rechtmäßig heiraten, sofern das ihr Wunsch sei. Die Scheidungsurkunde der Ehe mit Tony wurde am 1. März 1963 ausgestellt, nur drei Tage vor Toshis zweiter Eheschließung mit Sumiko Watanabe. Yoko heiratete Tony am 6. Juni erneut, wieder in der amerikanischen Botschaft. Inzwischen war das Paar aus der Stadt gezogen und bewohnte an einem See ein Häuschen im englischen Stil. In dieser Abgeschiedenheit konnte Yoko für sich sein. Der Einfluß ihrer Familie verschaffte Tony eine Anstellung an einer Schule, die englische Konversationskurse durchführte. Mrs. Smith berichtete, er habe das damit verdiente Geld, statt es für Lebensmittel oder andere Alltagsbedürfnisse auszugeben, für ihre beider Kunst verwendet. Einmal füllte er einen ganzen Raum mit Papierdrachen, die mit Yokos Gedichten bedruckt waren.

Eine andere gute Freundin Yokos, Kate Millett, die feministische Autorin, damals Bildhauerin und mit einem japanischen Bildhauer verheiratet, erinnerte sich, daß Yoko ganze Nachmittage mit der quälenden Frage zubrachte, ob sie das Kind, das sie erwartete, abtreiben lassen solle oder nicht. Mrs. Rutger Smith gewann den Eindruck, daß Yokos Konflikt von einer tief verwurzelten Angst vor einer ernsten Bindung herrühre: «Sie hatte eine panische Angst vor festgefügten Lebensumständen, stets hoffte sie, etwas Überwältigendes werde ihr widerfahren, doch wenn es dazu kam, konnte sie es nicht ertragen.» Yokos Furcht davor, Kinder zu bekommen, hing auch eng mit ihrer Kunst zusammen, die ganz im Sinne der Konzeptuellen Kunst ausschließlich in Gestalt von Entwürfen existierte und sich in nichts Greifbarem realisierte.

Schließlich ließ sie sich überreden, das Kind auszutragen – gegen ihren Willen, wie sie erklärte: «Als ich mit Kyoko schwanger war, haben mir Tony und die Ärzte mit der Behauptung angst gemacht, ich würde eine weitere Abtreibung möglicherweise nicht überstehen. Als ich mich entschloß, Kyoko zu bekommen, habe ich gedacht: ‹Vielleicht fühl ich mich dann anders›, denn der Mythos der Gesellschaft läuft ja darauf hinaus, daß angeblich alle Frauen Kinder lieben.» Eine Abtreibung wäre aber für sie möglicherweise nicht gefährlicher gewesen als die Art, in der sie das Kind dann zur Welt brachte.

Mrs. Smith erfuhr von John Nathan, der später nach Princeton ging und damals Tonys Kollege an der Konversationsschule war, dieser sei am Vormittag des 3. August 1963 ganz aufgeregt bei ihm erschienen und habe sinngemäß gesagt: «Wir haben die Sache mit dem Baby bei uns im Haus erledigt!» Als ihn Nathan fragte, wovon er rede, erklärte Tony, er habe eben an jenem Morgen seine Frau eigenhändig entbunden! Beunruhigt sprang Nathan in seinen Wagen und raste zum Haus der beiden. Dort fand er Yoko und das Kind auf dem Boden liegend; niemand war da, der sich um sie gekümmert hätte. Nathan brachte beide in aller Eile ins Krankenhaus. Mrs. Smith sagte dazu: «Tony hatte sich in die Vorstellung hineingesteigert, es müsse faszinierend sein, dem Kind selbst auf die Welt zu helfen.»

Die Kleine trug keine Schäden davon. Als Mrs. Smith Yoko im Krankenhaus besuchte, zeigte sich diese über den Vorfall nicht verärgert und sagte lediglich: «Ich hatte nicht gewußt, daß es so schwierig sein würde.»

Yoko erholte sich nur langsam von der Niederkunft. Nach ihrer Entlassung aus dem Krankenhaus zog sie mit Tony in ein neues Hochhaus in Shibuya, Tokios Künstlerviertel. Die kleine Wohnung lag im fünfunddreißigsten Stock und bestand aus einem einzigen Raum, von dem ein Paravent die Kochnische abtrennte. Für die Wohnung wie für das Mädchen, das Yoko bei der Versorgung des Kindes half, kam Mutter Ono auf, die sich nach der Geburt der Kleinen mit dieser Ehe abgefunden hatte.

Tanaka Kozo erinnerte sich, daß in der Wohnung ein «unglaubliches Durcheinander» herrschte, schmutziger Abwasch sich hoch im

Spülstein stapelte und Einsiedlerkrebse frei umherliefen, weil Tony damit beschäftigt war, sie zu fotografieren. Kozo berichtete, Tony habe gesagt, daß ihn Yoko an eine geisteskranke junge Frau erinnere, über die er einmal gelesen hatte. Yoko erklärte zusammenfassend, zu jener Zeit sei ihr Leben «fürchterlich» gewesen.

Die Geburt der kleinen Kyoko wirkte sich auf die Ehe ihrer Eltern nicht günstig aus. Sobald Yoko die Bürde der Schwangerschaft abgeschüttelt hatte, nahm sie sich Tony vor. Barbara Ann Copley-Smith, eine weitere Freundin, berichtete, sie habe einmal einen telefonischen Hilferuf von Tony bekommen, der sie bat, sie möge ihm zu Hilfe kommen, denn er sitze in einer Badewanne voller Blut und Glassplitter und könne seine Brille nicht finden. Als Barbara dort eintraf, zeigte sich, daß Yoko Tonys Brille, ohne die er so gut wie nichts sehen konnte, zertrampelt hatte, und ihn, wie er berichtete, eine dreiviertel Stunde lang daran gehindert hatte, aus der Badewanne zu kommen, indem sie ihm eine zerbrochene Flasche an die Halsschlagader hielt. Auch Al Wunderlich wurde Zeuge dieser Art von Gewalttätigkeiten, als er 1964 Tony in Japan besuchte, nachdem er mit einem Fulbright-Stipendium ein Jahr in Indien verbracht hatte. Er kam zu dem Ergebnis, Tony und Yoko seien «darauf aus, einander umzubringen», und fügte hinzu: «Es kam mir vor, als sei ich ins Zentrum eines Wirbelsturmes geraten.»

Wenn Tony und Yoko einander nicht bei der Gurgel hatten, arbeiteten sie mit Nachdruck an ihrer Kunst, denn ihre Beziehung hatte sich zu dem kristallisiert, was alle Beziehungen Yokos zu Männern charakterisierte: die Hauptrolle für sie, und für den Mann die des Produzenten. Jetzt produzierten sie *Grapefruit*, eine kleine Sammlung von einer bis sechzehn Zeilen langen Wortfolgen, mit der Yoko Ono dem Ruhm ein gutes Stück näher zu kommen hoffte. Sie sind in der englischsprachigen Originalausgabe auf quadratischen Blättern von knapp dreizehn Zentimetern Kantenlänge gedruckt, bisweilen mit der japanischen Fassung auf der gegenüberliegenden Seite. Trotz ihrer Ähnlichkeit mit Gedichten handelt es sich bei diesen Kompositionen um Handlungsanweisungen in Prosa. Im Verlauf des nächsten Jahrzehnts führte Yoko eine Vielzahl dieser Szenarien in Form von Filmen, Bühnenaufführungen oder als Artefakte aus. Noch das einfachste von ihnen läßt sich als Handlungsfolge ausdeuten. «Entzünde ein Streichholz und sieh ihm zu, bis es ausgeht» wurde das Drehbuch zu Yokos am meisten geschätzten Film, der mit Hilfe einer Hochgeschwindigkeitskamera das Abbrennen eines Streichholzes auf die Leinwand bringt. In den Stücken herrscht ein mitunter natürlicher und mitunter gekünstelter Ton von Spleenigkeit. Die Passagen betonen den einst so deutlich erkennbaren Teil von Yokos Wesen, der ihren guten Bekannten noch heute vertraut ist und der Michael Rumaker so bezaubert hatte: Die zauberische und ungewöhnliche kleine Asiatin, die völlig von der Welt losgelöst ist und der es nur um ihre entzückenden Phantasien geht. Doch blättert man um, steht da: «Bring alle Männer um, mit denen du geschlafen hast. Leg ihre Knochen in einen Karton, und schick den in einer Kiste mit Blumen aufs Meer hinaus.»

Eine Weile beteiligte sich Al Wunderlich an einigen Avantgarde-Vorstellungen Tonys und Yokos in Japan, bis er sich mit einemmal in einem bedrohlichen Dreieck wiederfand. Nachdem ihm beide versichert hatten, ihre Beziehung sei beendet, hatte sich Al auf eine Affäre mit Yoko eingelassen. Prompt wurde Tony rasend und ging daran, Als Arbeit zu zerstören, während Yoko von ihm im Bett nicht genug bekommen konnte. Von dieser Entwicklung der Ereignisse entsetzt, machte sich Al auf den Heimweg. «Ich wollte nicht in jungen Jahren mein Leben in einem Streit mit diesen beiden Leuten beenden», erklärte er. «Die sind ja richtig mit Schlachtermessern aufeinander losgegangen.»

Auch Yoko wollte unbedingt von Tony und Kyoko loskommen und nach New York zurückkehren. Immerhin hatte ihr die Eheschließung mit einem Amerikaner einen Vorteil eingetragen: das Recht, sich beliebig lange in den Vereinigten Staaten aufzuhalten. Nachdem sie das Visum beantragt hatte, betrieb sie eifrig die Vorbereitungen zu ihrem letzten Auftreten im Sogetsu, *Yoko Onos Abschiedsvorstellung*. Da Al Wunderlich nicht mehr als Helfer zur Verfügung stand, verpflichteten Yoko und Tony einen jungen Mediziner, der im Sanitätsdienst der Air Force tätig war, Jeff Perkins. Dieser erinnerte sich, daß er und Tony ein Stück aufführten, bei dem beide Rücken an Rücken aneinandergebunden waren und an Bindfäden Konservendosen und Milchflaschen von ihnen herunterhingen. In völliger Dunkelheit gingen sie von einer Seite der Bühne zur anderen und versuchten dabei so wenig Lärm wie möglich zu machen. Währenddessen verkündete Yoko, sie habe im Saal zwei Schlangen freigelassen und fügte hinzu, jeder Zuschauer dürfe nur ein Streichholz anzünden, um nach ihnen zu suchen.

Im einzigen eindrucksvollen Beitrag jenes Abends, *Cut Piece*, erschien Yoko von Kopf bis Fuß schwarz gekleidet auf der Bühne, mit einer großen Schere in der Hand. Sie kniete sich auf eine Matte, das unbeteiligte Gesicht dem Publikum zugewandt, und forderte es auf, jeder solle einzeln zur Bühne kommen und aus ihrer Kleidung herausschneiden, was er wolle. Zweifellos mußte ein Japaner beim Anblick der hübschen Aristokratin, die vor dem scharfen Stahl kniete, unwillkürlich an den alten Brauch der Selbstentleibung durch Seppuku denken. In die Länge gezogen wurde die Vorstellung (was die Spannung steigerte) durch das verständliche Zögern der Zuschauer – keiner war bereit, von Yokos Kostüm mehr als ein winziges Fetzchen Stoff abzuschneiden. Wie weit ihre Entkleidung an jenem Abend ging, ist nicht bekannt, doch weiß man, daß sie bei späteren Gelegenheiten dieser Art anschließend praktisch nackt war – es kam sogar vor, daß ihr der Verlust des langen Haars drohte.

Sie verließ Japan am 23. September 1964 an Bord einer nach San Francisco fliegenden Pan-Am-Maschine. Vor ihrer Abreise ließ sie verbreiten, sie kehre nach New York zurück, um weiter zu studieren. Tony blieb mit Kyoko im Lande. Yoko hatte vorgeschlagen, man solle sie bei der Großmutter unterbringen, die in einer Wohnung in einer kleinen Nebenstraße wohnte.

GESCHICHTE ZWEIER STÄDTE

NEW YORK

Wenn Yoko in Japan an New York dachte, weinte sie vor Kummer, als sei sie im Exil. Als sie wieder in New York war, hatte sie noch mehr Grund zu weinen, denn ihre Rückkehr zur Avantgarde-Szene der Stadt zeichnete sich durch eine bemerkenswerte Erfolglosigkeit aus. Sie ging den Leuten mit dem Versuch, ihre Kunst an den Mann zu bringen, so sehr auf die Nerven, daß ein einflußreicher Käufer wie Ivan Karp von der Galerie Castelli jeden Raum verließ, in dem er sie antraf. Von der persönlichen Seite einmal abgesehen, haftete dem Versuch, die Konzeptuelle Kunst populär zu machen, eine grundsätzliche Schwierigkeit an. Bei ihr handelte es sich definitionsgemäß um etwas Ungreifbares, und ähnlich wie bei einer Modenschau von des Kaisers neuen Kleidern lassen sich ihre Erzeugnisse nicht als handhabbares Gut vermarkten. Doch genau das wollte Yoko, und so drückte sie jedem, den sie traf, ein großes Blatt Papier mit der Überschrift ONOS VERKAUFSLISTE in die Hand.

Das war nichts anderes als ein Katalog von Titeln, die nach Kategorien geordnet und mit Preisen versehen waren. Da gab es Tonbänder mit dem Geräusch fallenden Schnees in Indien; Berührungsgedichte, deren Preis in Beziehung zur Qualität des Materials stand; Maschinen, die weinten, sprachen oder auf ewig die Zeit anzeigten; Entwürfe zu Häusern, durch die der Wind wehen oder in die man hineinsehen konnte, ohne gesehen zu werden; Gemälde, die im Kopf des Betrachters zu erzeugen waren; Gartengeräte, die in Löchern für Wolken und Nebel existierten; Briefe und Antworten; imaginäre Musik; Unterwäsche, mit der sich besondere körperliche Mängel hervorheben ließen; sowie die unveröffentlichte und veröffentlichte Ausgabe von *Grapefruit*. Abstruse, belustigende und groteske Einfälle, aber nichts, das man sich an die Wand hängen konnte.

Am repräsentativsten dürfte von allen Aussagen über Yoko die Andy Warhols sein. Eines Abends sah er zusammen mit seinem Filmregisseur Paul Morrissey bei einer Wohltätigkeitsveranstaltung Yoko, die hinter einer Leinwand stehend Leuten durch ein in das Material geschnittenes Loch die Hand schüttelte. Als Morrissey fragte: «Wer ist das?» gab Andy zur Antwort: «Sie war schon immer da. Sie tut immer was. Sie ahmt immer die Kunst eines anderen nach.»

Als all ihre Bemühungen auf dem Kunstmarkt scheiterten, nahm sie ihre Beziehung zu Tony Cox wieder auf. Er kam 1965 mit Kyoko nach New York. Da Yoko das Kind keinesfalls im Hause haben wollte, brachte er es bei Whitey Caizza unter, einem Kollegen seines Vaters, der mit Frau und fünf Kindern in East Islip auf Long Island lebte. Ein volles Dreivierteljahr lang bekam das Ehepaar Cox sein Töchterchen kaum je zu Gesicht.

Inzwischen löste Tony die Frage, wie man mietfrei wohnen kann, auf typische Hochstaplermanier. Sie bezogen eine Wohnung in Greenwich Village und zahlten den üblichen Mietvorschuß für drei Monate, danach nichts mehr. Der Vermieter unternahm dann die nötigen Schritte, um sie auf die Straße zu setzen, doch gemäß der Gesetzgebung des Staates New York dauert es lange, bis ein Mieter aus einem Altbau vertrieben ist.

Darauf bedacht, möglichst jemandes Aufmerksamkeit zu erregen, boten sich Tony und Yoko der WBAI, einem nicht-kommerziellen, auf Kulturprogramme spezialisierten Rundfunksender, als ehrenamtliche Helfer für ein Wohltätigkeitskonzert an, das dieser am 14. August 1965 in der Town Hall veranstaltete. Tony unterstützte Norman Seaman, der als Produzent fungierte, und Yoko erledigte Büro-Hilfsarbeiten. Auf diese Weise kam sie mit Ann McMillan in Kontakt, der musikalischen Leiterin des Senders, einer schlichten und aufrichtigen Frau. Voll Entsetzen entdeckte sie, welches Leben

Yoko und Tony in den beiden Wohnungen an der Hudson Street und der Christopher Street führten, die sie im Verlauf des Sommers bezogen. «Ich richte mich in keiner Weise nach bürgerlichen Werten», brach es aus ihr heraus, «aber Junge, Junge! Das war die *Hölle*! Da mußte man ja gemütskrank werden.» Diese entsetzlichen kleinen Wohnungen, in denen es so heiß war wie in einer Sauna, starrten vor Schmutz, es wimmelte von Kakerlaken, von denen ein Besucher sagte, sie hätten Yokos schweigendes Gesicht umgeben wie Ausrufezeichen. Dort wohnte inzwischen auch Kyoko, denn Tony hatte darauf bestanden, die Kleine von Long Island zurückzuholen. Da die Eltern beständig unterwegs waren, ließen sie das Kind häufig allein in der Wohnung auf Zeitungen sitzend zurück, die ihre Ausscheidungen aufsaugten, denn Kyoko war noch nicht sauber. Ann McMillan erinnerte sich, wie entsetzt sie war, als sie einmal das Kind in dieser beklagenswerten Lage vorfand. «Warum um Gottes willen», entfuhr es ihr eines Tages, «gebt ihr die Kleine nicht jemandem, der sie haben will?» Genau darum bemühte sich Yoko eifrig: Sie wollte das lästige Hindernis ein für allemal aus dem Weg schaffen.

Tony hatte eine verheiratete Cousine, Frances Westerman-Collins, die kinderlos war und Kyoko gern an Kindes statt angenommen hätte. Lediglich der Widerstand ihres Mannes, der fürchtete, Yoko werde es sich schließlich anders überlegen und das Kind zurückverlangen, verhinderte die Adoption. Unbeirrt suchte Yoko weiter und fand ein anderes Paar, das bereit war, das Risiko einzugehen. Diesmal erhob Tony Einwände und erklärte, das Kind müsse bleiben. Da er bis dahin die gesamte Last seiner Versorgung und Erziehung allein auf sich genommen hatte, konnte Yoko schlecht auf ihrer Forderung bestehen, obwohl alle fest davon überzeugt waren, daß eine Adoption für das Kind weit besser sei als auf mit Urin und Exkrementen bedeckten Zeitungen herumzukriechen und von Kakerlaken bekrabbelt zu werden.

Yoko Ono und Tony Cox hatten privat und künstlerisch das Ende ihres gemeinsamen Weges erreicht, als im Sommer 1966 eine nebenbei ausgesprochene Einladung zu einem Avantgarde-Kongreß in London ihr Leben in völlig neue Bahnen lenkte. Die Einladung stammte von Mario Amaya, einem gutaussehenden jungen Mann aus Brooklyn, der von Anfang an bei der Pop-Art mitgemischt und Karriere gemacht hatte. Nicht nur war er Liebhaber eines herausragenden britischen Kunsthistorikers geworden, er hatte sogar die beneidenswerte Stellung des Leiters des Huntington Hartford-Museums am Columbus Circle bekommen, das sich auf nicht-abstrakte moderne Kunst spezialisiert hatte. (Er verlor diese Anstellung, weil er den Salon der Galerie in ein Transvestiten-Kabarett verwandelte und für den Ankauf vorgesehene Gelder des Museums unterschlug.) Amaya wohnte jetzt in London, wo er eine neue Zeitschrift, *Art and Artists*, gegründet hatte; sie sollte den phlegmatischen Briten vor Augen führen, was für seltsame neue Ereignisse es in der internationalen Kunstwelt gab.

Die Veranstaltung, die er damals organisierte, hätte als Titel über seinem eigenen Leben stehen können, *Symposion der sich selbst zerstörenden Kunst*. Er sauste durch New York und verteilte willkürlich Einladungen, und so bekam auch Yoko Ono eine, ohne daß Amaya sie oder ihre Arbeit überhaupt kannte. Obwohl ihre finanzielle Lage es ihr kaum erlaubte, eine teure Reise nach England mit dem einzigen Zweck zu unternehmen, bei einem Symposion zu erscheinen, wurde aus der Absicht, mit der sie ursprünglich nur gespielt hatte, eine alles verschlingende Besessenheit. Bald tobte zwischen ihr und Tony ein so erbitterter Streit darüber, ob sie fahren sollte oder nicht, daß sie beschlossen, die Hilfe eines Eheberaters in Anspruch zu nehmen, denn diese Auseinandersetzung drohte ihre Beziehung zu sprengen.

Auch wenn New York den Mann, auf den sie verfielen, in erster Linie als Autor, Produzenten und Hauptdarsteller zahlreicher Musikkomödien des Off-Broadway kennt, ist Al Carmines von Beruf Pfarrer und Vikar an der Judson-Kirche. Es gehört zu seinem Hirtenamt, Paaren, die Schwierigkeiten miteinander haben, beratend zur Seite zu stehen. Als Yoko und Tony zu ihm kamen, fiel Carmines auf, daß Yoko «die asiatische Ehefrau spielte – still, untergeordnet, dem Manne zugewandt –, aber ich spürte in ihr eine Art treibenden Ehrgeiz, den sie mit großer Mühe zu verbergen versuchte... Die Hauptschwierigkeit in der Beziehung war, daß sie mehr Freiheit verlangte. Sie wollte nach England, und Tony hatte Angst, ihr ein so großes Maß an Unabhängigkeit zuzugestehen. Er war der Ansicht, wenn sie einander und das Kind liebten, hätte sie nicht den Wunsch, dorthin zu reisen.» Carmines notierte, daß Tony sehr besitzergreifend wirkte. «Je mehr Anspruch er auf Yoko erhob, desto mehr zog sie sich zurück.»

Da Carmines daran lag, möglichst bald hinter Yokos wahres Wesen zu kommen, setzte er eine Reihe von Gesprächen an, bei denen er unter vier Augen mit ihr redete und sie ermutigte, zu sagen, was sie dachte. In dem Maße, in dem sie sich ihm öffnete, merkte er immer entsetzter, daß sie eine ganz andere Frau war, als er ursprünglich angenommen hatte. Sie sprach in messianischem Ton von ihrer Kunst und stellte sie als die künftig in Amerika, wenn nicht auf der ganzen Welt, gültige Richtung hin. Was den Entschluß betraf, nach England zu reisen, zeigte sie sich unerbittlich, und schließlich kam Carmines zu dem Ergebnis: «Yoko Ono war von einer geradezu religiösen Unnachgiebigkeit in bezug auf ihre eigenen Wünsche... Es geht ihr wie dem heiligen Paulus, als er nach Tarsus wollte.» Als Yoko in den Gesprächen stets alle Fragen, Anregungen und Argumente Carmines beiseite wischte, mit denen er lediglich erreichen wollte, daß sie sich auf die Schwierigkeiten ihrer Beziehung konzentrierte statt auf die Reise nach England, mußte er zugeben, daß es sich bei ihr um «eine Frau aus Stahl» handelte, «einen der willensstärksten Menschen, denen ich je begegnet bin... Es war eigentlich zum Fürchten, aber es hat mich auch beeindruckt.»

Nachdem sich die Beratungsgespräche zwei Monate lang im Kreise gedreht hatten, erkannte Carmines, daß seine Mühe vergebens war. «Wenn Yoko daran gelegen wäre, aus ihrer Ehe etwas zu machen, denke ich, daß sie das gekonnt hätte», befand er. «Tony war trotz einer gewissen übersteigerten Männlichkeitsvorstellung bereit, fast alles zu tun, um die Ehe zu retten, sie nicht.» Beim letzten gemeinsamen Gespräch erklärte Yoko: «Ich fahre nächste Woche nach England.»

Tony gab zurück: «Da bin ich nicht so sicher.»

Yoko setzte dagegen: «Doch, ich reise.» Die beiden waren seit dem ersten Tag der Eheberatung keinen Schritt weiter gekommen. Yoko gab Carmines die Hand und sagte: «Es war sehr nett, Sie kennenzulernen.» Das nächste, was er über sie hörte, war, daß sie mit John Lennon liiert war.

LONDON

An einem Vormittag Anfang September 1966 klingelte es an Mario Amayas Wohnungstür am Redcliff Square 37 im Londoner Stadtteil Kensington. Als er öffnete, standen Yoko Ono und Tony Cox mit der kleinen Kyoko vor ihm. Sie waren gerade nach einer langen Überfahrt mit einem Frachter aus Montreal angekommen und wußten nicht, wo sie bleiben sollten. Amaya, der im Begriff stand, mit dem Kunsthistoriker Ken Davison zum Mittagessen zu gehen, fragte diesen verwirrt am Telefon: «Was soll ich bloß mit den Leuten machen?»

«Bring sie mit», brummte der freundliche Mensch.

Bald saßen alle um einen Restauranttisch in der Godfrey Street, und Davison fragte Yoko: «Was *ist* denn diese Konzeptuelle Kunst eigentlich?» Yoko antwortete mit einer längeren Erklärung, die darin gipfelte, daß sie zu einer alten Brücke in Kyoto gehe, einem japanischen Nationalheiligtum, und ein winziges Stückchen davon mitnehme. Davison erwiderte: «Meine Liebe, wäre es nicht viel interessanter, wenn Sie hingingen und *nichts* mitnähmen?»

«Oh, Tony, Tony», rief Yoko aus, «das ist ein glänzender Einfall. Mr. Davison sagt, man geht zu der Brücke und nimmt nichts davon mit!» Von dem Augenblick an, berichtete Amaya, begann Yoko Ono Dinge zu produzieren, bei denen es «um nichts» ging.

Zu dem wenigen, was der Familie Cox in London weiterhelfen konnte, gehörte eine lange Liste mit den Namen und Telefonnummern zahlreicher Menschen, die mit der dortigen Kunstszene zu tun hatten. Indem sie sich mit ihnen in Verbindung setzten, gelang es den beiden mittellosen Künstlern, allabendlich zu Parties eingeladen zu werden, bei denen es häufig Mahlzeiten zu ergattern gab. Eines Abends lernten sie einen surrealistischen Künstler namens Adrian Morris kennen, mit dem sie sich auf Anhieb gut verstanden. In der folgenden Woche luden Adrian und seine Frau Audrey das Paar zu einer Gesellschaft in ihrem Haus ein, einen aus der Zeit der Jahrhundertwende stammenden Bau am Tedworth Square 52 im Stadtteil Chelsea. Als alle Welt aufbrach, tischten Yoko und Tony ihren Gastgebern eine rührselige Geschichte auf. Die Wohnung, die sie gemietet hatten, behaupteten sie, sei noch nicht beziehbar, und da sie nur ungern Geld für ein Hotelzimmer ausgeben wollten, wüßten sie gern, ob sie bei ihnen übernachten dürften. Sie blieben das ganze Wochenende, und als sie auch am Montag morgen noch keine Anstalten trafen, das Haus zu verlassen, gestattete Morris, dem die «Kleine Yoko», wie er sie nannte, gefiel, dem mittellosen Paar, in dem Zimmer zu bleiben, das die beiden mitsamt Kyoko im dritten Stock bezogen hatten. Während der nächsten vier Monate bewohnten sie einen Raum, den Morris als «Environment» bezeichnete. Die Bettwäsche wurde nie gewechselt, alles starrte von Flecken. Der Fußboden war mit Fotos übersät, und ausgetrocknete Kondome hingen an einem Nagel. Alles stank erbärmlich.

Bei ihrer Entdeckungsreise durch die Londoner Kunstszene stieß das Ehepaar Cox bald auf Mason's Yard, eine ehemalige Pferdewechselstation in der Nähe des Piccadilly Circus, das Allerheiligste der kleinen und locker zusammenhängenden Gruppe von Menschen, die der neuen Gegenkultur anhingen. Durch enge Gäßchen gelangten Besucher aus den großen Geschäftsstraßen Londons in einen düsteren und verrufenen Winkel, dessen öffentliche Bedürfnisanstalt, wie allgemein bekannt war, schon seit langem Homosexuellen als Treffpunkt diente, aber auch Fixern, die am Ende der Nacht mit schwerem Kopf bei Gus frühstückten, einer vorwiegend von Arbeitern besuchten Imbißstube an der Ecke, deren Maskottchen eine riesige Katze mit fettverschmiertem Fell war. Als dort das Scotch of St. James eröffnet wurde und dem Ad Lib den Rang als *die* Discothek des Swinging London ablief, in der sich die Schickeria traf, wurde Mason's Yard schlagartig ein Platz, an dem man sich zeigen mußte.

Das Scotch bemühte sich mit allen Mitteln, deutlich zu machen, worauf es seinen Namen zurückführte: an den holzgetäfelten Wänden hingen nicht nur Langspieße der Hochlandschotten, sondern auch ihre Rundschilde, zweihändige Schwerter und Dudelsäcke, die Lampen auf den Tischen bestanden aus dickbauchigen Gläsern ähnlich Cognacschwenkern mit Karomuster-Schirmchen, die Kellner trugen Westen und Röhrenhosen mit Schottenkaros, und der Discjockey thronte auf einer Pferdekutsche, mit der einst ohne weiteres Robert Scotts Romanheld Waverley ins Hochland hätte gereist sein können. Für die Rockstars war das Scotch so heilig wie für die besseren Herren der Londoner Gesellschaft ihre in der Nähe gelegenen Clubs: Brooks, Whites und Carlton. Die Geschäftsleitung der Discothek, darum bemüht, die Elite der *beat generation* zu ihren Gästen zu zählen, brachte dort, wo die jeweilige Gruppe am liebsten saß, an den Möbeln Messingtafeln an, auf denen es beispielsweise hieß «The Beatles» oder «The Rolling Stones». Traf ein Rockstar ein, und minder illustre Gäste saßen bereits an dem Tisch, wurden sie einfach umgesetzt. Wer tanzen wollte, mußte ins Kellergeschoß hinabgehen. Die Tanzfläche dort war so klein, daß eine Flasche, die einem Kellner vom hochgestemmten Tablett fiel, auf den Schultern der Tänzer herumhüpfte, bis man sie wieder zu fassen bekam.

Eine Besonderheit dieses dunklen, lauten und überfüllten Kellerraums, in dem es ständig entsetzlich heiß war, waren gelegentliche Jam Sessions unter der Leitung berühmter Künstler wie Paul McCartney. Dieser brachte einmal eine Kapelle zusammen, die aus dem Schlagzeuger bei Sammy Davis jr., Dave Clarks Orgelspieler und einem Mitglied der Gruppe Marmalade bestand. Ein weiterer Vorzug, der das Scotch für seine Besucher anziehend machte, waren die Auftritte von neuen, vom großen Showgeschäft noch unentdeckten Talenten, die sich von dort aus einen Weg in die große Unterhaltungswelt bahnten, wie beispielsweise Ike und Tina Turner, José Feliciano oder Joe Cocker.

Die Beatles fühlten sich weniger vom Scotch nach Mason's Yard gelockt, als von einem Unternehmen, das mehr als jedes andere den neuen Untergrund kennzeichnete – die Galerie und Buchhandlung Indica (wie *Cannabis Indica*). Der Einfall dazu stammte von Pauls Mitbewohner Peter Asher (der das Geld aufgebracht hatte) und zwei jungen Männern, die sich um das Unternehmen kümmerten. Bei ihnen handelte es sich um Ashers alten Schulkameraden John Dunbar (der mit dem Popstar Marianne Faithfull verheiratet war) und Paul McCartneys engsten Freund Miles. Das Indica sollte dem steifen alten London eine ordentliche Dosis der neuen Welle verpassen. Miles lag daran, die Autoren der Beat-Literatur bekannt zu machen. Diese Aufgabe hatte er im Juni 1965 dadurch in Angriff genommen, daß er für Allen Ginsberg eine Party gab und dazu auch die Beatles einlud. Schon bevor die Popstars eintrafen, war der amerikanische Lyriker betrunken, und so sahen John und George, die in Cynthias und Pattis Begleitung gekommen waren, den beleibten und behaarten Verfasser von «Das Geheul», die Unterhose auf dem Kopf, nackt in der Mitte des Raumes stehen. Von seinem Penis hing ein Schild mit der Aufschrift HALTEVERBOT. John Lennon, den exzentrisches Handeln anderer leicht aus der Fassung brachte, murmelte nach einem Blick auf den Barden des Beat beschwörend: «Doch nicht vor den Weibern, Mann!»

Paul McCartney hatte das Indica tatkräftig mit einer Investition von fünftausend Pfund unterstützt und sogar beim Anbringen von Regalen und dem Streichen der Wände mitgeholfen. Das paßte zu ihm, denn er hatte sich mit Haut und Haaren der Avantgarde verschrieben, verkehrte bei Bill Burroughs und gab sich mit merkwürdigen ästhetischen Experimenten ab. John Lennon, der sich nach wie vor als «Anti-Intellektuellen» bezeichnete, stand den neuen Richtungen, in die Paul die Gruppe führte, mit tiefem Mißtrauen gegenüber. Doch auch diesmal folgte John der Modeströmung, denn wie er häufig erklärte, standen die Beatles nicht etwa damit an der Spitze des zeitgenössischen Geschmacks, daß sie etwas erfanden oder einführten, sondern einfach, indem sie die neuen Bewegungen aufnahmen, solange sie lediglich kaum wahrnehmbare Schwingungen im Äther waren, und sie durch das Medium ihrer eigenen Popularität machtvoll verstärkten. Damit war die Bühne für das Zusammentreffen John Lennons mit Yoko Ono geschaffen, denn nicht der Zufall führte sie zusammen, sondern die unablässigen Bemühungen des Ehepaars Cox, ihre gemeinsame Karriere zu fördern.

Miles erinnerte sich deutlich an den Tag, an dem Yoko in die Galerie kam und sich vorstellte: «Ich begreife jetzt, was das Besondere an ihr war: sie hat sich richtig rangeschmissen, wie ein geborener New Yorker – die reinste Nervensäge.» John Dunbar, der im Gegensatz zu seinem Teilhaber leicht zu beeindrucken war, sagte später, falls er die Absicht gehabt hätte, John Lennon zu vernichten, hätte ihm nichts Besseres einfallen können, als ihn mit Yoko Ono bekannt zu machen. Sobald Tony und Yoko Cox einen Mäzen fanden, der die Kosten für ihre Vorstellung aufzubringen bereit war, gab ihnen Dunbar einen Termin. Keiner der beiden fühlte sich berufen, die Kunstgegenstände selbst anzufertigen; was sie sich ausgedacht hatten, führten drei begabte junge Studenten aus, die man vom Royal College of Art angeheuert hatte.

Schon bald fiel Yoko und Tony, als sie erst einmal regelmäßig das Indica besuchten, die Beziehung zwischen der Galerie und den Beatles auf, die stets zu Eröffnungen kamen und im Buchladen Zeitschriften und Bücher kauften. (John kam beim erstenmal herein und fragte nach einer Bauanleitung für einen Orgonakkumulator sowie nach einem Buch von Nietzsche. George kaufte bebilderte Bücher mit tantrischer Kunst und Paul, der gerade mit der Innenausstattung eines Hauses in St. John's Wood beschäftigt war, Exemplare der Wohnzeitschrift *Domus*. Miles zufolge lasen die Beatles nicht viel, kamen aber durch das Betrachten von Bildern auf zahlreiche Einfälle.) Natürlich ließ sich das in der Kunst, sich anderen aufzudrängen, erfahrene Paar diese großartige Gelegenheit nicht entgehen und erkor sich die wohlhabenden und ungeheuer einflußreichen jungen Leute als Beute.

Yoko spielte immer wieder ihre John Cage-Karte aus und behauptete, Amerikas bedeutendsten Avantgarde-Komponisten aus langer und enger Zusammenarbeit gut zu kennen. Als sie ihren ersten Beatle, Paul McCartney, kennenlernte, teilte sie ihm mit, sie sammele Notenmanuskripte, denn Cage wolle demnächst ein Werk mit Notenbeispielen sämtlicher wichtiger zeitgenössischer Komponisten herausbringen – von Strawinsky, bis zu, wie sie hoffte, den Beatles. Obwohl sie das glänzend vortrug, war Paul nicht bereit, dieser aufdringlichen kleinen Unbekannten eins seiner Manuskripte auszuhändigen. Statt dessen teilte er ihr mit – nicht ohne einen gewissen maliziösen Humor –, sie solle sich an seinen Kollegen John wenden, der eine Schwäche für alles habe, was mit Avantgarde zu tun hatte.

An jenem berühmten Abend – es war Montag, der 7. November 1966 – war John Lennon alles andere als Herr seiner Sinne. Er hatte drei Nächte nicht geschlafen und war ununterbrochen auf Trip gewesen. Yoko lauerte ihm auf. «Nach einem einzigen Blick auf John hängte sie sich wie eine Haftmine an ihn – mit etwa derselben zerstörerischen Wirkung», erinnerte sich Lennons Fahrer, Les Anthony. «Sie ließ seinen Arm nicht los, während wir durch die Ausstellung gingen, und sprach mit ihrer eigentümlich hohen Stimme unaufhörlich auf ihn ein, bis er die Flucht ergriff.»

Lennon schrieb den Bericht über dieses erste Zusammentreffen in späteren Jahren ausführlich um, wie jede Episode in seiner weithin veröffentlichten Beziehung zu Yoko. Zwei Ereignisse dabei wurden später ins Symbolische übersteigert. Bei einem ging es darum, daß der Besucher auf einer Leiter zu einem von der Decke hängenden gerahmten Gemälde emporsteigen sollte, damit man mit Hilfe eines ebenfalls von der Decke hängenden Vergrößerungsglases ein Wort lesen konnte, das in kleinen Druckbuchstaben auf die Leinwand gemalt war. Lennon vermutete, daß er etwas in der Art zu lesen bekommen würde, was er selbst an das Ende einer solchen Kletterpartie gesetzt hätte, wie zum Beispiel «Hi-Hi!» oder «Leck mich am Arsch!» Voller Freude und Überraschung las er «Ja». Zu einem weiteren, später hochstilisierten Augenblick kam es, als er einen Nagel in eine zu diesem Zweck bereitstehende Bretterwand hämmern wollte. Yoko lag daran, ihre Wand bis zur Vernissage unversehrt zu lassen, und als John Dunbar in sie drang, sie möge doch nachgeben, erklärte sie John Lennon, er könne für fünf Shilling einen Nagel einschlagen. «Am besten schlag ich dann wohl für fünf gedachte Shilling einen gedachten Nagel ein», konterte Lennon. Yoko behauptete, diese schlagfertige Antwort habe sie zutiefst amüsiert. Weit lieber hätte sie es wohl gesehen, wenn John sie, nachdem sie aus der Galerie über den Hof bis zur Duke Street hinter ihm hergerannt war, zum Mitgehen aufgefordert hätte. Statt dessen entschuldigte er sich und sagte, er habe noch im Studio zu tun.

«Nimm mich doch mit!» bat ihn Yoko.

«Nein, wir haben schrecklich viel zu tun!» rief ihr der bedrängte Lennon zu, sprang in seinen Mini und fuhr davon.

Als Yoko Tony von diesem Zusammentreffen berichtete, drängte er sie, die Sache weiter voranzutreiben und nicht locker zu lassen. Diese Aufforderung wäre nicht nötig gewesen. Yoko nahm John Lennon aufs Korn und schaffte es nach wenigen Tagen, an den Wächtern in der Abbey Road vorbei ins Studio 2 zu gelangen. Nachdem man sie vor die Tür gesetzt hatte, lungerte sie vor dem Gebäude mit den «Apple Scruffs» herum, den jungen Mädchen, die selbst im kältesten Winter jede Nacht in der Hoffnung vor dem Studio kampierten, einen der Beatles zu Gesicht zu bekommen oder gar einen Gruß mit ihm zu tauschen.

Als John mit Cynthia einmal herauskam und auf dem Rücksitz seiner von einem Chauffeur gesteuerten Limousine Platz nahm, warf sich Yoko zwischen sie. Yoko wurde vor ihrer eigenen Haustür abgeliefert und verlegte ihr Revier nach Kenwood. Dort stand sie bei so entsetzlichem Wetter auf der Straße herum, daß Cynthias Mutter Mitleid bekam und sie ins Haus holte, damit sie ein Taxi rufen konnte. Yoko nutzte die Gelegenheit und ließ einen Ring liegen, was ihr einen Vorwand gab, später wiederzukommen, um ihn abzuholen. Überdies bombardierte sie John mit Mitteilungen, in denen sie um Geld bat, damit sie ihre Kunst zeigen konnte, und drohte: «Wenn du mich nicht unterstützt, ist es aus! Dann bring ich mich um!» Cynthia, die sich bereits Gedanken über diese merkwürdige kleine Asiatin machte, sah eines Tages mit ihrer Mutter voll Entsetzen zu, wie John ein Päckchen öffnete, das ihm Yoko geschickt hatte. Darin befand sich eine kleine Schachtel, die eine mit roter Farbe beschmierte zerbrochene Tasse enthielt.

Viele Männer hätte Yokos Taktik abgestoßen, doch John Lennon fühlte sich davon angenehm erregt. Er war es gewohnt, die Beute und nicht der Jäger zu sein, doch die meisten Frauen, die sich an ihn herangemacht hatten, waren von der Art gewesen, die er verachtete: Groupies, unbekannte Mitläuferinnen aus dem Showgeschäft, Huren und junge Verehrerinnen, die ihm der Zimmerkellner wie ein Steak in die Suite brachte. Nie in all den Jahren, seit an der Kunsthochschule seine Beziehung zu Cynthia begonnen hatte, war er verliebt gewesen oder eine ernste Verbindung mit einer Frau eingegangen. Seine Leidenschaftlichkeit, die seltsame Mischung aus Liebe und Haß, die den Kern seines Wesens ausmachte, war auf Brian Epstein konzentriert, den er, wie er Jahre später bekannte, «mehr geliebt hatte als eine Frau».

Eine Frau, die John tief anrühren wollte, mußte in ihrem Wesen offenbar eine starke männliche Komponente besitzen. Hier begann die vor dem Einsatz ihrer Ellbogen nicht zurückschreckende Yoko die Waage zu ihren Gunsten zu neigen, wobei ihr ebenfalls zugute kam, daß sie Asiatin war, Lennons Lieblingstyp, und darüber hinaus die New Yorker Avantgarde-Szene verkörperte, die ihm jetzt, da er der Anführer der Rock-Avantgarde geworden war, viel bedeutete. Kurz und gut, John Lennon war ein Mann, auf den Yoko ihren

Zauber wirken lassen konnte. Überdies konnte er sich mit dem Gedanken beruhigen, daß er keine Gefahr lief, da er alle Trümpfe in der Hand hatte. Er war es gewohnt, Frauen in seinen großen Wagen mit der gläsernen Trennscheibe einzuladen und auf dem Rücksitz zu vernaschen – warum sollte er sich nicht auch Yoko mal vornehmen?

«John wurde allmählich schwach», berichtete Les Anthony. «Dann kreuzte eines Tages, kaum war Cynthia nach Norden abgereist, Yoko bei John auf, um sich mit ihm wegen einer Finanzspritze für eine Kunstausstellung zu unterhalten. Sie haben behauptet, es sei eine rein geschäftliche Besprechung gewesen, aber sie ist erst morgens nach Hause gegangen, und danach ist John nicht mehr von ihr losgekommen... In den ersten Tagen, bevor John Cynthia verließ, hat er Yoko, freundlich gesagt, hinten im Wagen den Hof gemacht, während ich die beiden spazierenfuhr.»

Wie sehr unterscheidet sich dieser Augenzeugenbericht von dem Hollywood-Märchen, das John und Yoko der Öffentlichkeit jahrelang aufgetischt haben! Will man ihm glauben, dauerte es vom ersten Zusammentreffen dieser beiden Liebenden bis zu dem Zeitpunkt, da sie ihrer Leidenschaft in Kenwood erstmals nachgaben, volle achtzehn Monate – Les Anthony zufolge, der sicherlich in der Lage war zu merken, was gespielt wurde, waren es genau drei Wochen.

Als sich Yoko erst einmal mit John Lennon eingelassen hatte, wurde ihr bis dahin schon kompliziertes Leben noch anstrengender. Tony machte allerdings keine Schwierigkeiten, sondern bestärkte sie sogar in ihren Bemühungen um John. Wie Adrian Morris anmerkte: «Tony hat sich selbst ausgetrickst.» Yoko hingegen bereitete Johns anmaßendes Macho-Verhalten Unbehagen. Sie, die es gewohnt war, von Tony wie eine kleine Prinzessin behandelt zu werden, hatte es plötzlich mit einem sehr empfindlichen und herablassenden Superstar zu tun, der sich immer wieder Rauschmitteln zuwandte. «Ich konnte jede Frau niederschreien», erklärte Lennon Jahre später. «Bei den meisten Streitigkeiten, die ich mit Leuten hatte, ging es einfach darum, wer am lautesten brüllen konnte. Normalerweise bin ich bei einem Streit Sieger geblieben, ob ich nun recht oder unrecht hatte. Vor allem Frauen haben einfach nachgegeben. Sie aber nicht! Sie hat immer weiter und weiter und weiter gemacht, bis ich verstand. Dann mußte ich sie mit Respekt behandeln.» Yokos größte Anziehungskraft auf John war jedoch nicht so sehr ihre Beharrlichkeit, sondern daß sie in idealer Weise geeignet war, die Hauptrolle in seinen Phantasien zu spielen.

«Ich hatte immer schon davon geträumt, eine Künstlerin kennenzulernen, in die ich mich verliebte – schon auf der Kunstschule», gestand Lennon. «Und als wir aufeinander trafen und miteinander redeten, begriff ich, daß sie alles wußte, was ich wußte, und wahrscheinlich noch mehr. Noch dazu kam es aus dem Kopf einer *Frau*. Das haute mich irgendwie um. Es war so, als wenn man auf eine Goldader stößt. Einen Menschen zu finden, zu dem man hingehen und mit dem man sich besaufen konnte, der einem dieselbe Beziehung wie mit irgendeinem Kumpel in Liverpool bieten, den man aber auch mit ins Bett nehmen konnte, und er konnte einem den Kopf streicheln, wenn man müde oder krank oder niedergeschlagen war. Er konnte auch Mutter sein... nun, das ist doch wie ein Sechser im Lotto.» Yoko Ono befriedigte John Lennons älteste und zentralste Wunschphantasie: wieder bei seiner Mutter zu sein, während sie zugleich seine Sehnsucht nach einer Geliebten und einem männlichen Freund stillen konnte. Im Wechseln der Grenzlinie zwischen den Geschlechtern und der Inzestschranke liegt der Schlüssel zu dieser Beziehung, was auch an Lennons eigentümlicher Gewohnheit deutlich wird, Yoko mit dem neutralen Pronomen «es» zu bezeichnen. Sie existierte in seiner Vorstellung als eines jener magischen Geschöpfe in einem Märchen, die dem Helden in seiner Not zu Hilfe kommen und ihn aller Schwierigkeiten entledigen. Der Ballade von John und Yoko liegt «Der gestiefelte Kater» zugrunde.

Ein weiteres Märchen, das auf die Situation mehr oder weniger zutrifft, ist «Schneewittchen», denn schon seit Jahren hatte John in Kenwood gelegen und von der vollkommenen Prinzessin geträumt, von der er meinte, sie werde ihn mit dem Kuß eines Märchenprinzen zur Leidenschaft erwecken. «Da ich ungewöhnlich schüchtern war», erklärte er, «vor allem in Gegenwart schöner Frauen, war es für meine Tagträume erforderlich, daß sie [Yoko] Durchsetzungskraft genug besaß, um mich zu ‹retten›, das heißt ‹von all dem wegzuholen›.» Auch wenn er hier redet wie eine in ihrer Ehe unerfüllte grüne Witwe, bezog er bei anderen Gelegenheiten seine Metaphern aus der Welt der Drogen. So erinnerte er sich: «Sie trat in mein Leben, und während sie mit mir redete, wurde ich high, und das Gespräch erreichte ein solches Niveau, daß ich immer mehr abhob. Als sie ging, nahm ich mein Vorortleben wieder auf. Dann traf ich sie erneut, und mein Kopf flog davon, als wäre ich auf Trip... Kaum hatte ich ein bißchen daran geschnüffelt, war ich abhängig. Ich konnte nicht mehr von ihr lassen.»

Jetzt war Yoko in ihrer Beziehung zu Lennon nicht länger auf ihre Ellbogen angewiesen. Sie konnte ein unauffälligeres, aber deswegen keineswegs weniger wirksames Mittel einsetzen, um Ruhm und Vermögen des großen Stars mit dem Ziel auszubeuten, ihre Karriere voranzubringen, die ihr über alles ging.

Anfang 1967 forderte Adrian Morris das Ehepaar Cox auf, sein Haus zu verlassen. Er war mit Audrey in Urlaub gefahren und hatte Yoko und Tony damit betraut, das Haus zu hüten. Als sie zurückkehrten, herrschte ein unvorstellbares Durcheinander. Yoko und Tony hatten das Haus für Pressekonferenzen benutzt und so verdrecken lassen, daß die Putzfrau angewidert den Besen in die Ecke gestellt und gekündigt hatte. Bevor sie sich davonmachten, ließ Yoko Morris wissen, sie sei in einen «Geschäftsmann» verliebt – das war ihr Schlüsselwort für John Lennon –, der ihr das Leben schwer mache.

Morris war mehrfach Zeuge, wie Yoko am Telefon mit ihrem «Geschäftsmann» sprach. Einmal legte sie sich anschließend ins Bett und klagte über all die Schwierigkeiten, die ihr diese heimliche Beziehung bereitete. Schließlich zog sie mit Tony in eine zweitklassige Pension.

Dort besuchte sie eines Abends Anfang Januar 1967 Yokos Vetter Hideaki Kase. Yoko lag, auf viele Kissen gestützt, in einem weißen Negligé auf einem großen Bett. Am Telefon hatte sie ihrem Vetter gesagt, sie wolle mit Japanern eigentlich nichts zu tun haben, aber da er ihr Cousin sei, könne er kommen und sich ein wenig mit ihr unterhalten. Tony schlief, in Wolldecken gewickelt, auf dem Sofa. Als Kase eintrat, fuhr Tony hoch, schlief dann aber wieder ein. Auf japanisch sagte Yoko zu ihrem Vetter: «Kümmer dich nicht um den da.» Während der nächsten beiden Stunden unterhielten sie sich.

Yoko äußerte sich abfällig über Japan und sagte: «Es ist ein so nichtswürdiges Land, oder?» Japaner, klagte sie, seien, was moderne Kunst angehe, hoffnungslos unempfindsam und oberflächlich. Den größten Teil des Gesprächs bestritt Yoko mit prahlerischen Reden über ihre Leistungen als Bahnbrecherin auf dem Gebiet der Kunst. Sie behauptete, Flower Power erfunden, das Happening begründet und eine Vielzahl anderer damals in Mode befindlicher Neuerungen ins Bewußtsein der Öffentlichkeit gerückt zu haben. Zweifellos waren das genau die Dinge, die sie John Lennon während ihrer langen Gespräche berichtete, die ihn «high» machten. Er hatte ein ihm ebenbürtiges Genie entdeckt.

Ein weiterer Japaner, mit dem Yoko zu jener Zeit zusammentraf, war Tanaka Kozo, der zehn Tage lang in derselben Pension wohnte. Zu ihm sagte Yoko, sie habe ihr Leben satt und sehne sich danach, in einem Luxushotel zu wohnen. Auch sprach sie verächtlich von Tony, tat ihn als «Männchen» ab und erklärte, sie brenne förmlich darauf, ihn zu verlassen. Diese stolze, ruhmredige Frau aber, die Männern und deren Anmaßungen stets Verachtung entgegengebracht hatte, war nicht bereit, von sich aus auch nur einen einzigen Schritt zu unternehmen, solange sie sich keinen neuen Mann geangelt hatte, der ihr all das bieten konnte, was sie begehrte: Wohlstand, Macht und Ruhm.

PAUL STIFTET UNFRIEDEN

Die während der Aufnahmen zu *Sgt. Pepper* entstandenen Fotos von John Lennon sind beunruhigend. Statt des jungen Mannes auf den typischen Lennon-Werbefotos – offener Mund, vortretende Augen, das ganze Gesicht eine Clownsmaske –, sehen wir hier einen über Nacht um etwa vierzig Jahre gealterten Mann. Die Augen hinter den Oma-Gläsern sehen aus wie die eines toten Fisches. Sein trockener, herabhängender Schnurrbart gehört ins Gesicht eines Greises, und seine vorgebeugte Haltung ist die eines uralten Portiers im Theater. Miles, der häufig zu den Aufnahmen kam, erklärte: «John hat sich vorgenommen, sein Ego zu zerstören, und das ist ihm großartig gelungen.»

Der Tod des Egos, resultierend aus den ständigen Trips und der Anleitung des *Tibetanischen Totenbuches*, könnte der Grund für John Lennons plötzliche Verwandlung in einen alten Rentner sein. Je mehr die Rockszene zur Drogenszene wurde, desto häufiger konnten in den sechziger Jahren solch krasse Veränderungen beobachtet werden. Dennoch läßt zweierlei diese Deutung unhaltbar erscheinen. Erstens nahm John bei Studioaufnahmen nie LSD, und zweitens verflog seine Niedergeschlagenheit, sobald die Aufnahmen beendet waren. Also mußte es andere Gründe geben – entweder eine stärkere Droge als LSD oder eine ernsthafte emotionale Störung. Tatsächlich traf beides zu.

John war voll aufgestauten Ärgers, weil er den Eindruck hatte, Paul versuche, bei den Beatles die führende Rolle einzunehmen. Diese Bedrohung hatte in Johns Vorstellung schon seit Jahren bestanden, vielleicht schon von dem Augenblick an, da er Paul kennenlernte, denn dieser war ein offensichtlich ehrgeiziger Typ und musikalisch ungeheuer begabt. Nur weil Paul jünger war und weniger Erfahrung hatte, war es nicht schon früher zu einem Zusammenstoß zwischen diesen ihrem Wesen nach einander entgegengesetzten Persönlichkeiten gekommen. Bisher war ihr Umgang miteinander dadurch erleichtert worden, daß die Einflußsphäre des einen von der des anderen getrennt war. Paul hatte als geborener Mann des Showgeschäfts, der sich in den Vordergrund boxen konnte, schon immer auf der Bühne als «Mann an der Spitze» fungiert und zudem de facto die Geschäfte der Gruppe geleitet. John begriff sich als Künstler, der stolz abseits stand, und war lange mit der Rolle des Stars zufrieden, die er auf den Platten der Beatles einnahm. Jahrelang hatte er auf jeder Single die A-Seite bekommen und den Löwenanteil der Nummern auf den LPs. Die erste Stimme zu singen war sein Symbol für Führerschaft.

Obwohl die Öffentlichkeit annahm, zwischen den beiden Köpfen der Gruppe bestehe herzliches Einvernehmen, war das nie der Fall gewesen. John verglich sich und Paul mit zwei Soldaten im selben Unterstand: der eine hielt das Leben des anderen in den Händen, doch sobald nicht mehr geschossen wurde, gab es keinen Grund, weiter zusammenzubleiben. Unterwegs teilte sich John stets einen Raum mit George, und Paul einen mit Ringo. Ebensowenig, wie sie ein Zimmer teilten, wechselten sie untereinander Vertraulichkeiten. Nach Pauls Beziehung zu Linda Eastman gefragt, gab John zur Antwort, er und Paul besprächen schon lange keine persönlichen Dinge mehr. Sie gingen nie gemeinsam aus und bewegten sich nicht in denselben Kreisen. Nur an einer einzigen Stelle in der reichhaltigen Literatur über die Beatles läßt sich ein Blick auf das erhaschen, was John Lennon wirklich über Paul McCartney dachte, bevor sie sich zerstritten.

Es war in der Schweiz, während der Dreharbeiten zu *Help!* Sie kamen aus der Kälte draußen herein und hörten sich, während sie ihre warme Überkleidung auszogen, ein Band mit ihren letzten Songs an. Nach drei Nummern von Paul murmelte John: «Wahrscheinlich gefallen mir deine Lieder besser als meine.» Zweifel, wer der bessere Komponist war, Neid und Furcht – das waren Johns wahre Empfindungen Paul gegenüber.

Indem sich Lennon dem LSD ergab, zerstörte er seine sorgfältig ausbalancierte Beziehung zu den anderen Mitgliedern der Band. Je passiver er wurde und je mehr er sich in sich zurückzog, desto engagierter trat sein Rivale in den Vordergrund, der jetzt die anderen Beatles geradezu mit einem Sperrfeuer von Neuentdeckungen und Inspirationen eindeckte. Sie reichten von Vivaldi bis Stockhausen, von raffinierten Tonaufnahme-Verfahren bis zu den seltsamen Klängen des Mellotrons, Vorläufer des Synthesizers. Zwangsläufig wurde Paul auf diese Weise zum entscheidenden Mann bei den Beatles.

Erstes Ergebnis seiner Vorherrschaft war *Revolver*, die bedeutendste LP der Beatles, die keinem übergreifenden Thema gewidmet ist. Diese epochemachende Aufnahme beendet den bereits in *Rubber Soul* eingeleiteten Übergang vom Rock'n'Roll zum Rock. Den Begriff «Rock» hatten die Kenner der Musikszene bewußt gewählt, um den Stil der sechziger Jahre von dem der fünfziger zu unterscheiden. Er stand für raffinierte und witzige Texte, in denen ernsthafte Themen abgehandelt wurden, bedeutete eine Flut neuer Töne und musikalischer Ausdrucksweisen aus allen Epochen und Gegenden. Vor allem aber bedeutete Rock die durch den weitverbreiteten Gebrauch von LSD herbeigeführte Erweiterung des Bewußtseins ins Psychedelische und die damit einhergehende gesteigerte Empfänglichkeit der Sinne.

Der erste Hinweis darauf, daß wir mit dieser Platte in eine neue Ära eintreten, findet sich bereits ganz am Anfang. Wenn die Nadel die Einlaufrille verläßt, schwappt nicht eine Welle von Musik über uns herein, wohl aber werden wir durch ein eingeschaltetes Mikrophon Zeugen dessen, wie sich die Beatles auf die Aufnahme vorbereiten. Eine Stimme mit Liverpooler Akzent zählt (nach einem Hüsteln): «One, two...» Diese, dem *cinéma vérité* entsprechende Einleitung – mit der unterstrichen wird, daß *Revolver* nicht etwa auf unpersönliche Weise Hergestelltes, sondern Ergebnis der Arbeit wirklicher lebendiger Menschen in einem Studio ist – eröffnete ein ganz neues Spiel, denn Rockgruppen begannen nun auf dieselbe Weise mit Sein und Schein zu spielen, wie Dramatiker und Filmemacher das schon lange taten.

Den nächsten Hinweis auf eine tiefgreifende Veränderung lieferte das Thema des ersten Songs – *Steuern*. Von allen Dingen, zu denen junge Leute *keine* Beziehung haben, dürfte das Steuernzahlen an erster Stelle stehen; also rissen die Beatles mit dem ersten Schuß ihres Revolvers auf den Finanzbeamten ein riesiges Loch in ihre ausschließliche Identifikation mit der Teenagerwelt und brachten sich in die Nähe einer älteren und mehr an der Hippie-Kultur orientierten Bevölkerungsgruppe, die ihre säuerliche Klage ebenso zu schätzen wissen würde wie ihre Kühnheit, diese Art Kummer in einem üblicherweise Liebesseufzern vorbehaltenen Medium auszudrükken.

Mit jedem neuen Titel der Platte *Revolver* verdeutlicht sich die grundlegend geänderte Sehweise. Der Eklektizismus der Beatles, stets eines ihrer hervorstechenden Merkmale, explodiert hier in einer atemberaubenden Zurschaustellung künstlerischer Vielfalt. «Eleanor Rigby» verweist mit seinem drängenden, hämmernden Gitarrenquartett und seinen an Dickens-Romane gemahnenden Gestalten auf die Zeit der Gaslaternen zurück, wohingegen «Tomorrow Never Knows» mit dem Sprechgesang seiner Roboterstimme, die ein Gemenge aus Dschungellauten, Tanzbodengefiedel und sich ständig wiederholenden, wie Furunkel schmerzenden allgegenwärtigen Gitarrenmotiven überlagert, mit eindrucksvollen Gebärden auf die von Psychopharmaka bestimmte Zukunft deutet. Zwischen diesen Extremen liegen der komische Gassenhauer «Yellow Submarine» (er galt vielen als Song über Nembutal-Kapseln, die gelb und U-bootförmig sind); «For No One», ein Salonstück aus der Epoche König Edwards IV.; «Good Day Sunshine», eine kecke Varieténummer, bei der man förmlich die Strohhüte fliegen sieht, und so weiter durch die größte Vielfalt musikalischer Appetithappen, die je auf einer Pop-Platte angerichtet wurde.

Auch wenn die Beatles stets genau über die Reihenfolge ihrer Songs nachdachten, hat man beim Hören der einzelnen Nummern von Revolver den Eindruck, als setze man sich in die Mitte des Teufelsrades auf dem Jahrmarkt und werde bald hierhin, bald dahin geschleudert. Kaum hat man wieder eine Stelle gefunden, an der man sich halten zu können glaubt, fliegt man in eine völlig andere Richtung. Offenkundig braucht man bei dieser Platte etwas, um seinen Kopf zu polstern und sich innerlich so gehen zu lassen, daß man dieses haltlose Durcheinander ertragen kann, doch muß Entspannung nunmehr der Hörer leisten, denn die insgeheim in der Unterwelt des Jazz entstandene Beziehung zwischen Unterhaltungsmusik und Drogen war in den Sechzigern zur allseits bekannten Voraussetzung geworden, um eine Platte richtig genießen zu können.

Wer trug in erster Linie die Verantwortung für diese halluzinatorische LP, die so voller Illusionen war wie der Liebestunnel im Amüsierpark? Bis dahin hätte die Antwort «John Lennon» gelautet, denn zu jedem Zeitpunkt in der Geschichte der Beatles hatte er mit seinem bemerkenswerten Gespür dafür, wo die Musik und wo ihre Zuhörerschaft stand, die Gruppe auf ihre nächsthöhere Leistungsstufe gehievt. Das hatte sich jetzt geändert. Mit «Eleanor Rigby» hatte Paul als Komponist ganz und gar mit John gleichgezogen, denn trotz seines sentimentalen Klanges ist dieser Song ebenso bemerkenswert wie Lennons bester, «Tomorrow Never Knows». Außerdem, und dafür legen beide Songs Zeugnis ab, waren John und Paul nicht einfach gleich, sondern standen einander auch gegenüber, in der Kunst so unterschiedlich wie schon eh und je im Leben.

Doch es ging nicht nur darum, daß die Beatles jetzt «zweistimmig» waren. Paul war in erster Linie zuständig für den gänzlich neuartigen Einsatz von Musik und Klängen, Sprache und Texten, Produktionsmöglichkeiten und Aufnahmetechniken auf der gesamten LP. Revolver, eine eines Kolumbus würdige Entdeckungsreise auf der Suche nach einer schönen neuen Welt, bezieht ihren Lebensatem wie ihre Spannung daraus, daß Paul mit glänzenden Augen all die Wunder der Londoner Kulturszene entdeckt, jene ungeheure neue Welt, die ihm sein Aufenthalt bei den Ashers eröffnet hatte. Diese Eindrücke und Erlebnisse durchziehen jede Nummer der Platte. Der verschlossene Lennon, stets bereit, sich vor äußeren Einflüssen zu schützen, hätte sich all dem Neuen nie so weit geöffnet, wäre er dazu nicht von Paul halb verlockt und halb herausgefordert worden. Paradoxerweise führte dann Lennon, nachdem er einmal bekehrt war, die Entdeckungsreise der Beatles an ihren fernsten Punkt, doch zu jener Zeit strebte bereits alle Welt in diese Richtung.

Als die Beatles im November 1966 anfingen, Aufnahmen für die LP zu machen, aus der später das Album *Sgt. Pepper* wurde, war Paul

McCartney unausgesprochen künstlerischer Leiter der Gruppe geworden. *Pepper* war von Anfang an seine Platte. Er hatte den Einfall, schrieb zumindest die Hälfte der Songs, organisierte die Aufnahmesitzungen, überwachte das Abmischen und kümmerte sich um die Gestaltung der Plattenhülle, die neue Maßstäbe setzte. Dieser Kraftakt nahm John Lennon so mit, daß er sich bitter beklagte, Paul habe die Oberhand gewonnen, indem er vollendete Tatsachen schuf. «Wenn es Paul danach war», stöhnte John, «kam er mit zwei Dutzend guten Songs rein und sagte ‹Wir nehmen auf›, und ich mußte mit einemmal einen Riesenhaufen Songs schreiben. So war das mit *Pepper.*» Selbst wenn dieser Bericht buchstäblich stimmte, was nicht der Fall ist, wäre damit kaum ein vernichtendes Urteil über Paul gesprochen. Es bestätigt lediglich die Vermutung, daß sich dessen Kraft in erster Linie auf Johns zunehmender Teilnahmslosigkeit gründete, die zu einer Abneigung gegenüber der Arbeit und der Verantwortung geführt hatte. Was aber wäre mit den Beatles geschehen, wenn nun Paul nicht mit seinen «zwei Dutzend guten Songs» hereingekommen wäre? Ganz einfach: sie hätten die Platte nicht gemacht, die ihnen die höchste Anerkennung eingetragen hat. Außerdem wäre der träge Lennon nicht dazu angestachelt worden, einige seiner bemerkenswertesten Titel zu komponieren. Ganz offenkundig füllte Paul nur die durch Johns Apathie entstandene Lücke, um die Gruppe beisammen und in Gang zu halten.

Wer begreifen will, wie wenig aggressiv nach den Maßstäben der Rockwelt die Machtübernahme durch Paul war, braucht sie nur mit der Art zu vergleichen, in der Mick Jagger den Gründer und Leiter der Rolling Stones, Brian Jones, an die Wand gedrückt hat. In beiden Fällen war das Genie der Gruppe den Drogen erlegen und damit unzurechnungsfähig geworden, so daß sein äußerst ehrgeiziger Stellvertreter die Dinge in die Hand nehmen und das Unternehmen auf einen Kurs bringen konnte, von dem der Gründer und einstige Anführer ganz und gar nichts wissen wollte. Hier endet die Ähnlichkeit, denn Paul hat nie den geringsten Versuch unternommen, sich Lennons zu entledigen, sondern sich im Gegenteil bis in Johns letztes Lebensjahr hinein immer wieder bemüht, die alte Beziehung neu zu beleben.

Obwohl es John in keiner Weise recht war, daß Paul jetzt die Fäden in der Hand hielt, sprach er die Angelegenheit nie offen an. Statt sich mit Paul auszusprechen, wie das bei alten Weggefährten eigentlich richtig gewesen wäre, zog er sich in den Schmollwinkel zurück und stellte sich sozusagen tot. Weil er weder führen noch folgen wollte, blieb ihm keine Wahl, als sich auszublenden. Das aber erwies sich als schicksalhaftes Verhalten. Es leitete nicht nur den Prozeß ein, der schließlich zum Zerfall der Gruppe führte, sondern steht auch am Anfang des langen und tödlichen Abstiegs, der letzten Endes John Lennon zerstören würde.

John war nicht der einzige der Beatles, der bei den Aufnahmesitzungen zu *Sgt. Pepper* an Anfällen von Niedergeschlagenheit litt. Alle außer Paul waren benommen von dieser Zerreißprobe, die in der Vergangenheit nicht ihresgleichen gehabt hatte. Siebenhundert Stunden Studiozeit wurden von November 1966 bis März 1967 verzeichnet, und jede Minute davon war der Beatles-LP gewidmet, die wie alljährlich im Frühjahr herauskommen sollte. Die eigentliche Schwierigkeit bestand nicht in der Richtung, in die Paul die Gruppe führte, sondern darin, daß die Beatles sich vorgenommen hatten, ein Album zu machen, das neue Maßstäbe der Aufnahmetechnik von Pop-Platten setzen sollte, ohne sich zuvor ein Studio zu suchen, das dem damaligen Stand der Technik entsprach.

Studio 2 in der Abbey Road besaß nicht die geringste Ähnlichkeit mit einem modernen Aufnahmestudio. Es war 1931 für die Aufzeichnung von Klassik-Platten für His Master's Voice eingerichtet worden und wirkte mit seinen weißen Wänden wie ein abweisendes Kunstfilmkino, dessen Sitzreihen herausgenommen und dessen Vorführkabine beiseite geschoben worden war, so daß man sie nur über eine hohe doppelte Treppe erreichen konnte. Das Studio war unbehaglich und in technischer Hinsicht hoffnungslos veraltet. Das Steuerpult war so primitiv, daß die Techniker, wenn sie ein Routine-Playback vornehmen wollten, die Leitungen zusammenflicken mußten, was ohne weiteres eine halbe Stunde dauern konnte. Die Tonbandgeräte waren überholte Vierspur-Maschinen. Es gab keinerlei elektronische Trickmöglichkeiten, und als beispielsweise die Beatles den komischen Sprachrohreffekt für «Yellow Submarine» haben wollten, konnte der Tontechniker nicht einfach einen Filter zuschalten, sondern drückte John Lennon eine Pappröhre in die Hand, wie man sie zum Versand ungerahmter Bilder verwendet, und ließ ihn hindurch brüllen. In solchen Augenblicken befanden sich die Beatles in derselben Situation wie Funkkünstler in einem Studio der dreißiger Jahre – und genau in einem solchen waren sie ja auch!

Diese Schwierigkeiten wären einfach zu lösen gewesen; die Rolling Stones machten es längst vor. Die Beatles hätten eine Maschine nach New York oder noch besser nach Los Angeles nehmen und sich der besten Aufnahmestudios der ganzen Welt bedienen können. Wie kennzeichnend für sie, daß sie das nicht taten! Daß sie sich der von Knausrigkeit diktierten Vorschrift der EMI unterwarfen, in einem technisch überholten Studio Aufnahmen zu machen, paßt haargenau zu ihrer Haltung der Filmfirma United Artists gegenüber, wenn ihr diese Drehbücher vorsetzte, die ihnen nicht gefielen, wie auch dazu, daß sie vor ihren amerikanischen Verehrern kapitulierten, die sie auf dem Höhepunkt ihrer Laufbahn von der Bühne vertrieben. Die Beatles waren ehrgeizige, schwer arbeitende und äußerst kreative junge Männer, aber ihnen fehlten erkennbar jeglicher praktische Alltagsverstand und die Art Selbstvertrauen, die es Menschen gestattet, Forderungen zu stellen und auf ihre Erfüllung zu bestehen. Die netten Jungs des Rocks waren Bahnbrecher, aber nie Rebellen, und sie machten das Beste aus dem, was sie bekamen, auch wenn sie entsetzlich darunter leiden mußten.

Um sich ein Bild von den Beatles während der Entstehung dessen zu machen, was ganz allgemein als das bedeutendste Meisterwerk des Rock-Zeitalters gilt, muß man sie sich in den Ecken eines riesigen und trübsinnig wirkenden Raumes hockend vorstellen, ähnlich wie Bühnenarbeiter während einer Aufführung der *Götterdämmerung*. Meist hatten sie nichts zu tun und vertrieben sich die Zeit damit, daß sie Karten oder Schach spielten, Tee tranken oder weiße Bohnen auf Toast aßen und sich dabei mit Gefährten der Kindheit oder Anhängern aus Liverpool unterhielten. Währenddessen war Paul unausgesetzt in Bewegung, rannte die hohe Treppe zum Steuerpult empor, um sich rasch mit ihrem Aufnahmeleiter George Martin zu beraten, kam wieder heruntergesaust, um etwas am Mikrophon auszuprobieren, holte dann die Jungs zusammen, um zu spielen, bis es Zeit war, sich die Aufnahmen anzuhören – was wieder eine lange Pause bedeutete. Kein Wunder, daß John Lennon an manchen Abenden, wenn das Warten unerträglich wurde, unversehens aus seiner Versunkenheit hochfuhr und zum Steuerpult empordonnerte: *«Was zum Kuckuck machst du da oben! Du sollst hier nicht Frühstückspause machen, sondern durcharbeiten. Wir sind die Beatles, verdammt noch mal!»*

Um die endlosen Nachtsitzungen zu überstehen, mußten sich die Beatles stärken, und ironischerweise entstand das berühmteste Werk des LSD-Rock unter dem Einfluß eines chemischen Cocktails, der auf die Zeiten zurückgeht, als das Studio in der Abbey Road gebaut wurde. Miles kam eines Abends hinter das Geheimnis der Geduld der Beatles, als er merkte, daß sie alle ein mit weißem Pulver gefülltes und mit Korken verschlossenes Reagenzglas hatten. Als man ihm etwas davon anbot, fragte er zurückhaltend: «Was ist das?» Die Antwort überraschte ihn, denn es handelte sich um einen «Speedball», der klassische Mischung aus Kokain und Heroin.

Als sich die Beatles ins «Pepper-Land» aufmachten, ahnten sie nicht, wohin diese lange Reise sie führen würde. Statt ein durch Aufführungen bereits ausgereiftes Programm mit ins Studio zu bringen, für das die Noten schon fix und fertig vorlagen, kamen sie jetzt wie Jazz-Musiker mit einem bloßen Einfall – einem programmatischen Satz, einem kleinen Thema, einigen wenigen, auf ein Blatt Papier gekritzelten Textzeilen. Durch gemeinsame Improvisation ließen sie ihre Songs vor den Mikrophonen entstehen, unterstützt von den ein immer größeres Ausmaß annehmenden Beiträgen George Martins, der nicht einfach als Produzent fungierte, sondern auch als Komponist, Arrangeur, Aufnahmetechniker und Instrumentalist. Diese Zusammenarbeit hatte ihre guten und ihre schlechten Seiten. Der große Vorteil bestand darin, daß sie mit ihrem Verfahren, «direkt aufs Band» zu komponieren, den Zwischenschritt zwischen Einfall und Endprodukt übersprangen. Der Nachteil war, von dem ungeheuren Zeitaufwand abgesehen, daß die Empfindungen der fünf Männer, die im Studio zusammenarbeiteten, keinesfalls von selbst übereinstimmten. Häufig hatte George Martin Schwierigkeiten zu verstehen, worauf die Beatles hinauswollten, weil sie ihre Vorstellungen nur in ungenauer Laiensprache zu beschreiben vermochten. Die vier ihrerseits waren deutlich voneinander unterschiedene und ungleichmäßig begabte Individuen. Auf sich allein gestellt hätte jeder von ihnen dem Song eine andere Richtung gegeben.

Lösen ließen sich diese Schwierigkeiten nur mit Hilfe wechselseitiger Kommunikation, doch die Beatles konnten, so schlagfertig sie bei Pressekonferenzen und so mitteilsam sie unter Freunden waren, ihre aus dem Tiefsten kommenden Ideen und Ideale einander kaum vermitteln. Paul kam dem, was er anstrebte, am nächsten, indem er die Gruppe unzählige Aufnahmen seiner Melodien machen ließ, bis er damit wirklich zufrieden war. Dann wich er den Tontechnikern nicht von der Seite und überwachte jeden Augenblick des alles entscheidenden Abmischvorgangs. Für John aber war Wiederholung oder Langeweile unerträglich, er machte Schallplatten gern im Hau-Ruck-Verfahren. Wenn etwas bei den ersten Aufnahmen nicht klappte, neigte er dazu zu sagen: «Dann eben nicht, zum Teufel!» Die Strafe für diesen Mangel an Ausdauer bestand darin, daß er mitansehen mußte, wie manches dessen, was zum Besten an seinem Werk gehört, verstümmelt wurde. Auch hier schob er die Schuld ausschließlich auf Paul, indem er behauptete: «Paul kann ganz unbewußt der Versuchung nicht widerstehen, einen großartigen Song kaputtzumachen.» Am meisten schmerzte es John, daß ihm das bei «Strawberry Fields Forever» widerfahren war.

Er hatte das berühmte Stück in den sechs öden Wochen komponiert, die er während der Aufnahmen zu dem Film *Wie ich den Krieg gewann* am Originalschauplatz in Spanien verbrachte. (Obwohl er das Prinzip der spontanen Komposition in den höchsten Tönen pries und viel von ihm «geschenkten» Songs wie «Across the Universe» hielt, waren seine besten Arbeiten gewöhnlich das Ergebnis eines langwierigen Prozesses, in dem er sie reifen ließ.) Nach London zurückgekehrt, führte er George Martin den neuen Song vor, der ihn als «zart» und «feinfühlig» bezeichnete. Kaum bekamen die Beatles das Stück in die Finger, hämmerten sie es für den harten Rock zurecht. Man kann diesen Prozeß in der Einleitung geradezu nachvollziehen. Zuerst spielt Paul auf einem Mellotron tastende unirdische Akkorde, während George einer silbern klingenden indischen Tischharfe eine zauberhafte Tonleiter entlockt – beides Hinweise darauf, daß das Stück «außerhalb dieser Welt» angesiedelt ist. Dann schlägt Ringo mit seinen Maurerhänden an – und der Zauber ist dahin. Tatsächlich kann man den Beatles kaum den Vorwurf machen, sie hätten nicht gemerkt, worum es bei dem Stück ging, wenn Lennon selbst nicht wußte, was er wollte.

«Strawberry Fields» wird immer wieder als Song über Drogen oder die Kindheit oder beides bezeichnet – in Wahrheit geht es darin um John Lennons eigentümliches Empfinden gegenüber der Wirklichkeit oder, besser gesagt, *Unwirklichkeit*, denn er bestand darauf, daß man nicht sagen könne, was wirklich ist, und er meinte auch, man brauche erst gar nicht den Versuch dazu zu unternehmen. Diese Haltung ging nicht etwa auf den Gebrauch von LSD zurück, sondern hatte ihren Grund in Lennons von Halluzinationen heimgesuchter Kindheit, in der sich die vertrautesten Dinge – beispielsweise das Aussehen seines Gesichts im Spiegel – immer wieder geheimnisvoll veränderten. Für einen lebenslangen Anhänger der Selbsthypnose war die Wirklichkeit nicht etwas, das man klar und deutlich umreißen konnte, sondern etwas Fließendes.

Wer einen solchen sich ständig verändernden und nicht recht faßbaren Bewußtseinszustand beschreiben wollte, mußte als erstes eine dafür geeignete Textunterlage finden. Lennons Lösung war einfach: er ahmte die Stammelsprache der Hippies nach, der in Trance Befindlichen, die verbal immer abwechselnd einen Schritt vor und zurück taten. Die nächste Schwierigkeit lag darin, wie sich die Mehrdeutigkeit seines hin und her wandernden Geistes ausdrücken ließ. Dafür stand ihm mit seinen doppelsinnigen Wortspielen ein fertiges Werkzeug zur Verfügung. Einer der Gründe, warum ihm «Strawberry Fields» so wichtig war, lag darin, daß er hier zum erstenmal seine Wortspiele in einem Song voll auslebte. So gelingt es ihm an der berühmten Stelle über «his tree» mit Hilfe eines Wortspiels («up a tree» = in der Klemme, «out of his tree» = verrückt) die Hauptfragen zu stellen, die seinen Visionen zugrunde lagen: machen sie ihn höher oder geringer, klüger oder verrückter als Normalsterbliche? Auf jeden Fall, befindet er, machen sie ihn einzigartig.

Das zentrale Symbol, das von der Heilsarmee betreute Waisenhaus, ist letztlich Lennons Markenzeichen und Gütesiegel. Ein herkömmlicher Verfasser von Popsongs, selbst ein so genialer wie Paul McCartney, würde sich durch die Erinnerung an «Strawberry Fields» zu einem Song über die Freuden der Kindheit inspirieren lassen, ähnlich «Penny Lane», denn die Umgebung des Waisenhauses war für John das ganze Jahr hindurch Spielplatz und im Sommer einer seiner Lieblings-Aufenthaltsorte gewesen. «Der Ort hatte etwas, das ihn immer faszinierte», erinnerte sich seine Tante Mimi. «Er sah das Haus und das Gelände von seinem Fenster aus und ging gern zu dem Gartenfest, das sie jedes Jahr veranstaltet haben. Er hat immer der Blaskapelle der Heilsarmee zugehört und mich dann hingezerrt, wobei er sagte: ‹Beeil dich, Mimi – wir kommen sonst zu spät!›» (Diese hübsche Charakterskizze ist vor allem aufschlußreich wegen des Bezugs auf die Blaskapelle, die an *Sgt. Pepper* denken läßt, die Platte, für die «Strawberry Fields» ursprünglich vorgesehen war und für deren Hülle die Beatles eigentlich in den schmucklosen Uniformen der Heilsarmee hatten posieren wollen.) Johns Freude an dem Zufluchtsort seiner Kindheit zeigt sich in der unbewußten Veränderung von Strawberry Field zu Fields, ein Plural, der an die Elysischen Gefilde (Elysian Fields) erinnert.

Es ist besonders kennzeichnend für John Lennon, daß seine sehnsüchtige Erinnerung an die Kindheit mehr um ein Symbol der Qual kreist als um eins der Freude. Er wußte sehr wohl, daß die kleinen Mädchen in den blauweißen Kleidern, die ihre Strohhüte mit roten Bändern unter dem Kinn befestigten, Waisen waren wie er selbst. Strawberry Field war nicht einfach John Lennons Spielplatz, sondern sein seelisches Zuhause. Die unsichere, tastende und niedergeschlagene Stimmung, in der er einen so großen Teil seines Lebens verbrachte, ging auf den frühen Verlust der Eltern zurück. Dieses Ereignis hatte seine Chance auf ein normales Leben zerstört und ihn in die existentielle Vorhölle hinausgestoßen, die sein eigentlicher Lebensraum wurde. Die von der Platte heraufbeschworene unheimliche Welt zeigt durchaus Ähnlichkeiten mit dem im Drogenrausch Erlebten auf, doch hoben die Drogen lediglich etwas deutlicher hervor, das John Lennons natürlicher Seinszustand war.

Ihm war «Strawberry Fields» so wichtig, daß er dies eine Mal gegen die Art und Weise aufbegehrte, in der die anderen Beatles seinen Einfall verfälscht hatten. Er erklärte George Martin, das Stück komme nicht richtig heraus: es lasse keinen Aufbau erkennen, strebe keinem Höhepunkt zu und löse sich nicht so auf, wie sich das bei einer guten Komposition gehöre, auch spiegele es nicht die halluzinatorische Vision des Textes wider. Als ihm Martin beipflichtete, forderte ihn John auf, ein Arrangement von der gleichen Art wie für Pauls «Eleanor Rigby» zu machen, eine der ersten Beatles-Platten, auf der sie mit Elementen klassischer Musik gearbeitet hatten. Martin lieferte ihm eine Partitur für piepsende Trompeten und glucksende Celli, erstes und berühmtestes Beispiel eines später beliebten Genres, das man als Barock'n'Roll bezeichnen könnte. Lennon war immer noch nicht zufrieden.

Er rief an und sagte, ihm gefalle der Anfang der ersten Fassung und die Fortführung der zweiten. Gab es keine Möglichkeit, die beiden miteinander zu verbinden? Martin, den das musikalische Analphabetentum der Beatles immer wieder fassungslos machte, erwiderte kurz angebunden: «Sie haben unterschiedliche Tonarten und Tempi.» Schon einer dieser beiden Ablehnungsgründe hätte einen ausgebildeten Musiker zum Schweigen gebracht, doch John Lennon tat sie als unsinnig ab.

«Du kriegst das hin, George», schmeichelte er ihm und legte auf, bevor George Martin nein sagen konnte.

Es zeigte sich, daß er es *tatsächlich* hinbekam. Durch Ausprobieren stellte er fest, daß er die zweite, langsamere Fassung an Tonlage und Tempo der ersten heranbringen konnte, indem er sie fünf Prozent schneller laufen ließ. Der Übergang ist deutlich zu hören, er erfolgt unmittelbar, bevor die Celli einsetzen, aber wer würde das bei einem Stück voll so dick aufgetragener akustischer Effekte schon merken?

Da die Platte mit all diesen Visionen und Revisionen meilenweit von dem entfernt war, was sich John Lennon ursprünglich vorgestellt hatte, klagte er bis ans Ende seines Lebens darüber und gelobte, er werde das Stück eines Tages neu aufnehmen – und diesmal richtig. Aus Millionen Lautsprechern auf der ganzen Welt kam nicht der zarte und feinfühlige Song, der berichtet, wie sich jemand auf einer Welle von Visionen in die Kindheit zurücktragen läßt, sondern es ertönte ein phantasmagorischer Brei aus unverständlichen Bildern und in merkwürdiger Weise aufgenommenen Klängen. Wie seinerzeit «Heartbreak Hotel» übermittelte «Strawberry Fields» als Klanggemälde weit mehr denn als Aussage, und der Hörer versank betäubt in den Mahlstrom des Unterbewußten.

Letztlich mußte Lennon einsehen, daß er mit seinem Versuch, den Song aus den entstellenden Händen der anderen Beatles zu retten, lediglich erreicht hatte, daß ihn George Martin, der eigentliche Urheber des Klangs, mittels seiner Diagramme und Tonbandmaschinen noch mehr verdunkelt hatte. Mithin kann Lennons kühl-verächtliche Haltung, mit der er in späteren Jahren Martin begegnete, ebenso auf das zurückgehen, was der Produzent für seine Songs getan *hat*, wie auf das, was er *nicht* getan hat. Tatsächlich ärgerte es eigentlich alle Beatles, als Journalisten Martin den «Fünften Beatle» zu nennen begannen. Jemand anderem die Ehre zu gönnen, war etwas, das den Jungs aus Liverpool nicht leicht fiel, vor allem dann nicht, wenn sie spürten, daß die Anstrengung eines anderen Geistes sie in von ihnen noch nicht ausgelotete Gewässer lockte.

Nachdem im Februar 1967 «Strawberry Fields» und «Penny Lane» auf derselben Platte erschienen waren, wobei Paul die A-Seite zugestanden wurde, weil Brian fand, «Penny Lane» sei der Song, der sich besser verkaufen werde, mußten die Beatles beinahe wieder bei Null anfangen, weil man es im sparsamen England als unlauter ansah, auf LPs Nummern zu bringen, die bereits als Singles erschienen waren. Nachdem sie mehrere Stücke fertig hatten, auch den Song, der später das Album beenden sollte, kam Paul McCartney ein glänzender Einfall. Er schlug vor, sie könnten sämtliche Titel zu einem Konzert für Blaskapelle zusammenfassen, ganz wie in früheren Zeiten, es mit einer Ouvertüre beginnen und mit einer Reprise aufhören lassen. Sie könnten sogar, fuhr er fort, typische Namen annehmen, wie Billy Shears, und sich als Akteure in einem Stück darstellen. Ein solches dem Laientheater ähnliches Unternehmen würde ihnen sicher viel Spaß machen. Paul war gerade aus San Francisco zurückgekommen, wo Gruppen begannen, sich verrückte Bezeichnungen zu geben, wie beispielsweise «Big Brother and the Holding Company» oder «Country Joe and the Fish». Ihm fiel ein wunderbarer Titel ein, der in dieselbe Kerbe schlug: *Sgt. Pepper and His Lonely Hearts Club Band*.

Nichts konnte kennzeichnender für Paul McCartney sein als der Einfall mit *Sgt. Pepper*, denn trotz seines Interesses an den modernen Kunstrichtungen war er doch im tiefsten Herzen ein Entertainer alter Schule. Sehnsüchtig dachte er an die Welt seiner Kindheit – sein vollkommenster und am meisten zu Herzen gehender Song war seine wunderbar glänzende Vision von Penny Lane –, und am besten gelangen ihm musikalische Genreszenen, die einen typischen und beliebten Bestandteil englischen Alltags einfingen. Insbesondere konnte er nicht genug vom altmodischen Showgeschäft bekommen, wie es sich in munteren Vormittags-Radiosendungen erhalten hatte, in fröhlichen Liebesfilmen voller Witzeleien und in geschniegelt aussehenden Gesangsstars vom Typus Paul Ramones, die vor ganzen Reihen beinewerfender Revuegirls schmalzend balzten. Paul McCartney war als einer der herausragenden Männer einer Gruppe berühmt geworden, die symbolhaft für die Zukunft des Musiklebens stand, doch im tiefsten Inneren war er wie Al Jolson oder Maurice Chevalier ein Sänger von Liedern, in denen es hieß: «Freunde, das Leben ist lebenswert!»

Diesen Widerspruch verkörpert das Album *Sgt. Pepper*, das als Stimme der schönen neuen Welt der sechziger Jahre angepriesen und aufgenommen wurde und sich bei näherem Hinsehen zwanzig Jahre später nicht nur als genau in der Hauptströmung der volkstümlichen Musik liegend erweist, es reicht auch mindestens bis zu Gilbert und Sullivan zurück. Das Thema ist purer Pop: verherrlicht wird das einfache Leben einfacher Leute, und das Hauptthema schlägt mit seinem «With a Little Help from My Friends» Ringo an, der moderne Jedermann. Dieser Song war Pauls bedeutsamste Aussage und sein letzter Beitrag, bei dem ihm John ein wenig geholfen hatte. Er vermittelt in vollkommener Weise die sich selbst herabtzende Durchwurstel-Mentalität, die schon von altersher die Äußerungen des kleinen Mannes in Großbritannien über sich selbst begleitet und die auch Pauls öffentliches Auftreten zusammenfaßt – «Ich, der kleine Multimillionär». Ebenfalls entdeckt man, wenn man *Sgt. Pepper* von seiner glänzenden Verpackung befreit, hinter den strahlenden metallischen Klängen, den Hintergrund-Klanggeflechten und glatten Überblendungen, einen Stil und eine Haltung, die man eher als altväterlich denn als neuzeitlich anzusehen hat. Ein

Song wie «She's Leaving Home» ist eindeutig viktorianisch, er beschreibt eine Episode aus einem düsteren alten Melodram: heimlich verläßt das Mädchen das Elternhaus, um mit einem Autoverkäufer durchzubrennen, der vor krummen Geschäften nicht zurückschreckt, während ihre armen alten Eltern, in hohem süßlichen Falsett jammernd, zurückbleiben. Gewiß gibt es einige exotische Momente, wenn John durch den Spiegel von «Lucy» tritt und George seine indische Gebetsmatte entrollt, aber das sind nur vereinzelte fremde Gewürzkörner, die sich hier und da im hausbackenen Eintopf finden. Das ganze Album ist Paul – von Anfang bis Ende.

Dann kommt wie ein Geisterschiff mit eisverkrustetem Bugspriet die untröstliche und verzweifelnde Stimme John Lennons aus dem Nichts gesegelt. Aber auch sie hat sich schon in ihr Schicksal ergeben, in ihr schwingt der ewige Klang der Trauer, sie vermittelt einen Blick auf das Alltagsleben, wie es aus dem Massenblatt *Morning Mail* des jeweiligen Tages geschöpft wird, und er macht Pauls anheimelnde Bilder bürgerlichen Glücks im Winkel völlig zunichte. Während Lennon das surrealistische, kunterbunte Durcheinander der Zeitungsseite vor uns ausbreitet, starrt aus einer Spalte der Tod und aus der nächsten das aberwitzige Bild von viertausend Löchern in Blackburn. Der Tod wird im Zusammenhang mit den geistzerstörenden Drogen und einem Weltschmerz beschrieben, der ihn als willkommene Erlösung erscheinen läßt, und die Löcher assoziieren ein schmutziges Wortspiel. Die Brücke des Songs, ein aus Pauls Vorrat geangeltes Fragment, gestattet einen hektischen Blick auf einen weiteren gewöhnlichen Bürger, der im «Pepper-Land» frühmorgens zum Bus eilt, um rechtzeitig zur Arbeit zu kommen. Dies atemlose Stückchen, das einer Werbesendung im Fernsehen ähnelt, mischt sich mit Johns tragischem Grundton mit ebensowenig Zusammenhang wie die Zusammenstellung der Artikel auf einer Zeitungsseite. Als John sein Thema wiederholt, bringt er das vieldeutige Wort «turn on» (anschalten, auf den Geschmack bringen, mitreißen) hinzu und läßt diese kleine buntschillernde Anspielung wie ein Rad davonwirbeln, das sich rasend um seine eigene Achse dreht. Die Höllenmaschine, die jetzt so bedrohlich summt wie ein auf höchste Drehzahl gebrachter Stromgenerator, erreicht durch ihren schwindelerregenden Umlauf einen erschreckenden Höhepunkt, auf dem sie schließlich detoniert. Der letzte Akkord ertönt, von vielen Händen auf einem Klavier angeschlagen, er sinkt in sich zusammen und treibt davon wie ein Rauchwölkchen. Schließlich löst er sich zu einem E-Dur-Dreiklang auf, in der westlichen Musik üblicherweise ein Symbol für den Himmel, das Paradies.

Sgt. Pepper stieß auf ein kulturelles Klima, das von einer Vielzahl phantastischer Ideen und Glaubensrichtungen bestimmt wurde. Die von ihrem Wunsch angetriebenen Hippies, den auf Imagination gründenden Kern des Lebens wiederzufinden, rätselten im Duft von Räucherstäbchen über die verwirrende Plattenhülle, wie Mönche, die sich nicht über die Bedeutung einer allegorischen Darstellung einig werden können. Was sie hineinlasen, war genau das, was in ihren Köpfen zuoberst lag: die gerade modische Lehre von Tod und Wiedergeburt. Bei der Ausdeutung der beiden Beatles-Bilder legte jede Analyse, die in Rock-Zeitschriften oder der Untergrundpresse erschien, großes Gewicht auf den Gegensatz zwischen den düsteren schwarz-weißen Wachs-Beatles, die neben etwas standen, das wie ein Grab aussah, und den herrlich in grellbunte psychedelische Gewänder gekleideten Beatles, die aussahen wie gerade erst ihren verschrumpelten Kokons entschlüpfte Schmetterlinge, deren Flügel noch feucht sind. Triumphierend verkündeten die Pop-Päpste, die alten Beatles seien tot und begraben, die neuen wiedergeboren und auferstanden. *Pepper* war heilige Musik, eine Hippie-Auferstehung. Wie schade, daß die Platte nicht zu Ostern herauskam!

All diese weithergeholten Auslegungen fallen in sich zusammen, wenn man die Entstehungsgeschichte kennt. Der Schöpfer der Plattenhülle, der britische Popkünstler Peter Blake, erinnert sich, daß John und Paul, als sie ihn aufsuchten (auf Empfehlung Robert Frasers, eines Galeriebesitzers, der die Rockstars gern als Kunden gehabt hätte), lediglich an eine Musikkapelle in einem Park dachten. «Man könnte eine Tribüne und Zuhörerschaft hinzunehmen», sagte Blake, den die Vorstellung der «magischen Masse» (ein Einfall, den Paul gleichfalls für sich beansprucht) faszinierte: eine Fotomontage mit einer Vielzahl bekannter und unbekannter Gesichter. Blake schlug den Beatles vor, doch eine Liste mit den Menschen aufzustellen, deren Gesichter sie in der Menge sehen wollten, während Blake und Fraser ihre eigenen Listen zusammenstellten.

Paradoxerweise wählte der Maler Blake den einzigen Popsänger aus: Dion aus der Gruppe Dion and the Belmonts, zusammen mit Leo Gorcey und Huntz Hall von der Gruppe britischer Komiker The Dead End Kids, außerdem seinen Freund, den amerikanischen Popkünstler Richard Merkin. Robert Fraser, der die Pop Art nach England gebracht hatte, wählte die Maler aus, die er bewunderte, an ihrer Spitze Richard Lindner, den Vorläufer der Popmaler. George Harrison bereicherte die Sammlung um eine Vielzahl indischer Gurus, unter ihnen auch Maharishi Mahesh Yogi. Einige Gesichter, wie Lenny Bruce und Terry Southern, wurden von allen Beatles favorisiert, andere konnte man in jedem Posterladen finden. Die exzentrischste Liste stammte von Lennon, dem das Spiel große Freude bereitete. Er steuerte Jesus und Hitler bei; Aleister Crowley, Englands bekanntesten Okkultisten; Stephen Crane, einen Schriftsteller, den er danach nie wieder erwähnte; sowie Albert Stebbins, einen Fußballer, der früher für Liverpool gespielt hatte und den Freddie Lennon verehrt hatte. Ringo lieferte als einziges Mitglied der Gruppe keinen Beitrag und wies die Aufforderung dazu mit den Worten zurück: «Was die anderen haben wollen, soll mir recht sein.»

Die Zusammenstellung erfolgte beiläufig. Es gab zwar einige grobe Skizzen, aber größtenteils bestand die Arbeit darin, die Bilder zu finden und zu bearbeiten. Diese Aufgabe erledigte Blakes Frau, Jann Howarth, gleichfalls Popkünstlerin. Nachdem alle Fotos beisammen waren, wurden sie auf Lebensgröße vergrößert, auf Hartfaserplatten aufgezogen und als Umrisse ausgeschnitten. Handkoloriert und wie eine Bühnenkulisse aufgestellt, bildete das Endprodukt ein freistehendes Wandbild, weit größer, als das Foto vermuten läßt. Der der Kamera am nächsten stehende Gegenstand war immerhin sechs Meter von ihr entfernt.

Sobald die Bildwand aufgestellt war, wurden dreidimensionale Objekte vor ihr angeordnet. Jeder der Beatles brachte sein Spielzeug mit. Paul steuerte eine Sammlung von Musikinstrumenten bei. Blake besaß eine Wachsfigur von Sonny Liston, was ihm den Gedanken eingab, es könne spaßig sein, wenn die bei Madame Tussauds ausgestellten Beatles auf die in den Kostümen von Sergeant Peppers Band steckenden lebenden Beatles blickten, deren Trommel ein Kirmesmaler verziert hatte. Das (von Amerikanern als Grab mißverstandene) emblematische Blumenbeet ist ein übliches Merkmal britischer Gaststätten. Blake bestellte die Blumen auf den für die Aufnahmen vorgesehenen Abend und wollte sie, wie es üblich ist, in einem symbolischen Muster anordnen. Als die Beatles die Sitzung absagten, blieben beim nächsten Termin nicht genug Blumen, um das ursprüngliche Muster darzustellen, und so half eine fünfzehnjährige Floristen-Gehilfin, die verbliebenen Blüten in Gestalt einer Gitarre anzuordnen. Der berühmte Entwurf entstand also durch Improvisation und ganz zufällig.

Während die Beatles in ihre Arbeit vertieft waren, fiel Brian Epstein aus einer Verzweiflung in die andere. Er befürchtete, daß Außenstehende sich einmischen könnten und er die Herrschaft über das Projekt verlieren würde. Als es aber ans Bezahlen ging, wurde ihm die Sache zuviel, und er überließ sie Robert Fraser. Dieser stammte aus einer Bankiersfamilie mit guten Beziehungen zu Sir Joseph Lockwood, dem Chef von EMI, der sein eigentliches Geld mit dem Betrieb von Getreidemühlen verdiente. Fraser trat Sir Joe in EMIs eindrucksvollem Sitzungszimmer gegenüber. «Sie sind Lionel Frasers Sohn, nicht wahr?» brummte der Direktor. «Was haben Sie bei diesem Unsinn zu suchen?» Fraser stotterte und stammelte wie ein Schuljunge. «Was soll der Spaß denn kosten?» donnerte Sir Joseph.

«Fünfzehnhundert Pfund», murmelte Fraser.

«*Fünfzehnhundert Pfund!*» brach es aus dem erzürnten Mann heraus. «Dafür engagiere ich das London Symphony Orchestra!» (Tatsächlich wurde er als nächstes aufgefordert, genau das zu tun.)

Lockwood hatte gute Gründe, wütend zu sein: Plattenhüllen von LPs wurden bei EMI gewöhnlich von der graphischen Abteilung für etwa fünfundzwanzig Pfund zusammengestoppelt. Erst als sich die Beatles bereit erklärten, dem Unternehmen die fünfzehnhundert Pfund vollständig zurückzuzahlen, sollten von der Platte nicht mindestens hunderttausend Exemplare abgesetzt werden, erklärte sich Sir Joseph zur Zahlung dieses exorbitanten Betrages bereit. Auch Fraser bekam seinen Zorn zu spüren, denn der gewitzte Sir Joseph Lockwood fragte ihn: «Wer ist eigentlich der Fotograf, dieser Michael Cooper? Haben Sie da auch die Hand im Spiel?» Cooper arbeitete tatsächlich mit Fraser zusammen.

Am 30. März 1967 stellten sich die Beatles in Michael Coopers Atelier in der Flood Street 1 in Chelsea ein, legten die schmucken Uniformen von Musikern des neunzehnten Jahrhunderts an, die die Theateragentur Burman's aus schreiend bunten Atlasstoffen hatte schneidern lassen, wie sie gewöhnlich in Operetten Verwendung finden, und die mit ausgefallenen Tressen und Verschnürungen geschmückt waren. Auch die Kopfbedeckungen und die orangegelben Lacklederstiefel waren eigens für diese Gelegenheit angefertigt worden.

Der Fototermin dauerte drei Stunden. Während die Beatles in verschiedenen Stellungen posierten, erfüllten Robert Frasers Begleiter die Luft mit dem verlockenden Duft marokkanischen Haschischs. Die Beatles begeisterte die Sache so sehr, daß sie immer noch mehr hinzufügen wollten. Statt einer einzigen LP planten sie jetzt ein Doppelalbum, dessen Hülle wie ein zu Weihnachten an den Kamin gehängter Strumpf mit Hippie-Spielzeug angefüllt werden sollte: mit Uniformabzeichen, einem T-Shirt und Ausschneidepuppen. Als man das bei EMI erfuhr, begannen die Alarmglocken zu schrillen.

Lord Shawcross, einer der Direktoren des Unternehmens, erhob sogleich Einwände. Ein Doppelalbum kam überhaupt nicht in Frage. Wenn man alle möglichen Sachen in die Hüllen stopfte, ließen sich die Platten unmöglich stapeln. Am schlimmsten war in seinen Augen die Absicht, die Hülle mit Bildern berühmter und unbekannter Unterhaltungskünstler zu schmücken. Jeder einzelne von ihnen könnte EMI verklagen. Das Unternehmen würde ein Vermögen mit Rechtsstreitigkeiten verlieren. Er sah das ganze Projekt gefährdet. Diese Argumente beeindruckten Brian (der sich von Anfang an dem Gedanken widersetzt hatte) so sehr, daß er versuchte, die Beatles von ihrem Herzenswunsch abzubringen. Als sie einfach nicht auf ihn hörten, geriet er in Panik, rief Wendy Hanson an und forderte sie auf, sogleich zu ihm zu kommen, um die Fragen im Zusammenhang mit den zu veröffentlichenden Fotos zu klären.

Den ganzen folgenden Monat verhandelte Wendy Hanson mit Agenturen und Managern, um die erforderlichen schriftlichen Einverständniserklärungen für die Abbildungen zu erhalten. Einige der Stars, wie Shirley Temple, die jetzt als Mrs. Black eine bedeutende

Position bei den Vereinten Nationen bekleidete, stellten eine Vielzahl schwer zu beantwortender Fragen. Andere waren nicht erreichbar, wie Karlheinz Stockhausen, der sich auf einem Boot im Pazifik befand. Leo Gorcey führte sich auf wie ein Kellerkind und wollte Geld. Sein Bild wurde ebenso weggesprüht wie das Gandhis, das für diese Umgebung als zu ehrwürdig angesehen wurde. Hitler blieb, aber Jesus verschwand wegen Johns berüchtigter Äußerung. Der Sexstar Mae West beantwortete den Formbrief mit einer herausfordernden Frage: «Was sollte ich wohl in einem Club der einsamen Herzen?»

Das letzte Gefecht tobte um die Frage, welche der am Projekt Beteiligten namentlich aufgeführt werden sollten. Zuerst erklärte Paul rundheraus: «Keiner!» Dann überredete Robert Fraser ihn, Peter Blakes und Michael Coopers Arbeit durch einen solchen Hinweis anzuerkennen. Doch sonst widerfuhr diese Ehrung niemandem außer George Martin, obwohl eine Unzahl von Musikern, Technikern und anderen Hilfskräften zum Gelingen des Projekts beigetragen hatten. «Paul mag die Leistung anderer nicht anerkennen», erklärte Fraser, «damit die Leute denken, daß er alles selbst gemacht hat.» Der Tag war nicht mehr fern, an dem dieser Eindruck gerechtfertigt wäre.

Sgt. Pepper war der Ruf, der auf der ganzen Welt gehört wurde. Über Nacht ließ der Erfolg der Platte den Ruhm der Beatles erneut erstrahlen: nur war der Ruhm der Band nun mit einem psychedelischen Glanz versehen. Das Album ist ein Denkmal der sechziger Jahre und strahlt die Erregung einer Zeit aus, die den Eindruck hatte, die ganze Welt um seine Knöpfe drehenden und Pillen einwerfenden Finger wickeln zu können. Obwohl sich die Päpste der Hippie-Bewegung bemühten, die Platte mit einer Vielzahl gewichtiger Bedeutungen zu befrachten, ging ihr Erfolg auf denselben unerklärlichen Zauber zurück, der dafür sorgt, daß aus einer Melodie ein Ohrwurm wird. In jenem Sommer hörte man *Pepper* überall, und die Discjockeys wirbelten die Platte herum, als handele es sich um eine Single mit einem Erfolgstitel auf beiden Seiten, ein Tribut an Pauls Geschicklichkeit, aus diesem Sammelsurium nicht ganz zueinander passender Melodien ein nahtloses Ganzes zu machen.

Doch erwies sich sein Triumph als Pyrrhussieg, denn *Pepper* steht am Anfang jenes tödlichen Streits zwischen den Anführern der Beatles, der letzten Endes dazu führen sollte, daß das Publikum auf die bedeutendste Songs schreibende und Platten aufnehmende Gruppe der neueren Zeit verzichten mußte. Lennons Zorn war entfacht. Ein weiteres Jahr würde er noch vor sich hin glosen, dann aber mit einemmal aufflammen und alles auslöschen, was die vier in einem vollen Jahrzehnt mühevoller Arbeit, strenger Selbstzucht, enger Zusammenarbeit, nicht nachlassender Inspiration und vor allem vollkommener Hingabe an das Ideal, zur absoluten Spitze im Popgeschäft vorzudringen, erreicht hatten. *Pepper* liegt noch ganz obenauf.

DER SOMMER DER LIEBE

Im Sommer 1967 ging man ins Speakeasy, einen Kellerclub, der sich in der Margaret Street 30, unmittelbar hinter Oxford Circus, etabliert hatte. Ursprünglich mit an die schwarzen Wände gemalten Porträts Al Capones und einem von einem Kranz gekrönten Sarg als Empfangstisch im Bonnie-und-Clyde-Stil eingerichtet, hatte das Lokal seine Eröffnung mit einem Fest zum Gedenken an das Valentinstags-Massaker gefeiert. Doch als die Hippies begannen, ganz wie die verrückt gewordene Ophelia, blumenstreuend, flöteblasend und Kinderreime plappernd durch London zu ziehen, befanden seine geschäftstüchtigen Betreiber, ein rascher Wechsel sei angezeigt. Sie schwangen den Zauberstab ihrer Laune – und husch, ihre Untergrundhöhle ward ein indischer Pavillon, dessen Wände Stoffe in Paisley-Mustern bedeckten und in dem es von Rosa, Orange und Grün nur so strahlte. Die Verwandlung hatte sogleich Erfolg.

Allabendlich strömte gegen Mitternacht über die Treppe, die einst als Kohlenrutsche gedient hatte, die Beat-Elite herbei. Londons führende Groupies, die kostenlos Zutritt hatten, um mit ihren hübschen Gesichtern und Körpern die Stars anzulocken, paradierten durch Bar und Restaurant auf dem Weg zum kleinen Hinterzimmer. Dort thronten auf bequemen Sofas und Sesseln die Fürsten der Rock-Welt: John und Paul, Mick und Keith, Pete und Moonie – einer wie der andere stoned, starrten sie skeptisch auf eine winzige Bühne, auf der jeden Abend ein neues Rock-Wunder präsentiert wurde.

Das konnte beispielsweise Jimi Hendrix sein, der den Super-Sexhelden spielte. Er trug eine prunkvolle Militäruniform, sein im LSD-Rausch erstarrtes Gesicht krönte eine elektrisierende Afrofrisur. Er führte all die sich windenden, bedrohlich wirkenden Kobra-Bewegungen aus, bei deren Anblick der Zuschauer Elvis Presley für einen Opa halten mußte. Besonders gern stieß er sich seine Stratocaster-Gitarre zwischen die Schenkel und mähte mit dem Schwung seines gewaltigen, kreischenden elektrischen Pimmels die jungen weißen Engländer vor der Bühne nieder, während er dem Instrument eine Vielzahl Mark und Bein durchdringender Eisenzeit-Laute entlockte, wie sie sich niemand je hätte träumen lassen.

An einem anderen Abend konnte dieser neue Star Arthur Brown sein, der König der englischen Hippies, der in fließenden Stammesgewändern, auf dem Gesicht eine Silbermaske und auf dem Kopf ein Paar gewundener Hörner, aussah wie ein grausamer Maya-Häuptling, der zum Opfer schreitet, oder wie ein Oberteufel, der im Begriff steht, die Walpurgisnacht zu feiern. (Er beschränkte seine Auftritte nicht auf die Bühne. Eines Abends betrat er das Hinterzimmer im Kostüm eines chinesischen Kriegers und schwang dazu einen afrikanischen Speer, einen Assegai. Als er Kit Lambert erspähte, den Co-Manager der Who, schleuderte er die Waffe, die zitternd in der Tischplatte stecken blieb. Lambert wich voll Entsetzen zurück: Er hatte in Ostafrika beim Kampf gegen die Mau-Mau-Krieger miterlebt, wie einer seiner Offizierskameraden von eben einem solchen Speer durchbohrt worden war.)

Sarah Kernochan, die später für die Regieassistenz in *Marjoe* einen Oscar bekam, erinnerte sich, daß am zweiten Abend ihrer Tätigkeit als Kellnerin im Club die Beatles erschienen. «Sie waren einheitlich gekleidet und trugen entweder indische Gewänder oder Samtanzüge, damals im Swinging London der übliche Stil. Drei Wochen, nachdem ich da angefangen hatte, trug jeder Glöckchen um den Hals. John war dauernd von Mädchen umgeben. Er stopfte sie förmlich in sein Gesicht hinein und versuchte, sich so vollständig wie möglich mit Mädchen zu bedecken.»

Ihre Erinnerung an John Lennon während jenes Sommers der Liebe läßt ein Bild von ihm in der Öffentlichkeit erkennen, das sich stark von jedem anderen unterscheidet, das er früher gezeigt hatte. Noch wenige Jahre zuvor, als er ins Ad Lib zu gehen pflegte, hatte er stets «ganz für sich allein» in einer Ecke gesessen, und, wenn etwas seinen Zorn erregte, gewalttätig reagiert. Jetzt schien er verwandelt zu sein.

Tatsächlich war nicht zu übersehen, wie sehr sich John verändert hatte. Ivan Vaughan, ein Jugendfreund, der während der Aufnahmesitzungen zu *Pepper* viel mit ihm zusammengewesen war, merkte an: «Noch vor ein paar Jahren legte er die alte feindselige Haltung an den Tag und weigerte sich, mit jemandem zu sprechen, war grob und unverschämt, knallte die Türen. Jetzt kommt es glatt vor, daß er zu Leuten sagt: ‹Komm rein und setz dich›.»

Pete Shotton begrüßte Johns Veränderung, die bestätigte, was er schon immer gesagt hatte, nämlich daß sein Freund im Grunde seines Herzens ein liebenswerter Mensch sei. «Heute will John nicht mehr dauernd was beweisen», äußerte er. «Er ist nicht darauf angewiesen, die Nummer eins zu sein – deswegen ist er so glücklich.» Sogar John selbst feierte seinen Sinneswandel, indem er das Titellied für den Sommer der Liebe schrieb: «All You Need Is Love.»

Er selbst führte den revolutionären Wandel seines Charakters auf das LSD zurück und behauptete, die Droge habe ihm eine neue Dimension der Wahrnehmung eröffnet und ihm Zugang zu einem philosophischen Geist vermittelt. John Dunbar unterstützte das mit der Erklärung, John sei von der Erdenschwere der Vergangenheit befreit und befinde sich auf einer höheren geistigen Ebene. In Wirklichkeit hing dieser bemerkenswerte Wandel weniger mit dem LSD als solchem zusammen, als mit der Menge, die er davon zu sich nahm. Auf dem Höhepunkt seiner Drogensucht konsumierte er es in geradezu unvorstellbaren Mengen. «Ich hab bestimmt an die tausend Trips geschmissen», gestand er, «und das Zeug die ganze Zeit wie Zucker gefressen.» Bei einem so intensiven Konsum bleiben dem Gehirn die vier oder fünf Tage Ruhezeit versagt, die es benötigt, um sich von einer Dosis zu erholen. Täglicher Gebrauch von LSD ermöglicht keine Reisen mehr, sondern führt zu einer Wirkung ähnlich der des XTC, der «Liebesdroge». Statt in seiner Vorstellung Feuerräder zu sehen, fühlt sich der Berauschte allem um sich herum in liebevollem Einssein verbunden, ähnlich Titania in Shakespeares *Sommernachtstraum*, die im Liebeswahn einen Esel umarmt.

Ohne seine Liebesdroge hätte John nie an der munteren Maskerade des Sommers der Liebe teilzunehmen vermocht, denn wenn er auch zu den größten Helden der sechziger Jahre gehörte, ein Kind der Liebe war er nicht. Seiner geistigen Machart nach ähnelte er eher den Zornigen Jungen Männern der fünfziger Jahre, mit denen er sich auch häufig verglich, oder der Ich-Generation, deren narzißtisches Treiben er bis zum Schluß verkörperte und verteidigte. Seinem Wesen entsprach keiner der Werte, die die Hippies auf ihre Fahnen geschrieben hatten – sich gehen lassen, jeden lieben, einfache Freuden genießen und mit den Händen arbeiten, bei einem großen Fest das Ich aufgeben und mit der Menschheit verschmelzen – doch erfaßte er, der sich selbst oft als Journalisten bezeichnete, die jeweils herrschende Stimmung sehr wohl. So muß er mit großer Erleichterung entdeckt haben, daß es eine Möglichkeit für ihn gab, mit der Menge mitzuhalten – er mußte nur brav seinen Zucker essen.

Cynthia zeigte sich von dieser plötzlichen Veränderung im Wesen ihres Mannes verblüfft. Der John, den sie kannte, war stets äußerst ungesellig gewesen, vor allem hatte er nie Gäste im Hause haben wollen. Mit einemmal, erklärte sie, «brachte er häufig nach Tonaufnahmen oder nach einem Nachtclub-Besuch einen ganzen Schwanz von Leuten mit nach Hause, die er unterwegs aufgelesen hatte, ohne einen von ihnen zu kennen. Sie waren einer so hinüber wie der andere und brachten die Nacht mit Trinken und in wilden Delirien zu, hörten laut Musik, plünderten die Lebensmittelvorräte und pennten überall, wo Platz war. Dabei wußte ich nicht mal, wer sie waren.» Ihr war klar, daß sie gute Miene zu diesem Spiel machen mußte, wenn sie nicht vollständig ausgeschlossen bleiben wollte, und nachdem John sie immer wieder aufgefordert hatte, doch auch LSD zu nehmen, versuchte sie es erneut. Das führte wieder zu einem Alptraum, in dessen schlimmsten Bildern ihr John als «eklige Schlange» oder als «riesiges Maultier mit rasiermesserscharfen Zähnen» erschien, «das mich heimtückisch ansah und auslachte».

Johns unersättlicher Appetit auf LSD führte als nächstes zu einer der verschwiegensten Operationen der Beatles: der Großen Acid-Schmuggel-Expedition. Ziel dieser Unternehmung war es, bis ans Lebensende genug des besten auf dem Markt erhältlichen LSD zu bekommen, das Erzeugnis aus Augustus Stanley Owsleys III. berühmtem Geheimlabor. Den Deckmantel dafür lieferte das Pop-Festival von Monterey. Die Beatles schickten einen Kameratrupp hin, obwohl sie genau wußten, daß eine amerikanische Firma die Filmrechte erworben hatte. Das umfangreiche Gepäck der Kameraleute sollte ihnen als Versteck für die Ware dienen. Als die Männer nach einer, wie es schien, vergeblichen Reise nach London zurückkehrten, brachten sie in ihren luftdichten Objektivbehältern eine große Menge der unvorstellbar starken, klaren Flüssigkeit mit; und Ende Juni standen auf John Lennons Regal zwei Halbliter-Flaschen mit nahezu reinem LSD.

Schließlich entledigte sich John in jenem Sommer seiner Familie, indem er sie nach Pesaro an der italienischen Adria in Urlaub schickte. Nun, da er wie ein Junggeselle leben konnte, verbrachte er den größten Teil seiner Zeit mit John Dunbar, dessen Ehe mit Marianne Faithfull zu Ende war, seit sie mit den Stones auf und davon gegangen war. Jeden Nachmittag erregte Lennons großer Rolls-Royce gewaltiges Aufsehen in der Bentinck Street, wo Dunbar bei seinen Eltern lebte. Den Lack der einst schwarzglänzenden Luxuslimousine hatten bei den Filmarbeiten in Spanien Sand und Schotter zerkratzt, und als Lennon ankündigte, er werde das Fahrzeug neu spritzen lassen, schlug Ringo vor, er solle das wie bei einem Kirmeskarussell machen. Ein Bühnenbildner der BBC verwandelte den Rolls-Royce mit Hilfe einer Spritzpistole in das berühmteste Symbol des Flower Power: eine kürbisgelbe Kutsche, das Dach trug die Tierkreiszeichen, die Seiten waren mit roten Blumensträußen verziert, wie man sie auf alten Teedosen findet.

Sah der Wagen schon von außen merkwürdig aus, so war der Blick von innen noch ungewöhnlicher. Lennon hatte es sich angewöhnt, jedem, der sich auf den Rücksitz zu ihm setzte, aus einer Thermosflasche mit LSD versetzten Tee einzugießen, und so verwandelte sich bei einer Fahrt aufs Land auf dem Weg durch die Vororte alles, was außerhalb der getönten Scheiben lag, in eine Zauberwelt. Nicht nur der Gesichtssinn war davon betroffen, auch der Zeitsinn wurde grundlegend umgekrempelt und das ganze Dasein auf das Tempo der Melodie verlangsamt, die immer und immer wieder aus den Stereolautsprechern ertönte: «Whiter Shade of Pale.»

Hatte John hingegen Unfug im Kopf, schaltete er die unter den vorderen Kotflügeln verborgenen leistungsfähigen Lautsprecher ein. Aus ihnen ertönten die Laute von Tieren auf dem Bauernhof, hörte man landende Flugzeuge oder Peter Sellers, der eine Parodie auf eine Wahl-Rundfunkrede hielt. Lennon wälzte sich vor Lachen auf dem Rücksitz, wenn höchst realistische Eisenbahngeräusche Fußgänger im Laufschritt schutzsuchend in Ladeneingänge trieben.

Während jenes verrückten Sommers begann die Kunst das Leben zu diktieren. Jeder Tag brachte irgendeine verblüffende Neuigkeit. Eines Abends sahen Lennon und Dunbar im Wohnzimmer in Kenwood, wie auf dem Bildschirm des im Kamin stehenden Farbfernsehers unversehens ein Räucherstäbchen schwingender Trupp Ausgeflippter mit bemalten Köpfen erschien, die in einem viktorianischen Vergnügungspalast eine Orgie feierten. Als Lennon und Dunbar ihren erschlafften Geist darauf konzentrierten, erkannten sie, daß es sich um das Alexander Palace handelte, wo der *Fourteen-Hour Technicolor Dream* stattfand. Sogleich ließ Lennon seine Aschenputtel-Kürbiskutsche vorfahren, und als die beiden Abenteurer in dunkle Umhänge gehüllt das im Norden der Stadt auf einem Hügel gelegene riesige alte Gebäude erreichten, fanden sie darin zu ihrem Erstaunen einen Jahrmarkt vor, der so riesig war, daß eine Rockgruppe an einem Ende der Halle spielen konnte, ohne die Klänge einer anderen am entgegengesetzten Ende zu stören. In der Mitte stand eine etwa zwanzig Meter hohe Rutschbahn, über die Ausgeflippte wie Kinder auf einem Spielplatz heruntergeschossen kamen. Über die Wände taumelten die amöbenförmigen Umrisse und explodierenden Facettenaugen einer unglaublichen Light-Show. Neben einem Iglu-Nachbau verteilten Hippies Bananenschalen, mit deren Hilfe man zu einem wunderbar sanften Rausch gelangen konnte. Nachdem im Verlauf dieser einen Nacht zweiundvierzig Gruppen gespielt hatten, begrüßte die Band Pink Floyd von einem Gerüst vor einem Rosettenfenster aus den jungen Morgen mit «The Piper at the Gates of Dawn».

Daß es ein so paranoider Mensch wie John Lennon fertigbrachte, eine so wirre Gesellschaft zu ertragen, war ein weiteres der vom LSD bewirkten Wunder. Doch bald begann er unter einer neuen Befürchtung zu leiden: daß man ihn verdächtigen könnte, er stehe beständig unter dem Einfluß von Drogen. Um seine geistige Verstörtheit zu verbergen, wandte er einen einfachen, aber wirkungsvollen Trick an. Sprach ihn ein Fremder an, *lächelte* er einfach. «Wenn du einen glücklichen Eindruck machst, stellt dir niemand Fragen», erläuterte er Dunbar die Angelegenheit und bewies damit sein immer wieder eindrucksvolles Verständnis für die menschliche Psyche. Allerdings ähnelte Lennons Lächeln, wie Dunbar anmerkte, eher einer Grimasse. Wenn er in seinen langen schwarzen Umhang gehüllt auf einen Unbekannten zutrat und seine Zähne entblößte, sah das eher so aus, als heiße Graf Dracula auf seinem Schloß in den Karpaten einen Gast willkommen.

Die langen schwarzen Mäntel, in die sich die englischen Rockstars zu jener Zeit hüllten, waren nur ein Bestandteil der extravaganten Garderobe, mit der sie ihre Phantasien ausdrücken wollten. Auf den Dachböden wurden die Deckel von Großvaters Kleiderkisten aufgerissen, und bald schon war die Erscheinung eines Londoner Rockstars so ungewöhnlich wie früher die eines gefeierten Opernsängers. Ziel der Hippie-Mode war es, geschickt die ungewöhnlichsten Dinge zu etwas zusammenzustellen, was neuartig und überzeugend wirkte. Für dieses Kombinationsspiel bewies niemand größeres Gespür als John Lennon. Er schien sich auch in extravaganter Kleidung nie zur Schau zu stellen, und wenn er einmal nicht richtig angezogen erschien, waren das Gelegenheiten, bei denen er tragen mußte, was ein anderer entworfen oder zusammengestellt hatte. Bei der Feier anläßlich der Pressevorstellung von *Sgt. Pepper* war er der am exzentrischsten, aber zugleich auch am geschmackvollsten gekleidete Mann im ganzen Raum. Er trug ein geblümtes grünes Rüschenhemd, eine braune Cordhose, gelbe Socken und Cordschuhe. Dem Ganzen gab er mit einem Sporran den letzten Pfiff, einer Felltasche, die Hochlandschotten vorn am Kilt tragen. Als ein Reporter wissen wollte, was der solle, bekam er eine jener unendlich vernünftig klingenden Antworten, die den Fragenden sprachlos machten: «Meine Hose hat keine Taschen, da ist so ein Sporran praktisch für meine Zigaretten und die Hausschlüssel.»

Die muntere Maskerade des Sommers der Liebe hielt nicht länger an als das ungewöhnlich warme Wetter. Nachdem Lennon und Dunbar unzählige Trips geschmissen hatten, brannten sie allmählich aus. Zuerst verblaßten die lebhaften Farben und unerhörten Halluzinationen, die sie ursprünglich in ihren Bann geschlagen hatten, bis aus ihnen wieder das Licht des Alltags wurde. Dann entdeckten sie, daß sie ihren Geschlechtstrieb eingebüßt hatten. (Dunbar bezeichnete Lennon in dieser Phase als «mönchisch».) Schließlich merkten sie, daß ihnen der aufrechte Gang schwerfiel. Jedesmal, wenn sie high waren, mußten sie sich in der Hüfte vorbeugen und wie Menschenaffen auf allen vieren herumgehen. Noch schlimmer waren die immer wiederkehrenden Angstanfälle. Dunbars lebhafteste Erinnerung an Lennon bezieht sich auf eine solche Gelegenheit. Er geriet in Panik, doch John beugte sich zu ihm hinüber und sagte: «Das geht uns allen so.»

Während sich John Lennon mit Hilfe des LSD von der Alltagswelt abkoppelte, betrieben Yoko Ono und Tony Cox ihre Karriere mit der Präzision zweier synchron laufender Motoren. Im Januar 1967 hatten sie eine Wohnung in Hanover Gate Mansion Nr. 25 bezogen, einem aus der Zeit König Edwards stammenden vornehmen Wohnblock mit schmiedeeisernen Balkonen und einem vergoldeten Aufzug, der frei durch das Treppenhaus schwebte. Die Wohnungen im Gebäude sollten in nächster Zeit in Eigentum verwandelt werden, und so standen einige für eine Weile leer. Gegen eine Miete von rund zweihundert Pfund im Monat standen Yoko und Tony sechs hohe stuckverzierte Räume zur Verfügung, deren hohe Fenster sich zum Regent's Park hin öffneten. Das auf der anderen Seite des Korridors gelegene Gegenstück zu dieser Wohnung bezog ihr Freund aus Japan, Dan Richter, der gerade für Stanley Kubricks Film *2001 – Odyssee im Weltraum* die erste Szene mit den Affen choreographierte und dabei den Oberaffen spielte.

Yoko ließ die ganze Wohnung weiß streichen und den Salon mit einem weißen Teppichboden auslegen. Um den Eindruck nicht zu stören, wurden keine Möbel hineingestellt. Tag und Nacht kam ein endloser Strom von Besuchern in die Wohnung, meist Avantgarde-Künstler, redeten, aßen, tranken Tee oder schlossen Geschäfte ab – auf dem Boden sitzend. «Yoko hielt hof», erinnerte sich Richter, «während Tony pausenlos unterwegs war. Man hatte beständig den Eindruck, daß er alles und sie nichts tat. Aber wahrscheinlich hat sie mehr getan als er, denn sie ist von einer eisernen Entschlossenheit und gibt nie auf... Tony hielt sich im Hintergrund. Sein Name stand nicht einmal auf den Plakaten. Er erledigte alle anfallenden Arbeiten, organisierte und verkaufte. Seiner Rolle haftete nichts Künstlerisches an, er fungierte als ihr Promoter... Sie führte sich die ganze Zeit auf wie eine Prinzessin und ließ sich gern bedienen – schließlich stammt sie aus einer Samurai-Familie!... Die Rolle der grauen Eminenz hinter dem Thron gefiel Tony, und es machte ihm Spaß, hinter den Kulissen etwas zustande zu bringen. Sie sahen einander als ebenbürtig an... Immer brauchten sie was, mal eine Nebelmaschine, dann wieder dreihundert Scheren... Tony fragte mich regelmäßig, ob ich aus dem Studio eine Kamera mit nach Hause bringen könne, oder falls ich eine hatte, ob ich eine zweite kriegen könnte... Einmal klopfte es, und die Leute aus der Wohnung unter ihnen standen vor der Tür und sagten, bei ihnen sei gerade die Decke runtergekommen. Wir kletterten durch ein Fenster nach nebenan und stellten fest, daß in der Nachbarwohnung niemand da war und eine Badewanne überlief, wohl schon seit Tagen.»

Tonys größte Gabe bestand darin, Geld aufzutreiben. «Tony ging in eine Bank», erinnerte sich Dan Richter, der einmal aufgefordert worden war mitzukommen, «und sagte dem Mann am Schalter, daß er Angestellter einer ausländischen Filmfirma sei. In zwei Tagen werde ein Akkreditiv von der und der Bank eintreffen, und er wolle deshalb ein Konto eröffnen. Nachdem er sich schon zum Gehen umgedreht hatte, ließ er beiläufig fallen, er hätte gern ein Scheckheft, um schon mal anfangen zu können. Auf so was waren die Engländer nicht eingestellt... Tony hat immer einen harmlosen und ehrlichen Eindruck gemacht... Er kann einem ohne mit der Wimper zu zucken in die Augen sehen und dabei lügen... Sein Geheimnis ist eine geradezu religiöse Überzeugungskraft – glühend, unmittelbar, man kann nichts dagegensetzen. Er ist der Alptraum jedes Bankdirektors.»

Tony bequatschte ein leichtgläubiges Opfer dazu, Geld für einen Film bereitzustellen, den er zusammen mit Victor Musgrave produzieren wollte, einem Mann von vielerlei Gaben. Er war Journalist, Kritiker und Lyriker; Galerieleiter und Filmemacher; psychosomatischer Heiler und Schachmeister. Sein Hauptbeitrag zu dem Film bestand darin, daß er sein Haus im vornehmen Stadtteil Mayfair als Studio zur Verfügung stellte. Ursprünglich war dafür der Titel *Film No. 4* vorgesehen, doch das Publikum lernte ihn als *Bottoms* (Hintern) kennen. Er sollte in einer die ganze Leinwand ausfüllenden Nahaufnahme 365 sich bewegende nackte Hinterteile zeigen. Um in kurzer Zeit eine ausreichende Zahl von freiwilligen Darstellern dafür aufzutreiben und diese zu filmen, brauchten Yoko und Tony Cox Hilfe. Sie hatten kurz zuvor ein junges Paar aus Kalifornien kennengelernt, Tim und Robin Rudnick, und boten ihnen als Gegenleistung für ihre Mithilfe bei diesem Film kostenlose Unterkunft in der Wohnung am Hanover Gate an.

Zuerst arbeiteten sie im UFO (Unlimited Freak Out), seiner Eigenwerbung nach «Londons erster psychedelischer Tanzsaal». Ursprünglich hatte er sein Domizil in einem finsteren Kellerraum in Covent Garden, und die damals noch völlig unbekannte Gruppe, die dort spielte, war Pink Floyd. Dort hatte Yoko auf einer der vier kleinen improvisierten Bühnen ihren Auftritt. Dazu wählte sie einen Mann und eine Frau aus dem Publikum aus, steckte sie Rücken an Rücken in einen Sack und forderte sie auf, über ein Mikrophon ihre Empfindungen zu beschreiben. Ein anderes Mal schnitt sie mit einer Schere, an der ein Kontaktmikrophon angebracht war, von einem jungen Mädchen ein Papierkleid herunter, so daß, während Yoko zum Entzücken des Publikums das Mädchen bis auf die Unterwäsche freischnipselte, jeder Schnitt ein lautes metallisches Geräusch erzeugte. Eines Abends sah die Menge voll Staunen, daß John Lennon zusammen mit Yoko erschien und um freiwillige Darsteller für den *Film No. 4* warb.

Wen es überrascht, daß sich so viele Menschen förmlich darum rissen, ihr Hinterteil filmen zu lassen, der wird die Geschichte des Franzosen ebensowenig verstehen können, der all seinen Freunden und Bekannten als Weihnachtskarte ein Foto seines Pos schickte – etwas, das Yoko und John 1972 übrigens nachahmten. Befragt, warum er das tue, gab er zur Antwort, erstens sei das Hinterteil meist besser in Schuß als das Gesicht, zweitens biete man mit ihm den großen Vorzug von etwas Neuem, und drittens bedeute eine Aufnahme des Hinterteils ein intimeres Geschenk als eine unseres Gesichts, denn das sehe jeder, während das Hinterteil nur zu sehen bekomme, wen wir lieben. Wie auch immer – eine große Zahl von Künstlern, Autoren, Mannequins und andere entblößten vor Yokos Kamera ihren Hintern.

Die Art, wie Tony die Sache anpackte, war typisch für seine Arbeitsweise. Ein bis spät in die Nacht verkehrender Kleinbus-Pendeldienst brachte die Freiwilligen vom UFO-Club zum Haus in Mayfair und zurück. Gleich nach der Ankunft wurde der Gesäß-Darsteller in eine kleine Garderobe geführt, wo man ihn bat, sich von der Hüfte abwärts aller Kleidungsstücke zu entledigen. Dann brachte man ihn in das Aufnahmeatelier, ein von Wandleuchtern mit Seidenschirmen erhelltes kleines Wohnzimmer mit einem behaglichen Kamin. In seiner Mitte stand eine Drehscheibe von einem Meter achtzig Durchmesser. An ihrem Rand wurde die zu filmende Person von einer L-förmigen Konstruktion um die Taille gehalten, deren Schenkel wie die Zinken einer riesigen Vorlegegabel aussahen. Vor dem Gesicht des Betreffenden hing ein weißes Tuch, das als Hintergrund diente, hinter seinem Rücken stand eine Filmleuchte und eine Sechzehn-Millimeter-Kamera auf einem Stativ. Einige Minuten vergingen damit, daß man den Darstellern erklärte, wie sie sich auf der Drehscheibe zu bewegen hätten, und sobald dies zufriedenstellend klappte, ließ Tony etwa zwanzig Sekunden lang Film durchlaufen.

Bottoms erwies sich als eines jener Werke, deren ursprüngliche Absicht – Yoko erklärte, es habe sich dabei um eine «von Menschen mit ihrem Anus unterzeichnete ziellose Petition» gehandelt – bei der Aufnahme durch die Öffentlichkeit der unwichtigste Faktor war. Es «bedeutet» ausschließlich das, was ihm Publikum, Presse und die Filmzensur, die damals in Großbritannien noch aktiver war, unterlegten. Die Zensurbehörde stieß dem Filmchen die Türen zum Ruhm auf, indem sie seine Aufführung untersagte. Tony ärgerte sich krank darüber; er sah das Verbot als Brüskierung durch die bürgerliche Gesellschaft an. Yoko demonstrierte vor den Diensträumen des Filmzensors und bat um Unterstützung durch Gleichgesinnte, doch niemand meldete sich. Als sie mit einem Arm voll Narzissen ankam, die sie verteilen wollte, wurde sie zu ihrer großen Freude, während siebzehn Polizisten sie mißtrauisch beäugten, von einem Trupp Reporter und Fernsehleute erwartet. Noch am selben Abend wurde ihr Auftritt im Fernsehen gezeigt, und das Londoner Büro des Nachrichtenmagazins *Time* schickte einen Bericht an seine Redaktion nach Amerika.

Am 8. August wurde *Film No. 4* mit einer Sondererlaubnis des Greater London Council erstmals im Jacey Tatler an der Charing Cross Road im Rahmen einer Wohltätigkeitsveranstaltung für das Institut für zeitgenössische Kunst gezeigt. Die Vorstellung begann eine halbe Stunde vor Mitternacht. Viel Prominenz war anwesend. *Bottoms* war ein Film so recht nach dem Herzen der Engländer, denn in keinem Land wird analer Humor so hoch geschätzt. Schon der erste Blick auf all diese Hinterteile – groß oder klein, flach oder gewölbt, birnen- oder herzförmig, hell oder dunkel, bloß oder behaart, makellos oder mit Flecken hier und da – ließ das Publikum in brüllendes Gelächter ausbrechen. Trotz vernichtender Kritiken lief *Film No. 4* eine ganze Saison lang, zuerst im Jacey Tatler und dann im Time-Kino in der Nähe der Baker Street. John Lennon sah in diesem Film, den er *Viele glückliche Enden* nannte, eine urkomische Bestätigung seiner Überzeugung, daß Yoko ein verkanntes Genie sei.

BRIANS ENDE

Brian Epstein war zu keinem Zeitpunkt seines Lebens so unglücklich wie im Sommer der Liebe. Er hatte zu Jahresanfang verkündet, er wollte die Leitung von NEMS abgeben, weil er seine ganze Befriedigung aus der Arbeit mit Cilla Black und den Beatles ziehe. Um sein einst blühendes Geschäft stand es so schlecht, daß er gezwungen war – nachdem man ihm zu dessen besten Zeiten einmal zwanzig Millionen Dollar dafür geboten hatte –, einen Anteil von einundfünfzig Prozent für eine magere halbe Million Pfund an Robert Stigwood zu verkaufen, den Manager der Bee Gees. Zu jener Zeit vertraute sich Brian dem Psychiater Dr. John Flood an, und dieser wies ihn ins Priory ein, ein Sanatorium in der Nähe Roehamptons.

Brian, der chronisch unter Depressionen und Schlaflosigkeit litt, hatte mit zahlreichen Drogen experimentiert, unter anderem auch mit Heroin. Er hatte in seine konservativen gestreiften Maßanzüge eine in mehrere Fächer unterteilte Innentasche einarbeiten lassen, von denen jedes eine andere Pille aufnahm: ins erste Fach kam Preludin, ins zweite Seconal, ins dritte Carbrital, ins vierte Biphetamin, ins fünfte LSD usw. So brauchte er selbst bei völliger Dunkelheit und ganz gleich, wie umnebelt sein Gehirn sein mochte, nur in die Tasche zu greifen, um die richtige Droge für die nächste Runde seines chemischen Auf und Abs zu ertasten.

Da er die Qualen des Entzugs nicht ertragen mochte, entschied er sich für eine Schlafkur. Eine ganze Woche lang war er bewußtlos und wurde intravenös ernährt, während sich sein Körper auf sein neues chemisches Gleichgewicht einstellte. Als er aufwachte, fühlte er sich nicht viel besser als zuvor. Wie der große Charlie Parker über eine ähnliche Kur zu berichten wußte: «Sie können es dir aus dem Körper rausholen, aber nicht aus dem Kopf.» Brians Kopf belastete besonders der Gedanke, daß sein Vertrag mit den Beatles noch im selben Jahr auslaufen sollte, nämlich am 8. Oktober 1967.

Finanziell brauchte er sich keine Sorgen zu machen, denn er hatte sie beachtlich übers Ohr gehauen, als er im November des Vorjahres ihren neuen Vertrag mit EMI ausgehandelt hatte, der eine Laufzeit von neun Jahren haben sollte. Obwohl ihm klar war, daß er die Gruppe möglicherweise nicht länger als das laufende Jahr betreuen würde, hatte sich Brian auf alle Zeiten fünfundzwanzig Prozent von deren Einnahmen gesichert. Keiner der Beatles hatte sich die Mühe gemacht, den Vertrag zu lesen, denn schließlich hatten sie ihm immer voll und ganz vertraut. War Brian nicht ein vollkommener Gentleman? Liebte er seine Jungs nicht mehr als sein Leben? Was hatten sie zu befürchten? Als sie später erfuhren, welch falsches Spiel er mit ihnen getrieben hatte, waren sie zutiefst entsetzt. Sie hatten keine Ahnung gehabt, daß er so fürchterliche Angst vor der Zukunft haben könnte.

Ob ihn die Beatles auf die Straße gesetzt hätten, ist eine Frage, die sich nicht einmal zu diesem späten Zeitpunkt mit Sicherheit beantworten läßt. Sein Nachfolger Allen Klein erklärte, Brians Tage seien gezählt gewesen, aber diese Information hatte er von John Lennon, der stets das sagte, wovon er annahm, daß sein Gegenüber es hören wollte. Da Lennon für Kleins Einstellung verantwortlich gewesen war, könnte es sein, daß er den Eindruck hatte erwecken wollen, dieser hätte die Stelle auf jeden Fall bekommen, unabhängig von Brians Schicksal. Auf der anderen Seite hatte sich Paul immer stärker in Brians Geschäftsführung eingemischt, weil er durch dessen Beziehung zu John seine Interessen gefährdet sah. Barry Miles war bei einer geschäftlichen Besprechung zwischen Paul und Brian, die gegen Ende des Sommers der Liebe stattfand, anwesend, möglicherweise der letzten. Brian war in Pauls neu eingerichtetes Haus in St. John's Wood gekommen, um mit ihm über das Projekt der Fernseh-Show der Beatles, *Magical Mystery Tour*, zu reden. Brians Hauptsorge schien dabei zu sein, daß alle Beatles dabei möglichst gleichmäßig gut herauskamen: «Wir müssen für Ringo mehr zu tun finden...

Wir sollten zusehen, daß wir John da mit reinbringen... Das hier könnte George prima machen.» Offenkundig bestand Brians vornehmliche Aufgabe gegen Ende seiner Managerzeit darin, dafür zu sorgen, daß jeder der vier glücklich war, und das tat er, indem er ihr empfindliches Ego streichelte. Diese Rolle schätzte Paul, der Diplomat, am ehesten, weil ihm sehr daran gelegen war, zumindest den Anschein der Einigkeit zu bewahren, denn das bot ihm die Möglichkeit, der Kraftprobe mit John aus dem Wege zu gehen, der im Umgang täglich schwieriger wurde. Zu einem Zeitpunkt, da die Existenz der Beatles als Gruppe auf dem Spiel stand, hätte Paul keinesfalls den Mann entlassen, der ihre Solidarität verkörperte.

Im Juli starb Brians Vater plötzlich während eines Urlaubs in Bournemouth. Mit Brian ging es sofort bergab; er zeigte täglich andere Symptome seines schlechten Zustandes. Als seine Mutter Queenie klagte, ihr falle die Decke auf den Kopf, drängte Brian sie, ihn in seinem eleganten weißen vierstöckigen Haus in Belgravia zu besuchen und bei ihm zu wohnen. Es stammte aus der Zeit kurz nach der Jahrhundertwende und lag in der Chapel Street 24, nahe der irischen Botschaft. Brian hatte, dabei von dem allgegenwärtigen Ken Partridge unterstützt, auf die Ausstattung dieses Hauses große Mühe verwendet. Das Wohnzimmer war hell und luftig, an den Wänden hingen venezianische Gemälde und Bilder von Malcolm Lowry, der damals gerade in Mode kam. Das Eßzimmer war ganz in grüner Seide ausgeschlagen, und um den Tisch standen sechs exquisite Stühle, deren halbrunde Lehnen mit einer Intarsienarbeit aus Turmalin, Korallen, Jade und Türkis ausgelegt waren. Partridge hatte für Brian auch einen Carver-Sessel aufgetrieben, eine wahre Rarität, in den sich eines Abends Ringo bei einem späten Essen gelümmelt hatte, ein Bein über die Lehne gehängt, während er eifrig die Schmucksteine aus der Lehne des ihm zunächst stehenden Stuhls puhlte. Als Brian ausrief «Laß das!» blaffte ihn John Lennon an: «Verdammt noch mal, er hat dafür *bezahlt*! Er kann damit tun, was ihm Spaß macht!»

Die Anwesenheit seiner Mutter bedeutete eine ungeheure Belastung für Brians üblichen Lebensstil, aber er zeigte sich ihr gewachsen. Statt um drei Uhr morgens aus den Spielclubs heimzukommen und sich bei Morgengrauen voll Drogen zu pumpen, um schlafen zu können, kehrte er zu den Gepflogenheiten seiner Kindheit zurück. Er erwachte, wenn Queenie morgens das Zimmer betrat und die Vorhänge aufzog. Mutter und Sohn frühstückten im Schlafzimmer, Brian im Bett und sie an einem daneben stehenden Tischchen. Anschließend nahm er ein Bad, rasierte sich, kleidete sich ordentlich und ging wie jeder andere erfolgreiche Geschäftsmann ins Büro. Abends kehrte der Herrscher über das Reich NEMS brav zum Abendessen heim, statt bei einem üppigen Souper mit viel Wein jemanden zu verführen oder sich in der Nachbarschaft von Piccadilly Circus auf der Suche nach willigen starken Männern eine Nacht um die Ohren zu schlagen. Er saß mit Mütterlein bis zehn vor dem Fernseher, anschließend tranken sie eine Tasse Kakao und gingen schlafen.

Als Queenie am Donnerstag, dem 24. August, das Haus verließ, seufzte Brian erleichtert auf. Endlich konnte es wieder losgehen. Noch am selben Abend soupierte er mit Simon Napier-Bell, dem jungen, gutaussehenden Manager der Yardbirds, einem ausgesprochen aufdringlichen Menschen, der aus Brian alles herausholen wollte, was sich über die Beatles in Erfahrung bringen ließ.

Daheim in der Chapel Street versuchte Brian mehrfach, Napier-Bell zu verführen. Dieser fand ihn zwar nicht anziehend, wollte aber unbedingt die Beziehung fortsetzen, weil das einem Mann seines Berufs unverkennbare Vorteile bot. Er lehnte die Einladung Brians ab, das Wochenende mit ihm in Sussex zu verbringen, erklärte sich jedoch bereit, am darauffolgenden Wochenende dorthin zu kommen. Als er witzelte: «Du mußt aber versprechen, mich nicht zu belästigen», rief Brian mit einem bedeutungsvollen Blick in die grünen Augen seines Gastes aus: «Großer Gott, das könnte ich nie! Außerdem, denk doch, wieviel Spaß es machen würde, mich zu bremsen.»

Während Brian versuchte, jemanden in sein Bett zu bekommen, strebten die Beatles nach dem Nirwana. An jenem Abend besuchten sie einen Vortrag des Maharishi Mahesh Yogi, den die Londoner von Plakaten in der U-Bahn kannten, auf denen er sein Buch *The Science of Being and the Art of Living* (Die Wissenschaft des Seins und die Kunst des Lebens) anpries. Der heilige Mann hatte verkündet, der erhabene Augenblick sei gekommen, da er der Eitelkeit der materiellen Welt entsagen und sich in das makellose Schweigen zurückziehen müsse, in dem allein man das Om zu hören vermag. Patti und George Harrison, die dem Guru bereits in Indien und später bei Sitzungen seiner Bewegung zur spirituellen Erneuerung begegnet waren, erklärten den anderen Beatles, es sei für sie die letzte Gelegenheit, zu Füßen des Meisters zu sitzen.

Als sie im Hilton-Hotel an der Park Lane eintrafen, wo der Maharishi residierte, war der Ballsaal bereits überfüllt. Inder in farbenfreudigen Kunstfaser-Anzügen und Inderinnen in Nylon-Saris drängten sich Schulter an Schulter mit unauffällig gekleideten Briten. Die Beatles wurden in die vorderste Reihe geführt, wo eine Gruppe von Anhängern des Meisters mit niedergeschlagenen Augen, die gewölbten Handflächen nach oben gedreht, im Lotossitz saß. Der heilige Mann betrat die Bühne in indischen Gewändern, die sich deutlich von den dunklen Nadelstreifenanzügen seiner britischen Jünger abhoben. Er setzte sich in der Mitte eines aus Sesseln gebildeten Halbkreises auf ein Stück Hirschleder und gebot fünf Minuten schweigender Meditation. Während die Beatles befangen zusahen, peinlich berührt von dem leisen Getratsche der alten Damen um sie herum, steigerte sich die Spannung, bis der Meister schließlich sprach.

Mit hoher Stimme warb er, sich selbst immer wieder mit einem merkwürdigen Kichern unterbrechend, für die transzendentale Meditation. «Sie allein», verkündete er, «bringt dem Menschen die vollständige Erfüllung seines Lebens.» Die transzendentale Meditation verlange lediglich «eine halbe Stunde pro Tag», und ihre Wirkung sei sogleich zu spüren. «Die Verjüngung ist da!» begeisterte sich der Mönch. «Nach zwei oder drei Tagen verändert sich das Gesicht eines Menschen.» Diese Behauptung ließ wohl jeden der Beatles sofort den Blick auf das Gesicht des Alten richten. Weiß Gott, eine Schönheit war er nicht mit seiner breiten Nase, dem langen fettigen und ungekämmten Haar und seinem Bart, der ihm wie eine dicke weiße Baumwollflocke am Kinn saß. Aber der Mann hatte recht! Auf seinem Gesicht lag *tatsächlich* ein Leuchten.

Er verströmte solche Zuversicht, daß die Beatles, kaum hatte der Yogi seine Ansprache beendet, auf die Bühne stiegen und sich ihm, während seine in dunklen Anzügen steckenden Begleiter die Gläubigen auf Distanz hielten, als seine jüngsten Bekehrten vorstellten. So etwas ließ sich der Maharishi nicht entgehen und lud seine weltberühmten Novizen ein, ihn am folgenden Tag in seinem privaten Eisenbahnwagen zu begleiten, der ihn nach Bangor in Wales bringen sollte, wo er einen fünftägigen Kursus abhielt. Entzückt nahmen die begeisterten jungen Popstars die Einladung an und kehrten aufgeregt miteinander redend von ihrer ersten Unterredung mit dem Meister heim.

Am folgenden Nachmittag trafen sie in Begleitung Mick Jaggers und Marianne Faithfulls auf dem ihnen angegebenen Bahnsteig des Bahnhofs Paddington ein. Von Presse und Fernsehen belagert, mußten sie sich zum Salonwagen des Gurus durchkämpfen. Erleichtert stiegen sie ein, als plötzlich Cynthias verzweifelte Schreie «*John! John!*» an ihr Ohr drangen. Ein Polizist, der sie für eine Verehrerin hielt, hatte sie nicht durchgelassen. Gerade, als sie laut rufend den Bahnsteig entlang gerannt kam, begann sich der Zug in Bewegung zu setzen.

John steckte den Kopf zum Fenster hinaus und rief ihr zu: «*Lauf, Cynthia, lauf!*» Sie tat, was sie konnte, schaffte es aber nicht.

Am Samstag sprach der Maharishi vor seiner Anhängerschaft im Hörsaal einer Lehrerbildungsanstalt. Er saß auf einem Sofa, eingerahmt von den berühmtesten jungen Männern Englands. Als das Publikum Fragen stellen durfte, erfuhren die Beatles erstaunt, mit welcher Feindseligkeit und welchem Mißtrauen die britische Presse dem heiligen Mann entgegentrat. Als Meister der Pressekonferenz begannen sie die spöttischen Fragen der Reporter abzuwehren und beantworteten sie mit solchem Schwung, daß die Anhänger des Maharishi spontan Beifall klatschten. Dann platzte die Bombe, und die Presseleute bekamen den Lohn für ihr langes Ausharren. Die Beatles ließen durch Paul McCartney verkünden, sie würden hinfort auf Drogen verzichten. «Diese Erfahrung ist jetzt abgeschlossen», sagte er, «wir brauchen das nicht mehr. Wir denken, daß wir neue Wege finden, dorthin zu gelangen.» Mit dieser öffentlichen Absage an die Drogen, die von den Medien weithin verbreitet wurde, wollten die Beatles die Welle negativer Publizität eindämmen, die zu Beginn des Sommers über sie hereingebrochen war, als Paul vor Reportern der amerikanischen Zeitschrift *Life* gesagt hatte, er habe mit LSD experimentiert. Jetzt wusch der Diplomat der Beatles sich und die Gruppe wieder rein.

Der Sonntag war dies eine Mal wie ein heiliger Tag. Die Beatles spazierten mit ihren Damen umher, unter ihnen auch die inzwischen eingetroffene Cynthia, und unterhielten sich über das großartige neue spirituelle Abenteuer, auf das sie sich nun einlassen wollten. Bald würden sie nach Indien aufbrechen, zum Ashram des Maharishi am Fuß des Himalaya. Dort, in der spirituell aufgeladenen Atmosphäre, würden sie in die letzten Mysterien des Kultes eingeweiht. Danach...

Das beharrliche Klingeln eines Telefons in einem nahegelegenen Wohnheim störte den Sonntagsfrieden. «Da sollte wohl besser jemand abnehmen», mahnte George.

Jane Asher ging hin. Peter Brown war am Apparat und sagte: «Hol Paul.» Als sich dieser meldete, sagte Brown mit trauerumflorter Stimme: «Ich hab schlechte Nachrichten.»

Am selben Freitag nachmittag, an dem die Beatles mit dem Maharishi London verlassen hatten, war Brian Epstein in seinem silberfarbenen Bentley-Cabrio, das Verdeck zurückgeschlagen, zu seinem Landsitz Kingsley Hill in Rushlake Green in der Grafschaft Sussex aufgebrochen. Dort wollte er das Wochenende mit Peter Brown und dem alten Freund und Kollegen Geoffrey Ellis verbringen. Wendy Hanson zufolge sollte an jenem Abend eine Orgie mit einigen aus der Stadt heranzuschaffenden jungen Männern steigen. Leider blieben diese aus, und so fand Peter Brown, als er zum Abendessen kam, Brian in trübsinniger Stimmung vor, die durch die Unmengen Bordeaux, die er trank, nicht besser wurde. Nach dem Essen hatte er mehrfach in London angerufen und versucht, noch einige junge Männer herbeizuzitieren. Als keine dieser Bemühungen Erfolg zeigte, stieg er, betrunken wie er war, in seinen Wagen und fuhr zur Stadt zurück. Peter Brown, der sich Sorgen machte, rief gegen Mitternacht in der Chapel Street an. Er erfuhr vom Butler Antonio Garcia, Brian sei wohlbehalten angekommen und habe das Haus gleich wieder verlassen.

Am Samstag wachte Brian erst nachmittags um fünf auf. Er rief Peter Brown an, der noch immer auf Brians Landsitz war, und sagte, er werde jetzt frühstücken, die Post durcharbeiten, etwas fernsehen und dann wieder nach Sussex hinauskommen. Brown, den der benommene Klang seiner Stimme beunruhigte, riet ihm, nicht selbst zu fahren, sondern den Zug zu nehmen. Das versprach Brian auch. Doch an jenem Abend kam er nicht.

Erst am Sonntag mittag machte sich jemand die Mühe festzustellen, was mit ihm geschehen war. Angesichts dessen, daß er am Samstag abend in Kingsley Hill eintreffen sollte, ist das ziemlich merkwürdig. Besonders unglaubwürdig klingt, daß Peter Brown, der sich am Vorabend so beunruhigt gezeigt hatte, nicht gleich ans Telefon gegangen war, um herauszufinden, was seinem Freund widerfahren sein mochte.

Brown zufolge rief der Butler erst ihn und dann Joanna Newfield an, Brians Sekretärin, um ihnen mitzuteilen, Brian sei seit dem Vorabend nicht aus seinem Schlafzimmer gekommen. Er habe sich dort eingeschlossen und die Sprechanlage abgeschaltet. Joanna erfaßte sofort, welche entsetzliche Möglichkeit sich dahinter verbergen konnte, und versuchte mit Brians Arzt, Norman Cowan, Verbindung aufzunehmen. Dieser aber machte, wie sich zeigte, Ferien in Spanien. Als nächstes rief sie bei Alistair Taylor an, Brians ältestem Angestellten, und dieser erklärte sich bereit, zu ihr in die Chapel Street zu kommen.

Als sie dort eintrafen, hatte inzwischen Peter Brown – der mit Geoffrey Ellis in einer Gaststätte in der Nähe von Kingsley Hill zu Mittag gegessen hatte – zurückgerufen und mit dem Butler gesprochen. Brown meinte, es gebe keinen Grund zur Panik – eine eigentümliche Haltung für einen Mann, der schon einmal Brian unter ähnlichen Umständen dem Tode nahe aufgefunden hatte. Dennoch erklärte Brown, Antonio brauche nichts zu befürchten, und forderte ihn auf, Alistair Taylor anzurufen, um ihm zu sagen, es gebe keinen Grund zu kommen. Joanna aber gab sich damit nicht zufrieden und rief Brown selbst an. Dieser änderte jetzt seine Haltung abrupt und riet ihr, *nicht* Norman Cowan anzurufen – von dem Brown annahm, er befinde sich in London –, sondern statt dessen seinen eigenen Arzt, John Gallway, der angeblich «zwei Ecken weiter in Belgravia» wohnte. In Wirklichkeit waren es bis zu dessen Wohnung in Ovington Garden 23 im Stadtteil Knightsbridge mehrere Kilometer.

Als Dr. Gallway eintraf, traf er auf eine Gruppe ratloser Menschen – den Butler Antonio und seine Frau Maria, Brian Barrett, den Chauffeur, Alistair Taylor und Joanna Newfield. Die eichene Doppeltür zu Brians Schlafzimmer war abgeschlossen, und so laut sie sich auch bemerkbar machten, konnten sie ihn nicht wecken. Als Joanna erneut Brown anrief, sagte dieser, Gallway solle die Tür aufbrechen. Er blieb am Telefon, während Antonio und Barrett gegen die eichenen Türflügel anrannten, hörte das Stöhnen der Dienstboten und das Krachen des Holzes.

Sobald die Tür geöffnet war, betraten Joanna und Dr. Gallway das abgedunkelte Schlafzimmer. Joanna sah, daß Brian im Schlafanzug in Embryohaltung auf der rechten Seite lag. Bevor sie genauer hinsehen konnte, packte der Arzt sie und schob sie mit Nachdruck aus dem Zimmer. Ohne jedes Anzeichen von Bestürzung verkündete sie den Wartenden: «Alles in Ordnung. Er schläft. Ihm fehlt nichts.»

Doch was Dr. Gallway sah, war keineswegs in Ordnung. Blut war aus Brians Nase gelaufen, und das Laken unter ihm war von Ausscheidungen getränkt. Sein Herz stand still. Die Todesursache schien offensichtlich: wohin der Blick des Arztes fiel, sah er Tabletten, Tabletten, Tabletten – in Röhrchen und Schächtelchen, auf Regalen und in einem Schränkchen neben dem Bett. Ein klarer Fall von Selbstmord.

Als Dr. Gallway aus dem Schlafzimmer kam, sah er Joanna zufolge «ganz weiß und erschüttert» aus. Er teilte den Anwesenden mit, daß Brian tot war und griff dann zum Telefonhörer, der noch auf dem Tisch lag. «Er brachte kein Wort heraus», schrieb Brown. In dem Augenblick hörte er Maria aufkreischen: «*Warum? Warum?*»

Alle kamen rasch zu dem Ergebnis, daß Brian Epstein sich umgebracht haben mußte. Hatte er nicht schon mehrere Selbstmordversuche unternommen? Diese Deutung jedoch wies der Befund des Pathologen bei der gerichtlichen Untersuchung der Todesursache zurück. Zwar führte er den Tod auf eine Arzneimittelvergiftung zurück, wies aber darauf hin, daß keineswegs die für einen Selbstmord erforderliche massive Dosis eingenommen worden sei. Eine Untersuchung von Brians Mageninhalt ergab, daß er gegen seine Schlaflosigkeit sechs Carbrital genommen hatte, vermutlich sein übliches

Quantum, denn er war so an das Mittel gewöhnt, daß er Mengen einnahm, die der tödlichen Dosis nahekamen. Mithin, schloß der Pathologe, habe Brian versehentlich eine Überdosis eingenommen und sei an deren Folgen gestorben. Der für die Ermittlung der Todesursache zuständige Gerichtsbeamte schloß sich dieser Ansicht an, in Scotland Yard hingegen hatte man Zweifel – sie waren berechtigt.

Die wahren Umstände im Zusammenhang mit Brian Epsteins Tod wurden absichtlich verschleiert. Den Schlüssel dazu lieferte Brian Sommerville, der Anwalt, der 1964 Öffentlichkeitsarbeit für die Beatles geleistet hatte. Er enthüllte in einem für dieses Buch durchgeführten Tonbandinterview, Brian Epstein habe die letzte Nacht seines Lebens keineswegs allein zugebracht, sondern in Gesellschaft eines Angehörigen des königlichen Wachregiments, mit dem ihn Sommerville bekannt gemacht hatte. Dieser Mann habe Brians Tod entdeckt. Aufgefordert, weitere Einzelheiten bekanntzugeben, weigerte sich Sommerville, wies aber darauf hin, daß es sich keinesfalls um Selbstmord handelte, und fügte hinzu, selbst wenn man den Gardisten entdecke, werde dieser unter keinen Umständen reden.

Brians Anwalt David Jacobs berichtete Wendy Hanson, daß er als erster nach Brians Tod dessen Schlafzimmer betreten habe, obwohl niemand etwas über seine Anwesenheit gesagt hatte. Er rühmte sich sogar, von Brians Bett einen von Pauls ehemaliger Haushälterin verfaßten Klatschartikel entfernt zu haben, der in der italienischen Presse erschienen war. Es ist wenig wahrscheinlich, daß sich Jacobs mit einer solchen unbedeutenden Vorsichtsmaßnahme begnügte. Sicher wußte er, wie man das Urteil des Gerichts beeinflussen konnte, indem man die Indizien so arrangierte, daß ein Unfall als Ergebnis der Untersuchung herauskam. Obwohl die im Schlafzimmer aufgefundene Unzahl von Tabletten und die Cognacflasche neben dem Bett im Untersuchungsbericht eine wichtige Rolle spielten, erwähnt der Bericht des Pathologen keinerlei Alkohol im Körper und keinerlei erwähnenswerte Mengen irgendeines anderen Mittels als der Schlaftabletten.

Da die in Brians Körper vorgefundene Menge davon nicht unbedingt tödlich war, erhebt sich die Frage, ob andere Umstände seinen

Tod herbeigeführt haben, der letztlich auf Anoxie zurückging, eine ungenügende Sauerstoffversorgung des Gewebes und damit auch des Gehirns.

Unter den Homosexuellen Londons zirkulierten Gerüchte, Brian Epstein sei unter einer Maske auf seinem Gesicht erstickt. Ein solcher Tod würde keine Hinweise auf Gewalteinwirkung zeigen und keine verräterischen Spuren hinterlassen. Sofern man alle Hinweise auf Sadomasochismus, Frauenkleider oder sonstige Beweismittel verschwinden ließ, würden die mit der Untersuchung der Todesursache Betrauten nichts finden können.

Paradoxerweise starb der Mann, der möglicherweise die Hinweise auf Brians «Erstickungstod» beseitigt hat, nur sechzehn Monate später selbst an Anoxie. Ein Dienstbote fand ihn erhängt in der Garage seines Wochenendhauses in Hove an der Südküste Englands. Die Parallele ging sogar noch weiter, denn wie Brian Epstein hatte David Jacobs einen auf Drogenmißbrauch zurückgehenden Zusammenbruch erlitten und war im Priory behandelt worden. Nach seiner Entlassung legte er Symptome extremen Verfolgungswahns an den Tag und ließ sich nicht von der Behauptung abbringen, sechs prominente Vertreter des Showgeschäfts trachteten ihm nach dem Leben. Wendy Hanson erfuhr von mit ihr befreundeten Homosexuellen, Jacobs sei im Verlauf eines sadomasochistischen Rituals dadurch ums Leben gekommen, daß ihm jemand einen entsetzlichen Streich spielte. Er hatte sich eine Schlinge um den Hals legen lassen, um die Erektion eines Erhängten hervorzubringen, und einer seiner Folterer trat den Schemel unter den Füßen fort. Bald darauf sei der Freund des Anwalts untergetaucht, wie Mario Amaya sagte.

Das letzte Wort in dieser Angelegenheit gebührt Simon Napier-Bell. Dieser gewitzte Bursche hielt sich in Irland auf, als die Nachricht von Brian Epsteins Tod an die Öffentlichkeit gelangte. Er eilte sofort nach London zurück, weil er annahm, dieser habe vielleicht eine Nachricht auf dem Anrufbeantworter seiner neuen Flamme hinterlassen. Sein Instinkt hatte ihn nicht getäuscht: Es war nicht nur eine, sondern eine ganze Reihe von Mitteilungen auf dem Gerät. Die erste stammte vom Freitag morgen, vor Brians Aufbruch aufs Land, und die nächste vom selben Abend, nachdem er nach

London zurückgekehrt war. Zwischen ihr und dem letzten Anruf am späten Samstag abend, der kurz vor seinem Tod erfolgte, lagen noch verschiedene andere. Das Verblüffendste an diesen hinterlassenen Nachrichten war, wie (zweifellos unter dem Einfluß von Drogen) aus Mitteilungen, die Brians neuestem Gegenstand der Zuneigung galten, Botschaften wurden, die nur für seine größte Liebe bestimmt sein konnten. Napier-Bell schrieb: «Brian fand das Leben öde und trostlos. In Nordwales stand der kichernde Guru im Begriff, ihn des letzten Rests an Einfluß auf den Menschen zu berauben, der in Brians Leben die größte Rolle gespielt hatte. Ich war nicht der einzige, der an jenem Wochenende fortgefahren war.» Da der Adressat dieser wichtigen Botschaften beschloß, sie nicht weiterzugeben, sondern mit ihrer Hilfe lediglich seine Leser auf die Folter spannen wollte, können wir Brians letzten aufgezeichneten Worten nur nahekommen, indem wir wiedergeben, welchen Eindruck ihr Empfänger von der ganzen Serie von Mitteilungen hatte:

> Nach dem Abendessen am Freitag war er von seinem Landhaus zurückgekehrt und hatte mich angerufen. «Ich hatte eine Vorahnung, daß du zurückgekommen wärst, um mich zu besuchen. Wenn das der Fall ist, ruf mich bitte sofort zurück. Bitte.»
>
> Später hatte er erneut angerufen. «Du hättest nicht fortfahren sollen.» Seine Stimme war undeutlich. «Ich hatte dich gebeten, nicht zu fahren. Ich dachte, ich hätte dich umgestimmt. Ich möchte noch mal wie vorher mit dir sprechen.»
>
> Es folgte eine ganze Reihe von Botschaften, die am Samstag aufgesprochen worden sein mußten. Einige schienen nicht für mich bestimmt zu sein, ich ziehe es jedenfalls vor, das anzunehmen. Die letzte war besonders verworren und schien Dinge anzusprechen, die in keiner Verbindung mit unserer kurzen Beziehung standen.
>
> Mag sein, daß es einfach daran lag, daß ich einen Anrufbeantworter hatte und der Maharishi in seiner Abgeschiedenheit nicht.

Mag sein.

EINE DREIECKSBEZIEHUNG

Die Liebesbeziehung Brian Epsteins, auf die Simon Napier-Bell so zurückhaltend verweist, war natürlich die mit John Lennon. Da Napier-Bell aus erster Hand die Gerüchte kannte, die in Londons Homosexuellenszene kursierten, wußte er wahrscheinlich von der Sache, bevor er Brian kennenlernte. Selbst, wenn das nicht der Fall gewesen sein sollte, wäre sie aus Brians Worten beim Abendessen klar geworden. So erklärte er, er befürchte, «John auf immer verloren» zu haben, ohne jedoch zu sagen, worauf seine verzweifelte und liebeskranke Stimmung zurückging.

Yoko Ono erzählte Marnie Hair, John sei kurz vor Brians Tod in die Chapel Street gefahren. Irgend etwas hatte seine Begierde entflammt, und er hatte sich aufgeführt wie immer, Brian am Arm gepackt, ihm diesen hinter den Rücken gedreht und ihn damit gezwungen, sich nach vorn zu beugen. Gerade als John im Begriff stand, mit Brian anal zu verkehren – oder es bereits tat –, kam Queenie, die das Gerangel gehört hatte, ins Zimmer. Voll Entsetzen sah sie, auf welche Weise ihr Sohn da belästigt wurde, und eilte hinaus, um die Polizei zu rufen. John bekam das mit und geriet in Panik. Er rannte aus dem Haus, sprang in seinen Wagen und ließ sich zu Peter Browns Haus in Mayfair fahren. Dort platzte er unangekündigt beim geschäftlichen Berater der Beatles herein und verlangte, dieser möge sofort Vorkehrungen treffen, ihn aus dem Lande zu schaffen.

Inzwischen traf die Polizei – wie schon häufig aus ähnlichen Gründen – in der Chapel Street 12 ein, wo Brian sie ausgesucht freundlich empfing. In feinstem Englisch versicherte er den Beamten, es handele sich bei dem Anruf um einen Fehlalarm. Seine Mutter, um deren Gesundheit es seit dem kürzlichen Dahinscheiden seines Vaters nicht zum besten stehe, habe ihn bei einem freundschaftlichen Gebalge mit einem alten Bekannten überrascht und die Situation völlig falsch verstanden. Er bat die Polizisten um Entschuldigung und begleitete sie zur Tür hinaus.

Als die Presse John Lennon nach Brians Tod über die näheren Umstände befragte, käute er für die Öffentlichkeit eine Aussage des Maharishi wieder: der Tod sei das Tor zu einem besseren Leben. Im tiefsten Herzen aber ängstigte er sich, denn Brian war für ihn wie eine Mutter gewesen, hatte ihn getröstet, vor der Welt abgeschirmt und aus Schwierigkeiten befreit. Diese Ersatzmutter war jetzt tot. «Ich hatte solche Angst!» gestand er später und fügte hinzu: «Ich dachte, jetzt ist mit uns alles aus!» Wahrscheinlich dachte er eher: «Jetzt ist mit *mir* alles aus!» Das Muster war nur allzu vertraut: erneut hatte John, wie schon in seiner Kindheit und Jugend, der Mensch verlassen, von dem er Liebe und Schutz erwartete, wieder einmal mußte er sich um sich selbst kümmern. Ein deutliches Zeichen dafür, wie sich in Johns Vorstellung das Bild seiner Mutter mit dem Brians vermischte, findet man darin, daß er nach dem Tod seines Managers genau dasselbe tat wie damals, als Julia gestorben war: Er ließ von einem Medium eine spiritistische Sitzung abhalten, bei der alle Beatles anwesend waren. Wie bei ihnen üblich, verriet niemand mit einem Wort, was dabei vor sich gegangen war.

Es war nur natürlich, daß sich John in einer so kritischen Zeit Yoko zuwandte, hatte er doch bereits bestimmte Vorstellungen von ihrer Klugheit und ihren Fähigkeiten entwickelt. Er sah in ihr geradezu ein Zauberwesen, das jedes seiner Bedürfnisse zu erfüllen und all seine Schwierigkeiten zu lösen imstande war. Jetzt brauchte er sie so sehr, daß er die Beziehung zu ihr nicht länger in der Schwebe lassen konnte; statt dessen verlangte er, sie solle sich zu ihm bekennen.

Yoko durchlebte ausgerechnet zu jener Zeit eine Krise, die nicht minder ernsthaft war als die Johns; sie bedrohte den Kern ihres Lebens. Zeugin ihrer schwierigen Lage war Tonys jüngere Cousine Jodie Fridiani, die damals als Gast bei Tony und Yoko wohnte. Die neunzehnjährige College-Studentin hielt sich während ihrer Semesterferien in Europa auf und hatte sich spontan entschlossen, ihren Vetter Tony in London zu besuchen, den sie seit ihrem elften Lebensjahr nicht gesehen hatte. Kaum hatte sie die Wohnung am Hanover Gate betreten, als Yoko sie in die Küche führte und ihr dort ihr Herz auszuschütten begann. Sie erklärte ihr, sie fürchte beständig um ihr Leben und das ihrer Tochter. Tony sei gewalttätig geworden, sie wolle ihn verlassen, habe aber Angst, er könne sie umbringen, wenn sie ihm das mitteilte. Nachdem sie Jodie mit dieser Räuberpistole geimpft hatte, bat sie die junge Frau, in allen Eisenwarengeschäften der Stadt herumzutelefonieren, um eine bestimmte Art kleinen eleganten Hammer zu bekommen, den Yoko in Glas nachbilden wollte. Jodie hatte gerade damit angefangen, diese Aufgabe zu erledigen, als Tony hereinkam, seine Cousine beiseite nahm und all seine Schwierigkeiten bei ihr abzuladen begann.

Eine Woche lang hörte sich Jodie die Geständnisse beider Seiten an, dann beschloß sie, nach Edinburgh zu fahren, wo gerade die Festspiele stattfanden. Als sie Anfang September nach London zurückkehrte, um in die Staaten zurückzufliegen, wollte sie ihrem Vetter und der kleinen Kyoko auf Wiedersehen sagen. Sie fand Tony allein in der Wohnung und fragte: «Wo ist Yoko?» Voll Bitterkeit gab Tony zur Antwort: «Bei John Lennon.»

Yoko Ono verbrachte nicht etwa einfach den Nachmittag oder Abend bei ihm, sondern war schon so lange fort, daß Tony alle Schlösser in den Türen hatte auswechseln lassen.

Bis zu jener Zeit hatten John und Yoko lediglich eine Affäre gehabt, sich einander insgeheim auf dem Rücksitz eines Autos hingegeben oder wo immer sich eine Gelegenheit bot, und einander ausführlich ihr Leid geklagt. Nachdem Yoko unvermittelt das eheliche Heim verlassen hatte, wurde die Beziehung allseits als ménage à trois akzeptiert, bei dem Tony John als Yokos Liebhaber anerkannte, während John im Gegenzug das Geld für den Unterhalt des Ehepaars Cox aufbrachte.

Hier drängt sich die Frage auf, warum sich Yoko und John nicht einfach gegenseitig versprachen zusammenzubleiben und ihre hoffnungslos unbefriedigenden Ehen – die in Yokos Fall zu allem Überfluß auch noch gefährlich war – beendeten. Die Antwort lautet, daß zu jener Zeit keiner von beiden bereit war, den Status quo aufzugeben. Zwar wollte John ein neues Leben beginnen, mochte sich aber den unausweichlichen Folgen einer Scheidung von Cynthia und dem zwangsläufig sich dabei einstellenden öffentlichen Skandal nicht stellen. Gewiß hätte Yoko manches gegeben, um aus ihrer qualvollen Beziehung zu Tony erlöst zu werden, doch sie mußte umsichtig vorgehen und durfte John nicht zu sehr bedrängen, hätte sie doch sonst befürchten müssen, ihn zu beunruhigen und damit zu verlieren. Obwohl es Tony in keiner Weise recht war, daß Lennon Yokos anerkannter Liebhaber wurde, war er darauf angewiesen, daß ihm jener bei den zahlreichen gegen ihn anhängigen Verfahren, die ihn bald ins Gefängnis bringen konnten, mit Kautionen unter die Arme griff. Zum erstenmal konnte er sich mit Yoko ihrem nächsten gemeinsamen Projekt in der Zuversicht widmen, die dem Bewußtsein entspringt, daß im Hintergrund finanzkräftige Unterstützung bereitsteht.

Die Ausstellung *Half-a-Wind*, die vom 11. Oktober bis zum 14. November lief, war Tonys und Yokos ehrgeizigstes Unternehmen. Der Besucher, der die Galerie Lisson in der Bell Street 68 betrat, nahm eine Anzahl von auf weiße Ständer montierten Objekten wahr. Eine gewöhnliche Flasche trug den Titel «Flötenlied für John» und sollte zweihundert Pfund kosten. Yoko erläuterte: «Ich habe den Preis so hoch angesetzt, weil ich sie nicht verkaufen möchte.» Ein weiterer weißer Ständer trug vier Löffel aus Edelstahl, mit dem Titel «Drei Löffel». Der Katalog führte ein Objekt mit dem Namen «Hammer ein Nagel Gemälde» auf, das sich als nicht existierend erwies. Nach dieser Auslassung befragt, erwiderte Yoko lachend: «Ich finde, es wäre für die geistige Gesundheit recht gut, wenn man etwas kaufte, was nicht existiert!» Die interessantesten Arbeiten aber waren nicht diese Objekte, sondern drei Environments, eine Kunstform, die Londoner Galeriebesucher bis dahin noch nicht kannten.

Das erste von ihnen war der «Raum Halber Frühling» im Obergeschoß. Es enthielt eine Vielzahl von Gegenständen, die einer wie der andere halbiert und weiß gestrichen waren. Da gab es nicht nur ein halbes Bett, auf dem ein halbes Laken und ein halbes Kissen lagen und neben dem ein halber Stuhl stand, sondern auch ein halbes Waschbecken mit einer halben Zahnbürste und einem halben Zahnputzglas. Der halbverrückte Einrichter hatte dem Raum ein halbes Radio und ein halbes Bügelbrett gegönnt. Ein halbes Regal enthielt halbe Töpfe, halbe Pfannen und einen halben Wasserkessel. Es fehlte lediglich ein halbes Brot, was besser ist als keins.

Im Untergeschoß befand sich «Der Stein», ein bereits in New York ausgestelltes Environment. Am auffälligsten daran war ein schwarzer Sack, in den die Besucher kriechen sollten, um sich darin auszuziehen. Dieser Einfall war Yoko eines späten Abends in Japan gekommen, als sie sich aus einer Gesellschaft ausblendete, indem sie sich ein Stück Stoff über den Kopf legte, durch das sie sehen konnte, ohne gesehen zu werden. Das Bild des Steins stammte von Tony. Er war darauf verfallen, als er eine Gestalt in dem Sack hocken sah. Sie hatte ihn an die schwarzen Steine erinnert, die man in japanischen Zen-Gärten findet.

«Hinterhof», das dritte Environment, war wie ein Happening. Um dorthin zu gelangen, folgte der Besucher einer weißen Linie auf dem Boden, die ihn aus der Galerie über die Straße zu einem Club führte, wo alkoholische Getränke ausgeschenkt wurden. Nachdem er sich dort erfrischt hatte, sollte er der Linie zurück zur Galerie und in einen Raum folgen, wo Yoko mit gekreuzten Beinen in der Ecke saß. Vor ihr lag eine Schale mit Schlüsseln, auf deren Anhängern stand «Ein halber Kniefall», «Ein halbes Jahr», «Ein halbes Wort». Sie forderte alle Eintretenden auf, einen Schlüssel zu wählen, anschließend sagte sie ihnen eine Mitteilung ins Ohr. Sie bestand jeweils aus einem einzigen japanischen Wort.

Der Raum wurde als «Blaues Zimmer» bezeichnet, weil er, wie es das Programm verhieß, blau werde, wenn der Besucher lange genug hinsehe. Er enthielt nichts als große leere Glasbehälter für Chemikalien, die auf einem Regal standen. John Lennon hatte, wie es im Katalog hieß, angeregt, Yoko solle die andere Hälfte ihrer Objekte in Flaschen verkaufen. Die Gläser auf den Regalen waren dementsprechend beschildert: «Ein halber Stuhl», «Ein halber Raum», «Ein halbes Leben» usw. Das war der witzigste Beitrag zur ganzen Ausstellung.

Nach jener Ausstellung tauchte John Lennon häufiger im Haus am Hanover Gate auf. Dan Richter erinnerte sich, den vom Chauffeur gefahrenen Rolls-Royce häufig vor dem Gebäude gesehen zu haben. Zu jener Zeit wurden Dan und seine Frau Jill (die an der Sorbonne Literatur des Mittelalters studiert und darüber ein Examen abgelegt hatte) von Yoko Lennon vorgestellt. «John benahm sich vorbildlich», berichtete Dan, «und gab sich große Mühe, nicht reich zu wirken.» Aus diesem Zusammentreffen entwickelte sich im Laufe der Zeit eine Beziehung, die zur engsten Freundschaft wurde, die John Lennon und Yoko in England genossen. Je häufiger allerdings John in der Wohnung erschien, desto erregter wurde Tony Cox. Wie Richter erläuterte: «Tony hatte ursprünglich Yoko darin bestärkt, sich an John heranzumachen, aber als er sah, daß es mit den beiden ernst wurde, gefiel ihm das nicht.»

Kurz vor Weihnachten rundeten Yoko und Tony Cox ihre Aktivitäten des Jahres 1967 damit ab, daß sie die Internationalen Filmfestspiele im belgischen Knokke besuchten, wo sie in der Kategorie Kurzfilme *Bottoms* zeigen wollten. Sie stellten fest, daß der sonst eher hausbackene Wettbewerb von einem geradezu radikalen Geist beseelt war. Ein militanter Happeningkünstler, Jean-Jacques Lebel, hatte es sich zum Ziel gesetzt, «alles, was mit ‹Kultur› zu tun hat», zu sabotieren, und war entschlossen, den Ablauf des Festivals dadurch zu stören, daß er einen spontanen Schönheitswettbewerb nackter Menschen auf die Bühne brachte. Seine muntere Truppe, unter ihnen Yoko Ono und Tony Cox, zog splitternackt in den Raum der Jury ein, jeder hielt viereckige Papptäfelchen hoch, auf denen die jeweilige Startnummer stand. Damit wollten sie die bärtigen und akademisch wirkenden Jurymitglieder zu einer übertriebenen Reaktion veranlassen, mit der sich diese in Mißkredit gebracht hätten. Doch die Jury bewahrte ihre Würde, während die Fotografen nach Herzenslust nackte Filmemacher aufnahmen. Nicht damit zufrieden, unbekleidet in Presse-Veröffentlichungen zu erscheinen, die gewiß von ihren Angehörigen gesehen würden, nutzte Yoko die Gelegenheit, einen besonderen Gruß nach Hause zu schicken. Als sie auf Shigeomi Sato stieß, einen japanischen Filmkritiker, gab sie ihm ein Röhrchen mit einer gelblichen Flüssigkeit und trug ihm auf, es mit nach Japan zu nehmen. «Was ist das?» wollte der nichtsahnende Kritiker wissen.

Scharf gab Yoko zur Antwort: «Meine Pisse!»

Während jenes schicksalhaften Herbstes und Frühwinters schaufelten die Beatles eifrig an der Grube, in die sie mit *Magical Mystery Tour* stürzen sollten. Der Einfall dafür war in Pauls Kopf fix und fertig herangereift, während er im April über die Vereinigten Staaten geflogen war. Er hatte sich an Mal Evans gewandt und ihm die Sache in Umrissen vorgetragen. Die anderen Beatles waren von seinem Plan keineswegs begeistert; John hatte sogar getobt: «Ich war stinksauer, daß er die ganze Sache schon mit Mal Evans abgesprochen hatte. Dann kommt er her und sagt: ‹Wir machen das. Würdest du das Stück schreiben?›» Was John betraf, war *Magical Mystery Tour* eine Wiederholung von *Sgt. Pepper*. Der große Unterschied jedoch lag darin, daß diesmal die Beatles weit über die Kunst hinausgingen, die sie beherrschten, um mit einer zu experimentieren, von der sie so gut wie nichts verstanden.

Paul fühlte sich natürlich von der Notwendigkeit angetrieben, etwas zu finden, womit man dem Publikum den Wunsch erfüllen konnte, die Beatles wieder zu Gesicht zu bekommen. Die Lösung, die auf der Hand lag, bestand darin, Beatles III zu drehen, den letzten Film, zu dem ihr Vertrag mit United Artists sie verpflichtete. Von Vorschlägen dazu eingedeckt, neigten die jungen Männer am ehesten dem Plan zu, einen Film zu machen, in dem sie vier Seiten desselben Mannes darstellten. Paul war sogar bereits so weit gegangen, den bekannten Dramatiker Joe Orton zu verpflichten, damit er das Drehbuch umschrieb. Das Ergebnis war vorhersehbar. Von Walter Shenson warnend darauf hingewiesen, man dürfe «die Jungs keinesfalls zu etwas veranlassen, was in der Öffentlichkeit ein schlechtes Bild von ihnen gibt», überlegte Orton: «Ich hab es nicht übers Herz gebracht, ihm zu sagen, daß sie in meinem Drehbuch in flagranti ertappt worden sind, sich als Frauen verkleidet, in zweifelhafte politische Angelegenheiten eingelassen, Ehebruch sowie einen Mord begangen haben und ins Gefängnis gekommen sind.» Zwar war das nicht sehr weit von John Lennons wahrem Leben entfernt, aber kaum etwas für die Beatles.

Nach einer Besprechung in Pauls Haus am 1. September, bei der es um die Zukunft der Gruppe ging, stürzte sich John in *Magical Mystery Tour* und arbeitete über Monate äußerst konzentriert – er schrieb, komponierte, bearbeitete und fungierte als künstlerischer

Leiter. Sein wichtigster Beitrag war sein Meisterwerk «I Am the Walrus». Er schrieb diesen berühmten Text, indem er einen Bogen Papier in seine Maschine spannte und immer dann eine Zeile hinzufügte, wenn er gerade Lust dazu bekam. Wie sehr unterscheidet sich diese geduldige, geschehenlassende Art des Arbeitens von der früherer Jahre, wenn er ganz in der Manier der Schlagerindustrie etwas aus den neuesten amerikanischen Platten stibitzte, um es wie auf einem kleinen Bastleramboß zurechtzuhämmern. Jetzt hatte er gelernt, sich behaglich an die nährenden Brüste der Medien zu lehnen, aus seinem Geist einen Fliegenfänger zu machen, der Fetzen von Radiogeplapper aufschnappte, etwas aus Fernseh-Werbesendungen, Zeitungsschlagzeilen, den Klang einer Rettungswagen-Sirene oder das sinnlose Lallen eines Kindes – diese und viele andere Eindrücke, die den gewöhnlichen Tag eines gewöhnlichen Menschen ausmachen. Er hatte gelernt, daß er bei der Komposition einen Angelhaken in diese Unmenge von Material hinablassen mußte und daran nur die wenigen kostbaren Bilder ins Bewußtsein emporziehen durfte, die er benötigte.

Obwohl diese Kompositionstechnik dem Zufälligen und Flüchtigen huldigt, rückte der Song alle Mittel von Lennons reifer Kunst ins Licht: Nonsens im Stile von Lewis Carroll und Erinnerungen aus der Kindheit (das Bild des vom Auge eines toten Hundes tropfenden Eiters ist einem Lied entnommen, das englische Schuljungen singen), Umgebungsgeräusche (das ansteigende und abfallende Ostinato der Einleitung geht auf den Klang einer Polizeisirene zurück, die er auf dem europäischen Kontinent gehört hatte), akustische Collagen und den unvermeidlichen Mersey Beat. Die eines Pop-Beethovens würdige düstere Eröffnung erinnert an die Tonspur eines Schwarzweißfilms aus den vierziger Jahren, der mit erbarmungslosem Realismus im Stil von *Faust im Nacken* heruntergekommene alte Lagerhäuser, zerfallene Hafenanlagen und verrostete Frachter zeigt, während im Hintergrund ein tiefer unheilverkündender Klang ständig mitschwingt – von der unsagbar miesen Lautsprecheranlage des Kinos grell verzerrt. Dann fährt Lennons Stimme mit der Kraft eines Hammers dazwischen, diese kalte, scharfe Stimme eines Steinbrucharbeiters, die so überzeugend wirkte, eher Sprechgesang als wirkliches Singen – wenn ihm ein so aussagestarker Text zur Verfügung stand, kümmerte er sich einen feuchten Kehricht um die Melodie.

Lennons Vortragsart wird durchzogen von seiner ausgeprägten Leidenschaft, der Wut, die er in allen Abschattierungen vorführt – von leichter Belustigung bis hin zu Hohn und Spott. Bei keiner anderen Aufnahme erreicht er eine so vollkommene Ausgewogenheit zwischen gesprochener und erlebter Sprache. Man kann ihn förmlich Grimassen schneiden und gestikulieren sehen, während er die Wörter vor dem Hintergrund des Backbeat hervorstößt. Auch die Doppelgesichtigkeit seiner Vorstellungswelt zeigt sich deutlich, denn im einen Augenblick gibt er schneidende Bemerkungen über die medizinischen Fachleute von sich, die das Rauchen von Rauschmitteln verurteilen, während sich die Haschbrüder ins Fäustchen lachen, und im nächsten wendet er sich verächtlich gegen diese total weggetretenen Gestalten, deren Hippie-Gekicher vom würgenden Rauch erstickt wird. Diese Eigenart seines Geistes treibt ihn auch dazu, das griesgrämig dreinschauende Fischweib mit der Sexgöttin Brigitte Bardot zu verschmelzen, so daß sie sich in den Flammen seines geradezu an Juvenal heranreichenden Spotts auflösen und ineinander übergehen, ähnlich wie die Geschlechter beim Entkleiden – denn «knickers» bedeutet nicht nur Damenschlüpfer, es ist auch eins der Lieblings-Spottwörter der britischen Homosexuellenszene. Kurz gesagt, John Lennon läßt uns in «Walrus» einen Blick in seine seltsame innerste Gedankenwelt tun, in der er all die grotesken Bilder aufbewahrte, die schon in den übersteigerten Karikaturen seiner Jugendjahre aufgetaucht waren.

Ein Song von solch unerbittlicher Wut schrie förmlich nach einem Gegengewicht, und das lieferte er mit einem beschwichtigenden lyrischen Thema, das an Ralph Vaughan Williams erinnert. Hier beschwört er eins seiner gelungensten Bilder herauf, das den Hörer so schnell nicht wieder losläßt. Es taucht auf wie eine Insel des Friedens in einem tobenden Gedankengewitter. Nicht nur bietet die von ihm heraufbeschworene Vorstellung des häuslichen Gartens eine Zuflucht vor den Delirien, die ihr vorausgehen, sie dient auch als Übergang zu den blubbernden und glucksenden Geräuschen des Walrosses selbst.

Nachdem Lennon den Song aufgenommen hatte, entdeckte er

beim Nachlesen der Ballade von «Das Walroß und der Zimmermann» aus *Alice hinter den Spiegeln*, daß er sich nicht richtig an Lewis Carrolls Gedicht erinnert hatte: «Erst später merkte ich, daß das Walroß ein riesiger, dicker Kapitalist war, der all die Austern auffraß.» Unbewußt mag er hier an ein anderes riesiges, dickes, schwarzes Meeresgetier verschlingendes Geschöpf mit großen weißen Zähnen gedacht haben – Fats Waller (also Walroß), den er sein Leben lang verehrte und der den «cunnilinguistischen» Klassiker verfaßt hat «I Want Some Seafood, Mama!» (Auch hinter dem anderen von John benutzten Decknamen «Eggman» versteckt sich eine Gleichsetzung von Nahrungsmitteln mit Sexualität, denn das war Lennons Spitzname für Eric Burdon von den Animals, der dafür bekannt war, daß er Eier auf den nackten Leibern der Mädchen zerschlug, mit denen er schlief.)

Das ziemlich lang hingezogene Ausblenden von «Walrus» zeigt die einfallsreichste und raffinierteste Verwendung der Klangmontage sämtlicher Arbeiten Lennons. Ihre Wirksamkeit beruht nicht so sehr auf der von ihm verwendeten Vielzahl der Mittel – Symphonieorchester, zwanzigstimmiger Chor oder gar der «Shakespheherian Rag» der BBC. Die Kunst liegt in der Komposition, die dem Zuhörer die Vorstellung vermittelt, er verfolge mit dem Ohr einen langdauernden Abstimmvorgang. Die Empfindung ist zu Beginn ganz nahe und geht über die unzusammenhängende Folge verschiedener Programme quer über die Skala, bis sich die Wahrnehmung zu der alles überragenden Perspektive einer gigantischen Parabolantenne erweitert, die das Universum erfaßt.

In «I Am the Walrus» fand John Lennon schließlich eine ihm vollkommen gemäße künstlerische Form und Zauberformel, wie auch die Mittel, seine sonstige Trägheit mit seinem Drang zu vereinbaren, etwas hervorzubringen. Doch im Verlauf des Prozesses, mit dem er sich von der Mühe seiner alten, der Schlagerindustrie verpflichteten Routine löste, erlegte er sich eine strengere Zucht auf, als er sie je in der Vergangenheit geübt hatte. Jetzt mußte er sich, wie ein ergebener Anhänger einer Religion, geradezu wie ein Mönch, tagein, tagaus dem anspruchsvollsten Zen unterwerfen: einem sich selbst entsagenden Eintauchen ins Weltliche.

«LIEBER ALF, FRED, PAPA, PATER, VATER, WAS IMMER»

Kurz nach seinem siebenundzwanzigsten Geburtstag unternahm John Lennon am 9. Oktober 1967 eins der impulsiven Wendemanöver, die seiner zutiefst mit sich selbst zerstrittenen Natur entsprangen. Nachdem er seinen Vater ein Leben lang für kaum besser gehalten hatte als einen Penner, lud er jetzt «den unwürdigen Alf» ein, bei ihm in Kenwood zu wohnen. Noch verblüffender wirkt diese Entscheidung auf dem Hintergrund dessen, wie sich die Beziehung zu seinem Vater in der jüngeren Vergangenheit gestaltet hatte.

Drei Jahre zuvor, im April 1964, war Freddie nach einer Abwesenheit von siebzehn Jahren urplötzlich wieder aufgetaucht. Sein Bruder Charles und seine Arbeitskollegen forderten ihn auf, öffentlich gegen die verleumderischen Lügen aufzutreten, die die Presse über ihn verbreitete, statt sie stillschweigend hinzunehmen. Zwei Reporter vom *Daily Sketch* hatten das erste Zusammentreffen mit John arrangiert. Der arme alte Küchengehilfe kam in die Garderobe seines weltberühmten Sohnes im Skala-Theater, wo die Beatles gerade *A Hard Day's Night* drehten – und beiden stockte der Atem.

John hatte das unwirkliche Gefühl, einen Mann vor sich zu sehen, dessen Gesicht ihm haargenau zeigte, wie er selbst in dreißig Jahren aussehen würde – vor allem, wenn er Pech haben sollte. Zwar wirkte Freddie so munter wie eh und je, aber er hatte seine Zähne verloren und machte ganz den Eindruck eines verwegenen Stadtstreichers. Er ähnelte John erstaunlich, mit Ausnahme seiner Körpergröße, denn die Rachitis seiner Kinderjahre hatte seine Beine verwachsen lassen, und so war er einen halben Kopf kleiner als sein

Sohn. Die Ähnlichkeit der Gesichter war bemerkenswert: beide hatten die gleiche lange schmale Nase mit breiten Nasenflügeln, die gleichen mandelförmigen Augen unter schweren Brauen, die gleichen schmalen, feingeschwungenen Lippen und das gleiche längliche Gesicht mit einem festen, kantigen Kinn. Als Freddie den Mund öffnete, sprach er mit derselben Stimme wie John, mit demselben Liverpooler Akzent, aber doch mit deutlich kosmopolitischem Zungenschlag, denn der einstige Angehörige der britischen Handelsmarine war auf seinen Reisen in vieler Herren Länder gewesen.

Verblüffte John die Ähnlichkeit zwischen ihm selbst und seinem Vater, so war Freddie nicht minder davon beeindruckt, wie sehr John Julia glich. «Er sah so sehr wie seine Mutter aus, daß ich ganz sprachlos war», sagte er. «Er machte sogar dasselbe mißmutige Gesicht, wie es seine Mutter in so einer Situation wohl gemacht hätte, wenn sie meinte, sie hätte Grund, sich zu ärgern... Ich hab ihm meine Hand hingehalten, aber er hat mich nur angeknurrt und mißtrauisch gefragt: ‹Was willst du?› Weil er so feindselig war, hab ich gesagt: ‹Gar nichts.› John wollte wissen: ‹Du hast dich früher nie um mich gekümmert, wieso jetzt?› Ich hatte den Verdacht, daß er glaubte, ich wollte auf den fahrenden Zug aufspringen und wäre jetzt aus der Versenkung aufgetaucht, weil er ein Star war und mir helfen konnte.

Ich hab ihn dann gefragt: ‹Genügt es nicht, daß ich dein Vater bin?›»

Offenkundig tat es das. Bald plauderten Vater und Sohn freundlich miteinander. Freddie legte seine gewohnte Lebensfreude an den Tag und berichtete auf amüsante Weise, manchmal mit Wortspielen durchsetzt, aus seinem Leben. Schon nach zwanzig Minuten wurde John Lennon zu einem Interview mit der BBC abgeholt. Am nächsten Tag beschrieb er Pete Shotton seinen Vater ganz begeistert. «Der ist prima!» erklärte er. «Ein richtig lustiges Haus – ein verrückter Bursche, ganz wie ich!»

Wie der Vater, so der Sohn. Dieser Gedanke wurde der Pluspol von Johns äußerst ambivalenter Haltung seinem neuentdeckten Vater gegenüber. Der Minuspol war Johns unauslöschlicher Groll darüber, daß man ihn als Kind verlassen hatte. Diese Kraft erwies sich als stärker, und sie erklärt auch, warum John seinen Vater nicht nach ihrem vielversprechenden ersten Zusammentreffen erneut eingeladen hat. Andererseits gewöhnte er es sich trotz seiner Knausrigkeit an, Freddie von Zeit zu Zeit Geld zu schicken. Bei einer dieser Sendungen brach Johns Verwirrung darüber durch, als was er seinen Vater ansehen sollte, denn die Anrede lautet: «Lieber Alf, Fred, Papa, Pater, Vater, was immer.»

Ein Jahr später berichtete Freddie, der inzwischen in einem Hotel in der Nähe von Esher arbeitete, einem Reporter: «Schlecht geht es mir hier nicht [er bekam zehn Pfund pro Woche bei freier Verpflegung und Unterkunft], aber ein bißchen mehr Anerkennung würde mir gut tun... Gern würde ich mal meine Schwiegertochter und den Kleinen kennenlernen. Ich möchte John wiedersehen und ihm die Dinge auf meine Weise erklären.» Diese Bitte um Aufmerksamkeit bewirkte das Gegenteil, und John beklagte sich bitter, er werde von seinem Vater mit Hilfe der Zeitungen «erpreßt».

Beim nächstenmal brachte nicht die Presse Freddie zu John, sondern die Gordon Mills Organization (Manager von Tom Jones, Engelbert Humperdinck u. a.). Einer von deren Agenten, die sich kein Geschäft entgehen ließen, Tony Cartwright, hatte Freddie dazu überredet, einen Plattenvertrag zu unterschreiben. Als Freddie Lennon den größten Wunsch seines Lebens erfüllt sah und einen redseligen Bericht mit dem Titel «That's My Life» über sein Leben und die schlimmsten Zeiten aufnahm, die er durchgemacht hatte, reagierte John mit für ihn kennzeichnender Zweideutigkeit. Einerseits spielte er sich in Kenwood die Platte beständig vor, weil ihm der Gedanke gefiel, sein Vater sei der Stamm, von dem der Apfel John gefallen war, andererseits schmiedete er zugleich mit Brian Epstein ein Komplott, um dieser «peinlichen» Nutzung des Namens Lennon in England wie in Amerika – wo die Platte sogar auf die Hitliste kam – ein Ende zu setzen.

Diese heimtückische Handlungsweise erboste Freddie Lennon, der, was Temperamentsausbrüche und Schärfe der Zunge anging, seinem Sohn in nichts nachstand. Als John eines Tages im Februar 1966 die Tür seines Hauses in Kenwood öffnete, sah er sich erneut seinem Vater gegenüber. Was ihn erstarren ließ, war weniger der Anblick Freddies als der seines Begleiters, Tony Cartwright. Da ihn John als Wurzel allen Übels ansah, behandelte er ihn entsprechend und schlug ihm die Tür vor der Nase zu. Einige Wochen später nutzte er die Gelegenheit eines Zeitungsinterviews, um seine Attacken gegen Freddie fortzuführen, und verkündete öffentlich, er habe ihm, als er gekommen sei, «die Tür gewiesen». Jetzt nahm Freddies jüngerer und ihm sehr ergebener Bruder Charles die Sache in die Hand und forderte John in einem geharnischten Brief auf, sich endlich von Mimis Lügen zu lösen und sich der Wahrheit über seine Kindheit zu stellen, die er sodann preisgab: Julias Untreue, ihr uneheliches Kind, das doppelte Spiel in Blackpool – von Freddie zu Julia zu Mimi –, kurz, die ganze häßliche Geschichte. John antwortete nicht auf den Brief, aber die Worte trafen ihn.

Als Freddie im Oktober 1967 nach Kenwood zurückkehrte, nachdem ihn Les Anthony abgeholt hatte, empfing John den alten Mann voll Wärme und zeigte sich seinem so lange verabscheuten Vater gegenüber voll Liebe und Stolz. Sosehr dieser plötzliche Sinneswandel Freddie verblüffte, machte er doch das Beste daraus und sagte, sie könnten Onkel Charlie einladen, denn dieser habe bald Geburtstag. Sogleich wurde der längst vergessene Verwandte vor John gebracht und mit «Herzlichen Glückwunsch zum Geburtstag, Onkel Charlie!» begrüßt. Bevor der erstaunte Charles ein Wort sagen konnte, sprudelte es aus John heraus: «Ist mein Vater nicht fabelhaft?» Onkel Charles, dem bei dieser erstaunlichen Zurschaustellung von Sohnesliebe die Spucke weggeblieben war, antwortete nicht, und John fragte ihn: «Hast du gehört, was ich gesagt hab?»

Endlich fand der Angesprochene die Sprache wieder und gab zur Antwort: «John, darauf hab ich viele Jahre gewartet!»

Während die Männer ihr Bier tranken, umsorgten die Frauen sie wie willige Dienerinnen aus den alten Zeiten. Eine von ihnen war Freddie Lennons neueste Flamme, Pauline Jones, eine neunzehnjährige Studentin, die im Toby Jug eine Ferienarbeit angenommen und dort einen Küchenhelfer kennengelernt hatte, der ihr Herz im Sturm eroberte. Zweifellos war Pauline auf der Suche nach einem Vater, denn der ihre war kurz zuvor gestorben, aber wirklich zu Freddie geführt hatte sie, daß er der fröhlichste, bezauberndste und unterhaltsamste Mensch war, den sie je kennengelernt hatte. So spielte jetzt Pauline, eine anziehende wie auch hochintelligente junge Frau, in Freddies Leben dieselbe Rolle wie einst Julia. Man stelle sich die

Auswirkung dieser Entdeckung auf John Lennon vor! Es muß für ihn eine enorme Willensleistung bedeutet haben, nicht zur Tür hinauszustürzen und den Hügel hinab zu Ringos Haus zu rennen, um ihm schon von weitem entgegenzuschreien: «Mein Alter vögelt 'nen Beatles-Fan!» Für Cynthia stellte sich Pauline ganz und gar anders dar; sie sah in ihr die Lösung eines drängenden Problems.

Seit sich John kurz zuvor eng an Yoko Ono angeschlossen hatte, schien er mit Cynthia stillschweigend übereingekommen zu sein, daß jeder von ihnen seine eigenen Wege ging. Seither verbrachte sie ihre Abende in London, wo ihre Mutter in Ringos Wohnung am Montagu Square wohnte, nachdem sie das ihr von John gekaufte Haus in Weybridge aufgegeben hatte. Da Cynthia häufig bis spät in der Nacht fort war, brauchte sie jemanden, der beständig um das Kind war, und bot Pauline an, sie könne in das Haus in Kenwood einziehen, sich um Julian kümmern und diese und jene Büroarbeit erledigen.

Es läßt sich schwer sagen, was Cynthia damals wirklich trieb, aber als erstes muß man wissen, daß sie es sich lange angewöhnt hatte, abends in Begleitung von Männern wie Brians Freund Terry Doran auszugehen, die als Freunde der Familie galten. Auf diese Weise konnte sie sich gewissen gesellschaftlichen Vergnügungen hingeben, ohne daß John zu etwas gehen mußte, was ihm nicht zusagte. Jetzt hieß es, wie Vivian Moynihan, Pressesprecherin von NEMS, erklärte, man habe Cynthia mit ihrem Friseur gesehen, dessen Salon, Curl Up and Dye, in der Nähe der Wohnung am Montagu Square lag. Miles bestätigte, daß diese Behauptung unter den Frauen der Beatles für helle Aufregung sorgte und sie alle Cynthia in Schutz nahmen. Als John das Gerücht zu Ohren kam, fuhr er aus der Haut und drohte mit Scheidung. Sofort machte sich Brian Epstein daran, ihn zu beruhigen und die Wogen zu glätten, was ihm auch gelang.

Die durch diese Störung hervorgerufene schlechte Laune mag der Grund für die geisterhafte Friedhofsatmosphäre in Kenwood gewesen sein, die Pauline Jones kennenlernte, als sie Ende Oktober 1967 dort einzog. Freddie hatte das Haus nach drei unbehaglichen Wochen bereits wieder verlassen. Er hatte John kaum je zu Gesicht bekommen, da dieser eifrig an der *Magical Mystery Tour* und an den Vorbereitungen zu Yokos Ausstellung in der Galerie Lisson arbeitete. Er wohnte jetzt in einer kleinen Wohnung in Kew, die ihm sein Sohn zur Verfügung stellte, und stand mit zwölf Pfund pro Woche auf der Gehaltsliste der Beatles, in etwa das, was er bei seiner Arbeit als Küchenhelfer verdient hätte. Pauline, die geglaubt hatte, in das Heim einer Familie zu ziehen, entdeckte jetzt, daß sie dazu verurteilt war, ihre gesamte Zeit praktisch allein zu verbringen, weil John und Cynthia entweder nicht da waren oder sich wie Geister aufführten. Sie erinnerte sich:

> Es kam mir vor, als ob sich John völlig in sich zurückzog, sobald er zu Hause war – er lächelte nicht und wirkte kalt und unnahbar. Auf mich hat er nervös und angespannt gewirkt, aber er hat sich den Leuten im Haus nicht anvertraut. Er schien seine Gedanken und Empfindungen ängstlich zu hüten. Gewöhnlich ist er gegen zehn aufgestanden und hat schweigend, lediglich unterbrochen von häufigem Schmatzen und Grunzen, Pilze auf Toast gefrühstückt. Das war die einzige Mahlzeit des Tages, die er zu Hause eingenommen hat. Dot hat sie ihm zubereitet. Anschließend hat ihn Anthony im Rolls in die Stadt gefahren, von wo er gewöhnlich erst spät nachts wieder zurückkehrte. Dies Verhalten hat Cynthia ganz offenkundig verletzt und beunruhigt, und sie fing an, sich ein eigenes Leben aufzubauen.

Pauline beobachtete, daß Cynthia häufig noch später nach Hause kam als John. «Sie hat dann in einem Gästezimmer geschlafen, um ihn nicht zu stören. Wenn sie früh zu Bett ging, kam John spät nach Hause und schlief im Gästezimmer, so daß sie nur in wenigen Nächten, wenn überhaupt je, das Ehebett miteinander teilten.»

Nach Weihnachten verließ Pauline Kenwood, weil es ihr schwerfiel, mit dem überaus verzogenen Julian fertigzuwerden. Außerdem ging ihr die seltsame Atmosphäre im Hause so auf die Nerven, daß sie zum ersten- und einzigenmal in ihrem Leben nachts im Bett Angst vor Geistern und Eindringlingen hatte. Ihre Mutter machte ihr das Leben zusätzlich schwer und ging sogar so weit, sich vor Gericht die Vormundschaft über sie geben zu lassen, was bedeutete, daß Pauline ohne Zustimmung des Vormundschaftsgerichts erst heiraten konnte, wenn sie volljährig war (damals noch mit einundzwanzig Jahren).

Pauline litt inzwischen unter Magenkrämpfen und Ohnmachten und beschloß, zu Freddie nach Kew zu ziehen. Danach kam es eines Abends im Januar 1968 zu einem Zwischenfall, der die ganze Vorstellung von «wie der Vater, so der Sohn» in ein verblüffendes Licht rückte.

An jenem Abend ging Freddie mit Pauline in einen Londoner Club, in dem Rockstars verkehrten, und «hat sich ordentlich einen angetrunken», was sein Temperament anfeuerte und seine Zunge löste. Mit einemmal kam Cynthia in Begleitung eines fremden Mannes herein. Als Freddie, der seine Schwiegertochter für ein John ganz und gar ergebenes nettes Mädchen gehalten hatte, sie in Gesellschaft eines anderen sah, überfielen ihn sogleich seine schmerzlichen Erinnerungen an Julias häufige Untreue, er baute sich vor Cynthia auf und sagte ihr ordentlich die Meinung. Auf dem Höhepunkt dieser Strafpredigt erklärte er, wenn ihre Gunst so leicht zu haben sei, könne sie ihm ja auch davon abgeben. Die entsetzte und zutiefst gedemütigte Cynthia wechselte nie wieder ein Wort mit ihrem Schwiegervater.

Am nächsten Morgen schaute John, dem der Vorfall haarklein berichtet worden war, auf dem Weg zur Arbeit bei Freddie vorbei, um ihn zur Rede zu stellen. Da sich sein Vater, der das Schlimmste vermutete, weigerte, die Tür zu öffnen, stand John fünf Minuten lang in der Diele und jammerte wütend über den unabsehbaren Schaden, den solche Enthüllungen seinem Ruf antun könnten. Schließlich sah er, daß sich damit nichts erreichen ließ, und brüllte: *«Halt die verdammte Schnauze, oder der ganze Krach geht von vorne los!»*

Bald beruhigte sich John und stellte sogar Geld zur Verfügung, damit Pauline gerichtlich gegen ihre Mutter vorgehen konnte; außerdem finanzierte er ihr und Freddie den dreiwöchigen Aufenthalt in Edinburgh, der nötig war, damit die beiden trotz der durch das englische Gericht verhängten Sperre in Schottland heiraten konnten. Als dem glücklichen Paar am 26. Februar 1969 ein Kind geboren wurde, David Henry Lennon, schenkte John den beiden ein kleines Haus in Brighton, für das er 6500 Pfund bezahlte. Während der nächsten drei Jahre sah er seinen Vater nicht mehr.

LEBT GOTT IN ALTEN MÄNNERN?

Als Pilger des Düsenzeitalters flogen die Beatles im Februar 1968 von England nach Indien, um den Maharishi in seinem Ashram aufzusuchen. Nach ihrer Landung in Neu-Delhi fuhren sie mit einem Jeep über zweihundert Kilometer weit nach Rischikesch. Die heilige Stadt am Ganges, die zu Füßen der schneebedeckten Himalaya-Berge liegt, «wimmelte von Sadhus in safranfarbenen Gewändern und von Jüngern in weißen Dhotis; nackten, schlammbeschmierten Eremiten, die Bettelschalen vor sich hielten; Hindufrauen mit schwarzgetuschten Augen und hennafarbenen Handflächen», berichtete Evelyn Ross im *Guardian*, doch vom wirklichen Indien sahen die Beatles buchstäblich nichts. Auf Eseln reitend bahnten sie sich zielstrebig ihren Weg durch die Stadt, in der es stechend roch, zur modernen Hängebrücke über die vom Fluß tief eingeschnittene Schlucht. Sie überquerten sie zu Fuß und gelangten an das hölzerne Tor der Meditations-Akademie. Hier fanden sie statt des einfachen Obdachs aus Zweigen und Blättern, das die Hindutradition verlangt, und der kostenlosen Unterweisung, die der heilige Mann zu leisten verpflichtet ist, ein Kurhotel im westlichen Stil, wo jedem der Beatles zum Preis von weit über 350 Dollar pro Tag ein Häuschen mit fließend warmem und kaltem Wasser, Himmelbett und elektrischem Heizöfchen zugewiesen wurde. Ringo sagte dazu: «Es erinnerte an ein Ferienlager an der englischen Südküste.»

Wer von den Pilgern das Spirituelle ernst nahm, wurde um drei Uhr früh durch lautes Hämmern an seine Tür aus dem Schlaf geschreckt. Nachdem sich die Andachtsuchenden mit dem kalten

Wasser des heiligen Flusses Kopf und Augen besprengt hatten, versammelten sie sich in einem nur schwach erleuchteten Raum, der nach Weihrauch roch, und meditierten dort zwei oder drei Stunden lang bis zur Morgendämmerung. Dann beschlossen sie ihre Exerzitien mit Sprechgesängen und Yoga-Übungen. Nach einem dürftigen vegetarischen Frühstück zogen sie sich in ein Gewirr winziger Höhlen zurück, die unter dem Tempel geschaffen worden waren, und meditierten dort bis zum Mittagessen jeder für sich allein weiter. Für den Nachmittag war zum Ausgleich der Spiritualität des Morgens schwere Arbeit in der Hitze einer dampfenden Wäscherei oder in der Nässe einer öffentlichen Toilette vorgeschrieben.

Aber ebenso wie die Härte des Ashram durch die Annehmlichkeiten ersetzt worden war, die sich für reiche Ausländer ziemten, wurde der durch die Überlieferung vorgeschriebene Tagesablauf gemildert, um den goldenen Gänsen das Leben nicht zu schwer zu machen. «Es war gar nicht schlimm», berichtete Ringo, der bereits nach zehn Tagen nach England zurückgekehrt war, Vertretern der Zeitschrift *Melody Maker*. (Ihm schmeckte das Essen nicht, und Maureen ärgerten die Moskitos.) «Wir sind morgens – nicht mal besonders früh – aufgestanden und haben im Speisesaal gefrühstückt. Dann sind wir vielleicht ein bißchen rumgegangen und haben meditiert oder gebadet. Die ganze Zeit gab es Vorträge und so, aber es war eher wie Urlaub. Das Meditationszentrum ist sehr luxuriös eingerichtet.» Was die Reinigung der Toiletten betraf, entsetzte John Lennon die religiöseren unter den Gästen damit, daß er die Wände mit obszönen Zeichnungen bedeckte.

Auf was für Leute trafen die Beatles im Ashram? In erster Linie besuchten reiche Frauen, die entweder verwitwet oder geschieden waren, solche Einrichtungen. Siebzig Besucher der Akademie kamen aus dem Westen, meist wohlhabende ältere Damen aus Schweden, denn der Maharishi betrieb ein Erweckungszentrum in Malmö. Außerdem gab es noch einige hübsche Mädchen aus Kalifornien und verschiedene Popstars: Donovan, Mike Love von den Beach Boys (der später mit dem Maharishi umherreiste) sowie Mia Farrow, die sich von ihrer kurzen Ehe mit Frank Sinatra erholte. Jeder trug indische Kleidung: Saris oder Pumphosen und Sandalen, und so viele Perlen und Glöckchen, daß es fortwährend klirrte und klingelte, während die Leute umhergingen. Bei der in der Verehrerzeitschrift der Beatles abgedruckten Gruppenaufnahme stehen die Berühmtheiten und ihre Frauen im grellen Sonnenlicht nebeneinander aufgereiht, der dunkle kleine Guru und der blonde Filmstar in der Mitte. Cynthia steht am Rand der Gruppe und wirkt mit ihrer Sonnenbrille und der buntgemusterten Hose wie eine Lehrerin im Urlaub. Der bärtige und bebrillte John Lennon in seinen losen Gewändern am anderen Bildrand lächelt zufriedener als alle anderen.

John gefiel es in der Meditations-Akademie, weil ihm diese alles bot, wonach er verlangte: Abgeschiedenheit, Schutz, eine Atmosphäre, die dem freien Flug des Geistes sehr entgegenkam – und niemand stellte ihm Forderungen. Er bewohnte, von Cynthia getrennt, einen steinernen Bungalow, der aus einem einzigen Raum bestand und dessen Fußboden ein alter Teppich bedeckte. Auf ihm saß er jeden Tag mehrere Stunden, angeblich, um zu meditieren, in Wirklichkeit komponierte er Songs. «In meinem Kopf drängten sich die Töne», erinnerte er sich, «und die Lieder kamen einfach raus. Eine richtig schöpferische Atmosphäre, es war wunderbar!» Paradoxerweise spiegelten die in dieser heiter-gelösten und spirituellen Umgebung entstandenen Songs größtenteils das neurotische und dekadente Leben, das John geführt hatte, bevor er nach Indien kam. In «I'm So Tired» findet sich die Erschöpfung der Schlaflosigkeit wieder, die durch die Abend für Abend wiederholten LSD-Trips hervorgerufen war. «Yer Blues» beschreibt eine Stimmung selbstmörderischer Deprimiertheit. «Happiness Is a Warm Gun» enthält eine Refrain-Zeile über die unstillbare Sehnsucht nach Drogen. John hatte seinen Londoner Kopf mit nach Rischikesch gebracht.

Während des gesamten Besuchs der Beatles in der Meditations-Akademie behielt die britische Presse den Ashram im Auge, und in den Zeitschriften der Musikszene wie auch in den Tageszeitungen des Landes erschienen Berichte darüber. Die Musikreporter, deren Lebensunterhalt mit dem Erfolg der Beatles verknüpft war, zeigten sich angemessen respektvoll, doch die allgemeine Presse bespöttelte die Vorgänge im Lager als Mumpitz und bemühte sich, den Maharishi als Gauner bloßzustellen. Die Beatles verteidigten ihren Heiligen, und John sagte dazu: «Sie mußten Christus umbringen, bevor sie beweisen konnten, daß Er Jesus Christus war.»

In Wirklichkeit hatten die Beatles bereits einen Vorgeschmack vom ausbeuterischen Vorgehen des «kichernden Guru» bekommen. Vor ihrem Aufbruch nach Indien hatten sie erfahren, daß der Maharishi mit der Fernsehgesellschaft ABC über eine Sendung verhandelte, zu der er die vier berühmten jungen Männer mitzubringen versprach. Als ein Hinweis Peter Browns den alten Mann nicht zu beeindrucken vermochte, waren Paul und George nach Malmö geflogen, um klarzumachen, daß sie sich an einem solchen Programm nicht beteiligen würden. Der Maharishi, ein alter Fuchs, wenn es um Ausweichmanöver ging, wand sich lächelnd aus den Vorwürfen heraus und führte sich auf wie ein Vater, der geduldig seine Kinder auch dann ausreden läßt, wenn sie nicht ganz richtig im Kopf sind.

«Es sind wunderbare Burschen», strahlte der Alte, «sie machen mich sehr glücklich.» In Wirklichkeit hoffte er, daß sie ihn unendlich reich machen würden. Beispielsweise verlangte er von jedem seiner Jünger einen jährlichen «Zehnten», der einem Wocheneinkommen entsprach und auf einem Schweizer Konto landete, das unter dem Namen des Maharishi geführt wurde. Als der Guru die Beatles erst einmal für seine Botschaft begeistert hatte, begann er, von einem die ganze Welt umfassenden Netz von Meditationszentren zu sprechen, das Millionen von Menschen aufnehmen konnte. Näher nach seinen geschäftlichen Zielen gefragt, pflegte der schlaue Guru zu erklären, er müsse jetzt tätig werden, denn er gedenke sich bald ins Schweigen zurückzuziehen.

Die indische Idylle endete rasch. Als nächste verabschiedeten sich Paul und Jane, womit klar wurde, daß sie keineswegs besonders ergebene Jünger des Maharishi waren. Dann ließ John seinen guten Freund Alex Mardas kommen, einen jungen Griechen, der sich dem leichtgläubigen Lennon gegenüber als Genie auf dem Gebiet der Elektronik ausgegeben hatte. So behauptete er, es sei lediglich eine gewisse finanzielle Unterstützung nötig, damit man eine Reihe von ihm erfundener Produkte herstellen könne, die Leben und Laufbahn der Beatles umkrempeln würden. Zu den verblüffenden Dingen, die er John anbot, gehörten ein Autolack, der auf Knopfdruck seine Farbe verändern würde, ein unsichtbarer Vorhang aus Ultraschall-Schwingungen, der die Beatles vom Gekreisch ihrer Anhänger abschirmen sollte, eine elektrostatische Tapete, mit deren Hilfe sich jeder beliebige Raum schalltot machen ließ, sowie eine künstliche Sonne, die mittels Laserstrahlen den Nachthimmel erhellen konnte. Der magische Alex war der richtige Mann, um den Maharishi zu entlarven. Da sein Vater Major bei der griechischen Geheimpolizei war, kannte er sich mit undurchsichtigen Gestalten gut aus und wurde schon mißtrauisch, als er den Maharishi zum erstenmal sah. Bald entdeckte er, daß der alte Knabe eifrig damit beschäftigt war, eine der hübschen jungen Frauen aus Kalifornien zu verführen. Da John und George nicht bereit waren, diese skandalöse Anschuldigung zu glauben, stellte Alex ihm eine Falle.

Als der Mönch beim nächstenmal mit seiner ihn bewundernden Jüngerin allein war, machte Alex ein Geräusch vor dem Bungalow und beobachtete, wie der Maharishi schuldbewußt auffuhr, seine Kleider ordnete und die junge Frau in ihre Unterkunft schickte. An jenem Abend saß sie mit Alex noch lange bei John und George, und gemeinsam gingen sie durch, was sie mit ihrer aller geistlichem Vorbild erlebt hatte. Empört weigerte sich George zu glauben, daß man seinen Meister sozusagen mit offenem Dhoti erwischt haben sollte, doch John Lennon begriff rasch, daß man ihn hinters Licht geführt hatte. (Später enthüllte eine der bekanntesten Anhängerinnen des Maharishi, Linda Pearce, der Guru habe sie verführt, als sie mit zweiundzwanzig Jahren und als Jungfrau nach Indien gegangen war. «Als ich ihn nach seiner Keuschheit fragte», erinnerte sich Mrs. Pearce, «sagte er: ‹Keine Regel ohne Ausnahme.› Wir haben regelmäßig miteinander geschlafen, und ich glaube nicht, daß ich die einzige war.»)

Am Ende des nächtlichen Palavers wurde der Entschluß gefaßt, daß die verbliebenen Beatles am nächsten Morgen abreisen würden. Sie sahen ernsthafte Schwierigkeiten mit ihrem Heiligen voraus und planten, Fersengeld zu geben. Alex bekam den Auftrag, den Transport zu organisieren; die Frauen sollten nur das Nötigste mitnehmen.

«Am nächsten Morgen», erinnerte sich John, «ist der ganze Trupp zu seiner Hütte gestürmt. Wie gewöhnlich war ich der Sprecher und hab ihm gesagt: ‹Wir reisen ab.› Er wollte wissen, warum, und ich hab ihm geantwortet: ‹Wenn du so kosmisch bist, dann weißt du das schon.› Der Maharishi hat mir einen Blick zugeworfen, der ganz klar bedeutete: ‹Dich Scheißkerl bring ich um!›»

Inzwischen hatte Alex erhebliche Schwierigkeiten mit den Fahrern am Ort, die jammerten, der Maharishi werde sie verfluchen und ihr Leben zugrunde richten, wenn sie den Auftrag annähmen. Schließlich stellten sich zwei mit ihren Fahrzeugen zur Verfügung.

Die beiden Wagen waren so klapprig, daß sie alle paar Kilometer mit irgendeinem Defekt stehenblieben. Als einer eine Reifenpanne hatte, die sich nicht beheben ließ, weil der Fahrer kein Reserverad dabei hatte, fuhr der andere vor, um Hilfe zu holen. Drei Stunden lang wartete John mit Cynthia in der glühenden Hitze auf George und Patti, und sie befürchteten schon, der Fluch des Maharishi habe sie ereilt. Schließlich rettete sie ein Paar im Westen erzogener Inder, die Lennons berühmtes Gesicht erkannten. In Neu-Delhi schäumte er zwar, hatte aber so große Angst vor dem Maharishi, daß er seine Zunge im Unterschied zu sonst im Zaume hielt. Er verließ Indien, ohne in der Öffentlichkeit ein einziges Wort des Zorns über ihn zu sagen.

Wieder in England angekommen, erklärte er: «Wir haben einen Fehler gemacht. Was könnte einfacher sein?» So erklärte John seine Irrtümer häufig, doch was er sagte, war in diesem Fall nicht, was er dachte. Ihm war es gegangen wie einem kleinen Jungen, der entdeckt hat, daß der Weihnachtsmann in Wirklichkeit sein Vater ist. Tatsächlich war es gut für ihn zu merken, daß der Maharishi ein Mann mit fleischlichen Begierden war; er neigte viel zu sehr zum Glauben an Wundermänner. Schlimm war, wie er auf diese Enthüllung reagierte: statt nach den wirklichen Gründen dafür zu suchen, warum ihn die transzendentale Meditation so glücklich gemacht hatte, wandte er der ganzen Sache den Rücken zu. Das ist schade, denn der Maharishi hatte bei John Lennon Wunder bewirkt. Zum ersten- und einzigenmal in seinem Erwachsenenleben war er ohne Alkohol und Drogen ausgekommen. Er hatte das seltene Erlebnis anhaltender Begeisterung gehabt und mit den anderen Beatles zusammen in gerade zwei Monaten *dreißig* Songs verfaßt, praktisch alles, was das Weiße Album ausmacht.

Man stelle sich den Marktwert von dreißig Songs der Beatles auf dem Höhepunkt ihres Könnens vor! Der Maharishi hätte seinen berühmten Jüngern dasselbe sagen können, was Psychoanalytiker in New York ihren Patienten sagen, wenn sie eine Honorarerhöhung begründen wollen: «Ich habe Ihre Verdienstmöglichkeiten gesteigert.» Ein ironischer Schnörkel an dieser Geschichte war, daß John Lennon, der darauf bestanden hatte, daß jeder kleine Mitarbeiter bei Apple einen Anteil seines geringen Gehalts für den Guru abzweigte, praktischerweise ganz vergessen hatte, selbst den seinigen zu zahlen!

SCHEIDUNGSGRÜNDE

Auf dem Rückflug aus Indien fing John zum erstenmal seit Monaten wieder an, sich zu betrinken. Der Alkohol enthemmte ihn, und die Wut, die wie rauchende Schwefelsäure unter einem Wachsstöpsel im Grunde seines Herzens brodelte, fing an überzukochen. Ohne irgendeinen ersichtlichen Grund begann er, Cynthia alles über die Frauen zu erzählen, die er in acht Jahren seiner Ehe gevögelt hatte. Die Hunderte von Mädchen, mit denen er während seiner Konzerttourneen gebumst hatte – manchmal waren es sieben Stück in einer einzigen Nacht gewesen –, spielten in seiner großen Beichte nur eine untergeordnete Rolle. Sein Bericht, so Peter Brown, konzentrierte sich auf die Frauen, deren Namen Cynthia etwas bedeuten würde. Dann kam er auf Frauen zu sprechen, die Cynthia persönlich kannte. Er erklärte ihr, warum die eine in jener Nacht überraschend in Kenwood aufgetaucht war oder warum eine andere sich neulich im Restaurant so merkwürdig benommen hatte. Der Grund war natürlich jeweils eine Affäre, die sie gerade hinter Cynthias Rücken mit John hatte. Es spielt kaum eine Rolle, ob diese Beichte Cynthia dazu provozieren sollte, die Scheidung einzureichen, oder ob John versuchte, sie für irgendeinen wirklichen oder eingebildeten Fehltritt zu bestrafen. Auf jeden Fall verletzte er sie zutiefst, ohne daß ihm das auch nur das kleinste bißchen geholfen hätte.

Vom Scheitern seiner Freiheitsträume frustriert, begab sich John, sobald er zu Hause war, auf einen gewaltigen Drogentrip. Er nahm LSD und rauchte Shit; er schluckte Pillen und trank Whisky; er sniffte Koks und setzte sich Spritzen. Er hatte entdeckt, daß der

Glaube, der ihn von der Drogensucht heilen sollte, auch nur ein trügerischer Trip gewesen war, deshalb fühlte er sich berechtigt, nun alles laufen zu lassen. Innerhalb eines Monats war er so fertig, daß man ihn mühelos hätte einweisen lassen können.

Wie immer, wenn er in einer Krise steckte, hatte John das Bedürfnis, sich zurückzuziehen. Also wurde Cynthia zwei Wochen nach ihrer Heimkehr aus Indien schon wieder auf Reisen geschickt. Diesmal ging es mit Magic Alex und Jenny Boyd (Pattis jüngere Schwester) nach Griechenland. John stellte Pete Shotton als Dauerbegleiter an und verlangte von ihm, daß er sich von Frau und Familie trennte und ganz nach Kenwood übersiedelte. Nachdem er diesen tröstlichen Umzug arrangiert hatte, machte sich John wieder an die drogeninspirierten Spielchen, die er letzten Sommer mit John Dunbar gespielt hatte.

Es lag eine gewisse Ironie darin, daß der selbsternannte Weiberheld und Ehebrecher Lennon den größten Teil seiner Zeit in der Gesellschaft eines Jugendfreundes verbrachte. In Wirklichkeit konnte John nie viel mit Frauen anfangen, wenn er sie nicht als Mütter oder Huren behandeln durfte. Er war der geborene Träumer, und seine Phantasien waren weitaus lüsterner als seine Taten. Das war der tiefere Grund für die Farce, die sich abspielte, als er Brigitte Bardot kennenlernte.

John war seit frühester Jugend in die berühmte Sexgöttin verliebt gewesen und hatte dem Porträt der Schauspielerin im Bikini, das die Zimmerdecke über seinem Bett zierte, Hunderte von Malen mit geübter Hand gehuldigt. Den Zimmerschmuck hatte er selbst wie ein Mosaik aus Illustriertenseiten zusammengesetzt. Als die Beatles 1964 das erste Mal in Paris waren, hatte John öffentlich erklärt, der einzige Mensch in dieser großen Stadt, den er kennenlernen wollte, sei die erregende Bardot. Es ist leicht vorstellbar, was er empfunden haben muß, als sein PR-Mann Derek Taylor bei Apple mit der Nachricht auftauchte, die Bardot sei in London und brenne darauf, die Beatles kennenzulernen. (Sie hatte im vorigen Jahr versucht, ihrer langsam versandenden Karriere durch den Vorschlag neuen Auftrieb zu verleihen, gemeinsam mit den Beatles in einer Neuverfilmung der *Drei Musketiere* zu spielen.)

«Waaahnsinn!» schmetterte John durch den Raum, aber im

nächsten Moment fragte er: «Wo sind die anderen?» Als er erfuhr, daß keiner der Beatles in der Stadt war, geriet er in Panik. Ein Rendezvous mit der Bardot ohne die Hilfe seiner Freunde war zuviel für ihn. Selbst als Derek Taylor sich bereit erklärte, John zu begleiten, suchte er noch nach zusätzlicher Unterstützung. Er schlug vor, erst einmal ein bißchen LSD einzuwerfen. «Nicht so viel, daß wir abheben, nur einen kleinen Stoß.» Das war ein katastrophaler Entschluß, denn als Lennon und Taylor ins Mayfair Hotel kamen, waren sie bereits vollkommen zu.

Taylor hatte vorher versucht, seinem Freund und Arbeitgeber den Weg zu ebnen, indem er den persönlichen Assistenten der Bardot anrief und erklärte, daß John Lennon gerade von einer langen Pilgerfahrt nach Indien zurückgekehrt war, wo er zu Füßen des Maharishi Mahesh Yogi gesessen hatte. Taylor schlug vor, dem großen Rockstar einen angemessenen Empfang in einem Raum voller Kissen und Blumen zu bereiten, in dem die Musik Ravi Shankars erklingen sollte. Durch nichts lassen sich die Großen in dieser Welt leichter beeindrucken als durch große Ansprüche. Als Lennon den Salon der Bardot betrat, fand er sich in einem indischen Pavillon wieder.

Keine noch so exotische Dekoration konnte John Lennons Nervosität beheben oder seinen verwirrten Verstand zur Ordnung rufen. Wortlos sank er im Lotossitz in die Kissen und schloß die Augen wie zur Meditation. Die nächste halbe Stunde verbrachte er, ohne ein Wort zu sagen, in dieser Stellung. Brigitte Bardot war mit seinem exzentrischen Benehmen gar nicht einverstanden. Sie hatte alle vier Beatles erwartet und ein paar hübsche Mädchen in der Absicht eingeladen, in großer Gesellschaft in ein schickes Restaurant zu gehen. Statt dessen saß sie mit einem einzigen Beatle, der in anderen Sphären weilte, und seinem Lakaien da, der sie an Ronald Colman erinnerte. Bei dem Versuch, sich mit «Ronald Colman» zu unterhalten, mußte sie feststellen, daß dieser kein Wort Französisch konnte und daß es ihm zumindest augenblicklich auch schwerfiel, sich auf englisch zusammenhängend zu äußern. Schließlich hatte die Bardot genug von dieser unmöglichen Situation. Mit erhobener Stimme sprach sie die seltsame Erscheinung an, die vor ihr auf dem Boden hockte: «Indien scheint Sie stark beeindruckt zu haben.»

«Stell keine Fragen», schnauzte John sie an. «Fühl die Schwingungen!»

Brigitte Bardot schlug die Hände über dem Kopf zusammen und begann, sich wieder auf französisch mit ihren hübschen Freundinnen zu unterhalten, denen sich inzwischen ein paar eilig zusammengetrommelte Männer zugesellt hatten.

Zwei Stunden später machte sie den zweiten Versuch, Lennon aus seiner Trance zu wecken. Sie schlug vor, daß sie alle zu Parkes, einem Moderestaurant am Beauchamp Place, gehen sollten. Lennon und Taylor waren von dem Vorschlag entsetzt, denn Parkes war ein kleines Lokal und seine Besitzer stammten aus Liverpool. Wenn sie sich dort in der Gesellschaft von Brigitte Bardot und einem Haufen auffälliger junger Mädchen sehen ließen, bedeutete das schlechte Publicity für John, und Taylor konnte sich zu Hause auf eine Szene gefaßt machen. John erklärte, er könne jetzt seine labile psychische Balance nicht gefährden, denn ihm stehe eine wichtige spirituelle Erfahrung, vielleicht sogar eine Offenbarung bevor. Er schlug vor, die Bardot solle mit ihren Freundinnen essen gehen. «Wenn du wiederkommst», versprach er, «habe ich einen Song für dich geschrieben.» Es war nichts zu machen, Brigitte Bardot mußte in überwiegend weiblicher Gesellschaft essen gehen.

Als sie spät abends wiederkam, hörte sie, lange bevor sie ihre Zimmertür erreicht hatte, indische Musik durch den Korridor dröhnen. Sie betrat den Salon und erstarrte zur Salzsäule. Von leeren Bierflaschen umgeben lag der große John Lennon wie ein Penner in den Kissen. Im Schlafzimmer erwartete B. B. der zweite Schock. Diesmal war es der Anblick «Ronald Colmans», der in friedlichem Schlummer auf der Steppdecke ausgestreckt lag. Sie kehrte in den Salon zurück und versuchte, Lennon wachzurütteln. Tapfer bemühte er sich in die Vertikale und versuchte, irgend etwas zu singen. Nach ein paar Takten kippte er um und schlief wieder ein.

Am nächsten Morgen lieferte Les Anthony John in Kenwood ab. Pete Shotton tanzte neugierig wie ein Bär durch die Gegend. «Was ist passiert?» fragte er. «Was ist passiert?»

John starrte seinen alten Freund wütend an und brüllte schließlich: «Scheiße, es ist gar nichts passiert! Es war ein absolut beschissener Abend, noch schlimmer als das Treffen mit Elvis.»

John Lennons verrücktes Rendezvous mit Brigitte Bardot war typisch für alles, was er damals im Drogenrausch unternahm. Ein paar Tage später versuchten John und Pete auf Trip unter dem Dach Hintergrundgeräusche auf Bandmaschinen aufzunehmen. Als John genug davon hatte, das zusammenzustellen, was später «Revolution 9» werden sollte, setzte er sich mit gekreuzten Beinen auf den Boden, um sich gründlich mit Pete auszusprechen. John redete eine Zeitlang über seine Enttäuschung mit dem Maharishi, dann verfiel er in sein übliches Schweigen. Während Pete ein großes Foto von Brigitte Bardot ansah und sich vorstellte, was er alles mit ihr angestellt hätte, wäre er an Johns Stelle gewesen, sah er plötzlich, daß sein Freund langsame flatternde Bewegungen mit Händen und Armen vorführte, als habe er Flügel.

«Pete!» flüsterte John verzückt. *«Ich glaube, ich bin Jesus Christus.»* Pete war nicht umsonst von Jugend auf Johns Spielgefährte gewesen.

Beinahe uninteressiert gelassen fragte er: «Und was willst du jetzt machen?»

Ohne einen Augenblick zu zögern, erklärte John: «Ich muß es allen erzählen! Die Welt muß wissen, wer ich bin!»

Pete protestierte: «Scheiße, John, sie werden dich umbringen. Sie werden das nicht hinnehmen.»

John ließ sich nicht von seinen Plänen abbringen. «Dagegen kann man nichts machen», antwortete er. Dann, nach kurzem Nachdenken: «Wie alt war Jesus, als sie ihn umgebracht haben?»

Pete hatte keine Ahnung. Schließlich sagte er auf gut Glück: «Ich schätze, so etwa zweiunddreißig.» (Er lag immerhin nur ein Jahr daneben.)

John fing emsig an, etwas an den Fingern abzuzählen. Dann rief er aus: «Schrecklich! Dann habe ich noch *vier* Jahre!»

Als die Sonne über dem ruhigen Vorort in Sussex aufging, erklärte Lennon: «Morgen müssen wir als allererstes zu Apple gehen und es den anderen erzählen.» Dann fielen Pete und er erschöpft auf einem Haufen übereinander. Als sie aufwachten, stand Dot Jarlett vor ihnen. Erschrocken sprang John auf. Die ganze Situation war ihm schrecklich peinlich. «Herr im Himmel!» rief er aus. «Sie wird glauben, wir hätten gevögelt.»

Verschlafen wie er war, konnte Pete doch keine Antwort auslassen. «Wie um Gottes willen», fragte er, «soll sie denn auf die Idee kommen?» Dann fiel ihm die perfekte Pointe ein: «Und außerdem haben wir unsere Kleider noch an.»

Lennon lachte nicht. Statt dessen bereitete er ein Treffen vor.

Am gleichen Nachmittag versammelte sich der innere Kreis der Beatles-Organisation – Paul, George, Ringo, Neil, Derek – bei Pete und John in Lennons Büro. Alle waren gespannt und fragten sich, was wohl den sonst so trägen John dazu bewogen hatte, die Alarmglocke zu läuten. John Lennon erhob sich hinter seinem Schreibtisch und wandte sich an seine Kollegen. «Ich habe euch allen etwas sehr Wichtiges mitzuteilen», begann er. «Ich bin der auferstandene Christus. Das ist meine Aufgabe.» Er verlangte, Apple solle sofort eine Pressemitteilung vorbereiten, um seine Wiederkunft zu verkünden. Es ist typisch für den Respekt, den Johns engere Umgebung vor ihm hatte, daß niemand wagte, ihm zu widersprechen. Einen Augenblick lang saßen sie wie betäubt da. Dann stimmten sie alle zu und erklärten, dies sei eine äußerst wichtige Mitteilung. Sie wiesen aber darauf hin, daß sie Zeit bräuchten, um über die Bedeutung dieser Tatsache nachzudenken und zu entscheiden, was für Schritte Apple jetzt ergreifen müsse. Mit diesem Konsens wurde die Versammlung schleunigst geschlossen.

John war noch immer in seinen Wahnvorstellungen befangen, als Pete und er ein Restaurant betraten, um zu Abend zu essen. Ein freundlicher Mann mittleren Alters, der begeistert davon war, unvermutet neben einem Popstar zu stehen, sprach sie an: «Wie schön, Sie zu treffen», sagte er. «Wie geht es Ihnen?»

John antwortete wie aus der Pistole geschossen: «In Wirklichkeit bin ich Jesus Christus.»

Der Mann verzog keine Miene. «Wirklich?» sagte er. «Mir hat jedenfalls Ihre letzte Platte gefallen. Ich finde sie großartig.»

Als John und Pete an diesem Abend zurück nach Kenwood kamen, rauchten sie erst einmal eine tüchtige Portion Haschisch. Inzwischen wurde Lennon unruhig, ein sicheres Zeichen, daß er noch eine Nacht durchmachen würde. Er sagte: «Mir ist nach einer Frau zumute, Pete. Stört es dich, wenn ich eine herhole?»

Shotton begrüßte den Vorschlag, der ihm die Chance gab, endlich schlafen zu gehen.

«Dann sollte ich wohl mal Yoko anrufen», sagte John, der trotz seines Zustands immer noch clever genug war, die Tatsache zu verbergen, daß ihm die kleine japanische Künstlerin wichtig war, die Pete bei Apple kennengelernt hatte.

Shotton war noch nicht so übermüdet, daß er nicht darauf reagiert hätte. «Also gefällt sie dir?» forderte er John heraus.

«Weiß ich nicht», sagte John, der sich dumm stellte. «Aber sie hat irgend etwas – ich möchte sie nur besser kennenlernen.» Dann fügte er lüstern grinsend hinzu. «Und jetzt ist der richtige Augenblick dafür.» So formuliert klang die ganze Geschichte nach nichts Besonderem: nichts als eine geile kleine Episode.

Als John die Tür für Yoko öffnete, gab er durch nichts zu erkennen, daß er die Frau, die er wie ein Groupie mitten in der Nacht ins Haus bestellt hatte, mehr als flüchtig kannte. Alle gingen ins Wohnzimmer und saßen verlegen herum. Yoko schien sehr unsicher und verschlossen. Pete blieb gerade so lange dabei, wie es der Anstand erforderte und John seine emotionale Unterstützung brauchte. Dann verabschiedete er sich.

John und Yoko stiegen in das Studio auf dem Dachboden hinauf und begannen das Band aufzunehmen, das später unter dem Titel *Two Virgins* herauskam. Während John die Bänder einfädelte und die Regler bediente, saß Yoko vor einem Mikrophon und gab ihre üblichen Geräusche von sich. Irgendwann im Laufe der Nacht schlug John einen Trip vor. Zugedröhnt, verwirrt, von ihrem wunderbaren Spiel begeistert, spielten die beiden bis zum Morgengrauen weiter. Dann stiegen sie ins Bett und liebten sich. Das einzige Bedeutsame an dieser vielgerühmten Nacht war das, was am nächsten Morgen geschah.

Pete stand früh auf und kam zum Frühstück. Er fand John im Wintergarten, wo er in einen Kimono gehüllt ein weiches Ei mit Tee verzehrte. Als Pete etwas über Johns frühes Aufstehen sagte, erklärte John, er habe noch gar nicht geschlafen. Dann bat er Pete, sich auf den Weg zu machen, um ein neues Haus für ihn zu finden. Als Pete nach dem Grund fragte, stellte John bedeutungsschwer seine Teetasse hin und sagte: «Ich will mit Yoko darin leben.»

Shotton hielt die überraschende Erklärung nur für ein weiteres Symptom der drogeninduzierten Verwirrung, aus der heraus John vor vierundzwanzig Stunden erklärt hatte, er sei Jesus Christus. Aber John machte, wie er da in seinem Kimono vor den Resten seines Frühstücks saß, nicht den Eindruck eines Mannes, der seine Gedanken nicht unter Kontrolle hatte. «Ich will mit Yoko darin leben», wiederholte er, als müsse er noch einmal bestätigen, was er gerade gesagt hatte.

«Einfach so, John?» flüsterte Shotton überwältigt.

Als hätte er auf einen Knopf in seinem Hirn gedrückt, antwortete John: «Ja, einfach so! *Einfach so!* Das ist es, Pete! Darauf habe ich mein ganzes Leben lang gewartet. Scheiß auf alles andere! Scheiß auf die Beatles, scheiß auf mein Geld, scheiß auf alles! Ich würde mit ihr, verdammt noch mal, in einem *Zelt* leben, wenn es sein müßte!»

Damit sprang Lennon auf, und Shotton stand ebenfalls auf und rief aus: «Das ist unglaublich, John!»

«Es *ist* unglaublich», wiederholte Lennon in der Verzückung eines Mannes, der im erhabensten Augenblick seines Lebens keine Zweifel mehr kennt. «Es ist genauso wie damals, als wir Kinder waren und uns verliebt haben», fuhr er fort. «Erinnerst du dich, wie das war? Du hast ein Mädchen getroffen, und du hast ständig an sie gedacht und wolltest immerzu mit ihr zusammensein. Du hattest nichts im Kopf als sie. Siehst du, Yoko ist jetzt da oben, und ich kann es nicht abwarten, wieder bei ihr zu sein. Ich war so hungrig, daß ich runterkommen und mir ein Ei kochen mußte – aber ich kann es kaum einen Moment ohne sie aushalten!»

Noch am gleichen Abend zog Yoko in Kenwood ein. Dot Jarlett war über ihre klägliche Garderobe erstaunt. Am nächsten Morgen machte sich John daran, diesen Schaden zu beheben. Er schob Shotton ein Bündel Geldscheine in die Hand und beauftragte ihn, mit Yoko einkaufen zu gehen. Petes nächste Aufgabe waren die Verhandlungen mit einem Immobilienmakler, der einen Landsitz mit viel Grund und Boden innerhalb eines Radius von fünfzig Meilen um die Stadt finden sollte. Der Preis spielte keine Rolle.

Bis Cynthia wieder nach Kenwood zurückgekommen war, hatte der eingefleischte Träumer John Lennon sich bereits von ihr scheiden lassen, Yoko Ono geheiratet und sich mit ihr auf seinem prachtvollen Landsitz niedergelassen. Das einzige, was John vergessen hatte, war, seine Frau von der veränderten Lage zu unterrichten. Das hatte zur Folge, daß Cynthia, als sie nach Hause kam, in eine Szene stolperte, die direkt aus einem Horrorfilm hätte stammen können.

«Es herrschte unheimliches Schweigen», erinnerte sie sich. Sie näherte sich dem Haus in Begleitung von Alex und Jenny. Niemand war zu sehen: weder Julian noch Dot, noch der Gärtner. Zuerst dachte sie, die anderen hätten die ganze Nacht gefeiert und schliefen noch. Sie ergriff den Türklopfer, einen weiblichen Hintern, und klopfte laut an die Haustür. Niemand antwortete. Schließlich zog sie die Magnetkarte aus der Handtasche, mit der sich das Spezialschloß bedienen ließ. In diesem Augenblick bemerkte Cynthia, daß die Tür nicht abgeschlossen war. Zögernd trat sie mit ihren Freunden ins Haus. Sie stand im Dunkeln in der holzgetäfelten Eingangshalle und rief ins obere Stockwerk: *«John! Julian! Dot! Ist jemand da?»* Alles war still. Durch die geschlossenen Vorhänge im Wohnzimmer fiel trübes Licht in den Raum. Cynthia wandte sich nach rechts, ging durch das Eßzimmer und die Küche, betrat den Wintergarten – und erstarrte!

In einem grün-weißen Frotteemantel saß John Lennon mit einer Tasse Tee in der Hand auf dem kleinen Sofa. Sein Haar war ungekämmt. Vor ihm, mit dem Rücken zu Cynthia, saß eine winzige Frau mit üppigem schwarzen Haar in einem schwarzseidenen Kimono. «Es war, als sei ich gegen eine Wand gerannt», sagte Cynthia. «Es war, als gehöre ich nicht mehr dazu.» Ihr Eindruck stimmte genau. Sie war ausgeschaltet worden, ohne daß man es ihr auch nur gesagt hätte.

Nach einer scheinbar ewigen Pause des Schweigens sagte John: «Oh, hallo», und nahm ruhig einen Zug aus einer Zigarette.

Cynthia war so verwirrt, daß sie wie automatisch den Mund öffnete und zu einer kleinen Rede ansetzte, die sie im Flugzeug vorbereitet hatte. «Ich habe eine großartige Idee», sprudelte es aus ihr heraus. «Wir haben in Griechenland gefrühstückt und in Rom zu Mittag gegessen, und Jenny und Alex und ich finden, es wäre toll, wenn wir alle zusammen die Ferien mit einem Abendessen in London beschließen.»

Ausdruckslos antwortete John Lennon: «Nein, danke.» In diesem Moment drehte sich Yoko um und blickte Cynthia «selbstsicher und zuversichtlich» an.

«Es verschlug mir den Atem», sagte Cynthia. «Ich war nicht wütend. Ich war einfach am Boden zerstört... Also habe ich den Kampf nicht aufgenommen und nicht gefragt, was da vor sich ging. Ich hatte nur das Gefühl, daß ich sofort raus mußte.»

Cynthia stürzte nach oben und fing an zu packen, als wolle sie verreisen, obwohl ihr Gepäck noch im Auto war. Als sie am Gästeschlafzimmer vorbeikam, sah sie ein paar japanische Hausschuhe auf dem Teppich.

Fünfzehn Minuten nachdem sie zurückgekommen war, verließ sie das Haus schon wieder. «Ich habe Johns Schweigen aufgefaßt, als wolle er sagen: ‹Störe diese phantastische Situation nicht. Verschwinde! Du störst!›» Willenlos befolgte Cynthia Johns stillschweigenden Befehl. Ohne ein Wort des Protestes überließ sie Haus und Ehemann einer anderen Frau und ging mit zwei Menschen weg, die sie kaum kannte.

Alex und Jenny boten Cynthia an, sie in dem kleinen Haus aufzunehmen, das sie in der Stadtmitte teilten. «Nach ihrem ersten Tag als Hausgast», berichtete Peter Brown, «blieb Cynthia fast die ganze Nacht mit Magic Alex auf, trank Wein und schüttete ihm bei Kerzenlicht ihr Herz aus. Sie hatte nie Vertrauen zu Magic Alex gehabt, aber in dieser Nacht brauchte sie dringend jemanden, mit dem sie sprechen konnte, und er hörte ihr zu. Viele Flaschen Wein wurden geleert, bevor sie im Morgengrauen mit Alex ins Bett kroch und mit Johns bestem Freund schlief.»

Drei Tage später rief Cynthia Dot an und erklärte, sie wolle nach Kenwood zurückkommen. Als sie ankam, wartete John Lennon schon auf sie. Yoko war verschwunden. «Ich verstehe nicht, warum du davongelaufen bist», sagte John, der «sehr herzlich und warm» wirkte. «Was hast du denn vorgehabt?» fragte er, als sei Cynthias Verschwinden ein völlig unerklärliches Ereignis gewesen. Cynthia forderte John sofort auf, zu erklären, was es mit Yoko auf sich habe.

John war bestens auf die Frage vorbereitet. Er erklärte mit absolut unbeteiligter Miene, seine Beziehung zu Yoko sei rein intellektuell. Als Cynthia mehr wissen wollte, verstummte John und weigerte sich, weiter über die Angelegenheit zu sprechen. Er versicherte Cynthia, sie brauche sich keine Sorgen zu machen.

Cynthia war von seinen Beteuerungen nicht beruhigt. «Ich sehe viele Übereinstimmungen zwischen dir und Yoko», insistierte sie und sah, wie John blaß wurde. «John, sie hat irgend etwas, das dir verdammt ähnlich ist. Du kannst über Yoko sagen, was du willst, daß sie verrückt ist, daß sie eine übergeschnappte Künstlerin ist, aber sie hat eine Ausstrahlung, die zu dir paßt.»

Egal, wie sehr Lennon beteuerte, Yoko nicht zu lieben, er konnte Cynthia nicht überzeugen. Wie sie später sagte: «Ich wußte, daß ich ihn verloren hatte.»

Als Cynthia John fragte, ob sie den geplanten gemeinsamen Urlaub mit Mrs. Powell und Julian in Pesaro absagen sollte, antwortete John: «Nein, nein, fahr nur hin und amüsier dich gut.» Irgendwie redete Cynthia sich ein, ihre Abwesenheit werde keine entscheidenden Auswirkungen auf ihre Ehe haben. Sie machte sich vor, sie dürfe Julian nicht enttäuschen.

Yoko war inzwischen zu Tony zurückgekehrt, um die Trennung zu besprechen. «Sie verdankte Tony viel», bemerkte Dan Richter, der dabei war. «Er hat sie aus der Nervenheilanstalt geholt. Er hielt sie über Wasser, sammelte Geld für ihre Vorstellungen, beschaffte die Karten nach London, sorgte für die Werbung, fand Mäzene für ihre Filme, nahm bei den Banken Kredite auf.» Als Abfindung verlangte Tony glatte fünfzig Prozent von allem, was sie aus Lennon herausholen würde. Tony setzte einen Vertrag über diese Forderung auf, und Yoko unterschrieb ihn. «Sie hatte das Gefühl, ihm etwas schuldig zu sein», erklärte Richter, der den Vertrag als Zeuge unterzeichnete, «und ich glaube, sie hatte außerdem das Gefühl, sie könne den Vertrag später brechen, falls er ihr nicht mehr paßte.»

Nachdem Tony abgefunden und Cynthia nach Italien abgereist war, konnte Yoko wieder nach Kenwood zurückkehren. Lennon betrachtete seine Ehe bis auf die juristischen Formalitäten als beendet.

Ohne sich die Mühe zu machen, seine Ehefrau vorzuwarnen, ließ er sich von nun an mit der neuen Frau in der Öffentlichkeit sehen. Am 15. Juni wollten John und Yoko ihr «Acorn Event» als Teil der Nationalen Skulpturausstellung vor der Kathedrale von Coventry veranstalten. Es ging darum, zwei Eicheln zu pflanzen, um «die Vereinigung und das Wachstum unserer beiden Kulturen» zu symbolisieren: ein trivialer und bedeutungsloser Vorgang, der trotz seiner Substanzlosigkeit folgenschwer für die Zukunft sein sollte. Das Ganze begann mit einem Streit mit den Kirchenbehörden, in dessen Verlauf sich Yoko in einen erstaunlichen Wutausbruch hineinsteigerte, als der Domherr es wagte, Zweifel an ihrer künstlerischen Grundkonzeption zu äußern. Das absurde Ende besiegelten zwei Wachmänner, die zum Schutz eines zweiten Paars Eicheln angestellt wurden, nachdem Fans das erste Paar ausgegraben hatten. Die Öffentlichkeit erfuhr davon erst, als alles schon vorbei war. Als John und Yoko aber drei Tage später vor dem National Theatre vorfuhren, wo Victor Spinettis Bearbeitung von Johns Büchern Premiere hatte, stürzte sich die Presse auf die beiden.

John Lennon entstieg Pete Shottons weißem Jaguar in weißer Seidenjacke, geblümtem Hemd und schwarzen Hosen. Als er der kleinen Yoko, die bis auf eine schwarze Weste ganz in Weiß gekleidet war, die Hand reichte, überfielen ihn plötzlich die Reporter. Ringsum leuchteten Blitzlichter auf, stürmten Fragen auf John ein. Wie die Meute, die ihr Wild gestellt hat, fielen die Reporter John an: *«Wo ist Ihre Frau? Wo ist Cynthia? Was ist aus Ihrer Frau geworden, John?»*

«Ich habe keine Ahnung!» explodierte John und marschierte mit Yoko ins Theater. Bald vertiefte er sich in die äußerst erfolgreiche Vorstellung. Erst als er am nächsten Tag die Bilder von sich und Yoko Hand in Hand in allen Zeitungen sah und die Texte las, die andeuteten, daß er sich entweder von seiner Frau getrennt habe oder sie betrüge, war er beunruhigt. Aber Johns Gefühle waren nichts im Vergleich zu dem Schock und der Scham, die Cynthia empfand, als sie die englischen Zeitungen las.

Jede andere Frau wäre nach Hause geeilt, um ihren Mann zur Rede zu stellen und ihre Ehe zu retten. Cynthia, die emotionale Auseinandersetzungen haßte, legte sich ins Bett und blieb dort tagelang liegen. Schließlich ging sie eines Abends mit dem achtundzwanzigjährigen Roberto Bassanini aus, einem großen, kräftigen, gutaussehenden Mann, der ihr schon bei einem früheren Besuch gut gefallen hatte. Als sie am nächsten Morgen ins Hotel zurückkamen, erwartete sie Magic Alex.

Sobald Alex mit Cynthia allein war, sagte er, es würde John sicher interessieren zu erfahren, daß Cynthia nicht wie eine verlassene Ehefrau trauerte, sondern sich mit einem gutaussehenden Junggesellen herumtrieb. Nachdem er sie in die Defensive gedrängt hatte, teilte er ihr mit, John wolle die Scheidung, um Yoko Ono heiraten zu können. Falls Cynthia Schwierigkeiten mache oder nicht mitspiele, habe John geschworen, «dir Julian wegzunehmen und dich zurück nach Hoylake zu schicken».

Selbst Cynthia war nicht bereit, derartige Drohungen zu tolerieren. «Er will die Scheidung einreichen?» rief sie aus. «Was will er denn für Scheidungsgründe anführen?»

«John klagt wegen Ehebruch», antwortete Alex kühl. «Ich habe mich bereit erklärt, als Scheidungsgrund herzuhalten und für John auszusagen.» Dann erinnerte er sie an die Nacht, in der sie frühmorgens betrunken mit ihm ins Bett gegangen war. Nachdem er diese Mine hatte explodieren lassen, kehrte er sofort nach London zurück.

Kaum war er verschwunden, befand sich Cynthia in emsigen Beratungen mit ihrer Mutter. Mrs. Powell muß einem Schlaganfall nahe gewesen sein, als sie von den üblen Absichten ihres verhaßten Schwiegersohns erfuhr. Als Cynthia verkündete, sie werde am nächsten Morgen nach Hause fahren, erklärte die streitlustige Lil, sie könne nicht so lange warten. Noch am gleichen Nachmittag saß sie im Flugzeug nach England.

Als Mrs. Powell am Montagu Square 34 ankam, fand sie zu ihrer Überraschung einen Blumenstrauß vor der Tür. Sie öffnete den Briefumschlag und las: «Ich war schneller als du, Lil.» John genoß seine langersehnte Rache.

Der gleiche Privatdetektiv, der Mrs. Powell beschattet hatte, muß auch Johns Anwalt einen Tip gegeben haben, denn als Cynthia am nächsten Morgen ankam, wurde ihr die Scheidungsklage überreicht. Sie rief bei Apple an und verlangte, John zu sprechen. Man teilte ihr mit, es würde etwa zwei Wochen dauern, bis man einen Termin bei ihrem Mann für sie arrangieren könne. Spontan fuhr sie mit ihrer Mutter und ihrem Sohn nach Kenwood. An der Tür empfingen sie John und Yoko in identische schwarze Anzüge gekleidet. John, der mit Begeisterung aus der Sicherheit seiner Wohnung heraus hinter seiner Frau herspioniert hatte, war auf ein Treffen mit ihr gänzlich unvorbereitet. Als Mrs. Powell zu Yoko sagte: «Ich glaube, Sie sollten in ein anderes Zimmer gehen und die beiden allein lassen», schrie John wie ein ängstliches Kind: «Nein, Yoko! Bleib da!»

Cynthia hielt es nicht mehr aus und fing an zu weinen. Sie hatte Angst davor, öffentlich als Ehebrecherin gebrandmarkt zu werden. Sie bestand darauf, daß sie Magic Alex nie gemocht habe, daß sie nie mit ihm habe schlafen wollen, daß er sie mit Kerzenlicht und schwarzer Magie bezaubert habe. John erklärte ihr immer wieder, daß er wegen Ehebruch klagen müsse, wenn er in der Öffentlichkeit kein karriereschädliches Aufsehen erregen wollte. Nach einem Streit von einer Viertelstunde über die Frage, wer Ehebruch mit wem begangen hatte, führte Cynthia endlich das Argument an, auf dem sie von Anfang an hätte bestehen müssen: «Es ist völlig ungerecht, mir die Schuld zuzuschieben, wenn du es bist, der die Ehe beenden will.»

Lennon, der die Sache endlich hinter sich bringen wollte, antwortete nur: «Das sollten wir besser den Anwälten überlassen. Die werden es schon regeln.» Zugleich schlug John vor, Cynthia solle mit Julian und ihrer Mutter wieder nach Kenwood ziehen und ihm die Wohnung am Montagu Square überlassen. Als Lillian Powell weiterhin insistierte und von John verlangte, ihre Tochter nicht so einfach im Regen stehen zu lassen, brüllte Lennon: «Das hier ist mein Haus. Verschwinde!»

Das nächste Mal trafen sich Cynthia und John, als es darum ging, die finanzielle Seite der Scheidung zu regeln. Beide waren von ihren Anwälten begleitet. Nach dem Treffen fragte Pete Shotton, der immer noch in Kenwood wohnte, John, wie das Gespräch verlaufen sei.

«Es war absolut beschissener Blödsinn!» antwortete Lennon entnervt. «Jedesmal, wenn ich Cyn etwas sagen wollte, hat mich ihr

Anwalt unterbrochen und behauptet, ich dürfe nicht mit ihr sprechen. Ich durfte nur mit meinem Anwalt reden, und der sprach dann mit ihrem Anwalt, und der sprach mit Cyn! Am Ende habe ich nur gesagt: ‹Sieh mal, Cyn, nimm dir doch einfach alles, was du zum Teufel noch mal willst. Macht das untereinander aus, sagt mir Bescheid, und ihr könnt den ganzen Scheiß haben.›»

Cynthia machte einen Rückzieher und ließ zu, daß John wegen Ehebruch klagte. Durch dieses schmerzliche Zugeständnis hatte sie sich das Recht auf eine großzügige finanzielle Regelung erworben. Statt dessen brachte sie sich um ihre eigenen Chancen, indem sie John heimlich anrief und ihm vorschlug, alles unter sich zu regeln, weil ihre Anwälte vorhätten, «Hunderttausende aus ihm herauszupressen.»

Als John kapierte, was die Scheidung ihn kosten konnte, zog er sein früheres Angebot zurück und versuchte Cynthia herunterzuhandeln. Er schrieb: «75 000 Pfund ist mein letztes Angebot. Was hast du eigentlich dafür getan? Verdammt noch mal, das ist so gut wie ein Lottogewinn.»

Dennoch wäre die Scheidung glatt über die Bühne gegangen, wäre Yoko nicht im September schwanger geworden. Das machte Lennons Vorwurf des Ehebruchs zu einem schlechten Witz. Also mußten die Parteien die Rollen tauschen, und Cynthia durfte John verklagen. Jetzt war sie in der stärkeren Position. Natürlich hat sie diese dem armen schwachen John gegenüber nie ausgespielt. Er kam mit einer einmaligen Abfindung von 100 000 Pfund und jährlichen Alimenten von 2400 Pfund für Julian billig davon. Der Treuhandfonds, der für Julian eingerichtet wurde, war nicht viel großzügiger. Vorgesehen war die Auszahlung von 100 000 Pfund an Julians fünfundzwanzigstem Geburtstag – sofern John Lennon keine weiteren Kinder mehr zeugen sollte. Falls John noch ein Kind zeugte, sollte Julians Abfindung halbiert werden. John trat das Sorgerecht an Cynthia ab, aber dies Opfer fiel ihm leicht.

Am 8. November 1968, zwei Wochen nachdem John Lennon die Schwangerschaft Yoko Onos öffentlich angekündigt hatte, wurde Cynthia Lennon von ihm geschieden. «Cynthia», schrieb Peter Brown, «wurde mit rücksichtsloser Geschwindigkeit und Präzision von den Beatles abgekoppelt», und fügte hinzu: «Wenige Freunde oder Angestellte der Beatles wagten es, sie zu unterstützen oder sich öffentlich gegen Yoko zu äußern. Sie fürchteten Lennons Zorn.»

Der einzige alte Freund unter den Beatles, der Cynthia Sympathie und Unterstützung zukommen ließ, war Paul. «Ich war ehrlich überrascht, als Paul an einem sonnigen Nachmittag ganz von selbst vorbeikam», erinnerte sich Cynthia. «Seine offensichtliche Sorge um unser Wohlergehen hat mich berührt, und ich war noch gerührter, als er mir eine rote Rose überreichte und über unsere Zukunft scherzte: ‹Wie wäre es, Cynthia? Warum heiraten wir beide nicht?›»

Julian Lennon und Kyoko Cox waren die Opfer der Scheidung. John sah seinen Sohn von da an nur noch selten, und Yoko kümmerte sich überhaupt nicht mehr um Kyoko. Zunächst blieb das Kind lange bei einer mitfühlenden Freundin, Maggie Postlewaite, der John eine Telefonnummer für Notfälle gegeben hatte. Aber das einzige Mal, das Maggie die Nummer anrief, erwies sie sich als nutzlos. Ein Antwortdienst nahm ihre Nachricht auf, weigerte sich aber, sie mit den Lennons zu verbinden. Weder John noch Yoko riefen zurück. Kyoko war schrecklich verletzt, als sie erfuhr, daß sie nicht einmal am Telefon mit ihrer Mutter sprechen konnte. Maggie mußte Tony anrufen, der seine Tochter am nächsten Morgen abholte.

Yokos Scheidung von Tony kostete John mehr Geld als seine eigene Scheidung. John erklärte sich bereit, sämtliche gemeinsamen Schulden von Tony und Yoko in der beachtlichen Höhe von 100000 Pfund zu übernehmen. Wieviel Tony Cox selbst bekommen hat, ist unklar, aber sein Bruder Larry erinnerte sich, daß Tony «einen Haufen Geld» hatte, als er aus England abreiste. Aus steuerrechtlichen Gründen wurde die Abfindung als Auftrag der Firma Apple Films kaschiert, auf den Jungferninseln einen Film zu drehen, wo Scheidungen innerhalb von sechs Wochen möglich sind. Das Scheidungsurteil vom 30. Januar 1969 regelte endlich die chaotischen Verhältnisse, bis auf eine offene Frage: das Sorgerecht für Kyoko. «Die Fragen des Sorgerechts, der Obhut und der elterlichen Gewalt über das minderjährige Kind Kyoko werden für die zukünftige Entscheidung eines zuständigen Gerichtshofs offen gehalten», heißt es im Scheidungsurteil. Warum blieb ein so entscheidendes Problem ungelöst? Allen Klein, der um diese Zeit Lennon näher kennenlernte, hat später behauptet, nachdem John Lennon das Sorgerecht für seinen Sohn aufgegeben habe, habe er das gleiche von Yoko verlangt. Yoko aber wollte sich ein Schlupfloch offenhalten, das es ihr ermöglichen sollte, später die Hand auf Kyoko zu legen.

FLITTERWOCHEN MIT HEROIN

John und Yoko waren, schon lange bevor sie ihre Freiheit erkämpft hatten, zu Sklaven des Heroins geworden. Yoko hat Marnie Hair erzählt, John sei, lange bevor er auch sie abhängig machte, heroinsüchtig gewesen. Sie fügte hinzu, er habe sich von allem frei machen können, aber sie habe das nicht gekonnt. Der Presse gegenüber verkündete sie Jahre später eine andere Version: «John fragte..., ob ich schon einmal (Heroin) probiert habe. Ich antwortete ihm, ich hätte, als er mit dem Maharishi in Indien war, auf einer Party einmal gesnifft. Ich wußte damals nicht, was es war. Sie haben mir einfach irgend etwas gegeben, und ich sagte: ‹Was war das?› Es war ein wunderbares Gefühl. Eines Tages redete John über Heroin und fragte: ‹Hast du es je genommen?› Und ich erzählte ihm von dem Fest in Paris. Ich sagte, es sei nicht übel gewesen. Ich nehme an, mir ist nicht schlecht geworden, weil es so eine kleine Menge war. Es war einfach ein angenehmes Gefühl. Also meinte ich zu ihm, wenn man es richtig nehme – nein, ‹richtig› ist das falsche Wort –, also, wenn man ein bißchen mehr nimmt, dann wird einem schlecht, wenn man es nicht gewohnt ist. Vielleicht hatte es etwas damit zu tun, daß ich gesagt habe, es sei keine schlechte Erfahrung gewesen, daß John es genommen hat.» Aber wichtiger als die Frage, wer wen dazu gebracht hatte, ist die Schilderung, was dann geschah.

Der «Spanische Tony», Tony Sanchez, ein Dealer und Freund des Kunsthändlers Robert Fraser (der 1967 wegen Heroinbesitz ins Gefängnis kam, nachdem er gemeinsam mit den Rolling Stones aufgeflogen war), verbrachte in diesem Sommer viel Zeit mit John Lennon, Brian Jones und Keith Richard. Brian und Keith waren seit langem süchtig. «Ich fürchtete», schrieb Sanchez, «John wäre auf dem besten Wege, Brian in eine Welt zu folgen, in der nichts außer Drogen zählte. [Lennon nahm Heroin, Kokain, Haschisch, LSD, Marihuana und Amphetamine.] Er rief mich beinahe täglich an und fragte, ob ich ihm Stoff besorgen könne... Einmal bestand er in sehr aggressivem Tonfall darauf, daß ich ihm Heroin beschaffen müsse. Er schickte seinen Chauffeur in meine Wohnung, um es abzuholen. Ich war so sauer, wie er mich angefahren hatte, daß ich die 200 Dollar annahm, die der Fahrer mir bot, und ihm ein Tütchen mit zwei pulverisierten Aspirintabletten mitgab. Ich dachte, jetzt werde er ein für allemal aufhören, mir zuzusetzen. Am nächsten Morgen rief John an und wollte mehr haben. ‹Wie war denn die letzte Sendung?› fragte ich. ‹Ach, die hat mir nicht sehr imponiert›, sagte er. ‹Ich habe kaum was gespürt.›»

In Ringos Wohnung am Montagu Square hatten schon viele verrückte Drogensitzungen stattgefunden, bevor John und Yoko dort einzogen. Ursprünglich hatte Ken Partridge sie als ein Liebesnest eingerichtet, dann hatte Jimi Hendrix alles verwüstet. Hendrix war eines Abends ausgeflippt und hatte Farbe über die blauen Seidenbehänge gekippt. Ringo hatte die ursprüngliche Einrichtung weggeschmissen und die ganze Wohnung weiß getüncht. Jetzt sah sie wieder wie eine Junkie-Absteige aus. «Sie haben fast den ganzen schwülen Juli über im Zustand selbstzugezogener Verblödung in Montagu Square im Erdgeschoß rumgelegen», erinnerte sich Peter Brown. Bald sah das Apartment aus «wie ein Saustall, eine wilde Ansammlung von ungemachten Betten, dreckigen Kleidern, Zeitungen und Illustrierten überall auf dem Boden verstreut.» Das eindrucksvollste Objekt war eine Collage aus Zeitungsausschnitten mit Berichten über den Abend, an dem die Rolling Stones verhaftet worden waren. Richard Chamberlain hatte sie zusammengestellt. John und Yoko, die mit völlig zugezogenem Kopf durch einen Nebel von Räucherstäbchen auf das bedrohliche Bild starrten, blickten, ohne es zu wissen, ihrem eigenen Schicksal ins Auge.

Yoko meinte sich später daran zu erinnern, daß John und sie damals von Champagner, Kaviar und Heroin lebten. Für John war ihr Lebenselement «ein seltsamer Cocktail aus Liebe, Sex und Vergessen». Wahrscheinlich waren sie nie in ihrem Leben glücklicher und vereinter als in dieser Zeit. Auch wenn es nach außen so aussehen mochte, als wälzten sie sich in Stumpfsinn und trübem Elend, erfuhren sie doch in Wirklichkeit eine Seligkeit, die sich niemand vorstellen kann, der nicht von diesem Liebestrank gekostet hat. Während sie die Welt durch den Fernsehschirm betrachteten, sich liebten oder halb bewußtlos durch die Gegend stolperten, hatten sie das Gefühl, miteinander zu verschmelzen. Heroin schenkte den narzißtischen Liebenden das Wunder der Symbiose, und sie benahmen sich, als wären sie eine Person in zwei Körpern.

Der zweite Effekt, den das Heroin auf Lennon ausübte, war, ihn in seine Kindheit zurückzuversetzen. «Ich fühlte mich», erklärte er, «wie ein in Watte gepackter Säugling, der in warmem Wasser schwimmt.» (In den Zeichnungen aus dieser Zeit stellte er sich selbst nackt auf Wolken schwebend dar.) Als Säugling in den Windeln war seine Mutter seine ganze Welt gewesen. Es war nur natürlich, daß seine frühesten Gefühle für die Mutter wiederauflebten und sich mit seiner Liebe zu Yoko vermischten. Das ist der begleitende Unterton des bemerkenswerten Songs «Julia», den John in diesem Sommer aufnahm. Hier hat er mehr über die wahre Natur seiner Liebe zu Yoko ausgesagt, als er je in Worten formulieren konnte.

Das erste, was dem Hörer auffällt, ist die einzigartig warme, entspannte und betörende Stimme Johns, der in einem Überschwang von Liebe und Freude nach seiner Mutter ruft wie ein Säugling in der Badewanne, der die Ärmchen ausstreckt und geküßt werden möchte. Im Lied ist John noch einmal das süße Kind, das er war, bevor seine Mutter den Vater betrog und ihn verließ. Die musikalische Sprache ist hier ebenso bemerkenswert wie die anrührende Stimmung. Sie erinnert an die ozeanische Ruhe und Sinnlichkeit, die das Markenzeichen des begabtesten unter den Zeitgenossen der Beatles war: Antonio Carlos Jobim. John Lennon hat nie ein freundliches Wort über den brasilianischen Komponisten gesagt; aber bei Johns Begabung, Text und Melodie, Einfall und Bild in Einklang zu bringen, ist es kein Wunder, daß er sich instinktiv dem Stil Jobims näherte, als er seine Mutter beschwor. Hier verbindet er «Julia», den Namen seiner Mutter, unmittelbar mit demjenigen Yokos, «Ocean Child».

Mit der Rückkehr des zarten Kindes, das so viele Jahre hinter den

Masken des Schlägertyps in der Schule, des heranwachsenden Teddy Boys, des Rockers aus Liverpool und schließlich des triumphierenden und zugleich zutiefst unglücklichen internationalen Stars begraben gelegen hatte, nahm die geistige Entwicklung John Lennons eine entscheidende Wende. Bis dahin war seine Einstellung zu Frauen von völliger Verachtung geprägt. Sein Lieblingswortspiel war: «Women should be obscene, not heard.» (Frauen sollen obszön sein, nicht hörbar.) Jetzt gab er plötzlich sein männliches Imponiergehabe auf und vollzog eine vollständige Wende ins Gegenteil. Entweder spielte er den Säugling, oder er identifizierte sich leidenschaftlich mit allem Weiblichen, besonders mit der männerhassenden Yoko.

Diese überraschende Veränderung wurde der Öffentlichkeit erstmals auf einer Kunstausstellung bewußt, die John Lennon am 1. Juli 1968 in der Robert Fraser Gallery gab. Thema der Ausstellung war Johns bekannte Besessenheit von Krüppeln und Monstern. Weitaus bedeutender aber als das Thema war der Ausstellungsstil, der den Yoko Onos geradezu sklavisch getreu kopierte.

Als die Kritiker, Reporter und Berühmtheiten zur Vernissage erschienen, war der Ausstellungsraum in der Duke Street vollkommen leer. Am entferntesten Ende der Galerie hing eine weiße Leinenscheibe an der Wand. In winzigen Buchstaben trug sie die Inschrift: «You are here.» (Du bist da.) Das war der Titel der Ausstellung. Die Ausstellung widmete John «in Liebe, für Yoko». Die Formulierung und der weiße Punkt entstammten den Übersichtskarten in der U-Bahn. Der Einfall wies zugleich darauf hin, daß sich die eigentliche Ausstellung ein Stockwerk tiefer im Keller befand.

Hier erwartete den Betrachter eine unheimliche Versammlung von lebensgroßen Figuren verkrüppelter und spastischer Kinder, die mit geschienten Beinen herumstanden oder in Rollstühlen saßen. Sie hielten Sammelbüchsen in den Händen und waren von verschiedenen Tierfiguren begleitet, die um Spenden für Tierheime oder geistig Zurückgebliebene baten. Das Thema war für Lennon nicht neu, aber diesmal fehlte jede Spur der hysterischen Wut und des Schrekkens, die John sonst äußerte, wenn er über die verzweifelt besessenen Mütter sprach, die den Beatles ihre blinden und lahmen Kinder entgegengestreckt und sie angefleht hatten: «Komm, küß ihn! Vielleicht kann er dann wieder sehen.» Diesmal hatte John den ausdruckslosen Stil Yokos imitiert und sich damit selbst zum Schweigen gebracht.

Lennons nächster öffentlicher Auftritt war am 26. Juli auf der Party, die Mick Jagger zu seinem fünfundzwanzigsten Geburtstag gab. Das Fest war zugleich die Eröffnungsfeier für das Vesuvio, ein Nachtclub, der Tony Sanchez gemeinsam mit Jagger und Keith Richard gehörte. «Mick stürzte in letzter Minute dramatisch mit dem ersten Vorausexemplar von *Beggars' Banquet* zur Tür herein», berichtete Sanchez. Das war «die Platte, auf die die ganze Welt wartete, denn von ihrem Erfolg hing die gesamte Zukunft der Band ab. ‹Wenn sie jetzt keine gute Platte schaffen›, hieß es in der Musikszene, ‹werden sie es nie schaffen!› Alles war vorbereitet. Der Club war wundervoll dekoriert und stand voll von Schalen mit Methedrin-Punsch, den kleinen Haschkeksen, die gerade der letzte Schrei waren, und Schälchen voll Haschisch neben den Wasserpfeifen.» Sanchez allerdings war nervös, weil die Polizeiwache in der Tottenham Court Road nur knapp dreihundert Meter entfernt war. Falls die Polizei auftauchte, konnte sie praktisch alle englischen Popstars auf einmal einsperren. Nachdem die Party erst mal losgegangen war, vergaß er seine Nervosität.

«Als Paul McCartney den Raum betrat», erinnerte sich der Spanische Tony, «sprang alles zu den Klängen von *Beggars' Banquet* durch die Gegend. Nummern wie ‹Sympathy for the Devil› und ‹Street Fighting Man› machten sie zur bei weitem besten Platte in der Laufbahn der Stones. Paul überreichte mir unauffällig eine Platte und sagte: ‹Sag mir, was du davon hältst, Tony. Es ist unsere neue.› Ich legte die Platte auf, und die langsame Einleitung zu ‹Hey Jude› dröhnte donnernd durch den Club. Ich drehte die Platte um, und wir lauschten wie John mit näselnder Stimme ‹Revolution› sang. Als es vorbei war, merkte ich, daß Mick sauer aussah. Die Beatles hatten ihn geschlagen.»

Die Geburtstagsfeier entwickelte sich schnell zur Drogenorgie. Alle Anwesenden einschließlich des Personals gerieten unter den Einfluß der starken Haschkekse und des tückischen Punschs. Spät am Abend stolperte Lennon, der «aussah, als fielen ihm die Augen aus dem Kopf», auf Tony Sanchez zu und bat ihn, ein Taxi zu rufen.

Sanchez schickte sofort einen der Türsteher los, aber der kehrte nicht zurück, und er mußte einen zweiten hinterher schicken. Inzwischen wurde Lennon wütend und schrie: «Was ist denn das für ein Typ, der eine halbe Stunde braucht, um auf der Tottenham Court Road ein Taxi zu finden?» Verzweifelt schickte Sanchez seinen dritten und letzten Mann los. Als auch der nicht wiederkam, überfiel Tony plötzlich die Horrorvision eines Polizeikordons vor seinem Laden, der seine Leute einen nach dem anderen abfing. In Wirklichkeit waren die Türsteher einfach so weggetreten, daß sie vergaßen, was sie vorhatten, sobald sie auf der Straße waren, und verschwanden. Einer von ihnen wachte zwölf Stunden später in einem Rosenbeet im St. James Park auf.

Lennon brüllte wie ein wütender Stier, bis ihn schließlich Mick Jagger fragte, was denn los sei und ihm sofort den Zündschlüssel zu seinem mitternachtsblauen Aston Martin DB 6 anbot. Sanchez beauftragte seinen Vetter, John und Yoko nach Hause zu fahren. Der Junge, ein begeisterter Beatlesfan, machte sich sofort ans Werk. Erst hinter dem Lenkrad des technisch hochentwickelten Wagens merkte der arme Junge, daß er nicht einmal das Zündschloß finden konnte. Während er vor dem Armaturenbrett schwitzte, brütete Lennon ärgerlich im dick gepolsterten Rücksitz. Plötzlich schreckte ihn ein Klopfen am Seitenfenster auf. Er blinzelte durch die getönte Scheibe und entdeckte einen stämmigen Polizisten. John hatte eine Ampulle Kokain in der Tasche. Entsetzt ließ er das Fläschchen aus der Tasche gleiten und auf den Wagenboden fallen. Es stellte sich heraus, daß der Bobby nur helfen wollte. Er zeigte dem Fahrer, wie die Zündung funktionierte, und die Gesellschaft fuhr in die Nacht hinaus.

John fummelte auf der Suche nach seinem Koks auf dem Wagenboden herum. «Das ist Mick Jaggers Auto», murmelte er vor sich hin. «Ich kann mein Kokain nicht einfach darin liegen lassen. Das ist nicht fair.» In diesem Augenblick gab der Fahrer ruckartig Gas, und John wurde aus dem Sitz geschleudert. In einem neuen Wutanfall kreischte er: «Halt den Wagen an! Wir steigen aus! Ich kann auch nach Hause laufen. Such den Stoff und behalt ihn!»

«Revolution» bedeutete eine weitere Neuerung für John: Es war sein erster politischer Song. Die ursprüngliche Version mit dem Titel

«Revolution 1» war von einer Demonstration vor der amerikanischen Botschaft in London inspiriert, die Lennon im Sommer im Fernsehen gesehen hatte. Seine spontane musikalische Reaktion auf die Revolutionäre bestand darin, sie auf den Arm zu nehmen, indem er im Tonfall eines zynischen alten Onkels sagte: «Also, Kleiner, du willst hier den großen Mann spielen?» Dann verspottete er den Jugendlichen noch eine Zeitlang, um sich plötzlich und vernichtend gegen ihn zu wenden, indem er sich weigert, irgend etwas mit ihm oder seinen Idealen zu schaffen zu haben. Doch nur eine Sekunde, nachdem Lennon die Revolutionäre gewarnt hat, daß ihre Demonstrationen zu Gewaltanwendungen führen werden und daß sie ihn deshalb nicht auf ihre Seite rechnen können, nimmt er das Schlüsselwort «Count me out!» zurück und ruft: «In!» Was von beidem gelten sollte, konnte John schlicht und einfach nicht sagen, denn er war, wie die weitere Geschichte von «Revolution» beweist, radikal gespalten, was seine Einstellung zum Radikalismus betraf.

Nachdem er sein erstes Experiment mit der Politik gemacht hatte, wandte sich Lennon direkt dem entgegengesetzten Extrem zu und produzierte seine avantgardistischste Komposition überhaupt: «Revolution 9». Von der langen Ausblendung von «Revolution 1» ausgehend, überspielte er eine ganze Serie von Bandschleifen und Kassettengeräuschen aus dem EMI-Archiv auf die Grundspur und ließ sie immer wieder durch eine seltsame Stimme unterbrechen, die wie bei einer Mikrophonprobe ständig wiederholt: «Number Nine.» Die Montage, die dabei entstand, erinnert stark an die Arbeiten John Cages aus den frühen Fünfzigern.

John kombinierte diese beiden interessanten, aber völlig unzusammenhängenden Experimente auf einer Platte und legte sie den anderen Beatles zur Beurteilung vor. Paul war der erste, der die Aufnahme ablehnte und sagte, sie sei nicht gut genug für eine Single der Beatles. Der Ausspruch verletzte und empörte John, der selbst der Meinung war, einige neuere Aufnahmen von Paul, etwa «Lady Madonna», seien reiner Schmalz. Aber statt bei seiner Überzeugung zu bleiben, gab Lennon nach. Nicht nur überließ er die A-Seite McCartney, er zog sich auch ins Studio zurück und verwandelte «Revolution 1» in «Revolution 2», indem er das

Tempo beschleunigte und ein paar Klaviersoli von Nicky Hopkins einfügte. Im Endeffekt verwandelte er so eine sich langsam entwikkelnde, zutiefst sarkastische politische Parodie in eine triviale Popnummer, die gerade gut genug für die B-Seite von «Hey Jude» war.

«Revolution 1» landete schließlich auf dem Weißen Album, jener außergewöhnlichen Zusammenstellung von Avantgarde-Rock-Kompositionen aller vier Beatles, die John Lennon für die größte Leistung der Band hielt. Song für Song genommen ist das Weiße Album erheblich besser als *Sgt. Pepper*, aber kaum ein Fan würde diese gewaltige Sammlung auf zwei LPs als seine Lieblingsplatte bezeichnen, denn im Erfolg der Anthologie liegt ihr Scheitern beschlossen. Hier wird in geradezu ermüdendem Ausmaß die Virtuosität zur Schau gestellt, die die Beatles inzwischen in jedem Stil der Popmusik der Sechziger erreicht hatten: Rockparodie («Back in the U.S.S.R.», «Why Don't We Do It in the Road»), kindliche idyllische Weisen («Dear Prudence», «Blackbird»), phantastische Pop Art («Helter Skelter», «Bungalow Bill»), Pop-Surrealismus («Glass Onion», «Happiness Is a Warm Gun»). Aber der kaleidoskopische Glanz all dieser widersprüchlichen und wetteifernden Stücke wird dem Hörer schließlich zu viel. Im Gegensatz zu *Sgt. Pepper*, wo Paul eine Sammlung verschiedenartiger und oft mittelmäßiger Songs geschickt zu einem nahtlos aussagekräftigen Ganzen kombiniert hatte, verschleudert die reichhaltigste Liedersammlung der Beatles ihren Inhalt ohne Sinn und Verstand und wird so zum Lesebuchbeispiel dafür, wie die Teile größer als das Ganze sein können. Manchmal ist Mehr weniger.

Zur gleichen Zeit, als die Beatles die schlichten weißen durchnumerierten Alben mit dem geistigen Feuerwerk ihrer neuesten Aufnahmen vollstopften, bemühten sich John und Yoko, ihre erste LP *Two Virgins* herauszubringen. Dieser verschmutzte Luftfilter, der so wenig Kunst und Substanz enthielt, wie das Weiße Album davon überfloß, hätte kaum Aufmerksamkeit erregt, wäre nicht die überraschende Plattenhülle gewesen.

John behauptete, die Idee, daß Yoko und er nackt auf der Vorder- und Rückseite der Platte posierten, stamme von ihm, aber in Wirklichkeit hatte er nur die Aktaufnahmen von Tony und Yoko in Knokke-le-Zout wiederholt, die in Magazinen wie der *Tulane Drama Review* erschienen waren. Seltsamerweise zeigten die Aufnahmen eine dritte Jungfrau, einen untersetzten bärtigen Mann. Als die Bilder und das Band bei Apple vorgelegt wurden, um sie an EMI weiterzuleiten, hielt Peter Brown das Ganze für einen Witz und schloß sie in seinem Schreibtisch ein. Als sich John Wochen später nach den Fortschritten der Platte erkundigte, versuchte Brown ihn von dem Projekt abzubringen. John schlug die Warnungen in den Wind, wie er später erklärte: «Ich wollte die Leute schockieren.»

«Paul verabscheute die Plattenhülle», berichtete Brown, «und faßte sie als persönliche Beleidigung auf, was John möglicherweise beabsichtigt hatte.» Als Sir Joseph Lockwood einen ersten Blick auf die Fotos warf, weigerte auch er sich, John ernst zu nehmen.

Bei einem Treffen mit John, Paul und Yoko fragte John Sir Joseph: «Nun, sind Sie nicht schockiert?»

Der EMI-Direktor antwortete: «Nein, ich habe schon Schlimmeres gesehen.»

Schnell hakte John nach: «Also ist es in Ordnung?»

«Nein, es ist *nicht* in Ordnung», fuhr ihm Sir Joseph über den Mund. «Ich mach mir keine Sorgen über die Reichen, die Herzoginnen und all diese Leute, die hinter euch herlaufen. Aber die Mütter und Väter und die jungen Mädchen werden etwas dagegen haben. Es wird euch schaden, und was werdet ihr davon haben? Was soll das Ganze?»

Yoko antwortete: «Es ist Kunst.»

Scharf entgegnete Sir Joseph: «Also ich könnte hübschere Körper für die Plattenhülle finden. Eure sind nicht besonders attraktiv. Paul McCartney würde besser aussehen als ihr beide.»

Schließlich fand man einen Kompromiß, und EMI preßte die Platte, während Apple die Auslieferung übernahm.

Als die erste Lieferung die USA erreichte, wo sie von einer Firma mit dem seltsamen Namen Tetragrammaton ausgeliefert wurde, beschlagnahmte der Zoll in New Jersey die Sendung. Bei der Verhandlung wegen Obszönität, die in Newark stattfand, versuchten eine Anzahl Experten, positive Stellungnahmen für das Album abzugeben. Professor Albert Goldman von der Columbia University sagte aus, die Umschlagfotos ständen «in der Tradition der christlich ikonographischen Darstellung Adams und Evas vor dem Sündenfall». Der ältere Richter ließ sich davon nicht beeindrucken, und die Plattenfirma verlor den Prozeß. Nur ein paar Tausend diskret in braunes Packpapier verpackte Exemplare wurden verkauft.

Weitaus folgenreicher als die Beschlagnahme der Platten in den Vereinigten Staaten war die Wirkung auf die öffentliche Meinung in Großbritannien, wo man die Beatles immer als vier charmante Unschuldslämmer verehrt hatte. Jetzt forderte man die Fans auf, die affenähnliche Yoko und den kaputt wirkenden John (dessen großer, unbeschnittener Penis deutlich sichtbar war) im Naturzustand zu betrachten. Die Wirkung waren Schock und Ekel und ein allgemeines «Igitt!» Nachdem sich dieses vernichtende Urteil herumsprach, bemerkte Lennon betrübt: «Ich glaube, man hält uns für ein häßliches Paar.»

John und Yoko brachten die öffentliche Meinung im Oktober erneut gegen sich auf, als John mitteilte, daß Yoko von ihm schwanger war. Nunmehr breitete sich allgemein der Eindruck aus, er sei übergeschnappt. Erst hatte er seine süße englische Frau vor die Tür gesetzt, um sich mit dieser seltsamen Orientalin herumzutreiben, und jetzt hatte er die Frau auch noch geschwängert, bevor die beiden geschieden waren. Was würde er als nächstes anstellen? Die Antwort ließ nicht lang auf sich warten. Innerhalb von vierzehn Tagen wurden John und Yoko wegen Drogenbesitzes verhaftet.

Im Gegensatz zu allen anderen im Swinging London hatten die Beatles immer über dem Gesetz gestanden. Einmal hatten die Rauschgiftpolizisten, die sich ständig in Hippiekleidung mit Langhaarperücken im Speakeasy herumtrieben, eine ganze Gesellschaft in Begleitung von John Lennon verhaftet. *«Ich gehöre dazu! Warum verhaftet ihr mich nicht?»* brüllte John, als die Bullen seine Freunde mitnahmen. Inzwischen hatte sich der Wind gedreht. Ein Racheengel, vor dem selbst der berühmteste Popstar nicht sicher war, betrat die Bühne: Detective Sergeant Norman Pilcher, ein eifernder Kämpfer gegen Drogenmißbrauch (der später zwei Jahre Gefängnis bekam, weil er Beweismaterial gefälscht hatte). Pilcher nahm John Lennon als seinen nächsten großen Fall aufs Korn. John hatte

Glück, daß es einen Mann in der Rauschgiftabteilung gab, der mit beiden Seiten zusammenspielte. Er gab John frühmorgens vor der Razzia am 18. Oktober 1968 einen Tip.

Als Pete Shotton an dem Morgen in die Wohnung am Montagu Square kam, sah er zu seiner Überraschung, wie John mit dem Staubsauger den Teppich reinigte. Lennon erzählte Pete betrübt, daß er jeden Augenblick die Polizei erwartete. Er habe Angst, daß sie etwas finden würden, weil Jimi Hendrix in dem Apartment gewohnt hatte. Dann zog sich John ins Schlafzimmer zurück. Shotton, ein ehemaliger Polizist, durchsuchte gründlich alle Taschen, Schubladen und Medizinschränkchen. Dabei hörte er, wie zwischen John und Yoko ein Streit entstand. Sie verlangte, Pete solle sofort verschwinden. Shotton zog sich zurück und nahm den Staubsaugerbeutel mit.

Um fünf vor zwölf klingelte es an der Tür. Yoko ging in den Flur und öffnete die Tür zum Vorraum. Eine Frau vor dem Haus behauptete, sie habe einen Einschreibbrief für Yoko Ono. Yoko öffnete die Haustür einen Spalt breit und sah sofort, daß die Frau keine Postbotin war. Sie schlug die Tür zu und rannte ins Schlafzimmer, um John zu warnen. Der warf schnell das Heroin in die Toilette und rief Yoko zu: «Ruf den Anwalt an!»

Ein zweiter Polizist, der sich als Nigel vorstellte, rief durchs Fenster: «Lassen Sie mich herein!»

Lennon fragte zurück: «Was wollen Sie?»

«Polizei», antwortete er.

«Aber so dürfen Sie nicht hereinkommen», antwortete Lennon, der versuchte, Zeit zu gewinnen.

«Machen Sie auf, oder ich breche die Tür auf», rief der Polizist.

«Das gibt aber keine gute Presse», scherzte Lennon.

«Wir haben einen Durchsuchungsbefehl», insistierte Wachtmeister Nigel.

«Ich will ihn lesen», verlangte John, der von seinen Junkiefreunden einiges gelernt hatte.

Die Polizistin faltete zuvorkommend den Durchsuchungsbefehl auseinander und hielt ihn gegen die Fensterscheibe im Schlafzimmer. John tat, als lese er ihn mühsam buchstabierend.

Inzwischen hatte Yoko den Rechtsanwalt erreicht, und der versprach, sofort zu kommen. John erklärte, er müsse sich erst anziehen, weil Yoko und er nur T-Shirts trugen. Inzwischen waren drei Bullen damit beschäftigt, die Haustür aufzubrechen, und Wachtmeister Nigel war durchs Schlafzimmer in die Wohnung geklettert. Sergeant Pilcher stürmte in die Wohnung und rief: «So, das ist Behinderung der Polizeiarbeit.»

Die Polizei begann sofort, unter Einsatz von zwei Rauschgifthunden die Wohnung zu durchsuchen. Als Lennons Anwalt, Nicholas Cowan, am Montagu Square ankam, wimmelte die Wohnung von Polizisten. Bei der Durchsuchung wurde folgendes Beweismaterial gefunden:

1. Genau 1,77 Gramm Haschisch in einem unverschlossenen braunen Kuvert in einer blauen Truhe im Schlafzimmer;
2. ein Zigarettenetui mit Haschischspuren auf dem Boden des Schlafzimmers in der Nähe des Fensters;
3. eine Zigarettenrollmaschine mit Cannabisspuren über einem Spiegel im Schlafzimmer;
4. 12,43 Gramm Haschisch im Etui eines Opernglases im Wohnzimmer;
5. zwei Pillenfläschchen mit Amphetamintabletten;
6. ein halbes Gramm Morphium.

Als Peter Brown, den man bei Apple angerufen hatte, in das Apartment kam, fand er John «mit aschgrauem Gesicht vor, der ängstlich eine Zigarette nach der anderen rauchte». Brown wurde Zeuge, wie John und Yoko durch einen wartenden Pulk von Fotografen abgeführt und in einen Polizeiwagen verladen wurden. Gerade als John und Yoko abgeführt wurden, schaffte es Paul McCartney, Sir Joseph Lockwood zu erreichen, der sich bereit erklärte, auf der Polizeiwache in Paddington Green anzurufen und John zu beraten. Bis Sir Joseph die Wache erreicht hatte, hatte auch John sich wieder beruhigt. «Hallo!» meldete er sich am Telefon. «Hier spricht Sergeant Lennon. Was können wir für Sie tun?» John und Yoko wurden bald gegen Kaution freigelassen und durch die wartende Menge vor dem Revier zu ihrem Auto gebracht.

Am nächsten Morgen erschien das Paar vor dem Amtsgericht

Marylebone zur Verlesung der Anklageschrift. In den Nachrichten über die Razzia waren Zeit und Ort der Verhandlung angegeben. Sie fand an einem Samstag statt, so daß jeder Zeit hatte teilzunehmen. Als John und Yoko in einer bronzefarbenen Limousine vor dem Gerichtsgebäude erschienen, wurden sie von Hippies und Hausfrauen umlagert, die ihnen um die Wette Ratschläge zuriefen. Ein Hippie röhrte: «*Viel Glück – Gott segne euch beide!*» während eine Arbeiterfrau kreischte: «*Laßt euch erst mal die Haare schneiden!*»

John und Yoko boten auf der Anklagebank einen beeindruckenden Anblick. Er trug einen Anzug im Militärstil mit engen schwarzen Hosen und einer bis zum Hals zugeknöpften schwarzen Uniformjacke. Das lange braune Haar fiel ihm über die Schultern. Yoko trug dunkle Hosen, einen Pelzmantel und Tennisschuhe. Die Anhörung, die die Presse von der Besuchergalerie aus verfolgte, dauerte nur fünf Minuten. Sergeant Pilcher verlas die Anklageschrift. John und Yoko wurden gegen Kaution bis zum 28. November freigelassen. Als sie das Gerichtsgebäude verließen, stand das Auto nicht am Bordstein. Die Menge drängte sich um sie, und die Bobbies versuchten sie zurückzuhalten. Yoko schmiegte sich eng an John. Später behauptete sie, man habe ihr einen Stein an den Kopf geworfen. Schließlich wurden sie in ihr Auto verfrachtet und zu Pauls Wohnung gefahren.

Yoko mußte am 7. November plötzlich in das Queen Charlotte Hospital gebracht werden, da die Gefahr bestand, daß sie ihr Kind verlieren könnte. John zog zu ihr ins Krankenzimmer und schlief auf einer Luftmatratze auf dem Fußboden. Zwei Wochen lang verließ er das Krankenhaus so gut wie nie. Als sich herausstellte, daß der Embryo nicht lebensfähig war, besorgte sich John ein Mikrophon, um die letzten Herztöne des ungeborenen Kindes aufzunehmen, das er John Ono Lennon II taufte. (Die Aufnahme bildete später einen Teil von *Life with the Lions.*) Tiefe Schuldgefühle verstärkten Johns Sorgen um Yoko und den Kummer über den Tod des Kindes. Yoko hat Jahre später ihrer Assistentin Arlene Reckson erzählt, die Fehlgeburt sei durch Schläge ausgelöst worden, die sie von John bekommen hatte. Am 23. November wurde der tote Fötus entfernt. Fünf Tage später stand Yoko wieder mit John vor Gericht.

John hatte beschlossen, sich für schuldig zu erklären, weil er Angst hatte, daß Yoko ausgewiesen werden könne, falls sie sich gegen die Anklage wehrten und den Prozeß verloren. Das war ein äußerst törichter Entschluß, denn bei seiner Stellung und seinen Verbindungen hätte Lennon eine gute Chance gehabt, freigesprochen zu werden. Das hätte ihm die endlosen Kämpfe erspart, die er später mit den amerikanischen Einwanderungsbehörden austragen mußte. Nachdem Yoko aus der Sache heraus war, stand das Gericht nur noch vor der Frage einer angemessenen Strafe für John Lennon. Bei vergleichbaren Präzedenzfällen war die ganze Skala von verhältnismäßig geringen Geldbußen bis zu neunmonatigen Gefängnisstrafen ausgeschöpft worden, wie sie der Gründer der Untergrundzeitung *International Times*, John Hopkins von der Universität Cambridge, und Pink Floyd erhalten hatten. Als John Lennon am Vormittag des 28. November vor der Richterbank stand, hatte er allen Anlaß zur Besorgnis.

Sein Anwalt Martin Polden bat um Milde und erklärte, daß Lennon, als er im vorigen Jahr zum Anhänger der transzendentalen Meditation geworden war, allen Drogen abgeschworen habe. Ein paar Cannabisreste, so der Anwalt, waren übersehen worden, als vor kurzem einige persönliche Besitztümer John Lennons, darunter auch das Etui, von seinem früheren Wohnsitz in Sussex an den Montagu Square transportiert worden waren. Nachdem er versucht hatte, dem Gericht diese Geschichte zu verkaufen, beschloß er sein Plädoyer mit der üblichen Aussage, sein Mandant habe «Millionen von Menschen Freude bereitet». Der Richter ließ die Anklage wegen Behinderung der Polizeiarbeit fallen und erlegte dem Angeklagten eine Geldbuße von 150 Pfund zuzüglich 21 Pfund Gerichtskosten auf. Dann verwarnte er John Lennon und wies ihn darauf hin, daß die Strafe im Wiederholungsfalle ein Jahr Gefängnis betragen könne.

Kaum hatten John und Yoko ihre juristischen Probleme gelöst, da vertrieb sie Ringos Hausbesitzer aus der Wohnung. Er hatte eine gerichtliche Verfügung erwirkt, durch die seinem Mieter verboten wurde, die Wohnung «einem gewissen John Lennon und/oder einer gewissen Yoko Ono Cox» zur Verfügung zu stellen. John und Yoko beschlossen, wieder nach Kenwood in das leerstehende Haus zu ziehen. Cynthia war ausgezogen, weil es ihr zu schmerzhaft erschien, in einem Hause zu wohnen, das so viele Erinnerungen an ihre Ehe in sich trug. Allerdings zog sie nicht aus, bevor ihre Mutter und sie alle Wertobjekte aus dem Haus geschafft hatten. Sie nahmen nicht nur das Silberbesteck, das Porzellan und die Möbel mit, sondern rissen sogar die – von Johns Katzen schwer verschmutzten – Teppichböden heraus und legten Meter um Meter nackten, nagelgespickten Fußboden frei. In dieses Prokrustesbett kehrten John und Yoko mit all ihren Kunstwerken zurück, die sie in einem leeren Zimmer abstellten.

Als das Haus verkauft werden sollte, verschaffte sich der Immobilienreporter der *Evening News*, als Kaufinteressent getarnt, Zugang zu dem Anwesen. Am nächsten Morgen genossen die Leser des Blattes einen ausführlichen Bericht über die «irre, irre, irre Welt von John und Yoko».

«Die erste Andeutung dessen, was mich erwartete», schrieb der Reporter, «war der Türklopfer. Er hatte die Form einer nackten Frau. Freudianisch? Und wie!» Dann zählte er all die blödsinnigen Objekte von *Half-a-Wind* und das Inventar von *you are here* auf. Der Bericht wurde zum Bestseller und bestätigte jegliche Sorge, die man sich schon lange um Johns Geisteszustand gemacht hatte.

In Wirklichkeit bewohnten John und Yoko gar nicht das ganze Haus. «Die beiden lebten im Schlafzimmer», berichtete Les Anthony. «Sie hatten da oben sogar eine kleine Küche eingebaut. Das heißt nicht, daß Yoko je gekocht hätte. Sie war nicht einmal bereit, eine Tasse abzuspülen, wenn unten kein Personal da war. Anfangs aßen sie viel Reis, aber selbst den ließ sie anbrennen. Wenn ich sie abholte, sagten sie oft: ‹Tu uns einen Gefallen, wasch ab!› Und das war harte Arbeit in einer Küche, in der alles angebrannt war.»

Wie die meisten Junkies verbrachten John und Yoko ihr Leben am liebsten im Bett. Sie kampierten auf Johns sieben Quadratmeter großer Matratze umgeben von einem Meer von Büchern, Illustrierten, Zeitungen, Tonbändern, Platten, schmutziger Unterwäsche und abgelegter Kleidung. Ein Farbfernseher und ein Filmprojektor lieferten die Bilder, in denen sie schwelgten. Als Dekoration hefteten sie ihre Aktfotografien an die Wand und rahmten sie mit pissegefüllten Präservativen ein. In diesem Zustand überwinterten sie bis Weihnachten.

Am Heiligen Abend fand in den Apple-Büros eine groß angelegte Feier für die Beatles, ihre Angestellten und deren Kinder statt. Weil seit zwei Monaten niemand John und Yoko gesehen hatte, war ihr unerwartetes Auftauchen eine Sensation; besonders, weil sie sich als Weihnachtsmann und Weihnachtsfrau kostümiert hatten. Obwohl er blaß und ausgemergelt wirkte, übernahm John gefaßt den Vorsitz beim Austeilen der Geschenke an die Kinder und murmelte hinter seinem Wattebart: «Ho, ho, ho!»

Zu Silvester gaben die Beatles wie jedes Jahr eine Party in Cilla Blacks Wohnung am Portland Place. Dieses Jahr wurde es ein totaler Reinfall. Weder Brian Epstein noch Cynthia Lennon, noch Jane Asher waren anwesend. Jane hatte ihre Verlobung mit Paul aufgelöst, nachdem sie unerwartet nach Hause gekommen war und ihn mit einer Amerikanerin namens Francie Schwartz erwischt hatte. Auch John und Yoko fehlten. Sie feierten den Neujahrsabend bei Michael Boyer, dem Organisator des Nachbarschaftsprojekts Arts Lab. Die Fete hatte im Arts Lab begonnen, dann war man in Boyers Wohnung in Islington weitergezogen. Dort erzählte John mit tränenüberströmten Augen dem Gastgeber, den er kaum kannte, er sei seit vielen Jahren der erste Mensch, den er kennenlerne, der seine Freundschaft zu ihm nicht ausnutze.

Der letzte Abend des Jahres bot Lennon Anlässe genug für Tränen. Er hing an der Spritze. Sein Bild in der Öffentlichkeit war stark angeschlagen. Sein Sohn war zutiefst traumatisiert. Seine Beziehungen zu den anderen Beatles wie zu seiner Plattenfirma EMI waren gefährdet. Nach Jahren allgemeiner Bewunderung war er zur Zielscheibe öffentlicher Entrüstung geworden. Dabei war sein Schicksal von einem Element tragischer Ironie geprägt.

In all den Jahren seines Glanzes hatte John die Sehnsucht gehegt, sich zu verlieben und das Glück in Wirklichkeit zu erleben, von dem er immer wieder gesungen hatte. Dann hatte ihn die große Leidenschaft zu Yoko gepackt, und er hatte alles geopfert, nur um sie zu besitzen. «Ich habe wirklich daran geglaubt», gestand er später: *«All You Need Is Love.»* Aber von dem Moment an, an dem er begonnen hatte, sein Leben an diesem Traum auszurichten, war bei ihm alles schief gegangen.

HALT DICH DA RAUS!

Am 2. Januar 1969 trafen die Beatles gegen Mittag einer nach dem anderen auf der kalten, leeren Bühne Nummer eins der Twickenham-Tonstudios am Londoner Stadtrand ein. Auf dieser Bühne hatten sie seinerzeit viele der fröhlichen Szenen aus *A Hard Day's Night* und *Help!* aufgenommen. Aber die vier jungen Männer, die sich heute hier trafen, waren kaum mehr als die wiederzuerkennen, die sie einst gewesen waren. Den gnadenlosen Moden des Pop-Zeitalters folgend, waren die Pilzköpfe von einst zu behaarten Jünglingen geworden, denen die ungepflegten Locken über die Schultern fielen. Ringo trug einen Schnurrbart wie ein italienischer Obsthändler, und Pauls Gesicht war von einem schwarzen Bergsteigerbart umrahmt. Die vier, die sich um den Frühstückstisch versammelten, den Mal mit Toast, Cornflakes und Tee gedeckt hatte, sahen völlig verändert aus. Aber die äußere Veränderung gab nur unzureichend wieder, was sich in ihren Köpfen abgespielt hatte. John erschien, von Yoko fest umklammert, als wolle sie seinen Arm nie wieder loslassen, angetörnt bis unter die Haarspitzen. Jede Pore seiner Haut schien nur den einen Satz auszuströmen: «Mir ist alles scheißegal.» George war nervös und ärgerlich, weil er den Eindruck hatte, die Band sei auf dem Weg, einen riesigen Schritt zurück zu tun. Ringo war deprimiert, weil Paul ihm bei gemeinsamen Aufnahmen im letzten Jahr so viel Ärger gemacht hatte, daß er es nicht mehr aushielt. Einmal war er sogar nach Hause gekommen und hatte Maureen mitgeteilt, er steige aus der Band aus. Nur Paul schien noch der alte zu sein. Er kam eine halbe Stunde zu spät, weil er sich auf öffentliche Verkehrsmittel verlassen hatte. Einerseits wollte er Geld sparen, andererseits war er dabei, sich selbst zu beweisen, daß er immer noch der einfache Junge von nebenan war.

Sie hatten sich an diesem ungemütlichen Ort zu ungewohnter Tageszeit versammelt, weil Paul beschlossen hatte, einen letzten Versuch zu unternehmen, die Beatles wieder zusammenzubringen, nachdem auf dem Weißen Album jeder nur noch seinen eigenen Weg verfolgt hatte. Von der Idee ausgehend, daß eine Band, die zusammen auf Tournee geht, auch zusammenbleibt, hatte er zunächst versucht, die Jungs zu einer gemeinsamen Konzerttour zu überreden – selbst wenn sie nur in ein paar Tanzschuppen im Norden spielen sollten. Da niemand bereit war, noch eine Tournee zu ertragen, schlug Paul als nächstes gemeinsame Aufnahmen vor, die man als Fernsehshow verwerten konnte. Aber keinem fiel eine brauchbare Show ein. Also schlugen Paul und sein Produzent Michael Lindsay-Hogg eine Serie von exotischen Auftrittsorten vor, etwa eine Oase am Rand der Sahara oder ein römisches Amphitheater in Tripolis. «Ich könnte mich langsam für ein Irrenhaus begeistern», warf John ein. Aber an diesem ersten Tag sah es allmählich so aus, als könnten die blassen Beatles sich tatsächlich demnächst in Afrika sonnen.

Inzwischen hatten sie sich darauf geeinigt, die Nummern für ihr kommendes Frühlingsalbum festzulegen, das dem neuesten Modetrend des Rock'n'Roll Revival gewidmet sein sollte. Die Grundidee war, daß die Beatles zu ihren alten Wurzeln in Hamburg und Liverpool zurückkehren und alle ihre alten Lieblingsnummern und einige frühe Songs spielen sollten, die sie noch nie auf Platte aufgenommen hatten. Paul hatte die anderen dazu überredet, mit der Arbeit in den Twickenham-Studios anzufangen, damit man ein paar Aufnahmen als Clips in einem Konzertfilm oder als Material für einen Dokumentarfilm verwenden konnte.

Aber keine Rockband der Welt kann es sich leisten, das Publikum bei der Arbeit zusehen zu lassen, und die Beatles erst recht nicht. Die obszönen Sprüche, der Drogenmißbrauch und die Streitigkeiten, von denen die Proben begleitet waren, hätten genügt, ihren Ruf mit einer einzigen Filmrolle zu ruinieren. Außerdem ließ die Anwesenheit der Kamera bei einer so intimen Tätigkeit alle vier verstummen. Die Arbeit in einem Filmstudio bedeutete auch, daß die Beatles ihren Arbeitsrhythmus umkrempeln mußten. Statt zwischen

7 Uhr und 10 Uhr abends im Studio einzutreffen und kurz vor Morgengrauen Schluß zu machen, wurden sie jetzt um halb neun morgens von Mal geweckt, damit sie sich durch den Vormittagsverkehr schlängeln und gegen Mittag im Studio sein konnten. Dann mußten sie, von unbekannten Technikern umgeben, in einem kalten Flugzeughangar musizieren und sich dabei vor einer weißen Riesenleinwand filmen lassen, über die bunte Lichter huschten. Nach ein paar Tagen Arbeit in dieser deprimierenden Umgebung waren alle Anwesenden sauer, und die Zukunft des Projekts sah düster aus.

Aber alle diese Probleme verblaßten vor dem, was geschah, als Yoko anfing, aktiv zu werden. Sie ließ von Anfang an keinen Zweifel daran, daß sie nicht mit den anderen Groupies ruhig außerhalb des Dunstkreises der Kamera bleiben würde. Wenn eine Fernsehshow gedreht werden sollte, wollte sie dabei sein und zwar so weit im Mittelpunkt wie nur möglich. Nicht nur, daß sie an Johns Arm erschien, sie ließ ihn auch keinen Moment los. Selbst als John seinen Hintern auf den schmalen Klavierschemel senkte, versuchte Yoko neben ihm zu sitzen. Ihr genügte es nicht, mit den Jungs zusammen zu sein, sie wollte mitspielen und mitmachen, als gehöre sie zur Band. Besonders auffällig benahm sie sich, wenn es darum ging, Mal zu tyrannisieren, den sie ständig mit Bestellungen für Fisch oder Steak, Salat oder Kaffee in die Kantine jagte. Einmal ließ sie eine Staffelei neben den Notenpulten aufstellen und produzierte sich als Malerin, während die Beatles spielten. Sie besaß sogar die Frechheit, der Band musikalische Vorschläge zu machen.

Später versorgten John und Yoko die Presse mit empörten Klagen darüber, wie schlecht «die anderen» die arme kleine Yoko während der Aufnahmen behandelt hatten. Alle ihre Vorwürfe liefen darauf hinaus, daß die Beatles Macho-Schweine waren, die es nicht ertragen konnten, wenn eine Frau sich neben ihnen als ihresgleichen behaupten wollte. Die Tatsachen sahen etwas anders aus. Die Beatles ließen sich fast alles von Yoko gefallen, weil sie John nicht provozieren wollten. Sie flatterten wie hilflose kleine Vögel herum, die versuchten, ihr Nest vor einer räuberischen Katze zu schützen. John beschwerte sich: «Paul stand ständig neben Yoko und sagte: ‹Kannst du dich nicht ein bißchen mehr im Hintergrund halten?›» Offensichtlich keine ganz abwegige Bitte.

«Yoko betrachtet Männer nur als Gehilfen», sagte John Lennon trocken in einem seiner letzten Interviews. Er sprach aus reicher Erfahrung. Er hätte auch sagen können, daß sie sie als Nebendarsteller, Geldquellen und Presseagenten betrachtete. Logischerweise mußte das Johns Schicksal und Aufgabe sein, wenn er Yokos Ehrgeiz unterstützen wollte. Aber der vollen Durchführung von Yokos Programm stand ein Hindernis im Wege: die Beatles und besonders Paul. Jahrelang hatte Paul seinen Kumpel John von einem Projekt zum nächsten gesteuert, genau wie Yoko dies später tat, nachdem sie Paul verdrängt hatte. Paul loszuwerden wäre vermutlich ein unmöglicher Plan gewesen, hätte es nicht seit Jahren unterdrückte Konflikte zwischen den beiden Anführern der Beatles gegeben. Ihre Rivalität war der schwächste Punkt der Band; mittlerweile drohte sie zur Bruchstelle zu werden. Yoko war clever genug, diese Schwäche zu erkennen, und auch Paul war sich darüber im klaren. Die Filmaufnahmen zeigen einen Paul McCartney, der auf rohen Eiern tanzt. Paul war, wie Yoko, zum Herrschen geboren. Hinter der Maske charmanter Leichtlebigkeit schlug das eiserne Herz eines Machtbesessenen. Aber im Gegensatz zu Yoko besaß Paul die Begabung und die Erfahrung, die ihm ein Recht auf Herrschaft verliehen. Paul war immer der Beatle mit dem meisten Sinn für Verkäufliches gewesen, und seine berühmten Lieder wie «Michelle», «Yesterday» und «Eleanor Rigby» wurden am häufigsten im Rundfunk gespielt und brachten die meisten Tantiemen ein. Und jetzt, da John der Rauschgiftsucht verfiel, stand Paul in der Blüte seines kommerziellen Erfolgs. Ständig produzierte er «Monster», Schlager, die kaum aus der Plattenpresse sind und einem schon aus allen Lautsprechern der Welt entgegendröhnen: «Hey Jude», «Get Back», «Let it Be», «The Long and Winding Road» – jede einzelne Nummer hätte für sich allein genügt, einen anderen berühmt zu machen.

Paul hatte die Melodien im Kopf, und er besaß alles, was nötig war, um perfekte Produkte daraus zu machen. Ganz anders John, der einmal zugegeben hat, daß er bei jeder Aufnahme alles aufs neue lernen mußte, als habe er seine Schulaufgaben vergessen. Es ist kein Wunder, daß Paul allmählich Herrschaftsgelüste an den Tag legte. Er ging immer ungeduldiger mit Ringo um, der im Laufe der Jahre immer schlechter geworden war, mit dem verklemmten, zwanghaften Gitarristen George, mit John, der von Pillen und Spritzen abhängig war. Letzten Endes war es Paul gewesen, der die Band seit Jahren vorangebracht hatte und der jetzt zusehen mußte, wie sie zu entgleisen drohte. So mußte es natürlicherweise Momente gegeben haben, in denen Paul tief Luft holte und dann sehr höflich, aber nicht ohne drohenden Unterton zu Yoko sagte: «Halt dich da raus!»

Leider überspannte Paul den Bogen auch im Umgang mit George. Hier war seine Ungeduld ebenso verständlich. Im Zeitalter der großen Gitarristen war George Harrison nicht mehr auf der Höhe. Langsam, aber sicher war er zum Tankwart der Beatles geworden. John oder Paul fuhren mit ihrem neuesten Song vor, und George konnte nur noch ihre Bremsen prüfen und ein paar Akkorde über die Windschutzscheibe laufen lassen. Sie aber mußten ohne das Superbenzin weiterfahren, mit dem andere Bands von ihrer elektrischen Zapfsäule versorgt wurden. An diesem Tag rebellierte George gegen Pauls Anweisung und erklärte: «Ich spiele ganz nach deinem Kommando, sonst gar nichts! Sag, was du hören willst, und ich spiele es.» Die Worte klangen nachgiebig, aber der Tonfall war drohend. Einen Augenblick später machte George Mittagspause und fuhr nach Hause. Als er durch die Tür kam, verkündete er: «Ich steige aus. Die Beatles gibt es nicht mehr.» Er blieb nicht lange weg, aber sein demonstratives Vorbild genügte, um John und Ringo zum Veto gegen Pauls Fernsehpläne zu bewegen. Als George gemeinsam mit Billy Preston, einem jungen schwarzen Keyboarder von Little Richards Band, zurückkam, beschloß die Gruppe, sich auf das Album und den Dokumentarfilm zu beschränken.

An diesem Punkt startete John Lennon einen schlecht geplanten Gegenangriff. Er schlug vor, Paul solle den Film übernehmen und ihm das Album überlassen. Dann versuchte er, Rache an Pauls «überproduzierten» Platten wie *Sgt. Pepper* zu nehmen, und erklärte, das neue Album dürfe keine «Konservenmusik», sondern nur offenen, ehrlichen «Naturrock» enthalten. «John sagte, es solle keine Halleffekte, keine Überspielungen, überhaupt nichts von meinen Zirkuskunststückchen geben», berichtete George Martin. «Es sollte ein ‹ehrliches Album› werden. Wenn der Song bei der ersten Aufnahme nicht klappte, würden sie ihn immer wieder aufnehmen, bis er richtig saß. Es war entsetzlich. Wir machten eine Aufnahme nach der anderen. Und John erkundigte sich, ob Aufnahme Nummer siebenundsechzig besser war als Aufnahme Nummer neununddreißig.» Der ganze Versuch war lächerlich für eine Band, die seit Jahren keine spontane Musik mehr gemacht und sich immer mehr auf die Tricks und Effekte von Studioaufnahmen verlassen hatte; eine Band überdies, die inzwischen so schlecht spielte und sang, daß das Ganze wie Pfadfinderlieder am Lagerfeuer klang. Der Mann, der mit seinen endlos wiederholten Aufnahmen von «One After 9:09» (einem Song, den Lennon mit siebzehn Jahren geschrieben hatte) die Beatles in die Katastrophe führte, war nicht der oft beschuldigte Paul, sondern John.

Nach zehn entsetzlichen Tagen in den tristen Ateliers von Twikkenham vertauschten die Beatles das trostlose Studio mit etwas, was sie für das großartigste Tonstudio der Welt hielten: den Raum mit der gewaltigen Achtundsiebzigspur-Anlage, die Magic Alex seit Monaten im Keller ihres Hauptquartiers in der Savile Row 3 aufgebaut hatte. Aber als sie eintrafen, stellten sie fest, daß die Installation gerade erst angefangen hatte. Die teuren Tonbandgeräte waren noch nicht ausgepackt, und es gab noch nicht einmal ein Loch, durch das man die Kabel vom Steuergerät bis zu den Aufnahmemikrophonen hätte führen können. Der Schock und die Empörung hätten Magic Alex für immer aus dem Leben der Beatles vertreiben sollen, aber der leichtgläubige Lennon vertraute seinem Zauberer noch immer und bestand darauf, daß Alex ein Genie sei.

Die letzte Schlacht der Beatles endete nach «sechs Wochen Elend», wie John es ausdrückte, am 30. Januar 1969. Zur Mittagsstunde kletterte die Band auf das Dach des Hauses Savile Row 3. Es sollte ihr letztes gemeinsames Konzert werden. Paul hatte darauf bestanden, daß der Film wenigstens andeutungsweise so etwas wie ein Konzert enthalten müsse. Also suchten die Beatles nach dem kürzesten Verbindungsweg zwischen öffentlichem und privatem Leben und stiegen sich selbst aufs Dach. In Pelze und Regenmäntel gehüllt, postierten sie sich, von ihrem Gefolge umgeben, zwischen den Schornsteinen und suchten den Einsatz zu «Get Back!» Als der Klang ihrer Verstärker zwischen den elegantesten Modeateliers der Welt widerhallte, brach das Chaos aus.

Büroangestellte und Sekretärinnen in Miniröcken stürzten auf die kalte Straße oder drängten sich auf den Balkons. Der Verkehr kam zum Erliegen, als die Passanten auf der Straße Ausschau nach den unsichtbaren Musikern in der Höhe hielten. Schneidermeister mit Halbbrillen und schlaff herabhängenden Maßbändern in der Hand riefen nach der Polizei. In einem letzten Akt der Selbstbehauptung und Unverschämtheit störten die Beatles die öffentliche Ruhe und Ordnung.

John stürzte sich in seinen Auftritt wie ein Paganini der Rockmusik. Sein langes Haar wehte im Wind, sein dürrer Körper in der braunen Pelzjacke bog sich schlangenartig in den Knien, in der Taille, im Nacken, er vollführte Ringkämpfe mit seiner Gitarre und donnerte den Text ins Mikrophon. Auf turnschuhbewehrten Füßen tanzend, ein glückliches Lächeln im Gesicht, gab sich Lennon dem Wahnsinn der Situation hin und versuchte noch verbissener als Paul, den Film mit einer Reprise des alten Fiebers abzuschließen.

Als schließlich die große Show über den Dächern von London zu Ende war und alle ihre Mikrophone verließen, drehte sich John um und sprach zu den Umstehenden: «Vielen Dank von uns allen. Ich hoffe, wir haben die Probe bestanden.» Nicht schlecht. Auch nicht großartig. Ein bißchen abgegriffene Ironie, aber ein trauriger Nachruf auf das, was die glanzvollste Laufbahn in der Geschichte des Showbusiness gewesen war.

DIE BEATLES GEHEN PLEITE

Wir haben nicht halb so viel Geld, wie die Leute glauben... Wir verlieren Geld. Wenn es so weiter geht, sind wir in sechs Monaten pleite.» Das erklärte John Lennon am 18. Januar 1969 vor der Presse. Sein finanzieller Hilferuf wurde so wenig ernst genommen wie sein musikalischer Schrei «Help!» vor drei Jahren. Das ist nicht verwunderlich. Jahrelang hatten die Zeitungen die finanziellen Erfolge der Beatles im Detail geschildert, und heute galten die Fab Four als die reichsten jungen Männer der Welt. Auf ihr Bruttoeinkommen bezogen war diese Einschätzung berechtigt. Bis zum Dezember 1968 hatten die Beatles (nach einer Bilanz der Firma Arthur Young) insgesamt 154 Millionen Dollar verdient. Aber John Lennon hatte nicht übertrieben: Sie waren so gut wie bankrott.

Der einzige, der Lennons Notsignal richtig interpretierte, war Allen Klein, der Manager der Rolling Stones, der Kinks und Donovans. Klein, der gelernter Buchhalter war, wußte aus langer Erfahrung, daß im Showbusiness selbst die erfolgreichsten Stars oft durch Extravaganz, schlechtes Management oder Betrug in ernsthafte finanzielle Schwierigkeiten geraten. Immer wieder hatte er die Bücher berühmter Gruppen überprüft und entdeckt, daß die Stars, die ein Luxusleben führten und taten, als hätten sie keine Sorgen auf dieser Welt, in Wirklichkeit am Rande des finanziellen Abgrunds balancierten. Das galt beispielsweise für Elvis, der, hätte er noch ein Jahr länger gelebt, pleite gegangen wäre.

Klein war auch deshalb hellhörig für Lennons Notruf, weil der Manager der Stones seit langem davon träumte, Manager der Beatles zu werden. «Jetzt hab ich sie», rief er aus, als er von Brian Epsteins Tod erfuhr. Aber er hatte sich getäuscht; es dauerte noch anderthalb Jahre, bis er auch nur einen Fuß durch den Türspalt schieben konnte. Inzwischen lebte Paul McCartney mit Linda Eastman zusammen, deren Vater, der New Yorker Anwalt Lee Eastman (nicht verwandt mit Eastman/Kodak), viel mit Musikverlagen und Kunsthandel zu tun hatte. Auf Pauls Drängen hatten die Beatles Eastmans Sohn und Juniorpartner John beauftragt, sie geschäftlich zu vertreten. Aber als es so aussah, als werde Paul demnächst Linda heiraten, begann John Lennon sich nach einem Manager umzusehen, der nicht der Schwager seines Partners sein sollte. Die Suche führte ihn bald zu Klein, der höchst überrascht war, als er das erste Mal Lennons Privatnummer anrief. Vom Tonband hörte er eine der berühmtesten Stimmen der Welt, die auf die Melodie von *Three Blind Mice* sang: *«Wir sind nicht da! Wir sind nicht da! Nenn uns deinen Namen! Vielleicht rufen wir dich an.»* Klein nannte seinen Namen, und am 27. Januar öffnete er John Lennon und Yoko Ono die Tür seiner Luxussuite im Hotel Dorchester.

Allen Klein wurde von vielen gefürchtet, wie man es noch an John Belushis Parodie in Monty Pythons Film ablesen kann. Aufgeblasen wie eine Natter und so muskelüberladen, daß er kaum gehen kann, betritt Belushis Klein sein Büro wie ein deutscher Panzer, der eine russische Scheune überrollt. Die Angestellten weichen entsetzt vor seinem Basiliskenblick und dem Schritt eines Golem zurück, und er verschwindet, von ein paar gewaltigen Leibwächtern begleitet, in seiner Höhle. Dann schmeißt er die Leibwächter durch die Tür.

Sein Ruf als Killer Klein sowie Gerüchte über unsaubere Aktienspekulationen, Schwindeleien gegen die Interessen der Rolling Stones und Ärger mit dem Finanzamt gingen ihm von Anfang seiner Beziehungen zu den Beatles an voraus. Letzten Endes liefen die Vorwürfe, die in der britischen Presse immer wieder erhoben wurden, auf sehr wenig hinaus: Die Schwankungen der Cameo-Parkway-Aktien hatten mehr mit Ungeschicklichkeit zu tun als mit Börsentricks, und der Hauptvorwurf der Rolling Stones lautete, daß sie ihren Manager viel zu selten zu sehen bekamen. Die Verurteilungen wegen Steuerdelikten bezogen sich auf nicht eingetragene Lohnsteuerabzüge minimaler Höhe, eher ein Fall von Schlampigkeit als von Steuerhinterziehung. Aber in England hatte Klein keine guten Chancen, sich zu verteidigen, weil er als schlauer und skrupelloser New Yorker Jude verpönt war, als der CLEVERSTE WINDHUND IM DSCHUNGEL DER POPMUSIK, wie es eine Schlagzeile formulierte, als Ausländer, der sich einen nationalen Kunstschatz unter den Nagel reißen wollte.

John Lennon muß überrascht gewesen sein, als er den Mann endlich traf, den eine so unheilschwangere Aura umgab. In der Tat sind Menschen mit weitaus geringerer Sensibilität als Lennon immer wieder überrascht, wenn sie Allen Klein zum erstenmal treffen. Denn statt eines Säbelzahntigers mit einem Telefonhörer in jeder Pranke und Mordgedanken im Herzen treffen sie einen untersetzten kleinen Typ, der Buddy Hackett ähnlich sieht und billige Anzüge und Turnschuhe trägt. Sein Image als schlampiges Wunderkind aus New Jersey verärgerte das wohlgepflegte britische Business-Establishment, aber es bezauberte John Lennon auf den ersten Blick. Im Vergleich mit dem strahlenden John-Kennedy-Stil, den John Eastman zur Schau trug, wirkte Allen Klein wie ein gottverdammter Held der Arbeiterklasse!

Sich so darzustellen, wie er wirklich war, war einer der Erfolgstricks von Klein – der offensichtlichste. Weniger offensichtlich war die enorme Mühe, mit der er sich auf seine Unternehmungen vorbereitete. «Ich bin gar nicht so klug», behauptete er bescheiden und bestritt sein unbestreitbarstes Verdienst, «ich bereite mich nur gut vor.» Und wie hatte er sich auf diesen historischen Augenblick vorbereitet? Als die Lennons nervös und aufgeregt hereinkamen, hatte Klein zunächst einmal einen kleinen Imbiß am gemütlichen runden Tisch serviert. Die Mahlzeit entpuppte sich als der Vollwerttraum eines Vegetariers und entsprach genau Johns diffizilem Geschmack.

Kleins Tischkonversation erwies sich als noch gelungener als das Grünzeug. John Lennon erinnerte sich: «Allen hat mich als erstes damit beeindruckt – und es hat mir natürlich auch geschmeichelt –, daß er über alle alten Songs, die wir geschrieben hatten, Bescheid wußte. Und er wußte wirklich, welche von mir waren und welche von Paul. Er sagte: ‹Also, diese Zeile hat doch wohl McCartney nicht geschrieben, oder?› Und ich sagte: ‹Stimmt.› Sehen Sie, da hörte ich das erste Mal richtig zu. Er konnte unsere einzelnen Beiträge zur Gruppe auseinanderhalten. Die meisten Leute glaubten, es sei alles entweder von Paul oder von George Martin [Was für eine absurde Vorstellung!], und er kannte alle meine Texte und verstand sie – nicht daß es so schrecklich viel zu verstehen gibt, aber er war interessiert und mochte die Texte. Also dachte ich mir: ‹Nun, wenn jemand mich bloß von den Platten her so gut kennt, dann muß er ganz schön aufmerksam sein.›» Kleins Vorbereitungen hatten sich also gelohnt. Nicht nur, daß er seine Bewunderung für Lennons Talent demonstrierte, zugleich baute er auch Johns leicht zu verunsicherndes Selbstwertgefühl auf, indem er ihn an all die großen Dinge erinnerte, die er in der Vergangenheit geschaffen hatte. Das war für einen von Selbstzweifeln gequälten Mann von entscheidender Wichtigkeit.

Die Geschicklichkeit, mit der Klein den schwierigen und labilen Lennon behandelte, zeigte sich auch in der Art, wie er mit Yoko Ono umging. Nicht ein einziges Mal verriet er auch nur einen Anflug jener männlichen Herablassung, die Yoko zum Wahnsinn trieb, wenn sie es mit den Beatles und ihrem Troß zu tun hatte. Klein sprach mit genau dem gleichen Respekt mit ihr, den er John gegenüber an den Tag legte, und zeigte ihr, daß er sie als gleichberechtigt ansah. Lennon war ebenso befriedigt davon, daß Klein keine Unterschiede zwischen ihm und Yoko machte, wie davon, daß er deutlich Unterschiede zwischen einer Zeile von John Lennon und einer Zeile von Paul McCartney machte. Klein brauchte nicht lange auf den Lohn seiner Mühen zu warten.

Nach ein paar Stunden sagte John: «Hör mal, Allen, würdest du Yokos und mein Manager werden?» Die Formulierung erinnerte an jene berühmten Worte, mit denen Lennon sieben Jahre früher eine Diskussion beendet hatte: «Also okay, Brian, du bist unser Manager!» Aber diesmal ging es um sehr viel mehr als um das Schicksal von vier unbekannten Jungen, die nach einem Plattenvertrag lechzten. Und Lennon konnte nicht mehr für die anderen sprechen. Er mußte Klein warnen: «Die Beatles kannst du nicht managen, die haben schon einen Vertrag mit Eastman.»

Diese Eröffnung enttäuschte Klein nicht. Er sagte nur: «Seinen Anwalt kann man immer rausschmeißen.» Aber er stimmte nicht sofort zu, obgleich seine finanzielle Situation nicht viel glänzender als die Lennons war. Denn obwohl Allen Kleins Hotelsuite für 500 Pfund am Tag und die Limousine, die für 100 Pfund pro Tag ständig vor dem Dorchester parkte, den Eindruck enormen Wohlstands erweckte, hatte er nur ein paar hunderttausend Dollar auf dem Firmenkonto, und seine rechte Hand hatte ihn erst letzte Woche ermahnt: «Du solltest besser einen Vertrag mit den Beatles rausholen, sonst bist du demnächst nicht mehr im Geschäft.» Doch Allen Klein war ein eingefleischter Glücksspieler und ein geborener Optimist. Er wußte, wann er eine Glückssträhne hatte und wann er die Würfel weitergeben mußte. Jetzt machte er auf cool und antwortete, er werde die Lennons gerne vertreten. Weiter ging er zunächst nicht.

«Also, was müssen wir jetzt tun?» drängte der ungeduldige Lennon.

«Ich glaube, wir sollten es überschlafen», antwortete Klein.

«Wieso?» fuhr ihn Lennon an. «Willst du es nun, oder nicht?»

«Klar, selbstverständlich», lächelte Klein.

«Also, was muß ich jetzt tun?» fragte Lennon.

«Meiner Meinung nach sollten», antwortete Klein, «wir jetzt an alle die Personen schreiben, mit denen du direkte Verträge hast. Du mußt ihnen mitteilen, daß du mich aufgefordert hast, mich um deine Angelegenheiten zu kümmern. Aber bevor du sie schriftlich benachrichtigst, solltest du sie anrufen, damit die Sache nicht so kalt und unpersönlich wirkt.»

Kleins Assistentin, Iris Keitel, wartete im Nebenzimmer an der Schreibmaschine, aber er beschloß, die Sache weniger distanziert geschäftlich zu gestalten. Er ging ins Nebenzimmer und kam mit der Schreibmaschine zurück, die er mit ein paar Blatt Papier auf den Boden stellte. Um drei Uhr früh tippte Yoko die Benachrichtigungen an Sir Joseph Lockwood von EMI, Dick James von Northern Songs, Clive Epstein von NEMS Enterprises und Harry Pinsker von Bryce, Hanmer. Die Botschaft lautete: «Ich habe Allen Klein aufgefordert, sich um meine Angelegenheiten zu kümmern. Gebt ihm bitte alle Informationen, die er braucht, und arbeitet mit ihm zusammen. Grüße, John Lennon.»

Als John Lennon Allen Klein gegen John Eastman in den Ring schickte, bereitete er sich in Wirklichkeit auf den Endkampf gegen Paul McCartney vor. Wie der Kampf aussehen sollte, wurde durch die ersten Zusammentreffen der beiden Manager vorbestimmt. Am 3. Februar hielten die Beatles eine Versammlung ab, auf der sie sich gegen Pauls Widerstand drei zu eins dafür aussprachen, Klein ihre Geschäfte prüfen zu lassen. Dann trafen die Jungs mit Klein und Eastman zusammen. Es kam zu keinerlei Auseinandersetzungen. Als Eastman sagte, er würde Klein gern zu seiner Besprechung mit Sir Joseph begleiten, lehnte Klein ab und sagte, er brauche als Manager der Beatles genauso freie Hand wie Eastman als ihr Anwalt. Zur nächsten Zusammenkunft mit Klein zitierte Eastman seinen Vater. Wie üblich war Klein gut vorbereitet.

Als Lee Eastman im Sitzungssaal erschien, strahlte er das gesunde Selbstbewußtsein des alten Geschäftsmannes aus, der regelmäßig zur Lunchzeit im Grill Room des New Yorker Harvard-Clubs zu finden ist. Aber kaum hatte er sich neben seinen Sohn und seinen zukünftigen Schwiegersohn gesetzt, als man ihm den Teppich unter den Füßen wegzog. Allen Klein eröffnete die Sitzung mit einem nekkischen Lächeln um die Lippen und der Mitteilung, er habe in der letzten Zeit ein wenig Detektivarbeit geleistet. Er hatte dabei eine erstaunliche Entdeckung gemacht. Lee Eastman hatte sein Leben unter einem anderen Namen begonnen. Bis zu seinem Examen in Harvard war sein Name *Leopold Epstein* gewesen! John Lennon brach in homerisches Gelächter aus. Dann machte sich John, der schon immer ein Talent dafür gehabt hatte, neuralgische Punkte zu entdecken, an die Arbeit. Den Rest der Sitzung über insistierten Klein und er darauf, Eastman «Epstein» zu nennen. «Also, Mr. Epstein», «Nein, Mr. Epstein» oder «Also, wenn ich Epstein hieße»; sie machten so lange weiter, bis der normalerweise umgängliche Anwalt die Nerven verlor.

Eastman sprang auf, starrte seinen Gegner an und beschimpfte Klein als Schwindler, Bauerntölpel und Hochstapler. «Er warf mir alle Schimpfworte an den Kopf, die ihm einfielen», erinnerte sich Klein. «Ich ließ ihn einfach gewähren. Er zeigte sich allen Anwesenden so, wie er wirklich war: leicht erregbar, pedantisch, hochnäsig.» Nachdem Eastman seine Wut ausgetobt hatte, stürmte er, von seinem Sohn und seinem zukünftigen Schwiegersohn gefolgt, aus dem Zimmer.

So wütend Eastman auch war, seine Wut war nichts gegen Lennons Empörung. «Er war ein Tier. Ein gottverdammtes bürgerliches Schwein!» schimpfte er vor sich hin. «Er dachte, er könnte mich mit seinem beschissenen Gerede über Kafka und Picasso und de Kooning reinlegen, das Arschloch! Ich scheiße auf sie alle!» So begann der lange Krieg, der die Beatles zerstören sollte.

Obwohl Paul eine genauso starke Abneigung gegen Allen Klein hegte wie John gegen die Eastmans, war er schließlich bereit, Klein mit einer gründlichen Überprüfung der Geschäftslage der Beatles zu beauftragen. Niemand hätte etwas gegen diese Entscheidung einwenden können. Klein verdankte seinen Ruf im Musikgeschäft seiner unfehlbaren Begabung dafür, verschwundenes Geld wiederzufinden.

Zwei Monate lang saß Klein im Apple-Büro vor einem Berg von Papieren. Als er mit der Buchprüfung fertig war, erstrahlte eine riesige Leuchtschrift hinter seiner Stirn: VOLLIDIOT!

Brian Epstein, der süße kleine Lord in den Samthöschen, hatte es wirklich geschafft. Er hatte den größten Besitzstand in der Geschichte des Showbusiness in die Hand genommen und ihn in einem schlechten Geschäft nach dem anderen verschleudert. Jede einzelne Abmachung war falsch, jede einzelne Beteiligung ungenügend. Das Schlimmste aber war: Die Beatles *waren* pleite, und das meiste, das verloren war, war endgültig verloren.

Um genau zu verstehen, wie schlimm Brian versagt hatte, mußte man sich jede Einkommensquelle einzeln vornehmen und den Weg verfolgen, den das Geld genommen hatte.

DAS PLATTEN-ABKOMMEN MIT EMI

Die primäre Einkommensquelle der Beatles waren die Tantiemen aus dem Verkauf ihrer Platten. Diese Einnahmen wurden während der ersten fünf Jahre der Schallplattenkarriere der Gruppe durch die Bestimmungen des Vertrags geregelt, den Brian mit EMI abgeschlossen hatte, als die Beatles noch vier unbekannte Anfänger waren.

Natürlich waren die Bedingungen nicht günstig; sie waren sogar miserabel. Die Tantiemen für eine Single betrugen genau *einen Penny* und sollten jedes Jahr nach dem ersten um einen Viertelpenny steigen, bis sie die Spitzensumme von zwei Penny pro Platte erreichten. Für den wichtigsten Markt der Beatles, die USA, hieß das, daß Capitol, die amerikanische Tochterfirma der EMI, den Beatles für jedes Plattenalbum mit einem Endverkaufspreis zwischen vier oder fünf Dollar genau *sechs* Cent bezahlen mußte. Die normale Beteiligung hätte zwischen fünfundzwanzig und fünfzig Cent gelegen.

Dagegen hätte es eine naheliegende Abhilfe gegeben. Im Musikgeschäft ist es üblich, über Anfängerverträge neue Verhandlungen zu führen, sobald der Künstler anfängt, größere Summen für die Firma zu verdienen. Und hier lag Brians größtes Versagen. Er dachte nicht daran, mit EMI neue Verhandlungen für faire Bedingungen zu führen, selbst nachdem die Beatles in einem Blitzstart die Einnahmen der Gesellschaft im Jahr 1964 um unglaubliche *80 Prozent* gesteigert hatten! Warum? Weil Brian darauf bestand, daß er ein «Gentleman» sei, und ein Gentleman nimmt sein Wort nicht zurück, selbst wenn seine Mandanten dabei auf den Hintern fallen. Also wurden die Beatles während der drei Jahre, in denen sie die gewinnträchtigste Gruppe in der Geschichte des Schallplattengeschäfts waren, weiterhin wie unbekannte Anfänger bezahlt.

Als der Vertrag im Juni 1965 auslief, bekam Gentleman Brian seine Chance. Was machte er daraus? Absolut und überhaupt nichts. Die verschiedenen Vorschläge seiner Finanzberater verwirrten ihn so, daß er die Verhandlungen *anderthalb Jahre* lang hinauszögerte. Inzwischen produzierten die Beatles *Help!*, «Yesterday», *Rubber Soul* und *Revolver*; und das alles ohne Vertrag! Am 26. Januar 1967 unterzeichneten sie endlich die Abmachung, deren Formulierung so lange gedauert hatte. Sie sah eine beachtliche Erhöhung der Tantiemen – für ein Album bei Capitol von sechs auf vierzig Cent – und eine Bonuszahlung von einer Million Pfund vor; aber die Tantiemen waren immer noch zu niedrig, und der Bonus deckte nur die Summe, die die Beatles während der Zeit verdient hatten, als sie ohne Vertrag arbeiteten. Noch schlimmer waren die Bestimmungen über Produktionsquoten und Exklusivrechte. Die Beatles verpflichteten sich für die nächsten fünf Jahre, pro Jahr zwei Alben und drei

Singles einzuspielen, blieben aber durch einen Exklusivvertrag für die nächsten *zehn Jahre* an EMI gebunden. Mit anderen Worten, Brian hatte die gesamte vorhersehbare Zukunft der Band gegen eine Tantiemenerhöhung eingetauscht, nach der sie immer noch nicht das bekamen, was sie schon vor Jahren hätten bekommen sollen.

VERÖFFENTLICHUNGSRECHTE

Das Geschäft der Beatles, soweit es sich um musikalische Verlagsrechte handelte, lag im wesentlichen bei Northern Songs Ltd., einer Firma, die der gescheiterte Popsänger Dick James (geboren als Richard Leon Vapnick) am 26. Februar 1963 gegründet hatte. Der Kleinverleger wurde damit zum gesegnetsten Unternehmer in der Geschichte des Verlagsbetriebs. Er war auf Grund einer Empfehlung von George Martin (dessen ethische Prinzipien es ihm nicht erlaubten, eine angebotene Beteiligung anzunehmen, und der damit auf ein Vermögen verzichtete) frühzeitig eingestiegen und hatte eine typische Künstlergesellschaft gegründet. Er behielt 50 Prozent der Anteile für sich und seinen Buchprüfer und Finanzier Charles Silver und bot Lennon, McCartney und Epstein die restlichen 50 Prozent an, die ihren Anteil im Verhältnis 40 zu 40 zu 20 untereinander aufteilten. (1966 wurde der Anteil der Beatles auf 55 Prozent erhöht. Dafür verlängerten sie den Vertrag bis 1973.) Um Steuern zu sparen, überschrieben John und Paul die Einnahmen aus den Texten ihrer Songs auf Lenmac Ltd., eine Firma, die ihnen und Brian im Verhältnis 40 zu 40 zu 20 gehörte. Der Form halber wurden John und Paul als Texter bei Lenmac angestellt.

Im Februar 1965 ging Dick James mit Northern Songs an die Börse, wo sich die Firma gut behauptete. Im Verlauf der hierbei erfolgten Umstellung der alten Organisation wurde Lenmac an Northern Songs verkauft und übertrug der Mutterfirma alle Rechte an den nächsten 56 Songs von Lennon und McCartney. Dafür erhielten John und Paul je 140000 Pfund (in Wirklichkeit bereits fällige Tantiemen) und 15 Prozent der Anteile an Northern. Weitere 7 Prozent gingen an NEMS und 1,6 Prozent an George und Ringo gemeinsam. Das waren steuerfreie Kapitalgewinne, sie stellten aber keinen angemessenen Wert dar, weil Lenmac unterbewertet worden war. Dies ging auf die Tatsache zurück, daß es bei der entscheidenden amerikanischen Filiale nie eine bilanzierte Bestandsaufnahme gegeben hatte. Nun gründeten John und Paul eine neue Firma, Maclen Music Ltd., um ihre zukünftigen Kompositionen zu verwerten, und unterzeichneten einen auf sieben Jahre befristeten Vertrag mit Northern über die Veröffentlichung dieser Songs.

NEBENRECHTE

Der internationale Ruf der Beatles erlaubte es Dick James, groß ins Verwertungsgeschäft für Nebenrechte einzusteigen, entweder indem er Firmen im Ausland gründete oder durch Lizenzvergaben an ausländische Verleger. Die typische Gewinnaufteilung der Beatles mit einem ausländischen Lizenznehmer betrug 85 zu 15 (15 Prozent gingen an den Lizenznehmer). Nur wenn die ausländische Firma von Dick James geleitet wurde, war die Aufteilungsquote 50 zu 50, ein recht aufschlußreicher Unterschied. Das Geld, das aus den ausländischen Vertragsrechten nach Großbritannien zurückfloß, wurde zu gleichen Teilen zwischen dem Verleger und den Autoren aufgeteilt. Da die USA den größten Absatzmarkt der Beatles darstellten, hatte die amerikanische Firma der Band, Maclen Inc., die Schlüsselposition in Dick James' Transaktionen. Indem er 50 Prozent des Gewinns dieser Firma in Amerika zurückhielt und diese Summe auf seine Hälfte der 50 Prozent aufschlug, die nach Großbritannien zurückflossen, schaffte es James, 75 Prozent des Einkommens der Beatles aus ihrem größten Verlagsgeschäft für sich zu behalten.

Irgend jemand muß etwas über diesen Trick ausgeplaudert haben, denn kurz vor Brian Epsteins Tod, als der Verlagsvertrag zur Verlängerung anstand, schrieb James einen äußerst zweideutigen Brief an Maclen Inc. – etwa als schriebe die linke Hand einen Brief an die rechte –, in dem er mitteilte, daß in Zukunft 85 Prozent der amerikanischen Einkünfte nach Großbritannien transferiert und nur noch 15 Prozent in den Staaten bleiben sollten. In den gleichen Brief baute er allerdings einen Satz etwa des Sinnes ein: «Ihr bekommt euer Geld wie bisher.» Dick James brachte John und Paul dazu, diesen Brief mitzuunterzeichnen, was zur Folge hatte, daß sie unter dem Vorwand einer Veränderung zu ihren Gunsten die alte Aufteilung bestätigten.

Im Jahre 1986 fällte ein englisches Gericht ein Grundsatzurteil über derartige Praktiken bei der Lizenzvergabe. Nach einer Untersuchung der Geschäftsbeziehungen zwischen Dick James und Elton John entschied der Gerichtshof, daß die Geschäftsusancen des Verlegers inkorrekt und illegal waren. (Kurz danach bückte sich Dick James, um eine Spielkarte aufzuheben, die ihm unter den Tisch gefallen war, und erlitt einen tödlichen Herzanfall.)

KONZERTTOURNEEN

Brian Epstein war so von Dankbarkeit überwältigt, als Arthur Howes die Beatles für ihre erste kleine Tournee unter Vertrag nahm, daß er dem Veranstalter eine Option auf alle zukünftigen Tourneen der Beatles in England gab. Mit dieser Monopolstellung konnte Howes den Preis der Band erfolgreich drücken. Die Beatles erhielten nie mehr als 50 Prozent der Einnahmen, auch wenn Howes allein durch den Hinweis auf ihren Auftritt ausverkaufte Häuser erzielen konnte.

Brians einzige Gegenstrategie bestand darin, Weihnachtsshows zu buchen, die er selbst produzierte. Damit begab er sich aber in einen klaren Interessenkonflikt, weil Brian Käufer und Verkäufer zugleich war, denn praktisch alle Mitwirkenden gehörten zum Stammpersonal von NEMS. Außerdem arbeiteten die Beatles für einen Hungerlohn, wenn sie für ihren eigenen Manager arbeiteten. In Amerika, wo GAC die Tourneen betreute, galt eine Aufteilung von 60 zu 40 bei einer Mindestgarantie von 25 000 Dollar pro Vorstellung. Das war ein übliches Standardarrangement, aber offensichtlich hätten die Beatles nach ihrer ersten, unglaublich erfolgreichen Tournee ein größeres Stück von der Torte kriegen können.

Brians endgültige Lösung des Problems, die Einnahmen der Beatles zu erhöhen, läßt all die begeisterten Berichte über seine «Ehrlichkeit» und «aufrechte Gesinnung» zu einem schlechten Witz werden.

Ein enger Freund, Peter Brown, hat verraten, daß Brian nach jedem Auftritt mit seiner «braunen Geldtüte» verschwand, einem stattlichen Anteil an den Bareinnahmen, die er im voraus aus der Kasse zog, ohne sie dem Finanzamt zu melden. Wie Brian dieses nicht abgerechnete Geld verteilte, wird wohl nie genau herauskommen.

FILMVERTRÄGE

Als Walter Shenson und Bud Orenstein Brian Epstein zum erstenmal trafen, hatten sie vor, ihm 25 Prozent des Reingewinns an ihrem Film anzubieten, aber als erfahrene Geschäftsleute fragten sie Brian zuerst, wieviel er wolle. Brian spielte sich so auf, wie er sich einen großen Geschäftsmann vorstellte, und antwortete: «Ich kann kein Angebot unter 7,5 Prozent annehmen.» Die Beatles hatten Glück, daß Brians Anwalt, David Jacobs, den Vertrag rechtzeitig zu Gesicht bekam und 25 Prozent verlangte.

In Wirklichkeit gilt jede Beteiligung am Reingewinn statt am Bruttogewinn in Hollywood als Kardinalfehler, denn die Buchführung der Filmgesellschaften ist von Anfang an darauf angelegt, selbst bei erfolgreichen Filmen nur geringe Nettoerträge auszuweisen. Weil Elvis Presleys Filme ihm nie etwas in der Gewinnabrechnung einbrachten, bestand Colonel Parker auf großen Garantiesummen im voraus. Für seinen ersten Film kassierte er auf diese Art 250000 Dollar. Später betrug die Garantiesumme eine halbe Million Dollar als Vorauszahlung auf 50 Prozent der Nettoeinnahmen. Die Beatles bekamen für ihren ersten Film nur 15000 Dollar pro Nase. Sie hatten allerdings Glück, denn die Kombination von niedrigen Produktionskosten, bescheidenen Vertriebskosten, gewaltigen Kasseneinnahmen und nicht zuletzt ehrlichen Produzenten brachten ihnen im Endeffekt viel Geld ein: Zwischen 1964 und 1980 waren es 7 bis 8 Millionen Dollar für ihre ersten beiden Filme.

HANDELSGESCHÄFTE

Eine phänomenal erfolgreiche Gruppe wie die Beatles konnte damit rechnen, einen Haufen Geld aus der Lizenzgewährung für ihre Namen und ihr Bild als Warenzeichen für Handelsartikel zu ziehen. Ein Mann namens Nicky Byrnes, der keinerlei frühere Erfahrung im Geschäft hatte, sicherte sich diese Lizenzrechte 1963 gegen 10 Prozent der Einnahmen. Als Brian merkte, was für eine Goldmine Byrnes in den Vereinigten Staaten ausbeutete, bestand er darauf, die Abmachungen zu revidieren. Das Durcheinander, das dabei entstand, versetzte die Hersteller in Panik, die daraufhin massenweise Aufträge stornierten, so daß den Beatles potentielle Gewinne in Millionenhöhe entgingen. Inzwischen vergaben Byrnes und Epstein widersprüchliche Vermarktungsrechte, was zu einer Serie kostspieliger Prozesse führte.

Epstein versuchte, die Schuld auf Byrnes abzuwälzen, verklagte ihn und wurde im Gegenzug von ihm verklagt. Brian hatte keine juristische Basis, aber er konnte es sich nicht leisten zu verlieren. Also engagierte er Louis Nizer, angeblich gegen ein Honorar von einer Million Dollar, und beauftragte ihn, alle Möglichkeiten auszuschöpfen. In den nächsten drei Jahren stellte die Kanzlei Nizer 39 Anträge, von denen jeder einzelne vom Gericht abgelehnt wurde, von denen aber auch jeder einzelne Byrnes eine Stange Geld kostete. Byrnes rächte sich, indem er Epstein beim Finanzamt denunzierte und behauptete, Brian schmuggle die Einnahmen aus den Amerikatourneen außer Landes, ohne die fälligen Steuern zu entrichten. Das Finanzamt reagierte mit der Beschlagnahme von einer Million Dollar aus den Konzerteinnahmen des Jahres 1966 und gab das Geld erst 1976 frei.

Die eigentliche Pointe der ganzen Geschichte ist, daß die Verträge nicht mit der Firma der Band, The Beatles Ltd., abgeschlossen wurden, bei der die Rechte lagen, sondern mit NEMS, die als reine Managementgruppe über keinerlei Besitzrechte verfügte. Diese grundlegende Verwechslung von Mein und Dein in den Beziehungen zwischen Brian Epstein und den Beatles taucht in zahlreichen anderen Geschäften auf. Allen Klein entdeckte, daß Brians amerikanische Firma, Beatles USA Ltd., am Ende *Magical Mystery Tour* besaß, obwohl sie niemals die Rechte erworben hatte. Enthüllungen dieser Art waren es, die John Lennon schließlich davon überzeugten, daß Brian Epstein ein Gauner war.

STEUERASYL

Egal wieviel die Beatles verdienten, ihre Nettoeinnahmen konnten nur einen winzigen Prozentsatz der Bruttogewinne ausmachen, solange sie dem unglaublichen britischen Spitzensteuersatz von 94 Prozent unterworfen waren. Epsteins dringendste Aufgabe bestand infolgedessen nicht darin, Geld zu verdienen, sondern das Geld, das da war, festzuhalten. Die naheliegende Antwort war ein Steuerasyl. Dr. Walter Strach von der Finanzberatungsfirma Bryce, Hanmer gründete auf den Bahamas eine Firma namens Cavalcade Productions, die sich zu gleichen Teilen im Besitz der Beatles und Walter Shensons befand. Die Firma sollte mit einem Gesellschaftskapital von 100 000 Pfund ausgestattet werden und dann die Fertigstellungsgarantie für *Help!* übernehmen. Dann hätte sie den Gewinn des Films pfänden und dem Zugriff der britischen und der amerikanischen Steuerbehörden entziehen können. Brian ließ sich von Lord Goodman, einem wohlhabenden Immobilienunternehmer, beraten, der zugleich der Anwalt Harold Wilsons war. Als Goodman erfuhr, daß die Beatles etwas mit einem Steuerasyl zu tun hatten, warnte er Brian, das könne ihrem Ruf schaden, wenn es bekannt werde. Der unsichere und schüchterne Brian war entsetzt von dem Gedanken, er könne geldgierig wirken, befolgte Goodmans Ratschläge und liquidierte das Steuerasyl der Beatles. Harold Wilson belohnte die Jungs für ihr unfreiwilliges Opfer, indem er ihnen den Orden des British Empire verlieh. Brian erzählte den Beatles, sie seien für «die Verbesserung der Handelsbilanz» ausgezeichnet worden.

Als das Steuerasyl ausfiel, mußte eine andere Methode zur Verringerung der Steuerbelastung gefunden werden. Die Rolling Stones hatten sich daran gewöhnt, jedesmal ein Jahr ihren Wohnsitz im Ausland zu nehmen, wenn die Gesetze es ihnen gestatteten, und ihre ausländischen Einkünfte außerhalb Englands auszugeben, ohne in England Steuern darauf zu zahlen.

Brian entschied sich gegen diesen Trick und für einen anderen, weitaus fragwürdigeren: die Umwandlung der Gruppe in eine Aktiengesellschaft. Durch einen Partnerschaftsvertrag vom 19. April 1967 verkauften die Beatles 80 Prozent von sich selbst (mit Ausnahme der Film- und Veröffentlichungsrechte) an Apple Corps. Ltd., die wiederum Mehrheitsteilhaber einer neugegründeten Partnerschaft namens The Beatles & Co. wurde, die an die Stelle der Beatles Ltd. trat. Als Abfindung erhielt die Gruppe einen steuerfreien Kapitalertrag in Höhe von 800 000 Pfund zuzüglich ihrer Gehälter und der Möglichkeit, einen Großteil ihrer persönlichen Ausgaben auf die Firma zu übertragen, die nunmehr zur offiziellen Besitzerin ihrer Häuser, Autos etc. wurde. Aber mit 800 000 Pfund war der Gesamtwert der Beatles absurd niedrig angesetzt. Der wahre Wert lag bei mehreren Millionen. Die Höhe der Summe war durch die unmittelbar verfügbaren eine Million Pfund inspiriert, mit denen EMI die Unterzeichnung des neuen Plattenvertrags der Beatles honorieren wollte. Es wäre weitaus angemessener gewesen, die Beatles in der Höhe von etwa 4 Millionen Pfund einzuschätzen, was 800 000 Pfund für jeden Beatle bedeutet hätte. Apple hätte das Geld in Raten je nach Verfügbarkeit auszahlen können. Am Ende stellte sich heraus, daß die Jungs, nachdem sie alle ihre Schulden bezahlt hatten, ungefähr da landeten, wo sie vorher waren. Nur daß jetzt ihre gesamten zukünftigen Einnahmen in einer Gesellschaft festgelegt waren, was es erheblich schwieriger machte, wieder an das Geld zu kommen, falls die Band sich auflösen sollte.

Als sich Allen Klein die letzte Zeile des Bilanzberichts ansah, erblickte er zwei Zahlen, die wie Grabsteine herausragten. Die eine bezifferte das Nettoeinkommen der Beatles für das Jahr 1968 auf lächerliche 78000 Pfund. Die zweite gab die Verschuldung der Beatles bei Apple an, wo sie Vorschüsse zur Deckung ihrer laufenden Kosten genommen hatten. John schuldete der Firma 64000 Pfund, Paul 66000 und George und Ringo je 35000. Offensichtlich mußte schleunigst etwas geschehen, wenn die Beatles nicht gezwungen sein sollten, ihre verbleibenden Vermögenswerte zu verkaufen.

Kleins erstes Ziel war NEMS, eine Firma, die inzwischen Queenie gehörte und von Brians Bruder Clive verwaltet wurde. NEMS erhielt weiterhin 25 Prozent vom Einkommen der Beatles, erfüllte dafür aber mittlerweile keinerlei relevante Funktionen mehr. Die einfachste Lösung war der Versuch, NEMS aufzukaufen, ein Prozeß, den John Eastman bereits soweit vorbereitet hatte, daß er gemeinsam mit den Beatles Sir Joseph Lockwood um einen Kredit in Höhe von 1,25 Millionen Pfund gebeten hatte. Das war der geforderte Kaufpreis. Allen Klein riet den Beatles von diesem Weg ab und wies sie darauf hin, daß sie 2 Millionen Pfund würden verdienen müssen, um den Kredit zurückzuzahlen. Er sagte ihnen, sie hätten eine gute Chance, NEMS umsonst zu bekommen, weil Clive Epstein möglicherweise Angst vor den Prozessen kriegen würde, die Klein auf Grund seiner Buchprüfung gegen ihn anstrengen konnte. Er wollte wegen Unterschlagung, Mißwirtschaft, Veruntreuung, Betrug und Interessenkonflikt klagen.

John Eastman war ebenfalls der Meinung, man solle nichts überstürzen. Am Valentinstag schickte er eine warnende Aktennotiz an Clive Epstein: «Wie Ihnen bekannt ist, ist Mr. Allen Klein mit der Überprüfung der Geschäftsbeziehungen zwischen den Beatles, NEMS und Nemperor Holdings Ltd. (der Nachfolgefirma von NEMS) beschäftigt. Sobald die Prüfung abgeschlossen ist, schlage ich eine Zusammenkunft vor, um sowohl die Ergebnisse der Überprüfung durch Mr. Klein als auch die Frage der Korrektheit der Verhandlungen im Zusammenhang mit dem Neunjahresvertrag zwischen EMI, den Beatles und NEMS zu erörtern.»

Clive verstand den Hinweis. Er hatte keine Zeit zu verlieren. Er mußte sich sofort aus diesen üblen Geschäften herausziehen. Clive sprach Leonard Richenberg vom Triumph Trust an und verkaufte NEMS für ungefähr 750000 Pfund.

Allen Klein reagierte mit seiner üblichen Geschwindigkeit und

Kühnheit auf diese unvorhergesehene Entwicklung. Er marschierte in Richenbergs Büro und gratulierte seinem Gegner zu seinem Geschäftssinn. Dann sagte er ihm, er sei nicht ganz so clever, wie er glaubte, denn bei der Buchprüfung habe er enorme Schulden entdeckt, die Epstein während der Konzerttourneen gemacht hatte. Überdies seien so viele Prozesse anhängig, daß der Versuch, sie alle durchzustehen, Triumph in den Bankrott führen könne. Richenberg reagierte, indem er Klein vor die Tür setzte. Klein ließ sich davon nicht beeindrucken und schrieb einen Brief an Henry Ansbacher and Company, die die Tantiemen der Beatles verwaltete, und wies sie an, das Geld in Zukunft an Apple Corps. zu überweisen.

Daraufhin strengte Triumph Trust einen Prozeß gegen EMI an. Mittlerweile wurden über eine Million Pfund dringend benötigte Tantiemengelder bis zum Prozeßende auf ein Sperrkonto bei Lloyd's eingezahlt. Als nächstes versuchte Richenberg seine Position zu verbessern, indem er einen Bericht in Auftrag gab, der allerhand Negatives über Allen Klein zutage förderte. Das ganze Material wurde der *Sunday Times* zugespielt, die einen vernichtenden Artikel veröffentlichte. Allen Klein hatte sich eine blutige Nase geholt und sah ein, daß er seine Taktik ändern und in längere ernsthafte Verhandlungen mit Leonard Richenberg treten mußte. Ausgerechnet in diesem Moment erschütterte eine plötzliche Krise die gesamte Organisation der Beatles.

John Lennon lag eines Morgens im Bett und las die Zeitung, als sein Blick auf einen Artikel fiel, der ihn aufhorchen ließ. Dick James und Charles Silver, die Manager von Northern Songs, hatten gerade ihren zweiunddreißigprozentigen Anteil an der Firma an Sir Lew Grade von der Associated Television Company (ATV) verkauft, die bereits 3 Prozent besaß. Damit hatte Sir Lew einen größeren Anteil am Liederbeutel der Beatles als sie selbst mit ihren 30 Prozent. John tobte vor Wut und machte sich an einen verzweifelten Versuch, die Firma unter seine Kontrolle zu bringen, bevor der verabscheute Grade, der fette Zigarren rauchende Boß der britischen Vergnügungsindustrie, sie übernehmen konnte. Er zitierte Paul aus East Hampton und Klein aus Puerto Rico herbei. James hatte seinen Verrat aus Angst vor Allen Klein und der Befürchtung begangen, die Beatles könnten auseinandergehen. (Er hatte wenig Vertrauen zu den Beatles als einzelnen Künstlern.) Letzten Endes hatten John und Paul die Katastrophe heraufbeschworen, als sie aus dem Aufsichtsrat von Northern Songs ausgetreten waren und sich auf die Interessenvertretung der Anwälte und Finanzberater verlassen hatten, die für Dick James arbeiteten.

Der fünf Monate währende Kampf zwischen den Beatles und Lew Grade, der nun folgte, wurde weiter durch die Intervention einer dritten Partei kompliziert, des sogenannten Konsortiums, eines Zusammenschlusses von Finanzinstituten, die Anteile an Northern Songs besaßen oder aufkauften und nun versuchten, sich zwischen den wetteifernden Giganten hindurchzubalancieren. Zeitweise neigte das Konsortium dazu, das Aktienangebot der ATV anzunehmen, zeitweise stand es dem Angebot der Beatles näher. Dieses Angebot wurde günstiger, als Allen Klein im Gegenzug gegen die Weigerung Pauls, seine Anteile als Nebenbürgschaft einzubringen, 45000 Anteile an MGM im Wert von 650000 Pfund in die Waagschale warf. Jedesmal wenn ein Geschäft abgeschlossen schien, ließ eine neue Entwicklung das ganze Kartenhaus wieder zusammenstürzen. Inzwischen bemühte sich Klein weiter um den Ankauf von NEMS, wo weitere 5,4 Prozent an Northern Songs lagen.

Im Juli 1969 hätte Klein seine großsprecherische Behauptung, er könne NEMS umsonst kriegen, beinahe wahr gemacht. Für die 90 Prozent der Gesellschaft, die ihnen nicht gehörten, zahlten die Beatles 750000 Pfund in bar und 300000 Pfund in eingefrorenen Tantiemen plus 50000 Dollar für die Anteile, die NEMS an der Filmgesellschaft der Beatles, Subafilms Ltd. (die die beiden ersten Filme und *Yellow Submarine* besaß), hielt. Hinzu kamen 5 Prozent der Bruttotantiemen aller Beatlesplatten von 1972 bis 1976. Im Gegenzug tauschte Triumph die 10 Prozent an NEMS, die sich im Besitz der Beatles befanden, gegen Aktien im Wert von 420000 Pfund ein. Scheinbar zahlten die Beatles dabei mehr als sie bekamen, aber die Triumphaktien waren 400000 Dollar *steuerfrei* wert, stellten also den Gegenwert von 4 Millionen Pfund vor den Steuerabzügen dar!

Den Kampf um Northern Songs mußte Klein verlieren. Am 9. September gelang es ATV endlich, die Anteile des Konsortiums aufzukaufen, so daß ATV nunmehr 54 Prozent am Musikverlag der Beatles besaß. Unverzagt kämpfte Klein weiter und versuchte, das

Beste aus der Niederlage zu machen. Verbissen führte er weitere Verhandlungen mit Lew Grade und benutzte die Drohung als Waffe, die Beatles würden sich aus dem Geschäft zurückziehen und ATV einen wertlosen Besitz hinterlassen. Klein versuchte, die amerikanischen Veröffentlichungsrechte zu bekommen, und er behauptete, er habe sie schon praktisch in der Hand gehabt, als Paul McCartney (auf Anraten der Eastmans) erneut Schwierigkeiten machte. So waren die Beatles zum Ausverkauf gezwungen, verloren die Verwertungsrechte (allerdings nicht die Tantiemen) an 160 Songs und waren weiterhin verpflichtet, bis 1973 sechs Songs pro Jahr zu schreiben. Für ihre 35,5 Prozent von Northern Songs wurden sie mit zehneinhalbprozentigen Schuldverschreibungen der ATV im gleichen Nennwert entschädigt. John tauschte seine 644000 Aktien gegen Anteile im Nominalwert von 1288000 Dollar ein, die er am 31. Oktober 1974 in Bargeld konvertierte. Paul, der angefangen hatte, Aktien aufzukaufen, bevor die Angelegenheiten allzu kompliziert wurden, holte entsprechend mehr heraus.

Der Schock, den es John und Paul versetzte, daß sie die Kontrolle verloren hatten, kann nicht abgeschätzt werden. Der finanzielle Wert stellte sich 1986 ziemlich genau heraus, als Michael Jackson die gesamte Veröffentlichungsliste von ATV, die zweihundert Beatles-Songs umfaßte, für 47,5 Millionen Dollar kaufte.

Im Mai hatte Allen Klein einen Dreijahresvertrag als Manager der Beatles unterzeichnet, nachdem Paul in der Abstimmung mit 3 zu 1 unterlegen war. Klein verlangte 20 Prozent vom Bruttoeinkommen, soweit es dasjenige überstieg, das aus Verträgen vor seiner Zeit herrührte. Anschließend genoß er die volle Unterstützung aller vier Beatles bei seiner wichtigsten Aufgabe: den Neuverhandlungen über den Vertrag mit EMI, der noch eine Laufzeit von acht Jahren hatte. Seine Verhandlungsstärke entsprang den Bestimmungen des Vertrags, denen zufolge die Beatles neunzig Plattenseiten aufnehmen sollten. Auf Grund ihrer emsigen Tätigkeit in der Periode des Weißen Albums hatte die Band inzwischen ihre Verpflichtungen beinahe erfüllt. Wenn EMI Wert darauf legte, daß die Jungen weiterproduzierten, mußte man ihnen einen neuen Anreiz bieten. Selbst seine ärgsten Feinde bewundern Allen Kleins Verhandlungsgeschick im Musikgeschäft. Als er seine Verhandlungen mit Sir Joseph Lockwood abgeschlossen hatte, besaßen die Beatles einen Vertrag, dem selbst die Eastmans höchstes Lob zollten.

Nach den Bestimmungen des Vertrags vom 1. September 1969 sollten die amerikanischen Tantiemen der Beatles in den nächsten drei Jahren von 40 auf 57 Cent pro Platte steigen; und das galt nicht nur für Neuveröffentlichungen, sondern «für alle existierenden Produkte». (Damit war der Weg für die gewinnträchtigen Neuauflagen gebahnt, die Capitol in den Siebzigern herausbrachte.) Nach drei Jahren sollten die Tantiemen auf 72 Cent pro Album steigen – beinahe auf das Doppelte von dem, was die Beatles gegenwärtig bekamen. Die einzige Vorbedingung war, daß von den zwei vorangehenden Platten der Band nicht weniger als je eine halbe Million Exemplare verkauft sein mußten. Die wichtigste Veränderung, die sich aus den neuen Abmachungen ergab, war aber weniger das Ansteigen der Tantiemen, als der neue Geschäftsstil der Beatles.

In Zukunft sollte Apple Eigentümer der Beatles-Aufnahmen in den USA werden und Capitol Lizenzen zur Herstellung und zum Vertrieb des Produkts gewähren. Das war ein ähnliches Arrangement, wie es Klein für die Rolling Stones ausgehandelt hatte, und es sollte die Traumvorstellung aller bedeutenderen Bands werden. Der Hauptvorteil lag in der vollständigen Kontrolle, die es den Beatles verlieh. Sie wurden nunmehr praktisch zu ihrer eigenen Plattenfirma und nahmen den Verkauf ihrer Produkte selbst in die Hand. Auch die Steuervorteile waren beachtlich; da die amerikanischen Einkünfte in den USA blieben, konnten die Beatles die britischen Steuern umgehen, die mit Sonderzuschlägen bis zu 110 Prozent ausmachen konnten.

Mit dieser vollständigen Neugestaltung des entscheidenden Plattenvertrags konnte Klein die Beatles endlich auf den Fahrersitz hieven. Wenn sie es schafften, ihre Verpflichtungen einzuhalten – zwei Alben und drei Singles pro Jahr plus eine Neuauflage –, und wenn ihr bisheriger Verkaufserfolg anhielt, würden die Beatles bald das Geld haben, von dem man immer angenommen hatte, sie hätten es.

BETTGEFLÜSTER

Am 14. März 1969 waren John und Yoko in ihrem weißen Rolls-Royce auf dem Weg aus der Stadt und beschlossen zu heiraten. «Intellektuell glaubten wir natürlich nicht an die Ehe», erklärte John, «aber Liebe ist eben nicht nur intellektuell.» John Lennon traf die wichtigste Entscheidung seines ganzen Lebens so impulsiv und ungeduldig wie immer. Durch die Trennscheibe rief John seinem Fahrer Les Anthony die Frage zu, ob man auf einer Kanalfähre heiraten könne, denn das Auto bewegte sich gerade in Richtung auf Southampton. Als Les antwortete, er habe keine Ahnung, befahl ihm John, die beiden erst an ihr ursprüngliches Ziel zu bringen, den Bungalow am Ufer in Poole, den John 1965 gekauft hatte, um Mimi vor den Fans bei Mendips zu retten, und dann nach Southampton zurückzufahren und sich zu erkundigen.

Es lag eine beachtliche Ironie darin, daß Johns Heiratsgelüste ihn auf dem Weg zu Mimi überwältigten, denn niemand hätte mehr dagegen haben können als seine Tante. Als John seine orientalische Prinzessin zum erstenmal zum Besuch bei seiner Tante mitgebracht hatte, war Mimi beim Anblick der kleinen Japanerin mit dem üppigen ungekämmten Haarschopf beinahe vor Wut in die Luft gegangen. Kaum hatte sich Yoko auf die Terrasse verzogen, um den Ausblick über den Hafen zu genießen, hatte Mimi ihren Neffen angefahren: «Wer ist der Giftzwerg, John?»

Normalerweise hätte eine derartige Beleidigung John Lennon zur Weißglut gereizt, aber Mimi gegenüber wollte er sich friedlich verhalten. Trübsinnig lachend antwortete er: «Oh, Mimi!» als wolle er sagen: «Wie kann man nur so etwas Abscheuliches sagen?»

Aber Mimi hatte es nicht nur gesagt. Sie meinte ihre Worte bitterernst. Sie sagte John, er sei ein Idiot, wenn er sich mit dieser «Yo-Yo» einlasse. Was fand er eigentlich an ihr? Wußte er nicht, was für Typen Japaner waren? Mimi, die Cynthia geringgeschätzt hatte, hegte Yoko gegenüber ein viel stärkeres Gefühl: Abscheu.

Deshalb erzählte John nichts von seinem folgenschweren Entschluß. Mimi würde von Johns Heirat genauso erfahren, wie sie von Julias Heirat erfahren hatte: dann, wenn es zu spät war, etwas dagegen zu tun. Inzwischen sprang John ungeduldig herum und wartete auf Les' Anruf. Als Les sich endlich meldete, machte er John noch nervöser. Das einzige Schiff, auf dem man heiraten konnte, war ein Dampfer auf hoher See. Zufällig sollte ein Passagierschiff in zwei Stunden ablegen. «*Warum hast du keine Kabine genommen, wo du sowieso schon da warst?*» blaffte John den unglücklichen Chauffeur an. Als Les das nächste Mal anrief, mußte er mitteilen, daß es zu spät für eine Buchung war.

John kommandierte Les sofort zurück. Als nächstes erhielt er den Befehl, ohne Aufenthalt nach Paris zu fahren, die ideale Stadt für Flitterwöchner. Der mürrische, aber getreue Chauffeur brachte seinen Herrn und Meister bis zur Anlegestelle der Kanalfähre, aber dann ließ man sie nicht durch, weil sie keine Pässe dabei hatten. Frustriert und außer sich griff John zum nächsten Telefon und rief sein Büro an. Er teilte Peter Brown mit, er wolle innerhalb der nächsten halben Stunde heiraten. Brown schlug sich mannhaft mit dem Problem herum, aber die nächste Möglichkeit für eine Sofortehe, die ihm einfiel, war eine Trauung in Gibraltar. John wollte nicht nach Gibraltar. Er wollte nach Paris. Also mietete er ein Privatflugzeug und flog nach Le Bourget. Dort genoß er seine zweiten Flitterwochen, diesmal vor der Hochzeit; immerhin eine Abwechslung gegenüber seinen ersten Flitterwochen in Paris, die nach der Geburt seines Sohnes stattgefunden hatten.

Johns plötzliche Heiratsbesessenheit war kein unerklärlicher Impuls. Im Gegenteil, es handelte sich um einen klaren Fall von Nichtzurückstehen-Können. Erst vor zwei Tagen hatten die Zeitungen die überraschende Nachricht von Paul McCartneys Heirat mit Linda Eastman gebracht. Nicht einmal Pauls engste Freunde hatten etwas von dem bevorstehenden Ereignis geahnt. Aber es gab einen einleuchtenden Grund dafür: Linda war im vierten Monat. So wurde Paul zum dritten Beatle, der «sich anständig benahm». Die Zeremonie fand im Standesamt in Marylebone statt. Keiner der anderen Beatles war anwesend. Normalerweise wäre das eine Meldung für die erste Seite gewesen, aber von diesem Ehrenplatz wurde sie durch die noch sensationellere Nachricht verdrängt, daß George und Patti Harrison am gleichen Tag mit 120 Joints erwischt worden waren.

John erklärte Pauls Heirat prompt zur «Probevorstellung» für seine eigene. Wie so oft in der Vergangenheit taten die beiden Partner das gleiche zur gleichen Zeit, weil sie im gleichen Boot saßen. (Als Paul «Hey Jude» spielte, rief John aus: «Großartig! Das bin ich!» Mit erstaunt aufgerissenen Augen protestierte Paul: «Nein! Das bin ich!») Schade, daß Paul und John keine Doppelhochzeit veranstalten konnten. Die Parallelen waren vollkommen.

Linda Eastman war wie Yoko Ono ein Produkt der Großbourgeoisie. Wie Yoko hatte sie in Scarsdale gelebt und hatte das Sarah Lawrence College besucht. Jetzt war sie wie Yoko geschieden und hatte eine sechsjährige Tochter. Sie hatte als Rockfotografin und als Groupie mit einer Menge berühmter junger Männer zu tun gehabt. Sie hatte genauso hart wie Yoko daran arbeiten müssen, gegen manchmal gewalttätigen Widerstand, ihren Beatle zu kriegen. (Als sie im Herbst 1968 in Pauls Haus in St. John's Wood eingezogen war, hatte er sich Miles anvertraut: «Hoffentlich wird das kein Problem. Das letzte Mal mußte ich ihren Koffer über den Gartenzaun schmeißen.») Die größte Ironie lag vielleicht darin, daß sich Linda ursprünglich zu John hingezogen fühlte, während Yoko später damit angab, daß sie Paul hätte haben können.

John und Yoko verbrachten insgeheim vier Tage in Paris. Dann riefen sie Alistair Taylor im Apple-Büro an und teilten mit, daß sie eine Passage nach Gibraltar und Bargeld brauchten. Er kam ihnen mit einem gemieteten Flugzeug nach Le Bourget entgegen, und mußte das Flugzeug dann auf der Startbahn aufhalten, als er merkte, daß er das Geld noch in der Tasche hatte. Als die Trauzeugen, Peter Brown und sein Freund David Nutter, John und Yoko vor dem Standesamt trafen, war das Brautpaar in jungfräuliches Weiß gekleidet. John trug einen weißen Pullover, weiße Hosen, eine lange Cordjacke und Tennisschuhe. Yoko hatte sich charmant mit einem weißen gestrickten Minikleid, Turnschuhen und einem breitkrempigen Hut herausstaffiert.

Während der Zeremonie, die drei Minuten dauerte, behielt John eine Hand in der Hosentasche und rauchte eine Zigarette. Yoko hampelte nervös umher, und Nutter hörte nicht auf zu fotografieren. Fünfundsiebzig Minuten nach ihrer Ankunft auf dem Felsen von Gibraltar flogen Mr. und Mrs. John Lennon zurück nach Paris. John war enorm aufgekratzt und unterhielt Peter Brown und David Nutter mit einem nicht enden wollenden Strom dreckiger Witze. Yoko blieb den ganzen Flug über schweigsam und nachdenklich.

Die französische Presse hatte Wind von der Hochzeit bekommen. Als John und Yoko die Ankunftshalle in Le Bourget betraten, wurden sie von Hunderten von Menschen umringt, die begierig auf die erste Äußerung des berühmten Paares warteten. «Wir sind beide wahnsinnig romantisch», verkündete John, als sie wieder in ihrer Luxussuite im Plaza Athénée anlangten. «Wir hätten uns gerne vom Erzbischof von Canterbury trauen lassen. Aber der traut keine Geschiedenen.»

Yoko steuerte ihr Scherflein bei: «Der Mann, der da etwas vor sich hin laberte, von wegen: ‹Willst du diese Frau zur Ehefrau nehmen›... das war eine enorme Erfahrung. Heirat ist so altmodisch, als würde man alte Kleider tragen.»

Wenig später wurden die Lennons auf dem Heimweg vom Mittagessen mit Salvador Dalí von einer Horde kreischender junger Mädchen überfallen, die anfingen John zu umarmen und abzuküssen. Entsetzt sprang Yoko aus dem Auto und forderte die Mädchen auf aufzuhören. Sie erklärte ihnen, so ginge es nicht weiter, John Lennon gehöre jetzt Yoko Ono.

Ein paar Tage später tauchten die Lennons in Amsterdam auf und veranstalteten das erste ihrer berühmten «Bed-ins» im Hilton. Die Idee, das Aufsehen, das ihre Hochzeit erregt hatte, den Zielen der Friedensbewegung dienstbar zu machen, war ausgesprochen geschickt – nachdem John sie ein paarmal erklärt hatte. Der ganze Einfall war ein witziges Beispiel für die Philosophie der Lennons, ihr Leben in Kunst und die Kunst ins Leben umzusetzen. Die Idee selbst, aus ihren Flitterwochen ein öffentliches Ereignis zu machen, war ein paradoxer Einfall. Zugleich beuteten sie ihren Ruf als Exzentriker aus (und bestätigten ihn). John erinnerte sich an das erste Bed-in: «Die Typen drängelten sich reinzukommen, weil sie glaubten, wir würden uns im Bett lieben – nackt, Bett, John und Yoko, *Sex*!» Aber als sich die Reporter um das Bett versammelten, entdeckten sie zwei weißgekleidete Gestalten, die aussahen wie Krankenhauspatienten und eine Botschaft zu übermitteln hatten, die auch der Papst zu Ostern hätte verkünden können. «Wir sind hier», sagte John, «um eine Botschaft an die Welt zu richten, hauptsächlich an die Jugend, an alle, die für den Frieden oder gegen jede Form von Gewalt demonstrieren wollen.» John faßte die Botschaft in einem Satz zusammen: «*Give Peace a Chance!*»

Wie sich aus der Formulierung von Johns berühmter Hymne ablesen läßt, war das Vorbild für die Friedenspropaganda der Lennons die Reklametechnik der Madison Avenue. John glaubte zutiefst an die suggestive Macht von Bildern und Parolen, wenn es darum ging, das Massenbewußtsein zu beeinflussen. Er war sich sicher, während seiner Jahre als Beatle die Techniken der Medienmanipulation beherrschen gelernt zu haben, und natürlich war Yoko Ono, die ihr Leben der Eigenreklame gewidmet hatte, eine begabte Partnerin. Als sich die Lennons an ihre Friedensmission machten, organisierten sie ihre Tätigkeit genau so, wie eine Rundfunk- oder Fernsehstation ihr tägliches Programm festlegt. Nach dem Frühstück, das aus Tee und Toast bestand, gingen die Lennons auf Sendung und beglückten ihr Publikum von zehn Uhr morgens bis zehn Uhr abends mit zehn einstündigen Sendungen pro Tag. Die einzige bedeutsame Unterbrechung erfuhr das tägliche Programm am späten Vormittag, wenn das portugiesische Zimmermädchen die berühmten Hotelgäste aus dem Bett schmiß, um die Laken zu wechseln. Dieser Vorgang wurde pflichtgemäß fotografiert und häufig im Fernsehen gesendet. Sonst gestatteten sie sich keinerlei Unterbrechung in dem streng befolgten Programm.

Jede Stunde wurde eine neue Gruppe von Reportern und Fotografen ins Studio «Bed Peace» eingelassen, sie saßen auf dem Fußboden oder standen mit Kamera und Notizblock herum und dokumentierten die Vorstellung. John und Yoko sprachen abwechselnd, genau wie die männlich-weiblichen Moderatorenteams des amerikanischen Fernsehens. Natürlich war die Übereinstimmung nicht vollkommen. Nicht nur, daß John und Yoko recht merkwürdig aussehende Gastgeber für die Show waren, sie blieben auch merkwürdig unbewegt, weil sie normalerweise high waren. In der Tat ähnelten sie selbst aus der Nähe mehr den kleinen schwarzweißen Bildern auf dem Fernsehschirm als lebendigen Menschen.

Weder John noch Yoko hatten irgend etwas Interessantes über den Frieden zu sagen, obwohl sie das Thema stundenlang diskutierten. Yoko Ono füllte die Medien mit großen Knäueln Zuckerwatte und Geschwätz. Ihr wichtigster Beitrag zur Philosophie der Friedensbewegung war offenbar die Vorstellung von der «Schuld, an der wir alle teilhaben». Hier in Amsterdam, der ersten Stadt Westeuropas, die der Zerstörung durch die deutsche Luftwaffe ausgesetzt gewesen war, sprach sie zu einer Bevölkerung, die vier Jahre lang unter der Tributpflicht, dem Strafrecht und der Zwangsarbeit der Nazis gelitten hatte – und was hatte sie zu sagen? «Als der Nationalsozialismus das jüdische Volk verfolgte, war es nicht Hitler allein, war es nicht nur Deutschland allein, die das taten, sondern es war ein Symbol für jedermann auf der Welt, der den Hang zur Judenverfolgung hatte – verstehen Sie?... Wenn es plötzlich Krieg gibt, ist das unsere Schuld, nicht wahr?» Was für eine Lehre für die Holländer!

Natürlich wäre es unvernünftig, wenn man erwarten wollte, daß John oder Yoko irgend etwas zur Friedensdiskussion hätten beitragen können. John verstand nichts von Politik und glaubte nicht an Politik. Als die Beatles eine griechische Insel als Sommerfrische kaufen wollten und man John darauf hinwies, daß sie damit das faschistische Regime der Obristen unterstützen würden, hatte er geantwortet: «Mir ist es egal, ob die Regierung faschistisch oder kommunistisch ist... Die sind alle gleich.» Kein einziges Mal in seinem Leben hat John Lennon an einer Wahl teilgenommen oder die Tatsache bedauert, daß er es nicht getan hatte. Yoko war womöglich noch unpolitischer als John und hatte sich bisher noch nie zu derartigen Fragen geäußert. Aber sie war es offenbar, von der die Idee der Bed-ins stammte. Ihr Vorbild war vermutlich Yayoi Kusama, die Künstlerin, von der Yoko sagte, sie habe ihr die Augen für die Bedeutung der Nacktheit geöffnet. Kusamas spektakuläre Demonstrationen gegen den Vietnamkrieg hatten in Nacktauftritten vor den Hochburgen des amerikanischen Kapitalismus wie der New Yorker Börse oder dem amerikanischen Schatzamt bestanden. Wäre Yoko nicht mit einem im Grunde so schüchternen und zurückhaltenden Mann wie John Lennon verheiratet gewesen, hätten die Bed-ins viel drastischere Formen annehmen können. Sie wären wohl auch nicht auf das Bett beschränkt geblieben.

Wie immer man den Wert der Bed-ins als Beiträge zum Weltfrieden einschätzen will, sie waren auf jeden Fall ein höchst wirksames Mittel zur Wiederherstellung des ramponierten Rufs der Lennons. Nichts konnte das häßliche Bild von John und Yoko, den drogenbesessenen Ehebrechern, wirksamer auslöschen als das neue Image der weißgekleideten, vom Geruch der Heiligkeit umwehten Gurus, die sich ohne lüsterne Hintergedanken im Ehebett zeigten.

Die Massenmedien, die noch vor einem Jahr zur Hetzjagd auf John und Yoko geblasen hatten, spielten verrückt vor Begeisterung, als die Bed-ins anfingen. Über Nacht wurde das neue Image zum Renner, und Karikaturisten auf der ganzen Welt waren damit beschäftigt, möglichst wenig zusammenpassende Paare zwischen zwei Laken darzustellen. Aber während sich die Öffentlichkeit und die Presse über die Lennons amüsierten, wurden John und Yoko zu Helden einer neuen Gefolgschaft – der internationalen Antikriegsbewegung. Wie alle politischen Aktivisten suchten die Kriegsgegner ihre Verbündeten und ihre Vorbilder, wo sie sie finden konnten. Wenn John und Yoko bereit waren, ihre Flitterwochen damit zu verbringen, zwölf Stunden am Tag im Bett zu sitzen und für den Frieden zu plädieren, dann waren sie ipso facto Friedenshelden. Diese Folge stachelte die Lennons nur noch mehr an.

Auch wenn die Inspiration für die Bed-ins ursprünglich John und Yokos Wunsch entsprungen wäre, ihr angekratztes Image aufzupolieren, deutet ihr andauerndes Engagement, das bald die Form einer obsessiven Leidenschaft annahm, auf ein tieferliegendes Motiv hin. Im Falle John Lennons ist es nicht schwer, sich dieses zugrundeliegende Motiv zu vergegenwärtigen. Von den ersten Interviews in Amsterdam an ließ Lennon keinen Zweifel daran, daß für ihn eine Demonstration für den Frieden eine Demonstration gegen die Gewalt war. Vor der holländischen Presse betonte John: «Ich bin genauso gewalttätig wie andere Menschen auch, und ich bin überzeugt, daß Yoko genauso gewalttätig ist. Wissen Sie, wir sind gewalttätige Menschen. Ich mag mich aber lieber, wenn ich nicht gewalttätig bin.» Das war eine bemerkenswert offenherzige Aussage, aber sie verriet nur die halbe Wahrheit. John war *gewalttätiger* als die meisten Menschen, und er wußte es. John versuchte sich von einer Blutschuld zu reinigen, indem er einen Kreuzzug gegen die Gewalt verkündete. Das kam deutlich in einem seiner letzten Interviews zum Ausdruck, als er bemerkte: «Es sind gerade die gewalttätigsten Menschen, die sich nach Liebe und Frieden sehnen... Ich bin ein gewalttätiger Mann, der gelernt hat, nicht gewalttätig zu sein und seine Gewalttätigkeit zu bereuen.»

Nach einer Woche im Bett zogen John und Yoko nach Wien, wo sie zur Premiere ihres Films *Rape* eingeladen waren. *Rape* handelt von einer attraktiven Frau, die von einem Filmteam gnadenlos verfolgt wird. Sie zogen ins Hotel Sacher hinter der Oper und bereiteten ihren nächsten öffentlichen Auftritt vor. Erst beklebten sie die karmesinroten Tapeten eines eleganten Salons mit Inschriften wie BETT, FRIEDEN, TOTALE KOMMUNIKATION, BLEIBT IM BETT, LASS DEIN HAAR WACHSEN, ES IST FRÜHLING, ICH LIEBE JOHN, ICH LIEBE YOKO. Als sich dann die Vertreter der Massenmedien in der Hotelhalle versammelten, zogen sich John und Yoko in ihr Zimmer zurück und banden den weißen Bettbezug zu einem Sack zusammen. «Wir fuhren in dem Sack im Fahrstuhl runter», erinnerte sich John. «Und dann gingen wir hin und machten es uns bequem, und sie wurden alle reingeführt.»

Die Wiener Journalisten waren erstaunt, als sie einen großen weißen Sack entdeckten, der auf einem niedrigen Tisch lag. Als sie herausfanden, daß in diesem Sack die weltberühmten Lennons steckten, waren sie verblüfft. «Es war eine sehr seltsame Szene», fuhr John fort. «Schließlich hatten sie uns noch nie gesehen oder gehört. Wien ist ziemlich zurück. Ein paar Leute sagten: ‹Na kommt schon, steigt aus dem Sack raus.› Aber wir ließen uns nicht sehen. Sie standen alle rum und sagten: ‹Sind das wirklich John und Yoko?› und ‹Was habt ihr an?› – ‹Warum macht ihr das?› Wir sagten: ‹Das ist totale Kommunikation ohne Vorurteile.› Es war einfach toll. Sie baten uns zu singen, und wir haben ein paar Nummern gesungen.

Yoko hat ein ganz einfaches japanisches Volkslied gesungen. Und sie haben uns kein einziges Mal zu Gesicht bekommen.»

Mit ihren Bed-ins bauten John und Yoko eine völlig neue Identität auf. In Zukunft waren sie nicht mehr bloß Stars oder Prominente, sondern schlossen sich jener neuen Klasse von Popgrößen an, wie sie der «Papst» Andy Warhol und der «Rabbi» Allen Ginsberg in Reinkultur repräsentierten: beliebte und umstrittene Künstler, die zu öffentlichen Figuren geworden waren, weil ihr größtes Talent das Talent zur Selbstdarstellung war. John und Yoko lag diese Rolle noch besser, entstammten sie doch dem Stoff, aus dem die Mythen sind. Ihr Mythos trug den Namen eines hastig hingekritzelten Songs über ihre Flitterwochen: «The Ballad of John and Yoko». Diese Komposition, eines der unbedeutenderen Beispiele für Johns Tagebuch-Stil, erzählt von dem vollkommenen Liebespaar, das vor der Presse an den Pranger gestellt, von den Bullen eingesperrt, von den anderen Beatles verfolgt wird und sich schließlich verstecken muß. John war inzwischen so paranoid, daß ihm selbst eine so unbedeutende und voraussagbare Behinderung wie die durch Grenzbeamte, die das Paar nicht ohne Pässe auf die Kanalfähre lassen wollten, genügte, um sich gekreuzigt zu fühlen.

Diese Klage wuchs im Laufe der Jahre zu epischen Dimensionen und wurde zum bestimmenden Element in Johns Leben. Am klarsten trat es in seiner Art zutage, sich mit Kritik auseinanderzusetzen. Jeden Tag studierte er sorgfältig alles, was die Medien über ihn oder seine Frau zu sagen hatten. Nachdem er die kritischen Stimmen identifiziert hatte, leitete er Gegenmaßnahmen ein. Dazu gehörten die telefonische Beschimpfung eines Schriftstellers oder Kommentators ebenso wie bösartige Briefe an die Herausgeber oder direkte Angriffe in Fernsehen und Rundfunk. (Etwa blödsinnige Bemerkungen über die fetten Beine einer Autorin.) John war absolut überzeugt, daß man ihn fertigmachen wollte, und er war entschlossen, die anderen fertigzumachen.

Nach ihren Flitterwochen beschlossen John und Yoko, sich neuen Jagdgründen zuzuwenden. Sie würden sich nicht mehr hinter ihren vier Wänden verstecken, sondern sich als Anführer eines weltweiten

Kreuzzuges für den Frieden an die Öffentlichkeit wenden. Für dieses hochgesteckte Ziel brauchten sie ein großes gut ausgestattetes Büro und einen willigen Stab von Gehilfen. Sie fanden alles, was für ein perfektes Hauptquartier nötig war, in dem schönen, üppig eingerichteten Haus in der Savile Row 3, das als Firmensitz der Apple Corps. diente.

Apple war ursprünglich entstanden, weil die Finanzberater der Beatles sie aufgefordert hatten, ihre neugegründete Firma durch irgendein reales Geschäft zu untermauern, wie etwa eine Kette von Modegeschäften. Als erstes wurde Apple Clothing gegründet, eine elegante Boutique, die von dem prominentesten Hersteller von Hippiekleidung, Fool, beliefert wurde. Der nächste Schritt war gewaltiger: Im Mai 1968 forderte Apple junge Künstler auf, ihre Arbeiten zum Zweck der eventuellen Finanzierung und Weiterentwicklung vorzulegen. Hunderte von Demobändern, Modellen, Manuskripten, Drehbüchern und Entwürfen ergossen sich über die Beatles. Paul und George nahmen so begabte Nachwuchstalente unter Vertrag wie James Taylor, Mary Hopkin und Badfinger. John verbrachte ein paar gequälte Wochen mit Probevorstellungen von Leuten und wollte dann mit der ganzen Geschichte nichts mehr zu tun haben. Die Boutique, die in den ersten paar Monaten ihrer Existenz viel verloren hatte, befand sich inzwischen unter der fähigen Leitung John Lyndons auf dem Weg, Gewinne zu machen, bis Yoko eines Tages – nachdem ein Artikel erschienen war, der die Beatles als Lumpenhändler verspottete – die Gruppe voll Pathos aufforderte, den Laden zu schließen. «John», verlangte Yoko, «wir müssen dieses lächerliche Geschäft loswerden. John, wir sollten alles verschenken, alles.» Lyndon sah erstaunt zu, wie Yoko «zu den Beatles lief und sie innerhalb von zwanzig Minuten überredete, den Laden zu schließen».

Die Entscheidung war katastrophal. Sie kostete die Beatles 112000 Pfund an Lagerbeständen, die Renovierungskosten für das Gebäude und den vollen Preis der Herbstkollektion, die bereits bestellt war. Als der Laden am 31. Juli zur Plünderung freigegeben wurde, standen John und Yoko in der vordersten Reihe der Meute. (John hatte Apple immer geliebt und sich dafür eingesetzt.) Mit großen Bündeln von Kleidern bestiegen sie ihren weißen Rolls. John amüsierte sich königlich und rief immer wieder aus: «Es ist genau wie ein Einbruch.»

Im Frühling 1969 erschien John Lennon, der sich seit jenem Freudentag nicht mehr um das Geschäft gekümmert hatte, wie ein König, der mit seiner Königin aus dem Exil zurückkehrt, und übernahm den ganzen Laden. An einem Tag wurden die dreißig Angestellten ausgeschickt, um Eicheln aufzutreiben, die die Lennons als Friedenssymbole an politische Führer schicken wollten. Am nächsten waren alle damit beschäftigt, die Post zu beantworten, die auf Johns und Yokos neuesten Friedensappell eintraf. «Mediensättigung» hieß nach den Worten des Hippies vom Dienst, Richard DeLello, das Ziel der Lennons. «Schmeichelt, überzeugt, diskutiert, droht, aber sagt immer wieder das gleiche: Frieden! Frieden! Frieden!»

Europa mit Friedensappellen zu bombardieren war nicht die beste Methode, Frieden zu schaffen, denn es waren die Amerikaner und nicht die Holländer, Franzosen oder Wiener, die in Vietnam Krieg führten. Folgerichtig tauchten John und Yoko eines Tages im Mai am Pier auf, wo die *Queen Elizabeth 2* in See stechen sollte. In ihrer Begleitung befanden sich Kyoko Cox, Derek Taylor, ihr neuer Assistent Tony Fawcett, zwei Kameraleute und sechsundzwanzig Gepäckstücke. Als sie den Zollbeamten ihre Pässe vorlegten, erfuhren sie zu ihrem Erstaunen, daß ihr Antrag auf ein amerikanisches Visum automatisch abgelehnt worden war, weil John Lennon wegen Rauschgiftbesitzes vorbestraft war. Unverzagt fuhren die Lennons nach Heathrow und bestiegen ein Flugzeug zu den Bahamas. Kaum waren sie in Kingston im Hotel angekommen, fiel ihnen auf, daß dies die falsche Basis für einen Blitzfeldzug in den Medien war. Noch einmal wechselten sie den Kurs und flogen gen Norden nach Toronto, wo man ihnen nach zweistündigem Aufenthalt auf dem Flugplatz die Einreise gestattete. Am 26. Mai streckten sie sich auf einem Bett in der neunzehnten Etage des Queen Elizabeth-Hotels in Montreal aus und waren bereit, die Medien zu sättigen.

Derek Taylor schätzt, daß die Lennons in der einen Woche, in der sie in ihrem Bett in Montreal Hof hielten, mit durchschnittlich 150 Journalisten pro Tag sprachen und 350 amerikanische Rundfunksender anriefen, um Friedensgespräche zu führen. In einem bemerkenswerten Gespräch bat der Ansager von Radio KPFA in Berkeley mitten in einer gewaltigen Schlacht der Studenten gegen die Polizei um den sogenannten People's Park den Friedensguru um seinen Rat. Als er erfuhr, die Studenten verlangten von ihm, er möge ihnen sagen, was sie tun sollten, geriet John in Panik und ermahnte sie, nachzudenken und den Kampf zu vermeiden. Wie aus der ursprünglichen Fassung von «Revolution» hervorgeht, hegte John ausgesprochen gemischte Gefühle, wenn es darum ging, ob er den radikalen Strömungen der Zeit angehören oder nicht angehören wollte.

Das wichtigste Ereignis in Montreal war die Komposition und Aufnahme von «Give Peace a Chance». Lennon schrieb den Song während des Bed-ins und beschloß impulsiv, ihn sofort aufzunehmen. Man brachte ein tragbares Vierspur-Gerät an sein Bett und stellte aus den Fans vor dem Hotel einen fünfzig Mann starken Hintergrundchor zusammen. Als sich die Nachricht herumsprach, stieß eine Gruppe Prominenter zu John: Timothy und Rosemary Leary, Tommy Smothers, Petula Clark, Murray the K, Dick Gregory und ein ökumenisches Trio, das aus einem Priester, einem Rabbiner und dem Vorsteher des kanadischen Zweiges des Radha Krishna-Tempels bestand. John ließ den Text an die Wände malen und dirigierte den Chor energisch vom Bett aus, während der Raum in das heiße weiße Licht der Filmscheinwerfer getaucht war.

In diesem Augenblick sah sich Lennon voll und ganz in der Tradition der amerikanischen Bürgerrechtsbewegung. «In der Tiefe meines Herzens», gestand er später, «wollte ich etwas schreiben, das besser war als ‹We Shall Overcome›.» – «Give Peace a Chance» wurde zum Welterfolg, weil es das ausdrückte, was Millionen von Menschen am Herzen lag.

TOTALSCHADEN

KENWOOD, JUNI 1969

Du fährst!» fauchte Yoko. John beugte sich den Befehlen seiner Frau, als wäre er Onkel George, der Tante Mimi zu gehorchen hatte. Dann bereitete er sich seelisch auf die unangenehme Aufgabe vor, die ihm bevorstand. Er sollte praktisch ganz Großbritannien in der Längsrichtung durchkreuzen. Die Fahrt ging von Sussex nach Sangobeg an der Nordspitze Schottlands. Für jemanden, der gewohnt war, sich im Rücksitz einer Limousine auszustrekken, Rockmusik zu hören, in die Glotze zu gucken und sich dem Glücksgefühl aus seiner mit LSD versetzten Thermosflasche hinzugeben, war das eine beachtliche Aufgabe. Warum mußte er eigentlich selbst fahren? Weil Yoko beschlossen hatte, dafür zu sorgen, daß sich John *«wie ein Mann benahm»*.

Diese Worte führte sie, seit sie verheiratet waren, ständig im Munde. Es war genau die gleiche Klage, die Yoko vor Jahren im Gespräch mit Al Carmines über Tony Cox geäußert hatte. John war einfach kein richtiger Mann! Was macht einen Mann zum Mann? Das naheliegendste, so wie Yoko es sah, war wohl, daß ein Mann imstande sein mußte, alle die Dinge zu tun, vor denen Yoko Angst hatte, zum Beispiel Auto fahren.

John muß von dem Moment an, wo er sich auf die Forderung seiner Frau einließ, das Grollen des Schicksals am Horizont gehört haben. Obwohl er selten fuhr, hatte er es auf eine ganz hübsche Anzahl von Unfällen gebracht, die alle von der Polizei verschleiert worden waren. Was war das Problem? Es waren nicht nur seine schlechten

Augen, seine geringe Aufmerksamkeit oder seine Drogensucht. Das wirkliche Problem war, daß für John alles belastend war, was auch nur die geringste motorische Koordination erforderte. Hätte ihn ein Neurologe untersucht, hätte der Arzt fast jedes einzelne Symptom aus dem Katalog der «mehrfachen Entwicklungsstörungen» ankreuzen müssen: ruckartig verkrampfte Bewegungen, Legasthenie, Unfähigkeit, einfache Aufgaben wie die Bedienung eines Automobils oder elektrischer Haushaltsgeräte durchzuführen. (Und sein Gitarrenspiel? War er denn nicht einer der größten Rhythmusgitarristen der Rockgeschichte? Das ist an Hand der Beatlesplatten schwer zu beurteilen, denn John ist immer unter dem Soundmix versteckt. Man hört Paul am Baß, George auf der Leadgitarre, Ringo am Schlagzeug – aber wo steckt John? Erst Jahre später, als er anfing allein zu spielen und als seine alten Probeaufnahmen aus der Versenkung auftauchten, konnte man Johns Fähigkeiten als Gitarrist beurteilen. Dabei wurden zwei Dinge unverkennbar klar: Er spielte mit einer eisernen Starrheit der Finger, die an die Parkinsonsche Krankheit erinnert, und wenn er mehr als rudimentäre Akkordgriffe machte und sich auf die einfachsten melodischen Figuren einließ, verriet er tolpatschige Ungeschicklichkeit.)

John hätte sich nie darauf eingelassen, eine längere Strecke zu fahren, hätte Yoko nicht darauf bestanden. Alles in allem war der ganze Ausflug untypisch. Er entsprang einem seltsamen Anfall von väterlichen Gefühlen, der durch Tonys Mitteilung ausgelöst worden war, er wolle Kyoko zu Besuch nach Großbritannien schicken. Spontan entwickelte John die Pläne für eine sentimentale Reise zu den Stätten seiner Kindheit mit seinem Sohn und Yokos Tochter. Man kann sich das Vergnügen vorstellen, mit dem er daran dachte, ihnen das Cavern oder Woolton oder seine alten Jagdgründe in Liverpool 8 zu zeigen. Nach der Führung durch Liverpool konnten sie nach Edinburgh weiterfahren, wo Tante Mater noch immer munter an der Seite Onkel Berts lebte. Dann sollte der schönste Teil der Reise folgen: die Fahrt in die Highlands, wo John die glücklichsten Augenblicke seiner Kindheit erlebt und die ersten Ahnungen seiner künstlerischen Berufung erfahren hatte. Auf der Schaffarm der Sutherlands bei Durness konnten Julian und Kyoko alles genießen, woran sich John als Kind entzückt hatte: das einfache niedrige

Haus, die Nordsee, die wilde Schönheit der winddurchwehten Heide.

Traurigerweise verwandelte sich das, was eine entspannte Ferienreise hätte werden sollen, eine bewußte Suche nach Erinnerungen, die die Rückkehr in die Heimat in der Seele eines Künstlers wachrufen kann, zur Folter hinter dem Lenkrad. Wie töricht Yokos Forderung war, daß John den Chauffeur spielen sollte, wurde schon deutlich, noch bevor sie Liverpool erreicht hatten. John bekam Schwierigkeiten mit der Gangschaltung seines grün-gelben Minis (den er genommen hatte, um nicht erkannt zu werden). Er hielt an einer Werkstatt und bat den Mechaniker, sich den Wagen anzusehen. Der Mann teilte ihnen mit, daß John das Getriebe völlig ruiniert hatte.

Les Anthony kam sofort mit Johns zweitem Alltagsgefährt, einem weißen Maxi, zu Hilfe und erbot sich, für den Rest der Reise das Steuer zu übernehmen. Für Yoko kam das nicht in Frage. Der arme John mußte sich wieder an seine männliche Pflicht machen und die Familie nach Edinburgh befördern. Außerdem bestand Yoko statt der Übernachtung in erstklassigen Hotels auf Aufenthalten in traurigen Pensionen, wo man sie, wie sie beständig wiederholte, nicht erkennen würde.

Irgendwie schaffte es der nervöse, zappelige John, der sich nur mit Mühe auf die Straße konzentrieren konnte, die Familie bis zu Bert und Maters Schaffarm in der Nähe von Sangobeg zu bringen. Hier traf er seinen alten Spielkameraden, Vetter Stanley Parkes, und dessen attraktive Frau Janet. Endlich konnte sich John entspannen. Aber auch das war ihm nicht lange vergönnt. Yoko weigerte sich entschieden, sich zu diesen einfachen Menschen, zu Johns Verwandtschaft, herabzulassen. Sie zog sich hinter eine undurchdringliche Maske zurück. «Yoko saß in der Ecke und gab keinen Ton von sich», beschwerte sich Stanley. «Ich konnte nichts außer ein paar kurzen, dummen Bemerkungen aus ihr herauslocken. Niemand in der Familie mochte sie. Als John sie in die Kneipe mitnahm, um Leute zu treffen, die er in seiner Kindheit gekannt hatte, nannten die Einheimischen sie eine ‹Erscheinung›. Ihre Tochter war ein vorlautes kleines Balg – ein Kotzbrocken! Sie kommandierte den armen Julian herum. Meine Mutter machte sich an Yoko heran und sagte:

‹Du solltest es dieser kleinen Schreckschraube nicht erlauben, so mit Julian umzugehen.›»

Der Gegensatz zwischen Johns Sohn und Yokos Tochter *war* auffällig: Kyoko redete wie ein angetörnter Erwachsener und benahm sich so herrschsüchtig wie ihre Mutter. Julian war still und unglücklich wie ein Häufchen Elend. Ein Zeitungsfotograf aus Edinburgh knipste ein bemerkenswertes Bild der Lennons mit ihren Kindern im Schottenrock. Vor dem bartumwucherten John sitzt Julian mit völlig ausdruckslosem Gesicht und blickt stur an der Kamera vorbei, ein regloses sechsjähriges Baby. Vor Yoko hockt die sechsjährige Kyoko und hält die kühnen schwarzen Augen wie Gewehrläufe auf die Kamera gerichtet.

Am ersten Julitag überredete Mater John, Yoko den eindrucksvollsten Anblick der ganzen Gegend, den Sund von Tongue, zu zeigen, eine tiefe Gletscherschlucht von spektakulärer Schönheit. Stanley erklärte John, daß die Straße extrem eng sei und alle sechzig Meter eine Ausweichstelle hätte. Wenn ein Auto in der Gegenrichtung erschien, sollte John die nächstgelegene Parkbucht ansteuern und warten, bis der entgegenkommende Fahrer vorbei war. John machte sich auf den Weg. Julian saß neben ihm auf dem Beifahrersitz, und Yoko machte es sich mit Kyoko auf dem Rücksitz bequem. John fuhr an Loch Eriboll, einem von nackten Hügeln umrahmten Tiefseehafen, vorbei, erreichte den Sund und begann, die Küstenstraße entlang zu fahren.

Auf der Straße vor sich sah er einen Wagen, der ihm entgegenkam. Keines der beiden Fahrzeuge bewegte sich mit großer Geschwindigkeit. Die Sicht war vollkommen klar. Plötzlich geriet John in Panik. Wie elektrisiert riß er die Hände vom Steuer. Der weiße Maxi schleuderte von der Straße und raste in den Graben. Alle wurden ruckartig nach vorne geschleudert und schlugen mit den Köpfen gegen das Armaturenbrett, die Windschutzscheibe oder die Wagenwände.

Was dann geschah, konnte Yoko noch Jahre später jedesmal, wenn sie daran dachte, in Wut versetzen. John zwängte sich zur Vordertür hinaus und zerrte Julian aus dem Auto. Als ihm klar wurde, daß er nicht schwer verletzt war, griff er nach dem Jungen und fing an, wie ein wildgewordener Troll herumzutanzen. «Wir leben! Wir leben!» grölte er begeistert. Yoko stand unter Schock, blutete aus mehreren Wunden im Gesicht, hatte Schmerzen und hörte das Geschrei ihres Kindes neben sich. Sie war wütend, daß John keinen Moment an sie gedacht hatte. Was sie nicht verstehen konnte, war, wie erleichtert sich John in diesem Augenblick gefühlt haben muß. Er wußte, daß er nie wieder hinters Steuer mußte.

Der andere Fahrer sammelte die Lennons auf und brachte sie vierzig Kilometer weiter ins Lawson General Hospital in Golspie. Hier kümmerte sich ein Chirurg um die Verletzten. Es wurden Röntgenaufnahmen gemacht, um Brüche oder Prellungen festzustellen, und die Wunden genäht. Yoko war am schlimmsten verletzt. Sie brauchte vierzehn Stiche im Gesicht. Da sie wieder schwanger war, wurden Röntgenaufnahmen des Embryos gemacht. Es ergaben sich aber keine Bedenken. Kyoko bekam vier Stiche in die Lippe und John siebzehn Stiche am Kopf. Julian litt nur unter Schock und wurde zu Mater nach Hause geschickt. Die Lennons blieben fünf Tage unter Beobachtung, weil sich die Spätfolgen von Unfällen, wie etwa innere Blutungen, oft erst nach Tagen bemerkbar machen.

Sobald die Nachricht von dem Unfall durch die Presse ging, machte sich Cynthia in Begleitung von Peter Brown auf den Weg nach Norden. Zehn Minuten nachdem ihre Vickers Viscount vom Flugplatz Glasgow in Richtung Aberdeen gestartet war, entstand an Bord des Flugzeugs eine Notsituation. Vibrationen unbekannten Ursprungs erschütterten die Druckkabine. Der Flugplatz Glasgow wurde auf eine Notlandung vorbereitet, aber der Pilot schaffte es, das Flugzeug ohne Zwischenfälle wieder auf den Boden zu bringen. Erschüttert, aber entschlossen holte Cynthia, ohne ein Wort mit John oder Yoko zu sprechen, ihren Sohn bei Mater ab.

Als die Lennons aus dem Krankenhaus entlassen wurden, flogen sie im Hubschrauber nach Hause. Yoko wankte aus dem Helikopter und legte sich ins Bett. Ein paar Tage später wurde der ruinierte Maxi auf das Grundstück geschleppt. Als John sich den Wagen ansah, war er von dem vielen Blut, besonders auf dem Rücksitz, fasziniert. «Groooßartig!» begeisterte er sich. «Rühr den Wagen nicht an», befahl er dem erstaunten Les Anthony. «Laß alles, wie es ist!» Schließlich kam Yoko auf die Idee, das Auto vor dem Wohnzimmerfenster auf einen Betonsockel zu stellen, so daß die Familie, jedesmal wenn sie auf den Rasen blickte, Dankbarkeit empfinden konnte, daß sie noch am Leben war.

John und Yoko blieb nicht viel Zeit zur Erholung, weil John dringend im Studio gebraucht wurde, wo die Beatles an *Abbey Road* arbeiteten. John stöhnte, wenn er daran dachte, wieder gemeinsame Aufnahmen mit Paul machen zu müssen, aber mit den neuen Tantiemenregelungen ging es um viel Geld. Yoko bestand darauf, bei den Aufnahmen anwesend zu sein, obwohl der Arzt ihr Bettruhe verordnet hatte, bis ihre Rückenverletzungen ausgeheilt wären. Also lieferte Harrod's am vorgesehenen Tag ein gewaltiges Bett in die Abbey Road. Die nächsten paar Wochen lag Yoko bequem unter der Decke, strickte, las oder schlief, warf aber dabei ständig ein wachsames Auge auf John, wie es Tante Mimi einst getan hatte. Inzwischen arbeiteten die Beatles unter der Aufsicht George Martins häufig bis gegen vier Uhr früh. Das Ergebnis ihrer höchst professionellen Bemühungen war ein höchst professionelles Album.

Abbey Road stellt eine bewußte Rückkehr der Beatles zu ihrem von allen Extremen gleich weit entfernten Stil dar. Paul plante – so faßte John es auf –, «etwas möglichst Glattes zu produzieren, um den Mythos zu bewahren». Die B-Seite der Platte ist ein längeres Potpourri aus unfertigen Songs, die sich im Laufe der Jahre bei den Beatles angesammelt hatten; eben die Art von Resteverwertung, für die sich Paul schon immer begabt gezeigt hatte. John war über die Zusammenstellung nicht gerade begeistert, und er beschwerte sich, daß «keiner der Songs etwas mit dem anderen zu tun hat, keinerlei roter Faden, nichts als die Tatsache, daß wir sie alle auf eine Platte gepackt haben». In Wirklichkeit nahm das Potpourri einen guten Start und wurde vom mächtigen Aufwind der Nostalgie wie ein Drache in die Höhe getragen. Aber die Nostalgie bezog sich eigentlich auf die Musikfilme der Vierziger, als die Beatles noch Säuglinge waren. Was war also der Grund für den Erfolg des Albums? 1969 schwelgte die Kulturszene in sentimentalen Erinnerungen, und Paul, der sich von Kindheit an dem klassischen Showbusiness verbunden fühlte, gelang die passende Mischung. Das Endprodukt ließ den nächsten großen Trend in der Popmusik vorherahnen: Glam Rock.

Abbey Road vermittelt erfolgreich den Eindruck, den Paul erzielen wollte, nämlich, daß bei den Beatles alles in Ordnung war. Aber die lang anstehende Krise entwickelte sich schnell. Eines Abends beschloß Paul, zu Hause zu bleiben und bei Kerzenlicht mit Linda zu abend zu essen, statt im Studio zu erscheinen. Als John merkte, daß er zu einer Sitzung gekommen war, die nicht stattfinden würde, geriet er dermaßen in Wut, daß er sich zu Pauls Haus fahren ließ, über die Mauer kletterte, ins Wohnzimmer stürzte und ein Gemälde von der Wand riß, das er vor Jahren in der Kunstakademie gemalt und seinem Partner geschenkt hatte. Vor den erstaunten Augen Pauls steckte John seinen Fuß mitten durch die Leinwand.

EINE STIMME FÜR DEN FRIEDEN IST EINE STIMME FÜR LENNON

An einem Freitag nachmittag im September 1969 hob John Lennon den Telefonhörer ab und wurde mit einem jungen kanadischen Produzenten verbunden, der Werbung für ein Freiluftkonzert mit Chuck Berry, Fats Domino, Gene Vincent, Bo Diddley und Little Richard machte. Die berühmten Namen gingen John im Kopf herum, als er plötzlich sagte: «Wir würden nur kommen, wenn wir spielen dürfen.» *Spielen!* Der Produzent hatte allenfalls gehofft, daß John dasein würde. Würden die Beatles, die seit drei Jahren nicht öffentlich aufgetreten waren, jetzt plötzlich auf der *Toronto Rock and Revival Show* im Universitätsstadion spielen? Die Vorstellung war zu schön, um wahr zu sein. Als nächstes hörte der Produzent am Telefon, wie Lennon seine Angestellten herumkommandierte: «Verbindet mich mit George... Verbindet mich mit Clapton!» Dann erklärte John, er werde mit Yoko und einer All Star Band kommen, aber weil sie nicht einmal mehr sechsunddreißig Stunden Zeit hätten, um sich zusammenzufinden und den Atlantik zu überqueren, werde er jetzt den Hörer aufhängen.

Der langhaarige Hippie am anderen Ende der Leitung war überwältigt. Doch als geborener Glücksspieler gewann er schnell die Fassung wieder. John Brower, dreiundzwanzigjähriger Sprößling einer bekannten Familie, die seit langem eine wichtige Rolle in der kanadischen Politik spielte, war mit den Söhnen der besten Familien zur Schule gegangen, hatte sich aber dann nach Kalifornien abgesetzt und versucht, sich als Rockmusiker durchzuschlagen. Als er total pleite und mit Weib und Kind am Hals nach Hause kam, hatte er sich etwas Geld von seinen reichen Freunden geborgt und angefangen, das Konzert zu organisieren – das sich als schrecklicher Reinfall herausstellte. Für ein Stadion mit 20000 Plätzen waren bisher 800 Karten verkauft worden. Die Anwälte drängten die Geldgeber, den Bankrott zu erklären; dann schlug jemand vor, Brower solle John Lennon anrufen, der als begeisterter Fan von alten Rock'n'Roll-Nummern bekannt war.

Lennons Auftrittszusage hätte sofort ein ausverkauftes Haus bedeuten sollen; statt dessen wirkte sie sich wie der große Scheck aus, den niemand einlösen will. Als Brower die Rundfunksender anrief, um ihnen die große Neuigkeit mitzuteilen, glaubten sie ihm nicht. «Mach uns nichts vor», grinsten sie. «Wir wissen, daß du deine Karten nicht los wirst.» Also rief der Wunderknabe noch einmal bei Apple an und machte eine Tonbandaufnahme von Tony Fawcett, der eine Liste der Leute vorlas, die kommen würden: John Lennon, Yoko Ono, Eric Clapton, Klaus Voorman. Mein Gott! Was wollte man mehr! Jetzt sagten die Sender: «Euch sind wirklich alle Mittel recht. Ihr habt jemand mit britischem Akzent gefunden und ein Telefongespräch gefälscht.»

Allen Klein war auch nicht gerade hilfreich. «Alles Scheiße!» sagte er der Presse. «Die kommen nie.»

Langsam senkte der Zeiger der Uhr die Show ins Grab, und Brower fing an durchzudrehen. Er rief Lennon noch einmal an und nahm *seine* Stimme auf. Immer noch kein Resultat! Schließlich ließ ein Discjockey in Detroit das Band über den Sender laufen – und die Show war gerettet. Am Tag des Konzerts wurden zehntausend Karten verkauft. Inzwischen hatte John Lennon beschlossen, *nicht zu kommen.*

Nachdem er die ganze Nacht damit verbracht hatte, Eric Clapton zu suchen, hatte John am Samstag morgen um 5 Uhr 30 aufgegeben. Als Clapton schließlich aus tiefem Schlummer geweckt wurde, raste er zum Flugplatz, kam aber zu spät für den Frühflug an. Er und die anderen Musiker, der Bassist Klaus Voorman und der Drummer Alan White, riefen John zu Hause an, was sie jetzt tun sollten. John war so hinüber, daß er nicht aus dem Bett kam. «Schickt ihnen Rosen, viele Grüße von John und Yoko, aber wir schaffen es nicht», murmelte er und hängte auf.

Clapton war wütend. Er griff sich das Telefon, rief wieder an und bellte: «Hör mal zu, du Arschloch. Ich steh nicht zum Spaß auf dem beschissenen Flugplatz rum. Bewegt euren Arsch und kommt – oder bittet mich nie wieder um einen Gefallen!» Die Lennons und die Richters erschienen pünktlich um viertel nach drei.

Auf dem langen Flug über den Ozean fand ein komischer Versuch statt, mit elektrischen Gitarren ohne Verstärker zu proben. Dabei stellte sich lediglich heraus, daß sich Lennon nicht an die Texte irgendwelcher Songs außer denen, die er im Cavern gesungen hatte, erinnern konnte. Dann wurde es John und Eric übel. Als Junkies, die sie waren, brauchten sie ihre Dosis, aber sie hatten Angst, wenn sie jetzt high würden, würden sie nicht spielen können. Sie beschlossen durchzuhalten. Bald lag John auf der Toilette auf den Knien und kotzte sich die Seele aus dem Leib. Um seine strapazierten Nerven zu beruhigen, rauchte er nach jedem Erbrechensanfall in seiner geübten spurenlosen Technik einen Joint: Nach jedem Zug steckte er das Gesicht ins Becken und drückte auf die Spülung, so daß der Rauch abgesaugt wurde. Um 4 Uhr nachmittags landete das Flugzeug endlich. Nach einem Kampf mit den Einwanderungsbehörden, weil Yoko nicht geimpft war, verließen die erschöpften britischen Rockstars das Ankunftsgebäude und fanden sich mitten in einer Horde von Motorradfahrern in schwarzem Lederoutfit: die Vagabonds, Kanadas Gegenstück zu den Hell's Angels.

Der koboldgesichtige Brower hatte den Empfang John Lennons wie ein Ziegfeld der Rockmusik geplant. Kaum war der bärtige weißgekleidete Apostel des Friedens mit seiner orientalischen Begleiterin erschienen, die eine langwallende orangefarbene Robe und eine rote Seidenjacke trug, da führten die Motorradfahrer ein Remake von *Der Wilde* vor. Sie röhrten über die Autobahn direkt ins Stadion, kreisten um die Bahn und begrüßten die hysterisch brüllenden Fans mit hocherhobener, lederbewehrter Faust. Von vierzig Motorrädern vor und vierzig hinter der Staatskarosse begleitet, trat Lennon auf wie ein König. Die königliche Vorzugsbehandlung fand ein abruptes Ende, als man ihn in eine leere Betongarderobe unter der Tribüne führte. In diesem Augenblick fühlte er, daß er etwas Härteres brauchte.

John, der vor einem öffentlichen Auftritt immer in Panik geriet, hatte bei derartigen Gelegenheiten schon allerlei Verrücktheiten angestellt. Einmal, zur Blütezeit der Beatles, hatte er erklärt, er werde nicht auftreten, bevor er eine Nummer geschoben habe. Seine Lakaien mußten im Haus herumlaufen und das erste Mädchen kapern, das sie finden konnten. Sie schleppten sie hinter die Bühne und übergaben sie an John, der ihr das Höschen vom Leib riß, sie gegen die Wand preßte und vögelte. Das war der alte John Lennon, ein heißer Star, der sich manchmal als Werwolf entpuppte. Jetzt war er bloß eine arme kranke Katze, die verzweifelt nach einer Stütze suchte.

«Kannst du uns ein bißchen Koks beschaffen, Mann?» fragte er Brower mit gesenkter Stimme.

«Kein Problem», antwortete der junge Unternehmer prompt. Er war vor Aufregung außer sich. «Dennis, sechs Cola, aber plötzlich!» schrie er. Dann drehte er sich befriedigt um und sah John und Yoko, die einander ansahen und zu sagen schienen: «Um Gottes willen, wo sind wir hier?»

«Nein, nein», piepste Yoko. «Koks für die Nase!» und tat, als sniffe sie etwas vom Handrücken.

Plötzlich kapierte Brower, daß man ihn aufforderte, *harte Drogen* zu besorgen! Er wußte nicht, was er tun sollte; aber er konnte sich kein Versagen leisten. Also rannte er auf die Bühne und riß das Mikrophon an sich.

Mit der tiefen Stimme eines Ansagers rief er: *«Achtung! Dr. Sneiderman! Dr. Sneiderman! Dr. Sneiderman, bitte hinter die Bühne!»* Dann drehte er sich um und traf einen kleinen dunklen Typen namens David Sneiderman, der sich vor Angst in die Hosen machte.

«Was ist los, Mann?» ächzte er. «Ist eine Razzia im Gange?» Als er erfuhr, um was es sich handelte, rief er: «Oh, mein Gott! Ich dachte, du wolltest mich *warnen*! Ich habe Koks dabeigehabt! Ich habe Hasch gehabt! Ich habe alles weggeworfen, als ich dich hörte.» Er stürzte zu dem versteckten Stoff zurück und kam bald mit der dringend benötigten Medizin wieder. Brower gab den Stoff an John und Yoko weiter und sah zu, wie sie auf der Toilette verschwanden. Als sie wieder auftauchten, sahen sie nicht mehr ganz so grün im Gesicht aus.

Dann hatte Lennon einen großen Streit mit Little Richard, der die begehrte vorletzte Nummer spielen wollte. Einen alten Rockstar aus der Entfernung zu bewundern ist o. k. Aber wenn er versucht, einem die Show zu stehlen, ist das ganz etwas anderes. John ließ Little Richard eiskalt abblitzen. Dann mußte er sich um Jim Morrison kümmern, der das gleiche verlangte. Die Vorstellung, *nach* Morrison auftreten zu müssen, jagte Lennon eine höllische Angst ein. Also putzte Brower Jungle Jim herunter. Schließlich betraten John und die schnell zusammengestellte Plastic Ono Band die Bühne. «Sie starben vor Angst und zitterten bis auf die Knochen», berichtete Clapton, den man gerade wieder belebt hatte, nachdem er sich übergeben hatte und umgekippt war.

Der Ansager ließ die Scheinwerfer löschen und forderte die Fans auf, Streichhölzer anzuzünden. Während alles den Atem anhielt, erklärte der ausgemergelte und behaarte Held, daß diese Band noch nie zusammen gespielt hatte. Dann gab er den Einsatz zu «Blue Suede Shoes» und ließ seine alte Mackie-Messer-Nummer «Money» folgen. In diesem Stück und in «Dizzy Miss Lizzy» zeigte John, daß er die guten Oldies immer noch zu phrasieren verstand. Aber seine Stimme war einfach nicht mehr stark genug, um sie über die Rampe zu bringen. Nach einer mühsamen Wiedergabe von «Yer Blues» und dem noch unveröffentlichten «Cold Turkey», das er vom Blatt ablesen mußte (Yoko hielt die Noten), konnte John endlich «Give Peace a Chance» singen und Schluß machen.

Jetzt kam Yokos große Stunde. Sie hatte sich in einen weißen Sack gehüllt und hielt ein Mikrophon in der Hand, mit dem sie das Geräusch eines ausgeleierten Tonbands produzierte. Ihr Gesicht glühte vor Begeisterung – ganz im Gegensatz zu Johns melancholischer Apathie –, und sie begann, die Show zu übernehmen. Sie stürzte sich in einen wortlosen Nonsens mit dem Titel «Don't Worry, Kyoko (Mummy's Only Looking for a Hand in the Snow)» und jodelte zwanzig Minuten vor den kräftigen Riffs und dem heulenden Feedbackgeräusch, das die Band produzierte, indem sie ihre Gitarren an die Verstärker lehnten. Bald fing der harte Kern der Fans in den ersten Reihen an, obszöne Beschimpfungen zur Bühne hinauf zu brüllen und aus Protest das Stadion zu verlassen. Yoko war sehr verstört. John stützte sie bei ihrem Abgang und versuchte sie zu trösten. «Mach dir nichts draus, Baby», beschwor er sie. «Ich mache alles wieder gut.»

Ein so peinliches Fiasko hätte jeden anderen zur Vernunft gebracht, aber John war begeistert von der reinen Tatsache, daß er sich ohne die Beatles auf die Bühne getraut hatte. Auf dem Heimflug erzählte er Allen Klein, daß er die Gruppe verlassen und mit Eric Clapton und Klaus Voorman eine neue Band gründen werde. Klein, der gerade die härtesten neun Monate seines Lebens dem Versuch gewidmet hatte, die Beatles zu retten, muß Lust gehabt haben, den Notausgang zu öffnen und aus dem Flugzeug zu springen. Statt dessen blieb er ruhig und überredete John, wenigstens solange zu warten, bis sie die großen Vorschüsse von Capitol kassiert hatten. Was Allen nicht zügeln konnte, war Johns Drang, Paul die Zähne aus der Fresse zu schlagen.

Beim nächsten Zusammentreffen der Beatles wiederholte Paul seine Beschwörungen zur Einheit. John lieh allem, was er sagte, ein taubes Ohr, bis Paul nichts anderes mehr einfiel als die Frage: «Schließlich und endlich sind wir doch immer noch die Beatles, oder nicht?»

«Scheiß drauf», spottete John höhnisch. «Ich bin kein Beatle.»

«Natürlich bist du einer», schalt ihn Paul wie ein beleidigter und ärgerlicher Vater.

«Ich bin keiner», rief John, der ewige Kindskopf. «Verstehst du denn nicht?» insistierte er. «Es ist vorbei. *Vorbei!* Ich will die Scheidung, genau wie die Scheidung von Cynthia! Geht das denn nicht in deinen verdammten Kopf rein?» Dann machte er eine Pause und gestand: «Ich wollte euch das erst nach unserer nächsten Platte erzählen, aber ich trete aus der Gruppe aus.» Paul und die anderen Beatles starrten John entgeistert an. «Es ist ein großartiges Gefühl», fuhr John fort, den der Klang seiner eigenen Stimme ermutigte. «Es ist das gleiche Gefühl wie eine Scheidung. Jetzt, wo ich es los bin, bin ich wahnsinnig erleichtert. Ich bin froh, daß ich es euch gesagt habe.» Dann drehte er sich, ohne irgend jemanden zu Wort kommen zu lassen, auf dem Absatz um und verließ das Büro mit Yoko. Auf der Treppe schrie er immer noch: *«Es ist aus! Vorbei!»*

Am 9. Oktober, Johns neunundzwanzigstem Geburtstag, mußte Yoko eilig zu einer dringenden Bluttransfusion ins King's College Hospital eingeliefert werden. Vier Tage später meldete die Presse, daß sie wieder eine Fehlgeburt erlitten hatte. Um sich zu erholen, flogen John und Yoko nach Athen und bestiegen eine Jacht, die Magic Alex für sie gemietet hatte. Als die Beatles im Sommer der Liebe das letzte Mal eine Segeltour in der Ägäis gemacht hatten, hatten John und George jede Nacht an Deck gesessen, das Hare Krishna-Mantra unter den Sternen gesungen und sich selbst auf Banjo und Ukulele begleitet. Diesmal versuchten John und Yoko, die geschworen hatten, sich von jedem Schmutz zu reinigen, seien es Drogen, seien es Exkremente, Entzug und Fasten zu vereinen und von einer reinen Wasserdiät zu leben. Das Resultat war ein Gewaltausbruch nach dem anderen. John ruinierte die Kapitänskajüte und verprügelte Yoko.

Nach London zurückgekehrt, veröffentlichte das unglückliche Paar das *Wedding Album*, eine ausführliche Feier ihrer glücklichen Ehe. Das üppig aufgemachte Paket enthielt eine Kopie ihrer Heiratsurkunde, ein Stück Hochzeitstorte aus Plastik, ein Heftchen mit Johns Zeichnungen von der Hochzeitszeremonie und den Flitterwochen, eine Postkarte aus dem Hilton in Amsterdam, einen Streifen Automatenfotos und ein gigantisches zweiseitiges Poster, das aus *David Nutters* Fotos von der Heirat und dem Flug nach Paris zusammengestellt war. Das Album war halb Fanmagazin, halb Souvenirprogramm, halb Konzeptuelle Kunst, halb Avantgarde; es fehlte ihm nur eins: Musik. Auf der Vorderseite schrien sich John und Yoko abwechselnd ihre Namen zu, die Rückseite verewigte eines ihrer typisch langweiligen Presseinterviews.

John Lennons nächste Unternehmung machte in England Schlagzeilen. Am 25. November gab er den Orden des British Empire mit einer Botschaft an die Königin zurück: «Eure Majestät, ich gebe mein MBE aus Protest gegen unsere Verwicklung in die Nigeria-Biafra-Affäre, gegen unsere Unterstützung für die amerikanischen Truppen in Vietnam und dagegen zurück, daß ‹Cold Turkey› nicht mehr auf der Hitliste steht. Viele Grüße, John Lennon.» Die unverschämte Geste empörte die öffentliche Meinung erneut und brachte viele Menschen dazu, John Lennon zu beschimpfen. An ihrer Spitze stand Tante Mimi, auf deren Fernsehapparat der begehrte Orden lange geruht hatte.

An diesem Punkt war es allerdings John Lennon bereits vollkommen egal, was seine Landsleute von ihm hielten, denn er betrachtete sich nicht mehr als Bürger einer rückständigen kleinen Nation wie Großbritannien. John Lennon war ein weltweit bekannter Prominenter, und wenn auch die Tage der Rockhelden in den Schlagzeilen vorbei waren, so hatte er sich jetzt für einen neuen Schauplatz im Rampenlicht qualifiziert: für die Friedenspolitik. Politik, Religion und Showbusiness begannen miteinander zu verschmelzen, und so entstanden die idealen Bedingungen für die Verwandlung John Lennons vom Popstar in den Führer der Friedensbewegung. Am 16. Dezember 1969 trat John Lennon mit einem echten Gefühl der Berufung in Toronto auf und kündigte die *Music and Peace Conference of the World* an.

Die hochgesteckten Ziele des Festivals scheinen heute phantastisch, aber damals, in der Zeit, in der die Gegenkultur ihre Blüte erlebte und die Jugend der Welt in Woodstock zu einem messianischen Sendungsbewußtsein erwacht war, schienen die großartigen Pläne durchaus realistisch. «Größer als Woodstock» wurde zum Slogan des Festivals, denn John und Yoko wollten sich an Woodstock rächen, wo man das berühmte Paar nicht anstelle der Beatles hatte auftreten lassen wollen. Das ursprünglich für eine halbe Million Teilnehmer geplante, später auf zwei Millionen heraufgeschraubte Festival sollte ein gewaltiges «Be-in» auf einem gut bewaldeten und bewässerten Gelände namens Mosport («Motor Sport»), einer Autorennbahn sechzig Kilometer außerhalb von Toronto, werden. Um diese gewaltige Horde zu unterhalten, wollte John Lennon das größte Programm in der Geschichte des Rock'n'Roll zusammenstellen. Zum Höhepunkt der Veranstaltung wollte er gemeinsam mit Elvis Presley auftreten, während die restliche Welt die Ereignisse über Satellitenfernsehen verfolgte.

Obwohl das Festival eine Supershow sein sollte, war es nicht als Ziel und Zweck für sich geplant. Im Gegenteil, es sollte sich einfach um den Höhepunkt des Jahres eins AP («After Peace») handeln. In den ersten Monaten des Jahres sollten Millionen von Stimmzetteln in allen Ländern der Erde verteilt werden. Mit ihrer Stimme sollten die Wähler die grundlegende Entscheidung für Krieg oder Frieden treffen. Jede Stimme für den Frieden würde eine Stimme für Lennon sein. Nach der Wahl sollte die Internationale Friedenspartei ihre Hauptquartiere in jedem Land errichten, und John Lennon würde als Weltfriedensführer von einer Zentrale zur anderen fliegen. Tatsächlich wurden, noch während er das Festival ankündigte, in Dutzenden Großstädten der Welt riesige Anschlagtafeln enthüllt, die in großen schwarzen Buchstaben die Inschrift trugen: «DER KRIEG IST VORBEI! Wenn ihr es wollt. Fröhliche Weihnachten von John und Yoko.» Wenn alles gut ging, würde John Lennon ganz alleine Frieden auf Erden und den Menschen ein Wohlgefallen schaffen.

Der Organisator des Festivals, John Brower, hatte sich seit Monaten mit den Regieanweisungen für die Verklärung John Lennons beschäftigt. Sobald John seine Ankündigung vor den Medien präsentiert hatte, verschleppte Brower seinen Star auf das zehn Morgen große Anwesen Ronnie Hawkins' nahe beim Flugplatz von Toronto. Hawkins, ein Rockmusiker der ersten Stunde (dessen Gruppe, den Hawks, einmal alle Mitglieder von The Band angehört hatten), versuchte auf der Welle des Rock'n'Roll-Revival ein großes Comeback zu inszenieren. Sein Presseagent Ritchie Yorke, ein kanadischer Journalist, war John Browers Partner in der Festival-Organisation.

Kaum waren die Lennons auf dem Weg zu Hawkins' Haus, als sie von einem Reporter und einem Fotografen so hartnäckig verfolgt wurden, daß die beiden auf der Jagd nach ihrer Beute direkt durch das Tor des Anwesens einbrachen. Das war dem heißblütigen Brower, der seine Stars schützen wollte, zuviel. Der Promoter sprang aus der Limousine und stellte sich den Journalisten zu einem Wortwechsel, der bald zur Prügelei ausartete. Brower schlug dem Fotografen fünf Zähne aus und brach ihm den Kiefer. Am nächsten Morgen verkündeten die Schlagzeilen der Lokalpresse: FRIEDENSFESTIVAL BEGINNT MIT PRÜGELEI AUF RONNIE HAWKINS' FARM. Mit einem Faustschlag hatte Brower Lennons Versteck verraten und die Welt vor seine Türschwelle geladen.

Von dem Augenblick an, als sie die Türschwelle überschritten, stellten John und Yoko Hawkins' im Tudorstil errichtete Villa auf den Kopf. Es wurden drei zusätzliche provisorische Telefonleitungen gelegt, wobei die Direktverbindung mit Apple täglich vierund-

Stunden in Betrieb blieb, um Schwierigkeiten mit dem Fernamt zu ersparen. Zwei makrobiotische Köche standen in der Küche bereit, um jederzeit Lennons Mahlzeiten bereiten zu können, die damals hauptsächlich aus braunem Reis und Bohnensprossen bestanden. Zeitungs- und Rundfunkreporter betraten das Haus schichtweise, weil John und Yoko nur ein einziges Mal eine Arbeitspause einlegten, nämlich als John aus Jux auf einen Motorschlitten kletterte und das verdammte Ding mit ihm durchging. Während des Besuchs war Ronnie Hawkins allen Schrecken des Lebens ausgesetzt. Er mußte mit ansehen, wie seine Kinder die Sexphantasien in John Lennons Zeichenblock durchblätterten, und entdeckte eines Nachts, daß seine berühmten Gäste bei laufender Badewanne eingeschlafen waren, woraufhin die Decke in der Küche einstürzte.

John Lennon seinerseits war wütend auf Elvis, der sich mehrmals geweigert hatte, seine Telefongespräche anzunehmen.

Die kanadische Heimsuchung erreichte ihren Höhepunkt ein paar Tage vor Weihnachten. Erst traf John an der Universität Toronto mit dem größten Propheten der Popkultur, Marshall McLuhan, zusammen. Der Dialog zwischen dem Star und dem Seher bewies noch einmal Lennons Fähigkeit, mit dem raffiniertesten, subtilsten und exzentrischsten Intellektuellen Schritt zu halten. «Sprache ist eine Form organisierten Stotterns», verkündete der Medienphilosoph in einem ersten Satz von typischer Brillanz. «Man hackt seine Töne buchstäblich in kleine Stücke, um zu sprechen. Wenn man dagegen singt, stottert man nicht, also ist Gesang eine Art, die Sprache zu langen harmonischen Mustern und Zyklen zu dehnen. Was halten Sie von der Sprache im Gesang?» Nach einem derartigen Aufschlag wären die meisten Menschen sprachlos geblieben. Nicht so John Lennon.

Eiskalt erwiderte er: «Sprache und Gesang sind für mich, davon abgesehen, daß sie reine Schwingungen sind, der Versuch, einen Traum zu beschreiben. Und weil wir keine Telepathie besitzen, versuchen wir einander den Traum zu beschreiben, um einander das zu bestätigen, von dem wir glauben, daß es in uns ist. Und Stottern ist das richtige Wort – weil wir es nicht sagen *können*. Ganz egal, wie man es sagt, es ist nie so, wie man es sagen will.»

Bravo! Ein perfektes Rückspiel. Als die Lennons in ihren weißen

Rolls stiegen, winkte ihnen McLuhan zum Abschied zu und rief ihnen nach: «Diesen Portalen ist durch Ihren Besuch Ehre widerfahren.»

Die nächste Gipfelkonferenz war ein Treffen mit Pierre Trudeau in Ottawa. Dem Treffen war eine Woche intensiver Vorbereitungsarbeit hinter den Kulissen vorangegangen. Brower war scharf auf das Treffen, weil ihm klar war, wie sehr er bei der Vorbereitung des riesigen Festivals auf die Unterstützung der Regierung in Ottawa angewiesen war. Seine Karten wären unermeßlich stärker, wenn er den Segen des Premierministers für sein Projekt bekommen konnte. Trudeau seinerseits hatte sich davon überzeugen lassen, daß es seinem Image zugute käme, die Lennons als Vertreter der jugendlichen Wählerschaft zu empfangen. Aus genau dem gleichen Grunde war seinerzeit Nixon so freundlich zu Elvis gewesen.

Die Medienvermarktung des Ereignisses mußte geschickt gesteuert werden, denn die Regierung war nicht bereit, irgendwelche unschicklichen Zirkusmätzchen zu tolerieren. Man einigte sich darauf, daß es keine Vorankündigungen geben werde. Am bewußten Tag würde man die Presse im letzten Augenblick informieren, bevor das Publikum merkte, was vor sich ging. Am Abend vor dem Treffen verließen die Lennons Toronto unauffällig in einem glasüberwölbten Salonwagen der Bahn mit Schlaf- und Speisegelegenheit und internationalen Kommunikationsmöglichkeiten. Erneut bewies der junge Brower, daß er wußte, wie man einer Nummer den würdigen Hintergrund verschafft.

Am 22. Dezember um halb elf Uhr früh wurden die Massenmedien davon unterrichtet, daß Pierre Trudeau vorhabe, John Lennon und Yoko Ono im Büro des Premierministers zu empfangen. Mehr als fünfzig Fotografen eilten zum Parlamentsgebäude. John trug einen schwarzen Cardin-Anzug, eine breite schwarze Seidenkrawatte und ein weit fallendes schwarzes Cape. Er sah aus wie eine Kopie von Roosevelt in Jalta. Regierungsangestellte führten die Lennons in Trudeaus eichengetäfeltes Büro. Der Premierminister schlug vor, zunächst die Fotografen hereinzulassen. Trudeau ließ sich ablichten, wie er Johns Hand schüttelte und Yoko umarmte. Dann forderte der Premierminister die Presse auf, sich zurückzuziehen, und die Türen schlossen sich hinter den drei Hauptdarstellern.

Wo Marshall McLuhan mit seiner profunden Medienkenntnis und seiner an Joyce geschulten Flexibilität von Geist und Zunge der ideale Gesprächspartner für John Lennon war, erwies sich Pierre Trudeau als die am wenigsten geeignete Person, die man sich vorstellen konnte. Ein strenger Asket, der niemals fernsah oder ins Kino ging, war der genügsame Trudeau dafür bekannt, daß er sich so weit wie möglich vom wirklichen Leben fernhielt. Er war offensichtlich nervös, als er seine Unterhaltung mit den Lennons begann und John über seine Gedichte, sein Leben als Beatle, die Friedensbemühungen der Lennons und die Kluft zwischen den Generationen ausfragte. (Dieser Punkt wurde zur offenen Wunde in Trudeaus Familienleben, als Margaret Trudeau sich mit den Rolling Stones einließ.) «Wir haben über alles geredet, einfach alles, was man sich denken kann», berichtete John. «Wir blieben ungefähr vierzig Minuten, fünf Minuten mehr, als er auf Staatsoberhäupter verwendet.» Zu Ende des Gesprächs sagte Trudeau, John und Yoko hätten ihm ein positives Gefühl über die Zukunft der Jugend und ihre Fähigkeit vermittelt, der Welt Frieden zu bringen. Lennons Gefühle waren genauso positiv. «Wenn es mehr politische Führer wie Mr. Trudeau gäbe», erklärte er vor der Presse, «herrschte Frieden in der Welt.»

Das Zusammentreffen mit Trudeau bestätigte Lennons hochgespannte Überzeugung von einer neuen Mission. «Die Zusammenkunft», erklärte Brower, «war für John die Bestätigung dafür, daß er auf internationaler politischer Ebene akzeptiert wurde. Er glaubte, dies sei der Grundstein, auf dem er seine Pläne für Happenings in allen Ländern rund um die Erde aufbauen könne... John war ein sehr politisches Lebewesen. Die Politik verschaffte ihm im Gegensatz zu seinem Ruhm als Künstler die Möglichkeit, seine Theorien und Glaubenssätze zu verkünden. Wenn es irgend etwas gab, wovon John träumte, dann war es ein eigener politischer Apparat. Obgleich er behauptete, Politik sei Mist, nannte er es nur einfach nicht Politik. Er sprach von Frieden.»

KOSMISCHE KLÄNGE

Als Ronnie Hawkins die Telefonrechnung über 5000 Dollar für die Woche erhielt, in der John und Yoko bei ihm gewohnt hatten, fiel ihm unter vielen unbekannten Ortsnamen auf den Belegen das Wort Aalborg auf, der Name einer kleinen Stadt in Jütland am rauhen Nordzipfel Dänemarks. Hier lebte Tony Cox mit seiner neuen Frau Melinde Kendall, der blonden, bebrillten Tochter einer wohlhabenden Familie aus Houston. Tony hatte Melinde kennengelernt, als er im Frühling 1969 von seiner nachehelichen Weltreise nach London zurückkam. Sie hatten sich im nächsten Sommer in Bellport, Long Island, in Anwesenheit der Familien der Braut und des Bräutigams kirchlich trauen lassen. Die kleine Kyoko hatte Blumen gestreut. Im Herbst waren die Coxes auf Einladung Aage Rosendal Nielsens, eines alten Freundes von Tony und Yoko, nach Dänemark gezogen, um an einer kleinen experimentellen Schule, der Norden Fjord World University, zu unterrichten.

Zwischen Cox und den Lennons herrschte seit dem Autounfall in Schottland Feindschaft, weil John und Yoko sich geweigert hatten, Tony Kyokos Untersuchungsberichte und Röntgenaufnahmen zu schicken. Jetzt wollten die Lennons die Wogen glätten, um Kyoko in Dänemark besuchen und über die Frage des Sorgerechts verhandeln zu können. Zwei Tage nach Weihnachten stiegen die Lennons aus dem Flugzeug aus Kopenhagen – und landeten mitten in der Szenerie für einen Horrorfilm.

Tony und Melinde wohnten in einem abgelegenen Bauernhaus inmitten von brachliegenden Feldern, die unter Schneewehen begraben und von eisigem Meereswind gepeitscht waren. Die Lennons, gewohnt an ihr luxuriöses Leben in England, fanden sich plötzlich von der Außenwelt abgeschnitten und hatten nicht einmal ein Telefon. Auch Kyoko sprang ihnen nicht fröhlich zur Begrüßung entgegen. Tony hielt das Kind unter Verschluß, bis die Bedingungen ausgehandelt waren.

Cox muß in dem Moment, in dem John und Yoko das Haus betraten, angefangen haben, sie zu bearbeiten. Aus seinen späteren Äußerungen und den Erinnerungen John Lennons läßt sich der Ablauf der Ereignisse gut rekonstruieren. Er wird ihnen erzählt haben, daß er, seit er die Lennons das letzte Mal getroffen hatte, auf eine ganz heiße Sache gestoßen war, die ihr Leben grundlegend verändern konnte. Melinde war Mitglied einer esoterischen Sekte in Harbinger Springs in der Nähe von San Francisco gewesen, deren Anführer, Dr. Don Hamrick, ein bedeutender Mann war, der ein paar erstaunliche Bücher geschrieben hatte. Er war eine der Schlüsselfiguren in den Bemühungen um Kontakt mit außerirdischen Wesen. Hamrick hatte bereits in Norwegen Kontakt zu Weltraumfahrern aufgenommen. Er konnte auch John und Yoko in Kontakt mit den Außerirdischen bringen. (Was Tony zunächst wohl kaum erwähnt haben dürfte, war Hamricks Überzeugung, daß man den Kontakt zwischen der Menschheit und den Außerirdischen am besten über die Beatles herstellen konnte. Er ging davon aus, daß niemand auf dem Planeten so viel Einfluß auf das Gemüt der Menschheit hatte wie die Fab Four, die schon oft neue Bewußtseinszustände eingeführt hatten, beispielsweise durch ihre Hinweise auf LSD und transzendentale Meditation. Hamrick hatte Melinde, die sich für eine Hexe hielt, beauftragt, alles zu tun, was in ihren übernatürlichen Kräften stand, um die Verbindung herzustellen.)

Während Cox sich immer mehr in sein Thema verbiß, muß er den Lennons vorgeschlagen haben, nicht nur einen Besuch zu machen, sondern sich in die dänische Einsamkeit zurückzuziehen. Sie konnten doch ein paar Wochen bleiben und Körper und Geist durch Fasten und Meditation reinigen. Dann sollten sie zu ernsthafteren Dingen wie Energieaustausch und Telepathie übergehen. Man konnte Dr. Hamrick kommen lassen, und dieser würde sie von ihrer Nikotinabhängigkeit heilen. Sie würden zu dem großen Werk beitragen, dem sich Tony gewidmet hatte. Wie sie sehen konnten, hatte er das ganze Haus mit Videokameras und Monitoren ausgerüstet, um eine vollständige Aufzeichnung ihres täglichen Lebens, inklusive der intimsten Aktivitäten im Schlafzimmer und im Badezimmer, zu ermöglichen. Was Drogen anging, so brauchten sie sich keine Sorgen zu machen. Tony hatte ein bißchen LSD, und Melinde hatte einen marokkanischen Absud namens *majoun* hergestellt, eine schwarze, klebrige Paste, die an Haschischöl erinnerte. Tony strich sie sich gern auf den Frühstückstoast.

Drei Wochen blieben die Familien Cox und Lennon von der Welt abgeschieden in ihrem Bauernhaus. Als die ersten Besucher eintrafen, berichteten sie, daß sich Tony und John eng verbündet hatten, und daß die Frauen bescheidene Nebenrollen spielten. Es war die Rede davon, daß die beiden Paare in Zukunft gemeinsam leben und arbeiten würden. John sagte sogar, es sei keine schlechte Idee, Allen Klein, der so viel Unfrieden stiftete, loszuwerden und Tony zu ihrem Manager zu machen.

Die ersten Andeutungen, daß sich John Lennon auf einen neuen Trip begeben hatte, erreichten John Brower in einem Telefongespräch aus Dänemark. Lennon beauftragte Brower, für den Transport Dr. Don Hamricks, der in der Umgebung von Toronto wohnte, nach Dänemark zu sorgen. Brower fand heraus, daß Hamrick unter dem Namen Z. Charneau in Peterborough, Ontario, lebte.

Etwa zur gleichen Zeit empfing Brower einen zweiten Auftrag von Lennon: «Finde alles über Allens Schiebereien heraus.» Von diesen seltsamen Anzeichen beunruhigt, beschlossen Brower und sein Partner, Ritchie Yorke, nach Dänemark zu fahren. Unmittelbar bevor sie sich auf den Weg machten, warnte sie Ronnie Hawkins, Allen Klein habe vor, sie zu «begraben». Die Jungens faßten das nicht als eine rein metaphorische Redensart auf. Als sie im White House-Hotel in Aalborg, der schneebedeckten Kleinstadt am Ende der Welt, ankamen, entdeckten sie erschreckt unter ihrer Zimmertür einen Zettel: «Blauer Friede und Liebe sei mit euch, Z.» Sofort ertönte in ihren Köpfen unheimliche Horrormusik. Sie riefen Tony Fawcett an, der in der Stadt war, aber das Haus der Cox-Lennons nicht betreten durfte, und erkundigten sich, was vor sich ginge. Bald hatten sie John an der Strippe, der fröhlich in sich hinein lachte und den beiden versicherte: «Dr. Z. meint das freundlich.» Dann rief Z. Charneau an und bat sie, in sein Zimmer zu kommen.

Brower erzählte: «Ich werde den Augenblick nie vergessen, als Z. die Zimmertür öffnete. Ritchie und ich wanden und juckten uns. Es war ein Gefühl, als kämen Spinnennetze aus den Wänden und nähmen uns gefangen. Wir waren weder betrunken noch angetörnt. Aber wir hatten beide das gleiche unheimliche Gefühl. Hamrick war ein imposanter Anblick. Er war ungefähr einen Meter neunzig groß und hatte langes, strähniges graues Haar. Er trug Shorts, aber kein Hemd. Er sagte guten Tag, und dann drehte er sich um. Er hatte ein handgroßes Loch im Rücken. Sein Rückgrat lag bloß, und man konnte einen Lungenflügel sehen. Weiße Fäden durchzogen ihn. Das Fleisch war von Narben übersät. Ritchie und ich standen mit offenem Mund da. Er sagte, er habe vor einem Monat eine größere Operation in London gehabt. Sie hatten ihn aufgefordert, ein paar Monate zu bleiben und sich zu erholen, aber er war nach einer Woche abgereist. Er sagte, er könne selbst für sich sorgen. Sein Gesicht war sehr weiß. Er hatte eine Art deutschen Akzent. Der Typ stammte ganz einfach aus einer anderen Welt.

Er fing sofort an, uns zu erzählen, wir seien Teil einer ganz wichtigen Epoche in der Geschichte der Menschheit. Darauf folgten tolle Stories über Wesen aus dem Weltraum, die alles beobachten, was so vor sich geht. Sie sind sehr zufrieden mit den Möglichkeiten, die es jetzt gibt, mit menschlichen Wesen in Kontakt zu kommen, und sie halten John Lennon für eine wichtige Persönlichkeit. John war schon nach Nordnorwegen gefahren und in ein Raumschiff verladen worden. Dann schleppte uns Hamrick zum Tisch rüber, und da stand so ein kleines Modell von einer Zukunftsstadt wie in den Comics. Das Modell schwebte völlig unerklärlich ein paar Zentimeter über dem Tisch. Er fuhr mit der Hand drunter durch und sagte: ‹Die Wesen aus dem Weltraum haben mir das Geheimnis der Anti-Schwerkraft verraten. Wir bauen eine Stadt in den Wolken über Brasilien. Dies ist das Modell, es veranschaulicht die Kraft.›»

Beim Abendessen im Restaurant des White House-Hotels erwartete Brower und Yorke die nächste Überraschung. Der Oberkellner kam an ihren Tisch und überreichte Brower eine Friseurrechnung.

John Lennon habe gesagt, Brower werde die Rechnung bezahlen. Ein paar Minuten später saß Brower der Friseuse selbst gegenüber, einer jungen Dänin. Sie hatte eine verrückte Geschichte zu erzählen. Sie war am Vormittag in das Bauernhaus bestellt worden, wo die Lennons wohnten. «Als ich ankam», wiederholte sie, «forderte mich Mr. Cox auf, Kyokos lange Haare abzuschneiden. Dann gab mir John Lennon seinen Paß und verlangte, ich solle ihm die Haare genau wie auf dem Bild schneiden. (Das Foto war im Sommer 1967 aufgenommen, unmittelbar bevor John nach Griechenland fuhr.) Also machte ich mich an die Arbeit, und Yoko fing an zu weinen. Dann fragte John Yoko, ob sie sich die Haare schneiden lassen wolle. Sie machte ein entsetztes Gesicht und sagte: ‹Nein!›... Als John sie zum zweitenmal fragte, sagte sie: ‹Ja›... Daraufhin fing Kyoko an zu weinen.»

Sie hatte vier Stunden damit verbracht, die Haare aller Anwesenden von Schulterlänge auf fünf Zentimeter zurückzustutzen. John war immer noch nicht zufrieden und wollte seine Haare auf die Länge von Mia Farrows Frisur, etwa zwei Zentimeter lang, geschnitten haben.

Während John Brower dem Bericht über Lennons neueste Eskapaden lauschte, überkam ihn der feste Glaube, alles was ihm widerfahren war, seit er in Aalborg aus dem Flugzeug gestiegen war, sei sorgfältig von John Lennon arrangiert worden, um ihn wahnsinnig zu machen. Brower beschloß, Lennon in seinem eigenen Spiel zu schlagen, und ließ sich an Ort und Stelle von der überraschten Friseuse seine eigenen schulterlangen Locken abschneiden.

Am nächsten Morgen fuhren Brower und Yorke zu Tonys einsamen Bauernhaus. Sie hatten keine Ahnung, was sie dort erwartete. Sie kamen zur Tür herein und erblickten John und Yoko, Tony und Melinde, die unbeweglich um einen Tisch saßen, als seien sie in Stein gehauen. Alle hatten weit aufgerissene Augen und geschorene Haare. Die einzige, die sich bewegte, war Kyoko mit ihrem Wuschelkopf, die ernsthaft erklärte: «In Wirklichkeit bin ich ein Mädchen.» Dann fiel den Männern ein seltsamer Geruch wie von Blumen und Weihrauch auf, der das ganze Haus durchwehte. Anscheinend war er bei der Herstellung der klebrigen Masse entstanden, die Melinde jetzt in einer Untertasse herumreichte. Als Brower ein wenig davon probierte, wurde er so high, daß er nahezu außer sich geriet. Brower machte einen Rundgang durch das Haus und schaute sich auch die Schlafzimmer an. Als er die Fernsehanlage sah, dachte er sofort an Partnertausch mit Video-Übertragung. Dann kam er zurück und setzte sich neben Lennon, der so zugedröhnt war, daß er während seines Eröffnungsvortrags über die Bedeutung der Zerstörung sinnleerer Symbole wie langer Haare gar nicht merkte, daß sein Promoter sich die Haare bereits hatte schneiden lassen.

Seit Brower seinen Star das letzte Mal gesehen hatte, hatte sich John Lennon enorm verändert. War vorher nur vom Weltfrieden die Rede gewesen, so ging es jetzt nur noch um den Weltraum und kosmisches Bewußtsein. Die galaktische Sicht des Festivals unterschied sich deutlich von der kurzsichtigen Perspektive eines bloßen Erdenmenschen. Jetzt bestand John darauf, daß das Festival *gratis* stattfinden müsse, obwohl er noch am 9. Dezember schriftlich festgelegt hatte, daß nur ein Teil des Gewinns einem Friedensfonds zufließen solle. Als Brower fragte, wo er das Geld hernehmen solle, um eine halbe Million Menschen drei Tage umsonst zu unterhalten, spuckte John große Töne über Spenden aus der Privatwirtschaft oder eine Subvention der kanadischen Regierung, die das Image Kanadas als junger Nation fördern wolle. Brower wußte, daß er auf dünnem Eis wandelte, wenn er anderer Meinung war als John, denn er hatte genügend erschreckende Beispiele von Johns entsetzlichen Temperamentsausbrüchen erlebt. «John», hat Brower einmal bemerkt, «steckte voll von einer Wut, die ihn jeden Augenblick seines Lebens begleitete. Wenn er ihr freien Lauf ließ, war er gnadenlos verletzend. Keiner hätte das gern über sich ergehen lassen. Ich habe nie jemanden erlebt, der sich gegen ihn durchgesetzt hätte. *Niemanden!*»

Brower und Yorke saßen Trübsal blasend in der Küche und dachten über die gewaltigen neuen Probleme nach, die ein Gratisfestival mit sich bringen würde; und wer marschierte in diesem Moment in das stille Bauernhaus am Ende der Welt? Niemand anderer als der Mann, vor dem man sie gewarnt hatte – Allen Klein!

Brower und Yorke hatten sich getreulich an Johns Auftrag gehalten, «alles über Allens Schiebereien» herauszufinden. Brower erklärte: «Als naive Trottel, die wir waren, zogen wir los und befragten alle, die im Geschäft etwas zu sagen hatten. Man redete sehr offenherzig mit uns, weil die Leute glaubten, das sei ihre Chance, mit John Lennon in Kontakt zu kommen. Im Grunde hatten alle das gleiche über Klein zu sagen. ‹Ein brillanter Geschäftsmann. Der wird bei keinem Geschäft der Verlierer sein. Er mag zwar von seinen künstlerischen Vorlieben reden, aber in Wirklichkeit ist er nur hinter dem Geld her. Wer etwas anderes glaubt, der spinnt.› Natürlich waren wir davon ausgegangen, daß die Angelegenheit streng vertraulich behandelt würde – höchste Geheimhaltungsstufe! Aber Klein war noch keine drei Minuten im Haus, da griff Lennon über den Tisch und nahm das Dossier über Klein, das wir vorbereitet hatten, und sagte: ‹Also, Allen, da drin steht, was man so über dich sagt. Sieh dir das mal an!› Ritchie und ich dachten: ‹Das war's! Die können uns gleich draußen auf dem Feld vorm Haus begraben.› Klein blieb ganz cool. Er blätterte in dem Ordner, grinste und sagte: ‹Das hab ich mir gedacht. Typisch, daß der das sagt.› Dann schaute er zu uns rüber und sagte: ‹Hat es euch Spaß gemacht, die ganzen Informationen zu sammeln? Ich hätte nicht gedacht, daß ihr die Zeit dazu habt. Ihr müßt doch mit eurem kleinen Festival gut ausgelastet sein.›»

Das dänische Gipfeltreffen brachte nicht viele Ergebnisse. Lennon wies Brower und Yorke an, einen Plan für ein Gratisfestival oder allenfalls eine Ein-Dollar-Alles-Inklusive-Veranstaltung vorzubereiten. Sie erfuhren auch, daß Tony Cox und die Leute aus Harbinger Springs mit an der Festival-Organisation beteiligt sein würden. Je länger Lennon sprach, desto diktatorischer benahm er sich. Schließlich sahen die jungen Hippies erstaunt, wie sich ihr Held über den Tisch zu Allen Klein beugte, mit der Faust auf die Tischplatte schlug und erklärte: «Hitler hatte *recht*, Allen. Hitler hatte *recht*! Man muß die Leute beherrschen.» Mit diesen Abschiedsworten begaben sich die Besucher aus Toronto auf eine unmögliche Mission in einer kalten Welt.

Als sie wieder in ihrem mit Postern gepflasterten Büro in Kanada saßen, erhielten sie einen Anruf von Tony Cox, der ihnen mitteilte, Lennon wolle ein paar Leute in das Planungskomitee schicken, die dafür sorgen sollten, daß das Festival die richtige kosmische Ausrichtung hatte. Er erwähnte Don Hamrick und dessen Lieblingsjünger Leonard Hollahan. Dann erwähnte er einen Namen, der bei Brower wie eine Bombe einschlug: David Sneiderman. Brower war sicher: Wenn Sneiderman etwas mit dem Festival zu tun hatte, würde es Schwierigkeiten mit den Behörden geben.

Die ganze Friedensblase platzte auf einer stürmischen Sitzung im Januar 1970 im Haus der Jefferson Airplane in Haight-Ashbury. Brower war hingeflogen, um die Bandmitglieder zu beruhigen, die sauer waren, weil Lennon sie nicht eingeladen hatte. Brower machte einen Fehler: Er ließ Sneiderman und Hollahan als Lennons Weltraumgesandte an der Sitzung teilnehmen. Hollahan, ein enthusiastischer Freak mit langen roten Locken, der sich wie Oscar Wilde in lila Samt kleidete, sprengte mit seinen unglaublichen Schilderungen die Sitzung. Nachdem er lang und breit über die unmittelbar bevorstehende Kontaktaufnahme mit den Außerirdischen geredet hatte, legte er die Konstruktionspläne für ein «kosmisches Schiff» vor, das aussah wie ein Helikopter mit einer umgekehrten Suppenschüssel anstelle des Rotors. Er erklärte, daß sich das Fahrzeug ausschließlich mit psychischer Energie fortbewege, und teilte mit, daß John und Yoko in diesem motorlosen Wunderfahrzeug zum Festival kommen würden. «Idiotische Scheiße!» brüllte Paul Kantner von den Jefferson Airplane. «Weltraumtypen und Luftautos! Wenn das alles ist, was John und Yoko wollen, dann können sie sich selber ins Knie ficken!»

Jann Wenner flippte ebenfalls aus. Er hatte das Festival auf der ersten Seite von *Rolling Stone* hochgelobt und seine unbegrenzte Unterstützung versprochen. Jetzt sah er plötzlich, auf was für einem Papiertiger er durch die Luft ritt. «Wie konntest du mir das antun», schrie er Brower ins Gesicht. Der Promoter wußte nicht mehr, wohin er sich wenden sollte.

Als John zwei Tage später, am Nachmittag des 26. Januar in England aufwachte, lief der kryptische Text eines kleinen Songs durch seinen Kopf. Der Schlüsselbegriff war ein Ausdruck, den Melinde gern benutzte: «Instant Karma». Er entstammte der Hippiewelt und hieß soviel wie «sofortige Vergeltung». Er mußte etwas in Johns Denken anrühren, denn John war davon überzeugt, daß wir für das Böse, das wir tun, in *dieser* Welt büßen müssen. Er notierte den Text auf einem Zettel, den er immer neben dem Kopfkissen bereithielt, schlurfte die Treppe hinab und setzte sich im Wintergarten ans Klavier. Paul wäre jetzt nützlich gewesen, aber es gab keinen Paul mehr. Also lautete die Tagesdevise für John: «Tu, was du kannst.» Instinktiv begann er seine Lieblingsakkordreihe zu spielen, das fallende Thema von «Three Blind Mice», ein Thema, das er schon für einen so ganz anders konzipierten Song verwendet hatte wie «All You Need is Love». Wie von selbst kamen Text und Melodie zusammen. Besorgt, er könne sein Werk wieder vergessen, sang John die Melodie immer wieder vor sich hin, bis sie sich ihm gründlich eingeprägt hatte. Dann griff er zum Telefonhörer und rief bei Apple an. So nahm eine der schnellsten und genialsten Produktionen seiner ganzen Laufbahn ihren Anfang.

Lennon bestellte George Harrison, Klaus Voorman und den Schlagzeuger Alan White ins Studio. Aber er wollte alle Hilfe haben, die er bekommen konnte, also nützte er die Tatsache aus, daß sich Phil Spector in London befand, und bat auch ihn vorbeizukommen. John selbst machte sich am späten Nachmittag auf den Weg ins Studio. Unterwegs hielt er vor einem Klaviergeschäft an, wo er, ohne aus dem Auto zu steigen, die Anweisung gab, sofort eines der Klaviere im Schaufenster in die Abbey Road zu transportieren. Um sieben Uhr abends spielte die Band bereits die Rhythmusspur ein, aber als sie zum nächsten Schritt kamen, zur Synchronisation von Gesang und Instrumentalsoli, blieben sie stecken. Lennon rief «Help!», und Phil Spector betrat den Raum.

Obgleich John noch nie mit Spector zusammengearbeitet hatte, setzte er ihn sofort ans Steuerpult und machte sich selber wieder daran, von der Band begleitet zu singen. Als Spector die Musiker in die Abhörkabine holte, war Lennon begeistert. «Es war phantastisch! Es klang, als spielten fünfzig Leute.» Indem er den Klang verstärkt hatte, hatte Spector nicht nur dafür gesorgt, daß die Band größer klang, als sie war, er hatte auch Johns Stimme kräftiger klingen lassen; und das war es, was John immer so stürmisch von George Martin verlangt hatte. Wenn John eine unverfälschte Aufnahme seiner eigenen Stimme hörte, rief er verzweifelt: «Tu was mit der Stimme! Gieß Tomatenketchup drauf!» Musik unter Fremdgeräuschen begraben, war Phil Spectors Spezialität. John muß von dem ersten Playback an das Gefühl gehabt haben, daß er jetzt endlich den richtigen Produzenten gefunden hatte.

Spector ergriff die Chance, an die Beatles heranzukommen, genau die Gruppe, die ihn vom Markt verdrängt hatte. Er wendete alle seine Lieblingstricks an. Einmal ließ er Lennon auf einem Klavier spielen, während White und Harrison auf beide Enden eines zweiten Klaviers einhämmerten und Voorman das Keyboard bediente. An einem anderen Punkt wies er White an, ein Badehandtuch über sein Tom-Tom zu legen. Schließlich beschloß Phil, den Kontrast zwischen Strophe und Refrain zu verstärken, indem er den Refrain von einem Chor singen ließ. Ein paar Gehilfen wurden ins Speakeasy geschickt, sammelten eine Gruppe von fröhlichen Trinkern ein, nahmen sie mit ins Studio und ließen sie nach Herzenslust mitsingen. Im Morgengrauen war die Aufnahme fertig.

Als das Band aus den Studiolautsprechern dröhnte, waren alle zutiefst beeindruckt. Das gleichmäßige Trommeln der massierten Keyboards erzeugte vom rollenden Donner des Schlagzeugs unterstrichen einen Vorgeschmack des Jüngsten Gerichts. Und in diese Atmosphäre hinein sang Lennon seine Warnungen mit einer Stimme wie Gottvater selbst.

Nur Spector selbst war immer noch nicht zufrieden. «Kann ich es mit in die Staaten nehmen und es mit Geigen überspielen, John?» fragte er. Lennon lehnte kategorisch ab, aber das hielt Spector nicht auf. Zwar mußte er das Originalband an EMI abliefern, aber die Kopie, die an Capitol ging, war heimlich neu gemixt, und in die Schlußrille hatte er PHIL & RONNIE einritzen lassen. «Das ist das erste Mal, daß jemand das getan hat», amüsierte sich John, der vor lauter Begeisterung zwar die Namen in der Rille, aber nicht die Schrift an der Wand lesen konnte.

Bevor Lennon an diesem Morgen das Studio verließ, beauftragte er Tony Fawcett, John Brower anzurufen und ihm das Band vorzuspielen. Brower erreichte der Anruf gegen Mitternacht im Beverly Hills Hotel, wo dieser sich mit ein paar Reportern der Untergrundpresse beriet. Von dem Titel begeistert (Browers Firma hieß Karma Productions), nahm der junge Veranstalter an, John habe einen Werbesong für das Festival geschrieben. Er rief den Reportern zu, sie sollten sich an die Zusatzhörer hängen, und preßte den Hörer ans Ohr. Er war entsetzt von dem, was er hörte, denn die Botschaft war nur allzu klar. Lennon sagte, wir seien nicht auf der Welt, um uns zu Superstars (oder Superpromotern) aufzubauen. Das Ziel des Lebens symbolisieren die wahren Sterne, die Himmelskörper, die ruhig auf unseren verrückten kleinen Planeten hinabstrahlen. Lennon machte keine Werbung für das Festival, sondern tat es als einen kolossalen Egotrip ab.

Wenig später rief Brower Lennon an und sagte ihm, es sei vollkommen unmöglich, so ein riesiges Ereignis auf die Beine zu stellen und nicht mindestens zwanzig Dollar Eintritt zu verlangen. Lennon ging an die Decke. Er beschimpfte Brower am Telefon und entließ ihn dann mit einem lakonischen Telex: «Wir wollen nichts mit eurem Festival zu tun haben.» Ein paar Monate später druckte die Zeitschrift *Rolling Stone*, die sich über Nacht gegen Brower gewandt hatte und alles tat, um seinem Ansehen zu schaden, einen Artikel von John Lennon, in dem dieser versuchte, seine Rolle bei dem verunglückten Festival zu erklären. Das geplatzte Festival hatte in der ganzen westlichen Welt eine enorme Publicity gefunden und war Lennon extrem peinlich. Er häufte alle Schuld am Scheitern auf Brower und empörte sich selbstgerecht darüber, wie alle außer ihm vom Glauben abgefallen waren. «Haben wir vergessen, was Schwingungen sind?»

Bis der Artikel erschien, hatte er nicht nur seine wahre Rolle bei dem Festival verdrängt, sondern sich auch von seinem Kreuzzug für den Frieden ebenso abgewandt wie vom Glauben an den Kosmos. Lennon trat in eine neue Phase seines Lebens, in der sich zeigen sollte, daß er Frieden im Munde führte und Krieg im Herzen trug.

NERVÖSE ERSCHÖPFUNG

Im Februar 1970 erlitt John einen Nervenzusammenbruch. Er drehte nicht durch: Er legte sich einfach ins Bett und weigerte sich, irgend jemanden außer Yoko zu sehen. Als er Jahre später in einem ähnlichen Zustand war, gab er eine faszinierende Beschreibung davon: «Ich blieb den ganzen Tag im Bett, sprach nicht, aß nicht, zog mich nur zurück. Und dann geschah etwas Seltsames. Ich fing an, alle meine einzelnen Teile zu sehen. Ich kam mir vor wie ein hohler Tempel voll von vielen Geistern, von denen jeder für kurze Zeit durch mich hindurch fuhr, mich bewohnte und dann Platz für den nächsten machte.» Niemand könnte besser beschreiben, was es heißt, zusammenzubrechen, in Stücke zu zerfallen.

Die Bruchstücke, in die John Lennon sich auflöste, waren seine Teilpersönlichkeiten, die unterdrückten Aspekte seines Selbst, die sich in seiner Musik so lebhaft bemerkbar machten. Man denke an irgendeine berühmte Lennon-Nummer, und sofort taucht das Echo der Persönlichkeit auf, die John in diesem Song zeigte: die klagend hingezogene Stimme von «Nowhere Man»; die drängende, atemlose Stimme von «Help!»; die matte, schläfrige Stimme von «I'm Only Sleeping»; die zornige, spottende Stimme von «I Am the Walrus»; die schelmische, überzogene Stimme von «Bungalow Bill» oder die kindlich unschuldige Stimme von «Dear Prudence». Diese Vielfalt an Stimmen beruht nicht einfach auf Launen oder Einstellungen: Jede einzelne von ihnen besitzt die Tiefe und Festigkeit eines eigenen Charakters. Sie entsprechen den unaufhörlichen Wandlungen in Lennons äußerer Erscheinung, die viele Illustriertenredakteure dazu inspiriert haben, Serien von Porträtaufnahmen John Lennons zu drucken, die verschiedene Menschen darzustellen schienen. Denn so wie jeder Lennon-Song eine neue Stimme, nahezu einen neuen Sänger verlangte, so brauchte jedes Werbefoto einen neuen Stil: Pilzkopf/strahlendes Lächeln/Cardin-Anzug oder runde Brillengläser/strenger Schnurrbart/phantastische Satingewänder oder faltiges Gesicht/Bürstenschnitt/Latzhosen. Oberflächlich betrachtet deuten diese Veränderungen auf das kulturelle Chamäleon hin, auf den begeisterten Modenarren; bei genauerer Hinterfragung erzählen sie jedoch vom inzwischen bekannten, aber nur unzureichend verstandenen Phänomen der Persönlichkeitsspaltung.

Nach den Standardwerken der Psychiatrie entsteht eine Persönlichkeitsspaltung als Reaktion auf ein Kindheitstrauma, wenn der Intellekt, der wie ein Schwamm das Leiden aufsaugt, gesättigt ist und durch einen anderen Schwamm ersetzt werden muß. Bewußtseinsspaltung sprach aus jedem Zug John Lennons, dessen Gesicht von Tausenden kleiner Sprünge durchzogen schien wie eine jener Computergraphiken, die aus unzähligen winzigen Facetten zusammengesetzt sind. Normalerweise hielt sich John durch die Kraft seiner Manien, seiner Besessenheit zusammen, die sein ganzes Sein auf ein einziges begehrtes Ziel konzentrierte und so seine Inkohärenz auf ein Minimum reduzierte.

Aber wenn er in seine traumartigen Phasen der Selbsthypnose versank, fing er an auseinanderzufallen. Wie er dem offiziellen Biographen der Beatles, Hunter Davies, erzählte: «Wenn ich drei Tage lang allein bleibe und nichts tue, verlasse ich mich selbst beinahe vollständig... Ich sehe mir von oben selber zu... Ich sehe meine Hände und kapiere, daß sie sich bewegen, aber es ist ein Roboter, der das tut... Es ist wirklich beängstigend.»

In solchen Augenblicken tauchten Lennons unterdrückte Persönlichkeiten auf, und jede von ihnen behauptete, sie sei das wahre «Ich». Lennons *personae* waren nicht die bei Persönlichkeitsspaltung üblichen unverständlich verschiedenartigen Wesenheiten, sondern Manifestationen seiner inneren Widersprüche, und deshalb erschienen sie in antithetischen Paaren wie der «Mönch» und der «Zirkusfloh». Auch wenn John diese beiden Manifestationen seines Selbst nie ausführlich beschrieben hat, ist es klar, daß sie zu den zwei entgegengesetzten Polen seines Seins gehörten: sein zwanghaft besessener Tatendurst und sein geruhsam lethargischer Genuß an Träumerei. Der Lennon seiner eigenen Phantasie war abwechselnd ein Seeräuber und ein schlummernder Säugling.

Wenn Lennons Angst vor Realitätsverlust zu beunruhigend wurde, brachte er sich selbst durch ein einfaches Mittel wieder zurück auf den Boden der Tatsachen. «Wenn es zu schlimm wird», erzählte er seinem Biographen, «muß ich die anderen sehen.» Die Bedeutung der Beatles für ihn lag in solchen Augenblicken darin, daß sie «jemand anders, aber wie ich» waren. In anderen Worten: Die Beatles verkörperten die Identität, die John Lennon ständig verlor.

Doch ihre eigene Identität war alles andere als einfach. Man denke nur an die verschiedenen Bilder, die die Öffentlichkeit von den Beatles hatte. Ursprünglich betrachtete man die Fab Four allgemein als einen viermal wiederholten Menschen. Bald wurde dieses Bild durch die Vorstellung von vier verschiedenen Menschen ersetzt, die das gleiche Kostüm trugen. So sah sie der typische Beatles-Fan, der sich dann mit seinem Lieblingsbeatle identifizieren konnte. Die raffiniertesten Beatlesfreunde aber hatten noch einen weiteren Trick: Sie sahen die Beatles als *einen Menschen mit vier verschiedenen Gesichtern*. Diese Vorstellung war für die Beatles selbst reizvoll, aber sie läßt eine Frage offen: Wer war dieser Mensch?

Den wichtigsten Hinweis hierauf bietet die hervorragendste Beschreibung der Beatles als kollektive Identität, die je verfaßt wurde. Für den englischen Pop-Kritiker Nik Cohn war das bemerkenswerteste an ihnen ihre Selbstgenügsamkeit, das Produkt ihrer vollkommenen gegenseitigen Ergänzung. Jeder Beatle war mit den anderen verschränkt und bildete ein Gegengewicht zu ihnen wie das Uhrwerk einer Schweizer Uhr. «Lennon war der Brutale», schreibt Cohn, «McCartney war der Hübsche, Ringo Starr der Liebenswerte, und Harrison war der Ausgeglichene. Und wo Lennon taktlos war, war McCartney ein geborener Diplomat. Und wenn Harrison begriffsstutzig wirkte, war Lennon sehr clever. Und wo Starr ein Clown war, war Harrison beinahe melancholisch. Und wenn McCartney ein Ästhet war, war Starr ein einfacher Junge. Immer rundherum und rundherum... und das Ganze erzeugte ein beruhigendes Gefühl von Geschlossenheit.» Ganz richtig. Aber was war die Quelle dieser dialektischen Geschlossenheit?

Die Antwort lautet, daß die Beatles von John Lennon erfunden wurden, der sie nach seinem Bilde schuf. Praktisch jedes Attribut, das Cohn verwendet, um die einzelnen Mitglieder der Gruppe zu charakterisieren, würde auf Lennon alleine passen. John war *Ästhet* und brutal zugleich. Schließlich war er es und nicht Paul, der drei Jahre Kunst studierte. Auf der anderen Seite versuchte John, ein *einfacher Junge* zu sein, den unkomplizierten Müßiggänger zu spielen. Und dieses Verhalten brachte ihn ebenso nah an Ringo wie die Tatsache, daß auch John ein Clown sein konnte. Doch hinter seiner Clownsmaske, das hat er selbst gestanden, lag eine gerunzelte Stirn, und er ähnelte dem *melancholisch ausgeglichenen* George. John war auch *liebenswert*, denn wer sonst in der Geschichte des Showbusiness hat so viele empörende Dinge getan und sich dennoch die Zuneigung des Publikums bewahrt? *Hübsch* war er nicht, aber Schönheit ist kein Charakterzug. Und was die zwei Ausdrücke angeht, die am unpassendsten wirken – *Diplomat* und *begriffsstutzig* –, so sind auch sie nicht so abwegig, wie es zunächst scheint. Lennon zeigte oft diplomatisches Geschick, etwa wenn er sich für sich selbst oder die Gruppe entschuldigen mußte; und bei allem, was er nicht intuitiv erfassen konnte, etwa bei geschäftlichen Fragen, konnte er sich als erstaunlich begriffsstutzig erweisen. Wenn die Beatles ein Mann mit vier Gesichtern waren, dann war dieser Mann John Lennon.

Die Beatles verkörperten nicht nur alle Elemente der zersplitterten Persönlichkeit John Lennons, sondern sie brachten diese Elemente auch in vollkommene Harmonie zueinander, und das ermöglichte es ihnen, vollständige Selbstgenügsamkeit zu erreichen. Sie hatten genau die Eigenschaft, die die Schwestern Stanley in Johns Kindheit gezeigt hatten, und das war sein höchstes Ideal. Aber aus dem gleichen Grund handelte es sich auch um die Eigenschaft, die ihm am meisten fehlte, denn seine grundlegende Schwäche war seine Unfähigkeit, als reifer und unabhängiger Mensch zu leben. Als John Lennon sich in den Beatles verlor, hat er sich selbst gefunden; und als er sich von den Beatles trennte, verlor er sich selbst für immer.

Lennons Bruch mit den Beatles war ein Fall von psychischem Selbstmord. Mit einem Schlag durchschnitt er die Bande zu seinem kreativen Partner und seiner Band, das heißt zu seiner Kunst und seiner Familie. Zugleich verlor er den Halt in der Realität und war wieder da, wo er angefangen hatte – ein Waisenkind, das alleine in einem Haus mit einer herrschsüchtigen Herrin lebt. Kein Wunder, daß er einen Zusammenbruch erlitt. Dan Richter erzählte: «John fragte sich selbst: Wer wird jetzt für mich sorgen?»

Die Antwort hieß wohl Yoko. Aber auch sie fing an, Zweifel an der Ehe zu hegen. Sie hatte einen Mann geheiratet, von dem sie angenommen hatte, er werde sie wie eine Rakete auf die Höhen des Ruhms tragen. Aber jetzt benahm er sich, statt ihre Karriere zu unterstützen, wie ein krankes Kind und zwang sie in die Mutterrolle. Für eine Frau, die ihr Leben damit verbracht hatte, vor der Verantwortung der Mutterschaft zu fliehen, war das eine unerträgliche Situation.

John Lennons Zusammenbruch wurde durch seine Drogensucht verschlimmert, denn jetzt, wo seine Flitterwochen mit dem Heroin vorbei waren, strebte er die Scheidung an. Aber die war schwer zu bekommen, und er schaffte es nicht, sie endgültig zu machen. In dem naiven Glauben, Entzug bedeute nichts weiter als Abstinenz, machte er im August, als er in sein neues Haus in Tittenhurst Park zog, einen heroischen Versuch, sich den Heroingenuß abzugewöhnen. Er ließ sich so an einen Stuhl binden, daß er nur eine Hand frei hatte, um eine Zigarette zu rauchen. Drei ganze Tage saß er abwechselnd fiebernd und frierend da, schrie vor Schmerzen und bat, freigelassen zu werden. Er hat den ganzen Leidensweg mit klinischer Genauigkeit in «Cold Turkey» beschrieben, ein gewaltiger Fortschritt auf dem Weg zu der völligen Offenheit, die immer das Ziel seines Lebens gewesen ist.

Der Song, eigentlich eine Beschwörungsformel und kein Lied, wird von einem Baß getragen, der wie Herzschläge klingt, und von einer «White-Nigger-Stimme» intoniert, die ihre Vokalisation im Blueston verschleift. Eric Claptons ätzende Gitarre zerhackt den Song in einzelne Stanzen, und jede Strophe gewährt einen neuen blitzartigen Einblick in Lennons verzweifelten Kampf. Am Ende verfällt er in halb entsetztes, halb angeekeltes Schreien. Das alles liegt ein ganzes Jahr vor dem Urschrei-Album und ein halbes Jahr vor dem Zeitpunkt, zu dem John zum erstenmal etwas von dieser neuartigen Therapie hörte.

Schon bald war John wieder heroinsüchtig. Der Rückfall veranlaßte ihn und Yoko dazu, sich Dr. Michael Loxton aus Virginia Water anzuvertrauen, den ihnen Dan Richter empfohlen hatte. Richter, der heute keinen Tropfen Alkohol, geschweige denn Drogen mehr anrührt, litt früher entsetzlich unter seiner Sucht. Dann entdeckte er Methadon, das man vor kurzem in England zur Behandlung der ständig steigenden Zahl Suchtkranker eingeführt hatte. Methadon, ein künstliches Betäubungsmittel, das die Deutschen während des Zweiten Weltkriegs erfunden und Adolf Hitler zu Ehren Dolophin genannt hatten, war die neueste Errungenschaft auf der langen Liste von Chemikalien, die als Mittel gegen die Heroinepidemie angepriesen wurden. Wie für alle anderen, von Kokain angefangen, stellte sich bald heraus, daß die neue Droge fast so schlimm war wie die, die sie ersetzen sollte. Die Erfahrung lehrt, daß Methadon zwar die Sucht nach Heroin aufhebt und so den gefährlichen Verbrecher auf offener Straße in einen gefügigen ambulanten Patienten verwandelt, daß die vom Gesetz geduldete Droge aber viele der erschreckenden Wirkungen ihrer tödlichen Gegenspielerin ebenfalls hervorruft. Auch bei Methadon besteht die Gefahr einer tödlichen Überdosis wie die grauenhafte Möglichkeit, daß ein Säugling im Mutterleib süchtig wird und sechs Stunden nach der Geburt in Krämpfe verfällt. Später sollten sich John und Yoko bitter über ihre Abhängigkeit von der Droge beklagen, die sie hatte befreien sollen.

Am 5. März ließen sich die Lennons in die London Clinic am Devonshire Place 20 aufnehmen, eine teure Privatklinik, die sich auf wohlhabende Süchtige spezialisiert hatte. In der Öffentlichkeit wurde verbreitet, Yoko müsse sich wegen Komplikationen im Gefolge ihrer letzten Fehlgeburt operieren lassen. Unter dem ständigen Besucherstrom am Krankenbett waren auch Magic Alex, der Reporter Ray Connolly und Michael X*, ein Agitator aus Trinidad,

* Die Beziehung der Lennons zu Michael X markiert den Anfang ihrer schicksalhaften Leidenschaft für die zur Kriminalität neigenden Demagogen, die das radikale Klima der späten Sechziger hervorbrachte. Michael Abdul Malik war ein ehemaliger Zuhälter und Schläger, den die

dessen Black House kürzlich vom Gewinn einer öffentlichen Auktion profitiert hatte, bei der zwei Haarsträhnen von John und Yoko versteigert worden waren. Diese Besuche wurden durch kein einziges Pressefoto dokumentiert, ein sicheres Zeichen dafür, daß die Öffentlichkeit der Ballade von John und Yoko müde wurde. Michael X bewies seine Dankbarkeit für die Unterstützung der Lennons, indem er einen Koffer voll Marihuana ins Krankenhaus brachte. John freute sich über das Kraut, aber als er sah, wie die Ärzte Yoko eine Injektion geben wollten, schrie er sie an: «Gebt ihr das nicht! Sie ist ein Junkie!» Als das berühmte Paar am 29. März nach Tittenhurst zurückkehrte, teilte die Presse mit, daß Yoko im zweiten Monat schwanger war und im Oktober ein Baby erwartete.

Den letzten Hieb versetzte dem angeschlagenen Lennon sein alter Gefährte Paul McCartney, der monatelang auf seiner Farm in Schottland gelebt und keinen Kontakt zu irgend jemandem aufrechterhalten hatte. Er rief eines Tages an, um mitzuteilen, daß er die Band verlassen und ein eigenes Album herausbringen werde. John war sprachlos. Als er seinen Bruch mit den Beatles hatte ankündigen wollen, hatte er sich überreden lassen, im Interesse der Gruppe den Mund zu halten. Noch schlimmer war die Einsicht, daß Pauls Absprung das endgültige Ende der Band bedeutete. Wenn der wechselhafte Lennon seinen Austritt ankündigte, dann war das etwas anderes. John hätte es sich vielleicht noch mal überlegt und bereute es möglicherweise, seit er erkannt hatte, wie abhängig er von den Beatles war. Aber wenn Paul aufgab, der am härtesten dafür gekämpft hatte, die Gruppe zu retten, dann gab es offenbar kei-

britische Regierung in seine Heimat Trinidad abschob. Dort wurde er wegen zweifachen Mordes angeklagt und verurteilt. Obwohl die Lennons kaum die Möglichkeit hatten, die gegen ihn erhobenen Vorwürfe zu prüfen, waren sie davon überzeugt, daß man ihm eine Falle gestellt hatte. Nachdem sie ihn im April 1971 in Port-of-Spain besucht hatten und ihm Vorschüsse von Apple in Höhe von dreißigtausend Dollar für ein Buch, das er nie schrieb, zukommen ließen, finanzierten sie seine drei Berufungsverhandlungen und wandten sich für ihn an die britische Öffentlichkeit und einflußreiche Politikerkreise. Er wurde am 16. Mai 1975 hingerichtet.

nerlei Aussichten, wieder zusammenzukommen. Als ob all das nicht gereicht hätte, war auch noch die Terminplanung für Pauls Album, das am 17. April veröffentlicht werden sollte, die ungünstigst mögliche. Am 20. April startete United Artists den Beatles-Film *Let It Be* mit einer Tonspur, die Phil Spector aus alten aufgegebenen Beatles-Bändern zusammengestellt hatte. Auch ein Album von Ringo, *Sentimental Journey*, stand unmittelbar vor der Veröffentlichung. Wenn alle diese Produkte auf einmal erschienen, standen die Beatles in einem mörderischen Konkurrenzkampf untereinander.

John und George schickten den neutralen Ringo als Vermittler zu Paul. Als Ringo an der Tür klingelte, ließ Paul seinen alten Kumpel vor der Haustür stehen, um zu erklären, was er wolle. Nachdem er Ringo ins Haus gelassen hatte und dieser sich seines Auftrags zu entledigen begann, explodierte Paul. «Er verlor jede Spur von Selbstkontrolle», bezeugte Ringo. «Er schrie mich an, wedelte mir mit den Händen vor dem Gesicht herum und sagte: ‹Jetzt mach ich dich fertig›, und ‹Das wirst du mir büßen.› Er sagte, ich solle meinen Mantel anziehen und verschwinden.»

John ärgerte sich obendrein über die Pressemitteilung für Pauls Album, das den demonstrativen Titel *McCartney* hatte und auf dem Paul alle Instrumente spielte, die sonst die anderen Beatles gespielt hatten. Die Vorankündigung, die den Medien am 10. April zugespielt wurde, erregte weltweite Aufmerksamkeit. In Frage- und Antwortform berührte sie alle die Punkte, die jeden beschäftigten, knapp und abschlägig.

F.: Werden Paul und Linda zu etwas wie John und Yoko werden?
A.: Nein, sie werden Paul und Linda werden.
F.: Fehlen Ihnen die anderen Beatles und George Martin? Hat es einen Moment gegeben, wo Sie dachten, ‹Wäre Ringo doch jetzt hier›?
A.: Nein.
F.: Gehen Sie davon aus, daß die Partnerschaft Lennon-McCartney irgendwann wieder aktiv wird?
A.: Nein.
F.: Was halten Sie von Johns Friedensbemühungen? Von der Plastic Ono Band? Von Yoko?

A.: Ich liebe John und respektiere, was er tut. Aber es gefällt mir nicht.

PAUL LÖST DIE BEATLES AUF! KEINE BEATLES OHNE PAUL!

Die Schlagzeilen liefen um die Welt. Und eine vollkommen unvorbereitete Öffentlichkeit war schockiert.

Nichts hätte dramatischer und endgültiger beweisen können, daß die goldene Zeit der Sechziger vorbei war. Jetzt konnte man nur noch den mühsamen Versuch machen zu verstehen, wie diese Katastrophe über die beliebtesten Unterhaltungskünstler der Welt hereingebrochen war. Allgemein war man der Meinung, die Beatles hätten sich getrennt, weil sie endlich erwachsen geworden seien. Obwohl die Tatsachen dieser naiven Analyse voll und ganz widersprachen – alle vier hatten längst geheiratet, drei von ihnen waren Väter, einer hatte sich scheiden lassen und zum zweitenmal geheiratet –, reduzierte eine gedankenlose Presse den Zusammenbruch der Beatles auf eine Strophe von «That Old Gang of Mine». Regelmäßig schlossen die primitiven Nachrufe mit dem Zitat der letzten Zeile der letzten Platte der Beatles, dem bekannten Spruch über die Gleichwertigkeit der Liebe, die man nimmt und die man gibt. Obwohl sich dieses Zitat für einen Abgesang eignete, hatte es wenig mit den eigentlichen Gründen zu tun.

Die wahren Gründe für das Auseinandergehen der Beatles waren deutlich in ihrem Film *Let It Be* zu sehen. Obgleich Paul das Material sorgfältig redigiert hatte, um alles im besten Licht erscheinen zu lassen, war der Film ein wirres Gemenge von Langeweile, Trägheit und Schweigsamkeit. Es gab so gut wie keinen wirklichen Dialog – außer ein paar halb geflüsterten Nebenbemerkungen –, und Spiel und Gesang der Gruppe waren kläglich, bis auf die perfekt inszenierten Soli von Paul. Auch das Album war trotz der Mühe, die sich Phil Spector damit gegeben hatte, kein bißchen besser. Selbst der größte Mixer kann aus mittelmäßigen Bändern keine überwältigenden Hits machen, besonders wenn er die ganze Zeit vorsichtig damit umgehen muß. Nur bei einer Nummer, «The Long and Winding Road», gab Spector seinem Hang zum Aufblähen und Orchestrieren nach. Paul beschwerte sich bitter, man habe seine Arbeit ruiniert, obgleich das Arrangement genau den Ton traf, den die Feierlichkeit des Songs benötigte. Als das Album in Anerkennung für die beste Filmpartitur den einzigen Oscar erhielt, der den Beatles je verliehen wurde, flog Paul nach Los Angeles, um die Trophäe in Empfang zu nehmen.

Während John und Yoko unter ihren vielen Problemen litten, wurde ihnen das Haus über dem Kopf abgerissen. Tittenhurst Park (das Maclen im Mai 1969 für 145 000 Pfund für die Lennons gekauft hatte) war ein stattliches georgianisches Herrenhaus inmitten von zweiundsiebzig Morgen hügeliger Waldlandschaft. Wie viele alte Herrenhäuser war auch Tittenhurst von innen ein Gewirr von kleinen Räumen, die den neuen Eigentümern nicht zusagten. Sie wollten das Haus in ein ländliches Äquivalent von Andy Warhols Factory verwandeln. Die Lennons ließen die Innenwände herausreißen und eine Ausrüstung zur Herstellung von Filmen und Schallplatten mit Profiqualität installieren. Sie bauten ein Sechzehnspur-Tonstudio mit Echokammern und gegen Feuchtigkeit und Temperaturschwankungen geschützte Lagerräume. Es gab Vorführräume für Sechzehn- und Fünfunddreißigmillimeterfilme, Redaktionsräume und Dunkelkammern. Billardsäle für pausierende Musiker rundeten das Unternehmen ab, das John als Ascot Studios bezeichnete.

Yoko sehnte sich nach der Weitläufigkeit eines New Yorker Lofts, also wurde das ganze Erdgeschoß in einen einzigen Raum umgebaut, der für eine viertel Million Dollar mit einem weißen chinesischen Teppich ausgelegt war. John wollte nahe am Wasser sein, deshalb wurde ein Teich angelegt, der mit Gummimatten ausgekleidet wurde. Leider vertrugen die ausgesetzten Fische die Auskleidung nicht und gingen ein. Für das Obergeschoß bestellten die Lennons ein riesiges drehbares Bett (das nie funktionierte) mit der Imitation einer Schallplatte als Bettdecke. Dem runden Bett entsprach eine kreisförmige Badewanne für zwei Personen, über der eine Fernsehkamera hing.

All diese Abriß- und Aufbauunternehmungen führten auf Georges Vorschlag hin ein Dutzend Hare-Krishna-Jünger in orangefarbenen Roben unter der Aufsicht von Dan Richter aus, der mit Jill und ihren Kindern Sasha und Misha eingezogen war, um die Verwaltung des Grundstücks zu übernehmen. Dem Gründer der Hare-

Krishna-Sekte, A. C. Bhaktivedanta Swami Prabhupad (einem pensionierten Pharmazeutik-Unternehmer), wurde eine viktorianische Versammlungshalle in der Nähe des Hauses zugewiesen, die er in einen hinduistischen Tempel verwandelte. John sollte die Hare-Krishnas hassen lernen, weil sie streitsüchtig und ungeschickt waren. Wenn sie die Fenster putzten und lächelnd ihre rasierten Schädel auf und nieder tanzen ließen, kopierte John sie spöttisch und beantwortete ihr repetitives «Hare Krishna, Hare Krishna» mit lennoneskem Gegengesang: «Fick dich! Fick dich!» Als der Swami die Besitzurkunde für den Tempel verlangte, jagte Lennon die ganze Bande von seinem Grundstück. Dann ließ er sich finster brütend im gläsernen Vorbau der Küche nieder, zog an seinen Zigaretten, schlürfte seinen Tee und starrte auf die kahlen Bäume im kalten Nieselregen.

EIN HEILER AUS HOLLYWOOD

John Lennons Leben neigte sich einem Tiefpunkt zu, als er eines Tages die Heilsbotschaft in der Morgenpost fand. Er öffnete einen dicken gepolsterten Umschlag und fand darin ein Buch mit dem aufsehenerregenden Titel: *Der Urschrei.* «Schon der Titel ließ mein Herz schneller schlagen», erklärte er. «Dann habe ich die Klappentexte gelesen. Sie wissen schon: ‹Ich bin Charlie Soundso. Ich bin dabeigewesen und habe folgendes erlebt.› Ich dachte: ‹Das ist was für mich! Das ist was für mich! Das ist besser als LSD, um mit sich selbst klarzukommen.› Ich dachte: ‹Das sollten wir probieren.› Aber ich hatte mich in der Vergangenheit so oft geirrt – bei den Drogen, beim Maharishi –, daß ich es erst mal Yoko zeigte. Sie war ganz meiner Meinung. Also hängten wir uns ans Telefon.» Der impulsive Kunde John Lennon traf alle seine Entscheidungen, auch die wichtigsten, plötzlich und ohne langes Überlegen. Was diesmal den Kaufinstinkt auslöste, war das Wort «Schrei».

Das hochgradig affektiv besetzte Wort löste bei John außergewöhnlich starke Assoziationen aus. Als erstes dachte er an Yoko, deren Markenzeichen Geschrei war. Dann dachte John an all die Schreie, die er im Laufe der Zeit ausgestoßen hatte: von der Zeit an, als er sich mit «Twist and Shout» heiser gebrüllt hatte, bis zu seiner neuesten Aufnahme «Cold Turkey». Schreie waren das Geräusch, das die Beatles auf die Höhe ihres Ruhms getragen hatte. John brauchte das Buch gar nicht erst zu lesen, um zu wissen, daß es die richtige Antwort für ihn enthielt; er brauchte bloß den Titel zu sehen. «Ich hätte mich nie auf eine Therapie eingelassen», erklärte er, «wäre da nicht dieses Versprechen eines befreienden Schreis gewesen.»

Arthur Janov, dem sich John anvertrauen wollte, war kein Psychiater, sondern ein dynamischer sechsundvierzigjähriger Psychologe aus Los Angeles. Er hatte zwanzig Jahre teils in privaten, teils in öffentlichen Institutionen gearbeitet, bevor er sein Aha-Erlebnis hatte. Er beobachtete die heftig durchlebte infantile Regression eines Patienten. Zuckend lag der junge Mann auf dem Praxisboden, wimmerte wie ein Säugling und schrie immer wieder nach Mama und Papa. Am meisten beeindruckten Janov der einmalige, unheimliche Schrei, den der Mann zu Beginn des Anfalls ausstieß, und der Eindruck von Neugeburt, den er am Ende der Episode ausstrahlte, als er befreit ausrief: «Ich kann *fühlen*!»

Janov baute auf dieser Episode eine Theorie und eine Praxis auf, von der er glaubte, sie leite eine Revolution der Seelenheilkunde ein. Er ging davon aus, wenn er einen Patienten auf die Reise zurück in seine frühe Kindheit schicken und ihn schreiend den ganzen Schmerz bewältigen lassen könne, den er verspürt hatte, als damals seine Bedürfnisse nicht erfüllt wurden, würden all die verzerrenden und betäubenden Bollwerke eingerissen, die der Patient später errichtet hatte, um den ursprünglichen Schmerz nie wieder empfinden zu müssen. So sollte ein neuer Mensch geboren werden, der wieder imstande war, das Glück und das Leid des Lebens zu fühlen.

Die Urschrei-Therapie war in ihrer Grundidee (wenn auch nicht in ihrer praktischen Technik) der kathartischen Therapie eng verwandt, mit der die Karriere Sigmund Freuds als Heiler vor der Jahrhundertwende begonnen hatte. Freud hatte sich bald von der Idee abgewandt, und unter Analytikern war man sich darüber einig, daß die spektakulären Durchbrüche, die mit dieser Methode erzielt wurden, keine therapeutische Wirkung hatten, weil sie in Wirklichkeit den Suggestionen des Analytikers und dem Anpassungsstreben des Patienten entsprangen. Außerdem lehrt die Erfahrung, daß kathartische Erlebnisse zwar kurzfristige Linderung bringen, daß das emotionale Geschwür, das dadurch aufgestochen wurde, aber schnell wieder vereitert.

Fragen der theoretischen Medizin waren nicht Janovs Stärke. Er war in erster Linie ein Heilkundiger, der sich für einen Einzelgänger wie Wilhelm Reich hielt, für einen Außenseiter, der ein Allheilmittel entdeckt hatte. Janov behauptete, er könne nicht nur Neurosen heilen, sondern auch «Homosexualität, Drogenabhängigkeit, Alkoholismus, Psychosen, endokrine Störungen, Kopfweh, Magengeschwüre und Asthma». Janov muß es als großen Tag in seinem Leben empfunden haben, als er die unverwechselbare Stimme John Lennons vernahm, der ihn telefonisch aus London um Hilfe bat. Janov brauchte selbst alle Unterstützung, die er finden konnte, gegen die Skepsis, mit der die Schulmedizin seiner Methode begegnete. Er hatte sich bereits an eine breite, von Popstars leicht zu beeinflussende Öffentlichkeit gewandt, indem er Vorausexemplare von *Der Urschrei* an Prominente wie John Lennon und Mick Jagger schickte. Es dauerte nicht lange, bis sich Janov von seiner attraktiven Frau und Assistentin Vivian begleitet auf den Weg nach England machte.

Janovs Ankunft in Tittenhurst war eine Sensation. Man erwartete einen bebrillten alten Opa wie die Ärzte aus der Harley Street. Statt dessen erschien ein Mann in den Vierzigern, der über das Aussehen, die Garderobe und die Ausstrahlung eines Filmstars verfügte. Sein sorgengefurchtes Gesicht mit dem attraktiven Adlerprofil (von vorne wirkte es eher mürrisch und traurig) wurde von blondem Kraushaar mit grauen Strähnen umrahmt, dem ein teurer Friseur die Pudelform verliehen hatte, wie sie Schwarzen die Natur schenkt. Er trug einen hellblauen Kaschmirpullover mit V-Ausschnitt und eng geschnittene graue Hosen. Am bemerkenswertesten war seine Art sich zu bewegen, die auf hundert Schritt Entfernung verkündigte: «Ich, Sigmund Wilhelm Janov, bin sechstausend Meilen weit gereist, um den größten Popstar der Welt zu heilen.»

John und Yoko hatten seit vierundzwanzig Stunden mit angehaltenem Atem darauf gewartet, was der Doktor tun würde, wenn er da war. Sie hatten sich so genau an seine Anweisungen gehalten, wie es ihre Disziplinlosigkeit erlaubte. Sie hatten sich für vierundzwanzig Stunden voneinander getrennt; und das war eine Leistung ähnlich der Trennung siamesischer Zwillinge. Sie hatten den Fernsehapparat keines Blickes gewürdigt (ein schmerzlicher Akt der Selbstbeherrschung für John), sie hatten keine Zigaretten geraucht (Lennon wenigstens nicht mehr als ein Päckchen), sie hatten nicht telefoniert (was Yoko zum Wahnsinn getrieben haben muß), und sie hatten keine Drogen genommen (außer ihrer Dosis Methadon). Jetzt waren sie bereit, vor ihren Erlöser zu treten. Der ganze spätere Verlauf der Therapie wurde vermutlich von jener ersten Minute bestimmt, in der Janov den entscheidenden Fehler machte, sich nicht zuerst um Yoko zu kümmern, sondern gleich auf den Star zuging.

Nach einer zweistündigen Sitzung legte Janov seine Diagnose vor. «John funktionierte einfach nicht richtig. Er brauchte Hilfe.» Für Yoko galt das gleiche. «Hilfe» hatte in diesem Fall nichts mit freundlichen Worten und Händchenhalten zu tun. Im Gegenteil! «Meiner Meinung nach kann man Neurosen nur durch Macht und Gewalt zerstören», erklärte der radikale Heiler. Als Rommel der Couch war Janov gewohnt, den Feind vom ersten Moment an zu bekämpfen und ihn in dem Zeitraum in die Flucht zu schlagen, den die traditionelle Psychotherapie braucht, um eine vollständige Diagnose zu erstellen. Wo andere Therapeuten in Jahresfristen dachten, sprach Janov von einem dreiwöchigen Intensivkurs und einer sechsmonatigen Nacharbeitsphase. Ein Jahr war der längste Zeitraum, über den sich seine Behandlung erstreckte.

Um in so kurzer Zeit Resultate zu erzielen, muß der Arzt kühn zu Werke gehen. Der Patient muß aus seinem normalen Milieu herausgerissen und sensorischem, emotionalem und kognitivem Entzug ausgesetzt werden. Janov bestand darauf, daß sich John und Yoko trennten. Sie zogen in benachbarte Hotels, das Inn on the Park und das Londonderry. Janov ermutigte sie, sich ihren körperlichen Bedürfnissen hinzugeben, und sie entwickelten eine unwiderstehliche Gier auf Eiskrem. Dan Richter erinnert sich, wie er das Delikatessengeschäft in Ascot anrief und Kisten von Eiskrem in jeder Geschmacksrichtung bestellte. John schwärmte besonders für Schokolade, Yoko für Haselnuß-Vanille. Wenn sich die berühmten Stars abends mit ihren Angestellten an den langen Eßtisch in der Küche setzten, standen überall Eiskrempackungen.

Als nächstes betätigte sich Janov als Familienberater. Nachdem John seine extrem ambivalenten Gefühle für Julian enthüllt hatte, den er seit dem letzten Juli nicht mehr gesehen hatte, drängte Janov den nachlässigen Vater, seinen Sohn zu besuchen. Hätte der Therapeut mehr über die familiären Umstände gewußt, hätte er erkannt, daß das ein gefährlicher Vorschlag war. Yoko protestierte energisch gegen den Besuch Johns bei dem Jungen und sagte: «Es ist nicht fair, daß du Julian sehen darfst, wenn ich Kyoko nicht sehen darf.» Vielleicht hatte sie auch Angst, daß John in einer Situation, in der ihre Ehe gefährdet war, auf die Idee kommen könnte, zu Cynthia zurückzukehren. Schließlich wußte niemand besser als Yoko Ono, wie leicht John Lennon zu beeinflussen war. In Wirklichkeit gab es keinen Anlaß zur Besorgnis. John interessierte sich nicht für seine Ex-Frau; jetzt, wo er sie endlich los war, konnte er sich kaum mehr vorstellen, daß er so viele Jahre mit ihr zusammengelebt hatte. Außerdem wollte Cynthia Roberto Bassanini heiraten, der vorhatte, demnächst ein Restaurant in London zu eröffnen.

Julian muß beinahe vor Angst gestorben sein, als sein Vater die Treppe zu Cynthias neuem Haus in Kensington heraufschritt. John saß lange mit der Teetasse in der Hand da und erzählte von der Urschrei-Therapie, als das Telefon klingelte. Es war Val Wilde, die Haushälterin in Tittenhurst. Aufgeregt erzählte sie, Yoko drohe, eine tödliche Überdosis zu nehmen, weil John soviel Zeit bei Cynthia verbrachte. John warf den Hörer auf die Gabel, stürzte auf die Straße und rief Les Anthony zu: «Los, fahren wir! Die doofe Ziege droht mit Selbstmord!»

Zu Hause angekommen rasten John und Les nach oben ins Schlafzimmer. «Sie lag im Bett und sah aus, als stünde sie kurz vor dem Tod», erinnerte sich Anthony, und fügte hinzu: «Ich persönlich glaube, daß sie uns etwas vorspielte – aber es war keine schlechte Vorstellung, und sie hat John daran gehindert, Cynthia jemals wieder zu besuchen.»

Wie Dr. Janov den Zwischenfall interpretierte, ist unbekannt. Jedenfalls demonstrierte er, wieviel potentiellen Konfliktstoff es zwischen John Lennons Psychotherapeuten und John Lennons Ehefrau gab. Unerschüttert stürzte sich Janov weiter in seine täglichen Marathonsitzungen, die er erst Mitte April abbrach, nachdem er John und Yoko überredet hatte, ihr Leben auf Eis zu legen und ihm nach Los Angeles zu folgen, wo sie am 27. April eintrafen.

Vielleicht das Merkwürdigste an der ganzen Urschrei-Theorie war die Tatsache, daß ihr Begründer, der Mann der glaubte, die Kur für zahllose Übel läge im Schrei, selbst nicht schreien konnte. Er konnte sogar kaum sprechen. Arthur Janov litt seit Jahren an einem Halsleiden, das operativ behandelt, aber nie geheilt worden war. Infolgedessen sprach er sehr leise und neigte zur Schweigsamkeit. Auf den Pressekonferenzen, auf denen Janov Filme von seiner Arbeit zeigte, war es seine Frau Vivian, die das Wort führte. Erst sah man, wie sich eine Frau in der Sitzung die Seele aus dem Leib schrie. Dann sah man sie vier Monate später glücklich lächelnd in der Küche stehen, Salat machen, Butterbrote schmieren und tiefen inneren Frieden ausstrahlen.

Neben dem Schreien war Weinen eines der wichtigsten Elemente der Urschrei-Therapie. Arthur und Vivian Janov weinten ständig. Mitten in einem wichtigen Interview mit einer großen Zeitung konnte es passieren, daß Vivian auf ein Thema kam, das ihr am Herzen lag, und plötzlich in Tränen ausbrach. Ihr Schluchzen war ein Symbol für Janovs Botschaft: «Im Grunde bist du nur ein trauriger kleiner Säugling. Also hör auf mit dem Scheiß, und gib es zu!»

Weinen konnte John Lennon genausogut wie schreien. In der Tat hätte Lennon die ganze Welt nach einem Psychotherapeuten absuchen und keinen finden können, der besser zu ihm paßte als Arthur Janov. Denn der Doktor war nicht nur Heiler, sondern auch Musiker, ein Jazztrompeter, der Miles Davis verehrte (noch ein Typ, der kaum sprechen kann). Und Janov war auch politisch interessiert und hatte sich in Palm Springs zur Wahl gestellt. Er drängte die Lennons, politisch aktiver zu werden, und sie folgten seinem Ratschlag.

Die Methode der Urschrei-Therapie war einfach und unkompliziert. Erst wurde der Patient in einer Serie von Einzelsitzungen vorbereitet, bei denen Janov die traditionelle Freudsche Position des unbeteiligten Zuhörers annahm. Allerdings ermutigte er den Patienten nicht, ziel- und zusammenhanglos Gefühle und Gedanken zu artikulieren, sondern forderte ihn auf, die Szenen aus seiner Vergangenheit nachzuspielen, die ihm besonders bedeutsam erschienen. In diesen Augenblicken forderte Janov den Patienten zum Schreien auf.

Die gedämpfte Atmosphäre der Einzelsitzungen ließ nichts von der außergewöhnlichen Stimmung der Gruppensitzungen ahnen, die den Kern der Kur ausmachten. Dreimal die Woche, dienstags, donnerstags und samstags, versammelten sich bis zu dreißig Patienten in einem der zwei fünfzig Quadratmeter großen Behandlungsräume am Sunset Drive 900. Die Samstagvormittagssitzung, die Janov selbst leitete, war der Höhepunkt der Woche.

Die Patienten – überwiegend junge Leute aus der Mittelschicht – trugen Sportkleidung wie zu einer Gymnastikstunde in Beverly Hills. Sie verteilten sich stehend, sitzend oder auf dem Teppichboden liegend im Raum. Janov, der ein offenes Hemd und Freizeithosen trug, sagte: «Wer hat ein Gefühl?» Irgend jemand meldete sich und erzählte von einem beunruhigenden Kindheitserlebnis. Wie auf Kommando steigerten sich die anderen in das Ritual. Wo vor einem Augenblick alles nach einer Gymnastikstunde ausgesehen hatte, wurde jetzt *Marat/Sade* inszeniert.

Auf einer Seite des Zimmers begannen ein paar kräftige Männer, heulend und tobend mit den Fäusten gegen die Wand zu schlagen. In der anderen Ecke rollte sich eine reife Frau in Trikot und Strumpfhosen in Embryonalhaltung zusammen und fing an, am Daumen zu lutschen. Ein rundlicher Mann mittleren Alters schrie sein Leiden so heftig in die Welt, daß das Fett auf seinem Körper wackelte. Mitten im anschwellenden Tumult, unter den Schreien nach «Mama!» und «Papa!», die die Luft erzittern ließen, zwischen Tränenfluten über stöhnenden und seufzenden Gesichtern, bewegte sich Janov durch den Raum und arbeitete so ruhig und effizient wie ein Arzt in der Notaufnahmestation.

Den einen Patienten ließ er sich noch weiter in seinen Anfall hineinsteigern, einem anderen gab er ein Zeichen, sich fallen zu lassen. Die Assistenten zirkulierten im Raum, wischten Tränen ab und lieferten die Stichworte für neue Ausbrüche. Das Geschrei, das Weinen, die physische Gewaltsamkeit dauerten ohne Pause zwei Stunden lang an, bis der Raum an eine Säuglingsstation oder eine Kindertagesstätte voll von zu groß geratenen plärrenden Babys erinnerte. Die Illusion wurde durch die Ausstattung mit einer überlebensgroßen Wiege und riesigen Teddybären und Schlafpuppen verstärkt.

Bobby Durst, der Sohn eines Immobilienhändlers vom Times

Square, war den ganzen Sommer 1970 über bei Janov in Behandlung. Er erinnerte sich, wie überrascht er war, als er das erste Mal die «Schlangengrube» betrat und unter all den erregten Patienten die bekannten Gestalten von John Lennon und Yoko Ono erblickte. John wälzte sich auf dem Boden hin und her, stöhnte und schrie und rief nach seiner Mutter und seinem Vater. Yoko lag ganz still und zitterte.

Die Samstagssitzung endete in einer normalen Gruppentherapie, und das verschaffte Durst die Gelegenheit, John und Yoko unmittelbar über ihre emotionalen Probleme zu befragen. Durst erinnerte sich, daß John besonders mit zwei Themen beschäftigt war: Mutter und Religion. Er war überzeugt, daß seine Mutter ihn wirklich geliebt hatte und daß sein Vater ihn von ihr getrennt hatte. Er machte sich besonders über eine Szene Gedanken, als er und seine Mutter auf dem Weg in die Kirche waren und der Vater ihnen verbot, das Haus zu verlassen. (Freddie Lennon hielt Religion in der Tat für das «Opium des Volkes» und konnte sich sehr über das Thema ereifern). Nachdem er all seine Vorwürfe gegen seinen Vater vorgebracht hatte, brach John in die rhetorische Frage aus: «Und was tue ich heute dagegen? Ich gebe ihm Geld!»

Wenn die Sitzung gegen Mittag zu Ende war, verließen die Patienten geschlossen das Gebäude, marschierten über den Strip zu Bob's Big Boy und aßen Hamburger, Johns amerikanisches Lieblingsessen. John machte auf alle, die ihn dort kennenlernten, einen bemerkenswert bescheidenen und natürlichen Eindruck. Nach dem Mittagessen bestiegen die Lennons ihre Limousine und zogen sich in das gemietete Haus in der Nimes Road 841 in den Hügeln von Bel Air zurück. «Wir fuhren zur Sitzung, weinten uns schön aus, kamen nach Hause und gingen im Swimmingpool schwimmen», faßte John später den Tagesablauf dieser vier Monate zusammen. «Man fühlte sich wie auf einem Trip oder nach einem guten Joint, vibrierend und munter im Pool, und alles war okay. Aber dann türmten sich die Mauern wieder auf, das LSD wirkte nicht mehr, der Joint ließ nach, und ich brauchte wieder einen neuen Fix.»

In Indien hatte der zynische Magic Alex John die Illusionen geraubt und ihn veranlaßt, den Ort zu verlassen, an dem er so glücklich und produktiv gewesen war. In Los Angeles übernahm Yoko

Ono diese Rolle. «Janov war für John ein Vater», sagte sie Jahre später. «Ich habe einen Vater gehabt... aber ich habe seine Heuchelei durchschaut. Wenn ich deshalb etwas sehe, das angeblich so groß und wunderbar ist – einen Guru oder einen Urschrei –, bin ich sehr skeptisch.» Yoko behauptete, sie habe John vor dem schrecklichen Schicksal bewahrt, sich von Janov ausbeuten zu lassen. Sie sprach davon, daß Janov Videokameras ins Zimmer gebracht habe, wenn sie sich in den Urschrei verloren. In Wirklichkeit waren Janovs Gruppensitzungen schon aufgezeichnet worden, bevor John und Yoko dazu stießen. Jeder Patient wußte, daß er nur zur Seite treten mußte, wenn er nicht gefilmt werden wollte. John und Yoko waren immer unter den Patienten gewesen, die sich aus dem Blickwinkel der Kamera herausgehalten hatten. Die Kameras können also nicht der wahre Grund für den abrupten und zornigen Bruch zwischen den Lennons und Janov gewesen sein. In Wahrheit ging es um etwas viel Brisanteres. «Ich sage es Ihnen», vertraute mir Allen Klein an, «Janov wollte, daß John Yoko verläßt.»

«Janov war hart», sagte Lennon, «aber Yoko war er nicht gewachsen. Sie beobachtete ihn bei allem, was er tat. Sie kriegte alles heraus, und am Ende konnte sie es besser.» Oder wie Yoko formulierte: «Ich habe die Urschrei-Therapie mit ihm gemacht. Ich habe zugesehen, wie er in seine Kindheit zurückgekehrt ist. Ich kenne seine tiefsten Ängste.» Außerdem hatte Yoko Glück. Auf dem Höhepunkt ihres Kampfes um die Diskreditierung Janovs fand sie einen unerwarteten Verbündeten in den Einwanderungsbehörden, die sich weigerten, das Visum der Lennons zu verlängern. Im September flogen John und Yoko zurück nach England und kamen dort einen knappen Monat vor Johns dreißigstem Geburtstag an.

Obgleich John Lennon nur vier Monate in Therapie gewesen war – was für derartige Behandlungen sehr kurz ist –, hatte er enorm von der Erfahrung profitiert. Er erholte sich von einem schweren Nervenzusammenbruch, lernte Dinge über sich selbst, die er nie mehr vergaß, und sammelte das Material für sein wichtigstes Album. Denn, wie er das immer tat, hatte John auch diesmal die Einsichten, die er in der Therapie gewann, in eine neue Sammlung von Songs umgesetzt. Noch Monate nachdem er Janov verlassen hatte, wiederholte er die therapeutische Erfahrung täglich und sagte: «[Die Urschrei-Therapie] war das Wichtigste, das mir geschehen ist, abgesehen von der Tatsache, Yoko getroffen zu haben und geboren worden zu sein.» Daß er die Therapie abbrach, war ein schrecklicher Fehler, denn damit hatte er das weggeworfen, was sich als seine letzte Chance entpuppte, mit den tödlichen geistigen und emotionalen Problemen umgehen zu lernen, die sein Leben bald zerstören sollten.

Es war auch höchst gefährlich, die Therapie abzubrechen, bevor John einen Weg gefunden hatte, die Büchse der Pandora wieder zu schließen, die während der Behandlung aufgerissen worden war. Janov warnte Lennon vor den Gefahren, auf die er zusteuerte. Wo die Gefahren lagen, wurde in dem Augenblick sichtbar, in dem John seinem Vater zum erstenmal wieder von Angesicht zu Angesicht gegenüberstand.

DER ZORN LENNONS

N*ur zu öffnen, falls ich verschwinde oder eines unnatürlichen Todes sterbe»*, lautete die Aufschrift auf dem Umschlag, den Freddie Lennon nach der furchteinflößenden Begegnung mit seinem Sohn an dessen dreißigstem Geburtstag bei seinem Anwalt hinterlegte. Noch Monate nach dem traumatischen Ereignis fürchteten Freddie und Pauline um ihr Leben, denn John hatte gedroht, Freddie erschießen zu lassen und seinen Leichnam im Meer zu versenken. «Sein Anblick war schrecklich», hieß es in Freddies Brief, «und er schilderte im einzelnen, wie man mich auf hohe See hinausbringen und über Bord werfen werde, ‹zwanzig, fünfzig oder, wenn es dir lieber ist, hundert Faden tief›. Die ganze schreckliche Tirade trug er mit abscheulicher Freude vor, als nehme er selbst an der Tat teil.» Hilflos der Wut eines Wahnsinnigen ausgesetzt, hatte Freddie das einzige getan, was in seiner Macht stand. Er hatte einen vollständigen Bericht über die Vorfälle geschrieben und ihn seinem Anwalt übergeben. Wenn es zum Schlimmsten kam, würde wenigstens dieses stumme Zeugnis der vatermörderischen Pläne John Lennons bleiben.

Bösartig ist das einzige Wort, mit dem man Johns Verhalten beschreiben kann. Als erstes hatte er seinen Vater, mit dem er seit über einem Jahr nicht mehr gesprochen hatte, angerufen und ihn überredet, zu einer Geburtstagsfeier im Familienkreis nach Tittenhurst zu kommen. Nachdem Freddie eingewilligt hatte, machte sich John daran, ihm einen Empfang zu bereiten wie Tony Perkins in *Psycho*. Als Freddie mit seiner Frau und seinem achtzehn Monate alten Kind vor dem imposanten Pförtnerhäuschen von Tittenhurst Park vorfuhr, empfing ihn Diana Robertson, die attraktive Sekretärin der Lennons. Diana begleitete die kleine Familie die lange gewundene Auffahrtsallee zum Haus hinauf. Dann bat sie die Gäste, im Torweg zu warten, während sie im Haus verschwand, um weitere Instruktionen einzuholen. Als Freddie seine Blicke über das Anwesen schweifen ließ, das er noch nie gesehen hatte, überfiel ihn ein unheimliches Gefühl. Vielleicht war es der Anblick des zertrümmerten weißen Maxi auf seinem Betonsockel, vielleicht war es einfach der geisterhafte Eindruck, den das weißgetünchte Herrenhaus machte. Was immer es war, das Anwesen kam ihm nicht wie ein Heim vor, sondern wie ein opulentes Mausoleum.

Die Sekretärin kam wieder und führte die Familie in die große ländliche Küche und bat sie noch einmal zu warten. Freddie und Pauline setzten sich an den langen Eßtisch und ließen das Baby auf dem Boden krabbeln. Wieder überfiel Freddie ein unheimliches Gefühl. Es war so stark, daß er zu Pauline sagte: «Das ganze Haus riecht geradezu nach Unheil.» In diesem Augenblick hatten John und Yoko ihren spektakulären Auftritt; wie Fledermäuse kreisten sie auf einer Wendeltreppe von der Decke herab.

John trug eine grimmige Miene zur Schau, und die Pupillen seiner rotumränderten Augen waren erweitert. Von dem Augenblick an, als er am Tisch saß, fixierte er seinen Vater mit wütenden Blicken und knurrte: «Fang an, dir Sorgen zu machen! Los! Fang an, dir Sorgen zu machen! Mach dich aus dem Staub und *verschwinde aus meinem Leben*!» Die letzten Worte drangen wie ein verkrampfter Schrei aus Johns Kehle. Er war so erschöpft, daß er vor Anstrengung zitternd in seinen Stuhl zurückfiel.

Freddie starrte seinen Sohn an. Er war von seinem Anblick genauso schockiert wie von seinem Tonfall – John trug einen feuerroten Bart und wirkte vollkommen von Sinnen. Pauline brach in Tränen aus. Weinend versuchte sie John klarzumachen, daß sein Haß auf den Vater unberechtigt war. Paulines Versuche, ihren Mann zu verteidigen, bewirkten nur, daß John noch mehr in Wut geriet. Mit zusammengebissenen Zähnen murmelte er höhnisch: «Kümmere dich um deine eigenen Angelegenheiten, blöde Kuh!» Dann schlug er donnernd mit der Faust auf den Tisch. Yoko saß mit eisern unbeweglicher Miene schweigend neben ihm.

Schließlich fand Freddie die Sprache wieder und versuchte, seinen Sohn zu beruhigen. Er gab zu, daß auch er Mitschuld an dem trage, was in Johns Kindheit geschehen war. Statt John friedlich zu stimmen, brachte das Eingeständnis die Flammen seines Zorns erst recht zum Lodern. Jetzt machte er sich an einen langen unzusammenhängenden Bericht über seine Therapie in Amerika, wo er – wie er sagte – viel Geld ausgegeben hatte, um in seine Kindheit zurückzukehren, um noch einmal den ganzen Schrecken der frühen Jahre zu erleben. Während er von seinem Leidensweg erzählte, steigerte sich seine Stimme immer wieder zu dem gleichen entsetzlichen Schreien, und sein Gesicht schien vor dem Ansturm der Gefühle, die an die Oberfläche drangen, zu bersten. Bald stellte sich heraus, daß er nicht nur wütend, sondern von einer entsetzlichen *Furcht* besessen war. Er verglich sich mit Janis Joplin und Jimi Hendrix, die beide vor kurzem gestorben waren. John bestand darauf, daß auch ihm ein frühes Grab beschieden sei. Schließlich brüllte er: «*Ich bin verdammt noch mal verrückt! Wahnsinnig!*»

Nachdem Johns Zorn einmal erwacht war, sprang er wie eine Pulverspur von einem Ziel zum anderen. Er beschimpfte seine Mutter als Hure, was Freddie zutiefst schockierte. Er wütete gegen Mimi. Schließlich zog er über Paul McCartney her. Der kleine David Henry klammerte sich ängstlich an die Beine seiner Mutter. Plötzlich zeigte John mit dem Finger auf das Kind und schrie: «*Seht doch zu, was aus ihm wird, wenn ihr ihm seine Eltern wegnehmt und ihn mit einer verfluchten Irren einsperrt! Der wird total wahnsinnig, genau wie ich!*»

«Ich saß während all dessen wie betäubt da», schrieb Freddie, «und konnte kaum glauben, daß es der freundliche, rücksichtsvolle, glückliche Beatle John war, der mit so nachdrücklicher Bosheit von seinem Vater sprach. Als ich auf die Tatsache zu sprechen kam, daß ich ihn nie um finanzielle Unterstützung gebeten hatte und jederzeit bereit war, auch so zurecht zu kommen, steigerte er sich in einen neuen abscheulichen Ausbruch und warf mir vor, ich benutze die Presse, um ihn zu zwingen, mir zu helfen. Er drohte mir, wenn ich noch einmal mit der Presse spreche, insbesondere über unser heutiges Gespräch, würde er mich ‹erschießen› lassen. Ich habe keinen Augenblick daran gezweifelt, daß er jedes Wort ernst meinte.»

Entsetzt flohen Freddie und Pauline aus Tittenhurst. In der nächsten Woche wurden sie von Apple aufgefordert, das kleine Haus in Brighton zu räumen, das aus Steuergründen auf sie überschrieben worden war, das John aber jetzt wieder in Besitz nehmen wollte. Freddie folgte der Aufforderung nur allzu gern, weil er so die letzte Verbindung mit seinem verrückten Sohn abbrechen konnte. Erst auf dem Totenbett hat Freddie Lennon wieder etwas von seinem Sohn gehört.

John Lennons an Hitchcock geschulter Angriff auf seinen Vater war der Höhepunkt der Urschrei-Therapie, die er in Los Angeles begonnen hatte. Die Behandlung hatte ihm den Weg zu der tief vergrabenen Wut geöffnet, die von Kindheit an in ihm schwelte. Jetzt brach sein Zorn über genau die Menschen herein, die das größte Anrecht auf seine Liebe und sein Mitleid gehabt hätten. Niemand war vor seinen Angriffen sicher, und keiner seiner Angriffe war von den Opfern provoziert worden.

Daß John Lennon seinem Zorn freien Lauf ließ, brachte viele Menschen in Schwierigkeiten. Es hieß aber auch, daß die Fesseln gelöst wurden, in die Johns Phantasie bisher gezwängt war. Lennons Muse hatte schon immer zu den Geistern des Feuers gehört, den heulenden Teufeln, die in Seen glühender Lava in den Tiefen seiner Seele hausten. Ihre Befreiung war von einem Ausbruch von Getöse und Wut, von urtümlichen Bildern und Vorstellungen begleitet, die genau dem entsprachen, was Psychiater als das Material des Primärprozesses bezeichnen – das Zeug, aus dem Alpträume, psychotische Anfälle und Horrortrips bestehen. Die gefährliche Mischung hatte jahrelang in John gebrodelt, hatte ätzende Dämpfe ausgestoßen und gelegentlich Ausbrüche irrationaler Gewalttätigkeit verursacht. Sie hatte Johns Persönlichkeit mit den dunklen Farben der Schwermut getränkt und selbst seinen kommerziellen Produktionen einen säuerlichen Geschmack verliehen. Meist aber war sie gewalttätig unterdrückt worden und hatte nur in Lennons privaten Aufzeichnungen und den grotesken Konturen seiner Zeichnungen ungehinderten Ausdruck gefunden. Doch noch hinter den Masken der Wortspiele und des kranken Humors verborgen war sie beunruhigend spürbar geblieben, besonders als er anfing, Nummern wie

«Cold Turkey» aufzunehmen, wo seine Stimme von den kalten Feuern und dem glühenden Eis der Hölle widerhallt. Als der Dämon in ihm durch die Schreie der Therapie befreit wurde, erklang die dröhnende Stimme der Inspiration.

Das Urschrei-Album (*John Lennon/Plastic Ono Band*) ist das größte Kunstwerk der ganzen Karriere John Lennons, weil es den einzigen Zeitpunkt dokumentiert, zu dem er bis in den tiefsten Grund seiner Seele vordrang und sein verborgenes Selbst an die Oberfläche riß. Das faszinierende Album, das in seinem infantilen Selbstmitleid so schockierend ist wie in seiner entfesselten Brutalität, kann als eine Serie von im Strudel wirbelnden oder melancholisch verzweifelten Selbstbildnissen betrachtet werden, die dem Ohr Vincent van Goghs gewidmet sind.

Lennon glaubte, der eigentliche Grund seines Leidens sei sein Kindheitstrauma, eine Erkenntnis, die sich im Aufbau des Albums symbolisch widerspiegelt. Den Rahmen bilden zwei Songs über seine Mutter: Die erste Nummer ist ein erneutes Durchleben des Schreckens, den er empfand, als sie ihn verließ; die letzte Nummer ist seine betäubte Anerkennung der Tatsache, daß sie tot ist, ihn endgültig verlassen hat. Die archaisch anmutenden Stücke weisen auf die sorgfältig konstruierte Symmetrie eines Albums hin, dessen B-Seite die Themen der A-Seite spiegelt. Auf «Mother» (A 1) antwortet «Remember» (B 1), und das Echo auf «Hold on John» (A 2) ist «Love» (B 2), usw. Der Gesamtplan ist keine brillante Abfolge wie in *Sgt. Pepper*. Der Aufbau des Urschrei-Albums wird organisch von den Gefühlspolaritäten bestimmt, die der LP Struktur und Kraft verleihen. Die primäre Schwankung ist die zwischen Angst und Wut, Lennons beherrschenden Leidenschaften, die von Schrekken ausgelöst und von infantilem Rasen erstickt im Urschrei verschmelzen.

Der andere Ausgleich, den dieses kunstvolle, aber brutale Album schafft, ist der zwischen Vergangenheit und Gegenwart. Die Therapie brachte John nicht nur dazu, sich auf seine schmerzliche Kindheit zu konzentrieren, sie evozierte auch Gedankengänge über das unglückliche gegenwärtige Leben und den bedauernswerten Zustand seiner Welt, die Dekadenz der Sechziger. So entsprechen Johns bösartigen Angriffen auf seine Eltern und seine Familie nicht weniger wütende Angriffe auf die Fans und Freaks, von denen er sich und Yoko im Namen der Brüderlichkeit verfolgt fühlte, ganz zu schweigen von einer britischen Gesellschaft, die die Lennons an den Pranger gestellt und ausgestoßen hatte.

Die künstlerischen Mittel, mit denen Lennon seinen Themen Ausdruck verleiht, sind fast ebenso bemerkenswert wie das Material seines Albums. Lennon war entschlossen, dem Publikum seine Wahrnehmungen und seine Leidenschaften ohne die Besänftigung, ohne die Verführung vor die Füße zu schleudern, die für die Popmusik typisch sind. Er reduzierte seine Poesie auf die brutalste, einfachste Sprache und verwendete so wenig Instrumente wie möglich (Lennons eigenes Klavier- und Gitarrenspiel, Voormans Baß und Ringos Schlagzeug). Die Musik setzt sich aus den rudimentärsten Bausteinen zusammen: Dröhnbaß, Riffs, Schreie. Im Grunde spricht das Album zwei gegensätzliche musikalische Sprachen. Die Lieder der Furcht und Verzweiflung werden im Stil des schwarzen Gospelsongs vorgetragen. Lennons Stimme ertönt wie Soul-Gesang und läßt die Kirchenatmosphäre von Bluestönen widerhallen, die sirrend ausklingen; dann wieder zerhackt er sie in verzweifelten Schreien. Die Lieder des Zorns und des Grolls sind aus primitiven Rockelementen aufgebaut; es dominieren Backbeat, Verzerrer und eine Stimme, die sich in Berserkerwut gegen den Rhythmus schleudert.

Die meisten Songs klingen wie Selbstgespräche eines Mannes, der manchmal mit zähnefletschender Wut, manchmal in lispelndem Säuglingsgeplapper, manchmal in hysterischer Agonie spricht. Aber auf jeder Seite gibt es auf dem jeweils vorletzten Stück einen Augenblick, in dem sich Lennon zusammenreißt und sein Publikum wie ein Schauspieler anspricht, dessen große Szene gekommen ist. «Working Class Hero» könnte spät abends in einer Kneipe in Liverpool 8 aufgenommen sein, wo der Redner an der Bar hängt und seinen Text in einem Tonfall rezitiert, der jederzeit zu explodieren droht. Begleitet wird er vom tiefen Surren der Gitarre wie in alten schottischen Balladen, etwa «The Foggy Dew». Der bedrohlich wiegende Rhythmus ahmt den Schritt der kiltgegürteten «Ladies from Hell» nach, die grimmig in die Schlacht gegen den britischen Feind ziehen. Es ist eine der größten Leistungen Lennons, denn hier gibt er der Versuchung zu schreien und zu toben nicht nach, sondern hält sich zurück, bringt seine Pointen mit gesenkter, nicht mit erhobener Stimme und läßt seinen Zorn nur momentan am Ende jeder Strophe wie einen Funken aufglühen.

Als Großbritanniens bekanntester Held der Arbeiterklasse spricht Lennon mit der enormen Autorität seiner öffentlichen Identität. Er sieht den Arbeiter heute genauso versklavt, wie er es zur Zeit seiner Vorfahren war. Aber nun betäubt ihn nicht nur die Religion, das «Opium des Volkes», sondern auch die modernen Rauschgifte der freien Liebe und des Fernsehens. (Hier kommt Lennons puritanische Jugendfrömmigkeit hoch.) Geht es darum, wie man sich als Held der Arbeiterklasse *fühlt*, kann Lennon nur zynisch grinsen, wenn er daran denkt, was die Tapferen und die Klugen – nicht zuletzt er selbst – alles für ein bißchen Ordensband auf der Brust oder ein paar Buchstaben hinter dem Namen tun mußten. Was den Song radikal macht, ist nicht seine politische Aussage, sondern die Entschlossenheit des Sängers, durch die Politik hindurch den Blick auf die unveränderliche *conditio humana* zu richten.

Wo «Working Class Hero» ein Kneipensong für den Samstagabend ist, stellt «God» eine Predigt zum Sonntagmorgen dar. Was Pastor Lennon zu sagen hat, ist noch verblüffender als die Botschaft von Johnny aus Liverpool. Statt seine Gemeinde zum Festhalten im Glauben zu ermahnen, der sie in großen Zeiten mit ihm verbunden hat, versammelt er sie als Zeugen eines ausführlichen ritualisierten Widerrufs ihres gesamten Bekenntnisses. In einem grandiosen Akt des Abfalls vom Glauben entsagt John Lennon all den Götzenbildern der Sechziger, die einst das Credo der Hippies waren, schwört ihnen ab, überantwortet sie dem Vergessen: Jesus und Buddha, Elvis und Dylan (den er jetzt «Zimmerman» nennt), die Bibel und das I Ging, Magie und Mantra, Kennedy und Gita (der Wundertäter, den John und Yoko 1969 in Indien besucht hatten). Die Objekte der Verehrung werden als Altarstufen behandelt, die zum Schrein des mächtigsten Idols einer Generation führen: zum Tabernakel der Beatles. Natürlich glaubt Lennon ebensowenig an die Beatles wie an all die anderen Kalenderheiligen der Hippies. Nach seinem atemberaubenden Abgesang legt er eine dramatische Pause ein; schließlich gesteht er mit der verschüchterten Stimme eines ängstlichen, verletzten Kindes, daß er heute nur noch an eines glaubt, an sich selbst. Dann fällt ihm zusätzlich noch der Name seiner Frau ein.

Das Ende des Liedes beginnt mit der bewegenden Mitteilung, daß die Sechziger ein Traum waren, der gestorben ist. Aber kaum ist der Gedanke an Verlust, Verfall und Tod angesprochen, schon trifft er auf seinen Kontrapunkt: die Vorstellung der Wiedergeburt. Aber was John Lennon als sein neugeborenes Selbst darstellt, ist nur sein Selbst nach der Urschrei-Therapie: der traurige kleine Junge, der sich wenige Jahre später in sein Schlafzimmer zurückziehen sollte, um von Drogen und Spielzeug unterstützt den Rest seines Lebens zu verträumen. Nachdem er sich und seine Welt mit der unwiderstehlichen Kraft seiner negativen Einstellung auf ihren solipsistischen Kern reduziert hat, muß John den Zauberstab des Spielmanns niederlegen und gestehen, daß er seinem Volk nicht mehr als Führer vorangehen kann, weil er nicht weiß, wohin er geht, wohin sie gehen sollen.

Die zornige, nihilistische und verzweifelte Stimmung des Urschrei-Albums kam ebenfalls in dem berühmten Interview mit *Rolling Stone* zum Ausdruck, das unter dem Titel *Lennon Remembers* veröffentlicht wurde. Es ist zweifellos die provozierendste, leidenschaftlichste und kompromißloseste Grundsatzerklärung, die je ein Unterhaltungskünstler vor der Presse abgegeben hat. Das außergewöhnliche Interview, das in zwei aufeinanderfolgenden Nummern des Magazins (21. Januar und 4. Februar 1971) erschien, als John und Yoko für drei Wochen New York besuchten, erregte die Öffentlichkeit und betrübte die Beatles-Fans. Plötzlich entpuppten sich im Munde ihres ehemaligen Oberhaupts die Beatles – die unschuldigen, liebenswerten Sänger der Wiegenlieder einer Generation – als die *Beastles*, «die größten Schweinehunde auf Erden».

John war entschlossen, den Mythos ein für allemal zu zerstören, und er legte sich gewaltig ins Zeug. Er enthüllte die legendenumrankten Tourneen als drogenverseuchte Orgien, die von den angestellten Zuhältern der Beatles organisiert und von der Polizei geschützt worden waren. Der charmante Brian Epstein wurde als «hysterische Tunte» entlarvt. Die autorisierte Autographie der Beatles von Hunter Davies, die im September 1968 erschienen war, erklärte John zu «Blödsinn», zu einem Machwerk, aus dem auf Tante

Mimis Drängen hin alle Enthüllungen gestrichen worden waren. Paul war der Schurke des Dramas. Er wurde als ränkeschmiedender, selbstrühmender Hochstapler des Showbusiness dargestellt, der das Auseinandergehen der Beatles publik machte, «um sein Album zu verkaufen». Die Fans der Beatles stellte John als einen «häßlichen Volksstamm» und ihre Nachfolger, die Hippies, als «verklemmte Wahnsinnige mit bescheuerten Friedenssymbolen um den Hals» dar. Sein abschließendes Urteil über sein Leben als Beatle faßte er in einem Satz zusammen: «Ich verachte es, vor verdammten Idioten aufzutreten.»

Schockierend an der großen Beichte war weniger Lennons barbarischer Angriff auf die Beatles als seine verächtliche Abrechnung mit den Sechzigern. John erkannte, daß sie die Ära eines großen Abenteuers der Phantasie gewesen waren, einer jener seltenen Momente, in denen die Verkrustungen der Alltagswelt aufbrechen, daß aber ihre Wirkung auf die Realität gleich Null gewesen war. Den immensen Ansprüchen zum Trotz, die damals erhoben wurden – der Behauptung, es handle sich um eine Zeit der erlösenden Rückkehr zur paradiesischen Unschuld nach fünftausend Jahren «irrelevanter» Zivilisation –, sah die Wahrheit nach Lennon anders aus. «Es ist überhaupt nichts geschehen, außer daß wir uns alle verkleidet haben. Es sind noch immer die gleichen Arschlöcher an der Macht... Sie tun immer noch genau das gleiche, sie verkaufen Waffen an Südafrika, bringen Schwarze auf der Straße um, und Menschen leben in beschissener Armut, die Ratten krabbeln über sie weg... Es ist alles gleich geblieben, nur daß ich dreißig bin und eine Menge Leute ihr Haar lang tragen.»

Paul McCartney nur verbal zu bombardieren konnte John Lennon nicht zufriedenstellen. Unvermeidlicherweise mußten den Worten Taten folgen. Sein Stichwort fand John, als der Oberste Gerichtshof Anfang 1971 über eine Klage zu entscheiden hatte, die Paul gegen die anderen Beatles angestrengt hatte. Motiv für die Klage war Pauls Überzeugung, daß Allen Klein die Beatles ausraubte, und dies, obwohl 1. Paul alle von Klein ausgehandelten Verträge, außer der Beauftragung als Manager, unterzeichnet hatte; 2. Paul unmittelbar von der Gewinnerhöhung profitierte, in der sich die Früchte von

Kleins Anstrengungen niedergeschlagen hatten; und 3. dieser zusätzliche Wohlstand so groß war, *daß Allen Klein den Beatles in einem Jahr mehr Geld einbrachte, als sie in ihrer gesamten bisherigen Laufbahn verdient hatten.* Dennoch war Paul entschlossen, Klein loszuwerden und durch die Eastmans zu ersetzen. Also benützte er die einzige Methode, die ihm zur Verfügung stand, und versuchte, das Einkommen der Beatles durch einen Prozeß einzufrieren, so daß zumindest in England keine Gelder mehr durch Kleins Hände laufen sollten. Paul begründete seine Klage gegen die übrigen Beatles in vier Punkten: 1. hätten die Beatles seit längerem aufgehört, als Gruppe zusammenzuarbeiten; 2. werde seine eigene künstlerische Freiheit durch die Partnerschaft gefährdet; 3. sei seit der Gründung von Apple durch die Beatles keine Abrechnung erfolgt; 4. hätten die anderen Beatles versucht, ihm einen Manager vor die Nase zu setzen, der für ihn inakzeptabel sei. McCartneys Anwalt streute auch allerhand Gerüchte über Klein aus und behauptete, er habe sein eigenes Gehalt aus Konten bezahlt, über die er kein Verfügungsrecht hatte, und sein Ruf sei so schlecht, daß man ihm die Verwaltung des Partnerschaftsvermögens nicht anvertrauen könne. Das Gericht entschied am 12. März 1971, daß bis zur endgültigen Entscheidung alle in England an Apple ausgezahlten Gelder an einen vom Gericht zu benennenden Treuhänder gehen sollten, während die Beatles eine feste Summe für ihren Lebensunterhalt bekommen sollten. Im Laufe der Zeit schwoll der Treuhandfonds auf über 5 Millionen Pfund an, während die Beatles je 5000 Pfund im Monat bekamen.

Als John, George und Ringo an diesem Morgen das Gerichtsgebäude verließen, waren sie niedergeschlagen und deprimiert. Sie sahen keinen Ausweg aus der Klemme. Klein hatte versucht, Paul aufzukaufen und ihm fünfundzwanzig Prozent des Schätzwerts von Apple angeboten, aber der Handel scheiterte am Streit über die Frage, wer die enorme Kapitalertragssteuer zahlen sollte. Als John und seine Kumpel in Lennons neuen weißen Mercedes stiegen, kam John ein plötzlicher Einfall. Er wandte sich zu Les Anthony und fragte: «Haben wir die Ziegelsteine für den Garten noch im Kofferraum?» Als Les bestätigte, daß die Steine noch im Auto waren, dirigierte ihn John zu Pauls Haus in der Cavendish Avenue 7 in St. John's Wood.

Als sie vor dem Haus ankamen, das wie üblich von Beatlesfans umlagert war, kletterte John über den Gartenzaun und öffnete das Tor von innen. Dann kehrte er zum Auto zurück und nahm einen Ziegelstein in jede Hand. George und Ringo stiegen aus, um zuzusehen, und John marschierte zurück in den Vorgarten und schleuderte einen Stein nach dem anderen durch Pauls Panoramafenster. Anschließend sprangen alle drei Beatles wieder in den weißen Mercedes und machten sich unter wildem Gelächter davon.

Johns nächste Eskapade war nicht zum Lachen. Sie hätte ihn sogar hinter Gitter bringen können. Das Erschreckende daran war aber weniger das Risiko, das er einging, als die Grausamkeit, die er dabei an den Tag legte. Von allen Menschen auf der Welt hätte John Lennon der letzte sein sollen, der an dem Plan mitwirkte, ein Kind von dem Elternteil zu entführen, der es aufgezogen hatte. Denn ebendieses Trauma hatte er selbst erlitten und nie überwunden. Aber als Yoko sich entschloß, Kyoko zu entführen, um sie wieder in ihrer Nähe zu haben, stimmte John dem Plan nicht nur zu, sondern nahm von ganzem Herzen daran teil. Yoko behauptete später, ihr Anwalt habe ihr gesagt, wenn sie Kyoko einmal bei sich habe, werde sie die Gerichte leicht davon überzeugen können, daß das Kind zu seiner Mutter gehöre. Es war Yokos Pech, daß der Fall vor dem Gericht eines romanischen Landes anhängig wurde, wo im Gegensatz zum angelsächsischen Recht nicht die Mutter, sondern der Vater als natürlicher Vormund eines Kindes gilt.

Ob sich Yoko verzweifelt nach Kyoko sehnte oder ob sie sich einfach an Tony rächen wollte, ist eine offene Frage. Allen Klein bemerkte jedenfalls, daß sich Yoko, solange Kyoko bei ihrem Vater war, «Tony ausgeliefert fühlte».

Erst im März 1971 konnten die Lennons auf Grund von Informationen Don Hamricks, der inzwischen in der Dordogne lebte, Kyokos Aufenthaltsort feststellen. Hamrick verriet, daß Tony in Spanien auf Reisen gewesen war und augenblicklich beim Maharishi Mahesh Yogi auf Mallorca wohnte.

Auf diese Auskunft hin mieteten die Lennons und Dan Richter ein Flugzeug, flogen nach Palma und stiegen im Melia-Majorca-Hotel ab. Nachdem sie sich beim britischen Konsul gemeldet und sich mit einem örtlichen Rechtsanwalt beraten hatten, der den Fall anscheinend nicht verstand, entdeckten die zukünftigen Kidnapper Tonys Aufenthaltsort. Er wohnte in einem halbfertigen Ferienhotel auf der anderen Seite der Insel in Manacor, wo der Maharishi ein billiges Angebot für sein Ashram gefunden hatte. Als Yoko Tony anrief, stimmte er einem Besuch zu – unter der Bedingung, daß sie allein kommen müsse.

Am nächsten Morgen setzten John und Dan Yoko vor dem Hotel des Maharishi ab und fuhren davon – um heimlich umzukehren und wieder zurückzukommen. Unbeobachtet schlichen sie sich ins Hotel und versteckten sich in Yokos Zimmer. Dort hielten sie sich den Tag über verborgen und zogen sich in einen Wandschrank zurück, wenn sie sich unterhalten wollten. Als Yoko zurückkam, konnte sie berichten, daß sich Kyoko in einem nahegelegenen Ferienlager aufhielt. Jetzt waren die Lennons bereit zuzuschlagen.

Freitag, den 23. April, um drei Uhr nachmittags fuhr Richter John und Yoko zum Ferienlager. Dort spielte Kyoko unter der Aufsicht einer Frau aus dem Dorf. Nach Richters Bericht ging Yoko auf das kleine Mädchen zu, das sofort in die ausgebreiteten Arme seiner Mutter rannte. Nach der Erzählung Allen Kleins, der ein paar Tage später nach Mallorca kam, soll es Richter gewesen sein, der das Kind auf Anordnung ihrer Mutter an sich nahm. Wer auch immer der Kidnapper gewesen sein mag, in dem Augenblick, als die Kinderfrau merkte, was vor sich ging, rief sie laut um Hilfe. Richter erzählte: «Ich wußte, daß sie uns schnappen würden.»

Es blieb ihnen nichts übrig, als so schnell wie möglich nach Palma zurückzufahren und das Land zu verlassen. John und Yoko hatten so viel Angst, erkannt zu werden, daß sie sich mit Kyoko im Arm auf den Wagenboden kauerten. Als das Kind merkte, daß man es von seinem Vater trennen wollte, geriet es in Panik. Richter, der verzweifelt versuchte, einer Verhaftung zu entgehen, hielt unterwegs an und rief den britischen Vizekonsul an, der sich bereit erklärte, mit den Lennons in ihrem Hotel zusammenzutreffen.

Auf der Suche nach einer Ausrede ließen John und Yoko einen Arzt rufen und behaupteten, das Kind habe Halsweh. Inzwischen ging Dan in die Stadt, um ein Paar Turnschuhe für Kyoko zu kaufen, die barfuß entführt worden war. Als er zurückkam, war die Hotelhalle voll von Polizisten. Tony hatte der Guardia Civil erzählt, die Mafia habe seine Tochter entführt. John und Yoko wurden zum Verhör ins Hauptquartier der Kriminalpolizei gebracht. Dan Richter saß vor der Tür des Polizeikommandanten, als ihm plötzlich Tony gegenüberstand. «Diesmal habe ich John bei den Eiern», triumphierte Cox. «Das kostet ihn Millionen.»

Gegen acht Uhr abends hatte die Nachricht von der Verhaftung die Weltpresse erreicht. In London herrschte große Verwirrung bei dem Versuch, Reporter nach Mallorca zu schicken. Gleichzeitig strengte man sich fieberhaft an, John und Yoko zu retten. Les Perrin, der Pressesprecher von Apple, rief Allen Klein in New York an und erzählte ihm, daß die Lennons im Gefängnis säßen. Klein telefonierte mit Peter Howard in London, ein Apple-Anwalt, der Spanisch sprach. Howard mietete einen Jet und machte sich mit einem Stab von Angestellten der Firmen EMI und Apple auf den Weg nach Palma.

Am gleichen Abend um elf Uhr wurden die Lennons, nachdem man sie vier Stunden auf dem Polizeirevier festgehalten hatte, einem Richter vorgeführt und angehört. Unbekümmert gestand John, er habe Kyoko entführen wollen. Die vernichtende Aussage wurde von einem Stenographen mitgeschrieben, so daß sie später vor Gericht als Beweismaterial verwendbar wurde. Nachdem sie ihr Verbrechen gestanden hatten, nahm man John und Yoko die Pässe ab und verhaftete die beiden.

Die nächste Frage, vor der der Richter stand, war die Unterbringung des Kindes, das inzwischen hochgradig durcheinander war. Der Richter nahm Kyoko beiseite und fragte die Siebenjährige, zu wem sie wollte. «Ich will meinen Papa sehen», antwortete Kyoko, ohne zu zögern. Um drei Uhr früh erklärte der Richter die Anhörung für beendet.

Der Fall wurde an den Gerichtshof in Manacor überwiesen. Die Angeklagten wurden aufgefordert, sich bis zum Verhandlungstermin jeweils am ersten und fünfzehnten Tag des Monats bei den Behörden zu melden. Als die Beteiligten einer nach dem anderen das Gericht verließen, empfing sie die Presse, die seit Stunden vor dem Gebäude wartete.

Erst erschienen Tony und Melinde mit Kyoko, die auf den Schultern ihres Vaters ritt. Als die Coxes die Straße betraten, wurden sie von einer Gruppe von Freunden mit Beifall bedacht. Danach erschienen John und Yoko mit trübsinniger Miene und ließen sich ins Hotel fahren.

Allen Klein kam am folgenden Montag oder Dienstag an und übernahm das Kommando. Er erinnerte sich, daß Richter inzwischen das Land verlassen hatte, weil er sich von der spanischen Polizei bedroht fühlte, die ihn wegen Mittäterschaft verhaften wollte. Die nächsten zwölf Tage bemühte sich Klein um die verfahrene Situation. Er verhandelte mit Tony, den er gleichzeitig von Privatdetektiven überwachen ließ. Als die Diskussionen zu keinem Ergebnis führten, verließen Tony und Melinde heimlich mit Kyoko die Insel, wobei sie auf dem Weg zum Flugplatz einen kleinen Unfall hatten. Nachdem die Coxes einmal abgereist waren, hatten John und Yoko keinen Grund mehr zu bleiben, aber sie konnten nicht weg, weil sie keine Pässe hatten. Außerdem sollte ihr Fall jetzt in Manacor verhandelt werden. Hier hatte Klein mehr Erfolg. Er tat einen örtlichen Rechtsanwalt auf, einen dunklen Mann namens Señor Pinha. Ein Verwandter des Anwalts arbeitete am Gericht und ließ sich bestechen, die schriftliche Zeugenaussage John Lennons so zu ändern, daß sie weniger belastend wurde. Die Lennons hatten es Klein zu verdanken, daß sie für ihr Verbrechen nicht bestraft wurden.

John und Yoko kehrten nach Tittenhurst zurück und machten sich auf die Reise in die utopischen Gefilde von *Imagine*. Das Album wurde zum größten Erfolg der Post-Beatle-Periode John Lennons beim Publikum und bei den Kritikern – was nicht für den Geschmack des Publikums und der Kritiker spricht. Lennon selbst bemerkte, das Album besitze «einen Schokoladenüberzug zum öffentlichen Verzehr». Der berühmte Titelsong ist ein Hippie-Wunschbrunnen voll billiger Träume von einer besseren Welt; ganz etwas anderes als die ätzenden Visionen des Urschrei-Albums. Die einzige Nummer, die Lennon in seiner vollen Blüte zeigt, ist «How Do You Sleep?» Ein Song, der vom Wohlklang abgesehen den Titelsong in jeder Hinsicht übertrifft.

«Imagine» leidet unter einer Klavierbegleitung, die so monoton ist wie ein Schüler beim Tonleiterüben, und einem Gesangsvortrag, der an eine Sonntagshymne der Quäker erinnert. Die Beschimpfungen gegen Paul (eine Antwort auf McCartneys milde Kritik an Lennon in «Too Many People») werden von einem unheilverheißenden Riff (ähnlich wie in *Tommy*) unterstützt, der ständig wachsende Spannung schafft, bis alles von Phil Spectors Philharmonikern aufgefangen wird. Vom gleichmäßig gemessenen Herumtrampeln auf den Früchten des Zorns getragen, setzt John Lennon mit entspannter Stimme, an die Bar gelehnt, Drink in der Hand, zu seiner Botschaft an. Leider ist der sensationelle Höhepunkt der Komposition nach diesem dramatisch vorbereitenden Aufbau weggefallen.

Die Geschichte war typisch für Lennon, der sich ständig von irgend jemandem überreden ließ, seine Platten nicht so herauszubringen, wie er es sich gedacht hatte. In diesem Fall hatte John vorgehabt, Paul in ein paar spöttischen Versen als Zielscheibe aufzubauen und ihn dann mit einem kräftigen Schlag auf den empfindlichen Punkt des Beatles aus dem Ring zu schleudern. Die erste Zeile des Schlußverses besagte, das einzig bedeutsame, das Paul je geschrieben habe, sei «Yesterday»; dann wollte John als zweite Zeile brüllen: *«Und das hast du wahrscheinlich auch geklaut!»* Allen Klein, der neben Phil Spector in der Kabine stand, war so entsetzt von den denkbaren Folgen dieser Verleumdung, daß er verlangte, John solle sich zurückhalten und eine andere Schlußzeile verwenden. Der Reim, den Klein an Ort und Stelle improvisierte, verwandelte den großen Augenblick in eine witzlose Antiklimax.

Lennon konnte sich nie von dem Schatten von «Yesterday» befreien. «Yesterday» blieb ein wunder Punkt, weil es die erfolgreichste Nummer der Beatles war und John daran zweifelte, jemals etwas so Populäres schreiben zu können. Vertieft wurde sein Kummer durch die allgemeine Annahme, er *habe* den Song geschrieben. Hieß es nicht: «Von John Lennon und Paul McCartney»?

Auf das Album *Imagine* folgte der Film *Imagine*, die erste abendfüllende Rock-Video-Produktion. Da die meisten Songs von Johns Lebensumständen inspiriert waren, schien es sinnvoll, sie durch Szenen aus seinem Leben zu illustrieren. Also übernahmen John und Yoko ein Fernsehporträt der beiden, zu dem ein britischer Sender Voraufnahmen gemacht hatte, und arbeiteten es in die Richtung um, die die stimmungsvollen surrealistischen Video-Clips für «Penny Lane» und «Strawberry Fields» und der irre Witz der *Magical Mystery Tour* vorgezeichnet hatten. Die eigentliche Schwierigkeit zeigte sich jedoch bald in der Inkongruenz der einzelnen Sequenzen. Angenommen ihre Kunst war ihr Leben, was war dann ihr Stil? Die Aufnahmen schwanken zwischen Wochenschau-Dokumentation und Parfümreklame voll Pseudoglanz und stellen den Betrachter vor ein Dilemma. Sind sie – so fragt man sich, wenn man zusieht, wie sie für das (wegen Pornographie beschlagnahmte) Magazin *Oz* oder gegen den Vietnamkrieg durch die Straßen marschieren – begeisterte Wohltäter der Menschheit? Oder sind sie die geheimnisvoll dekadenten Popkünstler, als die sie erscheinen, wenn sie rätselhafte Rituale befolgen, in einem schwarzen Leichenwagen durch die Straßen fahren oder in Kostümen aus *El Topo* weiße Schachfiguren verzehren?

Im Grunde stellten sie sich als verspielte reiche Kinder dar. Denn jetzt, wo sie gelernt hatten, sich mit Methadon am Leben zu halten und ihre Probleme im Urschrei aufzulösen, begann sich der emotionale Dampf, der sie bisher angetrieben hatte, in Wasser zu verwandeln. Ohne eine gute Sache, für die sie kämpfen konnten, und ohne eine Krise, die ihre Leidenschaften erregte, schienen sie dazu verurteilt, endlos im Nebel des Vergessens umherzuwandern, und Tittenhurst Manor verwandelte sich in eine Neuauflage von Strawberry Field. Und so wie John als kleiner Junge vor dem Mädchenwaisenhaus gespielt hatte, so erscheinen Yoko und er jetzt als Kinder, die sich zu Hause mit teurem Spielzeug und schönen Kostümen amüsieren. Sie spielen romantische erwachsene Liebhaber, Popstars aus Hollywood, aber die Ungeschicklichkeit und Dummheit ihrer Flirts und Umarmungen verrät nur ihre Unfähigkeit, sich wahre Liebe und Leidenschaft vorzustellen.

Die einzige geglückte Szene in dem einstündigen Film ist diejenige, die den Titelsong begleitet. John und Yoko wandern in schwarzen Capes langsam über eine baumbestandene Straße im Nebel. Mit den ersten Noten des Songs betreten sie Tittenhurst. Schnitt: Ein glattrasierter John mit kurzen Haaren im weißen Tennispullover sitzt an einem weißen Flügel und singt den Song. Yoko, die wie Kleopatra in eine lange weiße Robe mit goldenem Gürtel gekleidet ist und ein goldenes Stirnband trägt, öffnet einen Fensterladen in dem riesigen weiß ausgelegten Salon nach dem anderen. Einen Augenblick wirkt es peinlich, wie John in seinem opulenten Herrenhaus die Freuden besingt, die es mit sich bringt, nichts zu besitzen, aber dann wird das Zimmer immer heller und heller, und der Zuschauer kann die Freuden des Übergangs aus der Düsternis der Gegenwart in das Licht einer utopischen Zukunft nachempfinden. Der Clip wurde zum bekanntesten Werbespot der Lennons. Er vermittelt ihre abstoßendste Pose: diejenige der Idealisten, die die deprimierende Atmosphäre der Siebziger durch den Glauben an eine bessere Welt überwinden wollten.

TOURISTEN IN NEW YORK

Nichts, was John Lennon nach seiner Heirat mit Yoko Ono geschah, hat sein Leben so sehr verändert wie der Umzug nach New York. «Ich liebe New York. Ich hätte in Greenwich Village auf die Welt kommen sollen.» So sprach John, nachdem er sich in der Stadt niedergelassen hatte; aber das hatte nichts mit seinen Gefühlen bei seinen ersten Besuchen zu tun. Auch wenn er die Metropole mit dem zweifelhaften Kompliment eines «modernen Rom» bedachte, flößte sie ihm doch Furcht ein. Selbst in der kleineren Welt von Swinging London waren sich die Beatles naiv und provinziell vorgekommen. Was mußten sie erst in New York empfinden? Niemand konnte New York in dem Maße erobern, wie die Rockstars London beherrschten. Darüber hinaus gab es in New York so viele Stars, daß auch ein zuversichtlicherer Mann als der von Selbstzweifeln gequälte John Lennon eingeschüchtert worden wäre. Es ist keine Frage, daß sich John Lennon, wäre er sich selbst überlassen geblieben, nie in der Megalopolis niedergelassen hätte. Ihm hätte es genügt, die Stadt von Zeit zu Zeit durch die getönten Scheiben einer Luxuslimousine zu betrachten. Es war Yoko, die John dazu überredete, nach Manhattan zu ziehen.

Yoko hatte viele Gründe, in die Stadt zurückkehren zu wollen, die sie als ihre Heimat betrachtete. Anders als John, der die Engländer nicht ausstehen konnte, aber England liebte, konnte Yoko nichts mit einem Land anfangen, in dem die Presse sie verspottete und die öffentliche Meinung sie verleumdet hatte. Sie verachtete auch, sich inmitten einer kleinen Inselnation wie Japan wiederzufinden. Yoko wollte immer im Zentrum der Ereignisse sein; sie war zur

«Römerin» geboren. Außerdem gehörte sie zu den Menschen, die meinen, das Leben höre auf, wenn man Manhattan verläßt.

Von ihren persönlichen Vorlieben abgesehen, dürfte Yoko auch noch einen anderen, zwingenderen Grund gehabt haben, Lennon von seinem Vaterland zu trennen. Solange John in England lebte und von all den Menschen umgeben war, mit denen er sein Leben bisher verbracht hatte, konnte Yoko nie sicher sein, daß nicht irgend jemand auftauchte und ihr John wegnahm. Wenn sie ihn einmal in New York hatte, war diese Gefahr viel geringer.

Yoko fing schon im Dezember 1969 an, als sie bei Ronnie Hawkins auf der Farm wohnten, John auf die Metropole vorzubereiten. Als erstes suchte sie einen sympathischen und kenntnisreichen Führer für John, der ihm die Stadt im verlockendsten Licht zeigen konnte. Der Mann, auf den ihre Wahl fiel, war der ideale Kandidat für die Rolle: Howard Smith, Redakteur bei der *Village Voice*.

Smith war überrascht von Yokos erstem Anruf; obwohl er sie kaum kannte, tat sie, als seien sie alte Freunde, und eröffnete das Gespräch mit dem Ausruf: «Oh, Howard, wir haben so viel zusammen durchgemacht!» Diese Demonstration brüderlicher Verbundenheit beruhte lediglich darauf, daß Smith einmal ein paar freundliche Worte über Yokos Arbeit geschrieben hatte. Wie er bemerkte: «Für Yoko ist der einzige Grund, daß irgend jemand deine Arbeit lobt, die Tatsache, daß er dich persönlich mag.» Was Howard noch mehr überraschte, war das Bild, das Yoko von John Lennon und seiner Einstellung zur Stadt zeichnete. «Sie versuchte John zu überreden, nach New York zu kommen, falls man ihnen ein Visum geben würde. Sie wollte sicher sein, daß alles für John ganz großartig wäre, so daß er sich in New York verlieben würde und zur Überzeugung käme, daß er auf Dauer hierherziehen wollte. John hatte Angst, zu einem kleinen Fisch in einem großen Teich zu werden. Yoko wollte in Amerika leben und im Mittelpunkt der Ereignisse stehen. Sie rief mich immer wieder an und sagte: ‹Ich habe John so viel von dir erzählt›, oder ‹John ist ganz fasziniert von dir›. Schließlich schlug sie vor, ich solle zu Ronnie Hawkins auf die Farm kommen. Ich stimmte unter der Bedingung zu, daß ich ein Interview für meine Sendereihe bei WPLJ machen konnte.»

«Wir kamen mitten in einem Schneesturm an», fuhr Smith fort. «Ich kriegte zweieinhalb Stunden Gespräch mit John aufs Band. Er predigte, man solle kein Haschisch rauchen, und hielt dabei einen Joint in der Hand. Später gab er zu, daß er gelogen hatte, weil man ihm sonst kein Visum gegeben hätte. Ich war über diese Offenherzigkeit erstaunt, aber mir wurde später klar, daß das ein wesentliches Element in John Lennons Charakter ist. John ist sehr leicht zugänglich. Yoko bleibt immer verschlossen. Je länger man sie kennt, desto mißtrauischer wird sie. Er will dir ständig alles erzählen, was ihm durch den Kopf geht.» Das nächste Mal hörte Howard im November 1970 von Yoko, als sie ihn von der unmittelbar bevorstehenden Ankunft der Lennons benachrichtigte.

Von dem Augenblick an, in dem John und Yoko im Regency Hotel an der Park Avenue einzogen, betätigte sich Howard Smith als Fremdenführer für sie, zeigte ihnen, wo man einkauft, wo man ißt, wo man sich sehen läßt. Damals war *das* Lokal Max's Kansas City, eine Bar mit Nischen und einem Steak-und-Bohnen-Restaurant im Hinterzimmer, wo man sich im gedämpften Licht von Neon-Plastiken sehen ließ und gesehen wurde. Howard rief den Besitzer, Mickey Ruskin, an und reservierte einen Tisch, an dem die Lennons vor der Öffentlichkeit geschützt waren, aber die anderen Gäste beobachten konnten. «John war begeistert», erinnerte sich Howard. «Trotz seiner Unsicherheit genoß er den Betrieb. Yoko errichtete einen Schutzwall um sich und ihre Kunst und beschloß, daß irgend etwas nicht stimmen konnte.»

Zum ständigen Inventar von Max's gehörte Andy Warhol, der damals auf der Höhe seines Ruhms stand. Sein Bekanntheitsgrad war im Juni 1968 durch Valerie Solanas Versuch in die Höhe geschnellt, ihn und Mario Amaya in der Factory umzubringen. Als Rockstar gehörte Lennon zu Andys Pantheon, denn Rock war der Herzschlag der Popkultur, die Andy anbetete wie die Kraft des reinen Lebens. Yoko dagegen verachtete er als die Karikatur der langweiligen, allzu ernsthaften europäisierten Avantgarde, die vor den aufbrausenden Energien der Sechziger vom Erdboden verschwunden war. Andy hielt so wenig von Yoko, daß er sein schlimmstes Verdammungsurteil über sie aussprach und sie «kitschig» nannte.

Aber egal was Andy von Yoko hielt, er wollte sich die Chance nicht entgehen lassen, 25 000 Dollar mit einem seiner «Porträts» zu verdienen. (Es handelte sich um überarbeitete Fotografien, die im Siebdruckverfahren vervielfältigt wurden.) Also arrangierte er eine Party für die reichen Touristen in Ken Nolans Atelierwohnung. Ken war nicht in New York, und Baby Jane Holzer, Tom Wolfes «Mädchen des Jahres 1965», spielte die Gastgeberin. (Baby Jane beschimpft in Wolfes watteweichem Essay ständig die «fetten» Beatles und vergleicht sie mit den «hageren» Stones. Wahrscheinlich ist sie an Johns Schreckgespenst, dem «fetten Beatle», schuld.)

Als Andy und Yoko schließlich anfingen, um das Porträt (und um ein Grundstück in SoHo) zu feilschen, konnte keine Seite den Sieg davontragen. «Von wegen ausbeuterische Künstler!» rief ein Vertrauter Warhols aus. «Andy versuchte vom ersten Tag an, John und Yoko ein Porträt zu verkaufen. Sie meinten, sie seien so berühmt, daß er es umsonst machen müsse. Oder sie würden ihm die Genehmigung für ein Porträt geben, und er könne eine Menge Geld mit den Kopien verdienen. Also ließen sie sich auf einen manischen Kampf darum ein, wer wen am meisten ausbeuten konnte. Andy war vergrätzt und begann, schlecht über Yoko zu reden. Yoko äußerte sich in der Presse bösartig über Andy, ihre bekannten Sprüche von einer homosexuellen Mafia. Andy war sowieso mehr an Mick Jagger interessiert, weil er sich mit Bianca sehen lassen wollte. Sie war der internationale Jet-set-Typ, den Andy wirklich liebt.»

So wurden der Mann, der die Popmusik in die Welt der Avantgarde eingeführt hatte, und der Mann, der die Avantgarde zur Popkultur bekehrt hatte, durch Yokos Feindseligkeit voneinander ferngehalten. Aber John fand Warhol aus dem gleichen Grund aufregend, aus dem ihn Dylan fasziniert hatte: Beide konnten sich einfach alles leisten. Warhol war der berühmteste Künstler der Welt, und dabei hatte er nach Johns Ansicht nichts weiter getan, als Fotos zu kolorieren und einen schlafenden Mann zu filmen. «Andy hat den Trick wirklich raus», bemerkte John bewundernd: «Er tut gar nichts – er signiert bloß.» Den Trick wollte Lennon auch lernen.

John mußte New York dreimal besuchen, bevor er den Mut fand, sich aus seiner Raumkapsel herauszuwagen und die ersten unsicheren Schritte auf den Bürgersteigen der Stadt zu machen. Das historische Ereignis fand am 3. Juni 1971 statt, während die Limousine vor einer Ampel an der Ecke Sixth Avenue und Eighth Street im Herzen von Greenwich Village hielt. John Lennon starrte wie die Unschuld vom Lande auf die Straßenszene, und ein entnervter Howard Smith explodierte: «Das ist Blödsinn! Wir steigen aus und gehen zu Fuß!» Yoko weigerte sich, die Sicherheit des Autos zu verlassen, aber Howard überfuhr sie einfach und rief dem Chauffeur zu: «Tom, hol uns in einer Stunde am Triumphbogen ab!»

«Okay», schnarrte der Mann, «sind Sie auch ganz sicher?»

«Schlimmstenfalls», schnauzte Smith seine Freunde wie quängelnde Kinder an, «können wir uns immer noch in einem Laden verkriechen und ihnen sagen, sie sollen die Tür abschließen.» Mit diesen Worten öffnete er die Autotür und ließ John Lennon frei. Bald spazierte John durch Greenwich Village und kam sich dabei vermutlich vor, als laufe er nackt über den Piccadilly Circus.

Als erstes fielen John auf der Haupteinkaufsstraße des Village mit den Stars and Stripes geschmückte Turnschuhe mit passenden Socken ins Auge. «Mein Gott!» rief er aus. «Die müssen wir für unsere Freunde in England kaufen. Sie werden begeistert sein.» Also marschierten sie in den Laden, der voll von Wochenendeinkäufern war. Kaum hatte der erste Verkäufer die Neuankömmlinge erblickt, da fiel ihm der Unterkiefer herab, und er brüllte: «Das ist John Lennon!» Sofort ließen alle Verkäufer ihre Schuhkartons fallen und wanderten wie Schlafwandler auf den Star zu.

Die Kunden beschwerten sich nicht, weil sie alle von dem Anblick eines Beatle beim Einkauf fasziniert waren. John und Yoko, die derartige Reaktionen gewöhnt waren, nahmen lässig Platz und fingen an, atemberaubende Warenmengen zu bestellen. Sie forderten Howard und seine Freundin Sarah Kernochan auf, ihrem Beispiel zu folgen, und erklärten, die Rechnung übernehmen zu wollen. Als die Gruppe den Laden verließ, schleppten sie ein paar gewaltige Einkaufstaschen und waren sehr zufrieden mit sich selbst.

Kaum standen sie auf der Straße, drehte sich Yoko automatisch um und drückte Howard ihre große Tasche in die Hand, während sich John gleichzeitig mit ihr umwandte und seine Einkäufe Sarah übergab. Howard lief vor Wut rot an und brüllte Yoko an: «Was in Teufels Namen tust du da?»

Das kleine Mädchen wimmerte: «Wir können das nicht tragen.»

«Ach so, und *ich* kann es!» stieß der fast einen Meter neunzig große Smith, der kurz vor einem Schlaganfall stand, wütend aus. Dann schlug er plötzlich vernünftig wie eine verständnisvolle Mutter vor: «Wenn ihr wollt, können wir die Lasten verteilen. Ich werde etwas tragen und Sarah auch, aber», fügte er festen Tons hinzu, «wir werden nicht euer *ganzes* Zeug tragen.»

Yoko antwortete: «Siehst du? Deshalb wollte ich den Wagen dabehalten. Verstehst du jetzt, wie schwer es ist zurechtzukommen, wenn das Auto nicht *direkt neben* einem steht?»

Howard gelang eine vorbildliche mütterliche Erwiderung. «Sieh mal auf die Straße, Yoko», belehrte er sie. «Siehst du die ganzen Leute, die ihre Pakete tragen? Wie kommt es, daß *sie* das können und *du* nicht?» Yoko beschwerte sich weiter, bis sie das Auto am Washington Square abholte.

Ein paar Tage nach dem Einkaufsbummel sorgte Smith dafür, daß John Lennon den bekannten Straßensänger David Peel «entdeckte», der sein Stammquartier am Washington Square hatte. Peel hatte eine rauhe Stimme, gab sich hart wie ein Punk und trug immer geflickte Jeans mit aufmunternden kleinen Abzeichen wie Totenkopf oder Knochen. Peel trat gerne mit einer schwarzen Brille und entblößten Fangzähnen auf wie die zornigen Blinden, mit denen man in der U-Bahn zusammenstößt. Aber seine Straßenband, die Lower East Side, spielte weder Punk noch Funk, sondern kratzte ihre Fiedeln und zupfte ihre Banjos, als seien sie auf einem Folklore-Festival in den Fünfzigern. Damals war der kleine Puertoricaner aus Brooklyn, dessen richtiger Name David Rosario war, zum erstenmal aus der U-Bahn aufgetaucht und hatte das Village entdeckt.

Der hart arbeitende Sänger der Motorradfahrer, Säufer und Ausgeflippten war alles andere als das unbekannte Genie aus der Gosse, als das ihn Lennon später verkaufte. Seine fünfzehn Minuten Weltruhm hatte er schon in den Sechzigern genossen (als er seinen Namen in Peel änderte), und die Platte, die Elektra unter dem Titel *Have a Marijuana* herausgebracht hatte, war mit 75 000 Exemplaren ein beachtlicher Verkaufserfolg. Dennoch überließ Howard Smith nichts an seinem Probeauftritt am Straßenrand dem Zufall: Er brachte Peel genau bei, wie er sich zu verhalten habe, wenn Lennon ihn entdeckte.

In dem Augenblick, in dem der silbergraue Lincoln Continental des Stars am Horizont auftauchte, setzte Peel mit seiner schockierendsten Nummer ein, «The Pope Smokes Dope». John Lennon war außer sich vor Begeisterung. Er summte den Song den ganzen Tag über vor sich hin, und bevor es Nacht wurde, schilderte er Smith bereits, wie er seine Neuentdeckung bei Apple herausbringen werde.

John war von seinem erneuten Kontakt mit der Straße fasziniert. Als ein Polizist vor dem Fillmore Building Peel und ihn aufforderte zu verschwinden, schwebte John auf Wolken. Die Bullen hatten ihn verjagt! Die gute alte Zeit kehrte wieder! Er war auf dem Weg heim zu seinen Wurzeln im rauhen Untergrund der großen Hafenstädte: Liverpool, Hamburg und jetzt New York! Was für eine Schlagzeile für die Zeitungen! Und was konnten die Werbeleute zu Hause bei Apple daraus machen: «John Lennon ist wieder auf der Straße!» Ha! Er würde es dem kleinen Paul zeigen!

Am gleichen Tag erzählte Howard Smith, daß er ein Interview mit Frank Zappa machen werde. «Toll», rief Lennon mit der jungenhaften Begeisterung aus, die einer seiner liebenswertesten Züge war. «Ich wollte ihn schon immer kennenlernen. Weißt du, ich bewundere ihn nämlich wirklich.»

«Wieso das?» fragte Smith erstaunt.

«Er *versucht* wenigstens, etwas Neues aus der Form zu machen», erklärte Lennon. «Er hat die Band so unglaublich unter Kontrolle wie ein richtiges Orchester. Mir imponiert die Disziplin, die er in den Rock hineinbringt. Anscheinend kann das sonst niemand.»

Smith, der merkte, daß Lennon nicht selbst an Zappa herantreten konnte, fragte: «Willst du ihn treffen?»

«Das wäre großartig», erwiderte Lennon.

Smith hielt daraufhin den Lennons einen kurzen Einführungsvortrag über den berüchtigten Zappa. «Er ist passiv-aggressiv», erklärte er. «Er will, daß man sich in seiner Gegenwart unwohl fühlt.»

Mit diesen nützlichen Informationen versehen fuhren John und Yoko mit Howard und seinem Tontechniker zur Fifth Avenue 1, einem Gebäude, das halb als Hotel, halb als Studentenheim der New York University diente und bei durchreisenden Bands als Absteige beliebt war. Hier machten sie sich daran, dem Löwen, den Smith den «Bartok der Rockmusik» nannte, in seiner Höhle gegenüberzutreten.

Als ihnen der hochgewachsene, verschlossene Zappa mit düsterer Miene und dunklem Schnurrbart die Tür öffnete, teilte ihm Howard ganz beiläufig mit: «Ich habe jemand mitgebracht.»

Zappa warf einen geübt ausdruckslosen Blick auf John und Yoko und sagte so beiläufig, als begrüße er den Tontechniker: «Guten Tag, freut mich.»

Zappas Band reagierte allerdings anders. Sie sprangen auf und stürmten auf den großen Star zu.

«Lennon benahm sich Frank gegenüber sehr respektvoll», bemerkte Smith. «Er benahm sich, als wolle er sagen: ‹Vielleicht bin ich sehr beliebt, aber das hier, das ist etwas richtig Ernsthaftes.› Yoko tat, als habe Frank alles, was er je getan oder auch nur gedacht hatte, von ihr gestohlen. ‹Ja, ja, ja›, sagte sie immer wieder. ‹Das habe ich 1962 gemacht.› Zappa nahm überhaupt keine Notiz von ihr. Es war ihm vollkommen egal, was sie sagte.» Zappas Gedanken waren bei der wichtigen Show, die am Abend als Abschiedsvorstellung in der größten Rockkonzerthalle der Welt, dem Fillmore East, stattfinden sollte. Bill Graham mußte das Haus aufgeben, weil es bei den raketenhaft ansteigenden Gagen der Rockstars nicht mehr gewinnbringend zu führen war. Als das Gespräch auf die Show kam, sagte Howard beiläufig zu John und Yoko: «Warum tretet ihr heute abend nicht mit Frank auf?» Zappas Band johlte vor Begeisterung. «Frank blickte mich todernst an», berichtete Smith. «Er war nicht sicher, ob das eine gute oder eine schlechte Idee war.»

Johns Antwort war typisch. «Ich habe lange nicht mehr gespielt», sagte er. «Ich wüßte gar nicht, was ich machen sollte. Wir müßten überhaupt proben.»

«Nicht mit Franks Band», warf Howard energisch ein. «Mit denen brauchst du vorher nicht zu proben.»

Jetzt merkte Howard, daß sich Frank allmählich mit dem plötzlichen Einfall anfreundete. «Endlich kapierte Frank, daß das ein großes Ereignis werden konnte. Also sagte er zu Lennon: ‹Ich glaube, wir können dein Zeug spielen.› Die Jungs in der Band sagten: ‹Ihr macht wohl Witze? Wir können jeden Akkord auswendig.› Frank sagte: ‹Also gut, das dürfte kein Problem sein. Kannst du irgend etwas von unserem Kram?› Schließlich wurden sie sich einig.»

Howard ahnte, daß John und Yoko sich verdrücken würden, wenn er sie nicht bis zu ihrem Auftritt eisern unter Kontrolle hielt. Zappa hatte vorgeschlagen, sie sollten gegen Ende der zweiten Vorstellung, ungefähr um zwei Uhr früh auftreten. Howard hatte vor, sie in letzter Minute am Theater abzuliefern, damit sie keine Zeit hatten, hinter der Bühne zu sitzen und nervös zu werden. Aber trotz aller Vorsichtsmaßnahmen mußte er mit ansehen, wie sie von dem Augenblick an, in dem sie mit ihm das Studio verließen, zunehmend unruhiger wurden. «John und Yoko waren zwei nervöse Wracks. Sie sahen aus wie Nachwuchstalente, die zum erstenmal mit den Erwachsenen auf die Bühne dürfen. Er war ein Wrack, ein absolutes Wrack. Und sie war in keinem viel besseren Zustand. Sie hatte ausgesprochenes Muffensausen davor, mit einer künstlerisch so anspruchsvollen Band aufzutreten. Schließlich konnten die genausogut kreischen wie sie. Im Auto auf dem Weg in die Stadt hörte ich nichts als: ‹Was sollen wir tragen? Bist du sicher, daß wir richtig angezogen sind?›»

Howards Antwort lautete: «Das macht keinen Unterschied. Zappas Leute tragen alles mögliche.»

Sie kamen am Bühneneingang an, und man brachte die Stars eilig ins Haus und versteckte sie in der rechten Proszeniumsloge, wo die Tonanlage des Hauses installiert war. «Kaum hatte ich sie in der Loge untergebracht», erinnerte sich Howard, «fingen John und Yoko an sich umzuziehen. Sie zog sein Hemd an; er sagte: ‹Gib mir deinen Gürtel!› Es war wie bei einer Schüleraufführung! Schließlich sagte einer von beiden: ‹Wir können nicht ohne Kokain auftreten!› Also lief ich durch die Straßen, bis ich einen Dealer fand. Ich kaufte Koks für das Geld, das sie mir gegeben hatten. Sie schnupften etwa ein Gramm. Das brachte sie wieder hoch. Jetzt funktionierten sie. Ohne den Stoff hätten sie es vielleicht nicht geschafft.»

Zufällig hatte die Hausfotografin des Fillmore, eine ehrgeizige Jungfilmerin namens Amalie Rothschild, über das Wochenende eine Sechzehnmillimeter-Kamera gemietet, weil sie einen Film über legalen Schwangerschaftsabbruch drehen wollte. Als sie entdeckte, daß John und Yoko auftreten sollten, beschloß sie, einen illegalen Mitschnitt der Show zu machen. Von der Tonkabine aus nahm sie mit einem Zoomobjektiv fast den ganzen Auftritt auf zwei Elf-Minuten-Rollen auf.

Zappa hatte seine dritte Zugabe vor einem brüllenden, aufrecht stehenden Publikum gegeben, als um 2 Uhr früh die Bühnenscheinwerfer erloschen. Die Leute waren dabei, langsam den Saal zu verlassen, als die Scheinwerfer plötzlich wieder angingen. Einen Augenblick lang wollte niemand seinen Augen trauen. Da standen leibhaftig und lebendig John und Yoko! John trug einen rehfarbenen Anzug aus Sämischleder und die rot-weiß-blauen Turnschuhe, die er am Vortag in der Eighth Street gekauft hatte. Yoko erschien in einer weit geöffneten schwarzen Bluse und Jeans mit einem Patronengurt. Als die Kids die Lennons erkannten, gingen sie in die Luft. Sie stiegen auf die Stühle, standen auf den Armlehnen und brüllten sich die Lungen aus dem Leib. Zappa sah mit finsterer Miene in den Zuschauerraum, als wolle er sagen: «Diese Drecksäcke! Was in drei Teufels Namen verstehen die von Musik?»

John hielt eine rote Gitarre in der Hand, kaute Kaugummi und startete die improvisierte Show mit der Ansage, daß er ein Stück singen würde, das er früher im Cavern vorgetragen hatte. Er wirkte abwesend und unsicher und hielt das Mikro, als sei es ein Sprechrohr. Aber als er sich mit weinerlich bettelnder Intonation zu unheilvoll trauernder Schlagzeugbegleitung an «Well (Baby Please Don't Go)» machte, hatte er das Publikum sofort fest im Griff. Dann erklang ein seltsam störendes Geräusch, das immer lauter und aufdringlicher wurde. Das irritierende Geräusch, das dem Klang einer defekten E-Gitarre ähnelte, wiederholte und parodierte jede einzelne von Johns perfekten Phrasen. Es war Yoko, die sich vordrängen mußte. Paradoxerweise präsentierte sie sich, während sie sich klanglich als störende Beigabe einschlich, optisch so attraktiv wie nie zuvor. Sie wirkte jugendlich, hübsch, sexy und ausdrucksvoll, wie sie da mit sinnlichen Körperbewegungen und weit ausgebreiteten Armen auf der Bühne stand. Dagegen sah Lennon aus, als würde er viel darum geben, woanders zu sein.

Die nächste Nummer bestand darin, immer wieder das Wort «Scheißkerl» zur Begleitung einer Acid Rock-Nummer zu rufen. Sie endete mit einem langen Ausklang, bei dem John seine Gitarre mit Rückkoppelungseffekt dröhnen lassen sollte. Dieser einfache Trick kostete ihn so viel Anstrengung wie einen Pfadfinder sein erstes Lagerfeuer. Als er die Gitarre schließlich zum Summen brachte, kreischte Yoko in einem Sack, den ihr die Band über den Kopf geworfen hatte. John gab ein Zeichen wie: «Ich werde hier nicht mehr gebraucht – macht weiter so!» und verschwand in den Kulissen. Yoko klagte noch Jahre später, John habe sie sitzen lassen, während sie hilflos in ihrem Sack saß.

Als die Lennons ein paar Tage später entdeckten, daß ihre New Yorker Bühnenpremiere mitgeschnitten worden war, machten sie verzweifelte Anstrengungen, den Film in die Hände zu kriegen. Amalie Rothschild wurde ins Plaza geladen, wo sie mit eigenen Augen miterleben durfte, wie Superstars leben. «Mein erster Eindruck war ein Gefühl von demonstrativer Zurschaustellung von Reichtum ohne Sensibilität für den Wert der Dinge», erinnerte sie sich. «Überall lagen teure Kleider verstreut, und auf dem Fernsehapparat klemmte ein Bündel Hundertdollarscheine unter einem Briefbeschwerer.» Als die Lennons sie fragten, wieviel sie für den Film wolle, verlangte sie, von der offensichtlichen Mißachtung des Geldes, die sie sah, ermutigt, einen Stienbeck-Schneidetisch im Wert von etwa 12 500 Dollar. John und Yoko stimmten sofort zu und baten nur um ein paar Standfotos als Zugabe, weil sie «viel Wärme zeigten». Außerdem erinnerte sich Amalie Rothschild an Johns außerordentlichen Mangel an manuellem Geschick. Sie brauchte zwanzig Minuten, um ihm zu zeigen, wie die einfache Kamera funktionierte, die ihm Jonas Mekas geschenkt hatte. John konnte weder die Kamera noch den Belichtungsmesser bedienen. Amalie Rothschild war klar, daß John aus lauter Ungeschicklichkeit es nicht einmal versuchen wollte. Er hatte sich damit abgefunden, hilflos zu sein.

John und Yoko schlugen ihr New Yorker Hauptquartier in Allen Kleins ABKCO-Büro im obersten Stockwerk eines einundvierzigstöckigen Megalithen aus Bronze und Glas am Broadway 1700 auf, ein paar Blocks nördlich vom Brill Building an der modernen Tin Pan Alley. Damals waren die Lennons völlig begeistert von Klein und wetteiferten in Interviews mit Lobessprüchen für ihn. «Ich liebe ihn», sagte John, «er hat mir echte Sicherheit geschenkt... Zum erstenmal in meinem Leben habe ich Geld.»

Dann erzählte Yoko, Klein sei «schöpferisch», ein «Genie», und hinter der harten Fassade des brutalen Geschäftsmannes sei er in Wirklichkeit «schüchtern und ruhig».

«Und so unsicher», hängte sich John an. «Er ist ein Waisenkind. Wie unsicher wird man, wenn es nichts gibt, an das man sich halten kann?»

Klein seinerseits war begeistert von seinem Erfolg mit den Beatles, die er im Vergleich zu den rauhen Stones für eine Klassenummer hielt, und er träumte noch immer davon, die Beatles wenigstens im Studio wieder zusammenzubringen. Zu jener Zeit waren Allen, John und Yoko die zufriedenste Verbindung von Künstlern und Manager im Showgeschäft.

Eines Tages lud Klein sie ein, zum Probesingen einer jungen Sängerin namens Bette Midler mitzukommen, die in den Continental Baths vor Schwulen gesungen hatte, jetzt aber in einem Off-Broadway-Theater auftreten sollte. Saul Swimmer, der Filmproduzent der ABKCO, erinnerte sich: «Bette sollte Rachel Lily Rosenbloom spielen, ein Mädchen, das gegenüber von Barbra Streisand in Brooklyn gewohnt hatte. In dem Stück gibt es ein Lied namens ‹Dear Miss Streisand›, wo sie einen Brief an Barbra schreibt wie seinerzeit Judy Garland in ‹Dear Mr. Gable›. Ich begleitete Bette in Kleins Büro, wo John und Yoko beim Frühstück saßen. Bette sang aus vollem Herzen, und mitten in ihrem Vortrag sagte John: ‹Noch ein Stück Toast?› John aß seelenruhig während des ganzen Vorsingens weiter. Ihm war das alles egal. Yoko verfolgte Bette mit bösen Blicken. Als Bette ging, sagte John: ‹Die hat ein gutes Gesicht.› Yoko sagte: ‹Spinnst du? Sieh dir den Körper an!› Innerhalb von zwei Tagen hatte Yoko einen Song mit dem Titel ‹Mrs. Lennon› aufgenommen.»

Ungefähr zu dieser Zeit tauchte George Harrison in Kleins Büro auf. George hatte einen Haufen neuer Songs, die er John vorspielen wollte. Sie schnappten sich zwei Gitarren und gingen in ein leeres Zimmer. Al Steckler, der damals Geschäftsführer von Apple war, genoß die Session, als plötzlich die Tür aufging. «Yoko marschierte herein», erinnerte sich Steckler, «sah, was vor sich ging, und fing mit ihrem üblichen Gekreisch an. John sagte: ‹Verpiß dich!› Er packte sie, stolperte mit seiner Last über einen Stuhl, schmiß sie hinaus und knallte die Tür zu. Danach spielten die beiden weiter.»

Nachdem die Lennons im Juli nach England zurückgekehrt waren, kam es zu einer Serie von Ereignissen, die John so heftig durch New York wirbelten, daß es kein Wunder gewesen wäre, wenn seine alte Angst vor der Stadt neu erwacht wäre. Das Drama nahm seinen Anfang, als John entdeckte, daß er kein Visum für St. Thomas bekommen konnte, wo Yokos Sorgerechtsprozeß vor dem Gericht in Charlotte Amalie anhängig war. Für jedes andere Paar wäre die Lösung einfach gewesen: Yoko wäre vor Gericht erschienen, wo außer ihrer Anwesenheit nichts erforderlich war, und John hätte das Ergebnis zu Hause abgewartet. Aber John konnte keine noch so kurze Trennung von Yoko ertragen. Also schmiedete Dan Richter einen schlauen Plan, um das Einreiseverbot zu umgehen. Zunächst flogen die Lennons auf die Insel Antigua, die zum Britischen Commonwealth gehört. Dort mieteten sie ein kleines Flugzeug, das sie nach St. Thomas bringen sollte. Vor dem Start rief Richter ein paar Rundfunkstationen auf den Jungferninseln an und erzählte ihnen, daß Lennon um die und die Zeit ankommen werde, aber eine Auseinandersetzung mit den Einwanderungsbehörden erwarte. Er wäre dankbar für jede Unterstützung, die seine Fans ihm gewähren würden. Als das kleine Flugzeug in St. Thomas landete, wurde es von Beatlemaniacs umringt. Die Behörden beschlossen, John ungehindert einreisen zu lassen.

Am 26. Juli erschien Tony Cox' Anwalt in Vertretung seines Mandanten und stellte die Zuständigkeit des Gerichts in Frage. Er beantragte, die Verhandlung nach Houston zu verlegen, wo Tony derzeit seinen festen Wohnsitz hatte. Das war ein Fehler. Hätte Tony ausgesagt und all die Gründe angeführt, warum John und Yoko ungeeignete Eltern für Kyoko waren – ihre Rauschgiftsucht, Lennons Verurteilung wegen Drogenbesitz, ihren Versuch, das Kind zu entführen –, hätte er den Prozeß vielleicht gewonnen. Indem er sich weigerte zu erscheinen, beraubte er sich selbst seiner Chance und ließ dem Gericht keine andere Wahl als die Entscheidung, Yoko das Sorgerecht für ihre Tochter zu übertragen.

John, Yoko und Dan Richter verließen den Gerichtssaal in überschwenglicher Stimmung und gönnten sich sogar ein paar Tage Ferien. Da sie sich schon einmal innerhalb der Grenzen der USA befanden, gab es keinen Grund, warum sie nicht nach New York weiterfliegen sollten. Beim Umsteigen in San Juan aber gerieten sie in Schwierigkeiten. Die Zollbeamten bestanden darauf, den Berg von Gepäck zu durchsuchen, mit dem die Lennons reisten, und die Einwanderungsbehörden, denen die Verurteilung wegen Drogenbesitz in Johns Visum-Antrag aufgefallen war, bestanden auf einer Leibesvisitation. Als sie ein Fläschchen mit Methadontabletten fanden, verlangten sie, er solle sich ausziehen. Bis John die Zollbeamten davon überzeugt hatte, daß er ein gesetzliches Recht besaß, Methadon mit sich zu führen, hatte sich irgend jemand mit dem größten Teil des Lennonschen Gepäcks davongemacht. Reiche können derartige Verluste leichter tragen als andere, aber John und Yoko waren vom Diebstahl einer Kassette schockiert, die den gesamten Familienschmuck der Onos enthielt, Yokos mütterliches Erbe. Mißgestimmt kamen die Lennons in New York an.

Als Lennon wieder in der Stadt war, hatte er vor, jede freie Minute der Publicity für *Imagine* zu widmen, ein Album, das ihn zum erstenmal, seit er sich von den Beatles getrennt hatte, wieder an die Spitze der Hitlisten bringen konnte. Aber statt sich auf seine eigene Karriere konzentrieren zu können, geriet er mitten in den emotionalen Aufruhr, den das *Concert for Bangla Desh* auslöste. George Harrison hatte die gewaltige Benefizvorstellung im Madison Square Garden als Nothilfe für das von Überschwemmung und Hungersnot heimgesuchte Vaterland seines musikalischen Guru Ravi Shankar geplant. Bis zum letzten Augenblick hing das Schicksal des mit Spannung erwarteten Ereignisses an einem seidenen Faden, denn George hatte entsetzliche Angst vor der Verantwortung, die die Leitung einer Veranstaltung dieser Größe mit sich bringt, und der vorgesehene Überraschungsgast Bob Dylan sagte einmal zu, ein andermal ab. Zur endgültigen Krise kam es, als Eric Clapton, auf den sich George fest verlassen hatte, sich Stoff spritzte, der mit Talkumpuder verschnitten war, und zusammenbrach. Lord Harlech, der Vater von Claptons Freundin Alice Ormsby Gore, wandte sich mit einem Hilferuf an Allen Klein. Klein rief Dr. William Zahm, den Hausarzt, der alle Angestellten von ABKCO behandelte, zu Hilfe. Der Arzt eilte am Wochenende in die Stadt und brachte den berühmten Gitarristen mit Methadon wieder auf die Beine. So fanden die Lennons ihren Dealer in New York.

Inzwischen wurde Lennon von allen Seiten bedrängt, er solle bei dem Konzert auftreten. Klein wollte, daß sich John mit George und Ringo zusammentat, weil das Paul unter Druck setzen würde, ebenfalls mitzumachen. Darin sah Klein eine Chance zur Erfüllung seines höchsten Wunsches: Beatles III. Ausschnitte aus der Nachmittags- und der Abendvorstellung sollten mit Aufnahmen aus der Zeit der Beatlemania zusammengeschnitten werden, um einen Film mit dem sentimentalen Titel *The Long and Winding Road* zu produzieren. George bestand auf Johns Teilnahme am Konzert, weil er seine Unterstützung dringend brauchte. Nach all der Hilfe, die er John im Laufe der Jahre hatte zukommen lassen, glaubte er ein Recht zu haben, darum zu bitten. Den stärksten Druck übte Yoko aus, die unbedingt auf die gewaltige Bühne treten und sich in der Aufmerksamkeit sonnen wollte, die das große Ereignis hervorrufen mußte. Das Konzert, mit seiner Kombination des Glanzes der Popmusik mit humanitärer Wohltätigkeit, war der fleischgewordene Traum einer Frau, die immer als öffentliche Wohltäterin hatte auftreten wollen.

John Lennons Einstellung zu *Bangla Desh* war völlig negativ, und er bezeichnete den Plan als «Kacke». Er hatte Wohltätigkeitsveranstaltungen jeder Art schon immer verabscheut, was die Tatsache miterklärt, warum die Beatles in über 1400 öffentlichen Vorstellungen nicht öfter als ein- oder zweimal umsonst gespielt haben. Für John waren Wohltätigkeitsveranstaltungen so etwas wie Flicken auf geplatzten Reifen: Wenn man mit einem anfängt, braucht man morgen den nächsten. Und außerdem verdienten alle Beteiligten Geld außer dem Star. Was Lennon aber zu dieser Zeit am meisten ärgerte, war nicht die Aufforderung, umsonst zu spielen, sondern der Anblick Allen Kleins, der rund um die Uhr für George Harrison arbeitete.

Der Neid nagte schon seit dem überraschenden Erfolg von «My Sweet Lord» und Georges Vierplatten-Album *All Things Must Pass* an John. *All Things Must Pass* war im November 1970, einen knappen Monat vor dem Urschrei-Album, auf den Markt gekommen, das freundliche Besprechungen gefunden hatte, sich aber schlecht verkaufte. Monatelang hatte John sich nicht auf die Straße trauen können, ohne Georges blödsinnige Hymne aus jedem Lautsprecher dröhnen zu hören. Und jetzt drängte sich der kleine George, den weder John noch Paul je als ebenbürtig betrachtet hatten, schon wieder ins Rampenlicht, und das genau in dem Moment, in dem John seinen eigenen Superhit herausbringen wollte! Aber das war nicht der einzige Ärger. Falls John sich großzügig zeigte und mit George und Ringo auf die Bühne stieg, und Paul tauchte plötzlich auf, was wäre dann? Alles was John in den letzten zwei Jahren gegen die Beatles gesagt hatte, wäre wie ausgelöscht. Der Mythos würde auferstehen! Die Antwort *mußte* «Nein» heißen.

Aber konnte Lennon Yoko widerstehen? In der ganzen Zeit mit ihr hatte es John nur zwei- oder dreimal geschafft, in einer wichtigen Frage den Sieg über seine Frau davonzutragen. In der Tat gab es nur eine Art, wie er ihr etwas abschlagen und sie dazu bringen konnte, die Niederlage hinzunehmen: Er mußte sich in einen Anfall von Gewalttätigkeit hineinsteigern; und genau das tat er frühmorgens am 31. Juli 1971, dem Tag vor dem Konzert. An diesem Morgen riß Dan Richter das Telefon neben seinem Kopfkissen aus dem Schlaf. Es war John, der mitteilte, er sei auf dem Weg zum Flugplatz. Richter zog sich rasch an und eilte in die benachbarte Suite der Lennons. In dem Augenblick, in dem er das Wohnzimmer betrat, sah er, was geschehen war.

John hatte das Zimmer in ein Schlachtfeld verwandelt. Er hatte alles, was nicht niet- und nagelfest war, an die Wände geworfen und das gesamte Mobiliar zerstört. Er hatte auch Yoko angegriffen, die sich offenbar genauso wild zur Wehr gesetzt hatte wie früher gegen Tony. John hatte eine klaffende Wunde über einem Auge, die er sich vermutlich zugezogen hatte, als ihm Yoko die Brille vom Gesicht riß und sie auf den Boden warf. Dort lag sie verdreht wie eine Brezel. Nachdem sich Dan vergewissert hatte, daß Yoko unverletzt war, verließ er das Park Lane mit Lennon. Als sie nach Central Park South kamen, tobte ein wilder Regenschauer über der Stadt, Ausläufer eines Hurrikans vor der Küste. Es war nicht leicht, ein Taxi zu finden, aber schließlich fand Dan einen heruntergewirtschafteten Wagen, der sie zum Flugplatz brachte. John hatte es so eilig, die Flucht zu ergreifen, daß er blindlings den ersten Flug nach Europa nahm, der nach Paris ging.

Als Richter ins Hotel zurückkam, teilte ihm Yoko mit, daß sie morgen *ohne* John auftreten werde. Dan versuchte sein Bestes, ihr diese peinliche Idee auszureden, aber da er ihren eisernen Willen nicht beugen konnte, gab er es auf und rief Klein an. Der hatte bald alle Hände voll damit zu tun, Yoko klarzumachen, was für einen schlechten Eindruck ein Soloauftritt machen würde. Einmal würde es George zum Wahnsinn treiben; zum anderen würde es die Fans erbosen, die ihre schlimmsten Befürchtungen bestätigt sehen würden. Klein brachte Yoko schließlich so weit, daß sie versprach, nicht aufzutreten. Aber dann mußte er von vorne anfangen und sie überreden, zu ihrem Mann zurückzukehren. «Wozu?» rief sie aus. «Mir gefällt es hier.» In diesem Augenblick verstand Allen Klein nach Jahren der Zusammenarbeit mit John und Yoko zum erstenmal, was das Prinzip ihrer Ehe war: *«Er brauchte sie viel mehr als sie ihn.»* Schließlich ließ sich Yoko davon überzeugen, daß es in ihrem ureigenen Interesse lag, noch am gleichen Abend nach Hause zu fliegen. Letzten Endes brauchte sie ja nur solange dazubleiben wie nötig, um John zu beruhigen und wieder herumzukriegen.

John nahm in Paris eine Suite im George V und nahm sich vor, auf die Straße zu gehen und eine Hure anzusprechen. Er war natürlich wütend, aber es ging ihm nicht nur um den Wunsch nach Rache. John war sexuell frustriert. Vor ein paar Monaten in Mallorca hatte er Allen Klein erzählt, wie enttäuscht er von Yoko als Frau war. «Ich habe keine Lust mehr, sie zu ficken!» grollte er. «Als wir geheiratet haben, habe ich geglaubt, sie sei ein richtig wildes Weib. Yoko ist *prüde*!» Das jedenfalls meinte John. Aber dann traute er sich doch wieder nicht, auszugehen und zu vögeln. Er wußte, daß er Mutter nicht betrügen konnte, ohne schreckliche Schuldgefühle zu entwickeln. Also ließ er es und flog am nächsten Morgen nach London. Als Yoko später am Tag in Tittenhurst ankam, hatte John das Haus als Friedensangebot über und über mit Rosen gefüllt.

Lennons Zorn übermannte und streckte ihn gerade dann nieder, als er nicht an seinen Kleinkrieg mit Paul oder seinen Neid auf George hätte denken sollen, sondern an seine Pflicht und seine Aufgabe als einer der großen Helden seiner Generation. Ironischerweise kehrte genau in dem Augenblick, in dem Lennon sich von seinem eigenen Zorn k.o. schlagen ließ, sein mächtiger Rivale Bob Dylan auf die Bühne zurück und machte sich daran, den Platz einzunehmen, den John verlassen hatte. Bob Dylans Überraschungsauftritt hatte eine erschütternde Wirkung. Eine kleine, unansehnliche Gestalt in Jeansjacke und ausgebeulten braunen Hosen mit einer Martin-Gitarre und einem Harmonikaständer, der aussah wie eine Zahnspange, betrat die weite Bühne und schob sich ungeschickt und doch zuversichtlich in den jubelnden Kreis der Zwanzigtausend.

Dylan starrte ernsthaft auf die Stadionscheinwerfer, als wären sie die von Fliegendreck gezeichneten Spotlights irgendeiner Kneipe auf dem Lande. Er hob und senkte die nasale Stimme mit der müden Aufrichtigkeit eines wiedergeborenen Woody Guthrie und füllte die Halle mit weißem Soulgesang. Die Ironie, die Wut, die ätzende Rauheit des Dylan von einst verwandelten sich auf magische Weise in klagende Melancholie: die Antwort der weiten staubigen Landschaft von Oklahoma auf das unausdenkbare Leid von Bangladesh.

Dylan schritt an diesem Nachmittag mit der festen Gewißheit des großen Steuermanns der Seelen, das Auge fest auf die Sterne gerichtet, von einem Song zum anderen, von einer Wahrheit zur nächsten. Als er fertig war, trat er wortlos wieder in den Schatten. Er ließ Tausende von begeisterten jungen Menschen zurück, die aufs Neue entschlossen waren, dieser kleinen, scheuen Figur zu folgen, die so dauerhaft, so weise, so entschlossen war zu überleben. An John Lennon dachte niemand.

DIE KOMMANDOBRÜCKE

Das St.-Regis-Hotel, wo John und Yoko seit ihrer Rückkehr nach New York am 13. August 1971 wohnten, war eine unpassende Adresse für einen Mann, der sich radikalen Anliegen verschrieben hatte, sich mit den Unterprivilegierten identifizierte und die Freuden besang, nichts zu besitzen. John Jacob Astors Palast aus Marmor, Messing und Kristall ist der Inbegriff des alten amerikanischen Traums, wie ein König zu leben. Sobald man einen Fuß in die glitzernde Lobby setzt, wird man in die luxuriöse Pracht des Europa früherer Jahrhunderte versetzt. Die Patina alten Geldes liegt über dem Marmorfußboden, läuft die polierte Messingumrandung des reichverzierten Empfangstresens entlang und verliert sich schließlich im Funkeln der Kristallkronleuchter, die von der Trompe-l'œil-Decke hängen. Der gleiche Schimmer alten Reichtums glitzert in den kleinen Elsie-de-Wolfe-Boutiquen, die die Lobby einrahmen, und lastet auf der alten nußholzgetäfelten Bibliothek. Selbst die Weinkeller unten in den Kellergewölben strömen Klasse und Kasse aus. Diese Nachbildungen der Kellergewölbe eines berühmten französischen Klosters, gut bestückte *Caves*, originalgetreu bis hin zu den vergoldeten gotischen Buchstaben, boten den Rahmen für viele Feste der höheren Kreise, auf denen Kellner in Mönchskutte und Kapuze servierten.

Selbstverständlich belegten Mr. und Mrs. John Lennon die besten Zimmer des Hauses. Prunkstück ihres riesigen Salons im obersten Stock war ein aus einem italienischen Palazzo herausgerissener, braungeäderter Marmorkamin. Die kunstvoll mit Vorhängen drapierten, bis zum Boden reichenden Fenster rahmten einen vorzüglichen Ausblick auf den Central Park ein. Sogar das mit Marmor ausgeschlagene Bad enthielt ein Sammlerstück: einen französischen Waschtisch aus dem Jahr 1904 von strenger Schönheit. Aber John und Yoko verunzierten ihre prachtvolle Herberge schnell durch ihre gewohnte Junkie-Unordnung.

Die Lennons waren diesmal mit einem festen Ziel nach New York zurückgekehrt. Es befriedigte sie nicht mehr, mit Berühmtheiten auszugehen oder als Überraschungsgäste morgens um zwei auf Parties aufzutauchen, sie hatten sich in den Kopf gesetzt, die neuen Führer der New Yorker Avantgarde zu werden. Dieser dreiste Plan resultierte aus Yokos Märchengeschichten über ihre frühen Jahre in der New Yorker Kunstszene. Sie hatte faszinierende Bilder einer schillernden Gemeinschaft von Untergrundkünstlern entworfen, die leere Fabriketagen bewohnten, wo sie kraft ihrer Genialität die zündenden Ideen entwickelten, die erst zu Trends, dann zu Schulen wurden und schließlich Reichtümer einbrachten, weil sie sich auf dem New Yorker Kunstmarkt durchsetzten. In dieser Welt war Yoko, nach ihrer eigenen Aussage, die geistreiche, aber nicht anerkannte Neuerin gewesen. Ganz ohne Hilfe hatte sie die Konzeptuelle Kunst geschaffen, die Happenings, Minimal-Filme, Flower Power und, als Mitbegründerin, Fluxus, die extremste Kunstrichtung seit Dada. Traurigerweise war ihr der Ruhm, der ihr gebührte, von einem Klüngel homosexueller Künstler und Galeriebesitzer verweigert worden, die sich nicht mit der Tatsache abfinden konnten, daß der klügste Kopf unter ihnen eine Orientalin war. Mit John Lennons Hilfe würde sie jetzt endlich ihren rechtmäßigen Platz einnehmen.

Von ihrem Kommandoturm aus, hoch oben im St.-Regis-Hotel, begannen die Lennons sofort einen erstaunlichen Blitzkrieg. John und Yoko arbeiteten rund um die Uhr, stellten hochmotivierte Leute ein und nutzten jede Möglichkeit der Medienmanipulation und etablierten sich auf diese Weise über Nacht als die meistgekauften Avantgardisten mit den höchsten Preisen.

Wesentlichen Anteil an diesem Kraftakt hatten die grenzenlosen Dienste von May Pang, einer jungen Amerikanerin chinesischer Abstammung, ein ergebener Rockfan, eine Leibeigene, die die Lennons erst kürzlich eingestellt hatten. Damit sie ihrer Herrschaft vierundzwanzig Stunden am Tag dienen konnte, war May in ein Zimmer eingezogen, das neben der Suite der Lennons lag, nachdem ihre Vorgängerin, Lindsay Maricotta, ein hübsches Mädchen frisch vom Smith College, von Yoko gefeuert worden war, weil sie es gewagt hatte, sich in der Grotta Azura neben John zu setzen.

Mays Tag begann um zehn Uhr, wenn sie an die Tür der Lennons klopfte und dann beim Zimmerservice für die beiden das Frühstück bestellte, das aus Zimttoast, Kaffee und Tee bestand. John und Yoko konnten das Bett erst verlassen, wenn sie ihr Methadon erhalten hatten, das ihnen illegal von Dr. Zahm verschrieben wurde, der ihre Dosis dem Rezept eines anderen Patienten, eines ABKCO-Angestellten, hinzufügte. (Der gute Doktor versorgte seine berühmten Patienten auch mit «B-12»-Spritzen – Vitamine versetzt mit Speed –, die auch freizügig an die Lennon-Angestellten verteilt wurden, um sie rund um die Uhr bei der Stange zu halten.) Waren Yoko und John erst mal «munter», inspizierten sie ihre Fließbandproduktion.

Von dem Marmorflur vor der herrschaftlichen Suite gingen reihenweise Einzelzimmer ab, die in Büros, Werkstätten und Verkaufsräume umgewandelt worden waren. Hier schufteten unermüdlich all die Spezialisten, die mit der großartigen Aufgabe betraut worden waren, John und Yokos Ideen zu verwirklichen. In einem der Zimmer war Joko Productions, die Lennon-Filmgesellschaft, untergebracht. Ihr Direktor, der dicke Steve Gebhardt, ein Architekt, der Filmemacher geworden war, verbrachte sein Leben über einen Stienbeck-Schneidetisch gebeugt, unterstützt von seinem Tontechniker und Partner Bob Friess sowie seiner Cutterin und Ehefrau Laura Lesser. Sie hatten die Auflage, jede Woche einen Film herauszubringen, ein gewaltiger Ausstoß, der Gebhardt gleich bei seinem Anstellungsgespräch mit den Lennons vorgegeben worden war. Zu der Zeit hatten sie in nur zwei Wochen *Up Your Legs Forever* herausgebracht (derselbe Anatomieunterricht wie in *Bottoms*, nur an einem anderen Körperteil) und *Fly*, der zeigt, wie ein geflügeltes Insekt zwischen den Beinen einer nackten, auf dem Rücken liegenden Frau herumkrabbelt.

Bereits in England hatte Lennon eine Serie von Filmen im Andy Warhol-Stil gemacht, angefangen mit *Smile*: 25 Minuten ununterbrochen John Lennon, der die Zunge rausstreckt, die Augenbrauen hochzieht und in einen Garten lächelt, mit Vogelgezwitscher vom Band unterlegt. Dann kam *Two Virgins*, der die Wesensgleichheit der beiden Lennons feierte, indem Johns Gesicht langsam zu Yokos Gesicht wurde. Darauf folgte *Erection*: Achtzehn Monate lang wurde dieselbe Einstellung eines im Bau befindlichen Gebäudes gedreht, die Bilder wurden aneinandergeschnitten und zeigten schließlich eine sich schnell aufrichtende Konstruktion. Einen hochzukriegen war Lennons Thema Nr. 1. *Self-portrait* beschrieb er so: «Man sah nur meinen Schwanz... aber dann tröpfelte er. Das war ein Versehen. Ich wollte, daß er sich langsam aufrichtet und dann fällt – aber das klappte nicht.» *Apotheosis* war eine luftigere Variante: Die Kamera, die an einem Heliumballon befestigt war, stieg hoch in eine Wolke und produzierte ein fünfminütiges weißes Nichts.

Im Mai 1971 waren die Lennons nach Cannes geflogen, um ihre Arbeit den Cineasten vorzustellen. Dieses Fachpublikum machte während der achtzehn stummen Minuten von *Apotheosis* einen derartigen Krach, daß Lennon verzweifelt aus dem Kino rannte. *Fly* kam etwas besser an, weil, wie eine Kritikerin schrieb, «die Fliege auf eine für ein so kleines Tier erstaunliche Weise in laienhaftem Überschwang herumstolzierte, ihre Vorderbeine aneinanderrieb und sich zur Schau stellte». Nach seinen Lieblingsfilmen befragt, antwortete Lennon mit der für ihn charakteristischen Offenheit: «Ich sitze lieber vor dem Fernseher als im Kino.» Yoko hatte den Ruhm jedoch erstmals mit *Bottoms* gekostet, nun war sie wild entschlossen, sich selber einen großen Namen in der Filmwelt zu erobern. Da Andy Warhol sich inzwischen von der Leinwand zurückgezogen hatte, waren die Lennons zuversichtlich, daß sie schnell zu den führenden Untergrundfilmern der Welt avancieren würden, eine Position, die den Kauf eines Hollywoodstudios rechtfertigen würde.

Ein weiteres Zimmer im siebzehnten Stock des St.-Regis-Hotels diente als Fotostudio von Iain Macmillan, einem bleichen jungen Mann mit verquollenen Augen, der (nach Pauls Anweisungen) das berühmte Coverfoto für *Abbey Road* geschossen hatte. Iain war aus London eingeflogen worden, um Yokos unfertige Vorstellungen für eine One-Woman-Show im Museum of Modern Art zu realisieren. Es sollte keine richtige Ausstellung werden, sondern den Regeln der

Konzeptuellen Kunst entsprechen – nur daß Yoko die Regeln nie hinbekam. Dann wurde sie eines Tages, als sie gerade mit John im Bett saß und hof hielt, von einer Besessenheit für Fliegen überkommen, und plötzlich griff sie sich folgende Idee aus der Luft. Sie ordnete an, eine mit Fliegen gefüllte Flasche, die das gleiche Volumen wie ihr Körper haben sollte, im Skulpturengarten des MOMA aufzustellen. Macmillan sollte die herausschwirrenden Fliegen über die ganze Stadt hinweg verfolgen und fotografieren. Als er fragte, woran er denn Yokos Fliegen erkennen könne, antwortete sie, daß sie nach Ma Griffe riechen würden, ihrem Lieblingsparfüm.

Nachdem sich der ursprüngliche Plan als undurchführbar erwiesen hatte, wurde der arme Iain mit einer noch schlimmeren Aufgabe konfrontiert. Er erinnerte sich, daß er stundenlang in einem Kunststoffzelt zubrachte, in dem tausend Fliegen freigelassen worden waren. Nachdem er unzählige Nahaufnahmen von den Insekten gemacht hatte, sollte er diese Bilder auf die Fotos bekannter New Yorker Sehenswürdigkeiten und Wahrzeichen montieren und daraus einen hundertsechzehn Seiten umfassenden Katalog für die imaginäre Ausstellung machen. Der Spaß ging richtig los, als Yoko ihre Show in der *Village Voice* ankündigte und ihren Laufburschen Peter Bendry, einen bärtigen kleinen englischen Hippie, vor dem MOMA als Werbeläufer mit Brust- und Rückenplakat auf und ab spazieren ließ, auf dem die nichtexistente Show angepriesen wurde. Als die Passanten mit dem Katalog, den sie von dem Werbeläufer in die Hand gedrückt bekommen hatten, in das Museum kamen, war das Personal nicht erfreut.

Fly hieß der Titel von Yokos nächstem Album, der Ergänzung zu Johns Album *Imagine*. Für die Platte wurden zumeist dieselben Musiker verpflichtet, nur daß Yoko als Neuerung ein Ensemble einfacher mechanischer Instrumente hinzufügte – selbstschlagende Trommeln und von Ständern baumelnde Geigen, die von dem Fluxus-Künstler Joe Jones geschaffen worden waren. John und Yoko traten in der Howard Smith Show auf, um für das Album zu werben. John übertraf sich selbst mit seinen überschwenglichen Lobeshymnen auf Yokos Musik, indem er sie mit Little Richard verglich. Da Lennon zu den aufmerksamsten Hörern in der Geschichte der

Rockmusik gehörte, stellt sich die Frage, ob sein Lob ernstgemeint war oder ob er das Publikum auf den Arm nehmen wollte.

Die Antwort liegt teilweise in John Lennons Überzeugung, daß jeder berühmt sein könnte – und zwar länger als nur fünfzehn Minuten. Je nach Lust und Laune beschrieb er sich entweder als Genie oder als Nichtskönner, denn John wußte, daß er in vieler Hinsicht nicht über das Mittelmaß hinauskam. Weder konnte er sich in Aussehen, Stimme oder Bühnenpräsenz mit Elvis vergleichen, noch besaß er das Talent, bedeutende Musik zu komponieren. Ein guter Gitarrist war er nun wirklich nicht, und selbst seine Verse waren oft recht leichtgewichtig. Deshalb lebte Lennon, wie so viele Popidole, ständig in dem Bewußtsein des enormen Mißverhältnisses zwischen dem, was er war, und dem, was er darstellte. Deswegen konnte er ernsthaft fordern, daß Yoko berühmt werden sollte, weil Ruhm auf völlig irrationalen Bedingungen beruhte. Außerdem glaubte John fest an die Suggestivkraft der Publicity. Er baute darauf, daß er, wenn er sich nur richtig Mühe gab, Yoko dem Publikum schon schmackhaft machen würde. Die Kehrseite dieser Überzeugung – die Erkenntnis, daß Yoko als Künstlerin absolut nicht an ihn heranreichte –, konnte schon deshalb nicht zugelassen werden, weil ihre Beziehung auf der Vorstellung beruhte, daß sie eine Seele in zwei Körpern waren. Gleichwertigkeit war die unabdingbare Voraussetzung ihrer Symbiose. Darum war es letzten Endes gleichgültig, was Yoko objektiv betrachtet war. Sie *mußte* das sein, was John in ihr sah: Sein Schwesterngenius.

Der Kampf der Lennons um die Führung in der New Yorker Avantgarde war deshalb eine großangelegte Werbekampagne, um die Öffentlichkeit davon zu überzeugen, daß, wie John zu May Pang sagte, «nicht die Beatles, sondern Künstler wie Yoko die echten Visionäre sind». Um sicherzugehen, daß diese Botschaft von der Presse unverfälscht wiedergegeben wurde, entwickelten John und Yoko ein System, Reporter und Interviewer einzuwickeln. Zunächst wurde der Journalist von May Pang unter die Lupe genommen, die dann Yoko dessen Ansichten mitteilte. Anschließend kam er in den Genuß des Privilegs, einige Zeit allein mit John Lennon verbringen zu dürfen, der sich bei ihm über die schreckliche Art und Weise ausweinte, in der die englische Presse seine Frau beleidigt hatte, wodurch er den Gerechtigkeitssinn und die Beschützerinstinkte in dem Reporter weckte. Schließlich traf dann Yoko auf einen Mann, der auf sie hereinfallen würde, und sie präsentierte sich genau so, wie es seinen vorgefaßten Meinungen entsprach.

Wollten die Lennons sich wirklich bei einem Journalisten einschmeicheln, gaben sie sich sogar noch mehr Mühe. Jill Johnston von der *Village Voice* erinnerte sich, daß John und Yoko ihr ein Dutzend Rosen schickten, sie um Mitternacht in ihre Suite einluden und eines Nachmittags zu einem Einkaufsbummel auf der Eighth Street mitnahmen, wo sie darauf bestanden, ihr ein Paar Schuhe zu kaufen. Die angebotene Intimität verkehrte sich allerdings ins Gegenteil, weil Johnston die Lennons, je besser sie diese kennenlernte, immer weniger mochte. «Yoko spielte die raffgierige *Grande Dame*, die von Geschäft zu Geschäft zog und befahl: ‹Geben Sie mir dies, geben Sie mir jenes!›» erzählte Johnston, während John «um Aufmerksamkeit buhlte, als brauchte er eine Dosis davon zwischen den Fahrten in seiner Limousine.»

Was Yoko eigentlich wollte, war nicht ein Artikel hier oder eine Rezession da, sondern eine ihr eigens gewidmete Sondernummer, so wie es *Rolling Stone* im vergangenen Jahr mit John gemacht hatte. *Crawdaddy*, eine Rockzeitschrift auf dem absteigenden Ast, hatte gerade die Besitzer gewechselt. Ebenso wild entschlossen wie Yoko, beugte sie sich Yokos Bedingungen, die sich auszusuchen wünschte, von wem sie interviewt wurde und den Artikel vor dem Druck absegnen wollte. Yoko wählte Henry Edwards (ironischerweise genau den Mann, der später May Pangs Memoiren schreiben würde). Yoko war nämlich auf einen Satz von Edwards gestoßen, in dem er sagte, daß die drei herausragenden Künstler der Minimal Art Tony Smith, Robert Morris und – Yoko Ono wären. Die humorlose Yoko hatte dabei übersehen, daß Edwards' Nennung ihres Namens nicht als Kompliment gemeint war, sondern ein Witz sein sollte.

Die erste Verabredung zwischen Edwards und Yoko war eine Einladung zum Abendessen. Als er in die Suite der Lennons kam, lag sie im Bett, die Decke hochgezogen bis zum Kinn, ihr langes schwarzes Haar offen auf den Kissen. Sie stand unter Schock, weil sie gerade erfahren hatte, daß Simon and Schuster nicht beabsichtigten, für ihr

Buch *Grapefruit* einen Vierfarbdruck-Schutzumschlag zu drucken. Lennon saß im Schneidersitz auf dem Bett und sah im Fernsehen eine Rock'n'Roll-Show. Völlig blind gegenüber Yokos Kummer, brach er ab und zu in jugendliche Begeisterungsschreie aus: «Diesen Song habe ich früher gespielt, Yoko!»

Sie antwortete im Ton einer leidenden, aber geduldigen Mutter: «Das ist ein sehr hübsches Lied, John.»

Nachdem er fünfundvierzig Minuten völlig in dem Fernsehprogramm aufgegangen war, nahm Lennon den Telefonhörer und bestellte beim Zimmerservice das Abendessen. Er bestellte drei Steaks, ohne sich die Mühe zu machen, Edwards zu fragen, ob er ein Steak essen wolle. Als der Kellner das Essen ins Zimmer rollte und die silbernen Deckel abhob, legte er die Steaks nicht auf die Teller, sondern fing an, sie in Streifen zu schneiden, wobei er offensichtlich nach einer Anweisung der Küche verfuhr. John unterbrach den Mann und wies ihn an, das Fleisch in kleine Rechtecke zu zerteilen. Als die Steaks wie Hundefutter in Schüsseln gehäuft worden waren, fingen die Lennons an, sie mit den Fingern zu essen.

Gleich nach dem Essen klopfte es an der Tür, und eine rauhe Stimme bellte: «Ich bin's!» Sofort fingen John und Yoko an zu strahlen, wie Kinder, die gleich ihre Weihnachtsgeschenke bekommen würden. Hineinspaziert kam ihr Chauffeur, Tom Basalari, speckig und unrasiert, der entschieden mitgenommen aussah. «Wieviel hast du gekriegt?» krähte Yoko freudig.

«Ich habe drei – war aber ein schweres Stück Arbeit», stöhnte der ehemalige Drogenfahnder. (Basalari war wegen eines angeblichen Verstoßes gegen die Drogengesetze während seines Polizeidienstes in Harlem angeklagt und vom Dienst suspendiert worden. Damals wartete er auf seinen Prozeß. Später wurde er verurteilt.) Er stellte den großen Sack ab, den er auf seiner Schulter trug, und zog drei kaputte alte Erste-Hilfe-Kästen aus Holz heraus. Wie sich herausstellte, suchte er die Toiletten der U-Bahn nach den Originalkästen ab. Entdeckte er einen, riß er ihn aus der Wand und sackte ihn ein. John und Yoko waren auf die Idee gekommen, aus diesen Schränkchen Kunstwerke zu machen, die New York City symbolisieren sollten. Die Transformation von einem städtischen Relikt zu einem Avantgarde-Kunstwerk sollte durch ein Plastikschild erfolgen, das auf jedes Schränkchen geklebt wurde. Sie hatten eine kleine Maschine, wie man sie in Kindergärten findet, mit denen sie Schilder herstellten, auf denen «John und Yoko» stand.

Edwards' Interviews dauerten einen Monat. In dieser Zeit bekam er ein ziemlich klares Bild vom Stand der Dinge zwischen John und Yoko. Wenn Yoko den Wunsch verspürte, mit ihm zu sprechen, sagte sie: «Ich werde John beschäftigen, dann können wir reden.» Oft war es nicht nötig, ihn abzulenken, weil John einnickte und den Abend verschlief. Edwards' Urteil: «Draußen gibt es eine Öffentlichkeit, und diese Öffentlichkeit braucht den Mythos John und Yoko als Ersatz für die Leere in ihrem eigenen Leben. Die Lennons sind ein mythisches Paar, und das lieben sie. Sie lieben es, wenn sie fotografiert werden, sie lieben die Publicity, sie lieben den Erfolg.» Er erkannte auch, wie er später in dem Buch über May Pang schrieb, daß «John und Yoko der Presse und allen, die es hören wollten, im Brustton der Überzeugung versicherten, wie sehr sie einander liebten, wieviel gegenseitige Unterstützung sie sich gäben und wie wundervoll ihre gegenseitige Zuneigung wäre. Sie sagten es, sie meinten es, sie glaubten es – sie waren davon *berauscht*».

Aber wenn die Kamera ausgestellt wurde, der Kassettenrecorder nicht mehr lief, ließen sich die Stars in ihr normales Selbst fallen und demonstrierten eine bemerkenswerte gegenseitige Gleichgültigkeit. Wie May Pang sagte, «verbrachten sie enorm viel Zeit zusammen im Bett, aber sie küßten oder berührten sich kaum. Soweit ich das beurteilen konnte, hatte ihre Beziehung nichts Sinnliches». Edwards fand Yoko im Prinzip bedauernswert. Er sah sie als «nette, sensible, künstlerisch veranlagte Dame, die mit einem ziemlich langweiligen Rockstar verheiratet ist». Genau diesen Eindruck hatte Yoko von sich in einem dreistündigen Fernsehprogramm gegeben, das sie 1985 autorisierte. Ohne Frage hat sie ihre Beziehung zu John so gesehen, ihr Lieblingswort für ihn war «Trottel».

Das Interview, das bei Henry Edwards' langem Gedankenaustausch mit Yoko herauskam, entsprach genau dem, was Yoko bestellt hatte. Es wurde ein *Ono Remembers*. Obwohl sie sich von ihrer besten Seite zeigte, gibt diese langatmige Tirade einen unverhüllten Eindruck von Yoko pur. An einer Stelle zitiert sie Janovs Ansichten über physische Defekte, die John inspiriert hatten zu behaupten, seine Kurzsichtigkeit sei eine Folge seiner Leiden in der Kindheit. Yokos Version dieser Ideen ist sogar noch krasser. Im Gespräch über ihre kleine Körpergröße sagte sie vehement: «Ich bin eine kleine Frau, weil die Menschen mich in meiner Jugend unterdrückt haben. Wegen der Unterdrückung, die mich umgab, hörten meine Knochen auf zu wachsen. Ist Ihnen je aufgefallen, daß die großen Aggressoren, Napoleon, Hitler, körperlich kleine Menschen waren, die unterdrückt wurden?»

WÄSSRIGE KUNST

Der Höhepunkt der Lennonschen Kampagne um die Führung in der New Yorker Avantgarde fand im Oktober 1971 in Syracuse statt. Yoko Ono hatte eine Ausstellung im Everson Museum of Fine Arts. Die Everson-Sammlung, die hauptsächlich aus amerikanischer Keramik und Bildern zeitgenössischer Malerei bestand, die das Kunstestablishment mit dem Gütesiegel der Anerkennung versehen hatte, war in einem einer Festung gleichenden Betonklotz von I. M. Pei untergebracht. Die Sammlung wurde wenig beachtet, und die Gemeinde zeigte kein Interesse. Um diesen Zustand zu ändern, hatte der Verwaltungsrat gerade einen dynamischen jungen Direktor angestellt, dessen Aufgabe es war, Leben in die Bude zu bringen.

Jim Haristhis war für die Rolle des Galerie-Guerilla ideal. Ein großer Texaner mit dröhnender Stimme, der sofort zeigte, was in ihm steckte, als er dem berühmten Paar John und Yoko vorgestellt wurde. In einem einfachen Restaurant in der Madison Avenue, zwischen den Bissen in einen Cheeseburger, bot er den Lennons ein Sechstel seines Jahresetats an, plus alle zur Verfügung stehenden Räumlichkeiten des Museums, sieben Galerien und einen Skulpturengarten sowie ein Auditorium, drei Werkstätten, ein Atelier, einen Souvenirladen und einen Parkplatz, für eine Einzelausstellung von Yoko Ono, mit John Lennon als Gastkurator. Das war ein Angebot, das die Lennons nicht ausschlagen konnten. Es war allerdings ein schwer zu erfüllender Auftrag.

Normalerweise wäre nur ein bedeutender Künstler, der seit dreißig oder vierzig Jahren arbeitet, in der Lage, eine Ausstellung in diesen riesigen Ausmaßen zu bewältigen. Selbst der produktivste Künstler müßte sich aus allen Himmelsrichtungen die Ausstellungsstücke zusammensuchen, Werke aus anderen Museen und privaten Sammlungen ausleihen und diese durch nicht Verkauftes oder gerade Fertiggestelltes sowie Modelle, Skizzen und Fotografien ergänzen. Yoko Onos Position war eine völlig andere. Ihre eigentlichen Arbeiten waren knapp umrissene Entwürfe und Szenarios. Außerdem hatte sie eine ansehnliche Zahl von Performances und ein paar Filme gemacht. Aber die einzigen Objekte, die sie ausstellen konnte, waren kleine Kuriositäten, wie ihre lächelnden Kästen, die zurücklächeln, oder die gabelförmigen Möbel aus *Half-a-Wind*. Der ganze Krempel wurde in einem einzigen Raum in Tittenhurst aufbewahrt. Die Geschichte von Yokos Ausstellung im Everson ist deshalb vor allem die Geschichte, wie fünfeinhalbtausend Quadratmeter Ausstellungsfläche von einer Künstlerin gefüllt wurden, deren gesamtes Werk in ein Schlafzimmer paßt. Kein Wunder, daß die Ausstellung den Titel trug: *This Is Not Here* (Dies ist nicht hier).

Yokos einziger Ausweg lag darin, ihre Entwürfe in handfeste dreidimensionale Objekte zu verwandeln, ein enormes Unterfangen, das durch die Unbestimmtheit ihrer Anweisungen erschwert wurde. Hinzu kam, daß sie nur sechs Wochen Zeit hatte, ihre Teile anzufertigen und zu installieren. Angesichts dieser schier unmöglich zu bewältigenden Aufgabe, hätten die meisten Menschen kapituliert. Aber nicht Yoko! Sie war davon überzeugt, daß sie ein ganzes Museum mit bis dato noch nicht entstandener Kunst füllen könnte, indem sie auf einen Mann baute, den verstorbenen George Maciunas.

Maciunas war eine Legende der Avantgarde, der Begründer von Fluxus, einer Kunstrichtung, die nach einer Darmtätigkeit benannt und nach seiner Definition eine «Fusion von Spike Jones, Vaudeville, Gags, Kinderspielen und Duchamp» war. Was in der Praxis hieß, daß Kisten mit Kuriositäten aus den Trödelläden der Canal Street vollgestopft wurden oder verrückte Graphiken mit jeder Menge Campingblechgeschirr hergestellt oder bizarre Rituale erfunden wurden, wie Fluxus-Hochzeiten, Fluxus-Scheidungen und Fluxus-Beerdigungen, wobei mit einem Kassettenrecorder jeder kleine Flux-Furz wie eine heilige Handlung festgehalten wurde.

Als Klassiker der Untergrundkultur wohnte Maciunas in einem Keller in der Wooster Street 80, halb Holzhandlung, halb Trödelladen. Ein übereinandergetürmtes Durcheinander von Kisten mit Glasaugen, Gasmasken aus dem Zweiten Weltkrieg, Kartons mit Lebensmitteln und sogar Kaninchenkot. Maciunas war ein Mann mit grauenhaften Stimmungsschwankungen, der sich täglich mit Cortison vollpumpte, um sein chronisches Asthma zu lindern. Zur Beruhigung seiner strapazierten Nerven hörte er gregorianische Gesänge. Zog man seine Klospülung, hörte man ein zusätzliches Geräusch – ein hysterisches Gelächter.

Das absonderlichste Zubehör in Maciunas' Höhle war sein primitives Sicherheitssystem. Die Eingangstür des Kellers war mit scharfen Papiermesserklingen bespickt, die wie Samuraischwerter hervorstachen. Die hintere Wand seines Schlafzimmers war mit einer U-Boot-Rettungsluke ausgestattet. Durch dieses Loch verschwand der exzentrische Künstler oft in seltsamer Aufmachung, denn er verkleidete sich gern als Frau oder sogar als Braut, eine Rolle, die er auf seiner eigenen chaotischen Flux-Hochzeit spielte. Zu diesen Tricks zwangen ihn seine Umbauten in SoHo, wo er damals für einen Apfel und ein Ei damit beschäftigt war, Fabriketagen in Ateliers umzuwandeln. Der gelernte Architekt schuf mit dieser Arbeit Wohnungen, die Millionen wert waren, während er ständig von nationalen und lokalen Baubehörden verfolgt wurde. Außerdem war es sein Schicksal, von einem wütenden Unternehmer fürchterlich zusammengeschlagen zu werden, was den visionären Konstrukteur ein Auge kosten sollte.

Maciunas eignete sich für Yokos Ziele geradezu perfekt, weil er erstens ein früherer Verehrer von ihr war, der seiner Mutter, als Yoko 1961 in seiner kurzlebigen Almus-Galerie mit Brandlöchern versehene Leinwände ausstellte, gesagt hatte, daß er diese japanische Künstlerin heiraten wolle. Zweitens verfügte Maciunas über ein ganzes Netzwerk von Handwerkern und Baustoffhandlungen und besaß die Gabe, Leute motivieren zu können, schnell, gut und billig zu arbeiten. Er konnte Yokos Vorstellungen nicht nur in elegante, modische und sorgfältig ausgeführte Objekte umsetzen, sondern als Graphiker auch die Drucke für die Ausstellung herstellen, das Plakat, den Katalog etc. entwerfen. Später zeigte sich, daß das einzige, höchst eindrucksvolle Kunstwerk, das die Ausstellung hervorbrachte, eine typographische Komposition von der Größe einer Zeitung war, die auf engstem Raum jede Notiz, jede Kritik, die Yoko Ono je in Amerika oder England bekommen hatte, reproduzierte. Dieses faszinierende Konglomerat aus einem Durcheinander von Schrifttypen und Schriftgrößen, alten Fotografien, Illustrationen und witzigen Überschriften verewigte den Geist jener Hommage an die Avantgarde besser als jedes andere Stück der Ausstellung.

Yokos Stärke als Künstlerin im Überreden – ein Titel, in dem sie sich sonnte – erschöpfte sich nicht darin, daß sie George Maciunas dazu brachte, alles andere fallen zu lassen, um Dinge anzufertigen, die es nicht geben konnte. Sie hatte noch weitere Tricks im Ärmel. Ende September erhielten tausend Künstler per Post ein bedrucktes Blatt Papier in einem Plastikbriefumschlag. Das Papier im Umschlag war naß. Es besagte: «Yoko Ono möchte Sie einladen, mit ihr gemeinsam für ein Wasserereignis eine Wasserskulptur zu schaffen, indem Sie ihr einen Wasserbehälter oder Ihre Vorstellung davon übermitteln, woraus die Hälfte [*sic*] der Figur bestehen soll. Sie wird die andere Hälfte dazu beitragen – Wasser. Die Skulptur wird als Wasserskulptur von Yoko Ono und Ihnen ausgewiesen werden.» Zehn Prozent gingen auf dieses Ansinnen ein, was, gemessen am Standard der üblichen Antworten auf Postwurfsendungen, extrem gut war. Bald darauf traf im Everson ein konstanter Strom kurios aussehender Objekte ein, die kreiert worden waren, um Yokos Wasser aufzunehmen.

Die enormen Anstrengungen für die Everson-Ausstellung kamen zu den anderen Arbeiten, die im siebzehnten Stock des St.-Regis-Hotels geleistet wurden, noch hinzu, wodurch Yoko einen Marx-Brothers-Effekt produzierte. Die unbequemen Einzelzimmer des ehrwürdigen Hotels waren Tag und Nacht vollgestopft mit Menschen, die wie die Besessenen – oder wie Speed-Freaks – arbeiteten. Steve Gebhardt, der immer noch damit beschäftigt war, den zwölftausend Meter langen Film *Imagine* auf achtundfünfzig Minuten zusammenzuschneiden, wurde angewiesen, für die Ausstellung eine neue Serie von Filmen und Programmen zusammenzustellen. Iain Macmillan vollbrachte jetzt den fotografischen Taschenspielertrick,

Johns Gesicht und Yokos Gesicht auf einem rotierenden Plattenlabel miteinander verschmelzen zu lassen. Und es gab sogar ein Zimmer, in dem eine Näherin gebeugt über der Nähmaschine saß und den ganzen Tag lang für die Lennons eine modische Kollektion aus Waschleder nähte.

Yoko gab sich nicht damit zufrieden, nur ihre Kunst im Everson auszustellen; sie wollte unbedingt in dem Geschenkeladen eigene Souvenirs verkaufen. Zusätzlich zu den unzähligen Telefonaten mit Künstlern und Journalisten verhandelte sie mit Herstellern aus der Bekleidungsindustrie, die riesige Mengen von schwarzen T-Shirts und Badetüchern druckten, auf denen in weißen Buchstaben verkündet wurde: YOKO, JOHN, MRS. LENNON, THIS IS NOT HERE, YOU ARE HERE, FLY, UP YOUR LEGS FOREVER. Ein weiterer Entwurf Yokos bestand aus einer Schachtel in Form eines E, deren viele Fächer, wenn sie geöffnet wurden, Schätze wie eine Ausgabe von *Grapefruit*, Glasschlüssel, Monopoly-Spielgeld, Zeitungsausschnitte und so weiter enthielten. Der Preis für dieses von Fluxus inspirierte Objekt betrug 100 Dollar.

John und Yoko waren derart versunken in ihre Anstrengung, Andy Warhol als Führer der New Yorker Avantgarde abzulösen, daß sie sich eine ideale Gelegenheit entgehen ließen, sich mit ihrem Vorbild Salvador Dalí auszutauschen. Der clowneske Prinz der modernen Kunst, mit seinen Schnurrbartantennen und seinem goldverzierten Spazierstock, war kürzlich in einer Loge des Fillmore East aufgetaucht, wo er, wie stets, von Billy Graham mit einem Tusch und von den Rockfans mit rauschendem Beifall begrüßt wurde. Für die Herbstsaison hatte er sich wieder mal im St. Regis eingemietet, wo man ihn täglich am späten Vormittag bei seinem Frühstück in der King Cole Bar & Grill hätte treffen können, während vor dem Eingang die zahmen Ozelote seines Managers Wache hielten. Für John Lennon wäre weniger die Erkenntnis von höchstem Wert gewesen, daß sich die Ziele der alten und der neuen Avantgarde sehr ähnlich waren, sondern die Erfahrung, daß er und Dalí sich in ihren Persönlichkeiten erstaunlich ähnelten; der spanische Surrealist war das Alter ego des britischen Popstars: kindisch, ängstlich, von grenzenloser Überschwenglichkeit und gängigen Modetorheiten verfallen, total ichbezogen und wie ein kleiner Junge völlig abhängig von seiner aggressiven, dominierenden und besitzergreifenden Frau Gala. Und was hatte Yoko wohl dazu veranlaßt, sich die Chance entgehen zu lassen, der Welt größten Meister des exzentrischen Spleens zu einem «bemerkenswerten» Wasser-Objekt anzustacheln?

Während John und Yoko im Bett lagen und sich inspirieren ließen, leistete George Maciunas so gute Arbeit, daß er es schaffte, alle gewünschten Objekte herstellen und im Everson zur festgesetzten Zeit aufstellen zu lassen. Drei Tage vor der Eröffnung erschienen John und Yoko im Museum, um die Arbeit als ihr Produkt abzunehmen. Selbst für einen so selbstlosen Mann wie Maciunas war es mit Sicherheit ein spannungsreicher Moment, denn wie sein Freund und Landsmann, der Litauer Jonas Mekas, erklärte, «gab er alles, was er hatte, anderen. Trotzdem war er sehr eigensinnig, und sie war genauso eigensinnig. Ihre Meinungsverschiedenheiten waren also unversöhnlicher Natur.» Und sie waren hochexplosiv.

Einen Tag vor der Eröffnung hatten Yoko und Maciunas einen heftigen Krach. Jeder Zeuge dieser Auseinandersetzung hat eine unterschiedliche Erklärung für ihren Anfang: Kevin Harrison – der Hippieklempner, der im Keller ein Gewirr von zweieinhalb Meter hohen Neon-Schalttafeln installiert hatte – beharrte darauf, daß sich der Streit an seiner Arbeit entzündete. Jonas Mekas sagte, der Kampf begann wegen einiger naturfarbener Holzkästen, die Yoko weiß gestrichen haben wollte; Almus Salcius, Maciunas' Vertrauter, lieferte die glaubwürdigste Erklärung. Maciunas hatte eine bestimmte Summe zur Verfügung gestellt bekommen, aber die Kosten für Materialien, Arbeiter, Transporte und so weiter überstiegen den Etat bei weitem. Deshalb wollte er einen Ausgleich. Als er merkte, daß Yoko nicht beabsichtigte, ihn für die zusätzlichen Kosten zu entschädigen, warf er nicht nur alles hin, sondern drohte, das Everson mit Leuchtgas zu füllen und alles in die Luft zu sprengen!

Im nächsten Moment rannte er aus dem Gebäude, die Hauptstraße hinunter, wo er an einem Friseurgeschäft vorbeikam. Er sprang auf einen Stuhl und befahl dem Friseur, ihm den Schädel kahl zu scheren. Dann kehrte er ins Museum zurück und verlangte, zum Flughafen gefahren zu werden. Auf dem Weg dorthin kreuzte das Auto eine große, Richtung Süden führende Schnellstraße. Maciunas riß die Tür des fahrenden Autos auf und sprang hinaus. Wundersamerweise landete er auf seinen Füßen. Er hob den Daumen und trampte nach Hause. Er und Yoko wechselten bissige Briefe, sprachen aber für Jahre nicht mehr miteinander.

Die Eröffnung von *This Is Not Here* war so geplant, daß sie auf Johns Geburtstag am 9. Oktober 1971 fiel. Am Tag vor der Eröffnung wurde eine Mammutpressekonferenz im Auditorium des Museums abgehalten. Als John und Yoko auf die Bühne kamen, wurden sie von einem Blitzlichtgewitter begrüßt, die Leute drängten sich spontan nach vorn zur Bühne, als aus allen Richtungen Mikrophone und Kameras auf die Stars gerichtet wurden. Yoko trug dieselben Sachen, in denen sie sich schon seit drei Tagen fotografieren ließ. Schwarzer Rollkragenpullover, Hot pants mit schwarzen Stiefeln, ein Barett und ein braunkariertes Jackett, unter dessen Revers eine lange goldene Kette mit einem goldenen Medaillon zu sehen war. In ihrer Ansprache kam sie sofort zur Sache. «Mit dieser Ausstellung», deklamierte sie, während John ihr das Handmikro näher an den Mund schob, «möchte ich euch beweisen, daß man kein Talent braucht, um ein Künstler zu sein. Künstler ist nur ein Bewußtseinszustand. Jeder kann ein Künstler sein. Jeder kann sich mitteilen, wenn er den unbezähmbaren Drang dazu verspürt. So etwas wie die Phantasie des Künstlers gibt es nicht. Die Phantasie ergibt sich, sobald der unbezähmbare Drang da ist, aus der Notwendigkeit... Diese Ausstellung ist das Werk einer unbegabten Künstlerin, die sich verzweifelt mitteilen will.»

Mit diesem Stichwort wurden Hunderte von Gästen und Journalisten entlassen, um die Ausstellung einer Prüfung zu unterziehen. Sie bekamen die aufwendigsten und kostspieligsten Installationen zu sehen, die jemals außerhalb der großen Kunstzentren Amerikas gezeigt wurden. Die 100000 Dollar, die das Everson zur Verfügung gestellt hatte, waren von John Lennon mit 70000 Dollar aufgestockt worden. Mit seinem Reichtum hatte er sich eine Ausstellung gekauft, der es an nichts fehlte.

Wenn der Besucher den hellen, mit Glas überdachten Skulpturenhof betrat, stieß er zunächst auf einen Dialog zwischen Yoko und John, der auf nebeneinanderstehenden Figuren festgehalten wurde. Das Gespräch verlief in der Form von: Ich sage etwas, und du sagst etwas dagegen. Auf Yokos: «Dieses Fenster ist fünfzig Meter breit», entgegnete John: «Das Fenster ist fünf Meter breit», und Yokos: «Wartet, bis der Raum blau ist», widersprach John mit: «Geht, wenn es im Raum blau wird.» Diese Tändelei setzte sich bis zu dem Punkt fort, an dem Yoko den Titel der Ausstellung vorgab: «*This Is Not Here*», und John mit dem Titel seiner letzten Ausstellung konterte: «*You Are Here.*»

Folgte der Besucher dem ausführlichen Wegweiser der Ausstellung, wanderte er von einem verschrobenen Einfall zum nächsten, zum Beispiel zu Buden wie auf einem Rummelplatz. Das «Porträt John Lennons als junge Wolke» entpuppte sich als Bett, auf das sich die Besucher legen und durch das Deckenfenster zum Himmel starren konnten – an einem Tag, an dem es in Strömen goß. «Lennon Tour Tickets» bestand aus einer Salve von Insiderwitzen für Lennon-Fans, wie: «Ticket für einen Besuch bei John und Lee Eastman, um dein Copyright abzugeben.» Im anschließenden Raum gab es eine «Automatenhalle» mit Maschinen, die Eicheln, Luft, Tränen und Metallkugeln verkaufen sollten. Ein Ausstellungsraum war voller kleiner «Teilgemälde» von «Wolke, Gletscher, Mond, Ku Klux Klan, Nebel, Albino, Rauch, Diamant der Affäre um das Diamantenhalsband, Erntemond, Stern, Schnee, weißes Blutkörperchen, Weißes Haus, Soda, Natrium, Rhodium, Mona Lisas Muttermal, Mann mit der Eisenmaske, Puzzlespiel».

Kletterten die Besucher die riesige Wendeltreppe zum zweiten Stock hinauf, kamen sie in einen Ausstellungsraum, in dem Yokos frühere Werke präsentiert wurden, einschließlich der «Ewigen Uhr» – ohne Zeiger –, dem reinweißen Schachspiel, dem Apfel auf der Säule (den irgend jemand aß und durch das Kerngehäuse ersetzte), schwarze Leinwände, auf die die Besucher malen durften, und einige Neuheiten wie die «Gefahrenkiste» (reinstecken der Hände erfolgt auf eigene Gefahr), einer Kiste mit inwändigen Gumminoppen. In dem sich anschließenden Raum, der «6. Dimension», gab es ein Happening. Jeder Besucher mußte eine Gasmaske mit geschwärzten Gläsern aufsetzen. Dann, nachdem er gefragt wurde, ob er mineralisches, vegetarisches oder tierisches Essen haben wolle, wurde er mit etwas gefüttert und aufgefordert, durch einen Hindernisgang zu kriechen.

Der bei weitem interessanteste Teil der Ausstellung war das «Wasserereignis». Diese außerordentliche Zusammenstellung hätte dem berühmten P. T. Barnum Museum zur Ehre gereicht. Obwohl das allgemeine geistige Niveau nicht höher war als der Wasserpegel in den Behältern, entzückte allein schon die Verschiedenartigkeit dieser hydrozephalischen Ansammlung. John Lennons Wasserwerk gehörte zu den besten. Es hieß «Napoleons Blase» und bestand aus einer merkwürdigen rosa Masse in einem durchsichtigen Plastikbeutel. Die Beiträge der anderen Beatles waren eine Milchflasche von George und ein grüner Plastikmüllsack voll Wasser von Ringo, versehen mit der Zeile: «Dieser Schwamm wurde vor der libyschen Küste gefangen, nach Kalymnos gebracht und dort präpariert. Er ist mit britischem Wasser gefüllt, wenn er austrocknet, wird es ein Schwamm von der libyschen Küste sein, der nach Kalymnos gebracht und präpariert wurde und mit Wasser aus einem anderen Land gefüllt wurde.» Keine schlechte Parodie auf die Konzeptuelle Kunst.

Dylan hatte eine Abbildung der *Nashville Skyline* in einem Aquarium geschickt, eine Hillbilly-Version von Atlantis. Tim Leary hatte eine Kapsel geschickt. Isamu Noguchi machte eine gekonnte Anspielung, er hatte einen Felsen geschickt – so hieß Yokos erstes Environment («Rock»), Johns Musik, und war außerdem Noguchis bevorzugtes Material für seine Skulpturen. Ein ähnlich assoziativer Geist inspirierte den Beitrag, der am meisten bewundert wurde: Ein VW-Käfer-Cabrio, das der Künstler Bob Watts mit Wasser gefüllt hatte, mit anderen Worten «Water-Beetle». Etwas ganz anderes, wenn auch nicht weniger Witziges, hatte der Autor John Barth beigetragen: Ein Blatt Papier, auf dem stand: «The water you make is equal to the water you take.» (Das Wasser, das du abläßt, entspricht dem Wasser, das du zu dir nimmst.)

Die burgähnliche Bauweise des Everson Museum machte es zu einem der wenigen Museen, die dem Ansturm der Lennon-Fans hätte standhalten können. Am Tag der Ausstellungseröffnung standen achttausend Kids im Regen vor einem Museum, das normalerweise nicht einmal achttausend Besucher im Jahr empfing. Es waren nicht die friedliebenden Hippies der sechziger Jahre, sondern die knallharten Kanaillen der Siebziger. Konzeptuelle Kunst oder Yoko Ono waren ihnen völlig gleichgültig. Sie waren gekommen, um John Lennon zu sehen. Als die Horde ins Everson zu strömen begann, merkten die Offiziellen des Museums plötzlich, daß sie auf eine Katastrophe zusteuerten. Die Eindringlinge verhalfen Yokos Pseudo-Philosophie von Jedermann ein Künstler zu einer radikalen Deutung, indem sie die Ausstellung demolierten und zerstörten, zerlegten und plünderten.

«Wasser war das Thema der Ausstellung, und bald war das Wasser überall, es kam aus undichten Objekten, Röhren, überfließenden Toiletten», berichtete Henry Edwards. Während sich das Wasserchaos ausbreitete, saß May Pang mit dem verbitterten Paar in der Bibliothek des Museums. «Sie hatten seit Tagen nicht geschlafen», erinnerte sie sich, «und waren beide ziemlich gereizt. Der Stab berichtete laufend über die Zerstörungen. ‹Gerade haben sie die Glashämmer kaputt gemacht›, berichtete irgend jemand. ‹Weißt du, wieviel diese verdammten Hämmer gekostet haben?› schimpfte John. ‹Tausende das Stück.› – ‹Wenn sie zerstört wurden, sollte es so sein›, antwortete Yoko trotzig, aber irgendwo auch zenmäßig friedlich. ‹Ich habe dir gesagt, daß sie in eine Vitrine gehören›, gab John zurück, ‹ich habe dir gesagt, daß die ganze Ausstellung in Vitrinen gezeigt werden muß, ich habe dir gesagt, daß sie nichts anfassen dürfen. Ich habe dir gesagt, daß sie alles, was sie nur kriegen können, kaputt machen werden!› brüllte er. Yoko blieb unbewegt. ‹Was geschehen soll, geschieht›, sagte sie wieder. Plötzlich erschien ein Museumshelfer. ‹Noch eine Toilette fließt über.› – ‹Ich schätze, das sollte verdammt noch mal auch so sein›, sagte John. ‹Ja›, sagte Yoko. ‹Ja.›»

Um die Ausstellung noch zusätzlich hochzujubeln, hatte Yoko das Gerücht in Umlauf gebracht, die Beatles würden wieder zusammen auftreten. Gegen Abend wurde getuschelt, die Fab Four würden um Mitternacht in dem Museum zusammen auftreten. Schon Stunden vorher versammelte sich eine weitere Horde von Kids vor dem Gebäude und verlangte lautstark Einlaß. David Ross, der Ausstellungsleiter, eilte herbei und war entsetzt. Er empfand die Situation als «eine echte Katastrophe, ähnlich Warhols Ausstellungseröffnung in Philadelphia» – jenem berühmten Tag, als Andy Warhol und Edie Sedgwick von der Menge fast erdrückt worden wären. Während Ross herumrannte und versuchte, die Massen aufzuhalten, beschlossen die Kids, die Sache selber in die Hände zu nehmen.

Sie brachen die Stahltüren auf und tobten durch das Haus. Nachdem sie stundenlang marodierend durch das Gebäude gezogen waren, ließen sie sich schließlich von Allen Ginsberg beruhigen, der Gast auf Lennons Geburtstagsparty im Hotel Syracuse gegenüber war und die Meuterer dazu brachte, zu singen. Nach dem Aufstand war das Museum eine Ruine. Yoko sah sich gezwungen, die Überreste ihrer Kunst in einer viel kleineren – und besser bewachten – Ausstellung zu zeigen.

Als die Schadensbilanz schließlich John unterbreitet wurde, spielte er bissig auf den Titel der Ausstellung an, indem er sagte: «Ich schätze, das ist alles *nicht* da!»

Yoko war von der vielen Publicity begeistert, die ihre Show hervorgerufen hatte, aber sie war wütend, daß so viele Künstler sauer auf sie waren, weil ihre Objekte nicht korrekt installiert oder zerstört worden waren. Ein weiteres Ärgernis waren Ausgrenzungen, die Yoko überall in der Ausstellung vorgenommen hatte, markierte Zonen, zu denen nur ein bestimmtes Publikum Zutritt haben sollte. Arrangements dieser Art sind charakteristisch für die japanische Gesellschaft, in der eine ausgeklügelte Hackordnung beibehalten worden ist, aber für New Yorker Künstler und Journalisten kann es keine größere Provokation geben. Yoko wurde so heftig angegriffen, daß John ihr schließlich riet, einen aufrichtigen und angesehenen Menschen wie beispielsweise Howard Smith anzurufen und ihn um seine ehrliche Meinung in dieser Angelegenheit zu bitten.

Howard konnte sich noch genau an den Abend erinnern, an dem er den überraschenden Anruf bekam. «John sagt, du wärst der einzige, der mir die Wahrheit sagen würde», fing Yoko an. «Ich weiß, daß ich in letzter Zeit nicht sehr freundlich zu dir gewesen bin. [Als Howard an dem Abend, an dem Johns Geburtstag gefeiert wurde, aus seinem Hotelzimmer trat, wurde er von einer Gruppe Polizisten an der Suite der Lennons vorbei zum Fahrstuhl geführt. Das hatte ihn so wütend gemacht, daß er sofort auszog und auf der nahen Farm eines Freundes übernachtete.] Ich möchte von dir wissen: Was gefällt den Leuten nicht an mir?» John, der sich am anderen Ende des Zimmers befand, rief sie zu: «John, war das richtig? Habe ich die Frage richtig gestellt?» Dann richtete sie sich wieder an Howard, diesmal aber in der dritten Person, und wiederholte: «Warum können die Leute Yoko nicht leiden? John und ich haben das gerade diskutiert. Er sagt, du würdest mir die Wahrheit sagen. Du hast mich gekannt, als ich noch nicht Johns Yoko war.»

Howard, der kaum seinen Ohren traute, antwortete: «Willst du das wirklich wissen, Yoko?»

Atemlos antwortete sie: «Ja, ja, ja!» und fügte hinzu: «Vor allem die Sache mit dem Museum. Warum werde ich von allen Seiten angegriffen, nur weil ich sie alle bei meiner wundervollen Ausstellung habe mitmachen lassen?» Howard holte tief Luft und legte los.

«Yoko», sagte er, «niemand läßt sich gern von dem Menschen, mit dem er gerade spricht, erwürgen. Wenn jemand mit dir über Kunst, Musik oder was auch immer redet, tust du so, als ob du mehr als jeder andere auf der Welt davon verstündest – was *möglich* wäre! Mal angenommen, daß dem so ist, und mal angenommen, daß du, als Künstlerin, genau so bedeutend bist wie Michelangelo: Niemand möchte den Würgegriff eines Michelangelo am eigenen Hals spüren und sich solange die Luft abdrücken lassen, bis er zugibt, daß du Michelangelo bist! Und genau dieses Gefühl vermittelst du, wenn man mit dir über Kunst redet. Sogar ich, ein Mensch mit ziemlichem Stehvermögen, habe das Gefühl, vor dir fliehen zu müssen. Du erstickst mich unter deinem Würgegriff! Du würgst mich, bis mir die Augen aus den Höhlen treten und ich zugebe, daß du die größte Künstlerin bist...»

An dieser Stelle unterbrach Yoko ihn kreischend: *«Ich bin eine phantastische Künstlerin. Du meinst, ich sei keine gute Künstlerin!»*

Plötzlich merkte Howard, daß er in die Stahlzähne der Eisenfalle getreten war, die er gerade beschrieben hatte. Ärgerlich preßte er die Lippen zusammen und hörte, wie Yoko Lennon anbrüllte: *«John! John! Howard sagt, ich sei nichts als ein zänkisches Weib. Das ist nicht wahr! John, bin ich ein zänkisches Weib, das die Leute erwürgt?»*

John hatte nicht die leiseste Ahnung, wodurch dieser Ausbruch hervorgerufen worden war, aber er schrie zurück: «Nein, du hörst jetzt zu, was Howard zu sagen hat. Er sagt dir die Wahrheit.»

Yoko brüllte: *«Ahhh, John! Du verschwörst dich gegen mich!»*

ROCK 'N' REVOLUTION

Ein paar Wochen nach der Ausstellungseröffnung im Everson aßen John und Yoko mit Jerry Rubin im Serendipity zu Abend. Sie aßen in einem Zimmer, das aussah wie eine Kreuzung zwischen einer altmodischen Eisdiele und einem Trödelladen, als das berühmte Paar dem kleinen bärtigen Führer der Neuen Linken einen Vorschlag unterbreitete, der ihn vom Hocker riß. «Yoko sagt, sie wollen in New York leben und etwas machen», erzählte Rubin, der die Gewohnheit hat, die Vergangenheit in der historischen Gegenwart wiederzugeben, wie einer von Damon Runyons «Guys». «John sagt, er will eine neue Gruppe zusammenstellen. Er will Musik machen und dem Volk das ganze Geld zurückgeben. Ich war so begeistert, daß ich sie umarmte.»

Rubins Freude beruhte nicht nur auf der Tatsache, einen frisch Konvertierten in seiner Gemeinde begrüßen zu dürfen. Ende 1971 hatte die Beliebtheit des Topkomikers des «Guerilla-Theaters» sehr abgenommen. Nicht nur die Massenmedien hatten sein überdrehtes Kasperlespiel satt, auch in den Reihen seiner eigenen Partei, den Yippies, wurde von seinem fürchterlichen Widersacher, Thomas King Forcade, einem klugen, aber labilen jungen Mann mit einer ausgeprägten Vorliebe für Gewalt, eine Revolte angefacht. Rubin, Opfer seiner eigenen Parole – «Trau keinem über dreißig!» –, wurde Zeuge, wie sich eine Splittergruppe formierte, die sich Zippies nannte und deren Motto lautete: «Mit den Zips zurück zur Dynamik der Yips.» Die Zippies sollten kurze Zeit später Rubins vierunddreißigsten Geburtstag mit einer riesigen Sahnetorte feiern, die sie ihm ins Gesicht klatschten!

So wie John und Yoko versucht hatten, sich zu Führern der Avantgarde aufzuschwingen, als diese bereits vom Kunstestablishment übernommen worden war, sprangen die naiven und schlecht informierten Lennons nun in dem Moment auf das Karussell der Radikalen, als alle anderen gerade wieder absprangen. Es hatte nur eines Anrufs bedurft, um die Lennons zu interessieren. Als Jerry im Juni ihr Bild in der New Yorker *Daily News* sah, hatte er gleich bei ABKCO angerufen, und Yoko hatte ihn zwei Stunden später zurückgerufen. Am Nachmittag des darauffolgenden Sonnabends – an demselben Wochenende, an dem John und Yoko zusammen mit Zappa aufgetreten waren – stand Rubin mit Abbie und Anita Hoffman am Washington Square und wartete auf die Stars. Als die Limousine vorfuhr, sprangen die Radikalen hinein und fuhren zu Hoffmans Wohnung, in der jedes Zimmer vom FBI mit Wanzen versehen worden war. «John war sehr verspielt», erinnerte sich Rubin. «Als wir an den Polizisten vorbeifuhren, legte er sich auf den Boden seiner Limousine und winkte mit seinen rotweißblauen Turnschuhen aus dem Fenster und rief: ‹*Schaut her, ich bin ein Patriot!*›»

Beim ersten Treffen, das fünf Stunden dauerte, ging es darum, daß jeder jeden davon überzeugen wollte, daß alle auf derselben Wellenlänge waren. Rubin erzählte, «daß die Yippies die Beatles-Taktik in die Politik eingebracht hätten und versuchten, Musik und Leben zu verschmelzen. Wir haben darüber gesprochen, daß ihre ‹Bed-ins› eine Yippie-Aktion waren. Wir fünf waren erstaunt, wie sehr sich unsere Aktionen der letzten Jahre ähnelten.» Rubin entdeckte, daß Johns politische Einstellungen sich in zwei Parolen zusammenfassen ließen: «Wir gegen sie», und «Wir können alles.»

In den darauffolgenden Monaten hatten John und Yoko zuviel mit ihren anderen Projekten und Problemen zu tun, um einen größeren Beitrag zur amerikanischen Politik zu leisten. Aber als sich die Aufregung um die Ausstellung im Everson gelegt hatte, entschloß sich das ruhelose Paar, die Fronten zu wechseln. Anstatt die New Yorker Kunstszene zu erhellen, konzentrierten sie ihre Energien auf den Radikalismus. Symbolisch für ihren Richtungswechsel war ihr Umzug. Am 1. November zogen sie aus der obersten Etage des aristokratischsten Hotels von New York in eine schäbige Parterrewohnung im West Village.

Die neue Behausung der Lennons, Bank Street 155 ½, in einem baufälligen alten Haus mit einer nüchternen grauen Fassade, war eine verlassene Fabrik. Nach einem dunklen, engen Dienstleistungstrakt kam man, wenn man eine amerikanische Fahne zur Seite zog, zu einem zweistöckigen Anbau im Hinterhof, der an das Atelier eines Malers erinnerte. Eine eiserne, schmutziggrün angestrichene Wendeltreppe führte nach oben. Ein riesiges Bett, dessen Kopfende aus einer Kirchenbank bestand, ragte wie eine Bühne aus der weißen Mauer, der Souffleurkasten war ein riesiger Fernsehapparat.

Kaum hatte sich John Lennon in dieser kargen Wohnung niedergelassen, begann er davon zu träumen, nichts zu besitzen. Als die Leute von der Neuigkeitenecke des *New Yorker* vorbeikamen, um die Neuankömmlinge zu begutachten, wiederholte Lennon sein Armutsgelübde. «Ich will dieses große Haus *nicht*, das wir uns in England gekauft haben», protestierte er. «Ich will mich nicht mit großen Wohnungen und großen Autos herumärgern müssen, auch wenn Apple, unsere Firma, alles zahlt. Alle Anteile, die ich habe, alle Häuser, mein gesamter Besitz werden aufgelöst und abgestoßen. Ich werde alles flüssig machen und werde, so gut wie ich kann, von dem leben, was mir bleibt. Yoko ist eine Frau, die mit einer Matratze auskommt, und sie hat mich bekniet, mein Besitzstreben aufzugeben, das Leute wie mich, die arm gewesen sind, im Griff hält.» Yoko fiel ihm ins Wort, um zu sagen, daß sie, die sie in großem Reichtum aufgewachsen war, als natürliche Reaktion darauf sich immer nach dem einfachen Leben der armen Künstler in Greenwich Village gesehnt habe, das ihr früher so gefallen hatte. Da die Lennons nun von diesem altruistischen Geist besessen waren, nahmen sie sich vor, die Arbeiter und die Jugend von ihrer durch den Kapitalismus hervorgerufenen Apathie zu befreien.

Gerade als John geschworen hatte, alles, bis auf das Notwendigste, an «Büchereien und Gefängnisse» zu geben, wurde ihm plötzlich die Aufgabe abgenommen, auch das ihm liebste herschenken zu müssen. Eines Abends klingelte es, und John vergaß die New Yorker Überlebensregel Nummer eins und öffnete die Tür, ohne zu fragen, wer da sei. Zwei abgerissene Junkies stürmten herein und murmelten etwas von «abholen». John erstarrte vor Angst, als die beiden Typen anfingen, die Wohnung auseinanderzunehmen. Sie klauten den Farbfernseher. John flehte sie an, ihn da zu lassen, und sie ließen eine Lithographie von Dalí mitgehen. Sie nahmen auch einen kleinen antiken Tisch mit, für alle Fälle. Kaum waren sie aus der Tür, als John entsetzt einfiel, daß in der Schublade des Tisches sein Adreßbuch war, in dem die Adressen und Telefonnummern aller untergetauchten Radikalen standen, einschließlich der von Tim Leary, der nach der Flucht aus einem kalifornischen Gefängnis in der Schweiz lebte, und von Dana Beal, der Erfinderin der Smoke-ins, die vom FBI gesucht wurde. John rief Tom Basalari an, um ihm sein Leid zu klagen. Der Ex-Drogenfahnder hörte sich um, und sechs Stunden später hatte Lennon sein Adreßbuch zurück sowie die Aufklärung des Diebstahls. Wie sich herausstellte, hatte der vorige Mieter der Wohnung, Joe Butler von den Lovin' Spoonful, Spielschulden. Der wütende Buchmacher hatte ein paar arbeitslose Jungs angeheuert, die die Schuld eintreiben sollten.

In jenem Winter lagen John und Yoko nackend in ihrem königlichen Bett und hielten hof, während sich ihre auserwählten Gäste an den Seiten hinhockten. Der König und die Königin der Gegenkultur zeigten keinerlei Schamgefühle, auch dann nicht, wenn sie aufstehen mußten. (Joe Butler wunderte sich über Lennons Körper: «John war erstaunlich schlaff. Er war nicht dick, aber er hatte überhaupt keine Muskeln.») Jerry Rubin, der den Majordomo des königlichen Paares mimte, fing an, seine radikalen Genossen einzuführen. Die vollbärtigen, ungepflegt gekleideten Würdenträger traten vor diesen Thron der Bohème, als kämen sie direkt vom Chicagoer Verschwörungsprozeß: Dave Dellinger, der alsbald zum Guruknaben Mahari Ji überlaufen würde; Huey Newton, der später mit Eldridge Cleaver in Algerien gegenseitige Morddrohungen über das Radio austauschen würde; Bobby Seale, der in einem Chicagoer Gerichtssaal gefesselt und geknebelt worden war; schließlich Rennie Davis, der größte Organisator der Bewegung, dessen Gruppe vor kurzem von «Crazy Annie» Collegio, einem FBI-Spitzel, infiltriert worden war. Bald konnte John Lennon behaupten, daß er mit der gesamten Führungsspitze der Neuen Linken im Bett gewesen war.

Auf diesen politischen Jam Sessions in der Bank Street, die manchmal zehn Stunden ohne Unterbrechung dauerten, einigte man sich schließlich auf einen kühnen Entschluß: John und Yoko sollten die Stars einer «Revolutionären Road Show» sein, ein Hippie Jamboree mit Rockmusik, avantgardistischen Happenings, radikalen Reden und Protestdemonstrationen. Die Tour sollte im Frühsommer an der Ostküste losgehen, durch die Staaten rocken und im August in San Diego ankommen, wo die Republikaner auf ihrem Parteitag ihren Präsidentschaftskandidaten nominieren würden. Dort würden die Revolutionäre dann, kraft ihres aufregenden und triumphalen Erfolgs als Speerspitze des großen Kreuzzuges der Jugend, endlich mit der Nixon-Regierung abrechnen. Als irgendein Mitglied des Lennon-Zirkels der Regierung den Plan verriet, erkannte diese darin die Handschrift der Chicago Seven, die John Lennon als Lockvogel benutzten.

Falscher hätten die Offiziellen in Washington nicht liegen können. Diejenigen, die bei diesen Sitzungen anwesend waren, schwören, daß der führende Kopf dieses Plans niemand anderes als John Winston Ono Lennon gewesen ist, der einzige Mann unter ihnen, der es gewöhnt war, Aktionen von derart riesigen Ausmaßen zu planen.

Lennon war auf die Idee mit der «Revolutionären Road Show» durch das *Concert for Bangla Desh* gekommen, von dessen Erfolg er tief beeindruckt war. Im September 1971 hatte er Eric Clapton in einem Brief vorgeschlagen, mit Rockmusikern, Toningenieuren und Filmleuten und, nicht zu vergessen, einem Schiffsarzt auf einem Ozeanriesen (finanziert von EMI) in See zu stechen. Er wollte von Los Angeles nach Tahiti fahren, unterwegs spielen, aufnehmen und alles filmen. Jeder sollte ermutigt werden, Frau und Kinder mitzubringen, so daß die Reisegesellschaft einem heimeligen Familienchor ähneln würde. Nachdem sie alle ein paar lustige Wochen unter Palmen und Hibiskusblüten verbracht hätten, würden sie die Kreuzfahrt mit dem Ziel fortsetzen, in allen Ländern hinter dem Eisernen Vorhang zu spielen. John und Yoko würden sich um die Politik kümmern, von allen anderen wurde erwartet, daß sie sich heraushielten. Nach den zündenden Sitzungen in der Bank Street verkehrten sich die Prioritäten, die Politik wurde wichtiger als die Musik. Der erste Test für die «Revolutionäre Road Show» kam sehr viel früher, als alle erwartet hatten.

Am 10. Dezember 1971 sollte in Ann Arbor ein Solidaritätsabend für John Sinclair stattfinden, den Führer der dortigen Hippiegemeinde und Kopf der White Panther Party, deren Programm aus «Rock'n'Roll, Dope und vögeln auf der Straße» bestand. Sinclair war zu zehn Jahren verurteilt worden, weil er zwei Joints an einen Drogenfahnder verkauft hatte. (Allerdings handelte es sich um seine dritte Verurteilung.) Deshalb lautete der Titel der Veranstaltung: *Ten for Two* (Zehn für Zwei). Nachdem Jerry Rubin John Lennon überredet hatte, auf dieser Veranstaltung zu erscheinen, beschloß John, die Gelegenheit als Probelauf für die Aufnahmeteams zu nutzen, die mit ihm im kommenden Sommer durch die Staaten tingeln sollten. Er wies Joko Productions an, die Kameras und die Tongeräte zu verladen und zum Crysler-Stadion nach Ann Arbor zu fahren, um die Veranstaltung in Bild und Ton festzuhalten. John und Yoko nahmen auch einen Radiowerbespot auf, der ihnen ein ausverkauftes Haus brachte, fünfzehntausend Freaks.

Als Höhepunkt einer radikalen Solidaritätsveranstaltung für den berüchtigten Extremisten von Ann Arbor aufzutreten war eine viel größere Provokation, als sich John Lennon vorgestellt hatte. Sinclairs «Freak»-Gemeinde war zu dem Zeitpunkt die letzte Hochburg des Radikalismus. Mehr noch, anders als die in der Öffentlichkeit vieldiskutierten besetzten Häuser in Haight-Ashbury oder der Lower East Side war Ann Arbor kein zusammengewürfelter Haufen von Obdachlosen, die sich im Kaffeesatz der großen Metropolen aneinanderklammerten. Ganz im Gegenteil, diese Freaks waren die rechtmäßig gewählten Vertreter der Stadt. In einer denkwürdigen Wahl hatten die Hippies die Mehrheit im Gemeinderat errungen und als erste und höchst symbolische Tat den Beschluß gefaßt, die Strafe für den Besitz von Marihuana auf eine Geldstrafe von fünf Dollar zu reduzieren. In Ann Arbor hatten beide Seiten der Gegenkultur ihre Befriedigung gefunden. Auf der einen Seite die Drogenhändler großen Stils und Bombenwerfer gegen CIA-Einrichtungen, auf der anderen die Begründer von Lebensmittelkooperativen, Kliniken und Krisenzentren für Drogenopfer und ausgerissene Kinder. Gleichzeitig gab es keine Stadt in Amerika, die von den Vertretern von Gesetz und Ordnung besser überwacht gewesen wäre. Als Star der Revolution in Ann Arbor aufzutreten bedeutete den weithin vernehmbaren Ruf: «Ich bin dabei!»

Ten for Two wurde zum letzten Trompetenstoß der Gegenkultur.

Sieben geschlagene Stunden lang rockte das Crysler-Stadion mit Musik und Light Shows oder summte vor Langeweile und Frustration in den langen Pausen, in denen Techniker mit der Anlage der nächsten Gruppe kämpften. In der Zwischenzeit patrouillierten die Dealer und verkauften die ganze Palette der Hippiedrogen rauf und runter, vor allem Gras, das von kilogrammschweren Brocken abgebrochen wurde.

John Sinclair hatte als Blickfang für seine White Panther Party eine Wahnsinnsgruppe zusammengestellt, die MC5 (Motor City), deren Schlagzeuger derart heftig zu trommeln pflegte, daß ein Mann neben ihm stand, um die umfallenden Becken und Trommeln wieder aufzustellen, die im Verlauf einer Session umfielen. Die Nachfolger der MC5, eine Band halbnackter, ungemein struppiger Jungen, die sich Up nannte, waren die Hauptvertreter des Methedrine Beat. Die fröhlichen Klänge ihrer Musik wurden jedoch immer dann Lügen gestraft, wenn einer der lächerlichen, auf dem Ego-Trip befindlichen Führer der Bewegung auf die Bühne kam und anfing, schwülstige Reden zu schwingen.

Diese Demagogen, die bald der Vergessenheit anheim fielen, verliehen dem Abend ein unvergeßliches Flair von Selbstparodie. Am groteskesten gebärdete sich Bobby Seale, der Vorsitzende der Black Panther, der seinen Auftritt von einer Phalanx bedrohlich aussehender Leibwachen begleiten ließ, wie ein Gettogangster, der zu einer großen Versammlung kommt. Nachdem er wie ein schwarzer Prediger alten Schlages herumgeschrien hatte, äußerte der Vorsitzende Bobby folgenden unübertrefflichen Satz: «The only so-lution to po-lution is a people's humane re-vo-lution!» Kapiert, Bruder? (Die einzige Lösung gegen die Umweltverschmutzung ist die humane Revolution des Volkes.)

Der wirklich bewegende Augenblick des Abends war das Telefonat mit John Sinclair im Gefängnis. Als Sinclair mit seiner Frau Leni und seinem vierjährigen Sohn sprach, war seine traurige Stimme über die riesigen Lautsprecher des Stadions zu hören, und er konnte sich nicht länger beherrschen und fing hemmungslos zu schluchzen an. Einige atemberaubende Minuten lang begriffen die vielen glücklichen und berauschten Freaks die Qual eines eingesperrten Menschen.

John und Yoko traten erst gegen drei Uhr morgens auf, nach Phil Ochs, Bob Seger, Archie Shepp, Commander Cody, Stevie Wonder und David Peel and the Lower East Side, die trotz des wütenden Protests der Menge darauf bestanden, ihr ganzes Repertoire an Straßengekreische abzulassen. Als John und Yoko zu Peel und Jerry Rubin auf die Bühne traten, erschienen sie nicht wie die Königin und der König der Gegenkultur. Sie wirkten betreten und deplaziert, wie das Paar von einer Treppe tiefer, das hochgekommen ist, um zu bitten: «Könnten Sie bitte eine Idee leiser sein?» Johns Ton paßte absolut nicht zu der bombastischen Lautstärke des Abends. «Wir sind hierher gekommen», sagte er leise, «um zu sagen, daß Passivität nichts bringt. Und daß wir alle etwas tun können. Flower Power hat also nicht funktioniert. Und wenn schon! Wir fangen von vorne an.»

Dann nahm Lennon eine Akustikgitarre und sang «Attica State», gefolgt von «Luck of the Irish», dessen brutaler Text kontrapunktisch zur melancholischen Melodie stand, und Yoko sang ihr feministisches Kampflied «Sisters, O Sisters».

Der einzig interessante Teil in diesem Wust von Agitprop-Liedern war Lennons Flehen, John Sinclair freizulassen. Eine archaische, einfache Melodie, auf der National Steel Guitar herausgehämmert und mit folkloristischer Ernsthaftigkeit vorgetragen, gipfelte unbedarft fetzig in dem flehenden Refrain, der nicht weniger als fünfzehnmal wiederholt wurde.

Die Menge, obwohl radikal politisch, war vor allem gekommen, um ihren Spaß zu haben. Man hatte sieben Stunden lang gewartet, um den legendären John Lennon zu sehen. Als er, nachdem er vier unbekannte Lieder gesungen hatte, wieder von der Bühne abtrat, stand das Publikum protestierend auf. Es fühlte sich betrogen. Das Bedeutende für die Lennons war aber, daß sie sich zu ihrer Überzeugung bekannt hatten. Einem Publikum zu gefallen war das Anliegen von Unterhaltungskünstlern – nicht des Königs und der Königin der Gegenkultur.

Am Montag nach dem Konzert wurde John Sinclair freigelassen, während er gegen seine Verurteilung Einspruch einlegte. Der Oberste Gerichtshof von Michigan traf diese Entscheidung auf Grund einer vor drei Tagen getroffenen Abstimmung der gesetzgebenden

Versammlung, mit der die Höchststrafe für den Besitz von Marihuana auf ein Jahr reduziert worden war.

Die Lennons waren entzückt über ihren ersten politischen Erfolg. Sie beschleunigten die Gangart ihrer Aktivitäten, traten schnell hintereinander in einem Benefizkonzert für die Opfer von Attica im Apollo Theater auf, beim Prozeß gegen die Harlem Six und einer Demonstration für die IRA. (John identifizierte sich inzwischen mit den Iren, obwohl er in Wirklichkeit bei den Stanleys aufgewachsen war, die aus Wales stammten.) Die Lennons trieben immer mehr zu radikalen politischen Aktionen und Anliegen. Sogar Jerry Rubin mußte eingestehen, daß «John in dieser Zeit radikaler war als ich. Er machte sich über ihre früheren Projekte lustig und sagte: ‹*Sie* macht auf Peace und Love.› Er war wütend, richtig wütend. Er motzte und stänkerte ständig über die Polizei.»

Lennons wachsende Leidenschaft für revolutionäre Gewalt zeigte sich am deutlichsten in der Freundschaft mit A. J. Webberman, dem «Dylanologisten» und führendem Mitglied der Rock Liberation Front, der es sich zum Ziel gesetzt hatte, die Rockmusik vor der Kommerzialisierung zu bewahren. Zunächst hatte John Lennon Webberman in der *Village Voice* wegen seiner Verfolgung von Bob Dylan angegriffen, vor dessen Haus in der MacDougal Street Webbermans Leute mit Spruchbändern, auf denen SLUM LORD stand, auf und ab gingen und in dessen Müll er herumwühlte, um Beweise für Dylans besonderen Charakter zu finden. Aber als Webberman mit seiner Gang in Allen Kleins Büro auftauchte, um gegen die Verteilung der Gelder aus dem Bangladesh-Konzert zu protestieren, änderte Lennon seine Meinung über ihn abrupt. Er lud den aufdringlichen Straßenhelden zu einem Treffen in die Bank Street ein, wo er sich schnell in diesen vernagelten Menschen verliebte, der mit jedem Wort etwas von der großen Kraft derer erkennen ließ, die nichts zu verlieren haben.

Wie David Peel, dessen Album *The Pope Smokes Dope* von John Lennon gerade produziert wurde, bestand Webberman darauf, mit dem großen Star so umzugehen, als sei er nur ein weiterer Niemand von der Ecke. Deshalb belehrte er Lennon nicht nur über seine politischen Pflichten, sondern machte sogar Verbesserungsvorschläge zu Lennons Texten, die dieser manchmal sogar aufgriff. John seinerseits benutzte seine rebellischen neuen Freunde, um andere an die Wand zu drücken. Als Peel bekanntgab, daß er einen Song aufnehmen würde, in dem er seine Enttäuschung über «Bobby Zimmerman», wie Peel Dylan zu nennen pflegte, ausdrücken wollte, kam Dylan ins Studio, um dagegen zu protestieren. Alle kicherten über Dylans Aufzug und seine Begleiter: An dem warmen Frühlingstag erschien er in Mantel, Schal und Hut und ließ sich von zwei Leibwächtern der schlagkräftigen «Jewish Defense League» schützen. «Wir reden David nicht in seine Musik rein, außerdem liebt er deine Musik», versicherte Lennon Dylan, während er auf einem Blatt Papier eine Karikatur seines Rivalen zeichnete, die dem Bild entsprach, das Peels Song «Super Zimmerman» lieferte: ein vierschrötiger, dickbäuchiger Mann mit einem «Z» auf dem Sweatshirt und grotesk großen Hoden.

Die Beziehung zwischen Lennon und Webberman entwickelte sich schnell in die zwischen einem subversiven Kritiker der Gesellschaft und einem reichen Sympathisanten. Obwohl Lennon öffentlich gegen die Gewalt predigte, hatte er keinerlei Skrupel, sie privat zu unterstützen. Als ein IRA-Mitglied, das Haschisch in die Vereinigten Staaten schmuggelte, um für das Geld Gewehre und Bomben für terroristische Aktionen zu kaufen, Kontakt mit Lennon aufnahm, weil er Abnehmer für seine Ware suchte, machte Lennon den Schmuggler mit Webberman bekannt, der sich revanchierte, indem er Lennon in die Northern Irish Aid aufnahm, einem Vorposten der IRA in New York. Die Gruppe versicherte Webberman: «Du hast das Größte für uns getan. Du hast uns mehrere Tausend Dollar Spenden eingebracht.» (Unter anderem hatte John der NIA die Tantiemen für «Luck of the Irish» vermacht.) Als die Parteikonvente im Sommer 1972 in Miami begannen, organisierte Webberman zwei Busladungen voller Zippies, die quer durch die Staaten fahren sollten, um die Ereignisse zu stören. Lennon finanzierte die Expedition und gab zweitausend Dollar in bar an A. J. und kaufte eine ganzseitige Anzeige in der *Yippie Times* für das Album *The Pope Smokes Dope.*

«Lennon glaubte an die Gewalt», attestierte Webberman, «sonst hätte er mich nicht mit Leuten wie dem Typen von der IRA bekannt gemacht. Er wußte, daß in Miami irgend etwas losgehen sollte

– daß wir ganz und gar keine friedlichen Absichten hatten. Trotzdem hat er uns das Geld gegeben. Die Ausschreitungen in Miami *wurden* finanziert – das ist zufällig die Wahrheit.»

Lennon wäre zweifellos noch viel weiter gegangen, wenn ihn nicht die Einwanderungs- und Einbürgerungsbehörden gestoppt hätten, die im März 1972 seine Ausweisung beantragten. Über Nacht befand sich Lennon in einer höchst prekären Lage. In den Vereinigten Staaten genoß er den Status eines Besuchers, für den eine Ausnahme gemacht worden war. Obwohl er auf Grund seiner Verurteilung in England wegen Drogenmißbrauchs kein Visum hätte bekommen dürfen, hatte er ein Visum mit besonderen Auflagen erhalten, nachdem Allen Klein Jonathan Bingham, seinen Kongreßabgeordneten, bearbeitet hatte, ein paar Beziehungen im State Department spielen zu lassen. Auf der unsicheren Basis eines Visums für sechzig Tage war John Lennon angetreten, in Amerika die Revolution zu entfachen. Daß die Regierung versuchte, ihn loszuwerden – nicht als gefährlichen politischen Widersacher, sondern als einflußreichen Lockvogel in den Händen derselben Leute, die die Unruhen auf dem Parteitag in Chicago angezettelt hatten –, war nur logisch und unausweichlich. Man fragt sich, warum diese ach so politischen Leute um Lennon das Problem nicht voraussahen, ehe es aktuell wurde. Als es Lennon zu heiß wurde, konsultierten er und Yoko Einwanderungsrechtsanwälte. Schnell fanden sie in Leon Wildes den richtigen Mann.

Als konservativer, gelehrter orthodoxer Jude hatte Wildes keine Ahnung, wer John Lennon war, als er ihn zum erstenmal sah. Der Anwalt sah den Star nicht anders als seine übrigen Klienten, klug erkannte er, daß «er zu den Typen gehörte, die sich einen Moment lang auf eine Entscheidung konzentrieren, und wenn alles glatt geht, sagen sie ja und rennen weg, als ob sie eigentlich nichts damit zu tun haben wollten. *Sie* war es, die immer weiter bohrte.»

John und Yoko vertrauten sich ihrem Anwalt nie an. Sie erzählten ihm nur die Dinge, die ihn «motivieren» sollten. Sie sagten ihm nie, daß sie sich in den Vereinigten Staaten niederlassen wollten, sie sagten nur, daß sie genug Zeit haben wollten, um die Frage des Sorgerechts für das Kind zu klären. Sie leugneten, drogenabhängig zu sein oder eingewilligt zu haben, an der «Revolutionären Road

Show» teilzunehmen. Natürlich erwähnten sie ebensowenig, daß sie Geld an die IRA oder die Störer von Miami gegeben hatten. Wahrscheinlich lag ihr größter Akt der vorsätzlichen Verschleierung in der Unterlassung, die behaarten jungen Männer vorzustellen, die wie Schüler um ihr Bett herum saßen, als Wildes sich mit ihnen beriet. Einer der Männer war ein Judas.

Die Lennons hatten beschlossen, ihrem Anwalt nichts zu erzählen, was ein negatives Licht auf sie werfen könnte, so daß Wildes nicht erkennen konnte, worum es in dem Fall wirklich ging. Es verleitete ihn auch dazu, Dinge vor Dritten zu äußern, die er normalerweise nicht enthüllt hätte. Als er gefragt wurde, ob er die Lennons direkt aufgefordert habe, ihm die Wahrheit über ihre heiklen Ziele zu sagen, mußte er eingestehen: «Darüber habe ich mit John nie gesprochen, vielleicht wollte ich die Antwort nicht wissen, oder vielleicht habe ich gedacht, daß er mir die Wahrheit sowieso nicht sagen würde oder ich sie dennoch vertreten hätte. Ich hatte die Absicht, diesen Leuten zu helfen. Womit ich ernsthafte Probleme gehabt hätte, wenn ich geahnt hätte, daß er plante, die Regierung zu stürzen. Das war anders als der Rechtsbeistand für einen Kriminellen, wo man die Pflicht hat, alles nur Mögliche für den Angeklagten zu tun. Ich hätte den Fall einfach niedergelegt.» Yokos Begabung, die Leute zu ihrem eigenen Vorteil zu manipulieren, ließ sie auch bei Leon Wildes nicht im Stich. Er glaubte, daß die Lennons die unschuldigen Opfer einer fanatischen Antidrogen-Clique in der Regierung waren, die an einem Ausländer, der des Drogenmißbrauchs überführt worden war und an einem Solidaritätskonzert für einen verurteilten Drogenabhängigen teilgenommen hatte, ein Exempel statuieren wollte.

Wildes' Strategie war einfach: Er sagte, er würde ein permanentes Aufenthaltsrecht beantragen und die Tatsache betonen, daß es sich in diesem Fall um eine Familienzusammenführung handele – einem Grundanliegen des Einwanderungsgesetzes. Als Mutter eines amerikanischen Kindes sei Yoko qualifiziert, ein Daueraufenthaltsrecht in den Vereinigten Staaten zu erhalten; sollte dieser Status John verweigert werden, mache die Regierung sich schuldig, eine Familie zu zerreißen. Wildes instruierte Yoko, in einem Interview mit der Presse zu sagen: «Ich bin gezwungen, mich zwischen meinem Kind und meinem Mann zu entscheiden.» John und Yoko konnten das Aufenthaltsrecht mit Hilfe einer Klausel beantragen, die «Third Preference» genannt wurde und auf folgendem Gesetz basierte: «Die Anwesenheit in den USA nützt der amerikanischen Wirtschaft oder dem öffentlichen Wohl.» Was die Drogenanklage betraf, so wußte Wilde noch nicht einmal, was «Hasch» überhaupt war, allerdings wußte er, daß dieses Wort nicht ausdrücklich im Drogengesetz erwähnt wurde. Was nicht verboten war, konnte nicht zum Grund der Ausweisung werden.

Wildes merkte bald, daß die üblichen Behördengänge und Verfahren in diesem Fall nicht so wohlwollend verliefen wie sonst. Als er seinen alten Freund Sol Marks, den Direktor der örtlichen Einwanderungsbehörde aufsuchte, wurde er kühl empfangen. Jahre später fand Wildes heraus, daß Marks seine Anweisungen direkt aus Washington bekam. Was die Regierung dazu bewogen hatte, John Lennon zu verfolgen, war ein inzwischen nur allzu berüchtigtes Memorandum des Gerichtsunterausschusses des Senatsausschusses für Innere Sicherheit, das von den Mitarbeitern des Senators Strom Thurmond vorbereitet und an den Generalstaatsanwalt John N. Mitchell geschickt worden war. Das Memorandum, das vom 4. Februar 1972 datierte, informierte über Lennons Auftritt auf dem Solidaritätskonzert für John Sinclair, legte jedoch besonderen Nachdruck auf die Feststellung, daß eine Tour durch die Vereinigten Staaten mit Lennon als Star geplant wurde, «die Unsummen von Geld in die Taschen der Neuen Linken fließen lassen und unausweichlich zu einem Zusammenstoß zwischen einer aufständischen Meute, unter der Ägide dieser Gruppe, und den nationalen Sicherheitskräften in San Diego führen würde». Offensichtlich hatte der Generalstaatsanwalt Kontakte mit den Einwanderungs- und Einbürgerungsbehörden aufgenommen, die befahlen, John Lennon so schnell wie möglich aus den Staaten auszuweisen.

Die Informationen des Memorandums beriefen sich alle auf eine anonyme «Quelle», die offensichtlich über die Beratungen in der Bank Street gut informiert war. Obwohl Lennon von der Existenz des Memorandums keine Ahnung hatte, bis es Jahre später im Zuge eines Rechtsstreits öffentlich wurde, war er zu jener Zeit nicht völlig ahnungslos. Tatsächlich hat er allen erzählt, daß die Wohnung überwacht und seine Telefongespräche abgehört würden. Tom Basalari tat diese Behauptungen schulterzuckend ab und bestand darauf, daß es in der Zeit, in der er für die Lennons arbeitete, keinerlei Anzeichen für eine Überwachung gegeben habe, eine Aussage, die durch den Teil der FBI-Akte bestätigt wird, die unter Berufung auf das Gesetz zum freien Zugang zu Informationen zugänglich gemacht worden ist. Die V-Männer hatten die Anweisung, Lennon im Auge zu behalten, aber ihre Berichte offenbaren eine derartige Unwissenheit, schon in so einfachen Dingen wie seiner Adresse, daß er offensichtlich kaum überwacht wurde. John und Yoko hatten in der Tat nur eine Achillesferse, ihre Drogenabhängigkeit. Lennon spritzte wieder Heroin, wollte sich aber im Sommer einem neuen Entzug unterziehen. Als die legale Maschinerie für ihre Ausweisung erst einmal angelaufen war, mahlte sie Jahr für Jahr, bewirkte eine Krise nach der anderen und ließ in den Lennons eine Opfermentalität aufkommen.

Wie auch immer die ganze Wahrheit in dieser Sache aussehen mag, fest steht, daß John Lennons plötzliche Abwendung von seinem politischen Guru dem Muster folgte, das sich bei seiner abrupten Desillusionierung mit seinem religiösen Guru, seinem psychiatrischen Guru und all den anderen Rettern, an die er glaubte, etabliert hatte. Als ein Mann, der ständig Hilfe suchte, konzentrierte John seine Suche instinktiv auf charismatische Vaterfiguren – genau das machten die Fans mit ihm, indem sie ihn mit der Weisheit und Spiritualität ausstatteten, die sie selber suchten. Unnötig zu sagen, daß Lennons Heilige nicht all das waren, was sie zu sein vorgaben, aber wichtiger ist dabei, daß sie Lennons Erwartungen in der Tat erfüllten, solange er an sie glaubte. Am meisten enttäuschte ihn nicht die Aufdeckung irgendeines Betruges, den sie an ihm begingen, sondern die eigene Erkenntnis, daß es Männer waren, die etwas von ihm wollten, und keine Halbgötter.

Für John Lennon war es ebenfalls typisch, daß er, nachdem er einmal den Kick genossen hatte, einfache Spießer verführen zu können, indem er den politischen Radikalen spielte, seinen politischen Überzeugungen nicht nur abschwor, sondern auch noch Hohn und Spott über die Vorstellung von ihm als politisch engagierten Mann goß. 1980 faßte er seine radikale Phase in vernichtenden Worten zusammen: «In den späten Sechzigern und den Siebzigern habe ich mich oberflächlich mit sogenannter Politik befaßt, vor allem auf Grund meiner Schuldgefühle. Schuldgefühle wegen meines Reichtums und weil ich das Gefühl hatte, Frieden und Liebe seien nicht genug, und daß ich mich verprügeln oder erschießen lassen müßte, um zu beweisen, daß ich einer von ihnen bin. Ich habe damals gegen meine Instinkte gehandelt.» Mit diesem Verhalten war allerdings in dem Moment Schluß, wo er sich damit gegen seine eigenen Interessen richtete. Im Frühling 1972 kehrte John Lennon der Politik den Rücken und konzentrierte sich auf zwei weniger anstrengende Bestandteile seines Privatlebens: Den Verlust von Kyoko und die Bürde seiner Drogenabhängigkeit.

ÖFFENTLICHE WOHLTÄTER, PRIVATE SPITZBUBEN

Um den 1. Juni herum, als sie *Some Time in New York City* vorstellen sollten, ein schwaches neues Album, das jede Unterstützung nötig gehabt hätte, verschwanden John und Yoko. Eine ganze Woche lang hörte man nichts von ihnen. Als sie wieder auftauchten, befanden sie sich auf der anderen Seite des Landes und riefen von einem Haus aus an, das sie sich in Ojai, Kalifornien, geliehen hatten, dem Shangri-La aus *In den Fesseln von Shangri-La* und lange Jahre der Zufluchtsort von Krishnamurti. Die Lennons waren nicht wieder zu spirituellen Zielen zurückgekehrt. Sie behaupteten, daß sie in ihrem grünen Chrysler Station Wagon, mit Peter Bendry am Steuer, quer durch das Land gefahren waren, um etwas von Amerika zu sehen. In Wahrheit spielten John und Yoko wieder mal Bonnie und Clyde.

Zum Verständnis dieser jüngsten Kapriole ist es wichtig, sich den Sommer des davorliegenden Jahres zu vergegenwärtigen, als Yoko das Sorgerecht für Kyoko von einem Gericht der Jungferninseln zugesprochen wurde, während ungefähr zur gleichen Zeit Tony von einem Gericht in Houston ebenfalls ein – zeitlich begrenztes – Sorgerecht für das Kind bekam. Beide Gerichte hatten Besuchsrechte für den anderen Elternteil festgelegt. Als Yoko Kyoko im Dezember 1971 sehen wollte, kam es zu einem Konflikt, der die Sorgerechtsregelung zu einem traurigen und destruktiven Ende brachte.

Das Gericht in Houston hatte zur Auflage gemacht, daß Yoko ihre Tochter nur unter der Bedingung sehen durfte, daß sie 20000 Dollar Kaution als Sicherheit dafür hinterlegte, daß sie mit dem Kind nicht ohne Erlaubnis Harris County verließ. Yoko sollte außerdem ihre Beziehung zu Kyoko schrittweise wieder auffrischen, indem sie das Kind, wenn sie mit ihm ein Wochenende verbrachte, abends wieder in seine vertraute Umgebung zurückbrachte. Nach Erfüllung dieser Bedingungen sollte es Yoko freigestellt sein, ihre Tochter jedes zweite Wochenende auch außerhalb des Countys zu sehen und zehn Tage zu Weihnachten.

Als die Lennons am 19. Dezember zu einem vorbereitenden Besuch kamen, merkten sie, daß Tony Cox ihnen keine zweite Chance geben würde, seine Tochter zu entführen. Tony wußte, daß die 20000 Dollar Kaution John und Yoko nicht abschrecken würden, deshalb versuchte er, die Ausführung des richterlichen Beschlusses dadurch hinauszuzögern, indem er verlangte, daß die Lennons sich vorher mit ihm treffen sollten – im Beisein von Austin Wilkerson, seines fundamentalistischen Pastors. Bei dieser Zusammenkunft zeigten sich John und Yoko von ihrer besten Seite, Yoko ging sogar so weit zu sagen, daß es ihr schon genügen würde, wenn sie Kyoko in Gegenwart anderer Leute sehen dürfte. Mr. und Mrs. Wilkerson ihrerseits verrieten, daß das kleine Mädchen bei ihnen in der Woodbrook Street in Timbergrove wohnte. Sie luden John und Yoko ein, sie am nächsten Tag zu besuchen, statt dessen aber flogen die Lennons nach New York zurück, wo sie Tony in der Presse denunzierten und bekanntgaben, daß sie ihn verklagen würden.

In den darauffolgenden Wochen merkten die Wilkersons, daß ihr Haus von fremden Männern überwacht wurde, die sich an beiden Enden der Straße postiert hatten. Eines Nachmittags fuhren zwei große schwarze Limousinen in ihre Einfahrt. Eine Schar von Anwälten in dunklen Anzügen stieg aus und verlangte Einlaß. Der Pastor und seine Frau blieben in der Eingangstür stehen und ließen die Fremden nicht hinein. Nach einem heftigen Wortwechsel gaben die Anwälte auf und fuhren weg.

Lokalisieren, überwachen, eindringen: diese Strategie verfolgten John und Yoko gegenüber Tony seit dem fehlgeschlagenen Kidnappingversuch. Als sie erfuhren, daß er in die Staaten zurückgekehrt war und irgendwo in der Nähe seines Vaters in Bellmore lebte, zerrten sie den alten George Cox in dem vergeblichen Versuch vor Gericht, von dem Vater etwas über den Verbleib seines Sohnes und seiner Enkeltochter zu erfahren. Als nächstes gingen sie dazu über,

Tonys Bruder Larry zu bearbeiten, der mit seiner Frau in Brooklyn Heights wohnte.

Eines Tages bekam Larry einen Anruf von Allen Klein, der darauf bestand, daß er alles stehen und liegen lassen und schnell zum ABKCO-Büro am Broadway kommen sollte. Kaum hatte er das Haus verlassen, klingelte ein Privatdetektiv. Als Larrys Frau die Tür öffnete, stand ein stämmiger Fremder vor ihr, der den Fuß in die Tür gestellt hatte. *«Ich weiß, daß Sie wissen, wo sie sind!»* brüllte der Detektiv, verschaffte sich gewaltsam Zutritt und fing an, das Haus zu durchsuchen. Um eine Anklage wegen Hausfriedensbruch abzuwenden, entschuldigte Yoko sich und beharrte darauf, wie schon so oft, daß sie von der Vorgehensweise ihres Detektivs keine Ahnung gehabt hätte.

Als Tony Cox im Juli nach Houston zog, wurde seine Wohnung im zehn Meilen vom Zentrum entfernten Memorial District schnell entdeckt. Sofort wurde die Wohnung überwacht. Paul Mozian von ABKCO erinnerte sich, daß er mindestens dreimal mit Privatdetektiven nach Houston geflogen ist. Tom Basalari sagte: «Wir saßen ein paar Tage lang vor der Wohnung und hielten nach dem Kind Ausschau. Wir hatten keine Chance, in die Wohnung zu kommen.» Was sie gemacht hätten, wenn sie hineingekommen wären, wollte Basalari nicht verraten.

Einmal schaffte Yoko es mit einer Klage gegen Tony, daß das Gericht in Houston Cox die Auflage erteilte, Kyoko herauszugeben. Als er sich weigerte, verurteilte der Richter ihn zu fünf Tagen Gefängnis über Weihnachten. Tony begab sich mit einer Bibel und einem Gebetbuch ins Gefängnis. Am nächsten Morgen wachte er auf und rief nach seiner Tochter. Inzwischen waren Tonys Anwalt und Yokos Anwalt in Berufung gegangen, um die Begründung für die Verhaftung zu bekommen – der eine, um Tony freizubekommen, der andere, um Kyoko ausgeliefert zu bekommen. Tonys Anwalt gewann. Am Tag nach seiner Verhaftung verließ Tony das Gefängnis wieder. Der Richter wiederholte die Auflage, den Aufenthaltsort seiner Tochter preiszugeben. Gleichzeitig teilte er Yoko mit, daß sie, wenn sie ihr Kind sehen wollte, nach Houston kommen müßte.

John und Yoko kamen einen Tag vor Weihnachten und brachten

ihre letzte Platte mit: «Happy Xmas (War Is Over)». In der Erwartung eines fröhlichen Wiedersehens mit dem Kind hatten die Lennons ein geflüstertes «Fröhliche Weihnachten, Kyoko» mit auf die Platte genommen. Mit Tony Cox' Entschlossenheit hatten sie allerdings nicht gerechnet. Als das Gericht am 27. Dezember zusammentrat, erschienen weder Tony noch sein Anwalt. Am darauffolgenden Tag befahl der Richter dem Sheriff, Cox festzunehmen. Der Befehl kam zu spät. Am Weihnachtsabend hatte sich der große Entfesselungskünstler samt Frau und Kind aus der Stadt geschlichen.

John und Yoko stimmten sofort ein großes Wehgeschrei an, und Tony wurde von einer ganzen Nation gejagt. Sich mit den Lennons anzulegen war keine kleine Sache. John und Yoko hatten nicht nur das Gesetz und die Macht des Geldes hinter sich, sondern sie wurden auch von einer unermeßlichen Welle der Sympathie der John-Lennon-Fans in den Vereinigten Staaten getragen. Mit Hilfe ihres unbegrenzten Zugangs zu den Medien konnten sie die Suche erneut ins Bewußtsein zurückrufen, indem sie Yoko als gramgebeugte Mutter zeigten, der man ihr einziges Kind genommen hatte, und John als bekümmerten Ehemann, der sich um seine leidende Frau große Sorgen machte. Jeder Amerikaner brannte darauf, John und Yoko zu helfen. Viele riefen beim Sheriff von Houston an, um Auskunft über Tony Cox' Aufenthaltsorte zu geben.

Tony Cox begriff, daß er nur dann weiterhin unentdeckt blieb, wenn er in einer Gemeinschaft, die ihn retten wollte, untertauchen würde. Durch seine Verbindung zur christlichen Kirche kannte er eine mächtige Sekte, die sich *The Church of the Living Word* oder *The Walk* nannte. Eine jener charismatischen Kirchen, deren Mitglieder ihre individuelle Unabhängigkeit an eine Autoritätsperson, einen Herrn und Meister übertragen. Die Sekte war das irdische Himmelreich eines früheren Pastors und «Doktors der Theologie» namens Robert Stevens. Das Hauptquartier von *The Walk* befand sich in Granada Hills im San Fernando Valley. Hier war Tonys erstes Versteck, und hier versuchten die Lennons ihn einzukesseln, ihr Haus in Ojai lag gerade eine halbe Stunde Fußweg von der *Walk*-Zentrale entfernt.

Wie die meisten Amateur-Abenteurer handhabten John und Yoko ihre Verfolgungsposse sehr ungeschickt. Nach einem Monat vergeblicher Bemühungen, ihr scheues Wild zu erjagen, wobei es ihnen in diesem Zeitraum gelang, das schöne Haus, in dem sie wohnten, in eine Müllkippe zu verwandeln, woraufhin sie von dem erzürnten Besitzer hinausgeworfen wurden, hörten John und Yoko, daß Tony in Sausalito war. Sofort mieteten sie sich in Mill Valley von dem Eigentümer der No Name Bar in Sausalito ein Haus und holten sich als Beistand Steve Gebhardt, der mit seiner Frau und 10000 Dollar in bar und zwei von Johns Gitarren am 4. Juli eintraf. Die Lennons richteten sich auf einen langen Aufenthalt ein.

Aber nicht mit Gebhardt, sondern mit Craig Pyes steigerte sich die Suche einen Moment lang zu einer erregenden Jagd. Pyes und sein Kollege Ken Kelley waren Hippie-Journalisten, die die Monatszeitschrift *SunDance* gründen wollten, die *Rolling Stone* Konkurrenz machen sollte. Jann Wenner hatte Lennons Zorn auf sich gezogen, weil er ein unautorisiertes Buch, *Lennon Remembers*, herausgegeben hatte, das im wesentlichen aus Johns Urschrei-Interviews bestand. Wenner besaß sogar die Frechheit, Lennon ein Belegexemplar zuzuschicken mit der Widmung: «Ohne Dich wäre dieses Buch nie zustandegekommen.» Als Lennon von dem Projekt der Zeitschrift *SunDance* erfuhr, bot er an, eine monatliche Kolumne zu schreiben, in der Hoffnung, daß die neue Zeitschrift *Rolling Stone* vom Markt verdrängen würde. Die Zugkraft von Lennons Namen verlieh dem Vorhaben genug Gewicht, daß Pyes und Kelley in San Francisco mit der Arbeit beginnen konnten. Als Yoko anrief, nahm Pyes deshalb an, daß die Lennons sich vergewissern wollten, wie es um die Zeitschrift stand. Statt dessen baten sie ihn, sie eine Woche lang mit seinem alten VW, der klassischen Kaffeebüchse auf Rädern, durch die Bay Area zu fahren. Schließlich merkte Pyes, was die Lennons wirklich interessierte.

«Da ist Tony!» rief Yoko aufgeregt, und John verrenkte sich fast den Hals, um ihrem Blick zu folgen. Niemand außer ihr sah Cox, aber sie stolperten allesamt aus dem Auto und rannten in den Flur des Apartmenthauses, auf das Yoko gezeigt hatte. Da im Flur keiner war, befahl Yoko Pyes, an die Wohnungstüren zu klopfen.

«Entschuldigen Sie bitte», sagte er zu der ersten erschreckten Hausfrau. «Das sind John und Yoko – Sie kennen sie vielleicht! Sie würden gern einen Blick aus ihrem Fenster auf die Straße werfen, weil sie jemand suchen, aber sie wollen nicht auf der Straße stehenbleiben, sie wollen kein Aufsehen erregen.» Überrumpelt bedeutete die Frau stumm ihr Einverständnis, und John und Yoko stürmten in ihre Wohnung und sahen sich mißtrauisch um. Dann rannten sie ans Fenster, streckten die Hälse und suchten Tony. Als sie keine Spur von ihm entdeckten, zogen sie sich schließlich wieder in das Auto zurück und wiesen Pyes an, zu einem nahegelegenen Spielplatz zu fahren.

Eines Tages fragte Yoko Pyes nach einem Akupunkteur in der Bay Area. (Akupunktur war in Kalifornien verboten, wurde aber von den dort lebenden Chinesen praktiziert.) Pyes machte Yoko mit Dr. Hong bekannt, der in San Mateo County, südlich von San Francisco Airport, wohnte. Der Arzt sah aus wie ein Feuerhydrant, schwadronierte wie ein alter Haudegen und hatte eine Flasche Whiskey auf dem Schreibtisch, um seine Hände vor dem Zittern zu bewahren, wenn er die unsterilen Nadeln setzte. Die Lennons sagten Dr. Hong, daß sie verzweifelt versuchten, vom Methadon loszukommen, was, wie sie zu ihrer Beunruhigung an sich selbst erfuhren, abhängiger machte als Heroin. («Bei Heroinentzug waren wir drei Tage lang auf Turkey», hatte John Pyes erzählt, «aber wir versuchen seit fünf Monaten, vom Methadon runterzukommen!») Die andere Schwierigkeit, die sie kurieren wollten, war die zunehmende Öde ihrer sexuellen Beziehung. Hong, der noch nie etwas von den Beatles gehört hatte, versicherte seinen neuen Patienten, daß er beide Krankheiten schnell heilen könne. Dazu sei es aber notwendig, daß sie zu ihm zögen und sich ihm rückhaltlos anvertrauten.

Eine Woche lang wohnten die Lennons in Dr. Hongs kleinem, stuckverzierten Haus, John schlief auf der Wohnzimmercouch, was ihn an seine letzten Jahre in Mendips erinnerte. Hong entzog seinen Patienten das Methadon abrupt, bekämpfte ihr Leiden mit seinen Nadeln und verabreichte ihnen hohe Dosen jener altmodischen Vitaminpillen, die wie kleine graue Fußbälle aussehen und auch schmecken. Zur Stärkung ihrer sexuellen Energien gab er ihnen Kräutertees zu trinken und zweihundert Jahre alte Ginsengwurzeln in kleinen Würfeln, die wie Lakritz schmeckten. Zwischen den Behandlungen ermunterte der Arzt Lennon, Gitarre zu spielen, oder Hong gab selber etwas zum besten und demonstrierte seine Fortschritte in den chinesischen Kampfsportarten. (Als Kung-Fu-Meister unterrichtete der Arzt Selbstverteidigung an der örtlichen Polizeiakademie.) Als John Hong bat, ihm zu zeigen, wie er sich auf der Straße am besten selber verteidigen könnte, erteilte der 65 Jahre alte Chinese dem 31 Jahre alten Lennon ein paar Lektionen in der Kunst des Kämpfens.

Drei Tage nach Beginn ihrer Klausur bekamen die Lennons Besuch von den *SunDance*-Leuten. Ken Kelley war erstaunt, wie sehr sich John und Yoko in dem halben Jahr verändert hatten. «John war geschrumpft, und Yoko war gewachsen», erinnerte sich Kelley. «Lennon sah ein paar Zentimeter kleiner aus und sehr zierlich. Yokos Haar war kurz, als ich sie das letzte Mal gesehen hatte, jetzt reichte es bis zu ihren Brüsten.» Kelley meinte: «John war dankbar, daß er von den Drogen runtergekommen war. Er brannte darauf, wieder in die Welt hinauszugehen und etwas zu machen.» Als Pyes und Kelley das nächste Mal zu Besuch kamen, sagten ihnen die beiden, daß sie völlig geheilt wären.

Von dem kleinen Reihenhaus in San Mateo County zogen John und Yoko in das elegante Stanford Court auf Nob Hill, wo sie Geraldo Rivera empfingen, einen New Yorker Reporter, der gerade einen Bericht über die Zustände im Willowbrook Hospital auf Staten Island in New York City geschrieben hatte, einer Einrichtung für geistig behinderte Kinder. Zur Unterstützung des Krankenhauses hatte Rivera einen Festtag entworfen, dessen Höhepunkt in einem Besuch der Kinder im Central Park gipfeln sollte, jedes Kind würde von einem Betreuer begleitet werden, der zu dem Kind eine persönliche Beziehung aufbauen sollte. Krönung des Tages wären ein paar Popkonzerte im Madison Square Garden, angeführt von John und Yoko, deren Auftritt gefilmt und später von ABC gesendet werden würde, der Sender wollte den Lennons für ihre Dienste 300000 Dollar zahlen, die sie dem Krankenhaus spenden könnten. Laut Steve Gebhardt fanden John und Yoko, daß Rivera sie ausbeute, aber in Anbetracht ihrer Einwanderungsprobleme beschlossen sie, daß es besser wäre mitzumachen.

AUSGEBRANNT

Der John Lennon, der am 30. August 1972 im Madison Square Garden auftrat, war hager, schmallippig und vollgedröhnt mit Kokain. Er trug eine Blindenbrille mit blauen Gläsern, ein altes Armeehemd, das ihm aus der Hose hing, und über dem Hintern baumelte ein Handtuch. Obwohl er mehr wie ein Mann aussah, der sich für einen gefährlichen Auftrag gestählt hatte, beherrschte er dieses eine Mal die Bühne. Yoko wurde zu einer Nebenrolle verdonnert, sie spielte auf einem elektrischen Keyboard und sang ein paar Solos. Der Rest der Show konzentrierte sich auf John Lennon, Superstar.

One to One machte deutlich, daß John Lennon endlich seinen eigenen Bühnenstil gefunden hatte, einen drastischen, heftigen Psychodramastil. Seine Interpretationen von «Mother» und «Cold Turkey» waren die Höhepunkte der Nachmittags- und Abendvorstellung, der Drogenentzugssong fetzte mit einem Ausbruch los – John warf die Arme in die Luft wie ein verzweifelt Flehender, während sein Gesicht zuckte wie das eines verwirrten Kindes. «*Hysterica passio!* Nieder mit dir, du wachsende Trauer!» hätte immer als Motto über Lennons Leben stehen können, aber es hatte lange gedauert, bis sich seine rasende Seele durch die Maske des Beatles hindurchgelitten hatte und den Ausbruch auf der Bühne schaffte.

Lennon war wieder einmal an einem Punkt in seiner Karriere angelangt, an dem er, wenn er diesem natürlichen Gang seiner Entwicklung einfach weiter gefolgt wäre, zum Führer der kommenden neuen Phase der Popmusik geworden wäre: Der Dekade der Dekadenz, die bald Punk, New Wave und Rap hervorbringen sollte – die vielen brutalen, nahezu psychotischen Richtungen, die Lennons zerbrochene Seele spiegelten. Kein anderer Star dieser Zeit hatte so große Möglichkeiten, das Theater der Grausamkeiten einem wilden Höhepunkt zuzuführen. Doch wieder mißlang es John Lennon, sein Genie zu entfalten. Statt dessen zog sich Lennon, bis auf ein paar unbedeutende Gastauftritte, von der Bühne zurück. Es war, als ob der Ausbruch im Garden seine Flamme für immer ausgelöscht hätte.*

Die Atmosphäre auf der Feier nach dem Auftritt im Tavern on the Green war deprimierend. Allen Klein, der verpflichtet worden war, fünftausend Freikarten zu verteilen, damit das Konzert einen ausverkauften Eindruck machte, stand auf Kriegsfuß mit Yoko Ono, weil die Show ihn in seiner seit langem bestehenden Ansicht bestärkt hatte, daß das Publikum Lennon und Yoko Ono nicht zusammen auf der Bühne sehen wollte. Yoko war außer sich über Kleins Haltung. Von diesem Tag an bröckelte die Beziehung zwischen dem einst idealisierten Manager und den Stars rapide. Als der Vertrag im März auslief, wurde Klein fallengelassen. Seine selbstzerstörerische Entscheidung untermauerte Lennon mit vielen Behauptungen, die

* Das Video von *One to One*, das 1985 unter dem Titel *John Lennon – Live in New York City* herauskam, ist ein wichtiges Dokument, nicht nur als Aufzeichnung von Lennons letztem großen Bühnenauftritt, sondern auch weil es deutlich zeigt, wie Yoko Ono ihre Arbeit als Verwalterin des Lennon-Archivs versteht. Obwohl das Konzert ursprünglich von Steve Gebhardt nach Lennons Anweisungen geschnitten und am 15. Dezember 1972 gesendet wurde, verwarf Yoko diese autorisierte Fassung und schnitt die Bänder um, kürzte Lennon in dem Umfang, in dem sie sich selber einbaute. Als erstes ersetzte sie die beeindruckende Abendvorstellung durch die weniger gute Matinee, die John als «Probe» abgetan hatte, tauschte also einen guten Lennon-Auftritt gegen einen schlechteren aus. Dann stahl sie John die Show, indem sie ihn durch Zwischenschnitte ständig ausblendete, selbst in seinen größten Momenten, die Zwischenschnitte zeigten sie, wie sie auf einem elektrischen Keyboard herumhämmerte. Nachdem Sony das Video herausgebracht hatte, wurde Yoko von Adam Ippolito, dem Keyboarder von Elephant's Memory verklagt, der behauptete, daß sie nicht eine Note der Musik, die sie angeblich spielt, selbst hervorgebracht hätte, weil ihr Keyboard nicht angeschlossen gewesen sei.

beweisen sollten, daß Klein beabsichtigte, ein größerer Star als seine Klienten zu werden, daß er nichts mehr für sie tat und daß er gedroht hätte, sich nie mit Paul und den Eastmans zu versöhnen. Aber die Lennons hätten sich keinen schlechteren Zeitpunkt für die Trennung von ihrem Manager aussuchen können, auf dessen Fähigkeiten sie dringend angewiesen waren.

In jenem Frühjahr sollte endlich der langersehnte sprunghafte Anstieg der Beatles-Tantiemen in Kraft treten, aber die Steigerung war gefährdet, weil die Beatles es nicht schafften, ihre Verkaufsquoten zu erreichen: eine halbe Million Platten von jedem der beiden zuletzt herausgebrachten Alben vor dem Stichtag, dem 31. August 1972. Das vorletzte Album, *Wild Life* (Pauls erste Platte mit den Wings, seiner neuen Gruppe), hatte diese Quote fast erreicht, aber Lennons *Some Time in New York* (das John unbedingt vor dem Stichtag herausbringen wollte) hatte sich als Flop erwiesen und wurde nur 272041mal verkauft. Klein war sofort in die Bresche gesprungen und hatte eine Verlängerung des ursprünglichen Termins um zwei Monate herausgehandelt, wurde aber noch vor der Unterschrift des Zusatzes gefeuert. Anstatt ihn durch einen neuen Manager zu ersetzen, beschlossen John, George und Ringo, jeder einen Repräsentanten anzustellen, oder, wie Lennon es formulierte, «die Äpfel mauserten sich zu Menschen». Nun sah sich der Direktor von Capitol, Baskar Mehon, mit drei kleinen Kleins konfrontiert, die verlangten, daß seine Firma den Beatles die Erhöhung auszahlen müßte, ohne irgendwelche Zugeständnisse von seiten der Musiker. Mehon beschuldigte die Beatles der Nichterfüllung des Vertrags und weigerte sich, die Erhöhung der Tantiemen wirksam werden zu lassen.*

* So unglaublich es klingt, hat sich die Situation bis heute nicht verändert. Seit fünfzehn Jahren ist die Erhöhung der Tantiemen an die Beatles nicht ausgezahlt worden, mit dem Ergebnis, daß das Konto auf über zehn Millionen Dollar angewachsen ist. 1987, nach der Einführung der Beatles-CDs, ist das Guthaben sicherlich noch mehr angewachsen, möglicherweise sogar auf bis zu 20 Millionen Dollar. Bis zur Niederschrift dieses Buches hatten sich alle Beatles, bis auf Paul, zusammengeschlossen, um Capitol zu verklagen, aber diese Klage ist unsicher, weil das Gericht darüber zu entscheiden hat, ob den Beatles, nachdem sie 1973 den Vertrag

Die Erhöhung der Tantiemen war nur eins der großen Probleme, mit denen John und Yoko konfrontiert wurden, nachdem sie Klein entlassen hatten. In der Tat hingen sie völlig in der Luft, weil sie sich seit Jahren total auf ihren Manager verlassen hatten, nicht nur in geschäftlichen Dingen, sondern auch in allen persönlichen Angelegenheiten, die entweder Erfindungsgabe oder ein praktisches Urteilsvermögen erforderten. Klein hatte seine Klienten wie kleine Kinder behandelt. Jetzt hatten die kleinen Kinder plötzlich keinen Vater mehr. Außerdem war ein Mann wie Klein nicht so einfach zu ersetzen. Der beste wäre noch, beschlossen die Lennons, Kleins frühere rechte Hand, Harold Seider, den sie am 1. April 1973 einstellten. Seider, ein kleiner, lebhafter, kluger Rechtsanwalt, der immer möglichst knapp Probleme anging und besprach, war vom Temperament her genau das Gegenteil von Klein, was auch der eigentliche Grund dafür war, daß er 1971 bei ABKCO aufgehört hatte. Im Gegensatz zu Klein hatte Seider nicht das Bedürfnis, den Weihnachtsmann zu spielen. Er hat den Posten des Managers mit der trockenen Bemerkung abgelehnt: «Ich wollte für sie nicht zur Reinigung gehen.» Seider verstand sich als Berater in Geschäftsangelegenheiten. Er verpflichtete die besten Buchhalter und Rechtsanwälte, die er kannte, für die Lennons, dann machte er sich an die Arbeit, sie von ihrem finanziell unverantwortlichen Lebensstil zu entwöhnen.

Seider sah in Lennon einen «Schnorrer». Solange er nicht in die eigene Tasche greifen mußte, war es ihm egal, wieviel er ausgab. Auf diese Weise hatte er in den letzten Jahren Millionen von Dollar verschleudert. John schickte die Rechnungen einfach an Klein und überließ es ihm, wie er sie bezahlte. Jetzt verlangte Seider von seinem Mandanten die volle finanzielle Verantwortung für jede Ausgabe, die er tätigte, er bestand sogar darauf, daß John Monat für Monat jeden Scheck einzeln unterschrieb – eine ernüchternde Erfahrung, die Johns Verschwendungssucht schnell bremste. Lennon wurde in Gelddingen so vorsichtig, daß er sich wie ein Geizkragen verhielt und selbst die allernotwendigsten Ausgaben in Frage stellte.

zurückgewiesen hatten, nach all den Jahren eine Meinungsänderung zugestanden werden könnte, damit sie gerichtlich einklagen können, was sie einmal verschmäht haben.

Seider erklärte John, daß es zum einen ihr Ziel sei, feste Einkommensquellen zu etablieren, die ihm einen komfortablen Lebensstil sichern würden, ohne daß er sich «Produkte» für den Markt aus den Rippen schneiden müßte, daß zum anderen aber seine jährlichen Ausgaben auf eine vertretbare Summe heruntergekürzt werden müßten, etwa auf 300 000 Dollar. Um dieses Ziel zu erreichen, müßte alles, was finanziell gesehen nicht produktiv war, abgestoßen werden, angefangen mit Joko Productions. Und mittlerweile waren sich alle Beatles einig, daß es keinen Sinn mehr hatte, Apple zu behalten. Deshalb war es höchste Zeit, Anwälte mit der Auflösung der Firma und der Verteilung der Kapitals an die vier Partner zu beauftragen. Das war eine Riesenarbeit, und Seiders Aufgabe dabei sollte ausschließlich die eines Beraters sein. Er würde informieren, Hinweise geben, seine Kenntnisse zur Verfügung stellen, aber die Verantwortung für die vielen finanziellen Entscheidungen würde voll auf John Lennons Schultern liegen.

Seider mußte auch auf seinen eigenen Ruf achten. Als Kleins ehemalige rechte Hand befand sich der Anwalt in einem potentiellen Interessenkonflikt. Als Vizepräsident von United Artists Record Management (die Firma hatte ihm die Erlaubnis erteilt, halbtags für John Lennon zu arbeiten), befand er sich in einem weiteren potentiellen Konflikt. Obwohl Seider sich auf dem schmalen Grat der moralischen und beruflichen Rechtschaffenheit bewegte, sahen John und Yoko fraglos Seiders Hauptwert vor allem in der Tatsache, daß er Allen Klein und seine Geschäfte in- und auswendig kannte. Die Lennons bereiteten sich darauf vor, Klein anzugreifen. Seider war ihre Geheimwaffe. Als sie ihre Absicht enthüllten, rastete ihr früherer Manager aus.

An diesem Punkt ihrer Karriere hätten die Lennons ihr Friedenszeichen ablegen und statt dessen eine Piratenflagge hissen können, denn ihr Geschäftsgebaren war nur noch zwielichtig. Zwei Filmprojekte mögen ihre Geschäftsmoral illustrieren. 1971 wollte A. D. Pennebaker seinen dokumentarischen Live-Mitschnitt vom Varsity Stadium, *Sweet Toronto*, auf den Markt bringen. Die Lennons hatten einen für sie vorteilhaften Vertrag mit Pennebaker abgeschlossen, sie erlaubten ihm, den Film, den er von ihnen gemacht hatte, auszuwerten, und bekamen als Gegenleistung die Erlaubnis, die

Tonaufnahmen, die er gemacht hatte, selber als Platte unter dem Titel *Live at Toronto* herauszubringen. Diese Platte brachte viel Geld ein, erstaunliche 750000 Stück wurden von ihr verkauft, aber als Pennebaker an der Reihe war, nun seinerseits von ihrer Abmachung zu profitieren, und den Film *Sweet Toronto* in die Kinos bringen wollte, brachen die Lennons ihr Wort und verlangten eine beträchtliche Summe für die Filmaufführung. Weil er zu arm war, um die Summe zu zahlen oder die Lennons zu verklagen, hatte Pennebaker keine andere Wahl, als seinen Film zurückzuziehen. Er kam schließlich zwei Jahre später, ohne die Lennons, unter dem Titel *Keep on Rockin'* in die Kinos.

Ein noch schlimmeres Beispiel für ihr unfaires Verhalten war *Ten for Two*, der Film vom John-Sinclair-Solidaritätskonzert. Als Steve Gebhardt den Schnitt des Films beendet hatte, sah Leon Wildes ihn sich an. Er sagte John und Yoko, daß der Film im Hinblick auf ihre Einwanderungsabsichten das reine Gift sei. Anstatt diese Beurteilung John Sinclair mitzuteilen, der mit den Lennons als Mitopfer sympathisiert hätte, erfand Yoko ein Lügengebäude, um sich und John aus der Affäre zu ziehen. Nachdem sie den verarmten Sinclair und seine Frau nach New York bestellt hatte, schob Yoko ihre Verabredung immer weiter hinaus, bis sie sich zwei Stunden vor dem geplanten Rückflug des Paares nach Detroit trafen. Dann wurde das Paar an die Bettseite beordert. Dort wurden sie von Yoko mit einem lang anhaltenden Wortschwall über die Unterdrückung der Frauen empfangen. «Wir wußten überhaupt nicht, warum sie uns das erzählte», erinnerte sich Sinclair. «John Lennon sagte kaum ein Wort während des gesamten Treffens. Dann verkündete Yoko, daß wir akzeptieren müßten, daß das ganze Geld an Frauenprojekte gehen würde. Wir waren völlig sprachlos. Yoko bestand darauf, daß sie allein das Geld verteilen würde und niemandem Rechenschaft schuldig sei.»

Das war eine ungeheuerliche Forderung, denn eine Menge Leute, einschließlich der anderen Künstler des Konzerts, hatten ihre Dienste unter der Voraussetzung zur Verfügung gestellt, daß die Einkünfte des Films zu gleichen Teilen an die Wohlfahrtsorganisationen, die die Zusammenkunft organisiert hatten, gehen würden. Sinclair war nicht nur wegen dieser einseitigen Entscheidung wütend, noch wütender machte ihn die offenkundige Herablassung der Lennons. «Du hättest sie in ihrem verdammten Bett sehen sollen», erzählte er. «Es war, als ob du der Bauer bist, und *sie* die Könige. Es war demütigend. Ich bin für meine Überzeugung geschlagen und geknebelt worden, aber das war *wirklich* demütigend!» Sinclair hatte nicht durchschaut, daß John und Yoko bloß vor ihrem eigenen politischen Engagement davonrennen wollten. Es war ihnen egal, wen sie dabei niedertrampelten, solange John dem unerträglichen Schicksal entkommen konnte, aus den Vereinigten Staaten ausgewiesen zu werden.

In der Wahlnacht am 7. November 1972 versammelte Jerry Rubin in seiner Wohnung seine Freunde um sich, um die Ergebnisse im Fernsehen zu verfolgen. John und Yoko hatten versprochen, später zu kommen, wenn sie mit ihrer Arbeit in der Record Plant fertig wären, wo Yoko ein Solo-Doppelalbum schnitt, *Approximately Infinite Universe.* Ein aufwendiges und teures Projekt, eine Aufnahme, die bereits seit zwei Monaten jeden Abend verschlungen hatte, einschließlich einiger Marathonsessions, die manchmal bis zu achtzehn Stunden dauerten. Als die Nachricht von Nixons Sieg ins Studio durchsickerte, ließ John sich mit Tequila vollaufen. Er regte sich über Nixons Wiederwahl auf, weil Lennon glaubte, daß er nun damit rechnen mußte, aus dem Land gewiesen zu werden. Seine Wut wurde außerdem durch sein wachsendes Zerwürfnis mit Yoko genährt, deren Gesang John dazu angeregt hatte, sie als «japanische Mrs. Miller» zu titulieren. In der Wahlnacht war das Verhältnis zwischen dem Paar so schlecht, daß die Musiker überzeugt waren, John und Yoko würden sich bald trennen.

Als die Session um vier Uhr morgens ihrem Ende zuging, war John gefährlich betrunken. Er «fluchte mit einem Vokabular, das einen Liverpooler Seemann neidisch gemacht hätte», erzählte Bob Gruen, ihr Hausfotograf und Laufbursche. «Das war das einzige Mal, daß ich jemanden so viele Flüche hintereinander ausstoßen hörte.» Als die Gruppe sich zu Rubins Apartment in der Prince Street auf den Weg machte, war Lennon, wie Gruen sagte, «auf alles und jeden wütend».

Rubins Party hatte erwartungsvoll am frühen Abend angefangen, wie Judith Malina vom Living Theater am nächsten Tag in ihr Tagebuch schrieb, aber nach McGoverns Niederlage verdüsterte sich die Stimmung. Die Gäste, die um vier Uhr morgens noch da waren, hockten um den Fernsehapparat und sahen, wie sich die Stimmen für Nixon häuften. Plötzlich hörten sie einen schrecklichen Schrei, offensichtlich den Schmerzensschrei eines Mannes. In diesem Moment platzte John Lennon zur Tür hinein, mit irrem Blick und unrasiert, der abwechselnd wie unter Qualen aufschrie oder wie ein Beatle «*Yeah, yeah, yeah!*» grölte.

Als Schauspielerin war Malina beeindruckt von dem Grad der Leidenschaft Lennons und seiner bemerkenswerten Fähigkeit, Schreie aus seinem tiefsten Innern auszustoßen. Als Frau bemerkte sie, daß Yoko einen Schlapphut und einen braunen Ledermantel mit einem goldenen Sheriff-Stern auf der Brust über einem weiten modischen Overall aus Leinen trug. Obwohl Lennon unablässig mit seiner heiseren Stimme weiterfluchte und anfing, die Anwesenden zu beschimpfen, die er nun als falsche Propheten bezeichnete, die ihn einen Irrweg gewiesen hätten, und sogar soweit ging, sie als bürgerliche Juden zu beschimpfen, blieb Yoko cool. Sie wickelte ein Briefchen Kokain aus; wer nicht Wodka und Tequila aus der Flasche in sich reinschüttete, schnupfte eine Prise.

Ein Gast nach dem anderen versuchte John Lennon zu beruhigen, Rubin versuchte, ihn in ein Zimmer mit einem Wasserbett zu dirigieren, aber John wurde aggressiv, weil er wie ein armer Irrer behandelt wurde. Statt sich zu beruhigen, brüllte er seinen Schmerz und seine Enttäuschung über das Scheitern der Revolution heraus und über die verblendete Vorstellung, daß eine Revolution überhaupt möglich sein könnte. Als Julian Beck anfing, mit John Lennon zu argumentieren, erreichte er nicht einmal, daß John ihm zuhörte; alles was Julian sagte, bezeichnete er als Quatsch.

Schließlich saß Lennon Judith Malina gegenüber, einer winzigen Frau. Wie ein Geistesgestörter stierte er ihr in die Augen und knurrte: «Ich möchte dich mit einem Messer aufschlitzen!» Als sie nicht mit der Wimper zuckte, wiederholte er die Drohung noch wütender, erklärte, daß er Blut fließen sehen wollte. Als sein Opfer ihm immer noch die Befriedigung verweigerte, stand er unsicher auf und schwankte zur Tür, wo er grölte: *«Ich werde mich den Weathermen anschließen! Ich werde einen Polizisten erschießen!»*

Nach dieser Nacht, berichtete Steve Gebhardt, «ging John Lennon in sein Zimmer und kam sechs Monate lang nicht mehr heraus».

VOM LAGER DES DRACHEN IN DIE HÖHLE DES LÖWEN

Hi! Ich (Beat) möchte (Beat) dich (Beat) unter Vertrag (Beat) nehmen. Ich heiße Yoko. Y (Beat) O (Beat) K (Beat) O.» So erinnerte David Spinozza, einer der heißesten Gitarristen der New Yorker Studioszene, den Anfang seiner Beziehung zu Yoko, die ihn schließlich in den Wahnsinn trieb. David dachte, daß sich jemand mit ihm einen Scherz erlaubte, als er an einem Nachmittag im Juli 1973 in sein Apartment in der 70th Street East zurückkehrte und seinen Anrufbeantworter abhörte. Er wählte die Telefonnummer und wartete auf die Antwort. Man stelle sich seine Überraschung vor, als die Frau mit der Piepsstimme am anderen Ende der Leitung sich als Frau von John Lennon vorstellte.

Noch erstaunlicher war der Grund ihres Anrufs. Sie wollte ein Album mit ausschließlich eigenen Sachen machen. Sie wollte, daß Spinozza die Musiker zusammenstellte und leitete. Sie hatte sogar eine Liste von Studiomusikern. Die besten und gefragtesten Leute der Stadt. David war begeistert. Was ihm allerdings Unbehagen bereitete, während er, den Telefonhörer wie eine Geige unter das Kinn geklemmt, die Namen notierte, war die Erinnerung an seine letzte Zusammenarbeit mit einem Beatle. Das war im Frühjahr 1971, als er von einer Frau angerufen wurde, die er als «Königin der Groupies» bezeichnete, von Linda McCartney.

Die Königin vertraute so sehr darauf, daß jeder Musiker schon allein beim Klang ihres Namens in Habachtstellung verfiel, daß sie sich kaum die Mühe machte, sich groß zu erklären. Spinozza, der ihren Namen nicht verstanden hatte, wollte wissen: «Für wen soll das sein?»

«Mein Mann hat von Ihnen gehört», sagte Linda schleppend in ihrem sorgfältig kultivierten britischen Akzent. «Er möchte Sie kennenlernen und hören, wie Sie spielen, weil wir ein Album machen wollen.»

David kapierte immer noch nicht. «Ich bin Studiomusiker», sagte er gereizt. «Sie können mich auf Hunderten von Terminen spielen hören und prüfen. Dafür brauchen wir uns nicht zu treffen. Sie können mich über meine Agentur mieten. Rufen Sie einfach Radio Registry an und bestellen Sie David Spinozza, um wieviel Uhr, welche Gitarren, und *dann* bin ich da!»

«Nein, Sie verstehen mich nicht!» rief Linda. «Mein Mann...»

Ehe sie weiter sprechen konnte, explodierte Spinozza vor Wut. «Was soll der Quatsch mit Ihrem *Mann*?» brüllte er. Schließlich rückte Linda mit der Information heraus, daß sie lediglich das Sprachrohr Paul McCartneys war. Diese Offenbarung machte alles nur noch schlimmer, weil Spinozza jetzt die Tragweite des Anrufs begriff. «Soll das», bellte er und mußte sich dazu zwingen, das verhaßte Wort über die Lippen zu bringen, «*eine Probeaufnahme* werden?»

Paul hatte seinen ersten Fehler gemacht, als er Capitol anrief und, wie er es in London getan hätte, sagte: «Ich brauche fünf erstklassige Musiker für jedes Rhythmusinstrument – Klavier, Baß, Gitarre, Schlagzeug.» Die New Yorker Studiomusiker unterziehen sich keinem Probespiel. Sie betrachten sich, mit Recht, als die qualifiziertesten und versiertesten Musiker der Welt. Sie behaupten von sich, daß sie den ersten Solisten eines Symphonieorchesters ersetzen können, die improvisierenden Solisten in den meisten Jazzbands, jeden Instrumentalisten aus der Popszene und jeden existierenden Rock'n'Roll-Musiker. Als einer der jungen Löwen der Studios reagierte Spinozza mehr als stolz. Aber er war neugierig auf den berühmten Beatle, also ging er zu dem dreckigen Loft in der Tenth Avenue, wo er auf Paul mit einem Dreitagebart und Linda und die Kinder traf. Billy Lavoina, ein Veteran unter den Schlagzeugern, war gerade aufgefordert worden zu spielen. «Weißt du, Paul», sagte Lavoina sarkastisch, «ich habe gehört, daß du auch manchmal trommelst. Warum spielst du nicht für *mich*?»

David fand alles abstoßend. «Da lerne ich Paul McCartney kennen», erzählte er, «und der spielt den einfachsten Rock'n'Roll – da, da, da. Es war peinlich! Er mußte jede Note singen oder auf der Gitarre anschlagen, wie die drei Töne des großen Dur-Septakkords, von dem er noch nicht mal wußte, daß er so hieß. Er nannte ihn immer den ‹hübschen› Akkord!» Spinozza arbeitete wochenlang an *Ram*, aber als der Gig beendet war, lieferte er einen abfälligen Bericht über die Erfahrung an *Melody Maker*, wobei er sich besonders darüber aufregte, daß Paul seine Kinder bis morgens um vier im Studio aufbleiben ließ.

David Spinozza ging also mit gemischten Gefühlen zu seiner Verabredung mit Yoko Ono an jenem Julitag des Jahres 1973.

Als erstes wollte Spinozza die Musik sehen. Yoko reichte ihm ein Bündel ordentlich getippter Blätter. Der Text jedes Songs war aufgeschrieben, einschließlich der Refrains, aber ohne Noten! Über den Versen stand vielleicht: «g-moll, D, G», doch es war unmöglich, daraus zu erkennen, was für eine Melodie sie sich vorstellte. Yoko ahmte Johns Art des Schreibens nach, aber John hatte immer seine Gitarre dabei und spielte die gewünschte Tonfolge vor. Als Spinozza Yoko bat, ihre Lieder zu singen, brachte sie etwas zustande, was sich wie die japanische Version von «Jingle Bells» anhörte. Wäre Spinozza seinem natürlichen Reflex gefolgt, hätte er bissig gefragt: «Soll das ein Witz sein?»

Aber für einen Studiomusiker ist ein Gig ein Gig. Das Honorar ist hoch, und oft wird gefordert, aus Pech Gold zu spinnen. Tag für Tag kam Spinozza mit Tonbandgerät und Notenpapier zu seiner Verabredung mit Yoko. Ihr Zeug aufzuschreiben war ein Alptraum. Sie konnte nicht im Takt singen. «Yoko», platzte er, «würdest du bitte zählen und im Takt bleiben, so daß ich hören kann, wo du den Beat setzt?» Er merkte schnell, daß es keinen Sinn hatte, die Melodie aufzuschreiben, weil sie sich in der Session vielleicht nicht daran halten würde. Deshalb zeichnete er Taktstriche ein und fügte Notenschlüssel hinzu, weil er so viel wie möglich offenlassen wollte, um es dann im gegebenen Moment hinzuzufügen.

Der Tanz ging erst richtig los, als sie im Studio waren. Die Gruppe war ein Traum. Rick Marotta war der Lieblingsschlagzeuger der Studios. Andrew Smith und Bob Babbit waren bis vor kurzem die ersten Rhythmiker bei Motown gewesen. Michael Brekker war der zukünftige beste Tenorsaxophonist der USA, Arthur Jenkins, Schlagzeug, war ein eleganter Stromer, der wunderbaren Soul machte. Der Pianist, Kenny Ascher, schrieb ebenfalls Songs (was sich als praktisch erweisen sollte), und der Bassist, Gordon Edwards, wurde bewundert für seine Leistungen mit einer Gruppe, die Stuff hieß. Mit David Spinozza, Leadgitarre, und anderen qualifizierten Musikern, die dazu kamen, um spezielle Aufgaben zu übernehmen, war Yoko Ono von Talenten im Wert von einer Million Dollar umgeben. Nur die Musik fehlte.

Das Problem wurde gelöst, indem man ein Notenblatt mit dem Leitmotiv austeilte und die Musiker ermutigte, die Takte beim Spiel auszufüllen. Yoko saß auf einem Stuhl und rauchte eine Mentholzigarette nach der anderen. Sobald sie zu singen anfing, kamen sie aus dem Takt. «Macht $^6/_4$ daraus, anstatt $^4/_4$», befahl Spinozza, und jeder kritzelte auf seinem Notenblatt herum. Oder Yoko sagte: «Hier will ich mehr Drive.» David übersetzte, sagte dem Drummer, wo er mit einem Break eine Lücke füllen sollte oder an welcher Stelle der Bassist der letzten Note kein Vibrato geben sollte. Das größte Problem war der Beat. Yoko hatte kein Gefühl für Timing. Die Musiker mußten ihren Einsatz ständig wechseln, wollten sie mit ihrem ersten Ton zu spielen anfangen. Trotz dieser Schwierigkeiten brachten die Musiker ein hörenswertes Instrumentalstück nach dem anderen zustande, die besten im Stil eines verfeinerten Soul, ein bißchen funky.*

Je länger Yoko mit David Spinozza zusammenarbeitete, um so mehr gefiel er ihr. Spinozza war dunkel, stämmig, hatte einen dikken Schnurrbart und sah aus wie ein junger Türke, kam aber aus einer italienischstämmigen Arbeiterfamilie aus Brooklyn. Er war

* Yokos voriges Doppelalbum, *Approximately Infinite Universe*, war in etwa der gleichen Weise entstanden, dabei hatte Adam Ippolito von Elephant's Memory die gleiche Funktion wie David Spinozza eingenommen. «Sie kam mit den getippten Texten», erzählte er, «und ich wurde in ein Studio gesetzt, und die Musiker bekamen einen Ton, und ich richtete mich nach den Texten, wenn ich die Akkorde setzte und aufschrieb... Wir haben die ganze Arbeit gemacht, die Arrangements, und auf dem Plattencover wird alles ihr zugeschrieben.»

nicht nur als großer Gitarrist berühmt, sondern auch als Draufgänger. Er verblüffte die anderen Musiker mit seinen Geschichten von Moto-Cross-Rennen, ein absolutes Tabu für Leute, die sich nicht die kleinste Verletzung ihrer Hände leisten können, außerdem brüstete er sich damit, daß er drei Ballettänzerinnen des Balanchine-Balletts verführt hätte. Die Jungs grübelten, was diese Tänzerinnen mit ihren steinharten Popos im Bett zustandebrachten, dabei hätten sie bloß zum nächsten Podium rüberzusehen brauchen, um zu begreifen, was Spinozza zu diesen Begegnungen verhalf. Er war dafür berüchtigt, seinen großen Pimmel in den unmöglichsten Situationen herausschnellen zu lassen. (Als ich einem Studiomusiker erzählte, daß ich Spinozza interviewen wollte, rief er: «Diesen Typen! Seinen Schwanz habe ich in diesem Jahr häufiger zu Gesicht bekommen als meinen eigenen!») Spinozza ist derart bekannt für seine Schwanz-Spontaneität, daß die Frauen im Publikum, als er auf die Bühne kam, um einen Preis als bester Studiogitarrist entgegenzunehmen, auf den Spinozza-Salut warteten. Als er mit seiner kurzen, bescheidenen Dankesrede fertig war, machte er eine dramatische Pause, dann sagte er bissig: «Und... nein! Ich lasse ihn nicht raus!»

Yoko hatte immer eine Schwäche für kleine starke Kerle. In der Tat merkten ihre engsten Freunde, daß sie einen Mann attraktiv fand, wenn sie ihn als klein abtat. Die Wochen im Studio zogen sich dahin, und sie wird überlegt haben, ob und was sie mit diesem kleinen Typ anfangen könnte. Darum ging es in dem letzten und besten Song auf ihrer neuen Platte, *Feeling the Space.* «Men, Men, Men» macht sich über Männer lustig, die sich nach Frauen sehnen, die wie «Tiere» sind. Verhaucht gesungen, à la Jackie O, wird in diesem Song der Spieß umgedreht, die Männer werden als Sexobjekte angesehen, sie beschwert sich darüber, daß ihre Jeans zu weit, ihre Stiefel zu kurz, ihre Gesichter zu verlebt sind. Der Song schließt mit einem kleinen Gag, einer typischen Rumalberei. Yoko ruft ihr männliches Lieblingshaustier, sagt, es sei Zeit, aus dem Käfig herauszukommen. Wenn es antwortet, erkennt man die Stimme von John Lennon.

Lennon hatte nichts dagegen, bei einem kleinen Scherz mitzumachen, aber er wollte nicht mehr als eine Hälfte des Duos John und Yoko fungieren. Er hatte die letzten sechs Monate meistens in seinem

Bett in der Bank Street zugebracht, vollgepumpt mit Heroin und Bier, das er kistenweise trank. Als Harold Seider in Lennons Wohnung kam, um mit ihm etwas Geschäftliches zu besprechen, fand der Anwalt seinen Mandanten mit eingesunkenen Augen, abgemagert und unrasiert vor, er sah aus, als ob er gerade aus einem «Konzentrationslager» gekommen wäre. Seider interpretierte Lennons Verfassung als Erschöpfungszustand, hervorgerufen durch Yokos unablässiges Aufmischen erst der Kunstwelt und dann der radikalpolitischen Szene. Er merkte, daß John das Bedürfnis hatte, sich zu «vergraben». Lennon hatte seine lange Ruhepause dazu benutzt, seinen Stellenwert als Unterhaltungskünstler und als Ehemann kritisch unter die Lupe zu nehmen.

Was ersteres anbelangte, war er zu dem Schluß gekommen, den er May Pang anvertraute: «Ich habe versucht, Yoko in den vergangenen Jahren zu fördern, aber es hat scheinbar nichts gebracht. Ich habe das jetzt ein bißchen satt. Der beste Mensch für Yoko ist jetzt Tony.» Diese Worte signalisierten das Ende des Teams John und Yoko – zumindest für die nächsten sieben Jahre. Sie signalisierten auch die Erneuerung John Lennons. Im Juli setzte John ein weiteres Zeichen, indem er sich den Schädel rasierte.

Sobald Yoko merkte, daß John ihr seine Unterstützung entzogen hatte, mußte sie sich nach einem anderen männlichen Helfer umsehen, weil Yoko einen Mann brauchte, so wie eine Ballerina einen Partner braucht, der sie hochstemmt, herumwirbelt, sie am vorteilhaftesten zur Geltung bringt, während sie sich dem Publikum präsentiert. Jetzt, wo sich ihr alter Partner in einen Schmollwinkel zurückgezogen hatte, mußte sie ein paar neue starke Hände finden, die ihre Taille umspannen konnten.

Als sie herausfand, daß David Spinozza sich gerade von seiner Frau trennte, fing sie an, David aufmunternde Briefe zu schreiben, ihm ihre Hilfe anzubieten. Dann ergaben sich am Schluß der Session jeden Tag ein paar Minuten, in denen Yoko und David unauffällig miteinander reden und flirten konnten. May Pang bemerkte die Tändelei sofort, aber bei ihr konnte man sicher sein, daß sie den Mund hielt. Niemand sonst durfte das Studio betreten.

Yoko wußte nur nicht, was sie mit John machen sollte. Vor kurzem hatte John Yoko in Jerry Rubins Wohnung gedemütigt, indem er mit Jerrys Freundin in ein anderes Zimmer gegangen war und mit ihr gevögelt hatte. Vielleicht war es diese Beleidigung, die Yoko auf die Idee brachte, ihr Problem auf drastische, aber für sie charakteristische Weise zu lösen. Sie hatte in ihrer Kindheit beobachtet, wie ihr Vater sich absonderte und sich mit seinen Geishas amüsierte. Was könnte näher liegen, als für ihren Mann eine Geisha zu besorgen, eine hübsche junge Orientalin, die sie völlig in der Hand hatte? Als sie darüber nachdachte, erkannte sie, daß sie die ideale Kandidatin bereits angestellt hatte – die kleine May!

In den drei Jahren, in denen May Pang den Lennons diente, hatte sie jeden erdenklichen Gehorsams- und Loyalitätstest bestanden. May war so sehr darauf bedacht zu gefallen, daß sie sich sogar ausnutzen ließ, ohne daß ihr eine Belohnung in Aussicht gestellt wurde. Sie hatte ihren Arbeitgebern ihr Leben geweiht. Seit kurzer Zeit arbeitete sie zum Beispiel den ganzen Tag im Studio mit Yoko, und wenn sie von dort zurückkam, half sie die ganze Nacht John bei seiner neuen Solo-LP: *Mind Games*. Sie aß im Stehen, schlief immer nur eine Stunde zwischendurch, ging nur nach Hause, um sich umzuziehen, und übernahm soviel Verantwortung, daß ihre Arbeit, als sie entlassen wurde, unter nicht weniger als vier Leuten aufgeteilt werden mußte. May, in einer katholischen Schule erzogen, war ein Ausbund an Tugend, sie sah Yoko als ihre Mutter an und hatte nie auch nur das leiseste Interesse für John als Mann gezeigt. Da es keine Frau frisch aus Japan gab, fiel die Wahl auf May Pang als perfekter Konkubine.

May erinnerte sich, daß sie an einem Morgen im August an ihrem Schreibtisch im Dakota*, Apartment 72, saß und «Mind Games» summte. Als sie hochblickte, sah sie, daß Yoko in einem langen

* Die Lennons waren im Juni 1973 ins Dakota gezogen, sie hatten das Apartment 72 von dem Schauspieler Robert Ryan gemietet, der sich seit dem Tod seiner Frau im vergangenen Jahr dort nicht mehr wohl fühlte. Die Lennons hatten eingewilligt, 300 Dollar zusätzlich zu den 1500 Dollar für die monatlichen Kosten zu zahlen, verbunden mit einer Kaufoption in drei Jahren. Ein Jahr später starb Ryan, und sein Makler fragte Lennon, ob er die Option einlösen wolle. Seider stimmte unter der Bedingung zu, daß der Kaufpreis von 125 000 Dollar reduziert würde. Als Lennon angeboten wurde, das Apartment mit neun Zimmern (das heute

blaukarierten Flanellnachthemd vor ihr stand, barfuß, das Haar offen, eine Mentholzigarette in der Hand.

«Hör zu, May», sagte sie, «John und ich verstehen uns nicht mehr. Wir zanken uns. Wir entfremden uns.» May war über Yokos Direktheit überrascht, nicht aber über die Worte selbst. Seit Wochen war es nicht zu übersehen, daß die Lennons Schwierigkeiten hatten. Sie waren nie zusammen, und wenn sich ihre Wege kreuzten, nahmen sie einander nicht wahr. Es wurde sogar gemunkelt, daß sie die Masters und Johnson Sex-Klinik konsultieren wollten. Trotzdem war May völlig unvorbereitet auf Yokos nächste Worte: «John wird möglicherweise anfangen, mit anderen auszugehen.» Als sich Mays Mund erstaunt öffnete, sagte Yoko mit einem gewissen Etwas in der Stimme und im Blick: «May, ich weiß, daß er dich mag.»

May stotterte einen Protest, aber Yoko fuhr unbeeindruckt fort. «May», sagte sie zuversichtlich, «das ist okay. Ich weiß, daß er dich mag. Wenn er dich bitten sollte, mit ihm auszugehen, solltest du einwilligen.» May war entsetzt. Sie war ein naives kleines Mädchen, dessen sexuelle Erfahrung sich auf eine Affäre beschränkte – mit dem Drummer von Badfinger. Die Vorstellung, daß Yoko Ono, die sie praktisch als ihre Mutter betrachtete, ihr ihren Ehemann anbot, der der größte Mann der Welt war – *John Lennon!* –, reichte, um die Gläser von Mays Nickelbrille beschlagen zu lassen. In der harten, drastischen Sprache, die sie auf den Straßen Spanish Harlems, wo sie aufgewachsen war, gelernt hatte, fing sie an, alle Gründe dafür aufzuzählen, warum eine Vögelei mit John Lennon definitiv *nicht* okay war. John war mit Yoko verheiratet – richtig? John war der Boß – richtig? John war ... Vergiß es! Egal wie viele Einwände May gegen diese wahnwitzige Idee hervorbrachte, Yoko ließ sich nicht beirren und verfolgte weiter ihren Plan.

Nur daß sie ihre eigene Position etwas veränderte und in die Rolle einer Tante schlüpfte, einer älteren erfahrenen Frau, die sich Sorgen machte um Mays persönliches Wohl. «Das Leben besteht nicht nur aus Arbeit», erklärte die arbeitssüchtige Yoko. «Du hast ein Recht

2,5 Millionen Dollar wert ist) für 105 000 Dollar zu kaufen, fragte er Seider: «Können wir uns das leisten?»

Der Anwalt antwortete: «Das mußt du dir leisten.»

auf ein bißchen Spaß. Du solltest einen Freund haben. Fändest du es nicht auch schöner, wenn er jemanden wie dich hätte, und nicht eine, die gemein zu ihm ist?» Das war ein Volltreffer, zum erstenmal mußte May Yoko zustimmen. Im Prinzip aber konnte nichts, was Yoko sagte, May Pang umstimmen. In Mays Augen war das nicht richtig, also machte sie es auch nicht. Fertig!

Als Yoko merkte, daß May ihren Argumenten nicht zugänglich war, beschloß sie, so zu tun, als ob ihr Vorschlag auf völliges Einverständnis gestoßen wäre und jetzt nur noch die Frage offen war, wie man das Vereinbarte am besten in die Tat umsetzen könnte. «Ich glaube, heute abend wäre ein günstiger Zeitpunkt für dich anzufangen», sagte Yoko ruhig. «Mach dir keine Gedanken», fügte sie hinzu, «ich werde mich um alles kümmern.» Nach dieser geheimnisvollen Ankündigung drehte sich Yoko um und entschwand.

Um zwölf Uhr mittags war Yoko zurück, pünktlich wie eine Kuckucksuhr, um noch einmal zu wiederholen, daß May ihren neuen Auftrag als Geliebte von John Lennon noch heute abend antreten sollte. Zu Mays Erleichterung behandelte John sie im Studio nicht anders als seit Jahren, er beachtete sie nicht. Am nächsten Abend aber war er wie ausgewechselt. Kaum waren sie im Lift des Dakota, drückte John May an sich und küßte sie leidenschaftlich. «Das wollte ich schon den ganzen Tag lang», keuchte Lennon, während May sich schockiert losmachte. Yoko hatte ihr männliches Lieblingshaustier aus dem Käfig gelassen und es auf seine Beute angesetzt.

Drei Abende hintereinander bestand John darauf, May nach Hause zu bringen. Zweimal konnte sie ihn abwimmeln, am dritten Abend schickte er die Limousine weg und brachte May mit einem Taxi nach Hause, das sie an der Ecke absetzte. Nachdem er sie anflehte, ihn in ihre Wohnung zu lassen, nutzte er seinen Vorteil aus, sobald sich die Tür hinter ihm geschlossen hatte. Nach einem Tränenstrom und den üblichen angstvollen Bemerkungen von ihrer Seite – denen John begegnete, indem er seinem ohnmächtigen Mädchen sagte, wieviel Angst *er* vor dieser Begegnung hätte – erlaubte May John, mit ihr ins Bett zu gehen, wo er eine wunderbare Zärtlichkeit entwickelte.

Als sie erst einmal ihren anfänglichen Widerstand aufgegeben hatte, erkannte May Pang, daß es nichts gab, was sie mehr wollte als John Lennon. Sie beschloß, sich zu nehmen, was ihr so freigiebig angeboten worden war. Nachdem sie ein paar Wochen lang jede Nacht mit wachsender Begeisterung und Leidenschaft miteinander geschlafen hatten, mußte May sich eingestehen, daß sie dieses Glück, von dem sie nicht einmal geträumt hatte, ausschließlich der Frau ihres Geliebten zu verdanken hatte.

John war sexuell ausgehungert. Sowohl er als auch Yoko waren ausgebrannt von den jahrelangen harten Drogen, der Überarbeitung, den emotionalen Zusammenbrüchen, den Kuren von Quacksalbern und den ausgefallenen Diäten, ganz zu schweigen von den Auswirkungen, unter den neugierigen Augen der Massenmedien zu leben. Es war kein Zufall, daß er sich in diesem Moment einer dreiundzwanzigjährigen, energiegeladenen Geliebten aus der Arbeiterklasse zuwandte. May Pang war ideal. John konnte seine Jugend mit dieser neuen Liebe wiederfinden, ohne seine Ehe zu gefährden.

Anfang September fuhr Yoko zu einem feministischen Kongreß nach Chicago. John nutzte die Gelegenheit, um aus der gemeinsamen Wohnung zu fliehen. Lennon hängte sich an Harold Seider und bestand darauf, seinen Berater zurück nach Los Angeles zu begleiten. May Pang nahm er mit.

Aber John war nicht so rebellisch, von zu Hause wegzurennen, ohne Mutter erst mal Bescheid zu sagen. Er hatte sich auf eine heftige Auseinandersetzung gefaßt gemacht und war erstaunt über ihre gedämpfte Reaktion, die er als Zustimmung auffaßte.

Warum erstickte Yoko diese beunruhigende Flucht nicht im Keim? Viele Antworten bieten sich an: Sie wußte, daß John nicht lange ohne sie überleben konnte und bald wieder da sein würde. Sie wagte nicht, es ihm in letzter Minute zu verbieten, weil er womöglich nicht gehorcht hätte; sie war entzückt, als er ihr seinen Plan erzählte und dachte: «Toll! Soll der Bastard endlich verschwinden!» Die letzte Hypothese ist die fundierteste, gemessen an dem, was danach geschah, denn sobald John die Wohnung verlassen hatte, schloß Yoko hinter ihm ab. «Sie glaubte, ohne John würde ihre Karriere jetzt richtig losgehen», erklärte Harold Seider. Außerdem muß sie gedacht haben, daß sie sich besser und ungehemmter amüsieren könnte, wenn ihr Mann nicht in der Stadt wäre.

Als John und May in L. A. ankamen, wurden sie mit einem ernstzunehmenden Problem konfrontiert. Seider erklärte Lennon, daß er pleite sei. Er hatte von dem Geld gelebt, das ihm Allen Klein geliehen hatte, und von seinen monatlichen 5000 Pfund von Apple. Außerdem gab es noch etwas Einkommen aus anderen Quellen, das aber kaum für Yoko reichte, die jetzt verlangte, daß ihr 300000 Dollar zur Verfügung stehen müßten für die Zeit ihrer Trennung, als «Sicherheit». John Lennon war zwar endlich frei – hatte aber kein Geld!

Seider brachte Capitol dazu, Lennon einen Vorschuß von 10000 Dollar Handgeld auszuzahlen, und nahm ihm das Versprechen ab, das Geld sehr sparsam auszugeben. John begriff und lieferte eine brillante Demonstration der Kunst, sich aushalten zu lassen. Er wohnte in den schönsten Häusern, nahm die teuersten Drogen und aß in den besten Restaurants, wann immer er wollte, ohne auch nur einmal in die eigene Tasche greifen zu müssen. Im Gegensatz zu Yoko, die es nicht ertragen konnte, den Anschein zu erwecken, daß sie sich über Geld Gedanken machte, war John Lennon höchst erfreut, wenn er sah, daß andere Leute sich um die Rechnung kümmerten.

Wieder von vorn anzufangen war immer eines der großen Themen in Lennons Leben. Jedesmal wenn er etwas Neues entdeckte, sei es LSD, transzendentale Meditation oder Urschrei-Therapie, glaubte er fest an eine Wiedergeburt. Jetzt hatte er etwas gefunden, das ihn an den Ausgangspunkt zurückführen sollte. Er sah sich selbst als jungen Musiker in L. A., der nichts besaß außer seiner Gitarre und seinem Rock'n'Roll-Sweetie. John war sein ganzes Leben ein verheirateter Mann gewesen. Mit Anfang zwanzig lasteten auf ihm alle Fesseln des Ruhms, die, so paradox es klingt, das Gefühl für Freiheit und das Selbstbewußtsein eher verringerten als stärkten. Jetzt wollte er wieder zurück zu den Wurzeln. Er wollte nicht länger der Held einer ganzen Kultur sein, sondern sich selbst leben. Vielleicht müßte er sich einschränken – aber mit Spaß!

Symbolisch für Lennons Veränderung war der Name, den er annahm. Er strich «Ono», womit er «Winston» auf dem Höhepunkt seiner blinden Leidenschaft für Yoko ersetzt hatte, und nahm seinen früher verabscheuten englischen Namen wieder an, milderte ihn aber, indem er den spöttischen Beinamen «Boogie» hinzufügte, ein Ausdruck wie «Jazz» oder «Rock'n'Roll», der heiße Musik mit vögeln vergleicht. Das war die Geburt des Rockwüstlings und Königs der Straße, Dr. Winston O'Boogie.

John hätte in L. A. eine wunderbare Zeit haben können, aber es verging kein Tag, an dem er nicht in eine Falle tappte. Als erstes wollte er mit Phil Spector eine neue Platte machen, eine Sammlung klassischer Rock-Songs der fünfziger Jahre, Songs, die John als Kind geliebt hatte. Ein idealer Plan für einen Rockstar, der von vorn anfangen will, und jetzt war der ideale Moment dafür, da er etwas fertigstellen wollte, bevor er sich wieder an ein großes Projekt machte. Achtundvierzig Stunden nach seiner Ankunft erzählte John Phil von seinem Plan.

Spector fragte sofort: «Wer hat das Sagen bei dieser Platte?» John antwortete: «Du.»

Noch nicht zufrieden bohrte Spector weiter: «Uneingeschränkt?»

John versicherte ihm: «Ja, ja, du sollst alles völlig unter Kontrolle haben. Ich will nur der Sänger der Gruppe sein. Ich will, daß du mich so behandelst, wie du es früher mit Ronnie gemacht hast.»

Mit diesen schicksalhaften Worten band sich Lennon an den ersten der drei bösen Geister, die den Verlauf seines verlorenen Wochenendes bestimmen sollten.

Die Situation, in die der glücklose Lennon hineingeplatzt war, hätte nicht zynischer sein können. Einer der größten Rockstars flehte Spector an, mit ihm das gleiche zu machen wie mit der kleinen Ronnie Bennett, als sie begann, die Charts zu stürmen. Lennon hatte dabei natürlich an die Platten gedacht, die Ronnie machte, *ehe* sie Spector heiratete. Als Spector erst einmal Ronnie «völlig unter Kontrolle» hatte, schätzte er weder ihr Talent, noch bemühte er sich, ihre Karriere voranzubringen. Weit entfernt! Ronnie, die auf dem Höhepunkt ihres Ruhms stand und überall Hits hatte, wurde von Phil aus dem Verkehr gezogen, er stieß sie aus dem Rampenlicht, wie ein Schachspieler eine Figur aus dem Spiel nimmt. Es war Phils Besessenheit, alles total kontrollieren zu müssen, die Ronnies Leben in eine Schauergeschichte verwandelt hatte.

Eine Geschichte, die an dem Tag begann, als Miss Veronica Bennett aus Harlem Mrs. Phil Spector von Beverly Hills wurde. Ronnie dachte, sie hätte den tollsten Treffer gelandet, der für ein Mädchen ihrer Herkunft nur möglich war. «Ich war das einzige Mädchen, das je den Boß in der Musikbranche geheiratet hat», sagte sie stolz. «Noch nicht mal Diana Ross hat Berry Gordy geheiratet.» Aber statt ihre Karriere fortzusetzen oder Kinder zu gebären, wie sie wollte, fand Ronnie sich plötzlich in einem Gefängnis wieder. Als Liebhaber war Phil Spector fürchterlich eifersüchtig gewesen, als Ehemann verwandelte er sich in ein Scheusal. Er baute sein düsteres altes Haus im spanischen Kolonialstil in eine Festung um, mit Mauern und Stacheldraht, Gefängnishof-Scheinwerfern, Alarmanlagen und Wachhunden, ganz zu schweigen von seinen Karatekiller-Leibwachen und Phils finsterstem Markenzeichen – der Knarre, die er in einem Schulterhalfter trug.

Kaum hatte Spector Ronnie in der Hand, mußte sie sich verschleiern. Er erlaubte ihr nicht, andere Männer zu sehen. Plauderte sie mit dem Koch, sah sie, daß Phil auf der Küchentreppe herumlungerte und lauschte. Wenn der Masseur kam, um Ronnie zu massieren, mußte er sie in einem verdunkelten Raum behandeln, und sie mußte einen einteiligen Badeanzug tragen. Jedes Verlassen der Mauern erregte seine Mißbilligung, bis auf die eine Woche, die sie jeden zweiten Monat mit ihrer Familie verbrachte. Ronnie durfte das Haus täglich nur für zwanzig Minuten verlassen, und das einzig unter der Bedingung, daß sie sich eine lebensgroße Phil Spector-Puppe auf den Vordersitz des Autos packte. Als sich herausstellte, daß Spector zeugungsunfähig war, adoptierte das Paar ein männliches Mischlingsbaby. Phil bestand darauf, daß Ronnie allen erzählte, auch ihrer Familie, daß das Kind ihr Kind wäre. Ronnie hielt alles aus, bis ihre Mutter eine beängstigende Entdeckung machte.

Eines Tages ging Phil mit Mrs. Bennett in den Keller und zeigte ihr einen Glassarg. Wenn Ronnie ihn verlasse, sagte er, würde er sie töten und zur Schau stellen, wie Schneewittchen. Das war der Moment, an dem Mrs. Bennett zu Ronnie sagte: «Du mußt hier weg. Aber vorsichtig. Du kannst deine Hand nicht aus dem Maul des Löwen reißen. Du mußt sie *unbemerkt* wegziehen!» Und sie hat es geschafft.

Und jetzt kam John Lennon, frisch aus seiner Gefangenschaft im

Dakota, endlich befreit von seiner strengen Herrin, und steckte seinen Kopf direkt in das Maul des Löwen!

Nachdem Phil erst einmal das Sagen über die Platte zugesichert worden war, ließ er John und May hängen. Ein voller Monat verging, ehe sie ins Studio gerufen wurden. In der Zwischenzeit begannen sie ihr neues Leben an der Westküste. Lou Adler, der berühmte Plattenproduzent, bot Lennon an, in seinem Haus in Bel Air zu wohnen. Die jungen Liebenden wurden beweglicher, als John Lennon May zu ihrem dreiundzwanzigsten Geburtstag für 800 Dollar einen Plymouth Barracuda, Modell 1968, kaufte. Sie bekamen sogar eine Assistentin, als Mays Freundin, Arlene Reckson, eine Designerin aus New York, sich erbot, zu ihnen zu kommen und ihnen zu helfen, als Gegenleistung für Unterkunft und Verpflegung. Viele Leute aus der Umgebung, darunter auch viele Berühmtheiten, wollten Lennon kennenlernen, aber er blieb reserviert und war ausschließlich mit Spector zusammen, der abends mit seiner Gitarre und einer Pulle kam, um alte Rockmelodien zu spielen.

Die Illusion der Freiheit, die John und May zu Beginn ihrer Ankunft in L. A. genossen, wurde bald durch Yokos ständige Präsenz am Telefon zerstört. Sie rief Tag und Nacht an. Sie schickte ihre Spione, wie Elliot Mintz, einen lokalen Discjockey und Klatschreporter, der in Erfahrung bringen sollte, was los war. Vor allem gab sie John und May endlose Anweisungen, wie sie sich in der Öffentlichkeit zu benehmen hätten.

Yoko lag besonders daran, ihr kostbares Image zu schützen. Sie wies John an, der Presse zu erzählen, daß Yoko ihn auf Grund seines schlechten Benehmens vor die Tür gesetzt hätte. Außerdem hätte er alles zu unterlassen, was den Anschein erwecken könnte, daß er und May eine Affäre miteinander hätten. Yoko legte ihnen nahe, in zwei Autos zu fahren, und sie bestand darauf, May solle den Schein aufrechterhalten, daß sie lediglich Johns Sekretärin sei, sogar vor engsten Freunden. Zu Mays großer Überraschung beugte sich John diesen Forderungen. Er konnte gegen Yoko nur hinter ihrem Rücken ankommen. Er sagte zu May, daß es das beste sei, so zu tun, als ob sie Mutter gehorchten, weil sie dann machen konnten, was sie wollten – heimlich.

Das nächste große Zugeständnis machte Lennon in Hinblick auf die öffentliche Meinung. Er beauftragte Tony King, einen charmanten, aber zweitklassigen britischen PR-Mann, Ideen für die Promotion von seiner Platte *Mind Games* zu entwickeln, die am 16. November gestartet werden sollte. Als typischer PR-Mann empfahl King Lennon, die Öffentlichkeit davon zu überzeugen, daß er *nicht* der wütende Mann war, als der er in dem berühmten Interview mit *Rolling Stone* aufgetreten war oder auf seiner Platte *Some Time in New York*, auf der Songs waren wie «Woman Is the Nigger of the World», ein Lied, das die Presseleute bei Capitol verärgert hatte. Kings Rat spiegelte die Vorurteile der Zeit. In den Fünfzigern hätte man Lennons Wut als Zeichen seines großen Engagements begrüßt, aber seit es die Love Generation gab, war Wut für die Amerikaner zu dem geworden, was Sexualität für die Viktorianer gewesen ist – das verpönteste und schändlichste menschliche Gefühl überhaupt. Womit King nicht gerechnet hatte, war die Tatsache, daß John Lennon ein wütender Mann *war*, der Jahre damit zugebracht hatte herauszufinden, wie er seine Wut in seine Arbeit kanalisieren konnte, wo sie seine Meisterwerke inspiriert hatte. Sein Rat, sich wieder in die Schublade einzuschließen, in der die Beatles gesteckt hatten, zeigte, daß er keine Ahnung von der Schubkraft hatte, die Johns persönlicher und beruflicher Entwicklung zugrunde lag. Aber John, der sich wegen der schwachen Verkaufsziffern (das Ergebnis schwacher Songs) Sorgen machte, beugte sich Kings Vorschlag und erzählte der Presse, er sei nichts weiter als ein Entertainer. Dann beobachtete er, wie sein neues Album auf Platz neun kletterte, die ausgekoppelte Single schaffte einen enttäuschenden 18. Platz. Obwohl er wieder versagt hatte, tat er so, als ob er froh darüber sei, und sagte zu May: «Jetzt wissen sie, daß ich nicht automatisch immer auf Platz eins lande... Der Druck, ständig produzieren zu müssen, ist weg.»

Inzwischen hörten John und May durch die Gerüchteküche, daß Phil Spector diesen oder jenen Musiker für die bevorstehenden Sessions gemietet hatte. Auf Lennons Wünsche wurde eingegangen, er bekam seinen Lieblingstoningenieur Roy Cicala (der seinen Assistenten, Jimmy Iovine, mitbrachte) und den Schlagzeuger Jim Keltner und einen Musiker der Gegend, mit dem John schon seit Jahren zusammen spielen wollte, Jesse Ed Davis.

Lennon hatte den exotisch aussehenden Davis (einen reinrassigen Kiowa-Indianer mit einem B. A. in Englischer Literatur von der University of Oklahoma) vor Jahren, im Dezember 1968, kennengelernt, während der Dreharbeiten zu *Rock'n'Roll Circus*, einer enttäuschenden Fernsehshow, der Allen Klein die Freigabe verweigerte, als er merkte, daß die Gaststars – The Who, Jethro Tull, Taj Mahal, Plastic Ono Band – besser über den Bildschirm kamen als die Stars und Gastgeber der Show, die Rolling Stones. Eines Abends, als die Musiker in den Umkleideräumen die Zeit totschlugen, hatte John angefangen, frühe Songs von Elvis zu singen. Jedesmal, wenn er das Gitarrenbreak spielte, fiel Jesse Ed (Gitarrist von Taj Mahal) mit einer perfekten Wiedergabe von Scotty Moores originalem Solo ein. Als John von Elvis zu Carl Perkins überging, folgte ihm Jesse weiterhin fehlerfrei, er hatte jede Improvisation in den Fingerspitzen. Mit einem derartigen Können hätte jeder Mann bei John Lennon für immer einen Stein im Brett gehabt, weil er den Rock'n'Roll als ein riesiges Reservoir von Melodien ansah, aus dem ein kluger Songschreiber endlose Serien von Hits schöpfen konnte. Auch wenn Jesse nicht so ein brillanter Musiker gewesen wäre – schnell, aber sanft, mit einem wunderbar melodiösen Spiel, das er scharf wie Stahl klingen lassen konnte, wenn er Bottleneck Blues spielte –, hätte er eine wertvolle Quelle für das Rock'n'Roll-Album dargestellt.

Das Problem mit dem neuen Projekt lag nicht in der Auswahl der Musiker, sondern in Lennons Unfähigkeit, seine Ziele in künstlerischer und nicht in persönlicher Hinsicht zu definieren. Es war gut und schön, zurück zu den Wurzeln der Fünfziger zu gehen – aber was kam dann? Eine erfolgreiche Neuinterpretation ist nicht grundsätzlich anders als die Originalaufnahme, weil sie einen frischen Blick auf die Quelle wirft, so daß der Eindruck entstehen kann, es wäre ein neuer Song produziert worden. Aber John Lennon war nicht der Interpret, der einem alten Lied ein neues Gewand verleiht. Am deutlichsten zeigte sich Johns Ansatz bei seinen Versionen von Larry Williams-Titeln, die er Mitte der Sechziger aufgenommen hatte. Er tauchte die heißen Originale in sein von Trockeneis unterkühltes Temperament ein und drückte der Melodie unauffällig seinen Stempel auf, so wie ein guter Lektor mit einem Manuskript umgeht, das er sehr schätzt. Jetzt war John in einer völlig anderen Stimmung. Er wollte rocken und schreien, alles aufreißen, wie in den guten alten Tagen im Cavern. Das hieß, daß er die Originale nicht subtil erhöhte, sondern mit ihnen auf der gleichen Ebene konkurrierte, ein Ansatz, der ihn höchstwahrscheinlich nicht sehr weit bringen würde – weder in der Musik noch bei der Kritik, die inzwischen fast ehrfürchtig mit den alten Rockklassikern umging.

Letztlich lag dem neuen Rock'n'Roll-Album nicht einfach nur John Lennons derzeitige Stimmung zugrunde, sondern die Haltung der Rockwelt allgemein. In der Tat hat es noch nie einen Rockmusiker gegeben, der nicht von dem Gedanken verfolgt wurde, daß der ursprüngliche Rock'n'Roll von nichts und niemand übertroffen werden konnte. Der tiefere Grund für diese ständige Sehnsucht nach der Vergangenheit ist einfach der, daß die Rockmusik sich nicht organisch entwickelt hat wie Jazz, auf den immer mehr Schichten verfeinerter Musikstile zu dem ursprünglichen Kern hinzugekommen sind. Rock hat sich aus dem robusten kleinen Chassis, mit dem elementaren Beat, und endlosen Folgen modischer neuer Karosserien entwickelt, wie die sportliche Hülle des Karmann Ghia mit dem Volkswagenmotor unter der Haube. Und genauso sah Lennon die Rockmusik. Als eine Art Förderband, auf dem alles mögliche transportiert werden konnte. Aber jetzt war die Zeit reif, zu den Anfängen zurückzukehren und diese ursprüngliche Verbundenheit wieder zum Leben zu erwecken und zu bestätigen – wenn er nur wüßte, auf welche Weise.

Anfang November, gerade während der spannungsgeladenen Stunden vor der ersten Aufnahmesession, wurde John ständig durch Yokos endlose Anrufe gestört. Erst teilte sie ihm ihre Absicht mit, eine neue Doppel-LP aufzunehmen. Dann informierte sie John, daß sie eine Woche in Kenny's Castaways gebucht hatte, einem Club auf der Upper East Side, wo sie mit einer Studiogruppe, die von David Spinozza angeführt wurde, auftreten würde. Mit dem gleichen Atemzug, mit dem sie ihm ihre kostspieligen Projekte unterbreitete – das Doppelalbum konnte Lennon um 150000 Dollar erleichtern –, machte sie Johns Rock'n'Roll-Platte mies und attackierte Phil Spector. Bis zum Abend hatte sie es geschafft, John derart durcheinanderzubringen, daß er May Pang fragte: «Glaubst du, daß ich das Richtige mache?»

Als John und May zum A & M-Studio kamen, das auf dem alten Charlie Chaplin/United Artists-Gelände lag, hatten sie keine Ahnung, worauf sie sich einlassen würden. Spector hatte alle seine Aktivitäten mit strikter, paranoider Geheimhaltung umgeben. John war überzeugt gewesen, daß Phil nicht mehr als acht Musiker verpflichtet hätte. Man stelle sich seine Überraschung vor, als er sah, daß sich siebenundzwanzig Männer im Studio A drängten. Jeder einzelne ein herausragender Solist, einige große Namen waren dabei: José Feliciano, Leon Russell und Steve Cropper, der Gitarrenstar des Memphis Sound. Männer dieses Kalibers zu einer gigantischen Rockband zusammenzupferchen war ein äußerst merkwürdiges und bislang nie dagewesenes Unterfangen, ein unübertreffliches Beispiel für Phil Spectors lebenslänglichen Hang zum Overkill.

Die Session begann mit einem für Spector typischen dramatischen Auftritt, spät und high torkelte er ins Studio, seine Pistole unübersehbar im Schulterholster. Gefolgt von einem Mann mittleren Alters mit Bart, George, der einzige Leibwächter der Welt, dessen Job hauptsächlich darin bestand, andere Leute *vor* seinem Arbeitgeber zu schützen. Die Musiker, die den dreifachen Stundenlohn erhielten, applaudierten Phil stürmisch. Nachdem er jeden Mann persönlich begrüßt hatte, schnauzte Phil: «Los, aufbauen!»

Spector hatte zwar über einen Monat gebraucht, um die Session zusammenzustellen, aber im Studio waren noch nicht einmal die simpelsten Vorkehrungen getroffen worden. Die Uhr lief, die Musiker mußten mit Stühlen, Notenpulten und Notenblättern versorgt werden. Endlich griff Phil zur Gitarre und spielte die erste Melodie, «Bony Moronie». Obwohl dieses Lied fast nur aus einem gemütlichen Baß besteht, bestand Phil darauf, daß die Band die elementare Übung probte. Nachdem er zufrieden gehört hatte, daß die besten Musiker der Westküste das ABC konnten, ging er in die schalldichte Kabine und begann ein geistbetäubendes Ritual, das die nächsten sechs Stunden ausfüllte. Erst mußte die Rhythmus-Gruppe drei Stunden lang ihren Teil spielen. Dann kamen die Blasinstrumente und schließlich die Gitarren. Erst gegen drei Uhr morgens sagte Spector, daß er jetzt soweit war, den Gesang aufzunehmen.

John Lennon hatte diese Qual ertragen, weil er wissen wollte, wie Spector seine legendäre Klangwand produzierte. Jetzt demonstrierte Lennon, wie er arbeitete. Er betrat seine Kabine und verkündete: «Ich singe das für May!» Dann bestand er darauf, daß sie sich neben ihn setzte. Er wußte genau, was er wollte, und war mit seinen Aufnahmen in einer halben Stunde fertig.

«Playback!» verkündete Phil über die Gegensprechanlage. Zum erstenmal in dieser Nacht vernahmen die Musiker das Ergebnis ihrer Arbeit.

Aus den Studiolautsprechern kam eine schwerfällig stampfende, freudlose Aufnahme, voll mit kalkulierten Mätzchen und Schnörkeln, wimmernden kleinen Phrasen einer Gitarre, die sich wie die Schreie einer hungrigen Katze anhörten. Lennons Stimme klang zornig und bissig, war zunächst sehr fesselnd, konnte dieses Niveau aber nicht halten. Der Song, der fetzig rocken und wie ein Lichtstrahl tanzen sollte, schleppte sich dahin wie die Wolgaschiffer, bis er endlich zu Ende war. Der große Phil Spector hatte ein Ei gelegt.

Am zweiten Abend der Session war Spectors Auftritt noch exzentrischer als am Vortag. Er präsentierte sich den verblüfften Musikern als verkleideter Arzt mit einem langen weißen Kittel und einem umgehängten Stethoskop. Er torkelte durch das Studio, fuchtelte in einer Hand mit der Pistole herum, in der anderen mit einer Flasche Mogen David, und redete manisch auf die Musiker ein. Die Erregung, die bei seinem Erscheinen aufgekommen war, legte sich, sobald er in die Kabine trat. Als die endlosen Aufnahmen weitergingen, verließen alle Musiker, die nichts zu tun hatten, das Studio und machten es sich in den anderen Räumen bequem. Die A&M-Studios liegen direkt neben einem Supermarkt. Die Säufer gingen schnell rüber und kamen mit Weinflaschen zurück. Die Kiffer zündeten sich Joints an und ließen sie rumgehen. Bald entwickelte sich die Session – bis auf die paar Musiker, die arbeiteten – zu eine Party, deren Teilnehmer zunehmend betrunken und ordinär wurden.

Lennon hatte am ersten Abend der Session sehr wenig getrunken, obwohl er sich mit einer Flasche Wodka bewaffnet hatte. Jetzt trank er, abwechselnd mit Jesse Ed Davis, aus einer Vierliterflasche Smirnoff, daraufhin holten alle anderen Musiker ihre Flaschen raus und fingen ungeniert zu trinken an. May Pang und Arlene Reckson sahen ärgerlich zu, wie die Musiker sich zuknallten und John zum Rowdy wurde. Er schwankte auf May zu, küßte sie mackerhaft und faßte ihr in die Bluse. Dann ging er zur Aufnahmekabine und brüllte Spector an, der alle wahnsinnig machte mit seiner zeitraubenden Arbeitsweise. Als Spector nicht auf Johns Kritik einging, nahm John ein Paar Kopfhörer und donnerte sie auf das Aufnahmepult. Anschließend entbrannte ein Streit zwischen dem Produzenten und einem Musiker, der schrie: «Ich bin seit fünf Stunden hier und habe erst zwanzig Minuten gearbeitet!»

Wieder dauerte es bis zwei Uhr morgens, ehe John mit May die Kabine betrat und mit einem halben Dutzend schneller Aufnahmen «Angel Baby» erledigte.

Die Aggression, die sich in John während der Nacht aufgestaut hatte, brach in dem Moment los, als er das Studio verließ. Sie kam so schnell und unerwartet, daß May Pang völlig überrumpelt wurde. Sie erinnerte sich, daß John auf unsicheren Beinen zum Parkplatz ging, als er plötzlich mit trunkenen Augen über seine Schulter auf Jesse Ed Davis starrte. Er rannte zu ihm hin und küßte ihn leidenschaftlich auf den Mund. Jesse ließ sich nicht lumpen und griff nach John und küßte ihn zurück. John schrie: *«Schwuchtel»*, und haute Jesse voll auf den Arsch.

In diesem Moment kam Phil Spector in seinem Rolls-Royce angedonnert, mit George am Steuer. Roy Cicala folgte in seinem Auto. Phil sprang aus dem Wagen und schleuderte May Pang in den Rolls. Dann stieß er John auf den Rücksitz von Cicalas Auto und befahl Keltner und Davis, sich neben John zu setzen. Arlene Reckson mußte sich nach vorn neben Jimmy Iovine, Cicalas Assistenten, setzen. Beide Autos fuhren sofort los, zu Lou Adlers Haus. Während sie durch die stillen Straßen von Bel Air rasten, konnte May John im Auto hinter ihr schreien hören: *«May! Yoko! May! Yoko!»*

Sobald John merkte, daß man ihn von May getrennt hatte, war er ausgerastet. Wie ein Kind riß er Arlene an den Haaren. Er versuchte, die Scheiben des Autos einzuschlagen. Davis und Keltner wollten ihn zurückhalten, aber er entwickelte eine ungeheure Kraft und riß Keltner das Haar büschelweise aus. Als die Autos mit quietschenden Bremsen vor dem Haus hielten, sprang Arlene heraus und rannte zu May und schrie: «John ist verrückt geworden!»

May wollte John sofort ins Bett bringen. Phil befahl ihr, ihn erst mit Kaffee zu ernüchtern. Er warnte sie, daß John immer noch höchst gefährlich sei. Kaum waren die Worte raus, griff John nach der Kehle des kleinen Produzenten. Spector sprang sofort auf und brüllte Befehle. Der riesige George griff Lennon von hinten und schleppte ihn mit dem Kopf nach unten die Treppe hoch ins Schlafzimmer. Peng! krachte die Tür zu. May hörte, wie John schrie. *«Gib mir meine Brille zurück, du Judenhund!»* Im Schlafzimmer fesselte George Lennons Hände mit Krawatten aus dem Schrank an die Bettpfosten. Der Leibwächter zeigte seine Professionalität, indem er Lennon mit dem Gesicht nach unten liegend fesselte. Wenn er ihn auf dem Rücken liegend allein gelassen hätte und John durch den Schnaps schlecht geworden wäre, hätte John Lennon vielleicht das Schicksal der anderen berühmten Drogenhelden ereilt – Malcolm Lowry, Tommy Dorsey, Jimi Hendrix –, die an ihrem Erbrochenen erstickt sind.

Als Lennon sich kaltgestellt fand, mit dem Hintern in der Luft, erinnerte er sich plötzlich wieder an seine sexuellen Erlebnisse mit Brian Epstein. «Ich dachte, Phil will mich in den Arsch ficken!» erzählte er Jesse Ed am nächsten Tag. Anstatt weiter zu kämpfen und zu schreien, legte John plötzlich eine andere Platte auf. Jetzt flehte er: «Bitte bind mich los, Phil. Sei mein Baby! Ich werde dein Lied großartig singen, Phil!» Dann fing John an zu singen: «Be my Baby».

Der unerbittliche Spector gab sich erst zufrieden, als Lennon völlig ruhig war. Dann blies Phil zum Aufbruch. Als er das Haus verließ, wendete er sein kleines dunkles Gesicht den verängstigten Mädchen zu und sagte: «War das nicht eine tolle Session?»

Sobald Spector aus der Tür war, schrie John: *«Binde mich los, May! Binde mich jetzt los, May, oder!»* May und Arlene gerieten in Panik. Sie wußten nicht, was sie tun sollten. May hatte Angst, John zu befreien, weil er sich vielleicht auf sie stürzen würde. Plötzlich hörten sie von oben Gepolter und Getrampel. Dann das Geräusch von zerberstendem Glas. John hatte sich befreit und etwas durch das Fenster geschleudert. Im nächsten Augenblick stand er oben auf der Treppe. Ohne seine Brille wirkte er blind und fremd. Die Krawatten, mit denen er gefesselt worden war, baumelten von seinen

Handgelenken. Böse schielte er hinunter und schrie: *«Yoko, du schlitzäugige Hure! Du wolltest mich loswerden! Das ist alles nur passiert, weil du mich loswerden wolltest. Yoko, das sollst du mir büßen!»* Und dann stolperte er die Treppe hinunter und ging auf May los.

Sie schrie vor Angst und rannte barfuß aus dem Haus und floh die Stone Canyon Road hinunter, Richtung Bel Air Hotel. Arlene rannte May hinterher. Plötzlich kam ein Jeep mit zwei Jungen um die Ecke gedüst und hätte May fast überfahren. Der Jeep kam quietschend zum Stehen, und die Jungen schrien Arlene an: «Was ist los?»

Arlene antwortete: «Sie hat LSD genommen!»

Inzwischen hatte May das Hotel erreicht, wo sie sich in einer Telefonzelle versteckte. Selbst in diesem verzweifelten Augenblick hielt sie sich an ihre Anweisungen von den Lennons und rief nicht die Polizei an. Sie meldete sich beim Hotelpersonal und bat um Hilfe. Dann ging sie auf den Parkplatz vor dem Hotel, wo sie und Arlene John in der Dunkelheit schreien und weinen hörten. *«Warum liebt mich niemand?»* schrie er seine Qual hinaus. *«Warum hat mich denn niemand lieb?»*

Endlich kam Hilfe in der Person von Tony King, den May angerufen hatte, als Spector John fesseln ließ. Nachdem sie ihm die Richtung gezeigt hatten, näherte er sich Lennon und rief: «Was ist los, John!» Der Klang einer freundlichen englischen Stimme muß Johns Ängste gemildert haben, er fing sofort an zu schluchzen. Tony nahm John in die Arme und tröstete ihn, der spastisch zuckte.

Schließlich verebbte Johns Anfall in einer Flut von Tränen. *«Niemand liebt mich»*, schluchzte er. *«Niemand liebt mich.»*

PANG ALS PUNCHINGBALL

Kenny's Castaways war eine von den gestylten Seemannskneipen an der East Side, die auf die Swinging Singles zugeschnitten waren. Verstaubte Netze und trockene Korkschwimmer entsprachen dem Dekor einer rauhen Hafenkneipe in Key West, aber die seltsame Atmosphäre der Kneipe kam durch den Einbau der steifen alten Kirchenbänke zustande, die hintereinander vor einer kleinen Eckbühne aufgestellt waren. Am Premierenabend von Yoko Ono und der Plastic Super Ono Band drängten sich auf den Bänken mehrere hundert Leute dicht an dicht und flüsterten so laut miteinander, daß David Spinozzas Musiker kaum zu vernehmen waren, die eine ruhige, aber swingende Interpretation von «Killing Me Softly» spielten. Das Geflüster schwoll an und überschlug sich in einer Welle von Applaus, als der Star des Abends seinen programmatischen ersten Auftritt hatte.

Yoko kam von hinten, ging dicht an jedem einzelnen Tisch, jeder Bank vorbei und stolzierte auf die Bühne, sie hatte ein schrilles Kostüm mit einer provokativen Aussage gewählt. Der in Weiß gehüllte Friedensapostel hatte sich wie eine Nutte von der Seventh Avenue ausstaffiert. Mit schwarzen Hot pants aus Leder und kniehohen schwarzen Lederstiefeln, die durch die hohen, dünnen Stilettabsätze noch aufreizender wirkten. Ihre schwarze Satinbluse war großherzig aufgeknöpft und gewährte einen tiefen Einblick in ihr Dekolleté. Ketten funkelten um ihre Hüften, und Schmucksteine blitzten in ihren Ohren. Ihre Haare waren hochgekämmt wie die Bärenfellmütze eines Gardesoldaten, und ihr Gesicht grell geschminkt wie das Gesicht eines Indianers. Sie nahm das Mikrophon vom Ständer, nahm den Takt der Band auf, die jetzt schwarzen Funk spielte, beugte sich zurück und legte mit einem markerschütternden Schrei los wie Bruce Lee in *Der Mann mit der Todeskralle*. Dann krümmte sie sich zusammen, als hätte sie Magenkrämpfe, und stöhnte den ersten Song: «What'd I Do?» Ein Song, der ungeheuer betroffen macht, obwohl der Text absolut keinen Sinn ergibt.

Nachdem sie die Aufmerksamkeit des Publikums gefesselt hatte, kam Yoko zum Thema ihrer Show: Ihr neues Image als Gallionsfigur des männerhassenden Flügels der Frauenbewegung. Als sie die Songs «Angry Young Woman» und «Men, Men, Men» sang, wurde der Sinn ihres Dominakostüms deutlich. Um ganz sicher zu gehen, arbeitete sie mit Kulissen und gab überdies eine kleine Einlage mit ihrem Bandleader. Nachdem sie über ihrem Kopf mit einem Höschen herumgewedelt hatte, das sie den männlichen Zuschauern zur Anprobe anbot, hielt sie Spinozza das Mikro vor die Nase und fragte: «Willst du etwas sagen?»

Mit ernstem Gesichtsausdruck und vor Verlegenheit nuschelnd, sagte der Gitarrist seinen Text: «Ich liebe Frauen.»

Yoko wandte sich wieder an das Publikum: «Ohhh», rief sie sarkastisch. «Männer haben inzwischen nicht mehr viel zu sagen – aber wir lassen sie trotzdem reden.» Dann stimmte sie das seltsam prophetische, von Jackie Kennedy inspirierte «Coffin Car» an, in dem es um eine Witwe in einem Trauerzug geht, die von der Menge bejubelt und zum erstenmal als außergewöhnlicher Mensch anerkannt wird. Haß auf Männer und Phantasien edler Witwenschaft – das waren die Themen von Yoko Onos ausgefallener Show.

Nach dem Auftritt gingen Judith Malina und Julian Beck hinter die Bühne zu Yoko, um sie zu beglückwünschen. Ihr Umkleideraum war verqualmt und vollgestopft mit teuren Blumen und herumliegenden Kostümen, Kulissen und Gelée-Royal-Tiegeln. Die sentimentale Judith, die sich ihr Wissen über die Beziehung zwischen den Lennons fast ausschließlich aus den Medien zusammengeklaubt hatte, erwartete, eine Yoko mit gebrochenem Herzen vorzufinden. Natürlich fand sie, was sie suchte. In ihrem Tagebuch berichtete sie, daß Yoko ihr erzählte, wie sie sich in der ersten Zeit ständig ausgemalt habe, was John wohl gerade machen würde, jetzt aber darum kämpfte, auf eigenen Füßen zu stehen und allein klarzukommen.

In Wahrheit hatte Yoko den ganzen Tag mit John telefoniert. Sie war davon überzeugt, daß ihre kleine Offbeat-Show in einer Bar für Singles an der East Side die Aufmerksamkeit der Medien erregen würde. Sie befürchtete, daß John in diesem Moment des Ruhms ihren Triumph verderben könnte, indem er die Katze aus dem Sack ließ und ihre Trennung bekanntgab. Wieder und wieder hatte sie ihn den ganzen Tag lang auf ihren Kurs eingeschworen. Er sollte der Presse erzählen, daß Yoko ihn rausgeworfen hätte, weil er ungezogen gewesen sei. Mit dieser Aussage würde sie ihr Gesicht wahren können. Es war typisch John, daß er sich gegen dieses demütigende Geständnis nicht zur Wehr setzte. Trotzdem, die Anstrengung, sich den ganzen Tag lang mit Yokos unverschämten Forderungen auseinandersetzen zu müssen, ist nicht spurlos an ihm vorübergegangen und mag ein Grund für sein exzentrisches Benehmen am Nachmittag gewesen sein.

Elliot Mintz, dessen Beruf es war, Berühmtheiten zu interviewen, hatte Lennon dazu überredet, etwas für ihn äußerst Ungewöhnliches zu machen, nämlich mit David Cassidy, damals auf dem Höhepunkt seiner Karriere als Star der *Partridge Family*, zum Lunch zu gehen. Nach dem Essen war die Gesellschaft zum Laurel Canyon gefahren, zu Mintz, der in einem jener Häuser wohnte, die auf Stelzen gebaut und mit einer kleinen Zahnradbahn zu erreichen sind. May und David standen am Fenster, unterhielten sich und bewunderten die beeindruckende Aussicht, als John, der es sich auf dem Sofa bequem gemacht hatte, plötzlich aufstand und aus dem Haus stampfte. Blitzschnell war May an seiner Seite und fragte: «Ist alles in Ordnung?»

Es war ganz offensichtlich, daß John irgend etwas nicht paßte, aber er sagte nur: «Ich will nach Hause.»

Wieder zurück bei Harold Seider (bei dem sie wohnten, seit sie Lou Adlers Haus verwüstet hatten), zeigte John seiner Liebsten die kalte Schulter, bis es Zeit wurde, ins Studio aufzubrechen; dann ging er ohne sie. Als er abends wieder nach Hause kam, war er angetrunken. May beschwor ihn, ihr zu sagen, was los sei, und umarmte ihn impulsiv. Ärgerlich schüttelte er sie ab. Als sie hartnäckig blieb, griff er in ihre langen Haare und riß ihren Kopf wie den einer Puppe zurück. «Weißt du, was du gemacht hast?» fragte er.

«Nein, das weiß ich nicht!» wimmerte sie.

Er stürzte einen großen Schluck Wodka hinunter und hustete ein Stück Birne hoch, das ihm seit dem Lunch quer in der Kehle gesteckt hatte. «Du hast mit David Cassidy geflirtet.»

Als May diese lächerliche Anschuldigung zurückwies, umkreiste John sie wie ein gefährliches Tier. Während er um sie herumschritt, zählte er die sorgfältig zusammengestellten Beweise ihrer Untreue auf. Erstens: Sie hatte ihn vor der Haustür begrüßt, als er sie abholen kam. Zweitens: Sie hatte im Restaurant das gleiche Gericht bestellt wie Cassidy. Drittens: Sie hatte mit Cassidy am Fenster gestanden und vertraulich mit ihm geredet. «Ich habe immer gewußt, daß du mich betrügen wirst, und jetzt habe ich den Beweis!» brüllte John und schaukelte sich in mörderische Wut hoch. «Weißt du nicht, wer ich bin?» fragte er. *«Ich bin John Lennon!»*

Er griff nach Mays Brille, riß sie ihr herunter und zertrampelte sie. Dann nahm er die Kamera, die er ihr gekauft hatte, und zertrümmerte sie. Schließlich rannte er durchs Haus und zerstörte alles, was ihm im Weg stand. Während er Vasen an die Wand warf und Möbel umstürzte, konnte man durch den Krach von zerbrechendem Geschirr und splitterndem Holz das anhaltende Läuten der Türklingel hören. «Alles in Ordnung?» schrie Arlene vor der Haustür.

Lennon, der sich von dieser unerwarteten Störung ablenken ließ, befahl, Arlene wegzuschicken. Als May erwiderte, daß Arlene im Haus wohnte, nahm Lennon Mays Handtasche und kippte den Inhalt auf den Fußboden. Er griff nach dem Autoschlüssel und sagte: «Sag Arlene, sie soll das Auto wegfahren, sonst haue ich es in Stücke!» Arlene fuhr weg.

«Ich rufe jetzt Yoko an», schrie John, als May zurückkam. «Ich werde ihr alles erzählen», warnte er wie ein wütendes Kind. Als sein Anruf durchkam, war Yoko in ihrem Umkleideraum im Kenny's. Sie mußte auf die Bühne. «Du hattest recht!» schrie John, sobald sie am Telefon war. Dann befahl er May, den zweiten Hörer abzunehmen, und erzählte Mutter alle Missetaten, die die ungezogene May heute angestellt hatte.

Mutter war zu beschäftigt, um zuzuhören. «Meine Show fängt an», sagte sie kurz angebunden. «Ich rufe dich später zurück.» John hörte, wie der Hörer auf die Gabel fiel. Yoko hatte ihn auflaufen lassen.

Da Yoko ihn hängen ließ, nahm er wieder May ins Visier. Eine halbe Stunde lang denunzierte er sie als Glücksritter und Goldgräber. Während er sie beschimpfte, wie sehr sie ihn ausnehmen würde, verriet er unabsichtlich, wie sehr er und Yoko May ausbeuteten. Sie erfuhr erst jetzt, daß ihr Gehalt nicht mehr gezahlt wurde, seit sie nach Los Angeles gefahren waren. Darüber hinaus hatte Yoko John angewiesen, für May nicht mehr als tausend Dollar auszugeben. May erkannte sofort, daß Yoko Johns Gefühle für seine Geliebte vergiftet hatte. Diese Erkenntnis wurde ihr alsbald durch Yokos Rückruf bestätigt, als May, der wieder befohlen wurde, den Hörer abzunehmen und mitzuhören, John sagen hörte: «Du hattest recht, Yoko. Sie behandelt mich nicht wie einen Star. Sag ihr, daß du mir gesagt hast, sie sei ein Glücksritter.»

Yoko saß in der Falle. Sie kicherte nervös. «May», sagte sie in einem Ton, der bedeuten sollte: Sind wir nicht etwas albern? «Du weißt doch, was Leute nicht alles erzählen, wenn sie betrunken sind!»

Als John klar wurde, daß Yoko ihm nicht helfen würde, wandte er sich plötzlich auch gegen sie und machte ihr bittere Vorwürfe. Dann knallte er das Telefon auf die Erde. Als Yoko wieder anrief, weigerte er sich, den Hörer abzunehmen. Nachdem er den Apparat quer über den Boden getreten hatte, brach er auf dem Bett zusammen.

May blieb die ganze Nacht auf und weinte.

Als John am nächsten Morgen aufstand, war er immer noch wütend. «Wir fahren zurück nach New York. Regele das», bellte er. Ein paar Stunden später waren sie mit Arlene und Jimmy Iovine auf dem Weg zum Flughafen. Jimmy versuchte, die angespannte Stimmung durch Witze aufzulockern. Lennon verzog keine Miene. Er wiederholte nur immer wieder: «Aus und vorbei! Aus und vorbei!»

Nur, daß es nicht aus und vorbei war. Es fing gerade an. Vierundzwanzig Stunden, nachdem John und May in New York angekommen waren, saßen sie wieder im Flugzeug und flogen zurück nach Los Angeles. Was war passiert? Eigentlich nichts. John ging zurück ins Dakota, weinte sich bei Yoko aus und schlief ein. Um elf Uhr abends rief Yoko May von Kenny's aus an und versicherte ihr, daß alles in Ordnung sei. «Bist du sicher?» fragte die erstaunte May.

«Du brauchst dir überhaupt keine Sorgen zu machen», antwortete Yoko. «Ich werde nicht mit ihm vögeln.»

Wie zu erwarten war, bekam May am nächsten Morgen einen Anruf von John. Er war zerknirscht und entschuldigte sich. Er sagte, er wisse nicht, was in ihn gefahren sei. Sein einziger Wunsch sei, mit May wieder zurück nach Kalifornien zu fliegen. May, durch die jüngsten Erfahrungen klüger geworden, fragte John, ob er zurück wolle oder ob Yoko ihn zurückschicke. John beteuerte, daß es sein eigener freier Entschluß sei. May gab sich damit zufrieden. Aber als sie nach L. A. zurückkehrten, hatte sich bis auf einen Punkt nichts geändert. Spector konnte die Folgen der nächtlichen Ausschweifungen nicht mehr verkraften und hatte deshalb die Sessions auf jeden zweiten Tag und schließlich auf einmal die Woche reduziert. Die langen Pausen gaben Lennon noch mehr Zeit, sich vollaufen zu lassen und Rabbatz zu machen. Jesse Ed Davis erinnerte sich noch gut an diese wüste Zeit.

Einmal fuhren Jesse, John und May nach Westwood, wo sie den Nachmittag damit verbrachten, zu essen, zu trinken und ins Kino zu gehen. Damals lief eine Fernsehwerbung, die John witzig fand. Drei homosexuell angehauchte Männer stellten sich selbst vor: «Hi, ich bin Charlie... Ich bin Scott... Ich bin Dennis. Wir sind die Wilson-Brüder vom Wildlederschuhgeschäft!» Wie der Zufall es wollte, entdeckte Dennis Wilson von den Beach Boys Lennon in einer Freßkneipe. Er ging auf John zu, der betrunken war und seine Brille nicht aufhatte. Wilson sagte: «Hi, John, ich bin Dennis Wilson.»

John sah auf und knurrte: «Ja. Vom Wildlederschuhgeschäft, stimmt's?»

Dennis ließ nur den Kopf hängen, schüttelte ihn und ging zerschmettert davon.

An einem anderen Abend grabschte sich John Jesse und dessen Freundin Patti und fragte: «Habt ihr mal *Der Mann mit der Todeskralle* mit Bruce Lee gesehen?» Als sich herausstellte, daß sie den Film nicht kannten, schleppte er sie nach Los Angeles in ein Kino in der Main Street, mitten im schlechten Viertel. Ein starker Regen hatte die Penner der Gegend ins Kino getrieben, wo sie herumsaßen und aus der Flasche tranken. John hielt mit seiner Flasche Wodka und einem Karton Orangensaft mit. Doch gerade als der spannende Teil des Films begann, wo Bruce Lee die Männer wie Kegel umhaut, stürzte das Dach ein! Ein Strom von Wasser ergoß sich in das Kino. Jesse Ed stand auf und wollte gehen, als auf einmal der Geschäftsführer auftauchte. Er guckte zur Decke hoch, schüttelte den Kopf und ging wieder. Währenddessen lief der Film weiter. Jesse setzte sich wieder zu seinen Freunden, und sie sahen sich den Rest des Films durch einen Wasserfall an.

An einem anderen Abend, nach einer Session, gingen John, Phil und Jesse zum Essen in eine Brasserie am Sunset Plaza. John und Phil versuchten, sich gegenseitig unter den Tisch zu trinken. Sie kippten Wodka und Champagner und schossen sich aus den versteckten Flaschen gegenseitig Fontänen in den Mund. Als das Essen kam, waren sie so betrunken, daß sie nur noch damit spielen konnten, sich gegenseitig damit bewarfen oder es sich in die Ohren steckten. Als Jesse Ed sich in dem Restaurant umsah, merkte er, daß die Leute, die Zeugen dieser unglaublichen Szene waren, Mühe hatten, sich einzureden, daß der Mann, der einen solchen Narren aus sich machte, *nicht* John Lennon war.

Schließlich drehten John und Phil wirklich durch. Sie stiegen auf den Tisch und wälzten sich im Essen. Dann begannen sie das Spiel: «Ich wette, das kannst du nicht!» Einer warf eine Gabel in die Luft und fing sie wieder auf. Der andere machte es schwieriger, indem sich die Gabel zwei- oder dreimal in der Luft drehte, bevor er sie wieder auffing. Schließlich schrie Phil: «Ich wette, das kannst du nicht!» Mit diesen Worten kippte er mit seinem Stuhl nach hinten um und schlug mit dem Kopf gewaltig auf den Boden.

John sagte: «Du hast gewonnen.»

Im November wurden die Spector Sessions abgebrochen, weil sich weder John noch Phil entscheiden konnten, was sie als nächstes tun sollten. May Pang atmete erleichtert auf, aber dann merkte sie, daß John sich merkwürdig verhielt. Als sie kurz darauf nach San Francisco fahren wollten, drängte sie ihn zu sagen, was los sei. «Es ist aus», sagte er entschieden. Entsetzt verlangte May eine Erklärung. John konnte keinen Grund nennen. Statt dessen bot er Arlene an, ihr und May eine Europareise zu bezahlen. Die jungen Frauen lehnten das Angebot ab und fuhren nach San Francisco. Dann gingen sie zurück nach New York, sie waren pleite und wußten nicht, was sie machen sollten. May war in einer verzweifelten Situation. Lennon, den nun nichts mehr zurückhielt, rastete völlig aus.

Jack Douglas, ein mit Yoko gut befreundeter Toningenieur, erinnerte sich, daß Yoko ihn bezahlen wollte, wenn er John in L. A. hinterherspionieren würde. Jack lehnte ab, aber als John ihn einlud, flog er mit seiner Frau an die Westküste. Schon bald wurde er Zeuge einer Szene, die ihn an den schrecklichen Schluß von *Der Tag der Heuschrecke* erinnerte.

Eines Abends trank John im On the Rox, einem neuen und beliebten Lokal, ein Club über der Rainbow Disco. Auf dem Parkplatz standen Fans und schrien zum Club hoch, Lennon solle sich zeigen. Diese Forderung brachte John derart auf die Palme, daß er das Fenster einschlug, das zum Parkplatz hinausging. Dann brüllte er zu den Fans hinunter: «*Ihr wollt mich, ja, Idioten! Ihr wollt mich!*» Gerade als er sich aus dem Fenster auf die Menge stürzen wollte, wurde er von hinten von Jack Douglas und Jim Keltner festgehalten. Lennon riß sich los und stürzte die Treppe hinunter auf den Parkplatz und fing an, nach links und rechts Hiebe auszuteilen. Die Fans schlugen zurück. Als Jack und Jim aus dem Haus gerannt kamen, war Lennon in der Menge verschwunden. Sie stürzten sich in das Getümmel, griffen sich den immer noch prügelnden und fluchenden John und schleppten ihn auf den Rücksitz eines großen schwarzen Cadillacs. Als Jack mit Vollgas losfuhr, wollte Lennon zur Tür hinaus. Als der Fluchtversuch vereitelt wurde, krümmte er sich plötzlich zusammen und zertrat mit den Stiefeln das Rückfenster und überschüttete alle mit splitterndem Glas.

Die abstoßend gewalttätige und ausbeuterische Art, in der John Lennon May Pang behandelt hatte, wirft die Frage auf, warum May Pang an seiner Seite ausgeharrt hat. Die Erklärung ist in ihrer Familiengeschichte zu finden. Mays Vater, der in einer Wäscherei arbeitete, hatte oft Wutanfälle, gegen die niemand ankonnte. Groß und stark, wie er war, schüchterte er jeden um sich herum ein. Er war in China geboren, hatte dort geheiratet, kam aber ohne seine Frau und seine kleine Tochter, die Schwester, die May nie kennenlernen sollte, nach Amerika. Als er schließlich seine Frau nachkommen ließ, befahl er ihr, die Tochter zurückzulassen und statt dessen ein männliches Kind zu kaufen, das als ihr Kind erzogen werden sollte. Gehorsam befolgte sie seine Befehle. Als May in den Vereinigten Staaten geboren wurde, war ihr Vater angeekelt. Er verprügelte sie ebenso hemmungslos wie seine Frau. Der adoptierte Sohn eiferte dem Vater nach und traktierte das Kleinkind May mit einem heißen Bügeleisen. Im Alter von neun Jahren litt May unter Magengeschwüren.

Als ihre Mutter endlich merkte, daß die Frauen in Amerika nicht wie in China behandelt werden, fing sie an, sich gegen die Unterdrückung durch ihren Mann zu wehren. Wenn May aus der Schule nach Hause kam, war der Boden manchmal von glitzernden Glasscherben übersät. Von allen Seiten geschlagen wie ein Punchingball wurde May zur Vermittlerin in der Familie. Ihre Mutter und ihr Vater versöhnten sich schließlich, aber es sollte Mays Schicksal sein, diese Erfahrung noch einmal machen und die gleiche Rolle in der Lennonschen Familie spielen zu müssen.

Wieder zurück in New York gehörte May immer noch zur Familie. Wie sie in ihrem Buch festhielt, war sie kaum ein paar Wochen zurück, als sie sich von Yoko überreden ließ, noch einmal nach L. A. zu fliegen, diesmal, um John bei dem emotional belastenden Wiedersehen mit seiner früheren Frau und seinem Sohn beizustehen. Cynthia hatte John vor kurzem angerufen und gefragt: «Weißt du überhaupt noch, daß du einen Sohn hast?» Das war eine gute Frage, denn John hatte den Jungen nicht mehr gesehen, seit die Lennons England verlassen hatten. Von seltenen elterlichen Schuldgefühlen geplagt, hatte John einem Treffen zugestimmt, allerdings sollte Julian allein zu ihm kommen. Da Julian erst zwölf war, sah Cynthia sich gezwungen, ihn zu begleiten, und so würde sie eine Woche in der gleichen Stadt sein wie John.

An dem Tag, als seine Familie ankam, war John völlig stumm. Nachdem er und May sie am Flughafen abgeholt und im Beverly Wilshire abgeladen hatten, machte er sich aus dem Staub. Am nächsten Tag schaffte er einen zweistündigen Besuch. Inzwischen war Yoko über Cynthias Nähe zu John derart irritiert, daß sie ihren eigenen Rekord im Telefonieren schlug – dreiundzwanzig Anrufe an einem einzigen Tag!

Am dritten Tag kam der entscheidende Test: John sollte mit Julian Disneyland besuchen. Als Julian hörte, daß er allein mit seinem Vater weggehen sollte, geriet er in Panik und versteckte sich hinter dem Sofa. Schließlich ließ er sich überreden, wieder hervorzukommen, aber nur unter der Bedingung, daß seine Mutter mitkommen würde. Die Spannung legte sich, als man erst mal den Vergnügungspark erreicht hatte. Julian stürzte von einer Attraktion zur nächsten, pflichtschuldig gefolgt von John und Jesse Ed, die ein bißchen Speed genommen hatten. May und Cynthia unterhielten sich freundschaftlich, wobei sie beide merkten, daß sie sich gegenseitig keine Schwierigkeiten machen würden. Obwohl Cynthia nicht mehr mit Roberto Bassanini zusammen war, von dem sie sich am Ende des Jahres scheiden lassen würde, stellte sie klar, daß sie keine Absichten auf John hatte. Aber sie machte sich große Sorgen um Julian, der inzwischen deutlich unter der langen Vernachlässigung durch seinen Vater litt.

Die ganze Gruppe traf sich ein paar Tage später zum Abendessen im Haus von Mal Evans' Freundin, Frances Hughes. John und Cynthia tauschten Erinnerungen aus, als sie die Bemerkung fallen ließ, daß sie immer gern ein zweites Kind von John gehabt hätte. John nahm sofort eine Abwehrhaltung ein und gab eine überraschende Neuigkeit zum besten: «Ich kann kein weiteres Kind bekommen… ich habe eine zu niedrige Spermienzahl, wegen der Drogen, die ich genommen habe.» Bald darauf löste sich die Party auf, aber auf der Rückfahrt brütete John unablässig über Cynthias Bemerkung, die er als Bestätigung von Yokos Warnungen verstand. Yoko aber war sehr erleichtert, als sie von der unglücklichen Angelegenheit erfuhr. Zu Arlene Reckson, die jetzt für Yoko arbeitete, sagte sie, daß sie Angst hätte, John würde sich von ihr scheiden lassen und sie genauso schäbig behandeln wie Cynthia. «Dabei ist sie die Mutter seines Kindes!» rief sie aus.

Am Tag nach dem Essen lief John Amok. Jesse Ed Davis wurde Zeuge des Geschehens. «Ich wohnte damals mit Patti und ihrem kleinen Sohn, Billy, in Venice am Meer. Er und Julian sind im gleichen Alter», erinnerte er sich. «John und May wollten Julian von

Cynthia abholen und zu uns kommen, damit das Kind am Strand spielen konnte. John und May kreuzten zwei Stunden zu spät auf, ohne Julian. Sie hatten sich mit Cynthia gestritten, die ihnen das Kind nicht mitgeben wollte. Deshalb hatte John schlechte Laune. Er wollte einfach nur *irgend etwas* schlucken. Ich hatte ein paar kleine Weiße, etwas Ähnliches wie Speed. Davon schluckte er ein paar und war bald in höchsten Höhen. Dann ging er zum Schnapsladen und kaufte eine große Flasche Wodka. Wir kehrten nach Hause zurück und betranken uns fürchterlich.

Jim Keltner rief an und sagte: ‹Kommt doch mit mir und Bobby Keyes [ein Hornist bei Spectors Sessions] zum Essen ins Lost on Larrabee.› Also fuhren wir in Mays Wagen hin. Als wir ankamen, waren wir völlig breit. Alle anderen waren nüchtern und bestellten Essen. John und ich guckten die Gerichte nur an. Ein Freund von mir, Jim Cataldo, war auch mitgekommen. Er war Künstler und Sportler, er spielte Schlagball. Er blieb nüchtern, weil er wußte, daß wir völlig hinüber waren. In der Zwischenzeit betranken wir uns immer mehr, bestellten immer neue Drinks. Dann gingen wir in den Keller, wo es ein gemeinsames Klo für Frauen und Männer gab.

An der Wand hing ein Automat für Monatsbinden. John zog eine raus. Sie hatte an einem Ende einen kleinen Klebestreifen. Er klebte sich das Ding auf die Stirn. Als wir wieder oben waren, sagten alle: ‹Um Himmels willen, John, mach den Mist wieder ab!›

John sagte: ‹Nee, das gehört mir. Das bleibt dran!›

Annie Peebles trat an dem Abend zum letztenmal im Troubadour auf. Sie hatte einen Hit, den John wirklich mochte, ‹I Can't Stand the Rain›. Wir fuhren also hin, und John ging rein, immer noch mit der Binde an der Stirn. Als die Kellnerin zu uns in der großen runden Sitzecke an der Tür kam, sah sie, daß wir betrunken waren. Sie weigerte sich, uns zu bedienen. ‹Was soll'n das heißen, ich bediene nich?› sagte John. ‹Weißt du, wer ich bin?› Die Kellnerin sah ihn angewidert an und sagte: ‹Du bist irgendein Arschloch mit 'ner Camelia auf der Stirn.› Also ließen wir unsere Drinks von anderen Leuten bestellen. Wir tranken weiter. Wir hätten schon längst flach gelegen, wenn ich nicht von dem Speed etwas mitgenommen hätte. Das war das einzige, was uns noch am Leben hielt.

Als Annie Peebles auf die Bühne kam, hatte John sich auf die

Lehne der Sitzecke gesetzt. Annie sah ganz schön sexy aus, und John fing an zu brüllen. ‹*Annie! Annie!*› Er dachte, sie würde ihn erkennen, aber sie war durch die Scheinwerfer geblendet. Er hörte sich wie jeder andere Besoffene an. Als sie ihm nicht antwortete, brüllte er: ‹*Annie! Ich will deine Pussy lecken!*› Das nächste, an das ich mich erinnere, sind zwei riesige Arme, die mich von hinten an den Schultern packten, mich hochhoben und nach draußen trugen. Ich landete im Rinnstein, und da war auch John. Irgendein anderer kräftiger Typ hatte ihn rausgetragen. May und Patti hatten sie drinnen gelassen, damit sie zahlen konnten. Sie kamen raus, waren sauer und sagten, als wir rausgeschmissen wurden, sei das Publikum aufgestanden und hätte geklatscht. Dann sagte John: ‹Gehn wir nach Hause und trinken noch einen vorm Schlafengehen.›

Auf dem Weg sagte May: ‹Ich glaube, wir sollten Patti und Jesse zurück zu ihrem Wagen fahren.›

‹Nein›, knurrte John, ‹ich will, daß sie auf einen Drink mit zu uns kommen.› May gab aber nicht nach. Er stürzte sich auf sie. Er griff ihr an die Kehle und fing an, sie zu würgen. Als nächstes versuchte er, aus dem Auto zu springen. Jim Cataldo, der den Wagen fuhr, packte John und zog ihn zurück. Dann stürzte John sich wieder auf May! Jim riß Johns Hände von ihrem Hals und rettete somit den Tag.

Als wir zu Harold Seiders Apartment kamen, nahmen wir den Kücheneingang. An der Decke hing eine Lampe. John sagte: ‹Ich will kein Licht!› Er nahm eine Pfanne und zertrümmerte die Glaskugel. Die Splitter flogen überall herum.

May fing an zu schreien: ‹Oh, nein, oh, nein! Laß das!› Wir *lachten*. Wir fanden das komisch. Wir beschlossen, in Harold Seiders Apartment Keith Moon zu spielen. [Keith Moon war der berühmteste Häuserverwüster in der Geschichte des Showbusiness.] Wir demolierten die gesamte Wohnung. Verwandelten alles in rauchenden Schutt.

Wir gingen sogar nach oben ins Schlafzimmer. John dachte, die Matratze sei Roman Polanski. Er riß die Matratze auseinander und zog die ganze Füllung heraus. Wir zertrümmerten das gesamte Zimmer. Schließlich gingen wir wieder runter, und da gab es nichts mehr zu zerdeppern, bis auf den großen Marmoraschenbecher. Wir schmissen ihn hin und konnten ihn nicht zerbrechen. Wir hatten die ganze Zeit weiter getrunken und ein bißchen geschnupft. Als wir merkten, daß nichts mehr zum Zerstören übrig war, sagten wir: ‹Jetzt ringen wir!›

Wir fingen an, uns auf der Erde zu wälzen. Wenn man so besoffen ist, nehmen die Dinge schnell eine ernste Wendung. Das Ringen entwickelte sich zu einem ernsthaften Kampf. John war ungeheuer stark! Er hatte mich in irgendeinem Griff von hinten, einer Art Nelson, aus dem ich nicht mehr herauskam. Und dann fing er an, mich auf den Mund zu küssen. Er lachte und küßte mich auf den Mund. Ich wehrte mich und wollte mich befreien, aber ich schaffte es nicht. Dann steckte er seine *Zunge* in meinen Mund. Heiliger Himmel! Also *biß* ich zu. Biß ihm in die Zunge. Das machte ihn sauwütend. Deshalb griff er den Marmoraschenbecher, der nicht kaputt gegangen war, und knallte ihn mir auf den Kopf. Ich wurde bewußtlos.

Patti schrie – hat man mir später erzählt – ‹Du hast ihn umgebracht! O mein Gott! Er ist tot!› Das war nun genau der Tropfen, der das Faß zum Überlaufen brachte. Die Nachbarn hatten den ganzen Lärm gehört, und jetzt schrie auch noch eine Frau: ‹Er ist tot!› Sie riefen die Polizei.

John sagte: ‹Der ist nicht tot. Wir werden ihm Wasser über den Kopf schütten.›

Er ging in die Küche und suchte nach einem Behälter, aber wir hatten alles zertrümmert.

Im Eisschrank stand ein großer Karton Orangensaft. Den nahm er und goß ihn mir ins Gesicht. Ich kam sofort zu mir. Orangensaft in den Augen, Nase und Mund. Hustend und spuckend rappelte ich mich auf. ‹Wir müssen seinen Kopf verbinden›, sagte John. Er ging zu Mays Handtasche und nahm ihre Nikon, die sie dabei hatte, und zog den Film raus. Er verband meinen Kopf mit dem langen Filmstreifen, die kleine gelbe Filmpatrone baumelte über dem einen Ohr. Und dann kamen die verdammten Bullen.

Mit gezogener Pistole. Die erwarteten Charles Manson. Wir wurden ziemlich schnell nüchtern. Ich lag da, von meinem Kopf tröpfelte Orangensaft. Mit dem Film um den Kopf. Einer der Polizisten war ein Indianer. Er kam zu mir und sagte: ‹Bist du nicht Jesse Ed Davis?› Mein lächerliches Aussehen störte ihn nicht. Er war stolz, einen Indianer in dieser illustren Gesellschaft vorzufinden. Er war mein Fan, und so behandelte er mich auch.»

May Pang erinnerte sich, daß John, als die Männer des Sheriffs klopften, nach oben ins Schlafzimmer geflohen war. Als ein Polizist fragte: «Und was ist oben?» schoß May die Treppe hoch und redete auf John ein.

«Du mußt runterkommen», sagte sie eindringlich. «Wenn sie hochkommen und dich holen, wird alles nur noch schlimmer.»

Ein Polizist war May mit gezogener Pistole gefolgt. Als er John Lennon sah, erstarrte er. Unten angekommen, richtete die Meute ihre Taschenlampen und Pistolen auf ihn. Dann erstarrten auch sie zu Stein. Schließlich brach der jüngste und naivste Polizist das Schweigen. Demütig sagte er: «Glauben Sie, daß die Beatles je wieder zusammen spielen werden?»

«Das kann man nie wissen», antwortete John nervös. «Man kann nie wissen.»

Da sie keine Leiche fanden, zogen die Polizisten wieder ab, gefolgt von Jesse Ed und seinen Leuten. May verabschiedete sich von ihnen in der Einfahrt, als sie John im Schlafzimmer brüllen hörte. *«Das ist alles Roman Polanskis Schuld!»* Sie stürzte ins Haus zurück und kam gerade rechtzeitig, um zu sehen, wie John eines der vier Beine des Bettes abschraubte. Dann hob er den Fernseher hoch und schmetterte ihn an die Wand. Er griff sich eine Lampe, mit der er den Spiegel zertrümmerte. Er riß eine Schublade aus der Kommode und schüttete den Inhalt auf den Boden. Dann machte er sich daran, die Kleider in Fetzen zu reißen und zu zerrupfen, wie ein wütendes Tier. Als May versuchte, ihn zu beruhigen, nahm er das Jadehalsband, das sie auf Wunsch ihrer Mutter trug, riß es ihr vom Hals und trampelte darauf herum.

May geriet in Panik. Sie rief Yoko an und bat um Hilfe. Während sie die Situation schilderte, konnte Yoko deutlich die Geräusche der Zerstörung hören. «Ruf Elliot Mintz an», sagte sie kurz angebunden und legte auf.

Als May «Elliot?» wiederholte, machte irgend etwas Klick in Johns vernebeltem Hirn.

«Diesen jüdischen Bastard will ich nicht hier haben!» schrie Lennon. «Sollte er einen Fuß über die Schwelle setzen, bringe ich ihn um!»

Als John am nächsten Morgen in dem Schutt, der Harold Seiders Apartment gewesen war, aufwachte, behauptete er, sich an nichts mehr erinnern zu können. Auch reute ihn der von ihm angerichtete Schaden nicht. Das einzige, was ihn berührte, war der Anblick seiner Martin-Gitarre, die kaputt war. «Das ist das erste Mal in all diesen Jahren», rief er erstaunt aus, «daß ich etwas zerstört habe, was mir gehört.»

Im Dezember 1974 waren die John Lennon/Phil Spector-Rock'n' Roll-Sessions das Stadtgespräch von Hollywood. Das Ausmaß des Alkohol- und Drogenkonsums, die Gewalt und die Zerstörungen verursachten derart viele Skandale, daß A & M schließlich den berühmten Rockstar und seinen Produzenten vor die Tür setzte. Sie zogen mit ihren nächtlichen Sessions wie mit einem ständig woanders stattfindenden verbotenen Glücksspiel zur Record Plant West, aber kein Umzug konnte den Charakter der Sessions verändern, die schließlich in einer schicksalhaften Explosion endeten. Einer der besten Zeugen für die letzte Phase dieser unglücklichen Zusammenarbeit war Mac Rebennack, besser bekannt als Dr. John, der einzige Weiße, der je den schwarzen Rhythm-and-Blues-Stil von New Orleans perfekt beherrschte. Ein bißchen Rowdytum hatte dieses Rauhbein niemals gestört, doch was ihm nicht zusagte, war die Unterwürfigkeit seiner Kollegen, die sich ohne jeden Protest für Lennons selbstzerstörerische Faxen hergaben.

«Statt zu sagen: ‹Hey, Alter, du versaust deine eigene Platte›», krächzte Dr. John, «ließen sie es einfach so laufen! Das war das einzige Mal in meinem Leben, daß ich einen Produzenten bedauert habe. Spector war hilflos. Er versuchte, John den Schnaps einzuteilen – aber der Kerl schmuggelte das Zeug rein. Am nächsten Abend stellte Phil jemanden ein, der aufpassen sollte, daß John nicht zuviel trank. Da streikte der Kerl, bis er soviel trinken durfte, wie er wollte. Aber dann *konnte* er nicht mehr aufnehmen. Er saß bloß auf dem Boden und machte Mist. Nach dem Motto: ‹Guck mal, Mama. Paß mal auf, wie ich das hier versaue.› Einem hat er sein Blasinstrument zerstört. Das macht man einfach nicht. Man vögelt auch nicht die Frau von 'nem Kumpel. Er biß Danny Korchmer in die Nase. Er schlug Jesse Ed Davis einen Zahn aus. Von Angesicht zu Angesicht war er immer freundlich zu mir. Aber wenn ich mal austreten mußte, sagte er, ich würde mir einen Schuß setzen. Nun achtete ich aber sehr darauf, absolut clean im Studio aufzukreuzen, weil ich Bewährung hatte und nichts riskieren wollte. John war derjenige, der die Szene versaute. Eines Abends hatte er ein paar Stricherinnen aus Hollywood bestellt, die Drogen liefern sollten. Das hätte zu einer polizeilichen Durchsuchung führen können, wenn sie den Mädchen gefolgt wären, weil die ständig in Schwierigkeiten steckten. John war genau der Typ, der bei Studioaufnahmen immer für Ärger sorgte. Er wollte Teil der Straße sein, hat sich aber nie klargemacht, daß es dort Elemente gab, die ihn zerstören konnten.»

Die Sessions endeten mit einem besonders schrillen Ton. Eines Abends standen Phil Spector, John Lennon und Mal Evans im Studioflur und redeten miteinander, als Mal nebenbei erwähnte, daß er sich an der Nase verletzt hätte. Sofort war der kleine Phil obenauf und schlug dem gutmütigen Riesen direkt eins auf die Schnauze. «Paß doch auf», brüllte Mal und faßte sich an die Nase.

«Paß worauf auf?» schrie Phil. «Paß selber auf!» Und riß seine Pistole raus und feuerte in die Decke. Der Krach war ohrenbetäubend. Lennon, der Spectors verrückte Verhaltensweise seit Monaten heruntergespielt hatte, erkannte plötzlich, daß er es mit einem gefährlichen Mann zu tun hatte. Unglücklicherweise zu spät, um die Platte noch zu retten.

Als die Weihnachtsferien zu Ende waren und John bereit war, sich wieder an die Arbeit zu machen, bekam er einen Anruf von Spector. «Das Studio ist abgebrannt!» verkündete Phil. Lennon war erstaunt, aber er glaubte Spector, bis er das Studio anrief und erfuhr, daß es *nicht* abgebrannt war. Am Sonntag rief Spector wieder an. «Hey, Johnny», fing er an, aber ehe er fortfahren konnte, wurde er von Lennon unterbrochen.

«Oh, da bist du ja, Phil! Was ist los? Ich dachte, wir haben jetzt eine Session.»

Spector senkte seine Stimme zu einem konspirativen Flüstern und vertraute ihm an: «Ich habe die Watergate-Bänder!»

Überrascht fragte Lennon: «Wovon redest du?»

Plötzlich schrie Phil: «Das Haus ist von Hubschraubern umstellt. Sie versuchen, sie zu kriegen!»

John beschloß, das Spiel mitzuspielen und fragte: «Was machst du mit ihnen?»

Auch darauf hatte Phil eine Antwort: «Ich bin der einzige, der herausfinden kann, ob sie gefälscht worden sind oder nicht!»

Jetzt verstand John. «Er wollte mir auf seine eigene entzückende Art und Weise mitteilen, daß er meine Bänder hatte... im Keller, hinter Schloß und Riegel, dem Stacheldrahtzaun, den Wachhunden und den Maschinengewehren. Es gab also keine Möglichkeit, an sie ranzukommen.» Dennoch versuchte John alles, an die Bänder zu kommen. Er bat Capitol um Hilfe, aber keiner konnte Spector aus seiner Höhle locken.

Schließlich stellte sich heraus, daß Spector John Lennons Bereitwilligkeit, mit ihm eine Rock'n'Roll-Platte zu produzieren, als Köder benutzt hatte, um Warner Brothers dazu zu bewegen, mit ihm groß ins Geschäft einzusteigen. Als nun alle möglichen Leute eine Erklärung verlangten, setzte Phil die Geschichte in Umlauf, er sei bei einem Motorradunfall schwer verletzt worden und läge in einem Sanatorium. Das war eine List, die Phil schon öfter benutzt hatte, und manchmal war er sogar soweit gegangen, daß er sich von einem Maskenbildner aus Hollywood schwere Gipsverbände und Bandagen hatte anlegen lassen.

Nach Phil Spectors Desertion blieb John völlig aufgedreht zurück und wußte nicht, wohin mit sich. John war aus New York geflohen mit der Absicht, zu seinen Anfängen zurückzukehren und der draufgängerische Sänger einer heißen neuen Gruppe zu werden. Doch statt die Faszination der frühen Jahre wiederzufinden, landete Lennon in einem Sumpf, der noch tiefer war als der, aus dem er geflohen war. So trieb er zu Beginn des neuen Jahres ohne Kompaß und ohne Ruder mitten im Meer, bis er unter den Einfluß des nächsten, noch gefährlicheren Hais geriet – der zweite böse Geist.

HARRY DER HAI

Wenn man in Harry Nilssons ultramodernem, superteurem Haus sitzt, das weiträumig hoch über Bel Air thront, muß einem nicht erst erklärt werden, daß er in Geld schwimmt. Die großzügig angelegte, spitzwinklig konstruierte Residenz, die genau gegenüber von Elvis Presleys schäbigem Schuppen in nachgemachtem Tudor-Stil am Rocca Place in die Höhe ragt, ist einer von diesen modischen Bauten, in denen es keine Zimmer gibt, sondern «Raumerlebnisse», die auf und nieder fließen, hinein- oder hinausführen, wie ein Happening oder ein Environment. Der Wohnraum erstreckt sich über eine spiegelnde Wand hinaus bis hin zu einem Plateau, das einen davon träumen läßt, mit einem Drachenflieger abzuheben und die trockenen Hügel bis zum Ozean hinunterzugleiten. Der Arbeitsraum befriedigt die entgegengesetzte Sehnsucht, den Traum, sich tief in die Erde wühlen zu können, bis man in einem gemütlichen kleinen Cockpit ankommt, das mit allen Schikanen ausgestattet ist, die man für die Produktion einer eigenen Demoplatte braucht. Wenn man bedenkt, daß Harry nicht nur dieses aufwendig entworfene Haus gebaut hat, sondern auch noch viel von dem umliegenden Land besitzt, muß man sich zwangsläufig fragen: «Woher hat der Kerl das viele Geld?»

Die Antwort ist keinesfalls einfach. Im Gegensatz zu den meisten berühmten Sängern ist Harry Nilsson kaum öffentlich aufgetreten. Seine gesamte Karriere beschränkte sich auf Studioaufnahmen. Viele Hits hatte er auch nicht. Seine anspruchsvollen frühen Platten, wie die Platte, auf der er den Beatles anmutig Tribut zollt, waren kommerziell nicht erfolgreich. Seine letzten Alben sind eingeschlagen. Eigentlich war es nur ein Album, das hoch in den Charts stand: *Nilsson Schmilsson.* Außerdem hat Harry ein paar Songs geschrieben, die dann andere zu Hits machten. Hinter den Kulissen hat er auch irgend etwas mit Film zu tun. Aber wenn man alles zusammenrechnet, kommt man immer noch nicht auf Reichtümer. Erst wenn man begreift, daß Harry alle seine Geschäfte völlig allein abwickelt, kommt man hinter das Geheimnis seines finanziellen Erfolgs. Harry ist schon immer ein gerissener Hai gewesen, und sein größter Happen war John Lennon.

Bücher über die Beatles vermitteln den Eindruck, daß Nilsson seit dem Erscheinen seiner ersten Platte, *Pandemonium Shadow Box* im Jahr 1967, eng mit Lennon befreundet war. In Wahrheit unterhielt Harry in den alten Tagen nur mit einem Beatle freundschaftliche Beziehungen, mit Ringo. Er und Harry und Keith Moon besuchten gemeinsam die Londoner Parties. Sie sahen sich selbst als Männer, denen es über alles ging, ein ordentliches Faß aufzumachen! Und das war nicht die Szene John Lennons. Harry war nie mit John befreundet gewesen, sie schätzten sich noch nicht einmal besonders, bis Lennon an die Westküste kam. Dort änderten sich die Dinge.

Und dann dauerte es noch, bis Ringo im Februar 1974 eintraf und in die untere Hälfte der zweigeschossigen Suite zog, die John und May im Beverly Wilshire bewohnten. Es war die Zeit des Kultdrinks «Brandy Alexander». Ringo hatte diesen Drink entdeckt und drängte ihn allen seinen Freunden wie einen heißen Börsentip auf. «Hast du jemals einen Brandy Alexander probiert?» fragte er ernsthaft und sah einen mit seinen traurigen Triefaugen an. «Er ist wirklich gut», beteuerte er. «Aber es gibt einen Trick dabei», warnte er, «wenn du ihn bestellst, mußt du dir einen *doppelten Brandy* bestellen. Du mußt sagen: ‹Geben Sie mir einen Brandy extra›, weil sie immer zu wenig nehmen. Du trinkst einen Schluck ab und kippst ihn rein. Dann hast du einen ordentlichen Drink.»

Bald trafen sich Ringo, Harry und John – und wer immer sonst noch in der Stadt war, wie Terry Southern, Keith Moon, Roger Daltrey oder Mick Jagger – regelmäßig hinter dem Hotel am Stammtisch im El Padrino, einem Schankraum, der wie ein Reitstall dekoriert war. Ihr Erscheinen war das Signal für den Barmixer, dreistöckige Brandy Alexander zu mixen, ein Tablett mit Drinks folgte schnell dem nächsten, denn der Drink ging runter wie ein Milkshake.

John Lennon fühlte sich immer zu starken Persönlichkeiten hingezogen, und Harry Nilsson war eine der stärksten. Obwohl Harry die Exponiertheit der Bühne scheute, stand er privat fast immer im Rampenlicht. Besonders am Tresen entwickelte er sich zu einem der ausdauerndsten Komiker Hollywoods, mit bewegtem Mienenspiel, eine Quasselstrippe, die Tag und Nacht unablässig sendete, wie ein Radio, dessen Knopf von ruheloser Hand, die keine richtige Station finden kann, gedreht wird. Schnell warf Harry sein Netz über den leicht zu beeindruckenden Lennon, bekehrte ihn zu seinem eigenen, selbstzerstörerischen Lebensstil, der vor allem aus hartem Saufen und endlosen Parties bestand. Obwohl er sich auf dem Höhepunkt seiner Karriere befand, lebte Harry wie ein Mann, der verzweifelt versucht, seine Schwermut zu verscheuchen. Und in der Tat saßen alle diese Stars in der Bar des Beverly Wilshire in einem Boot. Alle waren sie Jugendhelden, die ihr Alter zu spüren begannen, verheiratete Männer, die Probleme mit ihren Frauen hatte, oder Junggesellen mit hektischem Liebesleben.

John Lennon war ständig von Schulden geplagt. Da die Rock'n' Roll-Platte in Phil Spectors Keller unter Verschluß lag, mußte John für sich ein neues Projekt finden – aber welches? Seine Kreativität war erschöpft, er war so tief gesunken, daß er immer wieder irgendeinen Song, den er bewunderte, spielte und die Akkorde in sein Bewußtsein sickern ließ, bis ihm an Hand dieser geborgten Klänge eine neue Melodie einfiel. Sein letztes Album, *Mind Games*, war ein Flop. Tatsächlich fand John alles, was er seit *Imagine* aufgenommen hatte, «Hundescheiße».

Vor die Wahl gestellt, entweder noch mehr Hundescheiße herauszupressen oder sich einfach zu besaufen und sich mit Harry in Trivialitäten zu verlieren, fand John schließlich ein Projekt, das machbar war. Er schlug Nilsson die Zusammenarbeit an einer neuen Platte vor. Harry sollte der Star sein, John der Produzent.

Sofort wurden aus den beiden Saufkumpanen Geschäftspartner, und all die anderen Jungs waren wild darauf, sich anzuhängen. Ringo wollte unbedingt das Schlagzeug spielen. Keith Moon wollte unbedingt das Schlagzeug spielen. Mit Jim Keltner hatten sie die

Anfangsbesetzung von drei Schlagzeugern zusammen. Aller Wahrscheinlichkeit nach würde die Platte eine Trommelorgie werden, eine betrunkene, improvisierte Alte-Kumpel-Partyplatte. Immerhin war das besser als gar nichts – und sie konnten ihre Barrechnungen als Produktionskosten absetzen.

In diese Zeit der ersten Begeisterung über das neue Projekt fiel der berühmte Skandal, den sie bei der Premiere der Smothers Brothers veranstalteten. Etwa drei Wochen vor der Show hatte Yoko angerufen und John erzählt, daß sie an ihrem Geburtstag phantastisch mit David Spinozza gevögelt hatte.

John ließ diese Neuigkeit scheinbar kalt, zu May Pang sagte er: «Ich habe mir schon Sorgen gemacht, daß man es ihr nie mehr besorgen kann.» Doch Yokos Worte hatten eine Zeitbombe in Johns wahnsinnig eifersüchtiges Herz gepflanzt.

Als er am 13. März, etwa gegen Mitternacht, viel zu früh für die zweite Show, im Troubadour ankam, war er bereits angetrunken und kochte vor Wut. Als jemand rief: «Wo ist Ono?» schoß er zurück: «Lutscht Ringos Schwanz!» Sie wurden in den VIP-Bereich komplimentiert, wo sie auf prominente Gäste trafen, unter anderem Peter Lawford, Pam Grier, Jack Haley, Jr. und Alan Sacks, der Produzent von *Welcome Back, Kotter*. Das Trio bestellte sich dreistökkige Milkshakes. Als die Drinks kamen, stürzte John seinen in einem einzigen Schluck hinunter. «Noch eine Runde», schlug er überschwenglich vor. Dann begann er «I Can't Stand the Rain» zu summen, ein unheilvolles Zeichen. Harry fiel ein, und bald zogen beide Sänger einträchtig eine Show ab und begleiteten sich selbst, indem sie mit Löffeln und Messern gegen Gläser und Salzfäßchen trommelten.

«Das ist ja wirklich toll», stichelte Peter Lawford. «Ihr beide würdet eine prima Vorgruppe für die Smothers Brothers abgeben.» John reagierte auf diesen Witz, indem er nach Peter Lawfords Milkshake griff und ihn runterkippte.

Nachdem sie mit ihrem exhibitionistischen Verhalten die Aufmerksamkeit auf sich gelenkt hatten, waren sie schnell von Fotografen umgeben. John Lennon hatte einen Instinkt für Kameraeffekte. Wenn er in der richtigen Stimmung war, konnte er einen Blick, eine

Pose, eine Geste vor der Fotolinse machen, die nichts ungesagt ließ. Und jetzt hatte er beschlossen, Yoko eine kleine Botschaft zukommen zu lassen, um die Nachricht ihres Geburtstagsgeschenks so richtig zu würdigen. Er griff May Pang an der Kehle, riß sie an sich und drückte ihr einen brutalen Kuß auf die Lippen. Im Blitzlichtgewitter fragten die Fotografen: «Wer ist sie?»

John lächelte May an und triumphierte: «Das Geheimnis ist raus!» Dann bestellte er zwei weitere Milkshakes.

Die Liberalen Hollywoods sympathisierten mit den Smothers Brothers auf Grund der Art, wie sie vom Fernsehen gefeuert worden waren. Dieser Abend sollte der Anfang ihres großen Comebacks sein. In dem Moment, als sie auf die Bühne kamen, ernteten sie Ovationen. Aber als das Gejohle und Geklatsche abnahm, konnte man immer noch John und Harry singen hören – lauter als vorher und ohne erkennbare Absicht, aufhören zu wollen. Harry feuerte John sogar noch an und rief ihm zu: «Sie lieben dich!»

Lennon hatte beschlossen, sich zu amüsieren. Und als geübter Zwischenrufer brüllte er: *«Hey! Smothers Brothers! Geht Kühe ficken!»*

Bald wechselte Lennon zwischen lautem Singen und laut gebrüllten Obszönitäten. Unterdessen verkündete er gelegentlich: *«Ich bin John Lennon!»* Peter Lawford befahl John, die Klappe zu halten. Alan Sacks befahl John, die Klappe zu halten. Was immer, von wem auch immer, zu ihm gesagt wurde, seine Antwort lautete stets: «Scheiß drauf!»

Jetzt wandten sich auch die anderen Leute in dem gedrängt vollen Club zu John und brüllten ihn an: «Erst werden sie beschissen behandelt, und jetzt machst *du* sie fertig! Kannst du das verantworten?»

Schließlich kam Ken Fritz, der freundliche kleine Manager der Smothers Brothers, an den Tisch. Er war fuchsteufelswild. «Hör mal», schrie er, «wir haben hierfür schwer geschuftet und lassen uns von dir nicht in die Suppe spucken!» Damit packte er Johns Schulter.

John sprang sofort auf, warf krachend den Tisch um, Glas splitterte, er drehte sich um und verpaßte Fritz einen Kinnhaken. Daraufhin versetzte Fritz Lennon einen Schwinger, den die Menge begeistert beklatschte. Ehe einer der beiden noch einen weiteren Treffer landen konnte, kam Peter Lawford mit einer Gruppe von Kellnern und Barmixern herangestürmt. Sie formierten einen beweglichen Keil und expedierten John und Harry wie Penner zum Ausgang. Sie schoben die Störenfriede durch eine wütende Menge, die Schlag auf Schlag auf John hageln ließ.

Als John und Harry aus dem Club flogen, stolperten sie kopfüber in ein Handgemenge mit einer Gruppe von Leuten auf dem Parkplatz. Es gab viel Gedrängel und Geschubse. John rang einen Parkplatzwächter zu Boden und fiel auf ihn drauf. Eine Fotografin fing an zu schreien: «Er hat mich geschlagen, er hat mich geschlagen!» (Vor Gericht behauptete sie später, Lennon hätte ihr eins aufs rechte Auge versetzt.)

Als John, Harry und May, die unbemerkt hinausgeschlüpft war, endlich in ihrem Wagen saßen, wollte Harry zum Haus eines Freundes fahren, der eine Party gab. «Ich will nicht», knurrte John, der seine Brille in dem Gerangel verloren hatte. «Dann gehe ich eben alleine mit May!» brüllte Harry und grabschte betrunken nach ihr.

«Nimm deine dreckigen Pfoten weg!» kreischte sie.

Verblüfft ließ Harry von ihr ab. Dann fuhren sie zu der Party, wo John und Harry den Abend beschlossen, indem sie den erstaunten Gästen ein Ständchen boten. Als der Abend zu Ende war, hatte May Pang das Gespann Lennon und Nilsson dermaßen satt, daß sie die beiden zu Harrys Apartment fuhr und sie dort absetzte.

Am nächsten Morgen ließ Yoko die Telefonleitungen heißlaufen. Jede Menge Anrufe, mit Detailschilderungen von Johns Verhalten, waren noch in der Nacht im Dakota eingetroffen. Yoko gab allein May die Schuld an dem Vorfall, die zu erschöpft war, um sich zu verteidigen. Als May in die Hotelhalle ging, sah sie, daß die Morgenzeitung die Geschichte auf der ersten Seite brachte und das Foto gedruckt hatte, auf dem John sie küßte. Am nächsten Tag stellte das Büro der *Time* in Los Angeles eine Story zusammen, die dann auch in der Zeitschrift erschien. Die Geschichte begann mit den Zeilen: «John Lennon hat sich von seiner Frau Yoko Ono getrennt und haut in Los Angeles auf den Putz.» Aber schwerwiegender war das Foto: John küßte May mit einer Inbrunst, als wolle er ihr die Seele aus dem Leib saugen, während seine sehnigen Hände ihren Hals wie den einer Stoffpuppe umklammerten. Mit einem einzigen Bild faßte John seine ganze Beziehung zu May Pang zusammen und reduzierte Yoko zu seiner «Ex».

An diesem Tag sah John apathisch zu, wie Harry Nilsson, der die ganze Nacht kein Auge zugetan hatte, John Lennons lädiertes Ansehen reparierte. Harry schickte den Smothers Brothers eine Ladung wunderschöner Blumen mit einer Entschuldigung, Unterschrift: «Von John, in Liebe und Tränen.» Außerdem bestand Nilsson darauf, zum Troubadour zu gehen und sich bei Doug Weston, dem Besitzer, persönlich zu entschuldigen. Als die Klatschkolumnistin Joyce Haber andeutete, daß Lennon möglicherweise unter Drogen gestanden haben könne – eine Anschuldigung, die sich negativ auf Lennons Einwanderungsantrag auswirken konnte, arrangierte Nilsson, daß Haber einen Anruf von einem «Freund» erhielt, der die Schuld an dem Vorgefallenen eindeutig auf den Teufel Alkohol schob.

Am Abend nach dem Spektakel düste Lil, eine von Harrys beiden festen Freundinnen, in die Stadt und schloß sich den Bösen Buben an. Lil, eine anspruchsvolle, gutaussehende und sehr ehrgeizige Schriftstellerin und Filmemacherin, hatte mit Harry eine Beziehung angefangen, als sie eine Platte aufnahm, von der sie sich einen Durchbruch als Popstar erhoffte. Als erstes fiel ihr auf, daß Harry vor lauter Geschäftigkeit sogar noch im Schlaf mit dem Fuß zuckte. Als nächstes wurde ihr die Art der Verbindung zwischen John und May klar, sie wertete sie als die eines Zuhälters, der eine neue Hure abrichtet. John ermutigte May, sich wie ein Flittchen anzuziehen, ihre Bluse bis zur Taille aufzuknöpfen und sich mit Goldketten zu behängen, die ihr über die Brüste baumelten. Lil erinnerte sich: «Sie machte ihn scharf. Seine Hände waren überall, eine Hand auf dem Hintern, eine Hand in der Bluse. Sie war ein Kätzchen. Es machte ihm Spaß, diese zappelige, kindliche, kleine laszive Tänzerin zu beherrschen. Mir war klar, daß sie sich normalerweise weder so gekleidet noch so benommen hätte, sondern daß er sie zu seinem Sexkätzchen dressierte.»

Wie sich die beiden berühmten Sänger nach dem Skandal im Troubadour aufführten, läßt man sich am besten direkt von Lil erzählen, die sowohl Beobachterin als auch Teilnehmerin dessen war, was später zum wildesten – und gefährlichsten – Augenblick des verlorenen Wochenendes werden sollte. «John und Harry hatten alle diese Musiker zusammengetrommelt, um für Harrys Platte zu spielen», erinnerte sie sich. «Alles lastete auf Johns Schultern, der die Verantwortung aber nicht übernehmen wollte. Er brauchte das Gefühl, nur Beifahrer zu sein. Er wollte dauernd, daß Harry die Verantwortung übernahm. Harry war aber viel zu sehr damit beschäftigt, seine Stimme zu ruinieren. [Er hatte eine Kehlkopfentzündung, aber anstatt seine Stimme zu schonen, trank er beharrlich, mehr denn je, und grölte aus voller Kraft.] Schließlich dämmerte es ihnen, daß sie alles verhunzen würden. Also entschlossen sie sich, nach Palm Springs zu fahren, um sich auszunüchtern. Ich dachte, daß sie sich vorgenommen hatten, keinerlei Drogen zu nehmen und Tennis zu spielen. Wir fuhren in ein spießiges Hotel, ein richtiges Sporthotel. Fürchterlich. Mal Evans fuhr uns hin, mit seiner Freundin und deren Kind – am ersten Abend haben sie sich fürchterlich gestritten.

Zwei Stunden lang versuchten John und Harry absolut nichts zu nehmen. Sie hatten weder Kokain noch LSD, noch irgend etwas anderes mitgenommen. Es gab also nichts, was sie in Schwierigkeiten hätte bringen können – außer Alkohol. Nach zwei Stunden waren sie schon auf Rabatz aus. Ich weiß nicht mehr, was wir am ersten Abend gemacht haben. Wahrscheinlich betranken wir uns alle ziemlich und gingen zu Bett. Ich erinnere mich noch, daß sie nie das Tageslicht sahen. Es tat ihren Augen weh. May sonnte sich etwas. Die Männer schliefen bis drei oder vier und setzten sich dann Sonnenbrillen auf. Wir überlegten, was wir machen wollten, und irgend jemand schlug vor, mit der Drahtseilbahn auf den Berg zu fahren.

Wir tranken ein paar Bier und stiegen in die Bahn. Wir wollten nur hoch und wieder runter fahren, aber ich hatte einen fürchterlichen Anfall von Höhenangst auf der Fahrt nach oben. Ich dachte, ich müßte mich übergeben. Meine Knie zitterten. Deshalb konnten wir nicht gleich wieder hinunter fahren. Wir blieben dort oben in der Bar, von ungefähr sieben Uhr bis Feierabend. Die Leute in der Bar waren aber nicht nur einfach ein Haufen Touristen, sondern entweder Singles oder heimliche Liebespaare. Die Stimmung war bombig.

John und Harry trugen die gleichen verknautschten Patchwork-

Schlapphüte aus Jeansstoff und Sonnenbrillen. John hatte immer Angst, erkannt zu werden, aber er und Harry waren jedesmal unglücklich, wenn sie *nicht* erkannt wurden. Also ging John zur Musikbox und fand ein paar Beatlesplatten, die er immer wieder drückte. Natürlich wurden sie erkannt, und die Leute kamen an unseren Tisch. Schließlich mußten wir die Bar verlassen, aber die Bahn fuhr noch nicht ab. May und ich trugen kurze Shorts, die so geschnitten waren, daß die Pobacken hinten zu sehen waren. John und Harry spielten mit uns, klopften uns abwechselnd auf den Po. Die anderen Leute sahen das, was erklärt, was dann geschah, als wir in die Bahn einstiegen.

Die ganze Meute drängte sich in die letzte Kabine. Wir waren eingekeilt und konnten uns nicht rühren. Harry und John spielten immer noch ihre kleinen Popoklatscherspielchen. Nur daß es nach einer Weile offensichtlich mehr als nur vier Hände waren. In dem Moment wurde uns klar, daß wir die Lage nicht mehr im Griff hatten. Ich erinnere mich, daß eine fünfzigjährige Oma Harry anbrüllte: ‹Beiß mir in die Titte. Beiß mir in die Titte!› Die ganze Bahn war außer Rand und Band. Jeder wurde fürchterlich aggressiv und wollte uns anfassen. Aber niemand konnte näher an uns rankommen. Sie preßten nur ihre Körper an uns, so sehr sie konnten.

Als wir unten ankamen, wartete Mal mit der Limousine, deren Türen offenstanden, als ob er geahnt hätte, was passieren würde. Kaum hatte sich die Tür der Bahn geöffnet, rannten wir schnellstens los – und die ganze Bahn uns hinterher! Es war genau wie in *Hard Day's Night*. Mit quietschenden Reifen fuhren wir in der Limousine davon. Statt zum Hotel zurückzufahren, gingen wir in eine Boutique, wo May sich für tausend Dollar Sachen zum Anziehen kaufte. In der Boutique gab es kostenlos Wein. Also betranken sich die Männer noch mehr. Sie kauften sich auch ein paar Patchwork-Klamotten aus Jeansstoff. Wir kamen so spät zum Hotel zurück, daß es für den Zimmerservice zu spät war, die Küche schloß gegen acht. Deshalb gingen Harry und May noch mal weg, um Lebensmittel einzukaufen.

John und ich gingen in das kleine Jacuzzi auf dem Rasen vor dem Hotel. Ich weiß nicht mehr, was dann passierte, weil ich ohnmächtig wurde. Harry und May waren beide sehr wütend, aber sie kamen zu uns ins Jacuzzi. Ich weiß nicht, was May zu John sagte, aber sie quängelte und verdarb ihm die Laune. Plötzlich hatte er beide Hände um ihren Hals gelegt und drückte so fest er konnte zu. Ich konnte es gar nicht fassen. Ein paar kritische Sekunden lang waren wir unfähig, etwas zu unternehmen, dann meinte Harry, May hätte jetzt genug abgekriegt und zog John fort. In diesem Moment kam der Bademeister und schmiß uns aus dem Jacuzzi.

An dem Tag hatten wir schon vorher Ärger gehabt. Harry mußte in ein Krankenhaus, um sich eine Spritze für seinen Hals verpassen zu lassen. Er nahm fortwährend Antibiotika, die er mit Cognac hinunterspülte. Deshalb halfen sie ihm nicht. Seine Stimmbänder begannen zu bluten. Er spuckte Blut. Wir kamen zum Hotel zurück und fingen an, auf dem Rasen vor dem Hotel verrückte Stellungen aus dem *Kamasutra* vorzuführen. Ich erinnere mich noch, daß ich mich für ein Foto in Positur setzte, als plötzlich eine Wasserfontäne zwischen meinen Beinen hochschoß, wie bei einem Bidet. Sie hatten die Rasensprenger angestellt, um uns zu vertreiben! So wie man kopulierende Hunde trennt. Das Hotel war drauf und dran, uns rauszuwerfen. Ihnen war es völlig egal, wer John war.

Oben im Zimmer hob John May hoch und schleuderte sie quer durch den Raum an die Wand! Er war aber gar nicht auf May wütend. Es hatte etwas mit Frauen zu tun. Er war es gewöhnt, so mit Frauen umzugehen. Ich zweifle nicht daran, daß er in der ersten Zeit mit Yoko Ähnliches abgezogen hat. Cynthia und May können einen schon in Wut versetzen, weil sie einfach keine Charakterstärke haben.

Anschließend landeten John, Harry und ich zusammen im Bett. May war weinend weggelaufen, sie war verprügelt worden, bis Blut floß. An all das konnte ich mich erst am nächsten Morgen wieder erinnern. Dann erinnere ich mich noch an etwas, was John gesagt hat: ‹Ich will nicht lieben. Es tut zu weh.›»

Das Wochenende endete damit, daß Mal alle nach L. A. zurückfuhr, wo Harry Lil zum Flughafen brachte und dann auf die Ankunft von Una, seiner anderen Geliebten wartete, die ihn in ihren Osterferien vom College besuchte. John war kaum wieder zurück, als sein Hotel ihm die Märzrechnung präsentierte: Zehntausend Dollar! Das Geld konnte vom Produktionsetat für das Album abgeschrieben werden, aber John war sehr unglücklich darüber, daß er all die Kosten für die Unterhaltung seiner Freunde zu tragen hatte. Deshalb hatte er ein paar Tage später eine Idee. «Es müßte doch irgendwo eine Anstalt für alternde Rock'n'Roller geben», schlug er vor. «Dann könnten wir alle in Gummizellen gesteckt werden, wo wir hingehören. Wir sollten alle gemeinsam ein Haus mieten und zusammen wohnen. Dann können wir auf Harry aufpassen, Geld sparen und auch sicher sein, daß die Musiker pünktlich im Studio erscheinen, wenn wir anfangen, an Harrys Album zu arbeiten.»

Blitzschnell griff Harry die Idee auf und arrangierte, daß das inzwischen berüchtigte Haus angemietet wurde, in dem Marilyn Monroe ihre heimlichen Rendezvous mit Jack und Bobby Kennedy hatte. Das große, alte, von Louis B. Mayer gebaute Haus am Pacific Coast Highway 625 liegt direkt am Strand, gleich an der nördlichen Ausfahrt von Santa Monica. Hier versammelten sich am 1. April die Insassen von Dr. Winston O'Boogies Rock'n'Roll-Anstalt. Unter den Patienten befanden sich, neben John und May, Harry und Una (eine irische College-Studentin mit rosigem Gesicht, die inzwischen Mrs. Nilsson geworden ist), Klaus Voorman mit Cynthia Webb, seiner kompakten schwarzen Freundin, Keith Moon und Ringo Starr mit seinem Manager Hillary Gerard (der aussah wie ein kalifornischer Radsportler, einer von diesen Typen mit Tätowierung und Goldzahn und einer Platte und langem dünnen Haar, das seine diabolische Fratze einrahmte).

Sobald John seine Funktion als Harrys Produzent ernst nahm, änderte sich der Rhythmus des verlorenen Wochenendes. John riß sich zusammen und weigerte sich, abends mit den Kumpels auszugehen. Wenn die Aufnahmesessions in den Burbank Studios (bei denen immer noch ziemlich viel konsumiert wurde) gegen Mitternacht zu Ende waren, gingen Harry und Keith, Ringo und Hillary ins Rainbow oder ins On the Rox, während May John und Klaus zurück ins Hotel fuhr. Morgens standen die nüchternen Leute zu einer normalen Tageszeit auf und bekamen das Frühstück von dem mexikanischen Ehepaar serviert, das den Haushalt führte. Im Laufe des Nachmittags tauchten allmählich die Opfer der vorangegangenen Nacht auf. Den amüsantesten Auftritt lieferte zuverlässig Keith Moon, der in der Montur eines deutschen Generals die Treppe hinunterkam, mit einem langen braunen Ledermantel, langem weißen Fliegerschal, um den Hals baumelte ein Fernglas. Wenn er sich umdrehte, konnte man seinen nackten Hintern sehen.

Die Plattenaufnahmen waren bereits weit fortgeschritten, als Harry Nilssons früher schöne und unerschöpfliche Stimme versagte. Harrys Lebensstil hatte die Schulmedizin besiegt, und John schlug vor, daß sein Star die Dienste von Dr. Hong in Anspruch nehmen sollte. Um sicherzustellen, daß Nilsson rechtzeitig zur Session zurückkäme, wurde Keith Moon beauftragt, den Patienten nach San Francisco zu begleiten. Keith war keine geeignete Krankenschwester. Als die beiden Rocker in der Nacht verspätet im Burbank Studio ankamen, waren sie beide völlig betrunken. John brüllte zu Keith rüber: «Geht's ihm besser?»

Moonie antwortete: «Nein. Aber jetzt hat er viele Löcher.»

Als schließlich alle Tracks aufgenommen worden waren, machten sich John und Harry an das Abmischen. Bei jedem abgeschlossenen Titel beharrte Harry darauf, daß er damit nicht zufrieden war und es neu mischen wollte. Das konnte man ihm kaum verdenken. Seine Stimme klang schrecklich, die Musik war größtenteils ein weinerlicher Mischmasch und nicht besonders gut gespielt. Im Grunde war *Pussy Cats*, so der Titel des Albums, peinlich schlecht. John war nicht der Typ, der Monate im Studio zubrachte. Als er sah, daß Harry nie zum Ende kommen würde, griff er sich die Bänder und flog nach New York, wo er das Projekt schnell beenden und Harry dann aus seinem Leben streichen wollte.

Als Harry merkte, daß der Vogel ausgeflogen war, wurde er ganz schnell nüchtern. Er sprang ins Flugzeug und jagte John hinterher. Sobald er in New York angekommen war, schnappte er sich John Lennon und überredete ihn – nachdem sie ihr Wiedersehen mit ein paar Runden gefeiert hatten –, für Harry, den Hai, die Beute an Land zu ziehen.

Harrys Triumph am Morgen seiner Ankunft schilderte Lil, der die Geschichte brühwarm von Harry berichtet worden war, unmittelbar nachdem er folgende brillante Show abgezogen hatte:

«Ich traf Harry und John etwa gegen elf Uhr vormittags, gleich nach ihrem Gespräch mit Ken Glancy, dem Präsidenten von RCA. Sie waren gegen neun Uhr angekommen, denn zu dem Zeitpunkt rief Harry mich an und sagte, ich solle ihn im Pierre treffen. Harry bugsierte an diesem Morgen John, den er betrunken gemacht hatte, geradewegs zu RCA. Um verstehen zu können, was sich abspielte, muß man wissen, daß Rocco Laginestra [ein ehemaliger RCA-Präsident] so etwas wie ein Onkel für Harry war. Er liebte ihn abgöttisch. Bevor Rocco abgelöst wurde, hatte er einen Vertrag für Harry im Wert von *fünf Millionen Dollar* ausgehandelt. Fünf Platten. Für jedes Album, das Harry ablieferte, mußte RCA ihm an die 800 000 Dollar in bar auszahlen! Wirklich üppig. Dann änderte sich die Führungsspitze. Erst kam Gil Beltron, dann Ken Glancy. Harrys Vertrag lag in der Schublade und war nicht unterzeichnet. An diesem Morgen also marschierte Harry mit John rein und trat unangemeldet in Ken Glancys Büro. Ken kannte Harry nicht, er war erst kürzlich Präsident geworden. Man kann wohl sagen, daß er Manschetten hatte, als die beiden reinkamen.

Harry sagte: ‹Wir sind gerade mit diesen Rohschnitten hergeflogen. Das wird das Album des Jahrhunderts.› Dann legte er das Band ein und drehte die Lautstärke bis zum Anschlag hoch. Sie hatten drei Drummer – eine Steilwand von Lärm. Ken fiel die Kinnlade runter. Dann sagte Harry: ‹Das wäre genau das richtige Album für euch Typen, aber ich werde diese Firma verlassen. Wollt ihr wissen, warum? Weil hier seit fast einem Jahr ein Vertrag schmort, den ihr Typen nie unterschrieben habt. Deshalb bin ich wütend. Ich bin *wütend*. Wenn ich in der Firma bliebe, könnte ich sogar John mitbringen. Sein Vertrag mit Capitol wird bald auslaufen.› John, der betrunken war, nickte nur mechanisch, wenn Harry zu ihm rübersah. Harry sagte: ‹Ringo kann ich auch mitbringen! Das heißt, ich könnte, aber ich mach's nicht, weil ihr immer noch nicht den Vertrag unterzeichnet habt.›» Und damit machte Harry auf dem Absatz kehrt und verließ das Büro, den legendären John Lennon im Schlepptau.

«Als sie dann rüber ins Pierre kamen», fuhr Lil fort, «taumelte John quer durch die Eingangshalle und ließ den Kopf in meinen Schoß sinken. Fällt in dieser verdammten Empfangshalle einfach auf die Knie. Froh, eine Freundin zu sehen, weil Harry ihn diesem ganzen Alptraum ausgesetzt hatte, mit all seinen Intrigen. Als wir oben waren, warf John sich quer auf ein Bett. Harry hängte sich gleich an die Strippe und rief Bruce Grakal an, seinen Rechtsanwalt in L. A. Harry kann noch so betrunken sein, wenn es um seine Geschäfte geht, ist er vollkommen klar. Er telefonierte also mit seinem Rechtsanwalt, der ihn in allen Angelegenheiten berät und unterstützt, und erzählt Grakal den unglaublichen Eiertanz, den er gerade aufgeführt hatte. ‹Kümmere dich sofort darum›, sagte er, ‹denn ich weiß, daß sie den Vertrag genau jetzt, in diesem Moment, lesen.› Und genauso war es auch. Zwei Tage später wurde er unterschrieben.»

Harry der Hai hatte gewonnen.

FREIER FALL

Als John Lennon nach New York zurückkehrte, kam er ohne May Pang, weil er nichts gebrauchen konnte, was seine Versöhnung mit Yoko gefährdet hätte, die er jetzt verzweifelt anstrebte. Was John dazu bewegte, nach Hause zu Muttern zu rennen, war nicht Liebe, es war Angst. John hatte panische Angst, denn ihm war klar, wenn er weiter mit Harry Nilsson, Ringo Starr, Jesse Ed Davis und Keith Moon rund um die Uhr saufen und feiern würde, dann würde er auch wieder ausklinken – und dieses Mal vielleicht etwas Schreckliches anstellen. «Ich will nicht fertig sein», schrie er May Pang voller Verzweiflung an, ehe er sie in L. A. zurückließ. «Davor habe ich fürchterliche Angst!»

Doch als John wieder in New York war, entdeckte er, daß Yoko ihm die Zuflucht des Dakota verweigerte. Sie weigerte sich sogar, ihn zu sehen, es sei denn, im Beisein anderer Leute. Also grabschte John sich Harry und Lil und sagte ihnen, sie sollten während eines Treffens mit seiner Frau seine Begleiter spielen, sich aber, sobald er ihnen ein Zeichen gäbe, entschuldigen und ihn allein mit ihr lassen.

Die Zusammenkunft begann in einer sehr unterkühlten Atmosphäre. Yoko zog sich hinter ihre Maske von Unberührbarkeit zurück. Harry war betrunken, wie üblich. Als er merkte, wie kühl Yoko ihn behandelte, warf er ihr einen flehenden Blick zu und krächzte: «Was kann ich denn für dich tun, Yoko? Deinen Schwanz lutschen?» Das war ein solcher Volltreffer, daß selbst das große Steingesicht die Mundwinkel leicht nach oben verzog. John und Lil starben fast vor Lachen. Sie lachten ebensosehr aus Erleichterung wie über Harrys Gabe für tödliche Witze.

Sobald die Heiterkeit verebbte, fiel die Stimmung wieder tief in die Eiszeit zurück. John saß wie auf Kohlen, bis er das wichtige Zeichen geben konnte. Endlich war es soweit. Harry und Lil entschuldigten sich und gingen. Doch bevor der Fahrstuhl noch den Schacht hochkriechen konnte, hörten sie Johns Stimme, die durch die Glastür des Apartments tönte: «Wartet! Ich komme!» Als er draußen im Flur war, machte er eine verzweifelte Grimasse und gestand, daß Yoko ihn aufgefordert hatte, zu gehen.

Mit Yokos Weigerung, John aus der Kälte ins Haus zu holen, bekam Harry die perfekte Chance, John zu dem selbstmörderischen Lebensstil zurückzuholen, dem er zu entkommen versuchte. Der einzige Unterschied zwischen New York und Los Angeles war, daß May Pang nicht da war und Lennon sich bei den Ausschweifungen seines neuerlichen Lotterlebens keinerlei Einschränkungen auferlegen mußte. Aus dem verlorenen Wochenende wurde im Mai 1974 ein freier Fall.

John und Harry verkrochen sich in den Zimmern 1604-5-6 des Pierre-Hotels in der Fifth Avenue, gegenüber der Grand Army Plaza am Plaza-Hotel, wo die Beatles zum erstenmal in Amerika Morgenrot gesehen hatten. Jeden Mittag gegen ein Uhr öffneten die zwei die Augen, und Harry drehte sich im Bett um und bestellte beim Zimmerservice das Frühstück: Für jeden einen dreistöckigen Brandy Alexander und ein Tablett mit Vorspeisen. Bis zur Cocktailstunde delektierten sich die beiden Männer an auf Plastikzahnstocher gespießten Wiener Würstchen und an frittierten Krabben in Sahnesauce und spülten diese leckeren Häppchen mit einem ständig ergänzten Vorrat von Milkshakes hinunter. Jeder, der an ihre Tür klopfte, wurde eingelassen. Als sich das herumgesprochen hatte, tauchten alle möglichen Leute auf.

Einige dieser ungebetenen Gäste waren Berühmtheiten auf der Suche nach Berühmtheiten.

Abends gingen John und Harry hinüber zur Record Plant East an der 44th Street West 321 und arbeiteten weiter an Nilssons Album. Eines Abends kamen Paul Simon und Art Garfunkel, um die Hintergrundharmonien für Harry aufzunehmen. Sie hatten seit vier Jahren nicht mehr zusammen gespielt. Was sie ins Studio gebracht hatte, war einfach die Chance, mit John Lennon arbeiten zu können. Während der Session hatte das berühmte Duo große Schwierigkeiten, die richtige Tonlage zu treffen. Sie verpfuschten einen Einsatz nach dem anderen. Lennon war sehr höflich und geduldig. Harry Nilsson war fürchterlich wütend. «Ihr baut nur Scheiße! Was ist los mit euch?» knurrte er. Garfunkel machte Simon an und beschuldigte ihn, falsch einzusetzen. Simon drehte den Spieß um und sagte, daß es Garfunkels Schuld sei. Alle hatten getrunken, und deshalb eskalierte der Streit schnell in eine Schimpfkanonade. Schließlich schafften sie die Arbeit, aber dermaßen schlecht, daß der Track nicht brauchbar war.

Wenn es spät wurde, wollte Harry immer noch irgend etwas in der Stadt unternehmen. Wegen seiner Sucht nach Milkshakes hatte er eine rote Nase und einen aufgedunsenen Körper. Weil er sich niemals rasierte und sich nachlässig kleidete, sah er aus wie ein versoffener Penner. Dafür konnte er tagelang ohne Schlaf auskommen, eine Gabe, die Lennon mit zunehmendem Alter verlor.

Eines Abends kreuzten die beiden Saufbrüder im Algonquin-Hotel auf, wo Derek Taylor mit dem britischen Jazz-Sänger und Pop-Schriftsteller George Melly wohnte, der gerade die Werbetrommel für sein neues Buch rührte. John kam in die Suite, «nach zerbrechendem Glas dürstend», und versuchte, die Kronleuchter zu zerdeppern. Zwischen ihm und Melly, wie Brian Epstein ein Jude aus Liverpool, kam es fast zu einer Prügelei. Die Eindringlinge konnten überredet werden, wieder abzuziehen, aber um zwei Uhr morgens klingelte in dem Zimmer von Mellys PR-Betreuerin das Telefon. Es war Lennon. «Er wollte mit ihr schlafen», erinnerte sich Melly. «Sie antwortete: ‹Ich schlaf schon, hau ab!›»

Eines Morgens waren John und Harry zur Frühstückszeit in Greenwich Village gelandet. Sie steuerten Jimmy Day's an, Ecke 4th Street West und Barrow, eine altertümliche Kneipe, die auch Essen servierte. Lennon wurde auf der Straße von einem Jungen erkannt, Tony Monero aus Brooklyn, der so hartnäckig war, daß John ihn zu einem Drink einlud. Tony konnte sich vor Freude kaum fassen. Er beschrieb, daß Lennon wie ein «Zuchthengst» wirkte, aber seine Fotos von John und der Clique an der Bar zeigen, wie vergammelt Lennon in Wirklichkeit aussah: Unrasiert, schlampig, Ringe unter den Augen und mit einer fladenartigen Baskenmütze auf dem Kopf. In der Hand hält er das Zepter der Straßenkönige: Eine Flasche in einer Papiertüte. Tony erinnerte sich, daß John jedes Mädchen anhaute und sagte: «Ich bin John Lennon. Lutsch meinen Schwanz!» Schließlich machte er Tony an und sagte: «Hey, Tony, lutsch meinen Schwanz!» John war alles egal – und nichts zählte! Ganz genauso hat Lil Lennon beschrieben, nachdem sie es mit ihm in Palm Beach und jetzt wieder in New York getrieben hatte.

Eines Nachts ging sie hoch zur Suite, aber es war niemand da. «Ich wartete und wartete», erinnerte sie sich, «bis John allein kam. Er sagte: ‹Harry hat mich in einen Puff geschleppt, und das ist nichts für mich. Das will ich einfach nicht.› Dann flehte er mich an, mit ihm ins Bett zu gehen. Das machte ich auch. Er schien gar nicht unbedingt vögeln zu wollen, obwohl wir das auch machten, eigentlich wollte er einfach nur in den Arm genommen werden. Er war ganz klar ein Weichling. Er machte auf mich einen ruhelosen und verzweifelten Eindruck. Er wollte die menschliche Nähe, nicht den Sex. Ich erinnere nicht mal, ob er kam. Er wollte einfach nur so tun als ob [er leckte sie] und umarmt werden. Er wollte beschützt werden.» Als Harry zurückkam, verließ Lil Johns Bett und erzählte nicht, was passiert war. Sie meinte, daß sie Harry gegenüber zu nichts verpflichtet war, weil er den Abend mit einem Haufen Nutten verbracht hatte. Am nächsten Morgen fuhr sie aufs Land.

Am Abend rief Harry Lil an und eröffnete ihr: «Wir haben Filzläuse!» John hatte Harry erzählt, daß er mit Lil geschlafen hatte, worüber sich Harry fürchterlich aufregte. Er folgerte daraus, daß Lil ihnen beiden das Jucken verpaßt hätte.

John nahm den Hörer und fragte: «Was sollen wir dagegen machen? Vaseline nehmen?»

Die Situation amüsierte Lil. Sie schlug vor, das klassische Heilmittel zu versuchen: «Tränk deinen Busch mit Benzin», riet sie, «und dann halte ein Streichholz dran. Wenn sie fliehen, erstichst du sie mit einem Messer.»

John Lennons Verhalten in dem letzten Monat mit Harry Nilsson markiert den Tiefpunkt des verlorenen Wochenendes. Jeder, dessen Kenntnis von John Lennon ausschließlich auf diese Zeit beschränkt gewesen wäre, würde ihn entweder mit Lils Maßstäben messen und ihn als «Weichling» abtun, oder ihn mit den Augen von Harry Nilsson und Jesse Ed Davis sehen, als einen echten «Kumpel». Die eine Sicht wertet Lennon ab, die andere soll ihn hochloben, treffend ist keine, denn diese Leute konnten in Lennon nur das sehen, was sie in ihn hineinsehen wollten und er ihnen daraufhin prompt zeigte.

War John mit Leuten von der Straße zusammen, dann war er der Obergammler, so wie er mit Marshall McLuhan zum Oberweisen der Popkultur wurde oder mit Pierre Trudeau zum Oberfriedenspolitiker. Interviewt man die vielen verschiedenen Leute, die enge Beziehungen zu Lennon gehabt haben, bekommt man auch viele verschiedene Lennons vorgesetzt, wobei jeder einzelne Mann seinem Urheber geradezu kongenial verwandt ist. Der wahre John Lennon war immer so wahr wie seine neueste blinde Leidenschaft und stets ein Mensch, der sich leicht verführen ließ.

In späteren Jahren, als John und Yoko das verlorene Wochenende umdichteten, damit es zu den übrigen Strophen der Ballade von John und Yoko paßte, wurde Yoko dargestellt, als hätte sie John jedesmal, wenn er nach Hause kommen wollte, gesagt: «Du bist noch nicht soweit.» Aber es war genau umgekehrt: Yoko war es, die noch nicht soweit war, John zurückzunehmen. Während er vor Angst zitterte, daß er wieder durchdrehen und irgend jemanden oder sich selbst umbringen würde, scheint sie darüber nachgedacht zu haben, wie sie es ohne ihn zu etwas bringen könnte. Denn obwohl soviel Zeit vergangen war und trotz der ungeheuren Vorteile, die sie genoß, hatte sie immer noch nicht ihre Beziehung zu David Spinozza gefestigt.

Sie hatte nichts unversucht gelassen, um ihm zu gefallen. Sie schminkte sich wieder und trug aufreizende Unterwäsche. Sie legte sich krumm, um David einzuwickeln, und weichte seinen Widerstand mit teuren Geschenken auf. Den einen Tag bekam er eine neue Moto-Cross-Maschine, am nächsten Tag überraschte sie ihn mit einem Originalkunstwerk. Einmal zogen Yoko und Arlene durch die ganze Stadt und fotografierten alles, was den magischen Namen «David» trug, wie zum Beispiel eine Werbung für Mogen David-Weine. Als David sich darüber beschwerte, daß Yoko überall ihre

Lippenstiftspuren hinterließ, konterte sie, indem sie eine weiße Tasse mit demselben Lippenstift beschmierte und sie in Acryl eingoß und ihm dann aufwendig verpackt als «Lipstick Piece» schenkte.

Sie fütterte David mit Zuckerbrot, gab ihm aber gleichzeitig auch die Peitsche. Sie behandelte ihn wie ein Dompteur die Bestie. Yoko hatte ein unfehlbares Gespür für Davids Schwächen. Als Mann war er ziemlich berüchtigt. Man stelle sich vor, wie ihm zumute war, wenn Yoko ihn mit ihrer sechs Generationen alten, tiefverwurzelten Verachtung der japanischen Aristokratie ansah und verächtlich sagte: «Du bist ein verklemmtes Arschloch!» Noch tödlicher nahm sie den sensiblen Punkt jedes Studiomusikers aufs Korn, die alle unausgesprochen fürchten, daß sie ihr Talent für einen mickrigen Scheck und den Rentenanspruch vergeuden. Mit genauer Präzision versetzte sie ihm einen Bruce Lee-Karateschlag: «Du hast nicht ein einziges Mal in deinem ganzen Leben einen Song wirklich von Herzen geschrieben.» Plötzlich fühlte sich das große Talent der Studios wie eine Drohne in einer Schlagerfabrik.

Yokos bitter-süße Taktik hatte bei dem verzweifelt unsicheren John Lennon Wunder gewirkt. Der Junge aus Brooklyn aber war aus einem härteren Holz geschnitzt als der Junge aus Liverpool. Selbst wenn Spinozza nach Yokos Angriffen aus den Pantinen kippte, konnte er sich schnell wieder aufrichten und verspürte stets einen heftigen Widerwillen. Wie er es formulierte: «Keine Frau hat mich je so wütend gemacht.» Und dann suchte er Yokos Schwachstellen, die nicht schwer zu finden waren, wenn man sich nicht von ihrem «Zauberin Ono»-Bluff einschüchtern ließ.

Spinozza erkannte zum Beispiel, daß Yoko eine gespaltene Persönlichkeit war. In einem Moment war sie die schmachtende kleine japanische Prinzessin, die Feenmärchen über Liebe und Frieden und Wolken an der Decke erzählte. Dann klingelte das Telefon und: *«Hallo»* – das entspannte kleine Blumenkind wurde auf einmal zur knallharten Drachendame. «Der will mich doch nur bescheißen!» giftete sie in den Hörer und hörte sich genauso an wie eine miese kleine Nutte, die an der Columbus Avenue in einer Telefonzelle steht.

Spinozza merkte auch, daß Yoko eine sehr sonderbare Einstellung zu anderen Menschen hatte. Sie war ständig auf der Suche nach Liebe und Verehrung durch die Welt, arbeitete Tag und Nacht dafür, eine berühmte Persönlichkeit zu werden, andererseits ließ sich ihre Grundeinstellung gegenüber der Gesellschaft in dem Satz zusammenfassen: «Die sind doch nur ein Haufen von Arschlöchern.» Sie redete von John Lennon, als sei er nur ein Neuling in der Kunstwelt, in der sie sich schon seit langem einen großen Ruf erworben hätte. Irgendwann sagte Spinozza: «Warum kleisterst du seinen Namen auf alles, was du machst, und zerrst seinen Namen in alles, was du sagst? Warum versuchst du nicht auf eigenen Beinen zu stehen, wenn du so überzeugt bist, daß du ihn nicht brauchst?»

Diese ganzen Reibereien hätten nicht groß gezählt, wenn Spinozza Yoko körperlich attraktiv gefunden hätte. Unglücklicherweise war sie nicht sein Typ. Er bestritt sogar, mit ihr geschlafen zu haben, und widersprach damit dem, was Yoko damals John erzählte und später dann noch ihrem engen Freund Sam Green. Yoko blieb dabei, mit Spinozza dreimal geschlafen zu haben, Ort ihrer Liebe sei das weiße Zimmer gewesen.

Das deutlichste Zeichen dafür, daß sie es nicht schaffte, David als Frau zu interessieren, war seine aufblühende Beziehung zu Barbara, einem hübschen jungen Mädchen, das Schauspielerin werden wollte. Yoko war über diese Entwicklung nicht besonders traurig. Sie freundete sich mit Barbara an und versuchte, irgendeine Regelung zu finden. Diese Taktik brachte aber ebensowenig Erfolg wie ihre anderen Psychospielchen.

Im Mai, als John nach New York kam und eine Versöhnung anstrebte, war Yoko depressiv. Harold Seider erinnerte sich, daß er sie im Dakota besuchte, um mit ihr etwas zu besprechen; er saß in ihrem Schlafzimmer, wo sie auf dem Bett lag und in die Betrachtung ihrer selbst in der Spiegelwand versunken war. «Ich kann noch nicht mal mit irgend jemandem schlafen», beklagte sie sich. «Ich bin Yoko Ono – ich kann nicht einfach rausgehen und jemanden aufgabeln und mit ihm vögeln. Ich kann noch nicht mal mit einem wildfremden Lastwagenfahrer vögeln, ohne daß irgend jemand behauptet, er habe mit Yoko Ono gevögelt.» Harold fragte sich, ob sie ihn verführen wollte. Da sie sich als zu schwach empfand, ihr Leben aus eigener Kraft zu steuern, warf sie einfach ihre Angel nach einem neuen Machtinstrument aus. Dabei stieß sie auf den Okkultismus.

MUTTERS KLEINE STÜTZEN

Die japanischen Damen sind das gefundene Fressen für Wahrsager. Dennoch war es keine Orientalin, die Yoko mit New Yorks führendem Hellseher bekannt machte. Es war Harry Nilssons Freundin, die intelligente und anspruchsvolle Lil. Als sie Yoko erzählte, daß dieser Mann in die Zukunft sehen konnte, sprang Yoko vom Tisch auf und stürzte in eine Telefonzelle. Am Nachmittag des folgenden Tages hatte sie sich in eine Ecke ihrer Limousine gekuschelt und fuhr ins italienische Viertel.

Frank Andrews wohnt in einem bescheidenen Haus in der Mulberry Street, genau gegenüber von dem Friedhof, über dessen Mauer Robert De Niro in dem Film *Hexenkessel* sprang. Er ist klein, rundlich, dunkelhaarig, trägt Jeans und T-Shirt und hat weiche Züge, die er hinter einer Sonnenbrille versteckt. Andrews sieht aus wie ein großgewachsenes Kind. Wenn er einen Besucher empfängt, umspielt ein Haufen seidiger kleiner Hunde bellend seine Beine, wie kleine Schutzgeister. Höflich erklärt er, daß seine Lieblinge Papillons wären, die langohrigen Schoßhunde Ludwigs XIV., und veranschaulicht seine Erklärung, indem er ein Buch aufschlägt mit einem Bild des Sonnenkönigs, um den kleine Hunde tanzen. Während er seinem Gast einen bequemen Stuhl anbietet, macht seine Rede einen eleganten Bogen von der Buchillustration hin zum goldschimmernden Biedermeiermobiliar, das in dem ansonsten kahlen Zimmer seines Puppenhauses steht. Dann, nachdem er es sich ebenfalls gemütlich gemacht hat, erzählt er ziemlich sachlich von seinen Erinnerungen an Yoko Onos ersten Besuch.

Sie benahm sich wie ein aufmerksames kleines Schulmädchen

und schrieb alles, was Andrews sagte, in ein schwarzweiß kariertes Notizbuch. Gerade als sie aufstand, um zu gehen, hielt er sie zurück. In Halbtrance murmelte er: «Ihr Mann schläft in Blut.»

«Was heißt das?» fragte sie schockiert.

«Es wird mit ihm kein gutes Ende nehmen», sagte der Hellseher schleppend. Dann bemühte er sich, seinen übersinnlichen Blick zu schärfen und fügte hinzu: «Ich sehe ihn mit Blut bedeckt.»

Nach dieser Warnung bestand Yoko darauf, daß John Andrews konsultierte. Er war zwar dagegen, willigte aber unter der Bedingung ein, daß der Hellseher zu ihm kommen sollte. Andrews hielt mit John in der Küche des Dakota eine zweistündige Sitzung ab. Es war ein unangenehmes Erlebnis. Jedesmal, wenn Andrews etwas Richtiges sagte, meinte John verächtlich: «Das haben Sie bestimmt irgendwo gelesen.» Trotz seiner Unwilligkeit und seines Mißtrauens nagelte Lennon Andrews mit schwierigen Fragen. «Werden die Beatles wieder zusammen spielen?» wollte er wissen.

«Nein, aber ich sehe sie am Broadway zusammen», entgegnete Andrews. John grunzte spöttisch, doch Andrews verweist auf *Beatlemania* als Erfüllung seiner Prophezeiung.

«Bekomme ich eine Aufenthaltsgenehmigung?» fragte John. Als Andrews ihm versicherte, daß er sie bekommen würde, entgegnete Lennon: «Na klar kriege ich sie, nach all dem Geld, das ich meinen Anwälten gezahlt habe!»

Johns nächste Frage: «Werde ich es schaffen, vierzig zu werden?»

Andrews lächelte und sagte: «Sie haben mindestens Zeit bis vierundvierzig.»

Als sie zum Thema Liebe kamen, deutete Andrews an, daß Lennon Schwierigkeiten mit seiner Homosexualität habe. «Warum ziehen Sie Yoko wie einen Jungen an?» forderte er ihn heraus. John war außer sich über diese Andeutung und wies sie heftig zurück. «Ich sehe, daß ein Kind geboren wird», meinte Andrews. John räumte ein, daß es möglich sei, daß May Pang ein Kind von ihm bekommen könnte.

Die Sitzung endete mit dem Lesen aus der Hand. Frank Andrews sah, daß Lennons Hand mit Zeichen von Konflikten und Verrücktheiten durchzogen war. Er sagte zum Abschluß, daß Lennon ein «Saturn»-Typ sei, mit einer ausgesprochenen Neigung zum Sadomasochismus. Kurz bevor er gehen wollte, konnte John sich endlich dazu aufraffen, die Frage zu stellen, die ihm am wichtigsten war. «Werden Yoko und ich wieder zusammenfinden?»

Andrews warnte: «Das wäre vielleicht keine gute Idee.»

John meinte brüsk: «Wehe, wenn Sie ihr das erzählen!»

Kaum war Yoko in das Meer des Okkulten eingetaucht, wurde ihre Gier nach Offenbarungen unersättlich. Jeder, der behauptete, er könne die Zukunft aus einem Glas Wasser oder einem Haufen bunter Steine ersehen, durfte mit ihrer Aufmerksamkeit rechnen. Schließlich führten diese Sitzungen dazu, daß ein Mann aufkreuzte, der, wie immer seine Fähigkeiten als Hellseher sein mochten, zweifellos ziemlich scharfsinnige Charakteranalysen erstellen konnte. Merkwürdigerweise verdankte er seine Bekanntschaft mit Yoko nicht seiner wirklichen Befähigung, sondern seinem Ruf als Exorzist.

Yoko war zu dem Schluß gekommen, daß es in ihrer Wohnung spukte, nachdem sie eine Reihe schwerer Angstanfälle in ihrem ersten Winter allein dort erlebt hatte. Arlene Reckson erinnerte sich, daß sie häufig von ihrer Arbeitgeberin mitten in der Nacht aufgeweckt wurde. «Ich stehe auf dem Fensterbrett», keuchte Yoko. «Kannst du sofort herkommen?» Arlene zog sich schnell an, raste zur Limousine hinunter, die gekommen war, um sie abzuholen. Wenn sie dann in die Wohnung stürzte, sah ihre Chefin genauso aus wie immer und verhielt sich auch nicht anders als sonst. Nach einer Tasse Tee gingen die beiden Frauen zu Bett: Arlene auf einer Matratze in der Mitte des weißen Zimmers, Yoko in ihrem Schlafzimmer.

Im Mai kam Yoko zu dem Schluß, daß ihre Probleme auf den Geist der Frau des früheren Besitzers zurückzuführen seien, Mrs. Robert Ryan, die in der Wohnung gestorben war. Einer von Yokos Hippie-Assistenten nannte ihr den Namen eines Exorzisten. Als die winzige Yoko am 14. Mai 1974 John Green traf, war sie sofort tief beeindruckt. Green, buchstäblich ein Riese, war über zwei Meter groß und wog 130 Kilo. Er sah zwar so aus, als könne er mit allem fertig werden, in Wirklichkeit war er jedoch ein außerordentlich vorsichtiger Mensch.

John Raymond Green, geboren am 11. Dezember 1947, hat als

Aszendenten die Venus, die gleichzeitig das Symbol seiner Tätigkeit ist, die weibliche Aufgabe des Beschützens. Green entdeckte seine übersinnlichen Fähigkeiten, als er an der State University von New Paltz Kunsterziehung studierte. Eines Tages war er pleite und bot einem Mädchen an, ihr aus der Hand zu lesen, wenn sie ihm dafür eine Tasse Kaffee spendieren würde. Als er in die Hand des Mädchens sah, begann er auf einmal blitzartig Bilder zu sehen. Das Mädchen bestätigte ihm, daß sein Handlesen außerordentlich zutreffend gewesen sei.

Nachdem er eine Kommilitonin geheiratet und ein Jahr lang an einer Schule unterrichtet hatte, ging Green nach New York, wo er einen Job bei der *Financial World* bekam, einer Zeitschrift der Dell-Gruppe. 1971 entdeckte Green den Mann, der dazu bestimmt war, sein Meister zu werden, Joseph Lukach, weil er eine weitere Dell-Publikation las, ein kleines Buch von Susan Roberts mit dem Titel: *Witches, U.S.A.* Joseph Lukach wird in Roberts' Buch als ein weibischer und kindischer Mensch beschrieben: Ein 112 Kilo schwerer Fettkloß, in grellbunten Gewändern, mit Girlanden und funkelnden Glasperlenketten behängt und grünen Skarabäen beringt und goldenen Pentagrammen. Doch in dem Buch wird erklärt, daß Joey im Alter von sechs Monaten von der Priesterin eines dominikanischen Voodoo-Kultes als eines der wenigen seltenen Geschöpfe erkannt wurde, die im Besitz der «Kraft» sind, eine Ansicht, die von unzähligen Menschen geteilt wird, die Lukach in den letzten zwanzig Jahren gekannt haben.

Wendy Wolosoff, die Frau, mit der John Green seit Juni 1974 zusammenlebte, nachdem seine Ehe gescheitert war, erinnerte sich, daß sie Lukach an einem *Balata* oder Santería-Festival am 1. November, Allerseelen, begegnete, dem Tag, der Babalú Ayé, dem Oberpriester der afro-amerikanischen Kulte, heilig ist. Die Zusammenkunft, die seltsam an *Rosemarys Baby* erinnerte, fand in dem schick eingerichteten Apartment eines reichen Klienten in der 73rd Street East statt. Ein Altar war aufgebaut und gelb und schwarz drapiert worden. Große Schüsseln mit Erdnüssen waren aufgestellt worden und Vasen, die mit Chrysanthemen gefüllt waren. Zigarren und Rum wurden freigebig angeboten. Die Gäste aßen Hühnchen und Yucca, schwarze Bohnen und Reis. Um Mitternacht begab sich

Joey zum Altar. Seine dunklen, glänzenden Augen leuchteten in seinem elfenbeinfarbenen Gesicht. Als er vor der bemalten Statue des Heiligen Lazarus stand, der katholischen Ikone für den afrikanischen Geist, fiel er in Trance. Plötzlich stolperte er, ein Zeichen, daß er von Babalú Ayé «bestiegen» worden war, der ein Krüppel ist. Joey segnete die mit Wasser gefüllten Gefäße, die von Leuten, die sich auf übersinnliche Art heilen lassen wollten, auf dem Altar aufgestellt worden waren. Dann machte er Josephina Platz, einem Geschöpf, das noch fetter war als er, und einen engen Hosenanzug aus weißem Satin trug. Sie begann mit einem Teufel zu ringen, der in die Gebärmutter einer Schwangeren gefahren war und den Fötus in Besitz genommen hatte. Der Kampf tobte heftig. Die Frau schrie. Josephina wurde quer durch den Raum geschleudert. Der Ruf nach einem Kruzifix wurde laut. Joey trug ein schwarzes Holzkreuz an einer Kette aus silbernen Plastikperlen. Während er das Kreuz abnahm und es Josephina überreichte, murmelte sie: «Gut, daß er betrunken war!»

In dieser Umgebung absolvierte John Green seine Zeit als Zauberlehrling.

Green unterschied sich aber sehr deutlich von seinem Meister. Er war katholischer Herkunft und von seiner Neigung her Jesuit und zögerte infolgedessen, zu viel zu wissen oder seinen Kopf zu weit hinauszustrecken. Er meinte, bei der Magie sei es wichtig zu wissen, wo man stünde und was man suche, denn ein Mann, der sich zu tief mit der Macht einläßt, kann von ihr zerstört werden, vor allem, wenn er die Macht mißbraucht. Greens Art, wie er der Macht dienen wollte, reizte einen *Babaluae*, mit dem er Umbanda lernte, zu bemerken: «Ich wette, wir werden dich einweihen, dir alles beibringen, und dann gehst du!» Green stimmte zu – und ging. Wegen seiner Weigerung, sich den Regeln eines Kultes zu unterwerfen, blieb seine Ausbildung auf die weiße Magie beschränkt: Tarotkarten lesen, Amulette herstellen, Zauberformeln austüfteln, übersinnliches Heilen und die Durchführung von *Despojos*, spirituellen Reinigungen. Später ging er weiter.

An dem Tag, an dem er zum erstenmal mit seinen riesengroßen Füßen das Dakota betrat, war Green von Kopf bis Fuß in makelloses Weiß gekleidet. Umständlich und kompetent wie ein Mann vom Partyservice, verwandelte er einen Tisch im weißen Zimmer in einen Altar mit drei brennenden Kerzen in der Mitte. An die Hauptpunkte des Kompasses setzte er die Symbole für die vier Elemente: Feuer zum Osten, dargestellt durch eine Schale mit Florida-Wasser, einem billigen Parfüm, Luft zum Westen, symbolisiert durch Flakons mit flüchtigen Essenzen, eine Schüssel mit Weihwasser im Süden und im Norden ein Gefäß mit geweihtem Salz, das Symbol der Erde.

Das Ritual begann damit, daß Green das Feuer entzündete. Mit beiden Händen hob er eine brennende Schale empor und beschwor Babalú, den Wächter. «Ich erbitte den Erzengel Raphael als Schutz vor allem Übel, das aus dem Osten kommt», intonierte er. Während die hellen blauen Flämmchen unheimlich flackerten, wandte er sich Yoko zu und bat sie, ihn zum Eingang ihrer Wohnung zu führen. An der ungewöhnlichen, halbverglasten Tür des Apartments angekommen, besprengte er sie mit der Schale unten und oben, links und rechts und versiegelte sie so gegen das Eindringen böser Geister. Dann machte er eine Runde durch die ganze Wohnung, wobei er darauf achtete, jedes Zimmer, jeden Korridor zu betreten und jeden Schrank und jede Schublade zu öffnen, um alles dem Einfluß des Feuers auszusetzen.

Dieses Ritual wiederholte er mit jedem der anderen Elemente. Bei dem Element Luft pflegte er nach Westen hin die Flakons zu entkorken, in denen Essenzen mit magischen Eigenschaften waren. Auf einen entsprechend gefärbten Seidenschal goß er die Essenz der Nachthyazinthe, die Schutz gegen die Toten gewährt, Heliotrop, die Blüte, die Licht einläßt, und Gardenie, die Hüterin menschlicher Beziehungen. Dann ging er durch das Apartment und peitschte mit den leuchtenden Stoffetzen in diese und jene dunkle Ecke, bis die ganze Wohnung mit exotischen Düften angefüllt war.

Doch kaum hatte John Green Yoko versichert, daß sie nicht länger von dem Fluch verfolgt sei, als sie darauf beharrte, noch immer die böse Kraft zu spüren. Nun wollte sie John Greens Meister kennenlernen, den Mann, von dem er immer mit so großer Hochachtung gesprochen hatte. Also kam der 112 Kilo schwere Lukach, um für den 130 Kilo schweren Green in die Bresche zu springen.

Ein anderer Zauberer hätte diese Gelegenheit vielleicht genutzt, um die berühmte Yoko Ono von seinem Lehrling abzuziehen. Aber

Joey verhielt sich anständig. Er bestätigte Greens Vorgehen und versicherte Yoko, daß ihr Apartment «sauber» sei. Green hatte den Eindruck, daß Yoko immer noch nicht davon überzeugt und sogar ziemlich ärgerlich auf die beiden Magier war, weil sie es nicht fertiggebracht hatten, den Geist von Mrs. Robert Ryan zu entdecken. Tatsächlich muß Yoko einen Weg gefunden haben, um den Geist anzusprechen. Denn sie traf sich mit Mrs. Ryans Tochter, Anita, und sagte ihr: «Ich habe mit dem Geist Ihrer Mutter gesprochen. Ihr geht es gut.»

Trotz des unbefriedigenden Resultats des *Despojos* verließ sich Yoko in zunehmendem Maß auf Green als Tarotkartendeuter. Obwohl man ihn für einen hervorragenden Deuter hielt, lag der eigentliche Grund dafür, daß er für Yoko unentbehrlich wurde, weniger in seinem Geschick, die geheimnisvollen Kartensymbole zu interpretieren, als in seiner Fähigkeit, dringende Probleme zu lösen. Er war mit einem Kopf gesegnet, der idealerweise bei Firmenberatern, Rechtsanwälten und Psychotherapeuten anzutreffen ist. Green konnte sich, von den von einer Krise hervorgerufenen emotionalen Spannungen unbeeinflußt, scharf und präzise auf das Wesentliche und die möglichen Problemlösungen konzentrieren. Obwohl er geschickt die komplexen Hinweise der Tarotkarten zu benutzen verstand, waren die Karten für Green eher eine Lupe, mit der er seine Klienten genau mustern konnte. Seine größte Stärke lag darin, daß er genau wußte, wie mit seiner neuen Klientin umzugehen war.

Green erkannte, daß Yoko eine angespannte, verängstigte, unzugängliche und gespaltene Persönlichkeit war. Er beobachtete, wie sie ihre Nägel bis aufs Blut abknabberte, wie sie sich in die Ecke eines Sofas oder eines Sessels drückte (und dabei Arme und Beine anzog, als wolle sie sich noch kleiner machen), wie sie immer im Flüsterton sprach und ständig eine Sonnenbrille aufhatte. Sie erfand für alles verschlüsselte Bezeichnungen, die Green so stark verwirrten, daß er oft gar nicht wußte, worüber sie sprach. Selbst wenn sie von Dingen direkt sprach, sagte sie im allgemeinen das Gegenteil von dem, was sie dachte. Im Umgang mit seiner schwierigen Klientin setzte sich Green die passive, unparteiische und unpersönliche Maske eines Psychoanalytikers von der Park Avenue auf. Er redete mit ihr in einem ruhigen, vernünftigen und mitfühlenden Ton, der häufig ganz und gar nicht seinen Gefühlen entsprach. Er war von seinem ganzen Wesen her solide. Weil Yoko sah, daß sich Green von ihr nie erschüttern ließ, verließ sie sich schließlich mit der Zeit vollkommen auf ihn. Der Tarotmann war ein massives Symbol der Stabilität.

Greens ungeheure Körperfülle und seine passive Disposition ließen ihn die meiste Zeit im Liegen verbringen. Gegen Kissen gelehnt, damit seine Füße nicht über Wendys Ausziehcouch hingen, beriet er Yoko am Telefon, das eine lange Schnur hatte, so daß er es immer neben sich stehen haben konnte. Wenn das Telefon klingelte, ganz egal, wie spät es war oder in welcher Verfassung Greens Kopf war – von mehr als einem Liter Rotwein benebelt oder in höchsten Höhen durch LSD –, er rollte sich auf den Ellbogen und begann seine Tarotkarten zu legen. Um besser mit Yokos Trommelfeuer ängstlicher Fragen fertig zu werden, wählte Green die einfachste Form des Auslegens, die sieben Karten des salomonischen Spiegels: Sechs Karten an den Spitzen des Davidsterns, mit einer siebenten Karte in der Mitte. Außerdem gab er seine Antworten in einem kurzen Telegrammstil. Nach jeder Antwort sagte er wie ein Roboter: «Frage?» Nachdem sie alle Antworten gehört hatte, sagte sie: «Dann ist da noch eine Sache...» Diese stereotype Äußerung wurde in John Greens Erinnerung zum Sinnbild für Yoko Ono. Sie zeigte ihren hartnäckigen Zwang, neue Gefahren auf ihrem Weg zu entdecken.

Zur selben Zeit, in der sich Green in den Pilotensitz neben dem Kapitän des Raumschiffs *Lennon* zwängte, schlüpfte eine andere merkwürdige Gestalt in den Sitz des Navigators, auf der anderen Seite der im Höchstmaß unsicheren Yoko. Takashi Yoshikawa, der Besitzer des Taste of Tokyo, damals ein kleines schummriges Restaurant an der 13th Street West, dessen einzige Besonderheit eine Dia-Show über die japanische Hauptstadt war. Yoko kannte Yoshikawa seit Jahren, weil er in Amerika der führende Kopf der alten japanischen Wissenschaft *Katu-Tugai* war, die Bestimmung der Himmelsrichtungen. Wie jeder Leser japanischer Klassiker weiß, haben die Orientalen schon immer geglaubt, daß bestimmte Richtungen günstiger für die Errichtung von Gebäuden sind oder für das Unternehmen einer Reise, während andere Richtungen als außerordentlich gefährlich angesehen werden. Yoshikawa schuf ein System, das die Geomantie (Erdwahrsagerei) mit der Astrologie und der Numerologie verbindet. Er arbeitet mit Karten und Kompassen, fragt nach Daten und Adressen, die er dann in ihre japanische Entsprechung umrechnet und in hühnerkrakeligen Zeichen niederschreibt. Nachdem er sie mit Hilfe seines Systems gedeutet hat, verkündet er, ob ein bestimmter Augenblick Glück oder Unglück bringen wird, und schlägt andere Richtungen für das Vorhaben als die tabuisierten vor. Yoshikawa brüstet sich, daß die Versöhnung von John und Yoko auf sein Konto geht. Sicher ist, daß Yoko in der Zeit der Trennung so abhängig von ihm geworden war, daß sie nie wieder eine Entscheidung treffen konnte, ohne ihren «Richtungsweisenden» zu konsultieren.

Nachdem Yoko einmal ihr Netz übersinnlicher Berater etabliert hatte, ließ sie jeden Gedanken, der ihr in den Kopf kam, von ihnen prüfen. Sie bekamen Hunderte von Anrufen, zu jeder Tages- und Nachtzeit. Da sie niemals zusammen berieten und alle auf unterschiedlichen Wellenlängen operierten, waren auch ihre Ratschläge hoffnungslos widersprüchlich. Schon bald wurde es für Yoko schwierig, überhaupt noch zu einer Entscheidung zu kommen, so wie es dem Dalai Lama unmöglich war, seinen Palast in Lhasa zu verlassen. Dann dämmerte es ihr allmählich, daß sie von ihren Orakeln nicht den sinnvollsten Gebrauch machte.

Wenn sie jeden, mit dem sie zu tun hatte, davon überzeugen könnte, angefangen mit ihrem Ehemann, daß das Okkulte Realität war und Magie wirklich *funktionierte*, könnte sie diese Menschen unter ihre Kontrolle bringen, wenn sie die Prophezeiungen ihrer übersinnlichen Berater entsprechend zurechtbog. Anstatt also den Eindruck zu erwecken, daß sie ihren Willen jemanden aufzwingen würde, damit er ihr gehorcht, könnte sie sagen, das von ihr verlangte Verhalten wäre der Wille der Sterne, der Karten, der Zahlen oder welche andere okkulte Autorität sie auch immer wählen würde. Nach dieser Erleuchtung war Yoko von der Bürde befreit, die ihre widersprüchlichen Auguren ihr zugemutet hatten. Fortan waren ihre Hellseher und Kartenleser und Erdwahrsager kein Hindernis mehr bei ihren Unternehmungen, sondern wurden zu Mutters kleinen Stützen.

GANZ NORMAL

Im Juni 1974, nachdem John und Harry ihr mit Whiskey-Stimmen besungenes Album Pussy Cats beendet hatten, kehrte May Pang an John Lennons Seite zurück, die Harry Nilsson für immer verließ. Das war das Signal für einen der plötzlichen Verhaltensumschwünge, die das Grundmuster von John Lennons Leben kennzeichnen. Über Nacht verwandelte sich Lennon, der streunende Kater, in Lennon, das Haustier.

John und May lehnten Yokos Angebot ab, ihnen eine Wohnung im Dakota zu mieten, und fanden ein Apartment, von dem jeder New Yorker träumt. Ein bezauberndes kleines Penthouse am Sutton Place, 52nd Street East 434. Johns Haus war das letzte in einer Sackgasse, mit Ausblick auf den East River am River House, die nobelste Adresse an der East Side. Lennons berühmteste Nachbarin im Häuserblock war eine Frau, die ihn schon immer fasziniert hatte, Greta Garbo.

Bei der Einrichtung ihrer Wohnung, die 750 Dollar Miete im Monat kostete, kümmerten John und May sich zunächst darum, es sich gemütlich zu machen. An einer Wand des Wohnzimmers, in dem es einen funktionierenden Kamin gab und eine Tür zur Terrasse mit Blick über den Fluß, stellten sie ein großes Bett auf einem Podest auf, mit einem großen Sony-Farbfernseher am Fußende und einem Fernbedienungsschalter für Johns unruhige Hand. Das Gästezimmer richteten sie für Julians Besuche ein, denn May hatte John dazu überreden können, sich mehr um seinen Sohn zu kümmern. Der Rest der Wohnung war sparsam möbliert, aber luxuriös mit dem weißen Teppich aus Tittenhurst ausgelegt, über den zwei lebhafte

Kätzchen sprangen, die weiße Major (Dur) und die schwarze Minor (Moll).

May Pang ermunterte John zu essen und belebte seinen lange unterdrückten Appetit mit würzigen Gerichten aus dem Jade Tang Restaurant oder mit ganz speziellen Leckerbissen, die von Mays Mutter in die Wohnung gebracht wurden. John weigerte sich, sie zu sehen, und begründete sein Verhalten mit einem «Mutterproblem». Schon bald hatte John wieder sein normales Gewicht erreicht und war mit der Energie aufgeladen, die er in den Jahren seiner mangelhaften Ernährung verloren hatte. Morgens stand er gegen zehn auf und genoß ein Frühstück mit Eiern und Schinken. Sonntags machte ihm May ein spezielles englisches Frühstück, mit Bohnen auf Toast und Blutwurst, ein Gericht, das der ehemalige Vegetarier sehr genoß. John bekam alle englischen Zeitungen geliefert und ging sie eifrig durch, rauchte seine Gauloises dabei und trank eine Tasse Kaffee nach der anderen, während er die «beschissenen Weltneuigkeiten» studierte.

Nach dem Frühstück stellte sich Lennon vor die wuchtigen Altec-Lautsprecher im Wohnzimmer und machte sich daran, die Arbeit der voraufgegangenen Nacht abzuspielen. Er hörte konzentriert zu, mit gesenktem Kopf, und wenn er etwas besonders gelungen fand, stieß er ein Freudengeheul aus. Bei den Sachen, die ihm nicht gefielen, drehte er sich um und sagte: «Ruf das Studio an und sieh zu, ob wir dieses Band heute Abend noch in Ordnung bringen können.»

Der überraschendste Zug in John Lennons Verhalten war möglicherweise die Art, wie er die unterschiedlichen Fäden seiner Vergangenheit aufnahm, die bei seiner Heirat mit Yoko durchschnitten worden waren. Er nahm nicht nur die Beziehung zu Julian wieder auf, sondern begann auch zum erstenmal nach Jahren einen Briefwechsel mit Mimi und spielte sogar mit dem Gedanken, seine Tante könnte zu ihnen kommen und als Hausgast bleiben. Mimi wandte sich an John um Hilfe wegen seiner jüngsten Schwester, die sich inzwischen «Jacqui» nannte und wie ein Hippie mit einem Mann zusammenlebte, mit dem sie nicht verheiratet war, aber von dem sie einen Sohn mit Namen John hatte. «Ich habe immer eine Familie gesucht», sagte John zu seiner Schwester Julia, einer Lehrerin, ein-

Yoko Ono als waghalsiges junges Mädchen auf der Trapezschaukel 1962 in der Sogetsu-Halle. In einer Nebenrolle trat sie bei einem Avantgarde-Konzert von John Cage und David Tudor auf. (*David Tudor*)

Yoko auf dem Piano mit John Cage. (*David Tudor*)

Das berühmteste Flower Power-Wahrzeichen: Lennons bunter Rolls mit dem Chauffeur Les Anthony. (*Les Anthony*)

Hochzeitsfrühstück. 1969 in Amsterdam, wo John und Yoko ihr erstes Bed-in veranstalteten. (*Les Anthony*)

Sich befreien, hieß für John Lennon auch, Haare zu lassen. Der gleichzeitige Stress durch die Auflösung der Beatles und die Umstellung von Heroin auf Methadon ließ ihn zusammenbrechen, doch er raffte sich auf für seinen Auftritt Anfang 1970 in *Top of the Pops*. (© *1984, Chris Walter, Retna Ltd.*)

Tittenhurst Manor. Das georgianische Anwesen wurde von fünfundsiebzig Morgen Parkfläche umgeben und war Lennons letztes und größtes Haus in England. (*Tom Hanley*)

Das Image: John und Yoko wollten ihre Ankunft in New York im Jahr 1971 mit diesem Bild ankündigen, das an der größten Anzeigentafel am Times Square prangen sollte. (*Iain Macmillan*)

Die Karikatur: Als die Lennons zum erstenmal nach New York kamen, wurden sie mit dieser Karikatur von David Levine begrüßt, sie illustrierte einen *Esquire*-Artikel: «John Rennon's Excrusive Gloupie.» (*David Levine*)

Guter Indianer, böser Indianer. John mit seinem Lieblingsgitarristen, Jesse Ed Davis, einem reinrassigen Kiowa-Indianer. Sie spendieren dem roten Bruder aus Disneyland eine Prise Koks. (*Jesse Ed Davis*)

Das verlorene Wochenende. John verkündete der Öffentlichkeit, daß er Yoko verlassen hatte und mit May Pang zusammenlebte, indem er sich in dieser Pose den Fotografen stellte. Aufgenommen im Troubadour in L. A. beim Comeback der Smothers Brothers. Harry Nilsson sippt an einem «Milkshake», sprich Brandy Alexander. (*Camera 5 inc.*)

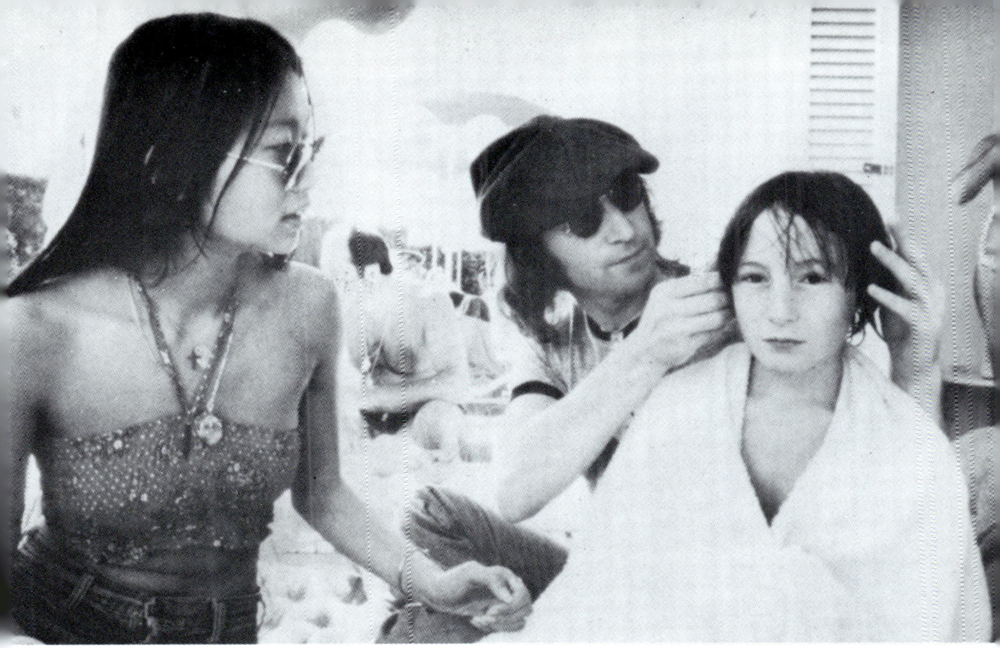

Das gefundene Wochenende. Nach neun Monaten Wahnsinn in L. A. kehrte John Lennon in New York mit May Pang für die nächsten neun Monate zur Normalität zurück. Hier feiert er Weihnachten mit Julian in West Palm Beach.
(*Michael Brennan, Copyright Scope Features*)

Verschlafene Vereidigung. Während der Feierlichkeiten für den neugewählten Präsidenten Carter im Kennedy Center for the Performing Arts konnte Lennon die Augen nicht offenhalten. Yoko und Sam Green, die den Besuch geplant hatten, litten nicht unter Johns Leiden, das er auf «20 oder 30 Tassen Espresso am Tag» schob.
(*Ken Regan, Camera 5 inc.*)

John Lennon signiert *Double Fantasy* für Mark David Chapman, dieser sieht ihm lächelnd zu. Sechs Stunden später erschoß Chapman Lennon. (*Paul Goresh*)

«Sie sah phantastisch aus!» sagte Yokos beste Freundin Marnie Hair, nachdem sie Yoko und Sam Havadtoy zu einem Dinner im kleinen Kreis getroffen hatte, ein Jahr nach Lennons Tod. Havadtoy war sechs Monate zuvor in Yokos Apartment gezogen und lebt seitdem mit ihr. Die Aufnahme zeigt die beiden im April 1987 bei Sardi's. (© *1987 Ron Galella*)

mal am Telefon, «und jetzt stellt sich heraus, ich habe die ganze Zeit über eine gehabt.»

Johns wirkliche Familie waren die Beatles. So ist es auch nicht weiter erstaunlich, daß er eines Tages die Hand über den Hörer legte und zu May sagte: «Hast du was dagegen, daß Paul heute nacht herkommt?» May wünschte nichts lieber, als John mit Paul wieder vereint zu sehen, obwohl die McCartneys sie in Kalifornien mit unverhüllter Herablassung behandelt hatten. Was jedoch schlimmer war, kaum hatte May den Rücken gewandt, erzählte Paul John, er habe letztens mit Yoko gesprochen und sei sicher, daß sich Johns Ehe retten ließe, wenn sich John nur Yoko gegenüber demütigen würde und vor ihr auf die Knie fiele. John warf Paul einen vernichtenden Blick zu und sagte ihm, er wisse nicht, worüber er spreche. Paul war durch diese Zurückweisung so erschüttert, daß er ein Glas blutroten Weins auf den schneeweißen Teppich schüttete. «Das tut dem Teppich nur gut», meinte John kühl und legte seine Hand fest und beruhigend auf Mays Schulter, die instinktiv aufstehen wollte, um ihr Heim zu beschützen.

John befreundete sich auch wieder eng mit Mick Jagger. Mick war der konkurrenzlose Gewinner des Rock'n'Roll-Überlebenskampfes. Er hatte seine bemerkenswerte Fähigkeit demonstriert, sowohl den Wahnsinn gnadenloser Schufterei als auch die ungehemmte Vergnügungssucht zu meistern. Obwohl er genausoviele Platten auf den Markt brachte wie ein Paul McCartney, flog Mick ständig zu irgendwelchen Partyereignissen mit den exaltiertesten Mitgliedern des Jet-set. Er war mit Bianca Pérez Morena de Macias verheiratet, einem ehemaligen Mannequin. Mick hatte eine Tochter, Jade, die er abgöttisch liebte, aber sein Status als Ehemann beendete nicht seine Freuden des Junggesellenlebens. Er kreuzte immer mit einem hübschen Mädchen und einer Flasche Beaujolais auf. Er verbreitete nur Klatsch, Klatsch, Klatsch, eingeschlossen den letzten Dreck über George Harrison, den Ringo im Bett mit Maureen erwischt hatte, während Patti mit Georges bestem Freund, Eric Clapton, zusammenlebte. *«Wo bin ich nur gewesen»,* rief John bei jedem neuen saftigen Brocken.

John Lennon hatte gegenüber den Rolling Stones immer eine herablassende Haltung eingenommen, denn jahrelang hatten die

Stones die Beatles nachgemacht. John war darüber hinaus mit Micks verhaßtem Rivalen Brian Jones befreundet gewesen, bis dieser unter ungeklärten Umständen 1969 in einem Swimmingpool zu Tode kam – ein Tod, an dem Mick, wie John fand, unschuldig war. Vielleicht war der bezeichnendste Moment für die Beziehung zwischen John und Mick eine Geste Johns bei ihrem gemeinsamen Auftreten im *Rock'n'Roll Circus*, als der völlig bekiffte John, der einen Fernsehreporter mimte und eine satirische Einlage mit Mick als Popstar brachte, diese damit schloß, daß John seine Hand in Micks Hemd schob und ihn zärtlich streichelte. John meinte immer, daß er das «harte Zeug» der Stones mochte, wie «Satisfaction» und «Honky Tonk Women», aber ihr «Homozeug» könnte er nicht ertragen.

Jagger und Lennon beneideten einander in bestimmter Hinsicht: Mick war von Johns Intelligenz beeindruckt und John von Micks Image. Aber in ihrem privaten Umgang gab es nie auch nur einen Hauch von Konkurrenz. Sie waren einfach gemeinsame Reisende in den Gipfelzonen der Superstars, die nun dazu neigten, zurückzublicken und die Szene mit den gedankenverlorenen Augen alter Veteranen zu betrachten.

Ein Kenner der Stones sagte einmal: «Mick Jagger verspürte eine tiefe Verehrung für John Lennon, oder Respekt, den er nicht zum Ausdruck zu bringen wagte, weil das gegen ihn verwendet werden könnte.» Mick *konnte* sich dagegen im privaten Bereich vor John verbeugen, während John sich seinerseits Anregungen von Micks schneller Auffassungsgabe holte. Ihre Charaktere ergänzten einander. Außerdem war die neuerliche Gegenwart von Mick in Johns Leben ein Zeichen dafür, daß Lennon langsam seinen Weg zurück zur aktuellen Rockszene fand, ein Eindruck, der dadurch bestätigt wird, daß John zu der Zeit an Studioaufnahmen mit Elton John und David Bowie teilnahm, den beiden konkurrierenden Stars des Glitter Rock.

Im Jahr 1974 führte John Lennon, diese sich ständig wandelnde Persönlichkeit, der Mann, der alles hätte sein können, das Leben eines Rockpatriarchen. Jeden Abend war seine Wohnung voll von Stars und Fans, Produzenten, Toningenieuren, Mitläufern und Journalisten – alle und jedwede Art von Leuten, die die Rockgesellschaft verkörperten. Einige dieser Männer brachten ihre Frauen mit, viele ihre Gewohnheiten. Es wurde literweise Wein getrunken und die Gewürze des Lebens eingepfiffen. John lachte und erzählte, gab Reminiszenzen und Prognosen zum besten und bot seine Ansichten über die augenblickliche Weltlage und die Rockszene. Während scharfe chinesische Gerichte serviert wurden und aus der Musikbox, die Capitol zur Verfügung gestellt hatte, die alten Klassiker dröhnten oder jemand sein heißes neues Demo-Band über die Hi-Fi-Anlage zur ersten Begutachtung abspielte, fand John sich zum ersten- und einzigenmal in seinem Leben in der Rolle eines Gastgebers. Obwohl er sich darüber beschwerte, daß die vielen Leute ihn verrückt machen würden, tat das seiner Arbeit überhaupt keinen Abbruch, sie war so gut wie seit Jahren nicht mehr. Ganz offensichtlich war John Lennon ein *heißer* Tip. Das war auch der Grund, weshalb all die neuen Superstars ihn dazu verlocken wollten, in ihren Shows aufzutreten oder bei einem Stück auf ihrer neuesten Platte mitzumachen.

Falls alle diese Hinweise auf Vitalität und Zufriedenheit mit sich und der Welt noch nicht ausreichend beweisen sollten, daß John Lennon, dieser ewige Humpty Dumpty, sich wieder mal gefangen hatte, mag ein letzter Hinweis diese Sichtweise untermauern: Die Wiederkehr von John Lennons legendärem Sinn für Humor. Wie Howard Smith es ausdrückte: «John Lennon hatte eine Art von Humor, mit dem er sich über sich selbst lustig machte, den Yoko zu unterdrücken suchte, denn sie war der Ansicht, das gehöre sich nicht für einen großen Künstler.» Da Yoko nun nicht mehr dazugehörte, sprudelte Johns ätzender Humor wieder an die Oberfläche. Die letzte große öffentliche Kostprobe seines Witzes gab er an einem Samstagnachmittag im September 1974, als Lennon sich auf den Platz von Discjockey Dennis Elsis bei WNEW-FM setzte.

Ganz im Gegensatz zu seinem Auftreten im Film oder im Fernsehen, wo die Scheinwerfer, Kameras und die voyeuristische Betrachtungsweise des Mediums ihn einengten, war die Situation in einem Rundfunkstudio – allein, unsichtbar, umgeben von schallgedämpften Wänden und als Herrscher über ein Mikrophon, geradezu ideal für John, um seinen Geist zu entspannen und seine Lieblingswortspiele abzufeuern. Er konnte nicht nur seine so geschätzten Platten aus den guten alten Tagen abspielen, sondern er konnte dazu auch noch über sie reden, in einer Art und Weise, die alle Hörer oft baß erstaunte, denn er enthüllte dabei den sonst vertuschten Vorgang des Plagiierens. Dabei nahm er kein Blatt vor den Mund, wenn es darum ging aufzuzeigen, wie die Stones immer den Beatles unterlegen waren, indem er zum Vergleich ihre jeweiligen Versionen von «I Wanna Be Your Man» spielte, einen kleinen Ohrwurm, den John und Paul für die Stones runtergefetzt hatten, als diese ihre Karriere begannen, also noch Kieselsteine waren.

Wenn das Stichwort für die Veranstaltungshinweise kam, krähte John: «Heute abend im Joint in the Woods – ratet mal, wer da ist – da ist Damennacht!» Doch dann fiel ihm sein verändertes Bewußtsein ein, und er dachte: «Das werden sie wohl nicht gut finden», und änderte seine Ansage, so daß es nun hieß: «Frauennacht.» Sein Frauenbewegungsansatz verflüchtigte sich aber recht schnell, wenn es um frei gesprochene Zusätze zu seinem Manuskript ging und er die Ansage so verdrehte, daß sie hochgradig sexistisch wurde: «Hier habt ihr eine reine Frauengruppe – Stücker achte – Isis oder Is Is, kommt ganz drauf an, woher ihr kommt. – Alle Frauen zum halben Preis. Himmel, wie toll, da kann auch Bowie rein! ... Wird nächsten Mittwoch abend im Joint in the Woods aufgeführt – geht doch nichts über einen Joint im Wald», sagte er und verlor mit einem Atemzug seine Aussichten auf die Aufenthaltsgenehmigung! *«T-Rex!»*

Der Wetterbericht wurde genauso abgehandelt, mit überdeutlichen Anspielungen, die den Barometerstand betrafen: «Neunundsechzig Prozent und *fallend*!» Die Wettervorhersage: «Morgen wird's sonnig, genauso Monnig, Diennig und Minnig.» – «Morgen wird's genauso wie heute, nur anders.» Und so ging es weiter, zwei friedliche Stunden lang.

Wenn man all die Beweise für Lennons Befindlichkeiten in der zweiten Hälfte des Jahres 1974 zusammenstellt, wird deutlich, daß er eine einzigartige Zeit des Glücks erlebte. Obwohl er viele freudige Momente und Triumphe im Verlauf seiner erstaunlichen Karriere als Popstar und in den frühen Tagen seiner Beziehung mit Yoko Ono erlebt hatte, war der Grundtenor von Lennons Leben immer unglücklicher Natur gewesen. Jetzt aber, zusammen mit May Pang, schien er endlich das gefunden zu haben, wonach er sich immer gesehnt hatte: Liebe und Zuneigung, sexuelle Ergebenheit und Einfühlsamkeit, eine unermüdliche Hilfe bei seiner Arbeit und über all das hinaus eine Frau, die nichts für sich selbst forderte, sondern dafür lebte, John glücklich zu machen.

IHR KRIEGT MICH NICHT

Im Juni 1974, zwei Tage bevor John Lennon mit den Aufnahmen zu *Walls and Bridges* begann, überfiel Al Coury, der Chef von Capitols kalifornischer Werbeabteilung, John und May in der Plattenfirma mit der Nachricht: «Ich hab sie! Sie sind da!» Nach fünf Monaten größter Mühe waren die Spector-Bänder aufgetaucht.

Der energische Coury war durch eine Bemerkung von John Lennon zur Suche nach den Bändern angeregt worden: «Sie werden sie niemals wiederkriegen! Niemand wird Phil finden. Diese gottverdammten Bänder sind *weg*!» Coury mußte davon ausgehen, daß er nicht an Spector herankommen würde, denn er kannte die in der Branche kursierende Geschichte von einem schrecklichen Unfall, bei dem angeblich Spectors Gesicht verunstaltet worden war. (Was er nicht wußte, war die noch seltsamer anmutende Tatsache, daß Phil jedermann, der an dem Rock'n'Roll-Album beteiligt gewesen war, eine Kassette mit Auszügen aus den Lennon-Sessions geschickt hatte, in denen John schmutzige Verse sang, über Drogen redete und einen betrunkenen Narren aus sich machte. In dem gefühligen «Just Because» sollte John einen dieser altmodischen «Are You Lonesome Tonight?»-Sprüche beisteuern, statt dessen schweifte er auf erschreckende Weise ab und versicherte: «Ich will all diese neuen Sängerinnen haben – Carol und die andere da, Nippels [Carly Simon]. Ich will sie haben und an mich drücken – all diese Leute, die James Taylor hatte. *Ich möchte an deinen Nippeln saugen, Baby!*»)

Trotz allem nahm Coury Kontakt mit Spectors Rechtsanwalt und Vertrautem Marty Machete auf, der bis dahin erklärt hatte, daß er in der Sache überhaupt nichts tun könne. Aber der Wind hatte sich gedreht. Capitol hatte Warner wissen lassen, daß sie die Aufnahmekosten für ein Soloalbum von John Lennon gezahlt hatten, der bei der EMI unter Exklusivvertrag stand. Warner zog das Projekt umgehend zurück und verlangte Entschädigung von Spector. Coury versprach Machete, er bekäme in dem Moment, in dem er die Bänder liefern würde, einen Scheck über den kompletten Betrag. Eine Woche später fuhr ein großer Lastwagen auf dem Capitolgelände vor. Ein Berg von Mastertapes purzelte heraus. Coury kopierte alles über Nacht und jagte das Material zum Flughafen, wo er zusehen konnte, wie es in den Sicherheitsfrachtraum desselben Fluges verladen wurde, den er nach New York gebucht hatte.

Ungeachtet seines bizarren Verhaltens bewies Phil Spector, daß er immer noch ein guter Geschäftsmann war. Er erhielt 90 000 Dollar für die Bänder sowie 3 Prozent Tantiemen für jede verwendete Aufnahme und darüber hinaus das Recht, zwei Titel zu seiner eigenen Verwendung zurückzubehalten.

Lange Zeit weigerte John Lennon sich, in die Aufnahmen aus den Studios von Los Angeles hineinzuhören. Eines Nachts schließlich riß er sich zusammen und spielte die neun Songs durch, die sein Anteil an den ursprünglich elf Stücken waren, wobei er jeweils die beste und zweitbeste Aufnahme abhörte. Er drehte sich zu May um und sagte: «Das ist grauenhaft!» Er selbst war stockbesoffen, und die Band spielte falsch und kam nicht zusammen. Es gab keine Möglichkeit, die Aufnahmen irgendwie hinzubiegen. Spector hatte das Ganze mit allen 24 Kanälen weit offen aufgenommen, so daß von einem Kanal zum andern dermaßen viel durchdrang, daß man nichts völlig herausnehmen konnte. Lennon hatte den «Zurück-zu-den-fünfziger-Jahren»-Klang gewollt – und er hatte ihn bekommen.

John hätte in den sauren Apfel beißen und das Rock-Album jetzt fertigstellen sollen, denn er hatte sich dem Musikverleger Morris Levy gegenüber verpflichtet, drei Rock-Standards aus Levys Katalog in das nächste Lennon-Album mit aufzunehmen. Da diese Songs nicht zu den Titeln von *Walls and Bridges* paßten, konnte Lennon mit dem neuen Album nicht weiterkommen, ohne seine Verpflichtung zu verletzen. Ironischerweise hatte er sich selbst in die mißliche

Lage gebracht, indem er einen seiner besten Songs geschrieben hatte.

1969 hatte Timothy Leary Lennon gebeten, ein Wahlkampflied zu schreiben, weil der LSD-Guru den Gouverneursposten von Kalifornien anstrebte. Learys Slogan lautete: «Come together, join the party.» Die offenkundigen sexuellen, sozialen und politischen Wortspiele verdeckten eine okkulte Bedeutung aus dem *I Ging*, bei dem eines der Hexagramme «Come Together» heißt. John konnte das Lied nicht schreiben, aber er mochte den Titel so sehr, daß er ihn als Refrain für ein vollkommen andersartiges Lied benutzte: Eine Travestie auf den ganzen Funky-Boogie-Soul-Groove, auf die große schwarze heilige Kuh der Popmusik. Lennon ging von einem beliebten Stück Chuck Berrys aus, «You Can't Catch Me», abstrahierte die Melodie zu einem Armeleute-Ein-Ton-Riff und verschmolz ein scharfes Stimmengezisch mit einem hypnotischen Urwald-Beat. Dazu sang er seine Verse durch eine Flüstertüte. Wenn der Zuhörer allmählich die Bedeutung herausfindet, die durch fortdauernde Wiederholungen wie unsichtbare Schrift über einer Kerzenflamme erscheint, sieht er die Karikatur eines schwarzen Supertyps à la Chuck Berry, mit rollenden Mohrenaugen, knielangem Haar und einem Maulvoll ernsthaft klingendem, aber sinnlosem schwarzen Blödsinn – ein Charakter aus einem Comic.

«Come Together» war der coolste, treffendste Song des Jahrzehnts, aber die in Wort und Melodie unleugbaren Ähnlichkeiten zwischen Lennons neuem Lied und Berrys altem Klassiker konnten als Verletzung der Rechte des Copyright-Eigners ausgelegt werden – und der war Morris Levy. Als Levy im Oktober 1973 Lennon eine Schadensersatzklage androhte, wollte Harold Seider die Sache durchkämpfen. Doch Yoko sorgte dafür, daß Seider einen außergerichtlichen Vergleich anstrebte, weil sie nicht wollte, daß Lennon nach New York zurückkam. Das Geschäft, das schließlich ausgetüftelt wurde, besagte, daß Lennon in sein nächstes Album drei Songs einbeziehen werde, deren Rechte Levys Verlag Big Seven hielt, und zwar einschließlich «You Can't Catch Me», und daß Lennon Apple dazu veranlassen werde, die Lizenz für drei Beatles-Songs Big Seven zu überlassen. Als *Walls and Bridges* am 16. September 1974 ohne die besagten drei Stücke herauskam, forderte der wütende Verleger eine Zusammenkunft mit dem Mann, der es gewagt hatte, mit ihm getroffene Verpflichtungen zu mißachten. Dies war der Augenblick, als John Lennon den dritten bösen Geist traf.

Es paßte durchaus zusammen, daß John Lennon seine Rock'n'Regression damit beschließen sollte, in die Fangarme jenes Mannes zu geraten, den *Variety* einst als den «Kraken der Musikindustrie» bezeichnet hatte; denn dieser raffinierte Unternehmer repräsentierte die brutale Realität, die hinter dem fröhlichen Mythos der «Rockin' Fifties» stand. Tatsächlich war Levy einer der ersten gewesen, die Rock'n'Roll zu einem einträglichen Geschäft gemacht hatten.

Nach seinem Beginn im Jazz-Nachtclub-Geschäft, als Besitzer des Royal Roost (mit seinem Zuhältertreffpunkt, der Cock Lounge) und später als einer der Betreiber des Birdland war Levy durch seine Partnerschaft mit dem berühmten Alan Freed gleich zu Anfang in den Rock'n'Roll eingestiegen. Sobald dieser Discjockey aus Cleveland 1954 in New York auftauchte, wurde er von Bob Leader, dem Boß von WINS, mit Levy zusammengebracht. Leader wollte einen zähen, erfahrenen Mann wie Morris, um die «Werbeveranstaltungen» durchzuführen – die inzwischen legendär gewordenen Shows in der St. Nicholas Arena und im Paramount Theater, welche das Rock-Showbusiness begründeten. Wenn Levy sich in Erinnerungen über seinen verrückten Partner ergeht, der immer besoffen und abartig gekleidet war – manchmal zog er sich Frauensachen an –, dann zieht er gerne Freeds Originalvertrag aus seinem Schreibtisch. Freed war von der Station für lediglich 15 000 Dollar pro Jahr angestellt worden, aber sobald er in der Stadt eingetroffen war, wollte er viel Geld machen. Die erste Warnung, daß sein neuer Partner ein Gauner sei, erhielt Levy telefonisch von Leader. «Moish», seufzte der Boß der Station, «wir haben ein Problem. Dieser Kerl da, Freed, ist seit drei Tagen in der Stadt, und er hat schon 150 Prozent von sich verraten!» Das war der echte Alan Freed.

Der «Vater des Rock'n'Roll» war ein unheimlicher Rattenfänger – eine Ratte als Rattenfänger. Er schnappte sich die Kinder und führte sie zu dem großen Zuckerwatteberg des Rock. Er gab ihrer Musik den Namen, prägte ihre Wir-gegen-die-Rhetorik, schuf das Showbusiness des Rock einschließlich der Package-Tour mit mehreren Bands und strahlte seine unglaublich populäre Radiosendung aus, in der er Platten spielte, während er den Beat mit der Faust auf einem Telefonbuch mitschlug. Das Programm kam aus einem kleinen, tortenförmigen Gebäude auf der Nordseite des Columbus Circle und konnte rund um die Welt gut empfangen werden – über Radio Luxemburg sogar in Städten wie Liverpool. Doch obwohl er zu den ganz besonders gefühlvoll dargestellten Helden und Märtyrern der Popkultur wurde (vergleiche *American Hot Wax*), ist Alan Freed in Wahrheit eines der Hauptausstellungsstücke in der Unrühmlichkeitshalle des Rock'n'Roll. Als der Altproduzent Jerry Wexler ihn den «größten lebenden Drecksack der Welt» nannte, drückte er ziemlich genau aus, was die Leute aus der Branche über Freed dachten.

Vielleicht dachte Jerry an die Zeit, als seine Firma, Atlantic Records, einen Swimmingpool in Freeds Haus in Westport einbaute. Sobald die Arbeit fertig war, hörte der Super-Discjockey damit auf, Schleichwerbung für das Label zu machen. Als Levy anrief, um herauszufinden, was los war, erklärte Freed: «Ich muß beweisen, daß ich denen nicht gehöre!» Das war typisch für Freed, der nicht nur ein Gauner, sondern dazu noch ein selbstgerechter Heuchler war. Selbst Morris Levy mußte zugeben, daß der «Vater des Rock'n' Roll» kein netter Mensch war. Er sprach als Jude zu einem Juden über einen dritten Juden, als er schlicht feststellte: «Er hätte ein zweiter Hitler werden können.»

Die Partnerschaft mit Freed brachte Levy dazu, Roulette Records zu gründen, eine Firma, von der Freed einen stimmentscheidenden Anteil von 25 Prozent besaß. Drei Monate nach dem Start der Gesellschaft marschierte die Mafia in Levys Büro und machte klar: «Wir sind Ihre Partner.»

«Wieso?» bellte Levy.

«Alan Freed hat uns seinen Anteil verkauft», lautete die furchteinflößende Antwort.

Levy mußte sich drehen und wenden, um aus dieser Schlinge wieder herauszukommen. Andererseits verschaffte Freed Levy auch einige Möglichkeiten, leichtes Geld zu machen.

Zum Beispiel zu der Zeit, als Freed daran gehindert wurde, seine Show *Moon Dog Rock'n'Roll House Party* zu nennen. (Dagegen hatte Louis Hardin Klage eingereicht, der echte Moon Dog, ein blinder Straßenmusiker, der an der Ecke Fifth Avenue/42nd Street stand, in ein khakifarbenes Bettlaken eingewickelt, mit einem Wotan-Speer in der Hand und einem Wikingerhelm auf dem Kopf.) Als der Discjockey seine Show in *Alan Freeds Rock'n'Roll Party* umbenannte, schnitt sich Levy von der Angelegenheit eine Scheibe ab und verschaffte sich das Copyright für das neue Etikett «Rock'n' Roll», das Freed für diese Art Musik bereits 1951 eingeführt hatte, als sie noch ausschließlich unter dem Namen Rhythm and Blues bekannt war. Von da an mußte jeder, der kommerziellen Gebrauch von diesem häufigsten Begriff im Wortschatz der Popmusik machte, Lizenzgebühren an Morris Levy zahlen. Schließlich hob ein Gericht Morris' Exklusivrechte auf und erklärte, der Begriff Rock'n'Roll sei in öffentlichen Besitz übergegangen. Doch Morris fand noch etliche andere Wege, mit dem Big Beat Geld zu verdienen.

Am 8. Oktober 1974 kam der Rock'n'Roll-Fan John Lennon in den Cavallero-Club in der 58th Street, zwischen der 5th Street und Madison Avenue. Die private Bar mit Restaurant gehörte Morris Levy und wurde gerne von allerlei Schlitzohren besucht. Es war fast so, als sollte John Lennon nun als Superstar mittleren Alters erfahren, was er möglicherweise hätte mitmachen müssen, wäre er ein talentierter junger Bursche in den Tagen von Frankie Lymon gewesen, der ebenfalls eines der Besitztümer von Morris Levy war. Der Clubmanager ließ die Lennon-Gesellschaft – John, May und Harold Seider – auf einem hufeisenförmigen Sofa Platz nehmen. Phil Kahl trat zu ihnen, ein früherer Schleichwerbungsspezialist und mittlerweile Vizepräsident bei Big Seven Music, und setzte sich auf einen der Stühle, die an der Außenseite des Tisches standen. Kurz darauf ließ sich der muskulöse Morris Levy auf dem zweiten Stuhl der Runde nieder.

John Lennon, der all die üblichen stereotypen Vorstellungen über Juden mit sich herumtrug, hatte vermutlich eine Art grauhaarigen Abraham erwartet, mit einer Zigarre zwischen den lila Lippen. Statt dessen traf er auf einen zäh aussehenden Mann, der immer noch in seinen Vierzigern stand und die Figur eines ehemaligen Boxers hatte. Sobald man sich bekannt gemacht hatte, lehnte sich Levy zu Lennon herüber und brummte: «Was ist passiert?»

Das war das Stichwort für Lennons Auftritt. Er hatte die Geschichte seines Unglücks mit Spector bereits so oft erzählt, daß das Klagelied die Ausmaße eines komischen Epos angenommen hatte. Lennon war sich klar darüber, daß er hier eine seiner besseren Vorstellungen geben mußte. So trug er nahezu eine Stunde lang die Saga von Phil dem Schrecklichen vor. Als der Bericht endlich bei den seltsamen Gerüchten über Spectors Motorradunfall auf einer abgelegenen Straße in Arizona und seiner anschließenden Eingipsung angekommen war, nickte Levy mit säuerlich verzogenem Mund seine Zustimmung – wie ein Mann, der alles schon einmal gehört hat. Als alles erzählt und jede Pointe bekichert worden war, fiel die Stimmung wieder auf das Niveau zurück, auf dem sie gewesen war, als Lennon hereingekommen war.

«Das ist Schnee von gestern», schnarrte Levy. «Wie geht's jetzt weiter?»

Scherzend erwiderte Harold Seider: «Würden zweihunderttausend Dollar die Wunde schließen?»

Levy lächelte nicht einmal. Statt dessen wandte er sich zu Kahl um und sagte: «Erklären Sie ihm, warum zweihunderttausend *nicht* genug sind.»

Kahl erging sich in einem langen Monolog darüber, wie viele tausend Dollar durch Noten und Copyrightgebühren und diese und jene Quelle die Welt dort draußen in die Koffer von Big Seven geschüttet hätte, wenn John Lennon seiner Verpflichtung nachgekommen wäre und drei Songs von Levy aus den Fünfzigern eingespielt hätte. Nicht, daß dieser Vortrag irgend jemanden beeindruckt hätte, der die Harvard Business School besucht hatte – aber eines war klar: Billig würde Levy Lennon nicht vom Haken lassen.

Nun stellte sich die Frage: Was konnte mit den Bändern getan werden, die wieder aufgetaucht waren? Lennon erklärte, daß die Aufnahmen in keinem veröffentlichungsfähigen Zustand waren. Es gab eine Menge technischer Probleme. Tatsächlich konnten nur drei Stücke umgehend herauskommen – an ein ganzes Album war nicht zu denken! Lennon hatte in Erwägung gezogen, diese drei Titel auf eine EP, eine 17-cm-Schallplatte, zu packen, aber alle hatten ihn gewarnt, daß dieses im sparsamen Großbritannien populäre Format in Amerika nicht ankommen würde. Was sollte also getan werden?

Lennon gab zu, daß er sich schämte, 90000 Dollar für ein Unternehmen verschwendet zu haben, das gescheitert war, aber mehr Mühe und Geld zu investieren schien nicht ratsam, weil sie den idealen Zeitpunkt verpaßt hatten. Die Rock'n'Roll-Nostalgiewelle hatte im vorausgegangenen Jahr mit *American Graffiti* ihren Höhepunkt erreicht. Würde man jetzt ein Album mit Oldies herausbringen, so würde man es auf einer verebbenden statt auf einer heraufflutenden Welle zu Wasser lassen. Und was noch mehr ins Gewicht fiel: Nach all dem Lärm, den die Aufnahmesessions in der Branche gemacht hatten, würde sich jeder am Spiel beteiligte Kritiker auf das Album stürzen und es, falls es sich nicht als absoluter Hammer erwies, gnadenlos verreißen. Das Ganze sei eine Schande, seufzte Lennon, denn die Idee sei gut gewesen, und er habe sogar ein paar großartige Präsentations- und Vermarktungsideen gehabt. Im Fernsehen hatte es einen Werbespot für Seven Up gegeben, mit einem altgedienten Schmalzlocken-Rocker in Lederkluft, der bei seinem Auftritt «Hey! Erinnert ihr euch an mich?» sagte. Lennon wollte seine Lederjacke anziehen, das Haar einfetten und nach hinten zurückkämmen wie damals, als er ein Teddy Boy gewesen war, und diesen Teil übernehmen. Er würde voll in die Kamera blicken und sagen: «Ihr hättet dabeisein sollen!»

«Daraus könnten wir etwas Riesiges machen, John», rief Morris Levy plötzlich aus und fügte hinzu: «Habt ihr jemals etwas von Adam VIII gehört?» May Pang erinnerte sich des Namens. Es war eine jener Gesellschaften, die in der Fernsehwerbung «20 Hits von Chubby Checker für nur 4 Dollar 98» anbieten. Außerdem war es eine von Morris Levys derzeitigen zehn oder fünfzehn geschäftlichen Unternehmungen.

Jetzt war der alte Profi an der Reihe zu reden, und er gab dem berühmten Rockstar eine kleine Unterrichtsstunde über Schallplattenverkauf per Post. Wie man «das Land aufrollt», indem man Blitz-Verkaufsaktionen erst in der einen, dann in der nächsten Region veranstaltet, wie man Werbezeiten bei den Fernsehanstalten kauft und die Kosten mit den Bestellkosten in Einklang bringt, selbst wie man an die Leute herankommt, die nicht schriftlich bestellen, nämlich indem man Einzelhandelsverträge mit großen Ladenketten abschließt, so daß die Fernsehzuschauer dort über die Alben in speziellen Regalen stolpern. O ja, Levy kannte sich bestens aus – nach seiner Aktion mit der Chubby Checker-Platte war dessen Honorar bei Clubauftritten von 300 auf 3000 Dollar pro Woche hochgeschnellt!

Was Levy Lennon zunächst nicht mitteilte, war die Tatsache, daß er zwei Jahre zuvor gemeinsam mit Allen Klein viel Arbeit in die Präsentation einer Doppel-LP mit vermischten Beatles-Songs gesteckt hatte. Damit wollte Klein die Raubpressungen aus dem Rennen schlagen, deren Alben über die Werbung in lokalen Fernsehstationen im ganzen Land verkauft wurden. Obwohl das Geschäft damals nicht zustande kam, brachte es eine interessante Information ans Tageslicht: Die Beatles hatten eine Ausnahmeklausel in ihrem Vertrag mit Capitol, die es Apple erlaubte, Zusammenstellungen für den Postvertrieb herauszubringen, ohne dafür eine Genehmigung von der Plattenfirma einholen zu müssen. Würde Lennon also von Levys Sermon über den Fernsehverkauf überzeugt sein, hätte man einen legalen Weg gefunden, das Produkt zu vermarkten.

Im Verlauf der Diskussion nahm Lennons Interesse an der Idee zu. Immerhin war John geradezu fernsehsüchtig. Kaum jemand wußte die Bedeutung des Mediums mehr zu würdigen als er. Jetzt wurde ihm bewußt, daß er eine Menge seiner Probleme lösen konnte, wenn er sein Oldie-Album exklusiv per TV verkaufen würde. Indem er die normalen Verteilungskanäle verließ, würde er die Kritiker umgehen und das Produkt unmittelbar in die Hände des Plattenkäufers legen. Außerdem wäre er der Erste in einer neuen Branche, denn noch nie zuvor hatte irgendein bedeutender Künstler neues Material auf diesem Markt angeboten, sondern immer nur Zweitzusammenstellungen. Am besten gefiel ihm der Gedanke, daß er auf diese Weise der EMI eins auswischen würde, von der er sich bisher immer nur ausgenutzt gefühlt hatte. Je mehr Lennon über die Idee nachdachte, desto aufregender erschien sie ihm.

Als Levy erst einmal sah, daß er John am Haken hatte, war es einfach, ihn einzuholen. Levy nahm einen Filzstift aus der Tasche, griff sich eine Papierserviette und begann, verlockende Zahlenspiele hervorzuzaubern. Zu den Verkäufen auf dem Postweg addierte er die Sonderregal-Geschäfte, verknüpfte die Verkaufszahlen der Alben mit den Verkäufen der sogar noch kostspieligeren Kassetten, machte dann den abschließenden, atemberaubenden Sprung vom amerikanischen Markt auf den *Weltmarkt* und kam so schließlich zu vier bis sechs Millionen Einheiten im Wert von etwa *25 Millionen Dollar*!

Lennon war wie hypnotisiert. Er hatte nur eine Frage im Kopf: Ist es legal? Er drehte sich zu Harold Seider um und fragte: «Können wir das tun?» Seider kannte Lennons Verträge praktisch auswendig. Klausel für Klausel war er sie mit Allen Klein durchgegangen, nachdem sie neu aufgesetzt worden waren. Er warnte Lennon, daß er bei der EMI bis Januar 1976 unter Vertrag stand. Über die amerikanischen Rechte war er sich nicht sicher; aber es war keine Frage, daß die Weltrechte für die EMI reserviert waren. Sie würden eine Genehmigung einholen müssen.

«Mit wem in der EMI würden Sie darüber reden?» fragte Levy, der das Problem unbedingt personalisieren wollte.

«Ich würde zu Len Wood gehen», antwortete Seider und meinte damit den Leiter der EMI-Schallplattengruppe.

Levy lächelte und scherzte: «Wann brechen Sie nach England auf, Harold?»

In der Zwischenzeit gab es eine Menge Arbeit, die hier und jetzt erledigt werden konnte. Lennon könnte ins Studio zurückkehren und die neun Songs aufnehmen, die das Album abrunden würden. Levy erklärte, daß die Idee beim Postversand darin bestand, den Kunden ein Supersonderangebot zu machen: zwanzig Stück für weniger Geld, als man normalerweise für zehn bezahlt. Lennon schoß zurück, daß zwanzig undenkbar seien. Es sei ein fester Grundsatz von ihm, nie mehr als zwanzig Minuten Musik auf eine Seite zu packen, denn bei mehr müsse man die Rille verkleinern und die Amplitude, also die Lautstärke der Aufnahme, herabsetzen. Andererseits, wenn er einige Songs kürze und ein paar Medleys unterbringe, könne er fünfzehn oder sechzehn Songs reinquetschen. Preisgestaltung, Tantiemen, die Verteilung der Kosten – dies hingegen waren Geschäftsangelegenheiten, für die sich John Lennon nicht interessierte. So spaltete sich das Treffen an diesem Punkt in zwei Teile auf. Levy und Seider steckten ihre Köpfe über den Zahlen zusammen, während John, May und Phil Kahl Listen von Liedern aufstellten, die für das Album in Frage kamen. Kahl bot sich selbst als Mittelsmann an. Er würde Exemplare der Original-Singleplatten beschaffen und die Noten für die Musiker, und er würde die Verlage wegen der Rechte und Honorare angehen. Als Levy das Wort «Honorare» hörte, bellte er: «Hol sie dir billig!»

Als John Lennon den Cavallero-Club in dieser Nacht verließ, war er in Hochstimmung. Mit einemmal sah alles wieder gut aus. Nach einem Jahr voller Ärger stand John im Begriff, sein Rock'n'Roll-Album herauszubringen. Am Montag darauf, als John und May abends wieder in den Cavallero-Club kamen, war bereits ein großer Teil der Arbeit getan worden. John konnte Morris Levy mitteilen, daß er alles Nötige veranlaßt hatte: Mehrere wichtige Musiker waren bereit, von der Westküste herüberzufliegen, der Rest der Band war in New York engagiert worden, die Studiozeiten waren gebucht, und auch bei der Beschaffung der nötigen Platten und Noten war man weitergekommen. Als nächstes würden die Musiker versammelt werden und sorgfältig proben, so daß man anschließend ohne Zeitverlust einen Song nach dem anderen einspielen könnte. Fraglich war nur, ob sich die Musiker an den von John aufgestellten Zeitplan halten würden. Wie Kinder würde man sie ständig im Auge behalten müssen, denn sonst trollten sie sich und verzögerten damit das ganze Unternehmen.

Daraufhin bot Levy Lennon an, die Musiker auf seine Farm zu bringen. Sie könnten sich dort ein paar Tage aufhalten und ohne Ablenkung proben. Dann würden sie in die Stadt zurückkommen und direkt ins Studio gehen. John war von dem Vorschlag nicht überzeugt. Er erklärte, daß es Transportprobleme geben würde, weil die Musiker von der Westküste zu unterschiedlichen Zeiten einträfen. Levy sagte, er werde alles Nötige organisieren. John sagte, daß sie ihre Verstärker, Schlagzeuge und sonstige Ausrüstung bräuchten. Levy sagte, er werde für einen Lieferwagen sorgen. John sagte, daß sie ihre Proben gern aufnehmen würden, um eine Vorstellung zu bekommen, wie es klang. Levy bot an, die gewünschten Aufnahmemaschinen bereitzuhalten. Also wurde beschlossen, daß alle am darauffolgenden Wochenende nach Ghent im Staate New York fahren und ein Arbeitswochenende auf dem Lande verbringen würden.

Es stellte sich heraus, daß Milchwirtschaft ein weiterer Zweig von Morris Levys vielfältigen Geschäften war. Als John und May im luxuriös umgebauten Farmhaus eintrafen, fanden sie alles vorbereitet. Phil Kahl hatte das Piano korrekt aufgestellt, die Plätze für die Musiker wie in einem Aufnahmestudio arrangiert und sogar auf jeden Platz die Noten in alphabetischer Reihenfolge gelegt.

Das Wochenende ging glatt über die Bühne. Um neun Uhr gab es ein riesiges Frühstück, dann wurde bis zum Mittagessen geprobt, und nach einem Waldspaziergang ging es bis zum Abendessen weiter. Am Abend spielten sie Backgammon oder würfelten auf dem Kaffeetisch. John verlor 1500 Dollar, ohne überhaupt nur den Würfel anzurühren – Morris brachte ihm das Spiel bei. Der einzige unpassende Vorfall ereignete sich während einer Pause am Nachmittag. Jesse Ed holte drei Gewehre aus dem Waffenschrank, verschaffte sich Munition und sagte zu den anderen: «Kommt, wir machen ein kleines Zielschießen.» Sie gingen am Teich vorbei hinter das Haus und nahmen ihre Plätze auf dem Schießstand ein. Als John an der Reihe war, schoß er das ganze Magazin leer, ohne auch nur einmal das Ziel zu treffen. Er war sauer über seine typische Ungeschicklichkeit und ging mit den andern Jungs zum Haus zurück. Plötzlich hörten sie ein blubberndes Geräusch. Als sie sich umdrehten, sahen sie, wie das Ruderboot von Morris im Teich versank!

Am Montag ging die Band ins Studio und spulte die Songs wie ein gut funktionierendes Uhrwerk ab. Am Ende der Woche waren alle Aufnahmen komplett. Eine Schneide- und Mix-Woche schloß sich an. Wie üblich trieb Lennon alle an, um mit der Sache fertig zu werden. Dann kam der große Augenblick. Am Abend des 1. November 1974 erschienen John und May wieder im Cavallero-Club.

«Ich hab's fertig», sagte John zu Morris Levy. «Es ist suuuper! Ich möchte es nicht mehr sehen.» Levy fragte, ob er eine Kopie haben könne. John erklärte, es sei eine unterwegs. Bald darauf erschien ein Bote von der Plattenfirma mit zwei Spulen. Es war das komplette Album. Nur der Titel fehlte noch. Johns Vorstellungen gingen in Richtung *Old Hat* oder *Gold Hat*, aber er wollte noch weiter darüber nachdenken. Auf jeden Fall hatte Lennon die ganze Arbeit in weniger als drei Wochen erledigt – dank des kräftigen Anstoßes, den er von Morris Levy erhalten hatte.

Es lag nahe, das Album noch fürs Weihnachtsgeschäft durch die Herstellung zu jagen. Genau das wollte Levy auch, wie er auf einem Treffen mit Harold Seider und Michael Graham äußerte. Graham war Anwalt bei Marshal, Bratter, Greene, Allison & Tucker, der New Yorker Kanzlei, die Lennon bei der Auflösung der Beatles-Partnerschaft vertrat. «Wie stellen Sie sich das Geschäft vor?» fragte Harold Seider.

Zum erstenmal legte Levy eine komplette Aufschlüsselung der Kosten vor. Die Zahlen zeigten, daß einer der Beteiligten wohl ein großes Zugeständnis machen müßte. Wenn eine der wichtigen Ladenketten ein 4,98-Dollar-Album in die Regale stellen sollte, mußte man ihnen 1,50 bieten. Rechnete man 1,25 für die Fernsehwerbung dazu und dann die normalen Herstellungskosten – 40 Cent für die Platte, 15 Cent für die Hülle, 3 Prozent Transportkosten, um die Ware in die Läden zu kriegen, sowie 2 Cent pro Stück Verlagstantiemen und das halbe Prozent für die amerikanische Musikervereinigung –, würden schließlich nach Abzug von Levys Gewinn – 1 Dollar pro Album – gerade noch 23 Cent pro Platte für John Lennon und Capitol (die 90 000 Dollar in das Projekt gesteckt hatten) übrigbleiben. Johns übliche Vergütung lag bei 60 Cent – ganz davon abgesehen, was die Schallplattenfirma normalerweise erhielt. Ein einziger Blick auf die Zahlen ließ das ganze Geschäft als undurchführbar erscheinen.

An diesem Punkt wäre es sinnvoll gewesen aufzugeben, aber das beste, was Seider ohne irgendein Mandat von Lennon erreichen konnte, war ein Aufschub. Er sagte Levy, daß es kein günstiger Zeitpunkt sei, die EMI zu ärgern, weil die Beatles im Begriff standen, ihr Übereinkommen zu unterzeichnen, an welchem seit Jahren gefeilt worden war. Es sollte nichts unternommen werden, was für Unruhe sorgen könnte. Levy akzeptierte Seiders Entschuldigung, fuhr jedoch fort, in der Annahme zu handeln, er habe ein gültiges Abkommen, obwohl niemand auch nur ein Wort mit Capitol gewechselt hatte.

Dieses Versagen der Kommunikation zwischen Levy und Capitol erinnerte an den fehlenden Austausch zwischen Lennon und Levy, der zu dem Krach nach der Veröffentlichung von *Walls and Bridges* geführt hatte. In beiden Fällen war der Mann, von dem man hätte annehmen sollen, er würde etwas unternehmen, Harold Seider. Hätte er mit Levy vor der Veröffentlichung von *Walls and Bridges* Kontakt aufgenommen, um ihm die Geschichte mit dem Rock'n' Roll-Album zu erzählen, würde er seinen Klienten vor dem Urteil bewahrt haben, in böser Absicht gehandelt zu haben. Während nun Levy und Capitol sich auf einem ähnlichen Kollisionskurs befanden, schien Seider tatenlos daneben zu stehen und einen weiteren, sogar noch schwerwiegenderen Zwischenfall zuzulassen. Warum?

Harold Seiders Verhalten muß in Verbindung mit der Rolle gesehen werden, die er sich selbst im Umgang mit John Lennon zugewiesen hatte – nämlich als Ratgeber, der es seinem Klienten überließ, die letztendlichen Entscheidungen zu treffen. Diese Einstellung klingt vernünftig, war aber John Lennon gegenüber völlig unangebracht. John hatte sich immer darauf verlassen, daß ihm sein Manager sagte, wie er sich in geschäftlichen Dingen verhalten sollte. Lennon auf diesem Gebiet eigene Entscheidungen treffen zu lassen, war zuviel verlangt. Was die Sache noch schlimmer machte, war Lennons Angewohnheit, sich unliebsamen Dingen nicht zu stellen, sondern einfach auszuweichen, außerdem hatte er die Tendenz, getroffene Entscheidungen immer wieder umzustoßen. «Wenn ich etwas unterschreibe und mag es später nicht», hatte Lennon Seider gewarnt, «dann sage ich, ich sei unzurechnungsfähig gewesen. Ich leugne es ab.» Lennon lediglich zu beraten war also keine Möglichkeit, seine Probleme zu lösen. Man konnte ihn *managen*, so wie das Brian Epstein, Allen Klein und Yoko Ono auf ihre je eigene Art getan hatten, aber eine Einstellung wie die von Seider führte zu nichts. «John wollte dominiert werden», räumte Seider am Ende selbst ein.

Mit dem Weihnachtsfest 1974 rückte auch die langerwartete Auflösung der Beatles-Partnerschaft näher. Das 202 Seiten starke Übereinkommen, das eine Heerschar von Anwälten in achtzehn Monaten ausgearbeitet hatte, enthielt sorgsam erwogene Lösungen für alle finanziellen und rechtlichen Probleme der Beatles. Das Hauptproblem bestand darin, die Interessengegensätze zwischen den Partnern auszugleichen. Paul zum Beispiel wollte gegen alle Forderungen abgesichert sein, die Klein möglicherweise gegen die Beatles geltend machen würde, denn Paul hatte Klein von Anfang an nicht gewollt und nie die Management-Vereinbarung unterschrieben. Ringos Sorgen rührten von dem Umstand her, daß er das einzige Bandmitglied war, welches sich nicht zu einem erfolgreichen Songwriter oder Soloplattenstar entwickelt hatte. George hatte 320000 Pfund aus der Apple-Kasse genommen, um Friar Park zu kaufen, ein bizarres viktorianisches Spukschloß, in dem er ein supermodernes Aufnahmestudio eingerichtet hatte; er wollte keine 90 Prozent Steuern auf diesen Vermögenswert zahlen. Lennon, der mehr Geld aus Apple herausgezogen hatte als irgendein anderer Partner, hatte Millionen für seine Filme und Kunstprojekte verschwendet und darüber hinaus 300000 bis 400000 Dollar in Tittenhurst gesteckt. Falls er auf all diese Posten Steuern entrichten müßte, wäre er ruiniert. Andererseits wäre es nicht fair, Apple die Auslagen von John, George und Ringo schlucken zu lassen, da Paul der Gesellschaft seine eigenen Projekte nicht in Rechnung gestellt hatte. Eines der Hauptziele des Übereinkommens war es denn auch, *Parität* unter den Partnern herzustellen, sowohl bezüglich vergangener Aktivitäten als auch für zukünftige.

Dank komplizierter Tauschvereinbarungen bekam Paul 300000 Pfund in bar, und die Eastmans erhielten 170000 Pfund für ihre Arbeit für den Apple-Maclen-Prozeß. Dem Verlag von George, Harrisongs, wurde ein 250000-Pfund-Darlehen zugesagt, das durch Hypotheken auf Friar Park abgesichert war, um den Hauptteil seiner Schulden der Gesellschaft gegenüber zu tragen. Ringo bekam Tittenhurst, und John wurde auferlegt, Apple 50 Prozent seiner Filme, einige seiner eigenständig produzierten Songs wie etwa «Instant Karma» sowie andere Vermögenswerte zu überlassen. Ihm wurde allerdings ein Vetorecht bezüglich der kommerziellen Ausnutzung seiner Arbeit zugestanden.

Die wichtigsten Ergebnisse des Übereinkommens waren (1) die Freigabe der eingefrorenen Beatles-Tantiemen und (2) das jedem Beatle zugesprochene Recht, alle Einkünfte aus individuellen Unternehmungen nach dem Oktober 1974 direkt zu beziehen. Lennons Anteil an den gesperrten Geldern machte etwa 1,5 Millionen Pfund aus, und weitere 1,5 Millionen (die er jedoch nicht aus Großbritannien abziehen konnte) erhielt er durch den Verkauf seiner

ATV-Aktien. Da das Pfund damals zwischen 2,25 und 2,50 Dollar schwankte, kann John Lennons Gesamtvermögen nach seinen Jahren mit den Beatles nicht mehr als 7,5 Millionen Dollar ausgemacht haben. Tausende Amerikaner hatten ähnlich viel Geld.

Der größte Mangel der Übereinkunft bestand darin, daß sie nicht zur Auflösung von Apple führte. Die Einnahmen der Beatles als Band würden weiterhin an Apple gehen. Als die Vereinbarung unterzeichnet wurde, ging man jedoch allgemein davon aus, daß die Auflösung von Apple bald folgen werde. Statt dessen existiert die Firma bis heute und nimmt immer noch dieselbe Funktion wahr, nämlich zu demonstrieren, daß ein «Come Together» der Beatles nicht stattfand.

Der Termin für die Unterzeichnung der Vereinbarung war an George Harrisons Konzert im Madison Square Garden am 19. Dezember 1974 gekoppelt worden. Man hatte die Unterzeichnung als eine Art Party geplant; im Plaza war eine riesige Suite mit Bar und Buffet gebucht worden. Ein langer Tisch wurde mit grünem Filztuch bedeckt, und die Dokumente wurden in der Reihenfolge der zu leistenden Unterschriften ausgelegt. Um Mitternacht, der vereinbarten Stunde für die Zeremonie, war die Suite voll von Männern in dunklen Anzügen, die plauderten, aßen, tranken und große Erleichterung ausstrahlten. Paul und Linda hatten eine tragbare Video-Ausrüstung mitgebracht, um das Ereignis für die Nachwelt aufzuzeichnen. Nur Ringo, der eine von Allen Klein angestrengte Vorladung umgehen wollte, war nicht dabei, nahm jedoch über eine offene Telefonleitung von England aus an der Veranstaltung teil.

Als es auf zwei Uhr nachts zuging, begann Harold Seider unruhig zu werden. Da John überall zu spät kam, hatte zunächst niemand seine Abwesenheit kommentiert, doch nun hielt er den Gang der Geschichte auf. Seider ging in ein Nebenzimmer und wählte die Nummer des Apartments am Sutton Place. Als John antwortete, wollte Seider wissen: «Was ist los?»

«Ich hab geschlafen», erwiderte John.

«Du solltest hier sein, um das Übereinkommen zu unterschreiben», schnappte der verblüffte Rechtsanwalt.

«Ich werde nicht unterschreiben», gab John zurück.

«Wieso?» keuchte Seider.

«Die Sterne stehen ungünstig», antwortete John und legte auf.

Seider, der Lennon mittlerweile zu gut kannte, als daß ihn noch irgend etwas hätte umhauen können, wandte sich an die versammelte Gesellschaft und verkündete: «John sagte, er unterschreibt nicht, weil die Sterne ungünstig stehen.»

Daraufhin eilte George zu Seider, fuchtelte aggressiv mit einem Finger in der Luft und er bellte: «*Du* bist der Sterndeuter, Harold! Du willst bloß neu verhandeln!»

Dieser Meinung waren alle außer Paul, der sich an Johns Rechtsanwälte wandte und ihnen ärgerlich entgegenschleuderte: «Lennon ist nicht mehr der Boß der Band! Er benimmt sich wie ein Kind!»

Später erinnerte sich Michael Graham: «Wir antworteten Paul mit keinem Wort, denn er hatte 100 Prozent recht!»

Am wütendsten von allen war George Harrison. Er hatte gerade einen enttäuschenden Abend im Madison Square Garden hinter sich, wo die Fans ihr Mißvergnügen an einer langen Session mit Ravi Shankar deutlich zum Ausdruck gebracht hatten, worauf Maharrison ihnen das Maul mit einer Dosis religiöser Heilsmittel stopfte. Außerdem war George noch sauer über ein Zusammentreffen mit John ein paar Tage zuvor, bei dem er von John hatte wissen wollen: «Wo warst du, als ich dich brauchte?» Er spielte damit auf das Bangladesh-Konzert und all die andern Male in den zurückliegenden vier Jahren an, bei denen John seinen alten Kumpel im Stich gelassen hatte. «Ich habe *alles* getan, was du sagtest», spuckte George bitter aus, «aber du warst nie da!»

Der Vorwurf war berechtigt, aber George durchschaute nicht, daß John als ein total mit sich selbst beschäftigter Mensch zwar von allen erwartete, sie müßten ihn unterstützen, jedoch keinerlei Verpflichtung empfand, sich dafür irgendwie zu revanchieren. Anstatt George die Hand hinzustrecken und ihn friedlich zu stimmen, fiel John nichts Besseres ein als die Bemerkung: «Du wußtest immer, wo ich zu erreichen war.»

Im selben Augenblick stieß George seinen Kopf dicht vor Lennons Gesicht und zischte: «Ich will deine Augen sehen. Ich kann deine Augen nicht sehen.» Entgegenkommenderweise nahm John seine Sonnenbrille ab und ersetzte sie durch ein Paar helle Gläser. «Ich kann deine Augen noch *immer* nicht sehen!» schrie George, riß

Lennon die Brille vom Gesicht und schleuderte sie auf den Fußboden. Normalerweise hätte so etwas John in ein wild angreifendes Tier verwandelt. Doch seltsamerweise blieb er wie erstarrt stehen.

In der Nacht der Vertragsunterzeichnung mußte George feststellen, daß John ihn einmal mehr im Stich gelassen hatte. Er nahm sich ein Telefon und rief Lennon an. Als May Pang antwortete, keifte er: «Erzähl ihm einfach, daß ich diese Tour allein begonnen habe und sie auch allein zu Ende bringen werde!» (Er bezog sich auf ein verspätetes Angebot Johns, ihn auf der Bühne zu unterstützen.) Damit knallte der Schüchterne unter den Beatles den Hörer auf die Gabel. Am nächsten Abend wurden John und George öffentlich miteinander versöhnt, doch ihre persönliche Beziehung war zu Ende.

Was hatte John im letzten Augenblick zurückschrecken lassen? May Pang berichtete, daß John sich von Anfang an seine Abneigung hatte anmerken lassen, den Pakt zu unterschreiben. «Seit wir zusammen waren, hatte ich seinen Anspielungen entnommen, daß Johns Abkehr von den Beatles vor allem Yokos Idee gewesen war», erklärte sie. «Ohne Yokos Drängen fühlte er sich seltsam zwiespältig bei dem Gedanken, daß sich die Beatles zu diesem Zeitpunkt offiziell auflösen sollten. Außerdem entsprach es seiner Natur, einen Standpunkt einzunehmen, der dem von Paul McCartney entgegengesetzt war. Paul wollte die Abmachung unbedingt unterschrieben haben. Ob es nun für ihn von Vorteil war oder nicht, jedenfalls war John prinzipiell dazu aufgelegt, nicht zu unterschreiben.»

Als am Nachmittag des Unterzeichnungstages ein Anruf Ort und Zeit mitteilte, schloß John sich im Schlafzimmer ein und weigerte sich herauszukommen.

«John, was ist los?» rief May.

«Ich werde nicht unterschreiben», sagte er von der andern Türseite aus.

«Was?» fragte sie verblüfft.

«Es ist unfair. Ich muß mehr Steuern zahlen als die andern. Meine Steuern werden doppelt so hoch sein.»

May war außer sich und rief Yoko an, die John eine Nachricht überbringen ließ. Sie besagte, ihr Astrologe habe sie vor der Unterzeichnung gewarnt.

Was Lennon in Wirklichkeit nicht paßte, machte Harold Seider deutlich: «John wußte, daß er das meiste aus Apple herausgeholt hatte, aber er wollte nichts zurückzahlen, und er wollte seine Steuern auf ein Minimum beschränken. Er hatte der amerikanischen Niederlassung von Apple ungefähr eine Million Dollar entnommen. Es hatte 180 000 Dollar Kosten für Aufnahmen gegeben, vor allem für die von Yoko, Filmproduktionskosten von etwa 55 000 Dollar, Ausgaben bei der Vormundschafts-Geschichte, den Einwanderungs-Fall mit noch mal 55 000 Dollar, das Fiasko mit dem Syracuse-Museum mit 70 000, Ausgaben für Werbezwecke. Er hat Möbel für sein Apartment gekauft, Fernseher und Gitarren – weitere 100 000 Dollar. Persönliche Sachen. Er hatte Geld von Apple geliehen, und so fort. Hätte Apple zu ihm gesagt: ‹Das ganze Geld, das du bei Apple entnommen hast, gehört dir persönlich›, dann hätte er auf diese Million Steuern zahlen müssen. Damals lag der Spitzensteuersatz bei 72 Prozent... Wir arbeiteten eine Regelung aus, derzufolge Apple alles bis auf 150 000 bis 250 000 Dollar übernahm [was durch ein Darlehen von Apple California ausgeglichen wurde, das dem Äquivalent von 100 000 Pfund entsprach]. Wir informierten John, daß es – egal was Apple auch tun würde – keine Garantie gab, ob die amerikanische Regierung akzeptieren würde, daß diese Ausgaben einer Beatles-Firma zugeschrieben wurden. Er hätte eigentlich Steuern auf eine Million Dollar zahlen müssen... Tatsächlich bezahlte er nur für ein Minimum des Geldes.»

Nach einem Kurzurlaub in Florida unterschrieb John die Dokumente am 29. Dezember in New York. Am 31. Dezember 1974 erließ der Oberste Gerichtshof einen Beschluß, der die Beatles und ihre Gesellschaft auflöste und die 1970 von Paul McCartney angestrengte Klage aufhob. Dieses Datum steht für das offizielle Ende der Beatles.

Gleich zu Beginn des neuen Jahres kamen die Pläne mit dem Rock 'n'Roll-Album zum Platzen. Lennons Anwälte schickten Morris Levy einen Brief, in dem sie mitteilten, daß sie bereit seien, die Lizenzen für die in der Vereinbarung vom Vorjahr festgelegten Apple-Songs zu erteilen. Levy schickte umgehend einen Brief zurück, der besagte, daß diese Vereinbarung von einem neuen Handel abgelöst worden sei, der ihm die weltweiten Rechte für das Oldies-Album einräumte. In der Zwischenzeit hatte Capitol sich entschlossen, dasselbe Album regulär zu veröffentlichen.

Bei einer Zusammenkunft mit Lennon erklärte der Produktionsleiter Al Coury dem Star die harten Tatsachen. Er warnte, daß Lennons TV-Vermarktungsstrategie zu großen Problemen mit dem Einzelhandel führen würde, denn alle würden sich hintergangen fühlen. Außerdem würde Johns Image darunter leiden, wenn er wie eine Packung Cornflakes feilgeboten werden würde. Er könnte sogar Ärger mit den Gesetzen kriegen. John glaubte nicht an die Argumente, aber er gab nach. Im Jahr darauf sagte er zu dem Richter Thomas P. Griesa: «Sie (Capitol) haben es mir ausgeredet. Ich bin immer noch fasziniert von der Idee. Ich bin nicht überzeugt.» Und doch hatte er eine Entscheidung gefällt, die auf einer starken Überzeugung beruhen sollte.

Als Morris Levy herausfand, daß John Lennon *noch einmal* falsches Spiel mit ihm getrieben hatte, war er außer sich vor Wut. Dieses Mal gab es keine Entschuldigung, keine Ausrede. Lennon hatte eine Kehrtwendung gemacht, ohne ihn zu warnen und ohne auch nur den Anstand zu haben, ans Telefon zu gehen und zu erklären, was passiert war. Levy hatte zwei Möglichkeiten: das Projekt fallenzulassen oder mit Volldampf voraus – was immer auch passieren würde!

Am 30. Januar 1975 kam Harold Seider in Morris Levys Büro, nachdem er am Tag zuvor angerufen hatte, um mitzuteilen, daß Capitol das Rock'n'Roll-Album herausbringen werde. Seider traf Levy bei einem Telefonat an. Seiders späterer Aussage vor Gericht zufolge spielte sich folgendes ab:

> Mr. Levy hatte sein Telefongespräch beendet... Er schaute mich an, lächelte und sagte: «Ich veröffentliche das Album. Ich bin betrogen worden! Sie brauchen die Zustimmung der EMI nicht. Die Beatles haben alle ihre Aufnahmeverpflichtungen erfüllt.»
>
> Ich sagte Morris, daß er verrückt sei, daß sein Vorhaben reiner Wahnsinn wäre, und daß ich ihn betreffs der Notwendigkeit, von der EMI eine Erlaubnis einzuholen, nicht belogen hätte.
>
> Morris gab unter Flüchen zurück, daß ich lüge und er eine Kopie des Vertrags habe. Er verließ seinen Schreibtisch, ergriff ein

Bündel Papiere und winkte mir damit zu. Er sagte: «Ich habe eine Kopie des Vertrags!»

Ich sagte: «Von wem haben Sie die? Von Allen Klein?»

Nein, gab er zurück. Sie sei aus dem Prozeß mit den ECM-Bändern (einem Plattenpiraten-Prozeß, in den die Beatles verwickelt waren).

Ich sagte: «Sie haben Allen Kleins Scheißdreck gekauft!»

Er sagte, daß seine Rechtsanwälte es gelesen hätten und John Lennon der Präsident von Apple sei und deshalb von niemandem eine Erlaubnis brauche, das Geschäft über die Bühne zu bringen.

Er drehte sich um und stellte ein Tonbandgerät an. Es spielte «You Can't Catch Me». Es klang nach der Stimme von John Lennon.

Dieser Auftritt kam einer Kriegserklärung gleich. Beide Seiten machten sich umgehend ans Werk. Levy trieb seine Leute an, und keine zehn Tage nach dem Zusammenstoß mit Seider, am 8. Februar, begannen die Fernsehstationen im Raum New York ein neues John Lennon-Album mit dem Titel *Roots* zu plazieren. Es wurde wie ein typisches Postvertriebsstück präsentiert, mit einem alten Foto von Lennon vorne auf der Hülle und einer Menge Werbung für andere Adam VIII-Alben auf der Rückseite. Lennon sah die Werbung im Fernsehen, aber es hatte nichts mit dem gemein, was er geplant hatte. Nachdem soviel Zeit, Geld und Mühe in dieses Lieblingsprojekt gesteckt worden waren, war dies nun sein trauriges Schicksal!

Capitol forderte, daß Harold Seider eine gerichtliche Verfügung anstrengen solle, um Levy an der Verbreitung des Albums zu hindern. Seider, der wußte, wie gering die Erfolgsaussichten waren, verlangte von Capitol, die Sache auf dem Markt auszukämpfen. Capitol reagierte, indem die Firma ihren Veröffentlichungstermin von März auf Februar vorverlegte und ihre Muskeln in der Branche spielen ließ, um Levys Platte zu Fall zu bringen.

Ein Stapel Telegramme wurde losgeschickt – an die Preßwerke von Levy, an die Albumhersteller, die Werbefirmen und Fernsehanstalten. Die Telegramme drohten, daß diese Gesellschaften das Risiko in Kauf nähmen, von Capitol verklagt zu werden, falls sie in irgendeiner Form die Herstellung oder Promotion des nichtautorisierten Albums fördern sollten. Die Drohung war überaus wirkungsvoll. Über Nacht brach die ganze Unternehmung von Levy zusammen. Er verkaufte etwa 1500 Alben und eine Handvoll Kassetten. Der «Krake der Musikindustrie» erwies sich als leichter Fang.

Rock'n'Roll (der langgesuchte Titel wurde gefunden, als ein Art-Director die Worte über den Hüllenentwurf legte – eigentlich nur, um das Design abzurunden) kam bei Capitol am 23. Februar heraus. Die Schallplatte wurde mit 5,98 Dollar ausgezeichnet, ein Dollar unter Normalpreis, und in den E. J. Korvette-Läden für nur 3,29 Dollar angeboten. Insgesamt wurden etwa 350000 Exemplare verkauft, eine enttäuschende Zahl, die nicht viel anders aussah als der Gesamtumsatz von *Mind Games* und *Some Time in New York*. Offensichtlich gab es 350000 Leute in den Vereinigten Staaten, die jedes Album kaufen würden, auf dem der Name John Lennon stand.

Zwei Gerichtsverfahren waren nötig, um das Durcheinander zu ordnen, welches John Lennon mit seinem Rock'n'Roll-Album angerichtet hatte – das erste, 1975, verlief wegen Verfahrensfehlern ergebnislos, das zweite wurde erst im Januar 1976 eröffnet. Sowohl Lennon als auch Levy wurden für vertragsbrüchig befunden, wobei der erstere sich eine vergleichsweise kleine Strafe zuzog, während der letztere zur Zahlung von sage und schreibe 400000 Dollar verurteilt wurde.

Bis heute ist Levy nicht über Lennons plötzliche Kehrtwendung hinweggekommen: «Ich habe nicht gemerkt, daß er schwach war – überhaupt nicht. Er machte einen starken Eindruck, als er mit May Pang zusammen war. Er konnte sie dazu bringen, durch ein Nadelöhr zu springen.»

Wenn Levy immer noch voller Ärger über Lennons wankelmütigen Charakter war, so zeigte sich Harold Seider kaum weniger verdrossen über jene peinlichen Verwicklungen. Sein abschließendes Urteil? «Ich glaube, es wäre besser gewesen, das Album im Fernsehverkauf herauszubringen.»

DER UMSCHWUNG

Bald nachdem John und May am Sutton Place eingezogen waren, ging Yoko auf Japan-Tournee. Harold Seider, der an der Planung des Unternehmens beteiligt war, empfand die Sache so: «Sie unternahm die Tournee, um Spinozza zu kriegen. Sie dachte, sie hätte Spinozza dort ganz alleine.» Offenbar plante sie, David in eine Welt zu locken, in der er nicht einmal eine Tasse Kaffee bestellen konnte, ohne sich an Yoko zu wenden.

Das war David Spinozza allerdings genauso klar wie Yoko. Obwohl er es gewiß genoß, ein Spitzenhonorar zu verdienen und als Produzent Prozente von Yokos Platten zu kassieren (schließlich tauschte er seine 1,5 Prozent vom Ladenpreis in Bargeld um), mußte er doch gemerkt haben, daß es Zeit war zu verschwinden. Nachdem er allen von ihm Angeheuerten versichert hatte, er käme mit auf die Tournee, sprang er im letzten Moment ab. Zu diesem Zeitpunkt hatte sich Yoko bereits so sehr festgelegt, daß sie keinen Rückzieher mehr machen konnte. Sie mußte nach Japan gehen, auch wenn sie in Gedanken bei David in New York war, den sie ständig anzurufen versuchte.

Yokos erster Auftritt in diesem August fand auf einem Hippie-Friedensfestival in einer Kleinstadt namens Koriyama statt. Es hatte Jahre gedauert, bis die Hippie-Bewegung nach Japan gelangt war, und selbst jetzt noch verabscheute die Mehrheit der örtlichen Bevölkerung dieses Festival und verglich die in die Stadt einfallenden 40 000 Kids mit einem reisfressenden Heuschreckenschwarm. Da es für die vielen Besucher keine Übernachtungsmöglichkeit gab, lagerten sie am Bahnhof. Einer der Angestellten berichtete in der Landespresse: «Überall in Koriyama pißten sie hin. Der Dreck in den öffentlichen Toiletten war ekelhaft. Die Exkremente türmten sich berghoch. Es war sehr schwierig, das wegzuputzen. Und dann die Scheiße von diesen Hippies! Ich weiß nicht, was die essen, aber sie war so dick wie Seile, die man beim Tauziehen verwendet.»

Als Yoko aus dem Zug stieg, weiteten sich ihre Augen vor Furcht, denn sofort stürzten sich Hunderte Fans, Reporter und Fotografen auf sie. Als es kritisch wurde, griff ein Überfallkommando der Polizei ein und bedrohte jeden, der näherkam, mit Schlägen. Die Presse war empört – sowohl über die Zustände in der Stadt als auch über die Brutalität der Polizei. Das Festival mit dem Motto «In Liebe und Frieden vereint» nahm einen ärgerlichen und gewalttätigen Anfang.

Das für den Abend angesetzte Konzert begann mit zwei Stunden Verspätung. Der geisterhafte Finger eines zitternden Suchscheinwerfers durchbohrte den Himmel. Aus zwanzig Bühnenlautsprechern schmetterte Rockmusik in ohrenbetäubender Lautstärke. Als Yoko endlich erschien, war sie dermaßen desorientiert, daß sie mit den Worten «Einen schönen Nachmittag!» begann.

Die Berichterstatter übertrafen sich selbst in der Beschreibung von Yokos Auftritt. «Sie schreit ‹Fürchte dich nicht, Kyoko›», schrieb einer der Journalisten, «rauft ihr ergrautes Haar und stellt ihren alternden Körper zur Schau.» Ihr Gesang wurde beschrieben als «ein Besoffener erbricht im Rinnstein» oder auch «einem versuchten Selbstmörder wird der Magen ausgepumpt». Einmal mußte das Konzert unterbrochen werden: Ein junger Mann sprang nackt hervor und schrie im komischen Akzent von Osaka: «Ich halt's nicht mehr aus! Ich will Yoko Chan *'ögeln*!»

Die Presse verriß nicht nur Yokos Auftritte, sondern nahm auch ihre astronomischen Honorarforderungen für Interviews aufs Korn. «Yoko hat ihr eigenes Honorarsystem», schrieb ein Berichterstatter. «Es ist das Hunderttausend-Yen-System: Von jedem Bittsteller werden Hunderttausend mehr verlangt, als der vorangegangene Interviewer zahlte.» Er kam zu folgendem Schluß: «Obwohl sie in allem übrigen die gesellschaftlichen Regeln mißachtet und aggressiv ihr Anders-sein propagiert, scheint sie in Geldangelegenheiten doch stark von Zenjiro Yasuda [ihrem Milliardärsgroßvater] beeinflußt.»

Etwa zur Halbzeit der Tournee erschien Frank Andrews, Yokos Hellseher. Er hatte den Globus umrundet, zweifelsohne auf Yokos Geheiß (und Lennons Rechnung), denn eine derartige Reise war Yoshikawas Rezept, um desjenigen Macht zu verstärken – besonders wenn derjenige von Yoko mit wichtigen Aufgaben bedacht war. Andrews fand eine Yoko vor, die sich durch die Aufregung, ein Star zu sein, verwandelt hatte. Sie schien sich ihrer selbst sicherer zu sein und hatte klarere Ziele. Andrews zufolge bestand ihr vorrangiger Plan darin, sich von John Lennon scheiden zu lassen, sobald sie wieder zurück in den Vereinigten Staaten war.

Yokos neues Selbstvertrauen und ihre Entschlossenheit wurden auch in der bemerkenswerten Interview-Serie deutlich, die sie Masako Togawa gab, einer bekannten Persönlichkeit des öffentlichen Lebens in Japan, die zu verschiedenen Zeiten Bewohnerin eines Geishahauses, Popsängerin und Autorin einiger weithin bekannter pornographischer Romane gewesen war. Frau Togawa war wie Yoko eine emanzipierte Frau, die außerhalb der grauen konventionellen Gesellschaft Japans stand. Sie sprach von Schwester zu Schwester und folgte in ihren Befragungen einer ziemlich direkten und gewagten Linie.

Masako Togawa begann mit der Frauenbewegung, deren lesbischer Flügel Yoko gefeiert hatte, und fragte, ob Yoko jemals sexuelle Beziehungen zu Frauen gehabt habe. Yoko verneinte und sagte, ihr sei jedoch ein Antrag von einer Lesbe aus der Frauenbewegung gemacht worden. Als nächstes wandte die Interviewerin sich Yokos neuer Magiebesessenheit zu und fragte: «Wie fühlen Sie sich, wenn man Sie ‹Yoko, die Hexe› nennt?»

Yoko erwiderte: «Es klingt gut. Es ist ein machtvolles Wort, nicht wahr?» Mit am aufschlußreichsten ist die Beschreibung ihres Verhältnisses zu Kyoko: «Meine Gefühle Kyoko gegenüber haben sich sehr geändert», gestand Yoko. «Würde ich sie jetzt treffen, wäre ich ängstlich und nervös. Es ist irgendwie ähnlich, wie den Mann zu sehen, den man einmal gekannt hat... Früher dachte ich an sie als Teil meiner selbst, aber nun, da ich sie jahrelang nicht gesehen habe, fühle ich anders. Wenn man erst einmal die geistesverwandten Gefühle gegenüber Kindern überwunden hat, beginnt man sie abzulehnen... Schließlich war Kyoko nicht so furchtbar wichtig für mich.

Ich fühle immer noch Zuneigung für sie, aber nur, weil ich sie unter Schmerzen zur Welt gebracht habe.»

Das entspricht den überraschenden, bilderstürmerischen Aussagen, wie man sie von John kannte, nicht jedoch von Yoko. Tatsächlich scheint das ganze Interview von Johns legendärer Offenheit beflügelt zu sein, die Yoko jetzt in ihrer Heimat plötzlich verkörperte.

Als Togawa wissen wollte, wie Yoko Ehe und Ego in Einklang brächte, stellte Yoko die typische Entwicklung ihrer Gefühle dar. Sie erklärte, daß sie für Liebe sehr empfänglich sei, aber nicht im körperlichen Sinne, daß sie sich selbst als Opfer darbringe, wenn sie Liebe fühle. Mehr noch, sie wolle unbedingt all die traditionellen weiblichen Pflichten erfüllen: Kochen, Wäsche waschen, Saubermachen. Sie sei von Natur aus sehr eifersüchtig, zeige diese Eifersucht jedoch nicht, sondern hielte sie unter Verschluß und brüte über ihr. In allen drei Ehen sei es jedoch sie gewesen, die den Anstoß zur Trennung gegeben habe. Im Rückblick könne sie sogar ein deutliches Muster ausmachen: «Ich fing immer an, mich zu langweilen... Nach ungefähr vier Jahren verschwinden meine glühenden Gefühle, doch im darauffolgenden Jahr denke ich weiter darüber nach. Ein Jahr ist eine lange Zeit – und dann kommt die Trennung.»

Diese Bemerkung führte unausweichlich zur wichtigsten Frage für die Journalistin: «Leben Sie zur Zeit nur Ihrer Arbeit wegen getrennt?»

YOKO: Das ist der vorgeschobene Grund. Ich glaube, daß sich meine Gefühle ihm gegenüber geändert haben.

TOGAWA: Wie meinen Sie das?

YOKO: Mann und Frau erleben eine Zeit in ihrer Beziehung, da sie sich dem anderen extrem nahe fühlen und einander noch besser kennenlernen wollen. Ich glaube, wir haben diese Zeit hinter uns.

TOGAWA: So beruht Ihre Beziehung jetzt auf so etwas wie Trägheit?

YOKO: Trägheit gibt mir nicht das Gefühl, lebendig zu sein.

TOGAWA: Empfindet Lennon die Trennung genauso wie Sie?

YOKO: Vielleicht hat er Einwände gegen meine Sichtweise, aber vorbei ist vorbei!

Als Yoko im September in die Vereinigten Staaten zurückkehrte, war ihr Entschluß, die Ehe zu beenden, ins Wanken gekommen. «Die Japantournee hatte ihre Seifenblase zerplatzen lassen», bemerkte Harold Seider. «Als Yoko erst einmal feststellte, daß John auf eigenen Füßen zu stehen begann, während sie zu einem Niemand wurde, da begriff sie, daß es ihre einzige Rettung war, zu John zurückzukehren... Sie wußte, daß sie bei einer Scheidung lediglich Geld bekäme, aber dann aus der ganzen Szene draußen wäre.» Also nahm Yoko wieder ihre Psychospiele mit John auf, aber sie mußte schockiert feststellen, daß sie jetzt nicht mehr fast jede Runde gewann, sondern zu verlieren begann. May zufolge pflegte sie John im Studio anzurufen, doch John nahm die Gespräche nicht mehr an. Als sie dann doch durchkam und John mit Scheidung drohte, hatte er keinen Zusammenbruch und bettelte auch nicht darum, daß sie es sich noch einmal überlegen solle, sondern bellte nur: «Beeil dich und bring's hinter dich!» Schließlich stellte John Yoko öffentlich bloß und fügte ihr einen schmerzhaften Gesichtsverlust zu.

Am Abend des 14. November 1974 wohnten John und May der Premiere von *Sgt. Pepper's Lonely Hearts Club Band on the Road* bei. John hatte seine Einladung auf Yoko ausgedehnt, aber sie hatte abgesagt. Kurz bevor der Vorhang hochging, kam Harold Seider den Mittelgang herunter und sagte, daß Yoko mit Arlene gekommen sei und mit ihren hinteren Plätzen unzufrieden sei. Sofort bot May an, mit Yoko die Plätze zu tauschen. John drehte sich zu Seider um und schnappte: «Sie soll gefälligst hinten sitzen!» Als die Vorstellung zu Ende ging, nahm John May bei der Hand und eilte so schnell den Mittelgang hoch und verschwand aus dem Theater, daß Yoko ihn nicht abfangen konnte. Als die Limousine vom Bordstein losfuhr, blieb sie alleine auf dem Bürgersteig zurück und rief *«John! John!»*

Als John im Hippopotamus ankam, der Disco, wo die Premierenparty stattfand, fing er sofort damit an, Drinks an der Bar hinunterzustürzen. Bald flirtete er offen mit jedem Mädchen, dessen Blicke ihn trafen. Schließlich war er von Frauen umringt, mit denen er wie in den alten Zeiten im Speakeasy herumknutschte. May war außer sich und hatte Angst, was passieren würde, wenn der Alkohol ihm den Verstand raubte. Sie ging heim und rief Yoko an. (John verließ die Disco mit zwei schwarzen Mädchen.) «Stand er unter Alkohol?» fragte Yoko. May bejahte.

«War er auf Kokain?»

Wieder bejahte May.

Es entstand eine hörbare Pause, bevor Yoko erneut sprach. Schließlich sagte sie: «Weißt du, May – ich überlege mir, ob ich ihn zurückholen soll.»

Doch John zurückzugewinnen war nicht mehr so leicht wie es noch einige Monate zuvor gewesen wäre. Er hatte einen neuen Weg eingeschlagen und bekam durch die plötzliche Wiederbelebung seiner Karriere jeden Tag zusätzlichen Schwung. Seit er die Beatles verlassen hatte, war John erstmals ganz oben in der Hitparade. *Walls and Bridges* und die erste Single daraus, «Whatever Gets You Through the Night», waren beide Nr. 1 geworden. (An dem Morgen, als die Nachricht eintraf, zischte Yoko am Telefon May Pang an: «Jeder weiß, daß es *Schund* ist!») Weder Album noch Single waren repräsentativ für Lennon zu seinen besten Zeiten; aber man schrieb das Jahr 1974, und der Standard der Rockmusik war seit den späten sechziger Jahren drastisch gesunken. Wie immer man den Wert von Johns Erfolg einschätzen mochte – er war auf jeden Fall ehrlich erkämpft. Er hatte typisch selbstentblößende Verse geschrieben, mit denen das Publikum sich identifizieren konnte: verlorene Liebe; gefundene Liebe; die Angst, alt zu werden und zu sterben; Reue über frühere Irrtümer. Was fehlte, waren Melodien, die meisten Songs, auch sein atemloser Hit, waren schmalbrüstig.

Die zwei besten Stücke bezogen sich auf bekannte Lennon-Themen; «Steel and Glass» war sogar ein direktes Remake von «How Do You Sleep». Ironischerweise hatte er es genau auf den Mann abgesehen, der ihm zur Seite gestanden hatte, als er seine berüchtigte Attacke gegen Paul geritten war. Was hatte John veranlaßt, Klein von der Liste der Freunde zu streichen und auf die der Feinde zu setzen? Die Geschichte ist interessant, weil sie deutlich macht, wie im Leben von John Lennon der Retter des Tages jedesmal der Verräter von morgen wurde.

Als Lennons offizielles Einkommen lediglich 5000 Pfund im Monat betrug, hatte Allen Klein alles so eingerichtet, daß John und Yoko jederzeit dem Apple-Fundus Geld entnehmen konnten, wenn sie etwas zu brauchen meinten, um ihre Karrieren und ihren Lebensstil zu finanzieren. Die hohen Geldausgaben der Beatles blieben weiterhin möglich, indem Klein es verschob, die fünf Millionen Dollar einzusammeln, die ihm als Provision zustanden. Er langte sogar noch zusätzlich in seine eigene Tasche, um John, George und Ringo eine Million Dollar zu leihen. Als er entlassen wurde und man ihm zu verstehen gab, daß die «Beatles» keinerlei Veranlassung sahen, ihm irgendwelche Schulden zurückzuerstatten, verklagte er sie auf Zahlung. Selbst da verblieben John und Klein auf solch freundschaftlichem Fuße, daß John einen Monat, bevor er «Steel and Glass» schrieb, ein Wochenende in Kleins Sommerhaus in Westhampton verbrachte. Die Verpflichtungen gegenüber Klein ließen John kalt, aber auch ihre persönliche Beziehung zählte nichts, denn zur selben Zeit, als John die Gastfreundschaft seines früheren Managers in Anspruch nahm, schrieb er diesen grausamen Tiefschlag. Lennon nahm Kleins Schwächen mit derselben untrüglichen Zielsicherheit aufs Korn, die er seinerzeit bei jenen von Paul bewiesen hatte. Er spielte herzlos auf Kleins Verlust von dessen Mutter an (sie starb an Krebs, als Allen noch ein Kleinkind war), auf die Sehnsucht des Managers, für seine Klienten unentbehrlich zu sein, ja sogar auf seinen Körpergeruch. (Falls Klein gegen diese Behandlung protestiert hätte, würde John den Song ganz bestimmt als einen bloßen Wutausbruch abgetan haben, der nun vorbei sei und deshalb vergessen und somit verzeihlich.)

«# 9 Dream» steht in der Tradition von Lennons Kompositionen über veränderte Bewußtseinszustände. Es war auch ein Versuch, George Harrison gegenüber Johns Versäumnisse als Freund wiedergutzumachen. Der kosmische Sound des Stückes erinnert stark an Harrison, ebenso trägt das gefühlvolle Spiel von Jesse Ed Davis Harrisons Handschrift. Irgendwo im Hintergrund wispert May Pang «Hare Krishna, George». John empfand für George eine Zuneigung, die er nie zum Ausdruck bringen konnte, und einmal sagte er über ihn: «Er [George] respektiert sich selbst weniger als ich ihn.» Worauf Jesse Ed erwiderte: «Er ist mehr darauf bedacht, ein Sprachrohr als ein Musiker zu sein», eine treffende Beobachtung. Was aus dem Lied jedoch John Lennons letzte wichtige Komposition macht, ist nicht die Huldigung an Harrison, sondern die traumähnliche Atmosphäre, besonders jene Verzauberung, die man fühlt, während man sich geisterhafte Formen vorstellt, die man nicht genauer erkennen kann, und Worte hört, die man nicht versteht.

Elton John, der bei *Walls and Bridges* mitmachte, hofierte Lennon zu dieser Zeit eifrig – eine seltsame Vernarrtheit, wenn man bedenkt, wie radikal verschieden sie voneinander waren: der eine ein Mann der quälenden Wahrheiten, der andere der ewige Popschnulzer, ein Rückfall in den Romantik-Kitsch der alten Tin Pan Alley-Tage, aber auch eine Figur der Schwulenspäße und des Hollywoodglitzers. Die zwei Stars, der eine auf dem Höhepunkt seines Ruhms, der andere gerade in einem erstaunlichen Comeback begriffen, verstanden sich jedoch von Anfang an prima – vielleicht, weil Elton genau jene Art von Erfolg erzielte, die John am wenigsten bedrohlich fand. Auf Grund ihrer Freundschaft erklärte Lennon sich bereit, bei Elton Johns großem Thanksgiving-Konzert im Madison Square Garden auf der Bühne zu erscheinen.

Lennon war seit dem *One to One*-Konzert zwei Jahre zuvor nicht mehr vor Publikum aufgetreten – und für ihn bedeutete das so viel wie ein Jahrzehnt. Natürlich war er nervös. Er verbrachte die Stunden vor seinem Auftritt hinter der Bühne, puschte sich mit Kokain und kotzte. Als er vor die Scheinwerfer treten sollte, war er jedoch bereit. Er war mit ein paar neueren Hits gerüstet und wurde stürmisch begrüßt. Nach George wollte er sich jetzt auch mit Paul wieder versöhnen und kündigte dem Massenpublikum an: «Ich glaube, wir sollten eine Nummer von einem alten ehemaligen Verlobten von mir spielen, der Paul heißt.» Die Fans hatten keine Chance, auf Johns Erklärung zu reagieren, denn er legte sofort mit «I Saw Her Standing There» los – genau die Sorte von hundertprozentiger, klassischer Beatles-Melodie, die man nach allem, was John in den vergangen Jahren über Paul und die Beatles gesagt hatte, am wenigsten erwartet hätte. Offensichtlich hatte sich John Lennon auf eine Aussöhnung eingestimmt.

Drei Wochen später rief Allen Klein Yoko an. Es war sein Geburtstag, und er war in einer sentimentalen Stimmung. Daß er die Beatles repräsentiert hatte, war die wichtigste Erfahrung in Kleins Leben gewesen und dazu der Gipfelpunkt seiner beruflichen Karriere.

Jetzt, wo es vorbei war, empfand er einen großen Verlust. Da er nicht an John herankam, wandte er sich an Yoko, die genau wie er selbst draußen in der Kälte stand. «Warum besuchst du mich nicht?» redete er ihr zu. Yoko antwortete kokett. Klein fühlte, daß sie in der Hoffnung auf ihn einging, er werde einen Annäherungsversuch machen, den sie dann dazu benutzen könnte, Johns Eifersucht zu wecken. Um es mit Klein zu sagen: «Sie ist die hinterhältigste Person, die ich je kennenlernte.»

«Du führst mich nie zum Essen aus», reizte sie ihn.

Klein erwiderte, daß es nichts gebe, was ihn mehr freuen würde.

«Wirst du diesmal alleine kommen?» forderte sie ihn heraus. (Klein brachte immer seine Freundin Iris mit.)

Als sie sich in einem italienischen Restaurant in der Nähe des Times Square trafen, tauschten sie Geschenke aus. Er gab ihr eine Schokoladentorte, und sie überreichte ihm zwei Gläser, auf deren Boden Mädchen gemalt waren, die sich beim Leertrinken der Gläser auszuziehen schienen.

Nachdem der Etikette Genüge getan war und die beiden sich ernsthafteren Themen zuwandten, gestand Yoko Klein, daß sie über Johns neue Haltung äußerst beunruhigt sei. «Harold sagt ihm, er solle alles nach Kalifornien verlegen, wo sie keine Gütertrennung haben, um mich im Regen stehen zu lassen», erklärte sie. (Tatsächlich hatte Seider eine Scheidung niemals als in Frage kommend betrachtet, und selbst wenn, hätte er nie einen dermaßen absurden Ratschlag erteilt.) «Wirst du mir helfen?» flehte sie.

Klein lächelte und tröstete sie: «Yoko, ich glaube nicht, daß John dich bescheißen wird. Aber falls doch, dann helfe ich dir.» Zwei Tage später schickte Yoko Allen Grubman (David Spinozzas Rechtsanwalt), um die finanziellen Daten von John zu überprüfen, die sich in Kleins Besitz befanden.

Lennon fing wieder an, Geld zu verdienen. Harold Seider hatte ein gutes Geschäft mit ATV ausgehandelt, um Johns Hälfte des Autorenanteils von Lenmac wiederzuerlangen. (Paul hatte eine entsprechende Vereinbarung unterschrieben.) Im Austausch gegen einen neuen Siebenjahresvertrag mit Northern Songs, der ihm von allem, was er schrieb, die Hälfte des Verlagsanteils zusicherte, erhielt Lennon 150000 Dollar Vorschuß und dazu eine Menge zusätzlicher Leistungen einschließlich eines Büros im Firmengebäude von Capitol. 1974 gab Lennon den Steuerbehörden Einnahmen in Höhe von 1199295 Dollar an plus 107939 Dollar für Yoko, so daß die Lennons nach Abzug sämtlicher Steuern ein Nettoeinkommen von ungefähr 951000 Dollar hatten. Dank seiner Übereinkunft mit den Beatles würde John im Jahre 1975 sehr viel besser dastehen.

Yoko verließ sich nicht nur auf ihre Rechtsanwälte, um die Probleme mit ihrem zunehmend distanzierteren Ehemann zu lösen. Sie hatte Tag und Nacht mit ihren Hellsehern und Magiern daran gearbeitet, wieder Kontrolle über John zu erlangen. Alle im Kreise um John Green wissen noch, wie pausenlos das Telefon klingelte, egal wie spät es gerade war. Gabe Grumer, Greens Lehrling, erinnerte sich: «Zu der Zeit, als Yoko daran arbeitete, ihren Mann zurückzubekommen, rief sie dauernd an. Sie konnte mitten in einer Mahlzeit anrufen. Wendy sagte dann ‹Einen Moment bitte› – und Green wußte, wer es war. Er legte zehn Minuten lang die Karten für Yoko und kam dann zum Essen zurück. Das konnte viermal innerhalb von vier Stunden passieren – und tat's auch oft genug.» Welch große Hoffnungen Yoko in Green legte, wurde noch deutlicher durch ihre Besuche in Wendys Atelierwohnung im Brevoort in der Fifth Avenue, direkt über dem Washington Square. Yoko Ono war es gewohnt, daß die Leute zu *ihr* kamen; wenn sie sich dazu herabließ, die bescheidene Hütte eines ihrer Angestellten zu betreten, muß es sich für sie um eine reichlich wichtige Angelegenheit gehandelt haben.

Am Abend von Thanksgiving, als Wendy und Green gerade für ihre Freunde ein Festmahl anrichteten, klingelte es. Green ging zur Sprechanlage und kündigte danach einen unerwarteten Gast an – Yoko Ono. Sie stürzte in die Atelierwohnung – schwarzer Umhang, schwarze Stiefel, schwarzer Pulli, schwarze Hosen, das alles gekrönt von ihrem langen schwarzen Haar. Ein uniformierter Chauffeur folgte ihr mit einem großen Geschenkkorb voller Weinflaschen und teuer aussehenden Käsesorten. Der livrierte Fahrer nahm sich einigermaßen absurd aus in der Hippiebude mit der «Tropenecke» voller Topfpflanzen und einer Hängematte und den zwei «Arbeitsaltaren» mit den grellbemalten Gipsheiligen. Yoko sprach nicht mit den jungen Leuten, die sich zum Essen eingefunden hatten. Sie kuschelte sich in einen Sessel, blätterte nervös eine Handvoll Illustrierte durch und blieb eine beklemmende halbe Stunde lang. Dann brach sie so plötzlich auf, wie sie gekommen war, um in das Elton John-Konzert im Garden zu gehen.

Als John Greens Gäste ihn nach Einzelheiten über seine Beziehung zu Yoko ausquetschten, sagte er nur, daß er inzwischen einen großen Einfluß auf ihr Leben ausübte. Das war nicht übertrieben. In nur sechs Monaten war Green vom Außenseiter zum Ratgeber und Vertrauten aufgestiegen. Während seine Rolle intimer und wichtiger geworden war, hatte sich gleichzeitig ihre Bedeutung verlagert. Green, der eigentlich als magischer Verteidiger angestellt worden war, handelte nun als magischer Angreifer.

Zur ersten wirklichen Probe seiner Macht kam es Weihnachten. John, May und Julian machten Urlaub in Morris Levys Apartment in West Palm Beach. Levy rühmte sich stets, ein guter Vater zu sein; als Lennon klagte, daß er nicht wisse, wie er seinen elfjährigen Sohn Weihnachten unterhalten solle, hatte Levy sofort eine Antwort parat. Er bot John, May und Julian an, sie nach Florida mitzunehmen, wo er seinem eigenen elfjährigen Sohn die Wunder von Disney World zeigen wollte.

Lennon verzog sich die Ferien über ins Schlafzimmer, schaute fern und brütete über dem Trennungsabkommen der Beatles. Eines Tages verlangte er, daß ihm eine Kopie des Dokuments geschickt werde. Yoko bekam Wind von diesem Wunsch und bot Kevin Sullivan als Überbringer an – einen großen, stattlichen, muskulös gebauten jungen Freund von John Green. Sullivan wurde aufgetragen, nicht einfach in West Palm Beach einzufliegen, sondern ein Flugzeug nach Miami zu nehmen und dann die Küste entlang zurückzufahren, um sich seinem Bestimmungsort von Süden her zu nähern – ein Rat von Yoshikawa. Als Sullivan nach einer 70 Dollar teuren Taxifahrt Lennon die Papiere überreichte, fragte May den Kurier, was er abends vorhabe. Er sagte, er wolle gerne nach New York zurückkehren, weil «wir eine Party geben». In diesem Augenblick blickte John Lennon sich nach Sullivan um, der merkte, daß John unter «wir» Kevin und Yoko vermutete. Jetzt verstand Sullivan, warum er als Überbringer der Papiere ausgewählt worden war. Er fühlte, daß Yoko davon ausging, er würde durch seine männliche Erscheinung ihren Ehemann zu Eifersucht provozieren.

Der kritische Moment im Wie-krieg-ich-John-zurück-Feldzug folgte ein paar Tage später. Als die Lennon-Levy-Gesellschaft zur Disney World nach Orlando loszog, kümmerte sich niemand darum, Yoko zu benachrichtigen, denn sie würden ja nur für zwei Tage weg sein. Als Yoko herausfand, daß sie John telefonisch nicht erreichen konnte, wandte sie sich an John Green.

Jetzt war ihr Problem sein Problem geworden. Würde er sie in diesem Moment enttäuschen, so wußte er, daß sie ihr Vertrauen in ihn und er seinen wertvollsten Kunden verlieren würde. Andererseits konnte nur ein Narr daran glauben, er könne den Aufenthalt eines Menschen durch Kartenlegen herausfinden. So trug Green Yoko auf, ein Verzeichnis der Motels in der Umgebung des Vergnügungsparks zu besorgen. Als er die Liste hatte, legte er zu jedem Namen die Karten. Gleichzeitig – wahrscheinlich, indem er dieselbe Nummer anrief, die sie gewählt hatte – fand er heraus, daß das einzige Motel in Disney World selbst das Tiki Polynesian war. Als Ergebnis seiner hinausgezögerten Studien teilte er Yoko mit, sie werde John im Tiki Polynesian finden. Lennon sei dort nicht unter seinem eigenen Namen eingetragen, aber die Hotelbediensteten würden ihn erkannt haben, und sie würden ihre Nachricht übermitteln.

Yoko griff sofort zum Telefon und ließ sich verbinden. Als sie das Hotel dran hatte, fragte sie nach John Lennon. Der Angestellte erwiderte, daß kein John Lennon registriert sei. Daraufhin erklärte Yoko, er sei mit Morris Levy zusammen. Nach einigem Hin und Her war alles geklärt: Morris Levy war als Gast eingetragen, und falls John Lennon bei ihm wäre, würde die Nachricht übermittelt. Wie sich May Pang erinnerte, fanden sie an diesem Nachmittag bei ihrer Rückkehr ins Motel eine Nachricht von Yoko unter der Tür.

Als John im Dakota-Gebäude anrief, lautete seine erste Frage: «Wie hast du mich gefunden?» Yoko kicherte und erklärte, sie habe diesen erstaunlichen Kartenleser namens John Green, der jeden finden könne. John schnappte: «Du wirst ihn besser wieder los, denn so einen wie den will ich nicht auf meiner Spur haben.»

So wurde «Charlie Swan» geboren, diesen Namen führte John Green fortan bei seinen Geschäften mit dem Dakota, um John Lennon zu täuschen. Der Name besitzt eine numerologische Bedeutung, aber sein wichtigster Gehalt ist metaphorischer Art. John Green erklärte sie seinem Freund Jeffrey Hunter: «Der Schwan ist ein Symbol der Heuchelei. Obwohl er ganz weiß zu sein scheint, muß man nur seine Federn hochheben und die Haut betrachten – dann sieht man, daß er untendrunter völlig schwarz ist.»

DAS GROSSE AUSHUSTEN

Der Dezember 1974 markiert den Zeitpunkt der größten Entfremdung zwischen John und Yoko. John wußte sehr genau, welch zentrale Rolle das Telefon in Yokos Leben spielte, und so begann er sich zu weigern, ihre Anrufe entgegenzunehmen, oder er knallte den Hörer mitten im Gespräch auf die Gabel. Mehr noch als diese Beleidigungen mußten sie die Anzeichen wachsender Stärke und Stabilität im Lager des Feindes alarmiert haben – besonders die Nachricht, daß John und May dabei seien, ein Haus in Montauk zu kaufen. Wenn John Lennon mit May Pang ein Haus kaufen wollte, mußte die Sache ernst sein. Für Yoko war die Zeit zum letzten Gefecht gekommen.

Wie ein geschickter General zog sie sich zurück, anstatt ihren nicht sonderlich erfolgversprechenden Angriff zu verstärken. Sie hörte damit auf, John anzurufen, und verreiste nach Kalifornien, wo sie so gut wie niemanden kannte. Als sie ungefähr am 10. Januar 1975 nach New York zurückgekommen war, rief sie May Pang zufolge John an und machte eine erstaunliche Ankündigung: Sie hatte eine neue und hundertprozentig wirksame Kur gegen das Rauchen entdeckt! Es war dieselbe Behauptung, die Tony Cox in Dänemark aufgestellt hatte, als er John drängte, Don Hamrick einfliegen zu lassen; mehr noch, auch die Methode war dieselbe – Hypnose. Wenn Hamrick versagt hatte, wieso sollte dann ein anderer Hypnotiseur Erfolg haben?

Lennon stellte solche Fragen nicht. Er war bereit, alles auszuprobieren, weil seine zwei Packungen Gauloises pro Tag dazu geführt hatten, daß er an chronischem Husten litt. Was Yokos Angebot noch verführerischer machte, war ihre neue Psychospielvariante. Wenn sie John anrief, um ihm mitzuteilen, sie habe mit dem Therapeuten einen Termin für ihn vereinbart, rief sie ein paar Tage später wieder an, um den Termin mit diesem geheimnisvollen Wunderdoktor abzusagen und neu zu vereinbaren. Nachdem Yoko dieses Spiel zwei Wochen lang durchgezogen hatte, meinte May Pang zu John, daß er auf den Arm genommen werde. John leugnete es nicht. Er ließ sich gern auf den Arm nehmen.

Am letzten Tag des Monats, als Johns Termin endlich stattfinden sollte, machte sich May Pang über diese mit Spannung erwartete Kur große Sorgen. Sie hatte so viele Jahre auf so intimem Fuße mit John und Yoko gelebt, daß sie ein untrügliches Gespür für die Schwingungen entwickelt hatte, die zwischen diesen zwei starken Persönlichkeiten hin- und hergingen. Sie merkte, daß Yoko etwas Wichtiges vorhatte. Als am Nachmittag des 31. Januar die vereinbarte Stunde gekommen war, ohne daß Yoko diesmal abgesagt hätte, war May in Alarmstimmung. Sie versuchte, John davon abzubringen, ins Dakota zu gehen. Sie sagte, sie habe ihn niemals um irgend etwas gebeten, aber heute *würde* sie bitten, nein, ihn *anflehen*, nicht hinzugehen!

John nahm das Ganze nicht sehr ernst und versicherte May, er sei rechtzeitig zum Abendessen zurück. Am nächsten Tag, sagte er ihr, würden sie nach Montauk hinausfahren, um ein letztes Mal das Haus in Augenschein zu nehmen, bevor sie es kauften. Zwei Wochen später würden sie ihrem Zeitplan zufolge nach New Orleans fliegen, wo Paul an dem Album arbeitete, das dann *Venus and Mars* heißen sollte. Es war der Augenblick, für den May hart gearbeitet hatte. Sie war sicher, daß das Unvermeidliche geschehen würde, wenn John nur erst einmal mit Paul zusammen im Studio wäre. Schon seit September hatte John öffentlich geäußert, daß er gerne wieder mit den Beatles Aufnahmen machen würde. Alles war bereit für die langerhoffte Wiedervereinigung. May hielt buchstäblich den Atem an, als John an diesem Winternachmittag das Haus verließ.

Den ersten Hinweis, daß etwas Merkwürdiges passierte, erhielt May, als sie etwa um zehn Uhr abends im Dakota anrief und mit John zu sprechen wünschte. Yoko, die offenbar gerade mit etwas sehr Wichtigem beschäftigt war, bellte: «Ich kann jetzt nicht mit dir reden! Ich ruf dich später an!» May blieb die ganze Nacht auf und wartete auf John, aber er kam nicht zurück. Am Sonntag morgen um zehn rief sie wieder an. Diesmal antwortete Yoko in einem gedämpften und heimlichtuerischen Ton. Aus langer Erfahrung wußte May, daß Yoko neben dem schlafenden John lag. Als May darum bat, mit John zu sprechen, flüsterte Yoko: «Das geht nicht. Er ist erschöpft. Die Kur war sehr schwierig.» Yoko versicherte May, daß mit John alles in Ordnung sei, und versprach, daß er sie später anrufen werde. Doch weder an diesem noch am folgenden Tag läutete bei May das Telefon.

Erst am Montag nachmittag stand May endlich John Lennon von Angesicht zu Angesicht gegenüber.

Bei einem Zahnarzt ein paar Häuserblocks von ihrem Apartment entfernt hatten sie aufeinanderfolgende Termine vereinbart. Als May aus dem Behandlungsraum kam, sah sie John im Wartezimmer sitzen. Mit einem Blick erkannte sie, daß ihm etwas zugestoßen war. «Er hatte dunkle Ringe unter den rotgeränderten Augen», berichtete sie. «Er schaute mich verständnislos an und schien verwirrt zu sein. Seine Augen waren geweitet, und er benahm sich seltsam.» (Mays Beschreibung von Lennons erschöpftem und benebeltem Zustand wurde am folgenden Tag bestätigt, als der Reporter Pete Hamill im Dakota erschien, um mit John ein Interview über das Rock'n'Roll-Album zu machen. Lennon kam Hamill vor wie «ein Mann, der sich von einer schweren Krankheit erholt». Als John den Mund aufmachte, redete er wie ein Patient, der gerade aus der Narkose erwachte. «Wir haben '75, oder?» tappte er im dunkeln, obwohl es der 4. Februar und nicht etwa der 4. Januar war. «Und an diesem Tag mußten Sie hierher kommen», sagte er unbestimmt, «ich scheine hier wieder eingezogen zu sein. Aber was sein wird, wenn das Interview erscheint – keine Ahnung!» Hamill hatte den Eindruck, daß John meinte: «Ich weiß überhaupt nichts!» Was er wirklich sagte, war: «Könnten Sie noch mal in ein paar Tagen kommen?» Dieses eine Mal war der große Meister des Presseinterviews nicht in der Lage, sich der Herausforderung zu stellen.)

May wartete auf John, und als er zurück ins Wartezimmer kam, fragte sie ihn, ob er nach Hause kommen werde. Er blinzelte und sagte, «Öh... ja... na gut.» May musterte ihn prüfend und versuchte zu verstehen, was über ihn gekommen war. Er erinnerte sie an eine dieser fremdgesteuerten Kreaturen aus dem Film *Die Körperfresser kommen*. Als sie die Wohnung betraten, sagte John: «Ich glaube, ich sollte es dir jetzt sagen. Yoko hat mir erlaubt heimzukommen.»

«*Was?!*» schrie May.

John wiederholte den Satz wortwörtlich: «Yoko hat mir erlaubt heimzukommen.» Dann wandte er sich ab und packte ein paar Sachen in eine Tasche.

May brach in Tränen aus. Sie hatte ein qualvolles Wochenende verbracht und genau dies befürchtet. Nun war das Schlimmste eingetreten, das geschehen konnte. Sie war sprachlos. Doch nicht lange. Sie ging ins Wohnzimmer und wählte Yokos private Telefonnummer. Als sie antwortete, sagte May eisig: «Glückwunsch, Yoko. Du hast John wieder, und ich bin sicher, du wirst sehr glücklich sein.»

Yokos Antwort verblüffte May. «Glücklich?» fragte Yoko bitter zurück. «Ich weiß nicht, ob ich jemals glücklich sein werde.»

May entgegnete: «Hast du denn nicht erreicht, was du wolltest?» Daraufhin legte Yoko mit einer raschen Entschuldigung auf.

May begann, John erneut auszufragen, und erfuhr, daß seine Kur auf die Urschrei-Therapie zurückging. May war überzeugt, daß man John einer Gehirnwäsche unterzogen hatte, aber ihr fiel nichts ein, um den seltsamen Bann zu lösen. «Wann sagte sie dir, daß du heimkommen könntest?» fragte sie.

«Ich weiß nicht... es ist einfach so passiert», murmelte Lennon wie ein ertapptes ungezogenes Kind. «Niemand wollte es... es geschah einfach.»

Schließlich kam May auf den zentralen Punkt. «Was ist mit der Liebe, die wir füreinander empfanden?» wollte sie wissen. «Wann hat die aufgehört?»

Johns Antwort verblüffte May nicht weniger als die Antwort Yokos ein paar Augenblicke zuvor. «Yoko weiß, daß ich dich immer noch liebe», sagte John. «Sie hat mir erlaubt, daß ich dich weiterhin sehe. Sie sagte, daß sie die Ehefrau sein wird und du weiterhin die Geliebte sein kannst.» An diesem Punkt sprang er auf und holte seinen Mantel, aus dem er zwei winzige Fläschchen mit Flüssigkeit hervorzog. «Yoko schickt dir ein Geschenk», erklärte er. «Das eine ist für dich, das andere für mich. Ich soll dir etwas davon auftragen.» Damit öffnete er die Flasche und beschmierte May mit einem ekelhaft riechenden Öl. Dann salbte er sich mit dem anderen Öl, das nach Rosen duftete. Mit diesen Essenzen versehen gingen sie ins Bett und liebten sich.

Anschließend rauchte John eine Zigarette und kündigte an: «Ich muß jetzt heimgehen.» Er zog sich rasch an, verdrückte sich durch die Tür und sagte noch mit singender Stimme: «Hab keine Angst. Ich ruf dich morgen an.»

May ging mit ihrem Öl zu einer *Botánica*, einem Geschäft, wo Santería-Kultfiguren und Zaubermittel verkauft wurden. Der Ladenbesitzer roch daran und erklärte, es sei eine Mischung aus Schwefel, Pfeilwurz und Chilipulver. «Wer immer Ihnen das gegeben hat», warnte er, «muß Sie wirklich sehr hassen.»

May Pang fand den Grund für John Lennons abrupte Kehrtwendung niemals heraus. Es wäre gewiß für jedermann schwierig, eine so plötzliche und unmotivierte Drehung um hundertachtzig Grad zu erklären. In der einen Minute schien John mit seinem neuen Leben mit May vollkommen zufrieden gewesen zu sein. Er wollte sich ihm ja sogar noch stärker widmen und ein Haus für sie beide kaufen. Dann, in der nächsten Minute, hatte John alles aufgegeben, was er in den vergangenen achtzehn Monaten erreicht hatte, und stand wieder da, wo er mit Yoko begonnen hatte. Selbst unter der Annahme, er habe schließlich seinen Weg zu ihr zurückgefunden, würde es doch irgendein jähes Ereignis gebraucht haben, um ihn so zu verändern – entweder einen Anfall tiefer Depression oder einen plötzlichen Ausbruch unbezwingbarer Angst wegen irgendeiner konkreten, real existierenden Gefahr. Weil es nichts dergleichen gab, muß man nach einer anderen Ursache suchen.

Vielleicht liegt der Schlüssel zu diesen Ereignissen in Lennons eigener Beschreibung seines «Kur»-Wochenendes im Dakota verborgen. «Ich war die ganze Zeit am Kotzen», erzählte er May. «Ich schlief immer wieder ein, und wenn ich zu mir kam, machten sie es wieder mit mir.» Wer ist «sie», und was ist «es»?

Die Verwendung der Santería-Öle deutet stark auf John Green

und/oder Joey Lukach hin. Joey ist ein erklärter Experte im Brauen magischer Tränke und ein Hypnotiseur. Im Jahre 1973 hatte er gegenüber einer seiner Schülerinnen, Dorothy DeChristopher, damit angegeben, daß er Zutritt zum Dakota habe und von dort mit einer Limousine abgeholt und wieder zurückgebracht werde. Er hatte auch engen Kontakt mit dem Besitzer der nahegelegenen *Botánica* an der Ecke Amsterdam Avenue und 77th Street.

John Green seinerseits hat schwarz auf weiß kundgetan, daß er John Lennon das erste Mal an genau diesem Wochenende getroffen habe. Yoko rief ihn an und sagte atemlos: «John ist da!» Ihre nächsten Worte waren verblüffend: «Ich glaube, er ist vergiftet worden.»

Als Green eine halbe Stunde später eintraf, wurde er einem John Lennon vorgestellt, der keinerlei Anzeichen einer Vergiftung erkennen ließ. Green zufolge beklagte John sich lediglich über Probleme, die sich auf ganz andere Dinge bezogen, wie zum Beispiel um Geld betrogen oder «von den Musen verlassen» worden zu sein.

Letztlich ist es natürlich nicht sonderlich wichtig, ob nun John Green oder Joey Lukach oder John Doe den Anti-Rauch-Therapeuten gespielt hat. Entscheidend war nur, daß John Lennon zwischen seinen Erbrechungsanfällen und dem ständigen Wegdösen begriff, daß es Zeit für ihn war, seine Adresse zu ändern und zu sagen: «Yoko hat mir erlaubt heimzukommen.»

WOCHENBETT

«Wir sind schwanger!» kicherte Yoko an einem Tag im März mädchenhaft, als sie das schwarze Zimmer betrat, wo John sein nächstes Album mit Bob Mercer von EMI besprach. Yoko kam gerade von einer Untersuchung bei ihrem Gynäkologen zurück und platzte glücklich mit der Neuigkeit heraus, die eine so große Bedeutung für ihre Ehe hatte. John war außer sich vor Freude. Nachdem er die Glückwünsche des EMI-Mannes entgegengenommen hatte, verblüffte er ihn mit der Erklärung: «Nun, Bob, ich denke, das verschiebt die Arbeit erst mal für einige Zeit. Die nächsten neun Monate werde ich mich darum kümmern, daß Yoko das Kind bekommt.»

Johns erstaunliche Feststellung verrät, wie sehr er sich all der Gefahren bewußt war, die diese verspätete Schwangerschaft bedrohten. Yoko hatte in der Vergangenheit etliche Fehlgeburten gehabt. Außerdem wußte er, daß sie, wenn ihre erste Begeisterung erst einmal erloschen wäre, möglicherweise keine neun Monate ihres Lebens dem Altar der Mutterschaft opfern wollte. «Als ich mit Sean schwanger wurde, wollte ich eine Abtreibung haben», gestand sie Jahre später. «Aber John sagte: ‹Das werden wir *nicht* tun.› Also sagte ich zu ihm: ‹In Ordnung, ich werde es austragen, aber danach übernimmst du die Verantwortung für das Baby.›» John wußte auch, daß es ihm nicht vergönnt sein würde, den Künstler zu spielen, während sie gezwungen war, die Mutterrolle zu übernehmen. Aus all diesen Gründen erschien es ihm sinnvoll, seine Karriere zu unterbrechen und sich auf das Baby zu konzentrieren.

Vielleicht hätte John nicht so bereitwillig seine Arbeit aufgegeben, wenn er nicht in den Krallen einer Schreibhemmung gefangen gewesen wäre. Nur sechs Wochen zuvor, bevor er May Pang verlassen hatte, war er wie ein junger Mann herumgetollt. Gerade eine Woche bevor er aus der Wohnung am Sutton Place auszog, hatte er zwei Songs komponiert, «Popcorn» und «Tennessee», wobei der letztere nicht von dem amerikanischen Staat handelte, sondern von dem berühmten Dramatiker; die Titel seiner Werke waren geschickt in den Songtext eingewoben. Sobald John jedoch wieder im Dakota wohnte, begannen seine Schwierigkeiten. Mehrmals am Tag sprang er auf und versuchte, für einen neuen Song am Klavier den richtigen Ton zu treffen; doch jedesmal «verließen ihn die Musen». Im April saß er nur noch den ganzen Tag am Küchenfenster und spielte alte Beatleslieder auf seiner akustischen Gitarre. Yoko bezeichnete diese Tätigkeit als «jämmerlich» und machte sich Sorgen, was die Nachbarn wohl denken würden. So kam die Bekanntgabe ihrer Schwangerschaft genau zum richtigen Zeitpunkt, um ihn herauszureißen und ihm einen neuen Lebenszweck zu geben – gerade, als seine beruflichen Ziele unerreichbar in die Ferne gerückt schienen.

Alles was John Lennon jemals über Sean sagte, bezeugt seine Vorstellung, daß dieses zweite Kind völlig verschieden von seinem Erstgeborenen sein würde. In Lennons Augen war Julian ein Samstagnacht-Kind, das Ergebnis einer Flasche Whiskey, ungeplant, ungewollt und eine Last. Sean hingegen war ein Kind der Liebe, empfangen im Moment der Versöhnung, so sorgsam vorbereitet wie Reichtum, Wissen und Erfahrung es nur ermöglichten, dazu bestimmt, eine große Vorsehung zu erfüllen, die ihn vielleicht sogar zu einem neues Messias machen würde. Taro, der Name, den Yoko hinzufügte, wird in Japan immer dem erstgeborenen Sohn verliehen. Sean ist die irische Form von John. In Sean Ono Taro sah John Lennon ganz klar die letzte Möglichkeit, seinen sehnlichsten Wunsch zu erfüllen: noch einmal ganz von vorn zu beginnen. Denn obwohl das Leben John den größten nur vorstellbaren Erfolg beschieden hatte, hörte er bis zu seinem Todestag nie auf, seinen Werdegang zu bejammern und zu beklagen. Er wäre glücklich gewesen, wenn er alles ungeschehen hätte machen können, um noch einmal neu anzufangen, aber da dies nicht möglich war, konnte er zumindest sicherstellen, daß sein Sohn völlig anders aufwachsen würde – geschützt vor all den Schrecknissen, die seine eigene Kindheit geprägt hatten. Er sollte den Beistand, die Freuden und die Möglichkeiten haben, die John selbst versagt geblieben waren.

Das erste unmißverständliche Zeichen für Lennons Entschlossenheit, seine Ehe neu zu beginnen, war seine Entscheidung, Yoko an ihrem Hochzeitstag ein zweites Mal zu heiraten. Es sollte eine Druidenzeremonie gefeiert werden, um seine Abstammung von den alten Kelten zu symbolisieren, denn da Yoko immer mit ihrer neunhundert Jahre alten Familie angab, mußte John sich einen Stammbaum ähnlichen Alters zu eigen machen. Was er unter den reichlich vagen Zeugnissen über die britischen Kelten gefunden hatte, war der Druidenkult sowie die Legende der Königin Boadicea, einer matriarchalischen Amazone, die ihr Volk an der Spitze einer Armee in die Schlacht führte, wobei die – in Johns Version – weiblichen Krieger von den Männern und Kindern gefolgt wurden. John Green, der mit seiner kleinen Schülergemeinde quer durch den Spiritistenkalender häufiger exotische Feierlichkeiten beging, fand an der Druidenhochzeit sofort Gefallen.

Er errichtete einen Altar im Weißen Zimmer und schickte John auf Besorgungen, ganz wie ein Kind zum Lebensmittelhändler, um weiße Kerzen, einen Kelch und eine Statue der Heiligen Margaret in einem Warenhaus namens «Gesegnet sind die Gesegneten» einzukaufen. John hatte an seinem Auftrag so viel Spaß, daß er später fünf Minuten lang darüber improvisieren konnte, indem er den lispelnden Besitzer nachahmte und die cellophanverpackten Waren beschrieb, worunter sich eine Menge Verfluchungskerzen in der Form nackter Männer und Frauen befanden sowie das komplette Pantheon der knallbunt gekleideten Santería-Heiligen mit ihren schwarzen Gesichtern. An ihrem Hochzeitstag sollten Braut und Bräutigam einander bis zum Augenblick der Zeremonie nicht sehen dürfen. Als dieses Verbot sich jedoch als lästig herausstellte, wurde es als christliche Aufpfropfung auf einen rein heidnischen Ritus abgelehnt. Als Abschluß der Hochzeitszeremonie streiften John und Yoko einander grüne Jaderinge über, die später geweiht werden sollten, indem man sie ins Meer tauchte. Schon bald sollte sich John darüber beschweren, daß sein Ring zu eng sei, um ihn zu tragen.

John und Yoko erinnerten bei ihrer Druidenhochzeit an dieselben Erwachsene spielenden Kinder, die *Imagine* mit all seinem rituellen heiligen Unernst hervorgebracht hatten. Ihre Fähigkeit, des anderen Phantasie anzuregen, war von Anfang an der einnehmendste Aspekt ihrer Beziehung gewesen. Doch John freute sich über mehr als nur über die Aussöhnung mit seiner Lieblingsgefährtin. Er war offensichtlich erleichtert, sich wieder hinter den schützenden Mauern des Dakota zu befinden. May Pang hat stolz beschrieben, wie schön es war, John Abend für Abend in der Gesellschaft der berühmten Rockstars zu sehen, aber anscheinend hat May niemals erkannt, wie strapaziös und kräftezehrend diese Abende für John waren, der gesellige Besuche nicht nur als Verletzung seiner Privatsphäre empfand, sondern auch als Verlockung, in den selbstzerstörerischen Lebensstil zurückzufallen, dem er gerade erst an der Westküste entflohen war. Als Junge-der-nicht-Nein-sagen-konnte brauchte Lennon eine Zuflucht, einen starken Neinsager, der sich zwischen ihn und die Welt stellte, um deren Forderungen zurückzuweisen und die Schande auf sich zu nehmen, all den netten Menschen zu sagen, sie sollten sich zum Teufel scheren. May Pang konnte zwar auch eine Schutzwand anbieten, aber diese war dünn wie Reispapier im Vergleich zu dem massiven Granitgestein, das Yoko Onos Gegenwart darstellte.

Hinter Johns Abkehr von der Rockszene stand folglich seine allgemeine Lebensangst, sein Gefühl, daß Arbeit und Spiel, Liebe und Sex zwar wunderschön waren, das wichtigste jedoch *Sicherheit* war. Schließlich hatte er es weder geschafft, jemals auf eigenen Beinen zu stehen, noch sein Leben selbst zu meistern. Immer hatte er einen Menschen gefunden, der für ihn Entscheidungen traf, Frau oder Mann, Mimi oder Yoko, Epstein oder Klein, die über ihm standen und ihm sagten, was er zu tun hatte. Er mochte gegen seine Wächter aufbegehren, er mochte damit drohen davonzulaufen oder es auch einmal wirklich tun, aber die Tür, die aus einer Beziehung herausführte, wies auf direktem Wege in eine weitere von derselben Art. Ein einziges Mal im Laufe seines ganzen Lebens wagte sich John in jene erschreckende Terra incognita vor, wo es keine beschützenden Mutterfiguren gab – während des verlorenen Wochenendes. Kein Wunder, daß diese Periode ihn bis in seine letzten Lebenstage hinein verfolgte und er sie mit den Irrfahrten von «Sinbad» (!) dem Seefahrer verglich, der draußen auf dem weiten Meer mit Ungeheuern kämpfte und kaum seine Haut zu retten vermochte. John Lennons Angst vor Freiheit und Unabhängigkeit, jenen Tugenden, die im Rocksong so gedankenlos gefeiert werden, führte ihn immer wieder zu Yoko zurück – falls man davon sprechen kann, daß er sie jemals wirklich verließ. Sobald sich John jedoch wieder sicher und frei von jeder Verantwortung für sich selbst fühlte, begann jedesmal die andere Hälfte seines Mutterkomplexes das zornige Haupt zu erheben.

Yoko hatte John nur unter bestimmten Bedingungen heimzukommen erlaubt – Bedingungen, die er der Öffentlichkeit nicht enthüllen konnte. Anstatt zurück ins Ehebett zu schlüpfen, mußte er eine Probezeit abgeschieden im Schwarzen Zimmer verbringen. Dort lagerte er auf einer Matraze, die auf einem schwarzen Teppich lag, und verbrachte seine Zeit mit einsamen Beschäftigungen: er las Bücher über Magie, stellte *Skywriting by Word of Mouth* zusammen (das in keiner Weise an seine früheren Geschichten heranreichte, weil hinter den oberflächlichen Wortspielen keinerlei Tiefe versteckt lag), ließ kaum ein Auge von der von Spiegeln umgebenen Mattscheibe, spielte Platten auf seiner Jukebox und mühte sich mit schwindendem Erfolg, an seinem ebenholzglänzenden Klavier neue Songs zu schreiben. Obwohl er den erhofften Frieden und die Sicherheit genoß, die mit der Rückkehr zu seinem mönchischen Dasein verbunden waren, konnte er als erwachsener Mann die sexuellen Entsagungen, welche das Los eines Mönchs waren, nicht lange ertragen.

Mit May Pang hatte John jeden Tag Sex gehabt – auf jede Art und Weise, die ihm seine bewegte Phantasie eingab. John hatte ein «Wahnsinnsrohr», wenn man Jesse Ed Davis glauben mag, der nicht nur reichlich Gelegenheit gehabt hatte, die Schwingungen zwischen diesem Paar zu erleben, sondern der auch der Empfänger von Johns lüsternen Vertraulichkeiten war. Nun war Lennon zu der Frau zurückgekehrt, die er Jahre zuvor als «prüde» gebrandmarkt hatte. Eine Druidenhochzeit allein konnte Lennons Ehe den verlorenen sexuellen Glanz nicht wiederbeschaffen.

Es bleibt eine offene Frage, was mit der sexuellen Leidenschaft passiert war, welche John und Yoko einst verzehrt hatte. Sie erzählte Marnie Hair, daß vor ihrer Ehe Funken aus den Körpern von ihr und

John zuckten, wenn sie sich liebten, und John feierte ihre Flitterwochen, indem er eine umfangreiche Serie von erotischen Skizzen anfertigte, die es nicht der bloßen Vorstellung überlassen, was die Lennons im Bett so trieben. Als man ihn fragte, warum ihn so viele Bilder beim Cunnilingus zeigten, antwortete er: «Weil ich das mag.» Sobald die Lennons jedoch ihr gemeinsames Leben begannen, wurden sie harte Junkies, was ihre Leidenschaft gewiß dämpfte. Von da an litt John offenbar an Impotenz. Nur zwei Jahre nach der Eheschließung, als John Klein gegenüber Yoko anprangerte, war das Sexualleben der Lennons eindeutig verebbt. So ist es nicht sonderlich erstaunlich, daß John im Mai, nur drei Monate nach seiner Heimkehr, eine Einladung zu einem Wochenende in Philadelphia mit einer örtlichen Wohltätigkeitsveranstaltung mit den Worten kommentierte: «Klasse! Yoko und ich brauchen mal eine Zeit getrennt voneinander.» Zu diesem Zeitpunkt hatte Yoko bereits ihr Versprechen gebrochen, daß John weiterhin May als Mätresse genießen dürfe. May war abgedrängt worden, sobald Yoko ihre Schwangerschaft bekanntgegeben hatte.

Zuvor war John mit Jon Hendricks, einem von Yokos Assistenten, an den Sutton Place gekommen, um alles abzutransportieren – außer dem Bett (verdorben durch May), dem Sofa (auf dem Julian geschlafen hatte) und den Spiegeln, die John nicht von der Wand bekam. Er war sogar so weit gegangen, alle Kleidungsstücke von May zu verlangen, die ihm paßten, und ließ sich nur bei den T-Shirts auf einen Kompromiß ein: sie wurden untereinander aufgeteilt. In der Zwischenzeit hatte er weiterhin Tag für Tag mit May im Studio und in seinem Büro bei Capitol gearbeitet, wo sie die offizielle Fassung des Rock'n'Roll-Albums fertigstellten (sie unterscheidet sich leicht von der Levy-Version) und die Öffentlichkeitsarbeit für das Album machten.

Wenn die Arbeit getan war, pflegten sie zu dem leergeräumten Apartment zu gehen und sich zu lieben. Sobald der Spaß jedoch vorbei war, wurde John jedesmal von der Angst gepackt, daß Yoko ihn erwischen würde. Er sprang aus dem Bett, duschte kurz, um den verräterischen Duft der «Anderen» loszuwerden, und salbte sich dann mit dem süßlichen, aufreizenden Öl, dessen Verwendung ihm Yoko geboten hatte. May spricht von den «zwei Johns» in ihrem

Leben zu dieser Zeit. Tatsächlich gab es aber nur einen Mann, der zwischen zwei Daseinszuständen schwankte: geil und schuldbewußt.

Als John May sagte, daß sie das Apartment räumen müsse, war sie außer sich, denn er hatte sie dazu überredet, ihre alte Wohnung, die sie sich leisten konnte, aufzugeben und in das Penthouse am Sutton Place zu ziehen. Wie sollte sie jetzt das nötige Geld finden, um in New York mit all seiner Wohnungsknappheit ein neues Apartment mieten zu können? Als sie sich darüber beklagte, daß sie seit achtzehn Monaten kein Gehalt mehr bekommen habe, sagte Lennon, er werde zusehen, was er tun könne. Aber er unternahm nichts, bis Harold Seider, der über Mays Notlage bestürzt war, das Thema bei einem Treffen mit den Lennons ansprach. Im selben Augenblick, als das Wort «Entschädigung» aus seinem Munde war, unterbrach ihn Yoko mit den Worten: «Sie sollte eigentlich begeistert sein, daß es ihr möglich war, soviel Zeit mit John zu verbringen. *Das* sollte ihre Entschädigung sein!» Lennon fragte Seider mißtrauisch, was er für fair halte. Der Rechtsanwalt erwiderte, daß May zumindest ihre zurückliegenden Gehälter erhalten solle, da sie nie aufgehört habe, für John zu arbeiten, und ihm immer geholfen habe. John wollte nichts herausrücken, aber schließlich willigte er ein, May wieder für ein Jahr und 15 000 Dollar auf die Gehaltsliste zu setzen. Natürlich wurde von ihr erwartet, sich jeden Tag zur Arbeit zu melden und sich genauso zu verhalten wie damals, als sie noch nicht Johns Geliebte gewesen war.

Im April war May nach London geschickt worden, um bei Apple zu arbeiten. Als sie im darauffolgenden Monat zurückkehrte, wurde sie gefeuert, erhielt aber für die ausbedungene Zeitspanne weiterhin ihr Gehalt. Sie hatte das Geld bitter nötig, denn als sich diese hochqualifizierte junge Frau, die sich in ihren Jahren mit den Lennons bestens bewährt hatte, nach einer neuen Anstellung in der Plattenindustrie umsah, mußte sie feststellen, daß sie auf der Schwarzen Liste stand. John Lennons Schallplattenvertrag mit EMI würde am 26. Januar 1976 auslaufen. Alle Gesellschaften hofften, ihn unter Vertrag zu bekommen. Man ging davon aus, daß er niemals bei einer Firma unterschreiben würde, bei der May Pang auf der Gehaltsliste stand.

Nachdem John May verloren hatte, begann sich seine Haltung Yoko gegenüber zu ändern. Anstatt jene Liebe zu empfinden, die das Gefühl des Gerettetseins hervorruft, begann John den Haß zu fühlen, den Kinder an den Tag legen, wenn ihren Lieblingswünschen ein Strich durch die Rechnung gemacht wird. Tatsächlich erinnerte seine Situation im Dakota immer mehr daran, wie er als Kind mit Mimi in Mendips gelebt hatte. Während die Monate vorüberzogen und seine Kontakte zur Außenwelt immer weiter eingeschränkt wurden, bemerkte John, daß die bekannten Techniken der psychologischen Machtspielchen wieder zum Zuge kamen – Isolation, Überwachung, Reglementierungen und sogar schmale Kost. Das schürte unausweichlich seine alte Aufsässigkeit und Grausamkeit.

So pflegte John Yoko zum Essen auszuführen – eine liebenswürdige Geste, die jede Ehefrau schätzen würde. Doch wenn sie sich an den Tisch setzten, bestellte er einen Brandy Alexander. Zu Hause war das Trinken verboten, aber in der Öffentlichkeit fehlte Yoko die Macht, John daran zu hindern. Während ein Milkshake nach dem anderen die berühmte Kehle hinunterlief, pflegte Lennons Zunge scharf und gemein zu werden. Yoko wurde durch die gesellschaftlichen Konventionen zurückgehalten und dazu gezwungen, stumm nachzugeben, während John sie ärgerte. So zog er sie zum Beispiel wegen ihrer edlen, melancholischen Gesichtszüge auf und machte ihre Samurai-Würde zur Zielscheibe seiner Liverpooler Shogun-Geschmacklosigkeit. Oder er klagte über seine sexuelle Entbehrung und forderte, sie solle, wenn sie selbst schon nicht mit ihm vögeln wolle, doch zumindest einen akzeptablen Ersatz besorgen, zum Beispiel ein paar nette junge Mädchen – oder Jungs! Wenn Yoko sein unmögliches Betragen nicht länger aushalten konnte, sprang sie auf und eilte aus dem Restaurant. Das war das Stichwort für John, sich hinaus in die Stadt zu begeben.

Er nahm dann ein Taxi und ließ sich die Fifth Avenue bis zur 12th Street hinunterfahren, wo Ashley's lag, die heißeste Disco der Stadt und ein beliebter Treffpunkt innerhalb der Musikbranche. Mit Bar und Restaurant im Erdgeschoß und der Tanzfläche die Treppe hoch war Ashley Pandels Lokal im Jahre 1975 an der Reihe, für fünfzehn Minuten weltberühmt zu sein. Wenn John Lennon hereinkam, wurde der rote Teppich ausgerollt. John konnte trinken, ohne zu zahlen, bekam von praktisch jedermann Drogen zugesteckt, quatschte mit den Berühmtheiten und Discjockeys, und zu später Stunde, wenn er sich so richtig mutig fühlte, ging er nach vorne und schob dem Mädchen an der Garderobe die Hand unter den Rock. Eines Morgens gegen sieben rief er Yoko an, bloß um ihr anzuvertrauen: «Ich schaue drei Lesben zu, wie sie's miteinander treiben. Ich hoffe, sie treiben es gleich mit mir!» In einer anderen Nacht kam er mit zwei Kellnerinnen heim und erwartete, daß ein flotter Dreier zustande käme. Als die Mädchen sich weigerten, holte er seinen Schwanz heraus, begann zu wichsen und knurrte: «Scheiß drauf! Ich mach's mir selber!»

Problematisch war nur, daß John sich womöglich bei Tagesanbruch vor dem Club in der 12th Street wiederfand, alle Taschen nach außen stülpte und feststellen mußte, daß er kein Geld hatte, um nach Hause zu fahren. War er bestohlen worden, oder hatte er alles ausgegeben? Wer zum Teufel sollte das nach so einer Nacht noch wissen? Um wieder einen klaren Kopf zu bekommen, machte er sich zu Fuß auf den Weg. Falls er auf irgendein Arschloch traf, das ihn auf die «Beatle John»-Art ansah, erschreckte es Lennon mehr als der böse Blick. Er schlug die Hand vor das Gesicht, jammerte «Nein! Nein!» und schmiß sich wie ein vom Tagesanbruch überraschter Vampir in den Rücksitz eines Taxis. Er rollte nordwärts durch den anschwellenden morgendlichen Verkehr und strebte seiner Zuflucht im Dakota entgegen, wo er – dem Herrn sei Dank! – jederzeit die Treppe hinaufstolpern und die gute alte Winnie, die Hausmeisterin, um fünf Dollar für das Taxi bitten konnte.

Es dauerte nicht lange, bis Yoko die Gefahren erkannte, die mit diesem Verhalten verbunden waren. So wie sie einstmals versucht hatte, Johns Lust zu stillen, indem sie ihm eine diskrete und vertrauenswürdige Geliebte beschafft hatte, arrangierte sie nun mit verläßlichen Leuten wie Elliot Mintz oder Tony King, daß ihr Gatte in ein Freudenhaus mitgenommen wurde. (John war zu schüchtern, um alleine zu gehen, und Yoko verlangte einen vollständigen Bericht über sein Benehmen). Eines dieser Etablissements, ein koreanisches Bordell in der 23rd Street, stellt immer noch Lennons handsigniertes Foto aus. Hier konnte John sein Verlangen stillen, dabei zuzusehen, wie es Frauen mit Frauen trieben, indem sie sich entweder gegenseitig leckten oder Dildos benutzten. Ebenso konnte er so viele silikonfeste Körper und fingerfertige Masturbateusen haben, wie er nur wollte. Es bestand auch keine Gefahr, daß diese ungebildeten ausländischen Prostituierten einen Skandal verursachen würden, indem sie etwa, wie Yoko es ausdrückte, «ein Buch schrieben».

Als der Sommer kam und der Asphalt weich wurde, bot sich eine andere Lösung an. John konnte mit einem der Bediensteten nach Montauk weggeschickt werden, wo Yoko ebenjenes Haus in der Nähe von Gurney's Inn gemietet hatte, das Lennon für sich selbst und May Pang hatte kaufen wollen. John aus der Stadt rauszukriegen mußte einer von Yokos sehnlichsten Wünschen gewesen sein, denn mit seinen Versuchen, das ungeborene Baby zu beschützen, machte er sie fast wahnsinnig. Er bestand darauf, Yokos Diät zu überwachen und sie in einem Rollstuhl durch die Wohnung zu schieben – sie konnte nicht einmal ins Badezimmer gehen, ohne ihn am Rockzipfel zu haben.

Das Ergebnis dieser von Tante Mimi erlernten Überwachung war genau das Gegenteil von dem, was John gewollt hatte. Während er zugunsten des Babys das erste und einzige Mal in seinem Leben zu rauchen aufhörte, wurde Yoko so nervös, daß sie ihren Verbrauch an Mentholzigaretten auf vier Packungen pro Tag steigerte. Während John Diät hielt und sich zu einem Schatten herunterfastete, entwickelte Yoko einen unstillbaren Appetit einschließlich eines ununterbrochenen Verlangens nach Schokolade. Wenn John Green zum Kartenlesen erschien, traf er seine Klientin dabei an, wie sie sich vom Dienstmädchen Essen und Getränke bringen ließ – und zwar in einem Umfang, der weder ihrer normalen Ernährungsweise entsprach noch für eine schwangere, bettlägerige Frau angemessen schien. Bald hatte sie deutliches Übergewicht, und John, der nach wie vor von seiner Fetten-Elvis-Phobie besessen war, machte Yokos Leben unerträglich. Sie mußte die Schokolade und andere Leckereien verstecken und konnte sie nur heimlich genießen. Was sie indes nicht verbergen konnte, waren die Folgen ihrer Fresserei, was schließlich zu einer gewalttätigen Auseinandersetzung führte, in deren Verlauf John Yoko in den Bauch trat.

Also wurde John an den Strand geschickt, wohin Yoko nur selten ging, weil sie die Insekten dort haßte und die Auswirkungen des Sonnenlichts auf ihrer Haut fürchtete, da helle Haut in allen östlichen Kulturen ein Zeichen hoher Abstammung ist. John ohne Überwacher weggeschickt zu haben verursachte jedoch eine ganze Reihe neuer Probleme, da er nachts auszugehen pflegte und sich betrank, was zu Unfrieden mit den Ortsansässigen führte. Trotzdem mußte Yoko froh gewesen sein, ihn vom Halse zu haben.

John bezeichnete Yokos Schwangerschaft als «Wunder», und wenn man an die Umstände denkt, stellt das Wort keine Übertreibung dar. Viele Paare hätten den Gedanken an ein Kind zu einem solchen Zeitpunkt aufgegeben, nicht nur früherer Fehlgeburten wegen, sondern auch wegen der pessimistischen Prognose des Arztes. Das Problem war die Jahre über immer schlimmer geworden. Zunächst waren die Lennons zwar in der Lage gewesen, eine Schwangerschaft zu erzielen, aber Yoko war unfähig, den Fötus auszutragen. Ihre erste Fehlgeburt war eingetreten, nachdem bei ihr am 7. November 1968 Blutungen eingesetzt hatten – ein paar Wochen nach dem Londoner Drogenskandal. Ihre nächste Fehlgeburt setzte an Lennons neunundzwanzigstem Geburtstag am 9. Oktober 1969 ein – ein seltsames und möglicherweise bedeutungsvolles Zusammentreffen. Die dritte erfolgte während der Urschrei-Therapie im August 1970, als einer der führenden Geburtshelfer von Los Angeles sie in die Cedars of Lebanon-Klinik einwies, wo sie sich als Iris Keitel eintrug. Dies war der Name von Allen Kleins Assistentin.

Danach versuchten die Lennons jahrelang vergeblich, ein Kind zu zeugen. Der Grund ihres Mißerfolgs wurde 1972 festgestellt, als ein Test ergab, daß John so wenig aktives Sperma in seiner Samenflüssigkeit hatte, daß er Yoko nicht schwängern konnte. Nun war Yoko schwanger geworden, ohne daß sich John irgendeiner Behandlung unterzogen hätte und ohne die Hilfe durch künstliche Befruchtung. Was die Schwangerschaft noch wunderbarer machte, ist die Tatsache, daß sie durch einen einzigen Geschlechtsverkehr hervorgerufen worden war.

John informierte seine Cousine Dr. Leila Harvey in einem Brief vom Sommer 1975, daß das Baby in der Nacht zum 8. Februar gezeugt worden sei. Yoko sagte John Green, die Empfängnis habe am

1. Februar stattgefunden, als John für seine Kur ins Dakota zurückgekehrt war. Sie konnten sich jeweils an ein genaues Datum erinnern, da sie in den ersten Monaten ihrer Wiedervereinigung nur ein einziges Mal vaginalen Geschlechtsverkehr gehabt hatten, wie Yoko erklärte.

Ein weiteres beachtenswertes Merkmal dieser Schwangerschaft war die weitverbreitete Verwirrung hinsichtlich ihrer voraussichtlichen Dauer. John erzählte vielen Leuten, daß das Kind im November zur Welt kommen würde, was hinsichtlich des Zeitpunkts seiner Zeugung nur normal gewesen wäre. Er nannte diesen Monat in seinem Brief an Leila und sagte May Pang dasselbe, wobei er bemerkte: «Es wird ein Skorpion, und ich weiß, wie man mit Skorpionen umgeht.» (May war Skorpion.) Auch Ringo gegenüber mußte er von diesem Monat gesprochen haben, denn er schenkte dem Baby zur Geburt einen Ring mit der Gravur «November». Andererseits schrieb er in ein paar Briefen aus etwa derselben Zeit wie dem Brief an Leila, daß das Kind im Oktober zur Welt käme, wahrscheinlich am Ende des Monats. Dies ist auch der Termin, der am 8. Oktober in der Presse veröffentlicht wurde – einen Tag vor Seans Geburt.

In einem der Briefe, die Oktober als Geburtsmonat angeben, schrieb John «Was denn sonst!» hinter das Datum. «Sie versucht immer, Babys an meinem Geburtstag zu kriegen», erklärte er diese Nebenbemerkung Jahre danach Fred Seaman gegenüber. Yokos Motiv ist in einem okkulten Glauben zu suchen, demzufolge ein Kind, das am Geburtstag seines Vaters geboren wird, die Seele seines Vaters bei dessen Tod übernimmt. Yokos Ziel war es folglich, ihrem Kind den Genius ihres Mannes zu verleihen.

Im Juni veröffentlichte *Rolling Stone* das Interview, welches Pete Hamill drei Tage nach Johns Rückkehr ins Dakota hatte machen wollen. Der Hauptgrund für die Verspätung war, daß Hamill etwa fünf Wochen lang nicht eingeladen wurde, um seine Arbeit zu beenden. Erst dann konnte er John mit dessen Aussage «Unsere Trennung war ein Fehler» konfrontiert haben, die am 10. März in *Newsweek* abgedruckt worden war. In der Zwischenzeit hatten John und Yoko viel Zeit gehabt, ihre Köpfe zusammenzustecken und die neueste Strophe der Ballade von John und Yoko zu dichten.

Dieses neue Kapitel bezog sich auf ein Ereignis, das nie geschehen war: ein wortloser Austausch bedeutungsvoller Blicke hinter der Bühne bei Elton Johns Konzert zu Thanksgiving 1974. John erklärte, er habe nicht gewußt, daß Yoko anwesend war, denn wenn er es gewußt hätte, wäre er niemals in der Lage gewesen, auf die Bühne zu kommen. In Wahrheit hatte Yoko einen Großteil der vorangegangenen Woche damit zugebracht, John wegen der ihr für das Konzert zugewiesenen Plätze die Hölle heiß zu machen. Als John in seinem Gespräch mit Hamill den großen Augenblick beschrieb, in dem die entfremdeten, aber treuen Liebenden einander erblickten, wurde er romantisch: «Dieser Augenblick, als wir einander sahen, das war – gerade wie im Kino, wissen Sie, wenn die Zeit stehenbleibt.» Später fügte John hinzu, daß ihm «ein Freund» erzählt habe: «Ein Freund von mir sah euch hinter der Bühne und dachte, wenn es jemals zwei Liebende gegeben hat, dann diese beiden.» Diese Stelle wurde von den Fans von John und Yoko aufgegriffen und häufig zitiert, und manche der Fans erklärten in den darauffolgenden Jahren, daß sie in ihrer Ehe dem Vorbild des berühmtesten Liebespaares der Rock-Welt nachstrebten.

Beunruhigend war in diesem Interview weniger die Schilderung der filmreifen Szene hinter der Bühne, als die fast schon masochistische Heftigkeit, mit der sich John für sein schlechtes Benehmen während des verlorenen Wochenendes geißelte. Anstatt sein Verhalten als Folge einer gescheiterten Ehe zu erklären, erweckte er den Anschein, als ob er einfach verrückt geworden sei. Weder erwähnte er May Pang, noch verlor er auch nur ein Wort darüber, daß dieser «schlechte Traum» bereits *neun Monate* vor der Rückkehr zu Yoko geendet hatte – neun Monate, in denen er am Sutton Place das normalste Leben genoß, das er jemals gekannt hatte. Als Harold Seider gebeten wurde, diese Verdrehung der Tatsachen zu erklären, antwortete er: «Er [John] stand unter der Verpflichtung, den Mythos aufrecht zu erhalten. Bei Yokos Vorherrschaft hatte er keine Möglichkeit, einfach zu sagen: ‹Tja, sie wollte bumsen, ich wollte bumsen, sie wollte eine Scheidung.› ...Er hatte sie seine ganze Ehe hindurch zur Märtyrerin erhoben... Ohne mit Yoko brechen zu wollen, konnte er nicht die Wahrheit sagen... Er war immer diplomatisch. Er mußte sagen: ‹Ich war der schlechte Kerl. Sie verstieß mich.›»

Zu dem radikalen Gegensatz zwischen dem wirklichen Leben Lennons und der Art, wie er sich nach außen hin darstellte, meinte Seider: «Der echte Lennon hatte nichts mit seinen öffentlichen Äußerungen gemein. Die wurden so abgegeben, weil es *öffentliche* Äußerungen waren, und er wollte einen Standpunkt vertreten. Nicht, daß er daran geglaubt hätte, aber er wollte einen Standpunkt vertreten.» Schämte sich Lennon nicht wegen seiner Lügen? Seider erwiderte scharf: «Es war ihm scheißegal, denn in einem gewissen Maße empfand er Verachtung gegenüber den Medien, weil sie ihm diesen ganzen Dreck abnahmen... Er war da, um die Medien zu manipulieren. Er machte das gern... Er wußte, wie man die Medien benutzt. Das muß man ihm lassen, und das muß man *ihr* lassen... sie benutzten die Medien... Sie glaubten nicht an das, was sie sagten, aber es war das Image, welches sie präsentieren wollten.»

Nachdem John ausreichend Propaganda gemacht hatte, erlaubte er jedoch einen wichtigen Einblick, der den Kern seiner Persönlichkeit offenlegte. Er erklärte, daß sein Problem in seiner Weigerung lag, erwachsen zu werden, und er gestand: «Ich will nicht erwachsen werden, aber ich habe es satt, nicht erwachsen zu werden – so ungefähr. Ich werde einen anderen Weg finden, nicht erwachsen zu werden. Es gibt eine bessere Möglichkeit dazu... [aber] ich habe diese Riesenangst vor dem *Normalen*... all die, die sich angepaßt haben! Das versuche ich zu umgehen. Aber ich hab es satt, es mit Gewalt zu umgehen.»

Etwa einen Monat, nachdem Lennon der Öffentlichkeit mitgeteilt hatte, wie glücklich er sei, wieder mit Yoko zusammen zu sein, nahm er seine Affäre mit May Pang wieder auf. Jedoch wurde ihre Beziehung nun zu einer heimlichen Liebschaft. Da sie nicht mehr über das Penthouse verfügten und May mit einem Mädchen zusammenlebte, das den ganzen Tag zu Hause arbeitete, bestand die größte Schwierigkeit der beiden darin, einen Ort zu finden, wo sie allein sein konnten. Würden sie in ein Hotel oder Motel gehen, so würde John, der nie Geld bei sich trug, mit seiner American Express Card zahlen müssen, was eine Rechnung nach sich ziehen würde, die Yoko mit Sicherheit zu Gesicht bekäme, da sie die ganze Post öffnete – ebenso wie sie alle Anrufe in der Wohnung überwachte.

Deshalb verfiel John darauf, einen Termin mit Michael Graham zu vereinbaren, seinem Rechtsanwalt, der 200 Dollar pro Stunde kostete, um dem verblüfften Juristen dann zu sagen, er solle seinen Klienten und dessen ehemalige Assistentin nach Connecticut fahren, um irgendein Grundstück zu begutachten. Wenn sie an einem abgeschiedenen Ort geparkt hatten, sagte John zu Graham: «Okay, Michael, mach einen Spaziergang!»

Gegen Ende des Sommers mußte Richard Ross, der Besitzer des Home, eines Treffpunkts für Rockmusiker in der Second Avenue auf der Höhe der 91st Street, ins Mount Sinai Hospital, um wegen seiner Hodgkinschen Krankheit behandelt zu werden. Richard, der John bewunderte und ein alter Freund von May war (die eine Menge Rockmusiker ins Home gelotst hatte, darunter auch John), stellte den unbehausten Liebenden einen weiteren Treffpunkt zur Verfügung. Nachdem er mit seinen Besuchern eine Weile geplaudert hatte, sagte er: «Ihr zwei schaut aus, als müßtet ihr mal eine Zeitlang allein sein.» Dann schleppte er sich aus seinem Krankenbett und ging in den Aufenthaltsraum, während John und May ins Bett hüpften. Auch nach seiner Entlassung spielte Richard weiterhin die Rolle des Kupplers. Er pflegte May anzurufen und ihr zu sagen, daß «ein Freund» sie sehen wolle. Das war das Stichwort für May, zum Apartment von Ross in der 92nd Street zu eilen, wo sie John vorfinden würde. Zwei- oder dreimal pro Woche trafen sich John und May auf diese Weise, bis die Geburt des Kindes zu einer Pause in ihrer Beziehung führte.

Im September bekam John von Yoko die Erlaubnis, mit Ross eine Woche am Cape Cod zu verbringen. Die beiden Männer wollten unbedingt segeln lernen, obwohl keiner der beiden Erfahrung im Umgang mit Booten hatte. Die Segelei und das Meer waren für Lennon ein Leben lang ein Traum gewesen. Sein Großvater, ein Segelmacher, hatte ihn schon in seiner frühesten Kindheit zu den Docks mitgenommen und ihn mit den alten Seebären bekannt gemacht. Mit sechzehn wollten sich John und Pete Shotton bei einer Schule für Schiffsstewards anmelden, doch Mimi hatte sie an ihrem Vorhaben gehindert. Als John dann als ein Beatle zum erstenmal eine richtige Urlaubsreise machte, waren er und George gemeinsam mit ihren

Ehefrauen nach Tahiti geflogen und hatten dort einen Schoner mitsamt ausgebildeter Mannschaft gechartert. Dies war das Vorbild für ihre späteren Kreuzfahrten auf Luxusjachten zwischen den griechischen Inseln. Da John nicht mehr arbeitete, brauchte er unbedingt ein neues Projekt, um sich zu beschäftigen. Er war in diesem Sommer in Montauk auf die Idee gekommen, ein großes Segelschiff zu kaufen und mit Richard und ihren beiden Frauen um die Welt zu reisen. John würde der Kapitän des Bootes sein und Richards Frau Cynthia, eine ausgeglichene Flugzeugstewardeß, würde Navigation lernen und sie durch die Weltmeere führen. Zunächst jedoch war es für die Männer nötig, in Küstengewässern ein bißchen Übung im Umgang mit kleineren Booten zu bekommen.

John fuhr mit Richard in dessen auffälligem Maserati zum Cape Cod, und Lennon, der immer geizig war, bestand darauf, daß sie in einem billigen, von Fliegen heimgesuchten Zimmer mit einer nach Tang riechenden Küchenecke wohnten. Nach einem Wochenende in Martha's Vineyard begaben sich die beiden am Montag morgen zur Fähre, um ihr Auto einzuschiffen. Dort blickte Lennon auf und sah das Gesicht, das ihm in den folgenden Jahren nicht mehr aus dem Kopf gehen würde.

Mit ihren fünfundzwanzig Jahren sah Alexa Grace wie die junge Ingrid Bergman in *Wem die Stunde schlägt* aus. Sie war Illustratorin und modellierte als Künstlerin winzige Tonfigürchen, und sie hatte dieselbe scheue, zurückhaltende Art wie Laura in der *Glasmenagerie*. An diesem Tag ging es ihr schlecht, denn nachdem sie fünf Monate lang mit einem Mann zusammengelebt hatte, den sie sehr liebte, wurde sie jetzt in die Stadt zurückgeschickt, weil er wieder allein sein wollte. Als Lennon die kleinen Tonfiguren sah, die Alexa bei sich trug, war er fasziniert. Er schlug vor, sie sollten die kleinen Figuren auspacken und «spielen». Alexa setzte sich mit John zusammen hin, und schon bald waren sie in ihre Phantasiewelt versunken.

Lennon gab allen von ihm begutachteten Figuren bezaubernde neue Namen, und dies weckte Alexas Interesse weit mehr als die Tatsache, daß er berühmt war; denn sie war Jazzfan und hatte für einen Rockstar nicht allzu viel übrig. John gab sich so einfühlsam und lustig, daß sie ihre übliche Zurückhaltung allmählich aufgab.

Als sie schließlich in Hyannisport eintrafen, drängte John Alexa, den Bus nach New York ohne sie fahren zu lassen. «Wir bringen dich überall hin», versprach er im selben Moment, als Richard entsetzt mitansehen mußte, wie ein Lieferwagen in sein kostbares Auto zurücksetzte und fast die Tür abriß.

Durch diesen Zwischenfall wurde ihre beginnende Bekanntschaft mit einemmal vertieft, und schon bald fuhren sie gemeinsam in der Gegend herum, aßen in einem Restaurant für Gesundheitskost, besuchten eine verrückte alte Dame, die Schottenröcke verkaufte, und erforschten die Gegend. Als John Alexa gegenüber einen Annäherungsversuch machte, erklärte sie ihm verärgert, daß sie kein Groupie sei. John hielt sich sofort zurück, denn er erkannte, daß sie, ganz wie er selbst, eine scheue und verletzliche Künstlernatur war, und daß es besser wäre, wenn sie ihren Spaß nicht durch Balzspiele verdarben. Alexa ihrerseits war völlig damit zufrieden, auf einem Feldbett zu schlafen, während John und Richard die richtigen Betten in Beschlag nahmen. Am nächsten Tag ging sie mit ihren neuen Freunden segeln, und obwohl sie merkte, daß sie nicht wußten, was sie taten, fühlte sie sich vollkommen sicher an Bord des Bootes, welches schließlich am Schlepptau in den Hafen zurückgeholt werden mußte. Alexa bemerkte allerdings, daß John die Ausfahrt weniger genoß. Er hatte ständig Angst. Als sie vorschlug, sie könnten Reiten gehen, war John von der Größe der Pferde so eingeschüchtert, daß er sich weigerte, eines zu besteigen. Wenn Richard sich mit dem Auto schwungvoll in eine Kurve legte, pflegte John vor Schreck aufzuschreien. Und als sie gerade eine alte Scheune betreten wollten, bemerkte John nur halb im Scherz, daß er sich mit einem Hammer in der Hand sicherer fühlen würde. Alexa fiel ebenfalls auf, daß Johns erster Impuls bei jedem auftauchenden Problem darin bestand, Yoko anrufen zu wollen.

Die kleine Idylle endete nach einem Tag und einer Nacht auf der Farm von Alexas Großmutter in der Nähe von Napanoch in den Catskills. Nachdem sie wieder nach New York zurückgefahren waren, brachten John und Richard Alexa noch zu ihrer Wohnung im East Village. John versprach, sie zu besuchen und ihr seine Kunst zu zeigen. Statt dessen begann Alexa von Zeit zu Zeit Postkarten ohne Unterschrift zu erhalten, die mit Collagen aus ihren Illustrationen beklebt waren oder merkwürdige kleine Zeichnungen zeigten, die ihr wie das Werk eines Kunststudenten erschienen, der niemals über das Anfängerstadium hinausgekommen war. Offensichtlich dachte John an sie. Er hielt auch ein Auge auf sie, denn mehrmals läutete Richard Ross bei ihr an – zweifellos auf Johns Geheiß. Es sollte jedoch noch einige Jahre dauern, bis John und Alexa sich wiedersehen würden, und dann genauso zufällig wie seinerzeit auf der Fähre bei Martha's Vineyard.

Anfang Oktober, in der fünfunddreißigsten Woche der Schwangerschaft (Johns Berechnung nach), wurde Yoko ins New York Hospital überwiesen. In diesem Augenblick platzten alle Pläne der Lennons hinsichtlich der Geburt ihres Kindes wie eine Seifenblase. Sie hatten sich entsprechend der modischen Theorie von Lamaze eine natürliche Geburt zu Hause vorgestellt, bei der John die ganze Zeit dabeisein sollte. Sobald Yoko jedoch im Krankenhaus war, erklärte der Arzt, daß ein Kaiserschnitt nötig sei. Diese Entscheidung bedeutete, daß Sean am 9. Oktober, dem Geburtstag seines Vaters, zur Welt kommen würde, falls Yoko ihn so lange behalten konnte. May Pang prophezeite, daß Yoko es schaffen würde.

Am 8. Oktober wurde den Lennons ein gutes Vorzeichen zuteil. Leon Wildes rief John zu Hause an und teilte ihm mit, daß ein Gremium von drei Richtern in dem Verfahren, durch das die Regierung ihn des Landes verweisen wollte, zu seinen Gunsten entschieden habe. Dieses Ergebnis war gleichbedeutend mit einer unbeschränkten Aufenthaltsgenehmigung für Lennon. «Ich kann hierbleiben!?» rief John aus, der es kaum glauben wollte. Dann enthüllte er seine eigene große Neuigkeit. «Ich gehe zur Klinik hinüber», vertraute er Wildes an. «Heute nacht wird bei Yoko die Entbindung eingeleitet. Morgen ist nämlich mein Geburtstag! Bleiben Sie in der Nähe des Telefons! Ich werde Sie anrufen, und Sie werden es ihr erklären.»

Bald erhielt Wildes einen Anruf von Yoko, die sagte: «Kommen Sie doch mit Ruth [Frau Wildes] rüber, dann können wir die Entscheidung gemeinsam lesen.» Yoko war zusammen mit ihrem Rechtsanwalt durch jede Phase der juristischen Schachzüge gegangen; folglich war sie wesentlich stärker als John daran interessiert, die Einzelheiten der richterlichen Entscheidung kennenzulernen. John hingegen war wie üblich zwar am Ergebnis interessiert, kaum jedoch am Weg, der dahin geführt hatte. Die Wildes kamen nachmittags und trafen Yoko bequem ruhend in einem Raum mit einem schönen Blick auf den East River an. Es war genau dasselbe Zimmer, das Jackie Kennedy belegt hatte, als sie Caroline zur Welt brachte. Der Rechtsanwalt und seine Frau blieben bis Mitternacht neben Yokos Bett sitzen und feierten den langerhofften Sieg.

Nach Mitternacht wurde Yoko in den Kreißsaal gerollt. Das Kind kam um zwei Uhr nachts zur Welt.

Um sechs Uhr früh wurde Leon Wildes durch das Läuten seines Telefons geweckt. Als er völlig verschlafen den Hörer abnahm, sagte eine Stimme: «Hier ist John!»

«Welcher John?» erwiderte der Rechtsanwalt und versuchte, sich zu berappeln.

«Es ist ein Junge!» jauchzte John atemlos. Offenkundig war zu diesem Zeitpunkt alles in Ordnung. Doch wenig später setzten eine Reihe von Komplikationen ein, die John und Yoko die kommenden Jahre hindurch verfolgen sollten. Der detaillierteste Bericht über die Katastrophe stammt von Yoko. Sie gab ihn Professor Jon Wiener, welcher ihn in seine Darstellung über John Lennons politische und gesellschaftliche Überzeugungen mit dem Titel *Come Together* aufnahm.

Yoko begann mit folgender Erklärung:

> Die meisten Leute glauben, wir hätten den Kaiserschnitt geplant, um die Geburt mit Johns Geburtstag zusammenfallen zu lassen. Das stimmt jedoch nicht. Wir hatten uns auf eine natürliche Geburt vorbereitet – Lamaze und all das. Frühmorgens am 9. Oktober setzten die Wehen ein. Wir fuhren in die Klinik. Erst da beschloß der Arzt, das Kind vorsichtshalber durch Kaiserschnitt zur Welt zu bringen.
>
> Sie spritzten mir eine Teilanästhesie und stellten dann fest, daß sie meine Blutgruppe nicht vorrätig hatten, weil sie selten ist. Also riefen sie in anderen Kliniken an, um sie zu besorgen. Das brachte den Zeitplan mit der Anästhesie durcheinander. Als das Blut eintraf, mußten sie mir eine zweite Spritze geben. Dann hol-

ten sie das Baby. Eine Geburt per Kaiserschnitt ist schmerzhaft, und normalerweise bekommt man hinterher nochmals eine Spritze. Ich verging vor Schmerz und sagte: «Bitte geben Sie mir etwas.» Aber sie meinten, sie könnten mir nichts geben, weil ich schon zwei starke Spritzen bekommen hatte.

Das Kind wurde auf die Intensivstation gebracht. John überwachte alles und berichtete mir: «Ihm geht's gut, ihm geht's gut.» Aber das Baby hatte Schwierigkeiten – Muskelkrämpfe. Die Ärzte dachten, es fehle ihm etwas. John war sehr besorgt, aber er verbarg es mir gegenüber.

Sie beschlossen, meinen Urin zu testen, und dann kamen sie und sagten zu mir und John, daß sie Beweise für Drogen in meinem Urin gefunden hätten und das Kind deshalb vielleicht zu Schaden gekommen sei. John schrie: «Wir nehmen keine Drogen! Wir haben eine Diät mit Gesundheitskost gemacht!» Er sagte: «Wir holen unser Kind und verschwinden von hier!» Der Arzt sagte: «Wenn Sie das Kind mitnehmen, werden wir einen Durchsuchungsbefehl für Ihre Wohnung erwirken, und wir könnten eine gerichtliche Verfügung bekommen, Ihnen das Kind wegzunehmen, weil Sie ungeeignete Eltern sind.» Wir waren entsetzt. Aber wir wußten, daß wir keinerlei Drogen genommen hatten.

Unser eigener Arzt versuchte uns zu helfen, und er tat, was er konnte. Aber als das Baby erst einmal auf der Intensivstation war, hatte der dortige Arzt die Entscheidungsbefugnis.

Wir hatten geplant, daß ich das Kind stillen würde, und ich bat immer wieder darum. Aber drei Tage lang erlaubten sie mir nicht, das Kind zu sehen. Schließlich ließen sie mich in die Intensivstation hinuntergehen. Als ich unser Kind zum erstenmal sah, weinte ich. Das Baby hing an allen möglichen Schläuchen und Drähten. Dann sagten sie mir, daß ich das Kind niemals stillen werden könne, weil ich damit nicht innerhalb der ersten drei Tage begonnen hatte, und nun sei es zu spät...

John sagte: «Ich hab's dir nicht erzählt: Um das Baby zu untersuchen, entnahmen sie ihm Rückenmarksflüssigkeit.» Es war sehr schwierig für die Ärzte, und falls die Nadel nur ein winziges bißchen daneben gegangen wäre, wäre das Kind für den Rest seines Lebens gelähmt gewesen. Sie taten es lediglich, um einen Test zu machen. Es stellte sich heraus, daß es keinen Grund gegeben hatte, das zu tun. Aber der Arzt war stolz und aufgeregt, daß er es geschafft hatte, ohne das Kind zu lähmen.

Endlich kamen sie zu dem Schluß, daß dem Baby nichts fehlte. Vielleicht waren es nur die Nerven! Dann gaben sie zu, daß der Befund des Urintests lediglich die zusätzliche Betäubung ausgewiesen hatte, die sie mir geben mußten, als sie auf das passende Blut warteten. John und ich rannten mit dem Baby richtiggehend aus der Klinik weg. Eine Krankenschwester eilte hinter mir her und sagte: «Wir müssen noch einen Bluttest machen, und wir müssen ihm etwas Blut aus dem Zeh entnehmen.» John schrie: «Keinen Test mehr! Das arme Kind! Haben Sie doch Mitleid!»

Als wir heimkamen, litt das Baby immer noch unter Spasmen. John und ich blieben nachts abwechselnd auf und rieben Sean alle zwei Stunden mit chinesischem Kräuteröl ein. Wir beteten. Nach einigen Monaten hörten die Krämpfe auf. [Vier Monate nach Seans Geburt nahm Jesse Ed Davis ein paar Polaroidfotos von dem Kind zusammen mit John und Yoko auf; er war erstaunt, daß das Kind auf jedem Bild ein «verschwommener Fleck» war.] Von da an war Sean ein sehr gesunder Junge. John hatte immer Angst, diese Geschichte mit der Klinik zu erzählen... Er fürchtete, sie könnten uns Sean immer noch wegnehmen.

Diese Schilderung der Ereignisse überrascht. Zum einen war Yoko keineswegs am Morgen des 9. Oktober wegen eines medizinischen Notfalls auf schnellstem Wege in die Klinik gebracht worden. Sie belegte ihren Platz in der Klinik mehrere Tage vor Seans Geburt und ruhte zwei Stunden, bevor das Kind zur Welt kam, bequem in ihrem Krankenzimmer. Zum zweiten hatte auch Yoko selbst «Konvulsionen», als das Baby am Morgen nach der Geburt Krämpfe bekam. Um Johns Interview mit dem *Playboy* im November 1980 zu zitieren:

Jemand hatte Yoko eine Transfusion von einer falschen Blutgruppe gegeben. Ich war dort, als es passierte, und sie wurde starr und zitterte dann durch den Schmerz und den Schock. Ich lief zu der Krankenschwester und sagte: «Holen Sie den Arzt!» Ich hielt Yoko fest im Arm, als der Kerl das Krankenzimmer betrat. Er kam rein und nahm kaum Notiz davon, daß Yoko unter starken *Konvulsionen* litt, statt dessen kam er direkt auf mich zu, lächelte, schüttelte mir die Hand und sagte: «Ich habe Sie schon immer kennenlernen wollen, Herr Lennon, ich mochte Ihre Musik schon immer.» Ich fing an zu schreien: *«Meine Frau stirbt, und Sie wollen über Musik reden!»*

Zittern, Zuckungen und strampelnde Bewegungen sind symptomatisch für Rauschgift-Entzugserscheinungen. Offensichtlich hatten die Ärzte aus dem Ergebnis von Yokos Urintest darauf geschlossen, daß sie drogensüchtig war. Zuvor mußten sie jedoch angenommen haben, daß das Problem allein beim Kind liege; deshalb die Rückenmarksuntersuchung.

Daß es sich um den Verdacht auf Drogenabhängigkeit handelte, gestand Yoko selbst bei einer anderen Gelegenheit. Als sie in einem Interview mit Barbara Graustark im *Rolling Stone* vom 1. Oktober 1981 nach ihrem und Johns eingestandenem Drogenkonsum befragt wurde, antwortete sie:

> Der Ärger, den wir hatten, weil bekannt war, daß wir Heroin nahmen, war unglaublich. Um nur ein Beispiel zu nennen: Als wir Sean bekamen, hatten wir lange, lange Zeit davor mit Drogen aufgehört, weil wir wirklich ein Kind wollten. Als ich das Kind bekam, mußte mir der Arzt wegen des Kaiserschnitts Beruhigungsmittel geben. Und als Sean da war, zitterte er ein wenig. Das dauerte, mit Unterbrechungen, ungefähr einen Monat lang. Aber anstatt daran zu denken, daß die Beruhigungsmittel diese Auswirkung hatten, beschuldigte die Klinik tatsächlich mich und John, während der Schwangerschaft Drogen genommen zu haben. Sie beschuldigten uns nicht nur, sondern drohten uns, indem sie sagten, sie müßten Sean in der Klinik behalten, weil wir keine qualifizierten Eltern seien. Es war der beängstigendste Augenblick unseres Lebens. Sie hätten uns das Recht auf Elternschaft absprechen können!

Es sollte nicht vergessen werden, daß Yoko zum erstenmal von John schwanger geworden war, als sie sich auf dem Höhepunkt des ersten Abschnitts ihrer Heroinsucht befanden. Die nächste Ankündigung einer Schwangerschaft erfolgte gerade zwei Wochen, nachdem sie in der Londoner Klinik von Heroin auf Methadon umgestiegen waren. Vier Monate nach Seans Geburt traf Yoko Jesse Ed Davis, der nach New York vorgeladen worden war, um im Morris Levy-Fall als Zeuge auszusagen. Er erinnerte sich, daß Yoko seinen Ärmel aufrollte, seinen Arm inspizierte und fragte: «Weißt du, wo wir was kriegen können?»

Yokos Leugnen, daß sie es geplant hatte, das Kind an Johns Geburtstag per Kaiserschnitt zu bekommen, wird auf ähnliche Weise durch die Zeugnisse ihrer allernächsten Umgebung widersprochen. Als Fred Seaman Lennon fragte, wie Yoko es fertiggebracht habe, das Kind an seinem Geburtstag zu kriegen, schaute John seinen Gehilfen an, als sei der ein Idiot, und schnappte: «Kaiserschnitt. Was glaubst *du* denn?» Fred, der sich mit Schwangerschaften und Geburt wenig auskannte, hatte immer noch nicht ganz verstanden. «Zuerst dachte ich, er wollte mich auf den Arm nehmen», schreibt er in seinem unveröffentlichten Buch *Living with John*. «Er erzählte oft mit völlig ernstem Gesicht die unglaublichsten Lügen, nur um jemanden zu provozieren. Aber später hat es auch Yoko zugegeben. Sean wurde durch diesen Eingriff mehr als einen Monat vor dem eigentlichen Geburtstermin von Yoko Ono getrennt, damit er bei Johns Tod dessen Seele erben konnte... sowohl meine Tante Helen als auch mein Onkel Norman versicherten, daß Yoko mit ihnen zuvor darüber gesprochen hatte. Sie hatten ihr davon abgeraten. Helen war entsetzt und machte sich Sorgen, daß das Kind sterben könne, aber Yoko hatte ihre Hellseher konsultiert, die ihr versichert hatten, daß die Tat ohne Gefahr vorgenommen werden könne. Sie und John gingen unter dem Vorwand eines Notfalls in die Klinik, um die einigermaßen delikate Frage nach der ärztlichen Ethik bei diesem Vorhaben zu umgehen.»

Auf die Geschichte, wie John und Yoko im New York Hospital angeblich schlecht behandelt und beleidigt wurden, spielte John in den darauffolgenden Jahren häufiger an. Marnie Hair erinnerte sich an einen Abend im Winter 1978, als sie, John und Yoko bei den

Nachbarn der Lennons in der Küche saßen. Es handelte sich um Warner LeRoy, den bekannten New Yorker Gastronomen, und seine Frau Kate. John, der in ungewöhnlich guter Stimmung war, gab dem bekannten Klagelied eine überraschende neue Wendung.

An dem Punkt der Geschichte, wo der Chef der Entbindungsstation John und Yoko beschuldigte, drogensüchtig zu sein, erhob Lennon seine Stimme ganz im Ton der beleidigten Unschuld und rief: «Ich war völlig sauber!» Dann machte er eine wirkungsvolle Pause, wie ein Bühnenkomiker vor der Pointe, wandte sich plötzlich an seine Frau und fragte aus dem Handgelenk heraus: «Du warst doch nicht auf Drogen, oder, Yoko?» Die maliziöse Andeutung konnte kaum erfaßt werden, da John gleich fortfuhr. Nachdem die Lennons an diesem Abend gegangen waren, sprachen Marnie und die LeRoys über die Bemerkung. Die Stichelei über Yokos Drogenkonsum war so schnell vorüber gewesen, daß sie sich gegenseitig versichern mußten, richtig gehört zu haben. Als sie alle übereinstimmten, daß er es gesagt hatte, entschuldigten sie die Beleidigung als ein weiteres Beispiel für Johns bösartigen Sinn für Humor.

Thanksgiving 1979 schickte Yoko den vier Jahre alten Sean mit einer 10000-Dollar-Spende in die Hale House-Kinderklinik. Hale House ist eine Einrichtung, die auf die Behandlung von Kindern spezialisiert ist, die von drogenabhängigen Müttern zur Welt gebracht wurden.

POSTNATALE DEPRESSION

Als Yoko von der Klinik nach Hause kam, begrüßte John sie mit einer jungenhaften Zurschaustellung von Zuneigung. Er richtete einen großen Stapel Fanpost für Mutti und setzte einen kleinen Stapel für Vati daneben. Dann krönte er Yokos Stapel mit mehreren Schmuckstücken. Als sie matt die Wohnung betrat – noch immer erledigt von dem, was sie ihren «Zusammenstoß mit dem Tod» nannte –, war sie nicht in der Stimmung für schülerhafte Aufmerksamkeiten an Muttern. Sie bedachte Johns Geschenke mit einem einzigen Blick, schätzte die Größe der Juwelen ab, ignorierte die Post und wankte ins Schlafzimmer, wo sie sich mit dem weißen Telefon, ihrer Nabelschnur, ins Bett legte.

Yoko wählte für Sean ein japanisches Kindermädchen mittleren Alters namens Masako, das äußerst zuverlässig und fähig war. Nachdem Masako erst einmal festgestellt hatte, daß sich weder Yoko noch John groß um das Baby kümmern würden, übernahm sie das Kommando und widmete Sean die denkbar beste Fürsorge. Mit John kam Masako gut zurecht, doch ihre grundsätzliche Loyalität galt Yoko. Sie pflegte vor ihrer Tür auf einer Tatami-Matte zu schlafen. War Yoko aber krank oder durcheinander, schlief Masako am Fuße von Yokos Bett.

Der Haushalt war fest im Griff dieser beiden Frauen, die sich nur auf Japanisch unterhielten. Das ärgerte John, dessen wichtigstes Mittel zur Kontrolle über die Realität die Sprache war. Er fühlte sich in seinem eigenen Heim überflüssig. Außerdem ärgerte er sich darüber, daß sich Yoko mit allem Möglichen beschäftigte, nur nicht mit ihm. Vor Seans Geburt war John der Mittelpunkt des Haushalts gewesen. Er war letztlich Yokos Baby gewesen. Obwohl er sich oft beschwerte, daß sie ihm keine Eigenständigkeit erlaubte, genoß er es doch, daß sie ihm nie von der Seite wich. Nun war das vermeintliche Baby durch den wirklichen Säugling ersetzt worden. Statt daß ihn die Geburt seines Sohnes zutiefst befriedigte, deprimierte sie John.

Wenn sein Groll überkochte, nahm er seine übliche Rache, indem er Yoko öffentlich beleidigte. Eines Abends im Ashley's, während des Essens mit Tony King, Elliot Mintz und Richard Ross, wandte John sich an Yoko und begann zu schreien: *«Ich will May! Ich will May! Ich will May! Nicht dich!»* Trotz aller Versuche, ihn zu beruhigen, wurde er zunehmend erregter und rief: *«Holt mir May! Holt mir May!»* Dann deutete er auf Yoko und schrie die Männer an: *«Bringt sie heim! Ich will sie nicht! Bringt sie heim!»* Tony King begleitete Yoko aus dem Restaurant, während Richard Ross und Elliot Mintz mit John auf die Suche nach May gingen. Es stellte sich heraus, daß sie Urlaub in Florida machte. Im Januar 1976 nahmen die Ereignisse eine gefährliche Wendung, als John die Medizin für all seine Übel entdeckte.

Als John eines Abends mit Jesse Ed Davis in der großzügigen Suite von Led Zeppelin im Plaza-Hotel herumhing, wurde er von lauten Würggeräuschen überrascht, die aus dem Badezimmer kamen. Wie ein Spürhund erhob er das Haupt und sagte: «Vielleicht hat er was übrig!» Sofort waren beide Männer im Bad, wo sie John Bonham entdeckten, den Drummer von Led Zeppelin, der vor der Toilette kniete.

Als Lennon fragte, ob er eine Portion haben könne, zog Bonham die Tüte aus seiner Tasche und keuchte: «Hier! Nehmt alles! Ich will's nie mehr sehen! Oh!»

John und Jesse streuten das feine weiße Pulver aus und fingen an, es reinzuziehen. Kaum hatte John den Stoff intus, steckte er den Kopf in die Toilettenschüssel neben Bonham, und sie begannen, im Doppel zu kübeln. Jesse Ed, der Drogen gut verträgt, saß auf dem Rand der Badewanne und starrte fasziniert auf das seltsame Schauspiel, das die Stars boten. «Sie schauten einander an und würgten und kotzten und machten diese grauenhaften Geräusche.» Er kicherte. «Dann schauten sie einander an und lachten! Während ihnen all das erbrochene Zeug vom Gesicht herabtropfte!» (In Wahrheit war die Angelegenheit nicht ganz so komisch. 1980 erstickte John Bonham, während er sich in der Wohnung von Jimmy Page, dem Chef von Led Zeppelin, erbrach.)

Im Laufe der Nacht machte Jesse Ed John Lennon mit James Wu bekannt, dem Lieferanten dieses superfeinen Pulvers. Wu war als «der Chinese» bekannt – ein bebrillter kleiner Bursche, der Rockstars liebte und regelmäßig dabei anzutreffen war, wie er in ihren Garderoben oder Hotelzimmern wegsackte. Jesse Ed hatte Wu in New Orleans kennengelernt, auf seiner Tournee mit Rod Stewart und den Faces, unter denen es einige Drogenkonsumenten gab. «Wir saßen auf dem Trockenen und brauchten eine frische Ladung», erinnerte sich Jesse. «Einer der Typen war ein harter Junkie. Er sagte: ‹Na, da ruf ich einfach den Chinesen an.› James Wu kam mit dem nächsten Flugzeug. Wir schickten die Limousine zum Flughafen, um ihn abzuholen. Er erschien mit einer Riesenladung. Du machst dir keine Vorstellung davon, was da an Geld über den Tisch ging. Ich spreche über ganze Bündel... Am nächsten Morgen hatten wir einen Auftritt im Superdome mit Loggins and Messina und Fleetwood Mac. Etwa um zehn Uhr morgens hörte ich ein Klopfen an der Tür. Es war James Wu. Ihm war schlecht. Er sagte [heisere Stimme]: ‹Hör mal, kann ich was von dir zurückkaufen?› Der Dummkopf! Er hatte uns alles verkauft. Ich sagte: ‹O Mann, du brauchst nicht zu zahlen. Ich *geb's* dir!› Er streute eine Riesenportion aus und knallte es sich vor meinen Augen rein! Das war das erste Mal in meinem Leben, wo ich wirklich einen sah, der sich Heroin schoß. Bis dahin war es immer Schnupfen und Hochziehen gewesen. Danach entartete es zu – nun, das kann man sich ja vorstellen.»

John Lennon und James Wu waren füreinander geschaffen. Wu hatte die Marmelade, und John hatte das Brot. Jesse Ed schätzt, daß Johns Sucht ihn zwischen 600 und 700 Dollar pro Tag kostete. Wu blieb über Jahre hinweg Lennons Lieferant. Im November 1978 lebte Wu nur ein paar Häuserblocks vom Dakota entfernt und ging jeden Tag nach Chinatown, um die Lieferungen für seine zwei besten Kunden zu besorgen. Der eine war der Dealer, mit dem er zusammenlebte, und der andere war John Lennon.

Im Januar 1976 nahm John sein Verhältnis mit May Pang wieder auf, aber sie trafen sich nicht mehr zwei- oder dreimal pro Woche in der Wohnung von Richard Ross, sondern nur noch einmal alle zwei oder drei Monate. Das lag an der verschärften Überwachung durch Yoko, die jetzt nicht mehr durch ihre Schwangerschaft abgelenkt war, und an der zunehmenden Weigerung von Ross, als Kuppler herzuhalten. Lennon war aber auch so nicht mehr sehr an den Treffen interessiert, da das Heroin seinen Trieb betäubte. Obwohl May niemals herauszufinden vermochte, was mit ihrem Liebhaber los war, beobachtete sie in den nächsten paar Jahren einen erstaunlichen Wandel bei dem Mann, den sie so gut kannte.

«Der John, den ich in diesen Jahren traf, schien keinerlei Ambitionen mehr zu haben», bemerkte sie. «Er schien sich nur noch für kurze Zeit auf etwas konzentrieren zu können. Manchmal pflegte er nur dazusitzen und mich mit glasigen Augen anzuschauen. Sein Geist, sein Witz, seine Aufnahmefähigkeit schienen verschwunden zu sein, und es kam mir vor, als hätte er keinerlei Kraft mehr.»

Wenn John nicht mit May schlief, erging er sich gerne in Erinnerungen an ihre gemeinsamen guten Zeiten. Er sprach kaum über sein Leben mit Yoko und Sean, doch sagte er May immer, wie sehr er sie vermisse. Daß sie Monat um Monat damit zubrachte, in einer Branche Arbeit zu suchen, die sie wegen ihrer Beziehung mit Lennon auf die Schwarze Liste gesetzt hatte, schien John überhaupt nicht zu stören. Wie üblich hielt er von seinen Gedanken alles fern, was möglicherweise seinen Seelenfrieden beeinträchtigen konnte.

Ein paar Dinge jedoch ließen sich nicht so leicht verdrängen. Während der ersten sechs Monate des Jahres 1976 wurde John mit einer bestürzenden Serie von Todesfällen unter seinen Freunden und in seiner Familie konfrontiert. Der erste Schock war die Nachricht, daß Mal Evans in Los Angeles von der Polizei erschossen worden war. Wie jeder, der Mal kannte, konnte John nicht begreifen, wie ein so sanftmütiger und friedlicher Mensch ein derart gewaltsames Ende finden konnte. Die Geschichte ist merkwürdig.

1975 war Mal von Lil geschieden worden. Anschließend fühlte er sich von allem abgeschnitten, was ihn einst am Leben gehalten hatte – von den Beatles, von seiner Familie und von England. Obwohl er ein paar Gelegenheitsarbeiten in der Plattenindustrie fand, wo er den Höflichkeitstitel Produzent genoß, arbeitete er nur, wenn seine alten Chefs oder andere britische Popstars in der Stadt waren. Wenn er trank, pflegte er zu jammern, daß niemand ihn um seiner selbst liebe; er war nur der Mal von den Beatles. Er hatte jedoch noch ein As im Ärmel, und das gedachte er nun auszuspielen. Während seiner Jahre mit den Beatles hatte er ein Tagebuch geführt, das eine interessante Lektüre geworden wäre, wenn man nach den im Fanmagazin der Beatles erschienenen Auszügen geht. Mal war mit den Vorbereitungen für die Veröffentlichung dieser wertvollen Aufzeichnungen beschäftigt, als er am Abend des 4. Januar 1976 durchdrehte.

Er griff sich eine Flinte und jagte Frances Hughes aus dem Haus, in dem er mit ihr und ihrer vier Jahre alten Tochter lebte. Entsetzt rief Frances die Polizei an und berichtete, daß Mal «ausgeflippt» und durch die Einnahme von Pillen «verrückt geworden» sei. Am meisten beunruhigte sie der Umstand, daß er sich mit ihrer kleinen Tochter ins obere Schlafzimmer verkrochen hatte. Als die Polizisten ankamen, riefen sie Mal die Treppe hoch zu, er solle mit erhobenen Händen herauskommen. *«Nein!»* schrie dieser. *«Da müßt ihr mir erst die Rübe wegblasen!»* Die Polizisten, die zum zweiten Stockwerk hochgeschlichen waren, traten die Tür ein und standen ihm mit gezogenen Waffen gegenüber. Mal lag auf einem Bett und hatte die Flinte in der Hand.

«Laß das Gewehr fallen», riefen beide Polizisten.

Mal reagierte, indem er auf die Polizisten anlegte. Sie eröffneten sofort das Feuer. Mal wurde von vier Kugeln erwischt, die seine Nase, seine linke Brust oben und unten sowie sein linkes Bein trafen. Als seine Waffe untersucht wurde, stellte sich heraus, daß sie mit vier Patronen geladen war, von denen eine in der Feuerkammer steckte.

Am folgenden Tag traf Jesse Ed Davis Frances Hughes in Harry Nilssons Haus. Sie war völlig zerstört und gab sich die Schuld an Mals Tod. Sie sagte, daß er viel getrunken habe, und bemerkte niedergeschlagen: «Vermutlich weiß er nicht mal, daß er tot ist, wo immer er jetzt auch steckt.» Eine Autopsie ergab, daß Evans weder betrunken war noch unter Drogen gestanden hatte. Er hatte ein «medizinisch vertretbares Maß an Valium» im Blut und einen Alkoholspiegel, der etwa einem Drink entsprach. Ein Ausbruch selbstzerstörerischer Verzweiflung hatte ihn dazu gebracht, Selbstmord zu begehen, indem er die Polizei dazu provoziert hatte, sich wie ein Exekutionskommando zu verhalten.

Mals Unglück wurde rasch gefolgt durch den Tod von anderen, Lennon nahestehenden Menschen. Spät im März erfuhr John, daß sein Vater in einem öffentlichen Krankenhaus in Brighton im Sterben lag. Er rief den alten Mann an und sprach eine halbe Stunde lang mit ihm. Die durch den Magenkrebs verursachten Schmerzen machten Freddie buchstäblich sprachlos, aber der Gedanke, daß er und sein Sohn nach sechs Jahren endlich ausgesöhnt waren, war ihm ein Trost. Nur zwei Wochen vor Freddies Tod starb Pauls Vater. Im Mai dann erfuhr John, daß seine Lieblingstante Mater tot war. Auf einen Menschen, der schon immer vom Gedanken an die Sterblichkeit besessen war, mußten all diese Todesfälle besonders verstörend wirken.

Diese Zwangsvorstellung hatte in Lennons Leben überreichlich Nahrung bekommen. Er hatte bereits alle Menschen verloren, die ihm besonders viel bedeutet hatten: seine Mutter, seinen Vater, seinen Onkel George, seinen Stiefvater John Dykins, seinen besten Freund Stu Sutcliffe und Brian Epstein, seinen Manager und Liebhaber. John wußte, daß das *Totenbuch* lehrt, die Seele müsse auf den Tod vorbereitet werden: Wenn sie gewaltsam aus ihrem Sitz gerissen wird, kann sie nicht einer glücklicheren Wiedergeburt entgegenreisen, sondern ist dazu verdammt, verlassen durchs Nichts zu wandern. Der Tod von Mal Evans erinnerte ihn an die Gefahren, die mit einem Ende verbunden waren, das John für sich selbst voraussah – einen plötzlichen, gewaltsamen Tod durch die Hand eines Mörders. Dies war der Grund, weshalb John so hysterisch gelacht hatte, als er erfuhr, daß Mals Asche auf dem Weg nach England verschwunden war. John sah es so: «Mals Seele ist in der Abteilung für unzustellbare Briefe gelandet.» Würde auch John dort enden? Er versuchte, seine Angst vor dem Tod durch eine vierzigtägige Fastenzeit zu beschwichtigen, während der er nur Fruchtsäfte zu sich nehmen wollte.

Das ganze Jahr 1976 hindurch hatte John mit schweren juristischen Problemen zu tun. Aussagen unter Eid, Bürgschaftserklärungen, Zusammenkünfte mit Rechtsanwälten und Gerichtstermine drückten seinen Geist nieder. Seine Aussagen im zweiten Morris Levy-Prozeß im Januar umfassen mehrere hundert Protokollseiten, einschließlich einer detaillierten Darstellung, wie er Schallplattenaufnahmen zu machen pflegte – ein Bericht, der den Richter Thomas P. Griesa sehr faszinierte. So lang und kostspielig dieses Verfahren auch war, war es doch lediglich ein Scharmützel im Vergleich zu der Schlacht, welche die Beatles mit Allen Klein austrugen.

Als die Beatles Klein aus ihren Diensten entließen, schuldeten sie ihm eine Menge Geld, denn er hatte nicht nur John, George und Ringo eine Million Dollar aus eigener Tasche geliehen, sondern auch all seine Rechnungen gestundet, welche sich über die Jahre zu fünf Millionen Dollar an Provisionen und Honoraren aufgetürmt hatten. Als Klein feststellte, daß die drei Beatles nichts von ihren Schulden zurückzahlen wollten, brachte er eine ganze Lawine an gerichtlichen Verfahren ins Rollen – gegen die Gruppe als ganzes, gegen ihre einzelnen Mitglieder und auch gegen all ihre Firmen in Großbritannien und den Vereinigten Staaten. Am Schluß waren beiderseits des Atlantiks vierzig Rechtsanwälte mit Klagen und Gegenklagen beschäftigt. Der Rechtsstreit zog sich vier Jahre lang hin, von 1973 bis 1977, wobei sich die geschätzten Prozeßkosten der Beatles auf acht Millionen Dollar beliefen. Sie zahlten sich jedoch aus, denn fast das ganze Geld für die Rechtsanwälte hätte Großbritannien sonst als Steuer verlangen können.

Kleins Prozeß gegen John Lennon bezog sich auf die mündliche Vereinbarung vom 27. Januar 1969, derzufolge John und Yoko ihn als persönlichen Bevollmächtigten engagiert hatten – besonders, um Lennons Interessen gegenüber Northern Songs wahrzunehmen. Klein erhob Anspruch auf über 900000 Dollar (20 Prozent des Handelswertes von Lennons ATV-Anteil) als Gegenwert für die Dienste, die er in jenem Jahr in dem Kampf um die Macht über das Verlagshaus geleistet hatte. Im Mai 1976, als die Sache vor einem New Yorker Gericht verhandelt wurde, zeichnete sich bereits ab, daß die Strategie der Beatles nicht zum Erfolg führen würde; sie hatten kämpfen wollen, «bis Klein pleite ist», wie John es ausdrückte. Es näherte sich jedoch bald der Tag, an dem die berühmten Gammler zahlen mußten.

Lennons Pechsträhne endete am 27. Juli 1976, als die Einwanderungs- und Einbürgerungsbehörde infolge des Urteils des Drei-Richter-Gremiums erklärte, daß ihm eine unbeschränkte Aufenthaltsgenehmigung in den Vereinigten Staaten gewährt würde. Zum erstenmal seit Seans Geburt trat John vor die Kamera, hielt das Dokument hoch und sagte, wie froh er sei, diesen langen Kampf gewonnen zu haben. Tatsächlich bestand der einzige Unterschied nun darin, daß John jetzt erstmals seit August 1971 die Vereinigten Staaten mit der Gewißheit verlassen konnte, auch wieder zurückkehren zu dürfen. Die neu ermöglichte Mobilität nutzte Yoko umgehend aus.

Die Gründe für John Lennons geheimnisvolle Reise um die Welt im Oktober 1976 sind schwer verständlich für jemanden, der nicht an das exzentrische System von Takashi Yoshikawa glaubt. Vereinfacht ausgedrückt besteht die Idee mit den bedeutsamen Richtungen darin, daß ein Reisender, der die Erde immer nach Westen hin umrundet, mit sich selbst ins Reine und mit dem Universum in einen neuen, positiven Einklang kommt. Als Ergebnis sollen die darauffolgenden Unternehmungen von Glück und Erfolg gekrönt werden. Gelegentlich reiste Yoko Ono selbst mit ihren wichtigsten Vertrauten um die Welt – besonders dann, wenn sie im Begriff stand, einen von ihnen mit einer wichtigen Sache zu beauftragen. Die schnellste dieser Umkreisungen machte John Green – in fünfundfünfzig Stunden! Da John Lennon keine sonderlich wichtigen Vorhaben plante, ist es schwer zu begreifen, warum es von so großer Bedeutung für ihn war, die Erde zu umrunden. Vielleicht versuchte Yoko, ihn aus seiner immer noch anhaltenden Depression herauszureißen. Falls das ihr Ziel war, so hätte sie keine schlechtere Methode wählen können, denn John Lennon war ein empfindliches Pflänzchen und nahm die geringste Veränderung seiner Umgebung oder seiner Lebensgewohnheiten übel. Insbesondere lehnte er es ab, irgendwohin allein zu gehen; tatsächlich war er seit Dezember 1960 nirgends mehr alleine hingegangen – damals hatte man ihn aus Hamburg ausgewiesen, und er war mit seinem Verstärker auf dem Rücken nach Hause gekommen. Nun schickte Yoko John auf eine Reise um die ganze Welt – und mutterseelenallein. Es ist sehr unwahrscheinlich, daß sie ihn zu einer dermaßen widernatürlichen

Handlung hätte überreden können, wenn sie nicht den perfekten Köder gewußt hätte. Er ging, weil sie ihm sagte, er könne in Bangkok haltmachen, wo ihm im berühmten Bordellviertel unvorstellbare Freuden zuteil werden würden.

Als John dem Empfangschef im Mandarin-Hotel von Hongkong seine goldene American Express Card zeigte, mußte er nur noch das Verlangen gehabt haben, auf seine Suite zu gehen, sich auf dem Bett auszustrecken und friedlich in die Röhre zu glotzen, während er gleichzeitig Radio hörte und Scotch mit Cola nippte. Ein Drink führte jedoch zum nächsten, und bald lag Lennon betrunken in der exotisch eingerichteten Hotelsuite am andern Ende der Welt und fühlte sich wie Alice hinter den Spiegeln. Dann fiel er auseinander.

«In Hongkong spielte ich dieses Spiel mit mir selbst», erzählte Lennon John Green, nachdem die Reise vorbei war. «Ich fing damit an, verschiedene Schichten meiner selbst abzunehmen, als seien es Schichten von Kleidung. Dann breitete ich sie über das Zimmer aus. Ich stellte mir meine Unterpersönlichkeiten als so etwas wie geisterhafte Gestalten vor. Ich lag da, hörte Radio und wartete, bis eines meiner Ichs zum Vorschein kam und die Kontrolle übernahm. Dann ließ ich es Gestalt annehmen und sah, wie es in einem Stuhl saß oder an der Tür stand und mit mir sprach. Es gab Regeln bei dem kleinen Spiel. Wenn ich eines der Gespenster irgendwo hinplaziert hatte, mußte es dort bleiben. An einem Haken im Badezimmer oder in der Garderobe aufgehängt, ganz wie ich wollte. Ich ließ sie tagelang dort. Es war, als würde ich mein eigenes Spukschloß erschaffen.

Jedesmal, wenn ich eine weitere Schicht von mir abgeschält hatte, nahm ich ein Bad. Nach jedem Bad kippte ich einen weiteren Drink. Das Baden sollte mir beim Entspannen helfen, aber es war auch ein Test. Falls ich herausfinden sollte, daß ich gefühlsmäßig nicht damit klar käme, im Wasser zu sein, und wieder aus der Wanne springen müßte, dann wußte ich, daß es mir nicht gelungen war, die letzte Schicht erfolgreich herunterzubekommen.

Ich gebe zu, daß es ein paar sehr beängstigende Momente gab. Jedes kleine Geräusch, jeder kleine Schatten schien zwanzigmal lauter und hundertmal größer zu sein. Ich setzte mich schutzlos aus, und ich hatte Angst, daß jemand, dieser unsichtbare, unbekannte

Jemand, vielleicht mein langvermißter [gerade verstorbener!] Vater, in den Raum stürmen und mich kriegen würde und ich vor Angst sterben würde.

Ich spielte dieses Spiel drei Tage lang, bevor ich die Suite verließ. Ich wachte aus dem Halbschlaf auf und schaute umher, um zu sehen, ob all meine Ichs immer noch dort waren, wo sie sein sollten, und das waren sie. Ich hatte mir zum Ziel gesetzt, alle herunterzubekommen und dann in dem Zimmer zu lassen und nicht mehr zurückzukehren. Ich dachte, ich könnte sie auf diese Weise loswerden, aber das hat natürlich nicht geklappt. Sie können nämlich durch geschlossene Türen hindurchgehen. Als ich schließlich rausging, ging die Sonne auf. Ich marschierte die Straße hinunter, nur mit meinem Paß und den Kreditkarten, und dachte, ich hätte diese anderen Ichs ausgetrickst und sei entkommen.»

Als er das Hotel verlassen hatte, fand er sich in einem Strom von Menschen wieder, die alle zur Fähre hinuntereilten, welche die Insel mit Kowloon, dem Festland, verbindet. Als sie sich auf dem Wasser befanden, blickte er vom Heck auf und sah Victoria Peak, den Berg, der die Insel überragt. Wie in einer Rückblende erlebte er plötzlich einen anderen prachtvollen Morgen nach, der zwanzig Jahre zurücklag. Er besuchte Mater in Schottland, ging über die Heide, betrachtete einen Berg in der Ferne und empfand ein außergewöhnliches Gefühl der Inspiration.

Als John in Kowloon die Fähre verließ, fühlte er sich in Hochstimmung. Er hatte sich von seinen Gespenstern befreit und genoß eine einzigartige Empfindung: Zum erstenmal in seinem Leben war er er selbst – *der wahre John Lennon!* Doch schon an der nächsten Kurve lauerten ihm seine Gespenster wieder auf. Er mußte feststellen, daß er sie nicht abgeschüttelt hatte, und er gab den Versuch auf, seinen anderen Ichs davonzulaufen. «Ich ging zurück, um meine Koffer zu holen», berichtete er, «und sagte zum Rest meiner Geister ‹Also los!› Und wir gingen alle zusammen nach Bangkok.»

Anders als sein Aufenthalt in Hongkong, über den John in der Folge mit mehreren Leuten gesprochen hatte, wurde sein Besuch in Bangkok vor allen außer Yoko geheimgehalten. Dennoch ist es nicht schwer, ihn sich in dieser Stadt vorzustellen, da die den Touristen angepriesenen Möglichkeiten dort ziemlich bekannt sind und

Lennons Vorlieben so eindeutig waren. Bangkok florierte in den Jahren, als es das beliebteste Ferienziel der amerikanischen Soldaten auf Armee-Urlaub war, und konnte zu dieser Zeit stolz ein rundes Tausend Massagesalons vorweisen, bei denen es sich allesamt um Freudenhäuser handelte. Als John das weltberühmte Oriental Hotel am Ufer des Flusses Chao Phraya verließ, war er mit Sicherheit sofort von Schleppern umringt, die ihm ihre reichlich ulkig formulierten Karten hinhielten. Darauf war zum Beispiel zu lesen: «Sie wissen nicht, wie groß es sein kann, ihr Stück beblasen zu bekommen, bevor eines unserer Mädchen es tat.»

Er würde den ersten Salon betreten, der seine Aufmerksamkeit erregt hatte, und einen Raum vorfinden, an dessen einer Seite die Mädchen auf einer Art Podest aufgereiht waren. Jedes Mädchen hielt eine Tafel mit einer großen Nummer in der Hand. Nachdem er die besten Nummern ausgesucht hätte, würden die Mädchen das Geschäft mit der Mama-San verhandeln und ihn dann in ein zurückgezogenes Zimmer führen. Dort würden sie sich ausziehen und sich als kleine, unentwickelte Wesen mit winzigen Brüsten und so gut wie keinem Schamhaar entpuppen – sehr scheu, sehr sanft, fast nur im Flüsterton sprechend und äußerst willfährig. Mit diesen Mädchen Sex zu haben erinnert an Kindesmißbrauch, was auch der Grund dafür ist, daß Thai-Huren von übersättigten Männern so überaus geschätzt werden.

Johns Mädchen würden sich weigern, irgend etwas Abartiges zu tun, aber sie würden eifrig darauf bedacht sein, ihm einen runterzuholen, einen zu blasen oder normalen Verkehr zu haben. Die Kosten dafür entsprachen ungefähr dem Preis einer Kinokarte. Vielleicht gönnte John sich auch einen Thai-Jungen, der unter anspruchsvollen Homosexuellen genau denselben Ruf genießt wie die Mädchen bei heterosexuellen Männern. Natürlich würde es kein Problem darstellen, an seine beliebteste Marihuanasorte zu kommen, an Thai Sticks, oder erstklassiges Heroin zu erstaunlich niedrigen Preisen zu kaufen. Da John mindestens zwei Wochen lang unterwegs war und nur vier Tage in Hongkong verbracht hatte, ist anzunehmen, daß er in den Freudenhäusern Bangkoks eine gewisse Zeit verbracht hatte. Manche Männer wären nicht mehr nach Hause zurückgekommen.

Als John spät im Oktober nach New York zurückkehrte, verbrachte er zwei Abende mit Pete Shotton – zum letztenmal in seinem Leben. John machte Pete gegenüber klar, daß der alte Lennon nun durch einen neuen ersetzt werden würde, daß er seinen Lebenswandel ändern und ein vorbildlicher Vater sein wolle. John erzählte Pete, daß er mit Saufen und Rauchen aufgehört habe, eine makrobiotische Diät einhalte und Japanisch lerne, um sich auf einen Besuch bei Yokos Familie in Japan vorzubereiten. Er hatte solche Furcht, das Baby aufzuwecken, daß er und sein Gast beim Fernsehen so gut wie ganz auf den Ton verzichten mußten.

Kurz nach Petes Besuch begann John wieder zu rauchen und Drogen zu nehmen. Er belegte einen sechswöchigen Intensivkurs in Japanisch an der Berlitz-Schule, erlangte aber nie auch nur die geringste Fähigkeit, sich in dieser Sprache zu unterhalten. Der einzige Entschluß, an dem er festhielt, war sein Vorsatz, nie mehr als 750 makrobiotische Kalorien pro Tag zu sich zu nehmen. Schließlich wog er nur noch 55 Kilo und lag die meiste Zeit im Bett – ein wohlhabendes Opfer von Unterernährung. Seine Magersucht bewies immerhin eines: Indem er dem normalen Verlangen seines Körpers nach Nahrung nicht nachgab, zeigte John Lennon, daß er Herr im eigenen Haus war.

DIE LENNONS KAUFEN EINEN LENOIR

Ich will nicht gehen, und ich *werde* nicht gehen!» schrie Lennon, als John Green seinem Arbeitgeber vorschlug, er solle im November 1976 dem alljährlichen Treffen von Apple beiwohnen. Während John kettenrauchend und nervös in der Küche auf und ab ging, schüttete er seine Verachtung gegenüber der gesamten Geschäftswelt aus. «Ich habe aufgehört, zu solchen Treffen zu gehen und so zu tun, als wüßte ich nicht, worum es da geht – mich dienstbeflissen anlächeln und auf die Schulter klopfen zu lassen, während man mich bis zum Gehtnichtmehr bescheißt. Nein danke. *Du gehst!*» Als Green erwiderte, daß John sich nicht von einem Kartenleger vertreten lassen sollte, bellte John: «Also gut, dann eben Yoko.» Falls Yoko ginge, insistierte Green beharrlich, dann müsse John ihr aber auch eine Vollmacht erteilen. Auf diesen Vorschlag meinte John bissig: «Ich werde ihr einen Zettel ans Hemd stecken. ‹Vati hat die Erlaubnis erteilt.› Wie wär's damit?» Als Green mit seinem alten Spruch kam: «Wenn du dich nicht um deine Geschäfte kümmerst, kümmern sie sich auch nicht um dich», antwortete John bitter: «Man hat sich schon um mich gekümmert. Geschäfte und Geschäftsleute haben mich neunzig Prozent von dem gekostet, was ich jemals eingenommen habe. Ich hab's selbst probiert, und ich hab probiert, es andere tun zu lassen, und das Ergebnis ist dasselbe. Ich verliere Geld. Wenn Yoko es in die Hand nehmen will, ist es ihr gutes Recht oder deines, wie auch immer. Es kann nicht schlimmer werden, folglich riskiere ich nichts, oder?»

Tatsächlich bestand keinerlei Grund für John Lennons Anwesenheit beim Treffen des Apple-Vorstands; niemand von den anderen führenden Köpfen kam zu diesen Treffen, weil es dort vorrangig um die Ausführung des Beatles-Übereinkommens und die Auflösung von Apple ging – alles Dinge, die man am besten Rechtsanwälten und Buchhaltern überließ. Was an dieser Tirade jedoch tatsächlich überraschen mußte, war die offenkundige Gleichgültigkeit Lennons betreffs der Frage, wer ihn in Geschäftsangelegenheiten vertreten sollte. Dies war eine neue und möglicherweise gefährliche Entwicklung. Ihr Beginn kann mit der Entlassung von Harold Seider im April 1976 in Zusammenhang gebracht werden. Offensichtlich war Seider gefeuert worden, weil jemand als Sündenbock für das Morris Levy-Fiasko herhalten mußte, und Seider hatte das Gefühl, es sei seine Pflicht, diese Rolle zu übernehmen. Im privaten Kreise jedoch schrieb er seine Entlassung den Machenschaften Yoko Onos zu.

Seider hatte Yoko gründlich beobachtet während der drei Jahre, in denen er Lennons Berater war. Ihm zufolge ging Yoko davon aus, daß eigentlich ihr der Erfolg zustünde, den John erzielt hatte. «Warum ist dieser Dummkopf so erfolgreich», pflegte sie zu sagen, «wo ich doch soviel klüger und besser bin?» Trotz ihrer Geringschätzung für John hatte sie jedoch nicht vor, sich scheiden zu lassen, da sie in ihm Seider zufolge die «Bank» sah, und für Yoko hatte Geld eine so große Bedeutung, daß der Rechtsanwalt meinte, sie könne sogar Selbstmord begehen, falls sie jemals pleite gehen würde. Da sie und John zu dem Entschluß gekommen waren, keine Kunst mehr zu machen, war es für Seider klar, daß Yokos vorrangiges Ziel darin bestand, die «Bank» zu beherrschen, und ebendies brachte sie auf Kollisionskurs mit Seider, dessen Ziel es war, jeden davon abzuhalten, seinen Klienten zu beherrschen. Folglich war Seider fällig, denn Yoko «konnte keinen mildernden Einfluß auf John zulassen, der mit ihm zusammen eine andere Meinung vertrat».

Als Seider im März 1976 ohne Warnung entlassen wurde, erhielt er keinerlei Erklärung bis auf die kurze Notiz: «Wir leiten eine Änderung ein. Hoffe du verstehst das. Ruf mich an.» Als Seider bei Lennon anrief, kam er nicht durch. Er war nicht der einzige, der entlassen worden war. Es gab eine richtiggehende Säuberungsaktion unter den Rechtsanwälten und Beratern der Lennons. Yoko mußte ihnen mißtraut haben, weil sie alle auf Seiders Empfehlung hin eingestellt worden waren.

Der nächste Geschäftsführer der Lennons war Michael Tannen, der Rechtsanwalt von Paul Simon, eine dynamische Persönlichkeit mit einem Hang, sich ins Leben seiner Klienten einzumischen. Seider sagte voraus, daß Tannens Amtszeit nicht lange dauern werde, weil der zurückhaltende Lennon Tannens Verhalten unpassend finden würde. In der Tat blieb Tannen weniger als sechs Monate. Dennoch leistete er Seider zufolge einen wichtigen Dienst, denn «Yoko benutzte ihn als einen Zwischenschritt auf dem Weg zur absoluten Macht. Sie konnte nicht unmittelbar von mir zu sich selbst wechseln. Sie mußte John an den Gedanken gewöhnen, daß niemand außer ihr in der Lage sei, die Sache in die Hand zu nehmen.» Auch mußte sie sich mit der Führung von Lennons Geschäften erst vertraut machen, und diese Geschäfte waren das Herz der «Bank». Zuvor war es Yoko nie gestattet gewesen, sich in Lennons Geschäfte einzumischen, weil Seider ihr im Wege gestanden hatte. «Wenn sie sich offen eingemischt hätte», bemerkte er, «wären sowohl ich als auch die Rechtsanwälte zurückgetreten. Nicht sie war der Klient.»

Während es für John Lennon immer eine Schreckensvorstellung war, mit einem ganzen Zimmer voll Männern in Anzügen konfrontiert zu werden und kein Wort zu verstehen, hatte Yoko Ono zunächst keine Bedenken, sich Hals über Kopf in Angelegenheiten zu stürzen, von denen sie nichts verstand. Eher schien sie angenehm erregt von der Vorstellung zu sein, in die Fußstapfen ihres Großvaters zu treten. Daß sie nicht über die nötige Ausbildung, Erfahrung und Fähigkeit verfügte, um Geschäfte zu führen, beunruhigte sie nicht im geringsten, da sie sich im Besitz einer Geheimwaffe wähnte.

Ihr ganzes Leben lang hatte Yoko nach einem großen Zauberer gesucht, einem Flaschengeist wie aus *Tausendundeiner Nacht*, welcher dank seiner außergewöhnlichen Fähigkeiten und Ergebenheit all ihre Wünsche im Handumdrehen verwirklichen würde. Nun glaubte sie, ein solches Wunder in John Green gefunden zu haben. Es gab schließlich gute Gründe, Green so hoch einzuschätzen. Als der Kartenleger in ihr Leben getreten war, war sie die entfremdete Ehefrau mittleren Alters eines launischen Popstars gewesen, der seinen Höhepunkt hinter sich hatte und verzweifelt seine Jugendfrische zurückerlangen wollte. Nur achtzehn Monate später hatte Yoko ihren Ehemann zurückgewonnen, gegen alle Wahrscheinlichkeit ein Kind zur Welt gebracht und stand nun an der Schwelle zur totalen Kontrolle über das Lennon-Vermögen. Das war der wirkliche Grund, warum Seans mittlerer Name «Taro[t]» lautete.

John Green bewies schon bald, daß er auf alles eine Antwort wußte. Als Yoko am Vorabend ihres Debüts am Konferenztisch in Panik geriet, sagte er ihr, sie solle verlangen, daß das Treffen in New York abgehalten werde, wo sie den Heimvorteil hätte. Als sie den Konferenzraum betrat, stand Green bei sich zu Hause am Telefon bereit. Jedesmal, wenn Yoko eine Entscheidung fällen mußte, brauchte sie sich lediglich kurz zu entschuldigen und in der nächsten Telefonzelle zu verschwinden. Dort konnte sie ihre Probleme loswerden und die ruhige und vernünftige Stimme «der Karten» hören. Als sie sich darüber beschwerte, daß Lee Eastman sie von oben herab behandle, tröstete Green sie, indem er daran erinnerte, wie jeder einzelne der «Apples» sie beiseite genommen hatte und über die andern hergezogen war. Ein solches Wissen, versicherte er ihr, sei selbst schon eine Art Macht.

Macht war, wie Green sehr wohl wußte, der Schlüsselbegriff in Yokos Denken: Um ihre Macht zu vergrößern hatte sie sich der Magie zugewandt, und die Erfahrung der Machtlosigkeit hatte sie in ihre Panikstimmungen versetzt und dazu geführt, daß sie blind nach jedem Strohhalm griff, was Seider wiederum als Yokos Glauben interpretiert hatte, daß «doch irgend etwas funktionieren mußte, wenn man nur alles ausprobiert». Als das Treffen dann wie die meisten Apple-Zusammenkünfte ohne konkretes Ergebnis schloß, hatte Yoko das Gefühl, einen Triumph errungen zu haben.

Das i-Pünktchen auf ihren Sieg setzte Allen Klein am 10. Januar 1977, als er endlich sein Geld aus den Beatles herausgeholt hatte und die Wunden in seiner Beziehung zu Lennon schließen wollte, indem er Yoko ein außergewöhnliches Kompliment machte. Er pries ihren gefühlvollen Aufruf zu einer Einigung in letzter Minute und sagte gegenüber der Presse, Yoko habe ein «Kissinger-würdiges Verhandlungsgeschick» bewiesen. Er konnte kaum vorhersehen, daß diese absurde Feststellung von den Medien aufgegriffen und zum Mythos von der japanischen Bankierstochter mit der genialen Geschäftsbegabung überhöht werden würde – die «Millionen-Yoko» auf der Liste der 500 Superreichen.

Nachdem John Green der geheime geschäftliche Ratgeber der Lennons geworden war, mußte er feststellen, daß er zwar ein Vermögen verwaltete, aber nach wie vor dieselbe Entlohnung von 150 Dollar pro Woche erhielt wie damals, als seine Pflichten noch darin bestanden hatten, die Karten über Yokos Ernährungsweise zu befragen. Offenbar mußte Green etwas tun, um diese Ungerechtigkeit auszugleichen, aber er kannte seine Klientin gut genug, um zu wissen, daß sie die ihr geleisteten Dienste als selbstverständlich ansah und nicht der Typ war, ihre Offiziere entsprechend ihren Meriten zu belohnen. Eines Tages, als er für einen neuen Klienten die Karten legte, entdeckte Green die Lösung für sein Problem. Merkwürdigerweise hieß der neue Mann ebenfalls Green – Sam Green, eine schillernde Figur des internationalen Jet-sets, der als Kunsthändler arbeitete.

Gabe Grumer, John Greens Meisterschüler, erinnerte sich, daß Green ihm im Oktober 1976 sagte, er habe gerade die Karten für einen Kunsthändler gelegt, der wiederholt versucht habe, Yoko Ono zu erreichen, aber nie durchgekommen sei. John Green hatte auf diese Enthüllung zunächst mit gespielter Gleichgültigkeit reagiert; dann hatte er beschlossen, dem Händler zu offenbaren, daß er Yokos Wahrsager war. Sofort hatte Sam Green einen Vorschlag gemacht. Er hatte eben von einem Renoir gehört – *«Jeunes filles au bord de la mer»* –, der für 200000 Dollar zu haben war. Gab es eine Möglichkeit für John Green, Sam Green Yoko Ono vorzustellen, damit er ihr das Gemälde zum Kauf anbieten könne? Falls Sam den Handel abschließen würde, würde er 300000 Dollar auf den Preis draufschlagen, und sie konnten mit dem Gewinn halbe-halbe machen. John fand das Angebot verlockend, hatte aber Bedenken. Er fragte Grumer nach dessen Urteil über die ethische Seite des Geschäfts. Grumer erwiderte, es sei hochgradig amoralisch, doch würde er selbst bei einer derartigen Versuchung das Geld einstekken. Immerhin waren Yokos Forderungen übertrieben, und sie zahlte nie angemessen für das, was sie erhielt. Welche andere Wahl hatte Green, als sich so gut wie möglich selbst zu entschädigen?

Sam Green bestätigte diese Geschichte, fügte aber hinzu, er sei kurz nach der entsprechenden Vereinbarung mit John Green vor Bloomingdale's zufällig in die Lennons gerannt. Yoko kannte Sam von früher, als er in der Green Gallery für Dick Bellamy gearbeitet hatte, den Mann, der die Lennons bei Jim Haristhis eingeführt hatte. Sie grüßte Sam enthusiastisch und fragte, ob er irgend etwas Besonderes habe. Er ließ seinen Aktenkoffer aufschnappen und zeigte die Dias von dem Renoir.

Nun war der Weg frei für Samuel Adams Green jr., der mit seinen sechsunddreißig Jahren bereits eine aufregende Karriere hinter sich hatte, aber zu diesem Zeitpunkt ein wenig stagnierte. Als Sproß einer guten alten amerikanischen Familie verfügte Sam sowohl über die gesellschaftlichen Umgangsformen der höheren Kreise als auch über deren Vorliebe für Reisen und ihren guten Geschmack in Sachen Kunst. Dagegen fehlte ihm die in seiner Familie übliche Hingabe an die Belehrsamkeit. Obwohl sein Vater Professor für Kunstgeschichte und seine Mutter Professorin für Sozialpsychologie war, hatte Sam jr. sein eigenes Studium abgebrochen und seine Karriere als ein nützliches Werkzeug in den Händen Andy Warhols begonnen. «Sam hatte gepflegte Zähne und einen Bart, und ganz besonders mochte er Damen aus besseren Kreisen, die sich danach sehnten, nicht mehr spießig zu sein», erinnerte sich Warhol in *POPism.* «Er würde ihnen Dinge sagen wie ‹Da ist dieser Verrückte namens Warhol, der sein Gefolge in Ihr Haus bringt und offenbar einen ganzen Film an einem einzigen Nachmittag dreht. Sie müssen ihn kennenlernen.› Und da Sam über Transvestiten und Abartigkeiten Bescheid wußte, hielten ihn die Damen für amüsant. Ich lernte durch Sam viele reiche Frauen kennen, wenn wir zusammen ausgingen, um uns zu amüsieren.»

Warhol wollte von den «Damen» der besseren Gesellschaft Geld, und Green half ihm, es zu kriegen, indem er Bilder von Warhol an die Damen verkaufte und die erste Warhol-Retrospektive veranstaltete, als er Kurator am Institut für Zeitgenössische Kunst an der University of Pennsylvania in Philadelphia war. Inzwischen war Sam von den wohlhabenden Damen der Gesellschaft zu einer sehr viel größeren und schwerer zur Strecke zu bringenden Beute wie Greta Garbo übergewechselt, die er erfolgreich durch Cecile Rothschild, ihre lebenslange Gefährtin, umwarb. Er verwandte riesige Mengen an Zeit und Energie auf sie und nahm sogar ernsthafte Gefahren auf sich, um ihr Vertrauen und ihre Zuneigung zu gewinnen.

Während Sam Yoko seine Dias zeigte, erklärte er, daß die berühmte Koloratursopranistin Lily Pons gerade verstorben sei und ihrer Nichte diesen Renoir vermacht habe, der eine halbe Million wert sei und in einem Jahrzehnt gewiß das Doppelte – eine Voraussage, die sich als zutreffend erweisen sollte. Yoko bat prompt John Green, die Karten über das Bild zu befragen; er fand in den Karten die vollständige Bestätigung von Sam Greens Darstellung, was zu dem Schluß führte, daß das Bild eine gute Kapitalanlage sei. Das einzige Hindernis bestand darin, daß das meiste Geld der Lennons in England festsaß und nicht aus dem Land herausgeholt werden konnte. Sam Green löste das Problem im Bruchteil einer Sekunde. Er sagte, sie könnten das Bild nach London schaffen, den Verkauf dort vornehmen und das Bild mit dem beschlagnahmten englischen Geld bezahlen. Nach einer gewissen Wartezeit, in welcher das Bild in einem Museum hängen würde, könnte ein Weg gefunden werden, das Werk zurück in die Vereinigten Staaten zu schmuggeln. Auf diese Weise würden die Lennons nicht nur eine aller Wahrscheinlichkeit nach profitable Investition tätigen, sondern auch ihr nicht transferierbares Geld in einen transferierbaren Vermögenswert umgewandelt haben. Außerdem ließe sich das Geschäft noch durch eine Bezahlung weit über Wert versüßen – der Verkäufer würde das zuviel gezahlte Geld über eine Schweizer Bank an die Lennons zurücküberweisen. Yoko war von dem Plan begeistert, aber sie wollte Sam Greens Schätzung des Bildes nicht ohne Rückversicherung akzeptieren. Sie rief mehrere Kunstsachverständige an, die ihr zumeist von Sam Green empfohlen worden waren. Eine dieser Autoritäten erinnerte sich, wie Sam ihn anrief und erzählte, daß er Yoko einen Renoir im Wert von 200000 Dollar für 500000 verkaufen wolle. Als Sam den Experten anflehte, die höhere der zwei Zahlen zu bestätigen, entgegnete der Kunstgelehrte, er werde nichts dergleichen tun. Yoko rief kurz darauf an, um anzukündigen: «Ich werde ein Gemälde als Kapitalanlage kaufen und möchte Ihre Meinung dazu hören. Es ist ein Lembrandt.»

«Frau Lennon», entgegnete der Experte, «meinen Sie vielleicht einen Lenoir?» Als es dann darum ging, den Wert des Bildes einzuschätzen, wich die Autorität aus und meinte: «Ach, Frau Lennon, es ist so schwer, über den Wert von Kunst zu befinden.»

Während Yoko herumtelefonierte, um sicherzugehen, daß sie

keine Dummheit beging, arbeitete Sam Green verzweifelt daran, alle technischen Einzelheiten hinzubügeln. Der für die Vermögensverwaltung von Lily Pons zuständige Rechtsanwalt forderte hundertprozentige Sicherheiten. Der Finanzberater der Lennons, Eli Garber, und ihr Rechtsanwalt, Tannenbaum, warfen auch etliche Steine in den Weg. Tagtäglich sprach Sam nicht nur stundenlang mit diesen Leuten, sondern auch mit Yoko selbst, mit der er per Telefon eine sehr enge Beziehung aufzubauen begann.

Am 9. Dezember 1976 flog Sam Green nach London und schloß den Handel über den Renoir ab. Die Lennons waren begeistert, ihre nutzlosen Pfunde in ein Meisterwerk verwandelt zu sehen. Sie gelangten innerhalb eines Jahres in seinen Besitz, dazwischen hing es in der Walker Gallery in Liverpool. Die zwei Greens fanden nicht nur, daß sie erstklassig abgeschnitten hätten, sondern auch, daß der Grundstein für ihr zukünftiges Glück gelegt sei. Die einzige enttäuschte Person war Wendy Wolosoff, die schockiert und desillusioniert feststellte, daß ihr spiritistischer Geliebter sich plötzlich in die Abgründe geschäftlicher Betrügereien geworfen hatte. Sobald die Ferien vorbei waren, verlangte Wendy von John Green, daß er aus ihrer Wohnung und aus ihrem Leben verschwinde. Als das erste Geld aus der Schweiz eintraf, schrieb Green dennoch einen Scheck über 500 Dollar aus und schickte ihn ihr mit einer Notiz, die auf den 9. Januar 1977 datiert ist. «Liebe Wendy», schrieb er, «dies ist nur ein kleiner Ausdruck meines Danks für Deine Freundschaft und Hilfe während des langen Prozesses, der uns schließlich reich gemacht hat. Ich hoffe, Du genießt Deinen Anteil. Du hast ihn verdient.»

Jeder der Greens gab seinen Gewinn für das aus, was ihm am meisten am Herzen lag. Sam Greens größte Freude bestand darin, einzigartige Traumresidenzen aufzuspüren und einzurichten. Er besaß bereits einen Palazzo aus dem sechzehnten Jahrhundert in Cartagena an der kolumbianischen Küste. Nun fügte er seinen Besitztümern ein wundervolles Apartment in der East 75th Street Nummer 15 hinzu, ein paar Schritte von der Fifth Avenue entfernt. Die Stadtwohnung hatte einen beeindruckenden Salon, und Sam beschloß, ihn im herrlichsten Louis XIV-Stil einzurichten. Den angrenzenden Raum plante er als eine gewölbeartige Gemäldegalerie, und im hinteren Teil der Wohnung wollte er zwei miteinander zusammenhängende Schlafzimmer herrichten. Sam machte sich keine Sorgen über die Renovierungskosten. Er wußte, daß er bei den Lennons auf eine Goldader gestoßen war.

John Green war ein Neuling in Sachen Geld. Im Jahr zuvor hatte er 15000 Dollar verdient. Jetzt hatte er 150000 in bar! Er begann damit herumzuwerfen wie einer, der in der Lotterie gewonnen hat. Er gab eine Party nach der andern und war sehr großzügig zu seinen Freunden. Am meisten half er seinem Schüler Gabe Grumer, der ein eigenes kleines Geschäft haben wollte. Green gab Grumer 40000 Dollar, um in Greenwich Village ein Geschäft für Vollwertkost namens Gabe's aufzumachen. Der Healthfood-Fimmel begann damals gerade in New York, und Green schaffte es, von Anfang an mit dabei zu sein und auf der Welle mitzuschwimmen, bis er nicht nur einen Laden hatte, sondern auch ein Restaurant und ein Unternehmen, das unpasteurisierte Milch vertrieb, sowie eine Farm, auf der biologische Nahrungsmittel angebaut wurden.

Außerdem konnte John Green auch den Loft der Lennons in der Broome Street 496 benutzen, der seit Mai 1973 leerstand, als die Joko Productions aufgelöst worden waren. Das zweistöckige Gebäude bestand aus einem hohen Erdgeschoß, von dem aus eine lange Treppe an der Wand entlang ins Zwischengeschoß führte, welches sich über die Hälfte des unteren Stockwerks hinweg erstreckte. In der Mitte hatte man eine Öffnung gelassen, damit die durch ein Oberlicht einfallende Helligkeit ins Erdgeschoß durchdringen konnte. Neben dieser Öffnung plazierte John Green seine zwei unverzichtbaren Möbelstücke: sein riesiges Bett und den Hexenaltar. Das Bett war dreieinhalb Meter lang und zwei Meter breit. Der Altar, der an der rückwärtigen Wand aufgestellt war, bestand aus einer sieben Zentimeter dicken Schieferplatte, die fast zwei Meter hoch und fünfundsiebzig Zentimeter breit war und auf einem geschweißten Stahlrahmen ruhte. Über dem Altar hing an schwarzen Ketten ein hölzerner Kerzenhalter, von dem aus ein Kreuz beleuchtet wurde, das aus einem vom Blitz getroffenen Baum geschnitzt war. Flankiert war das Kreuz von fünf großen Gipsheiligen, die aus einer verfallenen römisch-katholischen Kirche am West Broadway stammten. (Green ergötzte der Gedanke, daß jedermann, der den Altar erblickte – wie der irische Polizist, der einmal vorbeigekommen war, um den Fall mit dem dreißig Pfund schweren Stein zu untersuchen, der durchs Oberlicht gestürzt war –, annehmen würde, daß Green ein überzeugter Katholik sei.) Als Greens Nachfolger Jeffrey Hunter zum Ausräumen der Wohnung zwei Arbeiter mitbrachte, die zufällig Brasilianer waren, starrte der eine Mann den Altar an und knurrte dem anderen zu: «Macumba!»

MAGISCHE MACHENSCHAFTEN

Am 16. Januar 1977 sagte Yoko am Telefon zu Sam Green: «Du schaffst *alles*! Charlie Swan sagt, daß es nichts gibt, was du nicht schaffst! Du bist unser *Wunder*mann. Nun mußt du alles stehen und liegen lassen und dich auf folgendes konzentrieren! Es ist das *aller*wichtigste für John. Jetzt, wo er seine Aufenthaltserlaubnis hat, möchte er an der Feier zur Amtseinführung des Präsidenten teilnehmen!»

Sam Green war ratlos. Es war Sonntag. Die Feierlichkeiten zur Amtseinführung würden am Mittwoch beginnen. Es war zu spät! «Yoko», keuchte er, «ich bin in meinem ganzen Leben nur zweimal in Washington gewesen. Ich kenne keinen einzigen Politiker. Ich wüßte nicht einmal, wen ich ansprechen könnte!» Je mehr Sam sich wand, desto stärker setzte Yoko ihn unter Druck. Nachdem er alle seine Einwände vorgebracht hatte, hielt er einen Moment lang stumm und schlaff inne.

Yoko ergriff die Gelegenheit, um die Unterhaltung zu beenden. «Du schaffst es schon!» rief sie energisch aus – und legte auf.

Am Montag morgen rief Sam sämtliche Limousinenverleiher an und mußte feststellen, daß alle Wagen Wochen oder gar Monate im voraus gebucht worden waren. Er rief die Hotels an und fand sie restlos belegt. Er bat Ports of Call, sein Reisebüro, sich für ihn ganz besonders ins Zeug zu legen. Man teilte ihm mit, daß die Fluggesellschaften nur Standby-Flüge anboten. Man stelle sich John und Yoko bei einem Standby-Flug vor!

Am Dienstag, als Sam im Ginger Man erschien, um mit seiner Freundin Janie Lahr (der Tochter des berühmten Komödianten Bert

Lahr) zu Mittag zu essen, kochte er vor Wut. «Diese gottverdammten Lennons machen mich wahnsinnig», schimpfte er. «Das Neueste ist, daß sie morgen zur Amtseinführung gehen wollen. Völlig ausgeschlossen, das in letzter Minute zu arrangieren!» Dann erzählte er seinen Alptraum vom genialen gesellschaftlichen Vermittler, der keinen Fuß in die Tür bekommt.

Nachdem er ihr sein Herz ausgeschüttet hatte, sagte Janie Lahr: «Du machst dir wirklich Sorgen, nicht wahr? Weißt du, vielleicht kann ich dir helfen! Einer meiner besten Freunde ist Robert Lipton, der Fernsehproduzent. Er macht die Amtseinführungs-Show bei CBS. Wenn wir hier fertig sind, gehst du direkt nach Hause und bleibst beim Telefon. Falls ich irgend etwas für dich tun kann, wirst du es diesen Nachmittag erfahren.»

Sam rannte in der Wohnung auf und ab, als das Telefon läutete. Eine ruhige Frauenstimme erklärte, daß sie von Robert Liptons Büro anrufe. Es seien alle Vorkehrungen getroffen, um Sam und die Lennons nach Washington zu fliegen, damit sie am folgenden Abend an der Feier teilnehmen könnten. Unterkünfte stünden im Watergate Hotel bereit, und die Gesellschaft würde sowohl für die Amtseinführung am Donnerstag als auch für den Ball Karten erhalten. Bei ihrer Ankunft am Flughafen in Washington werde sie eine Limousine erwarten, die bis zu ihrem Rückflug am Freitag morgen zu ihrer Verfügung stünde.

«*Magie!* Ich habe für sie gezaubert!» rief Sam aus, als er an diesen Coup zurückdachte. Dann bot er die einzig denkbare Erklärung für diesen Erfolg in letzter Minute an: «Sie müssen all das für Haile Selassie reserviert gehabt haben!»

John Lennon war fröhlich bekifft, als er am John F. Kennedy-Flughafen ankam, um den 4:05-Uhr-Flug der National nach Washington zu kriegen. Während er im Erste-Klasse-Abteil saß und über seinen Triumph in letzter Minute grinste, nickte er immer wieder ein, und beim Reden verlor er den roten Faden, bis er schließlich ganz wegsackte. Sam Green muß seine Verwirrung gezeigt haben, denn als John wieder aus seiner Benommenheit erwachte, verkohlte er Sam auf die typische Lennon-Art: «Du fragst dich wohl, warum ich so dösig bin», sagte John schleppend. «Es kommt daher, daß meine

Nebennieren völlig im Arsch sind. Weil ich nämlich zwanzig bis dreißig Tassen Espresso pro Tag trinke. Ich muß das einschränken!» Dann schlief er mit einem Lächeln auf den Lippen wieder ein.

Als die Gesellschaft am Watergate Hotel ankam, sagte John, daß er ein Nickerchen machen müsse. In den folgenden Tagen sollte er noch etliche Nickerchen machen, manche davon in aller Öffentlichkeit.

An diesem Abend zogen Sam Green und die Lennons formelle Abendkleidung an und begaben sich zum John F. Kennedy Center for the Performing Arts. Yoko trug ein trägerloses weißes Bill Blass-Kleid, schwere Goldketten und Brillanten um den Hals und hatte ihr Haar auf Sams Drängen hin zu einem Chignon hochgesteckt. John trug über dem Anzug ein schwarzes Cape, das mit weißem Satin gefüttert war, und hatte das Haar wie ein romantischer Dichter nach hinten gekämmt. Nachdem sie einer sehr politischen Varietévorführung beigewohnt hatten, gingen sie mit anderen VIPs hinter die Bühne, um den zukünftigen Präsidenten Carter zu begrüßen. Sam fühlte sich geschmeichelt, dermaßen herzlich von so vielen Berühmtheiten willkommen geheißen zu werden, doch John und Yoko wurden so gut wie gar nicht beachtet. Lauren Bacall, eine Nachbarin der Lennons im Dakota, grüßte Sam überschwenglich und umarmte ihn freundschaftlich, während sie den Lennons nur ein forsch-fröhliches «Hi, John und Yoko!» zuwarf. Als Lennon Carter vorgestellt wurde, kam es nur zu einem koketten Kurzgespräch. «Vielleicht erinnern Sie sich an mich», sagte John, «ich bin ein ehemaliger Beatle.» Der Präsident erinnerte sich – und das war's.

Ironischerweise lieferte der prüde Baptist die Gelegenheit für die erste Amtseinführung mit jeder Menge Kokain. Wo immer auch die Lennons auftauchten, trafen sie schwarmweise fleißige Bienen an, die über Feldern voll weißer Pollen summten. Die Lennons bekamen ganz enge Nasenlöcher, als sie all diese fröhlichen Schnüffler erblickten. Sie wollten ihre neu erlangte Respektabilität nicht in Gefahr bringen, indem sie in aller Öffentlichkeit Drogen nahmen.

Am nächsten Nachmittag folgte das Ereignis, weshalb sich alle in Washington versammelt hatten, die Zeremonie der Amtseinführung. John und Yoko hatten kein Interesse an dem Ritual oder an der Rede des Präsidenten. So politisch sie früher aufgetreten waren, so unpolitisch waren sie jetzt. Während das ganze Land bei dem historischen Ereignis zuschaute, luden die Lennons eine Gesellschaft ins Lion d'Or ein, Washingtons vornehmstes französisches Restaurant. Das Mittagessen war Sam Greens Idee gewesen, und es gestaltete sich wundervoll und fand die Zustimmung von Berühmtheiten wie Warren Beatty und Jack Nicholson. Am Abend gingen die Lennons und Green nicht auf den Ball, sondern nahmen ihre Limousine und besichtigten die Denkmäler der Stadt, die angestrahlt wurden und sich sehr schön gegen den klaren Nachthimmel abhoben.

John kehrte erschöpft, aber glücklich nach New York zurück und war stolz darüber, der jetzigen Regierung so willkommen zu sein, wie er der vorangegangenen unangenehm gewesen war. Er plapperte in der Gegend herum wie ein Kind, das gerade vom Zirkus nach Hause kommt. Stolz zeigte er die Einladungskarte des Weißen Hauses mit ihrem goldgeprägten Siegel vor und lud sogar seine Nachbarn Kate und Warner LeRoy ein, sich ein Videoband von der Show anzuschauen, auf dem John und Yoko ein paar Mal zu sehen waren. Alles in allem war es ein werbewirksamer Auftritt gewesen.

Yoko ließ sich die Expedition zur Amtseinführung als eigenes Verdienst anrechnen, war jedoch stark beeindruckt von Sam Greens Fähigkeit, auf ihren Befehl hin Wunder zu vollbringen. Etwa einen Monat später kam Sam während ihres täglichen Telefonats auf sein Haus in Cartagena zu sprechen. Über diesen Seehafen aus dem sechzehnten Jahrhundert, in dem einst die spanische Goldflotte geankert hatte, war er einige Jahre zuvor gestolpert. Die Atmosphäre unberührter Altertümlichkeit hatte ihn bald gefesselt. Hinter den malerischen Mauern und Türmen des befestigten Hafens lagen heruntergekommene Paläste, Plazas und Kathedralen. Sam stellte sich vor, der Ort könnte der neueste Modetreffpunkt für den Jet-set werden, ein karibisches St. Tropez. Nachdem er sich ein paar Tage umgesehen hatte, erstand er ein stattliches Haus mit Tanzsaal, Kerker und einem aufs Meer hinausblickenden Turm. Da er sich darüber Sorgen machte, wie es seinem Besitz wohl während der langen Zeiten seiner Abwesenheit erginge, beschloß er, sich der Hilfe der mächtigsten *bruja* der Gegend zu versichern. Es stellte sich heraus, daß es sich dabei um eine beeindruckende alte Hexe namens Lena handelte. Sie war über zwei Meter groß und hatte Finger, die doppelt so lang waren wie normal und ein zusätzliches Glied an den Spitzen aufwiesen. Lena sprach Englisch mit einem hüpfenden jamaikanischen Akzent, da sie von der Insel Providencia stammte, die lange in britischem Besitz gewesen war.

Bevor Sam weitererzählen konnte, platzte Yoko heraus: «Du kennst eine Hexe! Ich muß sie kennenlernen!»

Sam tat ihr gerne den Gefallen und versicherte Yoko, daß nichts leichter wäre als dies. Sie brauche lediglich einen der dreimal wöchentlich verkehrenden Flüge der Avianca zu nehmen, um innerhalb von vier Stunden der Hexe von Angesicht zu Angesicht gegenüberzustehen. Die Reise war für Yoko kein Problem. Sie wollte jedoch gewährleistet haben, daß das Treffen unter den denkbar günstigsten Vorzeichen zustande käme. Bald waren sie und Sam mit langatmigen und endlosen Berechnungen befaßt, da Yoko mit Hilfe ihres Buches über magische Zahlen den idealen Zeitpunkt für diese okkulte Begegnung bestimmen wollte. Es stellte sich jedoch heraus, daß die Hexe an dem von Yoko begehrten Wochenende bereits ausgebucht war. Sie mußte in die furchterregende Region der Guajira-Halbinsel reisen (wo Indianer, die Lendenschurze und Maschinengewehre trugen, einen Großteil des kolumbianischen Handels mit Schmuggelware bestritten), um beim Ende einer vierzehnmonatigen Schwangerschaft anwesend zu sein – mit anderen Worten, bei der Geburt eines Dämonen! Als Yoko über diese ehrfurchtgebietende Tatsache informiert wurde, wischte sie sie sorglos beiseite. «Warum kann sie nicht mir und der Schwangeren zur selben Zeit helfen?» verlangte sie. Als Sam telefonisch nach Cartagena durchgekommen war, bekam er eine enttäuschende Antwort. Lena sagte, daß sie Yoko nicht helfen könne, da für beide Klienten dieselben Geister benötigt würden, und die Vierzehnmonate-Schwangerschaft habe Vorrang.

Der endgültige Plan sah dann so aus, daß Sam als erster nach Cartagena fliegen würde. Yoko und ihr magischer Leibwächter, Charlie Swan, würden am 1. März 1977 folgen. Yoko mußte davon ausgehen, daß dies das erste Zusammentreffen zwischen Sam und Charlie sein würde. Deshalb enthüllte sie nun Charlies wirklichen

Namen, John Green, wobei sie Sam im selben Atemzug dazu verpflichtete, dieses Geheimnis niemals Lennon zu verraten.

Einer Unterhaltung von John Green mit Jeffrey Hunter zufolge bestand Yokos Hauptmotiv darin, John Lennon enger an sich zu binden. Sie hatte Angst, daß seine sich verstärkenden Depressionen sie wieder auseinander bringen könnten.

Jahre später veröffentlichte John Green einen langen und amüsanten Bericht über diese Reise. Er selbst erscheint darin so unerschrocken und gewandt wie üblich. In Wahrheit hatte er Angst vor dieser Reise ins Herz der Nacht, bei der er eine echte Hexe treffen würde. Am Tag seiner Abreise zog er sich um vier Uhr morgens mit einer Astrologin zurück, der er gestand, daß er sich paranoid fühlte. Genauso beunruhigend wie die Hexe empfand er die voraussichtlichen Auswirkungen der geselligen Nähe zu Yoko, denn Green legte großen Wert auf seine Aura psychoanalytischer Distanziertheit. Im Verlauf dieser Beratung vor Morgengrauen übte er alle Posen, die er einnehmen, alle Sätze, die er sagen, und alle Tricks, die er ausspielen würde. Als er so schauspielerte, nahm seine Stimme den schnurrenden Tonfall von Vincent Price an, doch seine Furcht verriet sich in peinlichen kleinen Witzen. Er sagte der Astrologin, daß sie um 9 Uhr morgens aufgestanden, geduscht und gehbereit sein müßten. «Dann», so scherzte er, «kannst du von deiner Reitpeitsche soviel Gebrauch machen wie du willst. Kümmere dich nicht um die Male – ich werde sagen, ich sei ein Mönch.»

Als Yoko Ono und John Green an diesem Nachmittag den Zollbereich des Flughafens von Cartagena verließen, dachten sie, sie würden nun von einer Limousine empfangen und zu Sam Greens Haus chauffiert werden. Ihr Schrecken war groß, als sie von fünfzig lärmenden, gestikulierenden und kameraschwenkenden Reportern und Fotografen umringt wurden. Sie waren direkt in das alljährliche Filmfestival geraten, und die Presseleute erkannten Yoko sofort und nahmen an, der riesige Mann neben ihr sei John Lennon! Obwohl die Festival-Veranstalter es besser wußten, beschlossen sie, aus dem Irrtum der Presse Kapital zu schlagen. Sobald Yoko und Green hinter den Toren von Sams Haus verschwunden waren, begann sich draußen eine Menge anzusammeln. Die Reporter wollten wissen, wann John und Yoko eine Pressekonferenz geben würden.

Als kein Termin genannt wurde, machten die Journalisten ihrer Entrüstung in Schlagzeilen Luft: JOHN UND YOKO NICHT BEI DER ERÖFFNUNG DES FILMFESTIVALS... JOHN UND YOKO NICHT BEIM EMPFANG DES OBERBÜRGERMEISTERS. Die Lage spitzte sich zu. Yoko war davon ausgegangen, daß ihre magische Reise ganz im Geheimen ablaufen werde. Nun hatte sie die gesamte Presse Südamerikas auf den Fersen. Schließlich gab Sam Green bekannt, daß am folgenden Tag eine Pressekonferenz stattfinden werde. Als die Journalisten erschienen, erklärte er, die Konferenz müsse auf einen anderen Tag verlegt werden, da Yokos Friseur noch nicht angekommen sei – eine Entschuldigung, die südlich der Grenze durchaus etwas gilt.

Sam war zwar bereit, den Umgang mit der Presse zu übernehmen, weigerte sich jedoch, an den Sitzungen mit Lena teilzunehmen. John Green seinerseits hatte seine Ängste unter Kontrolle bekommen. Er hatte beschlossen, eine Haltung einzunehmen, die den gebotenen Respekt vor der Hexe mit unmißverständlichen Zeichen kombinieren würde, daß er selbst auch kein Anfänger in den Schwarzen Künsten war. Er hatte seine Brust wie Joseph Lukach mit Rosenkränzen und Amuletten geschmückt und schritt nun zu seiner ganzen Körpergröße aufgerichtet der schwarzen Zauberin entgegen. Als sie erschien, stellte er erstaunt fest, daß sie ihn um Haupteslänge überragte und daß ihre Kleidung lediglich aus einem bunt gemusterten Tuch um den Kopf sowie ähnlich knalligem Zeug um Brust und Hüften bestand. Statt Green mit zeremoniellem Hokuspokus zu begrüßen, rief Lena bloß freundlich: «Tag, der Herr!» Der schwerfällige Green streckte die Arme aus und überreichte der Hexe als Geschenk eine Statue des Heiligen Lazarus, der als Türhüter gilt. Als Lena die billige Gipsfigur erblickte, die ihr in einem Schuhkarton angeboten wurde, rümpfte sie die Nase in offenkundiger Geringschätzung.

«Wie viele Zaubereien mit einer Kröte kennst du?» forderte sie ihn heraus.

«Sieben», sagte Green auf gut Glück.

«*Ich* kenne fünfundsiebzig!» gab die Hexe zurück.

Vom ersten Augenblick an war klar, wer hier der Herr im Hause war.

Das Treffen von Lena und Yoko könnte ohne weiteres als Modell für jede Art von Beziehungen zwischen Geschäftsmann und Kunde dienen. Ohne Umschweife kamen beide Seiten sofort zur Sache. Lena sagte: «Was willst du von Lena, mein Kind?»

Yoko antwortete genauso direkt: «Alles!» Um zu zeigen, was das hieß, griff sie in ihre kostbare Krokodilledertasche und zog eine Liste heraus, die sie wie Strophen eines Liedes herunterratterte: «Ich habe viele Feinde», begann sie, «und sie versuchen immer, mich zu verletzen und zu verwünschen, also brauche ich Schutz vor ihnen. Vielleicht wäre es besser, wenn du meine ganze Familie beschützen würdest, weil es für uns alle sehr gefährlich ist. Und du solltest mich vor meinem Mann genauso wie vor meinen Feinden schützen, weil auch er manchmal gefährlich werden kann und ich dann Schutz vor ihm brauche. Außerdem die Gesundheit. Unser Kind ist gar nicht gesund, und die Ärzte können nichts machen, also versuchen sie mir einzureden, es sei alles in Ordnung; aber manchmal wird es ihm schlecht, und es wäre besser, wenn dies nicht mehr passieren würde. Kannst du dafür sorgen? Gut. Die Karriere. Ich glaube, du solltest für meine Karriere etwas tun, und auch für die meines Mannes, getrennt voneinander, und dann etwas für unsere gemeinsame Karriere, aber nicht für seine Karriere mit irgend jemandem sonst. Und meine Freunde hier, Sam Green und Charlie, die sind so wichtig für mich. Ich weiß nicht, was ich ohne sie tun würde. Sam hat noch so viele andere Freunde; vielleicht ist er mal nicht für mich da, wenn ich ihn brauche. Könntest du ihn für den Rest seines Lebens zu so einer Art Sklave für mich machen, daß ich mich auf ihn verlassen kann? Würdest du das bitte tun? Und dann Charlie – könntest du dafür sorgen, daß er ausschließlich für mich arbeitet? Und dann ist noch dieses Ding in mir drin, das du rausholen sollst [eine intrauterine Spirale]. Der Arzt hat es dort eingesetzt; aber es ist fremd, und es tut die ganze Zeit weh. Keiner glaubt mir, daß es schmerzt; aber es ist so, und ich möchte, daß du deine Hand reinsteckst und es rausholst!»

Bis dahin hatte Lena allen Forderungen Yokos zugestimmt, doch nun zeigte sie ernsthafte Bedenken. Sie blickte auf ihre riesige Hand mit den zusätzlichen Gliedern, sah dann die kleine Yoko an und wiederholte ungläubig: «Du möchtest, daß ich meine Hand in dich stecke und dieses Ding ergreife, das du da drin hast, und es rausziehe?»

«Ja», drängte Yoko, «genau! Um mich zu heilen, verstehst du?»

«Nun, Kind», erwiderte die Hexe, «ich kann schon meine Hand in dich stecken, aber ich glaube nicht, daß dich das heilen wird. Ich glaube, es wird dich *umbringen*!» Sogar Yoko mußte diese Antwort akzeptieren.

In den folgenden Tagen stellte die Hexe sämtliche Mittel ihrer Kunst zur Schau. Sie goß Krüge mit geweihtem Wasser über Yoko aus, die währenddessen in einer Zinnwanne stand. Dann tanzte sie um ihre Klientin herum, wobei ihre großen Spreizfüße auf die Fliesen des Innenhofs klatschten und sie die durchdringenden Schreie von Urwaldvögeln und anderen Dschungeltieren ausstieß. Sie ließ Yoko eklige Gebräue trinken und unverständliche Zaubersprüche aufsagen und trieb Magie mit den Kämmen und der Unterwäsche von John und Sean. (Die Hexe erkannte jedoch nicht, daß John niemals Unterwäsche trug.) Schließlich war es Zeit, all diesen Zauber durch die Opferung eines Lebewesens zu vollenden und den Pakt mit dem Teufel zu unterschreiben. Denn Lena war keine «weiße» Hexe, sondern hing der Schwarzen Magie an. Keiner wußte, was sie vorhatte, um den Bund mit Luzifer zu besiegeln. Sie sagte nur, daß der Hexenmond nahe sei und sie sich für das Opfer fertig machen müßte.

«Welches Opfer?» hörte Yoko nicht auf zu fragen.

Worauf die alte Hexe nur erwiderte: «Sei nicht dumm, Mädchen. Wir müssen dem, der die Macht hat, das Blut eines Unschuldigen opfern.»

«Ich dachte, *du* hättest die Macht», antwortete Yoko in ihrer unschuldigen Kleinmädchenart.

«Magie ist nichts, was irgend jemand *hat*», gab die Hexe weise zurück. «Magie ist etwas, das durch einen hindurchströmt.»

In der letzten Nacht in Cartagena hatten Yoko und John Green eine ernsthafte Auseinandersetzung. Nachdem sie zugegeben hatte, daß ihr vor dem entscheidenden Schritt bangte, hatte er ihr geraten, ihn nicht zu tun. Aber es stellte sich heraus, daß sie ebensoviel Angst davor hatte, *nicht* zu tun, was sie geheißen worden war, denn sie fürchtete, der Fluch der Hexe könne auf sie selbst zurückfallen, falls sie in letzter Minute ausstieg. Und wie sollte sie die ganzen Ausgaben ihrem Mann gegenüber rechtfertigen, wenn sie jetzt kniff? Während Green noch über diesen Problemen brütete, wurde er von Yokos eigenem Lösungsvorschlag überrascht. «Wenn ich das Ritual mitmache, aber irgendeinen winzigen Teil davon abändere», schlug sie vor, «dann wäre es so, als hätte ich es nicht getan, oder?» Mit anderen Worten: Yoko Ono wollte den Teufel übers Ohr hauen.

Als John Green sah, wohin das Ganze führte, las er Yoko die okkulten Leviten. Wenn sie nicht an das glaubte, was sie tat, so belehrte er sie, dann solle sie die Sache abblasen und notfalls ihm die Schuld an dem Fiasko geben. Tatsächlich hatte Yoko bereits damit begonnen, Green anzuklagen, er habe sie in diese Zwangslage gebracht. Doch die Verlockung, von der Hexe ihre komplette Wunschliste erfüllt zu bekommen, erwies sich als unwiderstehlich. Als der abnehmende Mond seine letzte, der Göttin Hekate geweihte Phase erreicht hatte, war Yoko bereit, das Ritual zu vollenden.

In jener Nacht plauderten Lena und John Green miteinander, während sie darauf warteten, daß der Mond das Zeichen zum magischen Vollzug gab. Als Green Yokos Angst erwähnte, schrieb Lena sie einem Geist zu, von dem Yoko besessen sei. «Sie hat einen hungrigen kleinen Teufel in sich», erklärte die Hexe, «einen Teufel, der mehr und immer noch mehr will, und je mehr man ihm gibt, desto hungriger wird er. Ein bösartiger kleiner Teufel ist das.» Als Green wissen wollte, was die Hexe mit dem kleinen Teufel zu tun gedenke, antwortete Lena: «Ich gebe diesem Teufel alles, was er haben will, und noch mehr obendrein. Ich glaube, dann schwillt er so stark an, daß er platzt und stirbt... Ich werde ihn durch Freundlichkeit töten – das ist ein sehr guter Weg, einen Teufel umzubringen.»

Yoko hielt John Greens Arm umklammert, als sie sich dem Altar näherte. Die lächelnde Lena winkte und gurrte: «Näher, Kind, komm näher», und die entsetzte Yoko trat vorsichtig vor und war zum Äußersten bereit, um all ihre Wünsche erfüllt zu bekommen. Der letzte Schritt jedoch war unheimlich. Green schrieb:

> Yoko erreichte den Rand des kleinen Geröllhaufens, den Nora [wie John Green «Lena» tarnte] als ihre Bühne erwählt hatte. «Jetzt, Kind, ist die Zeit zum Unterschreiben gekommen.» Sie

lenkte Yokos Blicke auf den Altar, wo eine gefesselte Taube neben einer flackernden Flamme lag. Die alte Hexe steckte ihre langen, kraftvollen Finger in eine Tasche und zog ein gefaltetes Stück Papier hervor – den Vertrag. Sie öffnete ihn mit ausgesuchter Sorgfalt und plazierte ihn so auf dem Altar, als solle die Taube ihn lesen. Die Vorderseite war mit einer krakeligen Schrift bedeckt, die ich als Hexenalphabet aus dem Elisabethanischen Zeitalter erkannte. Abermals griffen die knochigen Finger in eine Tasche und kamen dieses Mal mit etwas zum Vorschein, das wie ein kleiner, zugespitzter Stock aussah. Sie streckte ihren langen Arm aus und ergriff die Taube. Starke Finger drückten die Flügel zurück und zwangen den kleinen Kopf nach unten. Nora verdrehte die Augen, daß das Weiße darin sichtbar wurde, und sprach ihr Opfergebet. Plötzlich bewegte sich die Hand mit dem Stöckchen und tat ihr Werk. Die Taube war völlig überrascht und gab keinen Laut von sich, als das Instrument von hinten in ihren Nacken eindrang und das Hirn durchbohrte. Langsam zog Nora die Spitze wieder heraus und streckte das Opfer von sich. «Unterzeichne, Kind, unterzeichne jetzt.»

«Charlie soll es tun!»

«Unterzeichne, Kind!» Der Klang ihrer Stimme wurde fordernder.

«Aber...» Yoko war eindeutig in Panikstimmung. Plötzlich wandte sie sich an mich: «Charlie, tu es! Bitte, Charlie, ich werde dich beschützen, John und ich werden das machen. Tu's für mich. Unterschreibe.»

John Green nahm den angebotenen Stift und unterschrieb das Dokument mit Blut. Als er fertig war, lächelte Lena zufrieden und entließ ihre Klienten. Während Green und Yoko zu ihrem Quartier zurückgingen, versuchte Yoko ihren Stellvertreter zu beruhigen, daß ihm kein Unglück zustoßen werde. «Du hast viele Beschützer», beharrte sie. «Das war sehr tapfer von dir, so mit deinem Namen zu unterschreiben.»

«Meinem Namen?» entgegnete Green. «Wieso, Yoko, ich habe nicht mit *meinem* Namen unterschrieben.»

«Aber das mußtest du!» platzte Yoko heraus. «Du mußtest. Andernfalls bekomme ich die Sachen nicht, die ich mir wünschte! ... Wessen Name war es? Charlie, das hast du nicht getan. Nicht *mein* Name! Nicht meinen!»

Während Yoko vor Angst schrie, wandte John Green sein Gesicht ab, damit sie sein Lächeln nicht sehen konnte. «Ich beschloß», so gestand er, «noch eine Weile mit der Antwort auf diese ganz spezielle Frage zu warten.»

Am nächsten Morgen begaben sich Yoko und John Green auf die Rückreise. Kaum waren sie aufgebrochen, klopfte Lena an Sam Greens Tür und rief: «Wo ist mein Geld?» Als Sam fragte, welcher Preis vereinbart worden war, sagte Lena ihm, es seien «sechzigtausend». Was sie ursprünglich gemeint hatte, waren sechzigtausend Pesos gewesen, aber Yoko hatte diese Forderung falsch verstanden und sich verpflichtet, sechzigtausend *Dollar* zu zahlen. Andererseits hatte Lena versprochen, Yoko einen «Geldstrauch» zu geben, ein Gewächs, das Banknoten wie Blätter hervorbrachte. Als sie Sam die nicht gerade vielversprechend aussehende Pflanze überreichte, ließ er sie dezent verschwinden und kaufte nach seiner Rückkehr in New York eine Pflanze für Yoko, die imposanter aussah. Auf seiner nächsten Reise nach Kolumbien trug Sam einen Riesenstapel Hundertdollar-Scheine bei sich. Lena nahm ihr Honorar kühl entgegen und fragte: «Wann kommt mein Baby Yoko wieder zurück?»

Yoko und John Green hätten vier Stunden nach ihrem Abflug von Cartagena in New York zurück sein können, aber statt des kurzen Fluges unterzogen sie sich einer langen und anstrengenden Tortur. Yoshikawa, dieser Meister der Umleitung, hatte Yoko gewarnt, daß die Strecke Cartagena–New York große Gefahren in sich berge. Die einzige Möglichkeit, sie zu umgehen, bestand darin, aus der entgegengesetzten Richtung in New York einzutreffen, also von Norden statt von Süden, und doppelt so lange am nördlichen Punkt der Abreise zu bleiben wie zuvor am südlichen Punkt der Ankunft. Dies bedeutete, daß Yoko nach Bogotá fliegen mußte und von da aus nach Los Angeles und weiter nach Anchorage in Alaska. Dort im hohen Norden würde sie volle zwei Wochen verbringen müssen, bevor sie endlich nach Hause fliegen durfte.

Als Yoko und John Green das Flugzeug in Bogotá verließen, einem der größten Drogenumschlagplätze der Welt, wurden sie von strengen kolumbianischen Zollbeamten in Gewahrsam genommen, die alles über das verdächtige Verhalten dieses berühmten Paares während des Filmfestivals in Cartagena gelesen hatten und auch über John Lennons Ärger mit den amerikanischen Behörden wegen seiner Drogenvorstrafe informiert waren. Die Kolumbianer waren keine Dummköpfe. Sie wußten, was berühmte Gringos wie dieses Paar normalerweise in ihrem Land trieben. Sie verhörten Yoko und Green in getrennten Zimmern. Yoko konnte keinen einleuchtend klingenden Grund für ihre Anwesenheit in Kolumbien nennen. Sie konnte diesen mißmutigen Beamten wohl kaum erklären, daß sie gerade einen Pakt mit dem Teufel geschlossen hatte. Ebensowenig konnte sie begründen, warum sie nicht dem Filmfestival beigewohnt hatte. Yoko mußte sich in Gegenwart einer Beamtin ausziehen, die einen Gummihandschuh überzog, ihn mit Vaseline betupfte und dann in Yokos Körperöffnungen stieß. Wovor Lena die Hexe zurückgeschreckt war, tat der kolumbianische Zoll ohne zu zögern.

Nach diesem schockierenden Vorfall setzten Yoko und John Green ihre glückbringende Reise nach Anchorage fort. Als sie ankamen, verkrochen sie sich in einem trübseligen Motel, wo Yoko die eine Hälfte ihrer Zeit am Telefon zubrachte und die andere Hälfte Green dabei zuschaute, wie er die Karten über die gerade geführten Gespräche befragte. Da Yoko selten länger als zwei Stunden am Stück schlief, erstreckte sich die pausenlose Routine aus Telefonieren und Kartenlegen fast über vierundzwanzig Stunden am Tag. Als sie schließlich wieder in New York ankamen, war John Green fix und fertig. Sam Green, den Yoko sogleich anrief, um ihr Leid zu klagen, konnte kaum sein Lachen zurückhalten.

DAS GESICHT WAHREN

Nachdem sie in Japan ein Leben lang als schwarzes Schaf gegolten hatte, beschloß Yoko Ono im Jahre 1977, ein schneeweißes Lamm zu werden. Sie plante, in ihr Heimatland zurückzukehren und ihren Platz in der Gesellschaft zu fordern. Ihre wieder stabil gewordene Ehe, ihr Sohn und ihr kürzlich erfolgtes geschäftliches Engagement sollten ihr Anliegen bekräftigen. Wie so oft, wenn sie dabei war, ihre persönlichen Ziele zu verfolgen, hüllte sie ihre Intentionen in die Sprache selbstaufopfernder Pflicht. Sie sagte John, er würde als Vater versagen, wenn er Sean nicht die Gelegenheit gäbe, die Hand auf sein «Erbe» zu legen. Schließlich sei der Junge ebensosehr Japaner wie Engländer. (Tatsächlich wuchs er ausschließlich als Amerikaner heran.) Würde man ihn nicht frühzeitig in sein Mutterland mitnehmen, könne er nicht die notwendige kulturelle Anpassung vollziehen. Was noch wichtiger wäre, er würde dann nicht als ein vollwertiges Mitglied des Ono-Clans anerkannt, was bedeuten würde, daß er nicht seinen Teil der familieneigenen Juwelen und Immobilien erben könne. Um diese großen Gefahren zu verhüten, sei es nötig, daß die Lennons umgehend Vorkehrungen träfen, fünf Monate lang in Asien zu verbringen, und zwar mit einem herausragenden Lebensstil, der selbstverständlich eine riesige Menge Geld kosten würde. Gott sei dank könnten die Kosten als Geschäftsauslagen von der Steuer abgesetzt werden.

Obwohl John normalerweise Yokos Führung ohne Gegenrede folgte, war er betreffs der Japanreise doch sehr skeptisch. Eigentlich wollte er überhaupt nicht gehen, aber wenn doch, dann gewiß nicht für fast ein halbes Jahr. Der sechswöchige Kurs bei Berlitz reichte nicht aus, um Japanisch sprechen zu können, und die Reise würde es ihm unmöglich machen, den Sommer wie geplant an der Küste zu verbringen. Mehr noch, obwohl er die japanische Kultur nicht studiert hatte, konnte er sehen, daß etliche von Yokos Argumenten Unsinn waren. Zweijährige konnten sich nicht mit einer fremden Kultur vertraut machen, und selbst wenn Sean älter wäre – wie könnte er jemals als Japaner durchgehen, wenn er mit seinem englischen Vater und seiner völlig westlich orientierten Mutter in New York lebte? Was immer John jedoch dachte, gegen Yoko hatte er keine Chance. Also bereitete er sich mit großem Unbehagen auf seinen neuesten Sprung ins Unbekannte vor.

Tatsächlich war der Hauptgrund, wie John erkannte, nicht Sean, sondern Yoko. Was sei in sie gefahren, verlangte er zu wissen, daß sie nun plötzlich vor eben denselben Leuten protzen wolle, die sie ihr Leben lang mit Geringschätzung und Verachtung betrachtet habe? Darauf gab sie zwei Antworten: Auf der einen Seite wollte Yoko nun, da ihre Ehe wieder heil und sie die Mutter eines Sohnes war, sich ihrer Mutter gegenüber behaupten, welche sie immer von oben herab behandelt und als Abtrünnige verurteilt hatte. Zum anderen war Yoko dabei, ihre Identität zu ändern, da sie von der Rolle der Künstlerin in jene der Geschäftsfrau überwechselte. Das Geschäftsleben hatte in ihrer Familie Tradition, und nun konnte sie sich zum erstenmal in ihrem Leben an den familieneigenen Maßstäben messen. In beiden Fällen suchte sie in Japan nicht so sehr Seans Erbe, sondern ihr eigenes.

Yoko verbrachte das ganze Frühjahr mit Vorbereitungen für ihren sommerlichen Feldzug. Manches davon, etwa die Eßgewohnheiten der Familie umzustellen, war vernünftig, obgleich überflüssig. Die meisten Aktivitäten jedoch drehten sich um ihre Vorstellung, wie sie empfangen werden würden. Sie nahm an, daß sie jedesmal, wenn sie und John sich in der Öffentlichkeit zeigten, von Reportern und Fotografen belagert sein würden – ganz wie das Jahre zuvor der Fall gewesen war. Da sie dauernd im Scheinwerferlicht stehen würden, mußten sie sich wie Filmstars auf eine persönliche Promotiontour vorbereiten. Das wichtigste war, jeden Tag etwas Neues zum Anziehen zu haben, denn nichts würde einen schlechteren Eindruck machen als zweimal in derselben Kleidung gesehen zu werden. Fünf Monate täglicher Kleiderwechsel für drei Personen bedeutet einen Fujiyama an Klamotten. Yoko bestand darauf, alles in New York zu kaufen, doch soviel sie auch anhäufte, war es doch nie genug. Schließlich sah sie, daß die Zeit knapp wurde und beauftragte John Green damit, die Einkäufe zu vollenden und sich dann bereitzuhalten, um den Lennons bei Bedarf weitere Kleidungsstücke hinterherzuschicken.

Ein ebenfalls zentrales Thema war die Unterbringung. Yoko bestand darauf, daß die Familie in Tokios feinsten Quartieren abstieg, entweder in der Kaiser- oder in der Präsidenten-Suite des Hotels Okura. Das einzige Problem bei dieser kostspieligen Entscheidung (diese Suiten mit angeschlossenen Räumen kosteten etwa 1000 Dollar pro Tag) bestand darin, daß solche erstklassigen Unterkünfte bei vielen wohlhabenden Menschen und Firmen beliebt waren, die manchmal Jahre im voraus buchten. Yoko mußte deshalb ihren Besuch so arrangieren, daß es jedesmal, wenn sie ihre Suite räumen mußten, so aussehen würde, als gingen sie freiwillig, weil sie andere Pläne hatten. Darüber, was die Familie fünf Monate lang in Japan *tun* sollte, machte sich Yoko kaum Gedanken. Sie wußte, was *sie* tun würde.

Unnötig zu sagen, daß jeder Schritt dieser ausgefeilten Vorbereitungen von Yokos Hellsehern überprüft wurde. Ein heißer Tarot-Draht wurde in der Küche von Apartment 72 installiert, wo John Green diesen Sommer jede Nacht auf dem Sofa schlief. So war gewährleistet, daß er Yokos nachmittäglichen Anruf nicht verpaßte, der in New York etwa um drei Uhr nachts eintraf. Yoshikawa rechnete aus, daß der günstigste Zeitpunkt für den Aufbruch von John, Sean, Masako und Nishi Fumiya Saimaru (Johns Laufbursche) am Ende der ersten Maiwoche läge, und daß Yoko fünf Tage danach aufbrechen solle. Er verordnete ihnen, sich Tokio von Süden aus zu nähern, was bedeutete, daß sie ihren Bestimmungsort überfliegen würden, um nach Hongkong zu gelangen. Dort würden sich dann alle treffen, um gemeinsam nach Tokio zurückzufliegen.

John vertrug die lange und anstrengende Reise nach Fernost gut. Auf den Fotos, die Nishi von Lennon in Hongkong gemacht hatte, sieht er jugendlich und glücklich aus, während er sein hübsch ausstaffiertes Krabbelkind zwischen den grotesken Figuren im Tiger Balm Garden herumführt. Als die Familie gemeinsam in Tokio ankam, mußten die Lennons jedoch wegen einer Fehlbuchung im Okura die ersten Tage in einer weniger üppigen Unterkunft verbringen. Yoko war über dieses böse Omen entsetzt und mußte bald feststellen, daß noch weitaus Schlimmeres auf sie wartete.

Ohne John darüber informiert zu haben, hatte sie eine große Pressekonferenz einberufen. Als sie ihm endlich Bescheid sagte, weigerte er sich, der Presse gegenüberzutreten. Der heiße Tarot-Draht nach New York begann zu glühen, und John Green verlangte lautstark zu wissen, was sie der Presse überhaupt hatte erzählen wollen. Yoko hatte den Journalisten einen großen Knüller versprochen, der sich dann als Hirngespinst herausstellte – die Lennons würden ein Broadway-Musical schreiben. Nach vielen Unannehmlichkeiten wurde John dazu überredet, der Presse mitzuteilen, daß er irgendwann in der Zukunft *möglicherweise* eine solche Show schreiben werde. Die japanische Presse zeigte sich sehr enttäuscht und gab den Lennons einen ausgesprochen kühlen Empfang.

Egal. Das Thema wäre vergessen, sobald Yoko zum erstenmal mit ihrer Mutter gesprochen hätte. Yoko zählte darauf, einen Anruf von ihr zu erhalten und ihn nicht selbst machen zu müssen. Doch es vergingen Tage, während sie auf diesen genugtuenden Augenblick wartete. Schließlich wurde Yoko zunehmend beunruhigt und beriet sich mit Green. Er empfahl ihr, selbst den ersten Schritt zu tun. Widerwillig stimmte sie zu. Die Mutter, die ihr schon immer ebenbürtig gewesen war, hatte sich gut vorbereitet. Auf die Frage, warum sie nicht angerufen habe, erwiderte die alte Dame, sie habe keine Ahnung gehabt, daß Yoko angekommen sei; sie habe tatsächlich geglaubt, daß die Reise abgeblasen worden sei, als sie nichts von ihrer Tochter hörte. Da die Saison schon weit fortgeschritten sei, habe sie beschlossen, daß sie die zahlreichen Einladungen, die sie von Freunden auf dem Lande bekommen habe, nicht länger ausschlagen könne. Folglich werde sie noch heute die Stadt verlassen und John und Yoko nicht vor August sehen können.

Yoko konterte, indem sie sagte, wie schrecklich es doch sei, daß sie die weite Reise nach Japan gemacht habe, nur um Frau Ono zu sehen, und nun zwei Monate lang warten müsse, um ihr Ziel zu erreichen. Sähe sie nicht ein, welche Unannehmlichkeiten es John bereiten würde, der doch ein so beschäftigter Mann sei? Die Mutter entgegnete, sie nähme an, daß John so reich sei, daß er nicht zu arbeiten brauche, und daß Yoko ebenso leicht zwischen Japan und Amerika hin und her fliegen könne wie ihre Schwester und deren Ehemann. Es gebe jedoch eine Lösung für ihr Problem. Nur um John zu zeigen, daß die Familie seiner Ankunft nicht gleichgültig gegenüberstehe, werde Frau Ono Reiko, Akiko und Takako nach Tokio schicken, die jungen Töchter von Yokos Bruder Keisuke. Die Mädchen könnten mit Sean spielen und John unterhalten, bis die ganze Familie im August zusammenkäme.

Dergestalt hatte die alte Dame mit einem Schlag alle Pläne von Yoko über den Haufen geworfen und sie mit drei kleinen Mädchen im Alter von acht, zehn und zwölf Jahren belastet, die weder als Spielgefährten für Sean noch als Begleiterinnen für Onkel John passend waren. Hinzu kam, daß die Unterbringung dieser Kinder im Okura enorm teuer war, genauso wie ihr unersättlicher Appetit auf teure Spielsachen und Kleidungsstücke. Bald begann John, bittere Wortspiele über seine japanischen Nichten zu machen.

John wurde trübsinnig, und er weigerte sich, bei Aktivitäten außerhalb des Hotels mitzumachen. Tag für Tag schmollte er in seiner riesigen Suite. Verdrossen schaute er sich das japanische Fernsehen an, welches einen Kanal für Touristen mit Reiseberichten anbietet. Eines Abends schließlich ließ er sich dazu überreden, zum Essen in eines der nobelsten Restaurants von Tokio mitzukommen.

Sobald John und Yoko saßen, begann er abschätzig in dem von reichen und eleganten Gästen besuchten Lokal herumzublicken. «Weißt du, was sie über die Japaner sagen, stimmt genau!» bemerkte er mit lauter, durchdringender Stimme wie der schlimmste weiße Teufel. «Sie *sehen* alle gleich aus.»

Yoko war entsetzt. Sie wußte, daß so gut wie jeder im Raum in der Lage war, John zu verstehen. Sie bat ihn flüsternd, doch seine Stimme zu senken und die Zunge zu zügeln. Johns Antwort bestand darin, daß er weiterhin im selben lauten, provokativen Tonfall sprach und wissen wollte: «Wie nennt man diese Leute noch mal – ‹Japsen› oder ‹Schlitzaugen›?» Das war genug! Yoko sprang auf und zerrte John aus dem Restaurant heraus.

Als Yoko ihre Probleme auf den verschlafenen John Green niederprasseln ließ, erklärte er ihr, daß John sich als Gefangener fühle. Warum ihm nicht ein bißchen Freiheit geben? «Kauf ihm ein Fahrrad», riet das Orakel.

Ein paar Nächte später bekam Green einen Anruf von John. «Was hast du geraucht?» wollte John wissen. Dann berichtete er, wie Yoko die ganze Familie mit Fahrrädern ausgerüstet hatte. Wenn John sich jetzt auf die Straße begab, erschien er in Begleitung von Yoko auf ihrem Fahrrad, den drei japanischen Nichten auf ihren Fahrrädern sowie einem Hotelbediensteten auf einem Fahrrad mit Seitenwagen, in dem Sean thronte. «Wir geben eine gottverdammte Parade ab!» bellte John.

Am 1. Juli, nach nur einem Monat in Japan, wußte Yoko nicht mehr weiter. Sie fühlte sich durch ihre Mutter so herabgesetzt, daß sie Sam Green in New York anrief, um ihm zu sagen, er solle umgehend mit der Hexe Lena Kontakt aufnehmen. «Erinnere sie daran», sagte Yoko in einem sehr deutlichen, kühlen und geschäftsmäßigen Tonfall, «daß sie mir gesagt hat, sie werde dafür sorgen, daß ich mein Gesicht gegenüber der Welt wahren würde. Und auch das mit dem Geld. Aber es geht nicht so sehr um das Geld, sondern darum, daß ich mein Gesicht wahre. Das ist sehr wichtig und muß innerhalb von vierundzwanzig Stunden erledigt sein. Dringendst. Ich bin in eine Lage gekommen, wo es entscheidend ist, daß ich mein Gesicht wahre. Sag ihr das; sie soll nur die Arbeit verstärken, die sie bereits getan hat.»

Sam Green bemühte sich, zu Diensten zu sein. «Ich werde mich sofort darum kümmern», schwor er, «daß sie jede spirituelle Kraftquelle nutzt, die sie hat, und daß sie den ganzen Tag und die ganze Nacht daran arbeitet. Irgendwie werde ich die Nachricht zu ihr durchbringen. Es ist eine ernste Krise, und sie muß dafür sorgen, daß alles wieder ins Lot kommt.»

Am Tag, an dem die Lennons ihre kostbare Suite verlassen sollten, weigerte John sich zu gehen. Wenn das Hotel ihn loswerden wolle, sagte er, dann müsse es ihn zwangsräumen. An diesem Punkt rückte Yokos Mutter mit einem weiteren ihrer hilfreichen Vorschläge heraus. Sie deutete an, daß das Haus der Ahnen in Karuizawa nicht belegt sei, solange Yokos Bruder Keisuke mit seiner Frau verreist sei. Warum sollten John und Yoko nicht den berühmten Urlaubsort aufsuchen? Das klang nach einer guten Idee. Die Lennons würden aus dem steinernen Labyrinth Tokios in eine grüne Berglandschaft entkommen. Nachdem John und Yoko sich erst einmal für den Umzug entschlossen hatten, wies Frau Ono jedoch darauf hin, daß sie über das Haus nicht mehr so verfügen könne, wie sie wolle. Sie würden es von Keisuke mieten müssen. Sie nannte einen riesigen Betrag. Yoko, die sich in Geldangelegenheiten gleichgültig zeigen wollte, erklärte sich bereit, den exorbitanten Preis zu bezahlen.

Falls John Lennon gedacht haben sollte, er werde nun vom modernen, westlich orientierten Japan ins alte, ländliche Nippon überwechseln, so sah er sich bald grausam getäuscht. Die Gegend um Karuizawa herum hat zwar ein paar gut geschützte grüne Flecken in den Bergen, die Stadt selbst jedoch, die von amerikanischen Missionaren gegründet worden war, sieht wie eine schlechte Imitation einer Hafenstadt in Maine aus und ist überschwemmt von Touristen, die auf der Suche nach Restaurants mit westlicher Kost sind. Das «Heim der Ahnen», für welches John den Goldesel abgab – man bedrängte ihn sogar, es zu kaufen –, stellte sich als ein gewöhnliches doppelgeschössiges Haus im amerikanischen Stil heraus, das mit Schiebetüren ausgestattet war, wie man sie in jedem Großhandel bekommt. Die Nachbarn waren sämtlich wohlhabende Angehörige der besseren Kreise, aber sie benahmen sich genau wie Amerikaner aus den Vororten. John stellte mit Verwunderung fest, daß sie nichts anderes taten, als Fahrrad zu fahren, Tennis zu spielen und Grillpartys hinterm Haus zu geben, bei denen die Frauen elegante Kleider zur Schau trugen. Abends pflegte Yoko John von einer früheren Klassenkameradin zur nächsten zu schleppen, und sie saßen dann in einer mit Teppichen ausgelegten Leere vor einem Kaffeetisch mit Glasplatte und versuchten, sich bei den Einheimischen einzuschmeicheln. John trug meist einen hellbraunen Leinenanzug und benahm sich recht charmant – falls er jemanden fand, der es wagte, Englisch zu sprechen. Yoko sprach rasend schnell Japanisch, doch jedermann betrachtete sie und John mit distanzierter Belustigung.

Die Belastung, in einer völlig fremden Umgebung zu leben, die Verärgerung darüber, wie ein kleines Kind behandelt zu werden

(Yoko hatte sich angewöhnt, Dinge «zu Johns Bestem» zu tun, zum Beispiel seine Zigaretten zu verstecken), und der Zorn, der dadurch hervorgerufen wurde, daß vor seinen Augen Hunderttausende von Dollar für nichts als Unsinn rausgeschmissen wurden: all das hatte dazu geführt, John Lennon in eine tiefe Depression zu stürzen. Eines Nachts wurde Green von einem Alarmruf geweckt. «Charlie!» platzte Yoko heraus. «Ich glaube, John dreht durch!» Als Green einwand, daß Yoko John immer als verrückt bezeichnete, gab sie ihm eine Beschreibung von Johns Verhalten, welche auch den skeptischsten Beobachter von Lennons Stimmungen und Zuständen nachdenklich gestimmt hätte.

«Er spricht mit niemandem», keuchte Yoko, «er scheint es nicht zu hören, wenn man mit ihm spricht. Manchmal steht er bloß in einer Ecke und jammert. Es ist schrecklich. Ich weiß, daß es ihm hier nicht gefällt. Ich weiß, daß er weg will, aber ich hatte gehofft, daß er sich nach einiger Zeit an die Dinge hier gewöhnen würde. Ich glaube, der Druck war zuviel für ihn. Er hat keinen sehr starken Geist, weißt du. Ich glaube, er ist übergeschnappt!»

Ein paar Nächte darauf bekam Green einen Anruf von John. Als Green John fragte, was mit ihm losgewesen sei, erwiderte John: «Ich war tot, Charles.» Dann erklärte er, was ihm zugesetzt hatte: «Yoko hat mich umgebracht; dieser Ort hat mich umgebracht; die verdammten japanischen Nichten haben mich umgebracht.»

Green folgerte aus diesem Gespräch, daß John nur «den toten Mann spiele» – als ein Mittel, um Yoko zu bestrafen. Diese Interpretation war nicht ganz falsch, aber sie erklärte in keiner Weise Lennons erschreckenden Zustand. Zu einem späteren Zeitpunkt beschrieb Lennon Green gegenüber sehr viel genauer, was in Japan geschehen war.

«Ich lag den ganzen Tag im Bett, keine Gespräche, kein Essen, nur Zurückgezogenheit. Und da passierte etwas Komisches. Ich begann, all diese verschiedenen Teile von mir zu sehen. Ich fühlte mich wie ein heiliger Tempel, der von vielen Geistern erfüllt ist, von denen jeder durch mich hindurchging, mich für kurze Zeit bewohnte und wieder ging, um von einem anderen ersetzt zu werden. Ich erkannte dann, worin das Problem besteht, welches ich lösen muß. Ich muß *alle* diese Leute sein. Aber ich kann all diese Leute nicht immer sein. Und in der Vergangenheit verkörperte ich, wann immer ich einer von ihnen wurde, diesen Teil, diese Person so stark, daß ich die anderen vergaß. Ich weiß nicht, wie ich das ändern kann. Ich kenne keinen Kunstgriff, keine magischen Kräfte, um leicht von einem Teil meiner Persönlichkeit zu einem anderen hinüberzuwechseln. Ich brauche das aber, Charles, denn das Geheimnis, *das* Geheimnis, *ändert* sich.»

Manche Ehefrauen würden ihre Reisepläne aufgegeben haben, wenn sie hätten feststellen müssen, daß diese ihre Männer in halbpsychotische Zustände trieben. Nicht Yoko Ono. Sie beschloß, daß John jetzt Zerstreuung brauchte. Zuerst rief sie Sam Green an und gab ihm den Auftrag, am 16., 18. oder 21. August aufzubrechen und in westlicher Richtung um die Welt zu fliegen. Sie sagte ihm, ein solcher Trip verstärke seine Fähigkeiten und bringe ihm Glück. Als Sam in Karuizawa ankam, wurde er königlich behandelt. Yoko nahm ihn zu all ihren Bekannten mit und stellte ihn als ranghohen Gast vor. Es gab viele Verbeugungen und viel Lächeln. Besonders von Sam, der die ganze Szene unwiderstehlich komisch fand. «Es war der Bade- und Tennisclub von Southampton.» Er grinste, als er sich daran erinnerte, in welchem Ausmaß die Japaner die Gepflogenheiten der amerikanischen Oberschicht in der typischen Sommerkolonie nachäfften.

Sams Tonfall wurde jedoch sehr respektvoll, als er über die Kosten seines Japanaufenthaltes sprach. Von Karuizawa ging er (nachdem er versucht hatte, in Tokio ein den Gimbels gehörendes Kunstwerk für 400 000 Dollar zu verkaufen) nach Kyoto, wo Yoko auf ihre Kosten seinen Aufenthalt im berühmten Tawaraya Inn arrangiert hatte. Sie wußte, daß er dort von oben bis unten bedient werden würde, während er all die exquisiten Freuden des vollendeten japanischen Geschmacks und die denkbar verfeinertste Sinnlichkeit genießen konnte. Bei dieser Gelegenheit stellte Yoko eine fürstliche Großzügigkeit zur Schau und sagte einfach: «Du solltest das erleben, wenn du in Japan bist.»

Sam Greens Besuch bedeutete nur eine momentane Ablenkung; was John nach drei Monaten in der fremden Welt Japans brauchte, war ein Kamerad, der ihm über die verbleibenden zwei Monate helfen würde, ohne dabei irgendwelche neuen Probleme zu schaffen. Yoko beschloß, daß der ideale Mann hierfür Elliot Mintz sei, aber als sie ihn um seine Hilfe bat, beklagte er sich, daß er eine Menge Ärger mit seinem Haus habe, das jeden Moment den Hügel hinunterrutschen würde. Yoko unterbrach ihn und sagte, er bekomme 30000 Dollar, wenn er das nächste Flugzeug nach Japan nähme. Bald darauf war Mintz auf dem Weg nach Karuizawa.

Am Abend des 24. August, nachdem er im Zimmer von Mintz im Mampei-Hotel Blumen und süßen Walnußreis als Begrüßungsgeschenk arrangiert hatte, setzte sich John Lennon an die Schreibmaschine und begann, einen Brief an sich selbst im Stil eines Tagebuchs zu tippen. Im Laufe der nächsten dreizehn Tage, welche das Ende seines Aufenthalts in Karuizawa und die Rückkehr ins Okura in Tokio markierten, machte er eine Reihe weiterer Eintragungen, so daß die Post, die er nach New York schickte, drei engbeschriebene Seiten umfaßte, die einen genauen Eindruck von seinem Gefühlszustand vermitteln.

Sobald man diese Eintragungen zu lesen beginnt, fühlt man sich in das Innere eines privaten geistigen Raumes versetzt, der in seiner ruhigen, intimen, mit sich selbst beschäftigten Atmosphäre seltsam bekannt erscheint. Es ist die andere Seite jenes Spiegels, der normalerweise John Lennon reflektierte, der innere Vorgang, aus dem er von Zeit zu Zeit die Ideen und Bilder für seine Songs schöpfte. Der erste Schlüssel zur Natur dieses geistigen Prozesses ist die sichtbare Erscheinungsform der Seiten: ohne Leerraum zwischen den Sätzen und zwischen den Linien, bis an die Ränder vollgeschrieben und ohne Großbuchstaben außer bei Hervorhebungen – kurzum, ein Klumpen von Wörtern. Was den Inhalt betrifft, entsteht ein ähnlich überfüllter Eindruck. Obwohl es dank Johns Fähigkeit, lakonische Aperçus zu prägen, eine Menge bemerkenswerter Sätze gibt, ist es schwer, diese Stellen nach dem Durchlesen wiederzufinden, weil alles in Spalten zu fallen und zu verschwinden scheint. Diese Spalten werden durch eine andere Einheit von Lennons Bewußtsein hervorgerufen, durch seine Flohsprünge von einer Idee zur nächsten, die ihn oft weit weg führten – dieselbe Fähigkeit, die John zu einem instinktiven Surrealisten machte.

Wenn man sich erst einmal eingelesen hat, kann man beobachten, daß Johns Geist wie eine fleischfressende Pflanze arbeitet. Kurzsichtig und mit geringer Reichweite ergreift er alles, was in seinen begrenzten Sehwinkel fällt, aber nach jedem Bissen wendet er sich um, um wieder über seinen wahren Gegenstand nachzusinnen, sich selbst. Dieses Selbst wird ständig hinterfragt, gescholten, lächerlich gemacht und ermahnt, er schickt es in die Vergangenheit zurück, ganz wie der Held mit seiner Gedächtnismaschine in Becketts *Das letzte Band*.

Das Geräusch von Yokos Erbrechen im Badezimmer lenkt Johns Bewußtsein auf die Frage, was geschehen würde, falls sie wieder schwanger wäre. Nach einem weiteren Strom von Assoziationen kommt er zu der Aussage, wie es ist, in Japan gestrandet zu sein. Er denkt darüber nach, daß er sein ganzes Leben lang allein war und gerne allein ist und macht ironische Bemerkungen darüber, wie er immer versucht, «SICH ETWAS ANZUSCHLIESSEN», obwohl «ich im Grunde keine Menschen mag». Er fühlt sich «schuldig und entfremdet», doch erkennt er, daß diese Tendenz nur ein neurotisches Symptom ist, weil «niemals irgend etwas Wissenswertes aus dem Pöbel kam». Also ist es gar nicht so schlimm, in Japan zu sein, denn für einen Solipsisten ist jeder Ort gleich und das Leben nur ein «DÉJÀ VU», immer wieder dasselbe, mit einem einzigen Unterschied, daß sich beim Älterwerden die Gangart zur «Zeitlupe» wandelt.

Das andere Thema, das ihn intensiv beschäftigt, ist das Versagen seines Talents. Seltsamerweise notiert er, daß ihm jede Menge Melodien, aber keine Worte einfielen, die es wert seien, gesungen zu werden. Sein Trost besteht darin, daß er in den achtziger Jahren wiederaufblühen werde; denn obgleich er das selbst nicht sagt, haben die Wahrsager prophezeit, daß seine Zahlen zu Beginn des Jahrzehnts richtig seien. Der Brief fügt ein paar trockene Bemerkungen über Elvis' Tod an, Lennon pflegte über den Star zu sagen, daß er gestorben sei, als er in die Armee eintrat: eine kluge Beobachtung. Damit endet er, ohne ein Zeichen emotionaler Verstörung erkennen zu lassen. Allenfalls erscheint John ein bißchen niedergeschlagen, was vermutlich seiner normalen Gemütslage entspricht, wenn er sich nicht durch Drogen oder sonstige Erregungen in Hochstimmung versetzte.

Bevor die Lennons Japan verließen, gaben sie am 11. Oktober noch eine Pressekonferenz im Okura. Die einzige westliche Zeitschrift, die anwesend war, war der treue *Melody Maker*, der berichtete, daß vor allem Yoko gesprochen habe. John war angezogen, als müsse er vor der Einwanderungsbehörde erscheinen: schwarzer Anzug, weißes Hemd und perlgraue Krawatte, das Haar konventionell geschnitten. Die einzige Aussage, die er während dieser dreiviertelstündigen Sitzung über sich selbst machte, war die offizielle Verlautbarung: «Im wesentlichen haben wir uns entschlossen, unsere Zeit so weit wie möglich unserem Kind zu widmen, bis wir das Gefühl haben, daß wir genügend Zeit abzweigen können, uns damit zu befassen, Dinge außerhalb der Familie anzugehen.» Als der Reporter des *Melody Maker*, dem direkte Fragen verboten worden waren, sich Lennon nach Abschluß der Konferenz näherte, sagte John ihm die Wahrheit: «Wir haben wirklich nichts zu sagen.»

Gerade so, wie John fünf Tage vor Yoko nach Fernost aufgebrochen war, kehrte Yoko nun vor John nach New York zurück, wobei sie die kürzeste Route in östlicher Richtung nahm. Lennon blieb im Okura mit Sean, Mintz und Nishi zurück, saß in seiner riesigen Suite herum und wartete auf das Signal zum Aufbruch, welches nur gegeben werden konnte, nachdem Yoko mit Yoshikawa gesprochen hatte. Die Tage verstrichen ohne Aufforderung zur Abreise, und John wurde niedergeschlagen wie immer, wenn Mutter verschwunden war. «Ich wäre einfach gerne in meinem eigenen Bett mit meinem Scott-Verstärker daneben und meinen Büchern», beschwerte er sich bei seinem Babysitter. In der Zwischenzeit schimpfte Yoko in New York Marnie Hair gegenüber über John.

Yoko tobte, weil John nach all ihren Anstrengungen, in diesem Sommer ihre gesellschaftliche Stellung zu verbessern, dafür gesorgt hatte, daß sie auf sehr schmerzhafte Weise einen Gesichtsverlust erlitten hatte. Sie war entzückt gewesen, eine Einladung zu einem Bankett zu erhalten, das von Leuten der höchsten Kreise gegeben wurde, welche die Lennons ehren wollten. Was die Einladung in Yokos Augen besonders wertvoll machte, war der Umstand, daß Frauen zu derartigen Festessen nur selten eingeladen werden, da die Unterhaltung von Geishas besorgt wird. Doch als Yoko diese große

Ehre John mitgeteilt hatte, hatte der keinerlei Anerkennung für die Anstrengungen seiner Frau gezeigt, sondern seine Teilnahme mit dem Hinweis verweigert, daß sein Japanisch für eine solche Gelegenheit nicht gut genug sei. Yoko hatte sich revanchiert, indem sie das Okura verlassen hatte und zu ihrer Mutter gezogen war, bevor sie nach New York zurückflog. Als sie ihren Kummer Marnie erzählte, sah sie abgezehrt und eingeschrumpft aus; ihre Haut war gelb, das Haar strähnig. «Das werde ich ihm heimzahlen!» schwor sie. «Ich werd's ihm heimzahlen!»

Als Yoko John seinen Reisebefehl gab, sagte sie ihm, der Richtungsprophet habe erklärt, er müsse in *westlicher* Richtung heimfliegen. Dies bedeutete eine fünfundzwanzigstündige Reise über Hongkong, Singapur, Dubai und Frankfurt, wo sie über Nacht bleiben müßten. So entsetzt John auch bei dieser Vorstellung war, hatte er doch nicht den Mut, Mutters Magie direkt ins Gesicht zu fliegen. Er lebte seinem Glauben gemäß, einem Glauben, den er bei der Ankunft von Elliot Mintz mit beschwörenden Worten so ausgedrückt hatte: «Vertrau ihr! Vertrau ihr einfach!»

OLD MACLENNON'S FARM

Ungefähr sechs Wochen, nachdem die Lennons nach New York zurückgekehrt waren, bekamen sie es entsetzlich mit der Angst zu tun. Eines Abends im November klingelte etwa um zehn Uhr das Telefon, und Yoko nahm den Anruf in der Küche entgegen. Ein Mann mit puertoricanischem Akzent verlangte Yoko Ono zu sprechen. Sie antwortete, als sei sie das Dienstmädchen, und sagte: «Tut mir leid. Sie ist nicht da.»

Laut und brutal bellte der Kerl durchs Telefon: «Ich weiß, daß Sie es sind! Halten Sie die Klappe, und hören Sie genau zu!» Yoko stand wie erstarrt da, während die bedrohliche Stimme ihre Forderungen nannte. «Wir wollen hunderttausend Dollar, sonst greifen wir uns Ihren Sohn! Wir werden ihm nichts tun, verstehen Sie? Aber wir werden ihn uns holen!»

Als Yoko ihre Sinne wieder beieinander hatte, rief sie: «Wer sind Sie? Wer ist am Telefon, bitte?»

Die Antwort war darauf angelegt, sie mit Schrecken zu erfüllen: «Wir sind eine Gruppe professioneller Terroristen», erklärte die Stimme. «Rufen Sie weder die Polizei noch das FBI an. Das finden wir heraus! Wir haben schon viele berühmte Leute kontaktiert, und alle haben bezahlt. Die Polizei kann Sie nur eine Zeitlang beschützen – eine Woche, zwei Wochen, vielleicht einen Monat. Dann ist sie wieder weg. Wir werden zuschauen, und wir werden warten. Und wir können ein Jahr lang warten, oder auch zwei. Dann kommen wir wieder!»

Als der Kerl schließlich eingehängt hatte – nachdem er gesagt hatte, er werde sich am folgenden Tag wieder melden –, blieb Yoko wie gebannt stehen. Eine Zeitlang wagte sie nicht, den Mund aufzumachen. Dann erzählte sie die Geschichte Masako, weil sie sich auf Japanisch unterhalten konnte. (Yoko war davon überzeugt, daß das Apartment abgehört und sie beobachtet wurden.) Schließlich nahm sie sich zusammen und ging durch den langen Gang zum Schlafzimmer, um es John zu sagen. Ihm verschlug es ebenfalls die Sprache. Anstatt das Telefon zu nehmen und die Polizei anzurufen, diskutierte er die Bedrohung mit Yoko im Flüsterton.

Die selbsternannten Terroristen hätten sich keine besseren Opfer aussuchen können. John und Yoko waren dermaßen paranoid, daß ein Anruf genügte, um sie in die Knie zu zwingen. Wenn sie sofort Zugang zu 100 000 Dollar gehabt hätten, würden sie das Geld ausgehändigt haben, um ihr Leben zu retten. Aber sie waren zu pleite, um das Erpressungsgeld zahlen zu können. Schließlich rief John trotz Yokos Widerstand John Green an.

Green reagierte wie jeder halbwegs normale Mensch und rief: «Ruf die Bullen an!» John bestand jedoch darauf, daß Green erst die Tarot-Karten legen müsse, um herauszufinden, wie ernst die Bedrohung tatsächlich war. Als die Antwort lautete, sie seien wirklich in Schwierigkeiten, gab John endlich nach und tat, was er gleich zu Beginn hätte tun sollen. Sobald er die Polizei benachrichtigt hatte, alarmierte diese das FBI.

Sofort kamen geschäftsmäßig aussehende Männer in Anzügen und mit kurzgeschnittenen Haaren aus dem Büro in der East 69th Street herüber. Den Lennons wurde geraten, sich still zu verhalten, während die Agenten versuchen würden, dem geheimnisvollen lateinamerikanischen Anrufer eine Falle zu stellen. Das Telefon wurde angezapft. Einige FBI-Beamte verkleideten sich als Handwerker und begannen, im Dakota zu arbeiten. Bewaffnete Posten einer privaten Wachagentur bezogen an den Vorder- und Hintertüren des Apartments Stellung. Weitere Anrufe trafen ein, und es wurden Vorbereitungen getroffen, die 100 000 Dollar zu übergeben. Als der große Tag kam, wurde unten am Empfang ein in Zeitungspapier eingewickeltes Päckchen hinterlegt. Die Polizei verfolgte einen verdächtig aussehenden Mann, verlor ihn jedoch aus den Augen. Bald war klar, daß der Erpresser nicht anbeißen würde. An diesem Punkt war nichts mehr zu tun als normal weiterzuleben – aber vorsichtig.

Wenn Sean jetzt hinunterging, um unter Masakos Aufsicht zu spielen, ging er nicht über die Straße auf den Spielplatz gegenüber des Dakota, sondern zu einem, der auf der entgegengesetzten Seite des Parks in der Nähe des Metropolitan Museum lag, oder zu einem Spielplatz in der Nähe von Central Park South. Das Kind wurde immer von einem bewaffneten Leibwächter beschützt, und wenn es mit dem Auto irgendwohin fuhr – zum Beispiel zum Great Adventure, seinem geliebten Wildtierpark in New Jersey –, war der Chauffeur ein bewaffneter Wachmann. Es gab weitere telefonische Drohungen, doch schließlich gelangte Lennon zu der Überzeugung, daß sein Erpresser kein Sprecher einer puertoricanischen Terroristenorganisation sei. Er nannte ihn nur noch den «verrückten Latino».

Sobald der Schrecken über eine mögliche Entführung abnahm, erlitten die Lennons einen neuen Kummer, der diesmal von Tony Cox, der Zielscheibe ihres eigenen Entführungsversuchs ausging. Im November bekam Yoko ganz unverhofft einen Anruf von Kyoko. Die mittlerweile vierzehnjährige Tochter, die Yoko seit fast fünf Jahren nicht mehr gesehen hatte, enthüllte zwar nicht, wo sie lebte, machte jedoch klar, daß sie Yoko demnächst besuchen wollte. Dann kam Tony an den Apparat und begann die Sache auf seine übliche Art zu verhandeln. Er wollte Sicherheiten, daß John und Yoko kein falsches Spiel mit ihm treiben würden, und er schlug vor, seinen Bruder Larry mit einer rechtsgültigen Vereinbarung vorbeizuschicken, welche die Lennons unterschreiben sollten. Yoko war zu diesem Zeitpunkt zu allem bereit, um ihr Kind wiederzusehen. Während der folgenden Wochen lebte sie in Erwartung des Besuchs, kaufte neue Bettbezüge für das Zimmer, in welchem Kyoko wohnen würde, und plapperte nervös über das große Ereignis. Als dann kurz vor Weihnachten der Abend des Besuchs gekommen war, waren die Nerven von John und Yoko bis zum Zerreißen gespannt. Doch nichts geschah. Sie warteten und warteten, bis schließlich klar wurde, daß Tony abermals einen Rückzieher gemacht hatte. John kochte vor Wut, und Yoko weinte. Aus der Traum.

Im Dezember wurden die Lennons noch mit einem weiteren ernsthaften Problem konfrontiert, das sie die folgenden Jahre hindurch in Atem halten sollte. Sie hatten Schwierigkeiten mit dem Finanzamt. Der Ärger hatte begonnen, als sie aus Japan zurückkamen und die Buchhalter die Rechnungen der Reise zusammenzählten. Die Summe belief sich auf sage und schreibe 700 000 Dollar. Yoko meinte leichthin, der Gesamtbetrag könne als Geschäftskosten geltend gemacht werden. Die Steuerberater erwiderten, daß so gut wie nichts davon abzusetzen sei. Die Lennons hatten eine fünf Monate lange Vergnügungsreise unternommen und ein Vermögen ausgegeben. Auf den Großteil des Geldes würde der Spitzensteuersatz von 72 Prozent zu entrichten sein, und die Zahlung wäre am 15. April 1978 fällig. Würde das Geld bezahlt werden, wären die Lennons nicht mehr in der Lage, ihren Lebensstil aufrechtzuerhalten. Würden sie das Geld nicht bezahlen, so würden Zinsen und Strafen neben ihren Steuern einen weiteren Schuldenberg auftürmen, und sie würden in genau jenen Teufelskreis geraten, der schon so viele wohlhabende, aber allzu sorglose Menschen ruiniert hat.

Yoko schlug vor, daß sie damit anfangen sollten, ihre Namen für die Produktwerbung zu verkaufen oder gemeinsam in der Fernsehwerbung zu erscheinen. Sam Green meinte, sie solle einige ihrer kürzlich erstandenen Kunstwerke einem Museum übereignen, um dafür einen großen Steuererlaß zu bekommen. Sam, der in derlei Geschäften viel Erfahrung hatte, war schlitzohrig genug, eine Schätzung der Werke zu erhalten, die weit über dem lag, was die Lennons seinerzeit gezahlt hatten. Doch dieser vernünftige Vorschlag stieß bei Yoko auf taube Ohren. Sie würde sich niemals von ihren Besitztümern trennen.

Schließlich kam irgendwer auf Johns Flower Power-Rolls-Royce. 1970 sollte der buntbemalte Wagen an einen Sammler in den Vereinigten Staaten verkauft werden, aber der Handel war geplatzt, und die Limousine war wieder in den Besitz der Lennons übergegangen. Sie stand verstaubt und vergessen in einer Garage in Manhattan, war jedoch immer noch «ein berühmtes Symbol einer glorreichen Zeit und deshalb ein unbezahlbares historisches Artefakt». Das zumindest sagte Sam Green den verdatterten Angestellten des Cooper-Hewitt-Museums an der Fifth Avenue, einer erst kurz zuvor eröffneten Institution, die sich den Dekorativen Künsten widmete. Nach den üblichen Basarfeilschereien, die sich fortwährend hinter den beeindruckenden Fassaden der großen kulturellen Institutionen abspielen, bekamen die Lennons einen Steuererlaß in Höhe von 225 000 Dollar für ihren alten Wagen, obwohl dessen Marktwert damals bei weniger als 100 000 lag. 1985 ließ das Museum den Wagen bei Sotheby's für stolze 2 299 000 Dollar versteigern.

Derartige Schnellschüsse erleichterten die chronischen Steuerprobleme der Lennons jedoch nur vorübergehend. Was sie brauchten, war eine dauerhafte Lösung. Abermals bewies Sam Green, was er wert war. Er brachte den Rechtsanwalt George Teichner ins Spiel, der eine Gesellschaft namens Dreamstreet führte, die Kapitalanlagen in der Land- und Milchwirtschaft in Delaware County, New York, anbot, in jener Region also, welche die Stadt mit Milch versorgt. Jeder Dollar, der in ein rechtmäßiges Farmunternehmen gesteckt wurde, brachte dem Anleger einen Steuererlaß auf vier Dollar. Mehr noch, eine sorgsam geleitete Milchfarm konnte als hochprofitables Unternehmen geführt werden. Besonders dann, wenn die Tiere erstklassig gezüchtete Rinder waren, bei denen die Besamung und Embryo-Übertragung nach wissenschaftlichen Richtlinien erfolgte, wie dies bei Dreamstreet Holstein, der Abteilung der Firma für Hofbewirtschaftung, der Fall war.

John Green reizte die Investition. Je länger er über das Projekt nachdachte, desto mehr Ideen über die systematische Nutzung des Landes kamen ihm in den Sinn. Schließlich war er in der Lage, Yoko eine dermaßen großartige Liste profitabler Möglichkeiten zu überreichen, daß sie glaubte, nur ein paar hunderttausend Dollar in bar in Dreamstreet stecken zu müssen, um wirklich auf der «Traumstraße» zu sein. Doch als sie ihren Plan der konservativen Steuerberatungsfirma Oppenheim, Appel, Dixon & Company unterbreitete, warnte man sie, daß sie gewaltigen Ärger mit dem Finanzamt bekommen könnte, da man dort von derartigen Machenschaften nicht viel halte. John Greens Beurteilung wog indes schwerer; bald war das Geschäft in ein nettes kleines Päckchen verschnürt und lag rechtzeitig vor Ablauf der Steuerfrist zur Unterzeichnung bereit. In der letzten Minute legte Lennon einen Stein in den Weg, der den Heuwagen fast noch zum Umkippen gebracht hätte. «Landwirtschaft! Was zum Teufel weiß ich von Landwirtschaft?» wetterte er. «Wozu ist so was gut? Milch und Käse! Das ist doch alles nur Schleim!»

Als Yoko John nicht überzeugen konnte, suchte sie bei John Green Hilfe. Statt den Wert der Kapitalanlage von einem geschäftlichen Standpunkt aus zu preisen – er wußte, daß das Wort «geschäftlich» John aufschreien ließ –, offerierte der gewitzte Kartenleger den Plan als Erfüllung von Lennons oft genanntem Wunsch, die Stadt zu verlassen und in der Natur zu sein. Doch Lennon beharrte weiterhin darauf, daß Geschäfte und Geld von Übel seien und es besser wäre, das Geld der Regierung zu überlassen.

Green war zu schlau, um sich von jemandem wie John Lennon an die Wand reden zu lassen, und er wies darauf hin, daß die Regierung das Geld dazu verwende, um Waffen zu kaufen. Lennon, der Friedensfreund, sei im Begriff, Millionen von Dollar für die Anschaffung von Bomben und Gewehren und anderen Todesmaschinen beizusteuern. Das machte John nachdenklich. Während Lennon über dem Problem brütete, überredete Green ihn, die Farm doch zumindest einmal anzuschauen. Widerwillig gab John nach.

Eines Morgens im November entfernten sich zwei lange schwarze Limousinen vom Dakota und bewegten sich auf den nördlichen Teil des Bundesstaates New York zu. Im ersten Wagen saßen John, Yoko und Sam Green. Im nachfolgenden Wagen befanden sich Sean und Helen Seaman, die vom Rest der Gesellschaft ferngehalten wurden, damit Seans Gebrüll und Geplärre John bei dieser entscheidenden Angelegenheit nicht stören würden. Als die Limousinen erst einmal die liebliche Region der Rinderfarmen erreicht hatten, begann sich Johns Stimmung zu ändern. Immerhin war sein Onkel George ein Milchbauer gewesen. Einige von Johns frühesten Erinnerungen drehten sich um einen braunen, mit silberglänzenden Kannen beladenen Lieferwagen, von dem aus die Milch unter lautem Hallo und mit manchem Schwätzchen verteilt und in Henkelkrüge gegossen wurde.

Als die große, gut gepolsterte Limousine die leeren Straßen entlangschnurrte, begann John sehnsüchtig auf die sanft vorbeigleitende Landschaft zu starren. Bald äußerte er den Wunsch, den Wagen zu verlassen und etwas spazierenzugehen. Sam machte einen Hügel aus, der einen guten Blick über die herrliche Gegend versprach, und ließ den Wagen anhalten. Während Yoko sitzen blieb und rauchte, machten sich John und Sam daran, den Hügel zu erklimmen. Johns Kondition war so schlecht, daß er rasch außer Atem kam. Obwohl der Hang nicht steil war, mußte er wie ein Mann mit Herzproblemen regelmäßig anhalten. John erreichte den Gipfel nur mit Mühe, doch als er dann auf dem Kamm stand und über eine Landschaft blickte, die seinem heimatlichen Lancashire so ähnlich war, erwachte seine Phantasie.

Er setzte sich nieder und begann das Haus zu entwerfen, welches er auf diesem Flecken bauen würde: hier der Feuerplatz, dort die Sonnenterrasse – und schon bald sah er vor sich, wie sie alle im Freien Kaffee trinken und dem Sonnenaufgang zuschauen würden. «John war ein richtiger Nestbauer», bemerkte Sam. «Es gab nichts, was er lieber tat, als ein neues Heim zu schaffen. Sein Traum war, eine Burg auf einem Hügel zu bauen, den niemand besteigen könne, der ihm jedoch einen beherrschenden Blick über die Welt bieten würde.»

Als die Limousinen am Nachmittag nach New York zurückfuhren, schwärmte John nur noch von «Old MacLennon's Farm». Er kaufte schließlich drei eingegangene und einen aktiven Landwirtschaftsbetrieb für 740 000 Dollar sowie Ausrüstung für weitere 100 000. Einhundertzweiundzwanzig Kühe kosteten ihn 1,5 Millionen, und zehn Bullen 350 000 Dollar. Von den insgesamt 2,7 Millionen zahlten die Lennons nur 375 000 Dollar an und stellten für den Rest Schuldscheine aus. Im Jahr darauf versuchten sie die Ernte einzuholen, indem sie einen Verlust von 716 129 Dollar sowie 195 000 Dollar Investitionssteuerstundung geltend machten; hinzu kamen 306 129 Dollar an Wertminderung bei Viehbestand und Maschinenpark sowie 410 000 Dollar an sonstigen Ausgaben. Zu ihrem Bedauern verweigerte das Finanzamt bei einem Großteil der Posten die Anerkennung mit der Begründung, die Farmen und das Vieh seien nicht als auf Gewinn angelegte Unternehmungen, sondern bloß zur Umgehung der Steuern gekauft worden und folglich mit keinerlei Risiko verbunden. Die Steuerbeamten verweigerten ebenfalls die Anerkennung von 143 920 Dollar an Ausgaben für Limousinen während des Japanaufenthalts sowie von 127 000 Dollar an Spenden. Und die 225 000-Dollar-Befreiung für den historischen Rolls-Royce wurde halbiert. Zehn Jahre später wurde die Sache immer noch vor der Steuerbehörde verhandelt, und das Finanzamt forderte eine Nachzahlung von 876 141 Dollar für das Jahr 1977.

Am 3. Mai 1978, gerade als die Lennons ihr Eigentum in Besitz nehmen wollten, brannten eine Scheune, eine Garage sowie ein Gerätehaus auf einer der Lennon-Farmen in Franklin ab. Richard Lorhman, ein erfahrener Sachverständiger, kam zu dem Ergebnis, daß das Feuer von einem Brandstifter gelegt worden war. In der Folge gab es noch etliche weitere Brände auf den Dreamstreet-Farmen, einschließlich eines weiteren Großbrands auf einem Lennon-Besitz. Diese beunruhigenden Vorfälle warfen einen Schatten über die heitere Idee von Old MacLennon's Farm. Yoko stellte für einen der Betriebe eine Hausmeisterin namens Penny King ein, hatte aber ansonsten nichts mit den Unternehmen zu tun. Mit der Viehwirtschaft sah es besser aus; sie wurde von Dreamstreet Holstein erfolgreich geführt.

Die schwere Finanzkrise, mit der das Jahr 1977 schloß, verdeutlichte die gegensätzlichen Charaktereigenschaften von John und Yoko in aller Schärfe. Sie kümmerte und mühte sich unaufhörlich um eine Lösung für die Probleme der Familie. Er verweigerte seinen Teil der Verantwortung und trug in keiner Weise dazu bei, aus dieser Zwangslage herauszukommen. Bestenfalls bot er an, für Yokos Erfolg zu beten. Um sich ein für allemal von den störenden geschäftlichen Verpflichtungen zu entbinden, unternahm Lennon sogar den drastischen Schritt, den er schon seit längerem in Erwägung gezogen hatte. Er übertrug Yoko den Status einer Bevollmächtigten, der ihr die vollständige Kontrolle über sein Vermögen einräumte. Fortan konnte sie Schecks ausstellen, Verträge unterzeichnen und sich in Geschäftsangelegenheiten verhalten, als sei sie John Lennon selbst.

AM ENDE

1978 war John Lennon nicht länger er selbst. Seine Ernährungsweise, das Fasten und das selbst verursachte Erbrechen hatten ihn so aufgezehrt, daß er keine sechzig Kilo mehr wog. Er hatte keinerlei Entschlußkraft mehr, war durch Bewegungsmangel völlig entkräftet und verließ kaum noch das Bett. Den ganzen Tag lang stand er unter Marihuana, Pilzen oder Heroin, schlief die meiste Zeit und verbrachte die übrigen Stunden in einer Art Trance. Obgleich er weiterhin so tat, als würde er den Haushalt führen und sich um Sean kümmern, war er so benebelt, daß seine Anwesenheit im Haus kaum wahrgenommen wurde. Leute, die für die Familie arbeiteten, pflegten zu sagen: «Gibt es einen echten John Lennon?»

Was war mit John geschehen? Dasselbe, was mit Howard Hughes und vielen anderen wohlhabenden, maßlosen Einsiedlern geschehen war. Lennon hatte sich einfach geweigert, den Preis zu zahlen, den es kostet, wenn man am Leben bleiben will, den Zoll, der in Begriffen wie Engagement, Verantwortung und Anstrengung erhoben wird. Da er in Yoko Ono jemanden gefunden hatte, der bereit und sogar begierig war, alle Last des Daseins von seinen Schultern zu nehmen, war John der Realität weit entglitten. Er hatte seinen Sitz im phantastischen Königreich «Imagine» eingenommen, wo es überhaupt nicht auf das ankommt, was *ist*, und wo alles, was man haben will, ohne Anstrengung durch Zauberei erlangt werden kann. Die Folgen dieser irrationalen Himmelfahrt waren ausgesprochen paradox.

Anstatt Frieden und Bequemlichkeit in seiner schützenden Blase zu finden, wurde John dauernd von belanglosen Unannehmlichkeiten gequält, die sich in seinen Nachrichten an die Laufburschen niederschlugen. Dauernd war etwas mit dem Fernseher nicht in Ordnung, die Morgenzeitung war nicht gekommen, oder die Seife im Badezimmer war nicht biologisch. Johns Gesundheit, die durch die selbstauferlegte strenge Kur geschützt werden sollte, war in Wirklichkeit äußerst angegriffen. Er beschwerte sich über Erkältungen und Fieber, chronische Magenverstimmung und Verstopfung, Kopfweh und Zahnweh, Schwindelanfälle und Herzjagen. Einmal zeigte er Marnie sein Zahnfleisch, weil er wegen eines Ausschlags überaus besorgt war.

Obwohl Lennon ein Hypochonder war, der bei jedem Wehwehchen in Alarmstimmung geriet, suchte er nie fachmännische Hilfe, denn er wußte, daß ein richtiger Arzt verlangen würde, daß sein Patient die illegalen Drogen aufgäbe. Also zog John es vor, selbst den Arzt zu spielen, und bastelte endlos an seiner Ernährung herum, indem er seine Balance von Yin und Yang berechnete. Um seine emotionale Gesundheit stand es auch nicht besser als um seinen körperlichen Zustand. Sein reizbares Naturell war dasselbe geblieben, nur daß er seinen Zorn jetzt nicht mehr auf vernünftige Ziele richtete, sondern auf unbedeutende Ärgernisse abfeuerte, die durch Kinder oder Tiere hervorgerufen wurden. Es konnte passieren, daß er mit einem Wutschrei eine seiner geliebten Katzen beim Schwanz ergriff und den Gang hinunterschleuderte, oder daß er plötzlich einen Wutanfall wegen irgend etwas bekam, das Sean gemacht hatte, und seinem Sohn dann einen Tritt in den pampersumwickelten Hintern gab.

Die grausamste Ironie in Lennons selbstzerstörerischem Lebensstil lag vielleicht darin, daß er sich auf den glücklosen Zustand von Elvis in dessen letzten Lebensjahren heruntergewirtschaftet hatte. Obgleich John nicht fett war, hatte er sich durch seine Hungerkuren in dieselbe benebelte Schlaffheit versetzt. Es gab jedoch einen großen Unterschied. Wie tief Elvis auch sank, mußte er sich doch von Zeit zu Zeit aufrappeln, um seinen Lebensunterhalt zu verdienen, wohingegen es John freistand, bis ganz unten abzusinken.

Eine von Lennons Hauptklagen war, daß er keinen Zugang mehr zur Sonne und zur See hatte. Also nahm Yoko im Frühjahr 1978 –

zweifelsohne durch Yoshikawa geführt – die ganze Familie zum Caribbean Club auf Grand Cayman mit. Das war eine reichlich ausgefallene Wahl, da seinerzeit kein Mensch die Cayman-Inseln als Urlaubsgegend ansah; ihren Ruf verdankten sie ausschließlich der Tatsache, daß sie das größte Zentrum für windige Bankgeschäfte waren, das es in der gesamten westlichen Hemisphäre gab. Nachdem sie mit einem gecharterten Jet von Miami herübergekommen waren, bezogen die Lennons ein Ferienhaus am Strand, wo sie einen sonnigen Urlaub verbrachten, bis es Zeit war, für ihren Sommeraufenthalt nach Japan zu fliegen.

Nach den schrecklichen Erfahrungen des vorangegangenen Jahres mußte sich Yoko mit Forderungen an John jetzt stark zurückhalten. Die Dauer des Aufenthaltes war erheblich kürzer, und der Tagesablauf im Okura glich dem eines Sanatoriums. Jeden Tag schwamm John im großzügigen Becken des Hotels, häufig gemeinsam mit Sean; nachmittags erhielt John fachmännische Shiatsu-Massage – eine Therapie, mit der ihn Yoko im Jahr zuvor bekanntgemacht hatte. Wenn die blinden Masseure nach jenen Nervenzentren suchten, die auf den Akupunkturkarten aufgezeichnet sind, oder wenn die kleinen Masseusen seinen Rücken durchwalkten, mußte John gefühlt haben, wie all seine Schmerzen ausgetrieben wurden. Ansonsten genoß er seine täglichen Nickerchen und seine Vollwertmahlzeiten, die sich mit Besuchen in feinen Restaurants abwechselten, wo er die Delikatessen der japanischen Küche kostete – einschließlich Kobe-Rind, das zu Johns Lieblingsgerichten in Japan zählte. Da er immer gerne Einkaufen ging, pflegte er auch Tokios «Elektronisches Dorf» zu besuchen, wo er sich mit hochmodernen Geräten eindecken konnte, so zum Beispiel mit seinem Lieblingsfernseher mit 75-Zentimeter-Bildschirm. Er kaufte auch eine Menge Kleidung, darunter seidene Kimonos, japanisches Schuhwerk und sonstige östliche Kleidung, die er geschmackvoll mit seinen westlichen Gewändern kombinierte.

Obgleich seine Kur erholsam und stärkend war, glänzte sie durch ihren Mangel an intellektuellen und phantasieanregenden Zutaten. Wie in New York hatte Lennon auch hier keinerlei Verbindung zum Leben um ihn herum und war sich in keiner Weise der kulturellen Schätze bewußt, die sich in der Nähe befanden. Offenbar hat er weder das Kabuki-Theater besucht noch Zeit in den Museen verbracht oder sich in irgendeiner Weise für Japans bemerkenswertes Kunstgewerbe interessiert. Er war in der alten Hauptstadt Kyoto, doch deren Tempel, Paläste und wundersame Gärten hinterließen keine Spuren in seinem Bewußtsein, falls er diese Dinge überhaupt gesehen hat. Ebenso gleichgültig verhielt sich John gegenüber der knalligen Popkultur Japans, den Geishas, den Pornoshows und der japanischen Halbwelt. Lennon lebte wie eine Schildkröte.

Als die Lennons im September 1978 aus Japan zurückkehrten, wurden sie nicht mehr von der fähigen Masako begleitet. Seans Kindermädchen hatte beschlossen, in den Diensten von Yokos Mutter zurückzubleiben, die diese tüchtige Dienerin bald in Rente schickte. Masakos Abschied war durch die dauernden Streitereien mit Yoko ausgelöst worden; die Dienerin hatte ihrer Herrin gegenüber den Respekt verloren. Wie die meisten ihrer Landsleute konnte sie Yokos Benehmen nicht ertragen. Sie hatte sogar Marnie Hair erzählt, daß Yoko keine echte Japanerin sei und auf die Welle in ihrem Haar hingewiesen, die ein Ergebnis einer Liebesaffäre sei, die Yokos Großmutter mit einem russischen Violinisten gehabt habe.

Eine Hilfe zu verlieren war nichts Neues für Yoko Ono, aber bei «Nana», wie Sean sie genannt hatte, war es doch etwas anderes, weil sie für den Jungen seit dessen Säuglingstagen einen Mutterersatz dargestellt hatte. Als er herausfand, daß sie ihn verlassen hatte, muß er schrecklich verletzt gewesen sein. Er muß ein ähnliches Trauma erlitten haben wie jenes, welches sein Vater in ungefähr diesem Alter erlebt hatte. Noch viel schlimmer war, daß der kleine Sean diesen rätselhaften Verlust einer engen Bezugsperson während seiner Kindheit mehrmals erfahren mußte – gerade so, wie John das auch häufiger zugestoßen war. Denn alle nachfolgenden Kindermädchen Seans verschwanden ebenso plötzlich bei Yoko und lösten sich, soweit der Junge es sehen konnte, in Luft auf. Auf diese Weise war das Schicksal der Lennons, wie es in «Strawberry Fields» symbolisiert wird, dazu bestimmt, sich in eine weitere Generation hinein zu verlängern.

Johns eigene Haltung Sean gegenüber hatte sich zu diesem Zeitpunkt zu der Form entwickelt, die bis zum Ende seines Lebens bestimmend bleiben sollte. «Wundervoll» war das Wort, das John jedesmal über die Lippen kam, wenn er an seinen kleinen Sohn dachte, den er mit Geschenken überschüttete und auf jede denkbare Weise zu hätscheln und schützen suchte. Zur selben Zeit jedoch, in der er den Jungen verwöhnte, entzog er ihm die väterliche Gegenwart für den größten Teil des Tages und weigerte sich, ihm auch nur die elementarsten Grundlagen der Selbstbeherrschung beizubringen. Das vielleicht herausragende Kennzeichen von Johns Verhalten war seine Widersprüchlichkeit. Bis zum Frühjahr 1978 hatte John geschworen, daß Sean niemals zur Schule geschickt werde, um nicht so zu leiden wie John gelitten hatte. Dann wurde Sean, als er kaum drei Jahre alt war, im Kindergarten angemeldet. Als John Green ihn bat, diese bemerkenswerte Kehrtwendung zu erklären, erwiderte John, daß Sean so wenig Zuwendung von seiner Mutter und so schlechte Schwingungen von seinem Vater erhielte, daß es für ihn besser sei, wenn er aus dem Haus wäre. Doch diese Einstellung erwies sich als ebenso wakkelig wie die vorangegangene. Sobald Sean sich über den Kindergarten beklagte, wurde er wieder herausgenommen.

John Lennon versuchte nach besten Kräften, die idealisierte Rolle eines Vaters zu erfüllen, aber er konnte sie nie durchhalten. Unweigerlich ging etwas schief, und John bekam einen Anfall. Dann litt er an Schuldgefühlen und Selbsthaß, bis es wieder Zeit war, von vorne zu beginnen. Seine Bemühungen blieben jedoch nicht völlig erfolglos, denn Sean liebte seinen Vater und suchte ständig seine Nähe.

Obwohl John in den letzten Jahren seines Lebens zu so etwas wie einem bleichen, abgezehrten Invaliden wurde und meist in seinem Krankenzimmer blieb, änderte sich sein eigentlicher Charakter nie. Wenn Yoko ihn alleine ließ oder für ein paar Tage irgendwohin wegschickte, wurde er wieder ganz der Alte. So auch spät im September 1978, als sie ihn auf die Hawaii-Inseln sandte.

Seltsame Reisen zu fernen und merkwürdigen Orten waren ein Kennzeichen von Lennons Leben in seinen letzten Jahren, da Yoko glaubte, daß es ihm (oder ihr) besser gehen würde, wenn er in vielversprechende Richtungen unterwegs war. Weshalb sie Hawaii aussuchte, wird ebenso ein Geheimnis bleiben wie der Umstand, daß sie später auf Kapstadt kam. Vielleicht hatte es etwas damit zu tun, daß die Ono-Familie auf den Inseln einen besonderen Status genoß.

Vor Pearl Harbor, als Eisuke Ono ein Angestellter der Yokohama Species Bank in San Francisco war, hatte er den auf Hawaii lebenden Japanern, die verzweifelt nach einer Möglichkeit suchten, im Kriegsfall ihre Vermögen zu sichern, große Dienste erwiesen. Eisuke war so erfolgreich, daß er die dauerhafte Dankbarkeit etlicher dieser Familien genoß. Folglich schickte Yoko John an einen Ort, wo sie gute Verbindungen hatte. Doch wenn irgendeiner dieser hart arbeitenden und sehr erfolgreichen japanischen Amerikaner John Lennon während dieses Besuches erblickt hätte, wäre er gewiß furchtbar verlegen geworden. Kaum hatte John sich im Sheraton-Hotel in Waikiki Beach einquartiert, begab er sich auf eine ausschweifende Sauf- und Drogentour, die dazu führte, daß er ziemlich schnell wie der letzte Landstreicher aussah.

Als er einmal unrasiert und völlig fertig am Alawai-Kanal entlangtorkelte, wurde er plötzlich von Jesse Ed Davis begrüßt. Johns alter Kumpel war gerade von der Ostküste zurückgekommen, wo er den Sommer auf Andy Warhols Anwesen in Montauk verbracht hatte. Er hatte für Tom Sullivan, den einstmals gefeierten «Cowboy» von Studio 54, gearbeitet, einen extravaganten Dealer, der sich gerne als aufstrebenden Rockstar sah. Sullivan hatte in diesem Sommer ein Vermögen ausgegeben, um einen schrecklichen Film zu machen, der *Cocaine Cowboys* hieß. Neben ihm selbst spielte Jack Palance mit, und Andy Warhol trat in einer kleinen Nebenrolle auf. Die Schmuggelszenen waren so wirklichkeitsnah, daß die Gruppe mitten in den Dreharbeiten von dreißig Männern vom FBI, Drogenfahndern und Ortspolizei überfallen wurden. Das Ganze stellte sich als Pleite heraus, als sich die Parteien vor Gericht gegenübertraten. Aber der nachfolgende Ärger hatte den Cowboy dermaßen beunruhigt, daß er mit Jesse Ed nach Hawaii verduftet war. Dieses hartgesottene Paar hing nun gerade im Büro der Western Union herum und wartete auf Geld aus New York, als sie den großen John Lennon erspähten, der die Straße hochgetorkelt kam.

«Meine Fresse!» rief Jesse Ed, als er John erkannte. «Was treibst *du* denn hier?»

John blinzelte Jesse und Tommy durch seine Sonnenbrille an. Dann schnappte er mit kratziger, alkoholisierter Stimme: «Hier rein!» Sie tauchten in der Vorhalle des Hyatt-Hotels unter. Als Lennon fühlte, daß er vor fremden Blicken und Ohren in Sicherheit war, gestand er, daß er dabei sei, «von Yoko abzuhauen».

«Was ist passiert?» fragte Jesse Ed.

«Ich möchte nicht darüber sprechen!» rasselte John und warf einen Blick auf den Cowboy mit dem alles überragenden Zehn-Gallonen-Hut, den hautengen Jeans, Kobrahaut-Stiefeln und einer behandschuhten Linken, die von den Flammen eines brennenden Flugzeugs entstellt worden war. «Wißt ihr, wo wir was kriegen können?»

Jesse Ed sagte, er habe eine Adresse – hatte Lennon den Kies? John sagte, er habe dreihundert Dollar. Das war genug, um die Jungs in ein Taxi und hinüber nach Uwe Beach zu schaffen, wo sie einen Dealer trafen, der Timmy hieß und wie ein Schrank gebaut war. Die Transaktion ging schnell über die Bühne, und die Bande machte sich auf den Heimweg. Als Jesse Ed Lennon fragte, wo er wohne, sagte Lennon, das wisse er nicht, aber er habe den Zimmerschlüssel.

Zurück im Hotel beschleunigte sich das Geschehen wie in den ruckelnden Bildern eines alten Films. Lennon war der Käufer, also hatte er den Vortritt.

«John wußte, was er zu tun hatte», erinnerte sich Jesse. «Er mußte sich nicht einmal den Arm abbinden.» Lennon hatte «gute Stränge». Nach John kamen Jesse und der Cowboy dran. Dann bestellten sie eine Viertelflasche Smirnoff und ein paar Flaschen Orangensaft und stellten den Fernseher auf *Raumschiff Enterprise* ein.

Als der Alkohol sich angenehm mit dem Heroin vermischt hatte, fragte John, ob es einen Ort gebe, wo sie spielen könnten. Jesse sagte, daß ganz in der Nähe ein echt guter Laden sei, wo ein bißchen Unterhaltung sicher willkommen wäre. Also griffen sich die Jungs ein paar Gitarren und machten sich auf den Weg ins John Barleycorn in Pearl City.

Als die Geschäftsführung den Gaststar des Abends erkannte, gab es keine Einwände. Jesse Ed erinnerte sich, daß sie zu dritt drei Rock'n'Roll-Klassiker gespielt und gesungen hatten: «Roll Over Beethoven», «Peggy Sue» und noch einen Song dieser Güteklasse. Als ihr kleiner Auftritt beendet war, ließen sie den Hut herumgehen und sammelten insgesamt zwanzig Dollar ein. Sie waren über ihren Erfolg begeistert und sprangen in ein Taxi, um zu einer 22-Meter-Jacht im Hafen zu fahren, auf welcher zwei französische Playboys – Sprößlinge der Cointreau- und Pernod-Familien – mit einer Crew hübscher Mädchen eine Party feierten.

Am nächsten Tag flog John nach New York zurück.

Als John im Dakota ankam, waren alle dabei, sich für etwas fertig zu machen, was von nun an ein alljährlich wiederkehrendes Ereignis werden sollte: die Doppelgeburtstagsparty für John und Sean im Tavern on the Green. Die Feier war Marnies Idee, und das Restaurant war besonders günstig, weil es Lennons Nachbar Warner LeRoy gehörte und nur fünf Häuserblocks südlich des Dakota lag. Da es eine Party für reiche Kinder war, war für schickes Dekor und professionelle Unterhalter wie etwa den unvermeidlichen Zauberkünstler gesorgt worden. Die Feier fand in einem prächtigen, zum Park hin gelegenen Raum statt, der von Glaswänden umgeben und mit Kristall-Kronleuchtern behängt war. John staffierte sich für diese Gelegenheit wie ein netter junger Vorstadtvati aus, er trug eine konservative Kordsamtjacke und seine alte gestreifte Quarry Bank-Schulkrawatte. Als die Party zu Ende war, wurden die Kinder in LeRoys Wohnung mitgenommen, wo es einen Filmvorführraum gab.

Nachdem er zwanzig Minuten lang einem Disney-Film zugeschaut hatte, murmelte John: «Ich halt das nicht aus, Marnie. Gehn wir zu mir und machen eine Tasse Kaffee.» Als sie sich in Lennons Küche niedergelassen hatten, merkte Marnie, daß John ungewöhnlich nervös war. «Er war sehr unruhig», erinnerte sie sich. «Ich dachte, es sei Jet Lag. Er trank Kaffee und kratzte an den Bügeln seiner Brille herum, kratzte am Rahmen, kratzte sich an der Backe, kratzte – er machte mich richtig nervös damit. Ich sagte: ‹Warum kratzt du nicht noch deine Zähne?› Und er meinte: ‹Ich tät's, wenn ich könnte!› Schließlich kam Yoko herunter, setzte sich in einen Stuhl und schlief ein… Auch Yoko kratzte sich reichlich, aber ich dachte, das läge an ihrer Woll- und Katzenallergie.»

Marnie Hair war unter anderem deshalb so sympathisch, weil sie nicht das geringste über Drogen wußte.

Nach der Geburtstagsfeier zog sich John auf sein Zimmer zurück und schottete sich ab. Jeden Tag, wenn Marnie kam, um die Kinder abzuholen oder zurückzubringen, fand sie ihn unpäßlich. Nachdem er wochenlang im Winterschlaf zugebracht hatte, bemerkte Marnie: «Wenn er nicht bald aus diesem Zimmer herauskommt, wird er noch verschimmeln.»

«Hör zu», schnappte Yoko, «wir behandeln ihn als den Pilz, der er ist – wir halten ihn im Dunkeln und füttern ihn mit Pferdescheiße.»

Als reicher Junkie konnte John Lennon unbegrenzte Mengen China White beziehen, jenes besonders reine Heroin, das aus Südostasien in die Vereinigten Staaten kommt. Nur selten versagte die Verbindung. Da jedoch niemand im Drogengeschäft mit hundertprozentiger Sicherheit handeln kann, gab es Tage, wo der Bote mit einer langen Geschichte und leeren Händen aus Chinatown zurückkehrte. Wenn dies passierte, mußte jemand anders dafür Sorge tragen, daß John seine Medizin bekam.

Eines Tages überraschte Marnie ein Anruf von Yoko, die ihr mit einem Anklang von Dringlichkeit in der Stimme sagte: «Warte auf mich vor dem Eingang deines Hauses!» Marnie ging davon aus, wie üblich von einer langgestreckten Limousine mit einer winzigen Frau auf der Rückbank abgeholt zu werden, und war folglich erstaunt, als sie sah, wie Yoko den Häuserblock herunterhastete und dabei versuchte, unverdächtig zu wirken. Als der Portier von Marnies Haus Yoko zu Hilfe eilte, die eine Hand ausgestreckt hielt, um ein Taxi anzuhalten, schreckte sie vom Randstein zurück und flüsterte ihrer Freundin zu: «Glaubst du, daß er mich erkannt hat?» Dann schickte Yoko den Portier weg und bat Marnie, an den Straßenrand zu gehen und ein Taxi herbeizuwinken.

Als die Frauen sich auf ihrem Weg stadtabwärts befanden, begann Yoko nervös über Gott und die Welt zu plappern. Marnie hütete sich, irgendwelche Fragen zu stellen. Nach einer langen Fahrt erreichten sie auf vielen Umwegen Alphabetsville, den grimmigsten Teil der Lower East Side, wo die Straßen durch Buchstaben wie A, B, C gekennzeichnet sind. Sie fuhren an leerstehenden Häusern, verbarrikadierten Läden und verfallenen Gebäuden vorbei, und schließlich hielt der Fahrer vor einem geschmacklosen alten Gebäude, das total verlassen schien. Die Türen und Fenster waren mit Metallplatten vernagelt.

Yoko befahl dem Fahrer zu warten und verschwand aus dem Taxi. Sie trippelte die mit zerschlagenen Flaschen und zerbeulten Bierdosen übersäte Treppe hoch und ging zur Tür. In diesem Moment erschien eine Hand und stieß einen schmalen Spalt zwischen dem Walzblech und dem Türpfosten auf. Yoko drückte sich hinein.

Marnie war sprachlos. Ein solches Gebäude zu betreten war für jedermann mit großer Gefahr verbunden – wieviel mehr also für eine kleine Frau wie Yoko, deren Geldbeutel immer mit Hundertdollarscheinen vollgestopft war. Als der Zähler Minute um Minute weitertickte, nahm Marnies Angst zu. Sie begann gerade zu überlegen, wie sie ihre Freundin retten könnte, als das Walzblech über der Tür sich nach außen beulte und Yoko wie eine Katze herausschlüpfte. Sie sprang wieder ins Taxi und rief: «Ecke 57th Street und Sixth Avenue!» – die Adresse der Zen-Teestube. Dann lehnte sie sich mit einem Seufzer zurück und lächelte Marnie an.

Anfang Dezember flog Yoko nach London, um an einer Apple-Sitzung teilzunehmen. Obwohl John reichlich weggeknallt war, konnte er doch nicht der Versuchung widerstehen, ein bißchen bumsen zu gehen. Sobald Yoko aus dem Haus war, rief er May Pang an. Als sie das erste Mal antwortete, war er so ängstlich, daß er automatisch wieder auflegte. Das nächste Mal fing er ein verlegenes Gespräch an, das damit endete, daß sie einwilligte, sich bei ihrem neuen Arbeitgeber krank zu melden. Als John eine Stunde später in Mays Wohnung ankam, sah er halb tot aus. Es regnete, und er hatte Probleme gehabt, ein Taxi zu finden. Er war dermaßen außer Atem, daß er keuchte. Als er sich hinsetzte, drückte er Mays Hand an sein Herz, das wie verrückt raste. May erkannte, welchen Mut es John gekostet hatte, das Haus zu verlassen. Nach und nach lockte sie ihn aus der Reserve. Als sie ihn fragte, ob er immer noch Aufnahmen machen wollte, antwortete er: «Natürlich! Ich hab nie aufgehört, Musik machen zu wollen.» Gleichzeitig sagte er ihr, daß er Yoko gerne als Manager hätte, und wies darauf hin, daß dies bei Billy Joel auch seine Frau Elizabeth machte. Als May erwiderte, daß Billy Joel sowohl auf der Bühne als auch im Studio sehr aktiv sei, wechselte John das Thema.

John und May verbrachten den ganzen Nachmittag im Bett. Immer wieder spielten sie «Reminiscing» von der Little River Band, ein sentimentales Lied, das John an seine Zeit mit May erinnerte. Schließlich begann er nervös zu werden und erklärte, daß er die Tür zu seinem Zimmer schließen müsse, damit es so aussehe, als sei er immer noch zu Hause. May war traurig, John vor ihren Augen dahinschwinden zu sehen, aber sie brachte ein Lächeln zustande und sagte ihm, wie sehr sie ihn liebe. «Ich liebe dich auch», antwortete er. Dann war er aus der Tür, den Gang hinunter und im Aufzug. May warf ihm zum Abschied eine Kußhand nach. Es war das letzte Mal, daß sie ihn sah.

Als Weihnachten näherrückte, eine Zeit, die John emotional schwer ertrug, wurde die Stimmung im Dakota zusehends schlechter. John Green drängte Yoko, mit John zum Arzt zu gehen; Yoko weigerte sich und behauptete, ein Arzt könnte John möglicherweise einweisen wollen, und dann wäre er nicht in der Lage, all das zu bekommen, woran er zu Hause gewöhnt sei. Yokos eigene Stimmung war so gedrückt, daß Green zu fürchten begann, sie könnte ihre Schlacht mit den anderen Apples verlieren. Folglich mußte sie ebenso dringend wie für John auch etwas für sich selbst tun. Zu Heiligabend verabreichte die Patientin sich selbst eine große Portion ihrer Lieblingsmedizin – Einkaufen. Die Geschichte ihrer Behandlung ist in den Worten von Jack Cohen, dem Starverkäufer der Pelzabteilung von Bergdorf Goodman, gut wiedergegeben:

«Eines verschneiten, eiskalten Heiligabends rief Yoko Ono an und sagte, daß sie und John gern ein paar Pelze in ihrer Wohnung im Dakota anschauen würden. Schneller, als ich's hier erzählen kann, waren ein Sicherheitsmann und ich mit drei Truhen unterwegs – siebenunddreißig Teile insgesamt. Wir stellten die Truhen in die Küche, weil Yoko und John die Sachen dort allein anschauen wollten [es war der einzige Raum mit gutem Licht und einem großen Spiegel]. Wir warteten im Wohnzimmer. Nach einer Ewigkeit kam John herein und sagte, wie nett es von uns gewesen sei, an so einem schrecklichen Nachmittag herüberzukommen, und ob wir nicht ein Glas Wein mit ihnen trinken wollten. Ich war mir sicher, daß das ein höflicher Versuch war, sich dafür zu entschuldigen, daß nichts gekauft wurde. Aber als wir in die Küche kamen, sagte John: ‹Wir kaufen.› – ‹Welchen?› fragte ich und hoffte, daß es wenigstens ein teures Stück wäre. ‹Alle›, sagte John, ‹die ganze Kollektion.› Das war ein Verkauf für fast 300 000 Dollar.»

Die Lennons setzten ihre Kur im März 1979 fort, indem sie ein riesiges Herrenhaus am Strand von Palm Beach bezogen. Als Julian während der Osterferien zu ihnen kam, ergriff John die Gelegenheit, um mit dem Jungen einen neuen Anfang zu machen. Dem zwölfjährigen Julian hatte John einen Joint angeboten. Jetzt begann er damit, Julian Gitarrenunterricht zu geben, und nach dem Essen spielten Vater und Sohn gemeinsam. John war sich klar darüber, wie sehr er Julian in der Vergangenheit vernachlässigt hatte, und fühlte sich schuldig, weil er teure Geschenke als Ersatz für wirkliche Liebe gegeben hatte. Er wollte das jetzt umkehren, aber als er seine Vorstellungen zu erklären begann, vermasselte er die Sache so arg, daß er den Jungen lediglich verängstigte. Qualvoll stammelnd versuchte Julian zu erklären, wie schwer es sei, der Sohn eines Superstars zu sein. Obwohl er und seine Mutter nur wenig besaßen, beharrten seine Mitschüler darauf, daß Julian in Geld schwamm. Die einzige Möglichkeit, die brutalen Jungen zu beschwichtigen, bestand darin, die Sachen mit ihnen zu teilen, die sein Vater schickte. Falls John Julian keine teuren Geschenke mehr gäbe, säße er schwer in der Tinte. Außerdem habe er John auch ein Geschenk mitgebracht. Oder war all dieses Gerede über Geschenke bloß so ein Spiel von John?

John reagierte auf Julians zaghafte kleine Rede, als habe man ihm ins Gesicht geschlagen, und sprang einen halben Meter zurück. Statt mit seinem Sohn zu reden und sich verständlich zu machen, warf Lennon die Hände hoch und rief aus, er habe einen schrecklichen Fehler gemacht. Alles solle wieder so sein wie zuvor. Julian würde weiterhin seine Geschenke kriegen – und was soll's!

Während John sorgenvoll über die Qualen der Elternschaft nachdachte, zermarterte sich Yoko den Kopf über die neueste finanzielle Katastrophe der Lennons. Sie hatte mit einer hohen Dividende von Apple zum Jahresende gerechnet, deshalb hatte sie ihr Budget mit Geld ausgeglichen, das sie noch gar nicht besaß. Der raffinierte Lee

Eastman hatte aus ihren fortwährenden Forderungen nach einem großen Stück vom Kuchen gefolgert, daß sie finanziell in der Klemme saß. Er überredete die anderen Apples dazu, die Ausschüttung einer Dividende in diesem Jahr zu verweigern, um Yoko auszuhungern und dazu zu zwingen, Konzessionen zu machen, von denen die Partner profitieren würden. Sie saß in der Falle und geriet in Panik. In New York schellten die Alarmglocken. Ein Team von Finanzberatern flog nach Florida hinunter, um sich um den Notfall zu kümmern.

Nachdem sie die Angelegenheiten der Lennons durchgegangen waren, konnten die Berater keine wirkliche Lösung anbieten. Sie sagten Yoko, daß sie zu irgendeiner Bank gehen sollte, die ihr Kredit geben würde, und Geld zu jedem verlangten Zinssatz leihen sollte. Dieser Urteilsspruch versetzte Yoko erneut in Schrecken, denn wenn sie ihn John enthüllen würde, so würde er möglicherweise explodieren und sie all ihrer so wichtigen Vollmachten entkleiden.

Yoko hätte sich keine Sorgen zu machen brauchen. John Lennon hatte nicht vor, ihr Management seiner Angelegenheiten in Frage zu stellen. John hatte einen Mythos um Yokos Geschäftsfähigkeit errichtet. Dieser Mythos war wichtig für seinen Lebensstil, denn er ermöglichte es ihm, jegliche geschäftliche Verantwortung abzuschütteln. Wenn er damit begonnen hätte, diese Phantasie kritisch zu überprüfen, so wäre sie innerhalb einer Minute in sich zusammengefallen. Doch wo würde sich John Lennon dann wiederfinden? Zurück bei den Herren in den dunklen Anzügen!

Deshalb ist es nicht verwunderlich, daß Lennon selbst in diesem kritischen Moment, als er in Gefahr stand, sein Anlagevermögen zu verlieren, nicht bereit war, die geringste Notiz von dem zu nehmen, was um ihn herum vorging. Während Yoko wie wildgeworden herumhetzte und einer Konfrontation aus dem Wege zu gehen versuchte, verkroch er sich in sein Zimmer, rauchte seine Thai-Sticks, trank Wein und schnupfte Koks und Heroin.

In diesem grimmigen Winter lag John Woche um Woche in seiner Krippe und ergab sich dem Zauber seiner Muttermilch. Einen Großteil der Zeit schlief er. Viele Stunden verbrachte er in glückseliger Bewußtlosigkeit oder mit Tagträumen. John war so erschöpft, daß er nicht einmal den Kopf heben konnte, um fernzusehen; statt dessen trug er eine Trickbrille mit Prismalinsen, die es ihm ermöglichte, flach auf dem Rücken liegend zuzuschauen. In dieser Totenstarre verbrachte John den Winter.

Wenn Lennon bei klarem Bewußtsein war, las er viel, besonders über Magie und das Übernatürliche. Insbesondere war er von charismatischen religiösen Reliquien fasziniert, etwa vom Halstuch von St. Guadalupe oder vom Turiner Grabtuch. Noch bezeichnender für Lennons Bewußtseinszustand war seine Manie für alte Hochkulturen, für die Ägypter, Kelten und Wikinger – allesamt Völker, von denen er glaubte, daß sie unschätzbares Wissen besessen hätten, das dem modernen Menschen abhanden gekommen sei. Die Wikinger faszinierten ihn besonders, weil sie die ersten großen Piraten Europas waren, und John wurde nach wie vor von allem angezogen, was nach Meer und Seefahrerabenteuer roch. Tatsächlich waren seine beiden größten Bücherhelden Männer der See: Thor Heyerdahl und Sir Francis Chichester.

Die triumphale Reise der jungen, bärtigen, halbnackten Männer auf dem Floß *Kon Tiki* mußte die Siegesglocken in Lennons Bewußtsein zum Läuten gebracht haben, denn sie bestätigte viele seiner hochgehaltenen Überzeugungen: sein Vertrauen in die Macht alter Kulturen, seine Mißachtung für herkömmliche Meinungen und besonders seine tiefe und auf eigener Erfahrung beruhende Gewißheit, daß eine Handvoll junger Männer, die von einer Idee besessen waren, Wunder vollbringen konnten.

Bei Chichester, dem großen Einhandsegler, lag der Fall anders. Er verkörperte in hohem Maße genau jene Tugenden, an denen es John mangelte: Selbstverantwortung und Selbstgenügsamkeit. Als einziger Mann an Deck abwechselnd Meister und Geselle, Navigator und Funker, Mechaniker und Putzjunge, Smutje und Steward stellte Sir Francis alles dar, was Lennon niemals sein konnte. Vor allem aber war Chichester ein Mann von überragendem Mut, und er war ein kühner Langstreckenflieger gewesen, bevor er Großbritanniens letzter großer Segler wurde. Als ein Zeichen für Johns phantasievolle Identifikation mit Chichester darf auch gelten, daß er sich von ihm jenen Titel borgte, mit dem er sich in seinen letzten Interviews schmückte: «Hausmann».

Das Buch, das John zu jener Zeit am meisten bedeutete, war Jean Liedloffs *The Continuum Concept.* Als Frau, die in ihrer Jugend sehr unter einer schlechten Beziehung zu ihrer Mutter gelitten hatte, war Jean Liedloff tief beeindruckt davon, wie die Indianerinnen Venezuelas ihre Kinder am Körper festgebunden bei sich trugen und überallhin mitnahmen. Sie dachte über die Auswirkung dieses Verhaltens nach und kam auf eine ungewöhnliche Idee.

Was Kinder nach der Geburt am meisten brauchen, argumentierte sie, ist ein sanfter und sicherer Übergang vom Mutterschoß in die vollkommen andersartige Atmosphäre der äußeren Welt. Ständiger körperlicher Kontakt mit der Mutter erleichtert diesen Übergang, wodurch es den Kindern ermöglicht wird, ihre ersten Schritte ins Leben vertrauensvoll zu unternehmen. Die körperliche Trennung von der Mutter gleich nach der Geburt hingegen zerstört das Kontinuum und untergräbt die Selbstsicherheit des Kindes gerade dann, wenn es seine ersten Vorstellungen von der Realität formt, auf welchen sich dann sein gesamtes Leben aufbauen muß.

Lennon begeisterte diese Argumentation, die seinen Zustand ähnlich radikal ansprach wie Jahre zuvor Arthur Janovs *Der Urschrei.* Ein Exkurs gegen Ende des Buches, der sich mit dem anscheinend in keinem Zusammenhang stehenden Thema «Heroinsucht» befaßte, traf John noch mehr. Darin dachte Jean Liedloff über das zwiespältige Wort «fixen» nach und arbeitete einen Aspekt des Begriffes heraus, die Idee der «Fixierung» oder Stabilität. In einer Passage, die Lennons Brille zum Wackeln gebracht haben mußte, schrieb sie:

> Psychiater, die ausgedehnte Studien über Süchtige gemacht haben, sagen, daß die meisten von ihnen extrem narzißtisch sind und daß ihre intensive Beschäftigung mit Heroin ein äußerer Ausdruck für eine tiefgründigere Beschäftigung mit sich selbst ist... Das vorherrschende emotionale Kennzeichen des Süchtigen ist angeblich sein starkes Bedürfnis, die Verantwortlichkeit für sein eigenes Leben abzutreten... Es scheint, daß das Gefühl, welches Heroin vermittelt, auf irgendeine sehr grundsätzliche Weise dem Gefühl gleicht, welches der im Arm gehaltene Säugling empfindet. Die lange, richtungslose Suche nach einem vagen Etwas ist zu Ende, sobald derjenige Heroin nimmt und so das verlorene Ge-

> fühl wiedererfährt... Die Persönlichkeit des Süchtigen, die um die Droge zentriert ist, wirft jeglichen Anschein der Reife ab, den sie zuvor zu erlangen imstande war, und richtet sich auf der infantilen Stufe ein, auf der das Kontinuum unterbrochen worden war.

Ihre Worte trafen Lennon als bittere Wahrheit. Trotzdem zeigten sie einen positiven Ausweg. Junkies, die bis zu einem gewissen Alter überlebt haben, geben normalerweise spontan die Droge auf, behauptete Jean Liedloff, da sie ihren verzweifelten Hunger nach der mütterlichen Umarmung gestillt haben.

DIE GOLDENE DAME

Im Januar 1979 brach Sam Green zum verrücktesten Abenteuer seiner Laufbahn auf. Sein Ziel war Ägypten. Er sollte eine Bande von Grabräubern und ihren geheimen Grabungsort in der Wüste ausfindig machen. Sam wollte die Diebe unbedingt finden, denn es bot ihm die bislang größte Chance in dem Schwindel, den er zusammen mit John Green durchführte, seit die Lennons den Renoir gekauft hatten.

Schon als Sam und John Green ihre erste Überweisung aus der Schweiz bekommen hatten, war ihnen aufgegangen, daß es eine bessere Methode gab, als den Lennons europäische Meister zu verkaufen. Alle berühmten Maler haben einen leicht feststellbaren Marktwert. Wenn man den entsprechenden Preis verdoppelt, muß über kurz oder lang jemand kommen und dem Kunden sagen, daß er hereingelegt worden ist. So hatte Yoko bei den Verhandlungen über den Renoir den früheren Direktor des Metropolitan Museum of Art, Thomas Hoving, angerufen, und dieser hatte gesagt, der geforderte Preis sei viel zu hoch. Wer würde unter solchen Voraussetzungen weiterhin kaufen? Die Greens hatten sich die Köpfe darüber zerbrochen, wie sie ihr lukratives Kunstgeschäft am besten fortsetzen konnten. Eines Tages hatte Sam Green in der geheimnisvollen sandigen Weite Ägyptens die Antwort gefunden – und vor Freude fast einen Schlaganfall bekommen.

Sam war 1969, nach der Lektüre von Peter Tompkins Bestseller *Cheops*, von einer Leidenschaft für alles Ägyptische ergriffen worden. In Kairo eingetroffen, hatte er tagelang die großartigen Steinreliefs bewundert. Seitdem kehrte er regelmäßig an den Nil zurück.

Dabei legte er sich natürlich eine ganze Menge Wissen über das Land zu. Eine seiner interessantesten Entdeckungen war, daß die katalogisierten Preise für ägyptische Kunstwerke total überholt waren, weil die exotischen Objekte so selten gehandelt wurden. Ein Gegenstand, der 1918 das letzte Mal den Besitzer gewechselt hatte, konnte heute leicht zehnmal soviel wert sein wie damals, aber kein Mensch schien sich dessen bewußt zu sein. Infolgedessen konnte jemand, der mit ägyptischer Kunst handelte, jeden Preis verlangen.

Der große Nachteil war, daß nur sehr wenige ägyptische Kunstwerke auf den Markt kamen und 90 Prozent der Dinge, die angeboten wurden, gefälscht waren. Das Problem ließ sich lösen, indem man bei einem seriösen Kenner kaufte, beispielsweise bei Lucien Viola, dem Besitzer der L'Ibis Gallery in der East 67th Street. Aber damit waren die Schwierigkeiten nicht zu Ende – denn die echten Stücke waren oft alles andere als schön. Sie gehörten eher in Museumssäle als in eine Luxuswohnung in Manhattan. Dann hatte Sam wieder eine fabelhafte Idee.

Warum sollte man Yoko nicht weismachen, daß die ehrwürdigen, in Gräbern und Tempeln geborgenen Relikte *magische* Eigenschaften besäßen? Die Lennons hatten bereits Pyramiden in ihrer Behausung. Sie stellten Pflanzen darunter, wie den Geldbusch, oder sie benutzten sie zum Meditieren. Sie glaubten also schon an «Pyramidenpower». Jetzt brauchte man nur noch einige seltsame Stücke aufzutreiben, denen Yoko verborgene Kräfte abnehmen würde, zum Beispiel eine Mumie, einen Sarkophag, eine alte Gottheit oder etwas Ähnliches. Yoko würde sofort jeden Preis dafür zahlen. Magie würde sie weit mehr reizen als Steuernachlässe. Magie war das neue Zauberwort.

Das Ägyptenfieber begann mit dem Kauf einer spottbilligen – etwa 12000 Dollar – Alabasterbüste einer Frau ganz bescheiden. Die Lennons stellten sie auf den Kaminsims des weißen Zimmers und liebten sie! Als nächstes erwarben sie ein paar Ausgrabungsstücke, ein Boot mit Ruderern und einen hübschen kleinen Pavillon. Dann wurden sie anspruchsvoller und kauften ein neunzig Zentimeter hohes Basaltstandbild eines Schreibers mit Hieroglyphen auf dem Rücken. Zuletzt gingen sie aufs Ganze und entschlossen sich zu einem wahren Museumsstück.

Sekhmet, eine löwenköpfige, thronende Göttin, war fast zwei Meter hoch und zwei Tonnen schwer. Sie lag achtzig Jahre lang in einem Lagerhaus in der Schweiz, bis Yoko sie über den Atlantik transportieren ließ. Sam schlug vor, sie für 300000 Dollar zu kaufen und der Fairmont Park Art Association in Philadelphia unter der Bedingung zu schenken, daß sie offiziell auf eine Million geschätzt würde, die man dann, wenn sie als Schenkung deklariert war, steuerlich geltend machen könnte. Yoko wollte nichts davon hören, das Standbild weiterzugeben, obgleich es keineswegs einzigartig war (es gibt etwa 730 Sekhmets) und starke Beschädigungen aufwies – ein großer Teil der Nase war abgebrochen, und die Ohren und die Kopfscheibe fehlten. Yoko fand die Idee einer Zweitonnenfrau mit Löwenkopf unwiderstehlich. Aber die Statue wurde nie aus ihrer Kiste gepackt. Sie landete im Morgan Manhattan Warehouse und blieb dort bis 1986, um dann bei Sotheby's in New York für 742500 Dollar versteigert zu werden. Yoko brauchte Sekhmet gar nicht zu sehen. Der Reiz lag im Kauf, der Besitzerstolz genügte ihr.

Mit der Goldenen Dame war das anders. Der mit Blattgold belegte und mit Halbedelsteinen besetzte Sarkophag der 26. Dynastie (664–525 v. Chr.) enthielt unter intaktem Siegel die Mumie einer Frau. Die Hieroglypheninschrift identifizierte die Tote lediglich als eine Dame «aus dem Osten». Sobald Yoko das gehört hatte, war sie überzeugt, daß die geheimnisvolle Frau niemand anders war als sie selbst in einer früheren Inkarnation.

Sie ließ John Green umgehend die Karten über die Mumie befragen. Er stellte fest, daß sie den Kauf des für eine dreiviertel Million Dollar angebotenen Objekts empfahlen. Er konnte allerdings nicht bestätigen, daß die Frau «aus dem Osten» wirklich Yoko Ono in ihrer Inkarnation als Pharaonin oder Pharaonentochter war. Nichtsdestoweniger wurden sofort Verkaufsverhandlungen in die Wege geleitet, und Yoko erklärte Sam Green, dieses unschätzbare Relikt in ihren Besitz zu bringen, sei viel wichtiger, als Geld zu sparen.

Die Probleme waren mit dem vollzogenen Kauf jedoch nicht zu Ende. Erstens gibt es in den USA ein Gesetz, das die Einfuhr eines Leichnams ohne die entsprechenden Dokumente des Einbalsamierers verbietet. Außerdem ist es gegen die Zollvorschriften – und erregt berechtigterweise Verdacht –, mit einer großen Kiste einzureisen, die nicht zur Prüfung des Inhalts geöffnet werden kann. Die Goldene Dame stellte Sam Green, der sich so gut mit bürokratischen Kniffen auskannte, auf eine harte Probe. Er verbrachte Tage damit, verschiedene Beamte anzurufen und seine Beziehungen spielen zu lassen. Schließlich waren alle Hindernisse aus dem Weg geräumt. Die magische Mumie konnte aus dem Banksafe geholt werden, in dem sie unter Zollverschluß gelegen hatte, und wurde ins Pyramidenzimmer von Apartment 72 im Dakota gebracht.

Die Männer vom Kunsttransport kamen am 29. Januar 1978 gegen ein Uhr mittags mit ihrer kostbaren Last in die Wohnung. Sie stellten die Kiste mit dem Sarkophag auf zwei Böcke. Dann wurde die Kiste aufgestemmt, und man befreite das Behältnis von der Schutzhülle. Yoko war entsetzt über das Gesicht, das auf das Kopfende des golden schimmernden Behältnisses geschnitzt war. Die geheimnisvolle Frau aus dem Osten war ein häßliches kleines Geschöpf ohne jede Ähnlichkeit mit Yoko Ono!

Als John Green einige Tage später zur wöchentlichen Konsultation ins Dakota kam, fand er Yoko in aufgelöstem Zustand vor. Sie befahl ihm, den Sarkophag zu betrachten. «Hast du was Bestimmtes im Auge?» fragte er milde.

«Ja, das Gesicht! Sieh dir das Gesicht an. Wenn die Frau darin so ausgesehen hat, kann sie nicht ich gewesen sein.»

«Warum nicht?» fragte Green, den Begriffsstutzigen spielend.

«Weil sie nicht japanisch aussieht!»

«Kein Mensch hat je behauptet, daß sie eine Japanerin war», antwortete Green gelassen. «Sie war ‹aus dem Osten›, und sie sieht ganz so aus, als ob sie aus Persien stammte.»

Yoko war außer sich vor Zorn. «Du behauptest also, daß meine Annahme falsch ist, sie sei eine meiner früheren Inkarnationen gewesen, und das scheint dich sogar zu amüsieren», zischte sie. «Ich habe einen Haufen Geld für das Ding ausgegeben, weil ich die Kraft haben wollte, die es angeblich ausstrahlt. Ich fürchte, ich habe das Geld umsonst ausgegeben.»

Green hatte eine Antwort parat. «Zum Glück ist es in Dollar mehr wert, als du dafür bezahlt hast», sagte er, «selbst wenn es für *dich* nichts mehr wert ist.»

Yoko ließ sich von diesem Argument nicht besänftigen. Sie lief um den Sarkophag herum und musterte ihn verächtlich.

«Wenn dir das Objekt nicht gefällt, können wir es ja verkaufen», schlug Green vor.

«Nein, das ist keine Lösung», fuhr Yoko ihn an. «Ich habe John gesagt, daß ich es haben muß, weil ich darin bin, und jetzt sitze ich damit fest!»

Eine ägyptische Herrscherin gewesen zu sein, war nur eine von Yokos Phantasien. Sie und John erfreuten sich auch an der Vorstellung, daß sie Reinkarnationen von Napoleon und Joséphine seien. Sie interpretierten die Geschichte des berühmten Liebespaars folgendermaßen: Joséphine, acht Jahre älter als Napoleon, war eine Hexe von einer Insel, die dem General die Macht gab, die ihn auf den Thron brachte. Ihr großer Ehrgeiz war es, ihn zu einer Invasion Ägyptens zu bewegen, damit sie die höchsten übernatürlichen Kräfte erringen konnte, die in den Gräbern und Tempeln am Nil verschlossen waren. Napoleon verbrachte eine Nacht in der Cheopspyramide und verließ sie morgens als anderer Mensch. Es stand fest, daß John in die Fußstapfen des Kaisers treten und die gleiche Erleuchtung finden mußte. Wenn Yoko solche Geschichten erzählte, betete John sie an. Einmal zeigte er in Sams Anwesenheit auf sie und platzte heraus: «Guck dir diese Frau an! Ist sie nicht außergewöhnlich? Als ich klein war, hatte ich einen Traum. Ich wollte eine ausländische Prinzessin heiraten. Ich dachte, es würde eine Inderin sein. Aber ich hab etwas bekommen, das genauso außergewöhnlich wirkt! In ihrem Land ist sie eine Prinzessin.»

Die Notwendigkeit, die ägyptische Geldquelle weiter sprudeln zu lassen, führte zuletzt dazu, daß Sam Green auf einen Mann hereinfiel, der ein noch größerer Hai war als er selbst. Es begann an dem Tag, als er sich mit einem Händler aus Boston unterhielt und dieser ihm erzählte, die beste Ware könne ein Ägypter besorgen, der einen versunkenen Tempel entdeckt habe und Geld brauche, um ihn auszugraben. Sam vereinbarte einen Termin mit dem Ägypter und hörte sich seine Vorschläge an. Der Mann sagte, er brauche nur 46000 Dollar, um mit den Grabungsarbeiten zu beginnen. Es gab natürlich Probleme. Das größte bestand darin, das Unternehmen vor den ägyptischen Behörden zu verbergen, die die archäologischen Stätten des Landes von Flugzeugen aus überwachen ließen.

Sam Green erzählte John Green die Geschichte, und dieser gewitzte Junge vom Land wartete mit zwei Lösungen für das Überwachungsproblem auf. Die eine lautete, einfach eine Hühnerfarm in der Wüste einzurichten, im Schutz der Ställe zu arbeiten und die ausgehobene Erde als Hühnerdreck zu deklarieren. Die andere, einleuchtendere, sah vor, eine Fabrik zur Herstellung von Verbandmull aus ägyptischer Baumwolle zu gründen – dann könnte man die Grabungsstätten mit langen weißen Tuchbahnen zudecken und diese als Verbandmaterial ausgeben, das in der Sonne trocknen müsse.

Nachdem dieses Problem gelöst war, ging Sam Green mit dem Plan zu Yoko, die sofort einen Scheck ausstellte. Der Ägypter nahm das Geld, lieferte dafür aber nichts als Versprechungen. Als er dann in einer anderen Stadt eine Galerie eröffnete und ägyptische Objekte zu verkaufen begann, wurde Sam klar, daß er sie hereingelegt hatte. Er gab die Hoffnung jedoch nicht auf. Er beschloß, nach Ägypten zu reisen und die illegale Grabungsstätte ausfindig zu machen. Zu Yoko, sagte er nur, er wolle zur Ausgrabung.

Am 19. Januar 1979 flog Sam zunächst nach London, wo er Station machte, um mit Freunden zu feiern. Als er gerade angefangen hatte, sich mit der Schickeria zu amüsieren, bekam er einen Notruf von Yoko. Sie erzählte ihm, Charlie Swan habe beim Kartenlegen festgestellt, die einzige Lösung des Ägyptenproblems bestehe darin, daß sie, Yoko, *selbst* zu den geheimen Grabungen fahre. (Wahrscheinlich wollte sie nach Ägypten reisen und schob es dann auf die Karten.)

Als ob diese überraschende Mitteilung nicht genügte, erklärte sie anschließend, daß sie die Absicht habe, Lennon mitzunehmen! Nachdem sie einigen Unsinn von sich gegeben hatte, demzufolge ihre Konstellationen endlich einmal übereinstimmten, befahl sie Sam, in Kairo eine entsprechende Residenz für das königliche Paar zu suchen und die notwendigen Vorbereitungen für eine Expedition in die Wüste zu treffen.

Sam legte auf und wußte, daß seine einzige Hoffnung darin bestand, die Dinge zu verzögern und diese fatale Reise irgendwie zu verhindern. Er rief das New Yorker Reisebüro der Lennons an und bat die zuständige Dame flehentlich, zu behaupten, daß alle in Frage kommenden Flüge nach Ägypten ausgebucht seien. Sie befragte ihren Computer und antwortete, John und Yoko hätten bereits gebucht und würden bald in Kairo eintreffen.

Als Green in die riesige Stadt am Nil kam, stellte er fest, daß die Touristensaison auf dem Höhepunkt war. Er mußte dem Rezeptionisten des Hilton ein hohes Schmiergeld zahlen, um eine passende Suite reservieren zu können. Zum Glück hatte er schon von New York aus ein Zimmer für sich gebucht. Nun mußte er Yoko hinhalten und gleichzeitig Leute schmieren, die wußten, wo illegale Grabungen vorgenommen wurden. Doch sobald er Yoko in der Ankunftshalle erblickte, wußte er, daß er in der Tinte saß.

Yoko barst vor Energie und verkündete, daß sie ihn zur Ausgrabungsstätte begleiten würde. Er entgegnete, ihre Anwesenheit würde soviel Aufsehen erregen, daß der ganze Plan auffliegen würde. Er wolle verkleidet reisen, erklärte er, und sich mit wallenden Gewändern und Burnus als Beduine ausstaffieren. «Wenn du das kannst, kann ich es auch!» entgegnete Yoko, die der Gedanke an eine Maskerade begeisterte. Sie sah sich als orientalische Prinzessin kostümiert, während John ihren Leibwächter spielen würde.

Nun beschwor Sam eine ganze Reihe von Hindernissen herauf. Er sagte, da er gezwungen gewesen sei, überstürzt nach Kairo zu fliegen, um sie abzuholen, habe er seinen ursprünglichen Terminplan über den Haufen geworfen und seinen Kontaktmann – der nach New York geflogen sei, um ihn dort zu treffen – verpaßt. Doch so schnell er eine Lüge auftischte, so schnell wußte sie eine Antwort. Zuletzt verlor der arme Sam den Faden. «Es ist verdammt schwer, so viele Geschichten zu behalten!» jammerte er später. Offensichtlich konnte nur noch John Green weiterhelfen. Wenn Sam seinen Partner in New York erreichen konnte, gab es vielleicht einen Weg, Yokos Druck mit Hilfe des Kartenorakels zu lindern. Aber nun wurde er mit dem ägyptischen Telefonnetz konfrontiert, das unter den Belastungen der Hauptsaison zusammengebrochen war.

Um Zeit zu schinden, beschloß Sam, die Lennons zu einer Besichtigung der berühmten Stufenpyramiden des Djoser zu überreden. Sie kamen bei Sonnenuntergang an und bestachen einen Führer, ihnen die bedeutende Ruinenstätte nach der offiziellen Schließungszeit zu zeigen. Es war ein erhabener Anblick. «Wir waren aufgeregt wie kleine Kinder», erinnerte sich Sam. «John sagte immer wieder: ‹Das ist ein magischer Ort, eine magische Zeit. Ich bin schon mal hier gewesen!›» Auf dem in einem der Gräber gemachten Foto von der Gruppe scheint jedes einzelne Gesicht eine gespenstische Aura zu haben. John fühlte sich inspiriert, sich wie in seiner Halbstarkenzeit zu benehmen, und brach einer Mumie einen Zahn heraus und steckte ihn in die Tasche. Wieder im Hotel, quälte ihn der Gedanke, etwas gestohlen zu haben, was vielleicht mit einem Fluch belegt war. Auf schnellstem Weg trennte er sich von dem Zahn.

Yoko wurde der Gräber nicht müde. Sam staunte über ihre Ausdauer. «Sie hat die Energie einer Fledermaus!» rief er. «Sie kann die ganze Nacht herumschwirren. Sie ist eine Getriebene!» Nachts wartete sie, bis John eingenickt war, und stahl sich dann in Sams Zimmer, um ihn weiter zu bearbeiten. Je mehr er sie hinhielt, desto mehr ließ sie sich einfallen, um seinen Widerstand zu überwinden. Sobald er Märchen über die schwierige Lage erzählte, konterte sie mit Märchen über eine Lösung aller Probleme. Sie behauptete, sie bekomme von ihren fernen Medien per Gedankenübertragung genaue Anweisungen, und sagte einmal sogar, sie sei von einem jener Wesen in Besitz genommen worden. «Sam!» rief sie aus. «Ich bin gar nicht diejenige, die redet! Es ist das *Übernatürliche*! Und das Übernatürliche hat schon immer recht gehabt. *So* werden wir es machen.» Dann erklärte sie den Plan: Sie würden die Posten eines militärischen Sperrbezirks bestechen und dann, geleitet von ihrer inneren Stimme, in die Wüste vorstoßen.

Sam schlich sich immer wieder aus dem Hotel, um den Chef der Geheimpolizei zu treffen, der den Ort der illegalen Grabung seiner Ansicht nach kennen mußte. Oder er bearbeitete die Angestellten der Telefonzentrale im Untergeschoß des Hotels, um eine Leitung nach New York zu bekommen, und flehte sein lokales Reisebüro an, Flüge in die Vereinigten Staaten zu besorgen. In der Telefonzentrale lief er oft Yoko in die Arme.

Sie hatte mit ihren Überseegesprächen nicht mehr Glück als er. Wieviel Schmiergeld sie auch zahlte, wie sehr sie auch drohte und schmeichelte, sie konnte nicht mit Charlie Swan kommunizieren. Das Frustrierendste bei ihren beiderseitigen Bemühungen waren die pausenlosen Vorbereitungen für den Besuch des amerikanischen Außenministers Cyrus Vance, der mit zahlreichem Gefolge im Hilton erwartet wurde. Vance sollte ebendie Suite bekommen, in der John und Yoko untergebracht waren. Sam war klar, daß er den beiden dann sein Zimmer geben und selbst in der Abseite schlafen mußte. Er hörte bereits, wie John ihn damit aufzog. Der Gauner hatte sich in eine Zwickmühle gebracht, die ausweglos zu sein schien.

Yokos schwierigste Aufgabe war, dafür zu sorgen, daß John nicht durchdrehte. Sie delegierte sie häufig an Sam, der dann stundenlang auf einer roten Samtbank in dem mit geschmacklosem Pomp dekorierten Hotelrestaurant saß und auf den apathischen Lennon einredete. «Die kleine Frau hat alles geplant», versicherte John dem wütenden Green. «Es hat keinen Sinn, sich dagegen zu sträuben. Ich habe es versucht, aber es klappt nicht – glaub mir! Und sie hat meistens recht. Deshalb sitze ich einfach da und warte darauf, was das Orakel als nächstes sagt.» Das war Lennons grundsätzliche Haltung. Er konnte sie auf bestimmte Augenblicke in der Gegenwart anwenden oder auf sein ganzes Leben ausdehnen. «Die nächsten vier Jahre kann ich nichts tun», sagte er eines Nachmittags zu Sam. «Yoko sagt, alles, was ich bis 1982 tue, ist von vornherein zum Scheitern verurteilt. In dem Jahr werde ich nach den Zahlen wieder die Welt erobern. Wenn ich vorher etwas versuche, falle ich auf die Schnauze.»

Als Sam Green versuchte, die Gründe zu erfahren, die John zu dieser seltsamen Selbstbeschränkung veranlaßt hatten, staunte er darüber, wie wenig Lennon von den okkulten Dingen verstand, die sein Leben bestimmten. «Soweit ich weiß», erklärte Lennon widerstrebend, «ist eins und neun gleich zehn. Acht und zwei ist zehn. Eine Zehn heißt eine Eins, und eine Eins ist immer der beste Anfang. Kannst du mir folgen? Yoko und ich werden also 1982 beide eins sein, und das ist der beste Ausgangspunkt dafür, wieder an die alte Karriere anzuknüpfen. Bis dahin bleibe ich einfach im Hintergrund, dämmere durch den Tag, sehe fern und lasse den geschäftlichen Kram von ihr machen.»

John und Sam saßen tagelang in ihrer Restaurantnische, und John trank ungezählte Tassen Kaffee, während Sam Cocktails schlürfte. Yoko bewachte derweil in ihrem Zimmer das Telefon, saß stundenlang mit dem toten Instrument auf dem Schoß da und versengte mit ihren Zigaretten die gesplitteten Haarspitzen. Sam versuchte immer wieder, John abzulenken, indem er vorschlug, ihm die Stadt zu zeigen. Er schilderte, wie angenehm oder interessant es sei, bei den Pyramiden zu reiten, durch die alte Nekropole zu spazieren oder das Nationalmuseum zu besuchen, das genau gegenüber vom Hotel lag. Lennon lehnte alles ab, was mit der geringsten körperlichen Anstrengung verbunden war. Er war ein Gefangener seiner eigenen Apathie. Er war der geborene Gefangene. Er hatte die Angewohnheit, seine Handgelenke mit irgend etwas zusammenzubinden, das gerade in der Nähe war, einem Bindfaden, einem Gummiband oder einem Bademantelgürtel. Und er trug eine Anstecknadel, auf der ein in einem Spinnennetz gefangener Schmetterling zu sehen war.

Das einzige, was er tat, war Reden, das heißt, Monologe halten, über ein Thema nach dem anderen, und dabei kam er oft auf die Jahre mit den Beatles zurück. Eines Tages schwelgte er in Erinnerungen an Brian Epstein. Er räumte ein, daß er Epstein «mehr geliebt hatte, als er eine Frau lieben konnte». Er betonte jedoch, daß er niemals etwas Sexuelles mit ihm gehabt habe. Er gab zu, daß er kurz davor gewesen sei, es auszuprobieren, aber er habe es einfach nicht über sich bringen können – und es nicht getan. Sam, den John als schwul ansah, gewann den Eindruck, daß John unbedingt klarstellen wollte, keine Tunte zu sein.

Sam Green wurde schließlich von Thomas Hoving gerettet, der unversehens auf der Bildfläche erschien. Der barsoigesichtige Hoving heftete sich an Johns und Yokos Fersen. Sie wurden dadurch äußerst beunruhigt, weil sie sich auf einer geheimen und gefährlichen Mission wähnten. Sam Green sah blitzartig, wie er die zufällige Begegnung zu seinem Vorteil wenden könnte. Als er endlich John Green in New York erreichte, brüllte er: «Um Himmels willen, finde etwas in den Karten, das sie sofort zurückholt!»

John Green rief Yoko an und las dabei aus den Karten und identifizierte ein gefährliches Wesen in ihrer unmittelbaren Nähe. «Es ist jemand bei euch, der euren Plan durchkreuzen und eure Absichten vereiteln wird», intonierte er, als sei es die Stimme der Karten.

«Tom Hoving!» keuchte Yoko.

Green begann sofort, für Hoving aus den Karten zu lesen. Ja, jetzt war es ganz klar. Hoving handelte im Auftrag der ägyptischen Regierung. Er würde ihre Pläne aufdecken und sie bei der einheimischen Polizei denunzieren. Sie schwebten in großer Gefahr. Sie mußten fliehen – augenblicklich!

Die Heimsuchung war vorüber – das heißt, nicht ganz. Nachdem sie am 18. Februar in Rom gelandet waren, mußten John, Yoko und Sam drei Stunden auf einen Pan Am-Jumbo warten. Sie saßen in der Ersten Klasse, und es gab einen Film – ausgerechnet *Sgt. Pepper's Lonely Hearts Club Band*. Für John und Yoko war es eine Qual, ihn zu sehen. Dann schickten alle Passagiere aus der Touristenklasse Bitten um Autogramme hoch, was für eine Zumutung! Beim Anflug auf New York gerieten sie in einen schweren Schneesturm und mußten stundenlang Warteschleifen fliegen. Zuletzt gingen das Essen und die Spirituosen aus. Um die Passagiere abzulenken, wurde der Film *noch mal* gezeigt. Endlich landeten sie – in Boston. Dort warteten sie mehrere Stunden auf eine Maschine nach New York. Sie trafen mit achtzehnstündiger Verspätung auf dem Kennedy Airport ein.

Mit ihren sechzehn Gepäckstücken paßten sie in kein Taxi. Sam Green raffte seine letzte Energie zusammen und trieb eine Limousine auf. Sobald die Lennons sich vergewissert hatten, daß ihr ganzes Gepäck verstaut war, knallten sie von innen die Tür zu und ließen den armen Sam am Bordstein stehen.

GEWOHNHEITSTIER

Als John und Yoko von ihrem dritten alljährlichen Urlaub in Japan zurückkamen,* schlossen sie einen Pakt, um vom Heroin loszukommen. Yoko diskutierte ihr Drogenproblem mit John Green. Dieser bot keine magische Lösung, sondern warnte, das H werde von einem bösen Geist beherrscht. Die einzige Lösung, erklärte er nachdrücklich, bestehe darin, den Stoff auf der Stelle aufzugeben. Er sprach so überzeugend, daß sie ihren Vorrat tatsächlich ein paarmal im WC hinunterspülte. Anschließend klagte sie aber darüber, daß dieses Opfer zu teuer und zu schmerzlich sei.

* Diese Reise dauerte nur gut einen Monat, vom 23. Juli bis zum 28. August 1979. Hideo Nagura, der halbwüchsige Sohn von Yokos Cousin und langjährigem Freund Reiko, erlebte die Tage mit, die sie in Karuizawa verbrachten. Hideos Erinnerungen sind nicht nur deshalb interessant, weil sie von der japanischen Seite kommen, sondern auch, weil sie zeigen, wie merkwürdig Johns Zustand war. «Wir kamen nie dahinter, wer John eigentlich war», erklärte er und sagte, daß Lennon jeden Tag in einer anderen Aufmachung, komplett mit Hut und neuer Frisur und manchmal sogar Bart, erschien. Er schien eine Identität zu suchen und zu hoffen, daß irgendein Ereignis ihm einen Schlüssel geben würde. Isoliert und gelangweilt, las er viel, hörte aber nie Musik. Die Japaner forderten ihn auf, neue Lieder zu schaffen, weil es für Sean wichtig sei, seinen Vater arbeiten zu sehen. Er verließ das Grundstück praktisch nur, um Kleidungsstücke für sich und den Jungen zu kaufen, der immer wie eine Puppe ausstaffiert war. Yoko schien den Aufenthalt im Haus ihrer Familie zu genießen, aber sie hatte kaum Freunde. Das Sonderbarste war laut Hideo, daß sie Johns Ende voraussagte und es abzuwenden versuchte.

Zuletzt suchte sie Hilfe bei Sam Green, der sich als verständnisvoller herausstellte.

Sam vertrat den Standpunkt, Yoko solle, da sie nicht mit eigener Kraft von der Droge loskommen könne, ihre Sucht am besten akzeptieren, bis sie soweit sei, sich freiwillig um ärztliche Hilfe zu bemühen.

Inzwischen fuhr Kit Carter fort, sie jeden Morgen zu beliefern. Manchmal traf er John im vorderen Büro. Er hatte von Yoko die Anweisung erhalten, sofort ins Badezimmer zu gehen, wenn jemand da sei, und die Tüte in einer Tamponschachtel unter dem Waschbecken zu verstecken. Das tat er. Als Yoko ihn Monate später schließlich ihrem Mann vorstellte, sagte sie: «John, du erinnerst dich sicher an Kit.»

John antwortete vielsagend: «O ja, ich erinnere mich sehr gut.»

Für Kit war ganz klar, daß John genau Bescheid wußte, was lief. Wie konnte er auch nicht Bescheid wissen, da Yoko spätestens im Dezember alle klinischen Symptome einer Heroinsüchtigen aufwies! Aber jedesmal, wenn sie eine Lieferung in Empfang nahm, sagte sie: «John darf es nie erfahren!»

Im Gegensatz zu Yoko hatte John einen so großen Selbsthaß entwickelt, daß er John Green zufolge seine ganze Willenskraft daran setzte, vom H loszukommen – und es schaffte. Um einen Rückfall zu verhindern, fing er an, ein Gerät zum Entzug sinnlicher Wahrnehmungen zu benutzen, das auf dem Speicher seines kürzlich gekauften Hauses in Long Island installiert war. Es bestand aus einer großen, sargähnlichen Kiste aus Zedernholz, in der sich eine mit einer salzigen Lösung gefüllte Zinkwanne befand. Lennon legte sich hinein und machte den Deckel zu. Er schwamm bis zu einer halben Stunde in der warmen Flüssigkeit und empfand ein Gefühl wie bei einem Drogenrausch.

Während John abschaltete, stand Yoko wie üblich unter Volldampf. Ihre neueste Obsession waren das Broadway-Theater und der Immobilienmarkt. Daß sie sich für die Bühne interessierte, war zum erstenmal publik geworden, als sie in Japan bekanntgegeben hatte, sie und John würden ein Musical schreiben. Aber der wahre Grund war der enorme Erfolg, den Lee Eastman kürzlich bei der Finanzierung von Broadway-Shows gehabt hatte. Yoko hatte den Einfall, ein Musical mit dem Titel *The Ballad of John and Yoko* zu schreiben, das im Dakota spielen und alle vertrauten Ingredienzen des Lieblingsmärchens der internationalen Rockszene wieder aufwärmen sollte. Als John Green sie warnte, ein solches Unternehmen werde gewaltige Summen verschlingen, behauptete sie, es werde im Gegenteil so gut wie nichts kosten, da sie die Bühne mit Möbeln aus Apartment 72 ausstatten und ihre eigene Garderobe benutzen würden. Als Green dann einwandte, daß Lennon keine so lange Partitur schreiben könne, entgegnete Yoko, daß *sie* die Partitur schreiben und sie als Johns Werk ausgeben würde.

Yokos Immobilientick ging auf Greens Bemühungen zurück, sie zu einer großen Investition zu veranlassen, die zu einer fühlbaren Verminderung ihrer Einkommensteuer führen würde. Sobald er das verhängnisvolle Wort «Immobilien» ausgesprochen hatte, biß Yoko an. «Immobilien!» echote sie. «Ich bin sehr gut mit Immobilien.» Dann erläuterte sie, daß sie Apartment 72 im Jahr 1973 für 105 000 Dollar gekauft habe, und nun sei die Wohnung 400 000 Dollar wert. (Sie verschwieg, daß die Entscheidung, die Wohnung zu kaufen, von Harold Seider getroffen worden war.) Nun begann der größte und teuerste Einkaufsrausch ihres Lebens.

Als erstes nahm sie sich den gesamten Immobilienmarkt der Ostküste vor. Studio One war bald übersät mit Hunderten von Hochglanzprospekten, Zeitschriften und Maklerangeboten, die Yoko von morgens bis abends studierte und dann einfach auf den Fußboden fallen ließ. Wenn sie ein Objekt in nähere Erwägung zog, befragte John Green die Karten. Immerhin flehte er sie an, Prachtvillen zu meiden und sich auf Häuser der zweiten Kategorie zu konzentrieren, die man mit etwas Farbe und Tapeten in gute Renditeobjekte verwandeln konnte. Aber Yoko wollte von solchen unwürdigen Vorschlägen nichts hören; ihr Sinn stand nach schönen alten Anwesen und Palästen, auf die sie stolz sein konnte. Wenn sie anfing, über den Kauf dieser Residenzen zu verhandeln, nannte sie, statt einen Mittelsmann vorzuschicken, der ihre Identität geheimhielt, sofort ihren Namen, so daß die Makler mit den Preisen hochgingen. Noch schlimmer war, daß sie sich gewöhnlich weigerte, das Dakota zu verlassen, um die Objekte, die sie kaufen wollte, selbst in

Augenschein zu nehmen. Sie suchte herrschaftliche Villen und luxuriöse Landhäuser aus, wie eine Matrone aus der Provinz im Versandhauskatalog Kleider ankreuzt.

Ihr Vorstoß auf den Immobilienmarkt nahm einen eindrucksvollen Anfang, als sie am 18. Dezember 1979 den Kaufvertrag für El Salano unterschrieb, eine der riesigen Villen im mediterranen Stil, die den South Ocean Boulevard in Palm Beach, Florida, säumen. Es war ein Denkmal des Luxuskonsums, das zweiundzwanzig Zimmer hatte, von dem von höheren Kreisen geschätzten Architekten Addison Mizner entworfen worden war und sich schon bald danach als Faß ohne Boden herausstellte. Es verfügte über einen fünfzig Meter langen Privatstrand, einen Morgenpool – mit Meerwasser – und einen Nachmittagspool – mit Süßwasser – sowie einen Ballsaal mit hohen Palladiofenstern und einer Zedernholzdecke, die mit kunstvollen maurischen Motiven beschnitzt war. Die Schlafzimmer-und-Bad-Suiten des Hausherrn und seiner Gattin nahmen fast ein ganzes Stockwerk ein.

Die Lennons hatten die Villa im vergangenen Winter kennengelernt, als sie an einem Abend hereinplatzten, an dem die Besitzerin, die begehrte Gastgeberin Brownie McLean (deren Familie der Hope-Diamant gehört hatte), gerade eine Dinnerparty gab. Mrs. McLean führte John und Yoko rasch herum, und John sagte: «Wir nehmen es.» Er meinte, daß sie das Anwesen für drei Wochen mieten wollten. Dann kam Yoko zu dem Schluß, daß es töricht wäre, etwas für einen Monat zu mieten, das man kaufen und elf Monate des Jahres leerstehen lassen konnte. Ungeachtet der Tatsache, daß der Unterhalt des Besitzes an die 100000 Dollar im Jahr kosten würde und das Bauwerk so heruntergekommen war, daß man einige Millionen Dollar für erstklassige Handwerker investieren mußte, um es in seiner ursprünglichen Pracht wiederaufleben zu lassen, kauften die Lennons El Salano für 750000 Dollar. Sie stellten nur eine Bedingung: Yoko bestand darauf, daß Brownie McLean, die das Anwesen seit Jahrzehnten bewohnt hatte, es binnen achtundvierzig Stunden räumte. Die Nachbarn erinnern sich an einen chaotischen und hektischen Umzug, an Möbelwagen, die mitten in der Nacht beladen wurden, als nähere sich ein Hurrikan.

Yokos nächster Erwerb wurde von einer Prophezeiung Edgar

Cayces motiviert. Er hatte vorausgesagt, bei der nächsten Sintflut würde Manhattan überschwemmt werden. Nur wenige Teile der USA würden von den Fluten verschont bleiben, darunter die Küste von Virginia. Yoko kaufte prompt zwei Farmen am Potomac, eine zehn Hektar groß und die andere gut fünfzig Hektar groß, die beide aus der Kolonialzeit stammten. Sam Greens Vater, ein Experte für alte amerikanische Architektur, kannte die beiden Farmhäuser und erzählte, der Obstgarten des einen sei vor zweihundert Jahren von Thomas Jefferson angelegt worden. Sam versicherte Yoko, es seien «zwei der schönsten Besitze überhaupt», und Yoko erstand sie umgehend für 400 000 Dollar – ein geringer Preis fürs Überleben.

Ein weiterer Ort, den irgendein Medium als katastrophensicher bezeichnete, war Iron Gate, ein schlichtes Haus nahe Livingston Manor, einem häßlichen kleinen Dorf in den Catskill Mountains nordwestlich von New York. Das einzig Gute an dem Haus war der 36 Hektar große Wald ringsum, den die letzten Besitzer auf 160 Hektar vergrößert hatten. Wahrscheinlich hat John Lennon den Besitz nie zu Gesicht bekommen. Ein Freund John Greens, ein Bildhauer namens Joe Attardo, der Studio One renoviert hatte, kümmerte sich darum.

Die Auswahl dieser Zufluchtsstätten ging auf Yokos neueste Hellseherin zurück, eine dicke Dame namens Marlene Wiener, die im Dakota das «Schokoladenmedium» genannt wurde, weil sie bei jeder Konsultation eine Schachtel Pralinen geschenkt bekam. Yoko schickte ihr oft Fotos von Häusern, und sie beurteilte sie, indem sie ihre Augen mit der Hand bedeckte und sich in Trance versetzte.

Außer ihren vielen Anwesen außerhalb New Yorks hatten die Lennons fünf Wohnungen im Dakota, von denen jedoch nur zwei, Apartment 71 und 72, groß genug für eine Familie waren; die anderen waren Studio One, Apartment 4 (die Anderthalbzimmerwohnung der Seamans über der Einfahrt) und Apartment 911, eine Mansarde, die als Lagerraum diente. Yoko begann sich für Apartment 71 zu interessieren, als seine Bewohner, Allen und Etheline Staley, 1977 für ein Jahr auf Reisen gingen. Um ihre Privatsphäre zu schützen, mietete Yoko die Wohnung für den Zeitraum und ließ sie leer stehen. Als Etheline Staley zurückkam, zog ihr haitianisches Hausmädchen Rosa (das auch für die Lennons arbeitete) die Laken vom Bett, und Mrs. Staley sah, daß die Matratze von zentimeterlangen magischen Santería-Symbolen bedeckt war. Die Staleys verkauften Yoko die Sechszimmerwohnung im Herbst 1978. Diese benutzte sie als Möbellager.

Das einzige Haus, das die Lennons häufig bewohnten, war Cannon Hill, ein altes, dreigeschossiges, mit Eichenschindeln verkleidetes Bauwerk am Fuße eines Hügels bei Cold Spring Harbor, am Nordufer von Long Island. Das im Frühjahr 1979 für ungefähr 400 000 Dollar gekaufte Anwesen war viel zu groß für die Familie. Es hatte vierzehn Schlafzimmer, ein ganzes Stockwerk voller Räume für gesellschaftliche Anlässe und über dem Küchenflügel sieben Zimmer für Dienstmädchen und Kindermädchen, die sich ein einziges Bad teilen mußten. Das Haus bot jedoch einen herrlichen Blick über das Wasser bis zur bewaldeten Küste von Connecticut.

Der Mann, der den lukrativen Auftrag erhielt, Cannon Hill zu renovieren, war Samuel G. Havadtoy, ein junger Verkäufer, der sich kürzlich als Innenarchitekt selbständig gemacht hatte. Die Lennons hatten ihn im Herbst 1978 zufällig kennengelernt. Bei einem Schaufensterbummel in der Lexington Avenue waren sie an der Ecke 70th Street an einem Antiquitätengeschäft vorbeigekommen, in dessen Fenster ein Schreibtisch im ägyptischen Stil stand, der Yoko auf Anhieb gefiel. Sie gingen in das Geschäft und stellten fest, daß der Besitzer, Stuart Greet, ein Innenarchitekt, nicht da war, aber sein Helfer, ein magerer junger Mann mit Brille, bediente sie äußerst zuvorkommend. Es gelang ihm, Yokos Gunst zu gewinnen, und sie kaufte nicht nur den Schreibtisch, sondern bat ihn auch, Vorschläge für die Umgestaltung von Studio One zu machen, das immer noch nicht fertig war, obgleich sie es 1976 gekauft und im darauffolgenden Jahr renoviert hatte.

Samuel Havadtoys Lebensgeschichte ist einigermaßen bewegt. Er wurde 1951 in Transsilvanien geboren und kam als Kind nach Budapest. Seine Mutter, die Hauptfigur in seinem Leben, war eine Jüdin, eine Überlebende des Holocaust. Als sie erkannte, daß ihr Sohn, ein aufgeweckter Junge, der einen Preis bei den Komsomolzen gewonnen hatte, in Ungarn keine Zukunft hatte, ließ sie ihn aus dem Land schmuggeln und nach Paris bringen, wo er eine Zeitlang bei Verwandten lebte. Später ging er nach England, wo eine reiche alte Dame ihn in ihrem Landhaus unterbrachte. Eines Nachts lernte der junge Sam in einem Londoner Privatclub einen großen, dicken und rothaarigen Engländer kennen, der entschieden Ähnlichkeit mit Goldfinger hatte. Kurz darauf reiste Samuel Havadtoy als Schutzbefohlener Stuart Greets nach New York.

Bart Gorin, Greets damaliger Chauffeur, berichtete, daß der einundzwanzigjährige Havadtoy außer den Sachen in seinem kleinen Koffer nichts besaß, als er 1972 nach Amerika kam. Havadtoy zog zu seinem Gönner und blieb die nächsten sieben Jahre bei ihm. Schließlich brachte Greet seinen Schützling in einer Eigentumswohnung an der oberen East Side unter und kaufte ihm ein kleines Haus in Hampton Bays auf Long Island.

Als Havadtoy sich im November 1978, kurz nachdem er die Lennons kennengelernt hatte, selbständig machte, bemühte er sich, seinen Ex-Arbeitgeber in jeder Hinsicht nachzuahmen. Die Samuel Havadtoy Gallery war genauso aufgezogen wie die Stuart Greet Gallery und bot außer Antiquitäten die Dienste des Besitzers als Innenarchitekt; das Stadthaus East 82nd Street Nr. 192, ein kleines Stück westlich der Lexington Avenue, das er kaufte, war ein Pendant des Hauses, das Greet ein kleines Stück weiter in der Lexington Avenue besaß; und so wie Greet mit Sam zusammengelebt und ihn als Verkäufer eingestellt hatte, lebte Havadtoy nun mit seinem neuen Liebhaber und Helfer, einem jungen Mann namens Luciano Sparacino, zusammen.

Luciano war ein sensibler Jüngling aus Brooklyn, mit markanten Zügen, einer Adlernase und dichtem schwarzem, stets nach der neuesten Mode frisiertem Haar. Sein auffallendstes Merkmal war seine nervöse Hektik – seine zuckenden Bewegungen erinnerten an einen Kolibri. Er war ein ausgezeichneter Friseur und Kosmetiker, lebte allein und kam gut zurecht, ehe er Havadtoy kennenlernte. Sie verbrachten ihre erste gemeinsame Stunde im Right Bank, einem französischen Kellerrestaurant in der Madison Avenue, einige Häuserblocks von Greets Geschäft entfernt. Luciano schlug dem kühlen und wortkargen Havadtoy vor, auf dem rotweiß karierten Tischtuch Dame zu spielen. Er schob impulsiv ein Centstück ein Feld weiter und rief aus: «So, jetzt sind Sie an der Reihe!»

Später erzählte Luciano: «Ich dachte, er würde auf mich losgehen oder aufspringen und die Flucht ergreifen. Statt dessen räumte er *alle* Münzen vom Tisch. Ich lachte und sagte: ‹Mann, du bist offensichtlich besser als ich!›»

Havadtoy antwortete: «Ich gehe immer aufs Ganze.»

Luciano fand Havadtoys Direktheit reizvoll. Wegen eines eifersüchtigen Begleiters verbrachte er die Nacht nicht mit ihm, aber schon am nächsten Abend trafen sich die beiden jungen Männer auf einer Party wieder. Sam hatte es so erwischt, daß er gar nicht erst versuchte, seine Verführungskünste spielen zu lassen. Er sagte nur flehend: «Ich möchte dich sehen.»

Ehe Luciano antworten konnte, kreischte sein eifersüchtiger Freund: «Ich beobachte euch beide! Keine Telefonnummern austauschen!»

Luciano flüsterte: «Ich ruf dich bei Stuart Greet an.»

Ein paar Tage später saßen sie im Russian Tea Room und sahen dann *Stardust Ballroom*. «Er verliebte sich in mich», bemerkte Luciano sachlich. «Er sagte, ich würde nie bei ihm bleiben. Leute wie ich blieben nie bei ihm, weil er nicht attraktiv genug sei. Aber er finde mich so umwerfend, daß er mich nie verlassen würde.»

Havadtoy überredete Luciano, in das Haus zu ziehen, das er kürzlich gekauft hatte, und in der Galerie im Erdgeschoß als sein Assistent zu arbeiten. Dort begannen Havadtoy und Luciano 1979 für Yoko Ono tätig zu werden. Sie kauften Möbel und Kunstgegenstände für ihre Wohnsitze und renovierten dann Apartment 72 und das Haus bei Cold Spring Harbor.

Während Yoko sich ganz und gar den Immobiliengeschäften verschrieben hatte, zeigte John im Frühjahr 1980 Anzeichen, daß er aus seinem langen Winterschlaf erwachte. In Wahrheit hatte er bereits im Frühling davor einen ersten Schritt getan, indem er eine Sardonyx kaufte, die Gitarre, die in Verbindung mit dem Harmonizer so klingt wie alle Instrumente des Orchesters zusammen. Während ein Compurhythm 88 die Schlagzeugbegleitung lieferte, konnte John auf seinem Bett sitzen und wie eine Einmannkapelle spielen. Er hatte auch den Plan für eine Tournee entworfen, bei der er die neue Technologie benutzen wollte, die in den siebziger Jahren für Stadionkonzerte entwickelt worden war. Vor der Bühne installierte Videokameras sollten die Band auf überdimensionale Leinwände projizieren, damit das ganze Publikum sie gut sehen konnte. Alle diese Aktivitäten gingen seiner Rückkehr zum Komponieren und Aufnehmen von Musik um über ein Jahr voraus. Sie beweisen, daß er sich danach sehnte, wieder Musik zu machen. Und sie werfen eine wichtige Frage auf: Warum schrieb Lennon von 1975 bis 1980 nichts?

Aus seinem Tagebuchbrief von 1977 geht unmißverständlich hervor, daß er sich, da seine Wiedergeburt erst 1980 stattfinden würde, damit abgefunden hatte, den Rest des Jahrzehnts in einem unproduktiven Zustand zu verbringen. Im Frühjahr 1977 erklärte er einem jungen Fan namens Mario Casciano, er und Yoko hätten beschlossen, das Büro von Lennon Music bei Capitol zu schließen, um die «Nabelschnur zur Vergangenheit» zu kappen. Er sagte, er wolle seine Gitarre an den Nagel hängen, weil «Musik ebenfalls ein Teil seiner Vergangenheit war».

Im Frühjahr übernahm Yoko die uneingeschränkte Kontrolle über das Familienunternehmen und ernannte sich zur Geschäftsfrau. Da sie ihre Rolle als Künstlerin gegen die einer Managerin getauscht hatte, fand sie es vielleicht ungerecht, daß John seine künstlerische Laufbahn fortsetzte – nachdem sie die ihre aufgegeben hatte. Andererseits stellt Johns Brief aus Japan klar, daß er in dieser Zeit nicht inspiriert war und nichts zu sagen hatte, was in Anbetracht seiner Lebensweise kaum verwundert. John Lennons Songs hatten sich immer spontan aus seinem Leben ergeben, besonders in Krisenzeiten oder in Augenblicken emotionaler Verstrickung. Er verglich sich manchmal mit einem Tagebuchschreiber und hätte sich auf Goethes berühmte Bemerkung berufen können, daß alle Gedichte «Gelegenheitsgedichte sein [müssen], das heißt, die Wirklichkeit muß die Veranlassung und den Stoff dazu hergeben». Ein Schreiber mit einer journalistischen Ader muß das Gefühl haben, daß er etwas Neues zu berichten hat. Lennon konnte aber nur darüber berichten, wie alles um ihn herum seinen gewohnten Lauf nahm.

Wie er May Pang erklärte, hatte er dennoch die ganze Zeit das Verlangen, Musik zu machen; er litt so sehr unter dieser dumpfen Sehnsucht, daß er sich angewöhnte, nur noch Muzak oder klassische Musik zu hören, um sich einzuschläfern und sich die Frustration zu ersparen, die ihn jedesmal überfiel, wenn er sich seiner künstlerischen Ohnmacht bewußt wurde. Wie er in einem seiner letzten Interviews sagte: «Wenn ich [in einem Rocksender] etwas Schlechtes hörte, würde ich es verbessern wollen, und wenn ich etwas Gutes hörte, würde ich mich fragen, warum es nicht mir eingefallen war.» Er *dachte* fortwährend daran, neue Songs zu schreiben, aber er verbarg seine Gedanken, wie er es als kleiner Junge bei Mimi gelernt hatte.

Als John vom Heroin losgekommen war, kehrte seine natürliche Energie allmählich zurück, und das Verlangen, wieder zu arbeiten, wurde immer größer. Aber Yoko wollte den Musikbann nicht aufheben. Er wurde zusehends unruhig, doch sie warnte ihn immer wieder, daß er auf den Bauch fallen und eine demütigende Niederlage erleiden würde, wenn er gegen die Sterne zu arbeiten versuchte. Daher sein langes Schweigen.

Als Fred Seaman am Morgen des 15. Januar 1980 zur Arbeit erschien, hätte er am liebsten als erstes nach Paul McCartneys gestrigem Anruf im Büro gefragt. Paul hatte aus dem Stanhope-Hotel angerufen, wo er mit Linda und den Kindern abgestiegen war, ehe er seine Japantournee mit den Wings antreten würde. Yoko hatte den Anruf entgegengenommen, und Paul hatte ihr gesagt, er habe ein neues Supergras bekommen und wolle John etwas davon bringen. Als Yoko es verbot, hatte er sich instinktiv gerächt, indem er damit prahlte, daß er und Linda in der Präsidentensuite des Hotels Okura – der offiziellen Residenz der Lennons in Tokio – wohnen würden.

Das war ein vernichtender Schlag für Yoko. Sie sagte Sam Green, sie habe das Gefühl, als bemächtigten sich Paul und Linda ihres Heims. Sie ging sofort zu John und erzählte es ihm, und er war genauso sauer wie sie. Als Fred an jenem Morgen in die Küche kam, war John immer noch außer sich und ließ den Kopf fast in seine Schüssel mit Weizenflocken hängen. Fred erkundigte sich mit geheuchelter Gleichgültigkeit nach Pauls Anruf und bekam zunächst keine Antwort. Aber die Sache lastete so schwer auf John, daß er sie nicht lange für sich behalten konnte. Er fing an, die Geschichte zu erzählen, und offenbarte schließlich, was ihn am meisten beunruhigte. «Er wird unser Hotelkarma zerstören», klagte er. «Wir haben bis jetzt ein wirklich ausgezeichnetes Hotelkarma gehabt, und ich kann nicht mit ansehen, wie sie es jetzt besudeln. Wenn Paul und Linda da schlafen, werden wir in der Suite nie wieder Frieden finden.» Zum Glück war nicht alles verloren. «Ich habe schon mit Mutter gesprochen», fuhr John fort. «Sie und Charlie Swan lassen sich was einfallen.» Das taten sie tatsächlich!

Yoko und John Green gingen den ganzen Tag in Studio One in Klausur. Sie dürften unter keinen Umständen gestört werden, sagte Richie DePalma zu Fred Seaman. John konnte das Ergebnis ihres Zwiegesprächs kaum erwarten. Am Nachmittag rief er wieder und wieder in Studio One an, um in Erfahrung zu bringen, was los war. Als Fred abends nach Hause ging, glaubte er, die Lennons seien verrückt geworden.

Am nächsten Morgen stellte Fred die Siebenuhrnachrichten an und hörte zu seinem Erstaunen, daß Paul McCartney in Tokio auf Drogen durchsucht worden war. Er eilte zum Dakota, wo Richie ihn mit einem sarkastischen Lächeln begrüßte und sagte: «Ist es nicht komisch, daß die Japaner Paul heute gefilzt haben? Wo er doch gerade am Tag zuvor hier anrief, um Dope herzubringen.» Im Laufe des Tages trafen aus Japan weitere Meldungen über den Fall McCartney ein.

Als Paul, Linda und die Kinder auf dem Flughafen Narita die Paßkontrolle passiert hatten, wurden sie aufgefordert, ihr Gepäck zu öffnen. Das Marihuana, zwanzig Joints in einer Plastiktüte, wurde in Lindas Kosmetikbeutel entdeckt. («Linda spielte jedesmal verrückt, wenn ihr Vorrat auf hundert Gramm Dope zusammengeschmolzen war. Deshalb nahm sie ausreichend Nachschub mit nach Japan», erläuterte Jo-Jo Laine, die Frau Denny Laines, des Leadgitarristen der Wings, und fügte hinzu: «Sie glaubte, sie stünde außerhalb des Gesetzes.») Als man die Drogen entdeckt hatte, trat Paul vor und nahm die Verantwortung auf sich. Die Polizei wurde benachrichtigt, und einige Beamte führten ihn in Handschellen ab.

Im Präsidium wurde er einem fünfstündigen Verhör unterzogen, das nur die erste einer Reihe von eindringlichen Befragungen war, die er in den nächsten zehn Tagen über sich ergehen lassen mußte.

Wenn er nicht gerade von ständig wechselnden Polizeiteams über jeden Aspekt seines ganzen bisherigen Lebens ausgequetscht wurde, saß er in einer Einzelzelle, wo er weder baden noch sich umziehen konnte, von Gitarre spielen und Briefeschreiben ganz zu schweigen. Als der britische Vizekonsul erschien, machte er ihm nicht etwa Mut, sondern bemerkte düster: «Na ja, Sie wissen wohl, daß Sie acht Jahre kriegen könnten.» Nach zehn Tagen wurde Paul in Handschellen zum Flughafen gebracht und in eine Maschine nach England gesetzt. Die Tournee, insgesamt elf Konzerte, wurde abgesagt, und 100000 Karten mußten zurückgenommen werden.

Am Nachmittag der Festnahme herrschte in Lennono-Land Feststimmung. John befahl Fred Seaman, alle Zeitungen zu besorgen, die er bekommen könne, vor allem die britischen Blätter. Er war entschlossen, Pauls Mißgeschick bis zur Neige auszukosten. Als Yokos Vertrauensleute berichteten, Paul werde von seinen Gefängniswärtern immer wieder gezwungen, «Yesterday» zu singen, kannte seine Freude keine Grenzen. Er schlug sich auf die Schenkel, stimmte den Song selbst an und brüllte den Vers über Pauls anscheinend so ferne Schwierigkeiten aus voller Kehle. Mit den Fingern schnippend, prahlte er Fred gegenüber: «Wir könnten ihn ruckzuck rausholen. Mutter hat die besten Beziehungen... Aber er würde natürlich nie anrufen und um Hilfe bitten. Es wäre unter seiner Würde.» (Paul hatte Yoko um Hilfe gebeten – und sie erhalten –, nachdem sein ursprünglicher Visumantrag wegen früherer Drogendelikte zweimal abgelehnt worden war. Yoko hatte ihren Vetter Hideaki Kase, den Sohn des japanischen UN-Botschafters, gedrängt, seinen Einfluß geltend zu machen. Paul bekam das Visum.)

Am Tag nach der Durchsuchung fuhren John und Yoko nach Suffern im Staat New York, um wieder ein Haus zu besichtigen. John stopfte eine Pfeife mit Dope und krähte: «Dies ist Supergras!» Er lehnte sich im Fond des Kombis zurück, inhalierte ein paarmal und sagte dann befriedigt sein abschließendes Wort zu Pauls Festnahme: «Weißt du, es liegt nur daran, daß Paul die Japaner so von oben herab behandelt. Ich weiß es.»

«Stimmt genau!» bekräftigte Yoko.

Ein Jahr später sagte John Green zu Jeffrey Hunter: «Sie behauptete, sie hätte es telefonisch arrangiert. Angeblich hat sie irgendwelchen hohen japanischen Beamten gesagt, McCartney habe eine geringe Meinung von den Japanern.»

Sam Green bestätigte das und fügte hinzu: «Sie hatte drüben einen Vetter, der ein hohes Tier beim Zoll war. Ein Anruf von Yoko, und Paul war erledigt.»

YOKO IST VERLIEBT

Während Yoko per Telefon dafür sorgte, daß Paul in Japan nach Drogen durchsucht wurde, war sie selbst im letzten Stadium der Heroinsucht. Ihre Haut war grünlich, ihre Wangen hohl, sie sprach schleppend und hatte überall an den Hüften und Beinen blauschwarze Male, weil sie fortwährend gegen Möbelstücke lief. Sie trug tagelang dieselben Sachen und badete nicht. Wenn Sean zu ihr ging und ihr einen Kuß geben wollte, fuhr er zurück und rief: «Mami, du stinkst!» Sam machte sich große Sorgen um sie. Er fragte immer wieder: «Wo wird das enden?» Es lag auf der Hand, daß es zu einem Unglück kommen würde, wenn es so weiterging. Aber es änderte sich nichts, bis Yoko in der ersten Aprilwoche 1980 den Mut faßte, ihrem Zustand ins Auge zu sehen.

Die Lennons waren gerade in Palm Beach. Sie waren einen Tag vor Yokos Geburtstag, dem 18. Februar, zusammen mit Julian angereist. John hatte das Fest auf recht makabre Weise begangen. Er hatte Fred losgeschickt, um Hunderte weißer Gardenien zu kaufen. Als Yoko aufwachte und die Blumen sah, war sie starr vor Entsetzen. In Japan sind Gardenien Todesblumen. Bei Bestattungen schmückt man den Leichnam mit ihnen. Vielleicht hatte John nichts davon gewußt, aber es ist auch möglich, daß er es wußte und vergessen hatte und Yoko unterschwellig vorwarf, daß sie sich dem lebenden Tod der Drogensucht anheimgab.

Der Urlaub in der Sonne, bei dem sie Bootsfahrten machten und viel Zeit an den beiden Swimmingpools von El Salano verbrachten, endete kurz vor Julians Geburtstag. John flog mit dem Jungen nach New York zurück, um am Broadway *Beatlemania* zu sehen, und schenkte dem Jungen eine teure Rolex, die Julian prompt irgendwo verlor. Er zitterte bei dem Gedanken an den Wutausbruch, den sein Vater bekommen würde, wenn er dahinterkam. An seinem Geburtstag, dem 8. April, wurde er in eine Maschine nach England gesetzt. Nun war Yoko ihrer unmittelbaren Pflichten entledigt und stand vor der schweren Aufgabe der Entwöhnung.

Obgleich sie sich – wider alle Vernunft – eingeredet hatte, John wisse nichts von ihrer Sucht, war sie nicht so dumm zu glauben, sie könne die Entzugssymptome überstehen, ohne das Geheimnis preiszugeben. Als erstes mußte sie also dafür sorgen, daß John aus dem Haus war. Sie befahl John Green, ihm die Karten zu legen und ihn mit der Prophezeiung, daß wichtige spirituelle Offenbarungen seiner harrten, möglichst weit weg zu schicken. Green weigerte sich mitzumachen. Er sagte ihr, sie solle John gestehen, daß sie süchtig sei, und dann gemeinsam mit ihm eine Lösung finden. Yoko erledigte die Sache auf ihre Art und sagte John, er müsse vorübergehend in das Haus bei Cold Spring Harbor ziehen, weil sie in eine Geheimgesellschaft aufgenommen werden solle und die Initiationsriten absolute Vertraulichkeit erforderten. Leichtgläubig wie immer ließ John sich am 9. April zusammen mit Fred, Sean und der unerläßlichen Haushälterin (und Informantin) Uda-San fortschicken.

John in Long Island zu wissen, erledigte freilich nicht alles, denn in ebendieser Woche war ihre Mutter eingetroffen, um einen Monat in New York zu verbringen. Fest entschlossen, die Entziehungskur sofort anzufangen, behandelte Yoko die aristokratische alte Dame unglaublich brutal, kommandierte sie herum wie ein Dienstmädchen und schrie sie mehrmals an: «Halt den Mund!» Als sie nicht gehorchte, warf Yoko mit einer Gabel nach ihr. Ein anderes Mittel, ihre Mutter zu demütigen, waren obszöne Ausdrücke, die sie zusammenzucken ließen. Wenn alles andere versagte, beschimpfte Yoko sie einfach: «Du bist die dümmste und frivolste Person, die ich kenne! Tu endlich was mit deinen Haaren!»

Am Morgen nach Johns Abfahrt hatte Yoko um sieben Uhr das gewohnte Treffen mit Kit. Statt ihre Teebeutelzeremonie zu machen, sagte sie: «Entschuldigen Sie den Ausdruck, aber das wird eine verdammte Quälerei!»

«Ja», pflichtete Kit höflich bei. «Was wollen Sie tun?»

Sie sagte ihm, er müsse am Abend nach London fliegen und Morphium kaufen. «So haben John und ich es schon mal gemacht», erläuterte sie, während sie ihre Tasche öffnete und ein paar Bündel Hundertdollarscheine herausholte. Sie legte das Geld auf den Schreibtisch, gab Kit ein Zeichen, es zu nehmen, und nannte ihm die Namen einiger Leute in London, die ihm bei dem Unternehmen helfen würden.

Kit dachte über den unvermittelten und gefährlichen Auftrag nach und fragte verständlicherweise: «Können wir das Morphium denn nicht in New York kaufen?» Yoko hatte keine Lust, solche Fragen zu beantworten. Sie hatte eine ihrer manischen Phasen. Für sie war der kleine Trip nach London das einzige, was zwischen der Sucht und der Rettung stand. Sie komplimentierte Kit hinaus.

Sam Green benutzte die Abwesenheit des Stofflieferanten, um Yoko eindringlich zu ermahnen, sie müsse unbedingt einen Arzt aufsuchen. Sie erklärte sich nach langem Hin und Her dazu bereit. Am Morgen des 22. April brachte Sam sie in die Praxis Dr. Robert Freymanns.

Viele New Yorker Musiker waren Patienten von Dr. Freymann, der Charlie Parker bis zu seinem Tod behandelt hatte. Wenn man morgens an seiner Praxis an der oberen East Side, an einer Ecke der Fifth Avenue, vorbeiging, sah man fast immer einige trübsinnig dreinblickende Gestalten, die auf seine Ankunft warteten. Punkt sieben fuhr er in einem auf Hochglanz polierten Mercedes vor. Die Anzugjacke lässig über die Schultern gehängt, stieg er aus, ein Bild der Gesundheit – rosige Haut, volles weißes Haar, attraktive nordische Züge –, und begrüßte seine kleine Herde fröhlich, indem er mit zwei Fingern der rechten Hand wackelte und rief: «Guten Morgen, Fixer! Auf geht's!»

An dem Morgen, als Sam mit Yoko erschien, die sich mit einer Perücke, einer dunklen Brille und einem Männermantel getarnt hatte, ging es in der Fifth Avenue Nr. 1010 nicht so unbeschwert zu. Sam und Yoko hatten kaum im Wartezimmer Platz genommen, als eine Krankenschwester aus dem Sprechzimmer stürzte und kreischte: «Der Doktor hat einen Herzinfarkt gehabt! Ich glaube, er ist tot!» Die Patienten sprangen auf wie von der Tarantel gestochen und hasteten zur Tür. Sam nahm Yoko am Arm und eilte den anderen nach. Eine Woche später überredete er Dr. Rodney B. Ryan, einen fähigen Mediziner, die berühmte Patientin in ihrer Wohnung im Dakota zu behandeln.

Heroinentzug ist nicht viel schlimmer als eine schwere Grippe, aber Fixer haben eine notorisch niedrige Toleranzschwelle, was übrigens einer der Gründe ist, warum sie Fixer geworden sind. Yoko erwies sich als sehr schwierige Patientin. Sie hatte eine panische Angst vor den Entzugserscheinungen, sie hatte keine Disziplin und dachte sich immer neue Vorwände aus, um die Therapie nicht zu befolgen. Sie entwickelte all die vertrauten Symptome, von krampfhaftem Zittern und Konvulsionen bis zu dem Gefühl, unter ihrer Haut krabbelten Spinnen. Als sie mit Selbstmorddrohungen anfing, zog Sam ins Dakota und blieb zwei Wochen lang Tag und Nacht bei ihr.

Der Entzug hatte eine paradoxe Wirkung. Statt das Bett zu hüten, rannte sie im Gebäude herum und brabbelte unverständliches Zeug vor sich hin – eines der Mädchen identifizierte die Sprache dann als altes Japanisch. Ihre Forderungen, schon immer kategorisch, wurden nun absolut bizarr. Eines Abends um elf Uhr schickte sie den armen Sam zu einem koreanischen Gemüseladen, um fünf Kisten Petersilie zu kaufen. Als er zurück war, zerstießen Yoko und er die Kräuterladung, und dann nahm Yoko ein Bad in Petersilie – das John Green ihr neben vielen anderen Dingen verordnet hatte. Sam schlief, wie die treue Masako, am Fuß von Yokos Bett, aber er fand so wenig Schlaf, daß er zuletzt zusammenklappte und einen Weinkrampf bekam. Verzweifelt ließ er Dr. Ryan kommen, der dann fünf Stunden bei der Patientin blieb. Er gab Sam einen sehr klugen Rat, den dieser leider nicht befolgte. «Passen Sie gut auf», sagte der Arzt. «Eine Sucht wird immer durch eine andere ersetzt.»

John Greens Verhalten in dieser Zeit stand in einem auffallenden Kontrast zu dem seines Partners. Yokos Hauptratgeber weigerte sich, zu ihr zu kommen. Er rechtfertigte seine Abwesenheit mit der Behauptung, ein direkter Kontakt mit seiner Klientin zu einem solchen Zeitpunkt würde ihre Arbeitsbeziehung beeinträchtigen oder zerstören. In Wahrheit konnte nichts der Beziehung mehr schaden als seine Weigerung, Yoko zu helfen. Sam Green wurde übrigens mit einem Scheck über 100 000 Dollar belohnt.

John Lennon hatte keine Ahnung, was in diesen Tagen im Dakota los war, denn er konnte nicht telefonieren. Kurz bevor Yoko mit ihrer Entziehungskur angefangen hatte, war sie nach Cold Spring Harbor gefahren und hatte John beschwatzt, ein Schweigegelübde abzulegen, das zehn Tage lang gelten sollte. Für jemanden, der so leidenschaftlich gern redete wie John, war das eine schwere Prüfung. Er war bald so gereizt, daß seine Mitbewohner sich von morgens bis abends überlegten, wie sie ihm aus dem Weg gehen könnten. Er hielt sich mit der Lektüre von Gordon Liddys Bestseller *Will* aufrecht, der den Triumph der Willenskraft über alle Hindernisse beschreibt. Lennon identifizierte sich mit Liddy, vor allem in den besonders dramatischen Episoden – als Liddy sich bei einem Gewitter an die Spitze eines Baums band oder als er den Respekt der schwarzen Häftlinge gewann, indem er sich ein brennendes Streichholz unter die Handfläche hielt. Jedesmal, wenn John Fred in die Arme lief, tat er so, als reiße er ein Zündholz an und halte es unter seine linke Hand, und dabei wand er sich wie unter tausend Qualen.

Als die schlimmste Phase der Entziehungskur vorbei war, beschloß Sam Green, seine Patientin zum Lunch auszuführen. Yoko zog Hot Pants aus Leder an, und er fuhr mit ihr zu Mortimer's, einem schikken, nur wenige Häuserblocks von seiner Wohnung entfernten Restaurant, in dem immer ein paar Jet-set-Typen saßen, die gerade einen Einkaufsbummel in der Madison Avenue gemacht hatten. Es war nicht der Ort, den Yoko in ihrem katastrophalen Zustand hätte aufsuchen sollen, und sie war auch total falsch angezogen. Die Hot Pants entblößten all die blauen und schwarzen Male von den Spritzen und den Kollisionen mit den Möbeln auf ihren Beinen. Als sie das Restaurant mit unsicheren Schritten, sich krampfhaft an Sams Arm festhaltend, betrat, löste sie mit ihrer Aufmachung, ihrer dunklen Brille und den langen schwarzen Haaren, ihrem Markenzeichen, eine Sensation aus.

Sam war in diesem Milieu nicht gerade ein Unbekannter. Die Gäste steckten sofort die Köpfe zusammen und tuschelten, daß «die zwei da» etwas miteinander hätten. Daß das überraschende Paar zum Gegenstand allgemeiner Spekulationen wurde, hätte kaum eine Rolle gespielt, wenn Yoko nicht unvermittelt eine Szene gemacht hätte. Sie entdeckte an einem Nachbartisch Bianca Jagger und torkelte zu der dunklen Schönheit. «Von Frau zu Frau», sagte sie. «Ich weiß genau, was Sie alles durchmachen!» (Bianca hatte sich kürzlich von Mick scheiden lassen.) Kaum hatte sie ausgeredet, als sich ein aufgeregtes Murmeln erhob. Das große Rockpaar! Scheidung! Ein neuer Mann! Sam und Yoko waren selbstverständlich eine Meldung wert, und die *News of the World*, die Lennon eifrig las, schlachtete die Sache gebührend aus.

Als Yoko vollkommen drogenfrei war, fing der Katzenjammer an. Sam Green, der inzwischen wohl oder übel die Rolle einer männlichen Krankenschwester übernommen hatte, flehte sie an, ihre inneren Kräfte zu mobilisieren. «Du sagst, dein Leben sei verkorkst und deine Ehe eine Katastrophe. Es gibt etwas, was du tun kannst», mahnte er. «Du bist eine begabte Künstlerin – kehre zu deiner Kunst zurück!»

Yoko begann fast unmittelbar nach diesem Gespräch, Songs zu Papier zu bringen. Zu den ersten gehörte «Walking on Thin Ice», in dem auf das Samuraischwert angespielt wird, das sie Sam zum Zeichen ihrer Dankbarkeit für die Rettung von der Sucht geschenkt hatte. In nur einer Woche produzierte Yoko die meisten Songs, die später auf *Double Fantasy* und *Milk and Honey* erschienen. Sie pflegte Sam um vier Uhr morgens anzurufen, um ihm die Texte vorzulesen. Dann bestand sie darauf, daß er am nächsten Tag zu ihr kam und beim Redigieren der hastig hingeworfenen Verse half. Sam war sich nicht bewußt, was diese Zusammenarbeit alles implizierte.

Während Yoko eine wichtige Erfahrung durchlebte, die damit endete, daß sie dem erstaunten John Green eröffnete, sie sei nunmehr keine Geschäftsfrau mehr, sondern wieder eine Künstlerin, verbrachten Lennon und Fred Seaman friedliche Tage am Meer. Nach einer jahrelangen Beziehung, die aus endlosen Listen mit Aufträgen, kurzen Telefongesprächen und gelegentlichen Monologen bestanden hatte, in denen John seine Seele vor einem überraschten Fred entblößte, lernten sie sich jetzt besser kennen. Der fünfundzwanzigjährige Seaman war keineswegs ungebildet oder unerfahren, ganz im Gegenteil. Er hatte eine Menge von der Welt gesehen. In Deutschland geboren und in einem Schloß auf Mallorca groß geworden, hatte er abwechselnd in Europa und den Vereinigten Staaten gelebt und kürzlich am City College in New York mit Auszeichnung seinen Abschluß in Publizistik gemacht. Er liebte Musik, war aber nie ein Fan der Beatles oder ein Anbeter John Lennons gewesen, eine Tatsache, die ihm bei John, der mit beidem nichts zu tun haben wollte, zupaß kam. Was Seaman schockierte und verwirrte, war der exzentrische Haushalt der Lennons und der Widerspruch zwischen ihrem wahren Leben und ihrem Image in der Öffentlichkeit.

Als Fred seinen Dienst im Februar 1979 angetreten hatte, war ihm eröffnet worden, daß er John dabei helfen müsse, «ungeschälten Reis zu kochen», aber er entdeckte bald, daß seine wahre Arbeit darin bestand, mit großen Geldbeträgen in der Tasche in einem grünen Mercedes-Kombi durch die Stadt zu fahren und all die Spielzeuge und Leckereien zu kaufen, nach denen es Lennon gelüstete. Er fuhr jeden Montag zur Bank Leumi an der Ecke Broadway und 66th Street und hob 3000 Dollar für seine Besorgungen und je 1000 Dollar für John und Yoko ab. Gegen Ende der Woche war meist nichts mehr von dem Geld übrig, aber John legte seine 1000 Dollar oft heimlich zurück, um gelegentlich einen draufzumachen – beispielsweise zusammen mit Sean im New Yorker Spielzeugparadies F. A. O. Schwarz.

Wenn John und Fred nach Long Island fuhren, warnte Yoko «die Jungs», sich nicht zu weit vom Haus zu entfernen. Sobald John aber einige Meilen zwischen sich und Mutter gelegt hatte, erwachte sein Entdeckungsdrang. In seinem großen Diesel-Kombi, mit Fred am Steuer und Fats Waller aus dem Kassettenrecorder, erkundete er die Nachbarorte von Cold Spring Harbor und Huntington. Sie rollten mit fünfzehn Stundenkilometern die Hauptstraßen entlang, und er hielt Ausschau nach Mädchen und warnte: «Rote voraus!» Wenn sie an einem Textilgeschäft vorbeikamen, in dessen Schaufenster etwas Schrilles ausgestellt war, befahl er Fred, hineinzugehen und das Kleidungsstück zu kaufen. Doch bei all ihren Fahrten kamen sie nicht ein einziges Mal mit der Bevölkerung in Kontakt. John war so sehr darauf erpicht, seine Privatsphäre zu schützen, daß nicht mal Boten vom Dakota zum Haus kommen durften. Sie wurden zu einem kleinen Polizeirevier geschickt, wo ein gefälliger Sergeant ihnen erlaubte, in Cannon Hill anzurufen und Fred zum Revier zu bitten.

Als weitere Vorsichtsmaßnahme verbot Lennon seinem Assistenten, Mädchen aus der Umgebung aufzureißen. Er bat ihn freundlich, aber unmißverständlich, sich eine feste Freundin zu suchen und sie auf Geheimhaltung zu verpflichten.

Seine eigenen sexuellen Bedürfnisse befriedigte er auf eine andere Weise. Wie John Green in einem Interview mit dem Londoner Massenblatt *Sun* schilderte:

> Dann rief Yoko an und sagte, John werde «unruhig» und scheine auf eine bestimmte Frau zu stehen. Sie wollte wissen, ob sie Scherereien zu befürchten habe und wieviel sie bieten müsse... Wenn Lennon in Long Island wohnte, wurde eine Masseuse, die auch für Yoko arbeitete, für ihn hinchauffiert. «John hatte Bemerkungen gemacht, aus denen hervorging, daß er sie attraktiv fand und interessiert war», sagte Green. «Yoko kapierte und handelte entsprechend.» Nach einigen Begegnungen wurde die Masseuse entlassen. Yoko hatte den Eindruck, daß sie sich «etwas zu sehr für Macht interessierte und ein Machtspiel aufzog».

Als Marnie Hair und die Kinder im Mai mit der Limousine nach Cold Spring Harbor fuhren, bemerkte sie, daß ihnen vom Dakota aus eine weitere Limousine folgte. Als sie angekommen waren, näherte sich der zweite Wagen, hielt, und eine kleine, gutaussehende orientalische Frau stieg aus. Wie sich herausstellte, war sie eine Masseuse aus Manhattan. Sie zog in ein Zimmer neben Lennons Schlafzimmer und kümmerte sich die ganze Woche um ihn; sie bereitete seine Mahlzeiten zu und brachte sie ihm aufs Zimmer, das sie auch zu anderen Zeiten regelmäßig aufsuchte.

Wenn John am Meer war, träumte er immer davon, an Bord eines Schiffes zu gehen und alles hinter sich zu lassen. Eines Tages befahl er Fred, in den Ort zu fahren und ein kleines Boot zu kaufen. Als er einigermaßen mit dem Zwei-PS-Außenbordmotor vertraut war, bereitete es ihm viel Vergnügen, mit dem Boot durch den Hafen zu flitzen. Er übernahm meist das Ruder, lernte aber auch, den Motor mit einem heftigen Ruck an der Drahtschnur anzulassen, eine Leistung, auf die er sehr stolz war. Wenn der Motor nicht ansprang, nahm er ein Ruder und reichte Fred ein anderes und rief: «Alle Mann an die Riemen!»

Am Maifeiertag schickte er Fred in den Ort, um ein kleines Segelboot zu kaufen, das er *Isis* taufte. Der Name stand für die kuhköpfige ägyptische Göttin und für Yoko, die in einem fort über die Rinderauktionen von Dreamstreet sprach. Der junge Mann, von dem Fred das Boot kaufte, war der Eigentümer des Jachthafens, Tyler Coneys. Er gab John und Fred Segelunterricht. John kam auf den Geschmack und sehnte sich nach einer großen Jacht. Er sagte zu Fred, wie herrlich es doch wäre, den Atlantik zu überqueren und die Themse hoch bis nach London zu segeln, statt zu fliegen und in Heathrow eine Limousine zu nehmen. Der Wunsch, nach England zu segeln, wurde bald zu einer fixen Idee, und John sprach mit Yoko darüber. Normalerweise wäre sie über solch ein Projekt entsetzt gewesen, aber nun unterstützte sie es – zu Johns großer Überraschung.

Johns Traum, auf große Fahrt zu gehen, fiel mit Yokos sehnlichem Wunsch zusammen, ihn möglichst weit fort zu schicken, damit sie ihr neues Leben genießen konnte. Sie würde allerdings auf gar keinen Fall zulassen, daß er über den Ozean fuhr. So wurde John nach einer Menge Hokuspokus auf Geheiß Yoshikawas nach Kapstadt entsandt, um die idealen parapsychologischen Bedingungen für eine Reise zu schaffen, die nicht ganz ungefährlich war. Ein schwarzer Chauffeur fuhr ihn einige Tage lang durch die Stadt am Tafelberg und brachte ihn dabei auch in einen schäbigen Massagesalon. Bevor er nach New York zurückkehrte, rief er May Pang an und sagte, sie müsse ihn unbedingt in Cold Spring Harbor besuchen. Es war das letzte Mal, daß sie miteinander sprechen.

Als Lennon Anfang Juni nach New York zurückkam, wurde ihm das Ergebnis des Orakels mitgeteilt. Er könne eine Ozeanreise antreten, aber die einzige sichere Richtung, die er einschlagen könne, sei Südost. Damit wurden die Bermudas zu seinem Ziel. Dieser Beschluß entsprach zwar den Wünschen beider, Johns und Yokos, verlangt aber nach einer Erklärung. Yoko hatte John seit Jahren gepredigt, er müsse vor sich selbst geschützt werden, und wenn er sich selbständig mache und etwas auf eigene Faust unternähme, würde ihm etwas Schreckliches zustoßen. Nun erlaubte sie ihm plötzlich, mit einer Jacht, deren Besatzung sie nicht kannte, das stürmische Kap Hatteras zu passieren und tagelang durch den Atlantik bis ins berüchtigte Bermuda-Dreieck zu segeln! Und mehr noch, statt wie üblich jede Einzelheit zu überwachen, ließ sie zu, daß das ganze Unternehmen von Tyler Coneys organisiert wurde, den sie überhaupt nicht kannte.

Am Morgen des 4. Juni 1980 verließ John Lennon das Haus bei Cold Spring Harbor und flog mit Tyler Coneys und dessen Cousins Ellen und Kevin, den anderen Mitgliedern der Crew, mit einer Cessna nach Newport, Rhode Island. Coneys hatte einen 43-Fuß-Schoner gechartert, die *Megan Jayne*, deren Kapitän, ein stämmiger und bärtiger Mann, der nur Cap'n Hank genannt wurde, die nötigen Vorbereitungen getroffen hatte, um am nächsten Tag in See zu stechen. Auf den Bermudas angekommen, wollte John Fred anrufen, damit dieser mit Sean und Uda-San per Flugzeug nachkam. Während der kleine Sean auf der Gangway stand und zum Abschied winkte, ging John an Bord, um sein großes Abenteuer anzutreten.

Es war der aufregendste Sprung ins Unbekannte, seit er sich in Allan Williams' überfüllten Minitransporter gezwängt hatte und nach Hamburg gefahren war. Allein unter Fremden und noch dazu auf hoher See, ging er eben das Risiko ein, das er sein Leben lang gemieden hatte. Vor allem jedoch erfüllte er sich einen seiner liebsten Kindheitsträume: zur See zu fahren, wie sein Vater und sein Großvater es getan hatten. Da er keine Ahnung vom Hochseesegeln hatte, war sein Arbeitsplatz die Kombüse, aber was machte das schon, solange er zur Crew gehörte?

Die Jacht geriet natürlich in einen Sturm, und ein Besatzungsmitglied nach dem anderen fiel aus. Schließlich befahl der Kapitän dem Smutje, sich an das große klobige Ruder zu stellen und den Schoner auf Kurs zu halten. John fand sich plötzlich in seinem gelben Ölzeug an die Reling gebunden auf dem heftig schwankenden Deck wieder. Beim Anblick der Brecher, die mit scheußlicher Wucht auf das Boot zutrieben, empfand er zuerst Todesangst. Der vom Bug aufsprühende Gischt peitschte seine zarte Haut, und er konnte kaum etwas sehen, da das Wasser an den Brillengläsern hinunterlief. Die Minuten vergingen. Er hielt eine Viertelstunde stand, eine halbe Stunde, eine Stunde und fühlte, wie die Angst zunehmend wich. Er wurde immer sicherer. Es war wie auf der Bühne. Zuerst hatte man soviel Lampenfieber, daß man am liebsten alles hinschmeißen würde, doch sobald man im Rampenlicht stand und angefangen hatte, vergaß man die Angst und berauschte sich an seinen Songs. Während die Wellen sich drohend vor ihm auftürmten, wurde John von Trotz gepackt und schrie sie an. Er fing sogar an zu singen! Er sang alte Shanties, Seemannslieder und Balladen, die er als Junge in Liverpool gehört hatte. Bald stellte er sich vor, er sei ein Wikinger und segele auf einem langen Drachenschiff nach Grönland, Labrador oder noch weiter. Matrose John stand fünf Stunden lang als Rudergänger seinen Mann. Als er endlich abgelöst wurde und unter Deck ging, war er ein anderer Mensch. Zum erstenmal in seinem Leben fühlte er sich wie ein richtiger Mann.

Am Abend des Tages, an dem John auf der *Megan Jayne* in See gestochen war, hatten Yoko und Sam Green den Komponisten John Cage und den Choreographen Merce Cunningham im Dakota zum Essen zu Gast. Sam war überrascht, als Yoko sich und ihn als Paar vorstellte. Als die Gäste fort waren, bat Yoko ihn, am nächsten Tag nach Cannon Hill zu kommen und Vorschläge zur Renovierung des Hauses zu machen. Sam sagte, er wolle nach Fire Island zu seinem dortigen Haus, würde aber unterwegs vorbeischauen – wenn er so rechtzeitig abfahren könne, daß er die letzte Fähre erwische. Als er am nächsten Nachmittag in Cannon Hill ankam, befahl er dem Chauffeur der Limousine zu warten. Während er das Haus näher in Augenschein nahm, schickte Yoko jemanden zum Chauffeur hinaus und ließ ihm ausrichten, er solle nach New York zurückfahren.

Als Sam begriff, daß er in der Falle saß, wurde er nervös – mit gutem Grund, denn als es Zeit zum Schlafengehen war, fing Yoko an, ihm unmißverständliche Avancen zu machen. Er versuchte, eine Auseinandersetzung zu vermeiden. «Sie wurde immer aufdringlicher», erinnerte er sich später.

«Warum nicht?» sagte sie. «Wir sind doch Freunde.»

Sam wollte nicht. «Nein, es wäre zu kompliziert», erklärte er. «Ich möchte nicht. Ich mag dich – aber nicht so! Ich möchte nichts mit dir anfangen.»

Egal was er einwandte, sie hatte eine Antwort. «So ging es bis vier Uhr morgens», erinnerte er sich später. «Und meine Widerstandskraft war bei Null angelangt.»

Als sie im Bett waren, gab es ein endloses Küssen und Streicheln. Sam hatte das Gefühl, daß Yoko keinen vaginalen Verkehr wollte. «Sie hat Angst vor der Penetration», erklärte er.

Nachdem er am nächsten Morgen mit Yoko gefrühstückt hatte, verabschiedete er sich hastig und fuhr nach Fire Island, wo er das ganze Wochenende lang über die beunruhigende Entwicklung nachgrübelte. Yoko Ono war nicht die erste mächtige und exzentrische Frau, mit der er sich eingelassen hatte. Er hatte auch eine Affäre mit der inzwischen verstorbenen Barbara Baekeland, die Aufsehen erregende und international bekannte Exfrau des Bakelit-Erben.

Sam hatte sie in den sechziger Jahren an Bord der Jacht von Cecile Rothschild, der langjährigen Begleiterin Greta Garbos, auf einer Kreuzfahrt im Mittelmeer kennengelernt. Die alternde rothaarige Schönheit und ihr an Dorian Gray erinnernder Sohn, die eine inzestuöse Beziehung hatten und alles daran setzten, Sam zu verführen, verstrickten diesen bald in ein beunruhigendes Dreiecksverhältnis. Einige Zeit später ermordete der psychotische Sohn seine Mutter und reiste nach seiner Entlassung aus einer Heilanstalt sofort nach New York, um Sam zu besuchen. Zum Glück hatte Bart Gorin, inzwischen Sams persönlicher Assistent, Anweisungen erhalten, was zu tun sei, falls der Verrückte vorbeikomme. Statt Sam Green umzubringen, fuhr der junge Mann zum Haus seiner Großmutter und stach achtmal auf die alte Dame ein.

Nun, nur ein Jahr später, war er wieder in den Fängen einer brünstigen Tigerin, die zwar keinen Sohn, aber einen Mann hatte, der zu mörderischen Gewaltausbrüchen fähig war. Es war eine brisante Situation, und wenn Sam klug gewesen wäre – oder die Gefahr weniger geliebt hätte –, hätte er die Verführung als Signal zu einem schnellen Rückzug betrachtet. Statt dessen fuhr er am Montag morgen mit der Eisenbahn in die Stadt und lunchte mit Yoko im Tavern on the Green im Central Park, wo sie darauf bestand, vor aller

Augen mit ihm Händchen zu halten. Am Nachmittag flogen sie nach Tampa, Florida, wo sie ein bekanntes Medium, Leonard Zemke, konsultierten. Zemke eröffnete Yoko, es sei ihr und Sam beschieden, den Rest ihres Lebens zusammen zu verbringen. Als sie nach New York zurückgekehrt waren, fuhren sie nach Cannon Hill, wo Fred Seaman der amüsierte Zeuge ihres Katz-und-Maus-Spiels wurde. «Die beiden verzogen sich für einige Zeit nach oben», erinnerte sich Fred, «und dann kam Sam Green, sonst immer sehr schnieke angezogen, in ramponiertem Zustand die Treppe herunter und keuchte etwas über die Schwarze Witwe, die ihn in ihre Schlinge locken wollte.» Sam blieb noch drei Tage in Cannon Hill und floh dann in die Einsamkeit von Oakleyville.

In der nächsten Woche hatte Sam einen Gast in seinem Haus, einen jungen Schauspieler namens Bob Herman. Eines Nachts stand Herman um vier Uhr auf, um zum Klo zu gehen. Als er auf die Veranda zur Bucht hinaustrat, entdeckte er ein kleines Ruderboot, das ungefähr drei Meter vom Ufer entfernt ankerte. In dem Boot saß ein Mann, der eine Zigarette rauchte. Herman trat hinter einen Pfosten und beobachtete den Mann eine Stunde lang. Es war offensichtlich, daß er das Haus überwachte. Als Sam am nächsten Morgen davon erfuhr, verband er den Vorfall mit anderen verdächtigen Dingen, die sich in der letzten Zeit bei der abgelegenen kleinen Siedlung zugetragen hatten. Er begann zu befürchten, daß John Lennon ihn beschatten ließ.

Nachdem Sam und Yoko miteinander geschlafen hatten, änderte sich die Art ihrer Beziehung von Grund auf. Yoko beschloß, Sam so hinzubiegen, daß er ihr idealer Partner wäre. Sie sagte ihm, sie würde ihm seine kommerzielle Ader austreiben und ihm die Möglichkeit geben, der Mensch zu werden, der er von Anfang an hätte sein sollen. «Ich werde dich unterstützen, bis du eine Karriere gemacht hast, die dich reicher machen wird als irgend jemanden zuvor», sagte sie. Nun übernahm sie Sams größte Belastung, die Kosten für die Renovierung seiner luxuriösen Wohnung an der East Side. Ende Juni eröffnete sie ihm eines Abends, er müsse als weiteren Schritt seiner Erhebung sofort zu einem wunderbaren Medium namens Joseph Lukach fahren. Lukach würde ihn genau studieren und ihm Tränke geben, die ihn spirituell stärken würden.

Sam wurde mit der Limousine nach Yonkers gebracht, wo Joey zusammen mit seinem Lebensgefährten, Hunter, in einem Vorortbungalow mit winzigem Garten und Garage wohnte. Sam sah Lukach als einen «Dummkopf in langen Kaftanen aus indischem Leinen, mit Girlanden um den Hals [die Insignien eines Yoruba-Priesters], geschminkten Lippen und rosarot lackierten Fingernägeln». Lukach wirkte sehr tuntig, schien aber nicht auf den Kopf gefallen zu sein. Er legte Sam die Karten und las aus seiner Hand. Die Persönlichkeitsanalyse, die er erstellte, war kurz und treffend: «Sie werden zu mächtigen Frauen hingezogen und lassen sie zu Liebe erblühen.»

Joey verfaßte einen zwölfseitigen Bericht über Sam und schickte ihn Yoko. Als die lange Sitzung kurz vor Morgengrauen endete, bekam Sam drei Flakons mit klaren Flüssigkeiten. Diese Tränke sollten ihn vom früheren Karma befreien und ihm künftigen Erfolg garantieren. Joey gab ihm auch einige kleine Karaffen, die Sam und Yoko gemeinsam leeren sollten. Es seien, erläuterte er, Liebestränke.

HITZE

Mit ausgemergeltem Gesicht und langem Haar, spindeldürr und mit nackten Beinen, ein indischer Heiliger, der mit einer Gitarre im Arm in der Lotosposition auf einem modernen dänischen Sofa hockt – das war der Lennon, den Fred Seaman an seinem ersten Abend auf den Bermudas mit der Kamera festhielt. Um der Besatzung der *Megan Jayne* etwas Besonderes zu bieten, hatte John sich mit einem sentimentalen Singsang eingesungen und sich dann kurzsichtig über die Gitarre gebeugt und die Töne seines Songs ertastet. Plötzlich begann er, in einem schnellen, harten und drängenden Takt zu zupfen, mit dem gleichen Beat, den er in seiner Jugend mit der Rhythmusgitarre der Beatles produziert hatte. Er hob sein langes, mageres und frischgerötetes Gesicht und sang mit der abgehackten Stimme eines mürrischen alten Seemanns aus Liverpool. Er schien jedes Wort einzeln auszuspucken. Er improvisierte eine böse Parodie auf Bob Dylans Wiedergeburtssong «You Gotta Serve Somebody». John nannte sie «Serve Yerself!» (Diene dir selbst).

Sich an den jungen Freak wendend, den er in «Revolution» sarkastisch angesprochen hatte, beglückwünschte er den ernsten Suchenden zu seiner Entdeckung Jesu, Buddhas, Mohammeds und Krishnas. *Aber*, warnte John, das wichtigste Segel in der Takelung des Jungen fehle noch. Jawohl, und welches ist das? *Mutter!* Sehr richtig, Mutter ist genauso wichtig wie die großen alten Weisen – und jeder Junge, der sich nicht bewußt ist, was er der Frau schuldet, die ihn geboren hat, ist ein verdammter Idiot! Dann entließ er seinen Jünger mit ein paar musikalischen Tritten in den Hintern und beendete sein Shanty unter dem Gelächter und Beifall der gesundheitsstrotzenden jungen Segler, die vor ihm an Deck lagen. Die neuen Kameraden nahmen an, der große Star führe sich die ganze Zeit so auf. Nur Fred Seaman sah, welche bemerkenswerte Veränderung die letzten beiden Wochen bei John Lennon bewirkt hatten.

Als Lennon dann eine Minute mit Fred Seaman allein war, offenbarte er ihm die verblüffende Tatsache, daß sein Segelabenteuer seine schöpferischen Kräfte wiederbelebt hatte. Er habe während des Törns sogar zwei Songs komponiert und brenne darauf, weitere zu schreiben. Was er jetzt brauche, seien Ruhe und gute Arbeitsbedingungen. Fred solle die Crew sofort loswerden und ihm dann eine schöne Villa am Wasser mieten. Geld spiele keine Rolle. Als Fred zu bedenken gab, daß er Tyler Coneys mit einer so abrupten Beendigung der Charter verletzen würde, weil dieser sich nun als Freund betrachte, fuhr John ihn an: «Ich habe keine Freunde. Freundschaft ist ein romantischer Wahn.»

Fairylands Undercliff, das gelbe Haus am Meer, in dem Lennon mit Fred, Sean, Uda-San und – später – Helen Seaman wohnte, ist ein abgelegenes Refugium am Ende einer kleinen Landzunge unterhalb der Straße in Hamilton Terrace, unmittelbar am Wasser. Als John eines Abends kurz nach dem Bezug der Villa im Garten saß und Bob Marleys sentimentale LP *Burnin'* hörte, fühlte er sich plötzlich inspiriert. Er erklärte Fred aufgeregt, eines der Lieder, «Hallelujah Time», sei ihm seit Jahren im Kopf herumgegangen, und eben sei ihm der Grund klar geworden. Es liege an dem Vers, in dem es heiße, man habe nicht lange zu leben. Es sei genau das, was er fühle – und es solle nun sein erster neuer Song werden! Er begann sofort zu improvisieren, mit diesem Vers von Marleys LP als Ausgangspunkt. Der Song wurde dann zu «Living on Borrowed Time». Er gab Fred ein Zeichen, die Aufnahmegeräte zu holen, und sang und zupfte, während Fred auf einem Gitarrekasten den Takt schlug, bis Lennon sicher war, daß er alles aufgezeichnet hatte, was ihm vorschwebte. Dann steckte er sich einen Joint an, ließ sich zufrieden zurücksinken und fing an, von der fabelhaften LP zu schwärmen, die sein Comeback bedeuten würde.

Die Platte würde von Anfang bis Ende mit den weichen, sinnlichen

Klängen der Karibik gefüllt sein. Die Bermuda-Inseln seien doch in der Karibik, oder? Nein? Na ja, ist ja auch scheißegal. Was für einen Unterschied macht das schon? Es sind Inseln im Ozean, tropisch und sexy, voll von den Geräuschen und Bewegungen des Rhythm and Blues. Wenn sie den richtigen Sound haben wollten, sollten sie eigentlich nach Jamaika fahren! In dem Tonstudio arbeiten, das Bob Marley benutzt hatte! Sich mit den Rasta-Typen hinsetzen und Hasch rauchen. Dann könnten sie den tiefen und vollen Super-Baßsound erzielen, der geradewegs aus Trenchtown kommt. In New York könnte man diesen Sound nicht hinkriegen. Ganz sicher nicht!

Während John seine Träume auf den tiefblauen nächtlichen Himmel über ihnen projizierte, wurde Fred ganz aufgeregt. Nachdem er über ein Jahr zugesehen hatte, daß sein Held wie ein Mensch dahinvegetierte, der langsam von einem schleichenden Fieber dahingerafft wurde, erlebte er nun die Wiedergeburt des wahren John Lennon, des größten Songschreibers der Gegenwart.

Aber Lennons Höhenflug wurde schon am nächsten Morgen bedroht, als er zum Hörer griff und Yoko von seiner Vision erzählte. Von der unerwarteten Entwicklung alarmiert, bemühte sie sich krampfhaft, ihn wieder unter ihre Kontrolle zu bringen. Sam Green wurde ein widerstrebender Zeuge ihrer Anstrengungen, John auf einen Kurs zu steuern, der ihren Absichten besser entsprach. Der Prozeß war lang, und die mit List und Tücke bewirkte Rückwendung war nicht geradlinig. Der entscheidende Schritt kam erst, als John nicht mehr über die LP bestimmte. Aber in Anbetracht der Tatsache, daß sie in Wahrheit nicht auf John Lennons kreativen Aufschwung im Juni, sondern auf Yokos künstlerische Wiedergeburt im Mai zurückging, war das nur passend und angemessen.

Als Yoko eine ganze Reihe neuer Songs hatte, mußte sie ein Mittel finden, um sie in einen LP-Hit zu verwandeln. Sie wußte aus Erfahrung, daß eine Solo-LP zwecklos war. Außerdem würde John, wenn sie ein eigenes Album herausbrächte, dasselbe Recht für sich beanspruchen, und dann würden die Fans ihre Platte im Regal stehen lassen und die von John kaufen. Um Erfolg zu haben, mußte sie erstens John vor ihren Karren spannen und sich zweitens etwas einfallen lassen, damit die Fans seine Songs nicht hören konnten, ohne auch die ihren zu hören.

Da John noch in dem festen Glauben schwebte, er mache eine Solo-LP, bestand ihre erste Aufgabe darin, ihn von dieser Idee abzubringen. Ihre Lösung des Problems war das Konzept des «Herzspiels», eines Dialogs zwischen verheirateten Liebenden. Als sie es ihm vortrug, brachte sie ihn in eine Zwickmühle: Wenn er ablehnte, würde er sich der Zerstörung des Mythos von John und Yoko schuldig machen, dem sie beide ihr Leben geweiht hatten. Wenn er ihren Vorschlag jedoch akzeptierte, müßte er die ganze Konzeption der geplanten LP umkehren und eine Auferstehungshymne durch einen Ehewalzer ersetzen. Es kostete Dutzende lange Ferngespräche und später, in New York, noch einige hochexplosive Auseinandersetzungen, bis Yoko endlich gewann. John ließ sich überreden, seine Vision von einem Reggae-Album mit Tangoansatz zugunsten einer Platte aufzugeben, auf der zwei Leute, die ein unvereinbares musikalisches Idiom benutzten, abwechselnd – aber nie zusammen! – von ganz entgegengesetzten Dingen sangen.

Die größte Ironie von *Double Fantasy* war jedoch, daß Yoko darauf besser abschnitt als John. Während er ohne seine ursprüngliche Idee furchtsam in die Klischees seiner früheren Arbeit zurückfiel, war sie schlau genug, auf den fahrenden Zug zu springen und den Stil der späten siebziger Jahre zu übernehmen. Paradoxerweise hatte niemand anders als Lennon selbst Yoko auf New Wave aufmerksam gemacht.

Eines Nachts hörte er in einer Disco in Hamilton «Rock Lobster» von den B-52s. Er erkannte sofort, daß der Sound von Yokos Stöhnen und Kreischen beeinflußt war. Am nächsten Tag berichtete er ihr, ihr Stil sei der letzte Schrei. Als Yoko es John Green erzählte, entwickelte er die Idee einen Riesenschritt weiter. Green managte gerade einen New Wave-Künstler namens Mande Dahl, war also über die neuesten Trends im Musikgeschäft auf dem laufenden. Er riet Yoko, eine Platte im abgehackten Marionetten-Stil schneiden zu lassen. «Du weißt schon», sagte er. «So was wie *Kiss, kiss, kiss... Take, take, take me... Hold, hold, hold me... in your arms.*» Zuerst lachte Yoko darüber – aber sie ging sofort an die Arbeit. «Kiss Kiss Kiss» wurde – nachdem es als Füllerseite von «Starting Over», Johns Singleschnitt aus *Double Fantasy*, auf den Markt gekommen war – Yokos erstes Lied, das in den Clubs gespielt wurde.

Indem sie das roboterhafte Geplapper des New Wave zu ihrem neuen Stil machte, stellte sie John vor das zusätzliche Problem, ihren und seinen Sound irgendwie zu vereinbaren. Er hatte seiner Musik die Sinnlichkeit und Melancholie der karibischen Brandung geben wollen, doch anstatt sie mit viel Seele in Kingston aufzunehmen, mußte er sie mit viel Technik in New York einspielen.

John sehnte sich in seinem kreativen Dilemma wie immer nach moralischer Unterstützung. In den alten Tagen von Kenwood hatte Pete Shotton stundenlang ein paar Schritte von ihm entfernt gesessen und ihn mit seiner Gegenwart gestärkt, während er an seinen Songs arbeitete. Das war die Art Hilfe, die er nun von Mutter brauchte, aber sie schützte geschäftliche Verpflichtungen vor und schob ihren versprochenen Besuch immer wieder hinaus.

Sie war zwar nicht an seiner Seite, aber sie war immer an seinem Ohr. «Alle diese Songs wurden bei Telefongesprächen zwischen den Bermudas und meiner Veranda geschaffen, wo sie saß», erinnerte sich Sam Green später. «Er pflegte sie anzurufen. Er verfolgte sie telefonisch. Sie sagte, [mein Haus] sei der einzige Platz, wo sie arbeiten könne. Sie telefonierten jeden Tag fünf oder sechs Stunden.» Auf die Frage: «Worüber können sie denn fünf Stunden hintereinander reden?» entgegnete Sam: «Sie kann ihn ermutigen, Liebeslieder an sie zu schreiben, die sie dann auf ihre, Yokos, Platte bringen können. Sie mußte ihn zu jedem einzelnen Song ermutigen und dafür sorgen, daß sie ihr paßten.»

In Wahrheit war Yoko in jenem Sommer nur deshalb fortwährend in Sam Greens abgelegenem Haus auf Fire Island zu finden, weil sie und Sam auf dem Höhepunkt einer heißen Affäre waren. Mitte Juni hatte sie Sam endlich in jene Wir-sind-eins-und-können-keine-Sekunde-voneinander-getrennt-sein-Symbiose gelockt, die ihre einzige Vorstellung von Liebe war. Sam Green, einer von den Menschen, die einen umwerfenden Auftritt hinlegen und sich dann plötzlich in ihrem Loch verkriechen, wurde von ihrer Besitzgier verrückt gemacht. Er floh bei jeder sich bietenden Gelegenheit zu seinem Refugium. Yoko verfolgte ihn unbarmherzig per Telefon. Damit er nicht behaupten konnte, die Leitung sei besetzt gewesen, ließ sie einen Anschluß unter ihrem eigenen Namen legen, was sich auch besser machte, wenn John ein Gespräch von Insel zu Insel führte.

Eines Sonntagmorgens zählte Sam einundvierzig Anrufe von Yoko. Worum ging es? Sie fühlte eine Erkältung nahen und wollte unbedingt eine Vitamin-C-Spritze haben, ehe die Infektion ihre Kehle erreichte und ihre Stimme ruinierte. Die Telefonmarathons begannen bei Sam ihren Zoll zu fordern. Bob Herman erinnerte sich später, daß Yoko jeden Abend nach dem Essen anrief und volle zwei Stunden mit Sam sprach. (Sie muß angerufen haben, sobald sie die Telefonate mit John beendet hatte.) Bob kam alle halbe Stunde auf die Veranda und schenkte Sam Wodka nach. Als Sam eines Abends mit einem Seufzer der Erleichterung aufgelegt hatte, stand er auf – und fiel der Länge nach auf die Bohlen.

Yoko Ono stellte ungeheure Ansprüche an ihren Liebhaber, indem sie darauf bestand, daß er jeden einzelnen ihrer Gedanken und Impulse teilte, aber sie war zugleich großzügig zu ihm. Wie sie David Spinozza am Anfang ihrer Beziehung mit Geschenken überschüttet hatte, schmiedete sie nun auch Sam Green mit ihren reichen Gaben an sich. Wenn sie nicht zu seinem Inselrefugium fliegen konnte, fuhr sie mit einer Limousine zum Bootsanleger am East River und belud ein Wasserflugzeug mit all den Nahrungsmitteln, ohne die Sam ihres Erachtens nicht überleben konnte: kiloweise Kaviar, seitenweise schottischen Lachs und kartonweise französischen Käse, alles im nahen Zabar's erstanden. Wenn sie selbst zur Insel flog, schickte sie Myoko vorher zu Tanaka's, dem japanischen Lebensmittelgeschäft in der Amsterdam Avenue, um getrockneten Seetang, ungeschälten Reis, frischen Ingwer und Sesamkörner für die kleinen Festmähler zu kaufen, die sie eigenhändig zubereitete und Sam mit Stäbchen verabreichte. Eines Tages wurde die Telefonspannung zuviel für Sam, er tat etwas Unerhörtes: Er legte einfach mitten im Gespräch auf! Das war ein Alarmsignal. Yoko begriff, daß sie zu weit gegangen war. Am nächsten Morgen ließ sie Bart Gorin ins Dakota kommen und befahl ihm, Sam per Wasserflugzeug eine Friedensgabe zu überbringen. Als Sam verschwitzt und sandbedeckt vom Strand zurückkam und das Päckchen öffnete, starrte er fassungslos auf das Geschenk. Es war ein viereinhalbkarätiger Brillant, ungefähr 4000 Dollar wert. Sam ließ später eine Krawattennadel mit ihm zieren.

Am Abend des 26. Juni nahm Yoko ihn mit zur Hit Factory, wo

sie ihre Songs mit einer Siebenmannband probte. Sie wollte, daß er dabei war, weil er die Liebeslieder inspiriert hatte und sie diese direkt für ihren Liebhaber singen wollte, so wie John in den Studios in Los Angeles für May Pang gesungen hatte. «I'm Your Angel» beschreibt treffend ihre Einstellung und ihr Verhalten zu ihm, und der Geburtstagsgruß in der letzten Strophe dürfte von Sams Geburtstag am 20. Mai inspiriert sein; sie schrieb den Song wahrscheinlich kurz nach jenem Datum.

Am Tag nach der Session, die die ganze Nacht gedauert hatte, wurde Yoko schließlich mürbe und flog auf die Bermudas, doch ihr Widerstreben, New York zu verlassen, äußerte sich bis zuletzt darin, daß sie die Abreise immer wieder verschob, bis sie dann an Bord der letzten Maschine zu den Inseln ging, die um halb zehn Uhr in St. George landen sollte.

Als John und Fred das Haus verließen, um zum Flughafen zu fahren, hatten sie noch so viel Zeit, daß sie den Chauffeur fortschickten und in einer Kneipe in der Nähe des Flugfelds ein Bier tranken. Die Aussicht, Mutter endlich wiederzusehen, machte John high. Er hielt einen langen Monolog darüber, daß er Sex im Grunde immer als Vergewaltigung betrachtet habe, bis Yoko ihm über den Weg gelaufen sei. Das Gespräch hätte noch viel länger gedauert, wenn Fred nicht plötzlich auf die Uhr geschaut hätte. Er stöhnte auf und sagte, es sei schon halb zehn. Sie hasteten aus der Bar, winkten ein Taxi an den Bordstein und fuhren zum Flughafengebäude. Als sie dort ankamen, erblickten sie nur einen alten Mann, der auffegte. Der Pförtner sagte ihnen, daß eine kleine Japanerin aus der letzten Maschine gestiegen sei. Sie sei ein paar Minuten hin und her gelaufen und dann in Tränen ausgebrochen. John war starr vor schlechtem Gewissen. Sie rannten zum Taxi zurück, und als sie wieder eingestiegen waren, sagte er Fred, er müsse die Schuld für die Verspätung auf sich nehmen. Yoko würde mit Entlassung drohen, aber er, John, würde ein gutes Wort für ihn einlegen.

John benahm sich an jenem Abend wie der ideale Gatte. Er ging mit Yoko in das verglaste Zimmer an der Sonnenseite und sang für sie. Dann spielte er das Band mit den ersten neuen Songs vor, die er seit fünf Jahren gemacht hatte. Yoko hockte im Schneidersitz da, sagte kein Wort und verzog keine Miene. Als John sie drängte, für einen Tag mit ihm nach Jamaika zu fliegen und sich die Studios anzusehen, erklärte sie, es sei unmöglich, weil sie Sonntag nach New York zurück müsse. Diese Neuigkeit schockte und erzürnte ihn so sehr, daß er sie anfuhr und ihr vorwarf, sie vernachlässige Sean und ihn. Er teilte ihr feierlich mit, daß sie eines Tages dafür büßen müßte, Sean so sträflich vernachlässigt zu haben. Er sagte auch, daß ihre Entschuldigung – sie besitze keinen Mutterinstinkt – nur eine Ausrede sei, um sich vor ihren Pflichten zu drücken. Zuletzt verstieg er sich zu einem überraschenden Gebrauch des großen Modeworts und schrie sie an, sie sei ein «Macho».

Yoko blieb ganz unbeteiligt. Sie sagte, sobald die LP fertig sei, werde sie ihm ein Haus auf den Bermudas kaufen, und die ganze Familie werde einen langen gemeinsamen Urlaub machen. Obgleich sie ihn mit ihrem Verhalten verletzt, frustriert und beleidigt hatte, ließ er sich von dieser leeren Versprechung trösten.

Als sie die Bermudas verlassen hatte, fing John an, sich Sorgen über ihr Treiben in New York zu machen. Er erzählte Fred, daß Mutter sehr viel mit Sam Green und Sam Havadtoy zusammen sei. Er machte sogar einige Bemerkungen über Drogen im Dakota. Anfang Juli, nachdem er tagelang erfolglos versucht hatte, sie telefonisch zu erreichen, ging er eines Tages in sein Zimmer und schrieb in wenigen Stunden «I'm Losing You», sein bestes Stück von Double Fantasy. Der Song bewirkte eine Katharsis. Als John ihn beendet hatte, wurde er ruhiger und versuchte nicht mehr, Yoko zu erreichen. Er blieb jedoch entschlossen herauszufinden, was zu Hause passierte. Er befahl Fred, nach New York zu fliegen, was Yoko vergeblich zu verhindern versuchte. Als Fred reisefertig war, gab er ihm eine Schatulle aus Zedernholz, in die er eine in ein Taschentuch gewickelte Locke von seinen Haaren getan hatte. Er wollte einen kleinen Zauber Yokos an Yoko selbst erproben.

Als Fred am 4. Juli im Dakota eintraf, verbrachte Yoko ein verlängertes Wochenende mit Sam auf Fire Island. Der Anblick, der sich Fred bot, als er Studio One betrat, sagte besser als tausend Worte, was für ein Leben sie in Johns Abwesenheit geführt hatte. «Ihr Büro war mit Papieren übersät», erinnerte er sich später, «ihre schmutzigen Sachen lagen auf dem Fußboden herum, und auf dem Tisch standen halb leergegessene Teller mit Sushi in fortgeschrittenen Stadien der Fäulnis.» Oben fand er viele Flaschen Scotch und Wodka, Sam Greens Lieblingsgetränke. Als er versuchte, Myoko auszuquetschen, erfuhr er nur, daß Sam Havadtoy und Luciano Yoko «Umschläge» brachten. (Luciano sagte, er und Sam würden manchmal ein Kokainpäckchen von der Größe eines dicken Taschenbuchs liefern.) Was Fred wirklich erschütterte, war das Gerücht, Yoko wolle sich von John scheiden lassen und seine persönliche Habe in Apartment 71 verfrachten. Dann wolle sie «Sam» heiraten. Fred nahm an, damit sei Sam Havadtoy gemeint. Natürlich berichtete er John nichts von alldem, weil er keinen Krieg auslösen wollte.

Eine der lustigsten Strophen der Ballade von Sam und Yoko trägt die Überschrift «Der heißeste Tag des Jahres». Am 21. Juli 1980 war es nämlich schier unerträglich heiß. In New York kletterte die Temperatur auf 39 Grad. Yoko hatte Fire Island satt und brauchte Tapetenwechsel. «John ist reich», sagte sie zu Sam Green. «Warum chartern wir nicht ein Flugzeug und fliegen einfach irgendwohin?»

Sam hatte die Fliegerei und die Fahrten in Limousinen satt. Er schlug vor, ein Cabrio zu leihen und einfach übers Land zu fahren. Kurz danach brausten sie den Merritt Parkway, eine wunderschöne alte Schnellstraße, nach Connecticut hoch. «Warum besuchen wir nicht deine Familie?» sagte Yoko aus heiterem Himmel. Sam bekam schon beim Gedanken daran eine Gänsehaut. Nach einigen erfolglosen Versuchen, sie von ihrer Idee abzubringen, verließ er den Parkway bei Middlebury und rief seine Eltern an.

«Ich bin zufällig in der Nähe, Mom», sagte er lässig. «Es ist acht Uhr, und ich hab jemanden dabei. Was macht ihr gerade?»

Mrs. Green erwiderte auffallend gedämpft: «Heute ist ein ganz besonderer Abend für deine Schwester. Der Junge, mit dem sie seit einem Jahr zusammen lebt... Wir glauben, sie haben etwas Besonderes vorbereitet, weil sie uns sagen wollen, daß sie *heiraten*. Wir haben draußen im Garten ein Dinner mit Kerzen und Sturmlaternen vorbereitet. Dein Vater grillt, und deine Schwester hat alles Mögliche besorgt, ich hoffe also, daß du ihre Pläne nicht umwirfst. Aber wir würden dich natürlich sehr gern sehen.»

Sam antwortete: «Ja, aber ich *bringe jemanden mit*.»

Seine Mutter fragte besorgt: «Wen denn?»

«Yoko Ono. Du weißt, wer das ist?»

Mrs. Green war sicher erleichtert, daß es nicht ein noch bizarreres Wesen war, denn Sam hatte schon so manches Drama heraufbeschworen, besonders an jenem unvergeßlichen Abend, als er bei einer eleganten Dinnerparty mit Candy Darling aufkreuzte, dem blonden Groupie, das sich dann als ein *Mann* herausstellte! Und Sam *lebte mit ihm zusammen!* Was war Yoko Ono verglichen mit einem irischen Strichjungen aus Queens, der sich für Marilyn Monroe hielt?

Sam Green erzählte, was geschah, als die beiden zur Grillparty kamen: «Es war ein sehr schönes Dinner, und Yoko glaubte, daß alles ihr zu Ehren arrangiert worden wäre. Sie benahm sich, als wäre es ihre Familie, ihre künftigen Schwiegereltern, und sagte Sachen wie: ‹Ich kann Sam und mich hier sitzen sehen, wenn wir graue Haare bekommen.› Ihr war nicht bewußt, daß meine Schwester mit geballten Fäusten dasaß und dachte: Warum zum Teufel ist diese kleine Hexe hergekommen und stiehlt mir den wichtigsten Abend meines Lebens! Und wissen Sie was? Sie haben *nie* gesagt, daß sie heiraten würden, und sie haben nie geheiratet! Alle – meine Mutter, meine Schwester und vor allem mein Vater – gewannen den Eindruck, den Yoko vermitteln wollte: daß Yoko da war, weil sie demnächst zur Familie gehören würde. Ich versuchte den Schein zu wahren und sagte: ‹Sie sollte das hübsche Gästezimmer bekommen.› Sie schlief keine Sekunde in dem Bett. Sie schlich nach unten, als alle noch wach waren, und die Dielen in den Fluren knarrten, als sie zu meinem Zimmer kam, das einen halben Kilometer entfernt war. [Das alte Landhaus der Greens hat vierundvierzig Zimmer.] Sie hielt es nicht einmal für nötig, ihr Bett morgens ein bißchen zu zerwühlen, was man in solchen Fällen zu tun pflegt. Sie sorgte dafür, daß alle Bescheid wußten!»

Sam Green berichtete, sie hätten nach der Rückkehr aus Connecticut angefangen, sich bei Juristen zu erkundigen, wieviel von Johns Vermögen Yoko bei einer Scheidung beanspruchen könnte. Da Johns Finanzen untrennbar mit den Apple-Geschäften verbunden waren, war dies natürlich kein einfaches Problem. Als sich kürzlich herausgestellt hatte, daß Apple im Fall seines Todes womöglich einen Teil seiner künftigen Einnahmen fordern könnte, hatte John sein Testament ändern müssen. Eine weitere Komplikation war eine am 19. Juni 1980 in Kraft getretene Bestimmung, die das New Yorker Scheidungsgesetz dahingehend ergänzte, daß der Besitz eines Ehepaares bei einer Scheidung zu gleichen Teilen zwischen Mann und Frau aufgeteilt werden mußte. Sam Green war nicht sehr erbaut über die Aussicht auf ein eheliches Zusammenleben mit Yoko, aber er war bereit, sie zu heiraten und ihre Millionen mit ihr zu teilen.

Yoko gab sich nicht damit zufrieden, die Scheidung zu planen und die nötigen Recherchen durchzuführen. Sie wollte ihren neuen Status sofort genießen. So wie John seinerzeit Cynthia aus seinem Leben gestrichen hatte, ohne sich die Mühe zu machen, sie darüber zu informieren, verfuhr Yoko nun mit ihm. Sie befahl Luciano, Johns persönliche Habe – seine Kleidungsstücke, Gitarren, Hi-Fi-Anlage, Bücher usw. – in Apartment 71 zu schaffen. Sie erklärte diesen Schritt damit, daß John nach seiner Rückkehr totale Ruhe haben wolle, sogar vor seiner Familie. Die Anweisungen wurden ausgeführt, doch als Sam Green davon hörte, fand er Yokos Vorgehen abscheulich brutal. «Das kannst du nicht machen!» protestierte er. «Das kannst du einfach nicht machen!» Nach einem erregten Wortwechsel wurden die Sachen wieder in Apartment 72 geschafft.

Dieser Versuch, John aus der Wohnung zu werfen, führte zu der Frage, was aus ihm werden sollte, wenn Yoko sich von ihm scheiden ließ. Nach jahrelanger infantiler Abhängigkeit war John kaum mehr als ein Kind. Ihn im Stich zu lassen, wäre ungefähr so, als setzte man einen kleinen Jungen auf der Straße aus. Er würde mit vierzig Jahren wieder genau das durchmachen, was er als Fünfjähriger erduldet hatte.

WILLKOMMEN DAHEIM!

Yoko sah Johns Rückkehr mit einer an Hysterie grenzenden Angst entgegen. Er war fast fünf Monate fort gewesen, und sie hatte sich in dieser Zeit einer so gut wie uneingeschränkten Freiheit erfreut.

Sie bereitete sich mit Lucianos Hilfe auf das Wiedersehen vor. Er machte ihr eine neue Frisur und empfahl ihr, wie sie sich schminken und was sie anziehen sollte. An dem großen Tag hatte sie noch eine wichtige Aufgabe für ihn. Als sie und John abends im Garten vom Barbetta, einem Restaurant im Theaterdistrikt, unter einem großen Sonnenschirm saßen, sprang Luciano hinter dem Brunnen hervor, auf dem nackte Putti über ihre Schultern hinweg Wasserkrüge leerten, und machte einige Schnappschüsse mit Blitzlicht. «Was tun Sie da?» fragte der erstaunte Oberkellner.

«Mein Bestes!» rief der überdrehte Friseur, ehe er aus der Tür eilte und in einen wartenden Wagen sprang. Als er wieder zu Hause war, klingelte das Telefon. Es war Yoko. Sie war begeistert, wie erfolgreich ihr Überraschungsangriff verlaufen war.

Luciano begriff den Zweck der Übung erst am nächsten Tag, als er die Klatschkolumne von Liz Smith las. Sie schrieb, die Lennons seien gestern abend von einem «mafiahaften» Fotografen belästigt worden, als sie friedlich in einem Restaurant gespeist hätten. Luciano war wieder ein bißchen klüger geworden: «Das war meine Einführung in die Kunst, private Zwischenfälle zu provozieren, um geschäftliche Interessen zu fördern.»

Am Tag nach Johns Rückkehr sollte Brad Martin ein paar Glamourfotos von Yoko machen. Luciano richtete gerade ihr Haar, als

John ins Zimmer trat. Er war über das Aussehen seiner Frau beeindruckt und fragte scherzhaft: «Was kostet das?» Yoko stellte Luciano als den geheimnisvollen Fotografen vor. Johns Stimmung schlug sofort um. «Warum haben Sie das getan?» fragte er wütend.

Luciano wollte sich nichts anhängen lassen und konterte: «Das fragen Sie besser Ihre Frau!»

Am nächsten Tag hatte Lennons Zorn sich gelegt. Als Luciano die Küche von Apartment 72 betrat, um auf Yokos Geheiß ein Paar Stiefel zu holen, lag John nackt auf einem Sofa. «Oh, Sie sind's», rief er freundlich.

«Jawohl», sagte Luciano herausfordernd. «Aber ich habe meine Kamera nicht dabei.»

John lachte, stieß einen tiefen Seufzer aus und sagte: «Na ja, ich vermute, Yoko hat wieder ihre alten Tricks abgezogen.»

In diesem Augenblick bemerkte Luciano, daß einer der homosexuellen jungen Männer, die mit den Renovierungsarbeiten beschäftigt waren, im Zimmer war. Er fragte sich unwillkürlich nach Johns sexuellen Vorlieben und ging der Sache anschließend nach. Er kam zu dem Ergebnis: «John war bisexuell und machte keinen großen Hehl daraus. Er stand auf Prostituierte und siebzehn- oder achtzehnjährige Jünglinge.»

Bald spielte Luciano die altbekannte Friseurrolle des Vertrauten. Yoko klagte über Johns Schwäche und Apathie. Sie lamentierte darüber, daß sie als Frau keine Erfüllung fand. Als Luciano einmal erwähnte, daß Sam Havadtoy offenbar nie etwas von dem zu Ende brachte, was er in Angriff nahm, entgegnete Yoko, er könne sich doppelt glücklich schätzen: erstens, weil er ein ausgefülltes Sexleben habe, und zweitens, weil sein Liebhaber *kein* berühmter Mann sei. Dann sagte sie, ihr Sexleben mit John sei so gut wie vorbei. «So ist es nun mal», bemerkte sie resignierend, «nach elf Jahren Ehe ist der Ofen aus.» Sie erzählte Luciano auch, daß sie und John sich nicht einig seien, ob sie weitere Kinder haben sollten. John wünsche sich eine Tochter, aber sie wolle nicht. Überall in ihrem Büro lagen Utensilien für Schwangerschaftstests herum, und die Lennons befolgten lächerliche Fruchtbarkeitsriten – sie legten zum Beispiel Scheren oder Eier unter das Bett –, aber Yokos Gynäkologe hatte ihr geschrieben, sie sei zu alt, um noch ein Kind zu bekommen. Am interessantesten war freilich die Entdeckung, daß Yoko beschlossen hatte, sich von John scheiden zu lassen, sobald die neue LP fertig wäre. Yoko sagte Luciano: «Ich muß mich von dem Namen Lennon befreien.»

Kurz nachdem John mit den Proben für die LP angefangen hatte, schleppte Yoko ihn nach Fire Island zu Sam Greens Haus. Er staunte sicher nicht schlecht, als er sah, daß das einfache Sommerhaus mit einem Flügel und einem elektrischen Yamaha-Klavier ausgestattet war – wie ein Tonstudio. Sam hatte sich erst nach drei Jahren Telefon legen lassen, während Yoko nur zwei oder drei Tage dafür gebraucht hatte, diese Instrumente über die Great South Bay transportieren zu lassen.

Der Plan sah vor, daß John arbeitete, während Yoko und Sam sich vergnügten. Es klappte von Anfang an nicht, denn als John und Yoko vom Wasserflugzeug ans Ufer gewatet waren, erfuhren sie, daß Sam und Sean an der Meerseite der kleinen Insel waren. Als John den Strand hinunterging und den Mann, der für ihn «eine von Yokos Tunten» war, mit seinem kleinen Sohn erblickte, wurde er stocksauer.*

Am nächsten Morgen wirkte John deprimiert und mutlos. Er ging auf die Veranda und saß, den Kopf in die Hände gestützt, bewegungslos da. «Ist etwas nicht in Ordnung?» fragte Sam.

«Ja», antwortete er. «Ich muß wieder arbeiten. Ich muß hier weg.»

«Dann brauchst du nur ein Wasserflugzeug kommen zu lassen», sagte Sam ungnädig. «Es wird dich hier wegbringen.»

Die Lennons reisten noch am selben Tag ab und kehrten nie wieder zurück. Yoko sagte Sam, John sei wütend gewesen, weil er auf

* Diese Reaktion entsprach seiner ganzen Einstellung, wirft jedoch eine schwierige Frage auf. Im vorangegangenen November hatte John sein Testament geändert und Sam Green für den Fall, daß Yoko sterben oder die Verantwortung für das Kind ablehnen sollte, zu Seans Vormund bestimmt. Wieso kam jemand, den er nicht mit seinem Sohn zusammen spielen sehen wollte, als Vormund in Betracht? Sicher, Lennon war in juristischen Angelegenheiten erschreckend gleichgültig und hatte sich daran gewöhnt, in dieser Hinsicht alles zu tun, was Mutter sagte. Aber selbst wenn es ihre Idee war, ist kaum verständlich, daß er seinen Sohn jemandem anvertrauen wollte, den er nicht ausstehen konnte.

dem Klo einige Porno-Comics gefunden habe. Sam glaubte jedoch, daß der Grund für Johns Niedergeschlagenheit tiefer lag.

Vierzehn Tage später verbrachte Sam das Wochenende mit den Lennons in Cold Spring Harbor. John hatte die erste Woche im Tonstudio hinter sich. Er war sehr verzagt, weil er kein Vertrauen zu sich und seinen Songs hatte. In diesem unpassenden Moment fing Yoko an, davon zu reden, daß sie die Hälfte der neuen LP für sich haben wollte. John bekam einen Wutanfall. «Wenn du das willst», schrie er, «wird es keine LP geben!» Er lief aus dem Raum, ging in sein Schlafzimmer und knallte die Tür hinter sich zu. Den Rest des Wochenendes blieb er in Klausur und kommunizierte nur mit ihnen, indem er schriftliche Mitteilungen unter der Tür durchschob.

Es war bezeichnend für Lennon, daß er es auch in einer auf mangelndem Selbstvertrauen beruhenden Krise fertig brachte, in der Öffentlichkeit große Zuversicht zu zeigen. Er hatte in der Hit Factory vom ersten Tag an das uneingeschränkte Kommando. Jack Douglas, zusammen mit Yoko sein Produzent, war ein ausgezeichneter Techniker und hatte früher selbst als Rockmusiker gearbeitet. Er hatte seit *Imagine* an fast allen Platten Lennons mitgewirkt, zuerst als Assistent von Roy Cicala, dann als leitender Toningenieur. Anders als Cicala, der sich bei jedem Befehl Yokos an Lennon gewandt und «Ist das okay, John?» gefragt hatte, hörte er jedoch fast uneingeschränkt auf Yoko. Als Jack im Juni nach Cold Spring Harbor gerufen wurde, um über Johns lang erwartetes Comeback-Album zu sprechen, hatte sie ihm eröffnet: «Ich möchte ein paar von meinen Sachen auf die Platte bringen.» Dann hatte sie ihm einen ganzen Stoß Tonbänder gegeben, von denen einige dreizehn Jahre alt waren.

«Wie viele Songs willst du auf der Platte haben?» hatte Jack gefragt.

«So viele wie möglich», antwortete sie. Dann befahl sie ihm, nichts von ihren Songs zu sagen, wenn er John auf den Bermudas anrief.

Lennon gab Douglas Anweisungen, eine neue Band zu engagieren, und erklärte diesen Schritt später so: «Ich habe zu viele Stunden, Tage, Monate und Jahre mit den Jungs [seiner früheren Band] in den Studios verbracht. Jede Aufnahmesitzung führte zu endlosen Diskussionen über alles mögliche. Wenn wir Glück hatten, schafften wir in acht Stunden einen Song... Ich war mit Jim [Keltner] und den anderen zu eng befreundet, um mich einfach hinzustellen und zu sagen: ‹Nein, das gefällt mir nicht.› ...Jetzt kann ich hingehen und von Anfang an der Boß sein.»

Genauso benahm er sich am ersten Tag, als er in den Aufnahmeraum ging und die Band prüfte. «Okay, Drummer», sagte er zu Andy Newman. «Laß dein Schlagzeug hören. Alle anderen sind still. Zuerst die große Trommel. Gut, und jetzt die Trommel...» Als der Sound stimmte, hörte er sich den Takt an, den Newman spielte. Er nahm kein Blatt vor den Mund: «Das gefällt mir nicht. So sollst du spielen. Das mit der Fußmaschine. Das mit der Trommel. Nur ‹dat, dat, dat›, nichts Hektischeres. Nicht ‹diddle, diddle, dum›. Und beim Chor gibst du besonders die Trommel.» In fünf Minuten hatte er den Schlagzeugpart so, wie er ihn haben wollte.

Seine coole Arbeitsweise beeindruckte die Musiker. Newman bemerkte später dazu: «Seine Art, eine Platte zu machen, ging ungefähr so: ‹Hier ist ein Song. Er ist ganz einfach. Ihr Jungs wißt, wie ihr eure Instrumente spielen müßt. Vergeßt den Firlefanz. Begleitet mich einfach.› Man wußte, daß er die Sache in zwanzig Minuten anfangen und in einer Stunde damit fertig sein wollte. Es änderte den ganzen Aufnahmeansatz, weil man wußte, daß man nicht drei Stunden rummachen konnte... Man war gezwungen, zur Sache zu kommen und keinen Blödsinn zu machen. Wenn er einen Song öfter als fünf- oder sechsmal singen mußte, hatte er es satt und sagte: ‹Gut, vergessen wir's. Es reicht. Wir werden ihn ein andermal machen. Probieren wir einen anderen.›»

Lennon gab sich souverän, doch in Wahrheit war er nach fünfjähriger Studioabwesenheit sehr unsicher. Seine Besorgnis äußerte sich am meisten in der Art, wie er seine Stimme zu stützen oder zu kaschieren versuchte. Wie er Fred sagte: «Je unsicherer ich bin, desto mehr Instrumente bringe ich auf eine Tonspur.» Bei *Double Fantasy* erreichte seine Angst einen noch nie dagewesenen Höhepunkt, und er verlangte so viele zusätzliche Sounds, daß Jack Douglas zuletzt keinen Platz mehr hatte. In diesem Stadium unterbrach man die Aufnahmen für ein paar Tage, und der Produzent und sein Toningenieur entfalteten ihren ganzen Erfindungsreichtum, um die Kapazität ihrer Aufnahmemaschine zu vergrößern.

Als Yoko aufgenommen werden sollte, wurde es viel schlimmer. John hatte Jack Douglas von Anfang an darauf hingewiesen, daß das ganze Unternehmen sie zu einem Star machen sollte. Die Musiker mußten Yokos Songs also möglichst kreativ entwickeln, und der Toningenieur mußte bei der Aufnahme ihrer Stimme die raffiniertesten Tricks benutzen. Douglas wußte aus langer Erfahrung, daß Yoko vor allem zwei Probleme hatte: Sie hatte keine Stimme, und sie konnte nicht auf Anhieb den richtigen Ton treffen. Seine Lösung bestand darin, sie so laut aufzunehmen, daß die Monitore fast von der Wand flogen, wenn sie nur schluckte, und zehn seiner vierundzwanzig Tonspuren für ihren Gesang zu reservieren, weil «sie kaum jedesmal an derselben Stelle versagen konnte». Wenn dann alle nach Hause gegangen waren, blieb Jack bis zum Morgengrauen im Studio, suchte aus jeder Aufnahme die besten Töne aus und setzte diese Fetzen Stück für Stück zusammen. Um sicherzugehen, daß er für jede Silbe wenigstens einen guten Ton hatte, ließ er sie die Songs x-mal wiederholen. Irgendwann hatte er dann genug Rohmaterial und sagte: «Aufnahme steht!»

Selbst Jack konnte Yoko nicht davon abbringen, Dinge zu tun, die nicht zu verantworten waren. Als sie ihnen «I'm Your Angel» präsentierte, wandten alle ein, daß der Song ganz offensichtlich ein Plagiat von Eddie Cantors altem Hit «Makin' Whoopee» war. «Nur gut, daß es im Dreivierteltakt ist, denn wenn es im Viervierteltakt wäre, könntest du dich auf was gefaßt machen», hatte Jack zu Yoko gesagt. Als es jedoch soweit war, die Aufnahme zu schneiden, bestand Yoko auf Viervierteltakt. Jack protestierte, und sie entgegnete, sie befolge nur den Rat ihres Mediums. Sie behauptete sogar steif und fest, den Cantor-Song nie gehört zu haben. Als *Double Fantasy* erschienen war, verklagten die Copyright-Inhaber von «Makin' Whoopee» Yoko auf eine Million Dollar Schadenersatz, schlossen aber im Februar 1984 einen außergerichtlichen Vergleich. Die Summe, die Yoko zahlte, wurde nicht bekanntgegeben.

Wenn Yoko nicht in der Hit Factory war, war sie in Studio One und kümmerte sich um das Geschäftliche. Reklame stand ganz oben auf ihrer Liste. Sie, die Veteranin so mancher Medienkampagne, stand nun an der Schwelle ihres größten Werbefeldzugs. *Double Fantasy* war nicht nur eine Comeback-LP; sie war auch ein Ereignis, das Schlagzeilen machen sollte. Sie markierte die Rückkehr eines der wichtigsten Vertreter der Popkultur ins öffentliche Bewußtsein. Sie bot endlose Chancen, ausgeschlachtet zu werden, und war der Traum jedes Presseagenten. Die einzige Frage war: Wer sollte den Auftrag bekommen?

Die meisten Leute hätten sich an einen der Giganten des PR-Spiels gewandt, eine der ausgebufften New Yorker Werbeagenturen oder einen großen Imagemacher wie David Garth. Nicht Yoko Ono. Sie engagierte einen Unbekannten, auf den sie durch einen Zufall aufmerksam geworden war. Als sie John Greens Tätigkeit als Manager des Popsängers Mande Dahl beobachtet hatte (ehe sie ihn dann bat, die Lennons zu managen, was er aus Sorge, es würde seine langjährige Beziehung zu ihr beenden, abgelehnt hatte), war ihr aufgefallen, wieviel Publicity der junge Sänger bei einem Discoauftritt in Boston bekommen hatte. Sie erfuhr, daß ein gewisser Charles Cohen als Dahls PR-Mann gearbeitet hatte, und ließ ihn nach New York kommen, um ihn der Prüfung zu unterziehen, die jeder potentielle Mitarbeiter über sich ergehen lassen mußte: Einstellungsgespräch, Ausarbeitung eines Horoskops usw. Sie traf ihren Entschluß in nur zwei Tagen und engagierte Cohen für ein volles Jahr; er bekam, wie er selbst sagte, ein «märchenhaftes Honorar».

Der PR-Mann aus Massachusetts war sofort beeindruckt von der Art, wie Yoko die Maschinerie der Eigenwerbung im Griff hatte. Sie wußte ganz genau, was sie wollte und wie sie es bekommen konnte. Sie öffnete ihr umfangreiches Archiv, das jede Besprechung enthielt, in der sie seit Beginn ihrer Karriere im Jahr 1961 gewürdigt worden war, und las Dutzende von Artikeln vor, von bissiger Kritik bis zu Hohn und Spott. All das müsse sich ändern, verlangte sie. *Double Fantasy* solle ihr nicht Ruhm – den sie bereits hatte –, sondern Ehre und Anerkennung verschaffen. Der Tenor des Unternehmens, erklärte sie, müsse lauten, daß die LP ein «weltweites Musikereignis» sei und keinen kommerziellen Zweck verfolge, sondern Yoko Ono als eine «eigenständige Künstlerin und einen guten Menschen» durchsetze, «der es einzig und allein um ihre Beziehung zu ihrem Sohn und John und zum seligen Frieden des Universums geht».

Kaum war Cohen eingestellt, als er auch schon einen Eilauftrag erhielt. Er sollte an die Presse durchsickern lassen, daß Yoko bei der großen Landwirtschaftsausstellung des Staates New York in Syracuse eine Kuh für die Rekordsumme von 265 000 Dollar versteigert hatte (in Wahrheit war das Tier von Dreamstreet Holstein verkauft worden). Yoko erklärte Cohen, sie wolle «bei ihrer neuen Image-Kampagne die Tatsache betonen, daß sie Tiere liebte und sie nicht zu Schlachtzwecken züchtete, sondern wegen der Milch». Die Story wurde sofort von Hunderten von Zeitungen auf der ganzen Welt gebracht.

Als nächstes hatte sie die Idee, Kapital aus dem gemeinsamen Geburtstag von John und Sean zu schlagen. Ein Reklameflugzeug sollte über dem Central Park die Worte «HAPPY BIRTHDAY, JOHN & SEAN. EURE YOKO» in den Himmel malen. «Wir hatten jede Menge Presse», erinnerte Cohen sich später begeistert. (John Lennon weigerte sich, auf das Dach des Dakota zu steigen, um das Flugzeug zu beobachten, und schrieb dann quer über die Rechnung für die Himmelsreklame: «Nie wieder.»)

Cohens wichtigste Aufgabe bestand darin, die zahlreichen Presse-, Rundfunk- und Fernsehinterviews zu arrangieren, die die Medien überrollen sollten. Wieder diktierte Yoko, wie alles gemacht werden sollte. Ehe sie ein Interview gab, wollte sie folgendes wissen:

1. Die Auflage der Zeitung oder Zeitschrift bzw. die Größe und Bedeutung der Rundfunk- oder Fernsehgesellschaft.
2. Über welche anderen Berühmtheiten sie in letzter Zeit berichtet hatte.
3. Welcher Fotograf den Auftrag bekommen würde.
4. Die genauen astrologischen Daten des Interviewers.

John hatte etwas gegen die Unmenge von Interviews, da er praktisch alle Arbeit tun mußte, aber Yoko wußte, daß er sie, wenn es einmal soweit war, über sich ergehen lassen würde. Sie verließ sich jedoch nicht allein auf seine Schlagfertigkeit und Beredsamkeit, um für die LP zu werben – sie hatte eine Menge Tricks parat. «Sie ist sehr, sehr gerissen», bemerkte Cohen, und sie erwies sich als so gerissen, daß er ihr anbot, sie als Partnerin in seine Firma aufzunehmen, falls sie sich entscheiden sollte, in die PR-Branche zu gehen. Um ihr Können zu veranschaulichen, schilderte Cohen die Technik, mit der sie Dinge an die Presse durchsickern ließ. «Sie wollte nie direkt zitiert werden», berichtete er. «Wenn etwas an Suzy oder Lisa Robinson oder jemanden von diesen Leuten [den Klatschkolumnisten] gehen sollte, mußte es immer heißen: ‹Eine den Lennons nahestehende Quelle.›» Der Grund für diese indirekte Zuschreibung war: «Yoko wollte nie so aussehen, als ob sie um all diese Werbung buhlte oder selbst dahinter stand.» Sie war auch sehr geschickt darin, schmeichelhafte Gerüchte zu erfinden: «Eine geheimnisvolle Unbekannte läßt jeden Tag weiße Rosen zur Hit Factory schicken.» Die «geheimnisvolle Unbekannte» war natürlich niemand anders als Yoko Ono, aber das änderte nichts an der Wirkung auf die Öffentlichkeit. Cohen staunte darüber, wie gierig sich die Medien auf alles stürzten. «Ich bekam fünf Monate lang dreißig oder vierzig Anrufe pro Tag», sagte er. «Ich mußte einen Extramann einstellen, der allein damit beschäftigt war, die Lennon-Anrufe entgegenzunehmen.»

Zwei Phänomene dieser langen und kostspieligen Kampagne sind ihm besonders im Gedächtnis geblieben. Das eine war die Reaktion, mit der die elektronischen Medien die Ankündigung der LP aufnahmen, und das andere war die Art, mit der man das wichtigste Interview arrangierte. Am 10. August befahl Yoko ihm, eine Pressemitteilung auszuarbeiten, in der es hieß, daß John und Yoko wieder arbeiten und in der Hit Factory Aufnahmen machten. Am 12. August las er ihr den Text am Telefon vor. «Sehr gut, Charles», erklärte sie. «Das kann so rausgehen!» Um drei Uhr nachmittags rief er John Mullins an, den Leiter des AP-Büros in Boston. Als er die Neuigkeit mitteilte, setzte Mullins sofort zwei Reporter ans Telefon, und am Abend tickerten die elektronischen Medien die Nachricht in alle Welt.

Das große Interview war das Gespräch mit dem *Playboy*, der solche Beiträge normalerweise ein halbes Jahr vorab produzierte, sich aber bereit erklärte, in der Januarausgabe, die im Dezember, also kurz nach der Veröffentlichung der LP, an den Kiosken sein würde, eine längere Unterhaltung mit John und Yoko einzuschieben. Was das Interview zu einem so erfolgreichen PR-Coup machte, war die Tatsache, daß der Chefredakteur sein übliches Bearbeitungsrecht an Yoko abgetreten hatte. «Yoko gab das Interview nur unter der Bedingung, daß sie Vorabgenehmigung bekam [das heißt, daß nichts ohne ihre Erlaubnis gedruckt werden durfte]», betonte Cohen. «Sie erklärten sich einverstanden. Sie bestand unerbittlich auf Vorabgenehmigung.»

Die Interviews, die den Absatz von *Double Fantasy* fördern sollten, waren letztlich weit wichtiger als die LP, weil sie das Thema der Lennons – das Wechselspiel zwischen ihren eingebildeten Egos – weit besser verbreiteten als die Lieder. Sie waren auch die letzte überzeugende Demonstration von John Lennons einmaliger Fähigkeit, selbst seine absurdesten Thesen vollkommen plausibel klingen zu lassen.

Die große Publikumsübertölpelung begann am 9. September, dem Tag, als der Playboy-Interviewer, ein naiver junger Mann – übrigens ein typischer Fan, der vom Gedanken an eine Wiedervereinigung der Beatles besessen war –, zusammen mit John und Yoko in der Küche von Apartment 72 Platz nahm. «John lehnte sich zurück und hielt die Teetasse mit beiden Händen fest», schrieb David Sheff, der zweifellos sehr gespannt war, weil er glaubte, er und sein Sony-Recorder würden gleich einen historischen Moment aufzeichnen. «Er sah zu, wie der Dampf sich von der Flüssigkeit löste und aufstieg», fuhr er fort.

Dann legte Lennon los: «Ich habe eben Brot gebacken.»

«Brot!» rief der erstaunte Journalist aus.

Ohne mit der Wimper zu zucken, redete John weiter: «Und nach dem Baby gesehen.» Nachdem er den Bericht über sein geheimes Leben mit dieser überraschenden Note eröffnet hatte, entwickelte er das Thema von der «Mutter» und «Hausfrau» John Lennon mit offensichtlichem Vergnügen weiter. Manchmal ließ er sich so sehr von seiner Phantasie mitreißen, daß die ganze Story an den Rand des Lächerlichen geriet. Er machte sich übrigens wirklich ein bißchen über sich selbst lustig, als er erzählte, wie er Yoko abends begrüßte: «Hast du einen schweren Tag im Büro gehabt? Soll ich dir einen kleinen Cocktail machen?» Das war ziemlich dick aufgetragen, aber es schreckte ihn nicht, weil er aus lebenslanger Erfahrung wußte, daß keine Lüge leichter zu schlucken ist als die «große Lüge», die Geschichte, die so phantastisch ist, daß man sie unmöglich erfinden kann – sonst läßt man es besser ganz!

Jedesmal, wenn John innehielt, um Luft zu holen, nahm Yoko den Faden auf und spann ihren ergänzenden Beitrag. Während er sich als die Vorstadthausfrau hinstellte, die den Tag nach ihren häuslichen Pflichten einteilte, nach dem Aufstehen das Baby fütterte, den Speisezettel plante und sich dann ans Kochen und Backen machte, erklärte sie, sie sei «mehr macho als die meisten Kerle», habe aber in ihrer frühen Zeit an einem Gefühl der «Entmannung» oder «Kastration» gelitten. Yoko bestritt, daß es so etwas wie «Penisneid» gebe, und behauptete steif und fest, daß Männer unter einem «Gebärmutterneid» litten. Sie erklärte, es sei sehr gut für John gewesen, sein Bedürfnis nach einer weiblichen Rolle zu befriedigen, so wie sie Erfüllung gefunden hätte, indem sie als Leiterin des Familienunternehmens die männliche Rolle gespielt habe. Die unbegreifliche Feindseligkeit, auf die sie fortwährend gestoßen sei – und die fraglos auf männlichen Chauvinismus zurückgehe –, habe ihr diese Aufgabe allerdings schrecklich schwer gemacht. Als sie über die Manager und Anwälte von Apple herzog, stimmte John ein und bezeichnete sie als «große und fette, brüllende Wodka-Lunch-Typen, die wie abgerichtete Hunde auf Angriff dressiert sind». Männer waren für John Lennon im Grunde genommen Tiere, doch Yoko stand ihnen als geborene Dompteuse in nichts nach.

Als Sheff aber fragte, ob Yoko vielleicht auch John kontrolliere, explodierte er vor Wut. «Wenn Sie glauben, sie hätte mich wie einen Hund an der Leine, weil ich etwas mit ihr zusammen mache, irren Sie sich gewaltig!» schrie er. «Weil... *Sie verdammter Idiot, Sie haben ja keine Ahnung, wo es langgeht!*»

Während Lennon seinen Monolog die nächsten neunzehn Tage fortsetzte (so daß er schließlich ein Buch von 193 Seiten füllte), wurde immer deutlicher, daß in den zehn Jahren, die verstrichen waren, seit er sich zum letztenmal vor der Öffentlichkeit entblößt hatte, praktisch gar nichts geschehen war. Abgesehen von dem Rollentausch sprach er meist von der fernen Vergangenheit, deren berühmteste Episoden, beispielsweise die Begegnung mit Yoko, schal geworden waren, weil man sie so oft gehört hatte. John ging es bei seinen letzten Interviews weniger darum, sich selbst zu erklären, als darum, Reklame für seine Frau zu machen. «Sie ist der Lehrer, und ich bin der Schüler», sagte er mit Nachdruck, um schrill hinzuzufügen: «Sie hat mir alles beigebracht, was ich weiß... Sie war *da*, als ich der *Nowhere Man* war!»

Während Yoko den Eindruck zu erwecken versuchte, daß sie und John über finanzielle Dinge erhaben seien, bemühte sie sich gleichzeitig um einen Schallplattenvertrag, der ihnen Millionen von Dollar einbringen würde. Als Bruce Lundvall, der Leiter von Columbia Records, eines Tages im Studio anrief, sagte John zu ihm: «Ich will keinen Cent weniger kriegen als Paul oder der andere Scheißkerl [Mick Jagger].»

Yoko half ihm nach Kräften und schwor: «Ich werde Paul vernichten! Ich werde mehr bekommen als er.» (Paul hatte angeblich 22,5 Millionen Dollar bekommen.) Sie traf sich mit Lundvall und sagte, die LP werde zur Hälfte aus Johns Songs und zur Hälfte aus ihren bestehen, und er entgegnete, das komme auf keinen Fall in Frage. Er war bereit, Lennon einen großen Vorschuß zu geben, aber nur für eine Lennon-LP und nicht für ein John-und-Yoko-Duo.

Als Woche um Woche ohne Vertrag dahinging, wurde Lennon nervös. «Wir sind fast fertig und haben immer noch keinen Schallplattenvertrag!» beschwerte er sich bei Jack Douglas. Jack schlug vor, Yoko solle sich von seinem äußerst tüchtigen Manager, Stan Vincent, beraten lassen, der angeboten hatte, ihr unentgeltlich ein paar Tips zu geben. Vincent arbeitete einen Vertrag aus, der Lennon eine Vorauszahlung von fünf bis sieben Millionen Dollar gebracht hätte. Yoko ließ den Entwurf von ihrem Anwalt David Warmflash durchsehen und brach dann einen Streit mit Vincent vom Zaun, der sie für immer entzweite. Als Ahmet Ertegun, der berühmte Chef von Atlantic/Warner, eines Abends den fünften Stock der Hit Factory betrat, machte Yoko ihm eine Szene, weil er die Aufnahmen störe, und warf ihn praktisch hinaus. Sie schien die großen Marken zu jedermanns Verblüffung vergraulen zu wollen, statt sich um sie zu bemühen. Am Abend des 19. September erschien schließlich David Geffen im Studio.

Geffen war seit Jahren nicht mehr im Plattengeschäft gewesen. Nun fing er gerade mit einer eigenen Firma wieder an, aber er hatte nur eine einzige Künstlerin – Donna Summer – unter Vertrag. Jack Douglas ärgerte sich über das Auftauchen eines Mannes, den er als «Gauner» betrachtete, aber Lennon war erleichtert. Wie Douglas später bemerkte: «John war einfach froh, daß er einen Vertrag hatte und die LP rauskommen würde.» Branchenkenner staunten jedoch über den geringen Vorschuß von einer Million Dollar und über die fünfzigprozentige Beteiligung an Lennons Nebenrechten an den neuen Songs. Yoko hatte diese Rechte ungeachtet ihres enormen Wertes in die Waagschale geworfen. So konnte David Geffen mit *Double Fantasy* ein doppeltes Vermögen verdienen.

Was hatte Yoko dazu gebracht, den kleinen David zu nehmen und keinen der Branchengoliaths? Geffen erzählte es so: Als Yoko ihm mitteilte, daß Columbia nichts von einer John-und-Yoko-LP wissen wollte, hatte er, Geffen, nur wohlwollend gelächelt und gesagt: «Ich will genau das und nichts anderes!»

Wenn Werbung ganz oben auf Yokos Liste stand, dann rangierte Sicherheit ganz unten. Im Februar 1980 hatte sie angefangen, sich von dem ehemaligen FBI-Agenten Douglas MacDougall beraten zu lassen, wie sie Sean schützen und die Häuser, die sie kaufte, sichern sollte. MacDougall kam des öfteren zum Dakota, um über seine Fortschritte bei der Sicherung von Wohnsitzen zu berichten, die John selten oder nie benutzte, und dabei fiel ihm auf, daß der Hauptwohnsitz seiner Klienten praktisch ungehindert zugänglich war. Yoko pflegte einfach aufzumachen, wenn die Rezeption einen Lieferanten meldete, und in einigen Fällen waren Fans nicht nur ins Haus gelangt, sondern bis in Apartment 72 vorgedrungen. Einmal waren sie sogar in Johns Schlafzimmer spaziert. Was ihm die Haare zu Berge stehen ließ, waren freilich nicht diese vertrauten Gefahren, sondern die speziellen Risiken, denen die Lennons sich bei ihrer großangelegten Pressekampagne für *Double Fantasy* aussetzten.

Eines Morgens griff MacDougall zur *Daily News* und las ein Interview mit Yoko, in dem sie den Namen des Studios, in dem sie arbeiteten, und sogar die ungefähren Zeiten nannte, zu denen sie das Haus verließen und zurückkamen. Er nahm den Hörer, ließ sich mit Yoko verbinden und stellte ein Ultimatum. «Yoko», begann er, «es ist mir ja ziemlich egal, ob Sie sich umbringen lassen wollen... Aber ich möchte eigentlich nicht, daß man Sie umbringt... Außerdem wird es meinem Ruf schaden, wenn Sie umgebracht werden. Es ist nämlich bekannt, daß ich etwas mit Ihrer Sicherheit zu tun habe, obgleich ich nicht dafür *verantwortlich* bin. Ich kündige!»

Yoko antwortete: «Ich weiß, Sie haben recht, aber ich muß Platten verkaufen!»

Am 25. September wurde MacDougall zu Studio One beordert, um seine Vorschläge zum Schutz der Lennons zu unterbreiten. Als er eintraf, stellte er fest, daß Yoko die für ihn reservierte Zeit für eine geschäftliche Besprechung mit zwei Vertretern von Geffen/Warner benutzen wollte. Sie konnte dem Sicherheitsberater bestenfalls fünf Minuten im Badezimmer geben. Er empfahl ihr, einen bewaffneten Leibwächter einzustellen, der auf dem Weg zum Studio und auf der Rückfahrt zum Dakota in der Limousine sitzen solle. Beim Eintreffen – vor dem Studio und vor dem Dakota – solle der Leibwächter vorn aussteigen, die Lage prüfen und, nachdem er sich vergewissert habe, daß keine Gefahr bestehe, die hintere Tür der Limousine öffnen und seinen Schutzbefohlenen Deckung geben, bis sie das Gebäude betreten hätten. Yoko sagte, sie werde mit John darüber reden. Als MacDougall das nächste Mal mit ihr sprach, sagte sie, John wolle keinen Leibwächter haben. MacDougall nahm an, Lennon fühle sich in seiner Männlichkeit herausgefordert, aber John Green erzählte Jeffrey Hunter, der wahre Grund sei, daß die Lennons nicht vor den Augen eines Ex-Bullen Drogen nehmen wollten. MacDougall ließ trotzdem nicht locker. Er sagte, wenn sie keinen Leibwächter haben wollten, könnten sie zwei Sicherheitsmänner einstellen und einen im Tonstudio und den anderen im Dakota postieren. Auch diesen Vorschlag lehnte Lennon ab.

Am Abend telefonierte John Lennon mit Jesse Ed Davis. «Ich hab gerade meinen Leibwächter entlassen», berichtete Lennon.

«Warum?» fragte Davis.

«Ich glaube, wenn sie einen erledigen wollen, erledigen sie einen so oder so», sagte John. «Als erstes legen sie den Leibwächter um.»

SCHNEIDEARBEITEN

Als die Aufnahmetätigkeit begann, zog Yoko sich innerlich mehr und mehr von Sam Green zurück. Statt ihn als Manager, Produzenten oder Gefährten zu betrachten, behandelte sie ihn wie ihren Lakaien. Um es in den endlosen Stunden in der Hit Factory, wo sie jeden Augenblick über ihren Mann wachen wollte, etwas behaglicher zu haben, ließ sie einen Raum im Studio für ihre persönliche Benutzung reservieren. Sam erhielt Befehl, ihn über Nacht mit einem Flügel, einem Sofa, Bildern und Zierat einzurichten. Da die Zeit nicht reichte, um alles zu kaufen, mußte er Sachen aus seiner eigenen Wohnung nehmen. Yoko gewöhnte sich auch an, Sam zu Treffen in Hotels in Studionähe zu zitieren. Sie sagte John dann in der Mittagspause, sie müsse zu einer Besprechung mit Apple-Gesandten im Plaza, und verschwand in einem anderen Hotel am Central Park South, zum Beispiel im Park Lane oder im Essex House.

Sams gute Freunde erinnern sich lächelnd an diese Hotelzimmerzeit. Er hielt gerade in seinem erlesenen Louis XIV-Salon hof, und das Telefon klingelte. Nach einem kurzen, für Nichteingeweihte unverständlichen Gespräch verzog er angewidert das Gesicht. Dann lief er in der Wohnung herum und steckte Sonnenbrille, Zigaretten und Schlüssel ein. «Sam!» stichelte einer der Anwesenden. «Wohin gehst du?»

Sam antwortete etwas Obszönes und ging zur Tür hinaus.

Die Zimmer für diese kurzen Begegnungen wurden von Yokos neuer Kartenlegerin gebucht, einer verhuschten Engländerin namens Desiah Restab, die Mitte vierzig war und das Pseudonym

«Desiah Kane» benutzte, wenn sie die Hotels anrief. Aus Sams Tagebuch geht hervor, daß er sich am 3., 4., 5., 13., 14. und 17. September mit Yoko traf. Wenn er die Suite betrat, beendete Desiah gerade ihre Aufgabe, indem sie beim Zimmerservice die Stärkungen bestellte, die Yoko für eine schicke Hotelnummer brauchte. Unter Desiahs wachsamen Augen wurde ein Tisch mit einem Kilo Beluga-Kaviar, einem Kübel mit Champagner und einer eisgekühlten Flasche russischem Wodka gedeckt. Dann folgte sie den Kellnern hinaus.

Yoko kam atemlos vor Hektik, rauchte eine Nat Sherman nach der anderen und plapperte über die LP und ihre Probleme mit John. Sie war offensichtlich der Meinung, sie habe Sam gekauft und den Preis vollständig entrichtet, so daß es kaum eine Rolle spiele, wieviel Zeit sie füreinander hätten oder in welcher Atmosphäre ihre hastigen Begegnungen stattfänden. Sie hatte ihren Augenblick der Lust und eilte dann zurück zum Studio.

Sam ekelte sich vor sich selbst, wenn er heimfuhr. «In dem Stadium wußte ich, daß ich als Gigolo mißbraucht wurde», gestand er. «Ich wußte, daß ich das Geld abarbeitete und sie sich nichts mehr aus mir machte. Sie war nicht mehr süchtig nach mir.» Sam dagegen war immer noch süchtig nach erlesenen Inneneinrichtungen. Tatsächlich hatte seine Luxuswohnung an der East Side alle seine Rücklagen verschlungen, und er hatte sein Konto hoffnungslos überzogen. Daher hatte er keine andere Wahl, als Yoko zu Willen zu sein.

John Lennon liebte es, seine Aufnahmen schnell zu schneiden, aber so schnell wie im August 1980 war er noch nie gewesen. In zwei Wochen fast ununterbrochener Arbeit rund um die Uhr spielte er zweiundzwanzig Songs ein, benahe genug Material für zwei LPs. Jack Douglas steuerte viele gute Einfälle bei, aber die meisten davon wurden von Yoko abgelehnt. Jack wollte zum Beispiel mit John nach Japan fliegen, um eine Woche mit dem Synthesizer-Zauberer zu arbeiten, der *Sonic Seasonings* gemacht hatte, eine Platte, die Lennon faszinierte. Yoko legte ihr Veto ein, weil sie fürchtete, der japanische Musiker würde versuchen, ihr ins Handwerk zu pfuschen. Jack holte auch zwei wichtige Leute von der äußerst erfolgreichen Band Cheap Trick, die sich an den Beatles orientierte; er hatte sie entdeckt und aufgenommen. Der Gitarrist Rick Nielsen und der Schlagzeuger Bun E. Carlos machten zusammen mit Tony Levin am Baß und George Small am Keyboard eine denkwürdige kleine Session, die das Potential von «I'm Losing You», Lennons letztem gutem Song, besser realisierte als alles, was er sich vorgestellt hatte. Als die Musiker jedoch am nächsten Tag wiederkamen, schickte Yoko sie fort, weil sie John angeblich nur ausnutzen wollten. Douglas beschwor dennoch etwas von der bemerkenswerten Session herauf, indem er sie den Studiomusikern, die die Aufnahme dann machten, per Kopfhörer vorspielte.

Mitten bei den Sitzungen wurde Yoko klar, daß John sich instinktiv mit den Männern im Tonstudio verbündete. Obgleich sie jede Nacht im Aufnahmeraum wachte, kam es vor, daß sie dann und wann mit dem Kopf auf einem weißen Satinkissen unter einer weißen Satindecke auf dem Sofa einnickte. (John vergrößerte ein Foto, das sie so zeigte, und klebte es als Symbol für Yokos Beitrag zu der LP über die Schneidemaschine.) Sobald die Katze die Augen zugemacht hatte, fingen die Mäuse an, sich zu amüsieren. John langte in einen dicken Standascher und zauberte eine Flasche Jack Daniel's hervor. Er trank ein paar gute Schlucke, entschuldigte sich und ging nach nebenan und schlang eine Pizza oder einen Hamburger hinunter. Nachdem er sich jahrelang von «rasiertem Fisch» ernährt hatte, genoß er die sündige Kost über alles. Manchmal fuhr Yoko auch allein nach Hause. Dann ließ er Schnee kommen, und alle schnupften sich high und munter.

Die Aufnahmesitzungen sprachen sich natürlich herum. Eines Abends kreuzte Goldie Hawn mit Sylvester Stallone in der Hit Factory auf. Yokos Spitzel meldeten den Vorfall umgehend. Als Jack am nächsten Tag den Hörer abnahm, kreischte Yoko hysterisch: *«Es ist nicht gut für seine Gesundheit! Er wird wieder durchdrehen!»* Jack konnte keine beunruhigenden Zeichen an Lennon feststellen. John benahm sich wie jeder Rockstar nach einer Session.

Die meiste Arbeit für *Double Fantasy* war getan, als Johns und Seans Geburtstag gefeiert wurde – dieses Jahr am 13. Oktober, einen Tag, bevor die erste Single des Albums, «Starting Over», auf den Markt kam. John bekam am Morgen im Studio ein wunderbares Geschenk: Jack rollte einen Tisch mit über zweihundert Kassetten heran, auf denen jedes Wort festgehalten war, das John seit dem zweiten Arbeitstag gesprochen hatte. John hatte gewünscht, daß im Aufnahmeraum die ganze Zeit ein Tonband laufen sollte, um sein Geplapper zu speichern, doch als er sich am Ende der ersten Sitzung im Kontrollraum zurücklehnte und zu einem zweistündigen Monolog über seine Geschichte als Musiker anhob, hatte Jack beschlossen, auf jener Seite der gläsernen Trennwand ebenfalls vier Mikrophone zu installieren, um die kostbaren Reminiszenzen für die Nachwelt zu bewahren. Seine Voraussicht wurde in den darauffolgenden Monaten durch endlose Diskurse belohnt, denn John sehnte sich nach dem jahrelangen Schweigen in seinem Schlafzimmer danach, sich alles von der Seele zu reden, und ließ sein ganzes Leben in einer mündlichen Autobiographie Revue passieren. Die Aufnahmen wurden durch ein Arbeitstagebuch ergänzt, zu dem er Fred Seaman im Frühjahr autorisiert hatte und das Jack Douglas als Freds wichtigste Aufgabe betrachtete. Von dem Gedanken besessen, daß sein Leben bald enden würde, hatte Lennon beschlossen, seine Geschichte ein für allemal festzuhalten.

Bei der Party am Nachmittag sah John aus, als wäre er neugeboren. Die Aufnahme der LP hatte ihm besser getan, als jede Therapie es vermocht hätte. Jack Douglas und seine Freundin Christine Desautels erinnern sich, daß John im Verlauf der gemeinsamen Arbeit immer stärker geworden war. Zwar hatte er Jack gegenüber geklagt, er habe während der ganzen Sitzungen nicht ein einziges Mal gebumst und alle Naselang «Hat jemand meine Frau gesehen?» gefragt, aber er fing allmählich an, sich für andere Frauen zu interessieren und erkundigte sich einmal bei Christine: «Glaubst du, Frauen würden mich attraktiv finden?» Die auffallend schöne schwedische Filmschauspielerin Maud Adams hatte es ihm besonders angetan. Christine, die wußte, daß Adams mit Ringos Ex-Verlobter, Nancy Andrews, befreundet war, rief diese an und erfuhr, daß sich die nordische Schönheit gerade von ihrem Freund getrennt hatte. «Sag ihr, daß John Lennon sie sehr gern kennenlernen würde», sagte Christine. Maud Adams war bald auf dem Weg nach New York – aber nicht schnell genug.

Je zuversichtlicher Lennon wurde, desto stärker machte sich auch sein Sinn für Humor bemerkbar. Peter Boyle, dem Yoko erlaubt hatte, sich John zu nähern, da seine Frau Loraine Alterman einen der ersten Plätze auf ihrer Liste «Freundliche Journalisten» einnahm, machte bei der Party Fotos. Er rief Marnie Hair zu, er würde ihr zehn Dollar geben, wenn sie John küßte. Lennon drehte sich zu ihm und sagte verschmitzt: «Hier kannst du ein Bild machen, das viel mehr wert ist!» Damit wandte er sich zu Fred Seaman und küßte ihn voll auf den Mund.

Als *Double Fantasy* fertig war, nahm Yoko ihre engsten Mitarbeiter unter Beschuß. Ihr erstes Opfer war Sam Green. Er mußte am 23. Oktober ein Bankdarlehen von 100 000 Dollar zurückzahlen, und Yoko hatte ihm versichert, daß sie die Schuld begleichen würde. «Es ist ein Geschenk», hatte sie gesagt, «aber wir müssen es vor John und dem Büro geheimhalten.» Nun änderte sie ihre Haltung. Am Nachmittag der Party bekam Sam Besuch von ihrem Anwalt David Warmflash, der eine Menge Fragen über das Darlehen und seine finanzielle Lage stellte. Einen Tag vor Fälligkeit des Darlehens rief Sam Yoko an und sagte bittend: «Morgen muß das Geld da sein. Du hast doch gesagt, du würdest es mir geben.» Yoko bejahte, aber sie wollte, daß Sam zu Yoshikawa fuhr und sich astrologisch beraten ließ.

Um drei Uhr nachmittags war Sam in der West 13th Street Nr. 42. Der Richtungsmann stellte die üblichen Fragen und machte die üblichen Berechnungen. Dann rief er Yoko an und unterhielt sich etwa zwanzig Minuten auf japanisch mit ihr, während Sam im Zimmer war. Als das Gespräch beendet war, reichte er Sam den Hörer.

«Deine Wohnung liegt falsch», begann Yoko. «Yoshikawa sagt, du solltest weiter östlich wohnen. Such dir in den Fünfzigern eine andere Wohnung, möglichst nahe beim East River. Ich werde sie bezahlen. Und bring die Schlüssel von deiner Wohnung inzwischen zum Dakota.» Sie erteilte noch eine ganze Reihe ähnlicher Befehle, die ebenso unheilvoll klangen. Sam sollte Bart Gorin, seinen Assistenten, auf der Stelle entlassen. Er sollte jeden Tag zu Studio One kommen und Sekretariatsaufgaben verrichten. Er sollte kurz gesagt all seiner Habe beraubt und zu einem kleinen Angestellten degradiert werden, was nichts anderes als eine symbolische Kastration war.

Green wurde immer wütender, als er die unverschämten Forderungen hörte. Schließlich schrie er: «Was fällt dir ein? Du weißt doch, daß ich das nie tun werde.»

Yoko erwiderte drohend: «Du wirst vernichtet werden.»

«Aha!» antwortete er. «Wir werden ja sehen!» Damit knallte er den Hörer auf.

Bart Gorin sagte später: «Es war das einzige echte Gespräch, das sie je hatten.»

Als Bart am nächsten Tag zur Arbeit kam, sagte Sam ihm, sie würden irgendwo frühstücken – was noch nie vorgekommen war. Sie gingen in die nächste Frühstücksbar, und Sam sagte: «Wir kennen Yoko nicht!» Bart konnte nicht glauben, daß eine so lange und intensive Beziehung mit einem einzigen Telefonat beendet sein konnte. Er wandte ein, daß irgend etwas geschehen und die Situation entschärfen würde. Sam versicherte ihm grimmig, daß alles vorbei sei. Er hatte absolut recht. Sam Green und Yoko sprachen nie wieder miteinander.

Was beendete die Beziehung wirklich? Bart behauptete, es sei Sams heimliches Einverständnis mit John Green gewesen. Yoko hatte schon lange den Verdacht gehabt, daß die beiden Greens sie ausnahmen. Sie bat Bart einige Male zu sich, plauderte mit ihm und fragte dann unvermittelt, ob er John Green oder Charlie Swan kenne. Bart behauptete, die beiden nicht zu kennen. Allen Dahl, ein Aussteiger, der als Tischler arbeitete und oft für Sam tätig war, erinnerte sich, daß er vor Yokos Bruch mit Sam einen Anruf von ihr bekommen hatte. «Ich weiß, daß Sie sehr viel Unsinn angestellt haben», sagte sie. «Vielleicht können wir uns etwas einfallen lassen.» Laut Dahl wollte sie in jenem Stadium, daß Green alles verkaufte und ihr das Geld gab. Luciano führte Sam Greens Sturz auf Sam Havadtoy zurück, der Yoko einen Katalog zeigte, in dem ein präkolumbisches Trinkgefäß, das Sam Yoko für 30000 Dollar hatte andrehen wollen, für 8000 Dollar angeboten wurde.

Yokos Ärger über diese mehr oder weniger plumpen Tricks trug vielleicht zu ihrem Entschluß bei, Sam Green zu vernichten, aber es war eine alte Gepflogenheit, die sie schon lange durchschaut, übersehen und im Grunde geduldet hatte. Zwar setzte sie David Warmflash auf Sam an, ging aber nicht juristisch gegen ihn vor, als er behauptete, die Summen, die er bekommen habe, seien Geschenke gewesen. Es ist bezeichnend für viele reiche Leute, daß sie darüber jammern, sie würden von ihren Hofnarren betrogen, statt sich vor Augen zu führen, was sie ihnen für ihre unschätzbaren Dienste schuldig sind, und ihnen zu geben, was ihnen gebührt.

Sam Green verwarf alle diese Erklärungen für seinen Sturz. Er sagte einfach: «Sie wollte die Zeugen loswerden.»

John Green, der andere Kronzeuge von Yokos Privatleben, hatte seit Mai zusehen müssen, wie er zunehmend in Ungnade fiel. Im August knallte die Tür ins Schloß, fortan hatte er keinen Zugang mehr zu Yoko. Das Orakel weigerte sich bis Oktober, seinen Niedergang einzugestehen, und hatte erst sechs Wochen nach Lennons Tod seine entscheidende Auseinandersetzung mit Yoko, aber sein Schicksal war lange vorher besiegelt. John Green stand ebenfalls vor dem finanziellen Ruin; zwar prahlte er Jeffrey Hunter gegenüber, er habe sein Vermögen so schlau verwaltet, daß er von all den Millionen, die er in den letzten vier Jahren – in denen er mietfrei in der Broome Street gewohnt hatte – verdient habe, keinen Cent an Staats- oder Bundessteuern gezahlt habe, aber er war geschäftliche und private Verpflichtungen eingegangen, die ihn eine Menge Geld gekostet hatten.

Während sie Sam Green mit einem einzigen Schlag erledigt hatte, legte Yoko John Green langsam auf Eis, ehe sie ihn dann aus ihrem Leben strich: «Ungefähr im August fing Yoko an, John Greens Anrufe nicht mehr entgegenzunehmen», berichtete Hunter. «Sie hatten seit Jahren jeden Freitag ihren *jour fixe*. John Green pflegte vorher anzurufen und dann zum Dakota zu fahren. Abgesehen von den Freitagstreffen rief sie ihn fast jeden Tag an, oft zehnmal am Abend, oder sie telefonierten mehrere Stunden hintereinander. Jedesmal, wenn er im August anrief, um den Freitagstermin zu bestätigen, wurde er hingehalten. In den ersten beiden Monaten, die sie sich nicht sahen, blieb er ganz gelassen und wies darauf hin, daß dies auch früher schon vorgekommen sei. Im Oktober machte er sich große Sorgen, daß es in seiner Beziehung mit Yoko gefährlich kriselte.»

«Er hörte erst wieder im Januar 1981 von ihr», fuhr Hunter fort. «Richie DePalma rief an und sagte, die Umzugsleute würden in einer

Dreiviertelstunde eintreffen und das Haus leerräumen. Sie standen dann schon ein paar Minuten, nachdem er aufgelegt hatte, vor der Tür. DePalma sagte, Yoko würde vielleicht mitkommen, was die Sache natürlich viel spannender machte. Am nächsten Freitag rief Green wie üblich im Dakota an und bekam einen Termin mit Yoko. Sie ließ durchblicken, daß er entlassen sei, behielt sich ihre endgültige Entscheidung aber bis Februar vor, bis zum chinesischen Neujahrsfest. Green bat um sein Geld, aber sie weigerte sich, ihm etwas zu geben. Green wurde vierteljährlich bezahlt, und das Geld war eindeutig ein Pauschalhonorar. [Er bekam 2500 Dollar in der Woche.] Yoko begründete ihre Weigerung damit, daß sie seine Dienste nicht in Anspruch genommen hätte. John Green wies darauf hin, daß es ein Pauschalhonorar sei und es keine Rolle spiele, ob sie seine Dienste in Anspruch genommen hätte oder nicht. Sie fuhr fort, sich zu weigern.» Anschließend schickte Yoko einen Mann zur Broome Street, um Green auszusperren, aber er schloß ihn versehentlich im Haus ein. Green klagte gegen Yoko und bekam 70000 Dollar.

Der nächste, den Yoko logischerweise hätte feuern müssen, war Sam Havadtoy. Sie hatte ihm im Mai gedroht, ein Darlehen von 100000 Dollar einzuklagen, das sie ihm gegen eine hypothekarische Sicherheit auf sein Stadthaus East 82nd Street Nr. 132 gegeben hatte. Er hatte heftig reagiert und mit einer Gegenklage oder einem Enthüllungsbuch gedroht. Dann zog er sein Geld rasch aus dem Anwesen heraus, indem er seiner Hauptmieterin, Anne Falafi, der Frau des marokkanischen UN-Botschafters, für 100000 Dollar einen Anteil von 50 Prozent davon verkaufte. Yoko verklagte ihn nicht, und die Sache verlief im Sande, aber sie hinterließ bei Havadtoy einen üblen Nachgeschmack. Donna Stillwell, eine Angestellte seiner Galerie, erinnerte sich später: «Sam war sauer auf Yoko. Er sagte oft: ‹Legen wir heute einen Japsentag ein!› Dann rief er sie an und sagte: ‹Oh, ich habe dein Bild in der *SoHo News* gesehen. Du sahst fabelhaft aus! Wie zwanzig!› Wenn er aufgelegt hatte, sagte er: ‹Sie sieht aus wie *fünfzig* und keinen Tag jünger!›» Aber Yoko verschonte Havadtoy bei ihrer Säuberungsaktion.

Der Mann, den sie in diesem Moment vorrangig in die Schranken weisen wollte, war ihr Gatte. Sein wachsendes Selbstvertrauen und sein zunehmender Konsum von Essen, Alkohol und Drogen führten dazu, daß sie ihn nicht mehr lenken konnte. Marnie Hair erinnerte sich später an einen Abend, an dem sie und Yoko in Studio One saßen und Pralinen aßen. Yoko hatte einen Wutanfall. «Sie schrie und stieß wüste Beschimpfungen aus», berichtete Marnie. «Sie wollte etwas unternehmen. Er habe ‹Wahnvorstellungen›. Sie würde es ihm heimzahlen und ihm zeigen, wer der Herr im Haus sei. Er denke seit einiger Zeit daran, ein paar Dinge wieder selbst zu übernehmen. Sie sagte, sie würde ihn ‹zur Räson bringen›... Vielleicht lag es daran, daß er sie wegen ihrer Wirkung auf die Fans und die Presse nicht in der Nähe haben wollte. Sie sah sich als den Mann hinter dem Thron – ich gebrauche das Wort ganz bewußt. Sie hatte die Hosen an. Er fand das ganz bequem, aber gleichzeitig ärgerte er sich darüber. Er ärgerte sich über manches – zum Beispiel darüber, daß sie laufend Entscheidungen für ihn traf. Aber die ganze Beziehung war so schrecklich verworren. Ein großer unterschwelliger Haß auf beiden Seiten... Es war kein Geheimnis, daß es früher oder später zur Scheidung kommen würde.»

Ein oder zwei Tage nach der Geburtstagsparty sagte Yoko zu Jack Douglas, John werde nach Palm Beach fliegen und erst in einem halben Jahr zurückkommen. In Wahrheit wollte sie John auf die Bermudas schicken. Sie hatte Fred Seaman 10000 Dollar in bar gegeben und ihn nach Hamilton entsandt, um Fairylands wieder zu mieten und mit allen Hi-Fi- und Aufnahmegeräten auszustatten, die John zum Arbeiten brauchte. In der zweiten Oktoberhälfte bekam Fred fortwährend Instruktionen aus dem Dakota, und jeder Anruf schloß mit der Beteuerung, daß «John und Yoko in ein paar Tagen herunterkommen». Sie kamen nie. Schließlich erhielt Fred den Befehl, das Haus abzuschließen und nach New York zurückzukehren. Er traf an Halloween – am 31. Oktober – ein.

MORDFRUST

Mitte Oktober 1980 las Mark David Chapman, ein dicker, bebrillter, pausbäckiger Wachmann in einer Ferienwohnungsanlage am Strand von Waikiki, im *Esquire* einen Artikel mit der Überschrift «John Lennon, wo bist du?» Der Bericht hatte den Untertitel: «Auf der Suche nach dem Beatle, der zwei Jahrzehnte lang wahre Liebe und Seelenfrieden suchte, aber nur Kühe, Frühstücksfernsehen und Immobilien in Palm Beach fand.» Der respektlose Autor, Laurence Shames, hatte den heiklen Auftrag bekommen, den bekanntesten Eremiten des Showgeschäfts seit Greta Garbo ausfindig zu machen. Da die Lennons sich hinter ihren Barrikaden verschanzten, hatte er die Festung des Stars umgangen, indem er die Farmen, Rinder, Villen und Geschäfte – also den Besitz – unter die Lupe nahm. Lennon aus dieser finanziellen Perspektive zu betrachten, brachte ein überraschendes Ergebnis. Der Mann, in dem Millionen das «Gewissen seiner Generation» sahen, erwies sich als typisches Produkt der siebziger Jahre: «...ein vierzigjähriger Geschäftsmann mit 150 Millionen Dollar... und guten Anwälten, die ihn durch Steuerschlupflöcher quetschen... Der aufgehört hat, Fehler zu machen, wie er aufgehört hat, Musik zu machen.»

Im Grunde beschrieb Shames eher Yoko Ono als John Lennon, aber John hatte zu solchen Attacken herausgefordert, indem er Yoko sein Leben anvertraute. Nun sollte er für diese Verwechslung zahlen, denn Mark David Chapman war auf der Suche nach einem berühmten Opfer. Als er den Artikel im *Esquire* gelesen hatte, wußte er, wen er töten mußte.

Chapman gab ein klassisches Beispiel für einen «Mord aus Frustration», er war ein zu kurz Gekommener, der jeden Preis für Ruhm zu zahlen bereit war; kaum saß er im Mördertrakt des Zuchthauses von Attica, als er auch schon begann, Verträge über Bücher, Filme und Zeitschriftenserien abzuschließen. Er wollte auf der Leinwand von Timothy Hutton gespielt werden, und Rupert Murdoch sollte ihn veröffentlichen.

Das Bemerkenswerte an Chapman war nicht seine Persönlichkeit, sondern die Tatsache, wie gut er sie bis zu seinem fünfundzwanzigsten Lebensjahr verborgen hatte. Den psychologischen Standardtests zufolge war er extrem feindselig und aggressiv, aber bis zu dem Jahr, in dem er John Lennon ermordete, war all der Zorn, der seit seiner Kindheit in ihm gebrodelt hatte, buchstäblich unsichtbar geblieben.

«Mark war ein Junge, der nicht wußte, was ‹Haß› bedeutete», erinnerte sich einer seiner früheren Vorgesetzten beim YMCA, wo Chapman jahrelang außerordentlich beliebter Mitarbeiter bei Ferienlagern gewesen war. Mark war nicht nur ein guter Jugendleiter, sondern auch ein überzeugter Wiedergeborener Christ, der seinem Hippieleben (und dem Gebrauch von Amphetaminen, Barbituraten, Marihuana und LSD) als Siebzehnjähriger entsagt hatte, nachdem Christus ihm in seinem Zimmer erschienen war. Der Heiland hatte unmittelbar neben seinem linken Knie gestanden, und Mark hatte ein «Kribbeln von den Zehenspitzen bis zum Scheitel» gespürt und sich über Nacht in einen musterhaften jungen Christen verwandelt. Er trug fortan schwarze Hosen und ein weißes Oberhemd mit Krawatte, er ließ sich die Haare kurz schneiden und hängte sich ein Holzkreuz um den Hals. Er zog ein Jahr durchs Land, schwang die Bibel und versuchte, andere zu bekehren. Er spielte in der Kirche seiner Auferstehungssekte Gitarre, sprach in Zungen und tanzte im Geiste. Zuletzt träumte er davon, als Missionar in ferne Länder zu gehen. Er ging aber nur mit einer YMCA-Gruppe nach Beirut und mußte unmittelbar nach dem Ausbruch des Bürgerkriegs zurückkehren. Kein Wunder, daß Chapmans Freunde, Kollegen und Angehörige sprachlos waren, als sie von seinem Verbrechen hörten. Wie konnte der kleine Mark die furchtbare Sünde des Mordes begangen haben?

Chapman wurde von nicht weniger als neun Psychiatern und Psychologen untersucht, die zu dem Ergebnis kamen, daß er unter krankhaftem Narzißmus litt, der als «enorme Selbstüberschätzung, Phantasien von Erfolg, Macht und idealer Liebe, Gleichgültigkeit gegenüber den Gefühlen anderer und einem Bedürfnis nach fortwährender Aufmerksamkeit und Bewunderung» beschrieben wurde. Er habe mit «Gefühlen der Wut, Scham, Demütigung und Minderwertigkeit auf Kritik reagiert, für sich selbst Sonderrechte beansprucht» und zu «erpresserischen Selbstmordgesten» geneigt.

Das Hauptmotiv des Mordes war schneller Ruhm, aber Chapman hatte noch eine ganze Reihe anderer Beweggründe. Ein sehr wichtiger Faktor bei der Auswahl, Ausspähung und Ermordung John Lennons bestand darin, daß Chapman sich mit Holden Caulfield identifizierte, dem Helden von John D. Salingers *Der Fänger im Roggen.* Als Chapman sein Opfer getötet hatte, legte er die Waffe hin und griff zum *Fänger.* Er stand gelassen in der Einfahrt des Dakota, las in dem Buch und bot ganz das Bild eines bibellesenden jungen Missionars, der gefaßt seinem Märtyrertod im Kannibalenkessel entgegensieht. Wie Thomas von Kempen seinem berühmten frommen Werk den Titel *Nachfolge Christi* gab, so hätte Mark David Chapman seine Autobiografie *Nachfolge des Fängers* nennen können, denn seit er als Achtzehnjähriger auf den berühmten Prototyp des modernen jungen Mannes gestoßen war, hatte er zwischen seinem eigenen Leben und dem Holden Caulfields eine Parallele nach der anderen entdeckt.

Die Ähnlichkeiten zwischen dem fiktiven Internatszögling, der einer wohlhabenden Familie aus dem feinen Manhattan entstammt, und dem in einem Vorort in den Südstaaten aufgewachsenen Sohn eines ehemaligen Armeeangehörigen und einer früheren Krankenschwester sind auf den ersten Blick nicht ersichtlich. Wenn man jedoch den Lack abkratzt und sich auf den Kern ihrer Persönlichkeit und die wichtigsten Episoden ihres Lebens konzentriert, sieht man rasch, warum dieses Buch Chapmans ureigene Bibel wurde. Holden und Mark David stehen beide an den kritischen Polen von *Liebe* (für Kinder und die Idee der Kindheit) und *Haß* (auf die ganze Welt der Erwachsenen und insbesondere die großen Tiere und Aufsteiger, die für Holden allesamt Heuchler sind). Chapman, der sich zuletzt als den «Fänger im Roggen dieser Generation» sah, beschloß in «Erfüllung einer Mission von höchster Bedeutung», John Lennon als Symbol der Heuchler dieser Welt zu töten und die Massen auf den *Fänger* hinzuweisen, «dieses außergewöhnliche Buch, das viele Antworten enthält».

Die letzte Zutat des Hexengebräus, das Mark David Chapman antrieb, war seine primitive manichäistische Überzeugung, daß die Welt ein Schlachtfeld für die Mächte des Lichts und der Finsternis sei, ein Glaubenssatz, der für ihn um so konkreter war, als er sein Gehirn für eine Empfangsstation hielt, die die Befehle Gottes und des Teufels registrierte. *Befehlshalluzinationen* spielten für Chapman eine große Rolle, sowohl bei Lennons Ermordung («mein Geist sagte immerfort: ‹Tu es! Tu es!›») als auch bei seinem Entschluß, sich vor Gericht schuldig zu bekennen. («Gott besuchte mich in meiner Zelle, [er sprach] mit einer sehr leisen Männerstimme, [er] befahl mir, mich schuldig zu bekennen.») Dementsprechend glaubte Chapman, daß er nie die Kraft haben würde, seine Mission allein durchzuführen, so daß er am Vorabend der Tat zu Satan betete, der dafür sorgte, daß seine Hand nicht zitterte, und ihm ermöglichte, den Antichrist zu töten.

Chapmans Leben läßt sich in zwei Abschnitte einteilen – vor und nach dem Nervenzusammenbruch, den er mit einundzwanzig Jahren hatte. Vorher war Mark David ein Junge mit einer strahlenden Zukunft, der Liebling der YMCA-Lagerleiter, der Freund eines reizenden jungen Mädchens namens Jessica Blankenship und der bevorzugte Helfer von Dutzenden von Kindern, die ihn Kapitän Nemo nannten. Dann ging er mit Jessica aufs Convent College in Tennessee, um sich für eine Dauerstellung beim YMCA und damit für eine Tätigkeit im Ausland zu qualifizieren. Aber er konnte dem Druck des Studiums nicht standhalten. Schon im ersten Semester brach er zusammen, verließ das College – und seine Freundin! –, nicht ohne den Ort zuvor als Nest voller Heuchler zu verdammen.

Von seinen Eltern, zu denen er schon als Kind ein schlechtes Verhältnis gehabt hatte, bekam er keinen Trost. Der einzige Mensch, der ihm wirklich zur Seite stand, war sein guter alter Kumpel Dana Reeves, der gerade in den Polizeidienst eingetreten war. Er riet ihm, Wachmann zu werden. Man müsse dafür nur einen kurzen Kurs absolvieren und auf dem Schießstand üben. Chapman erwies sich als guter Schütze. Mit einer Kanone herumzulaufen, war jedoch ein schlechter Ersatz für den Schutz unschuldiger Kinder, die eigentliche Aufgabe des Fängers im Roggen, und so beschloß Chapman, es noch einmal mit dem College zu versuchen. Er scheiterte erneut. Diesmal war er so gedemütigt, daß er ernsthaft an Selbstmord dachte. Vor seinem Tod wollte er sich jedoch eine letzte Freude gönnen. Er wollte Hawaii besuchen, das man ihm als ein wahres Paradies geschildert hatte.

Nach einem halben Jahr auf den Hawaii-Inseln, im Juni 1977, versuchte Chapman, sich mit Auspuffgasen zu vergiften. Wie schon so oft bei anderen Dingen scheiterte er auch beim Selbstmord. Er wurde ins Castle Memorial Hospital eingeliefert, wo man ihn zwei Wochen auf Grund seines «schwer neurotisch-depressiven Verhaltens» behandelte. Als ambulanter Patient entlassen, klammerte er sich an das Krankenhaus, indem er sich um eine Anstellung in der Wirtschaftsabteilung bemühte und freiwillig in der Psychiatrie arbeitete. Dann beschloß er plötzlich, eine Reise um die Welt zu machen.

Mit Hilfe der jungen Japanerin Gloria Abe, die bei dem Reisebüro Waters World Travel arbeitete, plante er das Unternehmen vier Monate lang in allen Einzelheiten. Am 6. Juli 1978 flog er nach Westen, zuerst nach Tokio, wo er etwa zur selben Zeit war wie John und Yoko. Als er am 20. August – ungefähr einen Monat vor Lennons Ankunft in Honolulu – zurückkehrte, hatten viele Leute den Eindruck, er sei ein anderer Mensch geworden. Er war optimistisch, locker und plante einen neuen Start in einem sozialen Beruf. Er hatte Gloria eine ganze Reihe Ansichtskarten und Briefe geschrieben, und nun fingen sie an, zusammen auszugehen. Sie waren ein sonderbares Paar: Er, ein Jesusfreak aus den amerikanischen Südstaaten, war vier Jahre jünger als sie, die Tochter eines wohlhabenden japanischen Bäckers, eine Buddhistin, die an Kartenlegen, Astrologie und Okkultismus glaubte. Nachdem sie im Juni geheiratet hatten, zeigte Chapman neue Seiten seines Charakters. Der früher so fügsame Krankenhausangestellte wurde auf einmal rechthaberisch und herrisch und quälte seine Frau mit absurden Forderungen und Verboten, während er ihr Geld bedenkenlos für seine neueste Obsession, Kunst, ausgab.

Er wollte unbedingt eine vergoldete Wandplakette von Salvador Dalís «Lincoln in Dalívision» haben, die die Ermordung Abraham Lincolns vexierbildartig mit der Kreuzigung Jesu kombiniert. Sie kostete 5000 Dollar. Der Händler, der das Stück ausgestellt hatte, das Mark mit dem Geld seines Schwiegervaters kaufen wollte, berichtete später, daß Chapman sich häufig in der Galerie aufgehalten und über Mord und Kreuzigung schwadroniert hatte – die beiden Themen waren für ihn inzwischen genauso eng miteinander verknüpft wie für John Lennon.

Im Dezember 1979 kündigte Mark seine Stelle im Krankenhauskiosk, weil er nicht befördert worden war, und arbeitete wieder als Wachmann, allerdings unbewaffnet. Dieser Rückschritt wurde von einem ungewöhnlichen Verhalten begleitet. Ein Bekannter schilderte den Chapman jener Periode als einen «beängstigenden Typen, einen negativen, kalten und abstoßenden Menschen». Ein Angestellter der Scientologischen Kirche, deren Gemeindehaus gegenüber von der Wohnanlage war, wo Chapman arbeitete, bezeichnete den jungen Wächter als einen «klassischen Fall von verdeckter Feindseligkeit. Er pflegte vor unserem Haus auf und ab zu gehen und trat dabei nach Kieselsteinen und murmelte Drohungen vor sich hin. Wir bekamen drei Monate lang bis zu vierzig Drohanrufe am Tag. Eine Stimme flüsterte: ‹Peng! Peng! Du bist tot!›» Chapman gestand später, daß er der Anrufer gewesen war.

Nachdem er den *Esquire*-Artikel über John Lennon gelesen hatte, ging er am 17. Oktober zur Bücherei und entlieh Anthony Fawcetts Biographie *John Lennon: One Day at a Time*. Er las ein paar Seiten, wurde dann zornig und sagte, Lennon sei ein Heuchler, der fortwährend Frieden und Liebe predige und dabei das Leben eines Millionärs führe. Mark fing auch an, die Songs der Beatles auf Kassette aufzunehmen und zu verzerren, indem er die Bänder schneller abspielte. Wenn er sie Gloria vorspielte, meinte sie die Stimmen von Kobolden zu hören. Mark hörte sich die Kassetten am liebsten in einem dunklen Zimmer an, wo er nackt in der Lotosposition dasaß und vor sich hin sang: *«John Lennon, ich werde dich töten, du falscher Hund!»*

Am 23. Oktober verließ Chapman seine Arbeitsstelle zum letztenmal. Statt seinen eigenen Namen zu schreiben, unterzeichnete er seine Arbeitskarte mit einem gekritzelten «John Lennon», das er dann mit kurzen, heftigen Linien durchstrich. Im August hatte er einem Bekannten in Italien einen Brief geschrieben und das Dakota als Absenderadresse angegeben. Er hatte in dem Brief erklärt, er wolle demnächst auf eine Mission nach New York gehen. Möglicherweise dachte Chapman also schon vor der Lektüre des *Esquire*-Artikels daran, Lennon zu töten, und der Bericht bestärkte ihn nur in seinem Entschluß, weil er ihm ein noch stichhaltigeres Motiv lieferte, die Menschheit von diesem Antichrist, der für ihn alle großen Heuchler dieser Welt verkörperte, zu befreien. Die Ankündigung von *Double Fantasy* war sicher ein weiterer Grund, denn sie bedeutete, daß der große Jugendverderber erneut im Begriff war, die Kinder auf Abwege zu locken, genau wie er es früher getan hatte, als er verkündete, die Beatles seien beliebter als Jesus.

Chapman hatte schon viele andere Berühmtheiten umbringen wollen, darunter Ronald Reagan, Jacqueline Onassis, Elizabeth Taylor, George C. Scott, Johnny Carson, David Bowie und Eddie Albert, ja selbst seinen eigenen Vater, aber sobald er John Lennon ins Visier genommen hatte, handelte er rasch und zielstrebig.

Vier Tage nachdem er seine Stelle aufgegeben hatte, betrat Chapman ein Waffengeschäft im Zentrum von Honolulu. Es hieß J and S Sales, und sein Werbeslogan lautete: «Kauf eine Kanone und mach mal einen richtigen Knall!» Von einem Angestellten, der Ono hieß, kaufte er einen Charter Arms Special vom Kaliber .38, einen fünfschüssigen Kurzlaufrevolver, den Detektive gern benutzen, weil er leicht unter der Kleidung zu verbergen ist. Außerdem kaufte er ein paar Hanteln, um seine Armmuskeln zu stärken und sicherer zielen zu können. Als eine Stellenvermittlung anrief und fragte, ob er an einem neuen Job interessiert sei, antwortete er: «Nein, ich hab schon einen Job zu erledigen.»

Am 27. Oktober kaufte er mit einer Visa-Kreditkarte ein einfaches Flugticket nach Newark. Am 29. verabschiedete er sich von Gloria mit den Worten: «Ich gehe nach New York, um alles zu ändern.» Am 30. kam er an und stieg für eine Nacht (wie Holden) in einem teuren Hotel ab, ehe er in das Vanderbilt-YMCA in der East 47th Street zog. Als er ausgepackt hatte, begann er sofort, Holden Caulfields Leidensweg nachzuvollziehen.

Er besuchte den See am Südrand des Central Park, wo die Frage nach dem Verbleib der Enten den Helden des *Fänger* so verwirrt hatte. Er sah zu, wie die Kinder Karussell fuhren und die Statue von Alice im Wunderland hochkletterten. Dann ging er in nördlicher und anschließend in westlicher Richtung durch den Park und kam zu dem Museum, wo Holden sich mit seiner geliebten Schwester Phoebe getroffen hatte.

Das Museum liegt nur fünf Häuserblocks nördlich vom Dakota, und Chapman las hier eine Geschichte des Gebäudes, die er faszinierend fand. Um seinem Ziel näher zu sein, zog er in das einen halben Block vom Dakota entfernte Olcott-Hotel.

Eines Tages lernte er ein Mädchen namens Anne kennen, das im Dairy in the Park arbeitete. Er sagte, er hätte gern Gesellschaft, und schlug vor, zusammen ins Theater zu gehen und sich den *Elefantenmenschen* mit David Bowie anzusehen. Am nächsten Tag traf er Anne im Arsenal und schenkte ihr einen Blumenstrauß. Sie machten eine Fahrt mit einer Pferdedroschke, sahen das Stück und fuhren zur Aussichtsplattform des Empire State Building hoch. Als sie später über den Times Square zurückgingen, bezeichnete Chapman das Viertel als eine Zuflucht von «Tunten», Drogendealern und Prostituierten. Er zeigte dagegen viel Mitgefühl für «Freaks», als sie über den gleichnamigen Film sprachen. Und er äußerte sich abfällig über das Waffengesetz des Bundesstaates New York.

Er hatte nämlich feststellen müssen, daß er ohne einen schwer zu bekommenden Waffenschein keine Munition für seine Waffe kaufen konnte. Um sie zu besorgen, flog er am 8. November nach Atlanta, wo er sich mit Dana Reeves in Verbindung setzte, der in dem Provinznest Decatur als stellvertretender Sheriff arbeitete. Der Hüter des Gesetzes sorgte dafür, daß Mark seine Kugeln bekam: fünf Hohlmantelgeschosse, die beim Aufprall zerbersten und ihr Ziel buchstäblich zerfetzen.

Als Chapman am 9. November nach New York zurückkam, war er soweit. Er hatte seine Vorbereitungen beendet, seine Beute ausgespäht und war mit ausreichend Munition versehen. Dann fanden die Engel Gottes plötzlich ihre Stimme und übertönten die Dämonen der Hölle. Am 11. November rief er Gloria an und sagte, es sei ein Fehler gewesen, nach New York zu gehen. Er teilte ihr zum erstenmal mit, daß er es getan habe, um John Lennon zu erschießen, und erklärte, nur seine Liebe zu ihr habe ihn daran gehindert. «Ich habe einen großen Sieg errungen», sagte er. «Ich komme wieder nach Hause.»

Am 10. November wählte John Lennon die Nummer von Jack Douglas. Der Produzent, der zwanzig Tage lang nichts von ihm gehört hatte, war überrascht und freute sich über den Anruf. Zum einen war John nicht mehr in Palm Beach, sondern zurück in New York, zum anderen konnte er es kaum abwarten, wieder ins Studio zu kommen. «Wir haben tonnenweise Arbeit!» rief er aus. «Ich habe gerade angefangen, in Schwung zu kommen. Ich werde jetzt nicht aufhören!» Douglas saß bereits in einer anderen Produktion, aber er verlegte sie auf die Spätschicht, so daß er von ein Uhr mittags bis sieben Uhr abends mit Lennon arbeiten konnte.

Douglas wollte die Zusammenarbeit vor allem deshalb fortsetzen, weil er sah, daß John einen neuen kreativen Schub hatte. «John war geistig und körperlich vollkommen mit sich zufrieden», erklärte er. «Er stand im Begriff, einen Durchbruch zu machen. Es hing mit seinem vierzigsten Geburtstag zusammen. Er sagte zu mir: ‹Ich freue mich, daß ich vierzig bin. Ich bin in der besten Form meines Lebens und fühle mich so gut wie noch nie!› ... Er fing an, selbständig zu werden, und wollte unbedingt aus dieser Situation [seiner Ehe] rauskommen.»

Ein weiteres Zeichen seiner Wiedergeburt waren seine vielen neuen Pläne. Er wollte gleich nach Neujahr mit Jack zur Westküste fliegen und anfangen, mit Ringo an einer Langspielplatte zu arbeiten. Er suchte drei Songs aus seiner Bermudasammlung für seinen alten Kumpel aus und erklärte auf dem Tonband von «Nobody Told Me There'd Be Days Like This»: «Dieses Lied ist für den ehemaligen Beatle Richard Starkey.» (Yoko veröffentlichte es dann als erste Singleplatte von *Milk and Honey*.) Außerdem wollte er ein kommerzielles Aufnahmestudio am Riverside Drive gründen. Das

Haus sollte soviel Platz bieten, daß eine Band nach der Arbeit dort übernachten konnte. «Kannst du dir vorstellen, wie viele Leute ein Studio brauchen würden, das meinen Namen trägt?» sagte John. «Wir brauchen nur dafür zu sorgen, daß ein Raum immer für uns frei ist, damit wir jederzeit arbeiten können.» Lennon plante auch, seine großen Erfolge, von «Help!» bis zu «Strawberry Fields» und «I Am the Walrus», neu aufzunehmen. Er meinte, alle diese Platten könnten kompositorisch und akustisch verbessert werden. Er hielt nichts mehr von den alten Arrangements und schimpfte besonders über George Martins berühmtes Flickwerk in «Strawberry Fields», das er als «dummen Fehler» bezeichnete.

Als John und Jack eines Tages in einem Stau in der 57th Street steckenblieben, komponierte John im Auto den (später verschwundenen) Song «Street of Dreams», in dem er einen Chor erfand und eine Überleitung benutzte, die aus der großen Zeit der Beatles – um 1965 – stammte. Er hatte jahrelang den richtigen Platz für diese kleine Tonfolge gesucht. Im Studio angekommen, rannte er zum Flügel und rief: «Hör zu!» Er klimperte die Melodie und sang das Lied in das Mikrophon des Sony-Walkman, den er inzwischen wie ein Notizbuch ständig bei sich hatte. Als er fertig war, nahm er das Band aus dem Gerät, steckte es in die Tasche und erklärte: «Das ist für *meine* Platte!»

Er dachte dabei an die LP, die auf *Double Fantasy* folgen sollte. In den letzten Wochen seines Lebens, besonders dann, wenn er nach der Arbeit mit Jack zusammen saß, ein Glas trank und einen Joint rauchte, sagte er wiederholt: «Du und ich und Lee [Jacks Assistent DeCarlo] werden uns in einem Zimmer einschließen und eine richtige John-Lennon-LP machen. Frauen werden keinen Zutritt haben – nicht mal Chris [Jacks Freundin]!»

Mitte Oktober kam «Starting Over», die erste Single aus *Double Fantasy*, in die Regale, hatte rasch den gewünschten Erfolg und erreichte die ersten Zehn. Der Song war ein Rückgriff auf den alten Stil, eine verkrampfte und aufgemotzte Lappalie, aber er bot das Vergnügen, eine neue Aufnahme von John Lennon zu hören. Als dann Mitte November die Langspielplatte auf den Markt kam, sah die Reaktion ganz anders aus. Obgleich die Rundfunkanstalten sie sehr oft spielten, kam sie auf der Bestsellerliste kaum voran. Sie erreichte zu Johns Lebzeiten nur den elften Platz. John war sehr enttäuscht über den schwachen Verkauf und die schlechten Kritiken, besonders die höhnischen Verrisse aus Großbritannien, wo der Triumph des Punk ihn zu einem alten Hut gemacht hatte. Er staunte auch über den Erfolg von Bruce Springsteens *The River* (vor allem über «Hungry Heart») und fragte sich, warum er nicht einige seiner härteren Songs (zum Beispiel «Serve Yerself!») in das Album aufgenommen hatte.

Lennon litt damals an den Folgen seines übermäßigen Kokainkonsums. Er hatte große bläuliche Tränensäcke, und sein Gesicht glich einem Totenschädel. Er sah in den letzten Tagen seines Lebens einfach verheerend aus, und hinzu kam, daß er sich ein Loch in die Nasenscheidewand geschnupft hatte (es sollte bei einer Operation, die für die Woche nach seinem Tod geplant war, mit Gewebe aus der Mundhöhle geschlossen werden).

Was John ebenfalls belastete, war Yokos Verlangen, ihr bei einer heißen neuen Solo-Single zu helfen, die kurz vor Weihnachten erscheinen sollte. Auf dem Höhepunkt der Auseinandersetzung um die Platte kam Fred Seaman unvermutet ins Zimmer und hörte, wie John Lennon sagte: «Als ich eine Solo-LP rausbringen wollte, hast du es verboten, weil es immer ‹John und Yoko› sein muß. Jetzt willst du eine Yoko-Ono-Platte machen. Und wenn *du* eine Solo-Aufnahme machst, will ich *auch* eine machen!»

Yoko hatte eine Antwort auf den naiven Einwand parat. «Meinetwegen», sagte sie, «du kannst ja später eine machen. Aber im Augenblick möchte ich, daß diese Single rauskommt.» So entstand «Walking on Thin Ice», eine sechs Minuten lange Discoversion von einem Song, der bereits aufgenommen, aber zur weiteren Bearbeitung beiseitegelegt worden war. John Lennon war die beiden letzten Wochen seines Lebens von morgens bis abends damit beschäftigt, seiner Frau mit dieser Aufnahme zu einem Hit zu verhelfen.

Am 26. November bescherte Yoko ihm eine Überraschung. Sie eröffnete ihm am Nachmittag, daß sie einen Videoclip von *Double Fantasy* drehen würden. (Es wurde schon seit drei Wochen an dem Projekt gearbeitet, aber Yoko hatte ihren Leuten eingeschärft, Lennon nichts davon zu sagen.) Die Dreharbeiten begannen damit, daß die beiden bei einem Spaziergang im Central Park aufgenommen wurden. Dann begaben sich die Darsteller und das Team zur Sperone Gallery in SoHo, Green Street 142, wo Fred Seaman um 18 Uhr, kurz vor Beginn der Aufnahme, eintraf. Das vielköpfige Team war noch damit beschäftigt, die Dekorationen aufzubauen und das große weiße Loft auszuleuchten. Auf einer weißen Plattform lag eine breite weiße Matratze, beleuchtet von Spots, die durch ein Schlafzimmerfenster hereinfallendes Sonnenlicht simulieren sollten. Als der britische Fotograf Ethan Russell, den Yoko für das Projekt engagiert hatte, das Zeichen zum Anfangen gab, näherten sich John und Yoko dem Bett. Beide trugen japanische Kimonos, er einen schwarzen, sie einen hellblauen mit Blumenmuster. Sie gingen langsam um die Matratze herum, und dann blieb Yoko plötzlich stehen, zog ihren Kimono aus und stand splitternackt vor der Kamera. John starrte sie verblüfft an. Dann hob er den Zeigefinger, zeigte auf ihre großen Hängebrüste und rief: «Titten!»

«Los, Schatz, du auch!» forderte Yoko ihn auf. Man hatte ihm nicht gesagt, daß er im Adamskostüm auftreten sollte. Widerstrebend legte er seinen Kimono ab und machte ein äußerst verlegenes Gesicht. Die Entkleidungsszene mußte viermal wiederholt werden, bis Russell endlich zufrieden war. Dann sollten John und Yoko beim Liebesakt aufgenommen werden.

John legte sich hin, drehte sich auf die Seite und umarmte Yoko. Russell war nicht zufrieden und bat ihn, über Yoko in die Hocke zu gehen, eine Position, die er die nächste halbe Stunde lang beibehalten mußte, während der Regisseur mit Yoko über Aufnahmewinkel beriet. Der Standbildfotograf Allen Tannebaum umkreiste die Matratze derweil unermüdlich und machte Dutzende von Bildern. Ein Transistorradio auf einem Schemel beim Bett spielte passenderweise unter anderem «Woman» und «Starting Over».

Nach einer Essenspause legte Fred um neun Uhr «Kiss Kiss Kiss» auf und spielte es immer wieder ab, während John dreißig Minuten lang Geschlechtsverkehr mit Yoko mimte. Bei jeder Aufnahmepause kam Jerry Caron, Sam Havadtoys Gehilfe, herbeigeeilt und hielt Yoko einen Spiegel vors Gesicht, während ihre Zofe Toshi ihr mit einem in Eiswasser getauchten Tuch den Schweiß von der Stirn wischte. Ein anderes Mitglied der Crew assistierte mit einem qualmenden Weihrauchgefäß. Schließlich brauchte man nur noch einige Nahaufnahmen von Yoko bei ihrem vorgetäuschten Orgasmus. Sie warf den Kopf hin und her, formte mit den Lippen die Worte des Lieds und schloß mit dem japanischen Lustschrei *«Mote! Mote! Mote!* [Mehr! Mehr! Mehr!]»

PENG! PENG! DU BIST TOT!

Als Mark Chapman wieder in Hawaii war, zeigte er Gloria seinen Revolver und bestand sogar darauf, daß sie den Abzug betätigte. Er wollte ihr unbedingt begreiflich machen, daß er in der Lage war, John Lennon das Leben zu nehmen. Gleichzeitig behauptete er nachdrücklich, die ganze Episode sei ein böser Traum gewesen, und er hätte den Mord nicht einmal dann ausgeführt, wenn er eine gute Gelegenheit dazu gehabt hätte. Die nächsten drei Wochen hockte er ständig vor dem Fernseher. Er hatte in dieser Zeit zwei Halluzinationen, die er als göttliche Botschaften deutete. Als er an einer an der Wand hängenden Tafel mit den zehn Geboten vorbeiging, glaubte er zu sehen, wie sich das sechste Gebot – Du sollst nicht töten! – von den anderen löste und immer größer wurde. Einige Tage später sah er einen Zeichentrickfilm und machte plötzlich dieselben Worte auf dem Bildschirm aus.

Ende November sagte er zu Gloria, es sei höchste Zeit, endlich erwachsen zu werden. Er sei nun ein verheirateter Mann und müßte in der Lage sein, eine Familie zu ernähren. Vorher müsse er jedoch eine Weile allein verreisen, um über alles nachzudenken. Er habe beschlossen, wieder nach New York zu fliegen. Sie brauche keine Angst zu haben, daß er etwas Schlimmes tun würde. Er habe den Revolver und die Munition ins Meer geworfen.

Etwa um die gleiche Zeit rief er die Waikiki Counseling Clinic an, die er schon einmal aufgesucht hatte, als er vom Gedanken an Selbstmord verfolgt worden war. Er vereinbarte einen Termin mit dem Psychologen, hielt ihn aber nicht ein. Statt dessen verließ er Hawaii am Freitag, dem 5. Dezember, und traf am Samstag nachmittag in New York ein. Nachdem er ein Zimmer im YMCA in der 63rd Street, zwischen Broadway und Central Park West, genommen hatte, suchte er das nahegelegene Dakota auf. Dann fuhr er in die Stadt. Ein Taxifahrer namens Mark Snyder (ein Jurastudent, der nebenbei jobbte) ließ ihn Ecke 55th Street und Eighth Avenue einsteigen.

Der Fahrer erinnerte sich später, daß Chapman eine schwere Aktentasche bei sich gehabt habe und «sehr aufgeregt» gewesen sei. Er habe ihm fünf Dollar und etwas Kokain angeboten, wenn er an einigen Adressen halten und kurz warten würde. Die erste Adresse war das Century, ein luxuriöses Art-deco-Apartmenthaus in Central Park West, dessen Seiteneingang gegenüber vom Haupteingang des YMCA in der 63rd Street liegt. Chapman betrat das Gebäude durch diesen Eingang, der von einem Portier bewacht wird. Fünf Minuten später kam er zurück, stieg wieder ein und nannte eine Adresse an der East Side, Ecke 65th Street und Second Avenue.

Diesmal brauchte Chapman nur zwei Minuten. Als er wieder eingestiegen war, platzte er los: «Ich muß es einfach erzählen. Ich habe eben die Bänder für eine neue LP abgegeben, die John Lennon und Paul McCartney heute gemacht haben. Ich war der Toningenieur, und sie haben drei Stunden lang zusammen gespielt.» Der Fahrer erinnerte sich, daß Chapman «anfing, wie ein Irrer den Kopf zu schütteln und vor sich hin zu lächeln, als flöge er in Gedanken ins All hinaus». Als sie die letzte Station, Ecke Bleecker Street und Sixth Avenue, erreichten, wo es einige große Schallplattengeschäfte gibt, war Chapman nicht mehr so guter Laune. Er explodierte «vor Neid auf Leute, die Erfolg hatten, zum Beispiel Rockstars».

Während Chapman gegen Rockstars wetterte, bekam der Gegenstand seines Hasses einen schrecklichen Wutanfall. Es war am frühen Samstagabend, und es war die letzte dieser Anwandlungen, die John Lennon inzwischen «Wegtreten» nannte. Marnie Hair, die dabei war, berichtete später, sie habe ihn in all den Jahren, die sie ihn gekannt hätte, noch nie so zornig erlebt. Was ihn zur Weißglut brachte, waren die Kinder. «Sean und meine Tochter konnten sich nicht entscheiden, wo sie die Nacht verbringen wollten», erläuterte

Marnie. «Er wurde furchtbar wütend. Er nahm Sean hoch und warf ihn aufs Bett. Dann nahm er meine Tochter und warf sie in meine Richtung! Er schrie und brüllte. Ich sagte: ‹Verdammt noch mal, ich gehe!› ...Die Kinder waren müde. Sie jammerten, sie nörgelten, sie waren unerträglich – aber sie waren Kinder! Kleine Kinder! Er konnte es nicht ertragen. Er war eine oder anderthalb Stunden mit ihnen allein gewesen. Mehr konnte er nicht verkraften... Yoko war unten in Studio One. Sie wollte nichts mit alldem zu tun haben. Also schickte sie Helen nach oben, und Sean weinte und schrie und verkroch sich in einer Ecke – denn John konnte einem eine Heidenangst einjagen! Helen sagte, es sei so schlimm geworden, daß sie Sean aus der Stadt bringen und mit ihm zu ihrem Haus in Pennsylvania fahren mußte.»

An jenem Abend gaben John und Yoko dem BBC-Rundfunkreporter Andy Peebles ein langes und weitschweifiges Interview, das in Studio One begann und nach Mitternacht bei Mr. Chow, dem Lieblingsrestaurant der Lennons, endete. Peebles bestand darauf, ihre gesamte Schallplattenkarriere durchzukauen, und gab schulmeisterliche Stichworte aus seinen Aufzeichnungen. Es war fast wie bei einer mündlichen Prüfung: «1970... Sehen wir mal nach... Im Februar war ‹Instant Karma›.» John antwortete geduldig, aber die einzigen relevanten und aufschlußreichen Ergebnisse der stundenlangen Sitzung kamen am Ende, als die Notizen beiseite gelegt wurden. Dann redete John offen über sein gegenwärtiges Leben. Peebles reagierte, indem er abschließend fragte: «Und was... was für ein Gefühl haben Sie jetzt hinsichtlich Ihrer Sicherheit?»

Johns Antwort erklärt, warum es so leicht war, ihn zu töten: «Sie [Yoko] sagte mir: ‹Ja, du kannst auf der Straße herumlaufen.› ...Aber wenn ich es tat, war ich innerlich verkrampft, als wartete ich darauf, daß jemand etwas sagte oder auf mich losging. Ich brauchte zwei Jahre, um locker zu werden. Jetzt kann ich aus dem Haus spazieren und in ein Restaurant gehen. Können Sie sich vorstellen, wie großartig das ist?»

Am nächsten Tag, dem Jahrestag von Pearl Harbor, stand Mark Chapman um halb elf Uhr morgens vor dem Dakota und wartete darauf, daß John Lennon aus dem Haus kam. Er war jedoch ungeduldig, so daß er, nachdem er dem Türsteher angeboten hatte, Kaffee zu holen, um die Mittagszeit ging und nicht wiederkam. Statt dessen verbrachte er den Sonntag nachmittag damit, seine Sachen zu packen und in das Sheraton Ecke Seventh Avenue und 52nd Street zu ziehen. Er hatte beschlossen, in ein Hotel zu gehen, weil sein Zimmer im YMCA sehr klein war und er dort einen Homosexuellen gesehen hatte, der ihn an die «Husche» erinnerte, von der Holden Caulfield belästigt worden war. Er buchte für eine Woche Zimmer 2730 zum Preis von 82 Dollar pro Tag, bezahlte mit seiner Visa-Karte, ging aufs Zimmer und packte seine Kleidungsstücke, seine Bibel, seinen Paß und die Kassetten von den Beatles und Todd Rundgren aus. Er aß im Hotelrestaurant und vollzog dann die dramatischste Episode des *Fängers* nach, indem er eine Prostituierte kommen ließ.

Chapman tat mit der Frau genau das gleiche wie der Held des Romans. Er verwickelte sie in ein Gespräch (ließ sich sogar von ihr massieren und massierte sie), vollzog aber keinen Geschlechtsverkehr. Als sie um drei Uhr morgens das Zimmer verlassen hatte, stand Mark an der Schwelle des denkwürdigsten Augenblicks im Buch: Holdens Zusammenstoß mit dem schmierigen Fahrstuhlführer, der eine Hure besorgt und dann das Doppelte des vereinbarten Preises verlangt. Als Holden endlich mit dem Geld herausrückt, tritt der Fahrstuhlführer ihm verächtlich zwischen die Beine. Holden drischt los, zieht jedoch den kürzeren. Dann hat er eine Rachephantasie und malt sich aus, er sei ein Hollywoodgangster und schleppe sich verwundet, aber mit einer Waffe in der Hand die Treppe zum nächsten Stock hinunter, um nach dem Fahrstuhl zu klingeln. Beim Öffnen der Tür «sähe er mich mit dem Revolver in der Hand dastehen und finge mit einer hohen angsterfüllten Stimme an zu schreien, daß ich ihn verschonen möge. Aber ich schösse trotzdem auf ihn. Sechs Kugeln in seinen fetten behaarten Bauch. Dann würde ich den Revolver in den Liftschacht werfen, nachdem ich alle Fingerabdrücke entfernt hätte.»

Die Fahrstuhlszene konnte jetzt nicht nachvollzogen werden. Sie würde bis zum nächsten Abend warten müssen.

Am Montag wachte Chapman gegen elf Uhr auf und zog sich warm an: lange Unterhosen, Hemd, Pullover, Jacke, Schal, Mantel und Kunstpelzmütze. Ehe er das Zimmer verließ, gruppierte er all seine Lieblingsobjekte zu einem Arrangement auf einem Tisch: ein Bild von Dorothy aus *The Wizard of Oz*, eine Kassette mit acht Songs von Todd Rundgren, ein Neues Testament (er hatte darin «Holden Caulfield» als Eigentümer vermerkt und in der Überschrift «Das Evangelium nach Johannes» den Namen durch «Lennon» ergänzt), seinen abgelaufenen Paß, einen Empfehlungsbrief von einem YMCA-Angestellten und Fotos von sich, die aufgenommen worden waren, als er in Fort Chaffee gearbeitet hatte. Ehe er endgültig ging, betrat er das Zimmer noch ein paarmal, um die Wirkung des Arrangements zu prüfen. Nach einigen letzten Verbesserungen ging er hinunter und kaufte den *Fänger im Roggen*. Auf den Innentitel schrieb er: «Dies ist meine Aussage.» (Er hatte die Absicht, nach dem Mord zu schweigen und das Buch zu seinem Sprecher zu machen.) Er ging mit dem roten Taschentuch und dem Exemplar von *Double Fantasy*, das er Samstag abend gekauft hatte, zum Dakota und fragte den Portier, ob John Lennon an dem Morgen gesehen worden sei. Dann lud er Jude Stein und eine andere Frau – Fans, die immer an der Einfahrt standen – zum Lunch in den Dakota Coffee Shop ein, wo er bei einem Hamburger und zwei Glas Bier von seinem langen Flug nach Tokio und seiner Reise um die Welt erzählte.

Nach dem Essen nahm er wieder seinen Posten ein und fing ein Gespräch mit Paul Goresh an, einem Amateurfotografen aus New Jersey, der im Lennonkreis als Fat Dave bekannt war. Goresh bemerkte später, Chapman sei kein waschechter Beatlesfan gewesen, denn als Allen Klein, sein Gesicht hinter einer Hand versteckend, das Dakota betreten habe, habe dieser den berühmten Manager nicht erkannt.* Goresh demonstrierte seine Vertrautheit mit den

* Allen Klein war gegen Kaution freigelassen worden und wartete auf das Ergebnis seiner Berufung gegen ein Urteil, demzufolge er einen Teil seiner Einkünfte des Jahres 1970 nicht ordnungsgemäß versteuert hätte. Er war am 9. August 1979 zu zwei Jahren Gefängnis verurteilt worden, und der Richter hatte die Strafe unter der Bedingung zur Bewährung ausgesetzt, daß er zwei Monate im Gefängnis oder in einer therapeutischen Einrichtung verbrachte. Die Anklage gegen ihn war ein Nebenprodukt der Ermittlungen gegen Pete Bennett, den berühmtesten Promoter der Schallplattenbranche. Bennett hatte die Aufgabe gehabt, die neuen Plat-

Lennons, indem er Helen Seaman und Sean begrüßte, als sie aus einem blauen Chevrolet-Kombi stiegen. Er stellte ihnen Chapman vor und sagte, er sei ein Fan, der «extra den weiten Weg von Hawaii» gekommen sei. Chapman freute sich wie ein Schneekönig und bezeichnete Sean als den «niedlichsten kleinen Jungen, den ich je gesehen habe».

John Lennon hatte im Dakota einen wichtigen Tag. In Erwartung der großen Rockfotografin Annie Leibovitz, die ein Titelfoto für die Zeitschrift *Rolling Stone* machen wollte, war er am Morgen zu Veez a Veez in der West 72nd Street hinübergegangen, um seine Haare schneiden zu lassen: vorne kurz, fast ein Pony, und hinten lang. Annie Leibovitz, die ihre Stars gern entblößt, hatte gehört, daß John und Yoko bei einem simulierten Koitus gefilmt worden waren. Sie hatte eine Zeichnung mitgebracht, die sie nackt und eng umschlungen zeigte. Als John sah, was gewünscht wurde, erklärte er: «Sehr schön, kein Problem», und zog sich sofort aus. Yoko weigerte sich, mehr als ihr schwarzes Oberteil abzulegen. Leibovitz sagte ihr, sie könnte ihr Hemd anbehalten, weil sie den Kontrast einer bekleideten und einer splitternackten Gestalt sehr reizvoll finde. Dann legte John sich auf Yoko, die mit den Händen hinter dem Kopf dalag und ins Leere starrte, als bemerke sie den verrückt wirkenden nackten Mann nicht einmal, der sich in einer fötalen Stellung auf ihr zusammengerollt hatte und sie mit geschlossenen Augen leidenschaftlich auf die teilnahmslose Wange küßte. Als die Fotografin ihm die Polaroidaufnahme zeigte, war er begeistert: «Fabelhaft! Das ist wirklich unsere Beziehung. Versprechen Sie, daß es das Titelfoto wird.» Als das Bild in der nächsten Woche auf dem Umschlag von *Rolling Stone* erschien, löste es eine Sensation aus, weil es die Ehe des be-

ten von Apple unter die ersten Zehn zu bringen, indem er den wichtigsten Großhändlern und Vertriebsunternehmen je 5000 nicht gekennzeichnete Exemplare von jeder neuen Capitol-Single zum Selbstkostenpreis von 23 Cents lieferte. Es war eine billige Methode, die Verkaufszahlen zu steigern, aber sie wurde zum Delikt, wenn die Weiterverkäufer das Geld, das sie mit den Platten verdient hatten, dem Finanzamt nicht als Einkommen meldeten. Als Kleins Berufung nicht stattgegeben wurde, saß er 1981 zwei Monate in einem Gefängnis in Manhattan.

rühmtesten Paares der Rockwelt auf das Verhältnis einer gleichgültigen Hündin und ihres blind saugenden Welpen reduzierte.

Mittags um eins gab John sein letztes Interview. Er hatte ein rotes T-Shirt, einen blauen Pullover und seine «Schlägerjacke» aus schwarzem Leder an und sprach in Studio One mit Dave Sholin, einem Discjockey aus San Francisco. Er klang wie auf einem Kokaintrip, als er zum letztenmal die altbekannte Nummer abzog, und seine Begeisterung war gelegentlich so gezwungen, daß er schrill wurde. Er war immer noch voll auf Touren, als ihm um fünf Uhr klar wurde, daß es Zeit war, zur Record Plant zu fahren. Da die Limousine der Lennons nicht verfügbar war, bot Sholin ihnen an, sie in seinem Wagen mitzunehmen. Als sie vor dem Dakota auf den Bürgersteig traten, kam Paul Goresh mit Mark Chapman im Schlepptau herbeigeeilt.

Der dicke Fan mit der Hornbrille hielt dem großen Star wortlos seine LP für ein Autogramm hin. John beugte sich ernst darüber und schrieb «John Lennon 1980». Während er schrieb, fotografierte Goresh das berühmte Profil und hielt im Hintergrund das dümmlich lächelnde Mondgesicht von Chapman fest.

«Hier, ist es so richtig?» sagte John und gab das Album zurück.

Chapman, den Lennons Anwesenheit zunächst sprachlos machte, wandte sich einen Augenblick später an den Toningenieur und fragte: «Habt ihr Jungs ein Interview mit Lennon gemacht?»

Als der Wagen anfuhr, fragte er Goresh: «Hatte ich meine Mütze auf dem Bild auf oder nicht? Ich wollte sie nicht auf haben.» Dann überlegte er kurz und rief aus: «Das werden sie mir in Hawaii nicht glauben!»

Es wurde dunkel, und die Fans gingen. Doch Chapman und Goresh blieben vor dem Dakota und unterhielten sich. Als Fred Seaman mit einer Schachtel mit herausgeschnittenen Sequenzen von den Sitzungen, die Yoko 1974 mit Spinozza gemacht hatte, aus dem Haus kam, hielt Goresh ihn auf und sagte: «Das ist Dave Chapman. Er hat gerade einen Treffer gelandet!» Chapman hielt grinsend seine LP hoch.

«Gratuliere», sagte Fred und eilte weiter zur Garage unter dem Gebäude nebenan, dem Mayfair.

Als Fred das Haus betrat, in dem die Record Plant war, traf er

David Geffen, der unten auf den Fahrstuhl wartete. Er sagte, Yoko habe ihn kommen lassen. Während sie zum neunten Stock fuhren, bemerkte er, als dächte er laut: «Sie ist ein harter Knochen. Man weiß nie, was sie wirklich vorhat.» Was sie an jenem Abend vorhatte, wurde klar, als Geffen im Studio war. Lennon gab dem im Aufnahmeraum sitzenden Jack Douglas ein Los-geht's-Zeichen, und aus den Lautsprechern dröhnte «Walking on Thin Ice». Während der ganze Raum von dem Discobeat, Johns seufzender Gitarre und Yokos fledermaushaften Quiektönen vibrierte, wandte sich Lennon, der Verkäufer, an Geffen, den Kunden. «Es ist phantastisch! Super!» sagte er begeistert. «Es ist besser als *alles*, was wir auf *Double Fantasy* gemacht haben», fügte er aufrichtig hinzu. Dann kam er zum springenden Punkt: «Bringen wir es vor Weihnachten raus!»

Geffen lächelte und erwiderte: «Bringen wir es *nach* Weihnachten raus, damit nichts schiefgehen kann. Geben wir eine Anzeige auf.»

«Eine *Anzeige*!» wiederholte Lennon mit gespieltem Staunen. «Hör dir das an, Mutter, du sollst eine Anzeige kriegen!»

Geffen wechselte geschickt das Thema, indem er berichtete, daß das Album *Double Fantasy* in Großbritannien gerade in Gold verwandelt worden war. Dabei warf Yoko ihm einen Blick zu, der seiner Meinung nach bedeutete: «Hoffen wir, daß es in England erfolgreich ist, denn John wünscht es sich so sehr.» (Yoko hatte vor, Sam Havadtoy nach London zu schicken und für 100000 Dollar Exemplare der LP kaufen zu lassen, um sie auf den ersten Platz zu hieven. Ironischerweise hatte Brian Epstein bei «Love Me Do» das gleiche gemacht. John Lennon fing buchstäblich wieder von vorn an.)

Als Yoko das Studio vor dem Ende der Sitzung für einige Minuten verlassen hatte, lehnte John sich an die Aufnahmemaschine, wo er in den letzten vier Monaten so viele Monologe gehalten hatte, und sagte zu Jack: «Sag Yoko auf keinen Fall, was ich dir jetzt erzählen werde.» Dann eröffnete er ihm sinngemäß das gleiche wie Fred in jener Nacht auf den Bermudas, als er die LP konzipierte. Er erklärte, seine Tage seien gezählt, und er lebe von geborgter Zeit. Er sprach nicht von Mord, aber er schien sich total mit seinem Tod abgefunden zu haben. Er redete sogar darüber, was danach mit seiner Legende geschehen würde, und prahlte, er werde viel berühmter werden als Elvis. Jack hatte ihn vorher schon vom Sterben reden hören – aber noch nie mit dieser Gewißheit, daß das Ende unmittelbar bevorstehe.

Als Yoko zurückgekommen war und die Lennons anfingen, über ihre Dinnerpläne zu diskutieren, wirkte John wieder ganz normal. Sie erklärten, sie würden zum Imbiß an der Ecke gehen und dort eine Kleinigkeit essen, und John versicherte Jack, daß er am nächsten Morgen um neun wieder im Studio sein würde, um die neue Single fertigzustellen. Normalerweise wäre Jack mit den Lennons nach Hause gefahren, aber heute abend blieb er im Studio, da er noch an einer anderen Schallplatte arbeiten mußte. Er brachte John zum Fahrstuhl, wo sie sich voneinander verabschiedeten. Seine letzten Erinnerungen an Lennon sind ein Lächeln, ein Winken und ein aufgekratztes: «Bis morgen früh, in alter Frische!»

Die Limousine brachte die Lennons auf dem kürzesten Weg nach Hause. Sie fuhr die Eighth Avenue bis zum Columbus Circle hoch und rollte dann den Central Park West hinauf bis zur 72nd Street, wo sie scharf nach links abbog und am Dakota hielt.

Mark David Chapman war immer noch vor dem Gebäude. Er stand vor dem Wachhäuschen. Paul Goresh hatte ihm bis halb neun Gesellschaft geleistet und dann gesagt, er werde heimfahren. Chapman drängte ihn zu bleiben. «Man kann nie wissen», warnte er. «Es könnte ja was passieren. Vielleicht fährt er heute abend nach Spanien oder so – und du würdest ihn unter Umständen nie wiedersehen!»

Nachdem Goresh gegangen war, hatte Chapman ein Gespräch mit dem Portier, José Perdomo, angeknüpft, einem leutseligen, rotgesichtigen und weißhaarigen Kubaner. Sie hatten über Kuba, die Schweinebucht und die Ermordung Kennedys geredet. Während des Gesprächs kam ein Penner vorbei und bettelte sie an. Chapman gab ihm zehn Dollar. Später drängte er dem Portier fünfzig Dollar auf. Perdomo fand ihn ruhig und vernünftig. Nach dem Mord sagte er zu Fred Seaman: «Chapman war nicht verrückt.»

Als die Limousine neben dem Gebäude hielt, war es zehn vor elf. Yoko sprang zuerst hinaus, dann John, der ein Tonbandgerät und einige Kassetten trug. Als Yoko an Chapman vorbeiging, sagte dieser: «Hallo.» John sah ihn im Vorbeigehen durchdringend an. Wie Chapman später bemerkte: «Er prägte sich mein Bild ein.»

Chapman hatte den ganzen Tag abwechselnd zu Gott und zu Satan gebetet – zu ersterem, er möge ihn aus der Versuchung führen, und zu letzterem, er möge ihm die Kraft geben, seine Mission zu erfüllen. Jetzt, im entscheidenden Augenblick, hörte er eine innere Stimme, die sagte: «Tu es... tu es... tu es!»

Er trat zwei Schritte in die Einfahrt, zog den kurzläufigen Revolver aus der Tasche und ging in Schußposition, gebeugte Knie, den Arm mit der Waffe ausgestreckt und mit der anderen Hand am Gelenk abstützend. Er sprach kein Wort. Sein Revolver sprach.

Die ersten beiden Schüsse trafen Lennon in den Rücken und rissen ihn herum. Zwei der nächsten drei Geschosse trafen ihn in die Schulter. Eine Kugel ging daneben. Das Knallen der Schüsse wurde vom Geräusch zersplitternden Glases begleitet, denn die Geschosse durchschlugen Lennons Körper und zerschmetterten die Scheiben des Windfangs. Als Chapman das Magazin geleert hatte, starrte er die Einfahrt hinunter und erwartete, John Lennons Leichnam dort liegen zu sehen. Er sah nichts.

Chapman war beim Schießen so entrückt gewesen, daß er nicht gemerkt hatte, wie sein Opfer die Windfangtür öffnete und die fünf Stufen zur Pförtnerloge hinaufwankte, um dort zusammenzubrechen und mit dem Gesicht nach unten hinzufallen. Jay Hastings, der langhaarige junge Nachtportier, las gerade eine Illustrierte, als er das Splittern von Glas und dann die Schritte hörte. «John Lennon taumelte herein, mit einem schrecklichen verwirrten Ausdruck im Gesicht», berichtete er später. Yoko folgte und schrie gellend: *«John ist angeschossen!»* Einen irren Moment lang glaubte Hastings, es sei ein schlechter Scherz, aber dann sah er, wie Lennon zusammenbrach und wie das Tonbandgerät und die Kassetten den Boden entlangrutschten.

Hastings drückte einen Alarmknopf unter der Schreibtischplatte, der die Beamten des nahegelegenen 20. Reviers alarmierte. Dann eilte er an Johns Seite, um ihm die zersplitterte Brille, deren Scherben in seine Nasenflügel drangen, abzunehmen und ihn mit seiner Uniformjacke zuzudecken. Als er seine Krawatte abband, um sie als Aderpresse zu benutzen, wurde ihm klar, wie ernst Johns Verletzungen waren. Aus seinem Mund und seiner Brust strömte Blut. «Seine Augen waren offen, fixierten aber nichts», berichtete er. «Er gurgelte einmal und erbrach Blut und fleischige Substanz.» Yoko schrie nach einem Arzt. Hastings sprang auf und hämmerte 911 in die Wahltasten des Telefons. Dann kehrte er an Lennons Seite zurück und sagte: «Alles okay, John, Sie kommen wieder in Ordnung!»

José Perdomo war wie betäubt von dem, was er mit angesehen hatte. Während ihm Tränen die Wangen hinunterliefen, schrie er Chapman an: «Einen solchen Mann haben Sie erschossen!»

Mark nahm instinktiv die Haltung eines in die Enge getriebenen Jugendlichen an und antwortete: «Keine Sorge, José.»

Dem Portier kam plötzlich der Gedanke, daß Chapman verrückt sein könnte. «Wissen Sie eigentlich, was Sie tun?» fragte er.

«Keine Sorge!» wiederholte Chapman. Dann ließ er die leergeschossene Waffe fallen – wie Holden Caulfield.

José trat die Pistole sofort ein Stück fort und flehte Chapman an: «Bitte! Gehen Sie!»

Mark sah den Portier verzagt an. «José, es tut mir leid!» sagte er leise. «Wohin soll ich denn gehen?»

In diesem Augenblick drehte er sich um und sah ein Mädchen in der Einfahrt stehen. Nina Rosen war an John und Yoko vorbeigekommen, als sie aus ihrer Limousine stiegen; dann hatte sie Schüsse gehört und war umgekehrt, um festzustellen, was geschehen war. Als sie Chapman fragte, was los sei, antwortete er: «Ich an Ihrer Stelle würde machen, daß ich hier wegkomme!» Nachdem er die Warnung einigemal wiederholt hatte, ging Nina. Die einzigen anderen Zeugen des Geschehens, zwei Männer in einem Taxi, das vorgefahren war, als die Lennons aus der Limousine stiegen, waren bei den Schüssen wieder ins Taxi gesprungen, das dann mit kreischenden Reifen in der 72nd Street gewendet hatte und Richtung Central Park West verschwunden war. Inzwischen war José Perdomo gebückt ins Büro geeilt, um zu berichten, daß der Killer seine Waffe weggeworfen hatte. Jay Hastings ging sofort hinaus, um Chapman im Auge zu behalten. Er erblickte einen dicken jungen Mann ohne Kopfbedeckung und Mantel, der im grellen Licht der Einfahrtlampe stand und ein Taschenbuch las.

Nun ertönten überall in der 72nd Street Sirenen. Zwei blauweiße Streifenwagen rasten mit rotweiß blitzenden Einsatzlichtern zum

Dakota. Chapman hatte seinen Mantel ausgezogen und seine Mütze abgenommen, um zu zeigen, daß er keine versteckte Waffe trug. Jetzt hob er die Hände so, daß die Ellbogen sein Gesicht schützten. Von der knappen Nachricht «Schüsse West 72nd Street Nummer eins» alarmiert, trafen Officer Tony Palma und sein Partner Herb Frauenberger im selben Augenblick am Dakota ein wie Officer Steve Spiro mit seinem Kollegen Pete Cullen. Die Streifenpolizisten sprangen aus den Wangen, und der Portier rief ihnen zu: «Das ist der Mann, der geschossen hat.» Er zeigte dabei auf Chapman, der neben dem Tor im Halbdunkel stand.

Spiro zog seinen Revolver und rief: «Nicht bewegen! Hände an die Wand!» Er wiederholte den Befehl, bis er den neunzig Kilo schweren Chapman mit dem linken Arm packen und herumdrehen konnte, um ihn für den Fall, daß irgendwo in der Nähe ein zweiter Schütze lauerte, als Schild zu benutzen.

Sobald Chapman gefaßt worden war, fing er an zu wimmern: «Tun Sie mir bitte nichts! Bitte!» Spiro blickte sich zum Eingang des Gebäudes um und sah drei Einschußlöcher in den Glasscheiben des Windfangs. In diesem Moment rief der Portier, daß Chapman allein sei. Spiro drückte ihn wieder an die Mauer der Einfahrt. Der Mörder fing an zu jammern und schluchzte: «Ich habe es allein gemacht! Tun Sie mir bitte nichts!»

Jay Hastings steckte den Kopf aus dem Windfang, und Tony Palma rief: «Ist da drin jemand angeschossen?» Sofort danach lief er, gefolgt von Frauenberger, die Stufen hoch. Er sah einen Mann mit dem Gesicht nach unten am Boden liegen und eine orientalisch aussehende Frau, die weinend neben ihm stand. Palma, der keine Ahnung von der Identität des Opfers hatte, drehte den Mann um und sah, daß er schwer verwundet war. «Alles, was ich sah, war Blut», erinnerte er sich später. Er blickte zu seinem Partner hoch und sagte: «Nimm seine Beine, damit wir ihn hier rausbringen können!» Sie nahmen Lennon sofort auf ihre Schultern und brachten ihn aus dem Büro.

Jay Hastings begleitete sie und versuchte zu helfen. Er erinnerte sich später, daß er hören konnte, wie Johns Knochen knackten. Während die Polizeibeamten Lennon auf den Rücksitz eines dritten Streifenwagens bugsierten, der eben vorgefahren war, bemerkte Hastings, daß der Angeschossene vollkommen schlaff war, mit unnatürlich baumelnden Gliedmaßen.

Palma sagte zu Officer James Moran, dem Beifahrer des dritten Wagens: «Bringt ihn sofort zum Krankenhaus!»

Während das Fahrzeug sich in Bewegung setzte, drehte Moran sich um und schrie Lennon an: «Können Sie mir sagen, wer Sie sind?» John konnte nicht sprechen. «Er stöhnte und nickte, als ob er ‹Ja› sagen wollte.» Moran stellte die Sirene an, während der Fahrer, Officer William Gamble, bei Rot in die Columbus Avenue einbog und dann quer durch Manhattan und die Ninth Avenue hinunter zur 58th Street raste, wo er die Einfahrt zur Notaufnahme vom Roosevelt Hospital hineinfuhr. Tony Palma hatte inzwischen per Funk das Krankenhaus alarmiert.

Steve Spiro hatte den mit Handschellen gefesselten Mark Chapman derweil auf den Rücksitz seines Wagens geschoben. Als er sich ans Steuer gesetzt hatte, verlor er die Beherrschung und schrie ihn an: *«Ist Ihnen eigentlich klar, was Sie getan haben? Ja?»*

Chapman antwortete ernst: «Hören Sie, es tut mir leid. Ich habe nicht gewußt, daß er ein Freund von Ihnen war.»

Spiro brüllte: «Du tickst ja nicht richtig!» Er änderte seine Meinung, als er Chapman zum 20. Revier gebracht hatte. Ihn beeindruckte vor allem der geschäftsmäßige Ton, den Mark anschlug, als er mit Gloria in Honolulu telefonierte. Was Chapman betrifft, klingt das (von der Polizei mitgeschnittene) Gespräch ganz wie der Anruf eines x-beliebigen Ehemanns, der sich nach einem unangenehmen Erlebnis mit seiner Frau in Verbindung setzt, um sie vor den Folgen zu schützen, während er die Gefahr, in der er selbst geschwebt hat oder schwebt, als belanglos hinstellt.

MARK: Hi!
GLORIA: Hi, Mark. Ich liebe dich.
MARK: Ich weiß. Ich liebe dich auch. Ist die Polizei da gewesen?
GLORIA: Nein, als erstes kam ein Reporter.
MARK: O nein! Bist du zu Hause?
GLORIA: Ja, deine Ma und dein Pa sind auch da.
MARK: Okay. Hm, ich möchte mit niemand anderem reden.
GLORIA: Ich weiß.

MARK: Aber ich möchte nicht, daß du weinst. Ich möchte, daß du mir gut zuhörst.

Nachdem er ihr eine Weile mit seiner typischen Sturheit eingebleut hatte, wie wichtig es sei, die Polizei zu holen, um sich vor der Presse schützen zu lassen, geriet er plötzlich aus dem Konzept, da die schüchterne Gloria ihn unterbrach und fragte: «Ist dir eigentlich klar, was du wirklich getan hast?»

Er entgegnete ohne Zögern: «Oh, ich muß jetzt gehen.»

Als Lennon in die Notaufnahme gebracht wurde, hatte er praktisch keinen Puls mehr. Die beiden Kugeln, die ihn in den Rücken getroffen hatten, hatten die Lunge durchschlagen und waren aus der Brust ausgetreten. (Eine von ihnen wurde später in seiner schwarzen Lederjacke gefunden.) Eine dritte Kugel hatte sein linkes Schulterblatt zerschmettert. Eine vierte hatte dieselbe Schulter getroffen, war aber vom Knochen in die Brust gelenkt worden und hatte dort die Hauptschlagader durchtrennt und die Luftröhre aufgerissen.

Ein Team von sieben Medizinern mühte sich, Lennon mit allen verfügbaren Geräten und Methoden zu retten. «Es war nicht möglich, ihn durch irgendein Mittel wiederzubeleben», erinnerte sich Dr. Stephen Lynn, der Leiter der Notstation des Krankenhauses. «Er hatte drei Löcher in der Brust, zwei im Rücken und zwei in der linken Schulter. Er hatte drei Liter Blut aus seinen Schußwunden verloren, also rund achtzig Prozent seines gesamten Bluts.»

Die offizielle Todesursache lautete Schock durch großen Blutverlust. Inoffiziell erklärten einige Ärzte des Teams, die Chancen wären vielleicht besser gewesen, wenn man Lennon nicht angerührt und einen Krankenwagen geholt hätte, dessen Besatzung sofort Wiederbelebungsversuche hätte durchführen können. Sie drückten auch Staunen über Lennons katastrophalen körperlichen Zustand aus.

Yoko war von Tony Palma zum Krankenhaus gefahren worden. Der Beamte erfuhr erst jetzt, daß der Schwerverletzte, den er gefunden hatte, kein anderer als John Lennon war. Er berichtete später, er habe Yoko in ein kleines Zimmer geführt, wo sie telefonieren konnte. Sie rief David Geffen an, der kurz danach eintraf. Als er sie sah, nahm er sie hoch wie ein kleines Kind.

«Jemand hat auf John geschossen!» stammelte sie. «Kannst du es fassen? Jemand hat auf ihn geschossen!»

In diesem Moment betrat Dr. Lynn den Raum.

Yoko fragte: «Wo ist mein Mann? Ich möchte bei ihm sein. Er will bestimmt, daß ich bei ihm bin. Wo ist er?»

Lynn wappnete sich und teilte mit: «Wir haben leider eine sehr schlechte Nachricht. Trotz umfassender Bemühungen ist Ihr Mann gestorben. Er hat nicht leiden müssen.»

Yoko erwiderte: «Wollen Sie sagen, er schläft?»

Palma und Frauenberger brachten Yoko zurück zum Dakota und hielten unterwegs am Hotel Pierre, wo Geffen wohnte. Als sie beim Dakota waren, stahlen sie sich durch den Hintereingang ins Gebäude. Sobald Yoko in der Wohnung war, griff sie zum Hörer und fing an zu telefonieren. Später behauptete sie, sie hätte die drei Menschen angerufen, «von denen John gewollt hätte, daß sie es erführen: Julian, Tante Mimi und Paul McCartney». Es gibt keinen Beweis, daß einer von ihnen einen solchen Anruf bekam.

DIE STUNDE DER HEXE

Als John Lennon erschossen wurde, waren Sam Havadtoy und Luciano Sparacino in ihrem Schlafzimmer. Sam schlief, und Luciano sah *Quincy*. Das Telefon klingelte. Luciano konnte kaum die Stimme Dannys erkennen. Der Arbeiter vom Dakota rief: «Haben Sie es schon gehört? John ist erschossen worden! Stellen Sie sofort Kanal Fünf an!» Luciano drückte auf die Fernbedienungstaste – und da lief der Bericht. Er rüttelte Sam wach.

Um Viertel nach elf wurde es offiziell bekanntgegeben: John Lennon war tot. Einen Moment lang waren sie sprachlos. «Die arme Yoko! Die arme Yoko!» rief Havadtoy und langte zum Hörer.

Als er feststellte, daß alle Leitungen besetzt waren, drängte Luciano ihn: «Fahr hin! Du wirst schon irgendwie reinkommen!»

Sam kam nie wieder richtig nach Hause.

Fred Seaman trat aus dem St. Mark's Theater und sah, wie ein Hippie eine *SoHo News* hochhielt, auf deren erster Seite ein Bild von Yoko und ein Artikel mit der Überschrift YOKO ALLEIN prangten. Dem jungen Mann liefen Tränen über das Gesicht. «Was ist denn?» fragte Fred.

«Ist es nicht eine Ironie?» sagte der Hippie und zeigte auf die Überschrift. «Ich meine, jetzt, wo John tot ist.»

«Tot!» wiederholte Fred. «Was reden Sie da, ‹tot›?»

Als er die Antwort hörte, eilte er in eine Telefonzelle. Er schaffte es nicht durchzukommen, rief bei Richie DePalma in Queens an und erfuhr von dessen Frau, daß John erschossen worden war. Er nahm ein Taxi und fuhr zum Dakota.

Vor dem Einfahrtstor fand er eine Schar von Trauernden, die Durchsagen aus Kofferradios hörten und jammerten: «*Give Peace a Chance*». Richie nahm im Studio One Anrufe entgegen, während Havadtoy unruhig auf und ab lief und darüber klagte, daß Yoko ihn nicht oben empfangen wollte.

Fred wurde bald in Apartment 72 zitiert. Als er die Küche betrat, fand er Yoko in einem rosaroten Seidennachthemd, den Kopf in die Hände gestützt, auf einem Sofa sitzen. Sie wurden von David Geffen und Inspector Richard J. Nicastro, dem Polizeichef von Manhattan, flankiert. Der Polizeibeamte versuchte sie zu befragen, aber sie stöhnte immer nur: «Der Schock ist zu groß! Ich kann nicht, ich kann jetzt nicht!» Zuletzt sah sie Fred an und befahl ihm, Havadtoy hochzuschicken. Als Sam die Anweisung erhielt, hastete er fast im Laufschritt zum Fahrstuhl.

Nachdem Inspector Nicastro gegangen war, zog Yoko sich mit Geffen und Havadtoy in ihr Schlafzimmer zurück, um sich auf ihre unmittelbaren Probleme zu konzentrieren. Die erste und dringlichste Aufgabe bestand darin, die Beisetzung zu regeln. John Lennon hatte sich normale Bestattungsfeierlichkeiten gewünscht und sie im ersten Absatz seines Testaments verfügt, doch schon wenige Stunden nach seinem Tod ließ Yoko durch Geffen bekanntgeben, daß keine Begräbnisfeier stattfinden werde – nur eine Totenwache zu einem späteren Zeitpunkt, den sie noch bestimmen würde.

Ihre nächste Sorge galt dem Erbschein. Nachdem sie die Nacht großenteils am Telefon verbracht hatte, war sie gegen sieben Uhr auf und bereit, ihre Anwälte und finanziellen Ratgeber zu empfangen. Sie beriet mehrere Stunden in Studio One mit ihnen, und dann wurde das Testament zum Bezirksgericht gebracht, um es noch am selben Nachmittag beglaubigen zu lassen. Das Testament selbst war ein einfaches, vier Seiten umfassendes, von David Warmflash aufgesetztes Dokument, das Lennon rund ein Jahr vor seinem Tod, am 12. November 1979, unterzeichnet hatte. Es bestimmte, daß die Hälfte des auf gut 30 Millionen Dollar geschätzten Vermögens an Yoko gehen und die andere Hälfte einem treuhänderischen Fonds zugeführt werden sollte (dessen Bestimmungen nicht veröffentlicht werden müssen). Die Fondsurkunde trifft Vorsorge für Johns Kinder und vielleicht auch für Kyoko, auf deren Adoption

Yoko immer gedrängt hatte, doch welche Beträge die Kinder bekommen und wie der Rest des Vermögens verwendet werden soll, kann man nur vermuten.* Der einzige sonderbar anmutende Passus ist die Verfügung, daß Sam Green – der nicht einmal dazu gehört wurde – Seans Vormund werden sollte, falls Yoko es ablehnte, die diesbezügliche Verantwortung auf sich zu nehmen.

Die veröffentlichten Bestimmungen des Testaments boten vielleicht keinen Grund zur Überraschung, aber die Art, wie mit John Lennons sterblichen Überresten verfahren wurde, löste einiges Befremden aus. Lennon hatte einen Horror vor Einäscherung gehabt und wollte einmal sogar in einem Song dagegen protestieren, aber seine Witwe traf trotzdem Anstalten, seinen Leichnam verbrennen zu lassen. Sie übertrug die Vorbereitungen Douglas MacDougall, der seine Dienste binnen Stunden nach dem Mord wieder angeboten hatte. Der ehemalige FBI-Mann griff zu einer List, die an die Methode erinnerte, mit der sich die Beatles nach manchen Konzerten dem Ansturm der Fans entzogen hatten. Nachdem die Leiche von einem Kombiwagen zum Bestattungsinstitut Frank J. Campbell befördert worden war, wo tote Stars gewöhnlich aufgebahrt werden, besorgte MacDougall sich vom zuständigen Leichenbestatter eine Einäscherungserlaubnis. Dann schickte er einen Leichenwagen mit einem leeren Sarg los. Als das Fahrzeug davonfuhr, fuhren alle Reporter, die in oder vor dem Institut gewartet hatten, hinterher. MacDougall ließ die Leiche rasch in einen anderen Wagen laden und mit Höchstgeschwindigkeit nach Norden bringen, zum Ferncliff-Krematorium in Hartsdale.

Erst jetzt, am Mittwoch nachmittag, 10. Dezember, teilte Helen Seaman dem kleinen Sean mit, daß sein Vater gestorben war. Yoko hatte es unmöglich gefunden, die schmerzliche Pflicht auf sich zu nehmen. Der Fünfjährige war völlig verstört, als er die für ihn kaum

* Nach amerikanischem Recht geht das Copyright eines Autors, wenn dieser vor Ablauf einer achtundzwanzigjährigen Urheberrechtsfrist stirbt, ohne Rücksicht auf das Testament an bestimmte gesetzliche Erben: Entweder erben die Ehefrau und die Kinder zu gleichen Teilen, oder die Ehefrau erhält 50 Prozent, und die Kinder teilen die verbleibenden 50 Prozent zu gleichen Teilen.

faßliche Nachricht hörte. Er verlangte unwillkürlich, seinen Vater noch einmal zu sehen. Als Helen die Bitte ausrichtete, befahl Yoko über die Sprechanlage, das Krematorium anzurufen und Anweisung zu geben, man möge so lange mit der Einäscherung warten, bis Sean kommen könne. Der Anruf kam zu spät.

Am Abend erschien MacDougall mit einem etwa dreißig Zentimeter hohen Paket, das in buntes Geschenkpapier gewickelt war, um die trauernden Fans vor dem Dakota irrezuführen, in Studio One. «Was ist das?» fragte Fred Seaman.

«Das», erwiderte der Sicherheitsexperte, «war der größte Rockmusiker der Welt.»

Fred fühlte, wie Übelkeit in ihm aufstieg, aber er sagte nichts. Er drückte sofort auf die Taste der Sprechanlage.

«Bringen Sie die Asche nach oben», befahl Yoko. Da Fred das Paket nicht anrühren wollte, brachte Warmflash es hinauf. Kurz danach wurde Fred ins Schlafzimmer gerufen, wo er Yoko am Telefon fand.

Als sie ihm ein Zeichen gab, die Asche unter das Bett zu schieben, unterbrach er ihr Gespräch und sagte: «Ich möchte unbezahlten Urlaub.»

Yoko hielt die Sprechmuschel unter ihr Kinn und antwortete: «Okay. Ich sehe, daß Sie schwer gestreßt sind. Nehmen Sie ein paar Tage frei, aber tun Sie nichts Unüberlegtes.»

Während die Welt trauerte, erwachte das Dakota zu neuem Leben. Yoko delegierte die Verantwortung für ihr Kind und andere persönliche Angelegenheiten an ihre Angestellten und Freunde und widmete sich Tag und Nacht ihrer Karriere. John hatte seiner Frau praktisch mit seinem letzten Atemzug das gegeben, was sie sich am meisten auf der Welt wünschte: einen Schub an die Spitze der Hitparaden. Jetzt lag es an ihr, dafür zu sorgen, daß der Schub nicht verpuffte.

Dienstag abend, weniger als vierundzwanzig Stunden nach Lennons Ermordung, stahl sie sich aus dem Dakota, um mit David Geffen zu essen. Geffen brachte den Modeschöpfer Calvin Klein mit und Steve Rubell, den früheren Geschäftsführer der bekannten Disco Studio 54, der kürzlich aus dem Gefängnis entlassen worden war, wo er eine Strafe wegen Steuerhinterziehung abgesessen hatte. Um nicht gesehen zu werden, fuhren sie angeblich ins italienische Viertel von Harlem und aßen in der East 116th Street im Blue Book. Geffen dürfte an jenem Abend in Hochstimmung gewesen sein, denn anschließend prahlte er im Dakota offen damit, daß er enorme Summen für Yoko verdiente. Er hatte Grund zur Freude, weil der Mord eine LP, die die Händler bereits zurückzugeben begannen, in einen sensationellen Hit verwandelte, von dem über sechs Millionen Exemplare verkauft wurden. Und Geffen hatte John Lennons Leben für eine Riesensumme versichern lassen, nachdem er mit ihm abgeschlossen hatte.

Yoko hatte bereits eine kühne Idee, ihre neue Single zu einem Superseller zu machen, aber alles hing davon ab, ob Jack Douglas kooperieren würde.

Als Douglas am Mittwoch den Hörer abnahm, rechnete er mit einem anonymen Anrufer und fragte mißtrauisch: «Wer spricht?»

«Ich bin's, Yoko», lautete die Antwort. «Komm heute abend ins Studio. Ich habe für ein paar Stunden gebucht. Wir müssen arbeiten.»

«Meinetwegen», sagte Jack resigniert. «Ich weiß nicht, was du vorhast, aber ich werde da sein.»

Als er eingetroffen war, präsentierte Yoko ihm zwei Tonbänder mit Lennon-Äußerungen und ein Band, auf dem David Spinozza klassische Gitarre spielte. Sie befahl ihm, Lennons Monologe zu zerschneiden und bestimmte Sätze in die Musik einzufügen. Jack arbeitete in jener Nacht zehn Stunden, während Yoko neben ihm saß und eine Zigarette nach der anderen qualmte. Er war vollkommen außer Fassung, und immer wieder liefen ihm Tränen die Wangen hinunter. Die anderen Leute im Tonstudio empfanden den Klang von Lennons Stimme als so gespenstisch, daß sie den neunten Stock abriegelten. Nur Yoko schien ungerührt zu sein. Während Douglas schnitt, befahl sie: «Etwas mehr davon!» oder «Schneid das rein!» Douglas nahm an, das Band solle bei Johns Beerdigung gespielt werden. In Wahrheit sollte es die zweite Seite von «Walking on Thin Ice» werden. Yoko hatte vor, ihrem Song zusätzlich zum Erfolg zu verhelfen, indem sie ihn mit einer sentimentalen Erinnerung an den toten Star verband.

An jenem Nachmittag hatte sie Spinozza zum erstenmal seit Jahren wieder angerufen. Als er sich meldete, hörte er die Worte: «Kannst du es fassen? Kannst du diesen Scheiß fassen?»

Er erschrak über ihren Ton und sagte: «Yoko! Bist du okay?»

«Ja, ich bin okay!» fuhr sie ihn an. Einige Tage später trafen sie sich, um übers Geschäft zu reden. Sie bot ihm 100000 Dollar für das Band mit seiner Gitarrenmusik, wahrscheinlich das höchste Honorar, das ein Studiomusiker jemals bekommen hat.

In der Nacht, als Jack an der Schneidemaschine arbeitete, kam Bob Ezra, der Produzent von Pink Floyd, in den Raum. Er bat ihn in das Bandarchiv. Als sie dort allein waren, sagte Ezra: «Jack, trenn dich um Gottes willen von dieser Frau. Glaub mir... sie wird dir schaden – oder dir was antun. Sie nutzt dich von A bis Z aus.» Als Jack und Yoko am nächsten Abend wieder an die Arbeit gingen, sagte Ezra ihm, daß bei Butler Aviation, der Chartergesellschaft auf dem Flughafen La Guardia, die viele Rockstars benutzen, ein Flugzeug auf ihn warte. Jack brauche nur an Bord zu gehen, und die Maschine würde ihn zu einem Wintersportplatz in Kanada bringen. Jack wollte seine Arbeit jedoch beenden, weil er in dem Glauben stand, er diene John immer noch.

Ezra erwies sich als Prophet. Im Frühjahr stellte Douglas fest, daß Yoko nicht daran dachte, ihm seine Tantiemen als Co-Produzent von *Double Fantasy* (für die er und Yoko einen Grammy für die beste Schallplattenproduktion bekamen) und von den meisten Songs ihrer Nachfolgeplatte, *Milk and Honey*, zu zahlen. Als er vor Gericht ging, um die 3,5 Millionen Dollar zu bekommen, die ihm laut Vertrag zustanden, sagte Yoko aus, er habe ihr einen anderen Vertrag untergejubelt und sich dadurch einen weit größeren Prozentsatz gesichert, als sie ursprünglich vereinbart hätten. Die Jury glaubte ihr nicht und sprach Jack Douglas die geforderte Summe zu. Als Yoko jedoch drohte, den Fall, der sich schon seit Jahren dahinschleppte, noch mehr in die Länge zu ziehen, indem sie in Berufung ging, gab er sich mit einer halben Million weniger zufrieden.

Yoko brachte es mit ihrer außerordentlichen Beharrlichkeit fertig, sich in der traumatischen Zeit nach Johns Tod unbeirrt auf die Ziele zu konzentrieren, die sie sich gesetzt hatte. Viele von den anderen

Leuten im Dakota wurden von paranoidem Mißtrauen und unbegründeten Ängsten ergriffen, die auf absonderliche Gerüchte, verrückte Drohungen und die ununterbrochene Anwesenheit bewaffneter Leibwächter zurückgingen. Denn nachdem sie Douglas MacDougalls Empfehlungen vor dem Mord ignoriert hatte, verfiel Yoko nun ins andere Extrem und forderte mehr Schutz, als angemessen und vernünftig war. Der Grund für MacDougalls nächste Entlassung bestand übrigens darin, daß er sich über ihr Verlangen mokiert hatte, Sean nur in Begleitung von nicht weniger als vier Bewaffneten aus der Tür gehen zu lassen. In einer solchen negativ aufgeladenen Atmosphäre wurde natürlich fortwährend über den Mord spekuliert, und die meisten Mutmaßungen drehten sich darum, ob Chapman nicht vielleicht wie der *Botschafter der Angst* eine Art Roboter gewesen sei, den irgendeine Regierungsbehörde oder ein persönlicher Feind Lennons einer Gehirnwäsche unterzogen und auf den Star angesetzt habe.

Das einzige, was diese Befürchtungen und Märchen hätte widerlegen können, wäre ein umfassender Report der New Yorker Polizei gewesen. Bei den großangelegten Ermittlungen vor Chapmans Prozeß sammelte man tatsächlich das Material, das für einen solchen Bericht nötig war, und bemühte sich dabei insbesondere, alle Aspekte des Falls aufzuklären. Laut dem ehemaligen Kriminalbeamten Ron Hoffman, der sechs Monate lang an dem Fall gearbeitet hatte, rechnete die New Yorker Polizei nämlich damit, ähnlich wie die Polizei von Dallas und Memphis nach der Ermordung John F. Kennedys bzw. Martin Luther Kings, von allen möglichen Kritikern aufs Korn genommen zu werden. «Wir *wußten*, daß wir über *Jahre* und *Generationen* hinaus kritisiert werden würden, wenn dieser Fall vor Gericht kam – egal was geschah», erklärte Hoffman. «Wir taten unser Bestes. Nichts war zu belanglos, um untersucht zu werden. Nichts!»

Hoffman betonte vor allem die Tatsache, daß die Polizei sich nicht auf Nachforschungen über den Mörder beschränkte, sondern auch versuchte, alle Verschwörungstheorien zu untersuchen, denn sobald der Mörder identifiziert war, wurde auf Aspekte seines Verhaltens oder seiner Lebensgeschichte hingewiesen, die verdächtig schienen. So erklärte man, daß der mit der Tochter eines gebürtigen

Japaners verheiratete Chapman geplant hatte, Lennon am Jahrestag von Pearl Harbor zu töten; daß er für einen schlechtbezahlten Wachmann erstaunlich viel Geld zur Verfügung gehabt hatte; und daß die Fahrten in Manhattan, die er vor der Tat gemacht hatte, auf Verbindungen hindeuteten, obgleich er angeblich keinen Menschen in New York gekannt habe. «Der Fall bestand zur Hälfte darin, die Verschwörungstheorien zu widerlegen», erläuterte Hoffman und nannte als Hauptziele der Ermittlungen: «Yokos Familie, den japanischen Aspekt und die Pearl-Harbor-Theorie.»

Man fand nichts, was einen dieser Verdachtsmomente erhärtete. Dennoch untersuchte man alle Ferngespräche und Kreditkartenkäufe, die vom Dakota aus gemacht worden waren, und nahm John Lennons Privatleben einschließlich seiner sexuellen Gewohnheiten und vermutlich auch seines Drogenkonsums unter die Lupe. Die Ermittlungen blieben nicht auf New York beschränkt. Kriminalbeamte flogen nach Atlanta und Honolulu, um Chapmans Umgebung zu erhellen. Schließlich hatte man zwei Aktenschübe mit Berichten und Protokollen. Angesichts dieser Bemühungen ist es merkwürdig, daß bei den sechsjährigen intensiven Recherchen für dieses Buch buchstäblich niemand gefunden wurde, den die Polizei eingehend befragt hatte, nicht einmal unter John Lennons engsten Mitarbeitern und Partnern.

Am 22. Juni 1981 bekannte sich Mark Chapman entgegen den Empfehlungen seines Pflichtverteidigers plötzlich des Mordes an John Lennon schuldig. Das überraschende Geständnis (jedermann hatte damit gerechnet, daß er auf ‹unzurechnungsfähig› plädieren würde) verkürzte den Prozeß; es gab nur eine Anhörung und am 24. August die Urteilsverkündung: Der Mörder bekam eine Strafe von zwanzig Jahren bis lebenslänglich Zuchthaus und wurde nach Attica gebracht.

So wurde der aufsehenerregendste Mordfall in der neueren New Yorker Geschichte im Archiv der Polizei begraben, und man kann die Unterlagen auch nicht unter Berufung auf das Gesetz über das Recht der Öffentlichkeit auf Information einsehen.

Sonntag, den 14. Dezember 1980, zollte die Welt John Winston Ono Lennon den letzten Tribut. Rund um den Globus wurde eine zehnminütige Totengedenkwache gehalten, die um 14 Uhr New Yorker Zeit begann. 100000 Menschen versammelten sich an der Konzertmuschel im Central Park. Da alle normalen Rundfunk- und Fernsehsendungen unterbrochen waren, sahen Millionen von Zuschauern, wie die Menge das Siegeszeichen machte, während Riesenlautsprecher «Give Peace a Chance» übertrugen. Dann ermahnte ein Ansager die Versammelten, die Bitte um zehn Minuten stumme Meditation zu erfüllen. Die Andacht in der eisigen Kälte wurde jedoch gestört vom Dröhnen der Hubschrauber, in denen Fernsehreporter und Polizeibeobachter mit Feldstechern saßen. Musik von Bach signalisierte das Ende der Totenwache. John hätte «Whiter Shade of Pale» vorgezogen.

Derjenige, der Yoko in den Wochen nach dem Mord am meisten half, war Sam Havadtoy. Er zog praktisch am ersten Abend ins Dakota, blieb dort bis zum 1. Januar des nächsten Jahres und arbeitete die ganze Zeit unermüdlich für sie. Als Julian Lennon eintraf, übertrug Yoko ihm die Sorge um den Jungen, der sich später bitter beklagte, daß Yoko keine Zeit für ihn habe. Havadtoy machte sich noch in vielerlei anderer Hinsicht nützlich und flog sogar nach Budapest, um seine Mutter zu holen, die dann das Weihnachtsessen für Yoko kochte. In Anbetracht seiner treuen Dienste erscheint es sonderbar, daß er am Neujahrstag, als Fred Seaman wieder zur Arbeit erschien, einen der ersten Plätze auf der «Feindliste» einnahm.

Der augenscheinliche Grund, daß er in Ungnade fiel, war eine Rechnung über 100000 Dollar, die er Yoko vorgelegt hatte. Die Höhe der Summe erklärte sich mit dem Umfang der Dienste, die er in den letzten Monaten geleistet hatte, denn erstens war er immer noch mit der Renovierung und Einrichtung von Cannon Hill und Iron Gate beschäftigt, und zweitens hatte er den ganzen vergangenen Sommer und Herbst die Renovierung und Neuausstattung der beiden großen Wohnungen im Dakota – Apartment 71 und 72 – überwacht. Yoko hatte jedoch eine Reihe von Positionen der Rechnung in Frage gestellt, und Havadtoy hatte mit einer Klage gedroht, was Yoko veranlaßte, ihn fallenzulassen. Das muß ihn in eine heikle finanzielle Lage gebracht haben, denn die Lennons waren praktisch seine einzige Einnahmequelle. Er hatte seine Galerie schon am Tag nach Johns Tod geschlossen und seine Angestellten mit der Begründung entlassen, nun werde nicht mehr genug Geld hereinkommen, um so weiterzumachen wie vorher. Während er sich auf eine finanzielle Durststrecke gefaßt machte, kaufte er laut Unterlagen des New Yorker Grundbuchamts am 15. Januar nichtsdestotrotz zwei Häuser, Lexington Avenue Nr. 1190 und 1192, gleich um die Ecke von seinem Stadthaus. (Heute steht auf dem Grundstück ein vierzehngeschossiges Hochhaus, dessen eingetragene Eigentümerin Yoko Ono ist.) Was den Kauf noch überraschender macht, ist die Tatsache, daß er zeitlich genau mit seiner Verbannung aus dem Dakota zusammenfiel.

Havadtoy fand Yokos Verhalten abstoßend, aber er fuhr fort, sie um eine Audienz zu bitten. Am 2. Februar geruhte sie schließlich, ihn zu empfangen. Als er in Studio One eintraf, sagte er zu Fred Seaman und Richie DePalma, er sei schwer enttäuscht und deprimiert, und schwor, daß er nie mehr für Yoko arbeiten würde, obgleich er unter Umständen bereit wäre, ihr wieder als Begleiter zu dienen, was er schon vor seiner Ausweisung getan hatte. Fred brachte ihn zu Apartment 72 hoch, und Yoko empfing ihn mit einer Schimpfkanonade. Es gelang ihm irgendwie, sie zu beruhigen, denn als sie Richie DePalma gegen Ende des Gesprächs anrief, teilte sie ihm unter anderem mit, sie habe Havadtoy verziehen. Die Angestellten faßten das als Signal für eine Feier auf, und alle stießen mit Champagner auf Sams «Rehabilitierung» an.

Yokos Hauptmotiv, Havadtoy wieder in Gnaden aufzunehmen, läßt sich dem Bericht über ein Zusammentreffen entnehmen, den Fred Seaman seinem Tagebuch anvertraut hat. Das Treffen hatte am selben Tag stattgefunden. Während ihre Leute zu ihren Füßen auf dem Teppich saßen, hatte Yoko zu einem langen Monolog angehoben, in dem sie John Lennons Tod mit dem von John F. Kennedy verglich. «John war in vieler Hinsicht mächtiger als Kennedy», hatte sie erklärt, denn «Musik ist allgegenwärtiger als Politik... sie erreicht die Wohnzimmer, Schlafzimmer und Toiletten der Menschen.» Dann hatte sie sich selbst mit Jackie Kennedy verglichen und bemerkt: «Jackie hatte wenigstens ihre Familie, um Zuflucht zu suchen, und später hatte sie Onassis, aber ich habe niemanden...

Ich schaffe es immer noch nicht recht... der Schock von Johns Tod hat mich sehr geschwächt.» Daher war es ganz logisch, daß sie Havadtoy nun wieder aufnahm, denn nachdem sie alle ihre wichtigen Leute entlassen hatte, brauchte sie verzweifelt Hilfe.

Im Frühjahr wurde Havadtoys Position dadurch untermauert, daß Yoko sich mit David Geffen, dem Mann, auf den sie ihre Hoffnungen für eine große Karriere gesetzt hatte, zerstritt. Da «Walking on Thin Ice» sich besser verkaufte als irgendeine andere Single ihrer ganzen Laufbahn, hatte sie eine LP mit dem Titel *Season of Glass* aufgenommen und in aller Eile produziert. Auf der Platte prangte ein Bild von Lennons zerschmetterter und blutbeschmierter Brille. Yoko forderte Geffen auf, sie um jeden Preis auf die Bestsellerlisten zu bringen. Als er nicht alles tat, was sie verlangte, schimpfte sie in Studio One auf ihn und warf ihm vor, er verdiene Millionensummen «blutiges Geld» und lehne es ab, sich für den Gefallen zu revanchieren, den sie ihm getan habe.

Als Geffen abgetreten war, wurde Havadtoy ihr wichtigster Helfer. Bald behandelte sie ihn genauso wie früher Tony Cox und Sam Green. Die Beziehung entwickelte sich mit bezeichnender Geschwindigkeit, und im April wurden Yoko und Sam laut Luciano in Cold Spring Harbor ein Liebespaar. Am 16. Juni flogen sie inkognito von New York nach Budapest. Angeblich wollten sie dort nur Sams Mutter besuchen, doch einer Quelle im ungarischen Pressekorps zufolge wurden sie in Ungarn getraut. Als das Paar nach New York zurückgekehrt war, zog Havadtoy in Apartment 72, wo er bis heute wohnt.

Am Tag seiner Rückkehr nach New York erschien Havadtoy in Lucianos Wohnung Ecke 55th Street und Lexington Avenue, die er und Yoko für Luciano gemietet hatten. Er sah seinem früheren Liebhaber in die Augen und sagte: «Luciano, ist dir klar, daß ich jetzt ein Mann bin?»

Wütend über den Seitenhieb, den die Bemerkung beinhaltete, erwiderte Luciano: «Was warst du denn vorher – Dornröschen?»

Sam ging, doch sobald er wieder im Dakota war, rief er Luciano an, um jeden Zweifel auszuräumen. «Luciano, du begreifst nicht», sagte er. «Dies ist doch nur *natürlich*.»

Luciano war anderer Meinung. Er führte Havadtoys plötzliche

Leidenschaft für Yoko nicht auf die Natur, sondern auf finanzielle Lockungen zurück und bemerkte später bitter: «Könnte es eine bessere Lösung geben, als einer millionenschweren Witwe zu helfen, der er obendrein noch Geld schuldete?»

Yoko hielt lange Zeit vor der Presse geheim, daß sie mit Sam Havadtoy zusammenlebte, aber dann räumte sie diskret ein, daß Havadtoy ihr «Gefährte» sei, eine Tatsache, die sich kaum verheimlichen ließ, da in den Zeitungen immer mehr Fotos erschienen, die die beiden bei Spaziergängen im Central Park oder bei öffentlichen Anlässen zeigten. Yoko und Sam wurden nämlich ebenso unzertrennlich wie früher Yoko und Tony oder Yoko und John. Sie haben jedoch bis heute dementiert, daß sie verheiratet seien, und Havadtoy verstieg sich sogar zu der Behauptung, er habe ein Dokument von der ungarischen Regierung, aus dem hervorgehe, daß er und Yoko nicht in jenem Land getraut worden seien. Es war offensichtlich ein sehr heikler Punkt, denn wie die Klatschkolumnistin Liz Smith bemerkte, als man sie um eine Stellungnahme zu dem weitverbreiteten Gerücht bat, daß Yoko und Sam verheiratet seien: «Es wäre eine Katastrophe für ihr Image!»

Hinter den dicken Mauern des Dakota gab es jedoch seit Yokos Rückkehr aus Budapest jede Menge Indizien dafür, wie sehr sie sich für ihren neuen «Gefährten» engagierte. Als Marnie ihre Freundin nach jener Reise zum erstenmal besuchte, zeigte Yoko ihr Bilder von Sam als Kleinkind, die sie von seiner Mutter bekommen hatte. Sie führte sich auf wie eine Jungvermählte und erklärte, sie werde Ungarisch lernen und sogar die magyarische Küche meistern. Auch der kleine Sean registrierte unverkennbare Zeichen der neuen Vertrautheit. Eines Tages sagte er zu Marnie: «Ich habe einen neuen Daddy!» Marnie versicherte ihm, daß er sich irre und sein Vater tot sei. «Nein, Marnie», beharrte er. «Sam schläft mit Mami. Ich habe einen neuen Daddy.»

Sam Havadtoy bekam ein neues Image. Yoko ließ ihn Johns Kleidungsstücke anziehen und sorgte dafür, daß er seine Haare so lang wachsen ließ, wie Lennon sie getragen hatte. Das Rollenspiel erschreckte und schockierte ihre Nachbarn im Dakota, zum Beispiel Rudolf Nurejew, der ausrief: «Wozu trägt er bloß Johns Sachen?» Während Sam eine Lennonkopie wurde, behandelte Yoko ihn freilich genauso, wie sie ihren treuesten Helfer, Tony Cox, behandelt hatte, dem Sam aus der Ferne übrigens ein wenig ähnelt. Wenn man sieht, wie Yoko sich irgendwo auf der Straße oder im Park an Sams Arm festhält, als könnte sie jeden Moment hinfallen, meint man unwillkürlich, Yoko und Tony zu sehen.

Aber es gab ein Gebiet, auf dem Sam seinen Willen durchsetzte: die Einrichtung der Wohnung und der Stil des Haushalts. Beides änderte sich grundlegend, sobald er eingezogen war. Statt der luxuriösen Nachlässigkeit, die für die arrivierte New Yorker Boheme so typisch ist, strahlte die Wohnung nun den erlesenen Geschmack eines Innenarchitekten aus. Die Fußböden waren fleckenlos, das Geschirr in der Küche penibel fortgeräumt, das Spielzimmer wurde in ein elegantes Speisezimmer verwandelt, und die Kinder durften nur noch in ihrem Flügel spielen. Die wichtigste Änderung betraf jedoch die Schlafgewohnheiten. Statt sich vor Morgengrauen für ein paar Stunden in ihrem Büro oder in Seans Zimmer hinzulegen, konnte Yoko nun zum erstenmal seit einem Jahrzehnt den Luxus eines üppigen Schlafzimmers genießen.

Havadtoy ließ die Wand zwischen Kinderzimmer und Bibliothek einreißen und den so entstandenen, zehn Meter langen Raum mit einem langflorigen weißen Teppich auslegen, so daß er wie von Neuschnee bedeckt aussah. Die Wände waren ebenfalls schneeweiß, desgleichen das Bett, eine große Futonmatratze auf einer Plattform. Das geräumige Badezimmer nebenan bot einen Farbkontrast, denn seine Wände bestanden aus nachtblauem Rauchglas mit einem zarten Wolkenmuster, und die Sanitäreinrichtung, darunter eine quadratische Badewanne, die Platz für drei Personen bot, und ein WC auf einem thronähnlichen Podest, waren in Gold und Amethyst gehalten.

«Walking on Thin Ice» wurde – ein verspäteter Tribut an Lennons Leistung als Produzent – für einen Grammy nominiert, aber dann hatte Yoko im Schallplattengeschäft keinen Erfolg mehr. Die Arbeit, ihr neues Image als Prominentenwitwe zu fördern, lag ihr jedoch viel mehr als Singen. In den Jahren nach Johns Tod wurde allmonatlich irgendeine Meldung an die Presse, das Fernsehen oder den Rundfunk lanciert, die die Öffentlichkeit über Yokos gegenwärtige

Verfassung unterrichtete: ihren andauernden Kummer, ihr zurückgezogenes und einsames Leben, ihre Witwenrituale wie das Abschneiden einer fünfundvierzig Zentimeter langen Haarsträhne und ihr enges und liebevolles Verhältnis zu ihrem Sohn. Obgleich selbst ein großes PR-Talent, verdankte sie viele der Ideen ihrem engagierten und tüchtigen Sprecher Elliot Mintz.

Mintz hatte in Los Angeles die erste Maschine nach New York genommen, sobald er die Nachricht vom Mord gehört hatte, und war bereits am Morgen nach Johns Tod im Dakota eingetroffen. Er arbeitete wie Havadtoy Tag und Nacht für Yoko und wurde schließlich ihr Medienberater, eine Rolle, für die seine Erfahrung und sein Temperament ihn prädestinierten. Er hatte seine Tüchtigkeit schon nach dem Tod seines Freundes Sal Mineo bewiesen, als er eine drohende Leichenschändung verhinderte, indem er rasch eine Pressekonferenz einberief und eine Reihe von Medienauftritten absolvierte, bei denen er Mineos angekratzten Ruf wiederherstellte. Nun setzte Mintz, ein gescheiter kleiner Mann, immer hervorragend gekleidet, seine Fähigkeiten für Yoko ein und war immer zur Stelle, wenn es galt, einem neugierigen Reporter die Ballade von John und Yoko glaubhaft zu machen.

Mintz berief sich auf seine lange und enge Freundschaft mit den Lennons und beglückte die Presse mit Geschichten über die tiefe und zärtliche Liebe zwischen John und Yoko und über das glückliche und geruhsame Leben, das sie in den Jahren geführt hätten, in denen John zwar nicht mehr komponiert, sich aber geistig und körperlich auf eine neue kreative Phase vorbereitet habe. Als die Masche von der trauernden Witwe nicht mehr so recht zog, schlugen Yoko und Mintz eine andere Saite an und sprachen vom Betrug und Verrat durch die Angestellten und Freunde, denen Yoko am meisten vertraut hatte, eine Behauptung, der David Sheff in einem detaillierten Artikel im *Playboy* Gewicht gab. Zuletzt wurde der einfallsreiche Mintz aufgefordert, die Auswirkungen der schlimmen Enthüllungen zu neutralisieren, die May Pang und John Green in ihren umfangreichen Berichten über das Leben mit den Lennons gemacht hatten.

Dann schlüpfte Yoko in die Rolle, die sie immer am meisten angestrebt hatte – die einer öffentlichen Wohltäterin. Sie stiftete für hehre Anliegen und Institutionen wie Strawberry Fields und finanzierte die Neugestaltung des Teils vom Central Park, der unmittelbar vor dem Dakota liegt, ein Unternehmen, das sie eine Million Dollar kostete und ihr das Recht einbrachte, den betreffenden Parkteil in Strawberry Fields umzubenennen. Er wurde der Öffentlichkeit am 9. Oktober 1985 bei einer Zeremonie übergeben, bei der Yoko an der Seite von Bürgermeister Edward I. Koch und anderen hohen New Yorker Würdenträgern auftrat.

Solche Augenblicke des Ruhms waren sicher äußerst befriedigend für eine Frau, die so lange und so akut unter einer schlechten Presse gelitten hatte, aber sie waren nicht der einzige Gradmesser für Yokos Triumph. Ebenso wichtig war die Tatsache, daß die Frau, die gezweifelt hatte, daß sie jemals glücklich sein würde, nun das Glück gefunden zu haben schien. Sam Havadtoy war der aufmerksamste aller Partner, erfüllte alle ihre Verlangen, verwöhnte Sean und war damit zufrieden, im Hintergrund zu bleiben – wenn sie ein Flugzeug verließen, ließ er ihr den Vortritt und ging als einer der letzten von Bord, um nicht auf den Bildern zu erscheinen, die die Reporter von ihr machten. Wenn das Paar in New York auf der Straße gesehen wurde, hielt Yoko sich immer an seinem Arm fest, und wer die beiden beim Einkaufen entdeckte, konnte beobachten, wie sie mit den Fingern schnippte und auf den Gegenstand zeigte, den sie haben wollte, während Sam sich beeilte, alles weitere zu veranlassen.

Marnie Hair erkannte mit als erste, daß Yoko endlich gefunden hatte, was sie so lange gesucht hatte. Sie wurde ein Jahr nach Johns Tod als einziger Gast Yokos und Sams zu einem kleinen Essen am Heiligen Abend eingeladen und stellte fest, daß ihre Freundin ein anderer Mensch geworden war. Yoko war eine vollendete Gastgeberin und entfaltete den souveränen Charme einer Frau aus guter Familie. Sie bereitete die einzelnen Gänge selbst zu und ließ ihre Gäste mit Stäbchen kosten. Sam schenkte ihr eine wunderschöne präkolumbische Halskette, die sie im Laufe des Abends abnahm und Marnie umband, damit diese an ihrer Freude teilhaben konnte. «Sie waren wie glückliche Kinder», berichtete Marnie. «Sie streichelten einander. Ich hatte Yoko noch nie so glücklich gesehen. Sie war wirklich glücklich. Sie war unbeschwert und jung und unverkrampft. Und sie nahm auch keine Drogen. Sie sah großartig aus!»

QUELLEN

Die Hauptquelle für das Leben John Lennons ist die enorme Menge an Informationen über seine Person und seine Geschichte, die er den Medien in den beinahe zwei Jahrzehnten, die er im Brennpunkt des öffentlichen Interesses stand, selbst lieferte. Aus dieser Fülle von gedrucktem und mitgeschnittenem Material ragen vier wichtige Zeugnisse heraus: ein ausführliches Interview, das der Autor dieses Buchs im Dezember 1970 mit ihm führte und das im Juni und Juli 1971 in *Charlie* veröffentlicht wurde; das Interview, das Jann Wenner im Dezember 1970 für *Rolling Stone* führte und das dann als *Lennon Remembers* in Buchform erschien (New York, 1972); Peter McCabes und Robert D. Schonfelds Interview vom August 1971, veröffentlicht unter dem Titel *John Lennon: For the Record* (New York, 1984); und die Interviews, die David Sheff im Herbst 1980 führte und die in G. Barry Golsons Bearbeitung als *The Playboy Interviews with John Lennon & Yoko Ono* erschienen (New York, 1982).

Die vorliegende Biographie ist das Ergebnis sechsjähriger Arbeit in vielen Ländern. Da das Ziel darin bestand, drei verschiedene Themenkreise – John Lennon, die Beatles und Yoko Ono – möglichst umfassend zu durchleuchten, mußte ein Teil der Arbeit an verschiedene Rechercheure übertragen werden, die für den Autor zahlreiche Gespräche führten, Personen und Orte fotografierten und verfügbare Dokumente und Veröffentlichungen, insbesondere englische, amerikanische und japanische Zeitschriften, durchgingen. Insgesamt wurden etwa 1200 Gespräche geführt, und einige Schlüsselpersonen wurden im Laufe der Zeit bis zu dreißig- oder vierzigmal befragt.

Nicht ganz so wichtig, aber ebenso unerläßlich für jeden Autor sind die bisher erschienenen Biographien, vor allem Hunter Davies' autorisierter Bericht über Leben und Karriere der Beatles, *The Beatles* (New York, 1968). Das Manuskript dieses Buchs wurde nicht nur von den Beatles und ihrem Manager, sondern auch von ihren Verwandten geprüft, was zur Streichung zahlreicher wichtiger und aufschlußreicher Passagen führte. Von geringerem Wert ist Ray Colemans zweibändiger Bericht *John Winston Lennon* und *John Ono Lennon* (London, 1984), den man als halboffizielle Biographie bezeichnen kann, weil er in Zusammenarbeit mit Lennons beiden Witwen verfaßt wurde und in den Dingen, die für sie bedeutsam waren, ihren Standpunkt wiedergibt. Viele der wichtigen Punkte, die in den offiziellen Beschreibungen in den Hintergrund treten, wurden von Peter Brown und seinem Co-Autor Steven Gaines in *The Love You Make* (New York, 1983) in den richtigen Rahmen gerückt, ihr Buch enthält auch einen umfassenden und faszinierenden Bericht über Brian Epstein.

Die farbigsten und interessantesten Schilderungen des Menschen John Lennon finden sich in den Memoiren Pete Shottons, *John Lennon in My Life*, die in Zusammenarbeit mit Nicholas Schaffner geschrieben wurden (New York, 1983), und in den Erinnerungen May Pangs, *Loving John*, geschrieben in Zusammenarbeit mit Henry Edwards (New York, 1983). Beide Bücher leiden darunter, daß die Autoren ihrem Gegenstand verfallen waren und den Mann, den sie liebten, in den Himmel loben, aber die Fülle privater und intimer Informationen macht das Manko mehr als wett. Zur frühen Geschichte der Beatles sind zwei Bücher unerläßlich: Allan Williams' *The Man Who Gave the Beatles Away*, geschrieben in Zusammenarbeit mit William Marshall (London, 1975), eine köstliche Schilderung der frühen Merseyside-Beatszene, und Pete Bests *Beatle!*, geschrieben in Zusammenarbeit mit Patrick Doncaster (London, 1985), ein nüchterner und objektiver Bericht, der auch die heiklen Dinge nicht ausspart. Die beste Schilderung der Schallplattenkarriere der Beatles ist *All You Need Is Ears* von George Martin in Zusammenarbeit mit Jeremy Hornsby (New York, 1980). Die gründlichste und fundierteste Untersuchung der Musik der Beatles ist Wilfrid Mellers *Twilight of the Gods* (New York, 1973). Die einzige zuverlässige Geschichte der Laufbahn der Gruppe ist Mark Lewisohns umfassend recherchiertes *The Beatles Live!* (London, 1986). Die fehlenden Jahre vor dem Mord werden in John Greens *Dakota Days* (New York, 1983) bruchstückhaft, aber auf höchst amüsante Weise beleuchtet.

Da es eine Zumutung für den Leser wäre, die Quellen für sämtliche Äußerungen und Feststellungen, die nicht im Text genannt sind, im einzelnen aufzuführen, begnügt der Autor sich damit, die wichtigsten Quellen anzugeben, die für die einzelnen Lebensabschnitte bzw. Themenkreise benutzt wurden; wenn nicht anders angegeben, handelt es sich jeweils um mitgeschnittene Gespräche. Viele der Betreffenden steuerten Informationen für mehr als einen Teil des Buches bei, werden aber, um unnötige Wiederholungen zu vermeiden, nur einmal genannt.

Kindheit und Jugend
Alle noch lebenden Mitglieder der Familie Stanley wurden befragt, darunter Lennons Tanten Mimi Smith und Anne Cadwallader; seine Halbschwestern Julia Bird und Jacqui Dykins; seine Vettern bzw. seine Cousinen ersten Grades Stanley Parkes, Dr. Leila Harvey, Michael Cadwallader und David Birch und sein angeheirateter Onkel Norman Birch (der Mann von Harriet, geborene Stanley). Weitere Informationen stammen von Freunden und Nachbarn, Schulkameraden und Lehrern. Mrs. Pauline Stone (früher Mrs. Alfred Lennon) lieferte eine Fülle von Informationen über das Leben ihres verstorbenen Mannes aus ihrer unveröffentlichten Biographie Freddies, die wiederum auf seiner eigenen, ebenfalls unveröffentlichten Autobiographie beruht: Dieser Bericht wurde von Charles Lennon, Freddies Bruder, ergänzt. Zusätzliche Informationen stammen von John Dykins' Bruder und Schwägerin, Leonard und Evelyn Dykins, und seiner zweiten Frau, Veronica (Rona) Parry; Meg Dogherty; Barbara Baker und William Pobjoy. Einige der ursprünglichen Quarry Men – Rod Davies, Colin Hanton, Len Garry und Nigel Whalley – sowie Charles Roberts schilderten die erste Zeit der Gruppe. Die Kunstakademie war das Thema von Gesprächen mit Ann Mason, Helen Anderson, Ian Sharp, June Furlong, Arthur Ballard, Rod Murray, Thelma Pickles, Veronica Murphy, Adrian

Henri, Mike Kenny, Sam Walsh und Mike Evans. Cynthia Lennon lehnte ein Gespräch ab, aber ihre Version der Beziehung zu Lennon ist dreimal in gedruckter Form erschienen; in ihrem *A Twist of Lennon* (London, 1978) und in den Büchern Peter Browns und Ray Colemans.

Die frühen Beatles und die Beatlemania
Die Mersey-Beatszene war Gegenstand von Gesprächen mit Ted «Kingsize» Taylor, David May, Graham Nash, Morris Goldberg, Johnny Gentle, Tom Keyes, Pete Best, Barry Wormersley, Alec Payton, Ron Ellis und Spencer Leigh. Das Hamburger Nachtleben schildert F.H. Miller gründlich in *St. Pauli und die Reeperbahn* (Hamburg, 1960), während das *Hamburger Abendblatt* eine gute Quelle für das tägliche Leben der Stadt darstellt. Außerdem berichteten Jürgen Vollmer, Dirk Vellenga, Tony Waine, Paddy Delaney, John Morris, Jim Gretty, Rosemary Evans, Brian O'Hara, Ida Holly, Rex Makin, Dick Rowe, Ron White, Dick James, Alan Davidson, Joe Flannery, Ricky Brooks, Maxine Brooks, Ron King, Walter Hofer, Keith Howell, Geoffrey Ellis, Brian Sommerville, Dezo Hoffmann, Wendy Hanson, Nicky Byrnes, Vivian Moynihan, Vic Lewis, Alun Owen, Walter Shenson, Unity Hall, Tommy Hanley, Sid Bernstein, Ed Leffler, Norman Weiss, Roy Gerber, Brian Morris, Les Anthony, Dot Jarlett, Ken Partridge, Geraldine Smith, Jenny Kee, Victor Lownes und Timothy Leary. Eine ausführlichere Darstellung über die Begegnung der Beatles mit Elvis findet sich in Albert Goldmans *Elvis* (New York, 1982). Lennons Verhältnis zu Bob Dylan wird in Robert Spitz' *Dylan* (New York, 1988) umfassend wiedergegeben.

Yoko Ono
Die wichtigste Quelle für Yokos Leben sind – ähnlich wie bei John Lennon – die zahlreichen Interviews, die sie den Medien in den USA, Europa und Japan seit fast dreißig Jahren, beginnend mit dem Ende der fünfziger Jahre bis in die jüngste Vergangenheit, gegeben hat. Der ausführlichste und beste Bericht über ihre Kindheit stammt jedoch von ihrer Mutter, Isoko Ono, die 1981 lange von Donald Kirk und Emiko Hayashi interviewt wurde; die beiden Autoren ver-

öffentlichten die Gespräche in *The Ballad of John and Yoko* (Garden City, New York, 1982). Eine andere wichtige Quelle ist *The Butterfly* von Michael Rumaker (New York, 1962). Zu Sarah Lawrence: Betty Rollin, Joanna Simon, Dr. Richard Rabkin, Meyer Kupperman. Zur New Yorker Avantgarde der späten fünfziger Jahre: John Cage, Merce Cunningham, La Monte Young, Diane Wakoski, David Tudor, Jackson Mac Low, Yvonne Rainer, Simone Forti, Ray Johnson, Henry Flynt, Carolee Schneeman, Charlotte Moorman, Hilda Morley Wolpe, Erica Abeel, Martin Garbus und Shusaku Arakawa. Yokos Bericht über ihre Rückkehr nach Japan 1962 wurde 1974 in der Tokioter Zeitung *Bungei Shunju* veröffentlicht. Tony Cox' ergänzende Schilderung erschien in *Radix* (Berkeley, Kalifornien, März–April 1981) und wurde in einem Gespräch mit dem Autor 1984 vervollständigt. Weitere Quellen für Tony Cox: sein Bruder Larry Cox, seine Tante Blanche Greenberg, seine Cousine Frances Westerman-Collins, sein bester Freund Al Wunderlich, seine Freundin (vor Yoko) Linda Vivona, sein Mentor La Monte Young sowie John Cage, Sam Wagstaff und Russell Smith. Der erschöpfendste Bericht über die frühe psychedelische Bewegung in New York ist «Psychedelics 101», Peter Staffords unveröffentlichte Sammlung von Gesprächen mit den LSD-Pionieren. Michael Hollingshead schildert seine Laufbahn in *The Man Who Turned On the World* (London, 1973). Weitere Quellen zu Tony und Yoko: Mrs. Rutger Smith, Kate Millett, Jeff Perkins, Tanaka Kozo, Nam Jun Paik, Dan Richter, Ivan Karp, Paul Morrissey, Al Carmines, Bennett Sims, Ann McMillan, Mario Amaya, Whitey Caizza, Yayoi Kusama, Jon Hendricks, David Bourdon, Jill Johnston, Adrian Morris, Peter Blake, Maggie Postelwaite, Michael White und Kiki Kollekek.

Die letzten Jahre der Beatles, der Anfang von John und Yoko
Zu *Sgt. Pepper* und dem Sommer der Liebe: Barry Miles, John Dunbar, Robert Fraser und Peter Blake. Die bei Brian Epsteins Obduktion vorgelegten medizinischen Daten wurden für dieses Buch ausgewertet von Dr. Jay Meltzer, Dr. Mark Taff (früher Angestellter im Leichenschaubüro von Nassau County) und Dr. Jesse Bidanset, Professor für forensische Toxikologie der medizinischen Fakultät der

St. John's University. Zur letzten Phase der Coxschen Ehe: Bill Jacklin, Jodie Fridiani, Nicholas Logsdail, Viktor Herbert, Ornette Coleman, Pauline Stone geb. Jones, Linda Moore und Jeff Buck. Lennons Zusammentreffen mit Brigitte Bardot wird in Peter Evans' *Bardot: Eternal Sex Goddess* (1972) geschildert; weitere Einzelheiten stehen in *Fifty Years Adrift in an Open-Necked Suit* von Derek Taylor und George Harrison (Surrey, Großbritannien, 1985). Zu den finanziellen Kämpfen der Beatles: Gespräche mit Allen Klein und Harold Seider; die Auseinandersetzung um Northern Songs Ltd. schildert die Wirtschaftsjournalistin Stella Shamoon in *Apple to the Core* von Peter McCabe und Robert D. Schonfeld (London, 1977).

John und Yoko in Amerika, die ersten Jahre
John Brower, Howard Smith, Sarah Kernochan, Steve Gebhardt und Tom Basalari. Arthur Janovs Geschichte, Persönlichkeit und Therapie werden ausführlich beschrieben von Dr. George DeLeon, der den *Urschrei* vor der Veröffentlichung prüfte und einen seiner eigenen Patienten in Janovs Klinik brachte, um die Wirkungen der Behandlung zu studieren; weitere Informationen stammen von Susan Braudy, früher bei *Newsweek*, die Janov interviewte und zusammen mit Martin Kasindorf, der das Hintergrundmaterial lieferte, über ihn schrieb; Bobby Durst schilderte den Standpunkt eines Mitpatienten, und Allen Klein und Harold Seider steuerten weitere Einzelheiten bei. Zur ersten Phase in New York: David Peel, Amalie Rothschild, Jonas Mekas, Lindsay Maricotta, Henry Edwards, Saul Swimmer, Al Steckler, Jill Johnston, May Pang, Iain Macmillan, Rosalyn und Sherman Drexler, Noah Slutsky, Alan Douglas und Ross Firestone. Zur Everson-Show: Jim Haristhis, David Ross, Richard Bellamy, Alex Holstein und Philip Corner. Zu George Maciunas: Nijcle Vailitis, Almus und Peter Salcius und Kevin Harrison. Zur radikalen Phase: Jerry Rubin (das Gespräch mit ihm wurde ergänzt durch sein Buch *Growing (Up) at Thirty-Seven* (New York, 1976), A.J. Webberman, Stew Albert, John Sinclair, Craig Pyes, Ken Kelley, Leon Wildes und Adam Ippolito.

Das verlorene Wochenende
David Spinozza, Carole Realini, Arlene Reckson, Jesse Ed Davis, Ronnie Bennett, Larry Sloman, Judith Malina, Mac Rebennack, Frank Andrews und «Lil», eine der beiden befragten Personen, die darum baten, daß ihre Identität nicht preisgegeben werden würde (die andere war «Kit Carter»). Die meisten Personen, die zu John Greens Kreis gehörten, wurden befragt, darunter Wendy Wolosoff, Gabe Grumer, Kevin Sullivan, Joe Attardo, Felice Nathans und Jeffrey Hunter. Dorothy DeChristopher informierte über Joey Lukach. Takashi Yoshikawa lehnte ein Gespräch ab, aber er hat das Manuskript eines Buches mit dem Arbeitstitel «How to Control Your Life by Understanding Ki-ology» zur Verfügung gestellt, das sein System erläutert. Andere Quellen für diesen Abschnitt: Morris Levy, Alexa Grace und Cynthia Ross Desfugerido.

Die letzten Jahre
Marnie Hair, Sam Green, John Green, Bob Herman, Fred Seaman, Ethelene Staley, Tom Sullivan, James Wu, Luciano Sparacino, Jack Douglas, Christine Desautels, Bart Gorin, Anthony Gronowicz, Donna Stilwell, Elliot Postel, Charles Cohen, Douglas MacDougall, Paul Goresh, Tony Palma, Ron Hoffman. Mit Mark David Chapman befaßten sich zwei Biographien, Gregg Unger, Redakteur von *New York*, und Jim Gaines, Redakteur von *People*. Beide veröffentlichten vor dem Prozeß Artikel über Chapman, und beide interviewten ihn ausführlich im Gefängnis und durchleuchteten seinen familiären Hintergrund, seine Ehe, seine Freunde und so fort. Unger gab sein Vorhaben auf, sein Material zu einem Filmdrehbuch zu verarbeiten, und teilte es mit dem Autor dieses Buches, während Gaines seine Ergebnisse 1987 in *People* veröffentlichte. Durch eine Anfrage, die sich auf das Gesetz über das Recht der Öffentlichkeit auf Information stützte, konnte der Autor das meiste Material aus den Akten der Staatsanwaltschaft New York einsehen.

REGISTER

ÜBERSETZER:
Die Seiten 11–30 übersetzte *Jürgen Abel*, S. 31–132 *Hainer Kober*, S. 133–270 *Hubert Mania*, S. 271–398 *Alfred Hans*, S. 399–556 *Sebastian Wolff*, S. 557–685 *Gesine Strempel*, S. 686–822 *Jürgen Frey*, S. 823–937 *Jürgen Abel*.